OUVRAGES CONCURRENCES

La version électronique de ces ouvrages est disponible sur le site concurrences.com.

Mélanges

Laurence Idot Liber Amicorum, Vol. I & II, *Christophe Lemaire, Francesco Martucci (eds.), 2022*

Eleanor M. Fox – Antitrust Ambassador to the World, *2022*

Frédéric Jenny – Standing Up for Convergence and Relevance in Antitrust, Vol. I & II

Herbert Hovenkamp – The Dean of American Antitrust Law, *2021*

Albert A. Foer – A Consumer Voice in the Antitrust Arena, *2020*

Richard Whish – Taking Competition Law Outside the Box, *2020*

Wang Xiaoye – The Pioneer of Competition Law in China, *Adrian Emch, Wendy Ng (eds.), 2019*

Douglas H. Ginsburg – An Antitrust Professor on the Bench, Vol. I & II, *2018 & 2021*

Ian S. Forrester – A Scot Without Borders, Vol. I & II, *Assimakis Komninos et al. (eds.), 2015*

William E. Kovacic: An Antitrust Tribute, Vol. I & II, *Nicolas Charbit et al. (eds.), 2013 & 2014*

Thèses

La soumission des banques au droit de la concurrence, *Antonin Pitras, 2022*

L'entreprise contrevenante en droit des pratiques anticoncurrentielles, *Etienne Thomas, 2021*

Droit de la commande publique et droit de l'Union européenne : Étude sur une dynamique commune, *Vincent Bridoux, 2021*

Competition and Regulation in Network Industries: Essays in Industrial Organization, *Jean-Marc Zogheib, 2021*

La faute lucrative en droit de la concurrence, *Godefroy de Moncuit de Boiscuillé, 2020*

The Role of Media Pluralism in the Enforcement of EU Competition Law, *Konstantina Bania, 2019*

Les accords de report d'entrée (Pay-for-delay), *Walid Chaiehloudj, 2019*

Buyer Power in EU Competition Law, *Ignacio Herrera Anchustegui, 2017*

Google, la presse et les journalistes, *Guillaume Sire, 2015*

L'Union européenne et le droit international des subventions, *Loïc Wagner, 2015*

Pratiques

Dictionnaire de droit de la concurrence, *Muriel Chagny, Emmanuel Combe (eds.), 2022*

Grands arrêts du droit de la concurrence – Pratiques anticoncurrentielles, Nouvelle édition, *Laurence Idot (ed.), 2022*

Grands arrêts du droit de la concurrence – Concentrations, Nouvelle édition, *Laurence Idot (ed.), 2022*

Grands arrêts du droit de la concurrence – Aides d'État, Nouvelle édition, *Laurence Idot (ed.), 2022*

Grands arrêts du droit de la concurrence – Régulations, *Francesco Martucci (ed.), 2019*

Grands arrêts du droit de la concurrence – Distribution & Pratiques commerciales déloyales, *Nicolas Ferrier & Frédéric Buy (ed.), 2019*

Les inspections de concurrence des autorités françaises, *Nathalie Jalabert-Doury, 2ème édition, 2021*

La réparation des préjudices causés par les pratiques anticoncurrentielles, *Rafael Amaro, Jean-François Laborde, 2ème édition, 2020*

Global Dictionary of Competition Law, *D. Healey, W. Kovacic, P. Trevisan, R. Whish (eds.), 2022*

Rulemaking Authority of the US Federal Trade Commission, *D. Crane (ed.), 022 Perspectives on Antitrust Compliance, A. Riley, A. Stephan, A. Tubbs (dir.) (2022)*

Antitrust in the Pharmaceutical Sector, *M. Cowie, G. Gordon M. Thill-Tayara, 2022*

Competition Law Treatment of Joint Ventures, *B Bleicher, N. Campbell, A. Hamilton, N. Hukkinen, P. Khan, (eds.), 2022*

State Aid & National Enforcement, *J. Derenne, D. Jouve, C. Lemaire, F. Martucci (eds.), 2022*

Information Exchange and Related Risks: A Practical Guide, *Z. Marosi & M. Soares (dir.), 2022 (in collaboration with the IBA)*

Competition Case Law Digest – 5th Edition, *F. Jenny, N. Charbit (dir.), 2022*

Competition Law, Climate Change & Environmental Sustainability, *Simon Holmes, Dirk Middelschulte, Martijn Snoep (eds.), 2021*

Merger Control in Latin America: A Jurisdictional Guide, *Paulo Burnier da Silveira & Pamela Sittenfeld (ed.), 2020*

Competition Inspections under EU Law – A Practitioner's Guide, *Nathalie Jalabert-Doury, 2020*

Gun Jumping in Merger Control, A Jurisdictional Guide, *Catriona Hatton, Yves Comtois, Andrea Hamilton (eds.), 2019*

Choice – A New Standard for Competition Analysis?, *Paul Nihoul et al., 2016*

Ouvrages Généraux

Chroniques (décalées) d'un économiste, *Emmanuel Combe, 2022*

Women & Antitrust – Voices from the Field, Vol. I & II, *Evelina Kurgonaite & Kristina Nordlander (eds.), 2020*

Petit manuel (irrévérencieux) d'économie, *Emmanuel Combe, 2018*

A quoi sert la concurrence ?, *Martine Behar-Touchais et al. (ed.), 2014*

Colloques

Antitrust in Emerging and Developing Countries, Vol I & II, *Eleanor Fox, Harry First (eds.), 2015 & 2016*

Global Antitrust Law – Current Issues in Antitrust Law and Economics, *Douglas Ginsburg, Joshua Wright (eds.), 2015*

Competition Law on the Global Stage: David Gerber's Global Competition Law in Perspective, *David Gerber, 2014*

LAURENCE IDOT

Liber Amicorum – Volume I

ISBN 979-10-94201-39-8

LAURENCE IDOT

Concurrence et Europe

Liber Amicorum – Volume I

Avant-propos de Bruno Lasserre

Préface de Christophe Lemaire
et Francesco Martucci

Sous la direction de

Christophe Lemaire
Francesco Martucci

Notice biographique

Laurence IDOT, née le 7 novembre 1952 à Versailles

Titres et diplômes universitaires

Licence en droit, mention droit privé (1973), Université Paris 10-Nanterre

DES de droit privé, mention droit des affaires (1974), Université Paris 10-Nanterre

DES de droit public, mention droit communautaire (1975), Université Paris 1 Panthéon-Sorbonne

Diplôme de l'Institut d'Études Politiques de Paris, section service public (1975)

Diplôme du Centre universitaire d'études des Communautés européennes (1976), Université Paris 1 Panthéon-Sorbonne

Doctorat d'État en droit (1981), Université Panthéon-Assas (Paris 2)

Carrière universitaire

Assistante à l'Université Paris 5-René Descartes et chargée de TD, responsable du droit commercial européen pour le CUECE, Université Paris 1 Panthéon-Sorbonne (1976-1982)

Agrégation de droit privé (1982)

Professeur détaché au titre de la coopération à l'Université Nationale de Côte d'Ivoire (1983-1988)

Professeur à l'Université Paris 5-René Descartes (1988-1993)

Professeur à l'Université Paris 1 Panthéon-Sorbonne (1993-2007)

Professeur à l'Université Panthéon-Assas (Paris 2) (2007-2018)

Fonctions nationales

– Membre du Collège de l'Autorité de la Concurrence (mars 2009 – mars 2019)

– Membre suppléante de la Commission des clauses abusives (1992-1996)

– Présidente d'honneur de *l'Association Française d'Étude de la Concurrence* (ant., présidente (2008-2014), vice-présidente (2000-2008), rapporteur général (1996-2000))

– Expert non gouvernemental (*NGA*), *International Competition Network* (2001-2006)

– Membre du comité de pilotage des ateliers de la concurrence, DGCCRF (1998-2010)

Responsabilités éditoriales

– Co-directrice de la revue *Europe* (Lexisnexis, Paris, novembre 1991-)

– Présidente du comité scientifique de la revue *Concurrences* (2004-)

– Membre de comités scientifiques de diverses revues (*Common Market Law Review, Revue de l'Arbitrage*)

Responsabilités administratives à l'Université

– *Université Paris 2 Panthéon-Assas*

Co-directrice du Master 2 de droit de l'Union (2008-2018)

Membre de la Commission de la recherche (2013-2018)

Vice-Présidente de l'Université, Conseil académique (2015-2018)

– *Université Paris 1 Panthéon-Sorbonne*

Co-directrice du DEA de droit communautaire (1995-2007)

Membre du Conseil de l'UFR 07 (2005-2007)

– *Université Paris 5-René Descartes,*

Présidente de la section de droit privé (1991-1993)

Vice-présidente du conseil scientifique (1991-1993)

Enseignements hors métropole et à l'étranger

International Law School (Université Panthéon-Assas), Singapour, Maurice (2012-)

Missions d'enseignement en droit de l'Union (Lisbonne, 2010 et 1998)

Missions d'enseignement en droit de l'Union à l'Université Antilles-Guyane (1989-2008) et à l'Université de Nouvelle Calédonie (1992, 2002, 2003), au Cameroun (1985 et 1991)

Senior Research Fellow, Oxford, Institute of European and Comparative Law (1998-2000)

Visiting Professor, Florida State University (1994)

Distinctions

– Chevalier de la Légion d'Honneur

– Officier de l'Ordre National du Mérite

– Chevalier des Palmes académiques

– Officier du Mérite de l'Éducation nationale, Côte d'Ivoire

Publications

Thèse

Le contrôle des pratiques restrictives de concurrence dans les échanges internationaux, thèse pour le doctorat d'État, Université de Paris 2, 1981, 2 vol.., dir. B. Goldman, prix de thèse de l'université Paris 2, prix de l'Institut de droit comparé, prix de la Chancellerie Georges Ripert et Maurice Picard.

Ouvrages, direction et co-direction d'ouvrages collectifs

– *Grands arrêts du droit de la concurrence, 2004-2014,* 2 vol. (I. Pratiques anticoncurrentielles ; II. Contrôle des concentrations et contrôle des aides d'État), juin 2016, *Concurrences.* 2e publication en cours (4 ouvrages à paraître, 2022).

– *International Antitrust Litigation. Conflicts of laws and Coordination*, (co-dir. avec S. Francq et J. Basedow), appel d'offres de la Commission européenne (dir. ESLJ, 2008-2010), Oxford, Hart Publishing, 2012.

– *Lamy Procédures Communautaires (*co-dir. avec D. Simon et G. Canivet*),* 2 vol. et 2 mises à jour par an, (2005-2009).

– *Droit communautaire de la concurrence – Le nouveau système communautaire de mise en œuvre des articles 81 et 82 CE*, Bruxelles, Bruylant, 2004.

– *Guide juridique de la Côte d'Ivoire*, 5 volumes, (dir.), Paris, Prat Europa, 1re éd., 1988, 2e éd. 1991.

Organisation et publication de colloques

° sous forme d'ouvrages

– *Economic Theory and Competition Law*, (co-dir. avec J. Drexl et J. Monéger), travaux de la session annuelle de l'ASCOLA (Paris, 2006), Londres, Edgar Elgar, 2009.

– *XXème anniversaire de l'ordonnance du 1er décembre 1986. Évolutions et perspectives,* (co-dir. avec G. Canivet*),* colloque AFEC, 2006, Paris, Litec, série colloques et débats, 2008.

– *Les entreprises face au nouveau droit des pratiques anticoncurrentielles : le règlement 1/2003 modifie-t-il les stratégies contentieuses* ? (co-dir., avec C. Prieto), travaux du colloque d'Aix en Provence, 2004, Bruxelles, Bruylant, 2006.

° sous forme de numéros spéciaux

– *Journées d'actualité de l'AFEC* ; « Actualité 2007 en droit de la concurrence », *LPA*, n° 133, 3 juill. 2008 ; « 2008 : une année charnière en droit de la concurrence ? », *LPA,* n° 251, 17 déc. 2009 ; « Droit de la concurrence : bilan de l'année 2009 », *LPA,* n° 210, 21 oct. 2010 ; « L'année 2010 en droit de la concurrence », *Contrats conc. cons.*, juin 2011 « L'année 2011 en droit de la concurrence », *Contrats conc. cons.*, juin 2012 ; « Rétrospectives 2012 et prospectives en droit des pratiques anticoncurrentielles », *Contrats conc. cons.,* mai 2013 ; « L'année 2013 en droit de la concurrence », *Contrats conc. cons.,* juin 2014.

– *Le Livre Blanc de la Commission sur les actions en dommages et intérêts pour violation des articles 81 et 82 CE*, 13 juin 2008, *Concurrences*, n° 2-2009.

– *Quel avenir pour le traitement des restrictions verticales ?* (co-dir., I. Lianos, UCL), 23 mai 2008, *Concurrences,* n° 4-2008.

– *La directive relative aux services dans le marché intérieur*, (co-dir., CDE Paris 1, Cour de cassation) Paris, 15 mars 2007, *Europe,* juin 2007.

– *Internormativité et réseaux d'autorités, Les nouvelles formes de relations juridiques entre l'ordre communautaire et les ordres nationaux (*co-dir., S. Poillot-Peruzzetto*), LPA,* n° 199 et 200, 5-6 octobre 2004 et CD Rom *droit in situ.*

Contributions à des ouvrages collectifs (encyclopédies et dictionnaires)

– V° AAI/API, in *Dictionnaire des MARC* (sous la dir. de L. Cadiet, V. Egea), 2022, en cours de publication.

– France, in *Commentary to Regulation 1/2003* (Dekeyser, Gauer, Laitenberger, Wahl, Wils, and Prete, eds.), en cours de publication.

– V° Arbitrage, in *Dictionnaire droit de la concurrence*, (sous la dir. de M. Chagny), Concurrences.com, 2021.

– « Réflexions sur le droit de la concurrence au XXe siècle », in *A quoi sert la concurrence* ? (sous la dir. de M. Behar-Touchais, N. Charbit, R. Amaro) 2014, IDC, p. 679-684.

– V° Arbitrage, (en collab. avec Ch. Jarrosson), *Encyclopédie Dalloz de droit communautaire,* 2010 (refonte 1re éd. 1992).

– Commentaire de l'article 16 de la Charte des droits fondamentaux, in *Traité établissant une Constitution pour l'Europe* (sous la dir. L. Burgogue-Larsen, A. Levade, F. Picod), Bruylant, 2007.

– *Lamy Procédures Communautaires (préc.),* rédaction des études :

- 105, Réalité de l'emprise du droit communautaire sur le droit national, 2004.
- 135, Bilan de la communautarisation directe, 2004.
- 138, Signification, conséquences et instruments de la communautarisation indirecte, 2004.
- 140, Introduction sur le principe de libre circulation (en coll. avec A. Rigaux), 2004, maj 2007.
- 150, Régime du principe de libre circulation : principe d'interdiction, 2004, maj 2007.
- 152, Régime du principe de libre circulation ; dérogations au principe, 2004, maj 2007.
- 293, Union européenne, arbitrage et ADR, 2005.
- 295, Arbitre et droit communautaire, 2005.

– V° Autorités de régulation, in *Dictionnaire de la Justice*, (sous la dir. de L. Cadiet), PUF, 2004.

– V° Concentrations, *Encyclopédie Dalloz de droit international*, 1998.

– V° Filiales communes, (en collab. avec Cl. Lucas de Leyssac), *Ency. Dalloz de droit communautaire,* 1994.

– « Procédures collectives dans les Communautés européennes : droit communautaire en gestation », (en collab. avec C. Saint Alary Houin) *fasc. 871, Juris-Classeur Europe,* octobre 1991,

– « Procédures collectives dans les Communautés européennes : droits internes, et droit international », (en collab. avec C. Saint Alary Houin), *fasc. 870, Juris-Classeur Europe,* octobre 1991,

– Fasc. « Côte d'Ivoire », *Juris-classeur droit comparé,* 1987, maj 1991.

– « Les aides d'État dans la CEE – Commentaire des articles 92 à 94 du Traité de Rome », in *Dictionnaire du Marché commun,* éd. Jupiter, Paris, 1980.

Chroniques de jurisprudence

– *Europe* (1991-) : mensuel, principalement, droit de la concurrence, droit international privé, focus.

– *Revue Trimestrielle de Droit européen* (1995-) : « Droit des pratiques anticoncurrentielles », chronique annuelle (en collab. avec J.B. Blaise jusqu'en 2014).

– *Revue science criminelle et droit pénal comparé*, 1997-2010, « Droit communautaire », chronique semestrielle, puis limitée à « Procédures quasi-répressives en droit de la concurrence », (2013-).

– *RDC*, trimestrielle, notes, (2003-).

– *Revue Justices* (1995-1999) : « Droit processuel économique », chronique annuelle, puis semestrielle.

Rapports à des colloques internationaux

– Rapport français, "The judicial application of Competition Law", FIDE, XXIVème congrès, Madrid, 2010, Publications de l'Université Complutense, p. 189-212.

– Rapport français, « La modernisation des règles communautaires antitrust. Premières expériences avec le règlement du Conseil n° 1/2003 », (en coll. avec Ch. Lemaire), FIDE, XXIIIème congrès, Linz, 2008, in *The Modernisation of European Competition Law,* vol. 2, Nomos, p. 79-103.

– Rapport français, « La réforme du règlement 1/2003 peut-elle prospérer ? » FIDE, XXIème congrès, Dublin, 2004, in *The Modernisation of Enforcement of EC Competition Law*, (D. Cahill, ed.), Cambridge University Press, p. 151-186.

– « France », Société de législation comparée, Brisbane, juill. 2002, in *Limits and Control of Competition with a View to International Harmonization*, (J. Basedow ed.), Kluwer Law International, 2002, p. 187-218 ; version française réactualisée - « Les limites et le contrôle de la concurrence dans la perspective d'une harmonisation internationale », *Rev. Int. Dr. Comp.*, 2002, n° 2, p. 371-399.

– Rapporteur international, « La théorie des « facilités essentielles », Ligue internationale du droit de la concurrence, synthèse des rapports nationaux, *RIC*, 1997, n° 2 et compte rendu des travaux de Copenhague, *RIC*, 1998, n° 2.

– Rapport de synthèse sur les ateliers sectoriels, Colloque de la CEDECE, Strasbourg, 1996, *Le service public : entre l'intérêt général et le marché* (sous la dir. de R. Kovar et D. Simon*)*, Paris, La Documentation française, vol. I, p. 499-514.

– Rapport de synthèse. « Arbitrage et concurrence », XIIème Congrès annuel de l'Institut de droit et des pratiques du commerce international, CCI, oct. 1990, in *Competition and Arbitration Law,* Publications de l'Institut, CCI, Paris, 480/3, *1993.*

Contributions à des « Mélanges »

– « Réflexions sur l'application internationale des articles L 442-1, 442-3 et 442-4 c. com. » in *Liber amicorum en l'honneur du Professeur Didier Ferrier*, Lexis-Nexis/Dalloz, 2021, p. 291-304.

– « Brèves réflexions sur l'alignement des articles 101 et 102 TFUE À propos de l'unité des infractions au droit des pratiques anticoncurrentielles », in *Mélanges en l'honneur du Professeur Gilbert Parléani*, IRJS, 2021, p. 219-230.

– « L'entreprise en difficulté face aux sanctions du droit de la concurrence », in *Un droit positif, un droit de progrès, Mélanges en l'honneur de Corinne Saint-Alary-Houin,* Lextenso, 2020, p. 254-266.

– « Variations sur la notion d'entreprise », *Mélanges en l'honneur du Professeur Bernard Teyssié*, Lexisnexis, 2019, p. 1195-1207.

– « La distinction « restriction de concurrence par objet/restriction de concurrence par effet » et l'article 101 TFUE : un sujet de *disputatio*", in *Mélanges en l'honneur de Claude Lucas de Leyssac*, Lexisnexis, 2018, p. 243-268.

– « Réflexions sur la notion d'infraction unique et continue en droit de la concurrence », in *Humanisme et justice, Mélanges en l'honneur de Geneviève Giudicelli-Delage,* 2016, Dalloz, p. 549-570

– « Regards sur la modernisation du contrôle des aides d'État », in L'identité du droit de l'Union européenne. *Mélanges en l'honneur de Claude Blumann,* Bruylant, 2015, p. 640-660.

– « Réflexions sur les limites du modèle américain en droit de la concurrence : l'exemple du *private enforcement* », in *Les relations privées internationales, Mélanges en l'honneur en Bernard Audit*, Lextenso, 2014, p. 457-464.

– « Réflexions sur la convergence des droits de la concurrence», *Mélanges en l'honneur de Camille Jauffret-Spinosi. Liber amicorum*, Dalloz, 2013, p. 627-658.

– « L'autorité de la concurrence, régulateur des industries de réseaux ? », *Mélanges en l'honneur de Daniel Tricot,* Dalloz/Litec, 2011, p. 183-206.

– « Regards sur le règlement n° 1/2003 », *Études à la mémoire de de François-Charles Jeantet*, Lexisnexis, 2010, p. 205-218.

– « L'Union européenne lu à la lumière du droit de la concurrence », (en coll. avec Ch. Lemaire), *Mélanges en l'honneur de Philippe Manin,* Pedone, 2010, p. 413-434.

– « À propos de l'internationalisation du droit. L'exemple de la *soft law* en droit de la concurrence », mars 2007 in *Mélanges en l'honneur de Hélène Gaudemet-Tallon*, Dalloz, 2008, p. 85-118.

– « Pluralisme normatif et droit communautaire. L'exemple des pouvoirs d'investigation des autorités de concurrence », in *Mélanges en l'honneur de Bo Vesterdorf*, Bruylant, 2007, p. 377-404.

– « L'accès au dossier de la Commission dans la procédure de mise en œuvre des articles 81 et 82 CE. Questions en suspens », in *Le droit à la mesure de l'homme. Mélanges en l'honneur de Philippe* Léger, Pedone, 2006, p. 199-216.

– « Réflexions sur l'application de certains principes et notions du droit pénal en droit des pratiques anticoncurrentielles », in *Les droits et le droit. Mélanges dédiés à Bernard Bouloc*, Dalloz, 2006, p. 457-489.

– « Immeubles et droit communautaire », in *L'immeuble et le droit. Mélanges en l'honneur de Roger Saint-Alary,* Presses de l'Université des Sciences sociales de Toulouse, 2006.

– « Droit comparé et droit communautaire : l'inévitable rencontre », in *De tous horizons, Mélanges Xavier Blanc-Jouvan*, Sté de Législation comparée, 2005, p. 281-296.

– « Une question d'actualité en droit de la concurrence : internationalisation et programmes de clémence », in *Droit et actualité. Études offertes à Jacques Béguin,* Litec, 2005.

– « Variations sur le domaine spatial du droit communautaire », *Le droit international privé. Esprit et méthodes. Mélanges en l'honneur de Paul Lagarde*, Dalloz, 2005, p. 431-453.

– « Le règlement 1/2003 : Vers une fédéralisation, une communautarisation ou une renationalisation du droit de la concurrence ? », in *Les dynamiques du droit européen en début de siècle. Mélanges en l'honneur de Jean-Claude Gautron,* Pedone, 2004 p. 117-137.

– « La notion d'entreprise, révélateur de l'ordre concurrentiel », in *L'ordre concurrentiel. Mélanges en l'honneur d'Antoine Pirovano,* Frison-Roche, 2003.

– « Et si la loi Raffarin était contraire au droit communautaire ? », in *Propos impertinents de droit des affaires. Mélanges Charles Gavalda,* Dalloz, 2001, p. 161-172.

– « À propos des aides aux entreprises en difficulté », *Prospectives du droit économique. Dialogues avec Michel Jeantin,* Dalloz, 1999, p. 403-410.

– « La concurrence, condition d'adhésion à l'Union européenne : l'exemple des PECO », in *Le droit de l'entreprise dans ses relations externes à la fin du XX*e *siècle. Mélanges en honneur de Claude Champaud,* Dalloz, 1997, p. 361-381.

– « La plainte en droit de la concurrence. Opposition ou convergence du droit communautaire et du droit français » in *Mélanges en l'honneur de Louis Boyer,* Presses de l'Université des Sciences sociales de Toulouse, p. 255-281.

Articles issus de participations à des colloques et conférences

– « La localisation du dommage en cas d'atteinte à la concurrence », in *La localisation du dommage en droit international privé,* Paris Cité, mai 2022, à paraître, *Rev. dr. aff. int.*

– Propos introductifs, *Colloque sur le Digital Markets Act*, Nanterre, avril 2022, à paraître, *Concurrences,* n° 2022-3.

– « Les vingt ans de la loi NRE- Contrôle des concentrations », St Etienne, nov. 2021, *Rev. Lamy conc.*, févr. 2022, n° 113, p. 23.

– « Droit primaire », in *Existe-t-il un système international privé de droit de l'union européenne* ? Lyon, nov. 2021, en cours de publication (sous la dir. de C. Nourrissat et L. Pailler), Larcier.

– « Les contraintes organisationnelles du droit des pratiques anticoncurrentielles. Simples adaptations ou réelles évolutions », Toulouse, oct. 2021, « La distribution en réseau : contraintes et opportunités », *Cah. Dr. Ent.,* n° 3, mai-juin 2022.

– « L'intégration des considérations d'intérêt public en droit des ententes », IRJS, nov. 2020, in *L'intégration des considérations d'intérêt public en droit de la concurrence*, (sous la dir. de C. Prieto), *Concurrences*, n° 2-2021.

– Rapport conclusif in, *La systématique des contentieux concurrence en Europe*, Caen, nov. 2019, (sous la dir. de G. Godiveau), Bruylant, 2021, p. 345.

– « Vers un réseau européen en contrôle des concentrations – état du droit positif », IRJS, juin 2019, in *Vers un réseau européen du contrôle des concentrations*, (sous la dir. de C. Prieto), *Concurrences*, n° 3-2020.

– « Autonomie des contentieux et des procédures », introduction et présidence, table ronde, Cour de Cassation, nov. 2019, in *Le droit de la concurrence : un droit autonome, un droit de l'autonomie*, nov. 2019, *Contrats conc. cons.*, juin 2020.

– « La conciliation avec le droit de l'Union européenne », Nanterre avril 2019, in *La réécriture du titre IV du livre IV du code de commerce*, (sous la dir. d'A-S. Choné-Grimaldi), *Concurrences*, n° 3-2019.

– « Regards sur 60 ans de politique de concurrence », Toulouse nov. 2018, in *Les soixante ans du Traité de Rome*, (sous la dir. de D. Blanc), *Rev. Union européenne*, 2018.639.

– « L'année 2017 en droit de la concurrence. Rapport introductif », Journée de l'AFEC, mars 2018, *Contrats conc. cons.,* 2018, n° 8-9.

– "Transposition of the Directive in French Law ", Würsburg, mai 2017, introduction, thèmes 1 et 2, in *Private damages actions before and after the implementation of the Directive (Implementation of the EU Damages Directive into Member State law),* (sous la dir. de Fl. Bien), *Concurrences* n° 3-2017.

– « Les actions en responsabilité en droit de la concurrence », laboratoire de sociologie juridique (Paris 2), janv. 2017, in *Flexibles notions : la responsabilité civile,* (sous la dir. de D. Fenouillet), éd. Panthéon-Assas, 2020.

– « La preuve en droit de la concurrence », 30e anniversaire de l'ordonnance du 1er décembre 1986, Cour d'appel de Paris, 1er déc. 2016 in *Le droit français de la concurrence, trente ans après. L'ordonnance du 1er décembre 1986, rétrospectives et prospectives* (sous la dir. de C. Arens, M. Chagny, J-L. Fourgoux), Lextenso, 2017, et *Concurrences*, n° 4-2017, p. 45.

– Introduction, et conclusion, 1re table ronde, Nanterre, nov. 2016, *L'application du droit de la concurrence au secteur numérique* (sous la dir. de A-S. Choné-Grimaldi), *Concurrences,* n° 2-2017.

– "The international aspects of private enforcement after the Directive 2014/104/EU. Gaps in the EU System and competition between national laws?", Trevise, 2016, in *XII Antitrust between EC Law and National Law, VI Conference* (E. A. Raffaelli, ed.), Bruylant et *Concurrences*, n° 1-2017.

– « Les actions collectives en droit international privé européen », in *L'intensification de la réparation des dommages issus des pratiques anticoncurrentielles,* (sous la dir. de M. Behar-Touchais, D. Bosco, C. Prieto), IRJS/André Tunc, tome 70, 2016, et *Concurrences*, n° 1-2016.

– « La directive 2014/104/UE et l'arbitrage », (en coll. avec M. Celaya), in *L'intensification de la réparation des dommages issus des pratiques anticoncurrentielles* (sous la dir. de M. Behar-Touchais, D. Bosco, C. Prieto), IRJS/André Tunc, tome 70, 2016.

– « La reprise d'une entreprise en difficulté et le droit de la concurrence », Toulouse, *Rev. Proc. Coll.*, 2015, n° 6, étude 57.

– "Reform of Regulation 1/2003: Power to set enforcement priorities", GCLC, 2014, in *Ten Years of Regulation 1/2003*: *Challenges and Reform*, (M. Merola, N. Petit, J. Rivas, ed.), GCLC series, Bruylant, 2015, p. 29-45, et *Concurrences,* n° 3-2015, p. 51.

– « La distinction droit public/droit privé a-t-elle un sens en droit de la concurrence », Caen, oct. 2014, in *Les dimensions de la sphère publique en droit de la concurrence,* (sous la dir. de G. Godiveau), *Rev. jur. com.*, 2014-6 et *Concurrences,* n° 1-2015.

– « Interaction entre l'action publique et privée : Mise en oeuvre uniforme du droit de l'Union et du principe *ne bis in idem* », Luxembourg, juin 2014, in *10 ans d'application du règlement 1/2003 et de la loi luxembourgeoise relative à la concurrence, Concurrences,* n° 4-2014.

– « La dimension internationale des actions en réparation. Choisir sa loi et son juge : quelles possibilités ? », Paris, mai 2014, *La réparation des dommages concurrentiels en France et Europe : État des lieux et changements à venir*, *Concurrences,* n° 3-2014.

– Rapport introductif, « L'année 2013 en droit de la concurrence. Bilan et perspectives de la modernisation », AFEC, févr. 2014, *Contrats concurrence, consommation*, juin 2014, étude 11.

– « L'argument économique », Paris 2, 9 janv. 2014, in *L'argument sociologique. Singularité et pluralité* (sous la dir. de D. Fenouillet), Sirey.

– « Le réseau européen de concurrence. Une forme de justice économique ? », Toulouse, nov. 2013, in *La justice économique en Europe*, *Rev. Lamy dr. aff.*, mai 2015, n° 104, supp.

– Rapport de synthèse, Caen, oct. 2013, in *Le contrat de distribution à l'aune du règlement n° 330/2010*, (sous la dir. d'A-S. Choné-Grimaldi), *Concurrences* n° 1-2014.

– « Une régulation concurrentielle négociée : les engagements », Paris, sept. 2013, in *Corriger, Equilibrer, Orienter : une vision renouvelée de la régulation économique*, journée Conseil d'État/Autorité de la concurrence en l'honneur de M-D. Hagelsteen, *Concurrences* n° 1-2014.

– – "How has Regulation 1/2003 affected the role and work of national competition authorities? The French example", Mannheim, juin 2013, in *Ten Years of Regulation 1/2003*, (sous la dir. de H. Schweitzer), *NZart,* 2014-1, p. 12-17 et *Concurrences,* n° 1-2014.

– « Les nouvelles pratiques commerciales dans la vente en ligne », séminaire Ph. Nasse, Bercy, juill. 2013, *Concurrences,* n° 4-2013.

– « Autonomie et droit de la concurrence. Un couple impossible ? », Paris 2, avril 2013, in *Autonomie en droit européen. Stratégies des citoyens, des entreprises et des États,* (sous la dir. de C. Kessedjian), éd. Panthéon-Assas, p. 167.

– « *Private enforcement* 2013 : la vague viendra-t-elle de Bruxelles, Paris, ou d'ailleurs ? », NFA 2013, *Concurrences* n° 2-2013 et *New Frontiers of Antitrust 2013*, Bruxelles, Bruylant.

– « Entreprise sociale et droit de la concurrence », Toulouse, nov. 2012, *Concurrences*, n° 1-2013.

– "Arbitration, public order, EU competition Policy", Lisbonne, oct. 2012, *Revista Concorrencia e Regulaçao, 2013-1.*

– « Droit de la concurrence et protection de l'environnement. La relation doit-elle évoluer ? », Cour de cassation/Sces Po, avril 2012, *Concurrences,* n° 3-2012.

– « L'année 2011 en droit de la concurrence. Rapport introductif », AFEC, 8 mars 2012, *Contrats conc. consom.*, juin. 2012.

– « L'autonomie procédurale. Les leçons du droit international privé », NFA, fév. 2012, *Concurrences,* n° 2-2012, et *New Frontiers of Antitrust 2012*, Bruxelles, Bruylant.

– « L'état des lieux en droit des ententes », in *Propriété intellectuelle et droit de la concurrence. Pour une réconciliation ?* IRPI/AFEC 8 nov. 2011, Paris, Lexis, 2012, coll. IRPI, pp. 7-32.

– « L'arbitrage et le contrôle des engagements », CFA, 4 nov. 2011, *Arbitrage et droit de l'Union européenne* (sous la dir. de P. Mayer), Lexisnexis, coll. CREDIMI, vol. 38 et Tendances, *Le contrôle du respect des engagements, Concurrences,* n° 1-2012.

– « La responsabilité pénale des personnes morales. Les leçons du droit européen de la concurrence », ARJE/Collège de France, 20 oct. 2011, in *La responsabilité pénale des personnes morales : perspectives européennes et internationales* (sous la dir. de G. Giudicelli-Delage et S. Manacorda), Sté Lég. Comp., collection UMR de droit comparé de Paris, vol. 30, 2013, pp. 165-206.

– « Réflexions sur la convergence des droits de la concurrence », Chicago, oct. 2011, in *The Global Competition Law Conference*, (sous la dir. de D. Gerber), *Concurrences,* n° 1-2013.

– « Les normes privées et le droit de la concurrence », Aix en Provence, juin 2011, in « Les normes privées internationales », *Rev. Droit prospectif*, 2011, n° spécial, p. 2267-2288.

– "Due process and the Art of fining. The French experience", ICF, XVIII International Congress, St Gallen, avril 2011, *Concurrences,* n° 2-2011.

– « Le rôle des associations de consommateurs dans les procédures « concurrence » », NFA, févr. 2011, *Concurrences,* n° 2-2011, et *New Frontiers of Antitrust,* 2011, Bruylant, 2012, p. 105.

– « Le contrôle de la sentence au regard de l'ordre public », Bruxelles, déc. 2010, in *Arbitrage et droit européen* de *la concurrence*, Bruylant, coll. Cepani, vol. 13, p. 143.

– « La régulation de la concurrence », Nice, nov. 2010, in *Pluralisme juridique et effectivité du droit économique*, Larcier, 2011, p. 79.

– « L'application du droit de la concurrence au secteur de l'énergie », Paris 2, nov. 2010, in *Vers une politique européenne de l'énergie*, (sous la dir. de Cl. Blumann), Bruylant, 2012 et *Concurrences*, n° 2-2011, p. 66.

– « Pratiques contractuelles et droit de la concurrence », introduction, AFEC, oct. 2010, *Concurrences,* n° 1-2011.

– « Arbitrage et droit de la concurrence », Rapport destiné au Comité de politique de concurrence de l'OCDE, oct. 2010, *Concurrences,* n° 4-2010, version anglaise disponible, http://www.oecd.org/competition/abuse/49294392.pdf.

– « La sanction par les autorités de concurrence : prix et pratiques anticoncurrentielles prohibées », Fort de France, avril 2010, in *La fixation de ses prix : Quelle liberté pour l'entreprise ?* (sous la dir. de G. Virassamy), L'Harmattan, coll. CERJDA, 2011, vol.11, p. 177.

– "Access to Evidence and Files of Competition Authorities", 2010, in *International Antitrust and Coordination,* (préc.), Hart Publishing, 2012, chap. 12, p. 259.

– « La coordination des autorités de régulation », introduction à l'Atelier de la concurrence du 26 janv. 2010, disponible sur le site du Minefi.

– « Entrave et restriction de concurrence », in *L'entrave dans le droit du marché intérieur*, Paris 2, déc. 2009, (sous la dir. de L. Azoulai) Bruylant, 2011, p. 169.

– « Les procédures de clémence et le droit de la concurrence », Le Havre, nov. 2009, in *La clémence et le droit*, (sous la dir. de J.M. Jude), Economica, 2011, p. 105.

– « Distribution, Internet et réforme des restrictions verticales », introduction, AFEC, oct. 2009, *Concurrences,* n° 1-2010.

– « Regards sur les « mutations » du droit des aides d'État », La Rochelle, juin 2009, *Concurrences,* n° 1-2010, p. 79.

– "Modern industrial economics revisited – comments on D. Rubinfeld, M. Polo and O. Budzinski", Munich, Max Planck Institute, mars 2009, in *Competition Policy and the Economic Approach. Foundations and Limitations*, (J. Drexl, W. Kerber, R. Podszun, ed.), Edgar Elgar, 2011, p. 139.

– « L'action de groupe et le droit de la concurrence », Paris, déc. 2008, colloque ANDD, *L'action de groupe*, *Revue de l'ANDD, Droit & Economie*, n° 101, oct. 2009.

– « Le cas du droit de la concurrence », Toulouse, oct. 2008, in *La matière civile et commerciale, socle d'un droit international privé européen*, (sous la dir. de S. Peruzzetto), Dalloz, série Thèmes et commentaires, 2009, p. 171.

– « La loi LME et le traitement des pratiques restrictives », introduction coll. AFEC*, oct. 2008*, *Concurrences,* n° 3-2009.

– « Synthèse de clôture », Paris juin 2008, *Le contrôle des concentrations d'entreprises*, (sous la dir. du Conseil d'État), *Rev. Lamy conc.*, 18/2009.

– « L'exécution forcée des mesures en droit de la concurrence », Paris, déc. 2007, in *L'exécution du droit de l'Union : entre droit communautaire et droits nationaux,* Bruylant, 2009, p. 265.

– « Le droit des États membres de l'Union », Paris 1, nov. 2007, in *La sanction des pratiques anticoncurrentielles par le recours à l'article L 420-6 c. com., Concurrences,* n° 1-2008.

– « La place de la politique de concurrence dans le traité de Lisbonne », colloque Cedece, Paris, déc. 2007, *Annuaire de droit européen*, 2006, p. 203.

– « Commande publique et droit de la concurrence », Sté de Législation comparée, Freiburg, juin 2007, *Concurrences,* n° 1-2008, version allemande, « Offentliches Auftragswesen und Kartellrecht aus französicher Sicht » in *Der Staat als Nachfrager,* (U. Blaurock), Mohr Siebeck, 2008, p. 75.

– « Les produits », Paris, juin 2007, in *Régulation économique et conflits de lois. L'expérience du marché intérieur*, (sous la dir. de M. Audit, H. Muir-Watt, E. Pataut), LGDJ, 2008.

– Rapport de synthèse, « Mondialisation et droit de la concurrence », Dijon, juin 2007, in *Mondialisation et droit de la concurrence,* (sous la dir. de W. Abdelgawad), Litec, 2008, coll. Credimi, vol. 30, p. 505.

– "The Role of Arbitration in Competition Disputes ", Athènes, juin 2007, in *The Reform of EC Competition Law. New challenges,* (I. Lianos, I. Kokkoris, co.ed.), Kluwer, International Competition Law Series, vol. 41, 2010, p. 75, et version française, « La place de l'arbitrage dans le règlement des litiges en droit de la concurrence », *Dalloz*.2007.2681.

– « L'intérêt général : limite ou pierre angulaire du droit de la concurrence ? », Louvain, mai 2007, *JTDE,* nov. 2007.

– Rapport de synthèse, « Les sanctions judiciaires en droit des pratiques anticoncurrentielles. Compléments ou substituts ? », Le Mans, déc. 2006, *Concurrences,* n° 2-2007.

– Rapport de synthèse, 20e anniversaire de l'ordonnance du 1er décembre 1986, colloque Cour de Cassation, AFEC, 1er décembre 2006, *XXème anniversaire de l'ordonnance du 1er décembre 1986. Évolutions et perspectives,* Paris, Litec, série colloques et débats, 2008.

– « Transports et concurrence », Introduction de l'atelier de la concurrence du 7 juin 2006, *Rev. conc. cons.,* n° 150, spécial décembre 2006, p. 68-69.

– "Private Enforcement of Competition Law – Recommendations Flowing from the French Experience", Max Planck Institut, Hambourg, avril 2006, in *Private Enforcement of EC Competition Law* (J. Basedow, ed.), Kluwer, International Competition Law Series, 2007, vol. 25.

– « Les droits des tiers dans le contrôle des concentrations », Sté Légis. Comp., Paris 1, déc. 2005, *Rev. int. dr. comp.*, 2006, n° 3.

– « Rapport général », in *La réparation du préjudice causé par une pratique anticoncurrentielle en France et à l'étranger : Bilan et perspectives,* Cour de cassation, oct. 2005, site Internet de la Cour, CD Rom, *Droit in situ.*

– « Concurrence et services d'intérêt général. Bilan depuis le traité d'Amsterdam », in *Les services d'intérêt économique général,* (dir. J.V. Louis, et S. Rodrigues), Bruxelles, Bruylant, 2006.

– "Investigation powers when enforcing Competition Laws. Regulation 1/2003 and National Competition Laws", Lisbonne, nov. 2005, in *Competition Law and Economics* (A. Mateus et T. Moreira, ed.), Kluwer, International Competition Law Series, 2007, vol. 31, p. 85.

– « Droits exclusifs et abus de position dominante. À propos de quelques développements récents », Pékin, sept. 2005, Sté Legisl. Comp., *LPA*, 25 nov. 2005, n° 235, p. 5.

– « Environnement et droit de la concurrence. Bilan de la jurisprudence de la Cour de Justice en matière de libre circulation », Atelier de la concurrence, juill. 2005, *Rev. conc. cons.,* supp. janv.-févr. 2006, n° 144 et n° spécial, *LPA*, 15 juin 2006, n° 119, p. 24.

– « Autorités de régulation et réseaux », La Rochelle, juin 2005, in *La modernisation du droit des affaires*, (sous la dir. de G. Jazottes), Litec, 2007, p 119.

– Rapport introductif, commentaires sur l'intervention de Ch. Liebscher (« L'arbitrage est-il une alternative viable ?) et postface au 1er mai 2006, Aix, mai 2005, in *Les entreprises face au nouveau droit des pratiques anticoncurrentielles : le règlement 1/2003 modifie-t-il les stratégies contentieuses*, Bruylant, 2006.

– "Application of EC Competition rules by National Courts – A French perspective", Bruxelles, mars 2005, in *Antitrust Reform in Europe: A Year in Practice,* (Ph. Reynolds, M. Lowe, éd.), International Bar Association, 2005.

– « Les ventes liées après les décisions Microsoft et GE Honeywell. Réflexions de juriste », Bruxelles, ULB, 2005, *Concurrences*, n° 2-2005, p. 31.

– « Liberté de circulation et libre concurrence : quelles innovations ? », UAG, Fort de France, janv. 2005, in *Traité établissant une constitution pour l'Europe – changements et continuité*, publications du CRPLC, 2005, p. 109.

– « Les concentrations dans le secteur des médias : *business as usual* ? », Florence, nov. 2004, Colloque annuel de l'Ascola, RIDE, 2005 n° 1, version anglaise, "Mergers in the media sector. Business as usal" in *The Evolution of European Competition Law* (H. Ullrich, ed), Elgar ed., 2006.

– « Une facette de la modernisation du droit communautaire de la concurrence : les nouveaux règlements d'exemption », Paris, oct. 2004, Journée franco-chinoise, Sté Lég. Comp., *LPA,* n° 22, fév. 2005, p. 5.

– « L'exemption liée aux parts de marché », in Journée d'études sur *Le règlement n° 772/2004 relatif aux accords de transfert de technologie* (sous la dir. de J. Raynard), Litec, Bibl. droit de l'entreprise, 2005.

– « La prise en compte du droit des procédures collectives par le droit de la concurrence. L'articulation des procédures », atelier de la concurrence du 23 juin 2004, *Entreprises en difficulté et concurrence, Rev. conc. cons*. 2005.

– « La qualification de la restriction de concurrence », Cour de Cassation, avril 2004, in *La modernisation du droit de la concurrence,* (sous la dir. de G. Canivet), Paris, LGDJ, 2006, p. 86 et CD Rom *Droit in situ (coll. droit communautaire).*

– « Regards sur les droits étrangers » in *Les sanctions judiciaires des pratiques anticoncurrentielles*, avril 2004, *LPA*, n° 14, 20 janv. 2005, p. 46.

– « Les entreprises face à la suppression du système d'autorisation préalable », CCI/AFJE, nov. 2003, in *Le nouveau droit communautaire de la concurrence – Les droits de la défense face aux pouvoirs de la Commission européenne*, (sous la dir. d'A. Mourre), Bruylant/FEC, 2004, p. 131.

– « Droit de la concurrence », Paris, nov. 2003, in *Les conflits de lois et le système juridique communautaire* (sous la dir. d' A. Fuchs, H. Muir-Watt et E. Pataut), Dalloz, 2004, p. 255.

– Rapport de synthèse, *Internormativité et réseaux d'autorités, Les nouvelles formes de relations juridiques entre l'ordre communautaire et les ordres nationaux,* Toulouse, oct. 2003, *LPA* n° 199-200, 5-6 octobre 2004, p. 63 et CD Rom *droit in situ.*

– « La libre circulation des entreprises. À propos des arrêts *Überseering et Inspire Art* », Paris 2, oct. 2003, in *L'actualité de la pensée de B. Goldman*, éd. Panthéon-Assas, 2004, p. 59.

– « Divorce d'entreprises et effets anticoncurrentiels », Dijon, sept. 2003, in *Les séparations internationales d'entreprises*, (sous la dir. d'E. Loquin), Litec, CREDIMI, p. 291.

– « Le temps : une limite à l'action des autorités », atelier de la concurrence du 2 juillet 2003, Rev. conc. cons., janv.-fév., 2004.

– « Rapport introductif », Nanterre janv. 2003, in *La réception du droit communautaire en droit privé des États membres*, (sous la dir. de J.S. Bergé et M. L. Niboyet), Bruylant, 2003, p. 17.

– « L'actualité du droit français des pratiques anticoncurrentielles : premières vues sur l'année 2002 », AFEC, nov. 2002, *Rev. Lamy dr. Aff.*, février 2003, *et Rev. Lamy dr. éco.*, mars 2003.

– « Un espace de concurrence, quelle politique de concurrence ? », colloque de la CEDECE, Besançon, oct. 2002, *Les Communautés et l'Union européennes face aux défis de l'élargissement,* La Documentation française, coll. CEDECE, Paris et CD Rom *Droit in situ.*

– "Restraints of Competition as an Issue of International Trade Law. Concentration and Cooperation Cases", Frauenchemsiee, juin 2002, in *The Future of Transnational Antitrust – From Comparative to Common Competition Law,* (J. Drexl ed.), Staempfli, Berne 2003.

– "A Necessary Step Towards Common Procedural Standards of Implementation for Articles 81 & 82 EC Within the Network", Florence, avril 2002, *7th European Competition Law Annual. Constructing the Network of EU Authorities,* (C.Ehlermann & I. Atanasiu, ed.), Hart Publishing, 2004, p. 211.

– « L'influence du droit communautaire sur le droit international privé », Toulouse, mars 2002, *Le droit international privé communautaire. Emergences et incidences, LPA*, n° spécial 248/12 déc. 2002, p. 27.

– « Mondialisation, liberté et régulation de la concurrence : le contrôle des concentrations », Rennes, sept. 2001, in *Mondialisation et droit économique, Rev. Int. Dr. Eco.*, 2002, p. 175-205

– "Application of Articles 81 and 82 EC by the French Ordinary Courts. A Procedural Perspective", (en coll. avec Ch. Momège), Florence, Institut Robert Schuman, juin 2001, *6th European Competition Law Annual, Effective Private Enforcement of EC Antitrust Law,* (C. Ehlermann & I. Atanasiu, ed.), Hart Publishing, 2003, p. 232.

– "Arbitration and Reform of Regulation 17/62", Florence, Institut Robert Schuman, juin 2001, *6th European Competition Law Annual, Effective Private Enforcement of EC Antitrust Law,* Hart Publishing, 2003, p. 285 et p. 307.

– « La notion d'entreprise », Pau, mai 2001, in *L'entreprise sous l'influence réciproque du droit communautaire et des droits nationaux, Rev. soc.*, 2001.191.

– « La modernisation des règles de concurrence européennes », atelier de la concurrence, mai 2001, *Rev. conc. cons.,* n° 122, juillet-août 2001.

– « Les autorités de contrôle et de régulation », journée d'études en l'honneur de J.B. Blaise, mai 2001, *Concurrence et société de l'information*, Publ. Univ. Paris 2 Panthéon/Assas, 2002

– « Le rôle clef des engagements en matière de contrôle des concentrations : réflexions sur l'évolution de la pratique» (en collab. avec Ch. Momège), n° spécial, *Rev. Lamy dr. aff,* avril 2001.

– « L'actualité du droit français de la concurrence – nov. 1999-nov. 2000 », *Rev. Lamy dr. éco.,* mars 2001 *et Rev. Lamy dr.aff.,* mai 2001.

– « L'exemple d'une responsabilité quasi répressive : le droit de la concurrence », Rouen, janv. 2001, *La responsabilité des professionnels*, n° spécial, *LPA*, n° 137, 11 juill. 2001, p. 34.

– « L'efficacité des décisions dans l'espace », atelier du 7 juin 2000, DGCCRF, *Revue concurrence consommation, droits et marchés,* nov./déc. 2000 et *LPA,* n° 259, 28 déc. 2000, p. 29.

– "The White Paper: coherence. A French Point of View on the Radical Decentralisation of the Implementation of Article 81(1) and (3)", in *5 th European Competition Law Annual 2000: the Modernisation of EC Antitrust Policy* (C. Ehlermann & I. Atanasiu, ed.), Hart publishing, 2001, p. 335.

– « L'européanisation du droit des affaires », colloque Droit et commerce, Deauville, mai 2000, *Rev. jur. com., n° spécial, 2001.*

– « Livre Blanc. Le besoin de sécurité juridique », (en coll. avec B. Van de Walle de Ghelcke), Bruxelles, mai 2000, *Cah. dr. eur.,* 2001, p. 160.

– « L'impact du droit communautaire sur le droit économique », Strasbourg, mai 2000, *Le droit communautaire et les métamorphoses du droit* (sous la dir. de D. Simon), Presses universitaires de Strasbourg, 2003.

– « L'actualité du droit français de la concurrence », *Rev. Lamy dr. éco.*, mai 2000 et *Rev. Lamy dr. aff.*, janvier 2000, n° 23.

– « Le respect des droits de la défense », Montpellier, nov. 1999, in *Réalités et perspectives du droit communautaire des droits fondamentaux* (sous la dir. de F. Sudre et H. Labayle), Bruylant, 2000, p. 213.

– « L'internationalisation du droit de la concurrence », Lyon, oct. 1999, in *Droit de la concurrence et droit privé*, , *J.C.P. éd. E, Cah. dr. ent.,* 2000/n° 3.

– "EC Competition Law in World Trade", Bangkok, août 1999, in, *Asia-Europe on the Eve of the 21st Century,* Bangkok, p. 209.

– « Sport et concurrence », Ateliers de droit de la concurrence, juin 1999, *Revue conc. cons.*, 1999, nov./ déc., n° 111.

– « La liberté de concurrence en France », New-Delhi, 1998, Sté de Lég. Comp., *LPA*, n° 59, 23 mars 2000, p. 4.

– « Règles de concurrence et régulations sectorielles », in *La régulation des services publics en Europe*, (sous la dir. de J. Vandamme), TEPSA, éd. ASPE, 2000.

– « La transparence dans les procédures communautaires de concurrence », Nice, avril 1998, *La transparence dans l'Union européenne. Mythe ou principe juridique*, publications du Cedore, Paris, Montchrestien, 1999, p. 121.

– « Les engagements en droit de la concurrence – approche juridique », Ateliers de droit de la concurrence, 3 juin 1998, *Revue conc. cons.*, 1998, n° 106.

– « La libre circulation des personnes dans les accords conclus par la Communauté », Paris, oct. 1997, in *Trente ans de libre circulation des travailleurs*, Paris, La Documentation française, 1998.

– « La protection par le droit de la concurrence », in *Les clauses abusives entre professionnels*, Lille, mai 1997, Economica, 1998.

– « Subsidiarité et droit de la concurrence », Bordeaux, avril 1997, *Rev. aff. eur.*, 1998, 1/2.

– « Les bases communautaires d'un droit privé européen », Reims, janv. 1997, in *Le droit privé européen* (sous la dir. de P. de Vareilles-Sommières), Economica, 1998.

– « Contrats et droit communautaire » Toulouse, 1996, in *Vers une culture juridique européenne,* (sous la dir. de S. Peruzzetto), Travaux du CDA, Université des Sciences Sociales de Toulouse, Montchrestien, 1998, p. 47.

– « L'arbitrabilité des litiges : l'exemple français », Lille, 1996, *Rev. jur. comm.,* 1996.6.

– « La régulation communautaire des contrats de distribution », Lille, nov. 1995, *LPA,* n° 29, 6 mars 1996, p. 35.

– « La jurisprudence du Tribunal de première Instance en matière de concurrence », Bordeaux (en collab. avec J.B. Blaise), *Rev. marché unique et Union européenne*, 1995, p. 109.

– « Quelques observations sur la confidentialité en droit de la concurrence. A propos du secret professionnel et des secrets d'affaires », in *Aspects contemporains du droit de la distribution et de la concurrence,* Travaux du CDA, Université des Sciences Sociales de Toulouse, Montchrestien, 1996, p. 109.

– « Les orientations actuelles du droit communautaire de la concurrence », Montréal, 1995, in *L'accès au marché de l'Union européenne et le droit européen des affaires,* éd. Y. Blais, 1995, p. 137.

– « Entreprises en difficulté et concurrence : la position du droit communautaire », Rennes, 1994, *Rev. int. dr. eco.,* 1995, n° 2, p. 303.

– "Environnement et droit communautaire de la concurrence », in *La Communauté Européenne et l'environnement,* colloque de la CEDECE, 1994, La Documentation française, et *JCP éd. G, 1995.I.3852.*

– « Concurrence entre secteur public et secteur privé », séminaire d'économie industrielle, Bercy, juin 1994, *Rev. int. dr. eco.,* 1994, n° 3, p. 451.

– « Les conflits de lois en droit de la concurrence », AFEC, mars 1994, *Journal de droit international,* 1995, n° 2, p. 321.

– « L'harmonisation des législations en matière de droit commercial », Soc. Lég. Comp., Journées franco-hongroises, juin 1993, *Travaux de la Société de législation comparée,* 1993, p. 157.

– « L'exclusivité dans les contrats de distribution et d'approvisionnement », AFEC, juin 1993, *JCP éd. E, Cah. Dr. Ent.,* 1993, n° 6.

– « La France dans le marché unique : les implications en matière de concurrence », avril 1993, Université du Québec à Montréal, *LPA, 1993, n° 139* et in *Le Canada dans l'ALENA ; la France dans le marché unique.*

– « Les mesures intérimaires », Institut de droit et des pratiques du commerce international, CCI, mars 1993, in *Garanties procédurales et droit de la concurrence,* CCI, Publications de l'Institut, n° 480/6, 1994.

– « Le domaine spatial du droit communautaire des affaires », Comité français de droit international privé, nov. 1992, *Travaux du CFDIP, 1991-1993,* Pédone, *p. 145.*

– « Aspects internationaux du droit de la concurrence appliqué aux services de l'information », Institut de droit et des pratiques du commerce international, CCI, oct. 1992, in *Droit de la concurrence et services d'information*, CCI, Publications de l'Institut, n° 480/5, 1994.

– « Les restructurations financières face au contrôle préventif des concentrations en droit communautaire », Lille, déc. 1991, in *Restructurations financières et droit de la concurrence,* Litec, 1993, travaux du LERAP.

– « L'activité du Conseil de la concurrence en 1990 », AFEC, janv. 91, *Dalloz* 1991, chron. 289.

– « Perspectives communautaires du droit des faillites », Le Havre, nov 90, *Gaz. Pal.,* 1991, 7 et 8 juin.

– « Le contrôle de la sentence arbitrale », XIIème Congrès annuel de l'Institut de droit et des pratiques du commerce international,CCI, Paris, oct. 1990, in *Competition and Arbitration Law,* CCI, Publications de l'Institut, Paris, 480/3, 1993.

– « Commentaire du règlement communautaire sur le contrôle des concentrations », Toulouse, mai 1990, in « L'Europe juridique et financière » (sous la dir. de C. Saint-Alary-Houin), *JCP éd. E, Cah. Dr. Ent.,* 1991, n° 2.

– « L'étudiant européen », nov. 1990, in *Travaux de l'association française des femmes des carrières juridiques, Paris,* 1990.

– « L'insécurité dans le droit communautaire », XVIIème Entretiens de Nanterre, mars 1990, *JCP éd. E, Cah. Dr. Ent.,* 1990, n° 5.

– « Le deuxième rapport d'activité du Conseil de la concurrence » (en collab. avec M.C. Boutard-Labarde), AFEC, juin 1989, *LPA,* n° 87, 21 juill. 1989.

– « Le choix du GEIE comme technique de coopération inter-entreprises », journée d'études de la CRCI Midi-Pyrénées, *La Gazette des Tribunaux du Midi,* 15 juill. 1989.

– « Bilan de deux ans d'application du droit de la concurrence » (en collab. avec M.C. Boutard-Labarde), janv. 1989, AFEC, *n° spécial « Liberté des prix et concurrence », I.C.C.,* juin 1989.

– « L'interférence entre le droit communautaire et le nouveau droit français de la concurrence », Toulouse, 1988 in *Le libéralisme en matière de prix et de concurrence,* (sous la dir. de C. Saint-Alary-Houin), n° spécial, *LPA,* mars 1988, n° 39.

– Rapport de synthèse, « Le droit foncier rural en Côte d'Ivoire », Abidjan, 1987, *Études et documents du Centre ivoirien de recherches et d'études juridiques,* 1987, n° 1, p. 7, p. 117.

Articles de revues

– « Les évolutions du droit antitrust : plus d'administratif au service de plus de répressif », *Gaz.Pal.* 2022, n° 11, 5 avril 2022.

– "The future of the Regulation n° 1/2003: New relations between EU and national laws", *JECLAP*, vol. 11, 2020, issue 8.

– "Arbitration and Competition Law: Have we entered a fourth phase in their relations?", *Competition and Policy Debate*, 2017 n° 1.

– « Arbitrage et droit de l'Union européenne. Retour sur quelques développements récents », *Rev. arb.* 2016.471.

– « Contrôle des concentrations et contrôle des investissements étrangers », *Concurrences*, n° 2-2015 et *Rev. aff. eur.* 2014/4.

– « L'accès au dossier des autorités de concurrence dans les actions privées : état des lieux deux ans après l'arrêt Pfleiderer », (en coll. avec F. Zivy), *Concurrences* n° 3-2013, p. 64.

– « Vingt ans de politique européenne de concurrence », *Rev. aff. eur.*, 2012/2, p. 273.

– « La répression des pratiques anticoncurrentielles par les institutions de l'Union » 2010-2012 », *Rev. sc. crim.*, 2012-2, p. 313

– « La pratique de l'Autorité française concurrence en matière de relations verticales », *Revista Concorrencia e Regulaçao,* 2010-4, p. 139.

– « La coopération entre la Commission et les juges nationaux en droit de la concurrence », *Rev. aff. eur.,* 2009/2010, n° 1, p. 59.

– « Le nouveau visage de la régulation de la concurrence en France. L'Autorité de la concurrence entre deux Europe » (en coll. avec Ch. Lemaire), *JCP éd. G,* 2009, I.125.

– « Projet de réforme du droit français de la concurrence. À propos des aspects institutionnels et procéduraux », *Concurrences,* 2-2008, supplément électronique.

– « La mise en réseau des autorités de régulation », *RDP,* n° 3-2008, p. 787.

– « Les programmes de clémence. L'entrée dans la phase III », *RJEP*, mars 2007.

– « Concurrence et libre circulation. Regards sur les derniers développements », *Rev. aff. eur.,* 2005/3, p. 391.

– « Sanctions et droit communautaire », *Les sanctions*, coll. Justice & Cassation, ordre des avocats au Conseil, Dalloz, 2004, p. 54.

– « Le nouveau système communautaire de mise en œuvre des articles 81 et 82 CE (règlement 1/2003 et projets de textes d'application », *Cah. dr. eur.*, 2003, p. 283.

– « Information et droit de la concurrence », *Rev. Lamy dr. aff.*, mai 2003.

– « La rémunération des comptes à vue et le droit communautaire. À propos de la décision de la commission bancaire », *LPA, n° 212*, 23 oct. 2002.

– « La réforme du droit français des concentrations », *J.C.P. éd. E, Cah. Dr. Ent.,* 2001/n° 4.

– « Loi NRE/Concurrence : La deuxième partie de la loi NRE ou la réforme du droit français de la concurrence », *JCP. éd. G, 2001.I.343.*

– « Le futur règlement d'application des articles 81 et 82 CE : chronique d'une révolution annoncée », *Dalloz,* 2001.1370

– « Une innovation surprenante : l'introduction de l'arbitrage dans le contrôle communautaire des concentrations », *Rev. arb.,* 2000, n° 4, p. 591.

– « Un nouveau droit communautaire des procédures collectives : commentaire du règlement 1346/2000 », *JCP éd. E,* 2000, p. 1648.

– « À propos des engagements en droit de la concurrence : quelques réflexions sur la pratique communautaire et française », *Cah. dr. eur.*, 1999, 5/6, p. 569.

– « Les aides aux entreprises en difficulté et le droit communautaire », *RTDeur.*, 1998, p. 317.

– « Quelques réflexions sur l'application du droit communautaire de la concurrence aux ordres professionnels », *JTDE,* avril 1997.

– « Quelques réflexions sur l'avenir de l'ordonnance du 1er décembre 1986 dans la perspective communautaire», *Gaz. Pal.*12 - 13 février 1997.

– « Arbitrage et droit communautaire », *Rev. aff. int.,* 1996, n° 5, p. 561.

– « L'affaire des barres glacées Mars. Une vague de froid sur les contrats d'exclusivité », (en collab., avec Ch. Momège), *JCP éd. E, Cah. Dr. Ent.,* 1995, n° 6.

– « La faillite et la Communauté. Enfin une convention internationale ? », *Droit et pratique du commerce international,* 1995, n° 1, p. 34.

– « L'ouverture des transports ferroviaires à la concurrence », *Cah. dr. eur.,* 1995, p. 263.

– « La loi ivoirienne sur l'arbitrage », *Rev. arb.,* 1994 n° 4.

– « Les mesures provisoires en droit de la concurrence ; un nouvel exemple de symbiose entre le droit français et le droit communautaire », *RTDeur.,* 1993, n° 4, p. 581.

– « L'application du principe de « subsidiarité » en droit de la concurrence », *Dalloz, 1993.* chron.137.

– « Quelques pistes pour la résolution des conflits de droits de la concurrence en matière de distribution », *Droit et Pratique du Commerce international,* 1993, n° 2, p. 216.

– « Chronique de jurisprudence : Côte d'Ivoire », *Journal de droit international,* 1991.1039.

– « Quelques remarques sur l'Acte Unique Européen et ses incidences sur le droit communautaire », *Revue juridique africaine,* 1991, n° 1, p. 139.

– « Eléments d'un droit international privé africain. L'exemple de la Côte d'Ivoire », *Revue juridique africaine,* 1990, n° 1.

– « Du GIE au GEIE et réciproquement. Commentaire de la loi du 13 juin 1989 » (en collab. avec C. Saint-Alary/Houin), *LPA, 4 oct. 1989, n° 119.*

– « Le rapprochement des législations en matière de propriété intellectuelle », *Droit et Pratique du Commerce International,* 1989, n° 3.

– « À propos du GEIE et de son introduction en droit français », (en collab. avec C. Saint-Alary/Houin), LPA, 22 mars 1989.

– « Le droit ivoirien de la famille : un exemple de droit mixte », *Études et documents du Centre ivoirien de recherches et d'études juridiques, 1987, n° 2, p. 7* et in *La formation du droit national dans les pays de droit mixte, Presses universitaires d'Aix Marseille, 1989, p. 191.*

– « À propos de la loi du 2 août 1983 sur le mariage : observations critiques sur quelques lacunes et contradictions du nouveau droit ivoirien des régimes matrimoniaux », *Revue ivoirienne de droit,* 1987, n° 2.

– « Chronique de jurisprudence : droit patrimonial de la famille », *Revue ivoirienne de droit,* 1987, n° 1, p. 187.

– « Le nouveau droit ivoirien des régimes matrimoniaux », *Études et documents du Centre ivoirien de recherches et d'études juridiques, 1987,* n° 1, p. 7*, et Revue camerounaise du droit.*

– « Concentration des entreprises et protection des travailleurs en droit communautaire », *Droit social,* 1975.561.

Études (Europe), contributions à Tendances (Concurrences) et Aperçus rapides (JCP)

– « L'application du principe *ne bis in idem* en droit de la régulation économique. À propos des arrêts de la Cour de Justice bpost et Nordzucker du 22 mars 2022 », *Europe,* juin 2022, étude 5.

– « Réflexions sur la dimension internationale de l'arrêt Sumal », in "Private enforcement in Europe after Sumal", *Concurrences,* n° 1-2022, p. 44.

– Introduction au dossier « La loi DDADUE, simple adaptation ou réforme du droit français de la concurrence », *Concurrences* n° 1-2021.

– « Politiques de concurrence et crise du covid 19 », aperçu rapide, *JCP éd. G,* 11 mai 2020, n° 580.

– « Covid 19 et droit de la concurrence. Quelles adaptations », *Europe,* avril 2020, étude 3.

– « Dix-huit mois d'application du droit de la concurrence », *Europe,* oct. 2018, étude 7.

– « Une lecture juridique de l'arrêt Intel », in On-Topic "Intel: The long awaited ECJ ruling", *Concurrences,* n° 1-2018, p. 15.

– « Match nul provisoire dans l'affaire Intel : la partie continue… », *Europe,* oct. 2017, étude 9.

– « Regards sur l'arrêt Intel : confirmation ou évolution », *Europe,* août-sept. 2014, étude 7.

– « Récidive ou réitération ? », in Tendances, « Ombres et lumières du traitement de la récidive par le droit des pratiques anticoncurrentielles », *Concurrences,* n° 4-2010, p. 26.

– « Le règlement n° 1049/2001 doit-il s'appliquer aux procédures concurrence ? », *Europe,* oct. 2010, étude 11.

– « Aperçu du nouveau régime des accords verticaux », *Europe*, juill. 2010, étude 8.

– « L'avant-projet d'ordonnance portant création de l'Autorité de la concurrence », (en coll. avec Ch. Lemaire), *JCP éd. G*, 2008, actualité rapide, 441.

– Table ronde avec B. Lasserre et Ch. Vilmart, « Loi de modernisation de l'économie », *Cah. Dr. Entr.*, n° 4, juillet-août 2008.

– « L'arrêt Microsoft : simple interprétation ou nouvelle adaptation de l'article 82 CE », *Europe,* déc., 2007, étude 22.

– « Ordre public et concurrence. État de la rencontre », Tendances, « Ordre public, concurrence et arbitrage », in *Concurrences,* n° 3-2006, p. 12

– « Premières vues sur l'arrêt General Electric c/Commission du 14 décembre 2005 », *Europe,* févr. 2006, étude 2.

– « Plaidoyer pour une réflexion sur l'articulation entre les procédures de clémence et les actions privées », Tendances, « Les politiques de clémence en Europe », *Concurrences*, n° 3-2005, p. 25.

– « La réforme du droit antitrust en Europe : un an de pratique », *Europe*, avril 2005, étude 4.

– « L'empiétement du droit de la concurrence sur le droit des contrats », débat, *RDC*, 2004, n° 3, p. 882.

– « L'entrée en vigueur du règlement 1/2003 : les dispositions procédurales du « paquet modernisation » », *Europe,* mai 2004, étude 6, et *Procédures*, juillet 2004.

– « Le nouveau règlement CE sur les concentrations », *Europe,* mars 2004, étude 3.

– « Nouvel épisode dans les affaires SEB/Moulinex et Total/Fina/Elf ou comment le Tribunal exerce son contrôle sur les décisions de renvoi et les décisions relatives aux engagements », *Europe*, juin 2003.

– « Premières vues sur le nouveau règlement d'application des articles 81 et 82 CE », *Europe,* févr. 2003, étude 7.

– « Le nouveau règlement de mise en œuvre des articles 81 et 82 CE », aperçu rapide, *JCP éd. G*, 2003, n° 1 *et JCP éd. E*, 2003, n° 4.

– « La réforme de la distribution automobile », *Europe*, oct. 2002, étude 11, et *JCP éd. E*, 2002.I

– « Avocats et droit de la concurrence : la rencontre a eu lieu », *Europe*, mai 2002, étude 6.

– « Droit social et droit de la concurrence. Confrontation ou cohabitation », *Europe*, nov. 1999, étude 11.

– « Le Tribunal et le contrôle des concentrations : à propos des arrêts Gencor et Generali de mars 1999 », *Europe,* mai 1999, étude 6.

– « La Jurisprudence du Tribunal en matière d'aides d'État septembre 1998 », *Europe,* nov. 1998, étude 9.

– « Le contrôle communautaire des concentrations – version 1998 », *Europe,* juill. 1997, étude 8, *et JCP* éd. *E,* 1997.1.686.

– « La réalisation de la pleine concurrence dans le secteur des télécommunications : la transposition en droit français de la directive 96/19 », *Europe*, oct. 1996, étude 9.

– « Nouvelle invasion ou confirmation du domaine d'application du droit de la concurrence. À propos de quelques développements récents », *Europe*, janv. 1996, étude 1.

– « L'application de la Convention de Bruxelles en matière de diffamation. Des précisions importantes sur l'interprétation de l'article 5 § 3 », *Europe*, juin 1995, étude 7.

– « Le nouveau mandat du conseiller-auditeur. Quelques progrès dans les procédures concurrence », *Europe,* févr. 1995, étude 2.

– « Le regroupement familial en droit communautaire à la lumière du décret du 11 mars 1994 », *Europe,* mai 1994, étude 4.

– « Le nouveau traitement des entreprises communes à caractère coopératif », *Europe,* sept. 1993, étude 8.

– « Epilogue dans l'affaire Pâte de bois. Les derniers apports de la Cour au droit communautaire de la concurrence », *Europe*, juin 1993, étude 6.

– « La situation des victimes de pratiques anticoncurrentielles après les arrêts Asia Motor et Automec *II », Europe,* déc. 1992.

– « Permanence ou évolution des problèmes en matière de distribution ; quelques interrogations après les affaires Vichy et Peugeot », (en collab. avec Ch. Momège), *Europe*, n° 5, mai 1992.

– « Les affaires de la Cinq : de nouvelles précisions sur l'octroi de mesures provisoires en droit communautaire et français de la concurrence », *Europe*, n° 3, mars 1992.

– « Faut-il réviser le règlement sur le contrôle des concentrations ? Brefs propos sur l'affaire de Havilland », (en collab. avec Ch. Momège), *Europe,* n° 1, janv. 1992.

– « Une nouvelle évolution de la notion d'entente en droit communautaire : l'affaire du polypropylène », *Europe*, n° 2, déc. 1991.

– « À propos de l'interruption volontaire de grossesse – Premier bilan de la jurisprudence de la Cour relative à la libre prestation de services en 1991 », *Europe*, n° 1, nov. 1991.

Notes de jurisprudence

– *La distinction entre la « matière contractuelle » et la « matière délictuelle » revisitée par les actions en droit de la concurrence*, (CJUE, gde ch, 24 nov. 2020, C-59/19, Wikingerhof/Booking.com), *Rev. crit. Dip*, 2021, n° 2, p. 440.

– *La « matière civile et commerciale » à l'épreuve de l'action du Ministre en droit de la consommation*, (CJUE, 16 juill. 2020, Movic, C-73/19), *Rev. crit. Dip.*, 2021 n° 2, p. 383.

– *Contentieux en réparation pour violation du droit de la concurrence : de nouvelles précisions sur le lieu de matérialisation du dommage,* (CJUE, 29 juill. 2019, Tibor-Trans, aC-451/18), *Rev. crit. Dip.*, 2020, n° 3, p. 549.

– *Repreneurs d'entreprises en difficulté : attention au contrôle des aides d'État,* Commentaire de l'arrêt Fortischem du Tribunal de l'Union, *Bull. Joly, Entreprises en difficulté,* 2020, n° 117, p. 59.

– *Le contentieux international des actions en réparation pour violation du droit de la concurrence : l'arrêt CDC revisité* (CJUE, 5 juill. 2018, fly-LAL, C-27/17, et CJUE, 24 oct. 2018, Apples Sales, C-595/17, *Rev. crit. Dip.*, 2019, n° 4, p. 786.

– Cass., civ. 1re, 11 oct. 2017, E-Biscuzz (La Cour de Justice appelée à préciser la portée d'une clause attributive de juridiction en cas d'invocation d'une violation du droit de la concurrence), *JCP éd. G 2017,* n° 49, 1279, p. 2204.

– Comm. UE, déc. 6 nov. 2015, Mory, *Actualité des procédures collectives,* mars 2016.

– Paris, 14 avril 2015, République hellénique c/Sté Bombardier, (contrat annulé pour violation du principe de libre circulation des marchandises), *Rev. arb.*, 2016, p. 556.

– Cass., 7 oct. 2015, E Biscuzz, (l'efficacité d'une clause attributive de juridiction remise en cause par la simple invocation du droit de la concurrence*), JCP éd. G. 2015*, n° 49, 30 nov. 2015, 1322, p. 2221

– CJCE, 26 oct. 2006, Mostaza Claro, C-168/05 (la Cour de Justice et le sort de la clause compromissoire dans un contrat de consommation), *Rev. arb.,* 2007, p. 109.

– CJCE, 27 janv. 2005, Denuit & Cordenier, C-125/04, (la Cour de Justice confirme qu'elle n'est pas compétente pour répondre aux questionx préjudicielles d'un tribunal arbitral), *Rev. arb.,* 2005, p. 765.

– Cass. civ. 1re, 14 nov. 2000, (exequatur d'un jugement selon la Convention de Bruxelles après renonciation à la clause d'arbitrage), *Rev. arb.,* 2001, p. 507.

– Conseil de la concurrence, Avis 2000-A-07, (applicabilité du contrôle français des concentrations à une opération britannique), *Rec. Lamy concurrence.*

– CJCE, 9 nov. 2000, Ingmar, C-381/98 (caractère de lois de police de la directive sur les agents commerciaux), *Rev. crit. Dip*, 2001, n° 1, p. 107.

– CJCE, 1er juin 1999, Ecoswiss, C-126/97 (l'arbitre et l'ordre public communautaire : prise de position de la Cour de Justice), *Rev. arb.*,1999, n° 3, p. 631.

– Paris, 16 juin 1998, (confirmation des solutions en matière d'arbitrabilité des litiges,) *Rev. arb.,* 1999, p. 333.

– Conseil de la concurrence, déc. 98-MC-06, (concurrence des contrôles sur une filiale commune), *Rec. Lamy concurrence.*

– Cass., civ. 1re, 19 déc. 1995, BAD c/BCCI, (interpretation judiciaire d'un traité), *Journal de droit international,* 1997, n° 4, p. 1009.

– Cass. Ass. Plén., 14 mars 1997, (imputabilité des infractions en droit de la concurrence), *JCP éd. G,* 1997, II. 22 915.

– Cass. Com., 12 déc.1995, Soc. du journal téléphoné, *CJEGF,* 1996.180.

– CJCE, 9 févr. 1995, Leclerc, C-412/93 (libre circulation des marchandises), 33 *C.M.L. Rev.,* 1996.113.

– Paris, 1re ch., 19 mai 1993, Soc. Labinal, (arbitrabilité des litiges et droit de la concurrence), *Journal de droit international,* 1993, n° 4, p. 957.

– Paris, 18 mars 1993 (sect. concurrence), Soc. du journal téléphoné, (applicabilité du droit de la concurrence à une direction de ministère), *CJEGF,* octobre 1993.

– Trib. Féd. Suisse, 28 avr. 1992, (l'obligation pour l'arbitre siégeant en Suisse d'examiner la compatibilité du contrat avec le droit communautaire de la concurrence), *Rev. arb.*, 1993, p. 124.

– Conseil de la concurrence, déc. 91 D. 52, (marché guadeloupéen de l'automobile, ententes et intervention des pouvoirs publics), *Rec. Lamy concurrence*, n° 471.

– Paris, 31 oct. 1991, (loi applicable au régime matrimonial), *Journal de droit international*, 1992, n° 2, p. 374.

– Cass. civ., 1re 19 nov. 1991, (l'appréciation de l'ordre public international aux fins d'exécution de la sentence), *Rev. arb.,* 1992, p. 76.

– Cass. civ., 1re, 5 févr. 1991, (les principes d'ordre public international du droit des procédures collectives), *Rev. arb.,* 1991, p. 625.

– Paris, 29 mars 1991, (l'arbitrabilité des litiges intéressant l'ordre public), *Rev. arb.,* 1991, p. 478.

– -Cass. civ., 2e, 20 févr. 1991, (l'étendue du contrôle en cas de recours en annulation fondé sur le grief de contrariété à l'ordre public), *Rev. arb.,* 1991, p. 447.

– Cass. civ. 1re, 15 mars 1988, Versailles 2 oct. 1989, Paris, 7 juill. 1989, (droit communautaire, arbitrage et ordre public), *Rev. arb.,* 1990, p. 115.

– Paris, 16 févr.1989, (arbitrage, international, ordre public et procédures collectives), *Rev. arb.,* 1989, p. 713.

– Ch. Réunies, Cour Suprême de Côte d'Ivoire, 4 avr. 1989, (la licéité et la mise en œuvre de l'arbitrage en droit ivoirien), *Rev. arb.,* 1989, p. 530.

– Paris, 2 arrêts, 28 avr. 1988 et 20 janv. 1989, (arbitrabilité et application du droit de la concurrence par l'arbitre), *Rev. arb.,* 1989, p. 280.

– CJCE, 25 sept. 1988, Pâte de Bois, (application extra-territoriale de l'article 81 CE), *RTDeur*., 1989, n° 2.

– CE, 22 janv. 1982 (établissement des experts comptables), *RTDeur*., 1982.346.

– « La Cour Suprême et la réglementation de l'arbitrage en Côte d'Ivoire : à propos de l'arrêt du 29 avril 1986 », *Revue ivoirienne de droit économique et comptable*, 1987, mars n° 5.

– Versailles, 11 déc. 1981 (refus de vente et droit communautaire), *Dalloz*, 1982.325.

Direction de tables rondes, introduction, conclusion de colloques

Concurrences (www.concurrences.com)

– *New Frontiers of Antitrust* et colloques annuels

2021 : "Vertical restrictions: VBER, everything changed?" ; 2020 (4 nov.) : "Improving the effectiveness and the agility of competition law enforcement"; 2019 (14 juin) : "Competition Authorities: Which judicial review?", *Concurrences* n° 3-2019 ; 2018 (11 juin) : « Urgence et concurrence : mesures provisoires, référé-suspension… Toujours trop tard ? », *Concurrences* n° 3-2018 ; 2017 (26 juin) : « Vers des autorités de concurrence plus indépendantes et plus fortes ?», *Concurrences* n° 3-2017 ; 2016 (13 juin) : "Is Territoriality still meaningful ?", *Concurrences* n° 3-2016, ; 2015 (15 juin) : "Why bother with economists ?", *Concurrences* n° 3-2015 ; 2014 (21 févr.) : « Détection des pratiques anticoncurrentielles : Faut-il réformer les outils existants ou introduire de nouveaux outils ? », *Concurrences* n° 2-2014 ; 2010 (15 févr.) : "Sanctions. Is more always better?", *Concurrences* n° 2-2010 ; 2008 (18 déc.) : « Remèdes et engagements dans le nouveau contrôle des concentrations », *Concurrences,* n° 2-2009 ; 2007 (8 nov.) : « La place du droit de la concurrence dans le traité modificatif », *Concurrences,* n° 1-2008 ; 2006 (30 nov.), « Banque, finance et concurrences », *Concurrences* n° 1-2007 ; 2005 (8 déc.) : « La réforme du droit des aides d'État », *Concurrences,* n° 1-2006.

– Les enquêtes de concurrence

  2022 (22 mars) : « Enquêtes de concurrence et protection des données personnelles » ; 2021 (5 mars) : « Enquêtes de concurrence et infractions successives ou continuées » ; 2019 (15 mai) : « Les droits des entreprises dans la phase d'enquête » ; 2017 (27 févr.) : « La loyauté dans les enquêtes » ; 2016 (12 mai) : « *Legal privilege*, secrets d'affaires, données personnelles».

– Antitrust in Asia: One size fits all?

  2018 (18 mai), Hong-Kong: "Extraterritoriality enforcement: a rising concern" ; 2017 (7 avril), Hong-Kong : "Bid-Rigging, Corruption And Competition" ; 2016 (25 avril), Singapore: "Leniency, Transparency and Procedural Rules in competition law enforcement in Asia: is there a Need for convergence ?" ; 2015 (24 avril): "Cross Border Merger Controls and Notifications in the Asean context", *Concurrences* n° 1-2016.

Autorité de la concurrence

– Rendez-vous de l'Autorité de la concurrence

  2018, « La procédure de transaction : quelle application en Europe », *Concurrences,* n° 2-2019 ; 2016, « La place des données dans l'animation de la concurrence » ; 2014, « Réfléchir à la clémence de demain : perspectives en France et en Europe »

– Journée franco-allemande, Conseil de la concurrence/Bundeskartellamt, 2004, *Rev. Lamy conc.*, 2005/3, p. 156.

Préfaces et avant-propos

– E. Thomas, *L'entreprise contrevenante en droit des pratiques anticoncurrentielles*, thèse, Paris 2, *Concurrences*, 2021.

– Avant-propos, G. de Moncuit, *La faute lucrative en droit de la concurrence*, thèse, *Concurrences,* 2020.

– Avant-propos, W. Chaiehloudj, *Les accords de report d'entrée en droit de la concurrence,* thèse, *Concurrences,* 2019.

– Avant-propos, N. Jalabert-Doury, *Les inspections françaises de concurrence*, *Concurrences,* 2019 et 2e éd., 2021.

– C. Verdure, V. Giaccopo, *Contentieux du droit européen de la concurrence. Questions d'actualité et perspectives*, Larcier, 2017.

– D. Reymond, *Action antidumping et politique de la concurrence dans l'Union européenne*, thèse, Paris 2, Bruylant, coll. droit de l'Union européenne, 2015.

– N. Petit, *Oligopoles, collusion tacite et droit communautaire de la concurrence*, Bruylant, 2008.

– L. Driguez, *Droit social et droit de la concurrence*, thèse Paris 1, Bruylant, série Concurrence, 2006.

– Ch. Lemaire, *Energie et concurrence. Recherches sur les mutations induites par la libéralisation du secteur de l'électricité et du gaz*, thèse Paris 1, PUAM, 2003.

– N. Charbit, *Le droit de la concurrence et le secteur public*, thèse Paris 1, L'Harmattan, 2002.

– D. Barthe, *La situation des victimes de pratiques anticoncurrentielles devant les autorités de concurrence communautaire et française*, thèse Paris 1, PUAM, 2000.

– N. Charbit, *Secteur public et droit de la concurrence*, LGDJ, coll. Pratique des affaires, 1998.

Contributeurs

Louis d'Avout
Université Paris 2
Panthéon-Assas

Ludovic Bernardeau
Université Paris Nanterre
Tribunal de l'Union européenne

David Bosco
Aix-Marseille Université

Guy Canivet

Mario Celaya

Muriel Chagny
Université Paris-Saclay – UVSQ

Carole Champalaune
Cour de cassation

Anne-Sophie Choné-Grimaldi
Université Paris Nanterre

Emmanuelle Claudel
Université Paris 2
Panthéon-Assas

Michaël Cousin
Addleshaw Goddard

Morgan De Walsche
Université Paris 2
Panthéon-Assas

Georges Decocq
Université Paris-Dauphine – PSL

Loraine Donnedieu de Vabres-Tranié
Tactics

Laetitia Driguez
Université Paris 1
Panthéon-Sorbonne

Jean-Louis Fourgoux
Mermoz Avocats

Marie-Anne Frison-Roche
Sciences Po (Paris)

Grégory Godiveau
Université Caen Normandie

Nathalie Jalabert-Doury
Mayer Brown

Charles Jarrosson
Université Paris 2
Panthéon-Assas

Maria Kamvysi
Athens Bar Association

Assimakis P. Komninos
White & Case

Bruno Lasserre

Philippe Maddalon
Université Paris 1
Panthéon-Sorbonne

André Marie

Romain Maulin
Maulin Avocats

Laurence Nicolas-Vullierme
Université Paris 2
Panthéon-Assas

Irena Pelikánová
Tribunal de l'Union européenne

Fabienne Péraldi Leneuf
Université Paris 1
Panthéon-Sorbonne

Nicolas Petit
Institut universitaire européen

Thomas Picot
Tactics

Sylvaine Poillot-Peruzzetto
Université Toulouse 1 Capitole

Michel Ponsard
Cabinet UGGC Avocats

Jean-Baptiste Racine
Université Paris 2 Panthéon-Assas

Arnaud Raclet
Tribunal de l'Union européenne

Marie-Cécile Rameau
Bredin Prat

Anne Rigaux
Université Paris 1 Panthéon-Sorbonne

Robert Saint-Esteben
Bredin Prat

Isabelle de Silva
Conseil d'État

Denys Simon
Université Paris 1 Panthéon-Sorbonne

Anne Wachsmann
Linklaters

Wouter Wils
Commission européenne
King's College London

Marc van der Woude
Tribunal de l'Union européenne

Souscripteurs

ANCELIN Ombline, Simmons & Simmons

AUTET Nicolas, Gibson Dunn

BARON Mathieu, Gueguen Avocats

BERKANI Umberto, Ministère de la Transition écologique et de la Cohésion des territoires

BELLIS Jean-François, Van Bael & Bellis

BERG-MOUSSA Alexandra, August Debouzy

BIBLIOTHÈQUE CUJAS

BIEN Florian, Universität Würzburg

BLAISE Jean-Bernard, Université Paris 2 Panthéon-Assas

BLORET-DUPUIS Kelig, Essilor

BUHART Jacques, McDermott Will & Emery

BRUNEAU Mélanie, K&L Gates

CAMESASCA Peter, Covington & Burling

CAZAUX Caroline, Bignon Lebray

CDE (Centre de droit européen Panthéon-Assas), Université Paris 2 Panthéon-Assas

CEDCACE (Centre de Droit civil des affaires et du contentieux économique), Université Paris Nanterre

CEDRE-IODE (Centre de recherches européennes), Université de Rennes

CHAGNY Muriel, Université Paris-Saclay - UVSQ, DANTE et AFEC

CHAIEHLOUDJ Walid, Université de Perpignan et Autorité de la concurrence de la Nouvelle-Calédonie

CHRISTOL Renaud, August Debouzy

COUSIN Michaël, Addleshaw Goddard

CRDI (Centre de recherche du droit international privé et du commerce international), Université Paris 2 Panthéon-Assas

CRDP (Centre de Recherche Droits et Perspectives du Droit), Université de Lille

DAMELET Lise, FTPA Avocats

DAMON Mathilde, BDGS Associés

DANTE (Laboratoire de droit des nouvelles technologies), Université de Versailles Saint-Quentin-en-Yvelines (Paris-Saclay)

DEBROUX Michel, Rizom Legal et Université Paris 2 Panthéon-Assas

DERENNE Jacques, Sheppard, Mullin, Richter & Hampton et Université de Liège

DIENY Emmanuel, Prôreus Avocats

DIMITROV Dimitri, Gide Loyrette Nouel

FABRE Jérôme, BDGS Associés

FAJGENBAUM Fabienne, NFALAW

FASQUELLE Daniel, Université Littoral Côte d'Opale

FERLA Romain, Weil Gotshal & Manges

GLATZ Alexandre, Osborne Clarke

GODFROID Laurent, Gide Loyrette Nouel

GODIVEAU Grégory, Université Caen Normandie

GUÉRINEAU Matthieu, Servier

GUIBERT Philippe, De Pardieu Brocas Maffei

GYSELEN Luc, Arnold & Porter

HAUTBOURG Stéphane, Gide Loyrette Nouel

HEINTZ Dominique, hw&h Avocats & Rechtsanwälte

HEYMANN Jeremy, Université Jean Moulin Lyon 3

HUBERT Patrick, Orrick

JAULT-SESEKE Fabienne, Université Paris Saclay, UVSQ, DANTE, Institut Universitaire de France

DE JUVIGNY Olivier, Peltier Juvigny Marpeau & Associés

LABORDE Jean-François, Laborde Advisory

LACAZE Xavier, DS Avocats

DE LANZAC Pauline, Latournerie Wolfrom Avocats

LAPRÉVOTE François-Charles, Cleary Gottlieb Steen & Hamilton

LIBRAIRIE INTERPHILIV, Paris

LIBRAIRIE LGDJ, Paris

LORIOT Guillaume, Commission européenne, DG COMP

LUC Irène, Magistrat

MACORIG-VENIER Francine, Centre de Droit des Affaires Toulouse (CDA)

MASMI-DAZI Fayrouze, Frieh Avocats

MAULIN Romain, Maulin Avocats

MITCHELL Mary-Claude, WM LAW

NICOD Benoît, Huissier de Justice Honoraire

NINANE Florence, Allen & Overy

PAROCHE Eric, Hogan Lovells

PARTSCH Philippe-Emmanuel, Arendt & Medernach

PAULHAC Camille, Paul Hastings

RONZANO Alain, L'actu-concurrence

SARRAZIN Edouard, DLA Piper

STEENBERGEN Jacques, Autorité belge de la concurrence

TARDIF Natasha, Reed Smith

THÉOPHILE Didier, Darrois Villey Maillot Brochier

THILL-TAYARA Mélanie, Dechert

TRABUCCHI Maria, BDGS Associés

TRICOT Emmanuel, KPMG Avocats

UPEC, Faculté Paris-Est Créteil

UTZSCHNEIDER Yann, White & Case

VANNI Philippe, Fidal

VERDONCK Carmen, Altius

VIALA Faustine, Willkie Farr & Gallagher

VIGUIÉ SCHMIDT & ASSOCIÉS, Avocats à la Cour

VILLEY Hugues, BCTG Avocats

VOGEL Louis, Université Paris 2 Panthéon-Assas

VUCHOT Alexandre, Bird & Bird

WILHELM Pascal, Wilhelm & Associés

WINCKLER Antoine, Cleary Gottlieb Steen & Hamilton

YSEWYN Johan, Covington & Burling

Table des matières

Avant-propos

Bruno Lasserre[*]

Lorsque je l'ai rencontrée, Laurence Idot était déjà considérée, en France et en Europe, comme la « papesse » du droit de la concurrence, avec ce quelque chose de plus qui la rendait accessible et particulièrement ouverte à la discussion. Comme beaucoup d'autres, je me suis vite incliné devant la justesse de son jugement, sa vision acérée et sa parfaite intégrité, qui l'ont toujours conduite à penser hors des sentiers battus, à distance des modes et des idées toutes faites, sans concession ni compromis. J'ai également été impressionné par son rare talent pour rendre passionnante cette matière glissante et métissée qu'est le droit de la concurrence, en nourrissant ses réflexions de références aux autres branches du droit, à l'économie et aux exemples étrangers, fidèle à sa formation d'internationaliste, qui fit d'elle une comparatiste hors pair.

Il m'est ainsi vite apparu évident que le Conseil de la concurrence ne devait pas se passer plus longtemps d'une telle personnalité. Je confesse toutefois que cela n'a pas été simple de décider Laurence Idot à nous rejoindre. Plusieurs de mes propositions ont été poliment déclinées… mais j'ai tenu bon, et ma persévérance a payé puisqu'elle s'est finalement résolue à siéger au collège de l'Autorité – mais est-ce moi ou la réforme de 2008 qui l'en a convaincue ? Elle y a effectué deux mandats, de 2009 à 2019, et j'ai donc eu la chance de la côtoyer beaucoup plus souvent. Nous nous voyions aussi à l'Association française d'étude de la concurrence, dont elle assurait la présidence, lors de journées de travail et de conférences réunissant tous les acteurs du droit de la concurrence – juges, universitaires, avocats –, et où chacune et chacun pouvait s'exprimer librement, ainsi que lors des événements organisés par la revue *Concurrences*, dont elle préside le comité scientifique depuis 2004.

Nous nous sommes particulièrement bien entendus. J'ai aimé sa franchise, et j'ai eu le sentiment que plus nous discutions, plus j'apprenais, plus je progressais. Je lui sais gré de m'avoir régulièrement ouvert à de nouveaux horizons, et aidé à affiner mon point de vue sur de nombreuses questions juridiques ou relatives à l'action de l'Autorité. Je me souviens en particulier d'une fois où Laurence Idot

---

[*] Ancien vice-président du Conseil d'État.

m'avait piqué au vif en me confiant que, selon elle, la pratique décisionnelle de l'Autorité dans la prise en compte de la réitération pour le calcul de la sanction partait dans tous les sens, ce qui m'a déterminé à rédiger moi-même quelques paragraphes d'une décision afin de clarifier notre position.

Je me rappelle également le plaisir que j'ai eu à voyager avec Laurence Idot, qui m'a souvent accompagné à l'étranger dans le cadre des activités de l'Autorité, notamment au sein de l'International Competition Network. Nous partagions cette excitation de monter dans un avion et de partir, ailleurs, à la découverte de nouveaux lieux et de nouvelles personnes. De bourlinguer, comme Laurence Idot – qui va à Singapour comme d'autres vont à Versailles – n'a plus cessé de le faire depuis ses premiers pas de professeure, en Côte d'Ivoire. Elle évoquait parfois son amour du bateau, ses sorties à La Trinité et ses croisières aux quatre coins du globe, ainsi que sa pratique de l'aviation ; autant d'activités qui illustrent le courage, la mobilité, la liberté et l'énergie par lesquels Laurence Idot s'est distinguée tout au long de sa carrière si féconde. Le monde de la concurrence lui doit beaucoup.

Qu'elle trouve dans ces quelques mots l'expression de ma reconnaissance et des souvenirs émus que je garde du bout de chemin que nous avons parcouru ensemble.

Préface

Christophe Lemaire et Francesco Martucci
Ashurst | Université Paris 2 Panthéon-Assas

Ces Mélanges ont vocation à rendre hommage à une grande figure du droit et de l'Université dont il n'est guère aisé de retracer la carrière tant son parcours académique fut riche. Laurence Idot n'est assurément pas qu'une – la – spécialiste du droit de la concurrence, elle est avant tout une universitaire exceptionnelle dont l'œuvre est immense.

Après des études de droit privé à l'Université Paris 10-Nanterre, Laurence Idot a été diplômée de l'Institut d'Études Politiques de Paris (section service public) et a obtenu un DES de droit public, mention droit communautaire, à l'Université Paris 1 Panthéon-Sorbonne, complété par le diplôme du Centre universitaire d'études des Communautés européennes que Pierre-Henri Teitgen avait créé. Déjà, avec un sens inné de l'anticipation, la récipiendaire avait compris deux choses. D'une part, le droit se pense et se pratique au-delà de la *summa divisio* droit privé / droit public à laquelle Laurence Idot n'a jamais crue, même si nul ne contestera qu'elle est une éminente civiliste et internationaliste. D'autre part, le droit communautaire, devenu droit de l'Union, a très tôt était au cœur de ses centres d'intérêts. Il n'a cessé depuis d'occuper une place centrale dans ses enseignements et dans ses écrits. C'est naturellement sur un sujet novateur, à la croisée des champs disciplinaires qu'en 1981, à l'Université Panthéon-Assas Paris 2, Laurence Idot a soutenu sa thèse intitulée *Le contrôle des pratiques restrictives de concurrence dans les échanges internationaux* sous la direction du Professeur Berthold Goldman. Consacrée à un sujet pour le moins novateur, la thèse fut assurément pionnière, ouvrant la voie à la formation d'une discipline juridique dont Laurence Idot fait partie des figures les plus éminentes bien au-delà des frontières nationales et européenne.

Assistante à l'Université Paris 5 René Descartes et chargée de travaux dirigés à l'Université Paris 1 Panthéon-Sorbonne jusqu'à sa réussite au concours d'agrégation de droit privé en 1982, Laurence Idot a toujours eu le goût de l'enseignement et un sens inné de la pédagogie. Après avoir débuté en tant que Professeur détaché au titre de la coopération à l'Université Nationale de Côte d'Ivoire (1983-1988), elle a été cinq ans en poste à l'Université Paris 5 René Descartes avant de rejoindre l'Université Paris 1 Panthéon-Sorbonne en 1993, puis l'Université Panthéon-Assas (Paris 2) en 2007. Celles et ceux qui, comme nous, ont eu la chance de suivre ses cours magistraux et ses séminaires (avant d'avoir l'honneur d'enseigner à ses côtés) gardent un souvenir heureux et intact d'un enseignement d'une limpidité exemplaire alors que Laurence Idot n'a jamais rechigné à se saisir de la complexité des matières. Ils se rappellent aussi le degré d'exigence requis par une pédagogue soucieuse de transmettre une certaine idée de l'excellence scientifique. Toutes ces qualités se retrouvaient lors de l'encadrement des travaux de thèse. Ses doctorants savaient la chance qu'ils avaient de travailler sous sa direction, même s'ils redoutaient toujours de ne pas satisfaire son niveau d'exigence. La clarté, la précision et la rigueur de sa pensée les éclairaient dans leurs recherches. Aussi ne s'étonne-t-on que Laurence Idot ait co-dirigé le DEA de droit communautaire à l'Université Panthéon-Sorbonne, puis le Master 2 de droit de l'Université Panthéon-Assas et qu'elle ait toujours eu à cœur d'assumer des responsabilités administratives au sein des établissements.

Laurence Idot, c'est aussi et surtout une œuvre doctrinale colossale. À ses écrits et au nombre impressionnant de colloques ou conférences auxquels elle a pu contribuer s'ajoutent des responsabilités éditoriales. Membre de comités scientifiques de revues aussi prestigieuses que la *Common Market Law Review*, Laurence Idot a marqué l'édition juridique par deux contributions majeures. La première date de 1991 avec la codirection aux côtés du Professeur Denys Simon de la revue *Europe* chez LexisNexis qui est devenue la référence incontournable de tout Européaniste. La seconde a été le lancement de Concurrences dont elle assure toujours la présidence du comité scientifique, contribuant à faire de cette revue l'un des plus grands succès de l'édition juridique. L'une des clefs de cette réussite est l'intérêt porté par Laurence Idot à la pratique du droit. Dans ses domaines de prédilection, en particulier la concurrence, il serait vain d'étudier le droit sans s'intéresser à l'action des praticiens. Ainsi, Laurence Idot a occupé diverses fonctions dans l'Association Française d'Étude de la Concurrence ; surtout, pendant dix années, elle a été membre du Collège de l'Autorité de la concurrence. Sa nomination intervint en 2009, quand le Conseil de la concurrence devint, en grande partie sous l'influence du droit européen, l'Autorité de la concurrence. Ses fonctions au sein du Collège ont montré à quel point le regard de l'Universitaire est essentiel dans la pratique décisionnelle des autorités.

Toute la carrière de Laurence Idot a été marquée par trois traits saillants autour desquels ces Mélanges sont bâtis. Concurrence, d'abord. Quel aurait été le destin du droit de la concurrence en France sans Laurence Idot ? Le droit de la concurrence, dans toutes ses dimensions, faut-il ajouter ; tenant à mêler droit européen et droits nationaux, procédure et fond, Laurence Idot ne s'est pas limitée aux pratiques anticoncurrentielles, mais a toujours accordé la plus grande importance au contrôle des concentrations et aux aides d'État. Europe, ensuite. Présente dès ses études, la fibre européenne a marqué son enseignement et ses écrits.

Droit international, enfin. Grande voyageuse, Laurence Idot a donné une dimension internationale tant par ses enseignements à l'étranger que par ses écrits.

Ces quelques lignes ne sont qu'un résumé – trop court – de l'immense carrière et de la personnalité de Laurence Idot. Présentes aux grandes étapes de la construction européenne et de la mutation du droit de la concurrence, Laurence Idot n'a eu de cesse au cours de sa carrière de transmettre son savoir et de guider – en capitaine ou en pilote, pour faire écho à deux de ses passions – ses collègues, ses disciples et les praticiens. L'importance des contributions qui lui sont dédiées témoigne du rayonnement de son œuvre académique et de la reconnaissance que tous ont voulu lui témoigner.

Les mutations de la revue *Europe*, les mutations de l'Europe : Trente ans de navigation paisible avec Laurence Idot dans un univers agité

Anne Rigaux* et Denys Simon**
Université Paris 1 Panthéon-Sorbonne

Résumé

Une petite chronique de relations professionnelles et amicales avec Laurence Idot, accompagnée d'une mise en perspectives avec l'évolution de la revue Europe et plus profondément des transformations du droit de l'Union européenne.

* Maître de conférences à l'École de droit de la Sorbonne, Université Paris 1 Panthéon-Sorbonne.

** Professeur émérite à l'École de droit de la Sorbonne, Université Paris 1 Panthéon-Sorbonne.

L'exercice des mélanges aboutit le plus souvent à la publication d'études de haut niveau scientifique sur des questions techniques qui ont constitué les axes principaux du travail juridique du dédicataire, *ad majorem juris gloriam*... Ce n'est pas la perspective que nous avons retenue s'agissant d'un hommage à la carrière remarquable et à la personnalité exceptionnelle de Laurence Idot. Compte tenu des relations que nous entretenons, il nous a en effet semblé plus opportun de traduire en mots ce qui relève davantage d'un *liber amicorum*, rendant compte d'une amitié intense de plus de trente ans, ce qui prouve au passage, même si cela n'est pas une loi universelle, que des collègues peuvent être aussi et surtout des amis. À cet égard, comme l'a écrit René Char, « *[l]es mots qui vont surgir savent de nous ce que nous ignorons d'eux* »[1]...

Nous n'insisterons pas sur les qualités pédagogiques de Laurence Idot, même si nous ne pouvons empêcher la remontée des souvenirs sur ce qu'elle a contribué à nous apprendre, avec la douceur, la rigueur et l'exigence qu'on lui connaît. Naturellement, les non-spécialistes que nous étions lui doivent entre autres la découverte et l'approfondissement des concepts et de méthodes liés au droit de la concurrence, au droit économique des contrats, aux interrelations du droit et des marchés, ou encore à l'impact des règles du droit international privé.

Mais par ailleurs, nous ne pouvons pas nous empêcher d'évoquer, même si cela ne correspond pas nécessairement à la tradition de l'exercice des mélanges juridiques, sa pédagogie exceptionnelle de skipper pour former les novices que nous étions à barrer un voilier, à gérer le « vent debout » et à participer de manière adéquate à l'aventure qu'est la vie commune sur un bateau. Il nous est en effet radicalement impossible d'écarter les réminiscences des navigations côtières ou hauturières menées ensemble autour de l'île Maurice, des Seychelles, du Vietnam ou de Cuba. Au passage, ces souvenirs inoubliables de croisières exotiques s'enchevêtrent souvent avec ceux du droit, compte tenu des discussions très sérieuses à propos de la jurisprudence de la Cour de justice de l'Union en toutes matières, que nous menions parfois sur le pont d'un trimaran ou d'un quillard au coucher du soleil, à l'heure sacrée de l'apéritif...

Toutefois, pour en revenir à la tonalité plus classique des mélanges, notre histoire commune avec Laurence Idot s'est surtout incarnée dans le montage, le développement et la pérennité de la revue *Europe*, qui représente plus de trente ans de coopération dans la direction, la coordination et la rédaction de cette revue mensuelle, sans jamais de conflits, et encore moins d'exploitation abusive de position dominante.

Et pourtant le bébé, né en novembre 1991, a tellement changé ! Nous voudrions insister sur ce point, surtout parce que l'on y découvre le reflet fidèle de la transformation constante de l'Union européenne et de son droit. Les premiers numéros de la revue *Europe* variaient de 15 à 18 pages, rendant compte au maximum d'une douzaine d'arrêts de la Cour de justice, et s'enrichissant de « chroniques » régulières signées Laurence Idot, Anne Rigaux ou Denys Simon. Les numéros

1 René Char, « Ma feuille vineuse », Chants de la Balandrane, Paris, Gallimard, 1977.

récents comportent dorénavant 45 à 50 pages et contiennent les commentaires d'environ 45 arrêts, assurés par plus de 36 contributeurs qui se sont succédé au fil des ans, même si le trio initial continue à assumer son investissement mensuel. Depuis 2007 s'y sont ajoutés des Études, des Chroniques, des Entretiens, des Repères et des Focus, ces derniers signés le plus souvent Laurence Idot.

Les observateurs extérieurs ont sans doute du mal à évaluer la charge que représente tous les mois cet exercice, tant en termes de préparation, de rédaction que de mise en forme et de relecture, pour près de 14 000 commentaires dans les 340 numéros publiés depuis la naissance de la revue. Ils peuvent toutefois mesurer ce que doit notamment à Laurence Idot la construction de cet instrument juridique classé officiellement il y a quelques années comme la quatrième revue juridique du monde en matière de droit européen[2].

En dehors de ces données quantitatives, point n'est besoin de mettre l'accent sur l'apport tout à fait incontournable des commentaires ou des Focus de Laurence Idot à la doctrine juridique, lié évidemment à ses qualités universitaires irremplaçables, mais aussi à sa présence pendant de longues années au collège de l'Autorité de la concurrence, à son rôle déterminant dans la création et la direction de la revue *Concurrences*, ou encore à sa participation régulière à la *Revue de science criminelle et de droit pénal comparé*, à la *Revue internationale de droit économique* ou à la *Revue critique de droit international privé*, comme à notre direction conjointe, avec le premier président Guy Canivet, du *Lamy procédures communautaires*.

Légitimement seul maître à bord après Dieu lors de nos croisières, Laurence Idot a aussi l'art de savoir partager harmonieusement, dans d'autres lieux, les tâches de direction. La collaboration continue que nous avons menée, encore une fois depuis un temps que les moins de 30 ans ne peuvent pas connaître, repose finalement aussi, au-delà des relations personnelles, sur une foi partagée dans l'avenir de l'intégration européenne, mais aussi sur la conviction que l'Europe ne peut se construire que par le droit.

Comme le disait, dans les années 1960, Walter Hallstein, « *[l]a Communauté n'a pas d'infrastructure administrative, pas de pouvoir direct de coercition, pas d'armée, pas de police. Son unique instrument, sa seule arme, c'est le droit qu'elle fixe* »[3]. Pour en rester au temps des grandes voix qui se sont tues, on peut rappeler les formules bien connues du juge Pierre Pescatore, qui aimait à nous dire et à nous redire, dans cette époque hercynienne de la construction européenne, que « *l'Europe se fera par le droit* » et que « *le droit est le plus puissant levier de l'intégration* »[4].

---

2 V. H. Bouthinon-Dumas et A. Masson, « Quelles sont les revues juridiques qui comptent à la Cour de justice de l'Union européenne ? », *RTD eur.* 2013, p. 781.

3 W. Hallstein, Intervention à la session de juin 1965 du Parlement européen, reproduite in *RTD eur.* 1965, pp. 247-254, spéc. p. 250.

4 Avant de l'écrire et de le démontrer dans son célèbre ouvrage, *Le droit de l'intégration : émergence d'un phénomène nouveau dans les relations internationales selon l'expérience des Communautés européennes*, Leyde, Sijthoff, 1972. V. égal. R. Lecourt, *L'Europe des juges*, Bruxelles, Bruylant, 1976, republiée dans la collection Grands écrits, Bruxelles, Bruylant, 2008.

C'est donc bien cette construction inébranlable de l'« *Europe du droit* »[5] que nous avons en partage, véhiculant avec Laurence Idot le souci permanent de contribuer au développement d'une « *culture juridique européenne* », pour reprendre l'intitulé d'un colloque de Toulouse auquel nous avions ensemble activement participé[6]. Mais comme nous en avons souvent discuté, cette culture ne se construit qu'en se fondant sur une dimension temporelle incontournable, c'est-à-dire en intégrant le poids du passé dans l'appréhension du droit du présent[7]. En d'autres termes, comme aimait à le dire Mireille Delmas-Marty, nous étions conduits à contrer l'image figée de la pyramide des normes, d'autant plus puissante qu'elle prolonge « *un langage juridique parlant abondamment de piliers, socles, fondations, fondements* », en y substituant une théorie juridique visant un droit « *en mouvement* », un « *processus de transformation* »[8], qui fait du juriste un « *paysagiste* » mobile, plutôt que le géomètre automate d'un parallélépipède de normes immuable et sacré.

Avec Laurence Idot, nous avons tenté, pendant des années d'enseignement et de recherche, d'intégrer les évolutions historiques et politiques de la construction juridique européenne dans l'analyse de l'état actuel du droit de l'Union. À l'heure où l'échéance des cinquante ans de l'arrêt *Van Gend en Loos* est devenue un sujet de colloque[9], où les anniversaires de l'arrêt *Costa/ENEL* donnent lieu à des célébrations régulières, où l'on publie des livres sur les trente ans de l'arrêt *Nicolo*[10], où l'on effectue des « *visite[s] guidée[s] au pays de Keck et Mithouard* »[11], cette mise en perspective pourrait sembler relever de l'histoire du droit, voire de l'archéologie juridique. Mais nous pensons qu'il n'en est rien, si l'on évoque les profondes transformations du droit de l'Union depuis l'entrée en vigueur des traités de Paris et de Rome[12] et leur récente mise à l'épreuve par le Brexit, la crise sanitaire et l'irruption de la guerre en Ukraine. C'est de ce perpétuel mouvement que notamment la construction commune de la revue *Europe* a voulu rendre compte, en adaptant et en enrichissant ses rubriques et sa maquette de présentation.

---

5 V. p. ex. P. Grossi, *L'Europe du droit*, trad. S. Taussig, Paris, Seuil, 2011 ; R. Dehousse, « L'Europe par le droit : plaidoyer pour une approche contextuelle », *Politique européenne*, vol. 1, nº 1, 2000, p. 63 ; P. Mbongo et A. Vauchez, *Dans la fabrique du droit européen : scènes, acteurs et publics de la Cour de justice des Communautés européennes*, Bruxelles, Bruylant, 2009 ; A. Vauchez, *L'Union par le droit : l'invention d'un programme institutionnel pour l'Europe*, Paris, Presses de Sciences Po, 2013.

6 S. Poillot-Peruzzetto (dir.), *Vers une culture juridique européenne ?*, Paris, Montchrestien, 1998 : v. not. L. Idot, « Droit communautaire et contrats », p. 47 et s. ; D. Simon, « Rapport introductif », p. 1 et s. ; R. Kovar, « Rapport de synthèse », p. 227 et s.

7 Sur ce poids du temps sur le droit, v. p. ex. D. Simon, « Le temps du droit, le temps et le droit », rapport introductif, in « 20 ans et le temps du droit », Bucarest Hamangiu, 2019, p. 3 et s.

8 <https://collegededroitsorbonne.com/2020/07/23/mireille-delmas-marty-je-vois-le-droit-comme-un-processus-de-transformation-et-le-juriste-comme-un-paysagiste>

9 CJUE, *50e anniversaire de l'arrêt Van Gend en Loos, 1963-2013 : actes du colloque, Luxembourg, 13 mai 2013*, Luxembourg, Office des publications de l'Union européenne, 2013.

10 F. Picod et. B. Plessix (dir.), *Le juge, la loi et l'Europe : les trente ans de l'arrêt* Nicolo, Bruxelles, Bruylant, 2022.

11 A. Rigaux et D. Simon, « Visite guidée au pays de Keck et Mithouard dans les pas des avocats généraux : une doctrine, des doctrines, pas de doctrine ? », in C. Boutayeb (dir.), *La Constitution, l'Europe et le droit : mélanges en l'honneur de Jean-Claude Masclet*, Paris, Éditions de la Sorbonne, 2013, p. 941 et s.

12 V. p. ex. M. Poiares Maduro et L. Azoulai (dir.), *The Past and Future of EU Law: The Classics of EU Law Revisited on the 50th Anniversary of the Rome Treaty*, Oxford, Hart Publishing, 2010.

Il est en premier lieu indéniable que les domaines matériels où s'exprimaient dès les origines la fonction d'harmonisation du droit européen et la construction du marché intérieur, qu'il s'agisse de la libre circulation des marchandises, des personnes, des services, du droit de la concurrence ou des aides publiques, ont muté au fil du temps en se complexifiant à la fois quantitativement et qualitativement, au point que la relecture des commentaires de jurisprudence datant du dernier quart du XXe siècle devient presque humoristique, compte tenu de leur dimension protohistorique. Mais cette pénétration sans cesse croissante des règles des traités et du droit dérivé dans nos systèmes juridiques nationaux a progressivement transformé le droit interne des États membres au point de rendre totalement obsolète la phénoménologie du droit, telle qu'elle avait pu nous être enseignée, qui était supposée être fondée sur l'autonomie irréductible des branches du droit interne étanches à l'immigration juridique clandestine de ces « *droits venus d'ailleurs* », pour reprendre les termes du doyen Carbonnier. En effet, qui pouvait s'attendre, au jour de la signature des traités de Paris et de Rome, à ce que la Cour de justice soit amenée à se prononcer par exemple sur l'ouverture des magasins le dimanche, sur la licéité des jeux de hasard, sur le port des particules nobiliaires dans les noms patronymiques, sur l'accessibilité des femmes aux emplois militaires, sur l'exclusion des médecins divorcés des hôpitaux catholiques, sur la législation relative à l'interruption volontaire de grossesse, sur le mariage entre individus du même sexe, sur le port des signes religieux et l'abattage rituel ? Et pourtant ces questions ne pouvaient logiquement échapper au champ d'application cumulatif ou alternatif des règles européennes et des règles nationales.

Le rôle joué par Laurence Idot pour expliciter et justifier les modalités d'articulation du droit européen et des droits nationaux a été d'autant plus déterminant que l'idéologie juridique obsidionale et le syndrome d'une nécessaire « douane des normes » étaient, de l'avis général, particulièrement présents dans la doctrine civiliste, pénaliste ou commercialiste. Dans ce contexte d'un classicisme de bon aloi, l'intérêt porté précocement aux questions juridiques européennes nous a, les uns et les autres, conduits à être perçus comme des passagers clandestins, voire comme des « communautaristes extrêmes »[13], dans l'univers extrêmement binaire du droit classique, dans lequel on se devait de faire allégeance soit au droit privé, soit au droit public, soit au droit interne, soit au droit international, ce qui apparaissait de plus en plus comme une séquelle de clivages artificiels et inopérants pour les « européanistes ».

Le deuxième phénomène fondamental résulte de l'extension des champs d'intervention du droit de l'Union, au fil des révisions des traités, à des domaines nouveaux. L'Europe d'aujourd'hui, après l'Acte unique européen, seule modification d'importance des traités fondateurs en vigueur au moment où a été lancée la revue *Europe*, enrichie par les traités de Maastricht, d'Amsterdam, de Nice, de Lisbonne, l'accord de Schengen, l'adoption du traité sur la stabilité, la coordination et la

---

13 A. Pellet, Les fondements juridiques internationaux du droit communautaire, *Collected Courses of the Academy of European Law*, vol. IV, livre 1, p. 15 et s., spéc. p. 25.

gouvernance (TSCG) et la mise en place de l'euro, les élargissements successifs, mais aussi après le Brexit, n'est plus à l'évidence l'Europe des traités de Paris et de Rome et encore moins l'Europe de Robert Schuman et de Jean Monnet. Le droit de l'Union est maintenant de plus en plus omniprésent, même si selon les secteurs, sa force obligatoire et son impact sur les droits nationaux peuvent être variables. On peut penser, en particulier et sans prétendre à l'exhaustivité, évidemment aux implications de la citoyenneté européenne ou du développement de l'espace de liberté, de sécurité et de justice (mandat d'arrêt européen, asile, immigration), mais aussi à des domaines comme la santé publique, la politique sociale, l'environnement, la protection des consommateurs, la lutte contre la fraude fiscale, la politique économique et monétaire, la surveillance des établissements de crédit, les télécommunications, le numérique, les riches implications de la citoyenneté, la politique étrangère et de sécurité commune, ou encore le développement d'un droit international privé européen (coopération pénale et civile, compétence juridictionnelle, droit applicable, autorité des jugements), sans même évoquer les conséquences contentieuses potentielles de la mise en place du Parquet européen…

Cet élargissement des compétences de l'Union européenne a profondément transformé l'analyse des rapports du droit de l'Union et des droits nationaux, d'autant plus que ces nouveaux domaines d'intervention affectaient de plus en plus directement des règles nationales intimement liées aux conceptions traditionnelles de l'identité constitutionnelle et du noyau dur de la souveraineté des États.

Il en est résulté un troisième phénomène qui a pu perturber la vision, qu'on pouvait juger acquise, voire irréversible, des interférences entre le droit de l'Union et les droits nationaux, à savoir une transformation des concepts d'effet direct et de primauté. À cet égard, la « logique simmenthalienne », qui apparaissait bien ancrée pour gérer les « rapports de systèmes », s'est trouvée singulièrement remise en cause notamment par les décisions résolument – pour ne pas dire violemment – souverainistes des juridictions suprêmes de certains États membres, au point qu'on peut se demander si le virus de crispation autarcique n'est pas en train de se transformer en pandémie. L'abandon de la mise en œuvre d'un dialogue des juges équilibré au profit d'un retour aux monologues juridictionnels croisés, sans revenir en détail sur des décisions récentes qui ont laissé des traces inquiétantes, conduit inéluctablement à une lecture différente de l'articulation entre ordre juridique de l'Union et ordres juridiques nationaux. On peut y ajouter le fait que la Cour de justice a pour sa part nuancé singulièrement une vision quelque peu pyramidale de l'autorité du droit de l'Union, en usant de moyens techniquement subtils, voire parfois singulièrement complexes, tels que la fonction attribuée à l'autonomie procédurale « encadrée » par les principes d'équivalence et d'effectivité, l'élaboration affinée des « notions autonomes »[14], le mécanisme sophistiqué de définition de l'« identité constitutionnelle » et de l'« identité nationale » des

14 V. p. ex. D. Simon, « Les "notions autonomes" en droit de l'Union », in *Mélanges en l'honneur du professeur Henri Oberdorff*, Paris, LGDJ-Lextenso, 2015, p. 93 et s.

États membres[15], la méthode souple de l'« interprétation conforme »[16] ou encore la limitation de l'obligation d'éviction du droit national incompatible avec le droit de l'Union[17].

Enfin, un dernier élément, et non des moindres, mérite également d'être souligné si l'on veut mesurer les mutations dans l'impact du droit de l'Union européenne : il s'agit évidemment de la consolidation progressive d'une Europe de la démocratie et de l'État de droit. La multiplication des références dans la jurisprudence de la Cour aux valeurs de l'Union, et notamment à la Charte des droits fondamentaux, voire à la Convention européenne des droits de l'homme, est d'autant plus fondamentale qu'elle se manifeste dans des contentieux particulièrement techniques, comme en témoignent nombre d'arrêts rendus en droit de la concurrence, en droit de la propriété industrielle et commerciale ou en droit de la propriété intellectuelle, ou encore en matière de libre circulation des personnes ou de coopération judiciaire en droit international privé européen[18].

La prise de conscience sans cesse renouvelée de ces profondes mutations du système juridique de l'Union européenne nous a conduits, lors de nos innombrables discussions scientifiques avec Laurence Idot, à partager, sans peut-être en être toujours conscients, une certaine conception de la normativité juridique, voire une certaine philosophie du droit. Ce travail commun de nos vies universitaires nous semble avoir débouché sur une remise en cause radicale des dichotomies aristotéliciennes, de l'opposition systématique des contraires, des binarités idéologiques, des chocs frontaux, qui demeurent encore trop souvent au cœur de la pensée juridique. Au contraire, l'évolution du droit de l'Union et des droits nationaux peut être appréhendée selon une logique dialectique qui vise à concilier deux objectifs apparemment contradictoires pour parvenir à une synthèse assurant le plein effet du droit de l'Union tout en respectant l'identité juridique des États membres. Pour reprendre une analogie que nous aimons utiliser, il est devenu indispensable de prendre en compte la pluralité

---

15 V. p. ex. C. Grewe et J. Rideau, « L'identité constitutionnelle des États membres de l'Union européenne : flash back sur le coming out d'un concept ambigu », in *Chemins d'Europe : mélanges en l'honneur de Jean Paul Jacqué*, Paris, Dalloz, 2010, p. 319 ; L. Burgorgue-Larsen (dir.), *L'identité constitutionnelle saisie par les juges en Europe*, Paris, Pedone, 2011 ; F.-X. Millet, *L'Union européenne et l'identité constitutionnelle des États membres*, Paris, LGDJ-Lextenso, 2013 ; D. Simon et A. Rigaux, « L'autonomie identitaire des États membres de l'Union : les habits neufs de l'empereur ou le roi est nu ? », in *Liber amicorum en hommage à Jean-Denis Mouton : transformations et résilience de l'État : entre mondialisation et intégration*, Paris, Pedone, 2020, p. 583 ; H. Labayle, « Identité constitutionnelle et primauté du droit de l'Union », *Europe* décembre 2021, n° 12, étude 6.

16 V. p. ex. D. Simon, « La panacée de l'interprétation conforme : injection homéopathique ou thérapie palliative ? », in M. T. D'Alessio, V. Kronenberger et V. Placco (coord.), *De Rome à Lisbonne, les juridictions de l'Union européenne à la croisée des chemins : mélanges en l'honneur de Paolo Mengozzi*, Bruxelles, Bruylant, 2013, p. 279 et s.

17 V. p. ex. A. Rigaux et D. Simon, « L'arrêt Poplawski 2 : accroc limité ou ébranlement général dans la mise en œuvre de la primauté par le juge national ? », *Europe* octobre 2019, n° 10, étude 7 ; D. Simon et A. Rigaux, « Droit de l'Union européenne et droit constitutionnel national dans la jurisprudence de la CJUE : conflit, coexistence, convergence ? », in *Révolution, Constitution, Décentralisation : mélanges en l'honneur de Michel Verpeaux*, Paris, Dalloz, 2020, p. 459 et s. ; D. Simon et A. Rigaux, « Le bouclier, le glaive ou la balance : les aléas de la primauté juridictionnelle du droit de l'Union », in *Sa justice : l'Espace de liberté, de Sécurité et de Justice, Liber amicorum en hommage à Yves Bot*, Bruxelles, Bruylant, 2022, p. 91 et s.

18 V. p. ex. L. Idot, « L'application du principe *ne bis in idem* en droit de la régulation économique. À propos des arrêts de la Cour de Justice bpost et Nordzucker du 22 mars 2022 », *Europe* juin 2022, Étude 5.

herméneutique des concepts, et l'éventuelle persistance, au sein d'un même concept, des antinomies partielles ou des tensions possibles, un peu à la manière des pôles positif et négatif d'une pile électrique qui ne perdent pas leur polarité, mais dont la proximité génère la lumière.

Par exemple, le concept d'« identité », pour reprendre le vocabulaire de Paul Ricœur, est par essence ambivalent, et doit se comprendre à la fois, « en même temps », comme « identité-mêmeté » et comme « identité-ipséité », c'est-à-dire admettre les similitudes imposées et accepter les irréductibles spécificités.

C'est finalement cette révision des conceptions monolithiques et excommunicatrices, tellement présentes dans la pensée juridique classique, en faveur d'une lecture dialectique du droit, qui a irrigué l'aventure commune de la revue *Europe* et a créé cette empathie intellectuelle pour laquelle nous tenions absolument à rendre hommage à notre amie Laurence Idot.

De la constitutionnalité des amendes en droit de la concurrence

LUDOVIC BERNARDEAU*
Université Paris Nanterre
Tribunal de l'Union européenne

Résumé

Face à une constitutionnalisation progressive du droit privé en général et du droit économique en particulier, la présente contribution vise à mesurer l'incidence de la pratique du Conseil constitutionnel en droit français de la concurrence, en particulier en ce qui concerne les amendes imposées à des entreprises. La première partie traite du débiteur de l'amende, à savoir l'entreprise, mais aussi, en droit interne, les organismes. Sur ce point, des décisions du Conseil constitutionnel ont apporté des clarifications concernant tant les infractions matérielles que les infractions procédurales, au regard des principes de sécurité juridique et d'égalité de traitement. La seconde partie traite du quantum de l'amende, au regard, notamment des principes de légalité des délits et des peines, de personnalité et d'individualisation des peines ainsi que de proportionnalité.

* Maître de conférences habilité à diriger des recherches à l'Université Paris Nanterre et référendaire au Tribunal de l'Union européenne. L'auteur s'exprime à titre personnel.

« *[W]hen we come to matters with a [constitutional] element, [constitutional law] is like an incoming tide. It flows into the estuaries and up the rivers. It cannot be held back.* » Lord Denning aurait-il tenu ces propos, non en anglais, quant au droit communautaire d'alors, mais, de nos jours, en droit français et de la concurrence ? À quelques pas du Louvre, la question peut-elle (encore) se poser ?

Il est vrai que, parmi les « concurrentialistes », même et surtout en herbe, d'aucuns sont étonnamment surpris de commencer à découvrir que le Palais-Royal, l'un des joyaux de notre patrimoine, héberge non seulement le Conseil d'État, mais également la Comédie-Française et, après d'improbables héritiers d'un cardinal ou d'une famille du Loiret, le Conseil constitutionnel. Cela ne s'invente pas[1].

Assurément, la récipiendaire de ces *Mélanges* et de nos libres propos le sait : en ne se prenant jamais au sérieux, Laurence Idot a toujours fait – et compris – sérieusement. En droit de la concurrence, Laurence Idot a été architecte, alors que nous n'étions que de modestes mais admiratifs maçons.

Aux fins de nos présents propos, nous emprunterons d'emblée ceux du président du Conseil constitutionnel : le Conseil occupe un lieu « *façonné au fil des époques par l'esprit de liberté* » et, alors qu'il avait été conçu comme « *le chien de garde de l'exécutif* », il a été « *reconnu à l'intérieur comme à l'extérieur de nos frontières pour ce qu'il est devenu, une véritable Cour constitutionnelle indépendante et protectrice des droits et libertés fondamentales [:] liberté d'expression, liberté d'association, égalité homme-femme, liberté de conscience, droit de grève, droit à un environnement sain* »[2]. Et des appréhensions de plus en plus remarquées, avec une incontournable « constitutionnalisation du droit »[3].

Par le prisme du principe de constitutionnalité, lequel hisse le bloc de constitutionnalité au rang de norme juridique suprême – pour le moins dans l'ordre juridique franco-français –, le Conseil constitutionnel a irrigué non seulement le droit public, notamment le droit fiscal[4], mais également le droit des affaires[5] et, plus largement, le droit privé[6] : le droit pénal[7], la responsabilité civile[8], le droit des

---

1 V. C. Bottineau, « Du Palais-Cardinal au Conseil constitutionnel, quatre siècles d'histoire du Palais-Royal », in C. Bottineau, D. de Béchillon et D. Connil (dir.), *Le Conseil constitutionnel au Palais-Royal*, Paris, Éditions du patrimoine, 2020, p. 27.

2 L. Fabius, préface du *Conseil constitutionnel au Palais-Royal*, préc., p. 5.

3 V., not., D. Terré, « La constitutionnalisation du droit », in *Les questions morales du droit*, Paris, PUF, 2007, p. 137.

4 V. E. De Crouy-Chanel, « La portée conférée par le Conseil aux décisions qu'il rend en matière fiscale », in « La jurisprudence du Conseil constitutionnel et les différentes branches du droit », *Jus Politicum* n° 21, 2018.

5 V. F.-X. Lucas, « Le droit des affaires à l'épreuve de la jurisprudence du Conseil constitutionnel », in « La jurisprudence du Conseil constitutionnel et les différentes branches du droit », préc.

6 V. N. Molfessis, *Conseil constitutionnel et droit privé*, Paris, LGDJ, 1997, et, du même auteur, « La Constitution, source du droit privé », *Pouvoirs* 2018/3, n° 166, p. 59.

7 V. P. Conte, « La matière pénale revue par le Conseil constitutionnel », in « La jurisprudence du Conseil constitutionnel et les différentes branches du droit », préc.

8 V. P. Deumier et O. Gout, « La constitutionnalisation de la responsabilité civile », *Les Nouveaux Cahiers du Conseil constitutionnel* n° 31, 2011, ainsi que B. Girard, « La responsabilité civile dans la jurisprudence du Conseil constitutionnel », in « La jurisprudence du Conseil constitutionnel et les différentes branches du droit », préc.

contrats[9], le droit des personnes[10], dont le droit à la vie privée[11], notamment. Et ce, avant et après la question prioritaire – qui ne l'est pas vraiment – de constitutionnalité (QPC). Aucun domaine n'échapperait plus au Conseil constitutionnel : une « *constitutionnalisation en esprit de tout le système juridique* »[12].

Alors, *quid* du droit de la concurrence en général et des amendes en particulier ? Le « *patrimoine constitutionnel* » un « *patrimoine vivant* »[13], même en droit de la concurrence ? Un « *lieu de protection et de rayonnement des libertés* »[14], même en droit de la concurrence ? Un Palais-Cardinal pour le droit de la concurrence ?

Plus que révélatrice, au sens biologique du terme, d'une « guerre de religion », subtilement évoquée entre le droit européen et l'arbitrage[15], la QPC, dont on a soufflé en 2020 une dixième bougie[16], aura stimulé l'embrassade : une pénétration du droit constitutionnel dans la discipline du droit de la concurrence. Dans les règles de l'adoubement. Hiérarchie des normes oblige. Avec des décisions parfois à la façon des sublimes aquarelles de Pierre-François-Léonard Fontaine[17] : dans la netteté d'un flou relatif maîtrisé, notamment pour ce qui est du contrôle des amendes prononcées par l'Autorité de la concurrence.

En droit de la concurrence entendu largement, l'apport de la pratique décisionnelle du Conseil constitutionnel ne saurait être négligé. Citons, pêle-mêle et par ordre chronologique, façon inventaire à la Prévert :

- la décision de 1986 ayant validé la loi qui allait permettre au gouvernement d'adopter l'ordonnance du 1er décembre 1986 relative à la liberté des prix et de la concurrence[18] ;
- la décision de 1987 par laquelle la loi transférant à la juridiction judiciaire le contentieux des décisions du Conseil de la concurrence a été jugée contraire à la Constitution[19], le Conseil constitutionnel n'ayant pas hésité

---

9 V. F. Chénedé, « Quelle "constitutionnalisation" pour le droit civil des contrats ? », in « La jurisprudence du Conseil constitutionnel et les différentes branches du droit », préc.

10 V. D. Fenouillet, « La jurisprudence du Conseil constitutionnel en droit civil des personnes : promotion ou déformation ? », in « La jurisprudence du Conseil constitutionnel et les différentes branches du droit », préc.

11 V. V. Mazeaud, « La constitutionnalisation du droit au respect de la vie privée », *Les Nouveaux Cahiers du Conseil constitutionnel* n° 48, 2015, p. 7.

12 J. Carbonnier, *Droit et passion du droit sous la Ve République*, Paris, Flammarion, 1996, p. 26.

13 Fabius, préc. p. 5.

14 *Ibid.*

15 L. Idot, « Ordre public, concurrence et arbitrage : État de la rencontre », in « Ordre public, concurrence et arbitrage », *Concurrences* n° 3-2006, art. n° 12028, pp. 12, 13.

16 Sur cet anniversaire, v., not., A. Levade et B. Mathieu, « Regards rétrospectifs sur la QPC », in Conseil constitutionnel, « Rapport d'activités 2020 », 2021, p. 20.

17 V. C. Bottineau, « Les aquarelles de Pierre-François-Léonard Fontaine (1762-1853) », in *Le Conseil constitutionnel au Palais-Royal*, préc. p. 9.

18 V. Cons. const., déc. n° 86-207 DC du 26 juin 1986, *Loi autorisant le Gouvernement à prendre diverses mesures d'ordre économique et social.*

19 V. Cons. const., déc. n° 86-224 DC du 23 janvier 1987, *Loi transférant à la juridiction judiciaire le contentieux des décisions du Conseil de la concurrence.*

à soulever d'office l'inconstitutionnalité de dispositions comprises dans la loi déférée alors même qu'elles ne faisaient pas l'objet de critiques spécifiques, notamment pour ce qui est du respect des droits de la défense, le Conseil constitutionnel reconnaissant en effet aux droits de la défense une portée générale, en ne limitant pas ce principe au seul domaine pénal ;

- la décision de 2011 ayant validé le 2° du paragraphe I de l'article L. 442-6 du code de commerce relatif au déséquilibre significatif dans les relations commerciales[20] ;
- la décision de 2012 ayant validé des dispositions relatives à l'action du ministre contre des pratiques de mesures restrictives[21] ;
- la décision de 2012 ayant validé des dispositions relatives à l'organisation et au pouvoir de sanction de l'Autorité de la concurrence[22] ;
- la décision de 2013 ayant censuré des dispositions relatives au pouvoir de sanction de l'Autorité de régulation des communications électroniques et des postes[23] ;
- la décision de 2013 ayant validé la « loi du pays » relative à la concurrence en Nouvelle-Calédonie[24] ;
- la décision de 2014 ayant essentiellement validé les dispositions de la loi relative à la consommation concernant les actions de groupe[25] ;

---

20 V. Cons. const., déc. n° 2010-85 QPC du 13 janvier 2011, *Établissements Darty et Fils [Déséquilibre significatif dans les relations commerciales]* ; v. égal. Cons. const., déc. n° 2018-749 QPC du 30 novembre 2018, *Société Interdis et autres [Déséquilibre significatif dans les relations commerciales II]* ; v. aussi J. Martinez, « Contrat de distribution : Le Conseil constitutionnel estime que l'interprétation par la Cour de cassation du 2° du paragraphe 1 de l'article L. 442-6 C. com. portant répression du déséquilibre significatif des relations entre distributeurs et fournisseurs est conforme à la Constitution (*Interdis*) », 30 novembre 2018, *Concurrences* n° 2-2019, art. n° 90558, pp. 186-189.

21 V. Cons. const., déc. n° 2011-126 QPC du 13 mai 2011, *Société Système U Centrale Nationale et autre [Action du ministre contre des pratiques restrictives de concurrence]* ; v. aussi M. Chagny, « Question prioritaire de constitutionnalité – Action du ministre : Le Conseil constitutionnel considère que l'article L. 442-6-III alinéa 2 du Code de commerce ne contrevient pas aux droits et libertés garantis pas la Constitution, mais assortit sa décision d'une réserve d'interprétation (*Système U*) », 13 mai 2011, *Concurrences* n° 3-2011, art. n° 37950, pp. 129-132.

22 V. Cons. const., déc. n° 2012-280 QPC du 12 octobre 2012, *Société Groupe Canal Plus et autre [Autorité de la concurrence : organisation et pouvoir de sanction]* ; v. aussi C. Lemaire, S. Naudin, « Question prioritaire de constitutionnalité : Le Conseil Constitutionnel, statuant dans le cadre d'une QPC, juge que les pouvoirs de sanction de l'Autorité de la concurrence en matière de contrôle des concentrations ne méconnaissent pas l'exigence d'impartialité et sont de ce fait conformes à la constitution *(Groupe Canal Plus et Vivendi Universal) »*, 12 octobre 2012, *Concurrences* n° 1-2013, art. n° 50717, pp. 174-178.

23 V. Cons. const., déc. n° 2013-331 QPC du 5 juillet 2013, *Société Numéricâble SAS et autre [Pouvoir de sanction de l'Autorité de régulation des communications électroniques et des postes]* ; v. aussi H. Delzangles, S. Martin, « Communications électroniques et postes : Le Conseil constitutionnel estime que la procédure de sanction suivie devant l'ARCEP ne respecte pas le principe d'impartialité (*Numéricable*) », 5 juillet 2013, *Concurrences* n° 4-2013, art. n° 59540, p. 156.

24 V. Cons. const., déc. n° 2013-3 LP du 1er octobre 2013, *Loi du pays relative à la concurrence en Nouvelle-Calédonie* ; v. égal. Cons. const., déc. n° 2019-774 QPC du 12 avril 2019, *Société Magenta Discount et autre [Contrôle des prix et des marges en Nouvelle-Calédonie] ;* M. Vollmer, « Nouvelle-Calédonie : Le Conseil constitutionnel annule partiellement une loi du pays relative à la réglementation des prix sur laquelle l'Autorité de la concurrence de la Nouvelle-Calédonie avait émis des réserves au regard des atteintes portées à la liberté d'entreprendre et à la concurrence (*Magenta Discount*) », 12 avril 2019, *Concurrences* n° 2-2019, art. n° 90583.

25 V. Cons. const., déc. n° 2014-690 DC du 13 mars 2014, *Loi relative à la consommation.*

- la décision de 2014 ayant validé la loi fixant le tarif des examens de biologie médicale[26] ;
- la décision de 2015 ayant partiellement censuré la loi fixant certaines modalités de tarification des VTC[27] ;
- la décision de 2017 ayant validé l'extension de la licence légale aux services de radio par internet[28] ;
- la décision de 2019 par laquelle le Conseil constitutionnel a censuré partiellement la loi PACTE en ce qui concerne des dispositions visant la mise en œuvre de certaines règles de concurrence[29] ;
- la décision de 2020 par laquelle le Conseil constitutionnel a jugé que la délivrance d'autorisations d'exploitation commerciale par les commissions départementales d'aménagement commercial, prévue à l'article L. 752-6 du code de commerce, est conforme à la Constitution[30] ;
- la décision de 2021 validant les dispositions législatives soumettant à autorisation préalable l'exploitation des équipements de réseaux 5G[31], notamment.

Ce qui retiendra toutefois ici notre attention ressort de la portée – relative – de la pratique décisionnelle du Conseil constitutionnel concernant les « sanctions pécuniaires » prononcées par l'Autorité de la concurrence. Disons-le clairement,

---

26 V. Cons. const., déc. n° 2014-434 QPC du 5 décembre 2014, *Société de laboratoires de biologie médicale Bio Dômes Unilabs SELAS [Tarif des examens de biologie médicale]* ; v. aussi F. Martucci, « Prix réglementés : Le Conseil constitutionnel déclare compatible avec la Constitution la tarification d'actes de biologie médicale (*SELAS*) », 5 décembre 2014, *Concurrences* n° 2-2015, art. n° 73215, pp. 192-194.

27 V. Cons. const., déc. n° 2015-468/469/472 QPC du 22 mai 2015, *Société UBER France SAS et autre [Voitures de transport avec chauffeur – Interdiction de la « maraude électronique » – Modalités de tarification – Obligation de retour à la base]* ; v. égal. Cons. const., déc. n° 2014-422 QPC du 17 octobre 2014, *Chambre syndicale des cochers chauffeurs CGT-taxis [Voitures de tourisme avec chauffeurs]* ; v. aussi A. Camus, « Liberté d'entreprendre : Le Conseil constitutionnel valide le dispositif législatif encadrant l'activité des voitures de tourisme avec chauffeur (*Voitures de tourisme avec chauffeur*) », 17 octobre 2014, *Concurrences* n° 1-2015, art. n° 71460, pp. 213-215.

28 V. Cons. const., déc. n° 2017-649 QPC du 4 août 2017, *Société civile des producteurs phonographiques et autre [Extension de la licence légale aux services de radio par internet]* ; v. aussi J. Martinez, « Licence légale : Le Conseil constitutionnel déclare conforme à la Constitution une disposition législative qui prévoit la possibilité pour les services de radio exerçant sur internet d'utiliser des phonogrammes publiés à des fins de commerce sans le consentement des artistes-interprètes ni des producteurs (*Société civile des producteurs phonographiques*) », 4 août 2017, *Concurrences* n° 4-2017, art. n° 84966, pp. 183-184.

29 V. Cons. const., déc. n° 2019-781 DC du 16 mai 2019, *Loi relative à la croissance et la transformation des entreprises* ; v. aussi C. Lemaire, J. Bousin, « Contrôle constitutionnel : Le Conseil constitutionnel censure partiellement la loi PACTE en ce qui concerne les dispositions visant la mise en œuvre des règles de concurrence (*Loi PACTE*) », 16 mai 2019, *Concurrences* n° 3-2019, art. n° 91169, pp. 159-160.

30 V. Cons. const., déc. n° 2019-830 QPC du 12 mars 2020, *Conseil national des centres commerciaux [Délivrance des autorisations d'exploitation commerciale]* ; v. aussi J. Martinez, « Liberté d'entreprendre : Le Conseil constitutionnel estime que le e) du 1° du paragraphe I, et certaines dispositions du paragraphe III et le paragraphe IV de l'article L. 752-6 C. com. relatif aux critères sur lesquels la commission départementale d'aménagement commercial se fonde pour délivrer une autorisation administrative préalable, ne méconnaissent pas la liberté d'entreprendre (*Conseil national des centres commerciaux*) », 12 mars 2020, *Concurrences* n° 4-2020, art. n° 97401, pp. 229-231.

31 V. Cons. const., déc. n° 2020-882 QPC du 5 février 2021, *Société Bouygues télécom et autre [Autorisation administrative préalable à l'exploitation des équipements de réseaux 5G]* ; v. aussi J. Martinez, « Liberté d'entreprendre : Le Conseil constitutionnel estime que le premier alinéa du paragraphe I de l'article L. 34-11 du Code des postes et des communications électroniques et le second alinéa de l'article L. 34-12 du même code ne méconnaissaient pas la liberté d'entreprendre (*Bouygues*) », 5 février 2021, *Concurrences* n° 2-2021, art. n° 100490, pp. 195-197.

des amendes, la nature non pénale desdites « sanctions pécuniaires » étant purement formelle, tant le contentieux afférent emprunte son champ lexical à la matière pénale[32] : présomption d'innocence, principe de légalité des délits et des peines, principe de personnalité ou d'individualité des peines, *non bis in idem*, principe d'individualisation des peines, circonstances aggravantes, dont la récidive, et circonstances atténuantes, telle la contrainte. Au-delà des termes, ce sont des notions de droit pénal qui sont bel et bien mobilisées, notamment sous l'influence des juridictions de Luxembourg[33] et de Strasbourg[34]. Et devant l'Autorité de la concurrence, et devant la chambre 5-7 de la cour d'appel de Paris, et devant la chambre commerciale de la Cour de cassation, et, logiquement, surtout sous l'impulsion de la QPC, devant le Conseil constitutionnel, lequel a progressivement apporté des précisons essentielles sur la constitutionnalité des règles en cause, concernant tant le débiteur (I.) que le quantum (II.) des amendes infligées par l'Autorité de la concurrence.

I. Du débiteur de l'amende

En droit de la concurrence, si l'auteur d'une infraction est une « entreprise », c'est-à-dire une entité exerçant une activité économique sur un marché, en droit de l'Union[35] comme en droit interne – pour le moins tel que récemment réformé[36] –, le débiteur de l'amende infligée pour l'infraction demeure une

32 V. L. Idot, « Réflexions sur l'application de certains principes et notions du droit pénal en droit des pratiques anticoncurrentielles », *Concurrences* n° 2-2006, art. n° 46440 et in *Les droits et le droit : mélanges dédiés à Bernard Bouloc*, Paris, Dalloz, 2007, p. 457 ; v. égal. K. Lenaerts, « Réflexions sur la preuve et sur la procédure en droit communautaire de la concurrence », in C. Baudenbacher, C. Gulmann, K. Lenaerts, E. Coulon et E. Barbier de La Serre (dir.), *Liber Amicorum en l'honneur de Bo Vesterdorf*, Bruxelles, Bruylant, 2007, p. 475.

33 V. L. Bernardeau et E. Thomas, « Principes généraux du droit et contrôle juridictionnel en droit de la concurrence : "M. Jourdain : juge pénal ?" », *Cah. dr. eur.* 2016, n° 1, p. 365, ainsi que les conclusions de M. le juge Bo Vesterdorf faisant fonction d'avocat général sous l'arrêt du Tribunal du 24 octobre 1991, *Rhône-Poulenc c/ Commission*, aff. T-1/89, EU:T:1991:38.

34 V., en particulier, Cour EDH, 27 septembre 2011, *Menarini Diagnostics c/ Italie*, n° 43509/08, pt 42 ; sur cet arrêt, v. not. G. Muguet-Poullennec et D. Domenicucci, « Amende infligée par une autorité de concurrence et droit à une protection juridictionnelle effective : les enseignements de l'arrêt *Menarini* de la CEDH », *RLC*, 2012, n° 30, n° 1988 ; T. Bombois, « L'arrêt Menarini c. Italie de la Cour européenne des droits de l'homme. Droit antitrust, champ pénal et contrôle de pleine juridiction », *Cah. dr. eur.* 2011, n° 2, p. 541 ; sur la nature pénale des amendes au sens de la CEDH, v. not. L. Bernardeau et J.-P. Christienne, *Les amendes en droit de la concurrence : pratique décisionnelle et contrôle juridictionnel du droit de l'Union*, Bruxelles, Larcier, 2013, pp. 500-502, n°s II-1095 à II-1097, ainsi que p. 14, n° 15, et G. Vallindas, « Sanction, juges de l'Union, juges nationaux et CEDH : nouvelles perspectives du contentieux européen de la concurrence », in S. Mahieu (dir.), *Contentieux de l'Union européenne : questions choisies*, Bruxelles, Larcier, 2014, p. 191.

35 V., en tout premier lieu, CJCE, 23 avril 1991, *Höfner et Elser*, aff. C-41/90, EU:C:1991:161, au pt 21, duquel la Cour a posé que, dans le contexte du droit de la concurrence, « *la notion d'entreprise comprend toute entité exerçant une activité économique, indépendamment du statut juridique de cette entité et de son mode de financement* ». Cette définition a été codifiée dans la directive dite « ECN + » (directive (UE) 2019/1 du Parlement européen et du Conseil du 11 décembre 2018 visant à doter les autorités de concurrence des États membres des moyens de mettre en œuvre plus efficacement les règles de concurrence et à garantir le bon fonctionnement du marché intérieur, *JOUE* n° L 11 du 14 janvier 2019, p. 3), dont l'article 2, paragraphe 1, sous 10), dispose : « *"entreprise" : au sens des articles 101 et 102 du traité sur le fonctionnement de l'Union européenne, toute entité exerçant une activité économique, indépendamment de son statut juridique et de son mode de financement* ».

36 Dans sa version issue de l'ordonnance n° 2000-912 du 18 septembre 2000 relative à la partie législative du code de commerce (*JORF* n° 219 du 21 septembre 2000), l'article L. 410-1 C. com. visait en substance l'entreprise en ces termes : « *Les règles définies au présent livre s'appliquent à toutes les activités de production, de distribution et de services, y compris celles qui sont le fait de personnes publiques, notamment dans le cadre de conventions de délégation de service public.* » Dans sa version issue de l'article 2 de l'ordonnance n° 2021-649 du 26 mai 2021 relative à la transposition de la directive (UE) 2019/1 du Parlement européen et du Conseil

personne juridique, soit une personne physique, soit une personne morale. Dans le contexte de groupes de sociétés, plus ou moins temporellement stables dans leurs structures, cette dialectique soulève immanquablement des difficultés d'imputation de l'infraction et d'imputation de l'amende[37].

Dans le domaine des pratiques anticoncurrentielles, le droit interne affichait, avant la transposition de la directive dite « ECN + »[38] par l'ordonnance du 26 mai 2021[39], une certaine spécificité par rapport au droit de l'Union pour ce qui est tant des amendes pour infractions matérielles que des amendes pour infractions procédurales.

En premier lieu, rappelons que, dans sa version, antérieure à la réforme du 26 mai 2021, issue de la loi NRE de 2001, l'article L. 464-2 du code de commerce disposait, d'une part, que « *[l]es sanctions pécuniaires [pour pratiques anticoncurrentielles] sont proportionnées à la gravité des faits reprochés, à l'importance du dommage causé à l'économie, à la situation de l'organisme ou de l'entreprise sanctionné ou du groupe auquel l'entreprise appartient et à l'éventuelle réitération de pratiques [anticoncurrentielles]* ».

Dans cette même version antérieure à la réforme du 26 mai 2021, il était prévu, d'autre part, que, « *[s]i le contrevenant n'est pas une entreprise, le montant maximum de la sanction est de 3 millions d'euros* » et, « *pour une entreprise, de 10 % du montant du chiffre d'affaires mondial hors taxes le plus élevé réalisé au cours d'un des exercices clos depuis l'exercice précédant celui au cours duquel les pratiques ont été mises en œuvre* ».

Dans cette mouture, l'article L. 464-2 du code de commerce a soulevé, quant au débiteur de l'amende, diverses problématiques dont a été saisi le Conseil constitutionnel, essentiellement la distinction des notions d'« entreprise » et d'« organisme » ayant, alors, une incidence sur le plafond des amendes encourues.

Ainsi, dans l'affaire ayant donné lieu à la décision de 2016, *Assoc. Expert-comptable média association*[40], l'Autorité avait infligé, pour abus de position dominante,

---

du 11 décembre 2018 visant à doter les autorités de concurrence des États membres des moyens de mettre en œuvre plus efficacement les règles de concurrence et à garantir le bon fonctionnement du marché intérieur (*JORF* n° 121 du 27 mai 2021), l'article L. 410-1 C. com. dispose : « *Les règles définies au présent livre s'appliquent aux entreprises entendues comme les entités, [quels que soient] leur forme juridique et leur mode de financement [,] qui exercent une activité de production, de distribution et de services, y compris celles qui sont le fait de personnes publiques, notamment dans le cadre de conventions de délégation de service public.* » En tout état de cause, l'Autorité définissait auparavant largement ainsi la notion d'entreprise, en s'alignant sur le droit prétorien de l'Union et sur la pratique de la Commission.

37 Sur cette dialectique, à laquelle Laurence Idot a consacré sa dernière direction de thèse, v. E. Thomas, « L'entreprise contrevenante en droit des pratiques anticoncurrentielles (Union européenne et France) : variations autour de la distinction entre société et entreprise », thèse Paris 2 Panthéon-Assas, 2019, paru chez Concurrences, 2021.

38 V. directive (UE) 2019/1, préc.

39 V. ordonnance n° 2021-649, préc.

40 V. Cons. const., déc. n° 2015-510 QPC du 7 janvier 2016, *Assoc. Expert-comptable média association [Sanctions pécuniaires prononcées par l'Autorité]* ; sur cette décision, v. N. Catelan, « Le rayonnement de Beccaria… en droit constitutionnel de la concurrence », *Rev. fr. droit const.* 2016, n° 107, p. 713 ; A.-S. Chavent-Leclère, « Constitutionnalité des sanctions pécuniaires en matière anticoncurrentielle », *Procédures* 2016, comm. 75 ;

des amendes au Conseil supérieur de l'ordre des experts-comptables ainsi qu'à l'association Expert-comptable média association (ECMA). Le recours de cette dernière ayant été rejeté par la cour d'appel de Paris, elle a formé un pourvoi qui a amené la Cour de cassation à saisir le Conseil constitutionnel d'une QPC portant, notamment, sur la validité de la dualité des plafonds concernant les « entreprises » (10 % du chiffre d'affaires) et les « organismes » (3 millions d'euros) prévue au quatrième alinéa du paragraphe I de l'article L. 464-2 du code de commerce. À cet effet, l'ECMA avait fait valoir devant la chambre commerciale que la différence entre les sanctions applicables à une « entreprise » et celles applicables à un « organisme » n'était pas justifiée par un motif d'intérêt général et n'était pas en rapport avec l'objet de la loi qui l'établit, en méconnaissance du principe d'égalité devant la loi. Elle avait également contesté l'absence de précision relative aux critères permettant de qualifier une « entreprise », portant ainsi prétendument atteinte au principe de légalité des peines.

À cet égard, le Conseil a tout d'abord considéré qu'il n'y avait pas lieu à statuer sur une partie des dispositions qui lui avaient été renvoyées, car, dans sa décision *Société Grands Moulins de Strasbourg*[41], adoptée quelques mois plus tôt, il s'était déjà prononcé sur la conformité à la Constitution des deuxième et troisième phrases de l'alinéa contesté, relatives à la sanction pécuniaire applicable aux entreprises, dans la même rédaction que celle faisant l'objet de l'affaire *ECMA*.

Dans sa décision *Société Grands Moulins de Strasbourg*, il avait en effet jugé que, « *en prévoyant de réprimer les pratiques anticoncurrentielles d'une entreprise au moyen d'une sanction pécuniaire dont le montant maximum correspond à 10 % du chiffre d'affaires mondial hors taxes le plus élevé réalisé au cours d'un des exercices clos depuis l'exercice précédant celui au cours duquel les pratiques ont été mises en œuvre, le législateur n'a pas institué une peine manifestement disproportionnée au regard, d'une part, de la nature des agissements réprimés et, d'autre part, du fait qu'ils ont pu et peuvent encore, alors même qu'ils ont cessé, continuer de procurer des gains illicites à l'entreprise* », de sorte que « *les dispositions de la deuxième phrase du quatrième alinéa de l'article L. 464-2 du code de commerce ne méconnaissent pas les principes de nécessité et de proportionnalité des peines* »[42], et que, « *en prévoyant que, lorsque les comptes de l'entreprise ont été*

C. Lemaire et S. Chikh, « QPC : Le Conseil constitutionnel déclare conforme à la Constitution la différence de plafond des sanctions pécuniaires selon que le contrevenant est ou non une entreprise (*Association Expert-comptable média association*) », *Concurrences* n° 2-2016, art. n° 79493, p. 177 ; S. Soltani, « Amendes : le régime de sanction différenciée prévu par le Code de commerce est conforme à la Constitution », *Rev. Lamy dr. aff.* 2016, n° 112, p. 27, et O. Le Bot, « Pouvoir de sanction de l'Autorité de la concurrence », *Constitutions* 2016, n° 1, p. 107.

41 V. Cons. const., déc. n° 2015-489 QPC du 14 octobre 2015, *Société Grands Moulins de Strasbourg SA et autre [Saisine d'office et sanctions pécuniaires prononcées par le Conseil de la concurrence]* ; sur cette décision, v. N. Catelan, « Retour vers le futur en droit de la concurrence », *Rev. fr. droit const.* 2016, n° 105, p. 174, ainsi que C. Lemaire et S. Naudin, « QPC : Le Conseil constitutionnel déclare conforme à la Constitution la faculté d'auto-saisine du Conseil de la concurrence avant l'entrée en vigueur de l'ordonnance du 13 novembre 2008 et le plafond d'amende issu de la loi NRE du 15 mai 2001 (*Grands Moulins de Strasbourg*) », *Concurrences* n° 1-2016, art. n° 77556, p. 179 ; sur ces questions, v. *JCl. Concurrence-Consommation*, fasc. 308-1, n° 41.

42 V. Cons. const., *Société Grands Moulins de Strasbourg e.a.*, préc., cons. 15.

consolidés ou combinés en vertu des textes applicables à sa forme sociale, le chiffre d'affaires pris en compte pour calculer le maximum de la sanction encourue est celui figurant dans les comptes consolidés ou combinés de l'entreprise consolidante ou combinante, le législateur a[vait] entendu prévenir des stratégies consistant à réduire, par des restructurations du capital des sociétés, le chiffre d'affaires des entreprises se livrant à des pratiques anticoncurrentielles afin de minorer le maximum de la sanction encourue dans l'hypothèse où ces pratiques seraient sanctionnées » et « *cette disposition vise en outre à prendre en compte la taille et les capacités financières de l'entreprise visée dans l'appréciation du montant maximal de la sanction* », de sorte que, « *eu égard à l'objectif ainsi poursuivi, les dispositions de la troisième phrase du quatrième alinéa de l'article L. 464-2 du code de commerce ne méconnaissent pas les principes de nécessité et de proportionnalité des peines* »[43].

En clair, le Conseil avait définitivement validé le taux et l'assiette du plafond de l'amende encourue par une « entreprise ». Soulignons-le, ces deux décisions demeurent pertinentes après la réforme du 26 mai 2021, pour le moins concernant les « entreprises », et ce, tant pour les infractions matérielles que pour les infractions procédurales.

En deuxième lieu, rappelons à cet effet que le second alinéa du paragraphe V de l'article L. 464-2 du code de commerce prévoit que « *[l]orsqu'une entreprise a fait obstruction à l'investigation ou à l'instruction, notamment en fournissant des renseignements incomplets ou inexacts, ou en communiquant des pièces incomplètes ou dénaturées, l'Autorité peut [...] décider de lui infliger une sanction pécuniaire* », dont le « *montant maximum [...] ne peut excéder 1 % du montant du chiffre d'affaires mondial hors taxes le plus élevé réalisé au cours d'un des exercices clos depuis l'exercice précédant celui au cours duquel les pratiques ont été mises en œuvre* ».

À l'exception du taux, les termes de cet alinéa, qui n'ont pas été modifiés par la réforme du 26 mai 2021 – sauf à relever l'ajout marginal de l'« association d'entreprises », alors que les « organismes » n'étaient pas visés avant –, sont identiques à ceux concernant les infractions matérielles, de sorte que la même autorité doit être conférée aux décisions *Société Grands Moulins de Strasbourg* et *ECMA* dans le contexte d'infractions procédurales.

C'est en tout état de cause ce que l'on peut déduire de la décision du Conseil constitutionnel de mars 2021 dans l'affaire *Société Akka technologies*[44], dans laquelle le Conseil a non seulement validé cette disposition, nonobstant

43 *Ibid.*, cons. 16.

44 V. Cons. const., déc. n° 2021-892 QPC du 26 mars 2021, *Société Akka technologies et autre [Sanction de l'obstruction aux enquêtes de l'autorité de la concurrence]* ; sur cette décision, v. les commentaires très critiques de A. Ronzano, « Comment priver d'effet utile la déclaration d'inconstitutionnalité du pouvoir de sanction des pratiques d'obstruction ? », *L'actu-concurrence* 2021, n° 39, ainsi que C. Lemaire et M. Florent, « Sanctions : Le Conseil constitutionnel déclare inconstitutionnelles les dispositions du second alinéa du paragraphe V de l'article L. 464-2 C. com. sanctionnant des pratiques d'obstruction à l'investigation ou à l'instruction (*Brenntag, Akka Technologies*) », *Concurrences* n° 2-2021, art. n° 100456, p. 151.

une délimitation relativement vague à notre sens et contestée à ce titre de la notion d'« obstruction » – ajointe au surplus à l'adverbe « notamment » –, plus que suspecte au regard de la légalité des délits et des peines, la notion d'« *obstruction aux mesures d'investigation ou d'instruction s'entend[ant, selon le Conseil,] de toute entrave au déroulement de ces mesures, imputable à l'entreprise, qu'elle soit intentionnelle ou résulte d'une négligence* »[45].

Dans cette décision, le Conseil constitutionnel a également jugé que, « *en faisant référence à la notion d'entreprise, qui désigne les entités constituées sous l'un des statuts ou formes juridiques propres à la poursuite d'un but lucratif [sic], et à celle de chiffre d'affaires mondial, le législateur s'est référé à des catégories juridiques précises permettant de déterminer avec une certitude suffisante les personnes responsables et la peine encourue* » et que « *le montant de 1 % du chiffre d'affaires mondial ne constitue que le maximum de l'amende encourue* », de sorte que devaient « *être écartés les griefs tirés de la méconnaissance des principes de légalité des délits et des peines, de proportionnalité des peines et d'individualisation des peines, ainsi que de la méconnaissance du principe selon lequel nul n'est punissable que de son propre fait* » ou encore ceux « *tirés de la violation des droits de la défense et des principes de présomption d'innocence, de séparation des pouvoirs et d'impartialité* »[46].

Pour ce qui est des amendes pour obstruction, le seul intérêt de la décision *Société Akka technologies* résiderait ainsi dans la censure par ailleurs d'un texte qui n'est plus en vigueur dans la version dont était saisi le Conseil, mais qui demeure en l'état, même après la réforme du 26 mai 2011, et ce, au titre, non du principe *non bis in idem*, qui s'y prêtait pourtant, mais du principe de nécessité des délits et des peines.

Le Conseil y a en effet jugé que ce principe s'opposait à un cumul des poursuites et pour infraction procédurale et pour le délit d'entrave prévu à l'article L. 450-8 du code de commerce, lequel punit de deux ans d'emprisonnement et d'une amende de 300 000 euros le fait pour quiconque de s'opposer, de quelque façon que ce soit, à l'exercice des fonctions dont les agents de l'Autorité de la concurrence sont chargés, ces dispositions et celles contestées par la requérante « *tend[a]nt à réprimer de mêmes faits qualifiés de manière identique* », « *protég[eant] les mêmes intérêts sociaux* », à savoir « *assurer l'efficacité des enquêtes conduites par l'Autorité de la concurrence pour garantir le respect des règles de concurrence nécessaires à la sauvegarde de l'ordre public économique* » et les « *sanctions [étant] de même nature* »[47].

Un intérêt limité, eu égard à la sortie de vigueur des dispositions déférées devant le Conseil ? Loin de là, puisque ces dispositions ont été réintroduites par après

45 V. Cons. const., *Société Akka technologies et autre*, préc., cons. 15.

46 *Ibid.*, cons. 16 à 18.

47 *Ibid.*, cons. 19 à 24.

avec la même teneur. Si elles n'ont certes pas été déclarées inconstitutionnelles, par l'économie du contrôle du Conseil, lequel ne peut juger que ce dont il est saisi, il n'en reste pas moins que, à la suite de la décision *Société Akka technologies*, dans les procédures en cours fondées sur les dispositions contestées, à savoir pour infraction procédurale, la déclaration d'inconstitutionnalité peut être invoquée lorsque l'entreprise poursuivie a préalablement fait l'objet de poursuites sur le fondement de l'article L. 450-8 du code de commerce, ce dont le législateur a pris acte dans le cadre de la réforme du 26 mai 2021 en insérant une disposition en ce sens : « *Lorsqu'il est fait application des dispositions du deuxième alinéa [du paragraphe V de l'article L. 464-2 du code de commerce], l'entreprise ou l'association d'entreprises concernée ne peut faire l'objet de poursuites pénales au titre des mêmes faits* » (art. L. 464-2, V, al. 4, du code de commerce). Dont acte.

En troisième et dernier lieu quant au débiteur de l'amende, et non seulement pour un intérêt historique, il convient de rappeler que, dans sa décision *ECMA*, le Conseil constitutionnel a également répondu au grief de la requérante tiré d'une méconnaissance du principe d'égalité devant la loi des « entreprises » et des « organismes » concernant le plafond de l'amende pour infraction matérielle.

À cet égard, le Conseil a jugé que, « *au stade de la détermination du montant de la sanction pécuniaire infligée et pour son individualisation, le législateur a, en se référant à la notion d'entreprise, entendu distinguer les personnes condamnées en fonction de la nature de leurs facultés contributives respectives* » et « *ainsi fixé un montant maximum de la sanction pécuniaire proportionné au montant du chiffre d'affaires pour celles qui sont constituées selon l'un des statuts ou formes juridiques propres à la poursuite d'un but lucratif et fixé en valeur absolue le montant de ladite sanction pour les autres contrevenants* », de sorte que « *la différence de traitement résultant des dispositions contestées est en rapport direct avec l'objet de la loi qui l'établit* »[48], dixit le palais de Philippe Égalité (1780-1792).

Indépendamment de considérations juridiques à notre sens erronées quant au critère du but lucratif, lequel ne saurait être confondu avec celui d'une activité économique – une relecture de *Caisse rurale de Manigod* s'imposant peut-être, même en droit de la concurrence et même au palais de Monsieur, frère du Roi (1661-1701) –, cette approche a permis au Conseil de rejeter tout autant le grief tiré d'une méconnaissance du principe de légalité des peines quant à la notion d'« entreprise » – l'« organisme » étant, on l'aura compris, une « non-entreprise ».

Ainsi, après avoir rappelé que le respect du principe de légalité des peines « *impose au législateur d'indiquer précisément le montant maximum de la peine encourue* » et qu'un tel principe s'applique « *non seulement aux peines prononcées par les*

---

48 V. Cons. const., *Assoc. Expert-comptable média association*, préc., cons. 7.

juridictions répressives mais aussi à toute sanction ayant le caractère d'une punition »[49], le Conseil constitutionnel a considéré que la notion de « *contrevenant [qui] n'est pas une entreprise* », qui circonscrit le champ d'application du maximum en valeur absolue de la sanction pécuniaire, était suffisamment précise. Dès lors que le Conseil constitutionnel admettait que cette notion peut être précisément circonscrite et définie, il était inévitablement conduit à juger qu'une telle disposition ne porte aucune atteinte au principe de légalité des peines : « *Considérant qu'en différenciant, pour fixer le montant maximum de la sanction, les contrevenants qui sont constitués sous l'un des statuts ou formes juridiques propres à la poursuite d'un but lucratif et les autres, le législateur s'est référé à des catégories juridiques précises permettant de déterminer la peine encourue avec une certitude suffisante ; que le grief tiré de la méconnaissance du principe de légalité des peines doit être écarté*[50]. » Dont acte.

Assurément, depuis la réforme du 26 mai 2021, la notion d'« organisme » a été remplacée par celle d'« association d'entreprises », aux fins d'aligner le droit interne sur le droit de l'Union. Systématiquement, ou presque… puisqu'il reste encore des traces de l'« organisme » à l'alinéa 3 de l'article L. 464-2 du code de commerce dans sa version issue de la réforme du 26 mai 2021 : « *Les sanctions pécuniaires sont appréciées au regard de la gravité et de la durée de l'infraction, de la situation de l'association d'entreprises ou de l'entreprise sanctionnée ou du groupe auquel l'entreprise appartient et de l'éventuelle réitération de pratiques prohibées par le présent titre. Elles sont déterminées individuellement pour chaque entreprise ou organisme sanctionné et de façon motivée pour chaque sanction. L'Autorité de la concurrence peut décider de réduire le montant de la sanction pécuniaire infligée à une entreprise ou à un organisme lorsque cette entreprise ou cet organisme a, en cours de procédure devant l'Autorité, versé à la victime de la ou des pratiques anticoncurrentielles sanctionnées une indemnité due en exécution d'une transaction au sens de l'article 2044 du code civil.* »

Nonobstant, assurément, cette simple erreur de plume – la légistique se perd –, il convient d'observer que, même à délaisser ici certaines de ses dispositions transitoires et l'abandon du plafond en valeur absolue, si l'ordonnance du 26 mai 2021 a par ailleurs remplacé la notion d'« organisme » par celle d'« association d'entreprises », la question pourrait se poser de savoir si le remplacement est purement terminologique ou également fonctionnel : il est des associations d'entreprises à but lucratif… Cette question se posera également concernant les infractions procédurales, pour lesquelles les « organismes » n'encouraient aucune sanction, contrairement, désormais, aux associations d'entreprises depuis la réforme du 26 mai 2021.

---

49 *Ibid.*, cons. 8.

50 *Ibid.*, cons. 9.

II. Du quantum de l'amende

Au-delà de questions relatives au débiteur de l'amende en droit de la concurrence, le Conseil constitutionnel a également été saisi de problématiques liées au quantum de l'amende, c'est-à-dire des critères de fixation – non du plafonnement, mais – de son montant. À cet égard, force est sans réserve de constater que le palais du Régent (1701-1723) n'a pas censuré à l'envi.

Certes, saisi, le Conseil constitutionnel aura décliné, pour autant que faire il entendait, pléthore de principes, dont bon nombre relèvent de la sphère pénale ou sont pour le moins de coloration pénale.

Ainsi, il a jugé que les exigences de l'article 8 de la Déclaration des droits de l'homme et du citoyen de 1789, lequel consacre, notamment, le principe de légalité des délits et des peines, s'appliquent à « *toute sanction ayant le caractère d'une punition, même si le législateur a laissé le soin de la prononcer à une autorité de nature non juridictionnelle* », dont les amendes pour pratiques anticoncurrentielles[51].

De même, le Conseil a étendu le champ du principe d'individualité des peines en droit interne de la concurrence, car, de manière générale en droit français, le principe d'individualité des peines, également dénommé principe de responsabilité du fait personnel, occupe un rang essentiel. Il est donc tout à fait logique qu'il trouve application et soit invocable en droit français de la concurrence, notamment devant le Conseil constitutionnel[52].

Logiquement pour ce qui nous intéresse ici, le principe de proportionnalité demeure bien entendu largement consacré, puisqu'il a un rang constitutionnel. Ainsi, alors qu'il était saisi, comme nous l'avons vu, de la question de la constitutionnalité du plafond inscrit à l'article L. 462-4 du code de commerce, le Conseil constitutionnel a rappelé que l'article 8 de la Déclaration de 1789 dispose que « *la loi ne doit établir que des peines strictement et évidemment nécessaires* » et que, « *si la nécessité des peines attachées aux infractions relève du pouvoir d'appréciation du législateur, il incombe au Conseil constitutionnel de s'assurer de l'absence de disproportion manifeste entre l'infraction et la peine encourue* »[53].

Il n'en demeure pas moins que même le Conseil, serions-nous tenté d'écrire, a versé dans le joker de la dissuasion. Cet objectif de dissuasion a en effet été posé en des termes dénués de toute ambiguïté par le Conseil constitutionnel, lequel a, à au moins deux reprises, considéré que, « *en instituant une sanction pécuniaire destinée à réprimer les pratiques anticoncurrentielles [...], le législateur a poursuivi l'objectif de préservation de l'ordre public économique* » et « *qu'un tel objectif implique que le montant des sanctions fixées par la loi soit suffisamment dissuasif*

51 V. Cons. const., *Société Grands Moulins de Strasbourg*, préc., cons. 2 à 8.

52 *Ibid.*

53 *Ibid.*, cons. 13.

pour remplir la fonction de prévention des infractions assignée à la punition »[54]. Ces considérations ont généré un double effet dans sa pratique décisionnelle.

D'une part, le Conseil constitutionnel a reconnu une large marge d'appréciation à l'Autorité, ne serait-ce qu'eu égard aux termes mêmes de l'article L. 464-2 du code de commerce posant que l'Autorité « *peut infliger une sanction pécuniaire* » et des critères relativement souples y énoncés. Ainsi que le Conseil constitutionnel l'a énoncé, « *l'article L. 464-2 laisse à l'[Autorité], sous le contrôle du juge, le soin de fixer le montant de la sanction pécuniaire, dans la limite du maximum déterminé par les dispositions contestées, et de proportionner cette sanction à la gravité des faits reprochés, à l'importance du dommage causé à l'économie, à la situation de l'entreprise sanctionnée ou du groupe auquel elle appartient et à l'éventuelle réitération de pratiques prohibées* »[55].

D'autre part et dans le même esprit, le Conseil constitutionnel a validé les critères de fixation des amendes posés à l'article L. 464-2, I, 3e alinéa, du code de commerce. En effet, alors qu'il était saisi de la constitutionnalité des critères énoncés à l'article L. 464-2, I, 3e alinéa, du code de commerce, dans sa mouture issue de la loi NRE, au regard du principe d'individualisation des peines, le Conseil constitutionnel a rappelé que « *le principe d'individualisation des peines qui découle de l'article 8 de la Déclaration de 1789 implique qu'une sanction ayant le caractère d'une punition infligée par une autorité administrative indépendante exerçant un pouvoir de sanction ne puisse être appliquée que si l'autorité l'a expressément prononcée, en tenant compte des circonstances propres à chaque espèce* », pour décider que « *l'article L. 464-2 laisse à l'autorité administrative indépendante, sous le contrôle du juge, le soin de fixer le montant de la sanction pécuniaire, [...] de proportionner cette sanction à la gravité des faits reprochés, à l'importance du dommage causé à l'économie, à la situation de l'entreprise sanctionnée ou du groupe auquel elle appartient et à l'éventuelle réitération de pratiques prohibées* » – un copier-coller du texte dont il devait assurer le contrôle – et « *que, par suite, le grief tiré de la méconnaissance du principe d'individualisation des peines d[eva]it être écarté* »[56].

Dans un tel contexte, il est peu probable que, à le considérer saisi, le Conseil constitutionnel censure les critères issus de la réforme du 26 mai 2021, plus que largement inspirés du droit de l'Union, à savoir la gravité et la durée de l'infraction, la situation de l'association d'entreprises ou de l'entreprise sanctionnée ou du groupe auquel l'entreprise appartient et l'éventuelle réitération de pratiques prohibées. À le considérer saisi, les deux premiers critères étant un – autre – copier-coller du droit de l'Union, il est peu probable, d'autant moins que le texte de transposition est une ordonnance, qu'il envisage même d'en contrôler la constitutionnalité.

---

54 *Ibid.*, cons. 14, et *Association Expert-comptable média association*, préc., cons. 6.

55 V. Cons. const., *Société Grands Moulins de Strasbourg*, préc., cons. 21.

56 *Ibid.*, cons. 20 et 21.

En somme, au terme de cet examen sommaire, il pourrait être considéré que, s'agissant de la constitutionnalité des amendes en droit de la concurrence, la montagne a accouché d'une souris. Nourrissons toutefois l'espoir que le Conseil puisse un jour connaître de nouvelles et inédites questions, telles que celle de la conformité avec la présomption d'innocence de la présomption dite « capitalistique », certes non prévue par un texte de rang législatif, mais mise en œuvre sur la base d'un tel texte. Mais, comme le répètent les juridictions de contrôle, un tel espoir ne dépasserait pas le rang d'une présomption simple, à bien trop d'égards, sauf à en vouloir à Lord Denning de ne plus pouvoir siéger au Palais-Royal.

Regards sur la postmodernisation de l'abus de position dominante*

David Bosco**
Aix-Marseille Université

Résumé

Les années 2000 étaient celles de la modernisation de l'abus de position dominante. Vingt ans plus tard, l'heure est à la post modernisation avec l'apparition d'entreprises puissantes dans les secteurs numériques et pharmaceutiques. L'approche « plus économique » caractéristique de la modernisation laisse place à une lecture plus politique de l'article 102 TFUE, propre à discipliner le comportement des nouveaux géants du numérique. Le mouvement contient pourtant des tendances régressives voire subversives pour la qualification d'abus de position dominante.

* Dernière mise à jour le 2 novembre 2021.

** Professeur à Aix-Marseille Université.

Du mouvement de modernisation de l'abus de position dominante. La dédicataire de ces lignes m'avait demandé de rendre compte de l'actualité de l'année en matière d'abus de position dominante à l'occasion de la conférence annuelle de l'AFEC qu'elle présidait alors. C'était en 2006[1]. Le monde du droit de la concurrence était alors si différent d'aujourd'hui que l'on peine à se convaincre que seulement quinze années ont passé. L'autorité française était encore le Conseil de la concurrence. Les contentieux concernaient le secteur pharmaceutique, celui des télécoms, des transports, ces industries qui faisaient encore l'actualité de l'économie européenne. Le chiffre d'affaires d'entreprises digitales comme Google et Apple était six à sept fois inférieur à ce qu'il est aujourd'hui. Un mot paraissait résumer l'avenir de la régulation concurrentielle : la modernisation, dans une double dimension procédurale et substantielle. La modernisation procédurale du règlement (CE) n° 1/2003 promettait une décentralisation et un renouvellement (par des procédures alternatives à la procédure d'interdiction) de la mise en œuvre de l'article 82 du traité[2]. On commençait à en voir les premiers effets dans les contentieux de l'abus au travers de procédures d'engagements qui semblaient devoir résumer l'avenir procédural de l'Union. Sur le plan substantiel, la modernisation était une approche « plus économique » de l'abus que la Commission allait mettre en doctrine prochainement, dans sa communication de 2008[3]. Les pratiques d'entreprises dominantes ne seraient plus sanctionnées sans un examen plus serré des effets économiques engendrés sur le marché, au-delà de la forme juridique qu'elles pouvaient prendre.

La modernisation de l'abus de position dominante a eu une réalité contentieuse dans les années qui ont suivi. Sur le plan procédural, les décisions d'engagements ont, par exemple, connu un essor notable à la fin des années 2000 : dix-huit décisions ont été rendues en matière d'abus entre 2007 et 2011[4]. Pour ce qui concerne les règles de fond, la Commission a affiné sa doctrine économique dans ses Orientations, et dans les quelques contentieux qu'elle ne négociait pas, c'est-à-dire l'affaire *Telefónica*[5] en 2007, et l'affaire *Intel*[6] en 2009. La Cour de justice

1 V. *Petites Affiches*, 3 juillet 2008, n° 133 ; spéc. « Regards sur la modernisation de l'abus de position dominante », p. 14.

2 Le mouvement toucha toutes les branches du droit de la concurrence, de l'antitrust (sur les ententes, L. Idot, « La qualification de la restriction de concurrence », in G. Canivet (dir.), *La modernisation du droit de la concurrence*, Paris, LGDJ, 2006, p. 86), aux aides d'État (L. Idot, « Regards sur la modernisation du contrôle des aides d'État », *Concurrences* n° 4-2014, art. n° 69357, p. 83).

3 Communication de la Commission, « Orientations sur les priorités retenues par la Commission pour l'application de l'article 82 du traité CE aux pratiques d'éviction abusives des entreprises dominantes », *JOUE* n° C 45 du 24 février 2009, p. 7.

4 Comm. eur., en 2007, une décision (AT.37966, *Distrigaz*), en 2008, deux décisions (AT.39388, *German electricity wholesale market* ; AT.39389, *German electricity balancing market*), en 2009, six décisions (AT.38636, *Rambus* ; AT.39316, *GDF foreclosure* ; AT.39402, *RWE gas foreclosure* ; AT.39416, *Ship Classification* ; AT.39530, *Microsoft – Tying* ; AT.39595, *Continental/United/Lufthansa/Air Canada*), en 2010, cinq décisions (AT.39315, *ENI* ; AT.39316, *E.ON gas foreclosure* ; AT.39351, *Swedish Interconnectors* ; AT.39386, *Long term electricity contracts in France* ; AT.39596, *BA/AA/IB*), en 2011, deux décisions (AT.39592, *Standard and Poor's* ; AT.39692, *IBM – Maintenance services*).

5 Comm. eur., AT.38784, *Telefónica S.A. (broadband)*.

6 Comm. eur., AT.37990, *Intel Corporation*. V. aussi l'analyse dans AT.38113, *Prokent AG/Tomra Systems* en 2006.

accueillit ce mouvement avec faveur dans plusieurs affaires : *Post Danmark*[7] et plus tard *Intel*[8]. Sur le plan national, la modernisation trouva aussi un terrain favorable. Pour ce qui concerne la France, l'Autorité de la concurrence fit un usage intense de la procédure d'engagements dans les premiers temps de l'ère de modernisation (sur la période 2007-2011, six décisions d'engagements ont été rendues en moyenne par an[9]). Dans le champ des décisions d'interdiction, même si elles ont été rares, plusieurs décisions ont montré quels efforts étaient déployés pour moderniser l'approche et rendre l'analyse plus sophistiquée d'un point de vue économique, à l'image de la décision sur les prix d'éviction de la SNCF dans le secteur fret, où l'influence du mouvement européen de modernisation fut particulièrement sensible[10].

Il serait, cependant, trompeur de croire que la modernisation du droit de la concurrence a été un mouvement cohérent, uniforme, et profondément ancré dans les pratiques. D'abord, on ne peut manquer d'observer un certain paradoxe : au moment même où la Commission annonçait une approche économique plus approfondie, elle préférait dans la plupart des cas la voie des engagements à celle des procédures d'interdiction, qui sont le lieu naturel des analyses complexes. On l'a rappelé : entre 2007 et 2011, deux affaires connurent la procédure d'interdiction ; dix-huit furent négociées par la Commission. Ensuite, quelle a été la réalité contentieuse de l'approche économique dans ces rares procédures d'interdiction ? Dans l'affaire *Telefónica*, l'analyse de la Commission fut certes plus élaborée ; elle ne caractérisait pas, tant s'en faut, une pure approche par les effets[11]. Dans l'affaire *Intel*[12], l'analyse de l'effet des pratiques d'exclusivité litigieuses a été sophistiquée, mais la Commission notait qu'elle était surabondante, les rabais étant déjà interdits en eux-mêmes. Il est donc des raisons de croire que l'approche économique est restée, pour une large part, dans le champ doctrinal. Ce constat n'est d'ailleurs pas propre aux affaires d'abus : en matière d'ententes, la modernisation n'a pas trouvé beaucoup d'applications concrètes[13]. C'est l'insaisissable concept de « restriction par l'objet » qui a fait l'actualité contentieuse du droit des ententes sur la même période, bien davantage que l'analyse de restrictions par les effets.

---

7 CJUE, gde ch., 27 mars 2012, *Post Danmark A/S c/ Konkurrencerådet*, aff. C-209/10, EU:C:2012:172 ; Europe 2012, comm. 196, note. L. Idot.

8 CJUE, gde ch., 6 septembre 2017, *Intel Corporation c/ Commission*, aff. C-413/14 P, EU:C:2017:632 ; *Europe* n° 10, octobre 2017, étude 9, L. Idot.

9 Cons. conc./Aut. conc., en 2007, neuf décisions d'engagements (07-D-07 ; 07-10-17 ; 07-D-22 ; 07-D-30 ; 07-D-31 ; 07-D-32 ; 07-D-43 ; 07-D-45 ; 07-D-46) ; quatre en 2008 (08-D-04 ; 08-D-21 ; 08-D-26 ; 08-D-34) ; cinq en 2009 (09-D-01 ; 09-D-08 ; 09-D-11 ; 09-D-27 ; 09-D-32) ; six en 2010 (10-D-01 ; 10-D-06 ; 10-D-18 ; 10-D-20 ; 10-D-29 ; 10-D-30) ; cinq en 2011 (11-D-08 ; 11-D-11 ; 11-D-14 ; 11-D-20 ; 11-D-18).

10 Aut. conc., déc. n° 12-D-25 du 18 décembre 2012 relative à des pratiques mises en œuvre dans le secteur du transport ferroviaire de marchandises.

11 V. p. ex. l'assertion selon laquelle la recherche des effets réels d'un ciseau tarifaire n'est pas requise aux fins de la qualification d'abus : Comm. eur., AT.38784, préc. pt 543.

12 Comm. eur., AT.37990, préc.

13 A. C. Witt, « The Enforcement of Article 101 TFEU: What Has Happened to the Effects Analysis? », *Common Market Law Review*, vol. 55, n° 2, 2018, p. 417.

La Commission fut si prompte à exploiter toutes les opportunités probatoires du concept que la Cour dut freiner son enthousiasme dans l'affaire *Groupement cartes bancaires*[14].

Le mouvement de modernisation fut donc marqué par ses contradictions et son inachèvement. Mais il est indiscutablement venu nourrir les assises théoriques de la qualification d'abus de position dominante. La Cour de justice a fait synthèse de l'ancien et du moderne dans sa doctrine de l'abus de position dominante. La lecture de l'important arrêt *Post Danmark* est éclairante sur ce point : les vieux concepts (la « responsabilité particulière », la concurrence « normale », ou encore « par les mérites ») voisinent avec les nouvelles idées (la préservation de la concurrence « aussi efficace », la prise en compte des « effets d'éviction »), les anciennes références jurisprudentielles (l'affaire *Michelin*[15], l'affaire *AKZO*[16]) côtoient les arrêts novateurs (l'arrêt *TeliaSonera*, en particulier[17]). Le mouvement de modernisation laissera donc un héritage : il a enrichi la doctrine de l'abus de position dominante, et les nouvelles considérations, plus économiques, qu'il apporte sont désormais disponibles pour qui souhaitera en faire usage. Mais est-ce encore le cas ?

La « postmodernisation », son origine, sa nature. De nouvelles tendances sont apparues depuis ; *quelque chose* de différent a succédé à – ou plus exactement s'est juxtaposé sur – la modernisation. « Postmodernisation », cela signifie simplement ce qui vient après la modernisation. Sur le plan des idées, ce mouvement introduit aussi une distance critique avec ce qui a motivé la modernisation, et se propose de le dépasser.

À première vue, l'apparition du mouvement paraît pouvoir être ramenée à celle de pouvoirs privés économiques, pour reprendre une formule connue[18], d'une puissance vertigineuse, dans le secteur pharmaceutique, et plus encore dans le digital ; la plupart des contentieux contemporains notables concernent les *big pharma* et les *big tech*. L'explosion de leur pouvoir de marché a provoqué une exacerbation des attentes de régulation auxquelles les autorités de concurrence ont dû répondre. L'antitrust et le contrôle des concentrations étaient en première ligne. Mais cette explication économique ne suffirait pas à expliquer les mutations contemporaines de l'abus de position dominante, et plus largement des instruments de régulation concurrentielle du pouvoir de marché. Après tout, l'histoire des sociétés contemporaines a déjà connu des périodes d'ultra-domination de certains marchés, sans que cela provoque de crise d'identité du

14 CJUE, 11 septembre 2014, *Groupement des cartes bancaires (CB) c/ Commission*, aff. C-67/13 P, EU:C:2014:2204 ; Europe 2014, comm. 466, note L. Idot.

15 CJCE, 9 novembre 1983, *Nederlandsche Banden-Industrie-Michelin c/ Commission*, aff. 322/81, EU:C:1983:313.

16 CJCE, 3 juillet 1991, *AKZO c/ Commission*, aff. C-62/86, EU:C:1991:286.

17 CJUE, 17 février 2011, *Konkurrensverket c/ TeliaSonera Sverige*, aff. C-52/09, EU:C:2011:83 ; Europe 2011, comm. 132, note L. Idot.

18 G. Farjat, *Pour un droit économique*, Paris, PUF, 2004, p. 68.

droit de la concurrence. La situation actuelle est différente en cela que les enjeux touchés par la domination des *big tech* et des *big pharma* sont des enjeux de civilisation : la santé, l'accès à la connaissance, l'interaction sociale… La régulation de ces opérateurs ne peut donc pas être seulement pensée dans une stricte perspective économique. L'approche « plus économique » promise par la modernisation s'inscrivait donc en faux ; elle se retrouva à contre-courant de l'histoire. L'origine de la postmodernisation de l'abus de position dominante se loge donc dans l'inadéquation de l'approche économique promue par le droit de la concurrence de la fin des années 2000 aux nécessités du monde actuel.

Il reste encore à sonder ce qu'elle propose pour l'avenir, et quelles conséquences elle aura pour l'ordre juridique sur lequel repose le droit de la concurrence en général, et la qualification d'abus de position dominante en particulier. Plutôt que de céder à la tentation de renverser la table au nom d'une nouvelle modernité, il est important de voir que la postmodernisation présente des tendances régressives, voire subversives pour la théorie de l'abus de position dominante, car en faisant du droit un simple instrument du changement sociétal, elle menace la cohérence du système juridique[19].

I. Tendances régressives de la postmodernisation

Un retour en arrière. La postmodernisation apparaît comme un recul ; dans son parcours, le droit de la concurrence semble avoir fait « machine arrière », comme si l'horloge fonctionnait à l'envers. D'un point de vue chronologique, la qualification d'abus de position dominante revient à un état antérieur.

Tendances régressives dans le champ procédural. Dans le champ procédural, la modernisation dans la mise en œuvre de l'article 102 TFUE semble avoir fait long feu, dans ses deux visages : celui de la décentralisation, et celui de la négociation des affaires. Sur le premier point, il n'est pas question de soutenir que les autorités et juges nationaux ont été dépossédés des instruments procéduraux mis à leur disposition par le règlement (CE) n° 1/2003, même s'ils n'en ont pas fait un usage immodéré. C'est plutôt que, dans sa réponse à la domination des géants du numérique, la Commission européenne n'a pas raisonné à partir d'un modèle en réseau. Il est ainsi frappant de voir que le projet présenté pour un Digital Markets Act (DMA)[20] tient à l'écart les autorités nationales et propose une réponse centralisée, à tel point que les membres du Réseau européen de la concurrence ont fait paraître une déclaration conjointe appelant à un partage des pouvoirs

19 Sur un plan plus général, B. Oppetit, « Les tendances régressives dans l'évolution du droit contemporain », in *Mélanges dédiés à Dominique Holleaux*, Paris, Litec, 1990, p. 317.

20 Comm. eur., Proposition de règlement du Parlement européen et du Conseil relatif aux marchés contestables et équitables dans le secteur numérique (législation sur les marchés numériques), COM(2020) 842 final, 15 décembre 2020.

d'exécution[21]. Quant au second point, celui du développement de procédures alternatives, il est évident que le temps de la régulation négociée n'est plus à l'ordre du jour. La Commission européenne n'a rendu en moyenne qu'une seule décision d'engagements par an depuis 2017[22], préférant les procédures d'interdiction contre les entreprises du numérique (en particulier Google[23]) ou les grands laboratoires pharmaceutiques. En France, l'Autorité de la concurrence a aussi limité son recours à la procédure d'engagements[24]. Le reflux de cette procédure pour traiter les problèmes de concurrence n'est, au reste, pas un mouvement critiquable en lui-même : les procédures négociées sont, par nature, des procédures à l'occasion desquelles l'appréciation au fond est limitée, pour ne pas dire superficielle. Dans les affaires complexes, comme le sont celles qui concernent le secteur pharmaceutique ou le secteur numérique, les autorités de concurrence doivent rendre des décisions structurantes où l'appréciation doit être approfondie.

Mais est-il bien sûr que le choix de délaisser les procédures d'engagements ait été justifié par cette raison ? Cela n'est pas certain. D'abord, chacun sait que les affaires Google ont pris un tour contentieux faute pour la DG Concurrence et l'entreprise américaine d'être parvenues à trouver un accord négocié au début des années 2010. Dans d'autres affaires, non moins complexes, la négociation a été préférée, même avec les géants du numérique[25]. Ensuite, il a pu aussi apparaître que les procédures négociées ne sont pas toujours aussi vertueuses que l'on pourrait croire[26] : on les pensait rapides, mais certaines sont au moins aussi lentes que les procédures d'interdiction, car l'exécution des engagements est rarement un long fleuve tranquille[27] ; on les croyait source de flexibilité et d'économie de coûts de procédure, mais certaines s'enveniment et s'y logent d'effroyables difficultés procédurales – une affaire l'a montré jusqu'à la caricature[28]. Enfin, c'est une autre procédure, elle aussi superficielle au fond,

---

21 V. Joint paper of the heads of the national competition authorities of the European Union, « How national competition agencies can strengthen the DMA », 22 juin 2021.

22 V., par ordre chronologique, Comm. eur., AT.40153, *E-book MFNs and related matters (Amazon)* (2017) ; AT.39816, *Upstream gas supplies in Central and Eastern Europe* (2018) ; AT.40461, *DE/DK Interconnector* (2019) ; AT.40335, *Romanian gas interconnector* (2020) ; AT.40608, *Broadcom* (2020) ; AT.40394, *Aspen* (2021).

23 Comm. eur., AT.39740, *Google Search (Shopping)* ; AT.40099, *Google Android* ; AT.40411, *Google Search (AdSense)* ; *adde* les investigations ouvertes dans AT.40670, *Google – Adtech and Data-related practices*.

24 Sur la même période, le mouvement est cependant moins net, mais il faut observer que toutes les affaires traitées par le moyen de la procédure d'engagements ont concerné des secteurs « traditionnels » de l'économie : distribution alimentaire, énergie, collecte des déchets, services postaux, jouets… L'Autorité de la concurrence a rendu entre zéro et trois décisions par an (deux en 2018 – 18-D-04 ; 18-D-14 –, aucune en 2019, trois en 2020 – 20-D-06 ; 20-D-13 ; 20-D-22 –, une en 2021 – 21-D-02), à l'exception de l'année 2017, où cinq décisions d'engagements furent rendues (17-D-09 ; 17-D-12 ; 17-D-16 ; 17-D-21 ; 17-D-26).

25 V. p. ex. Comm. eur., AT.40153, préc. ; et plus loin le cas Microsoft en 2011 et 2013, avec le succès que l'on sait (AT.39530, préc.)…

26 E. Claudel, « Procédures négociées, accessoires ou alternatives à la sanction en droit de la concurrence : Raison garder ! », *Concurrences* n° 4-2015, art. n° 75896, p. 13.

27 F. Wagner-von Papp, « Remedies, Sanctions and Commitments », in P. Akman, O. Brook et K. Stylianou (dir.), *Research Handbook on Abuse of Dominance and Monopolization* (à paraître, Edward Elgar Publishing, <https://ssrn.com/abstract=3911117>).

28 V. Comm. eur., AT.39530, préc.

qui est aujourd'hui promue par le mouvement postmoderne : la procédure d'urgence. Un premier cas a été adopté par la Commission européenne[29] ; et les procédures de mesures conservatoires se multiplient en France[30]. Au fond, la postmodernisation procédurale est guidée par des choix d'opportunité, davantage que par des choix de raison.

Tendances régressives sur le plan substantiel. Sur un plan substantiel, la modernisation de la qualification d'abus avait eu ses conquêtes : les décisions de la Commission ont été plus solidement charpentées pour ce qui concerne l'analyse économique des restrictions alléguées. Dans les décisions *Qualcomm*[31], par exemple, l'influence de la nouvelle doctrine annoncée dans les Orientations de 2009 était sensible. Les directives de l'arrêt *Intel* avaient été assimilées[32]. Les décisions *Google* montrent aussi qu'un soin particulier a été mis dans la démonstration des effets des pratiques reprochées à Google[33]. Sans doute pourrait-on trouver matière à nuancer ce propos, en considérant que la recherche des effets anticoncurrentiels des pratiques abusives est demeurée encore à un certain niveau d'abstraction, soit que l'on se contente de vérifier l'existence d'effets potentiels, d'une « capacité » à limiter la concurrence, soit que l'on se borne à mettre en œuvre un test de coûts, sans qu'il fût nécessaire de rechercher des effets concrets et actuels. Mais le constat d'une approche « plus économique » ne paraît guère discutable.

Pourtant, le mouvement de postmodernisation est à rebours. Si l'on peut décrire la modernisation de l'abus de position dominante comme une remise en question d'une approche formelle condamnant certaines pratiques en elles-mêmes pour apprécier leurs effets sur le marché, alors la postmodernisation est bien à contre-courant. Au contentieux, le reflux a été visible sur le plan national, et spécialement en France[34], avec le recours à la qualification d'« abus d'exploitation », dont l'Autorité a annoncé qu'elle ne supposait pas une recherche des effets anticoncurrentiels[35]. Le retour d'une approche formelle est surtout évident dans la proposition législative de la Commission en matière de régulation des *gatekeepers* numériques[36]. Le DMA n'entre guère en cohérence avec le

---

29 V. Comm. eur., AT.40608, préc.

30 V. en part., Aut. conc., déc. n° 20-MC-01 du 9 avril 2020 relative à des demandes de mesures conservatoires présentées par le Syndicat des éditeurs de la presse magazine, l'Alliance de la presse d'information générale e.a. et l'Agence France-Presse.

31 Comm. eur., AT.40220, *Qualcomm (exclusivity payments)* (2018) ; AT.39711, *Qualcomm (predation)* (2019).

32 Comm. eur., AT.40220, préc.

33 V. Comm. eur., AT.39740, préc. ; AT.40099, préc. ; AT.40411, préc.

34 On pourrait aussi évoquer, en Allemagne, l'affaire *Facebook* (Bundeskartellamt, 7 février 2019, aff. B6-22/16) en ce qu'elle a consisté, pour le Bundeskartellamt, à identifier un abus dans le fait de la violation du RGPD.

35 Sur ce point, « La subversion des moyens ».

36 Comm. eur., Proposition de Règlement du Parlement européen et du Conseil relatif aux marchés contestables et équitables dans le secteur numérique (législation sur les marchés numériques), COM(2020) 842 final, 15 décembre 2020.

mouvement de modernisation des années 2000-2010. Il relève d'une autre logique. La régulation se fait ici par le recours à une méthode que, pour lui donner un tour vaguement contemporain, l'on nomme « régulation *ex ante* », mais qui n'est rien d'autre que l'énoncé de règles impératives signant le retour en force de l'ordre public économique européen, sous sa forme la plus primitive. On trouve, en effet, dans les articles 5 et 6 de la proposition de la Commission, un large éventail d'interdictions *per se* et d'obligations posées par le texte. Les entreprises concernées, dites « contrôleurs d'accès », ne peuvent venir justifier leurs pratiques (condamnées *ex ante*) que dans des circonstances limitées. Un article (8) leur permet de demander une suspension de certaines obligations, s'il est démontré par le contrôleur d'accès « *qu'en raison de circonstances exceptionnelles échappant à son contrôle le respect de cette obligation particulière menacerait la viabilité économique de ses activités dans l'Union, et ce uniquement dans la mesure nécessaire pour remédier à cette menace pour sa viabilité* », ce qui revient à dire qu'une suspension ne sera jamais accordée… Un autre article permet, certes, de solliciter une « exemption », qui évoque le bilan concurrentiel des articles 101 et 102 (tel qu'interprété par la jurisprudence de la Cour[37]), mais qui renvoie à une tout autre réalité. Il ne s'agit pas de prouver que la pratique visée déploie des effets positifs pour la concurrence, mais plutôt de montrer que la pratique mérite une exemption pour des raisons tenant à la moralité, la santé ou la sécurité publiques. Voilà de quoi doucher bien des enthousiasmes. C'est dire, en somme, que l'effort de mise en balance porté par la modernisation est désactivé pour ce qui concerne le secteur numérique : une pratique est condamnée en soi, sans possibilité de justification de l'entreprise poursuivie. Un mot, employé à soixante et onze reprises dans le DMA, explique sans doute ce retour en arrière méthodologique dans l'évolution de la régulation concurrentielle : la déloyauté. C'est là ce qui justifie le retour à une approche relevant de l'interdiction *per se*. Ce qui est déloyal ne se justifie pas par des considérations d'efficience. Le mot annule toute tentative d'argumentation proprement économique ; il place la discussion dans l'ordre des considérations morales. C'est donc une impasse pour le raisonnement. Au fond, nous retrouvons là les mêmes ressorts que ceux du passé, lorsque la Cour de justice distinguait entre les pratiques qui relèvent d'une concurrence normale, ou d'une concurrence par les mérites, et ceux qui n'en relèvent pas[38]. Le mouvement est semblable ici : certaines pratiques sont réputées déloyales, d'autres ne le sont pas. Nous sommes bien revenus en arrière. Ou plutôt, la régulation concurrentielle change de direction. Elle n'est plus une protection du processus concurrentiel pour lui-même, elle devient un instrument d'équité, voire de redistribution sociale. C'est en cela que la postmodernisation contient des tendances subversives.

---

37 V. en part. CJUE, gde ch., 6 septembre 2017, *Intel Corporation c/ Commission*, aff. C-413/14 P, préc.

38 CJCE, 13 février 1979, *Hoffmann-La Roche*, aff. 85/76, EU:C:1979:36.

II. Tendances subversives de la postmodernisation

La postmodernisation, telle qu'elle se présente sous l'action de la volonté de dompter les acteurs du numérique, est à l'origine d'une double subversion (au sens d'un renversement de l'ordre établi) pour la qualification d'abus de position dominante : elle est une subversion des fins et des moyens techniques de la qualification.

La subversion des fins. Sans doute n'est-il pas utile, ici, de rappeler la poussée contemporaine d'une doctrine appelant à un renouvellement des « finalités » du droit de la concurrence, et donc de celles de la qualification d'abus de position dominante. Le débat sur les finalités du droit de la concurrence et leur nécessaire renouvellement est partout ; il est devenu difficile de trouver une revue ou un colloque n'évoquant point la nécessité de dépasser le standard du bien-être du consommateur, au bénéfice d'une approche plurielle par laquelle les règles de concurrence devraient poursuivre de nouveaux objectifs, parmi lesquels, notamment, la lutte contre le réchauffement climatique, contre la pauvreté, en faveur du respect de la vie privée ou de la loyauté[39].

Ce débat est partout, et pourtant il ne conduit nulle part. Il méconnaît l'essence des règles de concurrence en Europe. Celles-ci ne poursuivent pas un « objectif », elles ont une raison d'être, une « fonction » dans l'ordre juridique : celle de préserver le processus de concurrence. S'il fallait nécessairement leur assigner un « objectif » (même si ce n'est pas à propos), il faudrait se contenter de dire que leur horizon est simplement de préserver une concurrence libre et non faussée. C'est en préservant ce processus que les règles de concurrence déploient leurs vertus pour le bien commun, qu'elles permettent de servir toute une diversité d'intérêts publics[40]. Voilà ce qui résume l'entier système. Les ententes qui grippent la mécanique concurrentielle méritent d'être sanctionnées pour cette raison[41]. La concentration du pouvoir de marché peut parfois menacer le processus concurrentiel, et c'est pour cela qu'un contrôle préventif est mis en œuvre. Et la sanction des abus de position dominante s'inscrit dans le même sillon. Les entreprises dominantes opèrent dans un contexte économique où le processus de concurrence est, par hypothèse, fragile, du fait de leur position prééminente[42]. La tâche des autorités de contrôle est donc de veiller à ce que les pratiques mises en œuvre ne biaisent pas un processus de concurrence déjà fragilisé. Les pratiques d'éviction, qui consistent à prendre appui sur une dominance pour écarter du marché un opérateur efficace, sont ainsi justement

39 Sur le débat en France, v. dernièrement N. Mathey, « Les finalités du droit de la concurrence. Essai de téléologie du droit », *Contrats, conc., consom.* n° 12, décembre 2020, dossier 13.

40 V. à cet égard C. Prieto (dir.), « L'intégration des considérations d'intérêt public dans l'application des règles de concurrence (26 nov. 2020) », *Concurrences* n° 2-2021, art. n° 99790.

41 Pour une réflexion sur l'intégration d'autres intérêts publics dans le droit des ententes, L. Idot, « L'intégration des considérations d'intérêt public dans le droit des ententes : Approche juridique », in C. Prieto (dir.), préc.

42 V. CJCE, 13 février 1979, *Hoffmann-La Roche*, aff. 85/76, préc. pt 91.

sanctionnées dès lors que, par une stratégie tarifaire (prix prédateurs, compression de marge…) ou non (vente liée, refus d'accès à une infrastructure…), elles empêchent l'émergence d'une rivalité vertueuse. Quant à la sanction des pratiques d'exploitation, elle doit poursuivre le même dessein de préservation de la concurrence. En elles-mêmes, les pratiques d'exploitation ne sont pas nécessairement nocives pour le processus de concurrence. C'est plutôt l'inverse : la rente que tire une entreprise de son monopole est un moteur du jeu concurrentiel. Le prix excessif qui serait appliqué aux clients est une opportunité pour les concurrents de s'introduire sur le marché et de gagner des parts de marché[43]. Les pratiques d'exploitation deviennent illicites lorsqu'elles empêchent les opérateurs qui les subissent de jouer efficacement leur rôle sur le marché et de participer à l'exercice vertueux du jeu concurrentiel. C'est cette idée qui a présidé à la rédaction du texte français condamnant les abus de dépendance économique : le fait d'abuser de la dépendance d'un partenaire économique n'est critiquable qu'à supposer que ce fait altère le fonctionnement et la structure de la concurrence[44] – ce qui rend d'ailleurs l'hypothèse rare. La sanction des abus d'exploitation n'est donc pas liée à des considérations morales, ou à un objectif de redistribution sociale. Elle n'est pertinente que si elle permet de lutter contre les pratiques de domination qui empêchent ceux qui les subissent de participer au jeu de la concurrence et qui grippent, par voie de conséquence, l'ordre concurrentiel. La postmodernisation propose une autre lecture : les abus dits d'« exploitation » seraient interdits parce qu'ils sont contraires à la « loyauté », et il ne s'agirait que de redécouvrir ici les fondements moraux de l'antitrust[45]. Au-delà de la subversion des principes au tréfonds de la matière, c'est aussi, d'un point de vue technique, une subversion des moyens de l'antitrust qui se dessine.

La subversion des moyens. Lorsque l'on fait du droit de la concurrence un ensemble finalisé, c'est-à-dire un instrument au service d'un objectif sociétal, la question des moyens à mettre en œuvre pour y parvenir devient secondaire, et la construction d'une qualification juridique en quelque sorte accessoire. Et, dès lors, les repères pour le raisonnement juridique que l'expérience nous avait permis de trouver au fil du temps sont comme emportés par le vent.

On pourrait gloser à l'envi sur ce thème dans le champ des pratiques d'éviction où la volonté de sanctionner de nouveaux types de pratiques des plateformes numériques a conduit les autorités de concurrence à identifier de nouveaux abus, sans beaucoup d'égards pour la démarche de qualification juridique d'un abus. La faiblesse de l'argumentation de la Commission dans l'affaire *Google Shopping*, qui aurait pourtant été nécessaire pour élaborer une qualification

---

43 V. le raisonnement tenu par la cour d'appel dans l'affaire *Sanicorse*, CA Paris, pôle 5, ch. 7, 14 novembre 2019, *Sanicorse SARL*, RG 18/23992.

44 C. com., art. L. 420-2, al. 2.

45 En Europe, v. *ex multis* M. Dolmans et W. Lin, « Fairness and competition law: A fairness paradox », *Concurrences* n° 4-2017, art. n° 85119.Sur ce débat aux États-Unis, v. dernièrement S. Paul, « Recovering the Moral Economy Foundations of the Sherman Act », *Yale Law Journal*, vol. 131, n° 1, octobre 2021.

juridique de l'abus dans un cas d'« autopréférence » est, à cet égard, éloquente[46]. Mais le mouvement est plus net encore dans le champ des pratiques d'exploitation, où l'opération de qualification juridique est déficiente. Le traitement juridique des « abus d'exploitation » laisse perplexe au plan national, en particulier en France. À suivre la doctrine nouvelle de l'Autorité, telle que présentée dans sa décision fondatrice rendue dans l'affaire *Gibmedia*[47], les pratiques des entreprises dominantes seraient condamnables dès lors qu'elles peuvent être considérées comme déraisonnables : « *Quelle que soit la nature de la pratique d'exploitation commise, le standard de preuve reste le même, et consiste à apprécier si les comportements de l'entreprise dominante ont été accomplis dans une "mesure raisonnable"*[48]. » La démarche de qualification de l'abus consisterait donc seulement à identifier une pratique déraisonnable ? Un tel standard serait d'autant plus inquiétant que, pour l'Autorité, la recherche d'effets anticoncurrentiels produits par la pratique ne serait pas nécessaire[49]. La pratique décisionnelle de l'Autorité a d'ailleurs montré que les effets anticoncurrentiels n'étaient pas recherchés de manière approfondie aux fins de la qualification d'abus d'exploitation[50].

Une réflexion proprement juridique devrait être menée quant au standard de qualification des abus dits d'« exploitation ». En particulier, il paraît trompeur de croire que la distinction entre les abus d'éviction et les abus d'exploitation a une portée normative, et que les abus d'exploitation devraient être exempts des exigences générales de qualification de cette notion. Les abus d'exploitation ne sont qu'une illustration de la qualification d'abus de position dominante, et il est bien difficile de trouver un critère opératoire de distinction d'avec les abus d'éviction. Songeons par exemple à une qualification classique comme celle qui vise la prédation tarifaire : une telle pratique n'est condamnable que parce qu'il est possible à l'entreprise dominante de pratiquer des prix exorbitants pour récupérer les pertes faites dans la phase d'éviction de ses rivaux. Quant aux nouvelles pratiques visées par les autorités de concurrence, comme celle de l'autopréférence : sont-elles des pratiques d'éviction ou d'exploitation ? Le *self-preferencing* peut produire des effets d'exclusion des rivaux, mais il peut aussi être vu comme une pratique déloyale qui impose aux utilisateurs une diminution de leurs choix – c'est la lecture du DMA qui convoque le critère de la déloyauté. C'est dire, en somme, que la catégorie juridique des abus d'exploitation a une autonomie discutable, et que par voie de conséquence, on ne voit pas que son régime juridique doit être différent de celui des autres formes de pratiques abusives. Or, il est clair qu'une autorité de concurrence doit démontrer

---

46 Comm. eur., AT.39740, préc.

47 Aut. conc., déc. n° 19-D-26 du 19 décembre 2019 relative à des pratiques mises en œuvre dans le secteur de la publicité en ligne liée aux recherches.

48 *Ibid.*, pt 351.

49 *Ibid.*, pt 353.

50 V. p. ex. la recherche particulièrement sommaire des effets opérée dans l'affaire *Sanicorse*, ainsi que dans l'affaire des éditeurs de presse (déc. n° 20-MC-01 du 9 avril 2020, préc.). Finalement, c'est paradoxalement dans l'affaire *Gibmedia* (préc.) que la recherche d'effets a été la plus accomplie, alors que dans le même temps, l'Autorité indiquait que, selon la jurisprudence européenne, cette recherche n'était pas requise.

qu'une pratique mise en œuvre par une entreprise dominante produit des effets anticoncurrentiels, au sens des textes régissant la matière. Raisonner autrement, et soutenir qu'une pratique simplement « déraisonnable » mise en œuvre par une entreprise dominante pourrait être qualifiée d'abus de position dominante, fait naître un mauvais contentieux, où l'insécurité le dispute à l'arbitraire. L'Autorité de la concurrence n'est pas dans son rôle en se faisant ministre d'équité contractuelle, et l'on voit déjà poindre les signes d'un contentieux subjectif dont elle devrait se tenir à distance[51].

Au fond, c'est à un retour au « juridique » que l'on devrait inviter, plutôt qu'à une politisation des règles sur l'abus de position dominante. Plaider sans relâche pour défendre l'importance des constructions juridiques dans le droit de la concurrence, tel nous semble être, d'ailleurs, le noble et utile combat de Laurence Idot dans son admirable parcours académique.

---

51 Aut. conc., déc. n° 21-D-12 du 11 juin 2021 relative à des pratiques mises en œuvre par la Ligue de Football Professionnel dans le secteur de la vente de droits de diffusion télévisuelle de compétitions sportives.

L'intégration de la jurisprudence de la Cour de justice de l'Union européenne dans la jurisprudence de la Cour de cassation en droit de la concurrence

CAROLE CHAMPALAUNE*
Cour de cassation

Résumé

L'article se consacre à l'intégration de la jurisprudence de la Cour de justice de l'Union européenne dans celle de la Cour de cassation en droit de la concurrence. Il analyse les principes qui gouvernent cette intégration et expose leur mise en œuvre, en décrivant les caractéristiques du contrôle exercé par la Cour de cassation. Il montre comment le principe de primauté du droit de l'Union s'accompagne d'un principe de convergence entre l'interprétation de ce droit et celle du droit national, notamment au plan processuel, en dépit du principe d'autonomie en la matière. Il évoque les outils méthodologiques et procéduraux de cette intégration et envisage le nouveau champ normatif dans lequel elle devra se poursuivre.

---

* Conseillère à la Cour de cassation, chambre commerciale, financière et économique.

Ainsi qu'il était relevé dans son étude annuelle de 2017, la « *Cour de cassation a intégré, dans le contrôle qu'elle exerce sur les juridictions du fond autant que dans sa jurisprudence, les exigences de l'ordre juridique européen* »[1], telles que rappelées par la Cour de justice des Communautés européennes (CJCE) dans les arrêts fondateurs[2].

Première politique de la Communauté définie par le traité du 25 mars 1957 instituant la Communauté économique européenne, « *au cœur de la construction européenne* »,[3] comme le relève l'auteure à laquelle est dédiée cette contribution, « la politique de la concurrence » s'incarne juridiquement devant l'ordre judiciaire, à ce jour, essentiellement par la prohibition des ententes et des abus de position dominante, dans les termes et conditions définies par le traité. Il est donc normal qu'en tant que « *processus construit et protégé par le droit* »[4], la concurrence, telle que conçue par le traité, soit entrée dans le champ d'une forme de protection juridictionnelle à laquelle la Cour de cassation, par sa chambre commerciale, financière et économique[5], a pris part.

L'existence d'un corpus de droit interne interdisant des pratiques de même nature que celles visées par le droit de l'Union et le principe d'une application parallèle de celui-ci et du droit interne, garanti et organisé par le règlement (CE) n° 1/2003 du 16 décembre 2002 relatif à la mise en œuvre des règles de concurrence prévues aux articles 81 et 82 du traité[6], dans le cadre de la décentralisation de l'application du droit communautaire de la concurrence, ont renforcé ce qui constitue une forme d'intégration des jurisprudences. Celle-ci peut être considérée comme la traduction, sur le plan juridique, de celle des économies, de sorte que les pratiques soumises aux autorités nationales sont largement de dimension européenne et que le juge national apparaît quant à lui, comme dans d'autres domaines du droit, le premier garant de la bonne application du droit de l'Union.

Le rappel de certains traits saillants de la jurisprudence de la Chambre en la matière, auquel se consacre cette étude, examinera les principes et leur mise en œuvre (I.) et les outils qu'elle utilise (II.).

---

1 Cour de cassation, *Le juge et la mondialisation dans la jurisprudence de la Cour de cassation : étude annuelle 2017*, Paris, La Documentation française, 2017, p. 39.

2 CJCE, 5 février 1963, *Nv Van Gend en Loos*, aff. 26/62, EU:C:1963:1 ; CJCE,15 juillet 1964, *Costa c/ E.N.E.L*, aff. 6/64, EU:C:1964:66 ; CJCE, 9 mars 1978, *Administration des finances de l'État c/ Simmenthal*, aff. 106/77, EU:C:1978:49.

3 L. Idot, « Brefs regards sur 60 ans de politique européenne de concurrence », *Rev. UE* 2018, p. 639.

4 C. Prieto, « La culture de concurrence : Une quête de sens et d'action », in M. Behar-Touchais, N. Charbit et R. Amaro (dir.), *À quoi sert la concurrence ?*, Paris, Concurrences, 2014, p. 719.

5 Ci-après, la « Chambre ».

6 *JOCE* n° L 1 du 4 janvier 2003, p. 1, ci-après le « règlement (CE) n° 1/2003 ».

I. Première partie : Les principes et leur mise en œuvre

Respect du principe de primauté du droit de l'Union et application d'un principe de convergence, étendu au-delà de la gouvernance de l'application parallèle des droits de l'Union et national de la concurrence, animent cette jurisprudence relative au droit de la concurrence.

1. Du principe de primauté…

D'abord, le principe de la primauté du droit de l'Union justifie que la Cour de cassation vérifie que les conditions d'application en sont remplies. C'est évidemment en raison de la primauté du droit de l'Union et du rôle exclusif de la Cour de justice pour en faire l'interprétation authentique que la Chambre contrôle le respect, par les juges du fond et/ou des recours contre les décisions de l'Autorité de la concurrence, de la conformité des qualifications opérées au regard de ces interprétations de la Cour de justice.

La Chambre n'a ainsi pas attendu, pour mettre en pratique ce principe qu'elle a rappelé aux juges du fond dès 1973[7], le rappel par la Cour de justice[8] de ce que les règles matérielles du droit de la concurrence qui conditionnent l'application de l'article 101 du traité sur le fonctionnement de l'Union européenne (TFUE) et de ce que l'interprétation que donne la jurisprudence européenne de ces règles s'imposent aux autorités nationales lorsqu'elles appliquent ce droit, ainsi qu'aux juridictions qui les contrôlent. On sait que la primauté du droit de l'Union sur les dispositions nationales est, au demeurant, mise en œuvre par la Cour de cassation de façon plus générale depuis 1974[9].

C'est ainsi que, de longue date, le « verrou » d'application du droit de la concurrence de l'Union constitué par la circonstance que la pratique envisagée soit « *susceptible d'affecter le commerce entre États membres* », tel que défini dès 1966[10] par la Cour de justice faisant état, selon une expression imagée, d'une condition déterminant « *l'empire du droit communautaire* »[11], fait l'objet d'une vérification par les juges du fond, lorsque la constitution de cette affectation est contestée devant lui, et d'un contrôle, le cas échéant, par la Cour de cassation.

---

7 Cass. com., 8 mai 1973, n° 72-11.349, *Bulletin des arrêts Cour de Cassation Chambre commerciale* n° 167 p. 145.

8 CJCE, 4 juin 2009, *T-Mobile Netherlands*, e.a., aff. C-8/08, EU:C:2009:343, pts 49 à 52. V. aussi D. Ferré, « Objet anticoncurrentiel : La CJCE se prononce sur les critères d'appréciation de l'objet anticoncurrentiel d'une pratique concertée et sur la preuve d'une telle pratique devant le juge national (*T-Mobile Netherlands*) », 4 juin 2009, *Concurrences* n° 3-2009, art. n° 29661.

9 Cass. ch. mixte, 24 mai 1975, n° 73-13.556, *Bulletin des arrêts Cour de Cassation Chambre MIXTE* n° 4 p. 006.

10 CJCE, 9 juillet 1969, *Franz Völk c/ S.P.R.L. Ets J. Vervaecke*, aff. 5/69, *Rec.* p. 295 OU 30 juin 1966, *LTM c/ MBU*, aff. 56-65, *Rec.* p. 337.

11 CJCE, 13 juillet 1966, *Consten et Grundig*, aff. jtes 56/64 et 58/64, *Rec.* p. 429.

Ce contrôle s'effectue, classiquement, soit sur la charge de la preuve de cette condition, soit substantiellement sur l'exigence de la vérification de sa matérialité[12] et, enfin, sur la méthode d'appréciation « au fond » de cette constitution, laquelle renvoie à celle suivie par la Cour de justice. Cette méthode repose sur une exigence d'appréciation concrète et d'examen d'un certain nombre d'éléments, parmi lesquels figure le contexte économique et juridique dans lequel la pratique en cause s'exerce, contexte concernant aussi plus largement le marché sur lequel la pratique est observée[13].

La jurisprudence traditionnelle, s'agissant des obligations du juge d'examiner les moyens des parties, est évidemment appliquée à la contestation de la matérialité de ce critère, les parties ne pouvant, à cet égard, se contenter de simples arguments pour établir ou contester la matérialité de cette affectation[14]. De façon aussi classique, selon la technique de cassation, cette notion, mélangée de fait et de droit, ne peut pas être évoquée pour la première fois devant la Cour de cassation[15].

On mesure, à la comparaison entre des arrêts anciens et d'autres, plus récents, ayant eu à se prononcer sur cette question d'affectation du commerce entre États membres, que ces éléments de vérification concrète sont aujourd'hui plus nombreux et très débattus, d'autant que la consolidation de la jurisprudence de la Cour de justice expliquant la méthode à suivre et les faits/critères/circonstances à prendre en considération, par des outils tels que les lignes directrices de la Commission[16], favorise la structuration et l'approfondissement de l'analyse par l'ensemble des parties prenantes aux litiges.

S'agissant des lignes directrices, si elles n'ont qu'une valeur indicative, il est bien évident que lorsqu'elles sont la reprise de la jurisprudence de la Cour de justice, leur mise en œuvre concrétise en réalité l'application de cette jurisprudence, dont elles ne font qu'assurer l'intermédiation de façon pédagogique pour les juges nationaux. Tel était le cas par exemple de l'appréhension des termes « susceptibles d'affecter » figurant aux articles 101 et 102 du TFUE, repris aux paragraphes 23 et 26 des lignes directrices précitées, et qui ne faisaient que reprendre les arrêts de la Cour de justice[17] et dont la Chambre a fait application, sans les citer, dans une affaire relative à des pratiques commises dans le secteur de la téléphonie mobile outre-mer, dans laquelle la cour d'appel avait à tort écarté le droit de l'Union sur la considération de la non-affectation du commerce entre États membres[18].

---

12 Cass. com., 16 avril 1991, n° 89-15.340, *Bull. civ.* IV, n° 149.

13 Cass. com., 18 novembre 1997, n° 95-21.846.

14 Cass. com., 29 novembre 1994, n° 93-10.275, *Bull. civ.* IV, n° 358.

15 Cass. com., 10 juin 1986, n° 84-17.404, *Bull. civ.* IV, n° 123, p. 104.

16 Communication de la Commission, « Lignes directrices relatives à la notion d'affectation du commerce figurant aux articles 81 et 82, *JOUE* n° C 101 du 27 avril 2004, p. 81.

17 CJCE, 15 décembre 1994, *DLG*, aff. C-250/92, EU:C:1994:413, pt 54, et CJCE, 25 octobre 2001, *Ambulanz Glöckner*, aff. C-475/99, *Rec.* p. I-8089, pt 48.

18 Cass. com., 31 janvier 2012, n° 10-25.772, 10-25.775, 10-25.882, *Bull. civ.* IV, n° 16.

Cette observation d'une technicité accrue des éléments, spécialement économiques, à prendre en considération, peut être illustrée, s'agissant notamment de la nécessité de caractériser une affectation (ou une susceptibilité d'affectation) sensible, par comparaison entre les éléments soumis aux juridictions en 1994[19] et ceux qui sont désormais débattus et font l'objet de cette méthodologie, étant observé que le contrôle de la Cour de cassation a épousé l'approfondissement de la jurisprudence de la Cour de justice[20] introduisant un critère de degré, quantitatif, dans cette affectation. Le fil conducteur de la jurisprudence reste toutefois, indépendamment de cette sophistication, celui de l'exigence d'une analyse concrète, laquelle se traduit, à la lecture des motivations censurées[21] ou approuvées[22], par une exigence certaine à l'égard des juges du fond, quant à l'analyse que doit traduire leur motivation, l'exigence de concrétisation illustrant à cet égard qu'aucune affaire n'est réductible à une autre, ainsi que l'indique la Chambre[23].

Il reste que si l'on peut remarquer que les débats sont souvent plus « documentés », lorsque la discussion sur ce critère d'application du droit de l'Union intervient dans le cadre des procédures de sanctions des pratiques anticoncurrentielles, que lorsqu'elle se produit dans le cadre des litiges commerciaux, ce critère doit néanmoins toujours faire l'objet d'une vérification, ce qu'a récemment rappelé la Chambre[24].

Ensuite, c'est à la vérification de ce que les notions du droit de l'Union en cause sont interprétées conformément à la jurisprudence de la Cour de justice que le contrôle de la Chambre s'attelle, étant observé que, conformément à d'autres champs du droit de l'Union, ces notions s'interprètent de façon autonome.

Tous les éléments de qualification des pratiques anticoncurrentielles font l'objet de ce contrôle, avec la particularité classiquement observée qu'en ce domaine, c'est la science économique qui est à l'origine de la règle juridique, de sorte que, là encore, les éléments factuels mobilisés pour ces opérations de qualification sont souvent nombreux et parfois très techniques, de sorte que, là encore, les éléments factuels mobilisés pour ces opérations de qualification sont souvent nombreux et parfois très techniques. Par ailleurs, le raisonnement en la matière ne répond pas au raisonnement hypothético-déductif, classique en matière juridique[25].

---

19 Cass. com., 29 novembre 1994, n° 93-10.275, préc.

20 CJCE, 25 novembre 1971, *Béguelin*, aff. 22/71, *Rec.* p. 949, pt 16.

21 Cass. com., 1er mars 2011, n° 09-72.655, 09-72.657, 09-72.705, 09-72.830, 09-72.894, *Bull. civ.* IV, n° 29.

22 Cass. com., 20 janvier 2015, n° 13-16.764, 13-16.765, 13-16.745, 13-16.955, *Bull. civ.* IV, n° 8.

23 *Ibid.*

24 Cass. com., 20 septembre 2016, n° 13-15.935, *Bull. civ.* IV, n° 117. V. aussi A.-C. Martin, « Franchise : La Cour de cassation rappelle l'obligation pour le promoteur du réseau de faire respecter l'exclusivité qu'il a concédé et apporte des précisions sur la notion de vente active (*Point S*) », 20 septembre 2016, *Concurrences* n° 1-2017, art. n° 83300, pp. 115-116.

25 Sur cet aspect de l'autonomie du droit de la concurrence, G. Canivet, in rapport introductif du colloque « Autonomie et droit de la concurrence », Cour de cassation, 29 novembre 2019, *Contrats, conc., consom.* n° 6, juin 2020.

Dans ce contexte, ce qui importe, comme l'avait relevé la Chambre, dans une formulation générale dépassant la question du champ d'application du droit de l'Union, dans l'affaire dite « des vedettes vendéennes »[26], c'est que dans ces opérations de qualification reposant sur de multiples données factuelles, les juges se déterminent, par exemple pour la détermination du marché pertinent, « *au regard de critères de substituabilité admis par la doctrine économique et adoptés par la jurisprudence* », étant entendu que cette jurisprudence, lorsque le droit de l'Union s'applique, est nécessairement celle de la Cour de justice. C'est ainsi qu'est assurée la sécurité juridique, malgré l'importance des données de fait, propres à chaque affaire, ainsi que la Chambre l'avait observé dans une affaire de droit interne[27], l'observation valant de façon plus générale pour l'ensemble du droit de la concurrence. Disposant de ce patrimoine commun constitué par les analyses économiques transformées en normes juridiques *via* la jurisprudence, entreprises comme autorités de concurrence et juges de contrôle ont ainsi un appareil d'analyse de nature à permettre, pour les premières, l'adaptation de leurs comportements à ces normes et à garantir, pour les seconds, la prévisibilité de leur analyse de ces comportements.

Il ne saurait ici être question de recenser de manière exhaustive la jurisprudence de la Chambre sur ces notions. On observera seulement que toutes celles devant faire l'objet d'une caractérisation pour opérer une qualification juridique en droit de la concurrence de l'Union, selon une méthodologie définie, sont explicitées, dans la jurisprudence de la Chambre, au regard des décisions de la Cour de justice, qu'il s'agisse de celles d'entreprise, de marché pertinent, d'accord, de pratiques concertées[28], d'objet anticoncurrentiel[29], de position dominante, d'abus, ou de l'appréciation des conditions particulières permettant de qualifier d'abus une pratique établie sur un marché non dominé[30].

Le plus souvent expresses, ces références à la jurisprudence de la Cour de justice peuvent aussi être implicites. Tel était le cas, par exemple, pour la détermination de la participation à une entente complexe et continue et de la notion de distanciation publique dans un arrêt[31] qui fait application, notamment, d'un arrêt

---

26 Cass. com., 13 juillet 2010, n° 09-67.439, *Bull. civ.* IV, n° 126. V. aussi A.-L. Sibony, « Prix prédateurs : La Cour de cassation rend un deuxième arrêt de cassation dans l'affaire des Vedettes inter-îles vendéennes (VIIV II) », 13 juillet 2010, *Concurrences* n° 4-2010, art. n° 33190, pp. 126-128.

27 Cass. com., 6 décembre 2005, n° 04-19.541, *Bull. civ.* IV, n° 240.

28 Cass. com., 29 juin 2007, n° 07-10.303, 07-10.354, 07-10.397, *Bull. civ.* IV, n° 181 (affaire de la téléphonie mobile). V. aussi M. Koehler de Montblanc, « Echanges d'informations : La Cour de cassation refuse de considérer qu'un échange d'informations entre concurrents constitue une pratique anticoncurrentielle « per se » (*Bouygues Télécom, SFR, Orange France*) », 29 juin 2007, *Concurrences* n° 3-2007, art. n° 27470.

29 Cass. com., 29 janvier 2020, n° 18-10.967 et 18-11.001 (affaire de la commission d'échange-image-chèque, publié). V. aussi A.-S. Choné-Grimaldi, Objet anticoncurrentiel : La Cour de cassation affirme, avec fermeté, que la notion d'objet anticoncurrentiel doit être appréciée de manière restrictive, en l'absence d'expérience acquise par les autorités sur la pratique en cause (*Banque postale*), 29 janvier 2020, *Concurrences* n° 2-2020, art. n° 94731, pp. 75-77.

30 Cass. com., 17 mars 2009, n° 08-14.503, *Bull. civ.* IV, n° 39.

31 Cass. com., 4 octobre 2017, n° 14-28.234, 14-29.273, 14-29.354, 14-29.482, 14-29.491, 14-29.509, 14-29.542 et 14-50.076 (affaire dite « des farines »).

de la Cour de justice de l'Union européenne (CJUE)[32]. Il en était de même pour la définition de la position dominante retenue par la Cour de justice[33] reprise par la Chambre[34]. Il est possible aussi de voir une référence à la méthode dite de la « double base » issue de la jurisprudence de la Cour de justice[35] pour établir l'existence d'une influence déterminante d'une société mère sur sa filiale, la rendant comptable des pratiques anticoncurrentielles commises par cette dernière, dans l'arrêt[36] rendu dans l'affaire dite « des messageries », dans laquelle l'un des opérateurs, condamné en cette qualité, contestait cette influence, qui approuve la cour d'appel de Paris d'avoir retenu cette influence déterminante, non seulement par l'utilisation de la présomption de détention du capital social de la filiale à 100 %, mais aussi en retenant d'autres éléments la conduisant à faire une appréciation globale de cette situation d'influence.

Ainsi, expressément citée ou implicitement évoquée, la jurisprudence de la Cour de justice, dont la portée est abondamment débattue dans les mémoires déposés à l'appui des pourvois, irrigue structurellement celle de la Chambre en cette matière.

Comme cela a été observé pour la détermination de l'affectation du commerce entre États membres, on notera, là encore, une intensification du contrôle, à la mesure du développement des outils techniques déjà évoqués mis à la disposition des juges pour appréhender des notions complexes, à l'image de l'évolution des produits ou services concernés par les pratiques anticoncurrentielles commises sur des marchés faisant, en outre, parfois l'objet de régulations sectorielles.

Ainsi peut-on citer, à titre d'exemple, la question de la délimitation du marché pertinent[37], élément essentiel par exemple pour établir l'existence d'un abus de position dominante. Un arrêt récent dans la jurisprudence communautaire illustre à nouveau l'enjeu de cette exacte délimitation, puisqu'a été annulée par le Tribunal de l'Union européenne la sanction prononcée contre un laboratoire

---

32 CJUE, 17 septembre 2015, *Total Marketing Services c/ Commission*, aff. C-634/13, EU:C:2015:614. V. aussi L.Bernardeau, « Imputabilité de l'infraction : La Cour de justice de l'Union européenne considère que si certaines conditions procédurales sont réunies, la réduction du montant de l'amende de la filiale doit, en principe, également bénéficier à sa mère, dès lors que la responsabilité de cette dernière est entièrement dérivée de celle de sa filiale (*Total*) », 17 septembre 2015, *Concurrences* n° 4-2015, art. n° 76294, pp. 107-108.

33 CJCE, 14 février 1978, *United Brands c/ Commission*, aff. 27/76, *Rec.* p. 207, pt 65 ; CJCE, 23 mai 1978, *Hoffmann-La Roche c/ Centrafarm*, aff. 102/77, EU:C:1978:108.

34 Cass. com., 14 février 1995, n° 93-18.178, *Bull. civ.* IV, n° 48 (affaire *Labinal c/ Mors*).

35 P. ex. CJUE, 10 avril 2014, *Areva e.a. c/ Commission*, aff. jtes C-247/11 P et C-253/11 P, EU:C:2014:257. V. aussi M. Behar-Touchais, « Imputabilité : La Cour de justice de l'Union européenne se prononce sur l'imputabilité des pratiques anticoncurrentielles en cas de succession de sociétés mères et sur la solidarité des amendes en cas de succession de sociétés mères dans les restructurations d'entreprises (*Siemens, Areva, Alstom*) », 10 avril 2014, *Concurrences* n° 3-2014, art. n° 68023, pp. 69-74.

36 Cass. com., 22 septembre 2021, n° 18-21.436, 18-21.437, 18-21.485, 18-21.493, 18-21.580, 18-21.591, 18-21.719, 18-21.763 et 18-21.805 (affaire dite « des messageries »), pt 40.

37 Communication de la Commission sur la définition du marché en cause aux fins du droit communautaire de la concurrence, *JOCE* n° C 372 du 9 décembre 1997, p. 5 ; communication de la Commission, « Orientations sur les priorités retenues par la Commission pour l'application de l'article 82 du traité CE aux pratiques d'éviction abusives des entreprises dominantes », *JOCE* n° C 45 du 24 février 2009, p. 7.

pharmaceutique, faute de position dominante établie en raison de la censure de la délimitation du marché pertinent[38].

Deux arrêts de la Chambre illustrent, à vingt ans d'intervalle, l'évolution de son contrôle sur cette délimitation. En 1989, la Chambre validait, par référence au pouvoir souverain d'appréciation des juges du fond, exercé sur le seul critère de l'examen de l'état d'esprit du consommateur, l'analyse de la cour d'appel de Paris retenant que, dans celui-ci, des produits cosmétiques et d'hygiène corporelle ne pouvaient être substitués, du seul fait qu'ils n'étaient distribués qu'en pharmacie, par des produits similaires vendus dans le commerce, ce qui délimitait ainsi, conformément aux exigences de la loi nationale et du traité instituant la Communauté économique européenne, l'étendue du marché à considérer pour apprécier les conditions dans lesquelles s'exerçait la concurrence après ententes et actions concertées entre fabricants et pharmaciens[39]. La Chambre n'avait pas encore affirmé son contrôle sur la délimitation du marché pertinent, ce qu'elle fit en 1992 dans l'affaire dite « des livres par club »[40]. Vingt ans après la première affaire, le contrôle de la Chambre s'est exercé pour la détermination, en l'espèce, d'un marché pertinent de la téléphonie fixe résidentielle secondaire interruptible dans le secteur de la téléphonie mobile[41], par approbation de la méthode du faisceau d'indices, parmi lesquels figuraient les résultats de l'analyse de l'offre et du comportement de la demande, ainsi que les enseignements de tests économiques. Illustre aussi la difficulté de l'exercice de qualification et corrélativement du contrôle, la circonstance qu'à l'occasion d'un premier examen, la Chambre avait, dans cette même affaire, censuré une première fois l'analyse effectuée par la cour d'appel sur cette délimitation[42].

La même observation sur l'approfondissement du contrôle peut être faite, s'agissant de la délimitation géographique du marché. Ainsi, par exemple, de l'analyse des (seuls) coûts de transport pour approuver la délimitation d'un marché géographique de la tuile d'Alsace[43], sans commune mesure avec les éléments utilisés pour définir l'existence d'un marché ultramarin de gros des offres de diffusion hertzienne terrestre de programmes télévisuels[44], la différence de technicité du produit et du service respectifs concernés par ces affaires influant sur le degré de complexité des critères d'analyse à prendre en considération.

---

38 Trib. UE, 12 décembre 2018, *Servier e.a*, aff. T-691/14, EU:T:2018:922. V. aussi N. Zacharie, A. Wachsmann, « Marché pertinent : Le Tribunal de l'Union européenne sanctionne la Commission européenne pour avoir commis une série d'erreurs dans l'analyse de la définition d'un marché pertinent dans le secteur pharmaceutique (*Servier*) », 12 décembre 2018, *Concurrences* n° 1-2019, art. n° 89016, pp. 84-87.

39 Cass. com., 25 avril 1989, n° 88-11.894, *Bull. civ.* IV, n° 135.

40 Cass. com., 10 mars 1992, n° 90-16.298, *Bull. civ.* IV, n° 111.

41 Cass. com., 16 septembre 2020, n° 18-21.615.

42 Cass. com., 12 avril 2016, n° 14-26.815.

43 Cass. com., 29 juin 1993, n° 91-14.295, *Bull. civ.* IV, n° 276.

44 Cass. com., 30 mai 2018, n° 16-24.792.

On illustrera, quant à la vérification, par la Chambre, de méthodes conformes à celles dégagées par la Cour de justice, la précision de sa motivation relative à l'utilisation de tests de coûts[45], nécessaire à la caractérisation d'une pratique de prix d'éviction. Ce ne sont pas moins de quatre arrêts de la Cour de justice qui sont ainsi cités pour déterminer la pertinence de la composition des coûts utilisés par la cour d'appel de Paris pour examiner une pratique tarifaire imputée à un opérateur historique en position dominante, susceptible de caractériser un prix d'éviction, l'analyse de la cour d'appel étant expressément confrontée à la jurisprudence dégagée par la Cour de justice.

Cette affaire illustre à nouveau que l'office du juge du recours contre une décision de l'autorité nationale de concurrence est particulièrement exigeant, puisqu'il doit vérifier lui-même la licéité de la pratique, au besoin en renvoyant l'affaire à cette autorité pour instruction complémentaire, comme l'avait rappelé la Chambre lors du premier pourvoi formé dans cette affaire[46], avant d'approuver, au regard de la jurisprudence de la Cour de justice, l'analyse menée dans cette même affaire, lors de l'examen du second pourvoi, par la cour d'appel de renvoi.

La méconnaissance frontale d'une décision de la Cour de justice entraîne évidemment la censure de l'arrêt qui y procède[47].

Enfin, la Chambre a dû également articuler, dans les termes définis par la Cour de justice, les effets du principe des applications parallèles des droits européen et interne de la concurrence.

On sait que, même dans le cadre d'une économie réglementée telle que résultant des dispositions de l'ordonnance n° 45-1483 du 30 juin 1945, la France disposait depuis le décret n° 53-704 du 9 août 1953 de règles internes contre « les actions concertées », étendues par la loi de finances n° 63-628 du 2 juillet 1963 aux abus de position dominante, avant que l'ordonnance du 1er décembre 1986 ne procède à la libéralisation de l'économie et fasse évoluer l'appareil institutionnel d'une commission technique à une autorité administrative indépendante[48].

La pleine compétence donnée aux autorités nationales et aux juges nationaux issue de la décentralisation du droit de la concurrence de l'Union organisée en 2004 par le règlement (CE) n° 1/2003 eût pu entraîner, à l'instar du modèle italien, un renoncement à l'application parallèle des droits européen et national, à tout le moins pour les pratiques appréhendées par les deux corps de règles. Tel ne fut pas, on le sait, le choix français.

---

45 Cass. com., 9 juin 2021, n° 19-10.943 (*affaire du fret SNCF*). V. aussi M. Cartapanis, « Test AEC : La Cour de cassation confirme l'analyse de la Cour d'appel de Paris dans la mise en œuvre du test du concurrent aussi efficace (*SNCF*) », 9 juin 2021, *Concurrences* n° 3-2021, art. n° 101906, pp. 95-97.

46 Cass. com., 22 novembre 2016, n° 14-28.224 et 14-28.862. V. aussi F. Marty, « Prix d'éviction : La Cour de cassation renvoie à la Cour d'appel de Paris l'affaire du fret ferroviaire (*Euro cargo rail, SNCF*) », 22 novembre 2016, *Concurrences* n° 1-2017, art. n° 83328, pp. 105-107.

47 Cass. com., 9 mai 1990, n° 88-15.625, *Bull. civ.* IV, n° 136.

48 Cass. com., 10 mai 2011, n° 10-14.881.

La Chambre rappelle naturellement qu'il revient aux juges nationaux d'appliquer le droit national lorsque le droit de l'Union ne s'applique pas. Ainsi a été censuré un arrêt qui, ayant considéré que les pratiques n'entraient pas dans le champ du droit de l'Union, annule une décision de l'Autorité de la concurrence qui était fondée tant sur les dispositions du droit de l'Union que sur les dispositions nationales. En effet la décision demeurait valide en ce qu'elle appliquait le droit national, sauf à ne pas remplir, le cas échéant, les conditions de mise en œuvre de ce droit[49].

L'articulation des compétences et le principe de l'application parallèle ont requis l'interprétation par la Cour de justice, à la requête de la Chambre, des articles 101, paragraphe 1, du TFUE et 3, paragraphe 2 du règlement (CE) n° 1/2003 précité, pour rechercher s'ils s'opposaient à ce qu'une pratique d'accords, de décisions d'associations d'entreprises, ou de concertation susceptible d'affecter le commerce entre États membres, mais n'atteignant pas les seuils fixés par la Commission européenne dans sa communication dite « *de minimis* »[50], fût poursuivie et sanctionnée par une autorité nationale de concurrence sur le double fondement de l'article 101, paragraphe 1, du TFUE et du droit national de la concurrence. La Cour de justice a décidé[51] que la réponse à la question posée était négative, de sorte qu'une autorité nationale de concurrence peut appliquer l'article 101, paragraphe 1, du TFUE à un accord entre entreprises qui est susceptible d'affecter le commerce entre États membres, mais qui n'atteint pas les seuils fixés par la Commission européenne dans la communication précitée, pourvu que cet accord constitue une restriction sensible de la concurrence au sens de cette disposition. La Chambre[52] a donc validé l'approbation, par la cour d'appel de Paris, de l'analyse conforme de l'autorité nationale, tout en combinant l'application de cette interprétation des textes au rappel de la liberté d'appréciation de l'Autorité de la concurrence, cette fois au titre de ses pouvoirs processuels, relevant de l'autonomie procédurale, d'user ou pas des dispositions lui permettant de décider, dans les conditions définies par l'article L. 464-6-1 du code de commerce, de ne pas poursuivre la procédure. La Chambre a ainsi jugé que ce texte conférait à l'Autorité de la concurrence une simple faculté dont elle était libre de ne pas user.

2. … au principe de convergence

On sait que le principe de primauté, qui est à l'œuvre pour l'application cumulée des droits européen et national organisée par l'article 3 du règlement (CE) n° 1/2003, empêche l'interdiction, par le droit national, de pratiques non prohibées

---

49 Cass. com., 31 janvier 2012, n° 10-25.772, 10-25.775, 10-25.882, préc.

50 Communication de la Commission concernant les accords d'importance mineure qui ne restreignent pas sensiblement le jeu de la concurrence au sens de l'article 81, paragraphe 1, du traité instituant la Communauté européenne, *JOCE* n° C 368 du 22 décembre 2001, p. 13.

51 CJUE, 13 décembre 2012, *Expedia Inc. c/ Autorité de la concurrence e.a.*, aff. C-226/11, EU:C:2012:795.

52 Cass. com., 16 avril 2013, n° 10-14.881, *Bull. civ.* IV, n° 64.

par le droit de la concurrence de l'Union sur le fondement de l'article 101, paragraphe 1, du traité, sous la réserve des pratiques unilatérales des entreprises qui peuvent faire l'objet de prohibitions édictées par le seul droit national.

Mais il est une deuxième forme d'intégration de la jurisprudence de la Cour de justice dans la jurisprudence de la Chambre, qui consiste à mener une analyse conforme aux enseignements de celle-ci, y compris hors du champ d'application du droit de l'Union.

Il faut y voir la mise en œuvre d'une recherche de cohérence, dès lors que, des dispositions nationales existeraient-elles pour sanctionner des pratiques anticoncurrentielles et la prohibition par ces dispositions n'aurait-elle pas pour objectif spécifique, propre au droit de l'Union, la construction d'un marché intérieur, ces dispositions nationales ont recours, dans la terminologie même définissant les interdictions, aux mêmes notions juridiques et sont assises sur des analyses économiques identiques à celles existant en droit de la concurrence de l'Union. Non requise juridiquement au plan strictement normatif, cette cohérence est, à l'évidence, exigée au plan conceptuel.

Les analyses se doivent dès lors d'être convergentes, ainsi que l'illustre un arrêt ancien approuvant une juridiction commerciale de mettre en œuvre, en visant l'interprétation donnée en droit communautaire, le principe de l'affectation sensible de la concurrence pour retenir l'illicéité d'une pratique[53]. Même sans être aussi expresse, la jurisprudence de la Chambre adopte une vision unitaire des notions à l'œuvre, notamment, par exemple pour celle d'entreprise, afin de leur assurer un caractère opérationnel[54].

Cette cohérence justifie que si le juge du recours s'emploie à utiliser des critères de droit de l'Union pour délimiter un marché pertinent dans une affaire purement nationale, encore faut-il qu'il manie ces critères à bon escient, ainsi que l'illustre l'affaire dite « des vedettes vendéennes »[55].

La préservation de l'autonomie processuelle, lorsque le droit de l'Union est matériellement applicable, n'empêche pas non plus la mise en œuvre de ce principe d'analyse convergente, comme l'illustre le domaine des conditions de prononcé des sanctions.

On sait ainsi que le règlement (CE) n° 1/2003, qui confère aux autorités de concurrence et juridictions des États membres la compétence pour appliquer le droit de l'Union européenne, n'a pas édicté de règles d'harmonisation européennes pour la détermination des sanctions pécuniaires, même lorsque les pratiques sanctionnées sont contraires au droit de l'Union, de sorte qu'en vertu du principe

---

53 Cass. com., 4 mai 1993, n° 91-17.937, *Bull. civ.* IV, n° 172.

54 Cass. com., 20 novembre 2001, n° 99-16.776, 99-18.253, *Bull. civ.* IV, n° 182 ; Cass. com., 28 janvier 2003, n° 01-00.528, *Bull. civ.* IV, n° 12 ; Cass. com., 28 février 2006, n° 05-12.138, *Bull. civ.* IV, n° 49.

55 Cass. com., 13 juillet 2010, n° 09-67.439, préc.

de l'autonomie procédurale, les dispositions relatives à la détermination des sanctions de la Commission, et notamment les lignes directrices de la Commission européenne[56], ne s'imposent pas à l'Autorité de la concurrence.

Pourtant, on peut observer une approche commune entre l'analyse de ces lignes directrices, par la Cour de justice, et celle du communiqué relatif aux sanctions de l'Autorité de la concurrence, qui procède de la même démarche que celle de la Commission, par la Cour de cassation.

Ainsi, la Cour de justice, s'agissant d'examiner la portée de ces lignes directrices que s'est donnée la Commission pour renforcer la prévisibilité des sanctions, a jugé « *que, si elles ne sauraient être qualifiées de règle de droit à l'observation de laquelle l'administration serait, en tout cas, tenue, elles énoncent toutefois une règle de conduite indicative de la pratique à suivre dont l'administration ne peut s'écarter, dans un cas particulier, sans donner des raisons qui soient compatibles avec le principe d'égalité de traitement. De telles mesures constituent dès lors un acte de caractère général dont les fonctionnaires et agents concernés peuvent invoquer l'illégalité à l'appui d'un recours formé contre des décisions individuelles prises sur leur fondement* ». Elle a retenu qu'en se dotant de telles règles, l'institution s'autolimitait dans l'exercice de son pouvoir d'appréciation et qu'elle était alors tenue de ne pas se départir des règles qu'elle s'était données à elle-même, sauf à méconnaître l'égalité de traitement ou la protection de la confiance légitime[57].

La Chambre a procédé à une analyse analogue relative à la portée du communiqué relatif à la méthode de détermination des sanctions pécuniaires, en jugeant que s'il relève de l'autonomie procédurale[58] qui admet des différences d'approche entre la méthode de calcul de la sanction par la Commission et celle retenue par l'Autorité de la concurrence, sur le fondement de l'article 5 du règlement (CE) n° 1/2003, ce communiqué constitue une directive au sens administratif du terme, opposable à l'Autorité de la concurrence, sauf à ce que l'Autorité explique, dans la motivation de sa décision, les circonstances particulières ou les raisons d'intérêt général la conduisant à s'en écarter dans un cas donné[59].

De même, l'analyse faite par la Chambre de la notion de réitération des pratiques, constitutive d'une circonstance aggravante, est identique à celle de la Cour de justice, s'agissant de savoir si cette notion doit suivre celle retenue, pour déterminer l'entreprise réitérante, en matière d'imputabilité des pratiques. L'affirmation de la Chambre de ce que les règles en matière de réitération doivent suivre celles appliquées en matière d'imputabilité et qu'il doit en conséquence être tenu compte, pour apprécier

---

56 Communication de la Commission, « Lignes directrices pour le calcul des amendes infligées en application de l'article 15 paragraphe 2 du règlement n° 17 et de l'article 65 paragraphe 5 du traité CECA », *JOCE* n° C 9 du 14 janvier 1998, p. 3, puis *JOCE* n° C 210 du 1er septembre 2006, p. 2.

57 CJCE, 28 juin 2005, Dansk Industries and others c/ Commission, aff. jtes C-189/02 P, C-202/02 P, C-205/02 P à C-208/02 P et C-213/02 P, EU:C:2005:408, pts 209 et 211.

58 Cass. com., 18 octobre 2016, n° 15-10.384, *Bull. civ.* IV, n° 131.

59 Cass. com., 17 mars 2015, n° 13-26.003, 13-26.083, 13-26.185.

cette circonstance aggravante, du fait que l'une des personnes morales composant l'entreprise en cause, au sens des articles 101 et 102 du traité, a déjà été sanctionnée pour avoir commis une infraction de même type[60], est celle appliquée par la Cour de justice[61]. En revanche, l'existence de critères spécifiques pour apprécier la proportionnalité de la sanction, tels que le dommage à l'économie jusqu'à la transposition de la directive dite « ECN + »[62], ne peut conduire à une appréciation du juge national totalement calquée sur celle du juge européen, en l'état de cette différence textuelle. Il en est de même pour un critère qui serait propre à la méthode de l'Autorité, tel que celui dit de « l'activité mono-produit ». Ainsi, la Chambre a-t-elle écarté un moyen pris de ce que la Cour de justice avait exclu que la différence de pourcentage qu'aurait représenté l'amende dans le chiffre d'affaires total des entreprises concernées pût constituer un motif suffisant pour justifier que la Commission s'écartât de la méthode de calcul, ne prévoyant pas la prise en compte de cette situation, qu'elle s'est elle-même fixée[63]. En effet, cette analyse ne s'opposait pas à ce que l'Autorité retienne, quant à elle, ce facteur d'appréciation, prévu par son propre communiqué[64]. Où l'on voit qu'à défaut d'identité de critères de détermination de la sanction, la convergence d'analyse réside, entre les deux cours, dans l'opposabilité aux autorités de leurs propres lignes directrices.

En toute hypothèse, lorsque le droit de l'Union est applicable, l'autonomie procédurale cède devant les exigences de l'efficacité de ce droit. C'est en considération de celle-ci que, par exemple, a été scellée la question de la reconnaissance de la qualité de partie à l'Autorité de la concurrence, au regard du droit processuel interne, qui ne le permettait pas.

La Cour de justice de l'Union avait, à cet égard, mis en évidence l'importance de la présence active de l'autorité nationale de concurrence devant les juridictions de recours pour l'application effective du droit de l'Union, jugeant que « *le fait de ne pas accorder à l'autorité de concurrence nationale les droits en tant que partie au litige et, partant, de l'empêcher de défendre la décision qu'elle a adoptée dans l'intérêt général comporte le risque que la juridiction saisie soit entièrement "captive" des moyens et arguments développés par la ou les entreprises requérantes. Or, dans un domaine tel que celui de la constatation d'infractions aux règles de concurrence et d'imposition d'amendes, qui comporte des appréciations juridiques*

60 Cass. com., 6 janvier 2015, n° 13-21.305, 13-22.477, *Bull. civ.* IV, n° 1.

61 CJUE, 17 juin 2010, *Lafarge c/ Commission*, aff. C-413/08 P, EU:C:2010:346. V. aussi C. Sarrazin, « Récidive : La Cour de justice confirme et précise sa jurisprudence s'agissant de la prise en compte de circonstances aggravantes au titre de la récidive (*Lafarge*) », 17 juin 2010, *Concurrences* n° 3-2010, art. n° 31956, pp. 75-76.

62 Directive (UE) 2019/1 du Parlement européen et du Conseil du 11 décembre 2018 visant à doter les autorités de concurrence des États membres des moyens de mettre en œuvre plus efficacement les règles de concurrence et à garantir le bon fonctionnement du marché intérieur, *JOUE* n° L 11 du 14 janvier 2019, p. 3. V. aussi Ch. Lemaire, A. Lacresse, J. Bousin, « Politique de concurrence : Le Parlement européen et le Conseil adoptent la directive ECN+ et renforcent la convergence institutionnelle et procédurale au sein du réseau européen de concurrence (*Directive 2019/1*) », 11 décembre 2018, *Concurrences* n° 2-2019, art. n° 90462, pp. 144-148.

63 CJUE, 7 septembre 2016, *Pilkington c/ Commission*, aff. C-101/15, EU:C:2016:631.

64 Cass. com., 8 novembre 2017, n° 16-17.226, 16-17.330.

et économiques complexes, l'existence même d'un tel risque est susceptible de compromettre l'exercice de l'obligation particulière qui incombe aux autorités de concurrence nationales, en vertu du règlement, de garantir l'application effective des articles 101 TFUE et 102 TFUE »[65]. Si le terme « captive » est employé entre guillemets par la Cour de justice, la référence à la figure connue en droit de la concurrence de la capture du régulateur n'avait pas été utilisée jusque-là pour une juridiction.

La possibilité par le Conseil de la concurrence de présenter des observations dans le cadre de la procédure de recours avait déjà été validée, avant cette analyse de la Cour de justice, au regard du principe de l'égalité des armes, par la Chambre, jugeant que la faculté, pour le Conseil de la concurrence, de présenter, dans la procédure de recours, des observations écrites, portées à la connaissance des parties, ne portait pas atteinte par elle-même aux droits de l'entreprise poursuivie à un procès équitable, dès lors qu'elle disposait de la faculté de répliquer par écrit et oralement à ces observations[66].

La Cour européenne des droits de l'homme a mis un point final[67] au débat sur la question de la présence de l'Autorité dans la procédure de recours contre ses décisions, au regard des garanties conventionnelles, en énonçant que « *la faculté pour le Conseil de présenter des observations écrites [devant] la cour d'appel ne porte pas atteinte au principe de l'égalité des armes dès lors que la requérante a été mise en mesure de répliquer à ces observations* ». Il est intéressant de relever toutefois la dimension accordée par la Cour européenne à une vision non seulement technique, mais, en quelque sorte psychologique, appliquée donc à une institution, sonnant comme une forme de mise en garde à l'intention des juridictions, qui doivent éviter finalement une autre forme de capture, cette fois par le régulateur. Cette mise en garde paraît résulter des motifs selon lesquels « *[l]a Cour est consciente de l'autorité particulière qui s'attache à l'opinion du Conseil de la concurrence. Elle souligne toutefois qu'il entre dans l'office du juge d'apprécier la pertinence des observations de cet organisme en prenant en compte tant la compétence technique de celui-ci que sa volonté de ne pas être déjugé* ».

Autre chose était la question, au-delà de la possibilité de présenter des observations au soutien de la décision, de détenir tous les droits processuels attachés à la qualité de partie, s'agissant notamment, en droit interne, de la possibilité de former un pourvoi contre les décisions de la cour d'appel de Paris statuant sur les recours contre ses décisions.

---

65 CJUE, 7 décembre 2010, *Vlaamse federatie van verenigingen van Brood- en Banketbakkers, Ijsbereiders en Chocoladebewerkers (VEBIC) VZW c/ Raad voor de Mededinging, Minister van Economie*, aff. C-439/08, EU:C:2010:739, pt 58. V. aussi A. Maitrepierre, « Recours juridictionnel contre une décision d'une ANC : La Cour de Justice admet la faculté pour une autorité de concurrence nationale d'agir en qualité de partie défenderesse (*VEBIC*) », 7 décembre 2010, *Concurrences* n° 1-2011, art. n° 34233, pp. 179-181.

66 Cass. com., 13 juillet 2004, nº 03-11.280, 03-11.430, 03-11.431, 03-11.433, 03-11.492, 03-11.512, 03-11.513, 03-11.516, 03-11.517, 03-11.618, *Bull. civ.* IV, nº 163.

67 Cour EDH, 13 mars 2012, *Bouygues Télécom c/ France*, nº 2324/08, pt 67.

La Chambre, citant l'arrêt *VEBIC* précité, en a déduit que « *l'obligation d'effectivité dans l'application des articles 101 et 102 TFUE command[ait] que l'Autorité de la concurrence, [...] autorité administrative indépendante chargée de mettre en œuvre sur le territoire national notamment les articles 101 et 102 TFUE et qui avait la qualité de partie devant la cour d'appel, puisse disposer de la faculté de former un pourvoi contre un arrêt de cour d'appel réformant ou annulant une décision prise par le Conseil de la concurrence* », jugeant donc, en l'espèce, que son pourvoi était recevable, appliquant ainsi la règle issue de l'arrêt *VEBIC*, sans s'arrêter à la circonstance que l'article L. 464-8, alinéa 4, du code de commerce, instituant, en vertu d'une ordonnance du 13 novembre 2008, la possibilité pour le président de l'Autorité de la concurrence de former un pourvoi contre une décision de la cour d'appel annulant ou réformant une décision de l'Autorité, ne concernait que les décisions de celle-ci et non pas celles du Conseil de la concurrence, auquel l'Autorité avait succédé[68].

Il est possible d'estimer que cette présence, désormais comme partie, de l'Autorité dans les recours contre ses décisions limite la portée de certaines remarques doctrinales visant en réalité à critiquer la dévolution de ce contentieux à l'ordre judiciaire[69].

Le rapprochement des cadres d'analyse est validé par la Chambre, pour autant que l'Autorité comme la cour d'appel appliquent les seules dispositions nationales quand seules celles-ci sont applicables. Un exemple peut être donné dans le domaine des procédures d'obstructions aux enquêtes et instructions menées par l'Autorité de la concurrence, lesquelles se développent tant au plan européen qu'au plan national[70]. Dans la première affaire qui lui était soumise en ce domaine, la Chambre a ainsi considéré que des griefs faits à la cour d'appel de Paris d'avoir appliqué les dispositions du droit de l'Union, cependant qu'il existe des dispositions nationales spécifiques relevant de l'autonomie procédurale, n'étaient pas de nature à entraîner la cassation de l'arrêt qui lui était déféré[71]. S'il était certain, en effet, que tant l'Autorité de la concurrence que la cour d'appel avaient analysé les dispositions de l'article L. 450-8 du code de commerce, dans sa rédaction alors applicable, soit antérieurement à l'ordonnance n° 2021-649 du 26 mai 2021 relative à la transposition de la directive dite « ECN + », en contemplation du dispositif existant en droit de l'Union pour sanctionner les entreprises qui font obstacle à des enquêtes diligentées par la Commission européenne dans le cadre de la mise en œuvre des articles 101 et 102 du TFUE, notamment pour expliquer

---

68 Cass. com., 17 janvier 2012, n° 11-13.067, *Bull. civ.* IV, n° 7. V. aussi A. Lacresse, « Pourvoi de l'Autorité de la concurrence : La Cour de cassation élargit, en application de la jurisprudence Vebic, le droit du Président de l'Autorité de la concurrence de former un pourvoi contre les arrêts de la Cour d'appel (*SFR et France Télécom, Aximum et Sécurité et signalisation*) », 17 janvier 2012, *Concurrences* n° 2-2012, art. n° 45875, pp. 137-139.

69 T. Perroud, « La cour d'appel de Paris est-elle vraiment un juge administratif ? », *Dr. adm.* 2017, étude 9.

70 V. E. Claudel, « Obstruction à l'enquête : les pratiques se multiplient et font l'objet d'une lecture large », *RTD com.* 2021, p. 321.

71 Cass. com., 1er décembre 2021, n° 20-16.849.

l'esprit et le but de ce dispositif national, ni l'Autorité ni la cour d'appel n'avaient laissé incertain le fondement de leur décision, qui reposait explicitement sur le dispositif interne et ne pouvait, en toute hypothèse, que reposer sur lui en raison de son caractère processuel. Les motifs qui étaient critiqués par le pourvoi ne faisaient que relever la convergence des dispositifs européen et national, dans leur esprit et leur objectif, quelles que soient les différences de leurs conditions de mise en œuvre. La circonstance que la cour d'appel ait présenté le dispositif français à la lumière du dispositif européen, pour en souligner l'objectif commun, ne caractérisait aucune contradiction. De même, si la cour d'appel avait estimé devoir donner au texte français une interprétation puisée dans la pratique de la Cour de justice, s'agissant d'un texte de l'Union poursuivant la même finalité, ces motifs ne traduisaient pas pour autant l'application, au lieu et place du texte interne seul applicable, des textes européens.

La Chambre a, par ailleurs, interprété l'autonomie procédurale toujours dans ce même esprit de convergence, pour l'application de la règle dite « *de minimis* », telle qu'existant en droit interne. S'appuyant sur un arrêt de la Cour de justice[72] ayant dit pour droit que les articles 101, paragraphe 1, du TFUE et 3, paragraphe 2, du règlement (CE) n° 1/2003 ne s'opposent pas à ce qu'une autorité nationale de concurrence applique l'article 101, paragraphe 1, du TFUE à un accord entre entreprises qui est susceptible d'affecter le commerce entre États membres, mais qui n'atteint pas les seuils fixés par la Commission européenne concernant les accords d'importance mineure qui ne restreignent pas sensiblement le jeu de la concurrence au sens de l'article 81, paragraphe 1, traité CE, pourvu que cet accord constitue une restriction sensible de la concurrence au sens de cette disposition, elle a ainsi jugé qu'avait statué à bon droit la cour d'appel de Paris qui, après avoir exactement énoncé que l'article L. 464-6-1 du code de commerce conférait à l'Autorité de la concurrence une simple faculté dont elle était libre de ne pas user, a retenu que les accords entre entreprises litigieux étaient susceptibles d'affecter le commerce entre États membres et qu'ils avaient un objet anticoncurrentiel, faisant ainsi ressortir que le partenariat mis en place par les entreprises poursuivies constituait une restriction sensible de la concurrence au sens des articles 101, paragraphe 1, du TFUE et L. 420-1 du code de commerce.

Si les principes de l'autonomie processuelle ont pu conduire la Chambre à permettre le prononcé de mesures conservatoires, dans une situation où la Commission européenne, en l'état des pouvoirs dont elle disposait à l'époque, ne l'aurait pas pu[73], c'est qu'en réalité, dans ce cas de figure assez particulier, il apparaissait que l'effectivité du droit de la concurrence de l'Union était mieux garantie, contrairement à ce qu'avait pu considérer la cour d'appel de Paris, par cette application par l'autorité nationale de ses pouvoirs en matière de prononcé

72 CJUE, 13 décembre 2012, *Expedia Inc. c/ Autorité de la concurrence e.a.*, aff. C-226/11, préc.

73 Cass. com., 14 décembre 2004, n° 02-17.012, *Bull. civ.* IV, n° 225.

d'une mesure conservatoire, tels que définis par des textes internes et interprétés par la jurisprudence nationale, que par une analyse des conditions de prononcé d'une même mesure à la lumière du droit de l'Union, plus restrictives.

Comme il a été observé, il n'est pas impossible qu'à la faveur de la diminution des différences procédurales liées à la volonté de doter les autorités nationales d'outils de lutte contre les pratiques anticoncurrentielles efficaces, cette convergence résulte non plus de la jurisprudence nationale et du principe de cohérence qu'elle s'efforce de faire prévaloir mais des textes eux-mêmes, tels que ceux issus de la transposition de la directive dite « ECN + »[74].

II. Deuxième partie : Outils, méthode de l'intégration et nouveaux défis

Pour développer cette intégration du droit de l'Union dans sa jurisprudence, qu'elle résulte de la primauté du droit de l'Union ou d'une volonté d'approche convergente du droit national, la Chambre a utilisé les outils processuels à sa disposition et anticipé sur la généralisation d'une méthode de motivation plus développée des arrêts de la Cour de cassation, à l'œuvre dans l'ensemble des arrêts rendus par cette Cour depuis le 1er octobre 2019.

C'est à ces outils et à cette méthode que l'on veut maintenant, et plus brièvement, s'attacher.

1. Outils et méthode de l'intégration

À l'évidence, l'outil de la question préjudicielle est le moyen processuel facilitateur de l'application uniforme du droit de l'Union et la Cour de justice en a récemment rappelé le caractère fondamental[75]. On ne rappellera pas ici les obligations des juridictions nationales, susceptibles de faire l'objet d'un recours en manquement récemment relevé contre la France[76].

Dans le domaine du droit de la concurrence de l'Union, cet outil est utilisé par la Chambre de longue date et régulièrement.

Le secteur agricole fut concerné assez tôt par ce recours à la question préjudicielle, s'agissant d'apprécier la compatibilité d'une législation nationale avec l'article 85 du traité de Rome[77], suivi du secteur des pompes funèbres[78], l'affaire dite « des endives »

74 V. sur cette question, L. Idot, « D'une réforme à l'autre : la directive ECN + enfin transposée », *Europe* 2021, alerte 39, qui note que « *[l]es particularités des procédures françaises en droit antitrust tendent à s'estomper* ».

75 CJUE, Recommandations à l'attention des juridictions nationales, relatives à l'introduction de procédures préjudicielles, *JOUE* n° C 380 du 8 novembre 2019, p. 1.

76 CJUE, 4 octobre 2018, *Commission c/ France*, aff. C-416/17, EU:C:2018:811.

77 Cass. com., 28 novembre 1995, n° 91-19.622, *Bull. civ.* IV, n° 273.

78 Cass. com., 20 janvier 1987, n° 85-10.727, *Bull. civ.* IV, n° 21.

– donc à nouveau dans le secteur agricole – donnant lieu quant à elle à une question permettant une clarification sur une question d'importance majeure pour l'articulation entre le droit de la concurrence et le principe de primauté des objectifs du traité dans le domaine de la politique agricole commune[79].

Ainsi en a-t-il été également en matière de garanties procédurales dans les enquêtes de la Commission européenne, s'agissant des pouvoirs de contrôle du juge national sur une décision de visites et de saisies pour rechercher une infraction au droit de la concurrence de l'Union, prise par la Commission européenne[80].

Les dispositions de droit dérivé peuvent conduire aussi à la mobilisation de cet outil et c'est ainsi que la Chambre a saisi la Cour de justice[81] pour interpréter la notion de « critères définis » en matière de restrictions verticales figurant dans un règlement d'exemption[82] applicable au secteur automobile.

Par ailleurs, on l'a vu, les autorités de concurrence et les juridictions de recours ont à leur disposition, outre la jurisprudence de la Cour de justice, des outils méthodologiques d'appréciation plus sophistiqués, tels que les communications ou lignes directrices de la Commission européenne, sans compter des outils processuels nouveaux qu'on évoquera ci-après. Le développement de cette *soft law* est lié à la décentralisation de l'application du droit de la concurrence de l'Union à la faveur de la réforme issue du règlement (CE) n° 1/2003 induisant des risques de divergence que ce droit souple s'attache à conjurer, notamment par la présentation didactique de la jurisprudence de la Cour de justice. À la faveur de la disponibilité de ces outils, le degré d'exigence sur l'analyse des juges du fond et sur la cohérence de celle-ci est plus élevé et le contrôle plus étroit, à la mesure des enjeux d'une bonne application de ce droit de l'Union[83].

Plus originale, comme outil d'intégration, est la possibilité pour la Commission d'intervenir en tant qu'*amicus curiae* auprès de la Cour de cassation pour l'application du droit communautaire de l'Union, dès lors qu'à la différence de ce qui est, pour cette dernière, en application de l'article L. 431-3-1 du code de l'organisation judiciaire[84], une possibilité d'« *inviter toute personne dont la compétence ou les connaissances sont de nature à l'éclairer utilement sur la solution à donner à un litige à produire des observations d'ordre général sur les*

---

79 Cass. com., 8 décembre 2015, n° 14-19.589, *Bull. civ.* IV, n° 167.

80 Cass. com., 7 mars 2000, n° 98-30.389, *Bull. civ.* IV, n° 47.

81 Cass. com., 29 mars 2011, n° 10-12.734, *Bull. civ.* IV, n° 53. V. aussi N. Éréséo, « Distribution automobile – Distribution sélective : La Cour de cassation pose une question préjudicielle à la Cour de justice sur les conditions de validité des critères quantitatifs de sélection appliqués dans le secteur automobile (*Land Rover/ Auto 24*) », 29 mars 2011, *Concurrences* n° 2-2011, art. n° 35634, pp. 123-124.

82 Règlement (CE) n° 1400/2002 de la Commission du 11 juillet 2002 concernant l'application de l'article 81, paragraphe 3, du traité à des catégories d'accords verticaux et de pratiques concertées dans le secteur automobile, *JOCE* n° L 203 du 1er août 2002, p. 30.

83 Cass. com., 31 janvier 2012, n° 10-25.772, 10-25.775, 10-25.882, préc.

84 Créé par la loi n° 2016-1547 du 18 novembre 2016, ce recours avait été mis en œuvre, sans texte, dans une affaire.

points qu'elle détermine », c'est la Commission qui a la maîtrise de la décision d'intervenir en cette qualité, en application de l'article 15, paragraphe 3, du règlement (CE) n° 1/2003, puisqu'elle peut d'office présenter des observations écrites, faculté qu'elle a utilisée au moins à trois reprises devant la Chambre[85]. Dans ces affaires étaient débattues les questions d'affectation du commerce entre États membres pour des pratiques commises dans les territoires ultra-marins, la notion de pratique anticoncurrentielle par objet dans une pratique relevée dans le secteur bancaire et l'articulation entre les règles régissant la politique agricole commune et celles de la concurrence, soit deux politiques historiquement fortes depuis le traité de Rome. Il est donc possible d'observer que ces interventions se sont produites dans des affaires posant des questions structurelles ou nouvelles.

Si, comme l'a rappelé indirectement la Chambre, ces interventions de la Commission sont, tout comme les lignes directrices et communications émanant de cette institution, dépourvues de force obligatoire[86], excluant la figure d'un juge sous tutelle redoutée par certains auteurs[87], elles sont à l'évidence, pour le juge de cassation, un élément précieux d'analyse et font partie de la particularité du cadre conceptuel d'examen des pratiques anticoncurrentielles[88]. Invoquées par les parties ou analysées par le conseiller rapporteur dans son rapport ou par l'avocat général dans son avis, qui leur sont transmis, elles s'insèrent dans le processus contradictoire d'instruction des pourvois.

Sur le plan méthodologique toujours, on peut observer que la référence expresse à la jurisprudence utile de la Cour de justice, effectuée dès l'arrêt du 8 mai 1973 précité[89], constitue une motivation anticipant largement sur celle dite « enrichie », mise en œuvre à la Cour de cassation de façon plus générale depuis le 1er octobre 2019. De même, dans cette matière, la Chambre ne répugne pas, s'agissant de la méthodologie à suivre, au rappel de sa propre jurisprudence, par exemple pour la délimitation du marché pertinent[90]. Si les arrêts de la Chambre dans le domaine du droit de la concurrence peuvent à cet égard paraître précurseurs au regard de leur forme, ils continuent à s'inscrire dans les limites de la technique de cassation et des cas d'ouverture du pourvoi. Il est possible qu'il en résulte que l'intensité du contrôle n'apparaisse pas avec la même visibilité que celle observable dans les arrêts de la Cour de justice en cette matière, beaucoup plus longuement motivés.

---

85 Cass. com., 31 janvier 2012, n° 10-25.772, 10-25.775, 10-25.882, préc. ; Cass. com., 14 avril 2015, n° 12-15.971 ; Cass. com., 8 décembre 2015, n° 14-19.589, préc.

86 Cass. com., 20 janvier 2015, n° 13-16.764, 13-16.765, 13-16.745, 13-16.955, préc.

87 V. l'emploi de cette expression par Françoise Berrod in *La systématique des voies de droit communautaire*, Paris, Dalloz, 2003, n° 1079.

88 V., sur cette question, les articles de F. Berrod, « L'utilisation de la *soft law* comme méthode de conception du droit de la concurrence », *Rev. UE* 2015, p. 283, et de H. Rassafi-Guibal, « De quelques aspects des usages des instruments de *soft law* comme vecteurs de normativité économique », *Rev. UE* 2014, p. 85.

89 Cass. com., 8 mai 1973, n° 72-11.349, préc.

90 Cass. com., 6 décembre 2005, n° 04-19.541, préc., citant Cass. com., 29 novembre 1994, n° 93-10.275, préc.

Sans doute, rien ne justifiant que la possibilité que la Cour de cassation a de rejeter tout ou partie des griefs d'un pourvoi par décision non spécialement motivée, en application de l'article 1014 du code de procédure civile, ne soit pas mise en œuvre dans le cadre des pourvois contestant la mise en œuvre du droit de la concurrence de l'Union, cette pratique de citation des arrêts de la Cour de justice rendra moins visible, en dehors de l'accès aux rapports des conseillers rapporteurs, la circonstance que le renvoi à la jurisprudence de la Cour de justice aura pu justifier le choix du rejet partiel ou total d'un pourvoi ne requérant pas de motivation. Mais c'est là affaire d'efficacité, en présence de solutions de la Cour de justice rappelées avec constance[91].

2. De nouveaux défis à relever

Au fond, c'est le développement sans doute à venir du contentieux lié à la réparation des pratiques anticoncurrentielles, dont le nouveau cadre juridique issu de la directive 2014/104/UE dite « dommages »[92] a, pour l'instant, été soumis à la Chambre sur la seule question de l'accès aux pièces[93], qui constituera peut-être un nouveau défi d'intégration de la jurisprudence de la Cour de justice à l'occasion des procédures nationales. On sait que celle-ci a déjà été saisie de questions préjudicielles par des juridictions étrangères, lui donnant l'occasion d'œuvrer en faveur d'une convergence d'interprétation des notions, qu'elles soient à l'œuvre dans le *public enforcement* ou dans le *private enforcement*[94], au nom de la finalité commune de protection de la concurrence des règles européennes en matière de sanction ou de réparation des pratiques anticoncurrentielles, ce qui donne déjà aux juridictions nationales une doctrine d'interprétation utile.

Le renouvellement éventuel des normes sectorielles, sur le plan européen, pour faire face à des enjeux de fonctionnement concurrentiel des marchés nés de la digitalisation de l'économie, telles que celles discutées dans le domaine de l'économie numérique, donnera, le cas échéant, lieu à de nouveaux défis d'interprétation, ce qui, au demeurant, est la mission constante des juridictions du droit.

Mais un autre défi constituera sans doute pour la Cour de cassation celui du maniement de la présomption de protection équivalente affirmée par la Cour européenne des droits de l'homme[95] et des clauses d'équivalence des droits, d'harmonie constitutionnelle et de standard minimum contenues dans la Charte des droits fondamentaux de l'Union, eu égard à l'invocation de cette charte

---

91 Pour une illustration récente, v. l'affaire dite « des messageries », préc.

92 Directive 2014/104/UE du Parlement européen et du Conseil du 26 novembre 2016 relative à certaines règles régissant les actions en dommages et intérêts en droit national pour les infractions aux dispositions du droit de la concurrence des États membres et de l'Union européenne, *JOUE* n° L 349 du 5 décembre 2014, p. 1.

93 Cass. com., 8 juillet 2020, n° 19-25.065.

94 CJUE, 14 mars 2019, *Vantaan kaupunki c/ Skanska Industrial Solutions Oy e.a.*, aff. C-724/17, EU:C:2019:204, pt 47, et CJUE, 6 octobre 2021, *Sumal SL c/ Mercedes Benz Trucks España SL*, aff.C-882/19, EU:C:2021:800.

95 Cour EDH, 30 juin 2005, *Bosphorus*, n° 45036/98, pt 159.

cumulativement avec la Convention européenne de sauvegarde des droits de l'homme et des libertés fondamentales, que l'on peut observer dans les pourvois soumis à la Chambre dans le domaine du droit de la concurrence de l'Union, pour lesquels la Charte est donc applicable, double invocation associée parfois avec l'invocation des garanties constitutionnelles[96] à l'appui de demandes de questions prioritaires de constitutionnalité[97].

Placée ainsi au cœur de l'articulation de normes et d'un réseau de cours au sein duquel le dialogue est institutionnel, procédural ou plus largement culturel, la Chambre, que ce soit dans l'administration du droit matériel que dans celle des garanties processuelles qui sont le cœur du contrôle juridictionnel, et donc de l'office du juge[98], prend sa part dans le déploiement de l'État de droit, tel qu'entendu dans l'Union, dans le champ économique.

Il est temps d'indiquer, au terme de cette contribution, que cet office du juge de cassation doit beaucoup aux professeurs, tels que Mme Laurence Idot, dont les travaux doctrinaux, précurseurs, constants et d'une ampleur inégalée, consacrés au droit de la concurrence de l'Union, sont une source permanente de réflexion, contribuant à une « *dynamique coopérative* »[99], nécessaire à la réalisation du droit.

---

96 V., sur cette question, S. Platon, « L'articulation entre la Charte, les droits fondamentaux nationaux et le droit de la Convention européenne des droits de l'homme », *Rev. UE* 2020, p. 553, et, pour un bilan critique, C. Madeleine, « L'application de la Charte des droits fondamentaux de l'UE par les juridictions nationales », *ibid.*, p. 567.

97 V., pour un exemple de QPC, Cass. com., 15 octobre 2010, n° 10-14.881, suivie d'une QP, Cass. com., 10 mai 2011, n° 10-14.881 (affaire *Expedia*).

98 V., pour une approche crique de cette juridictionnalisation, J.-L. Lesquins, « Pour réformer le droit de la concurrence », *RLC* 2020/92.

99 Expression empruntée au premier président Guy Canivet in « Puissance et enjeu de l'interprétation judiciaire de la loi. Approche pratique à partir d'un cas de responsabilité médicale », *Cah. just.* 2020, p. 609.

Le droit au recours des tiers intéressés à l'encontre des décisions d'engagements de l'Autorité française de la concurrence

Loraine Donnedieu de Vabres-Tranie*
et Morgan De Walsche**
Tactics | Université Paris 2 Panthéon-Assas

Résumé

Les décisions de l'Autorité de la concurrence acceptant des engagements antitrust sont susceptibles d'impacter la situation juridique et économique de différents opérateurs intervenant sur le marché. Ainsi, tant l'entreprise plaignante que les entreprises cocontractantes de l'entreprise qui s'engage et que, plus largement, les entreprises tierces qui agissent sur le marché en cause, peuvent voir leurs intérêts affectés. Pour autant, en France, seules certaines d'entre elles sont admises à contester une telle décision devant la juridiction compétente. En effet, le droit au recours des tiers intéressés à l'encontre des décisions d'engagements, admis à plusieurs reprises par les juridictions européennes, ne semble pas garanti de manière équivalente en droit français. Or, dans la mesure où cela permettrait de soumettre ces décisions à un contrôle juridictionnel effectif et préserverait une protection adéquate des droits procéduraux et intérêts des tiers qui prennent part à l'instruction, il semblerait qu'il faille envisager une évolution du droit procédural français vers une libéralisation de l'accès au juge.

---

* Avocate Associée, Tactics AARPI.

** Doctorante contractuelle sous la codirection des Professeurs Emmanuelle Claudel et Fabrice Picod.

Plus de dix ans après son introduction en droit français[1], la procédure d'engagements en droit antitrust continue de susciter des interrogations, notamment s'agissant de la situation des tiers intéressés. Ces interrogations sont d'autant plus d'actualité que le contentieux européen[2], à l'inverse du contentieux interne, ne tarit pas en la matière, et qu'au travers de ses arrêts les plus récents, la Cour de justice semble dessiner les contours de l'effet relatif des décisions d'acceptation d'engagements de la Commission sur les tiers intéressés[3].

En parallèle, au niveau français, cette procédure, dont le leitmotiv est le rétablissement consensuel et rapide de l'équilibre concurrentiel, continue de séduire l'Autorité de la concurrence, qui sollicite désormais cet outil dans le cadre de la nouvelle procédure de contrôle *ad hoc* en matière de centrales d'achat[4]. On signalera en effet, parmi les dernières décisions de l'Autorité de la concurrence, celles acceptant les engagements proposés par des distributeurs dans le cadre du contrôle *ex ante* de leurs accords de rapprochement à l'achat en vertu du nouveau mécanisme de l'article L. 462-10 du code de commerce[5]. Ainsi, cette pratique consistant pour l'Autorité à renoncer à poursuivre une entreprise pour des pratiques faisant l'objet de préoccupations de concurrence si elle accepte de prendre des engagements de nature à y mettre fin permet à l'Autorité d'intervenir de manière précoce sur des opérations de « *quasi-concentrations* »[6].

Pour autant, cet engouement n'est pas absolu et certaines critiques récurrentes émergent fréquemment tant en France[7] que dans d'autres États européens[8] quant à

---

1 Art. 10 de l'ordonnance n° 2004-1173 du 4 novembre 2004 portant adaptation de certaines dispositions du code de commerce au droit communautaire de la concurrence (*JORF* du 5 novembre 2004), codifié à l'article L. 464-2 du code de commerce.

2 Voir récemment, Trib. UE, 2 février 2022, Gazprom (engagements), aff. T-616/18, EU:T:2022:43.

3 D. Bosco, « À propos de l'effet relatif des décisions d'engagements », *Contrats, conc., consom.* n° 2, février 2021, comm. 29.

4 La loi n° 2018-938 (dite « loi Egalim ») du 30 octobre 2018 a modifié le régime de notification préalable des accords de rapprochement à l'achat introduit par la loi n° 2015-990 (dite « loi Macron ») du 6 août 2015 afin de le rendre plus coercitif. Le dispositif prévu par l'article L. 462-10 du code de commerce constitue désormais une procédure hybride permettant à l'Autorité d'être informée de la mise en œuvre de l'opération de manière *ex ante*, et de pouvoir ainsi intervenir *ex post* plus rapidement afin de remédier aux éventuels problèmes de concurrence posés par ces opérations consistant pour les distributeurs à s'associer en vue de négocier de façon commune leurs achats de produits et services aux fournisseurs afin d'obtenir une baisse des prix ou une meilleure qualité grâce à leur plus forte puissance d'achat.

5 Aut. conc., déc. n° 20-D-13 du 22 octobre 2020 relative à des pratiques mises en œuvre dans le secteur de la grande distribution à dominante alimentaire par les groupes Auchan, Casino, Metro et Schiever ; Aut. conc., déc. n° 20-D-22 du 17 décembre 2020 relative à des pratiques mises en œuvre dans le secteur de la grande distribution à dominante alimentaire par les groupes Carrefour et Tesco ; v. aussi A.-S. Choné-Grimaldi, « Rapprochement à l'achat : L'Autorité de la concurrence, sur le fondement des textes issus de la loi Egalim, rend obligatoires les engagements pris par deux géants de la grande distribution qui ont conclu des accords de rapprochements à l'achat (*Carrefour / Tesco*) », 17 décembre 2020, *Concurrences* n° 2-2021, art. n° 100263, pp. 76-77.

6 A.-S. Choné-Grimaldi, « Rapprochement à l'achat : L'Autorité de la concurrence, pour la première fois, apprécie la validité d'un rapprochement à l'achat dans le secteur de la grande distribution alimentaire, sur le fondement des textes issus de la loi Egalim (*Auchan, Casino, Metro, Schiever*) », *Concurrences* n° 1-2021, art. n° 98970, pp. 122-124.

7 E. Claudel, « Procédures négociées, accessoires ou alternatives à la sanction en droit de la concurrence : Raison garder ! », *Concurrences* n° 4-2015, art. n° 75896, pp. 12-39.

8 M. Siragusa et G. Faella, « Trends and problems of the antitrust of the future », *Antitrust between EU Law and National Law – X Conference / Antitrust fra diritto Nazionale e diritto dell'Unione Europea – X Convegno*,

l'utilisation excessive de cette procédure négociée qui, comme l'expose très clairement E. Claudel, impacte négativement tant le fond du droit que les droits procéduraux des entreprises[9]. On se bornera dans cette étude, et malgré l'intérêt de l'incidence à long terme de cette procédure sur le droit matériel de la concurrence, à une analyse des enjeux procéduraux et plus particulièrement du droit au recours des tiers intéressés à l'encontre des décisions d'engagements de l'Autorité de la concurrence.

À titre préliminaire, il convient de revenir sur la notion de tiers à la procédure d'engagements. S'il est communément admis que les tiers se définissent négativement comme toutes les personnes qui ne sont pas parties à la procédure[10], écartant ainsi les entreprises « *concernées* » par les pratiques anticoncurrentielles[11]. Cette catégorie demeure cependant hétérogène et appelle quelques précisions.

Pour le moins lacunaires, les dispositions du code de commerce relatives à la procédure d'engagements font uniquement référence à la catégorie des « *tiers intéressés* »[12]. Plus précis, le communiqué de procédure de l'Autorité mentionne quant à lui les tiers intéressés (qui disposent du droit de formuler des observations écrites lors du test de marché)[13] et les tiers affectés[14] (qui pourront être appelés à la procédure pour être associés aux engagements proposés). Le droit français distingue donc trois catégories de tiers à la procédure d'engagements : les tiers absolus (dont la situation juridique ou économique n'est pas affectée), les tiers intéressés (dont la situation juridique ou économique est ou est susceptible d'être impactée soit par les pratiques en cause soit par les engagements pris pour y remédier), et les tiers affectés (dont la situation juridique est directement, immédiatement et substantiellement impactée par les engagements proposés, raison pour laquelle ils pourront être appelés à la procédure par l'Autorité[15]).

Bruxelles, Bruylant, 2013, pp. 273-304. Les auteurs dénoncent l'utilisation par l'autorité italienne de concurrence de la procédure d'engagements pour exercer *lato sensu* des fonctions de régulation en négociant et en rendant obligatoires des mesures tendant à améliorer la concurrence ou le bien-être du consommateur sans qu'un lien direct et clair entre les engagements et l'atteinte à la concurrence soit établi.

9 E. Claudel, préc. L'auteur met en lumière les revers des procédures négociées, qui entraînent notamment une dévitalisation du droit de la concurrence et un cantonnement des droits procéduraux des entreprises. S'agissant en particulier de la procédure d'engagements, l'auteur met en garde contre le développement de cette procédure dans des « *zones grises* » du droit de la concurrence qui peut entraîner des erreurs de type I et II, ainsi que le développement d'une pratique décisionnelle parallèle à l'ombre d'un véritable contradictoire.

10 S. Durande et A. Montesa Lloreda, « Les droits des tiers dans les procédures concurrences devant la Commission européenne », *Concurrences* n° 4-2005, art. n° 355, pp. 34-44 ; P. Kipiani, *Les engagements en matière de pratiques anticoncurrentielles : analyse des droits français, européen et américain*, Paris, LGDJ-Lextenso, 2014, p. 168.

11 Il en est de même concernant la définition des tiers dans la procédure administrative de contrôle des concentrations ; v. L. Idot, « Les droits des tiers dans la procédure administrative de contrôle des concentrations – Aspects du droit français », *Revue internationale de droit comparé*, vol. 58, n° 3, 2006, pp. 747-769.

12 Art. R. 464-2 du code de commerce.

13 Communiqué de procédure du 9 mars 2009 relatif aux engagements en matière de concurrence, pt 24.

14 *Ibid.*, pt 38.

15 *Ibid.*

Ce constat appelle deux remarques. D'une part, les tiers affectés forment une sous-catégorie des tiers intéressés à laquelle il est accordé une protection plus étendue dans la mesure où le succès de la procédure d'engagements repose en partie sur leur accord de volonté[16]. D'autre part, cette classification diffère du droit européen, qui n'accorde aucun statut particulier aux tiers affectés par les décisions d'engagements[17].

En outre, un second point mérite d'être clarifié. Il s'agit du statut accordé à l'entreprise plaignante ; considérée comme un tiers à la procédure en droit européen, elle est au contraire traitée comme une partie à la procédure en droit français. Dans la conception européenne, les personnes intervenant devant la Commission sont réparties en trois catégories selon l'ordre séquentiel suivant : les parties, les plaignants, et les autres tiers[18]. L'usage de l'adjectif « *autres* » indique que les plaignants sont considérés comme des « *tiers* » à la procédure. Ce constat est d'autant plus vrai en matière d'engagements, où le plaignant ne dispose d'aucun statut particulier. L'article 27, paragraphe 4, du règlement (CE) n° 1/2003 garantit un droit de formuler des observations à l'ensemble des « *tierces parties intéressées* » sans prévoir de droits spécifiques pour le plaignant[19].

Diamétralement opposé, le droit français accorde une place plus protectrice au plaignant puisque celui-ci est, au même titre que « *l'entreprise concernée* », admis au rang des « *parties à la procédure* »[20]. L'entreprise saisissante jouit en conséquence de droits plus étendus que ceux des tiers intéressés : elle a le droit de se voir communiquer une copie de l'évaluation préliminaire et du contenu des engagements, d'accéder au dossier, et de formuler des observations écrites et orales lors de la séance[21].

In fine, les tiers intéressés forment une catégorie hétérogène qui diffère selon que l'on se place dans le référentiel européen ou français. Reste cependant que le

---

16 P. ex. : Cons. conc., déc. n° 05-D-12 du 17 mars 2005 relative à des pratiques mises en œuvre sur le marché de la mesure d'audience dans le secteur de la presse quotidienne nationale et sur le marché connexe de la publicité dans ce secteur ; Aut. conc., déc. n° 09-D-32 et 26 octobre 2009 relative à des pratiques mises en œuvre par la société Photomaton.

17 CJUE, 29 juin 2010, *Commission c/ Alrosa*, aff. C-441/07 P, *Rec.* p. I-5949, pts 90 et 91. Cette absence de statut plus protecteur pour les tiers affectés par les engagements est critiquée par certains auteurs, qui appellent à la création d'un statut intermédiaire de « *tiers particulièrement affectés* » reconnaissant à ces entreprises des garanties procédurales comparables à celles de l'entreprise concernée. V. not. M. Dumarçay, *La situation de l'entreprise victime dans les procédures de sanction des pratiques anticoncurrentielles*, Paris, LexisNexis-Litec, 2010, pp. 286-288. L'auteur précise cependant que cette solution est insuffisante pour garantir la participation à la procédure d'engagements des entreprises victimes de pratiques anticoncurrentielles qui, bien que titulaires d'un intérêt légitime, ne sont pas nécessairement affectées par les engagements. V. aussi A. Maitrepierre, « Engagements : La Cour de justice rend son premier arrêt en matière d'engagements (*Alrosa*) », 29 juin 2010, *Concurrences* n° 3-2010, art. n° 31923, pp. 159-160.

18 Règlement (CE) n° 1/2003 du Conseil du 16 décembre 2002, relatif à la mise en œuvre des règles de concurrence prévues aux articles 81 et 82 du traité, *JOCE* n° L 1 du 4 janvier 2003, p. 1.

19 M. Dumarçay (*op. cit.*, p. 287) souligne à ce titre que la procédure d'engagements entraîne un effacement des différentes catégories de tiers aux dépens du plaignant relégué au rang des « *tiers intéressés* ».

20 Communiqué de procédure du 9 mars 2009, préc., pt 27.

21 Art. R. 464-2 du code de commerce.

plaignant, les tiers affectés et les tiers intéressés ont tous en commun d'être intéressés par la décision d'engagements. Non négligeable, cet élément apparaît particulièrement pertinent vis-à-vis du sujet à l'étude : le droit au recours.

Le droit au recours des tiers intéressés à l'encontre des décisions acceptant des engagements antitrust a été admis à plusieurs reprises par les juridictions européennes[22]. Au contraire, en France, en l'absence de texte législatif ou d'éclaircissement apporté par les lignes directrices de l'Autorité de la concurrence à ce sujet, le point de savoir si les tiers intéressés sont recevables pour intenter un recours en annulation devant la cour d'appel de Paris à l'encontre des décisions d'engagements reste en suspens. La recevabilité d'un tel recours a déjà été admise par les juridictions françaises s'agissant seulement des entreprises plaignantes[23]. Reste qu'il pourrait être considéré comme nécessaire d'étendre cette jurisprudence à l'ensemble des entreprises intéressées, dans la mesure où cela permettrait de soumettre l'appréciation de l'Autorité de la concurrence en matière d'engagements à un contrôle juridictionnel effectif garant de la sauvegarde tant des intérêts privés que de l'intérêt public (I.). Cette solution est encouragée par l'influence de la jurisprudence d'autres juridictions (II.), dès lors, d'une part, que les engagements antitrust relevant d'une logique similaire à ceux proposés en matière de concentrations, la prise en compte de la jurisprudence du Conseil d'État apparaît pertinente, et que, d'autre part, même si le principe d'autonomie procédurale est maintenu[24], on peut se référer à la jurisprudence de la Cour de justice en matière d'engagements.

I. La nécessaire libéralisation de l'accès au juge pour les tiers intéressés par des décisions d'engagements de l'Autorité de la concurrence

Absents du cercle restreint des négociations entre les entreprises qui s'engagent et le rapporteur, les tiers intéressés peuvent éprouver des difficultés à faire valoir leurs intérêts dans le cadre des procédures d'engagements. Amputées d'une partie du contradictoire, les décisions d'engagements risquent pourtant d'aboutir à des solutions disproportionnées ou insuffisantes qui devraient faire l'objet d'un contrôle juridictionnel effectif (1.). L'ouverture du prétoire de la cour d'appel de Paris aux tiers intéressés mériterait dès lors d'être envisagée (2.).

---

22 TPICE, 11 juillet 2007, *Alrosa c/ Commission*, aff. T-170/06, *Rec.* p. II-2601, confirmé s'agissant de la recevabilité du recours par CJUE, 29 juin 2010, *Commission c/ Alrosa*, aff. C-441/07 P, préc.

23 CA Paris, 1re ch. H, 16 octobre 2007, *Bijourama*, RG 2006/17900, et CA Paris, 1re ch. H, 6 novembre 2007, *Canal 9 c/ GIE Les Indépendants*, RG 2006/18379, confirmé à cet égard par Cass. com., 4 novembre 2008, *Canal 9 c/ GIE Les Indépendants*, n° 07-21.275 ; K. Biancone, « Engagements : La Cour de cassation se prononce pour la première fois sur la régularité de la procédure d'acceptation d'engagements (*Canal 9/GIE Les indépendants*) », 4 novembre 2008, *Concurrences* n° 1-2009, art. n° 27669.

24 CJCE, 16 décembre 1976, *Rewe*, aff. C-33/76, *Rec.* p. 1989.

1. La nécessité d'un contrôle juridictionnel effectif des décisions d'engagements

Les conséquences déterminantes que peuvent avoir les engagements sur la situation juridique des tiers qui subissent la solution adoptée comme une « *quasi-injonction* »[25] justifient qu'ils soient pleinement impliqués dans le processus décisionnel. Cela est rendu possible grâce au test de marché prévu à l'article R. 464-2 du code de commerce et explicité aux points 24 à 26 du communiqué de procédure de l'Autorité[26]. Décrit comme le point culminant de la procédure[27], et consistant à soumettre (avant toute acceptation définitive par l'Autorité de la concurrence) les engagements proposés à l'avis des tiers, ce test constitue l'un des garants du triptyque « *pertinent, crédible et vérifiable* » auquel sont soumis les engagements[28]. Il offre également une occasion aux tiers de se prémunir contre une atteinte excessive à leurs droits. Le point 38 du communiqué de procédure prévoit en outre que les entreprises tierces affectées par les engagements pourront être appelées à la procédure et ainsi associées aux engagements souscrits[29]. L'Autorité considère qu'à défaut d'une telle implication des tiers affectés « *la procédure d'engagements a peu de chance de prospérer* »[30]. Cependant, bien que les tiers jouissent *a priori* d'un statut spécifique, leur participation au processus décisionnel n'en reste pas moins limitée.

D'une part, dans le cadre du test de marché, la discussion est canalisée par les engagements[31] : les tiers sont seulement autorisés à formuler des commentaires sur ceux-ci sans pouvoir s'exprimer sur le bilan concurrentiel de l'Autorité et ainsi ouvrir une discussion sur des préoccupations de concurrence qui n'auraient pas été identifiées par l'Autorité. D'aucuns ne s'étonneront donc pas de ne parfois trouver dans les décisions d'engagements de l'Autorité aucune réponse aux préoccupations de concurrence soulevées par des opérateurs lors du test de marché si celles-ci n'avaient pas été préalablement identifiées par l'Autorité[32].

---

25 P. Kipiani, « Arrêt "Alrosa" : le premier arrêt de la Cour de justice en matière d'engagements en droit européen de la concurrence », *JDE*, octobre 2010, p. 253.

26 Communiqué de procédure du 9 mars 2009, préc., pts 24-26.

27 P. Kipiani, *op. cit.*, p. 113.

28 Communiqué de procédure du 9 mars 2009, préc., pt 21

29 *Ibid.*, pt 38.

30 *Ibid.*

31 E. Claudel, préc., p. 26.

32 Pour exemples, dans sa décision n° 20-D-06 du 2 avril 2020 relative à des pratiques mises en œuvre dans le secteur de la livraison de colis, l'Autorité de la concurrence prend soin de répondre aux critiques formulées lors du test de marché par l'entreprise tierce saisissante concernant le rejet du grief de prix de prédation visé dans la saisine (v. pts 176-179 de la décision). C'est également le cas dans la décision n° 17-D-16 du 7 septembre 2017 relative à des pratiques mises en œuvre par la société Engie dans le secteur de l'énergie : l'Autorité répond aux critiques d'un tiers concernant l'exclusion du grief de prix de prédation dans l'évaluation préliminaire (v. pt 76 et pts 110-112 de la décision). Au contraire, dans sa décision n° 20-D-22 du 17 décembre 2020, préc., le risque d'échanges d'informations sensibles et stratégiques au sein de l'alliance à l'achat des distributeurs décrit par plusieurs tiers lors du test de marché ne fait l'objet d'aucune réponse de la part de l'Autorité et n'est pas pris en compte dans l'appréciation du caractère proportionné et suffisant des engagements. Pourtant un tel risque semble également interroger la doctrine : A.-S. Choné-Grimaldi, préc.

D'autre part, rappelons que si l'Autorité est censée tenir compte des observations des tiers[33], elle ne détient pas moins un large pouvoir d'appréciation concernant le caractère approprié des engagements et est libre d'exiger de nouveaux engagements, ou de considérer au contraire que les engagements initialement proposés sont suffisants sans qu'il soit donné suite aux observations formulées par les tiers. Les décisions de l'Autorité de la concurrence n'ont en effet pas vocation à préserver les droits subjectifs des acteurs lésés par les agissements examinés. Dans un arrêt *Cogent*[34], la cour d'appel de Paris, confirmée par la Cour de cassation[35], indiquait que la procédure d'engagements est employée « *non pas pour satisfaire la demande d'une partie plaignante, mais pour mettre fin à des situations susceptibles d'être préjudiciables à la concurrence* ». Cette formule est fréquemment reprise dans la partie « Discussions » des décisions d'engagements de l'Autorité de la concurrence afin d'exclure les contestations des tiers au sujet de la pertinence de la mise en œuvre de la procédure d'engagements[36] ou de l'absence de préoccupations de concurrence formulées à l'encontre de certaines pratiques visées dans la saisine[37]. La procédure d'engagements, qualifiée d'outil de « *pure régulation* »[38], laisse donc une marge importante d'appréciation à l'Autorité (saisie *in rem* des faits dénoncés et donc liée ni par les demandes ni par les qualifications juridiques des entreprises saisissantes[39]).

Pour autant, le droit d'être entendu reconnu aux entreprises tierces intéressées constitue une exigence procédurale imposée non seulement en vertu du droit français mais également en vertu du droit européen[40]. L'article 12 de la directive

---

33 Communiqué de procédure du 9 mars 2009, préc., pt 26.

34 CA Paris, 19 décembre 2013, *Sté Cogent Communications France*, RG 2012/19484 ; v. aussi A.-L. Sibony, « Accord de peering : La Cour d'appel de Paris confirme qu'un refus d'accroître la capacité disponible au titre d'un accord de peering entre opérateurs internet peut ne pas soulever de préoccupation de concurrence (*Cogent*) », 19 décembre 2013, *Concurrences* n° 2-2014, art. n° 65679, pp. 88-89.

35 Cass. com., 12 mai 2015, *Sté Cogent communications France*, n° 14-10.792 ; v. aussi J.-P. Tran Thiet, O. Berg, L. Ghebali, « Internet : La Cour de cassation rejette le pourvoi formé dans l'affaire des prestations payantes d'interconnexion sur Internet et valide la solution adoptée par l'Autorité de la concurrence *(Cogent)* », 12 mai 2015, *Concurrences* n° 3-2015, art. n° 75171, pp. 161-162.

36 Aut. conc., déc. n° 14-D-09 du 4 septembre 2014 sur les pratiques mises en œuvre par les sociétés Nestlé, Nestec, Nestlé Nespresso, Nespresso France et Nestlé Entreprises dans le secteur des machines à café expresso ; déc. n° 15-D-09 du 4 juin 2015 relative à des pratiques mises en œuvre dans le secteur de l'hébergement des équipements de téléphonie mobile ; déc. n° 17-D-26 du 21 décembre 2017 relative à des pratiques mises en œuvre dans le secteur de la collecte et de la valorisation de déchets banals d'entreprises ; déc. n° 20-D-06 du 2 avril 2020, préc. ; déc. n° 20-D-13 du 22 octobre 2020, préc. ; et déc. n° 20-D-22 du 17 décembre 2020, préc.

37 Aut. conc., déc. n° 15-D-06 du 21 avril 2015 sur les pratiques mises en œuvre par les sociétés Booking.com B.V., Booking.com France SAS et Booking.com Customer Service France SAS dans le secteur de la réservation hôtelière en ligne ; et déc. n° 17-D-12 du 26 juillet 2017 relative à des pratiques mises en œuvre dans le secteur de l'approvisionnement en betteraves sucrières.

38 CA Paris, 6 octobre 2009, *Canal 9 c/ GIE Les Indépendants*, RG 2008/21057 ; v. aussi C. Lemaire, « Accès au dossier : La Cour d'appel de Paris poursuit sa lecture singulière des droits des parties en matière d'accès au dossier en matière de procédure d'engagements (*Canal 9 c/ GIE Les Indépendants*) », 6 octobre 2009, *Concurrences* n° 4-2009, art. n° 29309, pp. 182-183.

39 CA Paris, 19 décembre 2013, RG 2012/19484, préc.

40 Lorsqu'il y a affectation du commerce entre États membres et, partant, lorsque les articles 101 et 102 TFUE sont susceptibles de fonder son action.

ECN +[41] exige en effet que les autorités nationales de concurrence consultent « *les acteurs du marché* » avant de rendre contraignants des engagements.

Au-delà de son utilité pour l'Autorité afin d'obtenir une vision plus complète de la réalité du marché et d'apprécier plus justement l'efficacité des engagements, la consultation des tiers constitue une exigence procédurale fondamentale qui s'impose aux autorités nationales de concurrence et dont le non-respect devrait pouvoir être constaté par un juge. La préservation de l'effet utile de cette exigence pourrait dès lors justifier l'existence d'une voie juridictionnelle permettant aux tiers intéressés dont les observations n'auraient pas été dûment prises en compte par l'Autorité de contester la méconnaissance de leur droit procédural. Le principe de protection juridictionnelle effective, consacré par la Cour de justice comme principe général du droit communautaire[42], implique en effet que les particuliers bénéficient, devant les juridictions nationales, d'une voie de recours contre les décisions nationales pouvant porter atteinte à un droit leur étant reconnu par le droit de l'Union. À cette fin, la Cour de justice de l'Union a pu enjoindre aux juridictions nationales d'admettre la recevabilité de certains recours[43]. En vertu du principe de coopération loyale, le juge national est obligé de déclarer un recours recevable et d'écarter les règles de procédure internes pour donner son plein effet à un droit que le requérant tire du droit communautaire[44]. Cette ligne jurisprudentielle a été parfaitement reçue par les juridictions françaises tant administratives que judiciaires[45], et pourrait appuyer l'élargissement de la recevabilité des recours des tiers intéressés.

En outre, la libéralisation de l'accès au juge pour les tiers intéressés semble d'autant plus nécessaire qu'elle permettrait de prévenir un éventuel risque de fragmentation du droit européen de la concurrence. En effet, dès lors qu'il est peu probable que les autorités nationales et les entreprises qui s'engagent contestent par elles-mêmes des engagements auxquels elles ont librement consenti, les décisions acceptant des engagements deviennent quasi incontestables et ne sont donc soumises à aucun contrôle juridictionnel. Or, c'est par le biais du contrôle exercé par le juge national que la Cour de justice peut garantir l'application uniforme du droit de l'Union. En effet, le mécanisme de renvoi préjudiciel lui permet de délivrer une interprétation uniforme du droit de l'Union et ainsi de remédier à des pratiques décisionnelles potentiellement divergentes entre les États membres. Cette voie de droit n'étant pas ouverte aux autorités nationales

---

41 Directive (UE) 2019/1 du Parlement et du Conseil du 11 décembre 2018 visant à doter les autorités de concurrence des États membres des moyens de mettre en œuvre plus efficacement les règles de concurrence et à garantir le bon fonctionnement du marché intérieur, *JOUE* n° L 11 du 14 janvier 2019, p. 3.

42 CJCE, 15 mai 1986, *Johnston*, aff. 222/84, *Rec.* p. 1651, pt 18.

43 CJCE, 3 décembre 1992, *Oleificio Borelli SpA c/ Commission*, aff. C-97/91, *Rec.* p. I-6313, pt 9.

44 P. Cassia, « Le principe du droit au juge et à une protection juridictionnelle effective », in J.-B. Auby et J. Dutheil de la Rochère (dir.), *Droit administratif européen*, Bruxelles, Bruylant, 2007, pp. 415-434.

45 Cass. com., 20 octobre 1998, *Sté Guénant Automobiles*, n° 96-19.278; *Bull.* IV, n° 253, p. 210. CE, 19 mai 1999, *Région du Limousin*, n° 15767 ; *Europe*, octobre 1999, comm. E. Saulnier, n° 324.

de concurrence qui, selon une jurisprudence constante et récemment réaffirmée[46], ne sont pas des « *juridictions* », l'intervention de la Cour de justice est conditionnée à celle du juge national. Dès lors, en restreignant les possibilités de recours à l'encontre des décisions d'engagements, le droit procédural français réduit également l'accès au juge européen garant de l'application uniforme du droit de l'Union.

En somme, l'instauration en droit français d'une voie de recours pour les tiers intéressés garantirait au minimum le respect des droits procéduraux des tiers intéressés, et permettrait en sus de soumettre l'appréciation de l'Autorité à un véritable contrôle juridictionnel. L'extension du droit de recours à l'ensemble des tiers intéressés appellerait néanmoins à des modifications législatives.

2. L'extension de l'édification prétorienne du statut des tiers saisissants par une réforme législative

Les recours à l'encontre des décisions antitrust de l'Autorité de la concurrence relèvent de la compétence de la cour d'appel de Paris[47]. La règle spéciale de l'article L. 464-8 du code de commerce réserve ainsi la qualité pour agir à l'encontre d'une décision d'engagements « *aux parties en cause et au ministre chargé de l'économie* »[48]. Les entreprises tierces sont donc *a priori* exclues de ce droit au recours. Toutefois, la cour d'appel de Paris retient une conception large de la notion de « *parties en cause* » qui inclut le plaignant et pourrait appeler à une réforme législative afin d'inclure l'ensemble des tiers intéressés (A.) dès lors que ceux-ci sont en mesure de justifier d'un intérêt pour agir (B.).

A. *La condition de qualité pour agir*

La cour d'appel de Paris a très tôt adopté une interprétation extensive de l'article L. 464-8 du code de commerce et retient ainsi depuis deux arrêts de 2007 dans les affaires *Bijourama* et *Canal 9 c/ GIE Les Indépendants* que la catégorie des « *parties en cause* » s'étend au tiers saisissant, qui peut former un recours s'il justifie d'un intérêt pour agir[49].

Selon l'ancien président de la chambre de la régulation économique de la cour d'appel de Paris, M. Thierry Fossier : « *Les plaignants disposent de droits devant la cour d'appel dans la seule mesure où leurs prétentions permettront de*

---

46 CJCE, gde ch., 31 mai 2005, *Syfait e.a.*, aff. C-53/03, *Rec.* p. 4609, et CJUE, 16 septembre 2020, *Anesco*, aff. C-462/19, EU:C:2020:715 ; v. aussi P. Cardonnel, « Renvoi préjudiciel : La Cour de justice de l'Union européenne déclare irrecevable une demande de décision préjudicielle émanant de l'Autorité espagnole de la concurrence (*Anesco*) », 16 septembre 2020, *Concurrences* n° 4-2020, art. n° 97392, pp. 198-199.

47 Art. L. 464-8 du code de commerce. CE, 21 octobre 1998, n° 174803.

48 Art. L. 464-8, al. 1, du code de commerce.

49 CA Paris, 1re ch. H, 16 octobre 2007, RG 2006/17900, préc., et CA Paris, 1re ch. H, 6 novembre 2007, RG 2006/18379, préc.

résoudre une préoccupation de concurrence[50]. » En effet, dès lors que les entreprises qui s'engagent sont peu enclines à contester le caractère suffisant et proportionné de leurs propres engagements, l'ouverture de cette voie de recours aux entreprises saisissantes s'avérait nécessaire pour assurer un contrôle juridictionnel effectif des décisions de l'Autorité. La continuité de ce raisonnement pourrait conduire à accorder la qualité pour agir aux tiers intéressés non saisissants. Et ce d'autant plus que dans certaines procédures d'engagements, notamment en matière de centrales d'achat, il n'y a pas de partie saisissante (la procédure étant uniquement déclenchée à l'initiative de l'Autorité ou du ministre de l'Économie).

Reste que, comme le fait remarquer M. Dumarçay : « *Même généreuse, la lecture des articles L. 464-8 et R .464-8 du code de commerce permet a priori difficilement d'assimiler l'ensemble des tiers intéressés aux "parties en cause", titulaires du droit d'introduire un recours en annulation*[51] *[…]* » Aussi, face à la rédaction restrictive de ces articles, il devrait être envisagé d'appeler le législateur à intervenir afin d'ouvrir cette voie de recours à l'ensemble des tiers intéressés.

La limitation des titulaires de la qualité pour agir semble en effet quelque peu paradoxale puisqu'il n'est nul besoin d'être partie à la procédure pour être affecté par les engagements qui en résultent. En comparaison, dans plusieurs autres États européens, les tiers peuvent faire appel des décisions d'engagements qui les affectent[52]. En Allemagne, cette possibilité est ainsi garantie à l'ensemble des parties à la procédure et notamment aux personnes et associations de personnes dont les intérêts sont substantiellement affectés par la décision et qui, à leur demande, ont été admises par l'autorité de concurrence à la procédure[53]. Il en est de même en droit belge, où les entreprises tierces justifiant d'un intérêt suffisant et ayant demandé à être entendues par le Collège sont recevables à introduire un recours à l'encontre des décisions de l'Autorité belge de la concurrence prises par le Collège de la concurrence[54]. La loi grecque garantit quant à elle plus largement le droit de faire appel à tout tiers ayant un intérêt légitime[55].

---

50 T. Fossier et M. Saltiel, « Parties et tiers en droit répressif de la concurrence : Leur statut devant la cour d'appel de Paris », *Concurrences* n° 1-2011, art. n° 33854.

51 M. Dumarçay, *op. cit.*, p. 300.

52 European Competition Network, Document de recommandation concernant la procédure d'engagements, pt 24.

53 Act against restraints of Competition, Section 73 « Admissibility, Jurisdiction » et Section 54 (2) « Institution of Proceedings, Parties ».

54 Code de droit économique (CDE), art. IV.90. § 4. Il est précisé que les décisions prises par l'auditorat de l'Autorité belge de la concurrence, notamment les décisions de classer une plainte, une requête ou une injonction, ou les décisions mettant fin à une instruction d'office à la suite des engagements offerts par la partie concernée (art. IV.44. et IV.45. CDE), ne sont pas susceptibles de recours intentés par les tiers intéressés (art. IV.46. CDE).

55 Law 3959/2011 – "Protection of Free Competition" (Gov't Gazette Issue A' 93/20.04.2011), art. 30 « Appeals before the Administrative Court of Appeal of Athens », § 3.

De surcroît, le droit européen qui, depuis l'adoption de la directive ECN +[56], s'intéresse indéniablement aux droits procéduraux nationaux, attache une place primordiale au respect des droits fondamentaux et pourrait constituer une source d'évolution vers une libéralisation de l'accès au juge pour les tiers entendant contester une décision d'engagements. En effet, l'article 3, paragraphe 1, de la directive ECN + exige que « *[l]es procédures concernant des infractions à l'article 101 ou 102 du traité sur le fonctionnement de l'Union européenne [...] [soient] conformes aux principes généraux du droit de l'Union et à la Charte des droits fondamentaux de l'Union européenne* ». Il est plus précisément inscrit au paragraphe 2 du même article que les États membres doivent s'assurer du respect des « *droits de la défense des entreprises, y compris le droit d'être entendu et le droit à un recours effectif devant un tribunal* »[57].

Sans renouveler les garanties déjà accordées aux entreprises dans les procédures de concurrence, cet article réaffirme la jurisprudence de la Cour selon laquelle, bien que jouissant du principe d'autonomie procédurale, il appartient aux États membres de garantir, sur la base des règles internes de procédure, la protection des droits fondamentaux[58]. En tant que principe général du droit de l'Union[59] et droit fondamental garanti par l'article 47 de la Charte de l'Union européenne, le droit au recours effectif est invocable dans les procédures internes de mise en œuvre des articles 101 et 102 TFUE et pourrait conduire à remettre en cause l'actuelle limitation du droit d'agir aux seules parties concernées par la procédure d'engagements.

Rappelons à ce titre que, peu importe la date d'entrée en vigueur de cette directive, le droit au recours tel que garanti par la Charte de l'Union est invocable directement devant la cour d'appel de Paris afin d'exclure toute législation ou jurisprudence nationale contraire. La Charte de l'Union est en effet applicable aux États membres dès lors qu'ils mettent en œuvre le droit de l'Union en vertu de l'article 51 du même texte[60], ce qui est manifestement le cas lorsqu'il y a affectation du commerce entre États membres et que l'Autorité de la concurrence applique les articles 101 et 102 du TFUE au travers de la procédure d'engagements.

Reste toutefois que la formulation de l'article 3, paragraphe 2, de la directive ECN + inclut le droit d'être entendu et le droit à un recours effectif dans les droits de la défense, et semble ainsi limiter le bénéfice de ces garanties aux seules

---

56 Directive (UE) 2019/1 du Parlement et du Conseil du 11 décembre 2018, préc., art. 3, § 1.

57 *Ibid.*, art. 3, § 2.

58 CJCE, 10 novembre 1993, *Otto c/ Postbank*, aff. C-60/92, *Rec.* p. I-5683, pt 14.

59 CJCE, 15 mai 1986, *Johnston*, aff. 222/84, préc., pt 18.

60 Art. 51 de la Charte des droits fondamentaux ; CJUE, gde ch., 26 février 2013,, *Åklagaren c/ Hans Åkerberg Fransson*, aff. C-617/10, EU:C:2013:105 ; F. Picod, « Article 51. Champ d'application », in F. Picod et S. Van Drooghenbroeck (dir.), *Charte des droits fondamentaux de l'Union européenne : commentaire article par article*, Bruxelles, Bruylant, 2018, pp. 1061-1082.

parties concernées. La position de la Cour de justice à ce sujet est constante : les tiers ne se trouvent pas dans une situation procédurale équivalente à celle des parties concernées et ne peuvent pas se prévaloir du respect des droits de la défense[61]. De plus, l'interprétation de cet article est éclairée par le considérant 14 de la directive, qui se focalise en particulier sur les droits reconnus aux parties concernées[62].

Cependant la protection octroyée par l'article 3, paragraphe 2, n'est paradoxalement nullement restreinte aux seules « *entreprises concernées* », mais au contraire ouverte aux « *entreprises* » sans que soit spécifié leur rôle dans la procédure. Si ce défaut de précision quant au statut occupé par les entreprises ne peut, à lui seul, être interprété comme ouvrant le bénéfice des garanties envisagées à l'article 3, paragraphe 2, au profit de toutes les entreprises, il ne peut par là même être exclu que d'autres entreprises que celles visées par des préoccupations de concurrence puissent bénéficier de celles-ci.

Une interprétation systématique[63] de l'article 3, paragraphe 2, à la lumière de l'article 12 relatif à la procédure d'engagements, peut conduire à considérer que les tiers intéressés par la procédure d'engagements disposent de droits procéduraux puisqu'ils ont le droit d'être entendus et devraient en conséquence pouvoir revendiquer un accès au juge afin de contester l'éventuel irrespect de cette exigence procédurale[64]. Il faut dès lors envisager que l'article 3, paragraphe 2, garantisse une protection non seulement des droits procéduraux des parties concernées, mais également de ceux de l'ensemble des entreprises intéressées par une procédure de concurrence. Et ce d'autant plus que le considérant 14 de la directive ECN + mentionne le droit à une bonne administration, qui assure, selon l'article 41 de la Charte des droits fondamentaux, à toute personne le droit d'être entendue avant qu'une mesure individuelle qui l'affecterait défavorablement ne soit prise à son encontre[65].

Englobés dans la catégorie plus large des droits de la défense, mais non exclusifs aux parties concernées, le droit d'être entendu et le droit à un recours effectif ont d'ailleurs déjà été reconnus aux entreprises tierces justifiant d'un intérêt

---

61 CJCE, 17 novembre 1987, *British-American Tobacco e.a. c/ Commission*, aff. jtes 142 et 156/84, *Rec.* p. 4487, pt 19 ; TPICE, 15 juillet 1994, *Matra Hachette c/ Commission*, aff. T-17/93, *Rec.* p. II-595, pt 34.

62 Le considérant 14 liste ainsi l'ensemble des garanties auxquelles les parties concernées ont droit, dont notamment : le droit d'être informées des griefs retenus contre elles, d'être entendues, d'accéder au dossier, d'obtenir une décision dans un délai raisonnable, et d'intenter un recours à l'encontre des décisions constatant une infraction à l'article 101 ou 102 TFUE.

63 K. Lenaerts et J. A. Gutiérrez-Fons, *Les méthodes d'interprétation de la Cour de justice de l'Union européenne*, Bruxelles, Bruylant, 2020, p. 27 : « *En premier lieu, il y a l'interprétation contextuelle dite « interne » ou « systématique », qui se focalise sur le contexte purement normatif dans lequel une disposition du droit de l'Union s'insère.* ».

64 L'article 12 de la directive ECN + énonce que les autorités nationales de concurrence doivent être en mesure de rendre contraignants des engagements « *après avoir consulté les acteurs du marché* ».

65 Art. 41 de la Charte des droits fondamentaux de l'Union européenne. Selon S. Durande et A. Montesa Lloreda (préc., p. 39), « *les droits des tiers, au niveau des principes généraux, [sont] plutôt fondés sur celui de bonne administration, tel que précisé par les tribunaux de Luxembourg* ».

légitime[66]. La Cour de justice considère le droit d'être entendu comme une composante de différents droits fondamentaux ; non seulement du principe de respect des droits de la défense et du droit à un procès équitable, mais également du droit à une bonne administration[67].

B. *La condition d'intérêt pour agir*

En second lieu, les entreprises tierces doivent justifier d'un intérêt pour agir et, à cette fin, démontrer que la décision d'engagements leur fait grief. La cour d'appel de Paris a ainsi déjà retenu, dans une approche judiciaire classique[68], que l'entreprise plaignante est intéressée lorsque « *les engagements contenus dans la décision sont susceptibles de produire des effets juridiques sur sa situation personnelle* »[69], ou encore lorsque « *la décision d'acceptation d'engagements, en mettant fin à la procédure, ne fait pas droit à ses demandes* »[70].

Deux hypothèses se distinguent : soit les engagements sont disproportionnés et portent une atteinte excessive aux intérêts de certains tiers, soit au contraire ils sont insuffisants pour mettre un terme aux préoccupations de concurrence dont peuvent pâtir les tiers. La première situation trouve une illustration pertinente dans la jurisprudence de la Cour de justice de l'Union européenne qui admet la recevabilité des recours intentés par les tiers cocontractants des entreprises qui se

---

66 Le droit d'être entendu des entreprises tierces est consacré à l'article 27 du règlement (CE) n° 1/2003 ainsi qu'aux articles 6 et 13 du règlement d'application (CE) n° 773/2004. C'est également un droit fondamental garanti par l'article 41, paragraphe 2, de la Charte de l'Union européenne, selon lequel toute personne a le droit « *d'être entendue avant qu'une mesure individuelle qui l'affecterait défavorablement ne soit prise à son encontre* ». C'est ce que rappelle l'avocat général Mme J. Kokott, dans ses conclusions présentées le 17 septembre 2009, dans l'affaire C-441/07 (CJUE, 29 juin 2010, *Commission c/ Alrosa*, aff. C-441/07, préc.) aux points 167 et 168, avant de considérer qu'« *il résulte de la jurisprudence que le droit d'être entendu, qui est garanti en tant que droit fondamental, doit également être assuré lorsque la procédure dont il s'agit n'est pas réglementée. Dès lors que la décision sur les engagements était une mesure individuelle défavorable à Alrosa, celle-ci devait en tout cas être entendue si elle en faisait la demande* ». Les juridictions européennes ont rappelé l'existence d'un tel droit à l'égard des tiers à plusieurs occasions, v. not. : CJCE, 9 juillet 1987, *Ancides c/ Commission*, aff. 43/85, *Rec.* p. 3131 ; TPICE, 27 novembre 1997, *Kaysersberg*, aff. T-290/94, *Rec.* p. II-2137, pt 108. Concernant le droit de former un recours juridictionnel des tiers contre une décision de la Commission en matière de concurrence, v. not. : CJCE, 11 octobre 1983, *Demo-Studio Schmidt c/ Commission*, aff. 210/81, *Rec.* p. 3045, pt 14 ; CJUE, 29 juin 2010, *Commission c/ Alrosa*, aff. C-441/07, préc., pt 90 : « *[I]l est loisible à une entreprise tierce s'estimant affectée par une décision adoptée en vertu des articles 7 ou 9 du règlement n° 1/2003 de protéger ses droits par la voie d'un recours contre cette décision.* »

67 CJUE, 3 juillet 2014, *Kamino International Logistics BV e.a.*, aff. jtes C-129/13 et C-130/13, EU:C:2014:2041, pt 29, cité par M. le Soudeer, *Droit antitrust de l'Union européenne et droits fondamentaux des entreprises*, Bruxelles, Bruylant, 2019, p 307. La Cour invoque ainsi non seulement les articles 47 et 48 de la Charte des droits fondamentaux de l'Union européenne, mais également l'article 41. Selon A. Pliakos, « *si on entend par droits de la défense la possibilité d'une personne de s'exprimer sur les motifs d'une décision attentatoire que la Commission envisage de lui adresser, le champ d'application des droits de la défense doit englober également les tiers dont la situation juridique, quoiqu'à des degrés moindres, risque d'être affectée* » (*Les droits de la défense et le droit communautaire de la concurrence*, Bruxelles, Bruylant, 1987, p. 333). En effet, bien qu'ils ne soient pas titulaires des mêmes droits que les parties concernées, ils n'en sont pas moins titulaires de certains droits procéduraux inclus dans la catégorie des droits de la défense. V. égal. L. Idot, « Les droits de la défense », in F. Sudre et H. Labayle (dir.), *Réalité et perspectives du droit communautaire des droits fondamentaux*, Bruxelles, Bruylant, 2000, pp. 213-251.

68 G. Decocq, « Des précisions sur la procédure d'engagement et sur le contenu des engagements », *Contrats, conc., consom.* n° 1, janvier 2008, comm. 18.

69 CA Paris, 1re ch. H, 6 novembre 2007, RG 2006/18379, préc.

70 CA Paris, 1re ch. H, 16 octobre 2007, RG 2006/17900, préc.

sont engagées dès lors que leur situation est directement et individuellement affectée par la décision d'engagements[71]. C'est alors le caractère « *proportionné* » des engagements qui est contesté : en modifiant l'équilibre économique du contrat conclu avec le tiers[72], la décision porte une atteinte grave à sa liberté contractuelle[73]. En France, de tels recours n'ont, à notre connaissance, encore jamais été intentés par les tiers.

À l'inverse, la seconde hypothèse renvoie à la situation dans laquelle les tiers sont victimes des agissements anticoncurrentiels des entreprises qui se sont engagées et pâtissent de l'insuffisance des engagements acceptés par l'Autorité de la concurrence. La preuve de l'intérêt pour agir est alors plus complexe à rapporter puisqu'elle implique *a priori* une double exigence : le tiers doit démontrer que sa situation personnelle est affectée par le comportement anticoncurrentiel en cause et que les engagements sont insuffisants pour y remédier. Or, cette seconde exigence relève en réalité du fond de l'affaire. Toutefois, comme en témoigne l'arrêt de la cour d'appel de Paris dans l'affaire *Canal 9 c/ GIE Les Indépendants*, le juge semble enclin à admettre qu'une telle exigence ne fasse pas l'objet d'un examen approfondi au stade de l'appréciation de la recevabilité du recours. La cour d'appel s'était en effet contentée de constater que les engagements étaient « *susceptibles de produire des effets juridiques* » sur la situation du tiers. Une telle approche ne restreint pas la recevabilité des recours pour des motifs relatifs au fond de l'affaire. Les juridictions européennes ont d'ailleurs adopté une même approche souple concernant la recevabilité des recours intentés par les tiers[74].

En outre, il pourrait être opposé au tiers intéressé que celui-ci demeure libre de saisir à nouveau l'Autorité de la concurrence d'une plainte visant les pratiques ayant déjà fait l'objet d'une décision d'engagements. La cour d'appel de Paris a en effet jugé[75] que « *la décision d'acceptation d'engagements et de clôture de la procédure ne constate pas, à la différence d'une décision de sanction, le caractère anticoncurrentiel ou non de comportements et n'exclut donc pas une nouvelle plainte*

71 TPICE, 11 juillet 2007, *Alrosa c/ Commission*, aff. T-170/06, préc., confirmé s'agissant de la recevabilité du recours par CJUE, 29 juin 2010, *Alrosa c/ Commission*, aff. C-441/07, préc., et CJUE, 9 décembre 2020, *Groupe Canal + c/ Commission*, aff. C-132/19 P, EU:C:2020:1007.

72 CJUE, 9 décembre 2020, *Groupe Canal + c/ Commission*, aff. C-132/19 P, préc., pt 126. La Cour affirme au point 106 de l'arrêt que « *le principe de proportionnalité requiert que les droits [des tiers] ne soient pas vidés de leur substance* ».

73 Conclusions AG Pitruzzella, 7 mai 2020, *Groupe Canal + c/ Commission*, aff. C-132/19 P, EU:C:2020:355, pt 125 ; v. aussi A. Lacresse, « Engagements : L'Avocat Général Pitruzzella propose à la Cour de justice de l'Union européenne de juger que la Commission européenne doit tenir compte des droits des tiers lorsque les engagements conduisent à mettre un terme à des contrats entre ces tiers et le destinataire de la décision (*Canal* +) », 7 mai 2020, *Concurrences* n° 3-2020, art. n° 96094, pp. 150-151.

74 V. *infra* II. 2. « L'admission du recours des tiers à l'encontre des décisions d'engagements adoptées par la Commission ».

75 Sur la possibilité pour le plaignant de ressaisir l'Autorité des mêmes faits : CA Paris, 6 octobre 2009, RG 2008/21057, préc. Sur l'impossibilité pour l'Autorité de classer une plainte visant des pratiques ayant déjà fait l'objet d'une décision d'engagements sur le fondement du principe de *non bis in idem* : CA Paris, pôle 5, ch. 5-7, 19 décembre 2013, *Cogent Communications France e.a. c/ France Télécom*, RG 2012/19484, confirmé par Cass. com., 12 mai 2015, *Cogent Communications France e.a. c/ Orange*, n° 14-10.792.

sur les mêmes faits », et ce, sans que l'Autorité puisse rejeter celle-ci sur le fondement du principe de *non bis in idem*. Le cas échéant, il conviendrait néanmoins de tenir compte de la préservation de l'intérêt public économique, qui pâtirait également d'une solution qui, bien que temporaire si elle était remise en cause lors d'une nouvelle saisie, serait défaillante. Cela irait qui plus est à l'inverse de la logique de la procédure d'engagements, qui vise à remédier rapidement à des préoccupations de concurrence[76].

L'ouverture du droit au recours aux tiers intéressés semble ainsi se justifier tant du point de vue de l'intérêt public que de l'intérêt privé de ceux-ci. Garants d'un contrôle juridictionnel effectif des décisions de l'Autorité de la concurrence en défendant leurs intérêts personnels, les tiers intéressés méritent d'être admis au rang des titulaires de la qualité pour agir dès lors que leur intérêt pour agir semble indéniable. Loin d'être isolée, cette solution trouverait parfaitement sa place au sein du paysage jurisprudentiel développé par d'autres juridictions.

II. L'influence du contentieux d'autres juridictions en matière d'engagements

La proximité entre les engagements pris dans le cadre des procédures antitrust et ceux pris dans le cadre du contrôle des opérations de concentration inspire une convergence avec la jurisprudence développée par le Conseil d'État en la matière (1.). Il conviendra également de se tourner vers les juridictions européennes qui, sans ruiner l'efficacité de la procédure d'engagements, ont su trouver un juste équilibre assurant une protection effective des intérêts des tiers (2.).

1. L'admission du recours intenté par les tiers à l'encontre des décisions de concentration sous engagements

Les engagements, qu'ils soient pris par une entreprise en matière de concentration ou dans le cadre d'une procédure antitrust, relèvent de la même logique : ils visent à mettre fin à des préoccupations ou atteintes avérées à la concurrence[77].

---

76 La cour d'appel qualifie la procédure d'engagements de « *procédure souple et rapide* », CA Paris, 6 octobre 2009, RG 2008/21057, préc.

77 P. Kipiani, « Les engagements : vers un droit "négocié" en matière de pratiques anticoncurrentielles », *Contrats, conc., consom.* n° 12, décembre 2010, étude 13 : « *[L]es engagements spontanément offerts pour résoudre une situation future, participent de la même logique, qu'ils soient apportés pour un projet de fusion ou pour un comportement futur. En d'autres termes, les engagements pris sur la base de l'article 9 du règlement n° 1/2003 sont d'une nature similaire que ceux qui sont pris dans le cadre du règlement n° 139/2004 (concentrations) : bien que le premier participe du contrôle ex post, contrairement au second qui constitue un contrôle ex-ante, il n'en demeure pas moins que tous deux ont vocation à être appliqués dans le cadre d'une analyse prospective quant à leur impact sur le développement futur des marchés en cause.* » Ce constat s'avère d'autant plus vrai en France, où la procédure d'engagements est aujourd'hui sollicitée dans le cadre d'une nouvelle procédure de contrôle mi-*ex ante* mi-*ex post* de certaines opérations de « quasi-concentrations » en matière de rapprochements à l'achat.

Une convergence entre la jurisprudence judiciaire et celle de l'ordre administratif en matière de contrôle des concentrations devrait dès lors être envisagée. Or, le Conseil d'État, dans une décision *Société Interbrew* en date du 9 avril 1999, a admis la recevabilité des recours formés par les tiers à l'encontre des décisions de concentration assorties d'engagements[78]. Dans cette affaire, le ministre de l'Économie avait autorisé une opération de concentration entre plusieurs entreprises opérant sur le marché de la bière à la condition que celles-ci s'engagent à céder certains de leurs actifs, tout en précisant que cette vente ne pourrait avoir lieu au profit de certains brasseurs tiers à l'opération. Le recours en excès de pouvoir alors intenté par l'une des entreprises tierces indirectement affectée par la décision avait été favorablement accueilli par le Conseil d'État, lequel considérait que la décision était irrégulière puisque les entreprises tierces n'avaient pas été mises en mesure de présenter leurs observations sur la décision en cause.

Les tiers intéressés peuvent donc, dans le cadre d'un recours en excès de pouvoir, contester la légalité interne de la décision et notamment le caractère disproportionné ou insuffisant des engagements[79]. Ce contrôle peut conduire à l'annulation de la décision de l'Autorité lorsqu'il est avéré qu'elle a commis une erreur d'appréciation et que les engagements ne sont pas suffisants pour prévenir les effets anticoncurrentiels de l'opération[80]. En outre, une telle approche prévaut également au niveau européen. La Cour de justice a admis dès 1998, dans un arrêt *France c/ Commission*[81], que les tiers disposent d'un droit d'agir contre les décisions autorisant une concentration assortie d'engagements dont l'exécution affecte leur situation juridique.

2. L'admission du recours des tiers à l'encontre des décisions d'engagements adoptées par la Commission européenne

L'effet relatif des décisions d'engagements de la Commission sur les tiers ne fait désormais plus aucun doute[82]. La Cour de justice a, dans un arrêt du 9 décembre 2020 (*Groupe Canal* +, aff. C-132/19 P), prolongé sa jurisprudence *Alrosa* et par la même occasion admis à nouveau la recevabilité des recours en annulation formés par les tiers intéressés à l'encontre des décisions d'engagements.

---

78 CE, 9 avril 1999, *Société Interbrew*, n° 191654 ; *Cah. dr. aff.* 17 février 2000, p. 157, obs. A. Troianiello.

79 Lignes directrices de l'Autorité de la concurrence relatives au contrôle des concentrations, pt 471 et s., spéc. pts 474-475.

80 CE, 6 juillet 2016, *Primagaz*, n° 390457 ; v. aussi O. Billard, « Contrôle juridictionnel : Le Conseil d'État confirme pour l'essentiel une décision de l'Autorité de la concurrence approuvant une concentration dans le secteur de la distribution de GPL mais censure l'analyse concurrentielle ainsi que deux engagements concernant l'un des quatre marchés concernés (*Primagaz, Vitogaz*) », 6 juillet 2016, *Concurrences* n° 4-2016, art. n° 81941, pp. 134-136.

81 CJCE, 31 mars 1998, *France et Société commerciale des potasses et de l'azote (SCPA) et Entreprise minière et chimique (EMC) c/ Commission*, aff. jtes C-68/94 et C-30/95, *Rec.* p. I-1375, pts 48-58.

82 D. Bosco, préc.

Plus récemment, dans un arrêt du 2 février 2022, le Tribunal a admis la recevabilité du recours intenté par une entreprise tierce contre la décision de la Commission européenne d'approuver et de rendre obligatoires les engagements pris par une entreprise en position dominante sur le marché de fourniture de gaz en Europe centrale et orientale[83]. La recevabilité de ce recours en annulation n'a fait l'objet d'aucune discussion. Pâtissant du comportement de l'entreprise en position dominante, la requérante avait, en parallèle de la procédure ouverte par la Commission européenne, déposé une plainte dénonçant des pratiques qui recoupaient, en grande partie, les préoccupations identifiées. Après avoir adopté une décision acceptant des engagements, la Commission européenne a rejeté la plainte de la requérante. Celle-ci a alors intenté deux recours en annulation : l'un visant la décision de la Commission européenne de rejeter sa plainte et l'autre visant la décision d'engagements. Elle contestait notamment le caractère adéquat et proportionné des engagements, qu'elle jugeait, insuffisants pour mettre un terme aux préoccupations en matière de concurrence. Dans deux arrêts, rendus le même jour, le Tribunal a accueilli le premier recours[84] et rejeté le second[85]. Cette affaire témoigne, une nouvelle fois, de l'intérêt des tiers actifs sur le marché en cause à ce que les décisions d'engagements soient réellement aptes à mettre un terme aux pratiques dénoncées.

Contrairement au droit français, l'article 263, alinéa 4, TFUE prévoit en effet plus largement que « *[t]oute personne physique ou morale peut former [...] un recours contre les actes dont elle est le destinataire ou qui la concernent directement et individuellement* ». N'étant pas destinataire de la décision, l'entreprise tierce doit donc prouver être directement et individuellement concernée par celle-ci. La première condition requiert que l'acte contesté produise des effets immédiats sur la situation juridique du particulier sans qu'aucune mesure d'application nationale ou communautaire présentant un caractère discrétionnaire soit nécessaire[86]. Cette condition ne pose pas de difficulté particulière étant donné que les règles de concurrence sont mises en œuvre par des décisions exécutoires adressées directement aux entreprises.

La seconde condition exige, selon la jurisprudence *Plaumann*, que le tiers démontre que la décision l'atteint « *en raison de certaines qualités qui [lui] sont particulières ou d'une situation de fait qui [le] caractérise par rapport à toute*

83 Trib. UE, 2 février 2022, Gazprom (engagements), aff. T-616/18, préc.

84 Trib. UE, 2 février 2022, Gazprom (rejet de plainte), aff. T-399/19, EU:T:2022:44. Le Tribunal annule la décision de la Commission européenne, du 17 avril 2019, relative au rejet de la plainte déposée par la requérante (affaire AT.40497). Il juge qu'en ayant omis de mentionner, dans la lettre d'intention de rejet adressé à la requérante, l'exception de l'action étatique comme l'une des considérations pertinentes ayant fondé sa décision de rejet de la plainte, la Commission a méconnu son devoir d'information au titre de l'article 7, paragraphe 1, du règlement n° 773/2004. En revanche, après un examen exhaustif du caractère adéquat des engagements pris par Gazprom ainsi que de la procédure suivie par la Commission, le Tribunal considère que le recours en annulation contre la décision acceptant lesdits engagements est infondé.

85 Trib. UE, 2 février 2022, Gazprom (engagements), aff. T-616/18, préc.

86 CJCE, 5 mai 1998, *Société Louis Dreyfus & Cie c/ Commission*, aff. C-386/96 P, *Rec.* p. I-2309, pt 43.

autre personne et de ce fait [l']individualise de manière analogue à celle du destinataire »[87]. Néanmoins, en matière de concurrence, cette condition fait l'objet d'une approche plus souple de la part des juridictions européennes. La Cour de justice considère qu'elle est satisfaite lorsque le requérant a joué un rôle actif dans le cadre de la procédure administrative si, toutefois, sa position sur le marché est substantiellement affectée par la décision en cause[88]. Ainsi, la Cour s'appuie généralement sur un critère formel tenant à la participation de l'entreprise tierce au sein de la procédure administrative, notamment en tant que plaignante[89], pour reconnaître que celle-ci est individuellement concernée par une décision de la Commission[90]. De plus, selon la jurisprudence, l'atteinte substantielle à la position concurrentielle de la requérante ne doit pas résulter d'une analyse approfondie mais plutôt d'un constat *prima facie* étant donné qu'il n'appartient pas à la Cour, au stade de l'examen de la recevabilité, de se prononcer de façon définitive sur les rapports de concurrence entre la requérante et les entreprises en cause[91]. Les juridictions européennes s'en tiennent donc à vérifier que l'entreprise à l'initiative du recours opère sur le marché concerné et que les pratiques en cause ou la décision de la Commission sont susceptibles d'avoir des effets négatifs sur ses activités. Le libéralisme de la Cour quant à l'examen de la recevabilité des recours en annulation en droit de la concurrence garantit un contrôle juridictionnel effectif des décisions de la Commission, et, en s'en tenant à une analyse superficielle de la qualité à agir des requérants, exclut toute confusion inopportune entre les conditions de recevabilité du recours et l'examen du bien-fondé des prétentions des requérants[92].

En ce qui concerne plus particulièrement les recours en annulation contre des décisions d'engagements, rappelons que dans l'affaire *Alrosa*, la requérante (la société Alrosa) n'était pas destinataire de la décision validant les engagements pris par son cocontractant (la société De Beers). Dès lors, considérant

---

87 CJCE, 15 juillet 1963, *Plaumann*, aff. 25/62, *Rec.* p. 0199.

88 CJCE, 20 mars 1985, *Timex c/ Conseil et Commission*, aff. 264/82, *Rec.* p. 0849, pt 12 ; CJCE, 28 janvier 1986, *Cofaz e.a. c/ Commission*, aff. 169/84, *Rec.* p. 0391, pts 24-25 ; CJCE, 31 mars 1998, *France et Société commerciale des potasses et de l'azote (SCPA) et Entreprise minière et chimique (EMC) c/ Commission*, aff. jtes C-68/94 et C-30/95, préc., pts 54-56.

89 CJCE, 25 octobre 1977, *Metro c/ Commission*, aff. 26/76, *Rec.* p. 1875, pt 13 : « *[I]l est de l'intérêt à la fois d'une bonne justice et d'une exacte application des articles 85 et 86 que [les plaignants] puissent, s'il n'est pas fait droit, en tout ou en partie, à leur demande, disposer d'une voie de recours destinée à protéger leurs intérêts légitimes* », et CJCE, 22 octobre 1986, *Metro SB-Großmärkte GmbH & Co. KG c/ Commission*, aff. 75/84 (dite *Metro II*), *Rec.* p. 3021, pts 22-23.

90 La sollicitation par la Cour d'un critère formel tenant à la participation du tiers à la procédure administrative a fait l'objet de critiques. V. not., R. Joliet, *Le droit institutionnel des Communautés européennes : le contentieux*, Faculté de droit, d'économie, et de sciences sociales de Liège, 1980, p. 92, qui estime que « *l'exigence que le requérant ait déposé plainte n'apparaît pas entièrement fondée. L'on ne voit pas en quoi le fait d'avoir déposé plainte individualise la situation du tiers* » (cité par A. Pliakos, *op. cit.*, p. 207).

91 CJCE, 28 janvier 1986, *Cofaz e.a. c/ Commission*, aff. 169/84, préc., pt 28, et plus récemment en matière d'aides d'État : CJUE, 15 juillet 2021, *Deutsche Lufthansa c/ Commission*, aff. C-453/19 P, EU:C:2021:608, pts 57-58..

92 D. Geradin et N. Petit, « Droit de la concurrence et recours en annulation à l'ère post-modernisation », *GCLC Working Paper* 06/05, pp. 18-21 ; A. Pliakos, *op. cit.*, pp. 213-214.

d'abord que la requérante était directement concernée par la décision dans la mesure où celle-ci limitait la possibilité d'approvisionnement de la société De Beers auprès de la société Alrosa, le Tribunal avait ensuite conclu qu'elle était également individuellement concernée en tenant compte de plusieurs éléments : la société Alrosa avait « *participé de manière déterminante* »[93] à la procédure, elle était nommément désignée par la décision et sa relation commerciale ainsi que sa position concurrentielle étaient affectées par la décision.

Le juge européen tient donc compte du fait que le tiers ait participé à la procédure d'engagements pour évaluer la recevabilité de son recours. Ce critère a été mobilisé dans une autre affaire dans laquelle, contrairement à la société Alrosa, l'entreprise tierce requérante n'était pas nommément désignée dans la décision d'engagements. Le Tribunal avait alors jugé que « *[s]i une simple participation à la procédure ne suffit certes pas, à elle seule, à établir que la requérante est individuellement concernée par la décision attaquée, il n'en reste pas moins que sa participation active à la procédure administrative constitue un élément pris en considération* »[94]. Sans être suffisant pour admettre la recevabilité du recours intenté par un tiers, le critère de sa participation au processus décisionnel est tout de même déterminant. Et ce d'autant plus que, dans cet arrêt, le Tribunal s'est ensuite contenté de relever que le tiers opérait sur le marché en cause pour déduire que les agissements anticoncurrentiels identifiés par la Commission étaient « *susceptibles d'avoir des effets négatifs appréciables sur les activités de la requérante* »[95]. La recevabilité du recours est donc appréciée de manière souple par le juge européen sans qu'il soit exigé du tiers qu'il démontre que sa situation est effectivement impactée par le caractère insuffisant ou disproportionné des engagements. L'équilibre ainsi trouvé permet de maintenir l'efficacité de cette procédure négociée tout en garantissant le plus haut niveau de protection des intérêts des tiers affectés par la décision.

Une telle interprétation pourrait être prise en compte par les juridictions françaises dès lors que l'Autorité de la concurrence indique clairement dans son communiqué que les dispositions de l'article L. 464-2 du code de commerce « *introduisent un système comparable à celui prévu en droit communautaire par les articles 9 et 27, paragraphe 4, du règlement n° 1/2003* »[96]. Aussi, bien que les États membres jouissent d'une autonomie procédurale pour appliquer les règles de concurrence, il n'en reste pas moins que les systèmes sont similaires et qu'une convergence des droits procéduraux devrait être envisagée.

---

93 TPICE, 11 juillet 2007, *Alrosa c/ Commission*, aff. T-170/06, préc., pt 40.

94 Trib. UE, 15 septembre 2016, *Morningstar*, aff. T-76/14, EU:T:2016:481, pt 34. Trib. UE, 2 février 2022, Gazprom (engagements), aff. T-616/18, préc., pt. 10 : La requérante avait elle participé à la procédure d'engagements en déposant des observations lors de la consultation du marché.

95 *Ibid.*, pt 35.

96 Communiqué de procédure du 9 mars 2009, préc., pt 4.

Remarquons, en guise de conclusion, qu'à bien des égards les effets des décisions d'engagements sur les tiers sont identiques, que celles-ci interviennent au niveau interne ou européen, en droit antitrust ou en droit des concentrations. En l'absence de différence fondamentale, rien ne semble justifier une restriction exceptionnelle du droit d'agir des tiers intéressés en droit français. Autant de raisons qui devraient ouvrir cette voie de droit permettant un contrôle juridictionnel effectif des décisions d'engagements de l'Autorité de la concurrence et la garantie d'une application uniforme des règles de concurrence dans l'espace européen.

Articles 104 et 105 TFUE : Enquête sur les ressorts politiques et constitutionnels de dispositions dites « orphelines »

Grégory Godiveau*
Université de Caen Normandie

Résumé

La présente étude propose d'enquêter sur les ressorts politiques et constitutionnels de deux dispositions parfois qualifiées d'« orphelines » : les articles 104 et 105 TFUE. Ils sont aujourd'hui très largement inusités. Leur maintien dans le droit originaire de l'Union européenne mérite donc d'être questionné. Il apparaît que ces dispositions sont surtout révélatrices d'enjeux organiques et fonctionnels du droit antitrust contemporain déjà présents dès les premiers moments de la construction européenne. Ces sujets se retrouvent aujourd'hui dans les évolutions du droit de la concurrence relatifs à la coopération des autorités des États membres et de la Commission, au public et au private enforcements ainsi que, plus fondamentalement, dans la dialectique de l'élaboration du droit des pratiques anticoncurrentielles. Faut-il également voir dans leur permanence la possibilité de mutations plus radicales ?

* Maître de conférences à l'université de Caen Normandie, Institut Caennais de Recherche Juridique (ICReJ).

Prolégomènes. Faut-il craindre un « *back to the roots* » comprenant le risque d'une renationalisation du droit des pratiques anticoncurrentielles ? Le professeur Laurence Idot, après avoir si rigoureusement œuvré à son européanisation[1], n'y est pas favorable[2]. Nous non plus. Pourtant, les vents de la convergence des droits se font parfois houleux, sinon contraires. De ce point de vue, les traités méritent de nouvelles navigations, sur des flots oubliés : ceux des articles 104 et 105 du traité sur le fonctionnement de l'Union européenne (TFUE). Initialement 88 et 89 du traité CEE, ils ont été renumérotés (entre-temps, art. 84 et 85 du traité CE), et modifiés, pour être ainsi rédigés aujourd'hui :

> « *Article 104 :*
>
> *Jusqu'au moment de l'entrée en vigueur des dispositions prises en application de l'article 103, les autorités des États membres statuent sur l'admissibilité d'ententes et sur l'exploitation abusive d'une position dominante sur le marché intérieur, en conformité du droit de leur pays et des dispositions des articles 101, notamment paragraphe 3, et 102.*
>
> *Article 105 :*
>
> *1. Sans préjudice de l'article 104, la Commission veille à l'application des principes fixés par les articles 101 et 102. Elle instruit, sur demande d'un État membre ou d'office, et en liaison avec les autorités compétentes des États membres qui lui prêtent leur assistance, les cas d'infraction présumée aux principes précités. Si elle constate qu'il y a eu infraction, elle propose les moyens propres à y mettre fin.*
>
> *2. S'il n'est pas mis fin aux infractions, la Commission constate l'infraction aux principes par une décision motivée. Elle peut publier sa décision et autoriser les États membres à prendre les mesures nécessaires, dont elle définit les conditions et les modalités pour remédier à la situation.*
>
> *3. La Commission peut adopter des règlements concernant les catégories d'accords à l'égard desquelles le Conseil a adopté un règlement ou une directive conformément à l'article 103, paragraphe 2, point b).* »

Le retour. Ils n'occupent certes plus, depuis longtemps, le devant de la scène. Leurs dispositions sont parfois qualifiées d'« orphelines » ou d'« inappliquées ». Mais ils ne semblent pas pour autant devoir être mis au rebut. Car ils sont toujours écrits dans le droit originaire. Ils ont été maintenus au gré des reconstitutions conventionnelles. L'article 105 a même été augmenté d'un paragraphe 3 par le traité de Lisbonne. L'intérêt qu'il y a à les étudier se manifeste lorsque revient l'idée qu'ils sont au commencement de questions encore centrales : l'effet direct

1 V. à cet égard, son ouvrage de référence, L. Idot, *Le nouveau système communautaire de mise en œuvre des articles 81 et 82 CE*, Bruxelles, Bruylant, 2004.

2 L. Idot, « Halte à la renationalisation rampante du droit des pratiques anti-concurrentielles », *Concurrences* n° 3-2017, art. n° 84384, pp. 1-3.

du droit antitrust (initialement avec les arrêts *Bosch* et *BRT SABAM*)[3] et, dans le prolongement, l'articulation des compétences des autorités de concurrence, le rôle des juridictions nationales, l'autonomie institutionnelle et procédurale[4]. Plus fondamentalement encore, ils convoquent la fonction unificatrice de la Cour de justice et ses liens avec le législateur européen. La jurisprudence récente n'en dément pas la force juridique : les voilà en effet de retour dans l'affaire *Stichting Cartel Compensation* et *Equilib Netherlands*[5]. À cette occasion, la Cour rappelle que « *la compétence des juridictions nationales [...] n'est pas affectée par l'application des articles 84 et 85 CE dès lors qu'aucune de ces deux dispositions, lesquelles concernent la mise en œuvre administrative des règles de concurrence de l'Union respectivement par les autorités des États membres et par la Commission, ne limite l'application de l'article 81 CE par les juridictions nationales, notamment dans les litiges de droit privé* ». En effet, « *l'article 81, paragraphe 1, CE produit des effets directs dans les relations entre les particuliers et engendre des droits dans le chef des justiciables, que les juridictions nationales doivent sauvegarder* »[6]. Ou comment exprimer de façon contemporaine que ce qui semble limité au *public enforcement*[7] rejoint inévitablement la question du *private enforcement*.

---

3 V. l'arrêt Bosch, CJCE, 6 avril 1962, *Kledingverkoopbedrijf de Geus en Uitdenbogerd c/ Robert Bosch GmbH et Maatschappij tot voortzetting van de zaken der Firma Willem van Rijn*, aff. 13/61, EU:C:1962:11 : « *[L]es articles 88 et 89 conférant des compétences respectivement aux autorités nationales et à la Commission pour l'application de l'article 85, ils présupposent l'applicabilité de cette disposition dès l'entrée en vigueur du traité [...]* » Néanmoins, son applicabilité restait limitée, notamment sur la nullité de plein droit dont étaient frappés les accords anticoncurrentiels lorsque ceux-ci, tombant sous le coup du paragraphe 1er de l'article 85, n'auraient pas pu être évalués à l'aune de l'exemption prévue à son paragraphe 3. En effet, « *il serait contraire au principe général de la sécurité juridique [...] de frapper de nullité de plein droit certains accords avant même qu'il ait été possible de savoir, donc de constater, à quels accords s'applique l'ensemble de l'article 85* ». Par cette incise, précisant l'économie des articles 88 et 89 du traité CEE, le juge communautaire venait justifier l'intervention du législateur procédural, et confirmer que ces dispositions de droit originaire appelaient en elles-mêmes une telle législation. Ainsi, « *la nullité de plein droit n'a joué qu'à l'égard des accords et décisions considérés par les autorités des États membres, sur la base de l'article 88, comme tombant sous le coup de l'article 85, paragraphe 1, et non susceptibles d'un relèvement d'interdiction au sens de l'article 85, paragraphe 3, ou au regard desquels la Commission a procédé à la constatation prévue à l'article 89, alinéa 2* ». La consécration de l'effet direct de l'article 86 du traité CEE (aujourd'hui 102 TFUE) a posé moins de difficulté en raison de l'absence de disposition permettant d'exempter les abus de position dominante. V. l'arrêt *BRT SABAM*, CJCE, 30 janvier 1974, *Belgische Radio en Televisie et société belge des auteurs, compositeurs et éditeurs c/ SV SABAM et NV Fonior*, aff. 127/73, EU:C:1974:6. Son effet direct intégral n'est pas lié à l'adoption d'une législation procédurale dérivée. Cela n'a cependant pas empêché le législateur européen de préciser les effets de l'actuel article 102 TFUE, notamment au regard des législations nationales relatives aux pratiques unilatérales (art. 3 du règlement n° 1/2003). Sur ces questions, v. *Le droit de la CE : commentaire J. Mégret*, vol. 4, « Concurrence », 2e éd., Bruxelles, Bruylant, 1997, spéc. n° 24 et s. Il n'est pas anodin de noter que les questions préjudicielles posées ont permis aux juges nationaux de se faire une place dans les débats les concernant.

4 CJCE, 18 mars 1970, *Bilger c/ Jehle*, aff. 43/69, EU:C:1970:20.

5 CJUE, 11 novembre 2021, *Stichting Cartel Compensation et Equilib Netherlands*, aff. C-819/19, EU:C:2021:904 ; v. conclusions AG Bobek, 6 mai 2021, *Stichting Cartel Compensation et Equilib Netherlands*, aff. C-819/19, EU:C:2021:373. L'arrêt est rendu sur renvoi préjudiciel à l'occasion d'un litige devant les juridictions hollandaises portant sur une demande de réparation de préjudices subis du fait de pratiques anticoncurrentielles dans le transport de fret aérien, notamment en raison de ce que le droit procédural dérivé n'aurait pas prévu, à l'époque de certains faits concernés, c'est-à-dire avant l'entrée en vigueur du règlement n° 1/2003, de dispositions de mise en œuvre des articles 101 et 102 TFUE à leur égard (faits concernant le fret aérien entre aéroports d'États membres et aéroports d'États non membres de l'Union européenne). L'affaire est également instructive sur l'analogie des raisonnements qu'il y a lieu de conduire sur le fondement du droit de l'Union européenne et du droit issu de l'accord sur l'Espace économique européen (not. son art. 53), applicable en l'espèce.

6 *Ibid.*, pts 47 et s.

7 Leur champ est par ailleurs circonscrit par le règlement (CE) n° 1/2003, qui a très largement fait entrer l'ensemble des secteurs de l'économie (et notamment le transport aérien – dont il était question en l'espèce – dans l'ensemble de ses dimensions) dans le giron du droit commun procédural européen.

Doubles (troubles ?) jeux. Leur lecture contemporaine jette en tout cas le trouble et pique notre curiosité à plusieurs endroits. Généralement présentés comme « transitoires », ils seraient, plus exactement, « potentiellement modulaires »[8]. Alors qu'ils auraient vocation à assurer un relais entre le droit originaire – procédural et transitoire – et la législation procédurale adoptée par le Conseil, ils demeurent (ou pourraient redevenir) applicables dans le champ que ne couvre pas cette dernière. Le transport aérien – porteur de développements majeurs les concernant[9] – illustre bien ce cas de figure, pour avoir provoqué, après que le juge communautaire eut constaté que le droit dérivé commun des procédures ne couvrait pas ce domaine, que soit légiféré sur le sujet. Une première leçon est tirée : alors que les articles 104 et 105 contribuent à établir un lien du juge avec le législateur procédural, ce n'est que dans la mesure du champ investi par ce dernier. Et leur empire aurait mécaniquement vocation à se réduire. Autrement écrit : serait ainsi mis un terme défini au régime établi par eux. Et en l'état actuel du droit positif, les secteurs exclus du droit commun procédural ont disparu[10], mais pas les articles 104 et 105 en eux-mêmes.

Analogies. On tente dès lors de comprendre l'ajout du paragraphe 3 dans l'article 105. Il s'agit, semble-t-il, d'un essai de rationalisation analogique du droit antitrust et du droit des aides d'État[11], en vue de préserver le *statu quo* du pouvoir de la Commission d'adopter des règlements d'exemption par catégorie sur habilitation du Conseil. Une telle précision devenait en effet nécessaire après l'adoption du titre I, chapitre 2 de la sixième partie du TFUE, et de ses modifications sur la hiérarchie des normes de droit de l'Union européenne[12]. Le raisonnement *a pari*

---

8 V. conclusions AG Bobek, préc., selon lequel elles seraient devenues « *de moins en moins "transitoire[s]" avec le temps* », pt 33.

9 CJCE, 30 avril 1986, *Ministère public c/ Lucas Asjes et autres* (« *Nouvelles Frontières* »), aff. jtes 209 à 213/84, EU:C:1986:188 ; CJCE, 11 avril 1989, *Ahmed Saeed Flugreisen et Silver Line Reisebüro GmbH c/ Zentrale zur Bekämpfung unlauteren Wettbewerbs e. V.*, aff. 66/86, EU:C:1989:140 ; sur ces affaires, v. J. Dutheil de la Rochère, « Transport aérien européen. Problèmes de concurrence », *AFDI*, 1986, pp. 810-821.

10 Ainsi du transport aérien, y compris entre les aéroports des États membres de l'Union européenne et ceux des pays tiers, v. règlement (CE) n° 411/2004 du Conseil du 26 février 2004 abrogeant le règlement (CEE) n° 3975/87 et modifiant le règlement (CEE) n° 3976/87 ainsi que le règlement (CE) n° 1/2003, en ce qui concerne les transports aériens entre la Communauté et les pays tiers, *JOUE* n° L 68 du 6 mars 2004, p. 1 ; ainsi également du transport maritime, v. règlement (CE) n° 1419/2006 du Conseil du 25 septembre 2006 abrogeant le règlement (CEE) n° 4056/86 déterminant les modalités d'application des articles 85 et 86 du traité aux transports maritimes et modifiant le règlement (CE) n° 1/2003 de manière à étendre son champ d'application au cabotage et aux services internationaux de tramp, *JOUE* n° L 269, du 28 septembre 2006, p. 1. Ces deux règlements ont notamment permis d'abroger l'article 32 du règlement (CE) n° 1/2003 relatif aux exclusions de son champ d'application.

11 Le traité de Lisbonne a en effet ajouté à l'actuel article 108 TFUE un paragraphe 4 suivant lequel : « *La Commission peut adopter des règlements concernant les catégories d'aides d'État que le Conseil a déterminées, conformément à l'article 109, comme pouvant être dispensées de la procédure prévue au paragraphe 3 du présent article.* »

12 En réalité, cette innovation était déjà prévue au titre V de la partie 1 du traité établissant une Constitution pour l'Europe. Elle est issue d'une proposition d'amendement déposée par MM. Barnier, Vitorino, O'Sullivan et Ponzano, disponible sur le site de la Convention européenne à l'adresse suivante : http://european-convention.europa.eu/docs/Treaty/pdf/825/Art%20III%2051%20Barnier%20FR.pdf (consulté le 13 décembre 2021), que ses auteurs expliquaient de la façon suivante : « En effet, *la hiérarchie des normes introduites par le Titre V de la Partie I, ne prévoit plus la construction actuelle du traité, selon laquelle la Commission peut adopter, en application directe du traité, les règlements visant à exempter (si certaines conditions sont respectées) des catégories d'entreprises de l'obligation de notifier certains types d'accords ; la Commission ne peut utiliser cet instrument qu'après avoir reçu l'autorisation du Conseil d'adopter un règlement d'exemption pour le type d'accord concerné. La modification proposée maintient la possibilité pour la Commission d'adopter de tels règlements tout en gardant l'autorisation préalable du Conseil* ».

présente cependant une logique pour le moins déconcertante. On comprend les rédacteurs du traité d'avoir voulu insérer des dispositions fondant un tel pouvoir en droit commun des aides d'État. La démarche laisse l'analyste plus circonspect en ce qui concerne les articles 104 et 105, surtout au regard de l'article 103. On en rappelle les termes :

> « *1. Les règlements ou directives utiles en vue de l'application des principes figurant aux articles 101 et 102 sont établis par le Conseil, sur proposition de la Commission et après consultation du Parlement européen.*
>
> *2. Les dispositions visées au paragraphe 1 ont pour but notamment*
>
> *a) d'assurer le respect des interdictions visées à l'article 101, paragraphe 1, et à l'article 102, par l'institution d'amendes et d'astreintes ;*
>
> *b) de déterminer les modalités d'application de l'article 101, paragraphe 3, en tenant compte de la nécessité, d'une part, d'assurer une surveillance efficace et, d'autre part, de simplifier dans toute la mesure du possible le contrôle administratif ;*
>
> *c) de préciser, le cas échéant, dans les diverses branches économiques, le champ d'application des dispositions des articles 101 et 102 ;*
>
> *d) de définir le rôle [...] de la Cour de justice de l'Union européenne dans l'application des dispositions visées dans le présent paragraphe ;*
>
> *e) de définir les rapports entre les législations nationales, d'une part, et, d'autre part, les dispositions de la présente section ainsi que celles adoptées en application du présent article.* »

Connexions. Il est une base juridique de législation de tout premier rang. Il l'est tout d'abord des règlements de procédure antitrust (règlements n° 17/62[13] puis n° 1/2003[14]). Il l'est ensuite, en parallèle de l'article 352, de la législation portant contrôle des opérations de concentrations. Il l'est, ensuite encore, des directives d'harmonisation des procédures civiles et administratives (2014/104/UE[15], 2019/1[16]), conjointement avec l'article 114 TFUE, ce qui lui permet de régler les procédures européennes tout en procédant au rapprochement des législations

---

13 Règlement n° 17, premier règlement d'application des articles 85 et 86 du traité, *JOCE* n° 13, du 21 février 1962, p. 204.

14 Règlement (CE) n° 1/2003 du Conseil du 16 décembre 2002 relatif à la mise en œuvre des règles de concurrence prévues aux articles 81 et 82 du traité, *JOCE* n° L 1, du 4 janvier 2003, p. 1.

15 Directive 2014/104/UE du Parlement européen et du Conseil du 26 novembre 2014 relative à certaines règles régissant les actions en dommages et intérêts en droit national pour les infractions aux dispositions du droit de la concurrence des États membres et de l'Union européenne, *JOUE* n° L 349, du 5 décembre 2014, p. 1.

16 Directive (UE) 2019/1 du Parlement européen et du Conseil du 11 décembre 2018 visant à doter les autorités de concurrence des États membres des moyens de mettre en œuvre plus efficacement les règles de concurrence et à garantir le bon fonctionnement du marché intérieur, *JOUE* n° L 11, du 14 janvier 2019, p. 3 ; v. aussi Ch. Lemaire, A. Lacresse, J. Bousin, « Politique de concurrence : Le Parlement européen et le Conseil adoptent la directive ECN+ et renforcent la convergence institutionnelle et procédurale au sein du réseau européen de concurrence (*Directive 2019/1*) », 11 décembre 2018, *Concurrences* n° 2-2019, art. n° 90462, pp. 144-148.

nationales. Il s'incline, enfin, au titre des exclusions sectorielles dont bénéficie par exemple l'agriculture, devant les articles 42 et 43 TFUE (règlements n° 26/62[17] puis n° 1308/2013[18]) qui en constituent une *lex specialis*. C'est à partir de ce *background* de la base juridique du droit procédural européen de la concurrence qu'il faut interroger notre sujet.

Parités. Revenons-y : l'article 105 s'applique, à ses termes mêmes, « sans préjudice » de l'article 104, ce qui établit un lien littéral entre eux. Mais la mention dans le premier, au sein de son paragraphe 3, que la Commission adopte des règlements d'exemption par catégorie pour les accords visés par le Conseil sur le fondement de l'article 103 intrigue, dès lors que, précisément, l'article 104 s'applique « jusqu'à ce que » ce dernier soit activé par le Conseil. En d'autres termes, la charge de l'article 103, vers lequel renvoie l'article 105, paragraphe 3, pour son application... semble éteindre celle de l'article 104[19], auquel celui-ci paraît pourtant systématiquement lié. L'article 103, en ne le mentionnant pas, ne rend au demeurant pas la pareille à l'article 105, et confirme cette impression.

Elle pourrait être renversée si l'on admettait que l'article 103 peut s'appliquer de façon spéciale dans le cadre singulier d'un régime 104/105. Il en serait de même si l'on considérait que l'article 104 est susceptible d'être – au moins partiellement – déconnecté de l'article 105. Nous ne nous privons certes pas d'interroger la systématicité de leur combinaison, jusque-là non démentie. Et leur sujet n'est-il pas, en définitive, de droit positif tout autant que de droit prospectif ? Il y a là quelque cocasserie à l'admettre, si l'on veut bien rétrospectivement établir le peu d'intérêt dont ils ont fait l'objet ces dernières années.

Parallèles politiques et transversales constitutionnelles. L'exploration des arcanes du droit procédural européen de la concurrence pose en tout cas la question du possible renouvellement des choix politiques opérés par le législateur de l'Union. Et les articles 104 et 105 sont loin d'être tenus à l'écart de cette interrogation. Peut-on en effet envisager que les directives ou règlements « jusque-là » établis sur le fondement de l'article 103, et « considérés utiles » à l'application des articles 101 et 102, ne soient un jour remis en cause par les voies de leur révision ou de leur abrogation ? Certes, oui. Rien n'exclut de croire, en pareille hypothèse, que la place ne leur soit de nouveau laissée pour qu'ils puissent s'appliquer « jusqu'à ce que » de nouveaux instruments soient adoptés, voire même que de tels nouveaux mécanismes ne le soient jamais plus[20]. Au-delà de la juridique fiction, ce scénario n'est pas totalement exclu. Pourquoi les avoir maintenus

---

17 Règlement (CEE) du Conseil n° 26/62 portant application des règles de concurrence à la production et au commerce de produits agricoles, *JOCE* n° 30, du 20 avril 1962, p. 993.

18 Règlement (UE) n° 1308/2013 du Parlement européen et du Conseil du 17 décembre 2013 portant organisation commune des marchés des produits agricoles et abrogeant les règlements (CEE) n° 922/72, (CEE) n° 234/79, (CE) n° 1037/2001 et (CE) n° 1234/2007 du Conseil, *JOUE* n° L 347 du 20 décembre 2013, p. 671.

19 En ce sens, v. Trib. UE, 15 mars 2019, *Silgan Closures et Silgan Holdings c/ Commission*, aff. T-410/18, EU:T:2019:166, pt 22.

20 Dans ce sens, v. conclusions AG Bobek, préc.

sinon ? Et l'ensemble des textes adoptés dans leur sillage (fût-ce pour s'y substituer) reste traversé par des questionnements politiques communs, qu'ils ont contribué à formuler, et à la réponse desquels ils pourraient fort bien être rappelés : la décentralisation du droit antitrust, l'articulation de ses modes « publics » et « privés » d'exécution, les rapports du droit originaire et du droit dérivé, les relations du droit européen et des droits nationaux, des États membres et de l'Union, la « procéduralisation » du droit de la concurrence, notamment.

Orphelines ? Ces dispositions le sont, si l'on observe leur application très largement délaissée au nom des choix politiques faits jusque-là à leur détriment. Mais elles ne sont pas dénuées de liens de parenté avec le droit procédural européen applicable si l'on se concentre sur la force de leur atavisme, aussi bien du point de vue des ascendances organiques qu'elles présentent dans sa conception (I.) que de celui des descendances fonctionnelles qu'elles assument dans la mise en œuvre de ce dernier (II.).

I. Des ascendances organiques dans la conception du droit procédural antitrust

Par « conception », il faut ici comprendre aussi bien le recours aux institutions dans sa genèse intellectuelle et institutionnelle que le résultat de cette dernière convoquant des organes de divers ordres à sa mise en œuvre. De ce double point de vue, tous semblent déjà présents dans les articles 104 et 105. Les étapes de l'élaboration du droit européen de la concurrence sont le fruit de la mutualité des rapports dans lesquels se sont inscrits le législateur et le juge de l'Union dans leur prolongement (1.). On y trouve également les prémices de la coopération des organes européen et nationaux d'application (2.).

1. Dialectique législative entre institutions de l'Union

Les figures de l'effet direct. La lecture des articles 104 et 105 TFUE nous ramène en tout premier lieu à l'enjeu politique de la décentralisation, et à son pendant technique, l'effet direct du droit antitrust, notamment celui de l'article 101, paragraphe 3. Or, ces enjeux revêtent tout d'abord une dimension institutionnelle horizontale concernant les rapports du juge et du législateur européens.

En effet, si les dispositions de ce dernier article sont aujourd'hui « suffisamment claires, précises et inconditionnelles », c'est parce que le législateur l'a finalement acté au regard des successifs petits pas jurisprudentiels et décisionnels en sa direction, lesquels ont permis à une culture européenne de la concurrence[21] de se diffuser et aux conditions de l'effet direct de progressivement s'établir. Le lien

21 Sur ce sujet, v. C. Prieto, « La culture européenne de concurrence », in W. Graf Vitzthum et M. Pena (dir.), *L'identité de l'Europe*, Aix-en-Provence, PUAM, 2002, p. 257 et s. ; et, plus généralement, S. Poillot-Peruzzetto, *Vers une culture juridique européenne ?*, Paris, LGDJ, 1998.

avec notre sujet est patent : les questions déterminantes du destin de ce paragraphe 3 se sont d'abord posées dans des affaires impliquant les articles 104 et 105 TFUE[22]. Elles ont amorcé un processus permettant de « remplir » par étapes ledit paragraphe 3, consacrant ainsi une conception dynamique de l'effet direct.

Et c'est dans leur prolongement, ou en leur parallèle, que le législateur a, sur le fondement de l'article 103, finalement « *détermin[é] les modalités d'application de l'article 101, paragraphe 3, en tenant compte de la nécessité, d'une part, d'assurer une surveillance efficace et, d'autre part, de simplifier dans toute la mesure du possible le contrôle administratif* » (paragraphe 2, sous b). On doit entendre ces « d'une part » et « d'autre part » comme des ressorts constitutifs de l'effet direct de l'article 101, paragraphe 3. L'article 104 ne l'excluait nullement dès l'origine. Il le consacrait même comme règle transitoire, sans savoir si elle devait durer. Mais le législateur l'a mis en sommeil[23], sommeil dans lequel il l'a plongé – voire prolongé – jusqu'à ce qu'il en décide autrement[24]. L'effet direct de l'article 101, paragraphe 3, a « jusque-là » vécu ses songes de clarté, de précision et d'inconditionnalité, de façon paradoxale devant la Commission – à la fois principale ouvrière de la mise en œuvre au titre de son pouvoir normatif autonome et détentrice du pouvoir d'initiative législative en vue de le réveiller – et la Cour de justice – garante de la législation relative à sa mise en œuvre et authentique bâtisseur des conditions générales et particulières de son effet direct. On peut le considérer comme issu d'une dialectique entre le législateur et la Cour de justice[25].

Des translations normatives successives. Leurs chassés-croisés sont, il est vrai, légion en droit européen de la concurrence, et ne datent pas d'hier. Il n'est que de rappeler, à titre général, les liens de l'arrêt *Bosch* avec le règlement n° 17/62[26] ou, à titre sectoriel, les rapports entre les affaires *Nouvelles Frontières* et *Ahmed Saeed*[27] et les règlements n° 3975/87[28] et n° 3976/87[29]. La problématique de l'article 101, paragraphe 3, s'est d'ailleurs de nouveau retrouvée au centre des débats sur la modernisation du droit antitrust au début des années 2000, auxquels le juge a contribué. C'est ce que l'on retient de la codification de la jurisprudence, telle que

---

22 V. les arrêts *Bosch* et *BRT SABAM*, préc. ; et, plus tard, *Nouvelles Frontières*, préc. pt 66 et s. ; *Ahmed Saeed*, préc. ; ainsi que l'affaire C-819/19, préc.

23 V. règlement n° 17/62, cons. 1, 2 et 3.

24 V. règlement (CE) n° 1/2003, cons. 2, 3 et 4. En ce sens, v. conclusions AG Bobek, préc.

25 Sur cette idée, v. L. Potvin-Solis, « Contentieux de la concurrence et relation dialectique entre les fonctions normative et juridictionnelle dans l'Union européenne », in G. Godiveau (dir.), *La systématique des contentieux concurrence en Europe*, Bruxelles, Bruylant, 2021, pp. 257 et s.

26 V. *supra*, note 3.

27 Préc.

28 Règlement (CEE) n° 3975/87 du Conseil du 14 décembre 1987 déterminant les modalités d'application des règles de concurrence applicables aux entreprises de transports aériens, *JOCE* n° L 374 du 31 décembre 1987, p. 1.

29 Règlement (CEE) n° 3976/87 du Conseil du 14 décembre 1987 concernant l'application de l'article 85 paragraphe 3 du traité à des catégories d'accords et de pratiques concertées dans le domaine des transports aériens, *JOCE* n° L 374 du 31 décembre 1987, p. 9.

celle qui est issue des arrêts *Masterfoods*[30] (art. 16 du règlement n° 1/2003)[31] ou *Roquette Frères*[32] (art. 20 du règlement n° 1/2003 et art. 13 du règlement n° 139/2004), par exemple. On en vient à l'idée de translations normatives successives : du droit originaire au droit dérivé en passant par la jurisprudence pour revenir au droit originaire (art. 101, § 3 – existant – et art. 105 existant et modifié).

Encore fallait-il qu'une telle décentralisation du droit antitrust ne sacrifie pas l'exigence de sa cohérence. La décentralisation appelait ainsi des mécanismes d'accompagnement visant à mettre de l'ordre dans l'exécution.

2. Systématique coopérative entre Union et États membres

De la liaison à la coopération étroite. Il faut ici tout d'abord évoquer la « liaison » entre la Commission et les autorités des États membres, conformément aux termes de l'article 105, paragraphe 1er. Elle n'est devenue « coopération » au sens du droit dérivé qu'ensuite. Ces deux types de relations sont pourtant liés. Même si les premières réalisations de la « liaison » appellent un satisfecit mesuré[33], le premier des mérites de ces dispositions pionnières est d'avoir consacré l'existence (en devenir pour certaines) des autorités des États membres à une époque à laquelle les droits nationaux de la concurrence (y compris les organes chargés de leur application) étaient encore balbutiants. Elles auront contribué à en poser le principe. Elles appelaient mécaniquement leur développement dans le cadre d'étroits rapports de « coopération » avec la Commission. Et par l'intervention du législateur procédural, ceux-ci ont progressivement changé de visage, avec le règlement n° 17/62[34], puis de façon plus poussée avec le règlement (CE) n° 1/2003 ainsi qu'avec la directive 2019/1[35] fondant

30 CJCE, 14 décembre 2000, *Masterfoods Ltd c/ HB Ice Cream Ltd*, aff. C-344/98, EU:C:2000:689.

31 « *Lorsque les juridictions nationales statuent sur des accords, des décisions ou des pratiques relevant de l'article 81 ou 82 du traité qui font déjà l'objet d'une décision de la Commission, elles ne peuvent prendre de décisions qui iraient à l'encontre de la décision adoptée par la Commission. Elles doivent également éviter de prendre des décisions qui iraient à l'encontre de la décision envisagée dans une procédure intentée par la Commission. À cette fin, la juridiction nationale peut évaluer s'il est nécessaire de suspendre sa procédure. Cette obligation est sans préjudice des droits et obligations découlant de l'article 234 du traité.* »

32 CJCE, 22 octobre 2000, *Société Roquette Frères SA c/ Directeur général de la concurrence, de la consommation et de la répression des fraudes, en présence de la Commission des Communautés européennes*, aff. C-94/00, EU:C:2002:603.

33 De ce point de vue, les États membres peuvent, sur son fondement, « demander » à la Commission d'instruire les cas d'infraction « *présumée* » (sic !), laquelle peut également s'en saisir d'office. L'instruction s'opère, en tout cas, « *en liaison avec les autorités compétentes des États membres qui lui prêtent leur assistance* ». L'étude des rapports d'activité des Communautés n'est cependant guère instructive des réalisations concrètes de cette liaison. Ainsi, au 31 décembre 1967, sur un total de 37 014 dossiers individuels traités sur le fondement des articles 85 et 86 du traité CEE depuis l'entrée en vigueur de ce dernier, aucune procédure n'avait été engagée sur demande d'un État membre. L'adoption du règlement n° 17/62 n'a donc pas vraiment modifié la situation de carence de l'initiative nationale dans les premiers temps de cette coopération. V. *Premier rapport général sur l'activité des Communautés en 1967*, Bruxelles – Luxembourg, février 1968, spéc. p. 59, disponible sur le site de l'Office des publications de l'Union européenne, à l'adresse suivante : <https://op.europa.eu/en/publication-detail/-/publication/efe33680-e3c7-4f53-8de7-98733c6965a2/language-en/format-PDF> (consulté le 1er janvier 2022). La lecture des deuxième et troisième rapports généraux corrobore cette appréciation. Il n'en demeure pas moins que le règlement n° 17/62 (art. 14, § 6, notamment) a généré l'adoption de législations nationales permettant aux autorités nationales de prêter main-forte à la Commission. Ainsi, en a-t-il été en Italie, au Luxembourg et en Allemagne dès les premiers moments ; v. *Premier rapport général*, préc., spéc. p. 71.

34 V. cons. 7 et art. 3, § 2, sous a), 10, 11, 13, 20 et 23.

35 Préc.

et modernisant le Réseau européen de la concurrence (REC). Elle est aujourd'hui beaucoup plus soigneusement organisée. On songe, à titre général, aux informations réciproques qu'échangent les membres du REC (art. 11 et 12), à la possibilité pour ces derniers de suspendre ou de clore une procédure lorsqu'un autre membre traite déjà l'affaire (art. 3), à la consultation d'un comité constitué de représentants des autorités nationales de concurrence par la Commission avant de prendre une décision au sujet de comportements dont elle s'est saisie (art. 14). On pense encore, à titre singulier, au dessaisissement dont font l'objet les autorités nationales lorsque la Commission ouvre une procédure (art. 11, § 6, du règlement n° 1/2003). On s'y réfère notamment au vu de la jurisprudence récente qui prend appui sur cette disposition pour nous rappeler qu'il convient de distinguer cette coopération procéduralisée, et rendue systématique, de la liaison originelle fondée sur les articles 104 et 105 TFUE. C'est ce que l'on retient d'un arrêt du Tribunal de l'Union jugeant que ces derniers ne sauraient être invoqués dès lors que « *ces dispositions ne concernent que des éventuels cas non couverts par un règlement d'application de l'article 101 TFUE, adopté sur le fondement de l'article 103 TFUE tel le règlement n° 1/2003. Ainsi qu'il ressort du considérant 17 de ce dernier règlement, la règle établie à l'article 11, paragraphe 6, de celui-ci [...], vise à garantir l'application cohérente des règles de concurrence de l'Union ainsi qu'à assurer une gestion optimale du réseau d'autorités publiques, formé par la Commission et les autorités nationales compétentes, appliquant les règles de concurrence en étroite collaboration* »[36].

Un prisme reformant. L'examen de la coopération sous l'angle des articles 104 et 105 TFUE confirme bien que leur charge est éteinte par la législation adoptée sur le fondement de l'article 103 TFUE. Et de nouveau, les développements les concernant, étonnamment hors leur champ d'application, sont d'utiles révélateurs du sens et de la portée des dispositions du droit dérivé procédural effectivement applicable. Ils jouent le rôle du prisme reformant de la coopération systématique. Celle-ci est conçue comme un garde-fou nécessaire à la préservation de la cohérence dans un système d'effet direct généralisé du droit antitrust. C'est dans ce même esprit que le développement parallèle des deux modes d'exécution devait être reformulé de façon rigoureuse.

II. Des descendances fonctionnelles dans l'*enforcement* du droit antitrust

La mise en œuvre des articles 104 et 105 TFUE a permis de poser les jalons de la distinction les voies de ce que l'on nomme aujourd'hui le *public* et le *private enforcement* (1.). Alors que l'on s'est tout d'abord fixé sur l'idée que les procédures de concurrence ne concernaient que le premier, le second s'est naturellement frayé un chemin dans son sillage, pour lui devenir consubstantiel (2.).

36 Aff. T-410/18, préc., pt 22.

1. Distinctions originelles

Recommencer par le commencement – et s'entendre sur les mots du droit. Le *public enforcement* désigne l'ensemble des actions engagées devant les autorités de concurrence, en vue de préserver l'intérêt général, aux fins de prévenir, réprimer et guider des pratiques sur le marché. Le *private enforcement* s'attache pour sa part à défendre les intérêts particuliers des victimes de pratiques anticoncurrentielles (consommateurs ou concurrents) devant les juges de droit commun, afin de réparer les dommages, invalider les pratiques litigieuses, adopter des mesures provisoires. Ils sont assurément distincts. Les articles 104 et 105 ne s'intéressent formellement qu'au premier. C'est ce que nous confirme la lecture du règlement nº 17/62, exclusivement consacré à celui-ci, sans mot dire de l'office des juridictions de droit commun. C'est d'ailleurs encore un raisonnement portant sur l'article 104 – mis en parallèle avec des dispositions transitoires contenues dans le règlement nº 17/62 – qui nous apprenait la nécessité de cette distinction, dans l'affaire *BRT SABAM* : « *La circonstance que l'article 9, paragraphe 3, vise "les autorités des États membres" compétentes pour appliquer les dispositions des articles 85, [§] 1, et 86 "conformément à l'article 88", indique qu'il se réfère uniquement aux autorités nationales dont la compétence dérive de l'article 88*[37] *[...]* »

Penser l'inhérent. Mais cette considération n'éclipse pas le *private enforcement*. Elle a seulement pour conséquence d'en révéler le fondement et la fonction propres liés à l'effet direct des articles 101 et 102 TFUE[38], c'est-à-dire aux « *droits dans le chef des justiciables que les juridictions nationales doivent sauvegarder* ». Le *private enforcement* puise ainsi à la source du droit originaire matériel d'effet direct, auquel il est inhérent. C'est ce que confirme la jurisprudence originelle, qui précise qu'« *[e]n l'absence de réglementation [de l'Union européenne] en la matière, il appartient à l'ordre juridique interne de chaque État membre de désigner les juridictions compétentes et de régler les modalités procédurales des recours destinés à assurer la sauvegarde des droits que les justiciables tirent de l'effet direct du droit [de l'Union européenne]* »[39].

Et même si le Conseil a depuis lors légiféré sur les procédures du *private enforcement*, la Cour de justice maintient ces considérations initiales. C'est aussi un des enseignements de l'arrêt *Stichting Cartel Compensation*, selon lequel « *il ne saurait être considéré que, en prévoyant, à son article 6, que les juridictions nationales sont compétentes pour appliquer les articles 81 et 82 CE, le règlement nº 1/2003 a institué*

---

37 Aff. 127/73, préc., pt 18. Pour rappel, l'article 9, paragraphe 3, du règlement nº 17/62, était ainsi rédigé : « *Aussi longtemps que la Commission n'a engagé aucune procédure en application des articles 2, 3 ou 6, les autorités des États membres restent compétentes pour appliquer les dispositions de l'article 85, paragraphe 1, et de l'article 86 conformément à l'article 88 du traité, même si les délais prévus à l'article 5, paragraphe 1, et à l'article 7, paragraphe 2, pour procéder à la notification ne sont pas expirés.* »

38 CJCE, 20 septembre 2001, *Courage Ltd c/ Bernard Crehan et Bernard Crehan c/ Courage Ltd et autres*, aff. C-453/99, EU:C:2001:465, pt 19 et s. ; CJCE, 13 juillet 2006, *Vincenzo Manfredi c/ Lloyd Adriatico Assicurazioni SpA*, *Antonio Cannito c/ Fondiaria Sai SpA* et *Nicolò Tricarico, et Pasqualina Murgolo c/ Assitalia SpA*, aff. jtes C-295/04 à C-298/04, EU:C:2006:461, pt 58 et s. ; CJUE, 12 décembre 2019, *Otis e.a.*, aff. C-435/18, EU:C:2019:1069, pt 21 et s.

39 Aff. jtes C-295/04 à C-298/04, préc., pt 62.

un nouveau régime de droit matériel applicable aux secteurs de l'économie dans lesquels il n'existait pas, avant l'entrée en vigueur de ce règlement, de dispositions adoptées en application de l'article 83 CE. Ledit article 6 ne constitue, en effet, qu'un rappel de la compétence dont ces juridictions disposent en vertu de l'effet direct des articles 81 et 82 CE »[40]. La césure semble assumée.

2. Consubstantialités postmodernes

Poursuivre dans la voie de la modernisation – et comprendre les mouvements du droit. Car la portée de cette dernière assertion de la Cour doit être explicitée. Les dispositions du règlement, issues d'un processus global de modernisation, ne sont pas purement (et simplement) confirmatives du droit originaire d'effet direct. Elles en précisent certains contours, notamment sur l'articulation des deux modes de mise en œuvre. Les exemples de leur conjonction sont nombreux : rationalisation des procédures de clémence par rapport aux procédures judiciaires de droit commun, principalement au sujet des informations compromettantes détenues par les autorités de concurrence risquant d'être divulguées et utilisées aux fins d'actions en réparation ; influence de fait puis autorité de droit des décisions des autorités de concurrence à l'endroit des juridictions civiles ; suspension ou interruption des délais de prescription des actions en réparation en cas d'actes d'instruction ou de poursuite d'une autorité de *public enforcement*[41]. Ainsi en est-il, également, de la coopération de la Commission européenne avec les juridictions nationales (art. 15 du règlement n° 1/2003) ou de l'obligation qui est faite à ces dernières de ne pas contredire une décision de la première (art. 16). Plus fondamentalement également sans doute, la communauté de règles relatives au *public* et au *private enforcement* trouve son apogée dans la règle de convergence des droits nationaux et de l'Union européenne inscrite à l'article 3 du règlement n° 1/2003.

Faut-il alors considérer que les dispositions relatives au *private enforcement* sont d'une certaine façon, elles aussi, « utiles » à l'efficacité de la surveillance ainsi qu'à la simplification du contrôle administratif au sens de l'article 103 TFUE ? L'argument doit être entendu, car « *[l]e droit de toute personne de demander réparation d'un tel dommage renforce, en effet, le caractère opérationnel des règles de concurrence de l'Union et il est de nature à décourager les accords ou pratiques, souvent dissimulés, susceptibles de restreindre ou de fausser le jeu de la concurrence, en contribuant ainsi au maintien d'une concurrence effective dans l'Union européenne* »[42].

Et finalement, si « *le rôle des juridictions nationales est [...] complémentaire de celui des autorités [nationales] de concurrence* »[43], c'est dans le cadre du droit dérivé

---

40 Aff. C-819/19, préc., pt 54.

41 Sur ces questions, v. R. Amaro, « Pratiques anticoncurrentielles : la systématique entre contentieux de la réparation et contentieux devant les autorités de concurrence. Comparaison des règles antérieures à la directive 2014/104 et des règles qui en sont issues », in G. Godiveau (dir.), *op. cit.*, p. 161 et s.

42 Aff. C-435/18, préc., pt 24.

43 Règlement (CE) n° 1/2003, cons. 7.

notamment issu du règlement n° 1/2003 et des directives 2014/104/UE et 2019/1, consécutif à l'appel d'air législatif des articles 103, 104 et 105 et porté par les vents d'européanisation du droit soufflant dans les couloirs de l'harmonisation.

III. Conclusions

Retour aux sources. Si les articles 104 et 105 TFUE ne sont pas caducs, ils se manifestent aujourd'hui surtout pour rappeler l'héritage qui est le leur, comme pour (re-)figurer les enjeux, sinon les principes, inhérents à l'identité de l'Union en matière de concurrence. Leur étude s'est révélée importante à la compréhension de l'identité du droit européen de la concurrence et plus précisément : (i) de la structure du droit procédural antitrust originaire ; (ii) du relais nécessaire du droit procédural dérivé ; (iii) de l'intégration des procédures européennes et nationales sous l'effet des deux premiers. Le droit européen des procédures se présente à de multiples égards sous des auspices constitutionnels. Il va donc bien au-delà de « simples » questions procédurales.

Risques. On doit tout de même s'interroger : le maintien des articles 104 et 105 ne contribue-t-il pas au risque de renationalisation/segmentation du droit des pratiques anticoncurrentielles ? Cette crainte n'avait pas lieu d'être aux premiers instants de la construction communautaire. Les droits nationaux en la matière restaient très largement embryonnaires. De fait, les dispositions de l'article 104 relatives aux législations nationales n'étaient que faiblement opérationnelles. C'est d'ailleurs l'une des raisons pour lesquelles une législation européenne s'avérait « utile ». Mais les législations nationales ont depuis lors fleuri. Dans ces conditions, ne faut-il pas craindre que la porte reste ouverte à ce régime initial par une nouvelle modification du droit dérivé, par exemple pour faire sortir certains secteurs de l'économie du droit européen commun de la concurrence[44] ? Pourrait-on d'ailleurs totalement écarter ce risque autrement qu'au moyen d'une révision du traité visant à les gommer ? Leur conservation n'atteste-t-elle pas de la volonté des États membres de ne pas se fermer une telle porte de sortie ? Il ne faut certes pas surestimer un tel risque : l'européanisation procédurale du droit de la concurrence a déjà eu lieu et un retour à ces derniers ne pourrait sans doute conduire à sa désintégration. Mais le scénario – improbable et très peu souhaitable – d'une réforme ou d'une abrogation des dispositifs actuels de mise en œuvre des articles 101 et 102 TFUE ne saurait être totalement écarté. Ce n'est assurément pas en ce sens de l'histoire que le professeur Laurence Idot a œuvré tout au long de son immense carrière, au cours de laquelle elle aura en revanche fondamentalement contribué à l'idée qu'il est imprudent de tenir certaines constructions intellectuelles durement obtenues – comme l'est le système 1/2003 – pour définitivement acquises.

---

44 V., en ce sens, conclusions AG Bobek, préc.

La « pratique » des PAC des PME/TPE par le ministre de l'Économie et l'Autorité de la concurrence*

André Marie**

Résumé

La lutte contre les pratiques anticoncurrentielles en France est fondée, depuis 2008, sur un système unique et très original en Europe, de coopération étroite entre l'autorité nationale de concurrence (l'ADLC) et une administration (la DGCCRF) agissant sous l'autorité du ministre de l'Economie, historiquement (avant 1977) chargé de sanctionner de telles pratiques.

La DGCCRF bénéficie d'un reseau d'enquêteurs répartis sur tout le territoire. Au quotidien les enquêteurs collectent environ 400 indices de pratiques anticoncurrentielles chaque année. Les indices les plus pertinents sont transmis au Rapporteur général de l'ADLC. Si l'ADLC ne prends pas l'indice à sa charge, la DGCCRF réalise elle-même l'enquête et en transmet les résultats à l'ADLC (50 rapports par an dont la moitié cacaractérise des pratiques). L'ADLC prend à sa charge 15 à 20 % des indices et les rapports concluant à des pratiques graves ou très dommageables à l'économie.

Pour les affaires de portée économique limitée, la DGCCRF dispose d'un pouvoir d'injonction et de sanction (150 000 € maximum) sous forme de transaction. Ce pouvoir a été mis en oeuvre de manière soutenue par la DGCCRF depuis 2008 (90 dossiers), à comparer aux 114 dossiers de sanction traités par l'ADLC sur la même période, dont un bon nombre issus de la DGCCRF.

---

* Dernière mise à jour le 23 novembre 2021.

** André Marie a été sous-directeur adjoint à la DGCCRF, chef du bureau Politique de la concurrence, commissaire du gouvernement devant l'Autorité de la concurrence et représentant du ministre de l'Économie devant la cour d'appel de Paris. Il a dirigé pendant quatre ans la Direction nationale des enquêtes de concurrence de la DGCCRF.

Lorsque la transaction de la DGCCRF est refusée par une enterprise, la DGCCRF en saisit l'ADLC. Cette situation s'est produite à plusieurs reprises sur la période. L'instruction conduite par l'ADLC a toujours permis de confirmer l'analyse concurrentielle de la DGCCRF. Les sanctions prononcées en définitive par l'ADLC ont quasi systématiquement été supérieures à celles retenues par la DGCCRF.

Ce système illustre ainsi le bon fonctionnement et la complémentarité de l'articulation des pouvoirs entre l'Autorité de la concurrence et la DGCCRF dans la lutte contre les pratiques anticoncurrentielles en France.

Plus de dix ans après la réforme de 2008 qui a profondément aménagé le droit de la concurrence en France, il est intéressant d'examiner le fonctionnement pratique et les résultats engendrés par un des pans de cette réforme, qui a visé à développer un système unique et original de lutte contre les pratiques anticoncurrentielles en Europe fondé sur une coopération étroite entre l'Autorité française de la concurrence et un service de l'Administration française, la DGCCRF, agissant sous l'autorité du ministre de l'Économie et historiquement très impliqué dans les enquêtes de concurrence en France.

I. Création d'un pouvoir de sanction, par le ministre de l'Économie, des pratiques anticoncurrentielles de portée locale

La loi de modernisation de l'économie (LME) du 4 août 2008 (loi n° 2008-776) et l'ordonnance du 13 novembre 2008 (ord. n° 2008-1161) ont, d'une part, transformé le Conseil de la concurrence en Autorité de la concurrence et renforcé ses pouvoirs et, d'autre part, laissé au ministre de l'Économie des compétences importantes en matière de pratiques anticoncurrentielles, mises en œuvre par la DGCCRF. Ont ainsi été confiés à cette dernière, sur délégation du ministre de l'Économie et des Finances, de nouveaux moyens d'action en matière de lutte contre les pratiques anticoncurrentielles de portée locale, notamment par la création d'un pouvoir de sanction de ces pratiques sous la forme de sanctions financières et d'injonctions de faire ou de ne pas faire.

La création d'une procédure d'injonction et/ou de transaction a permis de sanctionner rapidement des pratiques de portée locale qui auraient alourdi la tâche de l'Autorité de la concurrence. Par cette réforme, le législateur avait souhaité que l'Autorité se concentre sur les dossiers prioritaires en termes d'enjeux économiques pour le pouvoir d'achat des consommateurs et le bon fonctionnement de l'économie[1].

---

1 N. Homobono et A. Marie, « Le rôle de la DGCCRF dans l'application du droit des pratiques anticoncurrentielles depuis la réforme de 2008 », *Concurrences* n° 1-2012, art. n° 41556, pp. 30-42 ; N. Homobono, A. Marie et O. Cluzel, « Le rôle du ministre de l'Économie en matière de pratiques anticoncurrentielles et de pratiques restrictives de concurrence », *Concurrences* n° 4-2015, art. n° 76042.

Par ailleurs, la cessation rapide des pratiques anticoncurrentielles de dimension locale a permis aux PME et aux TPE, auteures de ces pratiques, d'éviter la longueur et le coût des procédures devant l'Autorité de la concurrence, sous la condition d'amender leurs comportements et de verser une compensation financière à l'État.

Les affaires de portée locale sont bien évidemment dommageables pour le consommateur. Cependant, avant la réforme de 2008, il n'existait pas d'outil de prévention et de sanction adapté. C'est pourquoi l'ordonnance du 13 novembre 2008 a créé une procédure d'injonction et de transaction, mise en œuvre par la DGCCRF, pour apporter une solution efficace et adaptée à ces affaires. Le contrôle des pratiques anticoncurrentielles locales est placé au chapitre IV « Des décisions et des voies de recours » du titre VI du livre IV du code de commerce.

Plus précisément, l'article L. 464-9 du code de commerce attribue le pouvoir de transaction/injonction au ministre de l'Économie et des Finances. L'article L. 464-9 du code de commerce dispose ainsi : « *Le ministre chargé de l'économie peut enjoindre aux entreprises de mettre un terme aux pratiques visées aux articles L. 420-1, L. 420-2 et L. 420-5 dont elles sont les auteurs lorsque ces pratiques ne concernent pas des faits relevant des articles 101 et 102 du traité instituant la Communauté européenne et sous réserve que le chiffre d'affaires que chacune d'entre elles a réalisé en France lors du dernier exercice clos ne dépasse pas 50 millions d'euros et que leurs chiffres d'affaires cumulés ne dépassent pas 200 millions d'euros.*

Le ministre chargé de l'économie peut également, dans les mêmes conditions, leur proposer de transiger. Le montant de la transaction ne peut excéder 150 000 € ou 5 % du dernier chiffre d'affaires connu en France si cette valeur est plus faible. L'exécution dans les délais impartis des obligations résultant de l'injonction et de l'acceptation de la transaction éteint toute action devant l'Autorité de la concurrence pour les mêmes faits. Le ministre chargé de l'économie informe l'Autorité de la concurrence des transactions conclues.

Il ne peut proposer de transaction ni imposer d'injonction lorsque les mêmes faits ont, au préalable, fait l'objet d'une saisine de l'Autorité de la concurrence par une entreprise ou un organisme visé au deuxième alinéa de l'article L. 462-1.

En cas de refus de transiger, le ministre chargé de l'économie saisit l'Autorité de la concurrence. Il saisit également l'Autorité de la concurrence en cas d'inexécution des injonctions ou de la transaction ou des obligations résultant de leur acceptation.

Les sommes issues de la transaction sont versées au Trésor public et recouvrées comme les créances étrangères à l'impôt et au domaine. »

II. Les réactions suscitées par cette réforme

Cette réforme a suscité, à l'époque, des réactions défavorables de la part de la doctrine et du Conseil de la concurrence. Celui-ci, sous l'impulsion de son président – très hostile à ce pouvoir confié à la DGCCRF –, avait invité le gouvernement à y renoncer dans un avis du 18 avril 2008 relatif au projet de réforme du système français de régulation de la concurrence[2].

Il considérait en effet que le dispositif serait « *particulièrement compliqué* », et priverait les victimes (consommateurs et collectivités locales) des garanties procédurales offertes dans la procédure de l'Autorité de la concurrence. Il estimait même qu'était créé « *un droit de la concurrence "de seconde zone"* » pour les PME/TPE, entraînant une rupture d'égalité de traitement tant sur le standard de preuve qui serait appliqué que sur les droits de la défense. Le Conseil n'avait ainsi pas hésité à affirmer, avec une réelle mauvaise foi, que cette « *contre-réforme* » aurait « *pour effet d'anéantir le système de régulation indépendante créé en 1986* ».

D'autres réactions avaient été cependant plus positives comme le relève E Claudel, M. D. Bosco avait « *"dans son principe, cet aspect de la réforme a quelque chose d'attrayant", parce qu'il "donne corps à l'idée que le droit de la concurrence est désormais un vrai droit commun à toutes les entreprises, et non plus seulement un droit des puissants", et parce qu'il est de nature à soulager l'Autorité* »[3]. Par ailleurs, dans le cadre d'une large consultation engagée à l'époque par la DGCCRF, la Confédération générale des PME, directement concernée par cette procédure, s'était montrée très en faveur du dispositif.

En définitive, la réforme de 2008 a visé à élargir les instruments de lutte contre les pratiques anticoncurrentielles, en organisant une police cohérente de celles-ci. Cela étant, plus de dix années après, la réforme est désormais bien installée dans le paysage institutionnel, à la satisfaction générale.

Il existe cependant encore un foyer de résistance non explicitement avoué. Ainsi, dans un rapport intitulé « Pour une réforme du droit de la concurrence » présenté le 24 janvier 2018, le Club des juristes ignore purement et simplement tout ce pan du droit positif, ce qui ne manque pas de surprendre pour des travaux abondants censés exhaustifs. Cela dit, ce rapport n'a pas connu un sort notable.

La Cour des comptes a audité le dispositif en 2018 ainsi que le fonctionnement de l'articulation de la lutte contre les pratiques anticoncurrentielles entre la DGCCRF et l'Autorité de la concurrence.

Dans son rapport publié le 4 juin 2019 et intitulé « Politique de la concurrence : l'action de l'Autorité de la concurrence et de la DGCCRF », la Cour a considéré que la réforme de 2008 avait rempli son objectif. Conclusion notable lorsque l'on connaît la rigueur des analyses de la Cour.

---

2 Cons. conc., avis n° 08-A-05 du 18 avril 2008, §§ 10 à 19.

3 E. Claudel, « Réforme du droit français de la concurrence : le grand jeu ? », *RTD com.* 2009, p. 91.

III. Les conditions de la mise en œuvre du pouvoir de sanction du ministre de l'Économie

À l'origine, en 2008, pour pouvoir être réglée par le ministre de l'Économie, la pratique anticoncurrentielle devait être locale, c'est-à-dire limitée géographiquement, et donc affecter un marché plus restreint qu'un marché national. La pratique a montré qu'il pouvait parfois être difficile d'évaluer si un comportement se limitait au marché local tant dans son objet que dans ses effets.

Ainsi, A. Ronzano s'est posé la question de la dimension locale des pratiques dans l'affaire des *Vins de Savoie*[4]. Dans cette affaire, la DGCCRF avait sanctionné le comportement de syndicats professionnels des vins de la région pour avoir mis en place une pratique de prix imposés. Si les vins sont produits dans une zone géographiquement limitée, il est certain que la demande dépasse cette seule région. Il en a été de même pour le dossier des vins du Languedoc et des vins de Loire réglés en 2015.

A. Ronzano relevait également que la même question se posait, mais de manière moins évidente, dans l'affaire du déménagement dans l'Ain, dans laquelle des échanges d'information sur les prix et l'établissement de devis de couverture avaient été constatés. Il indiquait qu'il pouvait sans doute être considéré que, par nature, un service de déménagement puisse être considéré comme service national quand bien même les entreprises qui se seraient entendues seraient toutes localisées dans un seul et même département.

Afin de lever toute ambiguïté dans le dispositif, la condition liée à la dimension locale des pratiques a été supprimée par la loi DDADUE n° 2020-1508 du 3 décembre 2020.

La compétence du ministre de l'Économie est également liée au fait que la pratique ne doit pas relever du droit européen, et notamment ne pas affecter le commerce entre les États membres (art. 101 et 102 TFUE). Sur ce point encore, la pratique a suscité quelques critiques, toutefois discutables. L'auteur B. Néouze (cabinet d'avocats Racine) s'est intéressé à l'affaire de la construction et de la rénovation de bâtiments d'élevage en Bretagne[5].

Dans cette affaire, le groupement d'intérêt économique des filières d'élevage situées en Bretagne et quatre associations départementales de professionnels intervenant dans la construction de bâtiments agricoles avaient élaboré une

---

4 A. Ronzano, « Pratiques anticoncurrentielles locales : La DGCCRF met fin à une entente dans le secteur de la commercialisation des vins de Savoie, dont le caractère strictement local de l'une ne paraît pas évident (*Comité Interprofessionnel des Vins de Savoie (CIVS) et Syndicat Régional des Vins de Savoie (SRVS)*) », *Concurrences* n° 1-2014, art. n° 68106.

5 B. Néouze, « Concurrence : lorsque la DGCCRF se substitue à l'Autorité », 12 février 2016, < https://www.reussir.fr/lesmarches/concurrence-lorsque-la-dgccrf-se-substitue-lautorite>.

Charte Qualité Construction Bâtiments Bovins qui disposait localement d'une certaine notoriété.

La qualité de signataire de cette charte s'acquérait en adhérant à l'une de ces quatre associations. Au surplus, le conseil régional de Bretagne versait une prime aux éleveurs faisant appel aux entreprises signataires de la charte pour leurs travaux de construction.

Seul problème, les entreprises de construction devaient avoir leur siège social dans l'un des quatre départements bretons pour pouvoir signer la charte et obtenir en quelque sorte le label. Les critères d'adhésion aux quatre associations étaient donc discriminatoires, d'autant qu'aucun recours n'était prévu pour les entreprises dont la candidature ne serait pas retenue.

Dans son article, B. Néouze soutenait que si l'entente favorisait incontestablement les entreprises de construction dont le siège social était situé en Bretagne, elle discriminait aussi les opérateurs dont le siège social n'était pas situé en Bretagne, mais dans le reste de la France, voire dans l'Union européenne.

Il nous semble que cette analyse est critiquable en ce que les entreprises concernées par cette affaire étaient de toutes petites PME chargées de construire des étables au cœur de la Bretagne. Aussi, dans ces conditions, était-il pour le moins contestable de soutenir que de telles pratiques pourraient affecter le commerce intracommunautaire.

Cette condition demeure après la réforme opérée par la loi DDADUE du 3 décembre 2020 alors même qu'il eût été plus simple de conserver le seul critère lié à la taille des entreprises. Il semble bien que l'Autorité de la concurrence ait souhaité le maintien ce critère afin que la DGCCRF ne puisse pas être qualifiée d'autorité nationale de concurrence.

La pratique anticoncurrentielle du ressort du ministre de l'Économie doit enfin être mise en œuvre par des entreprises de taille limitée :

- chacune des entreprises ne doit pas réaliser en France un chiffre d'affaires supérieur à 50 millions d'euros ;
- et le seuil cumulé des chiffres d'affaires des entreprises concernées ne doit pas dépasser 200 millions d'euros.

Le chiffre de 50 millions d'euros correspond à la définition d'une PME au sens du droit européen[6].

Ces seuils permettent d'évaluer l'importance de la pratique anticoncurrentielle. Toutefois, il convient de souligner qu'une pratique émanant d'entreprises de taille réduite peut avoir des effets particulièrement importants pour le

6 Règlement (CE) nº 800/2008 du 6 août 2008 déclarant certaines catégories d'aide compatibles avec le marché commun en application des articles 87 et 88 du traité, *JOUE* nº L 214 du 9 août 2008, p. 3, annexe I.

consommateur, notamment lorsqu'elles émanent des commerces de proximité sur des produits de première nécessité[7] ou lorsque les pratiques sont commises au détriment des acheteurs publics.

Les pratiques anticoncurrentielles susceptibles de sanctions ministérielles peuvent être :

- des ententes (art. L. 420-1 C. com.) ;
- des abus de position dominante (art. L. 420-2 C. com.) ;
- des exploitations abusives d'un état de dépendance économique (art. L. 420-2 C. com.) ;
- ou des pratiques de prix abusivement bas (art. L. 450-5 C. com.).

Il faut noter que les rapports d'enquête de la DGCCRF sont par définition soumis à l'Autorité de la concurrence, qui est parfaitement à même de vérifier si les critères de compétence du ministre de l'Économie sont ou non remplis et, à défaut, s'autosaisir. Dans les affaires rappelées ci-dessus, l'Autorité de la concurrence a souhaité en toute connaissance de cause que l'affaire soit conclue par une décision de la DGCCRF. La transaction/injonction étant en outre librement acceptée par les entreprises en cause et aboutissant à une sanction moins lourde que celle qu'aurait infligée l'Autorité, on imagine mal à qui elle pourrait faire grief.

IV. Les sanctions du ministre, la spécificité du dispositif

Dans chaque affaire, la DGCCRF peut enjoindre à l'entreprise de cesser les pratiques ou de modifier certaines clauses de ses contrats, des règlements intérieurs, etc. En ce sens, le pouvoir de transaction/injonction constitue un accord passé entre l'entreprise et la DGCCRF.

Depuis la loi Hamon du 17 mars 2014 (loi n° 2014-344), les transactions financières sont désormais plafonnées à 150 000 euros par entreprise (75 000 euros, jusque-là) ou à 5 % du dernier chiffre d'affaires connu en France si ce montant est inférieur à 150 000 euros. Le montant est calculé à partir de critères tels que la gravité et la durée de l'infraction. En particulier, il est tenu compte du degré d'implication de chaque entreprise dans les pratiques et du bénéfice retiré par chaque entreprise.

Les textes ne précisent pas que l'acceptation des mesures de transaction et d'injonction équivaut à une reconnaissance de l'infraction. Cela paraît en effet inutile : il va de soi que l'entreprise qui estimerait que l'infraction n'est pas constituée doit refuser les mesures décidées par la DGCCRF.

---

7 D. Ferré, K. Biancone et L. François-Martin, « Le nouveau traitement des micro-pratiques anticoncurrentielles en droit français », *RLDA* 2009/35, n° 2138.

L'entreprise qui estime que l'infraction reprochée n'est pas constituée ou qui conteste le montant proposé par l'Administration ou encore qui met en cause l'injonction décidée peut refuser l'offre qui lui est ainsi faite. Dans ce cas, la DGCCRF a l'obligation de saisir l'Autorité de la concurrence.

L'article L. 464-9, alinéa 4, du code de commerce dispose qu'« *[e]n cas de refus de transiger, le ministre chargé de l'économie saisit l'Autorité de la concurrence. Il saisit également l'Autorité de la concurrence en cas d'inexécution des injonctions prévues au premier alinéa ou des obligations résultant de l'acceptation de la transaction* ».

L'article R. 464-9-3 du même code dispose quant à lui que « *[d]ans le cas où l'entreprise a refusé les mesures notifiées ou n'a pas exécuté l'injonction ou encore n'a pas versé la somme prévue par la transaction, le ministre chargé de l'économie saisit l'Autorité de la concurrence. Les observations formulées par les entreprises destinataires de l'injonction ou de la transaction dans le cadre de la procédure ne sont pas transmises à l'Autorité de la concurrence. Le refus ou l'acceptation d'une ou de plusieurs entreprises concernées est sans effet sur la situation des autres entreprises ayant fait l'objet de la même procédure* ».

À noter que le refus d'une entreprise d'accepter l'offre de transaction/injonction demeure sans effet sur les autres.

Neuf décisions adoptées par l'Autorité de la concurrence témoignent de la complémentarité de l'action menée par la DGCCRF et par l'Autorité dans la lutte contre les pratiques anticoncurrentielles des PME/TPE. Ces exemples démontrent la crédibilité du dispositif de sanction de telles pratiques par le ministre de l'Économie et l'efficacité de l'articulation des pouvoirs avec l'Autorité de la concurrence.

1. Transport scolaire dans le Bas-Rhin (déc. n° 16-D-02 du 27 janvier 2016)

Cette affaire illustre la situation dans laquelle, parmi les entreprises ayant participé à une entente, seule une partie a accepté l'offre de transaction proposée par la DGCCRF.

Une enquête réalisée par la DGCCRF avait permis de mettre en évidence une concertation entre plusieurs sociétés en vue de l'attribution de marchés portant sur l'exécution de services de transport scolaire dans le Bas-Rhin. Ces sociétés avaient constitué un groupement en vue de l'attribution des marchés annuels portant sur l'exécution des services de transport scolaire organisés par le conseil général du Bas-Rhin. Or, en l'absence d'une mutualisation des moyens matériels ou humains de leurs membres pour l'exécution des marchés et en considération du fait qu'il réunissait la plupart des opérateurs économiques locaux du département, ce groupement ne répondait à aucune justification légitime, qu'elle soit technique ou économique. En revanche, la constitution de ce groupement visait à assécher la concurrence en empêchant la formation d'alliances concurrentes en mesure de présenter des offres.

Ce groupement momentané d'entreprises, renouvelé chaque année, avait permis à ses adhérents de se répartir les marchés dans une logique de reconduction des titulaires historiques. De ce fait, cette structure d'entente a entravé le libre exercice de la concurrence dans la zone nord du département du Bas-Rhin et a également fait obstacle à la fixation des prix par le libre jeu du marché en favorisant artificiellement leur hausse.

La comparaison avec les tarifs constatés dans le sud du département démontrait ainsi l'existence d'un surprix de l'ordre de 25 à 30 %. Parmi les entreprises ayant participé à l'entente, seules trois entreprises avaient avaient accepté les transactions proposées par la DGCCRF et réglé les amendes, quatre ayant refusé.

Pour les entreprises ayant accepté les transactions proposées, toute action devant l'Autorité de la concurrence s'est éteinte. La DGCCRF a en revanche saisi l'Autorité de la concurrence pour les entreprises n'ayant pas accepté lesdites transactions.

Dans sa décision n° 16-D-02 du 27 janvier 2016[8], l'Autorité de la concurrence sanctionne les quatre entreprises. Il convient de souligner que le montant de la sanction infligée à une des sociétés par l'Autorité de la concurrence (96 000 euros) excède le plafond légal de la transaction qu'elle pouvait se voir proposer par la DGCCRF à l'époque des faits (75 000 euros). De plus, l'Autorité de la concurrence a donné à sa décision un caractère de publicité renforcé, en ordonnant aux entreprises sanctionnées d'en publier un résumé dans les éditions du journal *Dernières Nouvelles d'Alsace* et de la revue *Transport Public*. Cette décision a fait l'objet d'un recours devant la cour d'appel de Paris par les entreprises concernées. Celle-ci a confirmé la réalité de la pratique et le montant de la sanction par une décision définitive du 21 décembre 2017[9].

2. Secteur des pompes funèbres dans l'Ain (déc. n° 17-D-13 du 27 juillet 2017)

Dans cette affaire, l'Autorité de la concurrence a sanctionné deux abus de position dominante commis par l'entreprise de pompes funèbres gestionnaire du crématorium de Viriat en vertu d'une convention de délégation de service public conclue avec la commune[10].

Le premier abus consistait en une pratique de discrimination tarifaire consistant à facturer aux seuls opérateurs concurrents de l'entreprise une location de salle de cérémonie normalement incluse dans le forfait global. La deuxième pratique

8 *RLC* 2016/48, n° 2919.

9 CA Paris, 21 décembre 2017, RG 16/06962.

10 *RLC* 2017/65, n° 3249, décision définitive.

était plus classique dans ce domaine puisqu'elle visait à entretenir une confusion entre sa mission de service public de crémation et son activité concurrentielle de produits et services funéraires (mentions sur des panneaux publics, numéro de téléphone unique, mention dans les annuaires et les documents commerciaux).

Là encore, l'Autorité de la concurrence a infligé à l'entreprise une sanction plus importante (80 000 euros) que celle proposée en vain par la DGCCRF à l'entreprise.

3. Espaces verts en Martinique (déc. nº 18-D-02 du 19 février 2018)

Deux bailleurs sociaux martiniquais, la Société Martiniquaise de HLM (SMHLM) et la société OZANAM, avaient lancé en 2011 un marché public pour l'entretien des espaces verts attenants à leurs immeubles.

Parmi les offres déposées, celles présentées par les entreprises du groupe Fontaine ont révélé une grande homogénéité (mêmes graphies, paragraphes, vocabulaire, illustrations, chiffrage des moyens techniques et humains). Chacune des entreprises du groupe Fontaine avait déposé des offres séparées, présentées comme concurrentes, alors qu'elles avaient été élaborées de façon concertée, comme l'ont reconnu les dirigeants des entreprises concernées, le but étant de contourner les modalités d'allotissement du marché, notamment la limitation du nombre maximal de lots attribués à une même société.

L'Autorité a sanctionné les pratiques un peu plus fortement que ne l'avait fait la DGCCRF. Cette décision est définitive.

4. Sécurité des débits de tabac en Isère (déc. nº 18-D-05 du 19 février 2018)

Plusieurs sociétés, qui avaient participé à une entente, ont accepté la transaction proposée par la DGCCRF. Une seule entreprise, Sécurité Vol Feu, avait refusé cette transaction. L'Autorité a confirmé la réalité de l'infraction consistant pour Vol Feu à échanger avec un concurrent des informations confidentielles concernant, notamment, les prix des prestations et leurs clients respectifs dans le but d'établir des devis de couverture et de se répartir ainsi les marchés correspondants.

L'Autorité a prononcé une sanction supérieure à celle retenue par la DGCCRF. La Cour d'appel de Paris a confirmé cette decision le 20 décembre 2020 : CA Paris 20-12-2018 n° 18/07722

5. Élimination des DASRI en Corse (déc. nº 18-D-17 du 20 septembre 2018)

Dans le secteur de l'élimination des déchets d'activités de soins à risque infectieux (DASRI) en Corse, l'Autorité de la concurrence sanctionne la société Sanicorse, en situation de monopole de fait sur le marché de l'élimination des DASRI en Corse depuis 1997, pour avoir mis en œuvre une pratique de prix excessifs. Plus exactement, elle estime que l'entreprise a décidé d'une augmentation brutale, significative (+ 60 % en moyenne en quatre ans par rapport au prix moyen de 2010, avec de gros écarts selon les centres hospitaliers), persistante (la politique d'augmentation tarifaire a duré plus de quatre ans) et injustifiée des tarifs de l'élimination des déchets d'activités de soins à risque infectieux en Corse de 2011 à 2015, à l'égard de ses clients, les établissements de soins, par ailleurs en grande difficulté financière.

L'enquête avait été réalisée par la DGCCRF, et l'Autorité de la concurrence avait laissé le soin au ministre de l'Économie de la régler par une transaction/injonction. Les mesures décidées par la DGCCRF (et notamment une amende de 75 000 euros) ont été refusées par l'entreprise, ce qui a conduit la DGCCRF à saisir l'Autorité de ce refus de transiger.

L'Autorité a infligé à l'entreprise une sanction de 199 000 euros et en sus lui a enjoint de publier un résumé de la décision dans l'édition papier et dans l'édition en ligne de trois journaux – *Corse Matin*, le magazine de la Fédération hospitalière de France et *La Gazette des communes*.

Dans une décision du 19 novembre 2019, la cour d'appel de Paris a réformé la décision de l'Autorité de la concurrence. L'Autorité de la concurrence et le ministre de l'Économie ont formé un pourvoi en cassation contre cette décision[11]. Cependant, par une décision qui n'a pas manqué de surprendre, la Cour de cassation a purement et simplement confirmé la motivation de la cour d'appel de Paris le 7 juillet 2021[12].

6. Travaux publics d'éclairage en Ardèche (déc. nº 18-D-19 du 24 septembre 2018)

Trois sociétés, qui avaient participé à une entente, ont accepté la transaction proposée par la DGCCRF. Seule la société J. Grenot avait refusé cette transaction. La société J. Grenot avait tout d'abord constitué un groupement avec une autre société afin de répondre à deux marchés de la commune d'Annonay. Ce groupement n'avait aucune justification économique ou technique, mais visait à maintenir la répartition historique des marchés de la commune entre les deux sociétés. Elle avait, par ailleurs, échangé des informations avec cette même société avant le dépôt des offres, afin que cette dernière dépose des offres de couverture, la faisant ainsi apparaître comme mieux-disante pour des marchés lancés par les communes.

L'Autorité a sanctionné les pratiques un peu plus fortement que ne l'avait fait la DGCCRF. Cette décision est définitive.

---

11 CA Paris 14-11-2019 n° 18/23992 : RJDA 3/20 n° 177 et chronique A. Marie p.159, pour une analyse critique de la décision.

12 Cass. com., 7 juillet 2021, nos D 19-25.586 et W 19-25.602.

7. Taxis à Antibes (déc. nº 19-D-05 du 28 mars 2019)

Le GIE Radio taxi Antibes Juan-les-Pins est une association qui regroupe la quasi-totalité des artisans taxis de la ville. Sa mission principale est de centraliser les demandes des clients et de les répartir entre les taxis disponibles, au moyen d'un central radiotéléphonique accessible 24 h/24. De 2008 à 2018, le GIE a conditionné l'adhésion d'un taxi au GIE à un parrainage de deux membres et à un vote à l'unanimité. Par ailleurs, le GIE a inséré dans son contrat constitutif des motifs d'exclusion visant à empêcher ses adhérents de développer une clientèle personnelle ou une activité complémentaire.

Le GIE a d'ailleurs appliqué concrètement cette clause, en excluant l'un de ses membres pour avoir développé une activité complémentaire de VTC, en parallèle de son activité de taxi.

L'Autorité de la concurrence a considéré que les conditions d'accès au GIE étaient non objectives, non transparentes et discriminatoires et que les motifs d'exclusion avaient pu dissuader les adhérents de se développer et de se différencier en termes de variété ou de qualité de service, empêchant ainsi l'essor de nouveaux modes de transport dans la commune et ses environs.

Compte tenu de ces éléments et de la durée de la pratique (dix ans), l'Autorité a prononcé une sanction de 75 000 euros à l'encontre du GIE, ce qui représente à ce jour la sanction la plus importante prononcée à l'encontre d'un groupement de taxis.

Le 20 février 2020, la cour d'appel de Paris a rejeté le recours du GIE. La décision est désormais définitive.

8. Communauté urbaine de Lille (déc. nº 21-D-05 du 4 mars 2021)

Une enquête réalisée par la DGCCRF avait mis en évidence une pratique d'entente illicite entre trois sociétés ayant candidaté à des appels d'offres lancés en 2013 et 2014 par Lille métropole communauté urbaine en matière de gestion technique des bâtiments (GTB). La GTB consiste notamment en des prestations de surveillance des équipements électriques, de l'éclairage, du chauffage, du contrôle des ascenseurs, pour le confort des résidents et l'optimisation des coûts d'exploitation.

L'enquête avait révélé l'existence de contacts téléphoniques et d'échanges de courriels entre les entreprises avant la date limite de remise des offres, portant notamment sur les prix et des aspects techniques importants des marchés, afin de dissimuler la sous-traitance qu'elles envisageaient et l'absence d'indépendance de leurs offres.

Appliquant les dispositions de l'article L. 464-9 du code de commerce relatif aux pouvoirs d'injonction et de transaction du ministre de l'Économie en matière de pratiques anticoncurrentielles, la DGCCRF avait proposé de clore l'affaire par un règlement transactionnel consistant en une sanction financière à chaque entreprise, assortie d'une injonction de s'abstenir, à l'avenir, de procéder à des échanges d'informations préalablement à la remise d'offres présentées comme concurrentes lors d'appels d'offres publics ou privés.

Si deux entreprises ont accepté la sanction et l'injonction, la troisième société impliquée a refusé le règlement transactionnel proposé. En conséquence, la DGCCRF a saisi l'Autorité de la concurrence de ce refus.

Devant l'Autorité, l'entreprise a contesté l'illicéité des pratiques, ce qu'elle avait déjà fait devant la DGCCRF, qui lui avait proposé de clore le dossier par un règlement transactionnel. Les arguments de l'entreprise n'ayant pas été retenus, l'Autorité de la concurrence lui a infligé une sanction d'un montant de 435 000 euros, soit bien supérieure à la transaction proposée en tant qu'auteure de la pratique, solidairement avec plusieurs autres sociétés prises en leur qualité de sociétés mères, après avoir estimé que celles-ci exerçaient une influence déterminante sur leur filiale.

Les sociétés mères n'avaient pas été visées par le ministre, ce qui a soulevé d'intéressantes questions sur l'articulation des pouvoirs entre l'Autorité de la concurrence et ce dernier[13]. Cette affaire a fait l'objet d'un recours.

9. Sécurité des débits de tabac dans les Pays de la Loire (déc. nº 21-D-06 du 11 mars 2021)

Une des deux entreprises – Double Tour – visées par la transaction l'avait refusée. L'enquête a établi que les deux entreprises avaient régulièrement échangé, notamment par courriels, des informations tenant aux prix et à la nature des prestations envisagées pour l'obtention de travaux de sécurisation, avant le dépôt de leurs offres. Pour les devis concernés par l'enquête, lorsque l'une de ces deux sociétés souhaitait être retenue pour des travaux de sécurisation d'un débit de tabac, elle transmettait d'abord une offre de prix à ce débitant. Elle consultait ensuite son concurrent en lui demandant de présenter une offre plus élevée de couverture. Les deux entreprises avaient ainsi échangé des devis de couverture à 82 reprises.

L'Autorité a prononcé une sanction supérieure à celle retenue par la DGCCRF.

V. L'articulation des pouvoirs entre le ministre et l'Autorité

1. Les indices de pratiques anticoncurrentielles

Selon l'article L. 462-5, III, du code de commerce, l'Autorité de la concurrence peut se saisir d'office d'une affaire dès lors que des faits, dont elle a connaissance de diverses manières, sont susceptibles de constituer des pratiques anticoncurrentielles.

13 Cf. commentaire de cette décision : A. Marie, « Le refus d'une transaction avec la DGCCRF en cas de pratique anticoncurrentielle peut être risqué », *BRDA* 9/2021, Question d'actualité, p. 27.

Ainsi, l'article L. 450-5, alinéa 1, du code de commerce dispose que le rapporteur général de l'Autorité de la concurrence doit être « *informé avant leur déclenchement des investigations que le ministre chargé de l'économie souhaite voir diligenter sur des faits susceptibles de relever des articles L. 420-1 à L. 420-2-2 et L. 420-5 ou d'être contraires aux mesures prises en application de l'article L. 410-3 et peut, dans un délai fixé par décret, en prendre la direction* ».

C'est ainsi que tous les indices de dysfonctionnement de concurrence détectés par la DGCCRF et pour lesquels elle estime qu'une enquête approfondie est nécessaire sont transmis à l'Autorité de la concurrence. Celle-ci décide de prendre ou non à sa charge la réalisation de l'enquête.

Pour ce faire, l'Autorité de la concurrence s'appuie sur les critères suivants :

- la taille des entreprises en cause ;
- l'importance du secteur ;
- l'ampleur supposée des pratiques ;
- les précédents déjà traités par elle ;
- l'intérêt jurisprudentiel du cas ;
- et enfin sa charge de travail.

L'Autorité de la concurrence informe la DGCCRF de sa décision dans le mois qui suit la réception des indices transmis par ses services (art. D. 450-3, I, C. com.), sans qu'il soit nécessaire pour l'Autorité de justifier cette décision.

Ce sont environ 15 % des 80 indices environ, transmis chaque année par la DGCCRF à l'Autorité de la concurrence depuis 2009, qui sont pris en charge par celle-ci. Ces indices ont pu donner lieu à de lourdes sanctions. Pour citer uniquement les affaires les plus fortement emblématiques :

- n° 12-D-02, dans le secteur de l'ingénierie : onze entreprises sanctionnées à hauteur de 660 700 euros ;
- n° 14-D-08, dans le secteur des produits laitiers frais aux Antilles : trois entreprises sanctionnées à hauteur de 1 670 000 euros ;
- n° 17-D-20, cartel des revêtements de sols, qui a conduit à la plus grosse sanction de l'Autorité de la concurrence en 2017 : dans cette affaire l'Autorité a sanctionné à hauteur de 302 millions d'euros les trois principaux fabricants de revêtements de sols en PVC et linoléums pour s'être entendus notamment sur les prix ;
- il en est de même pour la décision n° 18-D-24 : sur le fondement de nombreux indices mis en lumière par la DGCCRF et transmis à l'Autorité de la concurrence, celle-ci sanctionne, à hauteur de 189 millions d'euros, six fabricants d'électroménagers parmi les

principaux en France, BSH, Candy Hoover, Electrolux, Indesit, Whirlpool et Eberhardt Frères (distributeur de la marque Liebherr) pour s'être notamment concertés, lors de réunions secrètes, sur les hausses des prix de vente conseillés ;

- par sa décision n° 20-D-11, l'Autorité de la concurrence a sanctionné les trois laboratoires Novartis, Roche et Genentech à hauteur de 444 millions d'euros pour des pratiques abusives, appréhendées sous l'angle de l'abus de position dominante collective, pratiques visant à préserver les ventes du médicament Lucentis pour le traitement de la DMLA au détriment d'Avastin (spécialité concurrente trente fois moins chère).

Si l'Autorité de la concurrence décide de ne pas prendre en charge les investigations, la DGCCRF réalise elle-même l'enquête. Dans la mesure où les indices doivent être traités au plus vite pour éviter la déperdition des preuves, il apparaît pertinent que la DGCCRF puisse conduire la plupart des enquêtes, en raison de la priorité qu'elle accorde à cette mission et conformément aux objectifs de délais qu'elle s'est fixés. Les enquêtes sont effectuées dans un délai moyen de onze mois.

Cette approche semble partagée par l'Autorité de la concurrence, qui a fait le choix de laisser la majeure partie des enquêtes à la charge de la DGCCRF et qui a constaté que les investigations réalisées permettaient d'obtenir des résultats très satisfaisants. En effet, sur les six dernières années, en moyenne plus de 50 % des enquêtes conduites par la DGCCRF permettent de caractériser des pratiques anticoncurrentielles.

Il est à noter qu'à ce stade, et contrairement à ce qu'on peut lire parfois, aucune distinction n'est à opérer selon le caractère local ou non de la pratique. Cela signifie que la DGCCRF est parfaitement habilitée à réaliser des enquêtes de concurrence portant sur des pratiques nationales et pouvant affecter le commerce intracommunautaire, donc relevant des articles 101 et 102 TFUE. Cette distinction pratique locale/pratique nationale n'a de sens qu'au stade de la sanction des pratiques.

Lorsque l'Autorité de la concurrence est saisie par une entreprise en cause ou un organisme habilité par l'article L. 462-1 du code de commerce de pratiques anticoncurrentielles, le ministre de l'Économie ne peut « *proposer de transaction ni imposer d'injonction* » concernant les mêmes faits (art. L. 464-9, al. 3, C. com.).

2. Les rapports d'enquêtes de la DGCCRF

Lorsque l'enquête est réalisée par la DGCCRF, l'article L. 450-5 du code de commerce prévoit que le ministre de l'Économie en informe l'Autorité de la concurrence.

Si l'enquête n'a pas permis de caractériser des pratiques, une note de classement de l'affaire est établie. En revanche, si des preuves de pratiques anticoncurrentielles sont mises en évidence soit dans le cadre d'une enquête classique ou après la réalisation de perquisitions sur autorisation judiciaire, un rapport d'enquête est établi et rédigé comme une notification de griefs de l'Autorité de la concurrence.

À ce stade, le rapporteur général de l'Autorité de la concurrence peut proposer à l'Autorité de s'autosaisir du rapport. Celle-ci dispose d'un délai de deux mois à réception du rapport d'enquête pour prendre sa décision (art. D. 450-3, II, C. com.).

L'article D. 450-3, II, du code de commerce dispose en effet que le « *ministre chargé de l'économie informe le rapporteur général de l'Autorité de la concurrence du résultat des investigations auxquelles il aura fait procéder et lui transmet l'ensemble des pièces de la procédure* ».

Si le rapporteur général écarte cette possibilité ou l'Autorité ne donne pas suite à sa proposition dans le délai mentionné ci-dessus, le rapporteur général en informe le ministre.

À défaut de notification par le rapporteur général de la décision de l'Autorité dans un délai de 65 jours suivant la transmission des pièces de la procédure, le ministre chargé de l'économie peut prendre les mesures prévues aux articles L. 462-5 et L. 464-9, décider de délivrer un avertissement réglementaire, ou de classer l'affaire.

Si l'Autorité de la concurrence décide de traiter le rapport d'enquête de la DGCCRF, la procédure est alors la suivante : le service des enquêtes, assisté du rapporteur général, présente le dossier au collège réuni en séance plénière. Ce dernier décide alors de s'autosaisir du rapport. Dans ce cas, le dossier est confié à un rapporteur des services de l'instruction chargé de procéder à la notification de griefs.

Si le collège ne suit pas la proposition du service des enquêtes et du rapporteur général, le dossier est retourné au ministre de l'Économie, qui peut mettre en place la procédure de transaction/injonction à condition que la pratique soit le fait de PME/TPE.

La DGCCRF peut aussi saisir l'Autorité de la concurrence si elle estime que les pratiques sont établies et qu'elle ne peut pas les sanctionner elle-même en raison de leur portée nationale[14]. La DGCCRF peut aussi délivrer un rappel à la loi ou classer l'affaire.

Chaque année, et en moyenne, la DGCCRF effectue une cinquantaine d'enquêtes, dont la moitié caractérisent des pratiques.

---

14 V. Aut. conc., déc. n° 15-D-18 du 2 décembre 2015 relative à des pratiques mises en œuvre dans le secteur des jeux vidéo ; *RLC* 2016/46, n° 2881.

L'Autorité prend en charge les rapports concernant des pratiques nationales : sans être exhaustif, il est possible de citer les décisions suivantes :

- n° 12-D-06 – Marchés publics à Saint-Pierre-et-Miquelon ;
- n° 13-D-09 – Miradors à Perpignan ;
- n° 13-D-14 – Vétérinaires en Alsace ;
- n° 14-D-16 – Déménagement des militaires en Martinique ;
- n° 15-D-08 – Volailles ;
- n° 15-D-12 – Refuge du Goûter ;
- n°s 16-D-05, 16-D-06 et 16-D-26 – Équipements professionnels de cuisine ;
- n° 16-D-09 – Treillis soudés à La Réunion ;
- n° 16-D-14 – Zinc ;
- n° 16-D-17 – Appareils de chauffage mobiles ;
- n° 16-D-20 – Agences de mannequins ;
- n°s 16-D-27 et 16-D-28 – Assistance foncière Epora ;
- n° 17-D-02 – Boules de pétanque Obut ;
- n° 18-D-06 – Vins des Côtes du Rhône ;
- n° 18-D-07 – Vedettes vendéennes ;
- n° 18-D-15 – Médicaments vétérinaires ;
- n° 18-D-23 – Stihl ;
- n° 18-D-26 – Fertilisants ;
- n° 19-D-15 – Distribution de matériel de boulangerie ;
- n° 19-D-17 – Fertilisants ;
- n° 19-D-19 – Architectes ;
- n° 19-D-21 – Transport routier ;
- n° 20-D-03 – Mutualité de La Réunion ;
- n° 20-D-05 – Déménagement à La Réunion ;
- n° 20-D-16 – Champagne aux Antilles ;
- n° 20-D-19 – FranceAgriMer ;
- n° 20-D-20 – Thés haut de gamme ;
- n° 21-D-01 – Isolants thermiques ;
- n° 21-D-14 – Kärcher.

Il convient de noter que l'autosaisine par l'Autorité de la concurrence d'enquêtes entièrement réalisées par la DGCCRF se substitue en réalité aux saisines ministérielles d'avant 2008, lesquelles subsistent cependant dans trois cas :

- échec d'une transaction/injonction (art. L. 464-9, al. 4, C. com.) : cf. les neuf cas cités ci-dessus à la section IV ;
- faits susceptibles de constituer des pratiques anticoncurrentielles (art. L. 462-5, I, C. com.) : v. Aut. conc., déc. n° 11-MC-01 du 12 mai 2011, *Kiala c/ La Poste* ;
- refus de prise en charge d'un rapport concluant à une pratique nationale (art. L. 462-5, I, C. com.) : v. Aut. conc., déc. n° 15-D-18, préc. ; déc. n° 18-D-03 du 20 février 2018 relative à des pratiques mises en œuvre dans le secteur de la commercialisation de pièges à termites à base de biocides à La Réunion, aux Antilles et en Guyane (décision définitive).

La présidente de l'Autorité de la concurrence, jusqu'au 13 octobre 2021 Isabelle de Silva, avait décidé de la mentionner systématiquement, non seulement dans les décisions rendues, mais également dans les communiqués de presse accompagnant la publication des décisions, l'origine des affaires, et notamment la transmission d'un indice DGCCRF ou du rapport de l'enquête réalisée par la DGCCRF. Il convient d'observer que cette pratique, qui est une forme de reconnaissance et de motivation du travail des enquêteurs de la DGCCRF et, à ce titre, très appréciée de ces derniers, était quasi systématiquement refusée par son prédécesseur, qui ne souhaitait pas que l'on parle trop de la DGCCRF.

VI. La mise en œuvre procédurale des sanctions du ministre

1. Décision de l'administration centrale de la DGCCRF

La décision d'engager une procédure d'injonction et/ou de transaction est prise par l'administration centrale de la DGCCRF sur proposition de la brigade interrégionale d'enquête de concurrence (BIEC) à l'origine de la transmission du dossier. La mise en œuvre de la décision est assurée par une BIEC, qui reste l'interlocutrice principale des entreprises mises en cause.

Les BIEC constituent l'échelon opérationnel de mise en œuvre de la politique de la concurrence sur le territoire. Lorsqu'une décision d'engager une procédure a été décidée par l'administration centrale, il appartient à la BIEC compétente d'informer les entreprises des mesures envisagées à leur égard, de mener le contradictoire avec celles-ci, de leur notifier la décision du ministre et de contrôler l'exécution des engagements souscrits.

Ainsi, malgré le caractère local des pratiques, c'est bien au niveau national que la cohérence est assurée. Les mesures envisagées et les décisions à notifier à l'issue du contradictoire sont validées par l'administration centrale de la DGCCRF.

Cet indispensable contrôle de la procédure vise non seulement à garantir l'adéquation de la procédure à l'espèce, mais encore à assurer le respect du contradictoire, la bonne prise en compte de la pratique décisionnelle des autorités de concurrence tant au niveau du standard de preuve que de la qualification des pratiques, l'harmonisation au plan national des mesures notifiées en ce qui concerne le montant des transactions et la nature des injonctions décidées, ainsi que la bonne information de l'Autorité de la concurrence.

2. La procédure contradictoire

La procédure contradictoire se déroule en trois phases (art. L. 464-9, R. 464-9-1 et s. C. com.) :

- 1re phase : la DGCCRF informe les entreprises concernées par lettre recommandée avec avis de réception des mesures envisagées à leur égard. Cette information est accompagnée du rapport de l'enquête et des pièces de la procédure. Le rapport décrit le marché, les entreprises actives sur celui-ci, les pratiques reprochées aux entreprises visées et les éléments de preuve rassemblés. Il qualifie les faits (art. L. 420-1 et L. 420-2 C. com.) en s'appuyant sur les exigences probatoires de la pratique décisionnelle de l'Autorité de la concurrence, de la jurisprudence tant nationale qu'européenne. Les pratiques sont ensuite imputées aux entreprises concernées et des griefs sont établis de la même manière que celle utilisée par les rapporteurs de l'Autorité de la concurrence. Le rapport est un document didactique qui doit permettre aux PME/TPE concernées par les pratiques locales de comprendre sans difficulté les infractions qui leur sont reprochées ;
- 2e phase : cette phase est celle du débat contradictoire proprement dit avec les entreprises concernées. Une période de deux mois est laissée à chaque entreprise, prorogeable une fois, qui peut également venir s'expliquer oralement auprès des directeurs de la DGCCRF concernés. En pratique, les entreprises utilisent cette faculté dans 80 % des cas en recourant le plus souvent aux services d'un avocat ;
- 3e phase : après cette phase de contradiction, la décision de la DGCCRF peut intervenir. Les entreprises sont informées par lettre recommandée avec avis de réception de la décision prononcée à leur égard. Il peut s'agir d'une décision de classement[15], d'une décision d'injonction de mettre en œuvre les mesures de nature à mettre fin aux pratiques anticoncurrentielles constatées et de payer la somme proposée à titre de transaction, ou de l'une de ces deux mesures.

L'expérience acquise depuis le démarrage du dispositif en 2010 montre que les débats sont très approfondis avec les entreprises et leurs conseils.

---

15 V. p. ex. ci-après l'affaire des marchés publics en Martinique, publiée sur le site Internet de la DGCCRF en 2015.

Il n'est pas rare que la DGCCRF accepte un contradictoire s'étendant au-delà des délais légaux. Le débat engagé peut aussi conduire la DGCCRF à abandonner la procédure engagée en raison des explications convaincantes fournies par les entreprises.

Ainsi, dans une affaire de marchés publics en Martinique, les enquêteurs avaient saisi, dans les locaux d'une entreprise candidate à un appel d'offres, un document papier non daté mais rédigé vraisemblablement avant le dépôt des offres. Ce document mentionnait le nom des sociétés mandataires de groupement avec, en face de chacune d'entre elles, l'indication précise du montant des offres déposées. L'une d'entre elles a fait valoir que cette pièce ne constituait pas une démonstration suffisante de sa participation à l'entente suspectée. À l'issue du contradictoire, la DGCCRF a estimé qu'un doute subsistait et devait bénéficier aux protagonistes.

Un simple avertissement a donc finalement été adressé aux entreprises compte tenu du fait que les dysfonctionnements de concurrence relevés et décrits minutieusement dans le rapport d'enquête demeuraient inexpliqués.

3. La publicité des décisions de transaction et/ou d'injonction

Lors de l'introduction du contrôle des pratiques anticoncurrentielles locales, la DGCCRF avait décidé de ne pas rendre publiques les décisions du ministre de l'Économie. Or l'absence de mesure de publicité était l'un des reproches les plus fréquents adressés à la procédure, qui était qualifiée d'« *opaque et discrétionnaire* »[16].

À cet égard, le chef du service de la régulation et de la sécurité à la DGCCRF avait notamment fait valoir, lors d'une table ronde organisée en 2011 sur le thème de la PME, auteur des pratiques anticoncurrentielles[17], qu'« *en l'absence de toute mesure de publicité, le régime des pratiques anticoncurrentielles locales est une boîte noire. Nul ne sait ce qui se passe et, finalement, ceci n'est pas plus mal pour les entreprises. [...] mais, pendant ce temps, bien d'autres entreprises continuent d'ignorer totalement le droit de la concurrence, considérant que ces règles ne les concernent pas, qu'elles concernent seulement les grandes entreprises. Si elles ne sont pas informées que, justement, ce droit s'applique à tout le monde, y compris à elles, les pratiques continueront de se répandre* ».

La publication des affaires est effective depuis fin 2012. La publicité consiste à faire connaître les décisions individuelles rendues, qui sont des décisions simplifiées rappelant uniquement le constat et la nature de l'infraction commise, l'existence du débat contradictoire, la mention du montant de la transaction décidée et la nature de l'injonction délivrée.

---

16 C. Nourissat, « Décret de procédure pour les micro-pratiques anticoncurrentielles : de sous-garanties pour un droit de seconde zone ? », *RLC* 2009/19, n° 1373.

17 *RLC* 2011/29, n° 1959.

Dans un souci didactique, un communiqué accompagne chaque affaire. Ce document rappelle les faits commis et les infractions relevées. Celles-ci sont mises en perspective par un rappel de la pratique décisionnelle de l'Autorité de la concurrence et de la jurisprudence. Toutes les décisions se trouvent sur le site Internet de la DGCCRF (décisions et communiqués)[18].

Les transactions/injonctions délivrées avant cette date se trouvent également sur le site Internet de la DGCCRF, mais les décisions sont anonymisées pour respecter les engagements pris à l'époque auprès des entreprises concernées.

La publicité des décisions de transaction et/ou d'injonction, disponibles en ligne sur le site Internet de la DGCCRF, remplit un objectif double : d'une part, elle renforce l'effet dissuasif de la sanction infligée ; d'autre part, elle permet de construire une pédagogie de la concurrence.

Ainsi, en communiquant sur des exemples précis de pratiques locales sanctionnées pour le non-respect du droit de la concurrence, il s'agit de développer chez ces entreprises et auprès de leurs organisations professionnelles une véritable culture de concurrence, favorisant l'adoption de comportements économiques responsables et vertueux.

Il convient d'observer que, de 2010 à 2014, les 25 premières affaires n'ont donné lieu à aucun refus de transaction/injonction par les entreprises concernées. En revanche, depuis cette date, une dizaine d'entreprises ont refusé les sanctions proposées. Tous ces dossiers ont fait l'objet d'une saisine de l'Autorité, laquelle a systématiquement prononcé des sanctions (cf., ci-dessus, section IV).

4. Les résultats obtenus

Depuis la mise en œuvre du dispositif (2010) et jusqu'à la fin de l'année 2020, la DGCCRF a prononcé des sanctions dans plus de 90 dossiers concernant de 2 à 10 entreprises. Sur la même période, l'Autorité a prononcé des sanctions dans 114 dossiers, dont un bon nombre issu de la DGCCRF.

Il est de ce fait permis d'affirmer que la DGCCRF contribue de manière déterminante à la lutte contre les pratiques anticoncurrentielles en mobilisant son réseau territorial à cette fin[19].

La lutte contre les pratiques anticoncurrentielles repose sur une organisation dans laquelle la DGCCRF et l'Autorité de la concurrence sont en relation étroite et très complémentaire. La DGCCRF alimente les services d'instruction d'indices nombreux détectés sur l'ensemble du territoire grâce à son implantation territoriale. Elle réalise une large part des enquêtes de concurrence y compris pour

---

18 <http://www.economie.gouv.fr/dgccrf/pratiques-anticoncurrentielles-transactions-et-injonctions>.

19 V. égal. A. Marie, « Pratiques anticoncurrentielles de dimension locale », *JCl. Concurrence – Consommation*, fasc. 315, avril 2016 et « Les pratiques anticoncurrentielles de dimension locale », in *Le Lamy droit économique*, éd. 2021, Paris, Wolters Kluwer France, 2021, n°s 1641 à 1660.

des pratiques nationales. Il convient de noter que nombre de ces enquêtes permettent à l'Autorité de la concurrence de prononcer des sanctions.

À côté des grands cartels nationaux ou internationaux, sanctionnés par l'Autorité de la concurrence ou la Commission européenne, l'accumulation des ententes locales cause un préjudice important à l'économie par la constitution et le maintien de profits illicites, au détriment des entreprises les plus fragiles et du pouvoir d'achat. Les dossiers traités par la DGCCRF mettent fin à ces dysfonctionnements concurrentiels locaux, qui touchent non seulement les consommateurs mais aussi de nombreuses PME. L'existence d'un niveau au plus près des PME françaises est à même de répondre à des préoccupations, certes locales, mais essentielles au développement d'un tissu économique exempt de pratiques préjudiciables à la concurrence.

En assurant une politique de sanctions des pratiques anticoncurrentielles locales, la DGCCRF contribue au développement d'une culture de concurrence chez les PME/TPE et allège la tâche de l'Autorité de la concurrence.

Le 14 mars 2018, la présidente de l'Autorité de la concurrence, Isabelle de Silva, a été auditionnée par la commission des affaires économiques du Sénat, occasion pour elle de dresser un premier bilan de son action à la tête de l'Autorité après un an de mandat, de passer quelques messages et de faire quelques annonces. La présidente de l'Autorité a saisi l'occasion pour rendre hommage à l'action de la DGCCRF.

Ainsi, évoquant des mécanismes de coopération très poussée avec la DGCCRF, qui ont été mis en place, contrairement à d'autres pays, avec un vif succès, elle a précisé que « *[n]ombre de signalements proven[aient] [...] de la DGCCRF [,] qui agit par le biais de ses services déconcentrés. Le cartel des revêtements de sols, par exemple, a été détecté par une entreprise ayant contacté la direction générale de la concurrence, qui a ensuite transmis le dossier à l'Autorité de la concurrence, laquelle a mené ses propres investigations pour démêler cet écheveau. Sans DGCCRF, les infractions commises en province, souvent les plus pénalisantes pour les PME, ne seraient pas repérées. C'est pourquoi nous entretenons des relations très nourries avec elle. Le modèle fonctionne très bien, mais les coopérations pourraient être encore renforcées et les dossiers mieux répartis entre la DGCCRF et l'Autorité de la concurrence* ».

L'ensemble des résultats évoqués ci-dessus, s'agissant tant des indices de dysfonctionnement de concurrence, des enquêtes réalisées, des sanctions des pratiques des PME/TPE par la DGCCRF que de leur examen ou prise en charge par l'Autorité de la concurrence, des sanctions prononcées par l'Autorité à la suite de ses propres enquêtes sur des indices DGCCRF pris en charge, ou des sanctions prononcées par l'Autorité sur des enquêtes DGCCRF prises en charge ou sur des refus de transaction devant la DGCCRF, illustrent le bon fonctionnement et la complémentarité de l'articulation des pouvoirs entre l'Autorité de la concurrence et la DGCCRF dans la lutte contre les pratiques anticoncurrentielles, système très original en Europe.

Causes et conséquences : De la répression de l'abus à la tentation de la régulation des structures

THOMAS PICOT*
Tactics

Résumé

Le droit de la concurrence, comme « droit de l'abus », s'accommode parfaitement d'une théorie classique de l'abus de position dominante reposant sur une sanction « ex post » des comportements abusifs mis en œuvre par des entreprises disposant d'un pouvoir de marché significatif. Pour autant, une évolution guidée par les mutations du fonctionnement de certains marchés devenus structurants dans les économies développées, et que l'on décelait en germe dans le droit positif depuis de nombreuses années, tend à se cristalliser récemment dans des approches diverses mais reposant toutes sur l'idée de régulation structurelle. Cette évolution, à contre-courant des schémas classiques de réflexion, mais bien adaptée, notamment, aux marchés du numérique, pose la question des conditions de sa compatibilité avec le droit positif de la concurrence, et, au-delà, de la nécessaire évolution de celui-ci.

* Avocat à la cour.

Causes et conséquences : De la répression de l'abus à la tentation de la régulation des structures

« *Abusus non tollit usum* »
(Maxime de l'ancien droit)

Une vision assez classique du droit de la concurrence est celle d'un droit « de l'abus ». La régulation concurrentielle est, dans cette vision, le corollaire de la liberté des agents économiques d'opérer sur les marchés : l'ordonnance du 1er décembre 1986 ne s'intitulait-elle pas « De la liberté des prix et de la concurrence » ? Le droit de la concurrence est alors vu comme un garde-fou, qui incrimine les pratiques visant à remplacer le libre jeu des forces du marché par « autre chose », un accord de volonté dans le cas des ententes anticoncurrentielles, une pratique unilatérale abusive, rendue possible par un fort pouvoir de marché, dans le cas de l'abus de position dominante. Cette acception est forcément prégnante dans la théorie classique de cette dernière infraction : comme on le sait bien, en droit de l'Union comme en droit français, il n'est pas interdit de détenir une position dominante sur un marché – celle-ci, si elle a été acquise par les mérites de meilleurs produits aux meilleurs prix, pouvant être synonyme de bienfaits pour le consommateur –, mais il est interdit d'en abuser. Ainsi, par exemple, au sens de l'article L. 420-2 du code de commerce, pour qu'il y ait abus de position dominante, il faut qu'il y ait tout à la fois l'existence d'une position dominante sur un marché déterminé (le « marché pertinent »), une exploitation abusive de cette position, et un objet ou un effet, au moins potentiel, restrictif de concurrence. La meilleure preuve en est d'ailleurs que ces abus, dont il n'existe pas de typologie exhaustive, et qui peuvent être de toutes sortes (prix prédateurs ou discriminatoires, remises de couplage ou de fidélisation, dénigrement…) voient leur nature anticoncurrentielle intrinsèquement liée à l'existence de la position dominante. En d'autres termes, ces mêmes pratiques, mises en œuvre par des entreprises qui ne détiennent pas une telle position, ne constituent pas des abus. Pas d'incrimination de la position dominante en soi, mais pas d'abus sans elle : on pressent les liens finalement complexes qui existent entre les deux composantes de l'infraction. On comprend aussi que, par nature, le contentieux de l'abus de position dominante est un contentieux *ex post*, et un contentieux des comportements, qu'on oppose couramment au contrôle des concentrations, *ex ante*, et centré sur les structures.

Dès lors, la tentation peut être forte de vouloir appliquer au domaine des pratiques anticoncurrentielles la régulation des structures, et de s'affranchir de la nécessité de l'abus. Elle se heurte à une difficulté de taille : comment faire le tri, sans verser dans le concept américain de *monopolization*, entre les positions dominantes vertueuses et les autres ? Surtout, quels remèdes structurels appliquer, en termes d'efficacité, mais aussi de proportionnalité, sans heurter de front certains principes fondamentaux ? L'objet de ce billet est de montrer que, pourtant, cette tentation existe de longue date en droit de la concurrence, et qu'elle prend corps, par étapes, alors qu'elle supposerait en réalité une remise en cause des fondements du droit de la concurrence, lequel continue très largement à reposer sur la notion de marché pertinent et sur la régulation des comportements. La question mérite d'autant plus d'être posée en ces termes que, si l'instillation d'une forme de régulation structurelle dans le cadre actuel du droit de la concurrence pose des questions sérieuses, les limites de celui-ci face aux phénomènes préoccupants que sont les conquêtes extrêmement rapides de niveaux sans précédent de pouvoir de marché en matière numérique et de données et le développement de nouvelles formes d'entreprises très puissantes, capables d'accéder rapidement à un statut d'« hyperdomination », en posent également.

À partir de la toute fin du XIXe siècle, la genèse du droit antitrust américain a balancé, avec l'adoption en 1890 de la Section 2 du Sherman Act, entre les deux conceptions : le démantèlement des « trusts » qui a accompagné les débuts de la régulation concurrentielle avec les affaires *Standard Oil* ou *Alcoa* et illustré par *The Curse of Bigness* d'un Louis D. Brandeis a cédé le pas devant la nécessité d'une distinction entre les situations de domination nocives et les autres. De notre côté de l'Atlantique, l'outil de régulation structurelle était absent du traité de Rome comme de l'ordonnance du 1er décembre 1986. Il est donc peu répandu en droit continental, pour qui les injonctions accompagnent les décisions de scondamnation pour abus de position dominante ou, en droit français et dans de rares cas, des décisions de contrôle des concentrations prises après examen approfondi. Pourtant, au fil du temps, cette idée, qui figurait en germe – on serait tenté de dire, à l'état de cellule dormante – à l'article L. 430-9 du code de commerce, s'est peu à peu enracinée dans le paysage juridique français et européen, au point, progressivement, de poser la question de la nature même d'une régulation concurrentielle à la croisée des chemins.

L'article L. 430-9 du code de commerce a été créé, dans sa version initiale, par la loi sur les nouvelles régulations économiques (dite « NRE ») du 15 mai 2001, et modifié par la loi de modernisation de l'économie du 4 août 2008 (dite « LME »). Dès l'origine il permettait, du moins en théorie, d'agir *ex post* sur les structures en permettant la remise en cause d'une opération de concentration – même notifiée et autorisée – en cas d'exploitation abusive d'une position dominante ou d'un état de dépendance économique. Cette disposition n'a connu qu'une seule mise en œuvre, dans le dossier dit des « eaux de Marseille », laquelle n'est d'ailleurs pas allée à son terme, les parties ayant pris les devants pour procéder au décroisement des filiales concernées. Il reste que cet article qui a eu la particularité d'introduire dans le système de contrôle *a priori* des concentrations un élément de régulation structurelle *a posteriori* ne fait pas moins partie intégrante du dispositif législatif – ne serait-ce qu'au titre « d'arme de non-emploi », pour oser un parallèle hasardeux avec la dissuasion nucléaire.

Sur ce socle, lié au contrôle des concentrations, un édifice ne demandait qu'à être bâti. La préfiguration de la construction se trouve déjà dans le rapport de la commission pour la libération de la croissance française (dite « commission Attali ») rendu en 2008 préalablement à l'adoption de la loi LME. Ce rapport recommandait (recommandation n° 207) l'extension de l'article L. 430-9 précité à tous les cas d'abus de domination – ce qui revenait à préconiser l'adoption de pouvoirs généraux d'injonction structurelle en cas d'abus de position dominante. La première étape de cette évolution a été franchie par la loi dite « LME », avec l'adoption de l'article L. 752-26 du code de commerce, applicable uniquement au secteur de la distribution alimentaire. Cet article, récemment abrogé (*infra*), prévoyait qu'en cas d'exploitation abusive d'une position dominante ou d'un état de dépendance économique de la part d'une entreprise active dans le secteur du commerce de détail, l'Autorité de la concurrence pouvait, après une condamnation n'ayant pas permis de mettre fin à l'infraction, et sous réserve que cela constitue le seul moyen permettant de garantir une concurrence effective dans la zone de chalandise considérée, imposer à l'issue d'une procédure contradictoire des injonctions de cession de surfaces. Évidemment, les exigences posées par le texte (il faut qu'un abus de domination ait été commis par l'entreprise et que les mesures adoptées pour le sanctionner et le faire cesser soient demeurées vaines) le rendaient *de facto* peu applicable. Mais il reste que le principe d'un instrument redoutable à la disposition de l'Autorité de la concurrence était pour la première fois introduit dans l'arsenal législatif concurrentiel et l'on comprend que celle-ci ait pu appeler clairement de ses vœux son développement pour appréhender facilement des situations de pouvoir de marché obtenues par croissance organique, ou par croissance externe mais résultant de l'agrégation d'opérations n'excédant pas les seuils du contrôle des concentrations.

La deuxième étape a été franchie par l'Autorité de la concurrence dans son avis n° 12-A-01 du 11 janvier 2012 relatif à la situation concurrentielle dans le secteur de la distribution alimentaire à Paris. Dans cet avis, l'Autorité faisait le constat d'une domination d'un groupe en particulier avec 60 % des surfaces *intra-muros*, et y associait – sans caractérisation d'abus – un déficit de concurrence lié à un niveau de prix trop élevé. Surtout, elle déplorait que les contraintes inhérentes à l'exercice des dispositions de l'article L. 752-26 du code de commerce le rendent très difficile à mettre en œuvre, et proposait par conséquent que le législateur lui donne la possibilité – entourée de garanties procédurales – de prononcer directement des injonctions structurelles, en lui permettant en l'espèce d'imposer à l'opérateur dominant de vendre des actifs à ses concurrents afin d'agir directement sur l'intensité de la concurrence et donc sur les causes – la position dominante – et non plus les conséquences.

La troisième étape n'a guère tardé puisque dès la fin de la même année la loi n° 2012-1270 du 20 novembre 2012, dite « Lurel », certes dans un contexte circonscrit (le commerce de détail outre-mer), octroyait à l'Autorité de la concurrence un pouvoir d'injonction structurelle. Ce texte a été adapté et renforcé depuis à trois reprises (par l'ordonnance n° 2014-487 du 15 mai 2014, la loi n° 2015-990 du 6 août 2015 et la loi n° 2020-1508 du 3 décembre 2020), notamment en supprimant l'étape préalable de la proposition d'engagements. Dans sa version en vigueur, cette disposition permet, eu égard aux contraintes particulières inhérentes aux territoires ultramarins et à l'issue d'une procédure contradictoire, le prononcé d'injonctions de cessions en cas d'existence d'une position dominante soulevant « *des préoccupations de concurrence du fait de prix ou de marges élevés pratiqués par l'entreprise ou le groupe d'entreprises en comparaison des moyennes habituellement constatées dans le secteur concerné* ».

Ce dispositif a été complété par l'adoption, en Polynésie française et en Nouvelle-Calédonie, de lois du pays dotant les autorités locales de la concurrence de prérogatives analogues, sous le titre évocateur de « Résorption des situations soulevant des préoccupations de concurrence » (lois du pays n° 2013-8 du 24 octobre 2013 et n° 2014-15 du 25 juin 2014, relatives respectivement à la concurrence en Nouvelle-Calédonie et en Polynésie). Particularités intéressantes : alors que le régime polynésien a été assoupli en 2018 (l'injonction ne concerne désormais que les cas d'abus de position dominante réitérés ; loi du pays n° 2018-31 du 9 août 2018), le dispositif néo-calédonien n'est pas expressément limité au commerce de détail mais concerne potentiellement, même s'il se réfère aux zones de chalandise, d'autres secteurs de l'économie, semblant ouvrir à l'injonction structurelle des horizons excédant ces marchés-tests, ce d'autant que le dispositif a été validé en son temps par le Conseil constitutionnel motif pris de l'absence d'atteinte disproportionnée à la liberté d'entreprendre (déc. n° 2013-3 LP du 1er octobre 2013).

Et, de fait, cette tentative de généralisation ne s'est pas fait attendre puisque dès 2015 le projet de loi pour la croissance, l'activité et l'égalité des chances économiques (dite loi « Macron ») comportait une nouvelle rédaction de l'article L. 752-26 du code de commerce permettant à l'Autorité de la concurrence, toujours dans le secteur du commerce de détail, de prononcer « *sous certaines conditions, en France métropolitaine, les injonctions structurelles [...] en cas d'existence d'une position dominante et de détention d'une part de marché supérieure à 50 %* ». Il s'agissait ainsi d'une généralisation du dispositif de la loi « Lurel ». Mais cette fois-ci, dans sa décision n° 2015-715 DC du 5 août 2015, le Conseil constitutionnel a censuré ce mécanisme au motif de l'absence d'un nécessaire constat d'abus de position dominante susceptible d'avoir été acquise par les mérites propres de l'entreprise concernée. Par ailleurs, le Conseil observe qu'alors que ce dispositif avait initialement vocation à remédier à des situations particulières, son champ d'application se serait trouvé généralisé à l'ensemble du territoire, portant ainsi une atteinte cette fois disproportionnée tant à la liberté d'entreprendre qu'au droit de propriété. Il en découle que le pouvoir d'injonction structurelle ne doit pas constituer la sanction d'une infraction aux règles de concurrence mais se doit d'être cantonné à un champ d'application restreint en tant que dernier recours dans une situation dans laquelle aucun autre outil n'a pu fournir de solution adéquate.

Était-ce pour autant là un coup d'arrêt à l'instillation des mesures structurelles ? Un ralentissement, plutôt, puisqu'à la faveur de la transposition en droit interne de la directive (UE) 2019/1 du 11 décembre 2018, dite « ECN + », l'ordonnance n° 2021-649 du 26 mai 2021, adoptée conformément à l'article 37, I de la loi n° 2020-1508 du 3 décembre 2020 (dite loi « DDADUE »), modifie l'article L. 464-2 du code de commerce et y introduit la faculté pour l'Autorité d'imposer des mesures correctives de nature non plus seulement comportementale, mais aussi structurelle, proportionnées à la pratique anticoncurrentielle commise et nécessaires pour faire cesser effectivement l'infraction, avec obligation d'opter pour la mesure « *la moins contraignante* » si le choix entre la mesure comportementale et structurelle s'offre à elle. Cet ajout, qui emporte au passage abrogation de l'article L. 752-26 précité, n'est pas anodin : s'il suppose un abus préalable, contrairement à certains des régimes ultramarins précités, il n'est en effet plus limité au secteur du commerce de détail…

Or, indépendamment des points soulevés par le Conseil constitutionnel, ces régimes d'injonctions structurelles, malgré leur géométrie variable (limitations territoriales ou sectorielles, nécessité ou non d'un abus préalable…), posent tous des difficultés d'application significatives – ce qui explique peut-être qu'ils ne soient jamais utilisés (ou, si l'on veut être moins polémique, qu'ils jouent avant tout un rôle dissuasif). D'abord, d'un point de vue juridique, l'évolution vers un régime d'injonctions structurelles en l'absence d'abus poserait de nombreuses questions, au-delà même de l'analyse du Conseil constitutionnel, fondées sur les atteintes à la liberté d'entreprendre et au droit de propriété, comme l'articulation du dispositif avec la capacité de l'Autorité de se saisir d'office en matière consultative, ou encore l'imprécision des modalités de mise en œuvre, qui est intrinsèquement porteuse d'une insécurité juridique importante pour les entreprises. D'un point de vue économique, le système d'injonctions structurelles s'accompagne, même en présence de garanties procédurales, d'effets délétères susceptibles de dissuader l'investissement. Des injonctions structurelles suscitées par le constat opéré par l'Autorité de la concurrence de prix anormalement élevés par référence à des moyennes constatées dans ce secteur, et non à une analyse contrefactuelle rigoureuse, conduiraient indirectement à une forme de contrôle des prix incompatible avec la libre concurrence, et à une immixtion dans la gestion interne des entreprises en sanctionnant leurs choix stratégiques selon des critères opaques ou mal définis et leur imposant, *in fine*, de devoir céder des actifs à des concurrents qui n'auront ni pris le risque ni supporté le coût de l'investissement. Il n'est d'ailleurs pas évident que des concurrents rachètent des actifs cédés sous le coup d'une injonction structurelle s'ils ne jugeaient pas la zone rentable *ab initio*, comme il est difficilement concevable que ces cessions contraintes se fassent au prix du marché, ce qui priverait non seulement l'opérateur concerné d'une partie de ses actifs, mais lui ferait également subir une destruction de valeur injustifiable. On imagine les effets malthusiens induits sur les investissements des entreprises les plus efficaces et dynamiques. Par ailleurs, comment circonscrire autrement que discrétionnairement des préoccupations de concurrence qui ne sont pas des infractions mais qui pourraient entraîner des mesures structurelles ? Comment sérieusement définir des niveaux de prix ou de marge élevés, au surplus par comparaison avec le secteur économique concerné et non un marché pertinent au sens du droit de la concurrence ? Enfin et peut-être surtout, comment traduire de façon proportionnée un excès de prix supposé en volume correspondant de cessions d'actifs ?

L'introduction de mesures structurelles *ex ante* dans le régime actuel de régulation concurrentielle pose donc de réelles difficultés, qu'illustrent d'ailleurs son instillation asymétrique et en ordre dispersé, et surtout le fait que le dispositif reste largement inusité. Pour autant, il est un domaine dans lequel la question de l'emploi de tels dispositifs se pose avec acuité, celui, bien sûr, du numérique.

D'une part, les enjeux concurrentiels, encore émergents pour certains, sont colossaux. En matière de transformation numérique, certaines questions ont déjà été envisagées par les autorités de concurrence, comme ce qui touche aux données et au *big data*, aux plateformes d'intermédiation, à la question des critères d'évaluation du pouvoir de marché des géants du numérique, qui maîtrisent des masses considérables de données et renforcent de façon continue leurs positions par les effets de réseau. D'autres en revanche sont moins explorées, ou sont encore en gestation, mais sont porteuses de mutations importantes en termes de fonctionnement de la concurrence, qu'il s'agisse des nouvelles générations d'outils qui reposent sur l'intelligence artificielle ou des questions que pose, du point de vue stratégique comme des points de vue économique et concurrentiel, l'arrivée de ces modèles distribués et décentralisés que sont les « chaînes de blocs » ou *blockchains*.

La question de la spécificité numérique n'est pas neutre, car alors que le droit de la concurrence repose encore largement sur la délimitation de marchés pertinents et l'analyse des effets de pratiques identifiées sur ces marchés, dès lors qu'il s'agit de transformation numérique, les frontières traditionnelles ont tendance à s'estomper. Les différentes composantes de cette transformation numérique, pour être imbriquées, ne sont pas toutes au même stade de maturité. Elles forment un écosystème protéiforme, mais où elles sont toutes plus ou moins interdépendantes, ce qui rend l'analyse concurrentielle et les délimitations de marchés difficiles à envisager de façon claire (la collecte des données par les opérateurs ou les plateformes alimente par exemple les autres versants des marchés multifaces, et les algorithmes et autres outils prédictifs produisent à leur tour des effets concurrentiels, en matière de marketing actif ou de tarification). Les plateformes pourront aussi avoir intérêt à s'adosser, pour leurs transactions, à la technologie *blockchain*, alors que c'est cette même technologie, à terme, qui pourrait priver de sens leur rôle d'intermédiation en permettant des relations économiques sans intermédiaires et l'automatisation des relations contractuelles (« *smart contracts* »). Enfin, ces différentes composantes ont quasiment toutes des effets concurrentiels ambigus, étant potentiellement porteuses d'effets bénéfiques pour le bien-être global, voire dans certains cas d'effets proconcurrentiels, et dans d'autres d'effets potentiellement négatifs. Sur le « marché de l'attention », les journées n'ayant, face à une offre pléthorique, que vingt-quatre heures, le transfert du « temps de cerveau disponible » vers les offres numériques s'accompagne d'un transfert corrélatif des recettes publicitaires – et l'Autorité a déjà relevé un brouillage des lignes de partage entre services linéaires/non linéaires et gratuits/payants, allié à une convergence croissante des marchés. S'agissant en particulier des *blockchains*, la question de la délimitation de marché reste largement à défricher. Le registre distribué permet de stocker de l'information, d'y accéder et d'intégrer de nouvelles informations qui deviennent infalsifiables. Il permet donc à des agents qui ne se connaissent pas d'effectuer une transaction de manière sécurisée et sans passer par un tiers de confiance (banque, notaire, centre de clearing, plateforme d'intermédiation) censé prévenir les risques de fraude en tenant seul le registre des transactions. La *blockchain* permet en effet l'échange direct sur un réseau pair à pair, et l'enregistrement de la transaction dans un registre (« *ledger* ») qui garde trace de toutes les opérations effectuées, et qui n'est pas détenu dans un lieu centralisé mais « distribué » dans les ordinateurs de tous les participants, qui sont appelés « nœuds ». Chaque nouveau bloc de transactions vient s'ajouter à la chaîne, lié au précédent par le procédé cryptographique. La *blockchain* contient ainsi l'ensemble des opérations validées depuis la création de la chaîne. Dans son acception publique (comme le protocole bitcoin), la *blockchain* repose sur la transparence totale et est donc porteuse de risques collusifs. Dans son acception privée (chaînes contrôlées avec sélection des participants), elle est potentiellement porteuse d'effets d'éviction et la question se pose de savoir si ces risques concurrentiels peuvent être appréhendés par les outils traditionnels du droit de la concurrence, et de la délimitation de marché à retenir pour la caractérisation d'une éventuelle position dominante. On le voit, les fondements traditionnels de la concurrence entre agents économiques (et notamment le prix) sont remis en cause par le développement rapide du secteur numérique. Les délimitations de marchés par mesure de substituabilité du point de vue de la demande sont dépassées, notamment s'agissant de plateformes gratuites (pour lesquels le test SSNIP est naturellement inopérant), le risque étant de dégager des marchés détachés de la réalité économique.

D'autre part, la plupart des activités numériques se caractérisent par la prééminence d'effets de réseau qui, dès lors qu'ils sont enclenchés, permettent l'acquisition extrêmement rapide d'un pouvoir sans partage, sur un marché qu'on peine à définir en raison du caractère mouvant de ses frontières et des effets de contagion sur des activités dont on ne sait plus si elles sont connexes, ou les autres faces d'une même activité. Facebook, inconnu il y a 15 ans, compte aujourd'hui 2,5 milliards de membres actifs. Il a racheté, dans les conditions que l'on connaît, Instagram et WhatsApp. Comme l'a souligné le professeur Lévêque dans son ouvrage consacré aux entreprises hyperpuissantes[1], il a fallu 4 ans et demi à Facebook pour recruter 100 millions d'abonnés, quand il en a fallu 75 au téléphone pour arriver au même résultat. Baisse des coûts de communication, effets de réseau (notamment croisés), essor de la géolocalisation et banalisation des terminaux mobiles ont permis l'explosion de la rapidité du développement

---

1 *Les entreprises hyperpuissantes : Géants et Titans, la fin du modèle global ?*, Paris, Odile Jacob, 2021.

des premiers opérateurs à capitaliser sur les effets de réseau, avec un effet « *winner takes all* » illustré par Uber ou WhatsApp, qui a eu pour effet de construire en un temps record des positions d'hyperpuissance.

Face à ces situations, la tentation de la régulation *ex ante* des structures reparaît, avec sans doute davantage de légitimité en l'absence de « *mesure moins contraignante* » efficace dans un contexte où le temps administratif et le temps économique sont totalement déconnectés : si une mesure correctrice est nécessaire, il faut être en mesure de le détecter rapidement, et d'agir avant que les effets de réseau ne soient durablement mis en œuvre. À défaut, comme l'ont illustré les affaires *Microsoft*, *Apple* ou *Google*, une procédure contradictoire de plusieurs années, même si elle débouche sur une amende qui se compte en milliards d'euros, fera aux mastodontes du numérique l'effet désagréable d'une piqûre de moustique.

L'Autorité de la concurrence ne s'y est pas trompée au moment de la transposition de la directive ECN +, en expliquant dans son communiqué de presse du 23 décembre 2020 qu'elle ne ferait vraisemblablement qu'un usage relativement exceptionnel des injonctions structurelles, mais qu'elles pourraient trouver à s'appliquer, en particulier, dans le domaine du numérique. Mais en l'état du texte, il faut un abus préalable. La question qui se pose est alors de savoir si une injonction structurelle « préventive » pourrait être admissible, en termes de proportionnalité, dès lors qu'elle viserait des situations particulières de construction rapide et difficilement réversibles (du moins jusqu'à la prochaine – mais hypothétique – disruption) de domination dans un secteur particulier.

Alors que le président des États-Unis Joe Biden a annoncé en juillet 2021 un large éventail de mesures destinées à lutter contre des pratiques anticoncurrentielles, avec notamment les GAFAM en ligne de mire, les questions de régulation structurelle dans le secteur numérique sont au centre des préoccupations de la Commission européenne dans le cadre de l'élaboration du « *new competition tool* », qui s'est traduite à la fin de l'année 2020 par une proposition de règlement relatif aux marchés contestables et équitables dans le secteur numérique (Digital Markets Act ou DMA), combinée avec une proposition complémentaire de règlement sur les services numériques (Digital Services Act ou DSA) portant sur des problématiques comme la responsabilité des intermédiaires en ligne pour les contenus de tiers ou la sécurité des utilisateurs en ligne. Ce dispositif, qui a fait l'objet au mois de juin 2021 d'une proposition de résolution législative du Parlement européen, pourrait entrer en vigueur à la fin de l'année 2022.

Cette proposition tire expressément les conséquences de l'inadaptation des outils traditionnels du droit de la concurrence au secteur numérique, vu comme comprenant à la fois de nombreux acteurs modestes (plus de 10 000 plateformes en ligne opèrent au sein de l'économie numérique européenne) mais aussi quelques géants qui captent la plus grande part de la valeur totale générée en raison des caractéristiques précitées du marché (économies d'échelle et de gamme extrêmes, puissants effets de réseau, dépendance à l'égard des données et tarification nulle...). Elle se limite, au sein du secteur numérique, aux services de plateforme essentiels, et prévoit une liste d'obligations que ces acteurs les plus puissants (les contrôleurs d'accès ou « *gatekeepers* ») devraient suivre.

Ces grands *gatekeepers*, actifs dans les services d'intermédiation en ligne, de moteurs de recherche, de réseaux sociaux, de partage de vidéos ou de services de communication interpersonnelle non fondés sur la numérotation, de *clouds* ou de publicité en ligne, devraient pour être concernés remplir certaines conditions, dont celle de représenter un certain poids sur le marché intérieur et d'assurer un service de plateforme essentiel qui constitue un point d'accès majeur permettant aux entreprises utilisatrices d'atteindre leurs utilisateurs finaux (avec des présomptions – réfragables – en fonction du chiffre d'affaires ou du nombre d'utilisateurs). Les *gatekeepers* remplissant ces conditions seraient alors assujettis à de multiples obligations spécifiques, dont certaines sont encore à préciser, déclaratives (déclaration du statut et fourniture d'informations qualitatives et quantitatives sur l'activité et la structure du marché, information sur les projets de concentrations), et bien sûr à des obligations de faire (permettre aux entreprises utilisatrices de proposer les mêmes produits et services aux utilisateurs finaux par l'intermédiaire de services d'intermédiation en ligne tiers à des conditions différentes de celles proposées sur le service d'intermédiation de l'entreprise concernée, autoriser les entreprises utilisatrices à promouvoir leurs offres et à conclure des contrats avec les utilisateurs finaux en dehors de sa plateforme, permettre aux utilisateurs finaux de désinstaller toute application logicielle préinstallée, permettre l'installation et l'utilisation d'applications logicielles tierces, appliquer des conditions générales d'accès équitables et non discriminatoires...) ou de ne pas faire (s'abstenir de combiner les données personnelles entre ses services ou avec des données à caractère personnel provenant de services tiers, sauf si l'utilisateur a donné son consentement éclairé, d'imposer aux entreprises utilisatrices d'utiliser son service d'identification ou d'exiger des entreprises utilisatrices et utilisateurs finaux qu'ils s'abonnent/s'enregistrent à un autre service de l'entreprise comme condition d'accès, d'utiliser les données générées par les entreprises utilisatrices et les utilisateurs finaux, d'accorder un traitement plus favorable à ses propres produits et services...), qui s'apparentent en réalité... à de la prévention d'abus de position dominante. Pour garantir le respect de ces obligations, et ainsi permettre la contestabilité des marchés du numérique, la Commission disposerait d'un large éventail de pouvoirs de désignation des entreprises soumises aux obligations, de définitions de ces obligations, d'enquête et de sanctions – amendes mais aussi, évidemment, possibilité de rendre des engagements obligatoires ou de formuler des injonctions comportementales ou structurelles en cas de non-respect systématique des obligations.

On voit poindre le problème : dans la mesure où, selon le considérant 10 de la proposition de règlement, les règles « traditionnelles » du droit de la concurrence ont pour objectif la protection d'une concurrence non faussée sur les marchés, alors que le règlement proposé aurait pour objectif de veiller à ce que les marchés sur lesquels les contrôleurs d'accès opèrent soient et restent contestables et équitables, indépendamment des effets réels, éventuels ou présumés sur la concurrence, la Commission pourrait en théorie se saisir sur les deux fondements. Indépendamment des problématiques liées au principe *non bis in idem*, cette dualité est, en fait, révélatrice de la différence de nature entre les outils traditionnels du droit de la concurrence en matière de domination et les injonctions structurelles « préventives » telles que celles que l'Autorité appelait de ses vœux dans son avis de 2012. Or, l'expérience a montré l'inutilité des dispositifs supposant la commission préalable d'un abus. Pour cela, il y a les mesures conservatoires, quitte à en moderniser le dispositif pour rendre leur utilisation plus aisée. Quant aux « vraies » injonctions structurelles, celles qui seraient prises à titre préventif, sans nécessaire caractérisation d'un abus, elles sont difficilement solubles dans le droit de la concurrence. On a bien vu, dans les développements qui précèdent, que le mélange n'est pas homogène, qu'il s'agit au mieux d'une émulsion.

La première des solutions serait, par conséquent, de ne pas mélanger l'huile et l'eau, et d'assumer une régulation numérique, au plan européen, qui soit autonome et qui s'assume comme telle – une véritable autorité de régulation des marchés numériques, dotée de pouvoirs proportionnés avec la magnitude des risques et des enjeux. Ce n'est pas une idée nouvelle, mais elle pourrait faire son chemin. L'autre solution, c'est l'intégration de la régulation structurelle dans le droit de la concurrence. Mais cela suppose de remplacer l'émulsion par une nouvelle liqueur, qui pourrait être plus amère pour les entreprises et qui suppose en toute hypothèse un véritable changement de paradigme du droit de la concurrence.

Nous n'en sommes manifestement pas (encore) là, mais après tout personne n'est à l'abri de la disruption – pas même le droit de la concurrence.

À la recherche de l'auteur d'une infraction au droit européen de la concurrence : D'un cumul de responsabilités personnelles à une responsabilité impersonnelle

Marie-Cécile Rameau*
Bredin Prat

Résumé

Au fil de ses arrêts, la Cour de justice a longtemps cherché à concilier la notion d'entreprise, sujet du droit de la concurrence, avec le principe de responsabilité personnelle, attachée à la personne physique ou morale auteur de l'infraction. À la faveur d'une question préjudicielle relative à un contentieux indemnitaire, la Cour a abandonné cette construction jurisprudentielle raffinée au profit d'une solution brutale faisant primer l'entreprise sur les personnes morales qui la composent. Ce faisant, elle a révolutionné les règles de droit civil des États membres de l'Union européenne : la responsabilité des infractions au droit de la concurrence et des dommages qu'elles causent à autrui n'est plus attachée à une personne juridique.

* Associée, Bredin Prat.

L'imputation des infractions aux articles 101 et 102 du traité sur le fonctionnement de l'Union européenne (« TFUE »), la responsabilité qui en découle et ses conséquences procédurales continuent de donner lieu à un contentieux nourri devant les juridictions européennes.

Après s'être contentée dans un premier temps de poursuivre les sociétés qui avaient enfreint le droit de la concurrence, la Commission européenne (« la Commission ») a décidé dans les années 1990 d'y associer leurs sociétés mères. Cette nouvelle pratique visait à renforcer l'effectivité du droit de la concurrence. En attrayant à la procédure les sociétés faîtières des groupes internationaux, la Commission pouvait atteindre des sociétés ayant leur siège hors du territoire de l'Union ; elle pouvait accroître le montant des amendes infligées aux contrevenants, d'une part en calculant leur plafond en fonction du chiffre d'affaires global du groupe, d'autre part en élargissant le champ de la récidive ; elle pouvait enfin garantir le paiement des amendes qu'elle inflige en condamnant la société mère solidairement avec sa filiale. La fonction dissuasive de son action s'en trouvait renforcée.

La Cour de justice de l'Union européenne (« la Cour de justice » ou « la Cour ») a tout d'abord confirmé la licéité de cette pratique procédurale, n'y voyant aucune entorse aux principes fondamentaux de responsabilité du fait personnel et de personnalité des peines, pas plus qu'aux droits de la défense ou à l'égalité des armes. Et ce, même dans l'hypothèse où filiale et société mère ne font plus partie du même groupe au cours de la procédure, si bien que cette dernière se trouve démunie pour contester l'existence de l'infraction ou l'ampleur de la participation de son ancienne filiale. Puis la Cour a facilité cette pratique en assouplissant les conditions d'imputation de la responsabilité qui en découle. Laurence Idot avait retracé et analysé cette évolution dans une communication présentée lors d'un colloque organisé par le Collège de France en 2011[1].

Il est ainsi désormais acquis que les rédacteurs du traité de Rome ayant choisi d'utiliser la notion d'« entreprise » pour désigner l'auteur de pratiques anticoncurrentielles, c'est à l'« entreprise » qu'il incombe de répondre des infractions aux articles 101 ou 102 qu'elle commet. De jurisprudence constante, « *la notion d'entreprise comprend toute entité exerçant une activité économique, indépendamment du statut juridique de cette entité et de son mode de financement* »[2] et « *placée dans ce contexte* », elle « *doit être comprise comme désignant une unité économique, même si, du point de vue juridique, cette unité économique est constituée de plusieurs personnes physiques ou morales* »[3].

1 L. Idot, « La responsabilité pénale des personnes morales : Les leçons du droit européen de la concurrence », *Concurrences* n° 1-2012, art. n° 41678, p. 55.

2 CJCE, 11 décembre 2007, *ETI e.a.*, aff. C-280/06, EU:C:2007:775, pt 38 ; v. aussi C. Sarrazin, « Sanction : La CJCE fait prévaloir l'effet utile du droit communautaire de la concurrence dans l'application du principe de la responsabilité personnelle (*Ente Tabacchi italiani – ETI*) », 11 décembre 2007, *Concurrences* n° 1-2008, art. n° 15253, p. 105.

3 CJUE, 20 janvier 2011, *General Química e.a.*, aff. C-90/09 P, EU:C:2011:21, pt 35 ; v. aussi M. Koehler de Montblanc, « Filiale interposée : La Cour de Justice considère que la présomption de responsabilité tirée de la détention par une société, même indirectement, de la totalité du capital d'une filiale s'applique (*General Química, Repsol Química, Repsol*) », 20 janvier 2011, *Concurrences* n° 4-2010, art. n° 34922.

Le législateur de l'Union a retenu cette même notion d'« entreprise » pour définir l'entité à laquelle la Commission peut infliger une amende[4]. La Cour de justice le rappelle systématiquement sous forme d'attendus de principe dans tous ses arrêts traitant de l'imputation de pratiques anticoncurrentielles[5].

Pour autant, seules des personnes physiques ou morales peuvent être mises en cause dans le cadre d'une procédure. Cette « *contrainte* », que la Cour a étrangement qualifiée de « *purement pratique* »[6], l'a longtemps conduite à jongler entre l'entreprise et les personnes qui ont enfreint le droit de la concurrence pour tenter de les concilier, aboutissant à un cumul de responsabilités personnelles (I.). Elle a tout récemment décidé de donner la primauté à l'entreprise, les personnes juridiques devenant indifférentes, si bien que la responsabilité de l'infraction tend à devenir impersonnelle (II).

I. D'un cumul de responsabilités personnelles…

Jusqu'à présent, la Commission commence par rechercher la responsabilité de la personne qui a directement pris part à l'infraction puis elle identifie, au sein de l'entreprise à laquelle elle appartient, les autres personnes auxquelles l'infraction peut être imputée. Elle détermine ensuite librement laquelle de ces personnes sera destinataire de la communication des griefs et de la décision[7].

La personne qui a pris part à l'infraction est le plus souvent la société qui a participé aux concertations anticoncurrentielles ou mis en œuvre l'abus de position dominante. Il peut aussi s'agir de sociétés tierces : un agent ayant agi pour son compte[8] ou un prestataire de services dont l'indépendance à son égard n'est que factice et qu'il est possible d'assimiler à un salarié[9]. Le Conseil d'État

---

4 Art. 23 du règlement (CE) n° 1/2003 du Conseil du 16 décembre 2002 relatif à la mise en œuvre des règles de concurrence prévues aux articles 81 et 82 du traité, *JOCE* n° L 1 du 4 janvier 2003, p. 1.

5 V. p. ex. CJUE, 25 mars 2021, *Deutsche Telekom*, aff. C-152/19 P, EU:C:2021:238, pts 72-73 ; v ? aussi F. Marty, « Abus d'éviction : La Cour de justice de l'Union européenne rejette le pourvoi formé par un opérateur du secteur des télécommunications contre l'arrêt du Tribunal de l'Union européenne confirmant la décision de la Commission européenne établissant sa responsabilité de maison mère dans un cas de compression des marges mis en œuvre par l'une de ses filiales (*Deutsche Telekom*) », 25 mars 2021, *Concurrences* n° 2-2021, art. n° 100392, pp. 86-88.

6 CJUE, 10 avril 2014, *Siemens AG Österreich e.a.*, aff. jtes C-231 à 233/11 P, EU:C:2014:256, pt 55 ; v. aussi M. Behar-Touchais, « Imputabilité : La Cour de justice de l'Union européenne se prononce sur l'imputabilité des pratiques anticoncurrentielles en cas de succession de sociétés mères et sur la solidarité des amendes en cas de succession de sociétés mères dans les restructurations d'entreprises (*Siemens, Areva, Alstom*) », 10 avril 2014, *Concurrences* n° 3-2014, art. n° 68023, pp. 69-74.

7 CJUE, 11 juillet 2013, *Team Relocations*, aff. C-444/11, EU:C:2013:464, pt 85. Pour une étude exhaustive des règles d'imputabilité dans le cadre de l'action publique, v. C. Lemaire, « Responsabilité concurrentielle des groupes de sociétés », *Contrats, conc., consom.* n° 7, juillet 2017, dossier 5, p. 1.

8 TPICE, 15 juillet 2015, *Voestalpine*, aff. T-418/10, EU:T:2015:516, pts 134 et s. ; v. aussi E. Thomas, « Réduction de l'amende : Le Tribunal de l'Union européenne approuve l'imputation par la Commission du comportement infractionnel d'un agent à son commettant, mais réduit l'amende infligée, en ce que cette dernière est disproportionnée (*Voestalpine*) », 15 juillet 2015, *Concurrences* n° 4-2015, art. n° 76304, pp. 113-114.

9 CJUE, 21 juillet 2016, *VM Remonts*, aff. C-542/14, EU :C :2016 :578, pt 27.

italien a même interrogé la Cour de justice sur la possibilité d'imputer à une société un abus de position dominante mis en œuvre par ses concessionnaires[10].

Ensuite, la Commission peut « *dans certaines conditions* »[11] imputer l'infraction à d'autres sociétés : sa société mère, ou ses sociétés mères pour une entreprise commune. À cette fin, la Commission européenne doit démontrer soit que ces autres sociétés ont la capacité d'exercer une influence déterminante sur le comportement de la filiale directement impliquée dans les pratiques anticoncurrentielles et qu'elles l'ont effectivement exercée, soit que la filiale ne détermine pas de façon autonome son comportement sur le marché mais applique pour l'essentiel les instructions de sa société mère[12]. Le standard de preuve est donc en principe exigeant, bien supérieur à la notion de « contrôle » applicable aux fins du contrôle des concentrations. En réalité, comme chacun le sait, la charge de la preuve se trouve bien souvent renversée par la présomption dont la Cour accorde le bénéfice à la Commission lorsque la société mère détient la totalité ou la quasi-totalité du capital de la filiale ayant pris part à l'infraction. La Cour a étendu cette présomption aux sociétés mères détenant la totalité des droits de vote associés aux actions de leur filiale[13].

Cependant, lorsqu'elle impute l'infraction à la société mère en application des principes rappelés ci-dessus, la Commission doit préciser qu'elle l'attrait à la procédure non pas en qualité d'auteur des pratiques anticoncurrentielles mais en tant que société mère solidairement responsable[14]. En ce cas, aux termes de l'arrêt *Tomkins* de la grande chambre de la Cour, sa responsabilité est « *purement dérivée et accessoire et dépend ainsi de celle de sa filiale* »[15]. Pour autant, la société mère est « *censée avoir commi[s] [l'infraction] elle-même* », donc en être l'auteur. Sa responsabilité personnelle est alors engagée[16].

La Cour en a tiré toutes les conséquences dans l'affaire *Pirelli.* La requérante, condamnée solidairement avec son ancienne filiale qui avait pris part à une entente, plaidait que sa responsabilité, retenue « *en sa qualité de société mère, de manière entièrement dérivée et accessoire* »[17], devait lui donner droit à un

---

10 CJUE, *Unilever Italia Mkt. Operations*, aff. C-680/20.

11 CJUE, 25 mars 2021, *Deutsche Telekom*, aff. C-152/19 P, préc. pt 73, ou « *dans certaines circonstances* » selon CJUE, 10 avril 2014, *Siemens AG Österreich e.a.*, aff. jtes C-231 à 233/11 P, préc., pt 45.

12 CJUE, 25 mars 2021, *Deutsche Telekom*, aff. C-152/19 P, préc., pts 94-96.

13 CJUE, 27 janvier 2021, *Goldman Sachs*, aff. C-595/18 P, EU :C :2021 :73, pts 94-96 ; v. E. Thomas, « Unité économique : La Cour de justice de l'Union européenne confirme qu'une banque d'investissement peut être tenue responsable du comportement infractionnel d'une société indirectement détenue et valide, à cette fin, la mobilisation par la Commission européenne de la présomption de contrôle à partir du seul constat de la détention de la totalité des droits de vote (*Goldman Sachs*) », 27 janvier 2021, *Concurrences* n° 2-2021, art. n° 100249, pp. 71-73.

14 CJCE, 3 septembre 2009, *Bolloré*, aff. C-327/07 P, EU:C:2008:361, pt 39.

15 CJUE, gde ch., 22 janvier 2013, *Tomkins*, aff. C-286/11 P, EU:C:2013:29, pt 39.

16 CJUE, 27 avril 2017, *Akzo Nobel e.a.*, aff. C-516/15 P, EU:C:2017:314, pt 56.

17 CJUE, 28 octobre 2020, Pirelli, aff. C-611/18 P, EU:C:2020:868, pt 85.

« *bénéfice d'ordre ou de discussion* »[18] pour les besoins du paiement de l'amende. En d'autres termes, elle prétendait que la Commission devait d'abord tenter d'obtenir paiement de son ancienne filiale avant, le cas échéant, de se tourner vers elle. La Cour a rejeté sa demande : ayant été « *personnellement condamnée pour une infraction aux règles de concurrence de l'Union qu'elle est censée avoir commise elle-même* », la société mère se trouvait « *dans la même situation* » que sa filiale[19]. La Cour aurait pu se contenter de rappeler que Pirelli étant réputée avoir participé elle-même à l'entente, sa solidarité avec son ancienne filiale « *ne saurait se réduire à une forme de caution fournie par la société mère pour garantir le paiement de l'amende infligée à la filiale* »[20]. Cependant, Pirelli ayant invoqué le principe d'égalité de traitement, elle a dû y répondre et a donc affirmé que société mère et filiale, étant dans la même situation, devaient se voir traitées de la même façon.

L'auteur de l'infraction est donc tout à la fois, d'un point de vue conceptuel, l'entreprise, sujet des articles 101 et 102 TFUE, et, d'un point de vue « pratique » – selon les propres termes de la Cour –, la société ayant directement pris part à l'infraction ou son successeur juridique ou économique en cas de cession ou de restructuration, mais aussi sa société mère.

En 2017, l'avocat général Wahl tentait encore de soutenir qu'« *en conformité avec le principe de responsabilité personnelle* », le principe devait être l'imputation de l'infraction à la société qui y a pris part directement. « *Par exception à ce principe [...] il existe des circonstances dans lesquelles une entité juridique qui n'est pas l'auteur direct de l'infraction peut néanmoins se voir imputer la responsabilité du comportement incriminé* »[21]. La Cour n'a jamais consacré cette thèse. Elle a tout au contraire affirmé en 2021 que « *le fait que la société mère d'un groupe, qui exerce une influence déterminante sur ses filiales, puisse être déclarée responsable solidairement des infractions au droit de la concurrence de l'Union commises par ces dernières ne constitue nullement une violation du principe de responsabilité personnelle, mais constitue, au contraire, une expression de ce principe* »[22].

L'on voit ainsi apparaître deux strates de responsabilité personnelle : celle de l'entreprise et celle des sociétés qui la constituent attraites à la procédure, en quelque qualité que ce soit.

---

18 *Ibid.*, pt. 91.

19 *Ibid.*, pts 95-96.

20 CJUE, gde ch., 26 novembre 2013, *Kendrion*, aff. C-50/12 P, EU:C:2013:771, pt 56.

21 Conclusions AG Wahl, 21 décembre 2016, *Akzo Nobel e.a.*, aff. C-516/15 P, EU:C:2016:1004, pts 54-55.

22 CJUE, 15 avril 2021, *Italmobiliare*, aff. C-694/19 P, EU:C:2021:286, pt 56 ; v. aussi L. Bernardeau, « Amendes : La Cour de justice de l'Union européenne rejette le pourvoi formé contre l'arrêt du Tribunal de l'Union européenne dans l'affaire du conditionnement alimentaire destiné à la vente au détail, en confirmant sa jurisprudence sur la présomption capitalistique et en apportant des précisions sur la valeur des ventes ainsi que sur l'incidence d'une situation de crise du secteur en cause (*Italmobiliare*) », 15 avril 2021, *Concurrences* n° 3-2021, art. n° 101692, pp. 87-88.

Cette solution baroque repose sur une part de fiction, en tout cas sur une abstraction. La Cour a ainsi dit pour droit que « *la séparation formelle entre la société mère et sa filiale, résultant de leur personnalité juridique distincte, ne peut s'opposer à l'unité de leur comportement sur le marché* »[23], sachant que dans nombre de cas, la société mère n'a elle-même aucune activité sur le marché concerné par l'infraction…

Elle se traduit par une jurisprudence qui n'échappe à la contradiction que par un raffinement extrême. Ainsi peut-on lire dans un même arrêt, à quelques paragraphes d'intervalle :

- « *dans certaines circonstances, une personne juridique qui n'est pas l'auteur d'une infraction au droit de la concurrence peut néanmoins être sanctionnée* », à savoir la société mère qui exerce une influence déterminante sur l'auteur de l'infraction ;
- « *[s]i, dans le cadre d'une relation capitalistique verticale de ce type, la société mère en cause est censée avoir commis elle-même l'infraction aux règles de concurrence du droit de l'Union, sa responsabilité pour l'infraction est entièrement dérivée de celle de sa filiale* » ;
- ainsi, « *plusieurs personnes peuvent être tenues pour personnellement responsables de la participation à une infraction commise par une seule et même entreprise* »[24].

En d'autres termes, la société mère n'est pas l'auteur de l'infraction qu'elle est néanmoins censée avoir commise elle-même et dont elle est personnellement responsable, quand bien même sa responsabilité serait entièrement dérivée de celle de sa filiale…

En réalité, il faut comprendre que si aucune société de l'entreprise n'enfreint le droit de la concurrence, la société mère non plus (responsabilité entièrement dérivée) ; par conséquent, si les juridictions européennes réduisent la durée de la pratique anticoncurrentielle de la filiale et diminuent de ce fait le montant de la sanction qui lui a été infligée, la société mère doit bénéficier de la même réduction de sanction puisqu'aussi bien, aucune infraction n'a été constatée pour la période correspondante[25]. Si en revanche une filiale a pris part à une infraction, sa société mère est réputée l'avoir commise avec elle de la même façon et en devient en quelque sorte coauteur en raison de l'influence déterminante qu'elle exerce sur cette filiale (responsabilité personnelle, quoique dérivée).

---

23 CJUE, 25 mars 2021, *Deutsche Telekom*, aff. C-152/19 P, préc., pt 94.

24 CJUE, 10 avril 2014, *Siemens AG Österreich e.a.*, aff. jtes C-231 à 233/11 P, préc., pts 45, 47 et 49.

25 La situation est différente dans l'hypothèse où une infraction a été commise par la filiale, mais où l'action de la Commission s'est éteinte par acquisition de la prescription à son égard. En ce cas, l'infraction demeure et la société mère peut avoir à en répondre si elle est mise en cause par ailleurs pour sa participation directe aux pratiques et si l'action n'est pas prescrite à son égard (CJUE, 27 avril 2017, *Akzo Nobel e.a.*, aff. C-516/15 P, préc., pts 63 et 67).

Une cohérence d'ensemble se dégageait donc jusqu'ici de la jurisprudence construite par la Cour. L'entreprise auteur de l'infraction s'incarnait dans les personnes juridiques bien identifiées qui y ont pris part, soit directement, soit par le truchement d'une filiale.

Elle a volé en éclats lorsque la Cour a décidé de l'appliquer aux actions indemnitaires tendant à la réparation de dommages nés de pratiques anticoncurrentielles, domaine où la volonté de favoriser les demandeurs incline à l'adoption de théories juridiques *ad hoc* risquant ensuite d'essaimer.

II. … à la responsabilité impersonnelle

Dans son arrêt *Skanska* de 2019[26], la Cour avait déjà étendu l'application de la notion d'entreprise aux actions indemnitaires engagées devant les juridictions de droit commun.

Dans cette affaire, trois des sept sociétés qui avaient participé à une entente sanctionnée par l'autorité de concurrence finlandaise avaient fait l'objet d'une liquidation amiable, après quoi leurs sociétés mères avaient repris leurs actifs et poursuivi leur activité économique[27]. Une victime ayant introduit une action indemnitaire se trouvait confrontée à la disparition des personnes morales auteurs de l'infraction. Cela a conduit les juridictions finlandaises à s'interroger sur la possibilité d'imputer la responsabilité du dommage causé par l'entente aux sociétés mères qui avaient repris leurs actifs, comme la Commission aurait pu leur infliger des amendes en application du principe de continuité économique[28].

La Cour de justice répond par l'affirmative. La notion d'entreprise et l'identification de l'auteur de l'infraction sont consubstantielles à l'article 101 TFUE (comme à l'article 102) ; étant d'effet direct, ce texte doit être appliqué par les juges dans toutes ses composantes. De plus, la directive Dommages définit l'auteur de l'infraction à qui incombe la réparation des préjudices subséquents comme étant « l'entreprise »[29]. Le juge national doit donc appliquer les règles d'imputation de la responsabilité de l'infraction que la Cour a définies pour les besoins de la répression des pratiques anticoncurrentielles par la Commission européenne. En l'occurrence, la Cour suggère au juge finlandais d'imputer la responsabilité

---

26 CJUE, 14 mars 2019, *Skanska Industrial Solutions e.a.*, aff. C-724/17, EU:C:2019:204.

27 Conclusions AG Wahl, 6 février 2019, *Skanska Industrial Solutions e.a.*, aff. C-724/17, EU:C:2019:100, pts 10 et 19.

28 Observons qu'en Finlande, le principe de responsabilité personnelle peut être écarté en cas de fraude à la loi. Au cas d'espèce, le recours en série à ce mode de restructuration interne *a priori* peu courant aurait permis de s'interroger sur un éventuel contournement de mauvaise foi des règles de la responsabilité civile. La difficulté pouvait peut-être aussi s'aplanir par le biais d'une responsabilité *in solidum* des différents membres de l'entente, qui aurait permis à la victime de diriger son action contre les autres sociétés sanctionnées.

29 Directive 2014/104/UE du Parlement européen et du Conseil du 26 novembre 2014 relative à certaines règles régissant les actions en dommages et intérêts en droit national pour les infractions aux dispositions du droit de la concurrence des États membres et de l'Union européenne, *JOUE* n° L 349 du 5 décembre 2014, p. 1.

de l'entente aux sociétés mères exploitant les actifs des sociétés qui avaient pris part aux concertations anticoncurrentielles par application du principe de continuité économique.

Cette solution n'allait pas de soi tant elle heurte le principe cardinal de responsabilité personnelle – attachée à une personne physique ou morale, et non à des « entités » dépourvues de la personnalité morale telles que l'entreprise au sens du droit de la concurrence – qui régit la responsabilité extracontractuelle dans le système juridique de nombre d'États membres de l'Union[30].

Elle restait toutefois sur la voie tracée par la jurisprudence de la Cour en matière d'imputation de la responsabilité de pratiques anticoncurrentielles. Il s'agissait simplement d'identifier le successeur de la société ayant directement commis l'infraction.

Le récent arrêt *Sumal*[31], en revanche, va beaucoup plus loin et s'aventure sur des chemins de traverse. Tout en se fondant sur l'arrêt *Skanska* pour affirmer que la notion d'entreprise ne saurait avoir une portée différente dans le contexte de l'imposition d'amendes par la Commission et dans celui d'actions indemnitaires[32], la Cour lui confère une portée tout à fait inédite en permettant aux victimes de diriger leur action contre « *une entité juridique quelconque* » de l'entreprise à laquelle appartient celle qui a directement pris part à l'infraction[33], et non pas seulement contre les sociétés exerçant une influence déterminante sur cette dernière.

La Cour se voit donc contrainte d'ajouter dans un *obiter dictum* que, de même, la Commission européenne « *peut librement tenir pour responsable d'une infraction et sanctionner par l'imposition d'une amende n'importe quelle entité juridique d'une entreprise ayant pris part à [l']infraction* » au droit de la concurrence[34] alors que la jurisprudence, à laquelle renvoient d'ailleurs les conclusions de l'avocat général, n'avait jamais visé jusqu'à présent que la société mère de contrôle[35]. Pour être tout à fait complet, il convient de rappeler que dans l'affaire *Jungbunzlauer*, le Tribunal avait exceptionnellement imputé le comportement anticoncurrentiel d'une société à une société sœur, mais il s'agissait de la société de gestion des filiales opérationnelles de la holding du groupe qui, selon ses propres termes, lui avait donné mandat de diriger l'ensemble de ses activités. La Commission avait donc pu en déduire que la filiale auteur des pratiques « *ne déterminait pas de*

30 R. Saint-Esteben, « La question de la responsabilité civile des sociétés mères du fait des infractions aux règles de concurrence commises par leurs filiales : La voix du silence », *Concurrences* n° 3-2014, art. n° 67244, p. 5 et H. Parmentier, « Actions indemnitaires : l'harmonisation prétorienne pour compléter la directive dommages », *RLC* 101/2021, p. 42.

31 CJUE, gde ch., 6 octobre 2021, *Sumal*, aff. C-882/19, EU:C:2021:800.

32 *Ibid.*, pt 38.

33 *Ibid.*, pt 42.

34 *Ibid.*, pt 63.

35 CJUE, 11 juillet 2013, *Team Relocations*, aff. C-444/11, préc., cité dans les conclusions AG Pitruzzella, 15 avril 2021, *Sumal*, aff. C-882/19, EU:C:2021:293, pt 73.

façon autonome son comportement sur [le] marché, mais appliquait, pour l'essentiel, les instructions données par » cette société sœur. Celle-ci avait en outre participé directement à l'infraction pendant un certain temps[36]. La situation, quoique singulière, était donc tout à fait conforme à la jurisprudence de la Cour. Jusqu'à présent, seules les sociétés qui exercent une influence déterminante sur la société ayant directement pris part à l'infraction pouvaient être mises en cause par la Commission. L'affirmation de l'arrêt *Sumal* est donc bien radicalement nouvelle.

Désormais, tant les victimes de pratiques anticoncurrentielles que la Commission pourront donc agir contre toute filiale ou société sœur de la société ayant directement pris part aux pratiques anticoncurrentielles, dès lors qu'elle appartient à la même entreprise. Là est la seule restriction. Elle se décline en deux conditions. D'une part, l'activité de la société poursuivie doit avoir « *un lien concret* » (pt 51) avec l'objet de l'entente ou de l'abus. À défaut, elle n'appartiendrait pas à l'« unité économique » ayant commis l'infraction ; la Cour souligne à cet égard qu'un groupe présent dans plusieurs secteurs d'activité est constitué d'autant d'« unités économiques », donc d'autant d'« *entreprises* » (pt 47). D'autre part, la société poursuivie devait se trouver, au moment de l'infraction, sous le contrôle effectif de la société mère à la tête de cette entreprise, compte tenu des « *liens économiques, organisationnels et juridiques* » qui les unissent (pt 51).

La Cour ne justifie cette solution que par l'appartenance à l'« entreprise », sans articuler un raisonnement qui sous-tendrait son bien-fondé. Dès lors que les deux conditions ci-dessus sont satisfaites, « *n'importe quelle* » société membre de l'« entreprise » peut être attraite par la Commission ou par une prétendue victime. Jusqu'ici, la référence à la notion d'influence déterminante permettait de considérer que la société ayant pris part aux pratiques avait agi sur les instructions de sa société mère ou que celle-ci l'avait laissée faire. L'on comprenait la logique de la Cour, en pareil cas, à retenir la société mère comme étant réputée avoir participé elle-même à l'infraction. Désormais, aucun lien n'est plus requis entre la société poursuivie et l'infraction : il suffit qu'elle soit active dans le même secteur d'activité. La Cour n'exige même pas qu'elle soit active sur un marché géographique affecté par la pratique anticoncurrentielle. En ce cas, l'on aurait pu comprendre, sans nécessairement l'approuver, que la Cour la considère comme une sorte d'exécutant, même inconscient, de l'entente mise en œuvre par sa société mère, exerçant sur elle une influence déterminante, ou par une autre société subissant cette même influence. Mais le seul critère étant dorénavant l'appartenance à l'entreprise, la société poursuivie peut être totalement étrangère à l'infraction, ce qui paraît aberrant au regard des principes de droit civil bien sûr, mais aussi au regard de la jurisprudence de la Cour en matière de répression des pratiques anticoncurrentielles. La responsabilité « personnelle » de l'entreprise est désormais diluée dans le chef de toutes les sociétés qui la constituent, « n'importe » laquelle ou encore l'une « quelconque » d'entre elles ; elle devient impersonnelle.

---

36 TPICE, 27 septembre 2006, *Jungbunzlauer AG*, aff. T-43/02, *Rec.* II-3487, pt 129.

Il n'est pas certain que la Commission se saisisse de cette nouvelle marge d'appréciation que lui confère incidemment la Cour. La mise en cause de sociétés sœurs ou filiales de la société impliquée dans les pratiques anticoncurrentielles ne présenterait pas grand intérêt dans sa mission répressive.

En matière d'actions indemnitaires, en revanche, cette extension est extrêmement favorable aux demandeurs agissant devant un tribunal d'un État membre de l'Union. La Cour précise en effet que la société dont la responsabilité est recherchée ne peut pas contester l'infraction si celle-ci a été constatée par une décision définitive de la Commission, quoiqu'elle n'ait pas été partie à la procédure. Selon la Cour, il suffit que la société destinataire de la communication des griefs fît déjà partie de l'entreprise au moment où l'infraction a été commise ; cette société « *et, à travers elle, ladite entreprise* » (pt 59) – et donc toutes les sociétés qui la composent – ont alors eu l'opportunité de contester la réalité de l'infraction. La Cour dessine ainsi, sans justification claire, des droits de la défense à géométrie variable : attachés à la personne lorsqu'elle encourt une amende, couvrant tout un groupe de sociétés lorsque « seule » une condamnation civile est en jeu.

Bon prince, le juge européen confirme qu'en l'absence de décision de la Commission constatant l'infraction, la société poursuivie peut la contester. Cependant, l'on voit mal comment une société qui n'a pas pris part aux pratiques qui lui sont reprochées pourrait s'en défendre. Faut-il en déduire que dans l'esprit de la Cour, à travers l'assignation de cette société, l'entreprise aurait l'opportunité de contester la réalité des pratiques anticoncurrentielles ?

En toute hypothèse, la société dont la responsabilité est recherchée doit pouvoir contester son appartenance à l'entreprise auteur de cette infraction. Fort heureusement, la Cour ne va pas jusqu'à faire bénéficier la victime de la présomption posée par l'arrêt *Akzo* au bénéfice de la Commission : la charge de la preuve incombe entièrement au demandeur[37].

D'un point de vue procédural, le demandeur gagne une formidable opportunité de *forum shopping*. Il peut assigner la société de l'entreprise auteur de l'infraction ayant son siège dans le pays dont les règles de procédure ou de responsabilité civile lui paraissent les plus favorables à sa cause. Il peut notamment « jouer à domicile » en assignant devant son tribunal national une société de même nationalité que lui, lorsqu'il s'en trouve une, et, de manière artificielle, rendre le contentieux purement national donc plus simple pour lui : pas d'assignation à l'étranger, pas de délai de distance pour le défendeur, exécution forcée du jugement plus aisée si elle s'avérait nécessaire. L'avantage est évident dans l'hypothèse où ni la société qui a pris part aux pratiques ni sa société mère ne sont domiciliées

37 Au pt 43, la Cour renvoie à ses deux arrêts *Akzo* (aff. C-97/08 P, EU:C:2009:536, et aff. C-516/15 P, préc.), mais uniquement aux passages rappelant la responsabilité de l'entreprise prise comme « unité économique » (pts 58 et 59 dans le premier arrêt, 52 et 53 dans le second), et non pas aux paragraphes (respectivement 60 et 54) posant la présomption de responsabilité de la société mère détenant l'intégralité du capital de la société impliquée dans les pratiques anticoncurrentielles.

dans l'Union européenne. Même lorsque les entreprises mises en cause sont européennes, tout au moins l'une d'elles, cela crée une asymétrie très favorable au demandeur. La société assignée, en effet, n'aura pas directement pris part à l'infraction et, le cas échéant, n'aura pas été partie à la procédure devant l'autorité de concurrence. Dans l'incapacité de se défendre sur le fond (sur l'existence de la pratique et l'étendue de la participation de l'entreprise, le cas échéant, mais aussi sur le préjudice et le lien de causalité), elle devra elle-même, en lieu et place du demandeur, se tourner vers sa société mère ou une société sœur dont elle ne sera qu'un représentant. Lorsque le contentieux sera artificiellement national, le défendeur devra convaincre les magistrats de sa position d'intermédiaire pour pouvoir bénéficier de délais supplémentaires pour préparer sa défense.

Cette préférence marquée de la Cour pour les demandeurs ne se justifie absolument pas. La Cour de justice argue de ce que la « *pleine efficacité* » et l'« *effet utile* » de l'article 101 « *seraient mis en cause si toute personne ne pouvait demander réparation du dommage que lui aurait causé un contrat ou un comportement susceptible de restreindre ou de fausser le jeu de la concurrence* »[38].

En l'occurrence, la Commission européenne avait sanctionné la société Daimler, société faîtière du groupe Mercedes-Benz, dans l'affaire dite « du cartel des camions » ; le demandeur, Sumal, a assigné en Espagne une filiale espagnole, Mercedes-Benz Trucks España, lui demandant réparation du prix selon elle excessif de deux camions qu'elle avait acquis pendant l'entente. La Cour de justice confirme donc que cette action est bien dirigée si Mercedes-Benz Trucks España, d'une part, commercialise les camions concernés par l'entente à laquelle Daimler a participé et, d'autre part, se trouvait sous son contrôle effectif à l'époque.

Observons toutefois que la législation espagnole permet de demander réparation à la société auteur des pratiques anticoncurrentielles ou à toute société ou personne qui la contrôle. En l'occurrence, le demandeur aurait parfaitement pu assigner en Espagne Daimler, destinataire de la décision de la Commission européenne. La Cour l'indique d'ailleurs expressément[39] ! Il a décidé de diriger son action contre la filiale espagnole du groupe, c'était un choix délibéré. L'exercice de son droit n'était absolument pas menacé, ni « pratiquement impossible » ni même rendu « excessivement difficile » par les règles de la responsabilité civile en vigueur en Espagne ; la « *pleine efficacité* » de l'article 101 TFUE était donc assurée et rien ne justifiait que la Cour de justice assouplisse à ce point les règles de responsabilité civile des États membres.

La question de la conformité de cette nouvelle jurisprudence aux principes fondamentaux mériterait d'être reposée. Nul doute que le contentieux de la responsabilité n'a pas fini d'alimenter la chronique du droit de la concurrence.

38 CJUE, 6 octobre 2021, *Sumal*, aff. C-882/19, préc., pt 33.

39 *Ibid.*, pt 64.

La directive ECN +, consécration et parachèvement du Réseau européen de concurrence

ISABELLE DE SILVA*
Conseil d'État

Résumé

La directive ECN+, adoptée le 11 décembre 2018, permet un renforcement notable du système européen d'application du droit de la concurrence. De telles avancées ont été rendues possibles par le succès, largement reconnu, de la mise en oeuvre du règlement 1/2003 ayant institué le réseau européen de concurrence (REC). L'architecture institutionnelle imaginée en 2003, inchangée dans ses principes fondamentaux, – notamment celui selon lequel la Commission européenne et les autorités nationales de concurrence appliquent les articles 101 et 102 du TFUE selon la règle de « l'autorité la mieux placée » - a permis de diffuser, année après année, le droit de la concurrence à l'échelle de l'Union. La directive ECN+ franchit une étape nouvelle en définissant un modèle standard d'autorité nationale de concurrence, dotée de pouvoirs étendus et de garanties d'indépendance exigeantes.

* Présidente de la sixième chambre du Conseil d'État, ex-présidente de l'Autorité de la concurrence.

Pour répondre à l'ambition européenne de réalisation d'une « *union sans cesse plus étroite* »[1] entre des alliés européens qui se sont longtemps combattus, il est plusieurs chemins. Celui emprunté par la régulation concurrentielle est à la fois original et – on peut à présent l'affirmer – placé sous le sceau du succès. À cet égard, l'adoption de la directive connue sous le nom de « ECN + »[2], le 11 décembre 2018, apparaît comme une consécration du Réseau européen de concurrence (REC), créé en 2003 par le règlement (CE) no 1/2003, en même temps qu'elle le renforce de façon très notable, en dotant chacun de ses membres, de façon pérenne, d'outils procéduraux puissants qui garantissent leur capacité à agir. Dans ces lignes, nous essaierons d'illustrer en quoi le REC peut être regardé comme une grande réussite européenne, et quel est l'apport spécifique de la directive ECN + dans la construction de la politique européenne de concurrence.

I. Pourquoi la mise en place du Réseau européen de concurrence peut-elle être regardée comme un succès et comment expliquer cette réussite ?

La mise en place du REC est venue assez tard dans la construction du système institutionnel européen d'application du droit de la concurrence. Mais elle a bénéficié de la remarquable stabilité des règles de fond du droit communautaire de la concurrence. En effet, si l'on met de côté certaines adaptations rédactionnelles, les articles 101 et 102 du traité sur le fonctionnement de l'Union européenne (TFUE), réprimant les ententes et abus de position dominante, sont les héritiers directs des articles 85 et 86 du traité de Rome instituant la Communauté européenne (TCE), ultérieurement devenus les articles 81 et 82 TCE[3]. Par contraste, certaines politiques européennes sectorielles majeures ont trouvé une assise juridique seulement dans les années 1990 ou 2000 (on peut citer la régulation des télécommunications ou de l'énergie), voire dans les années 2010-2020, pour la protection des données (avec le règlement général sur la protection des données, ou RGPD[4], adopté en 2016) et les plateformes numériques (règlement Platform

1 Objectif qui figure désormais au deuxième alinéa de l'article 1er du traité sur l'Union européenne, qui précise que le traité marque une « *nouvelle étape dans le processus créant une union sans cesse plus étroite entre les peuples de l'Europe, dans laquelle les décisions sont prises dans le plus grand respect possible du principe d'ouverture et le plus près possible des citoyens* ».

2 Directive (UE) 2019/1 du Parlement européen et du Conseil du 11 décembre 2018 visant à doter les autorités de concurrence des États membres des moyens de mettre en œuvre plus efficacement les règles de concurrence et à garantir le bon fonctionnement du marché intérieur, *JOUE* no L 11 du 14 janvier 2019, p. 3. Le Réseau européen de la concurrence (REC) est également désigné par le sigle ECN, pour European Competition Network. Le terme « ECN + » fait référence au renforcement du REC auquel procède la directive, en renforçant les autorités nationales de concurrence qui le composent. V. aussi Ch. Lemaire, A. Lacresse, J. Bousin, « Politique de concurrence : Le Parlement européen et le Conseil adoptent la directive ECN+ et renforcent la convergence institutionnelle et procédurale au sein du réseau européen de concurrence (*Directive 2019/1*) », 11 décembre 2018, *Concurrences* n° 2-2019, art. n° 90462, pp. 144-148.

3 Depuis le traité d'Amsterdam signé le 2 octobre 1997.

4 Règlement (UE) 2016/679 du Parlement européen et du Conseil du 27 avril 2016 relatif à la protection des personnes physiques à l'égard du traitement des données à caractère personnel et à la libre circulation de ces données, *JOUE* no L 119 du 4 mai 2016, p. 1.

to Business[5], ou encore les Digital Services Act et Digital Markets Act en cours de discussion). Ces politiques se sont traduites par des règlements relativement détaillés, et qui ont pour certains d'entre eux connu des évolutions significatives sur la période (par exemple en matière de télécommunications).

En revanche, les règles substantielles fondamentales du droit européen de la concurrence – les articles 101 et 102 TFUE – étaient formulées dans le traité[6] de façon suffisamment aboutie pour demeurer quasiment inchangées pendant plus de soixante ans, et ce, sans acte réglementaire complémentaire. Certes, des régulations sectorielles ont pu déroger parfois ponctuellement aux règles des articles 101 et 102, sur le fondement d'autres dispositions du traité (en matière agricole par exemple) ; les règlements d'exemption HBER[7] et VBER[8] adoptés en 2010 et concernant l'application du paragraphe 3 de l'article 101 TFUE ont revêtu pour leur part une importance significative pour les praticiens ; de nombreux actes relevant du droit souple[9] ont, enfin, complété utilement les dispositions générales du traité. Mais ces différents textes, communications ou lignes directrices n'ont pas conditionné l'application des articles 101 et 102 ou modifié leur portée. Le « noyau dur » des règles de fond du droit européen de la concurrence est ainsi demeuré inchangé. Cette constance est assez peu commune, et il faut saluer la qualité du travail normatif réalisé par les auteurs du traité. Ils ont en effet ciselé des règles suffisamment précises pour être compréhensible sans nécessité d'un acte d'application, et suffisamment plastiques pour s'adapter aux évolutions de l'économie. Ces dispositions s'appliquent aujourd'hui à des « objets » aussi divers que des moteurs de recherche, des magasins d'applications numériques ou des navigateurs, qui n'existaient pas à

---

5 Règlement (UE) 2019/1150 du Parlement européen et du Conseil du 20 juin 2019 promouvant l'équité et la transparence pour les entreprises utilisatrices de services d'intermédiation en ligne, *JOUE* no L 186 du 11 juillet 2019, p. 57.

6 Le fait que les règles soient directement formulées dans le traité – et donc que leur modification soit par nature difficile – a, incontestablement, contribué à leur permanence. Pour autant, au cours de la période, des modifications d'importance ont affecté les règles du traité, sans que les règles européennes de concurrence fassent l'objet de modifications.

7 Horizontal Block Exemption Regulations : règlement (EU) n° 1217/2010 de la Commission du 14 décembre 2010 relatif à l'application de l'article 101, paragraphe 3, du traité sur le fonctionnement de l'Union européenne à certaines catégories d'accords de recherche et de développement, *JOUE* n° L 335 du 18 décembre 2010, p. 36, et règlement (EU) n° 1218/2010 de la Commission du 14 décembre 2010 relatif à l'application de l'article 101, paragraphe 3, du traité sur le fonctionnement de l'Union européenne à certaines catégories d'accords de spécialisation *JOUE* n° L 335 du 18 décembre 2010, p. 43.

8 Vertical Block Exemption Regulation : règlement (EU) n° 330/2010 du 20 avril 2010 concernant l'application de l'article 101, paragraphe 3, du traité sur le fonctionnement de l'Union européenne à des catégories d'accords verticaux et de pratiques concertées, *JOUE* n° L 102 du 23 avril 2010, p. 1 ; v. aussi D. Ferré, « Restrictions verticales : La Commission européenne adopte le nouveau règlement d'exemption en matière de restrictions verticales de concurrence », 20 avril 2010, *Concurrences* n° 2-2010, art. n° 31840.

9 La Commission a adopté une série de communications relatives à diverses questions de fond et de procédure au moment de l'entrée en application du règlement (CE) n° 1/2003 : des lignes directrices annexes concernant l'application de l'article 101 TFUE aux accords horizontaux, aux accords verticaux et aux accords de transfert de technologie, un document d'orientation sur ses priorités concernant l'application de l'article 102 TFUE aux pratiques d'éviction abusives, des lignes directrices pour le calcul des amendes, une nouvelle communication sur la clémence, une communication relative aux procédures de transaction dans les affaires d'entente, une note d'information sur l'absence de capacité contributive et une communication concernant les bonnes pratiques relatives aux procédures en matière d'ententes et d'abus de position dominante.

l'époque de leur conception. Cette permanence des règles de fond a permis aussi à la Cour de justice et autres juridictions européennes ou nationales d'élaborer un corpus jurisprudentiel très complet.

La mise en place d'un système institutionnel intégré d'application de ces règles par la Commission et les autorités nationales de concurrence (ANC) a, par comparaison, été beaucoup plus tardive. Mise en place par le règlement (CE) n° 1/2003[10], l'architecture intégrée du REC se trouve désormais parachevée par la directive ECN +, qui complète de façon décisive l'édifice, en définissant pour la première fois de façon impérative les moyens d'intervention procéduraux qui doivent être conférés aux ANC par les États membres, et en retenant pour ce faire un haut niveau d'exigence.

Jusqu'à 2003, la Commission européenne a conservé un rôle prééminent dans l'application des règles européennes de concurrence[11], particulièrement l'article 81, paragraphe 3 TCE, permettant d'exempter les ententes. Ainsi, pendant près de cinquante ans, la mise en oeuvre uniforme de ces règles était garantie par le fait que le contrôle de leur application était placé dans les seules mains de la Commission.

Le système « centralisé » présentait toutefois un grand nombre d'inconvénients. La Commission risquait d'être engorgée et de ne pas pouvoir faire face à un nombre croissant d'affaires (notamment avec le système de notification par les entreprises des ententes en vue d'exemption, auquel le règlement n° 1/2003 met un terme), et à des investigations de plus en plus complexes. L'augmentation du nombre d'États membres renforçait le risque que la Commission apparaisse comme un goulet d'étranglement. Le régime d'application centralisé faisait, par ailleurs, obstacle à une pleine appropriation des règles européennes de concurrence dans chaque État membre, au plus près des entreprises concernées. Enfin, des infractions risquaient de ne pas être détectées de façon efficace, faute pour la Commission de disposer de « capteurs sur le terrain » lui permettant de mener des enquêtes jusqu'à leur conclusion.

Le fonctionnement du REC était, comme l'avait noté Laurence Idot, « *fondé sur trois principes : attribution du nouveau cas à une autorité bien placée, coopération verticale et horizontale entre les membres du réseau, maintien de la cohérence* »[12]. Le règlement « émancipait » les ANC en leur ouvrant, par le biais de son article 3,

10 Règlement (CE) n° 1/2003 du Conseil du 16 décembre 2002 relatif à la mise en œuvre des règles de concurrence prévues aux articles 81 et 82 du traité, *JOCE* n° L 1 du 4 janvier 2003, p. 1. Le règlement a été complété par un règlement d'application et plusieurs communications ou lignes directrices, désignés sous le nom de « paquet modernisation ». Pour une étude d'ensemble de ce texte, v. not. L. Idot, *Droit communautaire de la concurrence : le nouveau système communautaire de mise en œuvre des articles 81 et 82 CE*, Bruxelles, Bruylant, 2004.

11 V. not. L'article 9 du règlement n° 17 du Conseil du 6 février 1962, premier règlement d'application des articles 85 et 86 (ultérieurement 81 et 82) du traité, *JOCE* n° 13 du 21 février 1962, p. 204, qui définissait la compétence de la Commission, notamment sa compétence exclusive (§ 1).

12 L. Idot, « Chronique Droit européen de la concurrence : pratiques anticoncurrentielles – L'entrée du *Réseau européen de concurrence* dans une nouvelle décennie ? », *RTD eur.* 2015, p. 812, pt 2.

la possibilité d'appliquer pleinement les règles européennes de concurrence – y compris donc pour exempter des ententes sur le fondement de l'article 81, paragraphe 3. Il donnait également un empire beaucoup plus large à ces règles, en imposant aux autorités nationales de les appliquer en cas d'affectation du commerce entre États membres. Dans cette réforme « historique », comme a pu le noter la Commission, le système de mise en œuvre était fondé sur « *l'application directe des règles de concurrence de l'UE dans leur intégralité* », les autorités et juridictions nationales étant désormais habilitées à « *appliquer tous les aspects de ces règles, en plus de la Commission européenne* »[13]. Le règlement mettait par ailleurs en place des processus de coopération horizontale et verticale poussés, qui permettaient de déployer des enquêtes de concurrence de façon plus efficace à l'échelle du territoire européen, tout en créant de véritables « effets de réseau » entre les autorités nationales et européenne.

Le principe, profondément original, de l'application décentralisée des règles de concurrence européennes par les autorités de concurrence des États membres, travaillant en réseau avec la Commission européenne, s'est avéré d'une grande efficacité. Avec le recul, on peut désormais dire que le règlement (CE) n° 1/2003 était un pari audacieux, mais que ce pari a été gagnant. Les autorités nationales se sont pleinement saisies de leur nouvelle compétence pour appliquer largement les règles européennes de concurrence, comme en témoignent les données chiffrées. La Commission, faisant le bilan de la première décennie de mise en œuvre de ce mécanisme, relevait ainsi que de mai 2004 à décembre 2013, plus de 780 décisions avaient été rendues pour l'application de ces règles, et au premier chef de l'article 101 TFUE[14], dont 85 % au terme de cas ouverts par les autorités nationales. Elle notait ainsi que le droit de la concurrence de l'Union était devenu dans une large mesure « *le droit du pays* » dans l'ensemble des États membres. De façon plus qualitative, on a vu les ANC prendre des décisions majeures, par l'ampleur des infractions sanctionnées (cartels, abus) ou le montant des amendes prononcées, mais aussi par le caractère innovant de nombreuses décisions.

On peut attribuer le succès du règlement de 2003 à certains choix institutionnels très judicieux. La grande souplesse qui caractérise les règles d'attribution des cas, tout d'abord : le règlement (CE) n° 1/2003 ne retient pas de « seuils de compétence » automatiques, définis en référence au chiffre d'affaires des entreprises mises en cause ou en fonction de la valeur des ventes affectées par les pratiques pour affecter les cas soit à l'autorité nationale, soit à la Commission européenne. C'est en fonction d'une appréciation qualitative qu'il est décidé, pour les affaires d'une certaine envergure, s'il vaut mieux qu'elles soient traitées par l'autorité nationale qui aurait commencé des investigations, ou bien par la

---

13 Communication de la Commission au Parlement européen et au Conseil, « Dix ans de mise en œuvre des règles concernant les pratiques anticoncurrentielles sous le régime du règlement n° 1/2003 : bilan et perspectives », COM(2014) 453 final, 9 juillet 2014.

14 *Ibid.*

Commission. La détermination de l'autorité « la mieux placée » se fait ainsi de façon souple, par référence notamment aux éléments énoncés dans la communication du 27 avril 2004 de la Commission relative à la coopération au sein du réseau des autorités de concurrence[15]. Plusieurs principes d'attribution sont ainsi pris en compte pour arriver à une « division efficace du travail » ; une autorité pourra ainsi être considérée comme bien placée pour traiter une plainte la pratique a des effets directs substantiels, actuels ou prévisibles sur son territoire, y est mis en œuvre ou y trouve son origine, que l'autorité est à même de faire cesser efficacement l'infraction, et qu'elle est en mesure de réunir les preuves requises pour démontrer l'infraction. En pratique, et au vu notamment des critères énoncés par cette communication, l'attribution du cas peut, dans ce cadre, être fonction de différentes considérations : empreinte géographique du cas, caractère nouveau des questions posées, pratiques correspondant à des priorités pour la Commission, ressources disponibles pour traiter le cas à la Commission et dans l'autorité nationale, etc. À ces critères généraux se sont ajoutées des considérations pratiques : par exemple, l'affaire résultait-elle d'investigations poussées de l'autorité en cause, ou bien cette dernière disposait-elle d'une « spécialisation » dans cette catégorie d'infractions.

Un autre facteur essentiel de succès du règlement (CE) n° 1/2003 a été la mise en place de mécanismes d'information et de contrôle efficaces, qui ont permis à la Commission d'être parfaitement informée des investigations menées dans chaque État membre, et d'intervenir, si nécessaire, pour « évoquer » l'affaire à son niveau et, dans tous les cas, pour assurer la cohérence de l'application des articles 101 et 102 par les autorités nationales de concurrence.

Au quotidien, c'est sans doute l'article 11 qui constitue la clef du bon fonctionnement du REC, car, outre qu'il pose le principe d'une « *étroite collaboration* » de la Commission et des ANC dans l'application des règles communautaires de concurrence (§ 1), il impose aux ANC d'informer la Commission de toute ouverture formelle d'une enquête (§ 3) puis, au plus tard trente jours avant son adoption, de toute décision « *ordonnant la cessation d'une infraction, acceptant des engagements ou retirant le bénéfice d'un règlement d'exemption par catégorie* » (§ 4). Ces informations « ascendantes » vers la Commission peuvent également s'accompagner – mais c'est une possibilité, pas une obligation – de transmissions « horizontales » entre les différentes ANC. Ce mécanisme d'information, complété par une possibilité de consulter la Commission sur tout cas impliquant l'application du droit communautaire (§ 5), voit son efficacité garantie par une disposition qui constitue une forme « d'arme nucléaire » à la disposition de la Commission : l'article 11, paragraphe 6, qui permet à la Commission d'ouvrir une procédure, et de dessaisir de ce fait automatiquement les ANC de leur compétence pour appliquer les articles 101 et 102 TFUE. Si une ANC traite déjà l'affaire, la Commission ne peut procéder ainsi qu'après l'avoir consultée.

---

15 JOUE n° C 101 du 27 avril 2004, p. 43.

La Commission n'a encore jamais eu à faire application de cette procédure. Mais le fait qu'elle existe, et puisse être mise en œuvre à la discrétion de la Commission, est la meilleure garantie que les mécanismes de coopération régissant le REC fonctionnent efficacement, pour la bonne attribution des cas, mais aussi pour l'application du droit européen de la concurrence. Les remarques formulées par la Commission européenne sur les raisonnements en droit qui sous-tendent un projet de décision (ou une notification de griefs, dans le cas français) sont ainsi examinées avec la plus grande attention.

Le deuxième mécanisme essentiel pour donner corps au Réseau européen de concurrence est le comité consultatif institué par l'article 14, qui permet aux autorités nationales d'être consultées sur les cas individuels tranchés par la Commission. Le mécanisme est mis en œuvre avec une grande rigueur, et nécessite un travail important de la part des équipes des ANC qui préparent ces comités. Il permet aux ANC de formuler des questions ou des remarques sur les modes de raisonnement suivis par la Commission ou les dispositifs envisagés, avant de formaliser leur position, favorable, défavorable ou d'abstention. Les comités sont fréquemment précédés d'échanges informels avec les équipes de la Commission permettant aux ANC d'avoir une meilleure compréhension des dossiers et de leurs enjeux, particulièrement pour les décisions les plus importantes ou novatrices. Dans la pratique, le mécanisme des comités consultatifs participe à la qualité des décisions rendues par la Commission (les remarques formulées par les ANC permettant d'identifier des fragilités potentielles ou de consolider certains raisonnements ou motivations) mais également à la cohérence dans l'application du droit européen de la concurrence. C'est en effet l'ensemble des aspects des décisions qui sont abordés, qu'il s'agisse de l'application des notions substantielles (ententes, abus), de questions procédurales (par exemple en matière de transaction) ou encore des modalités de détermination des montants de sanction. Il s'agit là d'un mécanisme original d'élaboration « coopérative » des décisions, qui permet à la fois d'aboutir à des décisions solides et bien argumentées, mais aussi de disposer, ce faisant, d'un forum permanent de discussion pour évoquer tout sujet de droit nouveau, et favoriser l'adoption d'une vision commune aux différentes autorités de concurrence.

Enfin, la mise en place de mécanismes d'assistance pour la réalisation des inspections et autres mesures d'enquête, soit entre ANC, soit par une ou plusieurs ANC à la demande de la Commission, a contribué à la plus grande effectivité de l'application du droit de la concurrence, tout en concourant puissamment au développement d'une culture commune entre les autorités membres du réseau. L'assistance apportée à la Commission ou aux autres ANC pour la mise en œuvre des actes d'enquête a également contribué au rapprochement des méthodes d'investigation à l'échelle du réseau.

Le succès du REC tient donc à un savant équilibre entre des critères souples d'allocation des cas, des mécanismes rigoureux de transmission d'information, et l'existence de « cordes de rappel » garantissant que la Commission puisse mener à bien sa mission d'harmonisation dans l'application du droit européen, en conservant in fine le dernier mot si nécessaire.

Pour autant, ce succès n'avait rien de garanti. Ma conviction profonde, nourrie par l'expérience, est qu'il est dû aussi, en grande partie, à la façon dont les hommes et les femmes composant le Réseau européen de concurrence, au sein de la Commission européenne et des autorités nationales de concurrence, l'ont fait vivre au quotidien. S'est ainsi développée, jour après jour, une « culture du REC », faite de confiance, de bonne volonté, de recherche de la convergence plutôt que de la désunion. Pour que le système institutionnel imaginé en 2003 fonctionne, il fallait que les procédures soient mises en œuvre de bonne foi, en « jouant le jeu », mais aussi que la Commission et les autorités y consacrent les moyens humains nécessaires (il existe ainsi une « unité du REC » à la DG Comp, et la plupart des autorités nationales disposent de services chargées de mettre en œuvre la coopération européenne), et témoignent d'un profond respect pour les différents partenaires. Il n'est pas toujours facile de jouer la transparence, s'agissant de cas complexes ou qui peuvent donner lieu à des débats sur la détermination de l'autorité la mieux placée. Mais tout membre du réseau sait qu'au-delà du respect formel des procédures, la cohésion est la clef du succès, et que chacun a à gagner à la préservation de son bon fonctionnement et des relations de confiance qui le caractérisent. Et la transmission rapide d'informations au sein du REC permet à tous les membres du réseau de disposer d'une vision complète des procédures en cours, notamment lorsqu'une même entreprise fait l'objet d'enquêtes parallèles ou portant sur des faits similaires.

Avec le recul qu'autorisent près de vingt ans de mise en œuvre, il est possible d'affirmer que le REC demeure un système inégalé de mise en œuvre souple et intégrée de la norme européenne soit au niveau national, soit au niveau de la Commission. L'absence de règle automatique d'attribution de compétence entre ces deux niveaux pouvait être de nature à inquiéter, au motif qu'elle n'assurerait pas une prévisibilité suffisante de l'application de la règle de droit. Lors de l'adoption du règlement (CE) n° 1/2003, certains auteurs s'étaient inquiétés d'un système offrant moins de garanties aux entreprises et pointaient le danger « *d'inégalité de traitement devant la loi qu'une application décentralisée comporte* »[16]. Mais, et ceux qui ont pour métier d'écrire des règles de droit le savent bien, vouloir tout dire, prévoir tous les différents cas de figure est souvent la meilleure façon d'obscurcir la règle et de la rendre plus complexe. Ce faisant, on risque de créer de multiples *a contrario* ou de faire ressortir par contraste des hypothèses qui n'auront pas été expressément envisagées dans l'exercice et qui restent dès lors « hors champ ». Il est parfois utile d'avoir des règles « automatiques » de compétence, dès lors qu'elles sont accompagnées de mécanismes de dérogation ou de renvoi appropriés ; à cet égard, on pourra

16 V. p. ex. le commentaire de L. Vogel sur l'ouvrage précité de L. Idot, note bibliographique in *RIDC* 4-2005, pp. 1086-1087.

comparer le système « souple » d'attribution de compétence du règlement (CE) n° 1/2003 avec le système « normé » d'attribution de compétence figurant dans le règlement (CE) n° 139/2004 sur le contrôle des concentrations (art. 1er)[17], qui, en s'appuyant principalement sur les chiffres d'affaires de l'acquéreur et de l'entreprise cible, définit les concentrations de dimension communautaire qui relèvent de la compétence de la Commission. Cette différence est parfaitement justifiée par l'objet de chacun des deux textes : les opérations de concentration sont soumises à un mécanisme d'autorisation et à des impératifs de délais, ce qui plaide pour la définition de règles de principe d'attribution de compétence. Les opérations de concentration doivent être préparées en amont, en connaissant le « guichet » compétent en principe. Ces considérations ne sont pas présentes en matière de contrôle des pratiques anticoncurrentielles.

Il est également intéressant de comparer le système institutionnel mis en place pour le REC avec celui défini pour d'autres « réseaux de régulateurs européens », qu'il s'agisse des télécommunications (ORECE[18] ou BEREC), de l'audiovisuel (ERGA[19]), de l'énergie (ACER[20]) ou encore de la protection des données personnelles (CEPD[21]).

Premier constat : pour les quatre réseaux institutionnels rassemblant des autorités chargées d'une mission de régulation sectorielle régie par des règles européennes, la compétence d'application demeure exclusivement ou principalement nationale. Ces réseaux ont été conçus comme des organes d'échanges, de coordination,

---

17 Règlement (CE) n° 139/2004 du Conseil du 20 janvier 2004 relatif au contrôle des concentrations entre entreprises, *JOUE* n° L 24 du 29 janvier 2004, p. 1 ; v. aussi M. Koehler de Montblanc, « Règlement CE n° 139/2004 : La Commission européenne adopte le nouveau règlement communautaire relatif au contrôle des concentrations », 20 janvier 2004, *Concurrences* n° 1-2004, art. n° 26827.

18 L'Organe des régulateurs européens des communications électroniques, ORECE, ou BEREC pour le sigle anglais (Bureau of European Regulators of Electronic Communications), créé en 2009 et aujourd'hui régi par le règlement (UE) 2018/1971 du Parlement européen et du Conseil du 11 décembre 2018, *JOUE* n° L 321 du 17 décembre 2018, p. 1.

19 Le groupe des régulateurs européens pour les services de médias audiovisuels, ou ERGA (European Regulators Group for Audiovisual Media Services) a été institué par une décision de la Commission du 3 février 2014, qui fait suite à l'article 30 de la directive 2010/13/UE du 10 mars 2010 visant à la coordination de certaines dispositions législatives, réglementaires et administratives des États membres relatives à la fourniture de services de médias audiovisuels (directive « Services de médias audiovisuels »), *JOUE* n° L 95 du 15 avril 2010, p. 1, prévoyant que les États membres prendraient des mesures appropriées pour se communiquer mutuellement et communiquer à la Commission les informations nécessaires aux fins de l'application de la directive, notamment par l'intermédiaire de leurs organismes de régulation indépendants. Ces dispositions ont été modifiées ensuite par la directive (UE) 2018/1808 du Parlement européen et du Conseil du 14 novembre 2018 modifiant la directive 2010/13/UE visant à la coordination de certaines dispositions législatives, réglementaires et administratives des États membres relatives à la fourniture de services de médias audiovisuels (directive « Services de médias audiovisuels »), compte tenu de l'évolution des réalités du marché, *JOUE* n° L 303 du 28 novembre 2018, p. 69. L'ERGA est désormais régi par l'article 30 ter de la directive de 2010 modifiée.

20 L'Agence de coopération des régulateurs de l'énergie, ou ACER, a été créée par le règlement (CE) n° 713/2009 du Parlement européen et du Conseil du 13 juillet 2009, *JOUE* n° L 211 du 14 août 2009, p. 1. Son rôle a été étendu en matière de surveillance des marchés de gros en 2011, en matière d'infrastructures énergétiques transfrontalières en 2013, de sécurité d'approvisionnement du gaz naturel en 2017, et son régime a finalement été refondu par le règlement (UE) 2019/942 du Parlement européen et du Conseil du 5 juin 2019, *JOUE* n° L 158 du 14 juin 2019, p. 22.

21 Le Comité européen de la protection des données (ou CEPD) est institué et régi par les articles 68 et suivants du règlement (UE) 2016/679, préc.

d'expertise, mais ils exercent peu de compétences « en propre », le noyau dur des compétences de régulation restant dévolu aux autorités nationales. eL'ERGA, réseau des régulateurs de l'audiovisuel constitue un exemple de réseau fondé sur l'expertise : l'article 30 ter de la directive Services de médias audiovisuels (SMA) 2010/13/UE modifiée[22] lui donne pour rôle de « *fournir une expertise technique à la Commission* », de « *partager les expériences et les bonnes pratiques concernant l'application du cadre réglementaire en matière de [SMA]* », de « *coopérer et fournir à ses membres les informations nécessaires* » ou encore d'émettre des avis techniques et factuels à la demande de la Commission. Si l'ERGA est devenu un réseau à la coopération active, il n'est pas doté de capacités de prise de décisions contraignantes au niveau européen.

Le Comité européen de la protection des données (CEPD), réseau rassemblant les autorités chargées de l'application du règlement général sur la protection des données (RGPD), se distingue, au regard des réseaux de régulateurs sectoriels déjà cités, par un mode d'intégration plus poussé. Si la compétence « de principe » reste dans le champ des autorités nationales – la Commission n'exerçant pas de compétence propre dans l'application et le contrôle du RGPD –, la prise de décision par l'autorité de contrôle compétente est soumise à un régime relativement innovant et complexe : le réseau peut ainsi être conduit à intervenir dans le processus de décision par l'autorité nationale, dans le cadre du mécanisme dit « de contrôle de la cohérence », régi par les articles 63 et suivants du RGPD. Celui-ci s'applique notamment « *lorsqu'une autorité de contrôle entend adopter une mesure destinée à produire des effets juridiques en ce qui concerne des opérations de traitement qui affectent sensiblement un nombre important de personnes concernées dans plusieurs États membres* »[23]. Les autorités membres du CEPD peuvent ainsi soulever des objections à l'encontre du projet de décision présenté par l'autorité de contrôle (par exemple si elles estiment que le montant de sanction envisagé est trop faible), qui doit tenir le plus grand compte de l'avis du comité, et indiquer si elle en tiendra compte dans sa décision. Le CEPD peut, dans certaines hypothèses (v. art. 65 du RGPD), prendre une décision contraignante.

Encore aujourd'hui, et y compris si on le compare aux modèles les plus récents comme celui du CEPD, le système institutionnel créé en 2003 pour le REC est le seul qui permette une intégration parfaite et fluide du niveau national et du niveau central, une même affaire pouvant être identiquement traitée soit par une ANC, soit par la Commission européenne. Seules échappent à cet espace intégré les affaires de dimension purement nationale. Ces affaires, relativement rares aujourd'hui, compte tenu de l'ouverture croissante des marchés, relèveront en France des seules règles nationales de concurrence (not. art. L. 420-1 et L. 420-2 C. com.), et pourront par ailleurs être traitées par la Direction générale

22 Directive (UE) 2018/1808, préc.

23 V. cons. 135 du règlement (UE) 2016/679, préc.

de la concurrence, de la consommation et de la répression des fraudes (DGCCRF) lorsqu'elles ont une ampleur circonscrite[24].

Le système du REC était donc non seulement précurseur en 2003, mais reste inégalé, par son degré d'intégration, en 2021. Avoir ainsi accepté de se « déposséder » d'une prérogative essentielle était un acte courageux de la part de la Commission. Il n'est pas fréquent qu'une institution, quelle qu'elle soit, accepte volontairement de voir réduire son domaine d'intervention. Cette décision était d'autant plus marquante s'agissant d'un domaine où la Commission exerçait, depuis des décennies, l'un de ses pouvoirs les plus forts, celui d'imposer des amendes et d'enjoindre à des entreprises de mettre un terme à des comportements anticoncurrentiels.

Le caractère visionnaire du REC tient également à ce qu'il met en œuvre, de façon concrète, une notion essentielle dans la construction européenne : la subsidiarité. Celle-ci exprime l'idée que ne doit relever du niveau européen centralisé que ce qui y sera plus efficacement traité, tandis que les États membres doivent conserver la capacité à mettre en œuvre de façon décentralisée les règles qui seront ainsi mieux appliquées. Le principe de subsidiarité est à la fois un gage d'efficacité globale et de rapprochement des politiques européennes au plus près du terrain. Il permet de déjouer les inconvénients de la centralisation, si justement résumés par Félicité de Lamennais : « *La centralisation, c'est l'apoplexie au centre, la paralysie aux extrémités* ».

Il est intéressant de souligner aussi que le REC a créé sa propre dynamique et donné naissance à une série d'initiatives enrichissant la coopération entre ses membres, et facilitant les avancées réglementaires ultérieures. Le succès de cet instrument a tenu aussi à la constitution d'une véritable communauté d'« *enforcers* » (ou responsables d'autorité) européens, dont les liens se sont resserrés grâce aux processus de dialogue mis en place et au développement d'une vie interne au réseau particulièrement riche. On pourra citer ainsi l'organisation de « DGs' meetings » : les réunions des directeurs généraux des ANC se tiennent ainsi, sous l'égide de la Commission, deux fois par an, pendant deux journées entières et permettent de passer en revue les principales décisions rendues ou nouveaux cas, ainsi que tous les sujets d'intérêt commun (qui peuvent porter sur les techniques d'enquête, les nouvelles questions juridiques d'application du droit de la concurrence ou les projets de nouveaux textes européens). À ces réunions de haut niveau s'ajoutent les réunions des comités consultatifs, mais aussi les multiples groupes de travail du REC, consacrés aux concentrations, aux problématiques verticales, aux abus ou, plus récemment, au numérique. La pratique intensive du dialogue à tous les niveaux entre autorités membres du REC (enquêteurs, experts, juristes,

---

24 Selon des modalités récemment modifiées par la loi n° 2020-1508 DDADUE du 3 décembre 2020 portant diverses dispositions d'adaptation au droit de l'Union européenne en matière économique et financière, qui a supprimé, à l'article L. 464-9 du code de commerce, la condition tenant à ce que les pratiques « affectent un marché de dimension locale », ce qui autorise désormais le ministre de l'économie, par l'entremise de la DGCCRF, à traiter des pratiques anticoncurrentielles d'envergure limitée.

économistes, membres des organes de décision…) a sans doute été un élément clef pour renforcer la convergence dans les approches de mise en œuvre des règles de concurrence. Pour reprendre les termes de la Commission dans son bilan de la mise en œuvre du REC, celui-ci est « *devenu un espace multiforme d'échanges d'expérience en matière d'application des dispositions de fond du droit de la concurrence ainsi que de convergence des procédures et des sanctions* »[25].

Les membres de cette « communauté » du REC, forts de la proximité née de l'application des mêmes règles de droit, et de leurs rencontres régulières, ont spontanément développé entre eux une démarche de coopération volontaire qui a donné naissance à d'importantes réalisations. On pourra citer ainsi la mise en place du programme modèle de clémence, qui témoigne de la capacité du REC à se doter, de son propre mouvement, de nouveaux outils d'une grande utilité pour la lutte contre les cartels. Le mécanisme de la clémence, devenu en quelques années un élément incontournable de l'action des autorités de concurrence, a ainsi été mis en place sans cadre juridique spécifique en droit de l'Union[26], illustrant ainsi l'importance des règles de droit souple en matière de concurrence, qui ont au cas d'espèce précédé l'adoption de dispositions spécifiques par la directive ECN+.

La détermination du montant des sanctions a, pour sa part, fait l'objet d'une réflexion entre ANC dans un forum de discussion adjacent au REC mais distinct de celui-ci, l'ECA, pour European Competition Authorities[27]. Celui-ci a publié en octobre 2008 une série de principes de convergence sur les sanctions pécuniaires[28], aboutissement d'un travail engagé en mai 2006 à l'initiative de l'autorité française[29], et préparé par un groupe de travail qu'elle a coprésidé avec l'autorité italienne. Ces principes ont ensuite pu être librement repris par de nombreuses ANC et « importés » au sein du REC, qui a créé pour l'occasion un groupe *ad hoc*.

On peut relever aussi, dans ce bilan de l'action menée par le REC, l'essor relativement inattendu de la coopération « horizontale » entre ANC, à la fois approfondie et évolutive : échanges d'informations obtenues dans le cadre de l'application des articles 101 ou 102 TFUE en vue de les utiliser comme moyen

25 Communication de la Commission, « Dix ans de mise en œuvre des règles concernant les pratiques anticoncurrentielles sous le régime du règlement n° 1/2003 : bilan et perspectives », préc., pt 7.

26 Certains États membres ont choisi de donner un cadre législatif à ce dispositif – comme la France, à travers le IV de l'article L. 464-2 du code de commerce, issu de la loi n° 2001-420 du 15 mai 2001 relative aux nouvelles régulations économiques, qui en fixe le principe et les grandes lignes –, tandis que d'autres États membres choisissaient de s'appuyer simplement sur des programmes de clémence relevant du « droit souple ».

27 Le réseau de l'ECA est un réseau informel qui rassemble les mêmes membres que le REC, mais selon des règles souples et diffé entes : l'ECA organise généralement une réunion annuelle des directeurs généraux de deux jours à l'initiative d'une ANC déterminée, qui en assure la présidence et anime les débats, tandis que les réunions du REC sont organisées par la Commission européenne, qui les préside, en la personne du directeur général de la DG COMP, et en fixe l'ordre du jour.

28 « Les sanctions pécuniaires des entreprises en droit de la concurrence : principes pour une convergence ».

29 Il s'agissait alors du Conseil de la concurrence.

de preuve, assistance donnée par une ANC afin de réaliser des actes d'enquête pour le compte d'une autre. Ces différents canaux ont alimenté en continu une relation directe entre autorités, et densifié les liens entre elles. Le resserrement des liens entre les autorités a pu déboucher sur des solutions innovantes, tel le traitement « parallèle » de l'affaire *Booking* par trois autorités nationales – les autorités française, suédoise et italienne –, qui a débouché sur trois décisions simultanées et convergentes d'acceptation d'engagements de la part de Booking pour réduire le champ des clauses de « nation la plus favorisée » (ou clauses dites « MFN »)[30].

Ce constat contraste avec le contenu des discussions ayant précédé l'adoption du règlement (CE) no 1/2003, centrées sur la coopération verticale entre les autorités nationales et la Commission. Or, si ce règlement conférait bien à cette dernière un rôle déterminant à l'égard de l'objectif de cohérence de l'application des règles du traité – cohérence institutionnelle en réservant le traitement de chaque cas à l'autorité la mieux placée, cohérence de fond quant aux interventions des autorités –, la Commission s'inscrit, elle aussi, aujourd'hui dans un mode de fonctionnement véritablement coopératif à l'égard des autres membres du réseau.

Le REC a aussi fait la preuve de sa capacité d'évolution face à de nouvelles problématiques ou à des évènements imprévus comme la crise du Covid-19. Le développement des problématiques liées à l'économie numérique a conduit le REC à inventer de nouveaux outils institutionnels de coopération : un nouveau groupe de travail « numérique » a été créé (qui permet aux membres du réseau d'échanger sur les nouvelles questions et décisions ou enquêtes sectorielles en matière numérique), et un nouveau mécanisme d'alerte, le « *early warning system* » (ou mécanisme d'alerte précoce) est venu compléter les mécanismes déjà prévus par le règlement (CE) no 1/2003. Celui-ci conduit les autorités à informer leurs collègues très en amont de l'ouverture de cas, ou de réflexions concernant des plateformes ou sujets numériques, et ce, bien avant le stade habituel de notification de mesures formelles d'enquête ou de notifications de griefs. Ce nouvel outil illustre le développement constaté ces dernières années d'échanges beaucoup plus resserrés et fréquents en matière numérique, nécessaire compte tenu de la multiplication des cas impliquant des plateformes numériques et de leur emprise souvent européenne, voire mondiale. La crise du Covid-19 a également montré la réactivité du REC : très vite, dès le 23 mars 2020, le réseau a publié un « *joint statement* », ou déclaration commune, sur l'application du droit de la concurrence pendant la crise du Covid. Celui-ci traduisait la volonté du REC d'offrir aux entreprises européennes une vision commune sur les problèmes spécifiques

---

30 Aut. conc., déc. n° 15-D-06 du 21 avril 2015 sur les pratiques mises en œuvre par les sociétés Booking.com B.V., BookinFranceFrance SAS et Booking.com CustoFrancervice France SAS dans le secteur de la réservation h telière en ligne ; *Concurrences* n° 3-2015, art. n° 75013, p. 83, obs. F. Marty ; *RLC* 2015/44, n° 2794, note V. Sélinsky. Une décision commentée par Laurence Idot dans sa « Chronique de Droit européen d la concurrence : pratiques anticoncurrentielles – L'entrée du *Réseau européen de concurrence* dans une nouvelle décennie ? », *RTD eur*. 2015, p. 812.

soulevés par cette crise, notamment s'agissant des mesures de coordination prises par les entreprises pour garantir la production et la distribution des produits de première nécessité, ou encore des risques d'application de prix excessivement élevés pour les masques ou le gel hydroalcoolique. Cette démarche coordonnée d'accompagnement des entreprises mise en œuvre par le REC s'est accompagnée de pratiques de consultations informelles, ou « *guidance* » par la Commission[31] ou l'Autorité de la concurrence (ci-après, l'« Autorité »)[32].

Le REC a aussi eu un impact substantiel en conduisant chaque autorité membre à se livrer à une application directe, à l'échelon national, des règles européennes. Ce schéma institutionnel inédit a irrigué toute la pratique décisionnelle des ANC – pour l'Autorité française, ce sont neuf cas sur dix qui impliquent l'application des articles 101 ou 102 – et ensuite la jurisprudence des juridictions de contrôle.

Il en résulte un possible effet d'harmonisation « *bottom-up* », du niveau national vers le niveau européen : peut être évoquée, par exemple, la récente affaire *Broadcom*[33], où la Commission a suivi un itinéraire procédural combinant des mesures conservatoires puis une décision d'engagements, ainsi que l'Autorité avait pu le faire précédemment ; on citera également la jurisprudence sur les conditions imposées aux réseaux de distribution exclusive, s'agissant de la vente en ligne, établie à hauteur européenne (arrêts *Coty*, 2017[34], et *Pierre Fabre*, 2011[35]) après une série de décisions du Conseil de la concurrence et des juridictions de contrôle en France (affaire *Pierre Fabre*[36]).

Cette harmonisation « à double sens » est d'autant mieux ancrée que la décentralisation de l'application des règles européennes a pour corollaire un droit de regard des ANC sur les décisions de la Commission, à travers les comités

---

31 Celle-ci a ainsi publié le 8 avril 2020 une communication fixant un « cadre temporaire pour l'appréciation des pratiques anticoncurrentielles dans les coopérations mises en place entre des entreprises pour réagir aux situations d'urgence découlant de la pandémie actuelle de COVID-19 », *JOUE* n° C 116 I du 8 avril 2020, p. 7.

32 V. ainsi le communiqué du 22 avril 2020 sur la réponse donnée par l'Autorité à une association professionnelle sur ses possibilités d'action concernant les loyers de ses adhérents dans le cadre de la pandémie de Covid-19.

33 Commission Decision of 7.10.2020 relating to a proceeding under Article 102 of the Treaty on the Functioning of the European Union (TFEU) and Article 54 of the EEA Agreement, Case AT.40608 – *Broadcom.*

34 CJUE, 6 décembre 2017, *Coty Germany GmbH c/ Parfümerie Akzente GmbH*, a ff. C -230/16, EU:C:2017:941 ; v. aussi A.-C. Martin, « Interdiction des ventes en ligne : La Cour de justice de l'Union européenne considère qu'un fournisseur de produits de luxe peut interdire à ses distributeurs agréés de vendre les produits sur une plate-forme internet tierce opérant de façon visible à l'égard des consommateurs (*Coty*) », 6 décembre 2017, *Concurrences* n° 1-2018, art. n° 85905, pp. 104-106.

35 CJUE, 13 octobre 2011, *Pierre Fabre Dermo-Cosmétique SAS c/ Président de l'Autorité de la concurrence et Ministre de l'Économie, de l'Industrie et de l'Emploi*, aff. C-439/09, EU:C:2011:649 ; v. aussi M. Debroux, « Interdiction de vente en ligne : La Cour de Justice estime qu'une clause contractuelle interdisant de manière générale et absolue la vente par Internet dans le cadre d'un système de distribution sélective constitue une restriction de concurrence par l'objet (*Pierre Fabre Dermo-Cosmétique*) », 13 octobre 2011, *Concurrences* n° 1-2012, art. n° 42256, pp. 88-89.

36 Cons. conc., déc. n° 08-D-25 du 29 octobre 2008 relative à des pratiques mises en œuvre dans le secteur de la distribution de produits cosmétiques et d'hygiène corporelle vendus sur conseils pharmaceutiques ; CA Paris, pôle 5, ch. 5-7, 29 octobre 2009, *Sté Pierre Fabre Dermo-Cosmétique c/ Autorité de la concurrence*, RG 2008/23812 ; CA Paris, pôle 5, ch. 5-7, 31 janvier 2013, *Sté Pierre Fabre Dermo-Cosmétique c/ Autorité de la concurrence*, RG 2008/23812.

consultatifs. Certes, il faut relever aussi une concentration sur un nombre assez restreint d'ANC des affaires ouvertes et décisions rendues en application des articles 101 et 102, mais ceci s'explique par la taille plus modeste de certaines économies et le caractère récent de certaines ANC, qui sont encore en train de monter en puissance

Le REC est apparu, aussi, comme la source d'une « voix européenne » dans le débat mondial sur la politique de concurrence. Il est certain que, dans une économie globalisée, face à des acteurs économiques puissants, et dans le cours du dialogue avec les *enforcers* de grandes économies, actuelles ou émergentes, l'application harmonisée d'un même corpus de règles de concurrence donne une résonance amplifiée à l'action de chaque ANC.

L'Autorité de la concurrence voit ainsi son influence sur la scène internationale bénéficier de son rôle particulièrement actif dans le REC, et de la cohérence de sa pratique avec celle de la Commission et des autres ANC. De même, le REC a désormais acquis la capacité de s'exprimer comme une entité propre. Il l'a fait par exemple sur le projet de Digital Markets Act ou DMA[37], en prenant position dans un « *joint paper* » sur un certain nombre de sujets relatifs à l'articulation de ce nouveau règlement avec le droit de la concurrence et sur son architecture institutionnelle, et en appelant les législateurs européens à mieux les prendre en compte dans le texte en discussion. Cette prise de position a conduit à une modification des principes institutionnels du DMA, qui reposait initialement, pour l'essentiel, sur un système centralisé dans lequel la Commission était seule en charge de l'application et du contrôle, tandis que le texte confie désormais aux ANC un rôle de mise en œuvre, pour le compte de la Commission, et a par ailleurs été enrichi de mécanismes de coordination permettant une meilleure application concurrente de ces nouvelles règles et du droit de la concurrence.

Quels sont les objectifs que poursuivaient la directive ECN+ ?

Pour satisfaisant que soit le système de gouvernance imaginé en 2003, au terme de plusieurs années de réflexion, une avancée supplémentaire est apparue nécessaire. C'est au vu d'un certain nombre de constats sur les limites du REC que la directive ECN + a été élaborée.

Premier constat : la grande marge de manœuvre laissée aux États membres dans la définition des règles procédurales régissant l'application des règles européennes de la concurrence, notamment en ce qui concerne les pouvoirs confiés aux ANC, a montré ses limites. Ce système de marge d'appréciation nationale était sans doute approprié lors de la première phase de mise en œuvre du REC, mais, après plusieurs années d'application, il était indispensable de structurer et d'harmoniser

37 « Joint paper of the heads of the national competition authorities of the European Union: How national competition agencies can strengthen the DMA », publié le 23 juin 2021 sur le site de l'Autorité de la concurrence.

davantage la façon dont les règles de concurrence sont appliquées par chaque État membre. C'était là un enjeu d'efficacité. Les États membres dont l'ANC ne pouvait infliger de sanction administrative et devait se tourner vers des juridictions judiciaires pour qu'elles sanctionnent les entreprises ayant méconnu le droit de la concurrence ont constaté l'inefficacité, voire l'impuissance, en résultant. Ainsi de l'Irlande, dont plusieurs enquêtes ayant établi des infractions caractérisées ont débouché sur des décisions judiciaires infligeant des sanctions infimes, au risque de voir l'application des règles de concurrence décrédibilisée. L'expérience a ainsi montré que, compte tenu de la grande technicité des enquêtes en matière de concurrence, leur mise en œuvre gagne à être confiée à des organes administratifs spécialisés qui peuvent se doter de capacités pointues en matière d'investigation ou d'analyse juridique et économique.

La fragmentation des régimes nationaux conduisait ainsi plusieurs États membres à être privés non seulement d'outils juridiques ayant fait leurs preuves pour une application effective du droit de la concurrence, comme le régime des sanctions administratives, mais aussi d'instruments complémentaires essentiels, comme les mesures conservatoires ou les sanctions des comportements d'obstruction aux enquêtes.

Même dans des ordres juridiques nationaux *a priori* très « alignés » avec le régime faisant figure de modèle perfectionné – celui de la Commission européenne dans le règlement de 2003 –, des divergences substantielles demeuraient, qui affectaient l'application uniforme du droit de la concurrence à l'échelle européenne. On peut citer à cet égard le régime des sanctions : de nombreux États membres n'autorisaient pas les ANC à prononcer des sanctions pécuniaires d'un montant significatif, affectant ainsi leur capacité à exercer une dissuasion effective des infractions de concurrence. La France, qui figure pourtant parmi les États membres les plus actifs en matière d'application des règles européennes de concurrence, avait pour sa part institué un « plafond » de sanction spécifique de 3 millions d'euros s'appliquant aux infractions commises par des « organismes » ou associations d'entreprises ; cette catégorie, large, pouvait concerner les organisations ou syndicats professionnels, les ordres professionnels ou encore les entreprises à statut particulier ayant confié leur gouvernance à des associations. Or l'on constate encore fréquemment que de tels organismes jouent un rôle significatif dans la création ou la mise en œuvre de pratiques concertées, voire d'abus de position dominante[38].

Il n'était guère admissible, enfin, qu'une même entreprise puisse être exposée à des régimes de sanction considérablement différents selon qu'elle aurait mis en œuvre une même pratique dans tel ou tel État membre de l'Union, ou bien selon qu'une même pratique aurait été traitée par une autorité nationale ou par la Commission. La discordance dans les mécanismes procéduraux mettait ainsi

38 Pour un panorama de la question, v. l'étude de l'Autorité de la concurrence sur « Les organismes professionnels et le droit de la concurrence », publiée le 27 janvier 2021.

en échec l'objectif de constitution d'un marché européen unifié, et pouvait en outre créer des « effets d'aubaine » pour certaines entreprises opérant dans des États membres dont les systèmes nationaux d'application du droit de la concurrence étaient inefficients. La réalisation de l'intégration européenne, comme la recherche de l'efficacité du dispositif répressif, imposait ainsi une unification des régimes de sanction et des pouvoirs confiés aux ANC. Enfin, alors que l'une des problématiques majeures que doit traiter le droit de la concurrence européen est celle des abus commis par les plateformes structurantes, qui ont une envergure mondiale, les autorités nationales de concurrence devaient pouvoir montrer un front uni, sans fragilité ou discordance nationale.

Cette nouvelle avancée dans le système européen de mise en œuvre des règles de concurrence a été facilitée par l'important travail de diagnostic réalisé en amont, auquel les ANC ont pris toute leur part.

Un consensus s'est ainsi dégagé entre les autorités membres du REC sur la nécessité d'adopter un nouvel instrument juridique pour assurer l'effectivité de la mise en œuvre du règlement (CE) no 1/2003. Après avoir exploré de manière volontariste toutes les possibilités de promouvoir entre elles une harmonisation informelle, les ANC ont fait le constat qu'il était indispensable d'ajouter au cadre légal existant. Lors des travaux préparatoires à la directive ECN +, en réponse à la consultation par la Commission, et à l'occasion de multiples échanges (questionnaires, groupes de travail, réunions des directeurs généraux...), elles se sont nettement prononcées en faveur de de l'adoption d'un instrument juridique contraignant, et ont expressément écarté la poursuite d'une harmonisation par le biais d'actes de droit souple.

La directive ECN + repose, par ailleurs, sur un choix de principe soutenu par l'ensemble des ANC : celui de ne pas modifier les principes fondateurs du REC définis par le règlement (CE) no 1/2003 et, tout particulièrement, celui de l'application intégrée et décentralisée des règles de concurrence. Il n'y a ainsi pas eu de remise en cause des choix originels sur ce point. Le règlement (CE) no 1/2003 reste pleinement applicable et inchangé, de même que les mécanismes internes au REC, qui font l'objet d'ajustements réguliers au fil de l'eau (par exemple s'agissant des modalités concrètes d'organisation des comités consultatifs).

Il a par ailleurs été décidé de laisser le contrôle des concentrations en dehors du champ de la directive. Certes, une nouvelle avancée de l'harmonisation en matière de contrôle des concentrations aurait été envisageable et souhaitable à plusieurs égards. La Commission européenne elle-même avait exploré cette problématique en publiant en 2014 un livre blanc intitulé « Vers un contrôle plus efficace des concentrations dans l'UE[39] ». L'Autorité de la concurrence avait milité en ce sens à plusieurs reprises : elle avait ainsi remis en mars 2014 un rapport au ministre de l'Économie sur les concentrations transfrontalières, qui pointait le risque de

39 COM(2014) 449 final.

contradictions dans l'exercice parallèle d'un contrôle sur une même opération de concentration par plusieurs ANC (risque révélé notamment par le dossier « Eurotunnel »). Et lors de la consultation conduite lors de la préparation du projet de directive ECN +, l'Autorité avait souligné l'intérêt d'un rapprochement et d'une meilleure coordination des contrôles exercés sous le seuil de compétence de la Commission par les autorités nationales. Le choix retenu en définitive par la Commission de calquer le champ d'application de la directive sur celui du règlement (CE) no 1/2003 est toutefois compréhensible dès lors que l'objectif était de voir le texte déboucher rapidement : sur le contrôle des concentrations, le terrain était beaucoup moins mûr pour une harmonisation – tant au niveau des ANC qu'à celui des États membres – et ouvrir un tel chantier risquait de retarder considérablement la discussion sur la directive, voire de la faire irrémédiablement achopper.

Enfin, les enquêtes sectorielles, dont le fort développement avait été noté lors de la consultation, et qui ne s'inscrivent dans aucun encadrement de niveau européen, sont également demeurées hors de ce champ. Certes, les enquêtes sectorielles sont apparues, ces dernières années, comme un outil essentiel de diagnostic, d'identification de réformes structurelles, ou de meilleure compréhension de certains secteurs ou transformations. Mais leur statut juridique, et notamment le fait que, dans le cas général -si l'on met de côté certains outils nationaux, tel celui dont s'est dotée l'autorité hellénique, inspiré de tel l'enquête de marché (« *market inquiry* ») de la Competition and Markets Authority (CMA) –, elles ne débouchent pas sur des obligations pour les entreprises, rendait moins nécessaire une harmonisation des régimes nationaux.

Les domaines dans lesquels la directive devait permettre un renforcement

Une fois le champ délimité, plusieurs axes de progrès ont été identifiés. Le renforcement des outils procéduraux des ANC a été désigné comme une priorité, pour mettre ces derniers en adéquation avec l'ambition du règlement (CE) no 1/2003. Afin de « *pourvoir à l'application efficace et uniforme des articles 81 et 82 du traité dans la Communauté* », ainsi qu'énoncé au premier considérant de ce règlement, il était indispensable de surmonter les disparités procédurales entre États membres : chacun devait être à même d'actionner un arsenal également complet et ajusté aux différentes pratiques anticoncurrentielles à combattre. En conséquences, inspections, établissement des priorités, engagements et injonctions, mesures conservatoires sont apparus d'emblée comme méritant d'être mis à niveau pour l'ensemble des ANC, le cadre juridique d'intervention de certaines ANC ayant, en outre, été identifié comme particulièrement insuffisant. D'autres aspects ayant trait à la mise en œuvre de leurs pouvoirs par les ANC ont été ajoutés au fil de l'élaboration de la directive, par exemple le régime des preuves ou l'assistance mutuelle entre ANC pour la notification des actes de procédure.

Sur les questions d'indépendance, d'impartialité et de ressources des ANC, les travaux préparatoires ont permis de conclure que certaines ne bénéficiaient pas de garanties suffisantes, notamment en ce qu'elles étaient susceptibles de recevoir des instructions de l'exécutif, ou de voir la nomination ou la révocation de leurs dirigeants s'opérer dans des conditions insuffisamment objectives et transparentes. De même, les ressources humaines et budgétaires des ANC ont montré d'importantes disparités, en termes de niveau ou d'autonomie de gestion, ce qui justifiait que la directive s'empare du sujet.

L'introduction d'un corpus de règles spécifiques relatives à l'indépendance et aux moyens humains et budgétaires des ANC est ainsi apparue indispensable pour qu'elles puissent accomplir de façon effective leurs missions, et ce d'autant plus alors que leurs moyens juridiques d'intervention se voyaient notablement renforcés. Ce volet du texte s'est inspiré des directives ou règlements ayant édicté des régimes spécifiques en matière d 'indépendance des autorités nationales (par exemple pour les autorités chargées de la régulation des télécoms ou de la protection des données personnelles), tout en les adaptant aux problématiques spécifiques des ANC.

Enfin, si la méthodologie précise de fixation du montant des sanctions pécuniaires a vocation à demeurer dans le chef de chacun des États membres, les ANC ont souhaité davantage de convergence sur les grands principes de détermination de ces sanctions. La plupart des ANC se sont accordées pour estimer qu'une politique de concurrence efficace à l'échelle du marché unique supposait que les autorités concernées s'appuient sur des mécanismes suffisamment harmonisés, leur permettant de prononcer des sanctions réellement dissuasives.

II. Quel est l'apport de la directive ECN + ?

La directive marque une étape supplémentaire dans la constitution d'un système européen intégré de mise en œuvre du droit de la concurrence en consolidant les autorités composant le REC, désormais placées sous la protection du droit européen, et en leur conférant une palette de pouvoirs particulièrement étendue.

Grâce au consensus sur la grande réussite que constitue le REC, le texte, pourtant particulièrement ambitieux, a pu être adopté dans un délai record, d'environ dix-huit mois. Alors même que la directive conduisait à écarter le principe d'autonomie procédurale, les États membres comme les ANC n'ont pas formulé d'objections de principe à ce que la directive définisse de façon très détaillée les moyens juridiques d'intervention des autorités.

Le principal apport du texte, sur le plan juridique et de principe, est bien, à n'en pas douter, l'institution d'un « régime européen » imposant l'existence d'autorités nationales de concurrence et précisant, de façon détaillée, quels doivent être leurs garanties statutaires et leurs pouvoirs. La directive exprime de façon claire les objectifs poursuivis par le législateur européen : remédier aux insuffisances des régimes nationaux s'agissant des garanties d'indépendance des ANC, mais aussi en matière de ressources, de pouvoirs de mise en œuvre ou de « coercition » et de capacité à infliger des amendes pour être en mesure d'appliquer efficacement les articles 101 et 102 TFUE (v. cons. 5 et art. 1er). Il s'agit aussi, ce faisant, d'assurer une concurrence effective sur le marché intérieur, d'éviter que certaines entreprises ne soient « favorisées » par le fait que le régime national de l'État membre où elles sont actives serait moins efficace, voire inopérant, et de garantir ainsi que l'ensemble des consommateurs et entreprises bénéficient des bienfaits de la concurrence.

Certains ont pu, lors de l'adoption de la directive, minorer son apport en relevant, par exemple, que l'autorité française disposait, dès avant ce texte, de solides garanties d'indépendance et de la plupart des pouvoirs explicitement prévus par la directive. La directive n'aurait, dans cette optique, introduit que des modifications d'importance somme toute mineure au regard du droit français applicable. Mais une telle lecture méconnaît l'avancée considérable que représente l'inscription dans le droit européen du régime des ANC. Relevant jusqu'alors de l'autonomie des États membres, il est désormais élevé au rang européen, ce qui interdit tout « retour en arrière » ou atteinte portée, par exemple, à l'indépendance statutaire de telle ou telle autorité, mais aussi toute modification qui viendrait amoindrir les pouvoirs d'intervention des autorités, en matière d'enquêtes ou de prononcé de sanctions administratives ou d'injonctions structurelles ou comportementales. Alors que ces pouvoirs font l'objet de débats réguliers devant les Parlements nationaux, cette garantie européenne donnée est tout sauf anodine, et ce d'autant plus que la directive définit ce régime en termes relativement précis.

La directive commence par poser le principe selon lequel les procédures concernant des infractions aux articles 101 et 102 et l'exercice des pouvoirs prévus par la directive sont conformes aux « *principes généraux du droit de l'Union et à la Charte des droits fondamentaux* » (art. 3, § 1) ; les droits de la défense des entreprises doivent notamment être garantis, y compris le droit d'être entendu et le droit à un recours effectif devant un tribunal (§ 2) ; les États membres doivent veiller à ce que les procédures soient conclues dans un délai raisonnable (§ 3). On notera que la directive ne détaille pas plus avant, par des dispositions transversales, les aspects procéduraux des décisions prises par les ANC, si ce n'est pour mentionner la nécessité d'adopter une communication de griefs avant de prendre une décision de constatation d'infraction, ou de façon ciblée lorsqu'elle traite de certaines catégories de mesures (mesures d'enquête, etc.). De façon très sage, la directive s'est contentée, pour le surplus, de l'énoncé de principes généraux, laissant les droits nationaux et la jurisprudence régir le détail des procédures applicables devant les ANC. Il est à noter que, sur ces aspects procéduraux, la directive confirme des principes bien établis en droit français, l'obligation pour les procédures de concurrence d'aboutir dans un délai raisonnable ayant ainsi déjà été consacrée par la jurisprudence.

La directive pose ensuite des règles relatives à l'indépendance et aux ressources des ANC (ch. III, art. 4 et 5). Ces deux articles ont fait l'objet de débats nourris, afin d'aboutir à une formulation suffisamment forte pour répondre aux attentes importantes en la matière. L'article 4 sur l'indépendance est particulièrement riche, car il pose des principes généraux (§ 1) mais détaille ensuite un certain nombre de points sensibles sur l'indépendance, garantie aux membres du personnel et à ceux qui prennent les décisions à l'égard de « *toute influence extérieure, politique ou autre* », l'absence de toute instruction d'un gouvernement ou de toute autre entité publique ou privée, la préservation des responsables au regard des incompatibilités ou conflits d'intérêts (§ 2). La directive comporte aussi des prescriptions sur le choix, le recrutement et la nomination des membres de l'organe décisionnel des ANC, qui doivent suivre des « *procédures claires et transparentes préalablement établies dans le droit national* » (§ 4).

Enfin, les ANC administratives se voient reconnaître le pouvoir de « *fixer leurs priorités* » et, dans la mesure où elles seraient tenues d'examiner les « *plaintes formelles* », de pouvoir « *rejeter de telles plaintes au motif qu'elles ne les considèrent pas comme une priorité* », ce sans préjudice des autres motifs possibles de rejet des plaintes. Cette dernière disposition constitue l'une des principales innovations de la directive pour l'Autorité de la concurrence. Souvent désignée sous le terme « d'opportunité des poursuites », la capacité, ainsi reconnue à l'Autorité, de rejeter des plaintes ou saisines non pas parce qu'elles seraient insuffisamment motivées ou dépourvues de fondement, mais parce qu'elles n'entrent pas dans les priorités de l'Autorité, était au nombre des dispositions très attendues. Il s'agissait ainsi de donner davantage de marge de manœuvre à l'Autorité pour pouvoir consacrer ses moyens d'enquête aux dossiers les plus importants au regard de sa mission de protection de la concurrence. L'opportunité des poursuites apparaissait, par ailleurs, comme le système majoritaire en Europe. La complexification des affaires au fil des années – notamment pour les investigations numériques ou les grands cartels – a favorisé un consensus sur la nécessité de doter les ANC d'un mécanisme de « régulation » du traitement des saisines. Celui-ci était particulièrement nécessaire pour les autorités les plus actives au sein du REC, comme l'autorité française – qui est régulièrement celle qui prend le plus grand nombre de décisions d'application des articles 101 et 102. La diffusion du droit de la concurrence – notamment par le plus grand retentissement donné aux décisions en matière de concurrence – conduit les autorités à être destinataires d'un grand nombre de saisines, ce qui peut comporter un risque de saturation de leurs ressources et de dégradation des délais de traitement des affaires. Alors que la réduction des délais de procédure fait partie des priorités portées par les autorités de concurrence, pour mettre leurs délais d'intervention en cohérence avec le temps économique, la possibilité d'écarter une saisine au motif qu'elle n'entre pas dans leurs priorités constituera un outil précieux. Il ne faut pas sous-estimer, en effet, l'aspect très consommateur de ressources de certaines saisines, alors même que les investigations nécessaires sont très complexes ou ne portent pas sur des enjeux prioritaires.

Les chapitres IV et V, consacrés aux pouvoirs des ANC et aux amendes et astreintes, sont le « cœur du réacteur » de la directive, et contiennent les dispositions les plus puissantes pour faire progresser l'effectivité de l'application du droit de la concurrence à l'échelle européenne. Ces dispositions sont celles qui ont justifié, au premier chef, l'adoption de la directive, et qui conduisent à des modifications concrètes et sensibles des régimes de plusieurs États membres.

Le chapitre IV énumère ainsi les différents pouvoirs dont les ANC doivent impérativement disposer. Il s'agit tout d'abord des pouvoirs se rattachant aux enquêtes, qui permettent de déterminer si une infraction aux articles 101 et 102 a été commise : ceux-ci comprennent le pouvoir d'inspection dans les locaux professionnels (art. 6) et 'autres locaux (art. 7), le pouvoir de formuler des demandes d'information aux entreprises et associations d'entreprises (art. 8) et d'obtenir ainsi « *tous les renseignements nécessaires à l'application des articles 101 et 102 [...] dans un délai déterminé et raisonnable* » et enfin, le pouvoir de convoquer à un entretien tout représentant d'entreprise susceptible de posséder des informations pertinentes (art. 9). On notera aussi que la directive fait référence, dans ses considérants, aux difficultés particulières soulevées par les enquêtes « *dans l'environnement numérique* » (cons. 30) et qu'elle précise que les pouvoirs d'enquête doivent permettre aux ANC « *d'obtenir toutes les informations relatives à l'entreprise ou à l'association d'entreprises visée par la mesure d'enquête sous forme numérique, y compris les données recueillies au moyen de procédures technico-légales indépendamment du support sur lequel les informations sont stockées, qu'il s'agisse d'ordinateurs portables, de téléphones mobiles, d'autres dispositifs mobiles ou de stockage en nuage* » (autrement dit dans le « cloud »). Le considérant 32 précise que pour être efficace, le pouvoir d'inspection confié aux ANC doit leur permettre d'obtenir des informations auxquelles l'entreprise visée « a accès » et qui sont en rapport avec l'entreprise visée, y compris s'agissant de données sur des appareils « *qui ne sont pas répertoriés de façon précise à l'avance* ». Il est précisé que le pouvoir d'examiner les documents s'étend à toutes formes de correspondance, y compris les messages électroniques. L'ordonnance de transposition de la directive a notamment complété les articles L. 450-3 et L. 450-4 du code de commerce pour préciser que les enquêtes permettent d'accéder à tous documents et à leurs moyens de déchiffrement, susceptibles d'être détenus ou accessibles ou disponibles. La nouvelle rédaction du code vise notamment à prendre en compte la situation d'un grand nombre d'entreprises qui stockent désormais leurs données dans des nuages ou clouds accessibles depuis leurs locaux, mais qui n'y sont pas localisés « physiquement », et qui sont soumis à un accès chiffré, comme l'envisageait le considérant 35 de la directive.

La transposition de la directive a également conduit à une modification importante du régime de preuve devant l'Autorité, en instituant un régime de liberté de la preuve qui est celui de la procédure pénale, permettant par exemple à l'Autorité de prendre en compte un élément de preuve qui lui aurait été transmis après avoir été constitué de manière illicite, par exemple par le biais d'un enregistrement dissimulé. L'article 32 de la directive porte sur la « *recevabilité des preuves devant les autorités nationales de concurrence* » et définit en termes les plus larges le champ des preuves désormais recevables : les États membres doivent veiller à ce que les types de preuves recevables devant une ANC « *comprennent les documents, les déclarations orales, les messages électroniques, les enregistrements et tout autre élément contenant des informations, quel[s] qu'en soi[ent] la forme et le support* ». L'article L. 463-1 du code de commerce prévoit désormais que « *[l]es pratiques dont l'Autorité de la concurrence est saisie peuvent être établies par tout mode de preuve* ». Cette disposition rendra caduque la jurisprudence de la Cour de cassation qui appliquait un régime de « preuve civile » à l'Autorité et avait jugé que cette dernière ne pouvait par suite fonder sa décision sur des enregistrements de conversations téléphoniques opérés à l'insu de l'auteur des propos[40]. La généralisation du principe de liberté de la preuve témoigne de l'importance, pour les législateurs européen et français, des infractions en matière de concurrence, jugées comme particulièrement graves, et aussi de la particulière difficulté à établir leur matérialité, eu égard à leur caractère le plus souvent occulte et dissimulé.

Le chapitre IV comporte, ensuite, toute la palette des mesures qui peuvent être prises pour remédier à des infractions ou à des « préoccupations » en matière de concurrence. Trois catégories de mesures sont ici visées : tout d'abord, en cas de constatation d'une infraction, l'ANC peut en imposer la cessation aux entreprises et associations d'entreprises (art. 10) concernées et à cette fin « *imposer toute mesure corrective de nature structurelle ou comportementale proportionnée à l'infraction commise et nécessaire pour faire cesser effectivement l'infraction* ». Cette disposition de la directive apporte une clarification importante, notamment au regard du droit national. En effet, si l'Autorité estimait, dès avant ce texte, qu'elle était en droit de formuler si nécessaire des injonctions structurelles, les dispositions de l'article L. 464-2[41] du code de commerce lui permettant d'imposer des « conditions particulières », la directive prévoit à cet égard explicitement les choses, dans un domaine particulièrement sensible compte tenu de l'atteinte portée à la liberté d'entreprise. L'ordonnance de transposition de la directive[42] a inséré à l'article L. 464-2 du code de commerce une formulation calquée sur celle de la directive. Comme pour de nombreuses dispositions de la directive ECN +, on notera que les termes utilisés pour définir les pouvoirs des ANC sont dans le droit fil de ceux énonçant les pouvoirs dévolus à la Commission européenne par le règlement (CE) no 1/2003 (art. 7). Pour les injonctions, la directive retient

---

40 Cass., Ass. plén., 7 janvier 2011, n° X 09-14.316 et n° D 09-14.667, rappelant que les règles générales du code de procédure civile s'appliquent au contentieux des pratiques anticoncurrentielles relevant de l'Autorité de la concurrence, sauf dispositions expresses contraires du code de commerce.

41 L'article prévoyait avant sa modification que « *[l]'Autorité de la concurrence peut ordonner aux intéressés de mettre fin aux pratiques anticoncurrentielles dans un délai déterminé ou imposer des conditions particulières* ». L'article prévoit par ailleurs la possibilité d'infliger des sanctions à l'entreprise ou d'accepter des engagements de sa part. V. aussi Ch. Lemaire, S. Naudin, « Loyauté de la preuve : La Cour de cassation réaffirme l'illégalité des preuves recueillies par des enregistrements et met fin à la tentative de résistance de la Cour d'appel de Paris (*Philips France, Sony France*) », 7 janvier 2011, *Concurrences* n° 1-2011, art. n° 34327, p. 195.

42 Ordonnance n° 2021-649 du 26 mai 2021 portant transposition de la directive (UE) 2019/1, *JORF* n° 0121 du 27 mai 2021 ; v. aussi Ch. Lemaire, M. Florent, « Politique de concurrence : Le Gouvernement français transpose, avec quelques mois de retard, la Directive ECN+ », 26 mai 2021, *Concurrences* n° 3-2021, art. n° 101943, pp. 161-167.

également, comme le faisait le règlement (CE) no 1/2003 pour la Commission, un principe de « gradation » dans les mesures prises par les ANC. « *[C]onformément au principe de proportionnalité* », les autorités sont ainsi tenues de retenir, entre deux mesures correctives d'une efficacité égale, celle qui est la moins contraignante pour l'entreprise. On notera que les mesures structurelles restent rares dans les dispositifs des décisions sanctionnant des infractions aux articles 101 et 102[43]. Certaines mesures comportementales particulièrement contraignantes sont d'ailleurs parfois qualifiées de « quasi structurelles ». Pour autant, il était important, notamment à une époque où l'effectivité des mesures prises en matière d'économie numérique est au cœur des débats, que chaque ANC dispose, à tout le moins, des pouvoirs importants conférés en la matière à la Commission par le règlement (CE) no 1/2003. Si la configuration d'une affaire le rendait nécessaire, une autorité pourrait ainsi être conduite à imposer à l'entreprise contrevenante de céder une filiale ou une branche d'activité.

L'article 10, paragraphe 2, complète par ailleurs le mécanisme d'information de l'article 11 du règlement (CE) no 1/2003, en prévoyant que les ANC doivent informer la Commission lorsqu'elles estiment, après avoir procédé à une information sur l'ouverture d'une enquête au titre de l'article 11, paragraphe 3, du règlement, qu'il n'y a pas lieu de poursuivre la procédure. Cet ajout fait partie des quelques compléments ciblés apportés par la directive au fonctionnement « interne » du REC, qui permettent ainsi à la Commission d'avoir une vision plus complète de l'issue des différentes procédures ouvertes par les ANC, y compris donc lorsque celles-ci s'achèvent par un non-lieu.

La deuxième catégorie de mesures qui doivent pouvoir être prises par les ANC est celle des « *mesures provisoires* » (art. 11), qui correspondent en droit français aux mesures conservatoires. La directive prévoit que, dans les cas d'urgence « *justifiés par le fait qu'un préjudice grave et irréparable risque d'être causé à la concurrence* », les ANC sont habilitées à agir « *de leur propre initiative* », en dehors de toute saisine, pour ordonner, par voie de décision « *sur la base d'un constat* prima facie *d'infraction* » aux articles 101 et 102, « *l'imposition de mesures provisoires* ».

La directive emporte ici l'une des modifications principales pour le régime français du droit de la concurrence : jusqu'ici, l'Autorité ne pouvait prononcer de mesure conservatoire que si elle était saisie d'une demande en ce sens, émanant du ministre de l'Économie, d'entreprises ou de personnes habilitées à former une demande d'avis, dans les conditions définies par l'article L. 464-1 du code de commerce. Depuis la transposition de la directive ECN + par l'ordonnance précitée, elle pourra également le faire de sa « propre initiative », ce qui est une petite révolution. La capacité de s'autosaisir existait déjà, par exemple, pour la Commission aux termes du paragraphe 1 de l'article 8 du règlement (CE) no 1/2003, qui l'autorise à agir

43 Et il est d'ailleurs difficile parfois de déterminer si une mesure appartient à l'une ou l'autre des catégories « structurelle » ou « comportementale », certaines injonctions comportementales pouvant être qualifiées de « quasi structurelles ».

« d'office ». Cet aspect de la directive répondait à une préoccupation très partagée à l'échelle européenne : permettre aux autorités de concurrence de recourir plus largement à l'outil des mesures conservatoires, qui permet des interventions rapides et efficaces et répond à une demande forte des acteurs économiques, notamment dans l'économie numérique. Il s'agit aussi d'éviter les comportements créant des « faits accomplis » ou situations de marché qu'une décision de sanction ne pourra pas toujours rétablir ultérieurement. Comme le formule le considérant 38, les mesures provisoires peuvent constituer un outil important pour garantir que, pendant l'enquête, l'infraction ne cause pas de préjudice grave et irréparable à la concurrence, et « *éviter que la structure de marché n'évolue à un point tel que cette structure pourrait être très difficile à rétablir par une décision prise par une ANC à la fin de la procédure* ».

La faculté d'autosaisine en vue du prononcé de mesures conservatoires, outre qu'elle conduit à aligner le régime qui leur est applicable sur celui des décisions de fond (pour lesquelles l'autosaisine est une faculté non seulement classique mais essentielle), répond aussi à une préoccupation identifiée tout spécialement dans l'économie numérique : confrontés aux comportements de plateformes au poids considdérable, voire dominantes, des acteurs de plus petite taille sont souvent très réticents à saisir l'Autorité, par crainte de représailles directes ou indirectes de la part de l'entreprise mise en cause. Grâce à la modification résultant de la directive, l'Autorité pourra désormais intervenir pour ouvrir des investigations en urgence, le cas échéant, sur le fondement de simples signalements ou d'informations publiques.

On notera aussi que le « test » permettant à l'Autorité d'ordonner une mesure conservatoire n'a pas été modifié lors de la transposition de la directive. Il s'agit là d'une des rares occurrences où le législateur français a choisi de ne pas s'aligner sur le standard de la directive, mais d'en retenir un plus souple, comme la directive le permet. La loi continue de faire référence au fait que les mesures ne peuvent intervenir que si « *la pratique dénoncée porte une atteinte grave et immédiate à l'économie générale, à celle du secteur intéressé, à l'intérêt des consommateurs ou à l'entreprise plaignante* ». Dans ce cadre, l'ensemble de la jurisprudence élaborée par la cour d'appel de Paris et la Cour de cassation sur les conditions d'octroi des mesures conservatoires par l'Autorité restera valable, notamment le fait que la condition « de fond » tient à ce que le comportement identifié est susceptible, en l'état des éléments produits aux débats, de contrevenir au droit de la concurrence[44]. Ce test est donc formulé en termes différents du « *constat* prima facie *d'infraction* » retenu par la directive pour les mesures provisoires des ANC, dans le prolongement du règlement (CE) no 1/2003 pour leur prononcé par la Commission. Il était parfois considéré que le droit positif français, tel que précisé par la jurisprudence, retenait

44 Selon l'arrêt de la Cour de cassation du 8 novembre 2005, *Neuf Télécom*, n° 04-16.857, « *des mesures conservatoires peuvent être décidées (…) dans les limites de ce qui est justifié par l'urgence, en cas d'atteinte grave et immédiate à l'économie générale, à celle du secteur intéressé, à l'intérêt des consommateurs ou à l'entreprise plaignante, dès lors que les faits dénoncés, et visés par l'instruction dans la procédure au fond, apparaissent susceptibles, en l'état des éléments produits aux débats, de constituer une pratique contraire aux articles L. 420-1 ou L. 420-2 du Code de commerce, pratique à l'origine directe et certaine de l'atteinte relevée* ».

des critères d'application plus souples que ceux appliqués à la Commission européenne par le règlement (CE) no 1/2003 tel qu'interprété par ses juridictions de contrôle. À supposer que tel soit le cas, le législateur français était parfaitement en droit de maintenir le standard antérieurement applicable, dès lors que la directive ECN + autorise les États membres à retenir, s'ils le souhaitent, des conditions d'octroi des mesures conservatoires différentes, dès lors qu'elles seraient plus souples, et non pas plus restrictives. En l'occurrence, il n'y avait aucune raison de modifier la définition légale de la mesure conservatoire, précisée par une jurisprudence bien établie, et dont il est reconnu qu'elle est l'un des outils particulièrement utiles dans l'action de l'autorité française.

Enfin, la directive prévoit aussi que les ANC doivent pouvoir accepter et rendre contraignants des engagements permettant de répondre aux préoccupations exprimées par les ANC (art. 12). La procédure d'engagements fait ainsi partie de l'arsenal de toute autorité de concurrence, et permet souvent d'apporter des réponses rapides à une variété de problématiques concurrentielles. Il apparaissait indispensable de faire figurer les décisions d'acceptation d'engagements dans l'arsenal de toutes les autorités de concurrence, tant leur usage s'est imposé comme un moyen efficace pour l'ensemble des acteurs.

Le volet de la directive consacré aux amendes et astreintes est tout aussi conséquent, et conduit à des modifications très substantielles du droit français des sanctions. Son article 13 impose ainsi que les ANC puissent infliger des amendes administratives « *effectives, proportionnées et dissuasives* » aux entreprises et associations d'entreprises qui méconnaissent les articles 101 et 102, en laissant une voie ouverte au système dans lequel une autorité devrait requérir de telles amendes dans une procédure « *judiciaire autre que pénale* ». Les amendes doivent également couvrir les comportements d'obstruction aux enquêtes. Ces principes de fond étant posés, les articles 14 et 15 leur donnent une portée concrète, notamment en prévoyant que les amendes prendront en considération « *la gravité de l'infraction ainsi que la durée de celle-ci* » pour les infractions aux articles 101 et 102. Ces dispositions ont conduit, lors de la transposition de la directive en droit français, à supprimer les dispositions qui prévoyaient que l'Autorité devait prendre en compte le dommage à l'économie lors de la détermination des sanctions. La notion de « dommage à l'économie » était une particularité du régime français des sanctions, et conduisait l'Autorité à retenir, dans ses motivations, des considérations spécifiques sur ce point, souvent nourries par les études économiques des parties ou de ses services d'instruction.

L'article 15 introduit, en outre, une clause « plancher » au plafond des sanctions, puisque le montant maximal de la sanction ne peut désormais être inférieur à 10 % du CA mondial de l'entreprise. Cette disposition conduit à généraliser le niveau de plafond, élevé, pratiqué notamment par la Commission, et a conduit à supprimer les dispositions du droit français qui ménageaient un plafond spécifique en valeur absolue applicable aux « organismes ». Ce plafond devra, en outre, prendre en compte le chiffre d'affaires de chaque membre en cas d'infraction commise par une association d'entreprises. La refonte très conséquente du régime français des sanctions de concurrence a conduit l'Autorité à remodeler en profondeur son « communiqué sanctions »[45].

Enfin, la directive comprend un régime complet sur la clémence, qui reprend les grands principes du programme de clémence relevant jusqu'alors du droit souple. Elle induit une nouveauté, transposée à l'article L. 420-6-1 nouveau du code de commerce avec l'immunité pénale qui peut désormais bénéficier à des personnes physiques membres de l'entreprise ayant mis en œuvre des pratiques d'ententes, sous réserve que l'entreprise ait été entièrement exonérée de sanction pécuniaire (ce qui correspond au cas du premier demandeur de clémence) et que la personne en question ait activement coopéré à la fois avec l'Autorité et avec le ministère public. Ce nouvel avantage induit associé à la procédure de clémence vise à la rendre encore plus attractive pour les entreprises et leurs responsables.

La directive renforce aussi la coopération entre ANC, en prévoyant de nouveaux mécanismes d'assistance mutuelle. La directive crée ainsi de nouvelles hypothèses d'obligation d'information des autres membres du réseau, lorsque, par exemple, une autorité adopte une décision de mesures conservatoires ou de non-lieu en application des articles 101 ou 102 ; le champ de l'assistance entre les autorités est étendu, notamment pour leur permettre de se prêter main-forte en vue d'établir si une entreprise a fait obstruction aux investigations d'une autre ANC ou n'a pas respecté une de ses décisions ; enfin, un tout nouveau dispositif d'assistance en matière de notification et de recouvrement est inauguré, poussant un cran plus loin la coopération, jusqu'au dernier stade de la chaîne de régulation concurrentielle.

III. Au terme de cette analyse, quel bilan tirer de l'apport de la directive ECN + ?

On ne peut que relever, tout d'abord, des progrès majeurs pour la « force de frappe » des ANC. Ils sont particulièrement saillants pour les ANC qui partaient d'une situation éloignée du standard désormais établi, en particulier celles qui ont maintenant la capacité à infliger elles-mêmes des sanctions, ou encore celles dont les dirigeants avaient, dans le passé, pu être écartés de leurs fonctions, avant le terme de leur mandat, pour des motifs non explicités, remettant ainsi en question l'indépendance de ces institutions. De façon plus générale, la directive met en lumière l'importance d'une régulation concurrentielle nationale forte et indépendante, parachevant le pari effectué en 2003.

La directive permet aussi de très réellesavancées pour l'Autorité de la concurrence, alors qu'elle bénéficiait déjà, à bien des égards, de prérogatives étendues.

---

45 V. Communiqué de l'Autorité de la concurrence relatif à la méthode de détermination des sanctions pécuniaires du 30 juillet 2021, qui abroge et remplace le communiqué sanctions du 16 mai 2011.

La faculté d'ouvrir ou non une procédure suivant son alignement avec les priorités de l'Autorité est une évolution déterminante pour le bon emploi de ressources toujours limitées, et donc pour l'effectivité d'ensemble de son action.

La faculté d'autosaisine en vue du prononcé de mesures conservatoires est également, dans le contexte de l'économie numérique et du comportement de ses acteurs dominants, particulièrement pertinente, pour pallier les craintes des entreprises affectées au regard de mesures de rétorsion, et aussi pour permettre à l'Autorité d'avoir une intervention toujours plus rapide et effective. On peut espérer que ce pouvoir nouveau aura également un effet dissuasif, comme a pu l'avoir, *mutatis mutandis*, la réforme des procédures d'urgence devant le juge administratif vis-à-vis des illégalités manifestes.

L'inscription au niveau européen des principes gouvernant les sanctions est un acquis considérable. L'encadrement des sanctions constitue une thématique totalement nouvelle dans un texte de niveau européen, ce qui permet de fortement sécuriser l'effet dissuasif de la mise en œuvre des articles 101 et 102 TFUE, où que ce soit dans l'Union. La fin de « l'exception française » en matière de plafond des sanctions, avec l'entrée dans le droit commun pour le régime de sanction des « organismes », désormais désignés « associations d'entreprises », est essentielle. L'abandon du plafond en valeur absolue jusqu'alors fixé à 3 M d'euros pour les sanctions visant les « organismes » - plafond qui était sans rapport avec la surface économique des acteurs ou avec la nocivité des infractions commises – est un progrès majeur pour l'effectivité du droit de la concurrence. Plus généralement, l'avènement d'un régime européen de détermination des sanctions, articulé autour des critères de durée et de gravité, permet un rapprochement entre les pratiques des différentes ANC, et entre ces dernières et la Commission européenne. Cette harmonisation, qui ne s'étend pas jusqu'au stade de détermination du montant individuel de la sanction, mais en précise les déterminants principaux, est bienvenue, s'agissant du pouvoir des autorités qui affecte le plus directement les entreprises et leur compte de résultat. Il est donc justifié, pour parfaire la constitution du marché unique européen, que les entreprises soient exposées en tous points de l'Union à des sanctions déterminées de façon similaire[46].

Un autre acquis important est l'inscription au niveau européen de la procédure de clémence. C'est pratiquement toute la *soft law* qui est hissée par la directive au niveau d'une norme contraignante, de manière complète et détaillée.

Enfin, et plus globalement, la directive ECN + aura marqué l'affirmation d'un schéma institutionnel européen de la régulation concurrentielle consacrant le modèle de l'autorité administrative, dotée de solides garanties d'indépendance, et soumise aux règles procédurales du corpus des droits fondamentaux.

---

46 Pour un panorama d'ensemble des sanctions pécuniaires en matière de concurrence, v. la thèse de M. Alexandre Appel « Les amendes en droit français et en droit européen des pratiques anticoncurrentielles », publiée aux éditions L'Harmattan 7 février 2022.

La directive ECN + constitue ainsi, on peut le dire, une avancée très significative dans la construction d'un système européen de mise en œuvre du droit de la concurrence. Si elle a pu être aussi ambitieuse, c'est grâce à la perception, largement partagée, que le REC a été un formidable succès. Peu de politiques européennes peuvent se targuer d'avoir reçu une aussi large application, en reposant qui plus est sur une compétence « partagée » entre le niveau national et le niveau centralisé. Visionnaire en 2003, le REC reste profondément moderne. Alors que le numérique envahit l'ensemble des secteurs de l'économie, et soulève des problématiques de concurrence nouvelles (effets de réseau, accès aux données, enjeux liés à la protection de la vie privée ou à la constitution d'écosystèmes ouverts ou fermés), le fonctionnement en « mode réseau » du REC, selon des modalités souples, paraît particulièrement adapté. Dans le réseau internet, tous les ordinateurs et équipements étant reliés entre eux, si l'on coupe un lien, les autres liens demeurent et permettent au réseau de continuer à fonctionner. Le fonctionnement du REC permet, *mutatis mutandis*, à la Commission d'intervenir sur une problématique, si une ANC n'intervient pas, et inversement. Les ANC peuvent également choisir de laisser une autre autorité membre du réseau être précurseur sur un dossier ou une problématique, voire de le résoudre totalement (par exemple lorsqu'une procédure nationale débouche sur des changements de comportement à l'échelle européenne). Par ailleurs, les échanges entre les ANC et la Commission créent leur propre dynamique et sont un facteur de créativité et de progrès : les questions et « bonnes pratiques » sont rapidement partagées, bénéficiant à tous. Certains membres du réseau peuvent prendre des décisions innovantes, et inspirer d'autres autorités à prendre leur suite.

À cet égard, l'adoption de la directive ECN + apparaît comme un maillon essentiel du processus de modernisation des outils du droit de la concurrence engagée, ces dernières années, pour répondre notamment aux défis soulevés par la numérisation de l'économie et l'émergence de plateformes mondiales exerçant de nouvelles formes de dominance. La reconnaissance du rôle propre du REC, et des ANC qui le composent, dans le Digital Markets Act (DMA), qui complétera, demain, l'application du droit européen de la concurrence est la marque de cet acquis. La directive ECN+ et le DMA permettront aux autorités de concurrence d'être outillées pour mener à bien leur mission de protection du fonctionnement concurrentiel des marchés à l'échelle européenne.

L'arrêt dans l'affaire C-132/19 P *Groupe Canal + c/ Commission*, le choix entre engagements et interdiction sous le règlement n° 1/2003, et les droits des tiers

Wouter Wils*
Commission européenne
King's College London

Résumé

L'arrêt récent dans l'affaire C-132/19 P Groupe Canal + c/ Commission a apporté des clarifications quant aux limites de l'utilisation d'engagements dans le domaine des pratiques anticoncurrentielles et quant aux droits des tiers dans les procédures d'engagement, deux questions que Laurence Idot avait déjà identifiées bien avant le règlement n° 1/2003.

* Conseiller juridique, Commission européenne ; professeur invité, King's College London ; et surtout lecteur très admiratif depuis trois décennies des nombreuses publications érudites et incisives de Laurence Idot. Toute opinion exprimée n'engage que le seul auteur et ne devrait pas être interprétée comme reflétant la position de la Commission européenne.

I. Introduction

Le phénomène des engagements auxquels les parties à une procédure dans le domaine des pratiques anticoncurrentielles consentent pour échapper à une décision d'interdiction, ainsi que les interrogations quant aux limites de cet instrument et aux droits des tiers dans son utilisation, précède le règlement n° 1/2003[1].

Pour s'en convaincre, il suffit de relire l'article « À propos des engagements en droit de la concurrence : quelques réflexions sur la pratique communautaire et française » par Laurence Idot dans les *Cahiers de droit européen* de 1999[2]. Cet article fut le premier traitement systématique dans la doctrine de la question des engagements en droit de la concurrence européen et français, englobant non seulement le domaine des concentrations, mais aussi ceux des aides et des pratiques anticoncurrentielles. Laurence Idot y montrait que la Commission européenne avait déjà, bien avant le règlement n° 1/2003, une pratique informelle bien développée d'acceptation d'engagements pour mettre fin rapidement notamment à des abus de position dominante, et que cette pratique soulevait les questions de savoir jusqu'où la Commission pouvait aller, et quels étaient les droits des entreprises tierces intéressées[3].

L'insertion dans le règlement n° 1/2003 de l'article 9 sur les décisions d'engagements constituait, comme Laurence Idot l'exprimait dans son premier livre sur ce règlement, la formalisation de ce type de décision[4]. Cette formalisation des décisions d'engagements a ouvert la voie aux recours contre ces décisions devant les juridictions de l'Union. Ces recours ont donné lieu à deux arrêts importants de la Cour de justice, d'abord dans l'affaire C-441/07 P *Alrosa* (ci-après : « arrêt *Alrosa* »)[5], et récemment dans l'affaire C-132/19 P *Groupe Canal* + (ci-après : « arrêt *Groupe Canal* + »)[6]. Ces arrêts ont apporté des clarifications quant aux limites de l'utilisation des décisions d'engagements et quant aux droits des tiers, tout en soulevant de nouvelles interrogations.

---

1 Règlement (CE) n° 1/2003 du Conseil du 16 décembre 2002 relatif à la mise en œuvre des règles de concurrence prévues aux articles 81 et 82 du traité, *JOCE* n° L 1 du 4 janvier 2003, p. 1.

2 L. Idot, « À propos des engagements en droit de la concurrence : quelques réflexions sur la pratique communautaire et française », *Cahiers de droit européen*, vol. 35, n° 5-6,1999, pp. 569-610.

3 *Ibid.*, pp. 581 et 585.

4 L. Idot, *Droit communautaire de la concurrence : le nouveau système communautaire de mise en œuvre des articles 81 et 82 CE*, Bruxelles, Bruylant, 2004, pp. 127 et 128.

5 CJUE, 29 juin 2010, *Commission c/ Alrosa*, aff. C-441/07 P, EU:C:2010:377 (ci-après : « arrêt *Alrosa* ») ; v. aussi A. Maitrepierre, « Engagements : La Cour de justice rend son premier arrêt en matière d'engagements (*Alrosa*) », 29 juin 2010, *Concurrences* n° 3-2010, art. n° 31923, pp. 159-160.

6 CJUE, 9 décembre 2020, *Groupe Canal + c/ Commission*, aff. C-132/19 P, EU:C:2020:1007 (ci-après : « arrêt *Groupe Canal +* ») ; v. M. Debroux, « Engagements : La Cour de justice de l'Union européenne annule l'arrêt du Tribunal de l'Union européenne qui avait confirmé une décision de la Commission européenne rendant obligatoires des engagements souscrits par un distributeur audiovisuel, pour avoir porté une atteinte disproportionnée aux droits contractuels des tiers (*Canal+*) », 9 décembre 2020, *Concurrences* n° 1-2021, art. n° 98960, pp. 118-119.

II. L'arrêt *Alrosa*

En 2002, Alrosa et De Beers ont notifié à la Commission un accord conclu entre eux en vue d'obtenir une attestation négative ou une exemption au titre du règlement 17, le règlement précédant le règlement n° 1/2003. Cet accord, qui s'insérait dans le cadre de la relation commerciale entretenue de longue date par Alrosa et De Beers, avait essentiellement pour objet la fourniture de diamants bruts. Il était conclu pour une période de cinq ans commençant à courir à compter de la date à laquelle la Commission confirmerait aux cocontractants qu'il n'enfreignait pas l'article 81, paragraphe 1, CE, ou méritait une exemption au titre de l'article 81, paragraphe 3, CE, et n'enfreignait pas autrement l'article 82 CE[7].

En 2003, la Commission a ouvert une première procédure sous la référence COMP/E-3/38.381 contre Alrosa et De Beers, et adressé sous cette référence une communication des griefs à Alrosa et De Beers, estimant que l'accord était susceptible de constituer un accord anticoncurrentiel interdit par l'article 81 CE.

Au même moment, la Commission a ouvert une deuxième procédure sous la référence COMP/E-2/38.381 contre De Beers, et adressé une communication des griefs sous cette référence à De Beers, estimant que l'accord était susceptible de constituer un abus de position dominante interdit par l'article 82 CE.

En 2004, Alrosa et De Beers ont conjointement présenté des engagements visant à répondre aux préoccupations dont la Commission les avait informées.

En 2005, la Commission a procédé à la publication prévue à l'article 27, paragraphe 4, du règlement n° 1/2003, invitant les parties tierces intéressées à lui présenter leurs observations sur ces engagements conjoints.

En janvier 2006, De Beers a individuellement présenté des engagements visant à répondre aux préoccupations exprimées par la Commission à la lumière des résultats de la consultation du marché. Ces engagements individuels de De Beers prévoyaient la réduction progressive des ventes de diamants bruts d'Alrosa à De Beers, dont la valeur devait passer de 600 millions de dollars américains en 2006 à 400 millions de dollars américains en 2008, ainsi que leur suppression subséquente.

En février 2006, la Commission a adopté sa décision sur la base de l'article 9 du règlement n° 1/2003, adressée à De Beers, dans laquelle elle a rendu obligatoires les engagements individuels de De Beers, et clôturé la procédure relative à l'application de l'article 82 CE portant la référence COMP/E-2/38.381[8].

L'arrêt *Alrosa* constitua le rejet final du recours par Alrosa contre cette décision de la Commission. La Cour commençait par observer, quant aux décisions

---

7 Arrêt *Alrosa*, pt 6.

8 *Ibid.*

d'engagements en général, qu'il « *s'agit là d'un nouveau mécanisme introduit par le règlement n° 1/2003 et visant à assurer une application efficace des règles de concurrence prévues par le traité CE à travers l'adoption de décisions qui rendent obligatoires des engagements proposés par les parties et jugés appropriés par la Commission afin d'apporter une solution plus rapide aux problèmes de concurrence qu'elle a identifiés, au lieu d'agir par la voie de la constatation formelle d'une infraction. Plus particulièrement, l'article 9 dudit règlement est inspiré par des considérations d'économie de procédure et permet aux entreprises de participer pleinement à la procédure, en proposant les solutions qui leur semblent les plus appropriées et adéquates pour répondre auxdites préoccupations de la Commission* »[9].

Quant aux limites des décisions d'engagements, la Cour rejetait dans des termes très clairs la thèse selon laquelle les engagements rendus obligatoires ne pourraient aller au-delà de ce que la Commission aurait pu imposer sous forme d'injonction dans une décision d'interdiction sur la base de l'article 7 du règlement n° 1/2003 : « *[R]ien ne justifie que la mesure qui pourrait éventuellement être imposée dans le cadre de l'article 7 du règlement n° 1/2003 doive servir de référence aux fins de l'appréciation de la portée des engagements acceptés en application de l'article 9 de ce règlement et que tout ce qui va au-delà de ladite mesure doive être automatiquement considéré comme non proportionné. Ainsi, même si les décisions adoptées au titre de ces deux dispositions sont bien chacune soumises au principe de proportionnalité, l'application de ce principe est néanmoins différente selon que l'une ou l'autre de ces dispositions est concernée.*

Les entreprises qui offrent des engagements sur le fondement de l'article 9 du règlement n° 1/2003 acceptent sciemment que leurs concessions puissent aller au-delà de ce que la Commission elle-même pourrait leur imposer dans une décision qu'elle adopterait conformément à l'article 7 de ce règlement après un examen approfondi. En revanche, la clôture de la procédure d'infraction engagée à l'encontre de ces entreprises leur permet d'éviter la constatation d'une violation du droit de la concurrence et l'éventuelle infliction d'une amende[10]. »

Quant à l'article 7, l'ampleur de la portée de l'application du principe de proportionnalité est expressément indiquée dans cet article, à savoir que « *la Commission peut imposer aux entreprises intéressées toute mesure corrective de nature structurelle ou comportementale qui soit proportionnée à l'infraction commise et nécessaire pour faire cesser effectivement l'infraction* »[11].

Par contre, quant à l'article 9 : « *La mise en œuvre par la Commission du principe de proportionnalité dans le contexte de l'article 9 du règlement n° 1/2003 se limite à la vérification que les engagements en question répondent aux préoccupations dont elle a informé les entreprises concernées et que ces dernières n'ont pas offert*

---

9 *Ibid.*, pt 35.

10 *Ibid.*, pts 47 et 48.

11 *Ibid.*, pt 39.

d'engagements moins contraignants répondant d'une façon aussi adéquate à ces préoccupations. Dans l'exercice de cette vérification, la Commission doit toutefois prendre en considération les intérêts des tiers[12]. »

L'arrêt *Alrosa* ne contenait pas davantage de clarifications sur les implications de cette dernière obligation de prendre en considération les intérêts des tiers.

Quant aux droits procéduraux d'Alrosa dans la procédure administrative précédant la décision d'engagements adressée à De Beers, la Cour rejetait toutefois la thèse selon laquelle Alrosa aurait dû se voir reconnaître les droits accordés à une « entreprise concernée » au sens du règlement n° 1/2003 : « *Il convient de relever à cet égard que, en l'espèce, deux procédures ont été engagées par la Commission, l'une en vertu de l'article 81 CE, concernant le comportement sur le marché des diamants bruts de De Beers et d'Alrosa, l'autre, au titre de l'article 82 CE, portant sur les pratiques unilatérales de De Beers. Dans le cadre de ces deux procédures, des communications des griefs séparées ont été adressées respectivement à De Beers et à Alrosa. Il en découle qu'Alrosa n'aurait pu avoir la qualité d'"entreprise concernée" que dans le cadre de la procédure engagée en vertu de l'article 81 CE, pour laquelle aucune décision n'est intervenue. Dans ce cadre, Alrosa ne saurait donc se prévaloir de droits procéduraux réservés aux parties à la procédure relative aux engagements individuels, ces derniers ayant été proposés par De Beers dans le cadre de la procédure administrative relative à l'application de l'article 82 CE portant la référence COMP/E-2/38.381, à laquelle la décision litigieuse a mis fin. […] dans le cadre de la procédure relative à l'application de l'article 82 CE, qui a été clôturée par la décision litigieuse, Alrosa ne disposait donc que des droits plus restreints d'un tiers intéressé*[13]. »

Dans la doctrine, l'arrêt *Alrosa* a fait l'objet de vives critiques de certains auteurs qui regrettaient que la Cour ait laissé une trop grande liberté à la Commission d'extraire des entreprises concernées, sous la justification de l'économie de procédure, des engagements allant au-delà des remèdes qu'elle aurait pu imposer par injonction dans le cadre d'une décision d'infraction[14]. Cette critique ne paraît pourtant pas partagée par les entreprises concernées, qui, comme la Cour l'indiquait précisément dans l'arrêt *Alrosa*, « *acceptent sciemment que leurs concessions puissent aller au-delà de ce que la Commission elle-même pourrait leur imposer dans une décision qu'elle adopterait conformément à l'article 7 de ce*

---

12 *Ibid.*, pt 41.

13 *Ibid.*, pts 88 et 91.

14 V. not. F. Jenny, « Worst Decision of the EU Court of Justice: The *Alrosa* Judgment in Context and the Future of Commitment Decisions », *Fordham International Law Journal*, vol. 38, n° 3, p. 701 et F. Wagner-von Papp, « Best and Even Better Practices in Commitment Procedures after *Alrosa*: The Dangers of Abandoning the "Struggle for Competition Law" », *Common Market Law Review*, vol. 49, n° 3, 2012, p. 929. Bien entendu, une limitation à l'étendue possible des engagements reste, en ce que la Commission « *n'accepte d'engagements que s'ils sont en relation avec le problème de concurrence qui fait l'objet de la procédure* » ; C. Gauer, « Les tests de marché dans les procédures d'engagements en droit européen des ententes et des abus de position dominante », in « La pratique des tests de marché dans les procédures antitrust et dans le contrôle des concentrations », *Concurrences* n° 1-2013, art. n° 50432, p. 6, note de bas de page 15.

règlement après un examen approfondi. En revanche, la clôture de la procédure d'infraction engagée à l'encontre de ces entreprises leur permet d'éviter la constatation d'une violation du droit de la concurrence et l'éventuelle infliction d'une amende »[15].

Dans son analyse des raisons pour lesquelles les décisions d'engagements sont tellement attirantes, Jean-François Bellis a exprimé ce même point comme suit : « *An additional benefit of the commitment procedure is that it makes it possible to develop remedies which go beyond those that could be imposed in an Article 7 prohibition decision. While at first sight this might be seen as a benefit that is of interest only to the Commission, it may also be of interest to companies, which may take advantage of this unique feature of the commitment procedure to leverage their way out of a procedure which would otherwise end with a prohibition decision and a possibly high fine*[16]. »

Comme le montre l'arrêt *Groupe Canal +*, cette conjonction d'intérêts de la Commission et des entreprises concernées ne s'étend toutefois pas nécessairement aux parties tierces.

III. L'arrêt *Groupe Canal +*

En janvier 2014, la Commission a ouvert une procédure sous la référence AT.40023 contre Paramount et cinq autres studios américains et les principaux télédiffuseurs de contenu payant européens, dont le télédiffuseur britannique Sky et le télédiffuseur français Groupe Canal +, concernant la compatibilité avec l'article 101 TFUE de certaines clauses dans les accords de licence entre les studios et les télédiffuseurs tendant à octroyer à ces derniers une protection territoriale absolue[17].

En juillet 2015, la Commission a adressé une communication des griefs aux six studios américains et au seul télédiffuseur britannique Sky.

En novembre 2015, par décision du conseiller-auditeur, Groupe Canal + a été admis à participer à la procédure en tant que tiers intéressé au sens de l'article 13, paragraphe 1, du règlement 773/2004[18]. À la suite de cette décision, Groupe Canal + a reçu une information (succincte) sur la nature et l'objet de la procédure, et a pu faire des observations écrites. Groupe Canal + a également été invité à

15 Arrêt *Alrosa*, pts 47 et 48.

16 J.-F. Bellis, « EU commitment decisions: What makes them so attractive? », in « Solutions négociées : Les procédures d'engagements, dérive ou atout dans la répression des pratiques anticoncurrentielles ? » (New Frontiers of Antitrust, 15 juin 2015, Paris), *Concurrences* n° 3-2015, art. n° 74826, p. 21, pt 22.

17 Arrêt *Groupe Canal +*, pt 5, et Comm. eur., communiqué de presse IP/14/15 du 13 janvier 2014, « Antitrust : la Commission enquête sur les restrictions qui pèsent sur la fourniture transfrontière de services de télévision payante ».

18 Règlement (CE) n° 773/2004 de la Commission du 7 avril 2004 relatif aux procédures mises en œuvre par la Commission en application des articles 81 et 82 du traité CE, *JOUE* n° L 123 du 27 avril 2004, p. 18.

développer (très brièvement) ses arguments lors de l'audition des studios américains et de Sky en janvier 2016[19].

En avril 2016, Paramount a proposé des engagements, consistant à ne plus respecter elle-même, et à ne pas agir en justice pour faire respecter par les télédiffuseurs, les clauses dans ses contrats non seulement avec Sky, mais aussi avec les autres télédiffuseurs européens, dont Groupe Canal +, visant à octroyer aux télédiffuseurs une protection territoriale absolue.

Après avoir recueilli des observations de la part de tiers intéressés, dont Groupe Canal +, la Commission, sur la base de l'article 9 du règlement n° 1/2003, a adopté en juillet 2016 sa décision, adressée à Paramount, rendant obligatoires les engagements proposés et clôturant la procédure envers Paramount.

L'arrêt *Groupe Canal +*, par lequel la Cour de justice annule la décision de la Commission, est le résultat final du recours intenté par Groupe Canal + contre cette décision de la Commission.

La Cour de justice rejette d'abord l'argument que la Commission aurait raisonné « *par extrapolation* », en s'affranchissant de l'obligation d'examiner tous les marchés nationaux concernés, en ce que la communication des griefs, qui faisait fonction d'évaluation préliminaire au sens de l'article 9 du règlement n° 1/2003, ne portait que sur les contrats entre les studios américains et le seul télédiffuseur britannique Sky, et n'analysait donc que le marché britannique, tandis que les engagements proposés par Paramount et acceptés par la Commission couvrent l'ensemble de l'Espace économique européen (EEE) : « *[C]'est à bon droit que le Tribunal a considéré, au point 118 de l'arrêt attaqué, que les clauses pertinentes, dans la mesure où elles avaient pour objet de cloisonner les marchés nationaux de l'ensemble de l'EEE, sans que leur contexte économique et juridique permette de constater qu'elles ne sont pas susceptibles de porter atteinte à la concurrence, pouvaient valablement, dans le contexte de l'application de l'article 9 du règlement n° 1/2003, susciter pour la Commission des préoccupations en matière de concurrence concernant l'ensemble de cet espace géographique, quand bien même la Commission n'aurait pas analysé un par un les marchés nationaux concernés*[20]. »

La Cour de justice annule néanmoins la décision de la Commission pour violation du principe de proportionnalité, en ce que cette décision vide de leur substance les droits contractuels à l'égard de Paramount de tiers, dont Groupe Canal +, qui n'ont ni offert ces engagements ni été visés par la procédure intentée par la Commission[21].

Cet arrêt important soulève plusieurs interrogations. Premièrement, s'agit-il d'un renversement de l'arrêt *Alrosa* ? Alrosa aurait-elle dû bénéficier du même

19 Arrêt *Groupe Canal +*, pt 5, et Rapport final du conseiller-auditeur, *JOUE* n° C 437 du 25 novembre 2016, p. 3.

20 Arrêt *Groupe Canal +*, pt 86.

21 *Ibid.*, pts 124 et 127.

raisonnement ? La réponse est négative. Les engagements offerts par De Beers et rendus obligatoires par la Commission n'affectaient pas des droits contractuels inconditionnels d'Alrosa, étant donné que l'accord conclu entre Alrosa et De Beers ne commençait à courir qu'à la date à laquelle la Commission aurait confirmé qu'il n'enfreignait pas les articles 81 et 82 CE[22].

Deuxièmement, est-ce que n'importe quelle affectation des droits contractuels préexistants de parties tierces constitue un obstacle à l'acceptation d'engagements ? De nouveau la réponse est négative. La Cour a conclu à une violation du principe de proportionnalité au motif que les droits contractuels de Groupe Canal + étaient « *vidé[s] de leur substance* »[23], en ce que les obligations que la décision de la Commission obligeait Paramount à ne plus honorer envers les télédiffuseurs étaient « *susceptibles de constituer un élément essentiel de l'équilibre économique que ces mêmes télédiffuseurs et Paramount ont déterminé dans l'exercice de leur liberté contractuelle* »[24].

Troisièmement, qu'aurait dû faire la Commission si elle voulait mettre fin au problème de concurrence identifié par elle sans violer les droits de Groupe Canal + ? Dans ses conclusions, auxquelles l'arrêt *Groupe Canal* + renvoie sur plusieurs autres points, l'avocat général Pitruzzella avait indiqué ce qui suit : « *On ne saurait objecter […] que l'atteinte portée à la liberté contractuelle des tiers était nécessaire pour protéger la concurrence et que la Commission ne pouvait pas modifier le contenu des engagements qui constituent un acte unilatéral de l'entreprise. À cet égard il nous suffit d'indiquer que la Commission disposait d'autres moyens, plus appropriés, compte tenu des caractéristiques de la présente espèce, pour préserver l'intérêt public protégé par l'article 101, paragraphe 1, TFUE. Elle pouvait en effet refuser les engagements parce qu'ils allaient à l'encontre du principe de proportionnalité et suivre la procédure au titre de l'article 7 du règlement n° 1/2003 afin de déterminer s'il y avait infraction ou non*[25]. »

Tandis que l'arrêt *Alros*a montrait que parfois l'article 9 du règlement n° 1/2003 offre plus de latitude à la Commission (et aux entreprises concernées) que l'article 7, l'arrêt *Groupe Canal* + montre donc que dans d'autres cas de figure le contraire pourrait être le cas.

---

22 Arrêt *Alrosa*, pt 6, et arrêt *Groupe Canal* +, pt 117.

23 Arrêt *Groupe Canal* +, pt 127.

24 *Ibid.*, pt 126.

25 Conclusions AG Pitruzzella, 7 mai 2020, *Groupe Canal + c/ Commission*, aff. C-132/19 P, EU:C:2020:355, pt 131 ; v. aussi A. Lacresse, « Engagements : L'Avocat Général Pitruzzella propose à la Cour de justice de l'Union européenne de juger que la Commission européenne doit tenir compte des droits des tiers lorsque les engagements conduisent à mettre un terme à des contrats entre ces tiers et le destinataire de la décision (*Canal* +) », 7 mai 2020, *Concurrences* n° 3-2020, art. n° 96094, pp. 150-151.

L'arbitrabilité sous condition : réflexions au départ de l'*antitrust*

Louis d'Avout*
Université Paris 2 Panthéon-Assas

Résumé

À travers l'arbitrabilité, l'on répond en principe de façon binaire à la question de l'admissibilité du règlement privatisé d'un litige. Ce concept juridique permet-il également de restreindre les marges de manœuvre des arbitres internationaux dans l'exercice de leur mission juridictionnelle, par une admission de l'arbitrage subordonnée au respect d'un régime juridique donné (loi étatique, convention internationale, etc.) ? Une réponse positive peut être formulée dans certains cas, moyennant l'étude des liens entre la règle d'arbitrabilité et le contrôle étatique subséquent des sentences arbitrales. Lorsque le contrôle de compatibilité des sentences est effectué non seulement au regard de principes mais aussi de certaines règles internationalement imperatives, telles celles du droit de la concurrence, l'on peut conclure en amont à la subordination de l'arbitrabilité du litige au respect de ces règles. Une corrélation ou un lien causal, apparaît ainsi (ou est susceptible d'apparaître), dans certains secteurs économiques sensibles, entre la définition par les collectivités publiques des litiges susceptibles d'être arbitrés, l'encadrement consécutif de la mission du juge privé choisi par les parties et le contrôle, ultérieur par les juges étatiques, de l'admissibilité du produit de cette justice privée. Ce lien causal exprime une arbitrabilité de type conditionnel qui, loin de fragiliser le règlement privatisé des litiges internationaux, œuvre au contraire à l'insertion cohérente de l'arbitrage dans le système plus général du contentieux transnational.

---

* Professeur à l'Université Paris 2 Panthéon-Assas.

Dans un récent cours de droit comparé de l'arbitrage international, il était souligné que les règles fixant l'arbitrabilité des litiges peuvent être soit catégoriques, soit conditionnelles[1]. L'auteur de ce cours, George Bermann, y exprimait ainsi la distinction : « *Comme son nom l'indique, la règle catégorique de non-arbitrabilité interdit simplement la soumission à l'arbitrage de certains types de demandes ou de litiges. Par contraste, l'arbitrabilité conditionnelle autorise la soumission à l'arbitrage d'un type donné de demande, mais seulement si certaines conditions sont remplies – typiquement, des conditions imposées pour la protection d'une partie faible. Si dans un cas donné, ces conditions ne sont pas remplies, la demande n'est pas arbitrable* »[2].

L'exemple d'une inarbitrabilité conditionnelle pour la protection des parties faibles provient d'une règle brésilienne restreignant l'arbitrabilité des litiges naissant de certains contrats d'adhésion[3]. Comme y insiste l'auteur au-delà de cet exemple, l'inarbitrabilité conditionnelle n'est pas seulement légale et elle pourrait, dans certains pays, être édictée par la voie jurisprudentielle[4]. En France, la réglementation des marchés publics prévoit, pour certaines formes de contrats passés avec des opérateurs privés, la possibilité de l'arbitrage, sous condition d'application de la loi française[5]. Le droit étatique conditionne ainsi la licéité du recours à l'arbitrage au respect de certaines contraintes inhérentes au fond du droit ; logiquement, ces contraintes se répercutent au stade du contrôle des sentences, au moins au titre du contrôle de compatibilité à l'ordre public international[6]. Une illustration analogue de ce conditionnement peut être donnée, cette fois au départ des conventions internationales. La Convention relative au contrat de transport international de marchandises par route, dite « CMR », signée à Genève le 19 mai 1956, après avoir institué un régime impératif de responsabilité contractuelle (fond, procédure judiciaire, prescription), prévoit en son article 33 la possibilité de recourir à l'arbitrage. Elle le fait en ces termes :

> « *Le contrat de transport peut contenir une clause attribuant compétence à un tribunal arbitral à condition que cette clause prévoie que le tribunal arbitral appliquera la présente Convention.* »

---

1 G. Bermann, « International Arbitration and Private International Law General Course on Private International Law », *RCADI* t. 381 (2017), n° 209. L'auteur renvoie au *Restatement* de l'American Law Institute sur l'arbitrage commercial, dont il a été le rapporteur en chef.

2 Traduction libre.

3 Le conditionnement est, ainsi que le rapporte l'auteur, doublement lié à l'identité de la partie à l'origine de la saisine et à la forme revêtue par la clause d'arbitrage.

4 Pour l'auteur, « *les règles d'arbitrabilité conditionnelle sont croissantes et soulèvent un débat politique sérieux. Elles sont également compliquées, d'une certaine façon. Si la règle d'arbitrabilité est catégorique, la question de savoir si un type donné de demande est arbitrable ou non est en principe une question purement légale. Mais si elle est seulement conditionnelle, la question des conditions posées à l'arbitrabilité d'un litige donné peut être purement factuelle et requérir donc une preuve des faits* » (trad. libre).

5 C. commande publique, art. 2236-1 : « *Les parties peuvent recourir à l'arbitrage pour le règlement des litiges relatifs à l'exécution des marchés de partenariat, avec application de la loi française.* » Pour l'historique de cette disposition, v. M.-E. Ancel, P. Deumier et M. Laazouzi, *Droit des contrats internationaux*, 2e éd., Paris, Sirey, 2020, n° 1110.

6 Il est intéressant de voir comment l'article V, paragraphe 2, de la Convention de New York pour la reconnaissance et l'exécution des sentences arbitrales étrangères regroupe (a) le contrôle de l'arbitrabilité et (b) celui de contrariété à l'ordre public. L'inexistence, dans un droit étatique, d'un contrôle distinct de l'arbitrabilité aboutira naturellement à son contrôle au titre de l'ordre public.

De la même façon, l'article 34 de la Convention de Montréal du 28 mai 1999 pour l'unification de certaines règles relatives au transport aérien international prévoit, sous l'intitulé « Arbitrage » :

> « *1. Sous réserve des dispositions du présent article, les parties au contrat de transport de fret peuvent stipuler que tout différend relatif à la responsabilité du transporteur en vertu de la présente convention sera réglé par arbitrage. Cette entente sera consignée par écrit.*
>
> *2. La procédure d'arbitrage se déroulera, au choix du demandeur, dans l'un des lieux de compétence des tribunaux prévus à l'article 33.*
>
> *3. L'arbitre ou le tribunal arbitral appliquera les dispositions de la présente convention.*
>
> *4. Les dispositions des paragraphes 2 et 3 du présent article seront réputées faire partie de toute clause ou de tout accord arbitral, et toute disposition contraire à telle clause ou à tel accord arbitral sera nulle et de nul effet.* »

Ces stipulations, qui en France du moins n'ont pas donné lieu à une interprétation judiciaire nourrie, affirment la licéité, du point de vue des États parties, de la renonciation à la justice étatique au bénéfice de l'arbitrage à condition que les parties n'usent pas de leur liberté pour se soustraire aux règles conventionnelles impératives. En filigrane, cette restriction de la liberté des parties affecte corrélativement la mission des arbitres[7]. Car si, du point de vue des États signataires, les personnes privées justiciables ne peuvent point se soumettre à l'arbitrage en se dispensant du respect des règles issues du traité, les personnes privées exerçant la fonction arbitrale sur l'habilitation des justiciables ne devraient pas pouvoir juger dans un sens directement contraire. Le pouvoir juridictionnel privé des arbitres, qui procède de l'accord valable et licite des parties, est affecté des mêmes limitations que l'accord lui-même. Un arbitre souhaitant demeurer fidèle à la source interétatique de reconnaissance de ses pouvoirs qu'est la convention internationale devrait donc appliquer prioritairement les règles impératives du droit uniforme qui en résultent[8]. L'arbitrabilité, dont l'affirmation fonde la compétence des arbitres au point de vue étatique, est dans les exemples qui précèdent conditionnée par un certain calibrage de leur mission juridictionnelle. Afin d'inciter les arbitres à agir en conséquence, le conditionnement initial de l'arbitrabilité fera l'objet d'un contrôle étatique *ex post* et pourra être sanctionné par la privation d'effets de la sentence non conforme.

---

7 Je n'évoque pas ici le terme dans le sens technique qui est celui du droit français actuel des recours.

8 Les développements qui précèdent ne devraient pas être interprétés comme préconisant une restriction automatique de l'autonomie de l'arbitre international en présence d'une règle conventionnelle d'arbitrabilité sous condition. Mais lorsque la situation litigieuse et les parties à l'arbitrage sont indubitablement assujetties à la règle conventionnelle (à titre exclusif ou à titre principal, en raison des circonstances d'applicabilité de celle-ci : p. ex., car l'État de départ et l'État de destination du transport sont des États parties à la convention), les arbitres ne pourront s'y soustraire qu'au moyen d'une très robuste motivation juridique.

En somme, par l'édiction d'une arbitrabilité sous condition, l'auteur de la règle de fond (marchés publics, transports internationaux) étend ses prévisions à la mise en œuvre contentieuse de la règle ; phénomène qui a déjà été observé de façon plus spécifique à propos de certaines lois de police, en la forme d'un couplage entre la règle de fond et la règle d'arbitrabilité[9].

Le droit de la concurrence relève-t-il, ou a-t-il relevé à titre transitoire, d'un tel raisonnement d'arbitrabilité sous condition ? Y a-t-il une plus-value à raisonner de la sorte ? Le législateur français ou européen aurait-il, d'aventure, avantage à procéder d'une telle manière dans certains régimes de droit économique caractérisés par leur sensibilité et leur connexion étroite à l'ordre public ? Telles sont les questions que nous voudrions brièvement développer ici, en hommage amical à celle qui s'est trouvée à l'avant-poste français des évolutions en la matière[10].

***

L'arbitrabilité sous condition, en droit de la concurrence, évoque inévitablement la jurisprudence nord-américaine *Mitsubishi Motors*, du nom de l'arrêt séminal par lequel la Cour suprême avait accepté qu'une voie d'action légale pour la mise en œuvre privée du droit de la concurrence puisse être portée devant l'arbitre international, à charge pour celui-ci d'appliquer le droit étatique impératif correspondant[11]. Étant donné que la pratique américaine peut avoir, de l'arbitrabilité, une conception particulière et large (aptitude de la clause contractuelle à couvrir les diverses demandes litigieuses entre les parties), il est bon d'arrêter provisoirement le vocabulaire pertinent.

Dans son sens précis, l'arbitrabilité correspond à la licéité du règlement privatisé d'un type de litige donné. Ce concept est pertinent en pratique en la forme d'un point de contrôle de la validité de l'accord d'arbitrage[12] ; il affecte, par voie de

---

9 S. Bollée, *Les méthodes du droit international privé à l'épreuve des sentences arbitrales*, Paris, Economica, 2004, n° 470 et s. ; on comprend, ici aussi, l'affirmation de G. Bermann, critiquant la soumission de l'arbitrabilité à la *lex fori* du juge des recours, selon laquelle (cours préc., n° 204, trad. libre) : « *Par contraste, il n'y a qu'un seul pays qui dispose d'un intérêt prédominant à voir ses règles d'arbitrabilité appliquées à une demande donnée, et ce pays est celui dont les lois s'appliquent à la demande. Le pays qui a créé et organisé la cause d'action en justice mobilisée par la partie est celui qui a le plus de titre à déterminer si cette cause d'action particulière est de celles qui devraient pouvoir être arbitrées. L'intérêt de ce pays en la matière écrase l'intérêt de tout autre pays sans égard pour le moment du processus arbitral auquel la question d'arbitrabilité apparaît.* »

10 Au moins dès sa note sous l'arrêt *Société Phocéenne de Dépôt* du 20 janvier 1989 ; *Rev. arb.* 1989. 280, spéc. 297 et s. (discussion de l'inarbitrabilité *per se* des litiges affectant le droit de la concurrence).

11 *Mitsubishi Motors Corp. v. Soler Chrysler-Plymouth Inc.*, 473 US 614 (1985). Dans l'arrêt *Mitsubishi*, la Cour suprême affirme indubitablement le devoir des arbitres d'examiner les demandes fondées sur le droit *antitrust* américain et de statuer conformément à celui-ci (« *Where the parties have agreed that the arbitral body is to decide a defined set of claims which includes [...] those arising from the application of the American antitrust law, the tribunal therefore should be bound to decide that dispute in accord[ance] with the national law giving rise to the claim.* ») Si cela est contrôlé au stade des recours, on a bien affaire à une arbitrabilité conditionnée ; ici de source prétorienne. La jurisprudence française rappelée ci-après raisonnait ainsi, en tout cas dans ses premières phases d'admission de l'arbitrabilité. V. ci-après les références faites au devenir de cette jurisprudence, spéc. l'analyse de L. G. Radicati di Brozolo.

12 V. C. Jarrosson, « L'arbitrabilité : présentation méthodologique », *RJC* 1996, p. 1 ; L. Idot, « L'arbitrabilité des litiges, l'exemple français », *ibid.*, p. 6. V. encore C. Jarrosson et L. Idot, V° « Arbitrage », *Rép. Dalloz, dr. eur.* 2010, n° 10 : « *L'arbitrabilité* stricto sensu *est une condition de validité de la convention d'arbitrage* » ; les mêmes auteurs écrivent plus loin (n° 89) que l'arbitrabilité constitue un « *aspect de l'ordre public, notion plus large* ».

conséquence, le pouvoir juridictionnel des arbitres (mais il l'affecte en principe de façon binaire : soit le pouvoir juridictionnel existe, et il est plein ; soit il est dénié). La licéité du recours à l'arbitrage ne s'apprécie pas, nécessairement, par référence à une loi étatique particulière[13]. Cependant, elle est parfois déterminée par contrepoint de la compétence exclusive des tribunaux étatiques ou à l'égard de certaines demandes, teintées d'intérêt public et dont la connaissance semble, sauf dérogation légale expresse, réservée à l'appareil public. Même dans le sens précis dont il a été question, l'arbitrabilité est fille de l'ordre public ; elle est la répercussion, aux portes qui mènent au règlement privatisé des litiges, de certains commandements essentiels édictés dans l'intérêt de la collectivité. Les projections techniques de l'arbitrabilité, d'une part, de l'ordre public, d'autre part, sur le processus arbitral apparaissent différenciées de nos jours : le second concept est utile *ex post*, tandis qu'il est de la vocation du premier d'agir *ex ante* et *ex post*[14]. Il serait sans doute régressif de les faire nouvellement s'entremêler, puisque pourraient s'ensuivre une perte de lisibilité du droit de l'arbitrage et un maniement plus aléatoire de ses institutions particulières (compétence-compétence, mission de l'arbitre, etc.). Telle que Pierre Mayer avait tenté de la figer, dans son acception la plus étroite et la plus sûre, l'inarbitrabilité correspondrait à « *l'impossibilité d'examiner une question, indépendamment de la réponse qu'elle comporte* »[15]. Cette formule ne signifie pas que les motifs pré-législatifs présidant à l'édiction d'un cas d'inarbitrabilité soient étrangers à la garantie d'un régime juridique de fond que le législateur voudrait voir respecté en toute occurrence contentieuse. Elle signifie seulement qu'en principe la violation de la règle d'inarbitrabilité ne se détermine pas, ni ne se rachète, à travers l'application par l'arbitre d'un régime juridique apparaissant convenable au regard de la justification première de la règle d'inarbitrabilité.

Le lien génétique entre l'ordre public et l'inarbitrabilité a été saillant dans les évolutions survenues à l'intersection de l'*antitrust* et de l'arbitrage interne ou international. Comme chacun s'en souvient, la pertinence d'un interdit concurrentiel pour le règlement d'un litige commercial privé affectait autrefois la convention d'arbitrage d'une nullité pour incompatibilité avec l'ordre public (comme touchant à des « questions d'ordre public » et de droit public – jurisprudence *Tissot* des

---

13 Comp. G. Bermann, cours préc., n° 112 : « *A claim or dispute is arbitrable if it is legally capable of being arbitrated (that is, if the applicable law allows it to be submitted to arbitration), while it is non-arbitrable under that law if it is not.* » En France, la tendance est plutôt de postuler l'arbitrabilité sans référence à une loi particulière, et de traiter les lois d'inarbitrabilité selon la méthode d'auto-rattachement des lois de police. V. L. G. Radicati di Brozolo, « Arbitrage commercial international et lois de police : considérations sur les conflits de juridictions dans le commerce international », *RCADI* t. 315 (2005), n° 32, pp. 318-319, citant la thèse de J.-B. Racine : « *[I]l ne subsiste plus que "quelques îlots d'inarbitrabilité au milieu d'un océan d'arbitrabilité". La délimitation du domaine de l'inarbitrabilité est fonction essentiellement de la nature du litige plutôt que des règles applicables à celui-ci.* » Comp., du point de vue des arbitres, E. Loquin, *L'arbitrage du commerce international*, Paris, Joly éditions, 2015, n° 75, pp. 69-71.

14 V. à cet égard O. Caprasse, « L'application du droit européen de la concurrence par l'arbitre », in P. Mayer (dir.), *Arbitrage et droit de l'Union européenne*, Paris, LexisNexis, 2012, p. 63 et s.

15 P. Mayer, « Le contrat illicite », *Rev. arb.* 1984. 205, spéc. 213.

années 1950). Puis cet interdit est venu n'interférer que de façon hypothétique et seconde dans la validité de l'accord compromissoire : lorsque l'ordre public apparaissait effectivement violé à travers les faits et le droit que les arbitres s'apprêtaient à appliquer. Quant à cette solution faisant tomber le couperet de l'inarbitrabilité en cas de violation avérée des règles d'ordre public (donc, la plupart du temps, au moment où l'arbitre statue ou juste après qu'il a statué), le revirement véritable est intervenu, en France, le jour où fut affirmée l'obligation faite aux arbitres d'appliquer le droit de la concurrence. En 1988-1989, époque des arrêts *Grands Moulins de Strasbourg* et *Veradour*[16], qui marquaient le vacillement de la règle ancienne d'inarbitrabilité des litiges affectant le droit de la concurrence[17], c'est le droit des procédures collectives qui donnera, dans l'arrêt *Almira*, l'occasion d'expérimenter une formule nouvelle[18] : « *[L]'arbitrabilité d'un litige au regard de l'ordre public ne doit pas s'entendre de l'interdiction faite aux arbitres d'appliquer des dispositions impératives, mais seulement de statuer dans une matière relevant par sa nature de la compétence exclusive de la juridiction étatique ou de consacrer par leur décision une violation de l'ordre public [...]* »

Ainsi s'amenuisaient les cas d'inarbitrabilité *per se*, ou *ratione materiae*, moyennant l'admission d'une arbitrabilité subordonnée au respect de l'ordre public (« *interdiction [...] de consacrer par leur décision une violation de l'ordre public* »). L'arrêt *Ganz* précisait ainsi la solution, cette fois-ci dans une affaire concernant la réglementation publique économique : « *[E]n matière internationale, l'arbitre a compétence pour apprécier sa propre compétence quant à l'arbitrabilité du litige au regard de l'ordre public international et dispose du pouvoir d'appliquer les principes et règles relevant de cet ordre public, ainsi que de sanctionner leur méconnaissance éventuelle, sous le contrôle du juge de l'annulation [...] dès lors, hors les cas où la non-arbitrabilité relève de la matière – en ce qu'elle intéresse au plus près l'ordre public international et exclut de manière absolue la compétence arbitrale du fait de la nullité de la convention d'arbitrage – l'arbitre international, dont la mission consiste aussi à assurer le respect de l'ordre public international, a le pouvoir de sanctionner les comportements contraires à la bonne foi qui doit présider aux relations entre partenaires du commerce international*[19] *[...]* »

Auparavant, et comme Laurence Idot l'avait explicité en commentant ces diverses décisions, l'exceptionnalité du droit de la concurrence – sa texture de droit public – était interprétée comme opérant une restriction nécessaire des pouvoirs

---

16 *Rev. arb.* 1990. 115, note L. Idot.

17 Sur ce point, v. généralement J. H. Dalhuisen, « The Arbitrability of Competition Issues », *Arb. int.*, vol. 11, n° 2, 1995, p. 151 ; A. Mourre, « Arbitrability of Antitrust Law from the European and US Perspectives », in G. Blanke et P. Landolt (dir.), *EU and US Antitrust Arbitration*, Alphen-sur-le-Rhin, Wolters Kluwer, 2011, p. 3.

18 CA Paris, 16 février 1989, *Almira Films* ; *Rev. arb.* 1989. 711, note L. Idot.

19 CA Paris, 29 mars 1991 ; *Rev. arb.* 1991. 478, note L. Idot. L'arrêt *Labinal* (CA Paris, 19 mai 1993 ; *Rev. arb.* 1993. 645, note C. Jarrosson ; *Clunet* 1993. 957, note L. Idot) transposera ce dictum dans une affaire concernant le droit communautaire de la concurrence.

des arbitres et affectait donc, négativement, en amont, l'arbitrabilité du litige supposant son application[20]. Suivant la logique responsabilisatrice liée à la jurisprudence *Mitsubishi Motors* de la Cour suprême des États-Unis, la reconnaissance d'un pouvoir propre des arbitres de recevoir les demandes de droit privé remédiant aux manquements anticoncurrentiels avait impliqué une libéralisation *ex ante* et devait être compensée par un contrôle *ex post* (*second look*). La jurisprudence française s'y montra dans un premier temps fidèle et bien au-delà du cas de l'*antitrust*, comme l'atteste l'arrêt *Westman* rendu en 1993 par la cour d'appel de Paris : « *[L]e pouvoir reconnu, en matière d'arbitrage international, à l'arbitre d'apprécier la licéité d'un contrat au regard des règles relevant de l'ordre public international et d'en sanctionner l'illicéité en prononçant [...] sa nullité, implique, dans le cadre d'un recours en annulation fondé sur [...] l'ordre public international [...], un contrôle de la sentence, par le juge de l'annulation, portant en droit et en fait sur tous les éléments permettant notamment de justifier l'application ou non de la règle d'ordre public international*[21] *[...]* »

On peut voir ici le propre d'une arbitrabilité conditionnelle, à raison du lien causal reconnu par la jurisprudence française entre le renoncement à l'inarbitrabilité pure et simple, et le conditionnement de la mission de l'arbitre par l'affirmation d'un contrôle plein de la sentence au regard des règles qu'il est chargé d'appliquer. Par son arrêt *Gallay* du 5 janvier 1999, lui aussi fidèle à cette logique conditionnelle et de vérification *ex post*, la Cour de cassation avait pu préconiser un « *contrôle de la sentence au regard de l'application des règles communautaires de la concurrence, qu'il appartenait à l'arbitre de mettre en œuvre* »[22]. Cette affirmation liminaire de l'arrêt réitérait la conception française de l'office des arbitres au regard de l'ordre public international (en l'espèce, « *des règles, d'ordre public international, de l'article 85 du Traité de Rome* ») dans une affaire où les juges français du recours en annulation avaient effectivement procédé à l'examen de compatibilité requis. Incidemment et de façon très logique, l'impact de l'ordre public sur l'office de l'arbitre était souligné. Dans le secteur voisin des litiges impliquant le droit de la consommation, la jurisprudence *Jaguar/Rado* avait semblé admettre l'arbitrabilité à travers cette formule identiquement inspirée : « *la clause compromissoire [doit] recevoir application [...] sous la seule réserve des règles d'ordre public international, qu'il appartiendra à l'arbitre de mettre en œuvre, sous le contrôle du juge de l'annulation* »[23]. On retrouve cet

---

20 V. généralement J. H. Dalhuisen, préc., p. 151 ; A. Mourre, préc., p. 3. V. antérieurement les développements comparatistes et sectoriels de B. Hanotiau, « L'arbitrabilité », *RCADI* t. 296 (2002), spéc. n° 130 et s. en ce qui concerne le droit de la concurrence.

21 CA Paris, 30 septembre 1993, *Westman* ; *Rev. arb.* 1994. 359, note D. Bureau. Et pour une suite en *antitrust*, CA Paris, 15 mars 1996, *Prodim* ; *Rev. arb.* 1996. 146 obs. Y. Derains.

22 Cass. 1re civ., 5 janvier 1999, n° 96-16.746, P+B.

23 Formule de l'arrêt second en date, Cass. 1re civ., 21 mai 1997, n° 95-11.429 (aux dires de l'arrêt, font également partie des règles d'ordre public international, applicables et contrôlées, celles qui délimitent l'arbitrabilité ; mais les premières ne se résument pas aux secondes – v. l'adverbe « spécialement » à la fin de l'attendu).

engendrement causal caractéristique : desserrement de l'inarbitrabilité, conditionnement de l'office des arbitres, contrôle de cet office au regard des règles d'ordre public international pertinentes.

Par la suite, pourtant, le contrôle au regard des « règles » d'ordre public international s'est notoirement relâché, au mauvais motif de la non-révision au fond[24] et à la faveur de cet arrêt *Thalès* dont les particularités étaient pourtant telles qu'elles auraient pu justifier à elles seules la solution concrète[25]. L'affaire était en effet particulière, puisque la question de droit de la concurrence n'avait pas été évoquée lors des débats ayant conduit à une sentence intermédiaire recouverte de l'autorité de chose jugée, et n'était apparue qu'après coup dans l'argumentaire de la partie ayant succombé. Cette découverte tardive du problème de compatibilité du contrat au droit de la concurrence justifiera, pour une large part, l'édulcoration des contrôles effectués par la cour d'appel de Paris sur la sentence consécutive (au motif que, si le comportement anticoncurrentiel était à ce point évident, il aurait été dénoncé plus tôt dans la procédure). Dépassant ce cas particulier, la Cour de cassation reprit à son compte la doctrine d'un contrôle restreint au titre de l'ordre public. Elle le fit, dans l'affaire *Cytec*, cette fois en présence d'une sentence arbitrale qui avait discuté l'application du droit européen de la concurrence : « *[S]'agissant de la violation de l'ordre public international, seule la reconnaissance ou l'exécution de la sentence est examinée par le juge de l'annulation [...], dont le contrôle se limite au caractère flagrant, effectif et concret de la violation alléguée*[26] *[...]* » Cette directive formelle, qui n'est pas immuable, mérite d'être diversement contextualisée et relativisée. D'abord, le manquement anticoncurrentiel est, en droit, bien souvent caractérisé par la contingence : sauf le cas des interdictions *per se*, « *l'appréciation de la compatibilité d'une entente [ou d'une pratique unilatérale] au droit de la concurrence suppose une analyse économique pouvant être très complexe* »[27] et parfois la prise en compte de la pratique décisionnelle des autorités administratives, laquelle n'est pas, elle non plus,

---

24 Mauvais, parce que chargé de l'équivoque séculaire du concept de révision au fond.

25 CA Paris, 18 novembre 2004, *Thalès c/ Euromissile* ; *Rev. arb.* 2005. 751 (et l'article Radicati, p. 529 et s. renvoyant aux autres comm. francophones) : « *[L]a violation de l'ordre public international [...] doit être flagrante, effective et concrète, [...] le juge de l'annulation peut certes, dans le cadre de ses pouvoirs de nature disciplinaire, porter une appréciation en droit et en fait sur les éléments qui sont dans la sentence déférée à son contrôle, mais pas statuer au fond sur un litige complexe qui n'a jamais encore été ni plaidé, ni jugé devant un arbitre concernant la simple éventualité de l'illicéité de certaines stipulations contractuelles ; [...] le juge de l'annulation ne saurait, sous peine de remettre en cause le caractère final de la détermination des arbitres sur le fond du procès, [...] effectuer en l'absence de fraude ou, comme il a été dit, de violation manifeste, un examen de l'application des règles de la concurrence au contrat litigieux [la violation alléguée d'une loi de police n'autorisant aucune atteinte à la règle procédurale de l'interdiction d'une révision au fond.]* » L'affaire est effectivement particulière, car la violation du droit de la concurrence procédait d'une première sentence (argument que l'arrêt *Eco Swiss* de la Cour de justice avait, expressément, jugé suffisant pour empêcher le contrôle). Pourtant, par prudence, la cour d'appel de Paris effectuera un contrôle rétrospectif léger, estimant que la question de l'*antitrust* n'avait pas été tranchée par la première sentence. Comp., lorsqu'elle l'a été, Cass. 2e civ., 5 avril 1994; *Rev. arb.* 1995. 85, obs. C. Jarrosson.

26 S'ensuit un rappel des contrôles effectués au cas d'espèce ; la non-contrariété retenue *in casu*, en France, sera finalement rejointe par les juridictions bruxelloises, argumentant de façon plus circonstanciée (CA Bruxelles, 22 juin 2009 ; *Rev. arb.* 2009. 574, note A. Mourre).

27 A. Mourre, note sous CA Bruxelles, 22 juin 2009, préc., p. 597.

exempte de relativisme. Contingence, complexité, relativisme du commandement *antitrust*[28] ; une certaine tolérance face à l'erreur d'appréciation peut être de mise (lorsqu'elle est excusable) en matière de contrôle par les juges civils des manquements anticoncurrentiels retenus ou absous en arbitrage[29]. D'autant que – second élément de contexte, décisif quant à lui – l'absolution civile d'un comportement anticoncurrentiel est sans conséquence sur la possibilité des poursuites administratives (et le cas échéant pénales), aucun raisonnement tiré de l'autorité de la chose jugée n'étant de mise vis-à-vis des autorités de concurrence[30]. Une sentence exigeant l'exécution forcée en nature d'un contrat anticoncurrentiel pourrait donc, *ex post* et après expiration des voies de recours, être contrariée par une décision administrative caractérisant le manquement et ordonnant aux parties d'y remédier[31]. L'ordre public concurrentiel dispose ainsi de voies propres de mise en œuvre : cette exécution administrative immédiate et prioritaire qui n'a pas d'égard pour la chose antérieurement jugée au civil et qui, dans une certaine mesure, se désintéresse de la correction du raisonnement juridique y ayant conduit.

En une trentaine d'années, l'ordre public concurrentiel, cause d'inarbitrabilité préventive, est devenu successivement, en France à tout le moins, une condition de l'arbitrabilité des litiges privés connexes, puis une simple réserve moins technique, annonçant un contrôle *ex post* au nom de l'ordre public, lui-même rationalisé et encadré[32]. Le mouvement n'est pas propre à la France ; Luca Radicati di Brozolo aura montré ses causes profondes, ainsi que les conséquences de l'édulcoration des contrôles post-arbitraux sur l'impérativité

28 V. typiquement la motivation de la cour d'appel de Paris dans l'affaire *Linde* (22 octobre 2009 ; *Rev. arb.* 2010. 124, note F.-X. Train) : « *[L]a violation de l'ordre public international au sens de l'article 1502, 5° CPC doit être flagrante, effective et concrète ; qu'en l'espèce pour prétendre en démontrer le caractère flagrant, les sociétés Linde argumentent sur pas moins de trente pages, offrant à la cour une construction intellectuelle sans doute brillante, mais dépourvue d'éléments concrets fiables (notamment délimitation du marché,…) ; que de son côté la société H… s'appuyant sur une consultation d'un professeur de droit, Madame A., oppose une démonstration contraire tout aussi brillante, mais pareillement dépourvue d'éléments concrets ; que le juge de l'annulation, s'il peut porter une appréciation en droit et en fait sur les éléments qui sont dans la sentence déférée à son contrôle, ne peut statuer au fond sur un litige complexe non tranché par les arbitres et qui nécessiterait une instruction bien plus complète que celle résultant d'un échange de conclusions devant lui.* »

29 La coopération informelle des autorités administratives peut être sollicitée, durant l'arbitrage (sous condition d'accord des parties : v. O. Caprasse, préc., n° 46 et s.). Mais l'interrogation préjudicielle de l'autorité ou d'un juge n'est de droit qu'au départ d'une autorité publique instituée. Au stade des recours, l'habitude est prise d'interroger les autorités (v. p. ex. CA Paris, 17 mars 2016, RG 14/23004) ou de déférer la question de droit de l'Union à la Cour de justice de l'Union (v. aff. *Genentech* citée ci-après).

30 W. Abdelgawad, *Arbitrage et droit de la concurrence : contribution à l'étude des rapports entre ordre spontané et ordre organisé*, Paris, LGDJ, 2001, n° 1157 et s. ; et postérieurement au règlement européen n° 1/2003, *Rev. arb.* 2004. 254 et s. Pour un rappel récent de cet état du droit, R. Morbach, *Der kartellrechtliche ordre public in der internationalen Schiedsgerichtsbarkeit* (*L'ordre public en droit de la concurrence dans l'arbitrage international*), thèse, cotutelle Université de Würzburg/Université Paris 2 Panthéon-Assas, dactyl. 2021, p. 274 et s., spéc. p. 285.

31 La question ouverte étant celle de la voie procédurale permettant de remédier ensuite à l'incohérence, ou à la contradiction formelle des deux décisions (administrative, caractérisant le manquement, et civile, l'ayant antérieurement absous). Dans la chronologie inverse, la difficulté n'existe pas, les juges civils étant liés par l'appréciation administrative du manquement au droit de la concurrence (et la sentence s'en affranchissant étant par conséquent vulnérable à la contestation au nom de l'ordre public).

32 V. spéc. E. Loquin, « Les illusions perdues du contrôle de l'arbitrabilité du litige international », in *Justice et droits fondamentaux : études offertes à Jacques Normand*, Paris, Litec, 2003, p. 339 et s.

internationale des lois de police, notamment en droit de la concurrence[33]. De façon statique et sans préjudice d'évolutions probables, la formule française actuelle d'articulation du droit de la concurrence et du droit de l'arbitrage international est, probablement, la suivante : arbitrabilité inconditionnelle, pure et simple, des litiges privés mettant en cause le droit de la concurrence ; liberté des arbitres de procéder dans le respect de la mission fixée par les parties, sous réserve d'un contrôle *ex post* de compatibilité à l'ordre public international. Dans ce régime libéral, deux questions méritent un examen particulier. Les réponses apportées permettent de nuancer l'arbitrabilité pure et simple (ou « sous réserve », c'est-à-dire sans conditionnement technique de l'instance arbitrale) et d'évaluer la résurgence possible d'une arbitrabilité conditionnelle (en particulier celle qui lie l'arbitrabilité au droit applicable au fond du litige).

Première question : les arbitres ont-ils toute liberté de choisir les règles en vertu desquelles ils caractériseront une pratique anticoncurrentielle ? (Et en va-t-il de même s'agissant des règles servantes ou auxiliaires en vertu desquelles ils interpréteront le droit de la concurrence pertinent[34] ?) Si la réponse est positive, et les contrôles inexistants de ce chef, alors l'arbitrabilité du litige privé (ensemble ses questions incidentes de droit de la concurrence) est-elle bien consacrée purement et simplement. Ce qui pose la question de l'opportunité d'un retour en arrière dans l'intérêt de la cohérence de l'ordre juridique et de l'efficacité du commandement concurrentiel[35]. L'admission par les États de l'arbitrabilité des litiges privés du droit de la concurrence repose en effet sur un postulat d'équivalence de la justice étatique et de la justice arbitrale. Ce postulat deviendrait-il irréel que les États pourraient à tout moment « *réassigner les litiges concurrentiels au juge étatique en restreignant l'arbitrabilité* »[36].

---

33 Cours préc., p. 279 et s., spéc. n° 45, pp. 330-331 : le caractère illusoire du second look s'explique notamment par « *l'infléchissement de l'intensité du contrôle qui peut être exercé sur la sentence en vue de son annulation. Sans qu'il soit possible de passer en revue les spécificités de chaque système national, cet affaiblissement touche notamment à la possibilité d'annulation pour violation des règles de fond. Cela est l'effet cumulatif de plusieurs principes qui ont été peu à peu consacrés par les législations, mais surtout par la jurisprudence, tels que : l'exclusion du réexamen des faits et de la révision au fond ; l'exclusion de l'annulation pour violation de règles de droit (qui est laissée le plus souvent dans la disponibilité des parties selon un système de* opting in *ou inversement de* opting out*) ; l'interdiction d'utiliser comme moyen d'annulation la contradiction de motifs ainsi que la qualification du contrat de la part de l'arbitre ou la pertinence de son raisonnement juridique ; l'interprétation restrictive de l'exception de* manifest disregard of the law *; l'exclusion de la possibilité d'utiliser l'exception de* ultra *ou* infra petita *pour contester l'application ou la non-application par les arbitres de règles de droit (et de la loi applicable)* ».

34 Sur cette question, v. p. ex. L. G. Radicati di Brozolo, « Arbitration and Competition Law: The Position of the Courts and of Arbitrators », *Arb. int.*, vol. 27, n° 1, 2011, p. 1.

35 C'est la question posée par l'arrêt rendu dans l'affaire *Thalès*, préc., et marquant, en apparence, un relâchement du contrôle contraire à la jurisprudence *Westman*, préc. V. généralement C. Seraglini et J. Ortscheidt, *Droit de l'arbitrage interne et international*, 2e éd., Paris, LGDJ, 2019, n° 643.

36 R. Morbach, préc., pp. 10 et 13 du résumé fr. de sa thèse. V. antérieurement L. G. Radicati di Brozolo, cours préc., n° 36-37, p. 323 et s. : « *L'autre composante du raisonnement conduisant à l'arbitrabilité est la présomption que les arbitres appliqueront effectivement les lois de police de la* lex fori *du juge qui admet l'arbitrabilité, ce qui permettrait d'arriver en pratique au même résultat que l'exercice de la compétence par ce juge. C'est l'approche de la fameuse note de bas de page de l'arrêt* Mitsubishi *et de certains arrêts américains qui arrivent à prévoir un contrôle périodique par le juge de la procédure arbitrale permettant de vérifier le respect de l'application des règles impératives évincées, en l'absence de quoi le juge reprendrait sa juridiction. La présomption que les arbitres appliqueront les lois de police du for qui accepte de se faire évincer en faveur de l'arbitrage est donc bien, au moins au départ, la composante fondamentale de l'ouverture*

En revanche, si l'on répond par la négative à la question de la liberté des arbitres, la non-caractérisation par eux d'un comportement anticoncurrentiel, pourtant manifeste, rend la sentence contraire à l'ordre public ; et ce, au départ des règles elles-mêmes qui se voulaient applicables et l'étaient bel et bien dans l'arbitrage. Cette réponse négative est celle à laquelle pourrait conduire, en France, le nouveau contrôle des sentences au regard de l'ordre public dans certains domaines particuliers – procédures collectives et criminalité transnationale notamment (domaines dans lesquels ce sont les règles particulières qui se trouvent élevées au rang de principes d'ordre public international sanctionnés au stade des recours)[37]. Ce nouveau contrôle plein, au titre de certains régimes d'ordre public apparaissant mondialement consensuels, doit bénéficier de plein droit aux règles européennes de concurrence, en raison du principe traditionnel de l'équivalence dans la défense de l'ordre public national et de l'ordre public européen[38]. Ainsi une incompatibilité claire de la sentence arbitrale aux règles du droit de la concurrence européen, ou national, justifie-t-elle l'annulation de la sentence ou le succès du recours contrariant sa mise à exécution. Le caractère implacable de cette sanction *ex post* justifiera, en amont, un office renforcé des arbitres (et au vrai, un office hybride, mi-contractuel, mi-public ou d'intérêt public), lorsque le comportement anticoncurrentiel est saillant, mais que les parties demeurent silencieuses[39] – ce, même en cas d'amiable composition[40].

à l'arbitrabilité. L'autre composante de cette approche – et celle qui est censée rendre concrète la première – est la conviction que toute non-application (ou peut[-]être "mauvaise" application) éventuelle des lois de police par les arbitres pourra être relevée et corrigée par le juge dans la phase d'annulation ou d'exequatur. C'est évidemment la théorie du second look *de l'arrêt* Mitsubishi *souvent réaffirmée par la jurisprudence qui l'a suivi.* »

37 V. typiquement, en matière de proc. collectives, CA Paris, 16 février 1989, *Almira Films*, préc. ; ou la jurisprudence *Jaguar/Rado* intervenue en matière de droit de la consommation citée *supra*, note 22 ; ou encore la jurisprudence se disant prête à contrôler la sentence, au titre de l'ordre public international, au regard de lois de police se voulant applicables (CA Paris, 23 octobre 2012, *Chalhoub c/ Daum* ; *Rev. arb.* 2013. 170 et la note ; CA Paris, 16 janvier 2018, *MK Group* ; *JDI* 2018. 883, note S. Bollée ; *ibid.* 898, note E. Gaillard ; *Rev. arb.* 2018. 401, note S. Lemaire ; *D.* 2018. 1941 et les obs.).

38 Principe rappelé par l'arrêt *Eco Swiss* (CJCE, 1er juin 1999, aff. C-126/97, EU:C:1999:269 ; *Rev. arb.* 1999. 631, note L. Idot) notamment : « *[D]ans la mesure où une juridiction nationale doit, selon ses règles de procédure internes, faire droit à une demande en annulation [...] fondée sur la méconnaissance des règles nationales d'ordre public, elle doit également faire droit à une telle demande fondée sur la méconnaissance de l'interdiction édictée à l'article 81, paragraphe 1, CE* » (pt 37). V. égal. CA Paris, 26 septembre 2017, *Genentech*, RG 16/15338, statuant après interprétation préjudicielle de la Cour de justice : la formule de la violation « *manifeste, effective et concrète* » de l'ordre public est réitérée, mais elle est mise en œuvre par référence au dictum circonstancié de la Cour de justice dans cette même affaire.

39 V., favorable à cet office renforcé, E. Loquin, « L'ordre public et l'arbitrage », *RJC* 2018. 307, spéc. 316, reprenant à son compte la formule de CA Paris, 16 mars 1995, *Prodim* ; *Rev. arb.* 1996. 146, obs. Y. Derains : « *les arbitres ne peuvent esquiver l'application des règles d'ordre public et [...], même si les parties n'ont pas invoqué ces règles devant eux, il appartient aux arbitres d'en faire application d'office sous réserve du respect du principe de la contradiction* » ; comp., invoquant un seul « *devoir moral* » de l'arbitre « *dans les cas les plus graves* », P. Mayer, « L'arbitre et l'ordre public », *Droit sans frontières : mélanges en l'honneur d'Éric Loquin*, Paris, LexisNexis, 2018, p. 231, spéc. 241.

40 CA Paris, 16 mars 1995, *Prodim*, préc. V. la nuance introduite par J.-B. Racine, *L'arbitrage commercial international et l'ordre public*, Paris, LGDJ, 1999, n° 616-618 (loi de police aboutissant à un résultat inéquitable et choquant).

Seconde question : Etant admis que les règles de qualification du manquement anticoncurrentiel sont celles qui souhaitent être appliquées[41]*, les arbitres sont-ils souverains dans l'application faite des règles impératives du droit de la concurrence ?* La réponse actuelle est très probablement positive, les contrôles français étant actuellement édulcorés[42] au motif le plus assuré qu'il n'existe pas, en principe, de double degré de juridiction en arbitrage. Mais alors la question se déplace et, puisque des contrôles subsistent et qu'ils doivent être utiles, elle devient celle des voies de sanction des abus et autres formes d'excès dans le processus souverain d'application du droit. La souveraineté d'application du droit dans l'arbitrage[43] devrait au moins cesser en cas de fraude (des parties, avec complicité des arbitres)[44], en cas de dénaturation du commandement clair ou d'irrégularité procédurale caractérisant une violation des droits processuels fondamentaux des parties (ordre public, dans son versant procédural ; *manifest disregard of the law*[45]).

Dans ce qui vient d'être distingué, l'on décèle bien deux types d'erreurs de droit distinctes, ou de non-conformité à la règle *antitrust*, pouvant éventuellement appeler une sanction : la violation par non-application, la violation par fausse application. À l'heure actuelle, sauf à renforcer nouvellement les contrôles au titre de l'ordre public, le second cas – la fausse application – ne peut être traité qu'*indirectement*, pour les raisons qui viennent d'être dites. Quant à lui, le premier cas – non-application pure et simple – peut être sanctionné *directement*, s'il produit des conséquences suffisamment nettes[46]. Et s'il peut l'être, c'est bien qu'il subsiste un lien logique entre arbitrabilité et contrôle au titre de l'ordre public, se traduisant par un conditionnement, informel et pratique, de la mission des arbitres durant l'instance arbitrale à travers des règles de droit dont la considération s'impose à lui lorsque les faits le justifient. L'arbitrabilité classique,

---

41 On simplifie ici l'hypothèse pratique en n'abordant pas le cas où la pratique est en contact avec deux régimes *antitrust* se voulant simultanément applicables.

42 Encore que, dans l'affaire *Genentech*, préc., la question préjudicielle posée à la CJUE par le juge parisien des recours tende à démontrer le contraire. V. classiquement quant à la motivation de la sentence, Cass. 1re civ., 14 juin 2000, n° 98-12.053 ; *Rev. arb.* 2001. 731 (sur l'absence de sanction des contradictions de motifs : « *[H]ors les cas [...] de violation du principe de la contradiction ou de l'ordre public international, le contenu de la motivation de la sentence arbitrale échappe au contrôle du juge de la régularité de la sentence* »).

43 V. p. ex. Cass. 1re civ., 14 juin 2000, n° 98-12.053, préc. : « *[L]e contenu de la motivation de la sentence arbitrale échappe au contrôle […] de la régularité de la sentence […]* »

44 La fraude certaine au droit de la concurrence est, dans l'opinion commune, sanctionnée par la nullité du compromis et conséquemment l'incompétence arbitrale (v. la vieille jurisprudence *Decaux* citée par E. Loquin, *L'arbitrage du commerce international*, préc., n° 87, p. 84). En cas de fraude apparaissant en cours d'instance arbitrale, l'ordre public devrait pouvoir prendre le relais. V. récemment Y. Hortoğlu, « La fraude et l'arbitrage », thèse, Paris 1 Panthéon-Sorbonne, 2020.

45 *Wilko v. Swan*, 346 US 427 (1953) : « *Power to vacate an award is limited. […] While it may be true […] that a failure of the arbitrators to decide in accordance with the provisions of the Securities Act would "constitute grounds for vacating the award […]," that failure would need to be made clearly to appear. […] [T]he interpretations of the law by the arbitrators in contrast to manifest disregard are not subject, in the federal courts, to judicial review for error in interpretation.* » Dans sa thèse récente, préc., Rüdiger Morbach propose d'acclimater le « *manifest disregard of the law* » comme un cas de violation de l'ordre public international de procédure (v. pp. 138-143, 203 de l'édition dactylographiée). En droit français, le contrôle de la violation manifeste du droit est exclu à l'heure actuelle ; v. P. Giraud, *Le devoir de l'arbitre de se conformer à sa mission*, Bruxelles, Bruylant, 2017, n° 276 et les références citées.

46 Le principe d'équivalence des solutions obtenues, suivant le texte d'ordre public applicable et selon la sentence, exempte de toute critique efficace au nom de l'ordre public international.

confiance exprimée envers l'arbitrage, sous réserve d'un contrôle rétrospectif à la lumière des principes généraux constituant l'ordre public international, ne prend un tour conditionnel que lorsque l'affirmation de son principe s'accompagne d'un contrôle de la non-atteinte aux règles particulières qu'il s'agit de défendre. Lorsque ces règles de droit (lois de police ou autres) voient leur effet défendu contre la sentence au stade des recours, on peut considérer qu'elles entendent s'imposer durant l'instance arbitrale, nonobstant l'autonomie de la mission conventionnelle des arbitres, et qu'elles conditionnent rétrospectivement en amont l'arbitrabilité des demandes.

***

Finalement, il y a, ou il peut y avoir, arbitrabilité sous condition toutes les fois où la sensibilité de la matière litigieuse pourrait justifier un rejet de l'arbitrabilité et une réservation étatique du contentieux, mais où l'État décide de faire provisoirement confiance aux acteurs du règlement privé des litiges en postulant l'équivalence des garanties judiciaires et arbitrales dans la défense de l'intégrité du droit. Qui peut le plus (reprendre en main un secteur donné du contentieux[47]) peut le moins (conditionner le traitement de ce contentieux par les juges privés auxquels il est occasionnellement confié). Dans ces matières, hybrides de droit public et privé, caractéristiques des interventions étatiques contemporaines, le pouvoir juridictionnel est comme retenu par un ou plusieurs États pour des raisons d'intérêt général, puis délégué à la justice arbitrale qui est tributaire de cette assimilation et doit honorer le rôle qui lui est imparti. Comme l'a écrit Bernard Hanotiau, en lien précisément avec l'applicabilité préférentielle du droit de la concurrence de l'Union européenne, « *[l]es arbitres jouissent d'une délégation de pouvoir juridictionnel à laquelle ils s'engagent à faire honneur lorsqu'ils acceptent leur investiture* »[48]. La formule pourrait, certes, expliquer généralement l'existence même de la justice arbitrale ; elle prend toutefois un sens particulier pour les litiges mettant en cause l'ordre public étatique.

L'arbitrabilité sous condition ne correspond pas (ou plus) nécessairement au raisonnement qui est suivi, dans le monde entier, dans le secteur de l'*antitrust*. Cette figure intermédiaire entre inarbitrabilité et arbitrabilité inconditionnelle[49]

---

47 L'État « *peut à tout moment réassigner les litiges concurrentiels au juge étatique en restreignant l'arbitrabilité* ». (R. Morbach, résumé fr. de la thèse, p. 10).

48 B. Hanotiau, cours préc., n° 194, pp. 135-136. La suite, qui fait référence à l'obligation des arbitres de veiller à l'efficacité future de la sentence, est plus classique. Voici le passage intégral dont est extraite la citation faite au texte : « *[M]ême si les arbitres ne sont pas les gardiens de l'ordre public communautaire, pas plus que les gardiens d'un ordre public autre que l'ordre public véritablement international, cet ordre public ne permet pas que les arbitres puissent être utilisés pour tourner des dispositions impératives qui seraient normalement applicables, lorsque ces dispositions ne sont pas par elles-mêmes contraires aux principes régissant habituellement les relations internationales. Les arbitres jouissent d'une délégation de pouvoir juridictionnel à laquelle ils s'engagent à faire honneur lorsqu'ils acceptent leur investiture. Si, par conséquent, pour accomplir leur mission comme ils le doivent, et dans l'intérêt des parties qui leur ont fait confiance, ils ne veulent pas risquer de voir leur sentence annulée pour n'avoir pas appliqué, ou pour avoir incorrectement appliqué, une règle d'ordre public, ils ont l'obligation, et non seulement la possibilité, de prendre en considération, tout au long du déroulement de la procédure et éventuellement d'office, toutes questions qui relèvent de cet ordre public.* »

49 Ou « catégorique » selon la terminologie de G. Bermann, préc.

pourrait être reconstituée, ou réapparaître, à partir du moment où une sentence arbitrale ne serait pas seulement confrontée aux principes généraux du droit de la concurrence, mais à ses règles particulières, comme le préconisait la jurisprudence française *Westman/Gallay* et comme semble l'exiger, s'agissant des règles de l'Union, la jurisprudence *Eco Swiss* de la Cour de justice dès lors que le juge national défend certaines règles d'ordre public dans les recours post-arbitraux.

Quel bilan coût/avantage faudrait-il dresser d'une telle résurgence de l'arbitrabilité conditionnelle ? Risquerait-elle d'anéantir la *favor arbitrandum* (ou *favor arbitrati*[50]) sur laquelle sont construits beaucoup des développements contemporains de l'arbitrage transnational ?

L'effet néfaste assez évident d'une arbitrabilité sous condition, et en particulier sous condition de conformité à un régime de droit substantiel, est celui d'une possible rétroactivité. Car ce serait le comportement des parties et du tribunal arbitral qui déterminerait, *ex post*, si la condition (résolutoire) affectant l'arbitrabilité est remplie et justifie l'anéantissement de l'entier processus conventionnel de règlement du différend au cas concret. Mais outre qu'il peut arriver, en droit, que des conditions soient paralysées lorsque leur avènement intervient de façon déstabilisante pour l'une ou l'autre des parties au rapport, il faut surtout voir que la condition posée pour l'admissibilité du règlement privé des litiges n'est que le reflet des contraintes, imposées aux parties, dans l'intérêt de la cohérence du système juridique tout entier. Ces contraintes juridiques non contentieuses (ou antéjudiciaires), lorsqu'édictées pour la défense d'intérêts partiellement extérieurs aux parties, se prolongent en contraintes juridiques contentieuses ; et, lorsque ces contraintes s'imposent identiquement et indiscutablement aux deux parties, elles affectent l'autonomie procédurale de celles-ci et peuvent affecter, corrélativement, celle de l'autorité juridictionnelle (publique, et *a fortiori* privée) chargée d'éteindre leurs contestations.

Le potentiel de nuisance, *ex ante*, d'une arbitrabilité conditionnelle est restreint si l'on admet que demeure inchangé le jeu de l'effet négatif du principe compétence-compétence : l'arbitrabilité conditionnelle d'un litige ou d'un chef déterminé de demande ne devrait jamais provoquer l'inapplicabilité manifeste d'une convention d'arbitrage justifiant le recours immédiat au juge étatique[51]. Et, même en présence d'une convention d'arbitrage déterminant le droit applicable, alors que l'arbitrabilité

50 Sur ces notions, v. L. G. Radicati di Brozolo et B. Hanotiau, cours préc.

51 Ceci est déjà acquis pour les arbitrages mettant en cause le droit de la concurrence (v. P. Fouchard, E. Gaillard et B. Goldman, *Traité de l'arbitrage commercial international*, Paris, Litec, 1996, n° 569). Le lectorat français se souviendra peut-être de la question baroque à laquelle la Cour de cassation avait dû répondre dans une affaire *Apple* (Cass. 1re civ., 6 juillet 2016, n° 15-21.811) sur l'action réservée au ministre pour demander la sanction en nature de certains manquements au droit de la concurrence dans les contrats commerciaux : une pareille action réservée par la loi, non couverte par la clause contractuelle de règlement des différends nonobstant l'intervention effective dans l'exécution d'un contrat en cours, sécrète une inarbitrabilité pure et simple, proprement évidente et limitée à la cause d'action ministérielle ; sans contagion, donc, sur l'arbitrabilité du litige commercial entre les parties au contrat (« *après avoir rappelé que l'article L. 442-6, III, du code de commerce réserve au ministre chargé de l'économie la faculté de saisir le juge pour faire cesser des pratiques illicites et prononcer des amendes civiles, l'arrêt énonce, à bon droit, que l'action ainsi attribuée au titre d'une*

serait subordonnée dans un pays à l'application de telle ou telle règle de droit non visée par la convention, il pourrait, semble-t-il, être encore fait confiance à l'arbitrage afin de trouver les techniques aptes à réconcilier les objectifs contradictoires du respect de la mission conférée par les parties et des impérativités juridiques extrinsèques[52].

L'effet vertueux d'une arbitrabilité conditionnelle s'apprécie d'abord durant l'instance arbitrale. Bien que l'on affirme parfois que les règles d'inarbitrabilité ne s'adressent pas aux arbitres, mais aux juges étatiques[53], il est certain qu'elles constituent, pour tout arbitre rigoureux, un signal permettant d'évaluer l'utilité de la procédure qu'il conduit et l'efficacité de la sentence qu'il devra rendre. En ce sens, une règle d'arbitrabilité conditionnelle s'offre aux arbitres comme une boussole susceptible de réduire avantageusement leurs marges de manœuvre[54] et de guider même leur office, en cas de silence des parties, voire en cas d'accord de celles-ci pour évacuer tout impératif étatique. L'arbitrabilité sous condition, lorsqu'elle est mondialement acceptable, peut faire de l'arbitre international une sorte de juge au rôle actif dans l'intérêt public. Il n'y a là qu'un point de convergence assez normal de la justice étatique et de la justice arbitrale lorsque le règlement du litige privé bilatéral affecte des sphères d'intérêts plus vastes. Comme l'écrit Luca Radicati di Brozolo : « *Le fait reste que, même si en pratique l'arbitrage a gagné une liberté et une indépendance très poussée des États, il ne s'agit […] que d'une liberté "octroyée", l'arbitrage devant toujours faire ses comptes avec l'existence des systèmes juridiques nationaux et avec les limites – résiduelles peut-être, mais limites quand même – que ceux-ci choisissent de lui poser*[55]. »

Au stade de la reconnaissance et de l'exécution, même dans les pays telle la France qui ne contrôlent pas séparément l'arbitrabilité et l'ordre public, l'hypothèse d'une arbitrabilité sous condition justifierait que soit définitivement évacué le contrôle restreint de compatibilité à certaines règles impératives, prétendument lié à la prohibition dite « de la révision au fond ». Cela pourrait-il justifier qu'il soit fait droit à une inarbitrabilité conditionnelle de droit étranger, liée au respect de règles

---

mission de gardien de l'ordre public économique pour protéger le fonctionnement du marché et de la concurrence est une action autonome dont la connaissance est réservée aux juridictions étatiques au regard de sa nature et de son objet ; que, le ministre n'agissant ni comme partie au contrat ni sur le fondement de celui-ci, la cour d'appel a caractérisé l'inapplicabilité manifeste au litige de la convention d'arbitrage du contrat de distribution »).

52 La prise en considération des règles non choisies, à travers les standards du système choisi ou à travers les principes généraux du droit, permet ces conciliations délicates lors de l'exercice de la fonction juridictionnelle.

53 N. Coipel-Cordonnier, *Les conventions d'arbitrage et d'élection de for en droit international privé*, Paris, LGDJ, 1999, n° 265, cité par E. Loquin, *L'arbitrage du commerce international*, préc., n° 76, p. 70.

54 Marges de manœuvre qui peuvent être gênantes lorsque, pour les réduire, on en vient par exemple à convoquer la moralité (c'est-à-dire la subjectivité) de l'arbitre. Pour un examen théorique de ces marges de manœuvre, v. S. Bollée, « Les pouvoirs inhérents des arbitres internationaux », *RCADI* t. 418 (2021), p. 9.

55 L. G. Radicati di Brozolo, cours préc. n° 6, pp. 285-286. Notoirement favorable à la modération des contrôles postarbitraux dans la ligne de la jurisprudence américaine post-*Mitsubishi Motors*, cet auteur reste néanmoins fidèle à l'orthodoxie juridique, par exemple lorsqu'il affirme à bon droit, et avec fermeté, la coïncidence nécessaire entre « *la notion d'ordre public pertinente pour l'arbitrage et celle qui vient en ligne de compte dans les conflits de juridictions* » : « *Il n'y a […] aucune raison pour que l'ordre public soit conçu ou interprété de manière différente (et plus étroite) face à la reconnaissance des jugements étrangers plutôt que des sentences arbitrales […] ; la conception de l'ordre public international ne peut être que la même pour l'arbitrage et pour la reconnaissance ou l'exécution des jugements étrangers* » (n° 52 du cours). V. égal. G. Bermann, cours préc., n° 456, 463-465.

super-impératives étrangères ? Pourquoi pas, dans la mesure où ces règles impératives étrangères franchiraient avec succès un test d'acceptabilité au for de contrôle de la sentence, étant observé que, quelles que soient la source et la teneur d'une règle étrangère d'inarbitrabilité (ou ici d'arbitrabilité conditionnelle), celle-ci peut toujours être écartée, lorsqu'elle est contraire à l'ordre public international dans sa perception locale[56]. Si un jour l'on venait à contrôler une sentence tranchant un litige réel immobilier à propos d'une propriété située dans un pays prohibant l'arbitrage, au motif de la compétence exclusive du juge d'État, ou conditionnant l'arbitrage au respect du droit local des biens, il ne serait pas surprenant que l'on puisse, dans un État tiers requis de contrôler la sentence, répercuter sur la justice privée arbitrale ce qui s'impose déjà, et assez naturellement, dans le conflit des juridictions étatiques. Il est des points de vue juridiques, « prépondérants »[57], qu'il n'est pas de raison nécessaire de gommer à raison du caractère privatisé et transnationalisé d'un mode de règlement des litiges.

L'arbitrabilité sous condition, cas intermédiaire entre l'inarbitrabilité et l'arbitrabilité pure et simple, se développera-t-elle à l'avenir ? Dans les formes explicites telles celles citées dans l'introduction, ou dans la forme jurisprudentielle d'une compensation, au stade des recours, des libertés de recours à l'arbitrage offertes *ex ante* ? La réponse est possiblement positive, dans la mesure où, dans les matières sensibles, cette arbitrabilité conditionnée constitue une moindre mesure que la concentration du pouvoir juridictionnel auprès d'autorités publiques qualifiées. Sans doute également, car la fin ultime du conditionnement de l'activité juridictionnelle (ici : de l'activité arbitrale dans les secteurs sensibles) est la cohérence du système juridique tout entier, par-delà les cohérences partielles des divers sous-systèmes qui le composent.

56 C. Jarrosson et L. Idot, préc., n° 61 : possibilité d'écarter une loi d'inarbitrabilité, contraire à l'ordre public international ; B. Hanotiau, cours. préc., n° 159, relatant la prise en compte en Suisse des règles étrangères.

57 Selon la terminologie proposée par B. Archinard-Greil, « Lois de police et conflits de juridictions (Essai sur la coordination des systèmes à l'aide de la notion d'ordre juridique prépondérant) », thèse, Université Jean-Moulin Lyon 3, 2017 ; *adde* L. d'Avout, « Les phénomènes collectifs et l'analyse macro en droit international privé », *Le droit à l'épreuve des siècles et des frontières : mélanges en l'honneur du professeur Bertrand Ancel*, Paris, LGDJ/Madrid, Iprolex, 2018, p. 151 et s.

L'écueil bureaucratique du droit de la concurrence

Guy Canivet*

Résumé

Pour fixer les normes propices à l'instauration en France d'une économie de marché, l'ordonnance du 1er décembre 1986 a tenté d'éviter le biais bureaucratique de cette nouvelle organisation administrative en confiant l'application du droit de la concurrence à un organe indépendant, souple, agile et innovant capable de comprendre les évolutions techniques et économiques des marchés afin d'élaborer, en liaison avec les entreprises, une politique concurrentielle appropriée et dynamique, au moyen de décisions prises par un collège partiellement composé d'acteurs économiques, à l'issue d'un débat entre les diverses parties prenantes et soumises à un strict contrôle juridictionnel. L'évolution de ce modèle durant les 35 années qui ont suivi révèle cependant des risques de dérives tant dans sa dimension structurelle et procédurale que dans sa doctrine d'action qui questionnent son efficience. En évitant de conclure, l'article propose des orientations de recherche sur la performance des structures administratives, juridictionnelles et privées contribuant à la régulation du marché.

* Premier président honoraire de la Cour de cassation ; ancien membre du Conseil constitutionnel.

I. Introduction

En application des dispositions de l'article L. 111-3 du code des juridictions financières, la Cour des comptes a, au début de l'année 2019, examiné la gestion de l'Autorité de la concurrence (AdC) et l'activité de la direction générale de la concurrence, de la consommation et de la répression des fraudes (DGCCRF) en matière de concurrence[1]. Son enquête fait apparaître que, si le système créé par l'ordonnance du 1er décembre 1986[2] et réformé par la loi du 4 août 2008[3] satisfait globalement aux objectifs de régulation du marché, il montre néanmoins des faiblesses qui posent la question de sa performance au regard des moyens engagés. À travers les observations du juge des comptes se perçoit le risque de « bureaucratisation » de l'appareil institutionnel mis en place en 1986. Une intuition aussi hasardeuse justifie-t-elle un approfondissement ? Auquel cas les présents mélanges en seraient l'occasion privilégiée ; nul, en effet, n'est mieux placé pour examiner de manière critique les quelques réflexions ici risquées que sa destinataire, qui a suivi avec tant de lucidité les mutations du droit du marché et les a étudiées dans une perspective européenne et internationale.

Regarder l'évolution du droit de la concurrence sous le prisme de la bureaucratie impose d'abord de s'accorder sur le concept. Très schématiquement, si la bureaucratie est inhérente à tout mode rationnel d'organisation politique, administrative, industrielle et commerciale[4], les sociologues[5] et les économistes[6] contemporains qui se sont intéressés au phénomène en signalent les potentielles dérives. Selon leur analyse, le modèle bureaucratique crée des rigidités de comportement, des difficultés d'adaptation ainsi que des conflits internes et externes qui ruinent son efficacité et suscitent un besoin de contrôle et de réglementation, si bien que les conséquences inattendues et dysfonctionnelles du modèle tendent finalement à renforcer son emprise. Affectant autant sa structure que sa doctrine d'action, cette spirale négative empêche l'organisation bureaucratique de corriger ses erreurs, d'innover, de s'adapter aux transformations de son environnement et de répondre aux situations complexes.

---

1 Cour des comptes, référé du 14 mars 2019, Réf. S2019-0568, « Politique de la concurrence : l'action de l'Autorité de la concurrence et de la direction générale de la concurrence, de la consommation et de la répression des fraudes (DGCCRF) ».

2 Ordonnance n° 86-1243 du 1er décembre 1986 relative à la liberté des prix et de la concurrence. (ci-après « ordonnance du 1er décembre 1986 »)

3 Loi n° 2008-776 du 4 août 2008 de modernisation de l'économie, *JORF* n° 0181 du 5 août 2008. (ci-après « loi du 4 août 2008 »)

4 M. Weber, *Wirtschaft und Gesellschaft*, Cologne-Berlin, Kiepenheuer & Witsch, 1964 (trad. fr. partielle : *Économie et société*, Paris, Plon, 1971).

5 M. Crozier, *Le phénomène bureaucratique*, Paris, Le Seuil, 1963.

6 X. Greffe, « Analyse économique de la bureaucratie et gestion des équipements collectifs », *Consommation* n° 3-4, 1979, pp. 29-49 ; M. Péron, « La bureaucratie est-elle efficace ? », *Regards croisés sur l'économie*, vol. 18, n° 1, 2016, pp. 119-122.

Sans entrer dans une critique fondamentale des autorités administratives indépendantes[7] ni se livrer à une analyse politique de la bureaucratie comme instrument du néolibéralisme[8], il s'agit ici de vérifier si l'évolution du droit de la concurrence depuis l'ordonnance de 1986 reproduit les biais et travers redoutés par les sociologues et les économistes des organisations. L'intention n'est pas de nier les acquis incontestables du modèle français de régulation concurrentielle[9] mais de se pencher sur les ressorts de son développement depuis plus de 35 années, afin de discerner les pièges qui seraient aujourd'hui à éviter, en s'abstenant, au surplus, de toute conclusion hâtive.

Entendant fixer les normes propres à l'instauration en France d'une économie de marché, les concepteurs[10] de l'ordonnance de 1986 ont prévu les règles, structures et procédure propices à la réalisation de ce dessein. Dans cette démarche d'organisation rationnelle de l'appareil de mise en œuvre d'une nouvelle politique économique, ils ont nécessairement créé une bureaucratie. Les travaux préliminaires et les textes eux-mêmes révèlent qu'ils ont toutefois entendu en éviter les biais en instaurant un nouvel ordonnancement qui servit ensuite de référence aux autres autorités administratives indépendantes. D'un côté, ils ont veillé à ce que cette autorité soit protégée des pressions politiques ou économiques et affranchie des rigidités administratives classiques estimées stérilisantes ; de l'autre, ils ont subordonné l'application du droit de la concurrence à l'étude économique approfondie des marchés et de leurs transformations. À leurs yeux, le droit de la concurrence devait être mis en œuvre par un organe indépendant, souple, agile et innovant capable de comprendre les évolutions techniques et économiques des marchés afin d'élaborer et de mettre en œuvre, en liaison avec les entreprises, une politique concurrentielle appropriée et dynamique, au moyen de décisions prises par un collège partiellement composé d'acteurs économiques, à l'issue d'un débat entre les diverses parties prenantes et soumises à un strict contrôle juridictionnel. C'est sur l'évolution de ce modèle, dans sa dimension structurelle et procédurale, d'une part (II.), et dans sa doctrine d'action, d'autre part (III.), que le risque de dérive bureaucratique est à examiner.

---

7 « Les autorités administratives indépendantes : évaluation d'un objet juridique non identifié », Rapport de l'Office parlementaire d'évaluation de la législation n° 404 (2005-2006) de M. Patrice Gélard, fait au nom de l'Office parlementaire d'évaluation de la législation, déposé le 15 juin 2006 ; N. Decoopman (dir.), « Le désordre des autorités administratives indépendantes : l'exemple du secteur économique et financier », coll. CEPRISCA, 2002, <http://www.ceprisca.fr/wp-content/uploads/2016/03/2002-CEPRISCA-DESORDRE-AUTORITES-ADMIN.pdf> ; A. Vauchez, I. Boucobza, O. Bui-Xuan, J.-M. Chahsiche, T. Lepina, J. Vargovčíková et C. Vincensini, « Un champ de la régulation publique indépendante ? Acteurs, registres de justification et formes d'autorité politique des agences de régulations en France », Rapport de recherche, Mission de recherche Droit et Justice, 2019.

8 D. Graeber, *Bureaucratie*, Paris, Éditions Les liens qui libèrent, 2015.

9 B. Lasserre et C. Lemaire, « Regards en arrière… et en avant sur la régulation concurrentielle en France », *Concurrences* n° 2-2017, art. n° 83912, pp. 14-21.

10 V. le Rapport de la Commission pour l'élaboration d'un nouveau droit de la concurrence présidée par Jean Donnedieu de Vabres.

I. Le risque de dérive bureaucratique des organes de mise en œuvre du droit de la concurrence

L'une des constantes de la bureaucratie généralement observée est la propension de l'organisme à la croissance et à la conquête de nouvelles prérogatives, sans que son efficacité dans l'exécution de ses missions s'en trouve améliorée et qu'elle en soit même amoindrie. Ce qui conduit à se pencher d'abord sur l'évolution des moyens et missions du Conseil de la concurrence puis de l'Autorité de la concurrence, qui lui a succédé[11] (1.), avant d'aborder l'efficacité de leur action (2.).

1. La croissance de l'Autorité

En 1986, le Conseil de la concurrence[12] avait été conçu comme un organisme de taille modeste, essentiellement chargé de sanctionner *ex post* les atteintes à la concurrence commises par les entreprises, dénoncées par d'autres entreprises, par le ministre chargé de l'économie ou par certains organismes socio-économiques[13] selon une procédure contentieuse[14], et aussi de donner des avis, d'une part, sur les opérations de concentration notifiées au ministre chargé de l'économie[15], d'autre part, sur les textes ou questions de concurrence à la demande des autorités politiques, des organismes socio-économiques[16] ou des juridictions[17]. À partir de ce modèle originel, il est facile d'observer une croissance continue de l'Autorité en consultant ses rapports annuels d'activité et en examinant les lois successives qui l'ont transformée, lesquels montrent une progression constante de ses moyens (A.) ainsi que l'octroi de nouvelles attributions et prérogatives (B.).

A. *L'augmentation de ses moyens*

Si la composition fixée par l'article 2 de l'ordonnance du 1er décembre 1986 a été peu modifiée depuis[18], le Conseil puis, surtout, l'AdC à partir de 2008[19] ont vu leurs moyens augmentés dans d'importantes proportions. L'effectif de ses

11 Par commodité on emploiera le terme d'« Autorité » pour désigner génériquement le Conseil de la concurrence et l'Autorité de la concurrence, de « Conseil » lorsqu'il s'agira spécifiquement du premier et le sigle « AdC » pour la seconde.

12 Qui s'est substitué à la Commission de la concurrence (1977), elle-même à la suite de la Commission technique des ententes (1953) et positions dominantes (1963).

13 Il pouvait également se saisir d'office de ces pratiques.

14 Art. 11 à 25 de l'ordonnance du 1er décembre 1986.

15 Art. 38 de l'ordonnance du 1er décembre 1986.

16 Art. 5 et 6 de l'ordonnance du 1er décembre 1986.

17 Art. 26 de l'ordonnance du 1er décembre 1986.

18 Art. L. 461-1 du code de commerce.

19 Loi du 4 août 2008.

collaborateurs s'est en effet accru de plus de 50 % et les dépenses de fonctionnement se sont multipliées par trois[20].

B. *L'octroi de nouvelles attributions et prérogatives*

Certes, partiellement au moins, l'amplification des moyens a accompagné l'octroi à l'Autorité de nouvelles attributions et prérogatives[21] ; ce qui caractérise une autre constante de la bureaucratie d'œuvrer pour l'extension de ses pouvoirs[22]. Ceci est notamment advenu en matière d'enquête et de contrôle des concentrations à la faveur de la réforme de 2008[23], d'autres réformes qui ont suivi[24] puis, plus récemment, de l'ordonnance du 26 mai 2021[25].

Voulu comme un organisme contentieux, décidant, en matière antitrust, sur des pratiques imputées à des entreprises, le Conseil n'exerçait pas, en pratique, les pouvoirs d'enquête qui lui étaient cependant accordés[26]. L'instruction des affaires était effectuée sous l'autorité du rapporteur général par un rapporteur chargé d'établir les griefs et d'organiser la discussion sur ceux-ci à partir d'enquêtes initialement réalisées par la DGCCRF, éventuellement complétées d'investigations supplémentaires demandées à cette dernière, notamment en cas de saisine par une entreprise. Cette dépendance à l'égard des services du ministère chargé de l'économie relativement à la preuve des pratiques alléguées a été estimée contre-performante et incompatible avec l'indépendance du Conseil. De sorte que la loi de 2008 a imparti aux rapporteurs et leur a donné les moyens de procéder eux-mêmes à ces enquêtes[27], ce qui, outre la multiplication du nombre de ses agents, a conduit à une réorganisation de l'Autorité pour satisfaire à l'exigence de protection des droits procéduraux opposée à la réunion en une seule instance du pouvoir de collecter les preuves et de celui de juger. De sorte que le président

---

20 V. les rapports annuels d'activité du Conseil de la concurrence à partir de 1987, puis de l'Autorité de la concurrence à partir de 2008.

21 Pour l'application de la loi de 2008, ce sont 60 nouveaux emplois à temps plein qui ont été transférés à l'Autorité (Rapport annuel 2008, p. 13).

22 M.-D. Hagelsteen, « L'organisation française de la concurrence : un modèle qui pourrait être revu », *RLC*, novembre 2004/janvier 2005, n° 1.

23 Loi du 4 août 2008 ; ordonnance n° 2008-1161 du 13 novembre 2008 portant modernisation de la régulation de la concurrence ; B. Lasserre, « La transformation du Conseil de la concurrence en Autorité de la concurrence, clé de voûte d'une régulation de la concurrence moderne, juste et efficace », *RJC*, mars/avril 2009, n° 2.

24 Loi n° 2015-990 du 6 août 2015 pour la croissance, l'activité et l'égalité des chances économiques, *JORF* n° 0181 du 7 août 2015. (ci-après « loi du 6 août 2015 ») ; loi n° 2017-55 du 20 janvier 2017 portant statut général des autorités administratives indépendantes et des autorités publiques indépendantes, *JORF* n° 0018 du 21 janvier 2017.

25 Ordonnance n° 2021-649 du 26 mai 2021 relative à la transposition de la directive (UE) 2019/1 du Parlement européen et du Conseil du 11 décembre 2018 visant à doter les autorités de concurrence des États membres des moyens de mettre en œuvre plus efficacement les règles de concurrence et à garantir le bon fonctionnement du marché intérieur, *JORF* n° 0121 du 27 mai 2021. (ci-après « ordonnance du 26 mai 2021 »)

26 Ses rapporteurs disposaient cependant de pouvoirs d'enquête pour les affaires dont le Conseil était saisi (art. 45, al. 2, de l'ordonnance du 1er décembre 1986).

27 Art. L. 450-1 du code de commerce.

de l'AdC, qui préside le collège de décision, n'exerce, en principe, aucune autorité fonctionnelle sur le service de l'instruction placé sous la direction du rapporteur général[28]. Néanmoins, au prétexte de renforcer l'efficacité de son action, l'AdC, déjà investie d'importantes possibilités d'investigation[29], a continué à influer pour l'élargissement de ses facultés d'intrusion dans les entreprises et le renforcement de ses pouvoirs d'enquête ; ce qu'elle a finalement obtenu[30].

S'agissant de ses missions, l'Autorité a revendiqué en 2008[31] la transformation de son rôle consultatif en pouvoir de décision pour le contrôle des concentrations[32]. En 1986, la faculté d'autoriser les concentrations projetées et notifiées par les entreprises avait été maintenue dans les attributions du ministre chargé de l'économie, ce qui semblait, en outre, correspondre à la logique de mise en œuvre d'une politique industrielle[33]. Toutefois, progressivement, l'Autorité a fait évoluer son pouvoir de sanction *ex post* des comportements des entreprises vers des actions préventives de structuration des marchés[34] et de mise en conformité concurrentielle des acteurs. Encouragé par la réglementation européenne, ce changement de paradigme a conduit à la réforme de 2008, qui lui confère un plein pouvoir en matière de concentration[35]. Dans le même esprit, elle s'est vu reconnaître par la loi du 6 août 2015[36] la faculté d'autoriser, de modifier ou de mettre fin aux accords conclus pour la création de centrales d'achat ou de référencement dans le secteur de la distribution, ainsi que d'y mettre fin[37].

Le glissement d'un pouvoir de sanction et de correction *ex post* à celui d'intervenir *ex ante* sur les marchés et les entreprises s'est encore manifesté par d'autres

---

28 Art. L. 461-4 du code de commerce.

29 L. Vogel, « Concurrence : plaidoyer pour une vraie réforme », in *Mélanges en l'honneur du professeur Bernard Teyssié*, Paris, LexisNexis, 2019.

30 En particulier, l'art. L. 461-4 du code de commerce créé par la loi du 22 mai 2019 donne aux enquêteurs le pouvoir d'accéder aux données de connexion des entreprises. La loi du 6 août 2015, qui avait déjà prévu une telle mesure, avait été censurée par le Conseil constitutionnel faute de garanties suffisantes (Cons. const., déc. n° 2015-715 DC du 5 août 2015, *Loi pour la croissance, l'activité et l'égalité des chances économiques*). En outre l'ordonnance du 26 mai 2021 permet aux enquêteurs d'accéder aux informations pouvant être sur des supports numériques (courriels, messageries instantanées), quel que soit le lieu de stockage (nuage informatique et serveurs).

31 Art. 96 de la loi du 4 août 2008.

32 Art. L. 430-3 du code de commerce.

33 Art. 38 de l'ordonnance du 1er décembre 1986.

34 Aut. conc., avis n° 10-A-26 du 7 décembre 2010 relatif aux contrats d'affiliation de magasins indépendants et les modalités d'acquisition de foncier commercial dans le secteur de la distribution alimentaire ; Aut. conc., avis n° 12-A-01 du 11 janvier 2012 relatif à la situation concurrentielle dans le secteur de la distribution alimentaire à Paris ; art. L. 462-1 du code de commerce, qui depuis 2018 lui permet de prendre l'initiative d'enquêtes sectorielles et de recommander au ministre chargé de l'économie ou au ministre chargé du secteur concerné de mettre en œuvre les mesures nécessaires à l'amélioration du fonctionnement concurrentiel des marchés.

35 Art. L. 430-3 et s. du code de commerce. En réservant toutefois un pouvoir d'évocation au ministre chargé de l'économie lorsque sont en cause des motifs d'intérêt général autres que le maintien de la concurrence, notamment, le développement industriel, la compétitivité des entreprises en cause au regard de la concurrence internationale ou la création ou le maintien de l'emploi.

36 Loi n° 2015-990 du 6 août 2015 pour la croissance, l'activité et l'égalité des chances économiques, préc.

37 Art. L. 462-10 du code de commerce.

innovations. Tout d'abord, l'AdC peut, en certains cas, s'immiscer au sein des entreprises pour s'assurer de l'exécution des engagements pris en matière de concentration[38] ou désormais de pratiques anticoncurrentielles[39] et du contrôle du respect de ses décisions[40] ; plus récemment, elle s'est vu reconnaître la faculté d'agir par injonction sur la structure des entreprises[41]. Suivant la même pente, la loi du 6 août 2015 lui donne même mission de se prononcer sur le nombre, la localisation[42] et les tarifs[43] des prestataires sur certains marchés des services juridiques. On se rapproche de l'économie administrée à laquelle l'ordonnance de 1986 avait cependant entendu mettre fin.

2. Son incidence sur l'activité de l'Autorité

Le propos n'est pas ici d'apprécier les raisons de l'augmentation des moyens et de la transformation du rôle de l'Autorité mais de rechercher si ces renforts ont conduit à une amélioration de ses performances. Celle-ci se mesure imparfaitement à l'importance de son activité (A.), plus pertinemment aux résultats de la politique de concurrence qu'elle met en œuvre (B.).

A. *Sous l'angle de l'importance de l'activité*

L'approche quantitative des décisions rendues par l'Autorité est relativement aisée, mais elle ne rend qu'imparfaitement compte de son activité. Si l'augmentation du nombre des décisions en matière de concentration est la conséquence mécanique de la réforme de 2008[44], elle est restée modeste pour les avis[45] et s'est sensiblement réduite en ce qui concerne les pratiques anticoncurrentielles[46]. Selon l'AdC, cette forte décroissance en nombre des décisions en matière d'antitrust est compensée par la plus grande importance des affaires et par l'amplification de la motivation des décisions. C'est sans doute exact, mais la réduction significative du nombre des saisines et des décisions rendues n'a pas empêché une

38 Art. L. 462-5, III, du code de commerce.

39 Art. L. 464-2 modifié par l'ordonnance du 26 mai 2021.

40 Art. L. 464-2, al. 2, du code de commerce.

41 Une première disposition permettant à l'AdC de prononcer des injonctions structurelles dans le secteur du commerce de détail en France métropolitaine introduite dans la loi du 6 août 2015 pour la croissance, l'activité et l'égalité des chances économiques a été jugée contraire à la Constitution (déc. n° 2015-715 DC du 5 août 2015, préc.). Elle a été reprise sous une forme différente par l'ordonnance du 26 mai 2021, y compris à titre de mesures conservatoires (art. L. 464-1 et L. 464-2 du code de commerce).

42 Art. L. 462-4 et s. du code de commerce.

43 Art. L. 444-1 et s. du code de commerce.

44 En matière de concentration, elle a rendu 2 avis en 1988, tandis que durant la période récente, elle rend en moyenne 209 décisions par an.

45 En moyenne, une quinzaine par an.

46 Durant ses premières années de fonctionnement, le Conseil recevait en moyenne plus de 80 saisines contentieuses par an et rendait une soixantaine de décisions contentieuses. Durant la période récente, le nombre des saisines s'est réduit de moitié et en 2020 : l'AdC a rendu 23 décisions en matière contentieuse.

augmentation constante des affaires en instance[47] et une dégradation corrélative des délais de traitement, à tel point que la Cour des comptes s'en est inquiétée dans son rapport précité du 14 mars 2019[48]. Elle constate que le délai d'examen d'un dossier de pratiques anticoncurrentielles est manifestement trop long[49] et souligne que « *ces délais nuisent à l'efficacité de la régulation de la concurrence. Ils affaiblissent l'image des acteurs publics concernés, les exposent à des risques (dépassement du délai raisonnable [...]) [,] créent une incertitude pour les entreprises* » et affectent la pertinence des décisions finalement rendues. Pareille défaillance est d'autant plus regrettable que c'est précisément les délais excessifs de jugement des infractions en matière de concurrence par les juridictions pénales qui avaient motivé en 1986 le transfert de l'essentiel du pouvoir de sanction à une autorité administrative. Elle a en tout cas conduit à l'adoption de mesures visant à alléger le traitement des dossiers, au risque d'engendrer d'autres inconvénients. Ici se révèle le risque d'engrenage bureaucratique.

Ces mesures ont d'abord consisté à simplifier l'instruction des dossiers[50] et à alléger le processus de décision[51]. Ainsi, de préférence aux formations plénières ou de section qui font appel aux membres non permanents issus du monde économique, l'Autorité favorise le prononcé de décisions en commission permanente composée des seuls membres à plein temps : président et vice-présidents, choisis au sein des divers ordres de juridictions ou parmi les universitaires spécialisés en droit de la concurrence[52]. Ce qui, en contradiction avec l'intention initiale, conduit à écarter les acteurs du marché du processus de décision, en réduisant leur influence au sein de l'Autorité[53].

Ont ensuite été adoptées des dispositions autorisant l'Autorité à sélectionner les affaires faisant l'objet d'un examen au fond. Alors que l'ordonnance de 1986 permettait déjà au Conseil d'écarter certaines saisines par des décisions d'irrecevabilité[54] ou de non-lieu[55] soumises à recours juridictionnels, l'Autorité revendiquait depuis longtemps un pouvoir d'appréciation d'opportunité

---

47 Il s'élevait à 417 en 2000.

48 Cour des comptes, référé du 14 mars 2019, prec.

49 Le délai atteint près de cinq ans en moyenne pour l'ensemble des décisions de sanctions de pratiques anticoncurrentielles rendues par l'Autorité de la concurrence (hors décisions de rejet). Il est de six ans pour les cas jugés par l'Autorité après enquête de la DGCCRF.

50 Art. L. 463-3 du code de commerce. En matière de concentration : nouvelles « Lignes directrices de l'Autorité de la concurrence relatives au contrôle des concentrations », juillet 2020.

51 Art. L. 462-3 du code de commerce. Une démarche identique a eu lieu en matière de concentration : nouvelles « Lignes directrices de l'Autorité de la concurrence relatives au contrôle des concentrations », préc.

52 Art. L. 461-1 et L. 462-2 du code de commerce.

53 Club des juristes, Rapport « Pour une réforme du droit de la concurrence », janvier 2018 : <https://www.leclubdesjuristes.com/wp-content/uploads/2018/01/rapport_pour-une-reforme-du-droit-de-la-concurrence_jan-2018.pdf>.

54 Art. 19 de l'ordonnance du 1er décembre 1986 : lorsque les faits invoqués n'entrent pas dans le champ de sa compétence ou ne sont pas appuyés d'éléments suffisamment probants.

55 Art. 20 de l'ordonnance préc.

à poursuivre afin de maîtriser son agenda, en portant son activité sur les atteintes à la concurrence, à ses yeux essentielles, au besoin en se saisissant elle-même[56]. Un tel pouvoir lui a été finalement accordé à la faveur de la transposition de la directive ECN + de l'UE par l'ordonnance du 26 mai 2021, qui lui permet de rejeter la saisine lorsqu'elle ne considère pas les faits dénoncés comme une « *priorité* »[57].

Au titre des mesures d'allègement, a encore été confié à l'Autorité un pouvoir de transaction sous diverses formes : non-contestation des griefs[58], acceptation d'engagements comportementaux, ou mesure de clémence[59] afin de lui permettre de clore la procédure sans établir la preuve des pratiques sanctionnées dans le premier cas, ou de la faciliter dans le second.

Si de tels aménagements ont effectivement permis de réduire le stock des affaires en instance[60] et de limiter les délais de traitement[61], ils conduisent finalement à conférer à l'Autorité un pouvoir discrétionnaire sur les entreprises soumises à sa juridiction[62] – ce qui est le désir de toute organisation bureaucratique. En outre, selon l'ancien président de l'AdC, les pratiques négociées présentent un double risque : celui de l'appauvrissement du corpus décisionnel éclairant les entreprises sur des questions inédites et celui de l'affaiblissement du rôle du collège de décision, qui pourrait devenir la chambre d'enregistrement des négociations menées par le rapporteur général avec les entreprises[63]. Au surplus, le recours à de telles pratiques permet à l'AdC de clore les procédures par des décisions non susceptibles de recours, lui évitant de s'exposer à annulation ou réformation en confrontant sa pratique décisionnelle à la jurisprudence judiciaire, laissant ainsi subsister de gênantes incertitudes, lorsque des affaires de principe sont évacuées par ce procédé[64]. Présenté comme une amélioration de l'efficacité de notre système de gouvernance inspirée du dispositif européen[65], ce système, outre qu'il n'a plus rien à voir avec la mise en œuvre d'un droit de la concurrence sous le contrôle

56 Art. L. 462-5, III, du code de commerce. L'ordonnance du 26 mai 2021 accorde en outre à l'AdC la possibilité de prononcer d'office des mesures conservatoires (art. L. 464-1 du code de commerce).

57 Art. L. 462-8, al. 2, modifié par l'ordonnance du 26 mai 2021. Cette décision de rejet peut toutefois faire l'objet d'un recours qui *a priori* semble illusoire tant il sera difficile pour les juridictions de discuter les « priorités » établies par l'AdC.

58 Art. L. 464-2, III, du code de commerce.

59 Art. L. 464-2, IV, du code de commerce.

60 Il est passé 417 en 2000 à 129 en 2020.

61 En 2020 ce délai moyen a été de 21,9 mois.

62 Par son pouvoir d'accepter ou de refuser les engagements des entreprises pour répondre aux préoccupations de concurrence émises par le service de l'instruction.

63 B. Lasserre et C. Lemaire, préc.

64 Il est à cet égard significatif que la décision de l'AdC du 7 juin 2021, condamnant Google à une sanction pécuniaire de 220 millions d'euros, accepte une transaction : déc. n° 21-D-11 du 7 juin 2021 relative à des pratiques mises en œuvre dans le secteur de la publicité sur Internet.

65 Aut. conc., *Les engagements comportementaux*, Paris, La Documentation française, 2019, <https://www.autoritedelaconcurrence.fr/sites/default/files/2020-01/eng_comportementaux_final_fr_0.pdf>.

juridictionnel, est ostensiblement privilégié par l'AdC, d'une part, parce qu'il remédie aux défaillances du service de l'instruction, d'autre part, parce qu'il évite l'examen critique des décisions par les juridictions de recours. En d'autres termes, cette forme de bureaucratisation semble être tout à la fois la réponse de l'AdC à sa propre défaillance et une façon pour elle de s'affranchir du contrôle des juridictions. Sont finalement en cause les préceptes fondateurs de la politique de la concurrence.

B. *Sous celui de la performance*

Plus difficile est la mesure de la performance de l'Autorité dans l'exécution des missions fixées par la loi. Elle est néanmoins indispensable : renforçant la transparence de son action, elle réalise l'obligation d'en rendre compte devant le Parlement et les autres parties prenantes. À cette fin, une telle évaluation nécessite une définition claire des objectifs à atteindre et devrait aboutir à la mise en évidence des possibilités d'amélioration du processus décisionnel. Dans cette perspective, les premiers rapports de l'Autorité insistent sur son rôle pédagogique visant à la pénétration de l'esprit de concurrence dans les entreprises de sorte que les obstacles à la libre concurrence disparaîtraient grâce à une autorégulation des marchés rêvée par les néo-libéraux[66]. Outre qu'une telle vision est largement théorique, la généralisation de l'esprit de concurrence est difficile à mesurer. L'Autorité doit donc se référer à d'autres critères.

Le premier de ceux-ci est le montant des sanctions pécuniaires prononcées. La doctrine concurrentielle est en effet convaincue que l'effet dissuasif de telles sanctions est un facteur d'efficacité de la régulation dont l'importance est fonction tout à la fois de leur sévérité et de la probabilité de détection de l'infraction. De sorte que les rapports d'activité de l'Autorité insistent sur le montant global des sanctions pécuniaires prononcées[67] en le comparant à celui de ses *alter ego* en Europe et dans le monde[68]. Outre qu'il tend à confondre le moyen répressif et l'objectif d'assurer le respect de la libre concurrence aux fins de garantir que la liberté d'entreprendre s'exerce au profit du consommateur et favorise l'innovation, le critère tiré du montant global des sanctions ne peut à lui seul être significatif du degré de satisfaction des missions confiées à l'Autorité[69]. En outre, utiliser le montant des sanctions comme élément de comparaison de la

66 Cons. conc., rapport d'activité de 1987, introduction, p. 3.

67 Le dernier rapport annuel d'activité de l'Autorité indique que le montant des sanctions pécuniaires infligées en 2020 a été de 1 789 759 385 euros et que sur les dix dernières années (2011-2020), le montant annuel moyen des sanctions prononcées s'élève à 674 millions d'euros.

68 Dans le rapport précité, la Cour des comptes relève que le montant des sanctions pécuniaires prononcées par l'autorité française entre 2009 et 2017 est d'« *un ordre de grandeur comparable à l'Allemagne et nettement supérieur à l'Italie ou à l'Espagne* ».

69 Dans un rapport de 2020, « Contrôle des concentrations dans l'UE et procédures antitrust de la Commission : la surveillance des marchés doit être renforcée », la Cour des comptes européenne constate que, au cours de la période 2010-2019, la Commission a infligé des amendes d'un montant total de 28,5 milliards d'euros pour des infractions aux dispositions des art. 101 et 102 du TFUE – ces amendes ayant dans certains cas atteint

performance des diverses autorités de concurrence en Europe favorise une escalade conduisant à une disproportion de la politique répressive encouragée par l'élévation progressive du montant maximum des sanctions encourues[70]. Il est donc essentiel que soit spécialement réfléchie et équilibrée l'application des règles de justification du montant de telles sanctions[71].

Plus significative est l'évaluation de l'impact de l'action de l'Autorité. Dans ses récents rapports[72], l'AdC indique que celle-ci consiste « *à prendre en compte non seulement le montant des sanctions infligées aux entreprises [...] mais aussi les gains résultant du terme mis aux comportements anticoncurrentiels des entreprises sanctionnées* » puisque, « *en l'absence de l'intervention ou de la menace d'intervention de l'Autorité, les comportements anticoncurrentiels auraient pu se poursuivre pendant plusieurs années, générant ainsi un surcoût pour l'économie, notamment pour les clients des entreprises mises en cause. De même, en exigeant des remèdes préalablement à une opération de concentration, l'Autorité évite une diminution de la concurrence qui se serait traduite par une hausse des prix ou une diminution de la qualité préjudiciable pour le bien-être des clients* ». Déclarant se fonder sur la méthode proposée par l'OCDE[73], qu'elle décrit sommairement, elle évalue l'impact annuel moyen de son action sur la période 2011-2020 à environ 17,6 milliards d'euros, dont 10,9 milliards résultant du surcoût évité[74]. Encore précise-t-elle que cette évaluation ne tient pas compte de l'impact indirect lié aux bienfaits de la concurrence sur la productivité des entreprises. De telles indications globales sont intéressantes mais elles ne donnent aucune précision sur la mise en œuvre des critères retenus. En outre, dans le rapport précité[75], la Cour des comptes européenne, à propos de la même démarche d'évaluation de la performance de ses activités par la Commission UE, à partir de références identiques[76], estime que ce cadre n'est pas pleinement adapté à l'évaluation de la performance dans le contrôle de la bonne application des règles de concurrence, en particulier que les indicateurs utilisés ne donnent aucune information sur la notion de bien-être des consommateurs, sur les effets dynamiques des décisions sur l'innovation ou la qualité et la

---

des niveaux records – sans que la Commission ait procédé à la moindre évaluation de l'effet dissuasif de ses amendes. Qui plus est, bien que l'importance de cet effet soit fonction à la fois de la sévérité des amendes et de la probabilité de détection de l'infraction, la méthode de fixation des amendes utilisée par la Commission ne tenait pas compte de ce second aspect.

70 En dernier lieu par l'ordonnance du 26 mai 2021 modifiant l'art. L. 464-2, I, al. 6, du code de commerce.

71 Art. L. 464-2, I, b, al. 2, du code de commerce. Il est à cet égard significatif que l'ordonnance du 26 mai 2021 ait supprimé le critère du dommage à l'économie comme critère d'appréciation du montant de la sanction. Aut. conc., communiqué du 16 mai 2011 relatif à la méthode de détermination des sanctions pécuniaires, mis à jour le 20 octobre 2017 ; L. Vogel, préc.

72 V. Aut. conc., « Encourager un avenir plus positif », rapport annuel 2020, <https://www.autoritedelaconcurrence.fr/sites/default/files/2021-07/pdf-online.pdf>

73 OCDE, « Guide for helping competition authorities assess the expected impact of their activities », avril 2014, <https://www.oecd.org/daf/competition/Guide-competition-impact-assessmentEN.pdf>.

74 Hors l'impact des décisions rendues en matière de professions réglementées et de transports.

75 « Contrôle des concentrations dans l'UE et procédures antitrust de la Commission », préc., pp. 78-80.

76 *Ibid.*, « Annexe IV – Indicateurs de performance de la DG COMP en matière de contrôle des concentrations et de procédures antitrust ».

productivité et qu'ils ne permettent pas davantage de vérifier leur incidence effective sur la croissance du PIB. En définitive, à ce stade, les considérations de l'AdC sur l'impact de son action s'apparentent à une auto-évaluation, à partir de critères incomplets, discutables, appliqués selon des méthodes peu transparentes. Ainsi que le relève la Cour des comptes européenne, une telle démarche exigerait à tout le moins une évaluation indépendante et régulière de l'efficacité avec laquelle l'Autorité contribue à la réalisation des objectifs stratégiques en matière de respect des règles de concurrence ; ce qui inciterait l'AdC, comme la Commission UE, à réfléchir à la pertinence de leur doctrine d'action.

II. Le risque de dérive bureaucratique de la doctrine d'action de l'Autorité

Dans la mise en œuvre des pouvoirs de l'Autorité, l'effet bureaucratique peut avoir une incidence sur les rapports entretenus avec les autres organes contribuant à la mise en œuvre du droit de la concurrence, en particulier, en interne, la DGCCRF, et dans le cadre européen, la Commission UE (1.). Ce même effet peut aussi affecter la méthode d'élaboration de ses décisions (2).

1. Dans l'organisation des rapports avec les autres organes impliqués dans la mise en œuvre du droit de la concurrence

A. *Avec la DGCCRF*

L'originalité de la politique nationale de la concurrence est de reposer sur deux acteurs publics : une autorité administrative indépendante, l'AdC, et une administration centrale à réseau déconcentré, la DGCCRF. Tout en conférant un rôle central à l'Autorité, l'ordonnance de 1986 réservait des prérogatives importantes à la DGCCRF. Consacrant la poussée de l'Autorité dans la conquête de nouvelles attributions, la loi de 2008[77] a profondément modifié cette répartition des rôles en réduisant les pouvoirs de la DGCCRF aux pratiques anticoncurrentielles de dimension locale[78] et à des prérogatives résiduelles en matière de concentration[79] tout en transférant à l'AdC l'essentiel des pouvoirs d'enquête. Ce repositionnement implique, notamment en matière d'enquête, une nouvelle configuration des rapports institutionnels qui ne va pas de soi, de sorte que, dans son référé de 2019[80], la Cour des comptes a dû recommander l'élaboration d'« *une charte de coopération entre la DGCCRF et l'[AdC], comportant notamment des engagements sur les délais de*

---

77 Loi du 4 août 2008 de modernisation de l'économie, préc.

78 Art. L. 464-9 et R. 464-9-1 à R. 464-9-3 du code de commerce.

79 Art. L. 430-7-1-I du code de commerce : demande d'examen approfondi ; art. L. 430-7-1-II du code de commerce : évocation pour des motifs d'intérêt général autres que le maintien de la concurrence.

80 Cour des comptes, rapport préc., recommandation n° 3.

traitement des dossiers et la complémentarité de leurs actions en matière de recueil d'indices et de communication à destination des TPE et PME » ; ce qui a été fait le 23 juillet 2019[81]. À lire cette charte, on comprend que, derrière l'affirmation commune d'une intention coopérative, ces relations formellement codifiées relèvent d'une bureaucratie complexe potentiellement source de conflits[82].

B. *Avec la Commission européenne*

Plus complexes encore et aux enjeux majeurs sont les relations de l'Autorité avec la Commission UE. En raison de l'effet direct et de la primauté du droit de l'Union, les autorités administratives et les juridictions nationales sont tenues à une application effective et conforme des traités européens et du droit dérivé, spécialement en matière de concurrence. La subordination normative et procédurale de l'Autorité qui en résulte a été considérablement renforcée par la création, en 2003[83], d'un réseau européen de la concurrence (REC)[84] qui place les autorités nationales de concurrence des États membres (ACN) sous la direction de la Commission UE, spécialement chargée de la mise en œuvre de la politique européenne de concurrence[85]. Schématiquement, c'est désormais elle qui pilote la répartition des affaires de dimensions européennes, autant en matière d'antitrust que de concentration, en même temps qu'elle précise l'interprétation des articles 101 et 102 du TFUE et des règlements et directives d'application, par des lignes directrices édictées sous forme de communications, principalement en référence à la jurisprudence de la CJCE. Ainsi les rapports de l'AdC avec la Commission UE sont très formellement et rigoureusement organisés tant par le droit de l'Union[86] que par le droit national[87]. Un appareil aussi sophistiqué et contraignant est sans aucun doute nécessaire à une application effective et homogène du droit de l'Union visant à la réalisation du marché unique, mais il risque de réduire la faculté d'analyse propre de l'AdC et de l'éloigner de la spécificité des marchés nationaux[88].

---

81 <https://www.autoritedelaconcurrence.fr/fr/video/charte-de-cooperation-adlc-dgccrf>.

82 Dans le même esprit, il serait intéressant d'examiner les rapports de coopération avec les régulateurs sectoriels.

83 Règlement (CE) n° 1/2003 du conseil du 16 décembre 2002 relatif à la mise en œuvre des règles de concurrence prévues aux articles 81 et 82 du traité, *JOCE* n° L 1 du 4 janvier 2003, p. 1.

84 Consolidé et renforcé par la directive (UE) 2019/1 du Parlement européen et du Conseil du 11 décembre 2018 visant à doter les autorités de concurrence des États membres des moyens de mettre en œuvre plus efficacement les règles de concurrence et à garantir le bon fonctionnement du marché intérieur, *JOUE* n° L 11 du 14 janvier 2019, p. 3.

85 Même si les autorités nationales de la concurrence sont largement associées à l'orientation des activités du REC ; v. Aut. conc., « Annexe du rapport annuel 2020 », chapitre 5, « L'autorité française de la concurrence dans les réseaux européen et international de la concurrence ».

86 Communication de la Commission relative à la coopération au sein du réseau des autorités de concurrence, *JOUE* n° C 101 du 27 avril 2004, p. 43.

87 Art. L. 462-9 et L. 462-9-1 du code de commerce.

88 Cette tendance est particulièrement sensible dans l'avis rendu sur l'application du droit de la concurrence au secteur agricole national, exclusivement étayé par un rappel méthodique des règles de l'Union applicables à l'agriculture, donnant l'impression d'un décalage entre la dogmatique concurrentielle européenne et la crise de l'agriculture en France (Aut. conc., avis n° 18-A-04 du 3 mai 2018 relatif au secteur agricole).

2. Dans la méthode d'élaboration des décisions

L'élaboration des décisions du Conseil s'articule en trois opérations pour la qualification et la sanction des pratiques en cause : d'une part, normative : examen des textes applicables (A.) ; d'autre part, probatoire : établissement des faits selon un régime d'administration de la preuve (B.) ; enfin d'analyse économique : mesure de l'incidence des situations ou pratiques sur un marché déterminé (C.). À chacune des étapes du raisonnement se révèlent des craintes de rigidité bureaucratique.

A. *Concernant l'application des normes*

La lecture du droit de la concurrence applicable est désormais guidée par des indications précises fournies par les communications établies par la Commission UE ou lignes directrices émanant de l'AdC. Fondé sur la jurisprudence des juridictions de contrôle, européennes ou nationales, et sur la pratique de l'une ou l'autre des autorités, ce droit souple encadre la mise en œuvre du droit de la concurrence national ou de l'UE. Un tel appareil interprétatif est estimé indispensable à la sécurité juridique en ce qu'il fournit aux entreprises des indications nécessaires aux orientations de leurs stratégies marchandes. Mais il a pour conséquence de favoriser de la part des autorités des automatismes d'application des règles dans diverses situations préétablies. Ceci favorise l'édification de modèles préconstitués de motivation, mécaniquement appliqués à des catégories d'espèces, au risque de distance avec les réalités du marché, d'approximation, voire d'ignorance de la singularité des pratiques[89].

B. *Concernant la preuve des faits*

En ce qui concerne la preuve des faits, la systématisation des précédents conduit à l'énoncé de présomptions à tous les stades du raisonnement, soit en ce qui concerne l'établissement des pratiques, soit pour l'appréciation de l'objet ou de l'effet anticoncurrentiel, soit enfin sur la responsabilité des infractions. Ces présomptions, qui visent à alléger le raisonnement probatoire de l'Autorité, sont en principe contestables par les entreprises impliquées mais, en pratique, elles sont souvent irréfragables[90]. Il s'ensuit, sur ce point encore, des rigidités nuisibles à la prise en compte de la singularité des situations qui justifient la critique des entreprises[91].

C. *Concernant l'analyse économique*

À ces facilités argumentaires et probatoires s'ajoute l'esquive du raisonnement économique. La justification de la régulation concurrentielle tient à ce que l'application des règles qui la mettent en œuvre est subordonnée à l'analyse

---

89 L. Vogel, préc., § 16 et s.

90 L. Idot, « Réflexions sur l'évolution de la preuve des pratiques anticoncurrentielles devant les autorités de concurrence », *Concurrences* n° 4-2017, art. n° 84879, pp. 45-59, § 23 et s..

91 L. Vogel, préc., § 19.

de l'incidence concurrentielle des pratiques ou concentrations d'entreprises sur les marchés et à la mesure de l'effet correctif ou dissuasif des injonctions ou des sanctions, ce qui suppose une étroite collaboration entre juristes et économistes. Or numériquement, les services économiques de l'Autorité sont nettement inférieurs à ceux de la Commission UE et davantage encore à ceux de ses *alter ego* aux États-Unis ou au Royaume-Uni[92]. De sorte que, pour diverses raisons, l'AdC élude autant que possible le recours à l'analyse économique dans la motivation de ses décisions[93]. Les techniques employées à cette fin en matière antitrust[94] sont connues : pratiques dites *per se*, jugées en elles-mêmes illicites, restriction par objet évitant de rechercher les effets anticoncurrentiels[95], rejet sans discussion approfondie des études économiques produites par les entreprises en cause ou encore refus de procéder de manière effective à la recherche du dommage causé à l'économie pour déterminer le montant de la sanction pécuniaire[96]. D'une manière générale, la réticence de l'Autorité à un recours plus visible à la science économique limite l'influence des services économiques en provoquant des tensions internes plus ou moins avouées.

En définitive, la question essentielle est celle de l'aptitude de l'AdC à adapter sa pratique aux caractéristiques des marchés issus de l'évolution technique, aux urgences sanitaires, ou aux nouveaux enjeux de l'économie libérale. L'un de ces défis, partagé avec les autres autorités de concurrence en Europe et dans le monde, est d'agir utilement sur les distorsions de concurrence constatées sur les marchés du numérique. Pour y faire face, l'AdC s'est dotée d'un service spécialisé chargé d'assister les services de l'instruction et dont l'influence se ressent dans les récentes décisions concernent ce secteur[97]. Une autre urgence est l'aptitude de l'AdC à réagir aux stratégies concurrentielles des entreprises dans le contexte de la crise sanitaire. Son dernier rapport décrit les mesures qu'elle a prises à cette fin ; il est évidemment prématuré d'en mesurer l'impact[98]. En revanche, elle peine à répondre à l'importante réorientation de la politique de concurrence pour la prise en compte effective des objectifs du développement durable dans le raisonnement

---

92 En outre, le rattachement du service économique au service de l'instruction plutôt qu'au collège réduit son influence sur les décisions (Le Club des juristes, rapport préc., p. 27 et s.).

93 G. Canivet, « La place des économistes dans les organes d'application du droit de la concurrence – Retour sur un malaise existentiel », *Concurrences* n° 2-2019, art. n° 90116, et in N. Charbit and T. Moretto (eds.), *Frederic Jenny Liber Amicorum: Standing Up for Convergence and Relevance in Antitrust*, vol. II, New York, Concurrences, 2021.

94 Les décisions en matière de concentration sont, en revanche, généralement mieux étayées par l'analyse économique.

95 L. Vogel, préc.

96 L'AdC est finalement parvenue à faire supprimer la référence au dommage causé à l'économie des critères d'appréciation du montant de la sanction (art. L. 464-2 du code de commerce, modifié par l'art. 2 de l'ordonnance du 26 mai 2021).

97 Aut. conc., déc. n° 21-D-11 du 7 juin 2021, préc.

98 Aut. conc., « Encourager un avenir plus positif », rapport annuel 2020, p. 37, <https://www.autoritedela-concurrence.fr/sites/default/files/2021-07/pdf-online.pdf>. Aut. conc., « Encourager un avenir plus positif », rapport annuel 2020, préc., p. 37.

concurrentiel[99]. Alors qu'elle a assuré, dans l'annonce de ses orientations pour 2020[100], qu'elle « *inscrir[ait] le développement durable au cœur de son action* », et rappelé ce projet pour 2021[101], elle en reste encore au stade des intentions et se montre discrète sur les acquis de cette nouvelle orientation[102].

III. Conclusion

Ces quelques observations appellent d'autant moins de conclusions qu'elles sont tout à la fois imparfaites et incomplètes. Imparfaites, elles restent à vérifier sur chacune des questions soulevées. D'abord, par une analyse systématique des décisions selon la méthode des études juridiques critiques (*critical legal studies*)[103] permettant de révéler les déterminants profonds des décisions de l'AdC ainsi que ceux des décisions et jugements des autres autorités et des juridictions impliquées. Ensuite, l'étude des éventuels rapports conflictuels évoqués, entre les différents organes collaborant à la régulation concurrentielle, relèverait d'une enquête sociologique apte à vérifier leur réalité et à révéler les blocages et dysfonctionnement systémiques qu'ils causent. Enfin, le rapport entre le coût de l'appareil de mise en œuvre de la politique de la concurrence et la valeur de réalisation de ses objectifs est à soumettre à une analyse économique indépendante dont le modèle reste à construire pour prendre en compte l'ensemble des données pertinentes.

Précisément en ce qui concerne les données à considérer, les développements qui précèdent, limités à l'Autorité, sont incomplets. Serait à y intégrer l'examen les attributions restant de la compétence du ministre chargé de l'économie, confiées à la DGCCRF, de même que seraient à évaluer l'exercice des voies de recours judiciaires et administratives contre les décisions de l'AdC, les attributions des juridictions pénales, en ce qui concerne les pratiques relevant de telles poursuites[104], celles des juridictions civiles, dans le traitement du contentieux en réparation des dommages causés par les pratiques anticoncurrentielles

---

99 Cette nouvelle orientation est suivie tant sur le plan national (v. Aut. conc., communiqué de presse du 19 décembre 2019, « Les autorités publiques et administratives indépendantes développent leur collaboration vis-à-vis des défis posés par le réchauffement climatique ») que sur le plan européen (Comm. eur., « Un pacte vert pour l'Europe », <https://ec.europa.eu/info/strategy/priorities-2019-2024/european-green-deal_fr>) ; G. Canivet, « Vers une articulation renforcée de la politique de concurrence avec d'autres politiques : Politique du développement durable », in « L'intégration des considérations d'intérêt public dans l'application des règles de concurrence », conférence du 26 novembre 2020 sous la dir. de L. Idot et C. Prieto, *Concurrences* n° 2-2021, art. n° 99790.

100 <https://www.autoritedelaconcurrence.fr/fr/communiques-de-presse/lautorite-de-la-concurrence-annonce-ses-priorites-pour-lannee-2020>.

101 *Ibid.*

102 Aut. conc., « Encourager un avenir plus positif », rapport annuel 2020, préc.

103 T. Hilbink, « Radicalisme, pratique juridique et doctrine dans les années 1960 aux États-Unis », *Droit et cultures*, n° 56, 2008, pp. 197-221.

104 Art. L. 420-6 du code de commerce.

telles qu'elles ont été stimulées et organisées par la directive de 2014[105], enfin, des juridictions administratives, pour le jugement des pratiques anticoncurrentielles mises en œuvre par des personnes investies de prérogatives de puissance publique[106].

Il serait enfin tout aussi indispensable de connaître les coûts de transaction privés résultant de la mise en œuvre du droit de la concurrence, qu'ils soient internes aux entreprises, émanant des services juridiques ou de ceux de compliance, ou qu'ils soient externes à celles-ci, engendrés par le recours à des cabinets d'audit et aux prestataires juridiques nécessaires aux actions contentieuses. Sur ce point, l'organisation de l'offre des prestations sur le marché du droit de la concurrence constitue elle-même une bureaucratie dont les dérives seraient tout aussi intéressantes à analyser.

En un mot, tout ce qui précède n'est qu'une esquisse proposant le cadre d'une étude de performance des organismes administratifs, juridictionnels ou privés participant à la régulation du marché.

105 Directive 2014/104/UE du Parlement européen et du Conseil du 26 novembre 2014 relative à certaines règles régissant les actions en dommages et intérêts en droit national pour les infractions aux dispositions du droit de la concurrence des États membres et de l'Union européenne, *JOUE* n° L 349 du 5 décembre 2014, p. 1, transposée en droit national par l'ordonnance n° 2017-303 du 9 mars 2017 relative aux actions en dommages et intérêts du fait des pratiques anticoncurrentielles, *JORF* n° 0059 du 10 mars 2017.

106 CE, « Exercice d'une activité économique par les personnes publiques », décembre 2018.

Pour une reconsidération de l'interdiction de la protection territoriale absolue dans les accords verticaux

MARIO CELAYA*

Résumé

La protection territoriale absolue est l'infraction emblématique du droit de la concurrence de l'Union en matière d'accords verticaux. Son interdiction comme restriction de concurrence par objet dans le contexte particulier des années 1960 n'a pas été remise en cause depuis. Pourtant, la pertinence de cette interdiction est contestable au regard des conditions mêmes de la qualification de restriction par objet posées par la CJUE. En outre, ni l'analyse économique ni l'expérience acquise ne permettent d'affirmer que cette interdiction a été ou est nécessaire au bon fonctionnement de la concurrence et à la réalisation du marché intérieur. La qualification de restriction par objet de la protection territoriale absolue devrait ainsi être abandonnée au profit d'une approche par les effets qui se traduirait dans la plupart des cas par une absence d'interdiction.

* Avocat.

Au cours des premières années d'existence de la Communauté économique européenne (CEE), à la croisée des chemins, la jurisprudence de la Cour de justice prit des directions qui ont déterminé la construction communautaire jusqu'à aujourd'hui. Reconsidérer les directions prises par certains arrêts tels que ceux rendus sur l'applicabilité directe ou la primauté du droit communautaire[1], dont les solutions ne s'imposaient pas d'évidence[2], est un exercice sans intérêt sauf dans une démarche d'abandon ou de démolition de cette construction, ou pour imaginer quel aurait été le résultat si d'autres directions avaient été prises[3]. Mais, il n'en va pas de même de certains aspects de la jurisprudence initiale sur les règles de concurrence.

Dans ses premiers arrêts concernant les règles de concurrence, la Cour imprima aussi des directions sur lesquelles elle ne devait plus revenir, en affirmant, notamment, l'applicabilité de l'article 85, paragraphe 1, CEE aux accords verticaux[4]. La question de la protection territoriale absolue dans les accords verticaux fit l'objet du premier renvoi préjudiciel à la Cour[5] et son interdiction fut décidée par l'arrêt *Grundig*, là aussi sans que la solution s'imposât d'évidence[6].

La protection territoriale absolue (PTA) d'un distributeur correspond à la situation dans laquelle, par le jeu de l'interdiction directe ou indirecte pour les distributeurs de vendre en dehors du territoire qui leur est assigné par le fabricant, chacun d'eux est seul à pouvoir vendre sur son territoire les produits du fabricant[7].

Dans un premier temps, la Cour jugea que l'application de l'article 85, paragraphe 1, CEE à une interdiction d'exporter dans un accord vertical ne pouvait pas être une « *pure question d'interprétation du traité* »[8]. Quelques années plus tard, dans l'arrêt *Grundig*, la Cour décida que la PTA était une restriction de concurrence par objet contraire à l'article 85, paragraphe 1, CEE qui, au cas d'espèce, ne pouvait pas être exemptée au titre de l'article 85, paragraphe 3, CEE. Elle confirma sur ce point la décision que la Commission avait adoptée[9].

---

1 CJCE, 5 février 1963, *Van Gend en Loos*, aff. 26/62, EU:C:1963:1 ; CJCE, 15 juillet 1964, *Costa c/ ENEL*, aff. 6-64, EU:C:1964:66.

2 L'arrêt *Van Gend en Loos* fut rendu sur conclusions contraires de l'avocat général Roemer et avec les États membres partagés.

3 R. Lecourt, « Quel eût été le droit des Communautés sans les arrêts de 1963 et 1964 ? », *L'Europe et le droit : mélanges en hommage à Jean Boulouis*, Paris, Dalloz, 1991, p. 349-361.

4 CJCE, 30 juin 1966, *Société Technique Minière (LTM)*, aff. 56-65, EU:C:1966:38 ; CJCE, 13 juillet 1966, *Italie c/ Conseil et Commission*, aff. 32-65, EU:C:1966:42.

5 CJCE, 6 avril 1962, *Bosch*, 13-61, EU:C:1962:11.

6 CJCE, 13 juillet 1966, *Consten et Grundig c/ Commission*, aff. jtes 56-64 et 58-64, EU:C:1966:41, arrêt rendu sur conclusions contraires de l'avocat général Roemer.

7 Les termes « fabricant » ou « fournisseur » sont utilisés indifféremment et visent tout producteur de biens ou prestataire de services.

8 Arrêt *Bosch* préc., *Rec.* p. 106.

9 Comm. CE, déc. 64/566/CEE du 23 septembre 1964, *Grundig-Consten*, aff. V-A/00004-03344, *JOCE* n° 161 du 20 octobre 1964, p. 2545.

La société allemande Grundig avait octroyé une exclusivité de distribution de ses produits à la société française Consten dans un accord qui prévoyait l'engagement par Grundig de ne pas livrer ses produits à des tiers qui, directement ou indirectement, les revendraient sur le territoire français. Par ailleurs, Grundig avait interdit à ses concessionnaires exclusifs dans d'autres pays de vendre en dehors de leur territoire. Enfin, Grundig avait permis l'enregistrement par Consten d'une marque pour lui permettre de renforcer sa protection contre les ventes en France par d'éventuels distributeurs s'approvisionnant dans d'autres États membres. Consten pouvait ainsi invoquer, outre son exclusivité, un droit de propriété intellectuelle.

La Commission retint la qualification de restriction par objet parce qu'elle considéra que l'accord permettait au distributeur Consten de s'affranchir de la concurrence d'autres grossistes pour la distribution des appareils Grundig en France. Dans ces conditions, elle estima ne pas avoir à examiner les effets de l'accord. La Commission écarta la prise en compte de la concurrence d'autres produits similaires à ceux de Grundig (concurrence intermarques) en ne considérant que la seule concurrence dans la distribution des produits Grundig (concurrence intramarque), au motif, notamment, que la concurrence intermarques pour des produits différenciés manquait d'intensité, car les consommateurs ne pouvaient pas analyser les raisons des différences de prix entre les produits et ne pouvaient donc pas les comparer[10]. Devant la Cour, la Commission avança que la concurrence intermarques ne devait être prise en compte qu'au stade de l'examen d'une éventuelle exemption au titre du paragraphe 3 de l'article 85[11].

Contrairement à la thèse de la Commission, l'avocat général Roemer soutint qu'il était indispensable d'examiner la situation du marché *in concreto* au stade de la qualification de la restriction par objet et qu'il ne fallait donc pas cantonner cet examen à la discussion sur le bénéfice d'une exemption au titre de l'article 85, paragraphe 3, CEE, les points de vue étant différents à chacune de ces étapes[12]. Surtout, l'avocat général rejeta la « *conception étroite* » que la Commission se faisait de la concurrence et considéra, avec le gouvernement allemand, qu'il fallait tenir compte de la concurrence entre produits similaires (intermarques) pour déterminer si le système de protection territorial mis en place était restrictif de concurrence[13]. Il proposa que la notion de restriction par objet soit interprétée dans l'esprit du texte allemand de l'époque applicable aux restrictions verticales, qui exigeait une « *appréciation des conditions d'ensemble de la concurrence* »[14].

La Cour suivit l'analyse de la Commission sur la question de la PTA. Elle jugea que tant les engagements pris par Grundig de ne pas livrer ses produits à des

10 *Ibid.*, pp. 2547 à 2548.

11 Arrêt *Grundig*, préc., *Rec.* p. 446.

12 Conclusions AG Roemer, 27 avril 1966, aff. jtes 56-64 et 58-64, *Rec.* p. 517.

13 *Ibid.*, pp. 518-519.

14 *Ibid.*, p. 519.

tiers qui directement ou indirectement vendraient en France, que l'interdiction pour tous les grossistes et distributeurs d'exporter en dehors de leur territoire et l'enregistrement en France d'une marque apposée sur les produits Grundig pour faire obstacle aux importations parallèles avaient abouti à « *un isolement du marché français* » permettant de « *pratiquer pour les produits en question des prix soustraits à une concurrence efficace* », ajoutant que « *pour autant que les efforts des producteurs pour individualiser leurs marques aux yeux des utilisateurs réussissent, l'efficacité de la concurrence entre producteurs tend à diminuer* »[15]. La Cour parvint à la conclusion que l'accord visait à isoler le marché français des produits Grundig et à maintenir artificiellement des marchés nationaux distincts au sein de la Communauté, faussant ainsi la concurrence dans le marché commun[16].

Les arrêts postérieurs rendus sur la question de la PTA ont, pour l'essentiel, réitéré la solution de l'arrêt *Grundig*[17]. La reconsidération de la caractérisation de la PTA comme une restriction par objet dans des termes aussi réducteurs que ceux de l'arrêt *Grundig* fut tentée par le Tribunal dans une affaire concernant des produits pharmaceutiques[18], mais la Cour annula la décision du Tribunal sur ce point et réaffirma la solution dégagée par l'arrêt *Grundig*[19], tout en affirmant que le fait qu'un accord soit restrictif de concurrence par son objet ne fait pas obstacle à ce que les parties défendent qu'il puisse bénéficier d'une exemption au titre de l'article 101, paragraphe 3, du traité sur le fonctionnement de l'Union européenne (TFUE). Il reste qu'à l'épreuve des faits, la possibilité qu'une PTA soit exemptée s'est avérée illusoire dans la quasi-totalité des cas[20]. Quant à la pratique décisionnelle de la Commission, elle ne s'écarte pas de la solution *Grundig*[21].

15 Arrêt *Grundig*, préc., *Rec.* p. 497.

16 *Ibid.*

17 P. ex. CJCE, 1er février 1978, *Miller*, aff. 19/77, EU:C:1978:19, pt 7 : « *[P]ar sa nature même une clause d'interdiction d'exportation constitue une restriction de la concurrence, qu'elle soit adoptée à l'initiative du fournisseur ou à celle de son client, l'objectif sur lequel les contractants sont tombés d'accord étant d'essayer d'isoler une partie du marché* » ; CJCE, 6 octobre 2009, *GlaxoSmithKline e.a*, aff. jtes C-501/06 P, C-513/06 P, C-515/06 P et C-519/06 P, EU:C:2009:610, pt 61 : « *À plusieurs reprises, la Cour a ainsi qualifié des accords visant à cloisonner les marchés nationaux selon les frontières nationales ou rendant plus difficile l'interpénétration des marchés nationaux, notamment ceux visant à interdire ou à restreindre les exportations parallèles, d'accords ayant pour objet de restreindre la concurrence au sens dudit article du traité.* »

18 TPICE, 27 septembre 2006, *GlaxoSmithKline e.a.*, aff. T-168/01, EU:T:2006:265, pts 114-147. Le Tribunal avait jugé que des conditions générales de vente prévoyant un tarif différencié selon que les produits étaient vendus localement ou réexportés vers d'autres États membres étaient un accord qui certes visait à limiter le commerce parallèle, mais n'était pas par nature restrictif de concurrence. Pour le Tribunal, un accord était restrictif de concurrence par objet en tant qu'il pouvait être présumé qu'il privait les consommateurs finals des avantages de la concurrence. Or, le Tribunal fit le constat que les caractéristiques du marché des produits pharmaceutiques en cause ne permettaient pas de retenir une telle présomption et il conclut à la nécessité d'envisager les effets de l'accord sur la concurrence.

19 Arrêt *GlaxoSmithKline e.a.* du 6 octobre 2009, préc., pts 54-67. L'arrêt ne fut pas invalidé nonobstant l'erreur de droit commise par le Tribunal, la Cour trouvant dans l'arrêt du Tribunal la constatation que l'accord était contraire à l'article 101, paragraphe 1, TFUE.

20 D'où le titre simplifié de la présente contribution qui retient le terme « interdiction ».

21 P. ex., Comm. CE, déc. 2003/675/CE du 30 octobre 2002, *PO Video Games, Nintendo Distribution, Omega – Nintendo*, aff. COMP/35.587, COMP/35 706 PO et COMP/36.321, *JOCE* n° L 255 du 8 octobre 2003, p. 33. « *En opposition avec la politique de la Commission en matière de distribution exclusive, qui veut que les ventes passives soient toujours autorisées, la protection territoriale accordée aux distributeurs exclusifs a été portée à un*

On retrouve une même solution dans les textes adoptés par la Commission. Ainsi, le règlement (UE) n° 330/2010 prive du bénéfice de l'exemption par catégorie tout accord qui directement ou indirectement restreint le territoire sur lequel un acheteur partie à l'accord peut vendre les biens ou services contractuels, avec quelques exceptions telles que la restriction des ventes *actives* sur des territoires sur lesquels la distribution est exclusive ou sur lesquels le fournisseur s'est réservé la distribution[22]. Mais, la restriction des ventes *passives*, c'est-à-dire celles qui résultent de demandes non sollicitées par le vendeur, est une restriction *caractérisée* qui fait obstacle à ce que l'accord qui la comporte puisse bénéficier de l'exemption prévue par le règlement et ne peut qu'exceptionnellement bénéficier d'une exemption au titre de l'article 10, paragraphe 3, TFUE[23].

Enfin, la Cour a jugé récemment que *toute* restriction par objet susceptible d'affecter le commerce contre États membres est *sensible*[24], contrairement à ce qu'avait pu faire croire sa jurisprudence initiale[25], de sorte que la PTA est *toujours* une restriction sensible.

Le droit sur la PTA est ainsi peu ou prou le même depuis l'arrêt *Grundig*. Or, il est frappant de constater que la solution retenue par la Cour est tenue pour un acquis incontestable, du reste largement incontesté, en raison, peut-être, de l'apparente évidence des formules qui scandent la jurisprudence de la Cour et les décisions de la Commission sur cette question. Pourtant, l'arrêt *Grundig* a été rendu dans un contexte historique particulier qui n'est pas étranger à la solution retenue. Surtout, les énoncés qui justifient le traitement sévère réservé à la PTA n'ont qu'une apparence d'évidence et reposent sur des prémisses qui n'emportent pas la conviction, le tout n'ayant pas fait l'objet d'une vérification empirique qui vienne conforter l'interdiction de la PTA.

I. Contexte historique

La position de la Commission sur la question de la PTA dans l'affaire *Grundig*, qui fut validée par la Cour, s'explique en partie par les circonstances de l'époque.

---

stade de protection territoriale absolue, et ce sur chaque territoire, à travers l'élimination de toute concurrence à laquelle les distributeurs de produits sur ce territoire auraient pu être confrontés. À la suite de cela, la concurrence intramarque a été fortement restreinte et le marché unique a été cloisonné » (pt 331). « *Comme ils ont eu pour objet de restreindre la concurrence, il n'est pas nécessaire d'examiner leurs effets réels sur la concurrence pour établir que l'article 81, paragraphe 1, du traité et l'article 53, paragraphe 1, de l'accord EEE sont applicables* » (pt 332).

22 *JOUE* n° L 102/1 du 23 avril 2010, art. 4 (b) i).

23 Lignes directrices sur les restrictions verticales, *JOCE* n° C 130 du 19 mai 2005, p. 1, pt 51.

24 CJUE, 3 décembre 2012, *Expedia*, aff. C-226/11, EU:C:2012:795, pt 37, s'agissant de la création d'une filiale commune entre concurrents. En suite de quoi, la Commission a déclaré qu'elle n'appliquera pas la sphère de sécurité créée par les seuils de parts de marché prévus par la Communication *de minimis* aux accords contenant l'une quelconque des restrictions énumérées parmi les restrictions caractérisées dans un règlement d'exemption par catégorie de la Commission en vigueur ou futur, restrictions qu'elle considère comme constituant d'une manière générale des restrictions par objet (Communication concernant les accords d'importance mineure qui ne restreignent pas sensiblement le jeu de la concurrence au sens de l'article 101, paragraphe 1, du traité sur le fonctionnement de l'Union européenne (communication *de minimis*), *JOUE* n° C 291 du 30 août 2014, p. 1).

25 CJCE, 9 juillet 1969, *Franz Völk c/ SPRL Ets J. Vervaecke*, aff. 5-69, EU:C:1969:35, pt 7, s'agissant de la protection territoriale absolue dans un accord de distribution.

Premièrement, elle s'inscrit dans ce que fut la concentration initiale des efforts de la Commission sur les accords verticaux, qui ne répondait pas à une véritable préoccupation économique, mais au fait que les accords verticaux étaient pour la plupart visibles et qu'ils devaient être communiqués à la Commission pour bénéficier d'une attestation négative ou d'une décision d'exemption[26]. La Commission s'engouffra là où il y avait de la lumière.

Deuxièmement, alors que les dispositions de l'article 85, paragraphe 1, CEE étaient directement applicables et pouvaient ainsi être appliquées par les autorités et juridictions nationales, la Commission voulut asseoir son contrôle sur la mise en œuvre du droit de la concurrence en faisant une lecture littérale de la notion de restriction par objet prévue à l'article 85, paragraphe 1, CEE, sa compétence exclusive pour appliquer le paragraphe 3 de l'article 85 ne lui paraissant pas suffisante. Cette lecture englobait la plupart des accords verticaux aussitôt que la *liberté d'action* des parties était restreinte, de sorte qu'une notification à la Commission était nécessaire pour pouvoir bénéficier d'une exemption. Mais, la Commission fut vite submergée de notifications sans avoir la capacité de les traiter. Elle dut alors demander au Conseil qu'il lui donne la possibilité d'adopter des règlements d'exemption qui n'ont pas peu contribué à l'idée d'une application très large et automatique de l'article 85, paragraphe 1, CEE aux accords verticaux, malgré les dénégations de la Cour lorsque la question fut soulevée devant elle[27]. Le souhait de la Cour de conforter la Commission dans sa volonté de jouer un rôle prédominant dans la mise en œuvre des règles de concurrence eut également son influence sur l'interprétation qu'elle donna de la restriction par objet prévue à l'article 85, paragraphe 1, CEE, sans néanmoins suivre pleinement la Commission.

Troisièmement, la décision et l'arrêt *Grundig* datent d'une époque où, aux États-Unis, le droit de la concurrence applicable aux restrictions verticales non tarifaires était encore incertain[28]. En 1963, dans la première affaire portée devant la Cour Suprême concernant une restriction territoriale dans un accord vertical, la Cour décida qu'on ne pouvait pas présumer qu'une telle restriction était illégale *per se*. La Cour Suprême releva la nouveauté de la question et indiqua qu'elle n'avait pas assez d'information sur l'effet réel de cette restriction pour parvenir à une conclusion[29]. Cependant, en 1967, la Cour Suprême décida qu'une restriction verticale territoriale était illégale *per se* lorsqu'elle avait été imposée dans un contrat et elle jugea qu'une telle restriction devait être traitée

26 Règlement n° 17 du Conseil du 6 février 1962, Premier règlement d'application des articles 85 et 86 du traité, *JOCE* n° 13 du 21 février 1962, p. 204, art. 2 et 4.

27 Arrêt *Italie c/ Conseil et Commission*, préc., *Rec.* pp. 589-591.

28 Les prix imposés aux distributeurs étaient interdits *per se* (*Dr. Miles Medical Co. v. John D. Park & Sons Co.*, 220 U.S. 373 (1911)).

29 *White Motor Co. v. United States*, 372 U.S. 253 (1963). Cette décision fut brièvement évoquée par l'avocat général Roemer dans ses conclusions (*Rec.* p. 517).

comme une restriction verticale tarifaire[30]. Ce n'est qu'en 1977 que la Cour Suprême opéra un revirement en jugeant que les restrictions verticales territoriales n'étaient pas interdites *per se*, alors même qu'elles seraient imposées, mais devaient être analysées en appliquant la norme d'analyse dominante (*prevailing standard of analysis*) en référence à la règle de raison, et que l'accent devait être mis sur la concurrence intermarques.[31] C'est dire que l'arrêt *Grundig* fut rendu près de dix ans avant que la Cour Suprême des États-Unis n'opère un revirement de jurisprudence en donnant un rôle premier à l'approche économique du droit de la concurrence qui devait conduire, jusqu'à aujourd'hui, à ce que, pour l'essentiel, les restrictions non tarifaires dans les accords verticaux ne soient pas prohibées[32].

Quatrièmement, et en dernier lieu, l'idée que la concurrence entre marques de produits différenciés ne serait pas efficace, comme le soutint la Commission devant la Cour, s'inscrivait dans une lecture dépassée de la doctrine économique invoquée par la Commission[33]. Cette vision correspondait à une appréciation négative des marchés sur lesquels sont offerts de nombreux produits différenciés, mais similaires[34]. Ce type de marché avait été mis en lumière par l'analyse économique des années 1930 et jugé inefficace en ce qu'il donnait lieu à un équilibre sous-optimal de long terme[35]. Mais l'élimination de cette inefficacité passerait par la réduction du nombre de concurrents (comment ?) et donc par une moindre diversité des produits, de sorte que le résultat final sur le bien-être économique pourrait s'en trouver amoindri plus encore que par l'effet de l'inefficacité décrite[36]. Car le bien-être économique du consommateur serait-il mieux servi par l'existence de deux ou trois marques de voitures, d'ordinateurs, de montres, de chemises, de confitures…, au lieu des dizaines qui sont proposées sur le marché ?

Ainsi, tant la décision que l'arrêt *Grundig*, et en particulier la solution d'interdire la PTA en tant que restriction par objet, s'expliquent dans une certaine mesure par les circonstances de l'époque. Or la solution retenue n'a pas varié depuis lors et il convient de s'interroger sur sa pertinence.

---

30 *United States v. Arnold Schwinn & Co.*, 388 U.S. 365 (1967).

31 *Continental T.V., Inc. v. GTE Sylvania, Inc.*, 433 U.S. 36 (1977) – jurisprudence toujours en vigueur.

32 En 2007, la Cour Suprême opéra un revirement de sa jurisprudence *Dr. Miles*, préc., s'agissant des restrictions tarifaires (*Leegin Creative Leather Prods. v. PSKS, Inc.*, 551 U.S. 877 (2007)).

33 Arrêt *Grundig*, préc., *Rec.* p. 471.

34 Le fait que deux produits soient différenciés n'excluant pas qu'ils soient de proches substituts.

35 E. Chamberlin, *The Theory of Monopolistic Competition*, Cambridge, Harvard University Press, 1933. Le prix d'équilibre étant supérieur au coût marginal. Au demeurant, l'appréciation négative sur les marchés de concurrence monopolistique était celle des commentateurs de l'ouvrage de Chamberlin et non celle de Chamberlin : « *The main point I want to make is that the welfare ideal (as well as the description of reality) involves a blend of monopoly and competition and is therefore correctly described as one of monopolistic competition* » (E. Chamberlin, « Product Heterogeneity and Public Policy », *The American Economic Review*, vol. 40, n° 2, 1950, p. 86).

36 Inefficacité du reste contestée, J. Tirole, *The Theory of Industrial Organization*, Cambridge, The MIT Press, 1988, p. 288.

II. Objections liminaires au droit des restrictions verticales

Le droit de la concurrence des restrictions verticales souffre, entre autres, de deux objections majeures que l'on perd facilement de vue dans le dédale de ses règles et par la force des habitudes qui devraient en limiter considérablement la portée. Elles se rapportent à deux questions pour lesquelles ce droit n'apporte pas de réponse convaincante pour justifier son intervention.

Pourquoi une restriction verticale est-elle prohibée lorsqu'elle résulte d'un accord ou d'une pratique entre un fabricant et un distributeur indépendant et est-elle autorisée lorsqu'elle émane d'un fabricant dont la distribution est intégrée ?

À cette première question, il fut répondu dès l'arrêt *Grundig* par un argument de texte, à savoir que les dispositions du traité ne visent que les accords ou pratiques concertées, de sorte que le comportement unilatéral de l'entreprise est libre pour autant qu'il ne constitue pas un abus de position dominante[37]. Il n'en reste pas moins que le droit de la concurrence étant un droit dont la justification est économique, l'argument de texte ne porte guère de ce point de vue. À l'argument de texte, la Cour ajouta la considération que s'intéresser au comportement unilatéral de l'entreprise, en dehors des cas d'abus de position dominante, serait une trop grande intromission dans les choix de l'entreprise, dont il est douteux qu'ils puissent être correctement appréciés dans toute leur complexité par les autorités publiques[38]. Mais cette explication n'est pas satisfaisante, car elle repose sur une distinction artificielle des modes d'organisation de l'entreprise. Internaliser ou externaliser la fonction de distribution relève dans les deux cas de l'organisation de l'entreprise et les difficultés d'appréciation de ces choix par les autorités publiques existent tout autant dans un cas comme dans l'autre. D'autant qu'il est paradoxal que la liberté d'action du fabricant soit fortement contrainte lorsqu'il doit *coordonner* son action avec des distributeurs indépendants qu'il ne contrôle pas, tandis qu'elle est totale s'il met en œuvre une distribution intégrée et n'a pas à se soucier de la coordination. Les textes étant ce qu'ils sont et tels qu'ils sont interprétés par la Cour, il serait à tout le moins souhaitable qu'il en soit fait une application qui n'entraîne pas plus de distorsions de l'activité économique que celles qui résultent déjà, sans véritable justification économique, du traitement asymétrique entre distribution intégrée et indépendante.

---

37 Arrêt *Grundig*, préc., *Rec.* p. 493. La question même de l'applicabilité de l'article 85, paragraphe 1, CEE aux accords verticaux fut posée dans un arrêt rendu le même jour que l'arrêt *Grundig* (arrêt *Italie c/ Conseil et Commission*, préc., *Rec.* p. 592). Le gouvernement italien soutint que l'article 86 CEE était seul applicable aux restrictions verticales. L'argument premier retenu par la Cour dans les deux affaires pour affirmer l'applicabilité de l'article 85, paragraphe 1, CEE aux accords verticaux fut « *qu'on ne saurait en principe distinguer là où le traité ne distingue pas* ».

38 La Cour jugea que s'agissant d'une entrave unilatérale à la concurrence, le traité avait voulu « *respecter l'organisation interne de l'entreprise* » sous la réserve de l'abus de position dominante, alors que dans le cas d'une entrave résultant d'un accord entre deux entreprises, il lui suffisait d'interdire l'accord (arrêt *Grundig*, préc., *Rec.* p. 494).

Pour quelles raisons un fabricant introduit-il des aménagements dans la distribution de ses produits que le droit de la concurrence tient pour une restriction de la « concurrence intramarque », c'est-à-dire rendant le produit plus cher ou moins disponible ? C'est la seconde question.

L'analyse économique de la distribution attire d'abord l'attention sur le problème de la double marge. Si un fabricant vend son produit à travers un distributeur indépendant, le prix final payé par le consommateur est plus élevé que si la production et la distribution étaient assurées par une même entreprise[39]. En outre, le *profit total* réalisé par le fabricant *et* le distributeur séparément est inférieur à celui qui serait réalisé par une seule entreprise, du fait de la double marge qui est successivement appliquée. L'existence de la double marge incite donc le fournisseur à assurer lui-même la distribution du produit (distribution intégrée). À cette incitation peuvent venir s'ajouter d'autres raisons liées à l'efficience organisationnelle. Mais, la distribution intégrée n'est pas toujours possible ou souhaitable, en particulier sur les marchés étrangers à celui du fabricant.

Qu'il distribue ses produits de manière intégrée ou par un distributeur indépendant, un fabricant cherche à minimiser le coût de sa distribution, pour une politique de distribution donnée. Lorsqu'il fait le choix d'un distributeur indépendant, le fabricant s'efforcera de minimiser la différence entre le prix auquel le distributeur vend sur le marché et le prix auquel le fabricant vend au distributeur, car cette différence affecte négativement ses intérêts, qu'il ait ou non le pouvoir de déterminer le prix des produits sur le marché[40]. En l'absence d'un pouvoir de marché suffisant, l'augmentation du coût de la distribution l'affectera davantage en raison de la présence de produits concurrents.

Un produit est un ensemble de caractéristiques *matérielles* et *immatérielles*, *réelles* ou *perçues*, dont le mode de distribution fait partie, qui déterminent son image auprès des acheteurs. Lorsque le producteur fait le choix d'une distribution indépendante ou y est contraint, il doit régler un certain nombre de difficultés de *coordination*. L'analyse économique montre comment ces problèmes peuvent être traités, dans une certaine mesure, par les stipulations du contrat de distribution en introduisant des restrictions à la liberté d'action du distributeur qui peuvent être aussi dans son intérêt du fait de leur généralisation au sein du réseau[41]. Si donc le fabricant fait le choix d'introduire des restrictions dans la distribution de ses produits, ce sera communément parce qu'elles permettent une distribution de ses produits qu'il juge optimale, même s'il s'agit ouvertement de préserver la marge des distributeurs afin de les inciter à se conformer à sa

39 J. Tirole, *op. cit.*, pp. 174-175.

40 Sur la distinction générale entre le « pouvoir de fixer les prix » et celui de les « déterminer », v. l'arrêt de la Cour CECA, 18 mai 1962, *Comptoirs de vente du charbon de la Ruhr*, aff. 13/60, EU:C:1962:15, *Rec.* p. 201.

41 J. Tirole, *op. cit.*, pp. 170-173.

politique[42]. Le droit de la concurrence devrait être en général indifférent à ces choix et à plus forte raison lorsque le fabricant ne dispose pas d'un pouvoir de marché lui permettant de déterminer les prix sur le marché. C'est pourquoi, au regard des éléments décrits ci-dessus, l'importance donnée à la notion de restriction de la « concurrence intramarque » est contestable, cette appellation étant du reste trompeuse en ce qu'elle établit un parallélisme largement injustifié avec la *concurrence* entre produits de marques différentes[43]. La circonstance que les restrictions à la liberté d'action du distributeur peuvent répondre à des motivations autres que de coordination, en particulier la discrimination tarifaire, ne modifie pas cette conclusion et sera examinée plus avant.

Bien entendu, cette seconde objection au droit des restrictions verticales ne vise pas les situations rares où le producteur met en œuvre des pratiques d'exclusion que lui permet un pouvoir de marché élevé. Elle ne vise pas non plus les situations dans lesquelles différents producteurs ou distributeurs peuvent s'entendre sur les restrictions verticales, car il s'agit en réalité d'accords horizontaux qui portent sur des restrictions verticales et qu'il faut traiter comme tels[44].

III. La qualification de restriction par objet

Le cœur de la jurisprudence *Grundig* sur la question de la PTA tient dans l'affirmation que la PTA est une restriction par objet parce qu'elle aboutit à un « *isolement du marché* » national considéré et qu'elle permet de pratiquer des prix soustraits à une « *concurrence efficace* »[45].

Les interrogations sur ce qu'il faut entendre par un accord qui a pour objet de restreindre la concurrence[46] et sur l'étendue de l'examen qu'il faut conduire pour faire ce constat n'ont cessé de se poser depuis les premiers arrêts rendus par la Cour sur cette question[47]. La difficulté que pose la jurisprudence est qu'alors que le

---

42 B. Klein et K. M. Murphy, « Vertical Restraints as Contract Enforcement Mechanisms », *The Journal of Law & Economics*, vol. 31, n° 2, 1988, p. 265.

43 H. Hovenkamp, *Federal Antitrust Policy: The Law of Competition and Its Practice*, 6e éd., St. Paul, West Academic Publishing, 2020, p. 616 : « *When the manufacturer has no market power, the entire notion that a vertical restriction lessens intrabrand 'competition' is empty.* » C'est la raison pour laquelle, aux États-Unis, l'application de la règle de raison a donné lieu à une quasi totale absence d'interdiction des restrictions verticales non tarifaires, les condamnations étant rarissimes (H. Hovenkamp, *op. cit.*, p. 618).

44 Mais la PTA ne peut pas être considérée comme donnant lieu à une forme de partage du marché entre fabricants, à la différence d'une généralisation des prix imposés aux distributeurs, à un même niveau, par tous les producteurs sur un marché donné.

45 Arrêt *Grundig*, préc., *Rec.* p. 497.

46 Le terme « accord » est utilisé dans ces lignes dans un sens large qui couvre une « décision » ou « pratique » d'entreprises. Le terme « restreindre » est pareillement utilisé au sens large et inclut donc les termes « empêcher » et « fausser » (art. 101, § 1, TFUE).

47 Il eût été préférable de conserver pour le traité CEE une formule proche de celle de l'article 65, paragraphe 1, du traité CECA, qui faisait l'économie de la distinction formelle entre « objet » et « effet » (« *Sont interdits tous accords entre entreprises, toutes décisions d'associations d'entreprises et toutes pratiques concertées qui tendraient, sur le marché commun, directement ou indirectement, à empêcher, restreindre ou fausser le jeu normal*

pouvoir de marché d'une entreprise est omniprésent en droit de la concurrence, il n'entre pas en ligne de compte pour établir l'existence d'une restriction par objet.

En effet, la qualification de restriction par objet rend superflue la vérification de ses effets[48]. Elle permet un examen abrégé de certaines pratiques dont l'effet restrictif de concurrence leur est pour ainsi dire consubstantiel et qu'on a pu observer de manière générale. Cette approche simplifie le procès et, du moins sur le terrain du droit, les décisions des acteurs économiques. La qualification de restriction par objet ne signifie pas, en réalité, que les effets d'un accord ne sont pas pris en compte, mais plutôt que les effets restrictifs de certains accords sont si communément observés qu'on peut faire l'économie d'en vérifier la présence *dans un cas particulier*.

En droit de l'Union, les conséquences de la qualification de « restriction par objet » sont moins radicales que ne le sont, aux États-Unis, celles qui résultent d'une qualification d'infraction *per se*. Dans le premier cas, la pratique peut encore prétendre au bénéfice d'une exemption sur le fondement de l'article 101, paragraphe 3, TFUE ; dans le second, elle est définitivement condamnée, car la présomption concerne non seulement l'effet restrictif de la pratique, mais aussi l'absence de gains d'efficience pouvant la justifier.

Cependant, l'omission de la vérification d'un pouvoir de marché et des effets d'une pratique que permet la qualification de restriction par objet appelle un niveau d'exigence élevé, ne serait-ce que parce qu'un accord peut ne pas être restrictif de concurrence sans pour autant satisfaire aux exigences de l'article 101, paragraphe 3, TFUE qui permettent son exemption. Il s'ensuit que la restriction par objet ne doit concerner que les pratiques « *révélant un degré suffisant de nocivité à l'égard de la concurrence pour qu'il puisse être considéré que l'examen de leurs effets n'est pas nécessaire* »[49], ce qui n'est pas incompatible avec le fait que la liste des pratiques visées par l'article 101, paragraphe 1, n'est pas limitative. Ainsi, doit-il exister « *une expérience suffisamment solide et fiable* » pour qu'un accord soit considéré, par sa nature même, comme nuisible au jeu de la concurrence[50].

Il existe donc une tension entre la préservation de l'avantage opérationnel de cette méthode expéditive et le risque de voir des pratiques être indûment tenues pour restrictives de concurrence[51]. Certes, la nature même de cette approche ne

---

de la concurrence et en particulier […] »). Plus généralement sur la question de la restriction de concurrence par objet : L. Idot, « La distinction restriction de concurrence par objet/restriction de concurrence par effet et l'article 101 TFUE : un sujet de disputatio », *Mélanges en l'honneur de Claude Lucas de Leyssac*, Paris, LexisNexis, 2018.

48 Arrêt *Grundig*, préc., *Rec.* p. 496.

49 CJUE, 11 septembre 2014, *Groupement des cartes bancaires*, aff. C-67/13 P, EU:C:2014:2204, pt 58.

50 CJUE, 2 avril 2020, *Gazdasági Versenyhivatal c/ Budapest Bank Nyrt. e.a.*, aff. C-228/18, EU:C:2020:265, pt 76.

51 Sans compter qu'il s'agit d'un régime probatoire (CJUE, 18 novembre 2021, *Visma*, aff. C-306/20, EU:C:2021:935, pt 56), qui met à mal la présomption d'innocence. En ce sens, Cour EFTA, 22 décembre 2016, *Ski Taxi*, aff. E-3/16, pt 62 : « *Third, the Court recalls that it is incumbent on ESA or the competent national competition authority to adduce evidence capable of proving the existence of the circumstances that*

peut pas garantir qu'il n'y aura pas d'erreurs commises, mais ces erreurs devraient être rares[52].

De prime abord, le terrain de choix des restrictions par objet devrait être celui des accords entre concurrents les plus nocifs pour la concurrence, au premier rang desquels figurent les cartels. En effet, pour ce qui concerne la fixation des prix ou la répartition des marchés entre concurrents, la question ne présente pas de difficulté[53]. Un cartel est restrictif de concurrence parce qu'il poursuit la création de l'équivalent d'un monopole en agrégeant indûment du pouvoir de marché s'il existe déjà ou en le créant là où il n'existe pas.

La situation est différente pour les accords verticaux. Un pouvoir de marché préexistant étant une condition nécessaire pour que l'accord puisse *économiquement* avoir un effet restrictif de concurrence, sa présence devrait être vérifiée dès l'examen d'une éventuelle restriction par objet. Pourtant, le choix fut fait par l'arrêt *Grundig* de considérer que la PTA restreint la concurrence par objet parce qu'elle réduirait la concurrence intramarque, sans égard au pouvoir de marché du fabricant. Or, en l'absence de pouvoir de marché du fabricant, on ne peut trouver un « *degré suffisant de nocivité* » dans la seule restriction de la concurrence intramarque pour justifier la qualification de restriction par objet, car la concurrence décisive est la concurrence intermarques[54].

Aujourd'hui encore, alors même que la position de la Commission et de la Cour a évolué pour ce qui concerne l'importance relative de la concurrence « intramarque » et « intermarques »[55], la PTA continue d'être qualifiée de « restriction caractérisée » par le règlement sur les restrictions verticales, de sorte que l'accord qui la contient ne pourra normalement pas bénéficier d'une exemption, quelle que soit l'importance des parts de marché détenues par les parties à l'accord.

L'interdiction de la PTA serait-elle mieux justifiée par les nécessités du marché intérieur qu'invoque la jurisprudence depuis l'arrêt *Grundig* ?

---

constitute an infringement of Article 53 EEA. Keeping in mind the guarantees provided by Article 6(2) of the European Convention on Human Rights, it follows from the principle of the presumption of innocence that the undertakings to which the decision finding an infringement was addressed must be given the benefit of the doubt (see Case E-15/10 Posten Norge v ESA *[2012] EFTA Ct. Rep. 246, paragraph 93).* »

52 Les erreurs à minimiser étant ici les faux positifs, puisqu'en l'absence de restriction par objet l'accord doit encore passer le test de la restriction par effet.

53 Arrêt *Gazdasági Versenyhivatal c/ Budapest Bank Nyrt. e.a.*, préc., pt 36.

54 Comme le soulignait l'avocat général N. Wahl : « *Ne devraient donc être considérés comme restrictifs de concurrence par objet que les comportements dont le caractère nocif est, au vu de l'expérience acquise et de la science économique, avéré et facilement décelable, et non les accords qui, au vu du contexte dans lequel ils s'insèrent, présentent des effets ambivalents sur le marché ou qui sont porteurs d'effets restrictifs accessoires nécessaires à la poursuite d'un objectif principal non restrictif de concurrence* » (conclusions AG Wahl, 27 mars 2014, *Groupement des cartes bancaires*, aff. C-67/13 P, EU:C:2014:1958, pt 56).

55 Règlement (UE) n° 330/2010 de la Commission du 20 avril 2010 concernant l'application de l'article 101, paragraphe 3, du traité sur le fonctionnement de l'Union européenne à des catégories d'accords verticaux et de pratiques concertées, *JOUE* n° L 102 du 23 avril 2010, p. 1, art. 3, § 1 ; arrêt *Visma*, préc., pt 78.

IV. La PTA et le marché intérieur

À l'origine du projet européen, les préoccupations économiques concernaient pour l'essentiel les conditions sous-optimales de production en Europe en raison de la taille insuffisante des entreprises due à l'étroitesse des marchés nationaux. C'était vrai lors de la création de la Communauté européenne du charbon et de l'acier, ce l'était plus encore lors de la création de la Communauté économique européenne et de la Communauté européenne de l'énergie atomique. À l'instar de la déclaration Schuman (1950), le rapport Spaak (1956) préconisait la « *fusion des marchés* » permettant l'expansion de la production[56]. Cette approche productiviste visait le rattrapage économique des États-Unis[57] et manifestait un engouement pour l'industrie atomique naissante qu'on mesure mal aujourd'hui[58].

Le principal objectif économique était donc de créer un grand marché commun pour des raisons d'efficacité dans les *conditions de production*. Les obstacles qui devaient être levés pour la réalisation de ce marché commun étaient essentiellement d'origine étatique (droits de douane, restrictions quantitatives, règles techniques applicables aux produits, restrictions aux services, à la circulation du travail, des capitaux, disparités des législations nationales de toute nature, etc.). Les obstacles d'origine privée étaient de très loin seconds, même si les monopoles au sens large, incluant donc les cartels, étaient une préoccupation certaine. La politique de concurrence participait d'une même vision et les questions de distribution en étaient pour l'essentiel absentes[59].

Au terme de la période de transition prévue par le traité CEE (1970) pendant laquelle l'arrêt *Grundig* fut rendu, les limites de la libéralisation douanière apparurent lorsqu'il fallut harmoniser les textes nationaux sur les produits, au point de devoir changer d'approche à la fin des années 1970 en optant pour une reconnaissance mutuelle des réglementations en admettant leur équivalence fonctionnelle[60]. Mais, en dehors des réglementations sur les produits, beaucoup restait encore à réaliser, constat fait par le livre blanc de la Commission sur

---

56 Comité intergouvernemental créé par la conférence de Messine, « Rapport des chefs de délégation aux ministres des Affaires étrangères », Bruxelles, 21 avril 1956 (ci-après « rapport Spaak »), Introduction, p. 13.

57 La référence aux États-Unis était omniprésente. Rapport Spaak, « Avant-propos » : « *Trois exemples feront concrètement apparaître ce que signifie, face aux possibilités du monde moderne, le cloisonnement européen des marchés. Il n'y a pas une entreprise automobile en Europe qui soit assez grande pour utiliser de manière économique les plus puissantes machines américaines. Aucun des pays du continent n'est capable sans apports extérieurs de construire de grands avions de transport. Dans le domaine de la science atomique les connaissances acquises à grands frais dans plusieurs des pays d'Europe ne représentent qu'une faible fraction de celles que les États-Unis mettent maintenant librement à la disposition de leur industrie et des autres pays ; et il faudrait des années pour produire quelques milliers de kilos de cet uranium enrichi dont l'Amérique vient annoncer qu'elle pouvait mettre à la disposition de son industrie et du reste du monde un surplus de 40 tonnes.* »

58 *Ibid.* : « *La révolution atomique fera [...] éclater le caractère archaïque de nos structures économiques [...]* »

59 *Ibid.*, titre II, chapitre 1 « Les règles de concurrence », pp. 53-57 : « *[O]n est amené à s'interroger sur les conditions qui assureront que la fusion des marchés conduise à la répartition la plus rationnelle des activités, au relèvement général du niveau de vie et à un rythme plus actif d'expansion.* »

60 CJCE, 20 février 1979, *Rewe-Zentral AG*, aff. 120/78, EU:C:1979:42.

l'achèvement du marché intérieur (1985)[61] qui devait conduire à l'Acte unique adopté en 1986[62]. Parmi les obstacles identifiés par le livre blanc, la quasi-totalité était encore d'origine *étatique*. Une brève section sur la politique de concurrence visait les « *protectionnismes régionaux* » et principalement les aides d'État[63]. Dans les années 1990, des progrès considérables ayant été accomplis dans la levée des obstacles aux échanges d'origine étatique[64], l'instauration d'une monnaie unique fut décidée par le traité de Maastricht sur l'Union européenne (1992)[65]. La contribution de la levée des restrictions étatiques à la convergence des prix des biens échangeables au sein de l'Union était en grande partie réalisée[66]. En effet, au début des années 2000, la dispersion des prix des biens échangeables entre les principales villes des onze États membres initiaux de l'Union monétaire était proche de celle existant aux États-Unis au terme d'un processus qui pour l'essentiel avait pris fin vers le milieu des années 1990[67]. La contribution du droit de la concurrence sur les restrictions verticales à ce processus de réalisation du marché intérieur, en particulier la règle d'interdiction de la PTA, n'a, semble-t-il, jamais été évaluée, et il y a tout lieu de penser qu'elle fut négligeable.

Le traité sur l'Union européenne dispose que l'« *Union établit un marché intérieur* »[68], l'expression « marché intérieur » ayant remplacé depuis l'Acte unique européen celle de « marché commun », qui paraît pourtant mieux adaptée[69]. La précision qu'il s'agit d'un « marché intérieur unique », ou « marché unique », est un pas qui a été rapidement franchi par la Commission et la Cour. Ce glissement sémantique quelque peu incantatoire n'est pas neutre, car il véhicule plus fortement une vision des conditions d'efficacité économique du fonctionnement de ce marché que laissait déjà présager la position de la Commission dans l'affaire *Grundig*[70]. Le marché unique exigerait que les prix des biens échangeables soient proches ou à tout le moins qu'ils convergent *d'ores et déjà* plutôt que de laisser le rapprochement progressif des conditions structurelles des économies des États membres opérer cette convergence autant se faire que peut.

---

61 COM (85) 310 final, 14 juin 1985.

62 *JOCE* n° L 169 du 29 juin 1987, p. 1.

63 Livre blanc, préc., pts 157 à 159.

64 En particulier, la libération des mouvements de capitaux.

65 *JOCE* n° C 191 du 29 juillet 1992, p. 1.

66 Les niveaux de prix entre pays, tant pour les biens échangeables, c'est-à-dire ici susceptibles d'échange international, que non échangeables, sont principalement corrélés positivement au revenu réel par habitant (I. B. Kravis et R. E. Lipsey, « Towards an Explanation of National Price Levels », *Princeton Studies in International Finance*, n° 52, 1983).

67 J. H. Rogers, « Monetary Union, Price Level Convergence and Inflation: How Close Is Europe to the USA? » Journal of Monetary Economics, vol. 54, n° 3, 2007, p. 785.

68 Art. 3, § 3.

69 J. Boulouis, *Droit institutionnel de l'Union européenne*, 6e éd., Paris, Montchrestien, 1997, pp. 60-61.

70 La Commission avait considéré que la preuve du cloisonnement des marchés était en tout état de cause apportée par l'existence d'une différence des prix des produits Grundig entre les États membres et en particulier entre l'Allemagne et la France. Elle voyait dans l'autorisation des importations parallèles un « *utile correctif de l'écart de prix entre les différents pays* » (déc. préc., pp. 2548-2551).

Bien que le traité de Lisbonne ait placé dans un protocole l'énoncé que le marché intérieur « *comprend un système garantissant que la concurrence n'est pas faussée* »[71], la Cour ne considère pas que cette modification emporte un quelconque changement d'objectif du droit de la concurrence par rapport aux textes antérieurs. À défaut d'indication dans les traités sur la finalité des règles de concurrence, la Cour, invoquant le traité CEE, qui dans son préambule visait « *la loyauté dans la concurrence* » et dans ses principes « *l'établissement d'un régime assurant que la concurrence n'est pas faussée dans le marché commun* », crut pouvoir y trouver que cette finalité serait « *d'éviter que la concurrence ne soit faussée au détriment de l'intérêt général, des entreprises individuelles et des consommateurs* »[72]. La Cour compléta ensuite la formule par l'expression « *contribuant ainsi à assurer le bien-être économique dans la Communauté* », qui paraît viser la finalité ultime des règles de concurrence[73]. On retrouve une même formule dans la jurisprudence de la Cour postérieure au traité de Lisbonne[74].

À une logique strictement concurrentielle, le droit de la concurrence de l'Union ajoute donc une préoccupation additionnelle : les accords entre entreprises ne doivent pas faire obstacle à la réalisation du marché intérieur. En matière d'accords verticaux, le droit de la concurrence de l'Union s'oppose donc, dans une large mesure, à la segmentation géographique des marchés en ce qu'elle serait susceptible de faire obstacle à la convergence des prix, sinon à un prix unique. Il s'agit de permettre les opérations d'arbitrage (commerce parallèle) qui réduiraient les disparités de prix au sein de l'Union sur les produits échangeables. Les nécessités de la distribution ont cependant conduit à introduire des nuances, notamment en distinguant de manière artificielle, surtout au regard du développement des ventes sur Internet, les ventes actives et passives[75].

Quels sont les faits et l'analyse économique montrant avec *évidence* que la PTA entraverait la réalisation du marché unique justifiant ainsi sa qualification de restriction par objet ? Alors qu'il s'agit d'une question sur laquelle on s'attendrait à ce que la Commission ait apporté de longue date des éléments probants, tel n'est pas le cas. Une étude réalisée à la demande de la Commission conclut au contraire que non seulement le commerce parallèle est marginal (de l'ordre de 5 % en moyenne des marchés considérés), mais que ce sont les intermédiaires professionnels et les entreprises de transport qui sont les gagnants de ces opérations, sans effet net sur les consommateurs[76]. À ce jour, la preuve n'a pas davantage été rapportée que le

---

71 Protocole n° 27 sur le marché intérieur et la concurrence, *JOCE* n° C 83 du 30 mars 2010, p. 309.

72 CJCE, 21 septembre 1989, *Hoechst*, aff. jtes 46/87 et 227/88, EU:C:1989:337, pt 25.

73 CJCE, 22 octobre 2002, *Roquette Frères*, aff. C-94/00, EU:C:2002:603, pt 42.

74 CJUE, 17 février 2011, TeliaSonera Sverige, aff. C-52/09, EU:C:2011:83, pts 20-22.

75 Dans le projet de révision du règlement n° 330/2010 (C(2021) 5026 final), il est prévu que « *l'offre sur un site web d'options linguistiques différentes de celles couramment utilisées sur le territoire sur lequel le distributeur est établi constitue normalement une vente active* » (art. 1, § 1 l)), alors qu'il existe des traducteurs en ligne qui sont à la portée de tout internaute dont l'utilisation rend la distinction sans véritable portée.

76 NERA, The Economic Consequences of the Choice of a Regime of Exhaustion in the Area of Trademarks, Final Report for DGXV of the European Commission, London, National Economic Research Associates,

développement des opérations sur Internet modifie substantiellement la donne, et la vision de la Commission sur le commerce électronique transfrontalier révèle son caractère marginal, voire anecdotique[77].

Pour ce qui concerne l'analyse économique, il y a lieu de souligner que dans la recherche des conditions d'efficacité maximale d'une économie de marché[78], c'est-à-dire pour passer d'une situation de sous-efficacité à une situation d'efficacité maximale, il n'est pas nécessaire d'utiliser un système de prix unique. Il n'est pas davantage nécessaire en termes d'efficacité, sur un marché partiel, d'équilibrer les offres et les demandes par un prix unique. Un système de prix différents peut être tout aussi efficace[79] et il n'y a donc pas lieu de l'interdire[80].

Les raisons pour lesquelles des fabricants peuvent souhaiter segmenter les marchés géographiquement et y vendre leurs produits à des prix différents sont diverses[81]. Il s'agit principalement des différences de coûts de production ou de distribution, du positionnement souhaité de la marque sur un marché donné et des différences d'élasticité-prix de la demande résultant des différences dans l'appétence pour une marque ou entre les revenus des consommateurs sur les divers marchés. Les économistes parlent de « discrimination », terme qu'il faut comprendre dans son sens strict de différenciation, sans connotation négative. Segmenter les marchés géographiquement est ainsi une forme de discrimination.

Les observations qui ont été faites précédemment sur la qualification de la PTA comme une restriction par objet s'appliquent pareillement à l'examen de

---

SJ Berwin, 1999, p. 115 : « *Our survey indicated that parallel traders and the transport sector are generally seen as the gainers from parallel trade, and official importers/exporters and manufacturers as the losers. More surprising is that the effect on retailers and on consumers was largely seen as neutral, or there were divergent views. This was so even among consumer organisations. This appears to reflect perceptions that price reductions could be offset by adverse effects on after-sales service, guarantees, product information and other aspects of service quality.* » L'avocat général Roemer avait déjà observé dans l'affaire *Grundig* que les prix de détail des appareils Grundig vendus en France étaient les mêmes qu'ils fussent livrés par Consten ou par des importateurs parallèles, avec vraisemblablement un moins bon service offert par ces derniers (conclusions AG Roemer, préc., *Rec.* p. 542).

77 Comm. eur. « Rapport final relatif à l'enquête sectorielle sur le commerce électronique », COM(2017) 229 final, 10 mai 2017, pt 44 : « *Le commerce électronique transfrontière a le potentiel de contribuer à l'intégration du marché intérieur de l'UE, car les consommateurs pourraient considérer qu'il est plus facile d'acheter en ligne des produits provenant d'un autre État membre plutôt que de traverser la frontière pour acheter ces produits dans des points de vente physiques.* »

78 M. Allais, *La théorie générale des surplus*, nouvelle édition, Grenoble, Presses universitaires de Grenoble, 1989, Première partie, chapitre I, paragraphe 114 : « *[L]a condition nécessaire et suffisante pour que l'économie se trouve dans une situation d'efficacité maximale est que le surplus distribuable maximal de tout bien soit nul.* »

79 M. Allais, *Traité d'économie pure*, 3e éd., Paris, Clément Juglar, 1994, p. 111 : « *Recommander le principe d'unicité des prix comme condition de toute politique d'efficacité revient à conclure de la vérification de ce principe lorsqu'une situation d'efficacité maximale est finalement atteinte, à la nécessité de ce principe au cours du processus mis en œuvre pour atteindre une telle situation. Le principe de l'unicité des prix et de non-discrimination n'est pas une condition nécessaire d'un système de règles du jeu susceptible de conduire à une situation d'efficacité maximale. C'est un principe éthique, et du point de vue éthique, la règle de l'unicité des prix apparaît d'ailleurs comme tout aussi conventionnelle que toute autre.* »

80 *Ibid.*, pp. 110-111 : « *Ce serait également une erreur que de recommander, ou d'imposer au nom de l'efficacité, comme règle de comportement aux entreprises, le principe de l'égalité de traitement vis-à-vis de leurs clients.* »

81 Étant entendu, par ailleurs, qu'un prix unique peut être discriminatoire si les coûts de sa production et distribution sont différents et des prix différents peuvent ne pas être discriminatoires s'ils reflètent des différences dans ces coûts.

la thèse du « cloisonnement » des marchés nationaux qui résulterait de leur segmentation géographique[82]. Le fabricant qui met en place un système de PTA pour protéger ses distributeurs des importations parallèles alors qu'il ne dispose pas d'un pouvoir de marché suffisant pour entraver la concurrence exercée par les produits similaires ne saurait restreindre la concurrence[83]. À vrai dire, son choix serait susceptible de faire jouer la concurrence puisque, ne pouvant déterminer les prix du marché, son offre doit présenter une attractivité différenciée suffisante pour les acheteurs sans laquelle ils se détourneraient vers les produits concurrents. Par conséquent, si dans cette hypothèse, qui est la plus commune, la PTA n'affecte pas la concurrence sur le marché, elle ne saurait cloisonner le marché comme l'affirment systématiquement la Commission et la Cour de justice[84].

Un fabricant qui dispose d'un pouvoir de marché suffisant pour s'abstraire de la concurrence significative d'autres produits peut avoir intérêt à segmenter géographiquement les marchés pour que les distributeurs y pratiquent des prix différents pour un même produit s'il est en mesure d'empêcher les opérations d'arbitrage entre zones géographiques par l'organisation d'une PTA. En particulier, il sera dans son intérêt de discriminer s'il existe des différences d'élasticité-prix de la demande pour ses produits entre les différents marchés géographiques. Il pratiquera des prix plus bas sur les marchés à forte élasticité-prix que ceux sur les marchés à faible élasticité-prix[85]. Cette discrimination est économiquement efficace lorsqu'elle augmente la quantité totale de produits vendus, car en permettant de satisfaire une demande qui n'était pas servie avec un prix unique, la discrimination crée du *surplus*[86]. Les acheteurs sur les marchés à faible élasticité-prix seront défavorisés par la discrimination tandis que ceux sur les marchés à forte élasticité-prix seront favorisés, dans des proportions variables selon l'importance relative des marchés respectifs. Un prix

82 S'agissant des pratiques horizontales, l'interdiction d'entraver la réalisation du marché unique ne soulève pas de difficulté et à vrai dire est superflue. Ajouter des considérations sur la réalisation du marché intérieur pour interdire un cartel n'apporte guère.

83 Aux origines de la CEE, si la discrimination était bien considérée comme un problème, c'était principalement en ce qu'elle était l'action des monopoles au sens large, c'est-à-dire incluant les cartels. Il s'agissait de pratiques discriminatoires liées à la nationalité, de systèmes de prix doubles avec un prix plus élevé en dehors du marché national du fournisseur ou au contraire de dumping. Mais ces pratiques ne pouvaient exister que du fait d'entreprises disposant seules ou par une entente avec d'autres d'une position de monopole (« *Une entreprise ne peut demander durablement des prix plus élevés que son tarif normal si [l'entreprise] a la possibilité de s'adresser à un concurrent* », rapport Spaak, titre II, chapitre 1, p. 54).

84 Dans sa décision *Grundig*, la Commission n'avait pas jugé nécessaire de tenir compte du pouvoir de marché de Grundig ou de son distributeur pour caractériser la PTA comme une restriction par objet. On sait néanmoins que la société Grundig détenait 17 % du marché français des dictaphones et enregistreurs et qu'elle était vraisemblablement soumise à une forte concurrence sur les marchés des transistors et téléviseurs (conclusions AG Roemer, préc., *Rec.* p. 519). C'est dire que Grundig, ne pouvant déterminer les prix sur les marchés de ces différents produits en France, *quel que soit le mode de distribution choisi*, ne pouvait certainement pas cloisonner ces marchés. La Cour n'entra pas dans cette analyse en retenant que l'accord cherchait à maintenir des marchés nationaux distincts, ce qui suffisait à sa prohibition.

85 J. Tirole, *op. cit.*, p. 137. Typiquement, un fabricant trouvera que l'élasticité-prix de la demande de ses produits sur les marchés étrangers est supérieure à celle sur son marché domestique, où il est mieux implanté, de sorte qu'il est de son intérêt de pratiquer des prix plus bas sur les marchés étrangers.

86 *Ibid.*, pp. 137-138. Ce sera en principe le cas, sauf, sous certaines conditions, en présence de courbes de demande linéaires qui ne sont pas la forme habituelle sur les marchés.

unique est donc à l'avantage des premiers et des prix différenciés à l'avantage des seconds, le *surplus total* étant augmenté avec des prix différenciés. L'augmentation du surplus total traduit le fait que la demande de *nouveaux* acheteurs est satisfaite. Il s'ensuit qu'il n'y a pas de raison de principe de considérer la PTA comme une pratique qui nuit à l'efficacité économique, mais plutôt le contraire[87]. Ce seul constat devrait suffire pour exclure la qualification de la PTA en tant que restriction par objet.

Le droit de la concurrence pourrait en rester là. Mais, à cet argument d'efficacité économique, vient s'ajouter un argument de redistribution en faveur de la discrimination parce que les consommateurs sur les marchés à faible élasticité-prix de la demande disposent souvent d'un revenu supérieur à celui des consommateurs sur les marchés à forte élasticité-prix, de sorte que la différenciation tarifaire opère un transfert de revenus, non seulement vers l'entreprise, mais aussi des premiers vers les seconds[88].

Cet aspect redistributif mérite d'être souligné dans une UE qui, tout en s'affichant comme un « marché unique », présente des disparités de niveaux de vie considérables en raison des différences structurelles entre les économies des États membres et de l'absence de mécanismes de transfert de revenus permettant de les compenser comparables à ceux qui existent dans les États membres[89]. En 2018, les niveaux de vie moyens entre les pays membres de l'UE (28) étaient aux extrêmes dans un rapport de 1 à 10 ou de 1 à 4 en les exprimant en standards de pouvoir d'achat[90]. Dans ces conditions, il n'y a pas de raisons économiques ou éthiques pour lesquelles un camion, un lave-vaisselle, un pantalon ou un jeu vidéo d'une marque donnée devraient être vendus au même prix ou à des prix proches à Amsterdam et Varsovie, par exemple[91]. Il est vraisemblable que pour

87 Quand bien même les effets nets pourraient être ambigus dans certains cas, l'indétermination ne justifierait pas la prohibition de la pratique par la voie expéditive de la qualification de restriction par objet.

88 J. Robinson, *The Economics of Imperfect Competition*, London, Macmillan, 1933, p. 204 ; J. Tirole, *op. cit.*, p. 139. Cette prise en compte des effets redistributifs n'est pas contestable sur le principe dès lors que le droit de la concurrence de l'Union n'a pas fait le choix de s'en tenir à de strictes considérations d'efficacité économique, mais intègre déjà des préoccupations de redistribution entre producteurs et consommateurs.

89 Pour mémoire, le budget de l'Union représente 1 % du PIB des États membres.

90 Écart allant de 4 420 euros annuels pour la Roumanie à 42 820 euros pour le Luxembourg, avec un niveau moyen UE de 20 310 euros ; de 8 420 euros à 34 090 euros entre ces mêmes pays avec un niveau moyen UE de 20 000 euros en exprimant les niveaux de vie en standard de pouvoir d'achat. Quinze États membres se situaient *en dessous* du niveau de vie moyen de l'UE. Le standard de pouvoir d'achat (SPA) est le « *taux de conversion monétaire qui permet d'exprimer dans une unité commune, dite "standard de pouvoir d'achat" […], les pouvoirs d'achat des différentes monnaies. Ce taux exprime le rapport entre la quantité d'unités monétaires nécessaire dans des pays différents pour se procurer un même panier de biens et de services* » (Insee, « Revenu et patrimoine des ménages », éd. 2021).

91 Une même appréciation vaut pour le règlement (UE) n° 2018/302 du 28 février 2018 sur le blocage géographique, texte qui participe de l'idée très discutable, au stade actuel de l'intégration, que le marché intérieur suppose le *droit* d'un habitant de Stockholm d'acheter un bien depuis sa résidence aux conditions auxquelles il est vendu à Bucarest, pour en disposer à Stockholm. En outre, il est douteux que la possibilité d'acheter sur Internet dans un pays autre que celui de sa résidence figure parmi les préoccupations premières de *l'immense majorité* des citoyens de l'Union. Les institutions qui participent de la législation de l'Union seraient mieux inspirées de porter leurs efforts sur des questions autrement plus importantes pour le devenir de l'Union.

nombre de produits pour lesquels on observe un même prix ou des prix proches, le positionnement tarifaire choisi par le producteur empêché de différencier géographiquement le soit en considération de ce que la part la plus importante de la demande au sein de l'Union se situe dans les États membres à niveau de vie supérieur à la moyenne, qui représentent une part majoritaire de la population de l'Union, et dans lesquels l'élasticité-prix de la demande est plus faible[92]. Par conséquent, un prix unique est défavorable aux consommateurs des États membres dont le niveau de vie est inférieur à la moyenne de l'UE[93]. L'interdiction de la PTA, en faisant obstacle aux possibilités d'une discrimination efficace, les dessert, ce qui ne participe pas d'un approfondissement du marché intérieur bien compris.

V. Reconsidérer l'interdiction de la PTA

Le droit de l'Union est tenu par la distinction séquentielle de l'article 101, paragraphe 1, TFUE entre les restrictions par objet et par effet[94]. La caractérisation de la PTA comme une restriction de la concurrence par objet ne se justifie ni sur le terrain strictement concurrentiel ni sur celui des nécessités de la réalisation du marché intérieur. Il n'y a pas de commune mesure, par exemple, entre un cartel et une PTA mise en œuvre par un fournisseur et ses distributeurs, la « nocivité suffisante » du premier justifiant pleinement l'approche simplifiée de la restriction par objet, tandis que celle de la seconde est dans la plupart des cas inexistante ou douteuse comme le montrent l'analyse économique et l'expérience.

Il faudrait donc abandonner la qualification systématique de la PTA en tant que restriction par objet. Pour ce faire, il suffirait d'appliquer *effectivement* les critères et l'étendue du contrôle dégagés par la Cour pour caractériser une restriction par objet[95]. Ce test prévoit de s'attacher non seulement aux dispositions et objectifs de l'accord considéré, mais aussi « *au contexte économique et juridique dans lequel il s'insère* », dans l'appréciation duquel il y a lieu d'avoir égard aux « *conditions réelles du fonctionnement et de la structure du marché ou des marchés en question* »[96], et de prendre en compte à ce stade les effets proconcurrentiels

---

92 Même après la sortie du Royaume-Uni de l'Union.

93 L'Espagne et l'Italie se situant peu ou prou au niveau de vie moyen de l'UE, ce sont pour l'essentiel les États membres dits de l'Est ayant intégré l'Union, ainsi que la Grèce et le Portugal qui pâtissent d'un prix unique et bénéficieraient de la discrimination géographique que permettrait la PTA.

94 Arrêt *LTM*, préc., *Rec.* p. 359.

95 Il est remarquable que depuis l'arrêt *Grundig*, l'évolution jurisprudentielle sur l'étendue du contrôle à réaliser pour caractériser une « restriction par objet » ait conduit la Cour à se rapprocher progressivement de l'opinion qu'avait exprimée l'avocat général Roemer dans ses conclusions dans cette même affaire (en ce sens, A. Ezrachi, *EU Competition Law : An Analytical Guide to the Leading Cases*, 7e éd., Oxford, Hart Publishing, 2021, commentaire sous l'arrêt *Grundig*).

96 CJUE, 14 mars 2013, *Allianz*, aff. C-32/11, EU:C:2013:160, pt 48 : « *En outre, ces accords constitueraient également une restriction de la concurrence par objet dans l'hypothèse où la juridiction de renvoi constatait qu'il est probable que, eu égard au contexte économique, la concurrence sur ledit marché sera éliminée ou gravement affaiblie à la suite de la conclusion desdits accords. Afin d'évaluer le risque d'une telle conséquence, cette juridiction*

de l'accord qui pourraient permettre d'écarter la qualification de restriction par objet[97]. L'examen des effets de la PTA conduirait généralement au constat de l'absence de restriction sensible de concurrence ou au bénéfice de l'exemption en vertu des dispositions du règlement d'exemption sur les restrictions verticales qu'il faudrait amender en conséquence[98]. Le tout nécessite une remise en cause de l'importance excessive donnée à la « concurrence intramarque ».

VI. Conclusion

Le droit de la concurrence de l'Union en matière de restrictions verticales reste encore largement tributaire de certaines directions prises au milieu des années 1960 dans le contexte particulier de l'époque. Il mérite un profond réexamen, bien au-delà des assouplissements successifs qui y ont été introduits au fil du temps[99]. Si le choix a été fait de se concentrer dans ces lignes sur la protection territoriale absolue, c'est parce qu'elle est l'infraction emblématique en matière de restrictions verticales du droit de l'Union qui est sanctionnée par des formules jurisprudentielles qui semblent frappées du sceau de l'évidence alors qu'elles relèvent plutôt de la pétition de principe.

La preuve de l'utilité de l'interdiction systématique de la protection territoriale absolue pour la préservation de la concurrence au sein du marché intérieur et le développement du commerce des biens et services échangeables n'a pas été jusqu'ici rapportée[100]. Ni l'efficacité économique ni des considérations éthiques ne commandent cette interdiction systématique, mais plutôt le contraire. L'interdiction de la protection territoriale absolue et ses dérivées expliquent pour beaucoup l'hypertrophie injustifiée du droit des restrictions verticales de l'Union avec les coûts que cela suppose, en particulier pour les opérateurs économiques, dont les choix sont, qui plus est, indûment influencés. Il est grand temps de reconsidérer l'interdiction de la protection territoriale absolue pour la placer sur le terrain de ses effets réels et non incorrectement supposés.

---

devra notamment prendre en considération la structure de ce marché, l'existence de canaux de distribution alternatifs et leur importance respective ainsi que le pouvoir de marché des sociétés concernées. » V. aussi, arrêt *Visma*, préc., pt 63.

97 CJUE, 30 janvier 2020, Generics, aff. C-307/18, EU:C:2020:52, pt 103.

98 À vrai dire, cela devrait concerner toutes les restrictions verticales communément caractérisées comme une restriction par objet.

99 La révision en cours du règlement (UE) n° 330/2010 participe de ces assouplissements. Il n'est au demeurant pas inimaginable d'envisager un droit de la concurrence *de novo* qui ne s'intéresse guère aux restrictions verticales. C'est le choix fait par Singapour, qui avec un texte qui est pour ainsi dire une réplique de l'article 101 TFUE exclut expressément les accords verticaux (Competition Act, 2004, sections 34, 35 et Third Schedule).

100 Pour une vision sur le bilan peu convaincant du droit des restrictions verticales en général : F. Lafontaine et M. Slade, « Exclusive Contracts and Vertical Restraints: Empirical Evidence and Public Policy », *Journal of Economic Literature*, septembre 2005.

Le droit de la concurrence et le temps

Muriel Chagny[*]
Université Paris-Saclay – UVSQ

Résumé

Le droit de la concurrence, discipline sujette aux changements, se prête dès lors particulièrement bien à une étude en lien avec le temps. Du côté des règles de concurrence, il s'agit de savoir de quelle façon elles résistent à l'écoulement du temps et comment elles s'appliquent dans le temps. L'examen de la mise en œuvre conduit à s'intéresser, non seulement au temps du procès lui-même, mais aussi au temps dans les sanctions infligées.

---

[*] Professeur à l'université Paris-Saclay – UVSQ ; directeur du master de droit de la concurrence et des contrats ; directeur du laboratoire DANTE ; président de l'AFEC.

> « *Souviens-toi que le Temps est un joueur avide*
> *Qui gagne sans tricher, à tout coup ! c'est la loi.* »
> Charles Baudelaire, *Les Fleurs du mal*

Écrire dans des mélanges conduit immanquablement le contributeur à se replonger dans ses relations avec le dédicataire et à remonter le fil du temps, de l'histoire commune. En l'occurrence, « *Je vous parle d'un temps / Que les moins de vingt ans / Ne peuvent pas connaître* » : sans être le temps de *La Bohème* chantée par Charles Aznavour, c'était le temps de la thèse de doctorat, voilà plus de vingt ans. C'est lors d'un colloque lyonnais consacré – cela ne s'invente pas ! – à l'articulation entre le droit de la concurrence et d'autres branches du droit qu'a eu lieu la première rencontre avec Laurence Idot, avec, à l'époque, l'impression qu'un gouffre séparait le professeur spécialiste reconnu du « grand » droit de la concurrence de la doctorante ayant entrepris une thèse au croisement du droit de la concurrence, « petit » et « grand », et du droit commun des obligations. À vrai dire, LA rencontre a eu lieu un peu plus tard, le 15 mai 2002, dans la salle 1 du Panthéon : c'était le temps, un an jour pour jour après la loi NRE, de la soutenance de thèse devant un jury au sein duquel siégeait Laurence Idot, avant de suivre la voie du concours d'agrégation de droit privé et de sciences criminelles. Vint alors le temps de l'AFEC, celui des conférences et des groupes de travail, sous les présidences successives de Guy Canivet, Laurence Idot et Jean-Louis Fourgoux, avant de connaître l'honneur et le plaisir de leur succéder.

Vingt ans après, et au moment de déterminer, non sans hésitation, le thème de cette contribution, celui de la rencontre du droit de la concurrence avec le temps s'est finalement imposé. Des travaux de Roubier sur le droit transitoire[1] à ceux, plus récents, consacrés aux lois expérimentales[2], en passant par d'autres relatifs aux effets juridiques de l'écoulement du temps, à l'instar de la prescription[3], les rapports du droit et du temps ont, de longue date, retenu l'attention des juristes, donnant d'ailleurs lieu à des études panoramiques en théorie générale du droit ou à propos de la justice[4]. Pourtant, et contrairement à d'autres disciplines juridiques aussi différentes que le droit des obligations[5],

---

1 P. Roubier, *Le droit transitoire (Les conflits de lois dans le temps)*, 2e éd. révisée, Paris, Dalloz et Sirey, 1960.

2 J. Chevallier, « Les lois expérimentales. Le cas français », in D. Bourcier et C. Thomasset (dir.), *L'écriture du droit : législation et technologie de l'information*, Paris, Diderot Éditeurs, Arts et Sciences, 1996, p. 167 et s.

3 P. ex. M. Bruschi, *La prescription en droit de la responsabilité civile*, Paris, Economica, 1999 ; J. Klein, *Le point de départ de la prescription*, Paris, Economica, 2013 ; V. Durand, « La prescription en droit civil : essai d'une théorie unitaire », thèse, UVSQ, 2008.

4 C. Jauffret-Spinosi, « Le temps et le droit », *Le temps et le droit : conférence inaugurale et autres textes entourant le lancement de la Chaire Jean-Louis Baudouin en droit civil*, Montréal, Éditions Thémis, 2007, p. 31 et s. ; F. Ost, *Le temps du droit*, Paris, Odile Jacob, 1999 ; P. Fleury-Le Gros (dir.), *Le temps et le droit*, actes du colloque organisé par le Groupe de recherche en droit fondamental, international et comparé, GREDFIC à la Faculté des affaires internationales du Havre, les 14 et 15 mai 2008, Paris, LexisNexis-Litec, 2010 ; S. Gaboriau et H. Pauliat (coord.), *Le temps, la justice et le droit*, actes du colloque, Limoges, 20-21 novembre 2003, Limoges, PULIM, 2004.

5 T. Delahaye, *Le facteur temps dans le droit des obligations*, t. 1, *La temporalité du contrat*, Bruxelles, Larcier, 2013.

le droit international[6], le droit de l'environnement[7] ou le droit constitutionnel[8], il n'existe, à ce jour et à notre connaissance, aucune étude générale des interactions entre le droit de la concurrence et le temps[9].

Revisiter cette matière juridique particulièrement évolutive – comme l'est également le temps –, au prisme de ce dernier sous toutes ses facettes (l'instant, la durée, l'époque, etc.), est alors devenu une évidence tant cette entreprise stimulante semble riche de perspectives, contribuant à fournir un éclairage original sur une discipline manquant parfois de soubassements fondamentaux. D'évidence également, le droit de la concurrence, pour cet hommage, devait être envisagé dans toute son étendue, autrement dit comme un triptyque embrassant non seulement les comportements des entreprises (droit des pratiques anticoncurrentielles, droit des pratiques restrictives et droit de la concurrence déloyale) et le contrôle structurel des concentrations, mais encore les interventions publiques sous la forme d'aides d'État. Opter pour cette approche large, et même panoramique, impose cependant, compte tenu du format contraint de cette contribution, conçue un peu à l'imitation d'une leçon d'agrégation, de sélectionner les thèmes et illustrations développés et de limiter au strict nécessaire les références bibliographiques[10].

La mise en relation du droit de la concurrence avec le temps doit s'effectuer – conformément à l'emploi de la conjonction de coordination et – sur le mode de la réciprocité ainsi que dans une double direction, en envisageant aussi bien les règles elles-mêmes que leur mise en œuvre essentielle en la matière. Il convient dès lors d'examiner comment le droit de la concurrence s'inscrit dans le temps (I.), puis comment le temps interfère dans le droit de la concurrence (II.).

I. Le droit de la concurrence dans le temps

S'interroger sur la façon dont le droit de la concurrence s'inscrit dans le temps conduit à rechercher, d'une part, comment il résiste ou subit l'épreuve du temps qui passe (1.) et, d'autre part, de quelle manière il s'applique dans le temps (2.).

1. Le droit de la concurrence à l'épreuve du temps

Pour déterminer en quoi le droit de la concurrence est ou non éprouvé par le temps, il faut envisager ce dernier dans une double dimension : il s'agit de savoir,

---

6 *Le droit international et le temps*, actes du XXXIVe Colloque de Paris, 25-27 mai 2000, Société française de droit international, Paris, Pedone, 2001.

7 T. Soleilhac, « Le temps et le droit de l'environnement », thèse, Université Jean Moulin Lyon 3, 2006.

8 F. Robbe (dir.), *Le temps et le droit constitutionnel*, cycle de conférences tenues à Lyon les 26 janvier, 30 mars et 25 mai 2007, Aix-en-Provence, PUAM, 2010.

9 V. cependant M.-A. Frison-Roche, « La concurrence et le temps », in « Le droit de la concurrence face à l'urgence et à la préservation de l'effet utile des décisions », *Rev. conc. consom.*, suppl. juillet-août 1997, p. 29 et s.

10 Cette thématique fera l'objet ultérieurement de développements plus substantiels dans le cadre d'autres travaux.

dans un cas, quelle est l'empreinte de l'écoulement du temps sur les règles de concurrence et, dans l'autre, quelle emprise l'instantanéité exerce sur l'édiction du droit de la concurrence.

A. *L'empreinte de l'écoulement du temps sur le droit de la concurrence*

À l'examen des règles de concurrence, il apparaît que certaines d'entre elles se présentent comme des dispositions au long cours, faites pour durer. Quelle meilleure illustration retenir que les articles 101 et 102 du traité sur le fonctionnement de l'Union européenne demeurés inchangés hors leur renumérotation depuis le traité de Rome du 25 mars 1957 ? Ces dispositions, de même que, pour l'essentiel, leurs homologues françaises, ont fait la preuve de leur pérennité. Il est vrai qu'elles sont aidées en cela par une rédaction bâtie sur des notions générales qui résistent fort bien aux outrages du temps comme à l'évolution des théories et des idées, là où les lois qui s'abîment dans le détail sont très vite obsolètes.

Cela est encore vrai de la construction, pour l'heure purement prétorienne, de la concurrence déloyale et du parasitisme fondée sur le droit commun de la responsabilité extracontractuelle et dont il faudra se garder, si on la dote d'une assise textuelle au sein du code de commerce[11], d'en altérer la généralité et la pérennité. Même le droit des pratiques restrictives s'est révélé capable d'édicter de telles règles, comme en témoigne celle consacrée au déséquilibre significatif[12].

En fin de compte, cette pérennité paraît résulter de la combinaison d'une lettre « attrape-tout » qui, reposant sur des standards, se prête aux évolutions et de son interprétation par les institutions chargées de son application.

D'autres dispositions, à l'inverse – et le droit français des pratiques restrictives est coutumier des règles de ce type –, sitôt adoptées, sont sitôt dépassées, lorsque le législateur tente de se lancer dans une vaine course-poursuite avec les opérateurs dont l'imagination est sans bornes. Il suffit, à cet égard, de mentionner la suite réservée aux dispositions très contraignantes édictées pour définir et encadrer précisément la coopération commerciale tandis que la même loi PME créait de toutes pièces une catégorie inédite, celle des « *services distincts de ceux figurant dans le contrat de coopération commerciale* », définis négativement et sans être assortis, pour leur part, d'un formalisme contraignant[13] : par un phénomène de vases communicants, la première catégorie de services a diminué au profit de la seconde, tant et si bien qu'une autre loi et même plusieurs autres sont apparues nécessaires, de façon à, sinon unifier, du moins rapprocher les régimes juridiques

---

11 Proposition G. Canivet, Y. Serra, M. Chagny, Lamy et Rapport cour d'appel de Paris.

12 Art. L. 442-1, I, 2° C. com. (anc. art. L. 442-6, I, 2°).

13 Loi n° 2005-882 du 2 août 2005 en faveur des petites et moyennes entreprises ; R. Renaudier, « Coopération commerciale et services distincts rendus par les distributeurs », *CDE* n° 6, novembre-décembre 2005, dossier 39, p. 43 et s.

des différents services rendus par le distributeur. Cent fois sur le métier remettra ton ouvrage…

Certaines des règles tombent dans les oubliettes du temps, étant inappliquées, voire ignorées des opérateurs[14], tandis que d'autres peinent à parvenir au résultat recherché, voire produisent des effets pervers. Ce vieillissement des règles, qui se double de leur délaissement, appelle, selon les cas, différents types de réactions.

Lorsqu'une loi n'était pas ou n'est plus nécessaire, il faut savoir la défaire. Pour le dire autrement, l'abrogation des règles devenues inutiles ou à contre-courant, voire contreproductives, est souhaitable. Ainsi, le choix initial de prohiber *per se* le refus de vente[15], en vue de protéger les acheteurs et en particulier les grandes surfaces, n'a pas résisté au changement de perception de ces dernières dans l'esprit des pouvoirs publics français. De même et surtout, on ne peut que louer l'orientation prise par l'ordonnance du 24 avril 2019 portant refonte du titre IV du livre IV du code de commerce, qui a fait le choix de supprimer nombre de règles (trop) ciblées de l'ancien article L. 442-6 du code de commerce au profit de deux règles générales appréhendant, pour l'une, le déséquilibre significatif et, pour l'autre, l'avantage sans contrepartie[16]. On peut toutefois regretter que ce mouvement n'ait pas été durable puisqu'à peine plus d'un an après, les lois ASAP et DDADUE aient renoué avec les anciennes et mauvaises habitudes[17].

Dans d'autres hypothèses, c'est plutôt la voie du rajeunissement, de la cure de jouvence qui est privilégiée. Tel est le cas lorsque l'on estime que la disposition répond véritablement à un besoin, mais souffre de certains défauts auxquels il peut être remédié. À cet égard, le meilleur exemple est sans doute celui de l'interdiction des abus de dépendance économique : celle-ci a dû être partiellement réécrite par le législateur, à l'occasion de la loi NRE[18], sans grand succès pour autant puisque les autorités et juridictions chargées de sa mise en œuvre ont persisté dans une interprétation plutôt stérilisante de l'état de dépendance économique, préalable requis par cette disposition et devenu un obstacle infranchissable pour les opérateurs tentés d'invoquer le bénéfice de l'article L. 420-2, alinéa 2, du code de commerce. Jusqu'à ce que (nécessité faisant loi ?) l'Autorité de la concurrence retienne dans sa retentissante décision *Apple* une interprétation

14 Les différents rapports annuels de la CEPC ont permis, antérieurement à lé réforme portée par l'ordonnance du 24 avril 2019, de mettre en évidence l'absence d'application d'un certain nombre de dispositions légales.

15 Anc. art. 36 de l'ordonnance du 1er décembre 1986, devenu art. L. 442-6 du code de commerce

16 Rapport au Président de la République relatif à l'ordonnance n° 2019-359 du 24 avril 2019 portant refonte du titre IV du livre IV du code de commerce relatif à la transparence, aux pratiques restrictives de concurrence et aux autres pratiques prohibées, *JORF* n° 0097 du 25 avril 2019 : « *Les pratiques énumérées aux 3°, 4°, 7°, 8°, 9°, 10°, 11°, 12°, 13° du I de l'actuel article L. 442-6 sont supprimées. Ces fondements juridiques étaient très peu utilisés devant les juridictions commerciales.* » La règle sur le déséquilibre significatif et celle sur l'avantage sans contrepartie sont devenues les pivots du contrôle des déséquilibres contractuels.

17 Loi n° 2020-1525 du 7 décembre 2020 d'accélération et de simplification de l'action publique, *JORF* n° 0296 du 8 décembre 2020 (dite « loi ASAP »).

18 Loi n° 2020-1508 du 3 décembre 2020 portant diverses dispositions d'adaptation au droit de l'Union européenne en matière économique et financière, *JORF* n° 0293 du 4 décembre 2020 (dite « loi DDADUE »).

se démarquant très nettement de son raisonnement antérieur[19] et qui, si elle devait être confirmée[20], constituerait un instrument supplémentaire permettant de se saisir des abus d'exploitation sans avoir à mobiliser systématiquement l'interdiction des abus de position dominante.

Le lifting peut aussi être le fait du législateur, à l'instar des modifications élargissant le champ d'application des règles sur le déséquilibre significatif et sur l'avantage sans contrepartie[21], de façon à leur permettre de jouer leur rôle de pivots du contrôle des déséquilibres dans les relations de marché.

En définitive, les règles de concurrence résistent d'autant mieux à l'empreinte du temps qu'elles n'ont pas été adaptées à la hâte ou de façon trop datée, en réponse aux circonstances de l'instant.

B. *L'emprise de l'instant sur le droit de la concurrence*

Sans doute les règles de concurrence, comme dans d'autres domaines du droit, sont immanquablement plus ou moins le reflet de leur époque. Il n'en est pas moins préférable de prendre le temps, de se défier de l'éphémère et, plus encore, de l'expérimental.

À cet égard, le droit français des pratiques restrictives paraît atteint d'un vice quasiment congénital tenant à l'accumulation des réformes dont il fait l'objet. Il suffit d'évoquer, sur la période toute récente, et intervenant postérieurement à l'ordonnance du 24 avril 2019 recherchant, quant à elle, une certaine pérennité, les lois DDADUE du 3 décembre 2020[22] et ASAP du 7 décembre 2020[23], l'ordonnance n° 2021-859 du 30 juin 2021 relative aux pratiques commerciales déloyales dans les relations interentreprises au sein de la chaîne d'approvisionnement agricole et alimentaire et, en dernier lieu, la loi du 18 octobre 2021 visant à protéger la rémunération des agriculteurs, soit pas moins de quatre réformes en à peine plus de deux ans… Loin d'être nouveau, ce phénomène apparaît comme

---

19 Aut. conc., déc. n° 20-D-04 du 16 mars 2020 relative à des pratiques mises en œuvre dans le secteur de la distribution de produits de marque Apple. Selon cette décision, « *[l]a circonstance que les [contractants] se soient délibérément placés dans cette situation de dépendance en signant les contrats litigieux ne peut permettre d'écarter [leur] état de dépendance […], cette situation étant une situation objective dont l'origine est indifférente* » (pt 1008), alors que jusqu'à présent, il était habituel de refuser le bénéfice de la règle lorsque la dépendance économique trouve son origine dans un choix de l'opérateur concerné. Par ailleurs, l'appréciation de l'absence de solution équivalente requise est effectuée avec davantage de souplesse, les « *alternatives économiques et techniques comparables* » (pt 1013) devant être recherchées « *dans le même secteur d'activité, auprès d'un autre fournisseur, d'un poids équivalent* » (pt 1012) et en tenant compte de l'existence de limitations contractuelles à la reconversion.

20 Il convient cependant de signaler que cette décision est frappée d'un recours devant la cour d'appel de Paris. Par ailleurs, une décision ultérieure peut nourrir des interrogations quant à la portée de l'inflexion réalisée : cf. Aut. conc., n° 21-D-04 du 24 février 2021 relative à des pratiques mises en œuvre dans le secteur de l'édition et de la vente de logiciels professionnels.

21 Art. L. 442-1-I 1° et 2° C. com.

22 Loi n° 2020-1508 du 3 décembre 2020 portant diverses dispositions d'adaptation au droit de l'Union européenne en matière économique et financière, *JORF* n° 0293 du 4 décembre 2020 (dite « loi DDADUE »).

23 Loi n° 2020-1525 du 7 décembre 2020 d'accélération et de simplification de l'action publique, *JORF* n° 0296 du 8 décembre 2020 (dite « loi ASAP »).

la répétition d'une situation s'étant déjà produite dans le passé, postérieurement à l'ordonnance du 1er décembre 1986, au point que l'on a évoqué, à ce propos « *l'histoire sans fin des lois éphémères* »[24]...

Les méfaits en sont bien connus : la loi devient un instrument de court terme et souffre d'une dégradation de sa qualité. La superposition au fil des réformes de dispositions mal coordonnées soulève des problèmes de cohérence et d'articulation entre les textes, y compris parfois au sein d'un même article.

Cela est d'autant plus vrai que, postérieurement à l'ordonnance de refonte du 14 avril 2019, est apparu un nouveau phénomène s'apparentant à une « résurrection législative ». Plusieurs dispositions supprimées par cette ordonnance ont ainsi fait leur réapparition par la grâce des lois ASAP ou DDADUE[25]. Plus spectaculaire encore, puisque son abrogation avait constitué l'une des mesures phares de la loi LME, l'interdiction *per se* des pratiques discriminatoires, tel le Phénix, a pu renaître de ses cendres par la grâce de la loi du 18 octobre 2021 visant à protéger la rémunération des agriculteurs[26]. Cependant, le législateur n'a pas pris garde à l'articulation à opérer avec la règle sur le déséquilibre significatif, érigée par la LME en garde-fou de la liberté de négociation restituée aux opérateurs[27], ni avec la nullité de plein droit frappant les clauses destinées à reconstituer par la voie contractuelle l'interdiction légale des pratiques discriminatoires après son abrogation[28]. Il n'a pas davantage tenu compte du besoin de mettre en cohérence, avec le retour de cette prohibition, les dispositions offrant la possibilité de conclure des conditions particulières de vente[29].

Pire encore, de notre point de vue, est le développement au sein du droit des pratiques restrictives de concurrence de lois expérimentales qui, par nature même, sont rebelles à la durée, vouées à l'éphémère. Sans être l'unique illustration, l'interdiction de la revente à perte[30] constitue un bon exemple d'une tendance regrettable au « yoyo ». Depuis son adoption en 1963, cette disposition a été modifiée, à plusieurs reprises, d'abord pour identifier irréfragablement le seuil de revente à perte au prix net porté sur la facture d'achat[31], ensuite pour l'abaisser progressivement en permettant d'intégrer dans son calcul une partie, puis l'intégralité des « *autres avantages*

---

24 G. Canivet, « L'histoire sans fin des lois éphémères ou de la régulation des relations entre la production et la grande distribution », in *Études sur le droit de la concurrence et quelques thèmes fondamentaux : mélanges en l'honneur d'Yves Serra*, Paris, Dalloz, 2006.

25 V. p. ex. art. L. 442-3 c) C. com., prévoyant la nullité de plein droit pour les clauses d'incessibilité des créances, réintroduit par la loi DDADUE. De même, la loi ASAP a fait renaître l'anc. art. L. 442-6, I, 8° C. com.

26 Art. L. 442-1, I, 4° C. com.

27 Ar. L. 442-1, I, 2° C. com. Il faut y ajouter la règle appréhendant l'avantage sans contrepartie devenue, depuis l'ordonnance du 24 avril 2019, l'autre instrument pivot du contrôle des déséquilibres dans les relations d'affaires.

28 Art. L. 442-3 b) C. com.

29 Art. L. 441-1, II C. com.

30 Art. L. 442-5 C. com.

31 Anc. art. L. 442-2 C. com. modifié par la loi du 1er juillet 1996.

financiers consentis par le vendeur »[32], amplifiant même cette baisse par l'application, au profit des grossistes, d'un coefficient minorant[33]. Ultérieurement, le choix a pourtant été fait, à titre expérimental, de prendre le contrepied de ce mouvement baissier en retenant, dans le cas particulier des denrées agricoles, une solution radicalement inverse consistant à appliquer un coefficient multiplicateur rehaussant le niveau du seuil de revente à perte[34]. À quoi s'ajoute une épée de Damoclès tenant aux doutes sérieux pouvant être nourris quant à la conformité de cette interdiction française avec le droit de l'Union européenne et, plus précisément, la directive sur les pratiques commerciales déloyales des entreprises à l'égard des consommateurs[35]. Lorsqu'une loi chasse l'autre (trop) souvent, cela ne peut qu'accroître les difficultés susceptibles de surgir au moment de faire application du droit de la concurrence dans le temps.

2. L'application du droit de la concurrence dans le temps

L'application du droit de la concurrence dans le temps conduit, d'abord, à s'interroger, sur le plan de la technique juridique, sur le point de savoir comment régler d'éventuels conflits temporels entre des lois qui se succèdent. Se présente, ensuite, du point de vue de la politique juridique, un défi tenant à l'adaptation des règles de concurrence à l'époque.

A. *Les conflits de lois dans le temps*

Il en va du droit de la concurrence comme des autres domaines du droit. L'adoption de règles nouvelles est parfois assortie de dispositions transitoires spéciales, sans que cela soit systématique. La directive Dommages[36] consacre à l'application dans le temps une règle spécifique, l'article 22, distinguant entre les dispositions substantielles, qui « *ne s'appliquent pas rétroactivement* », et celles,

---

32 L'abaissement du seuil de revente à perte a été opéré successivement par la loi n° 2005-882 du 2 août 2005, puis par la loi n° 2008-3 du 3 janvier 2008.

33 Anc. art. L. 442-2, al. 3, C. com. ; « *Le prix d'achat effectif tel que défini au deuxième alinéa est affecté d'un coefficient de 0,9 pour le grossiste qui distribue des produits ou services exclusivement à des professionnels qui lui sont indépendants et qui exercent une activité de revendeur au détail, de transformateur ou de prestataire de services final. Est indépendante au sens de la phrase précédente toute entreprise libre de déterminer sa politique commerciale et dépourvue de lien capitalistique ou d'affiliation avec le grossiste.* »

34 Cela résulte de l'ordonnance n° 2018-1128 du 12 décembre 2018, prise en application de la loi dite « EGAlim » qui, à titre expérimental et pour une durée de deux ans, a affecté le prix d'achat effectif d'un coefficient de 1,10. Cette mesure a été prorogée par la loi ASAP (n° 2020-1525 du 7 décembre 2020 accélération et simplification de l'action publique).

35 Directive 2005/29/CE du Parlement européen et du Conseil du 11 mai 2005 relative aux pratiques commerciales déloyales des entreprises vis-à-vis des consommateurs dans le marché intérieur, *JOCE* n° L 149 du 11 juin 2005, p. 22. V. CJUE, ord. 7 mars 2013, *Euronics Belgium CVBA c/ Kamera Express BV et Kamera Express Belgium BVBA*, aff. C-343/12, EU:C:2013:154 : la directive « *s'oppose à une disposition nationale […] qui prévoit une interdiction générale d'offrir à la vente ou de vendre des biens à perte, pour autant que cette disposition poursuit des finalités tenant à la protection des consommateurs* ». *Adde* CJUE, 19 octobre 2017, *Europamur Alimentación SA*, aff. C-295/16, EU:C:2017:782.

36 Directive 2014/104/UE du Parlement européen et du Conseil du 26 novembre 2014 relative à certaines règles régissant les actions en dommages et intérêts en droit national pour les infractions aux dispositions du droit de la concurrence des États membres et de l'Union européenne, *JOUE* n° L 349 du 5 décembre 2014, p. 1 (« directive Dommages »).

d'ordre procédural, qui ne doivent pas régir les « *actions en dommages et intérêts dont une juridiction nationale a été saisie avant le 26 décembre 2014* ». Il n'en est pas moins nécessaire que la Cour de justice apporte certaines clarifications.

L'arrêt préjudiciel *Cogeco* a d'ores et déjà reconnu, à partir d'une interprétation *a contrario* de l'article 22, paragraphe 2, aux États membres « *un pouvoir discrétionnaire pour décider [...] si les règles nationales visant à transposer les dispositions procédurales de celle-ci s'appliqueraient ou non aux actions en dommages et intérêts intentées après le 26 décembre 2014, mais avant la date de transposition de ladite directive ou, au plus tard avant l'expiration du délai de transposition de celle-ci* »[37]. Cette décision ne s'est cependant pas prononcée sur la difficulté essentielle soulevée par l'article 22, en l'absence de toute précision quant à l'appartenance des règles de la directive à la catégorie des dispositions substantielles ou procédurales[38]. Il devrait en être autrement dans l'affaire *Volvo et DAF Trucks* ayant également donné lieu à un recours préjudiciel dès lors que la détermination de la nature – substantielle ou procédurale – conditionne la réponse à apporter quant à l'application *ratione temporis*[39]. À suivre l'avocat général Rantos[40], il s'agit d'une question régie par le droit de l'Union, de sorte que les États membres ne disposaient d'aucune marge de manœuvre en la matière au moment de transposer la directive. En substance, et sous réserve de l'arrêt à intervenir, l'avocat général considère dans ses conclusions que les règles relatives à la prescription relèvent du droit matériel[41] et qu'il en est de même des dispositions édictant une présomption de préjudice dans le cas des ententes entre concurrents[42]. Il en va autrement de la règle relative au pouvoir d'évaluation judiciaire et de quantification du préjudice, faisant quant à elle partie des dispositions procédurales[43].

Dans le silence du droit spécial ou si celui-ci présente des lacunes, il convient de faire application du droit commun transitoire. Cependant, on ne saurait résoudre les

---

37 CJUE, 28 mars 2019, *Cogeco Communications c/ Sport TV Portugal e.a.*, aff. C-637/17, EU:C:2019:263, pt 28. La France a choisi, pour sa part, de déclarer les dispositions procédurales applicables aux instances introduites à compter du 26 décembre 2014.

38 Contrairement à ce que prescrivait l'avocat général Kokott (conclusions AG Kokott, 17 janvier 2019, *Cogeco Communications*, aff. C-637/17, EU:C:2019:32), la Cour de justice, qui, compte tenu de la chronologie des faits de l'espèce, n'était pas obligée de trancher la difficile question de la nature des règles relatives à la prescription, a choisi de s'abstenir sur ce point.

39 L'action en dommages et intérêts a été introduite après l'entrée en vigueur de la directive et des dispositions nationales de transposition, mais elle se rapporte à une infraction qui a pris fin avant l'entrée en vigueur tant de la directive que des dispositions nationales.

40 Conclusions AG Rantos, 28 octobre 2021, *Volvo et DAF Trucks*, aff. C-267/20, EU:C:2021:884, pt 63.

41 *Ibid.*, pt 53. Il est expliqué à ce propos que la prescription, envisagée à l'article 10 de la directive, a pour fonction de protéger tant la personne lésée – celle-ci devant disposer de suffisamment de temps pour rassembler des informations appropriées en vue d'un recours éventuel – que la personne responsable du dommage – en évitant que la personne lésée puisse retarder indéfiniment l'exercice de son droit à dommages et intérêts.

42 *Ibid.*, pt 81, à propos de l'article 17, paragraphe 2 : « *[E]n attribuant la charge de la preuve à l'auteur de l'infraction et en dispensant la personne lésée de l'obligation de prouver l'existence d'un préjudice subi en raison de l'entente ou d'un lien de causalité entre ce préjudice et cette entente, cette présomption est directement liée à l'attribution de la responsabilité civile extracontractuelle à l'auteur de l'infraction concernée et, en conséquence, affecte directement sa situation juridique.* » V. aussi CA Paris, pôle 5, ch. 4, 24 novembre 2021, RG 20/04265.

43 *Ibid.*, pt 76.

difficultés de droit transitoire par simple application des principes découlant de l'article 2 du code civil, aux termes duquel « *[l]a loi ne dispose que pour l'avenir ; elle n'a point d'effet rétroactif* ». La jurisprudence, puisant largement dans les travaux doctrinaux, notamment ceux du doyen Roubier, a éclairé et enrichi cette règle.

Ainsi le principe de l'application immédiate de la loi est-il écarté en matière contractuelle au profit de la survie de la loi ancienne, destiné à préserver les prévisions des contractants. Cependant, il arrive que, par exception à l'exception, la survie de la loi ancienne soit à son tour écartée pour faire retour au principe de l'application immédiate lorsque la loi nouvelle se rapporte à un effet légal du contrat ou présente un caractère d'ordre public particulièrement impérieux.

Par ailleurs, en présence de dispositions assorties de sanctions répressives, à l'instar des sanctions pécuniaires infligées par l'autorité de concurrence, des sanctions administratives ou bien encore de l'amende civile encourue au titre des pratiques restrictives, la non-rétroactivité est écartée au profit de la rétroactivité *in mitius*.

Compte tenu de l'accumulation des réformes dont le droit des pratiques restrictives est sujet, ce pan singulier du droit de la concurrence soulève, de façon récurrente, des interrogations relatives à l'application *ratione temporis* des règles[44]. À titre d'illustration, la cour d'appel de Paris a été appelée à préciser dans quelle mesure la règle sur le déséquilibre significatif concerne des contrats conclus antérieurement à l'entrée en vigueur de la LME, ayant introduit cette disposition dans le code de commerce, mais renouvelés ultérieurement[45]. Sans multiplier les exemples, on peut également signaler que la Cour de cassation a jugé que « *[l]es dispositions de la loi [NRE] du 15 mai 2001 modifiant l'article L. 441-6 du code de commerce, qui répondent à des motifs impérieux d'ordre public, sont applicables, dès la date d'entrée en vigueur de ce texte, aux contrats en cours* »[46].

Même en présence de dispositions transitoires spéciales, il n'est pas rare que subsiste une difficulté qu'il reviendra au juge de résoudre en faisant appel aux principes du droit commun transitoire. Compte tenu de la complexité des règles de fond comme des dispositions transitoires adoptées par la loi du 18 octobre 2021 visant à protéger la rémunération des agriculteurs, il est à craindre qu'elle soit source d'interrogations dans le futur, y compris du point de vue de l'application dans le temps.

Lorsque, selon le droit transitoire, ce sont les règles anciennes qui ont vocation à jouer, il arrive que le juge anticipe l'application dans le temps de la nouvelle règle de concurrence. Il en a la faculté dès lors qu'il peut, sous réserve de ne pas statuer *contra legem*, statuer sur le fondement de la loi ancienne, mais en

44 Pour les difficultés soulevées par la loi LME, v. M. Chagny, « L'application dans le temps du nouveau droit des pratiques restrictives de concurrence », *Contrats, conc., consom.* n° 11, novembre 2008, dossier 10, p. 36.

45 CA Paris, pôle 5, ch. 4, 17 février 2021, RG 19/02634, dont il résulte que relèvent de la loi nouvelle les contrats « *renouvelés postérieurement à l'entrée en vigueur de ladite loi, peu important que ceux-ci aient fait l'objet d'un renouvellement par tacite reconduction, que leurs stipulations n'aient pas été modifiées ou qu'il n'y ait pas eu de renégociations* ».

46 Cass. com., 3 mars 2009, n° 07-16.527, *Bull. civ.* IV, n° 31.

incorporant au raisonnement la solution issue de la loi nouvelle, en s'inspirant de cette dernière.

Une telle anticipation est d'autant plus concevable lorsque les règles anciennes sont d'origine prétorienne. Tel est le cas pour les actions en dommages et intérêts exercées au titre de pratiques anticoncurrentielles qui, antérieurement à la transposition de la directive Dommages, reposaient, pour l'essentiel, sur le droit commun : les juridictions, appelées à statuer alors que les nouvelles dispositions n'étaient pas applicables *ratione temporis*, n'en ont pas moins puisé parfois leur inspiration dans cette dernière, en particulier en ce qui concerne la détermination du point de départ du délai de prescription de l'action en dommages et intérêts[47].

Le même phénomène a pu être constaté en droit des pratiques restrictives. La Cour de cassation, invitée à définir la notion de partenaire commercial, bénéficiaire des règles relatives au déséquilibre significatif et à l'avantage sans contrepartie, l'a entendue comme « *la partie avec laquelle l'autre partie s'engage, ou s'apprête à s'engager, dans une relation commerciale* »[48]. Il ne fait guère de doute qu'à cette occasion, elle a emprunté à la nouvelle rédaction consacrée par l'ordonnance du 24 avril 2019, celle-ci ayant délaissé la référence au « partenaire commercial » au profit de « l'autre partie ».

B. *Les défis de l'adaptation à l'époque*

Les défis de l'adaptation du droit de la concurrence à l'époque se présentent sous un jour différent selon qu'il s'agit de répondre à une situation exceptionnelle et que l'on espère bornée dans le temps, ou qu'au contraire, cela concerne une tendance plus lourde appelée à s'inscrire dans la durée.

À situation exceptionnelle, réponse exceptionnelle. La crise sanitaire liée à la Covid-19 a mis en lumière la capacité du droit de la concurrence à s'adapter à une situation de crise, sanitaire cette fois, après la crise financière antérieurement[49]. L'attention est portée ci-après sur les deux volets du droit de la concurrence qui ont été particulièrement sollicités à cette occasion.

Du côté des aides d'État, il convient de mentionner la communication du 19 mars 2020, par laquelle la Commission s'attache à fournir un cadre temporaire au soutien apporté par les États membres aux entreprises touchées par la crise sanitaire[50]. Adoptée sur le fondement de l'article 107, paragraphe 3 b), TFUE, permettant la compatibilité d'aides destinées à remédier à une perturbation grave de l'économie d'un État membre, cette communication souligne qu'il incombe

---

47 CA Paris, pôle 5, ch. 4, 14 avril 2021, RG 19/19448 ; CA Paris, pôle 5, ch. 4, 6 mars 2019, RG 17/21261.

48 Cass. com., 15 janvier 2020, n° 18-10.512.

49 Pour un panorama, W. Chaiehloudj, « Entre assouplissement et intensification : le droit de la concurrence à l'épreuve des vents contraires du coronavirus », *JCP E* 2020, p. 1163.

50 C(2020) 1863, *JOUE* n° C 91I du 20 mars 2020, p. 1.

à ce dernier de démontrer que les mesures notifiées sont « *nécessaires, appropriées et proportionnées pour remédier à une perturbation grave de l'économie de l'État membre concerné* »[51]. Comme l'a expliqué la Commission elle-même, il s'agissait de permettre aux États membres « *de soutenir l'économie en ces temps difficiles* »[52]. Plusieurs adaptations successives ont été apportées, selon l'évolution des besoins à cet encadrement temporaire[53] dont la suppression progressive est prévue[54]. Ce dispositif est par ailleurs sans préjudice d'autres outils et notamment l'article 107, paragraphe 2 b), TFUE aménageant une dérogation de plein droit pour les aides d'État visant à remédier aux dommages causés par des évènements extraordinaires[55].

Du côté du droit des pratiques anticoncurrentielles, les autorités de concurrence ont également réagi promptement, mais dans deux directions opposées. D'une part, elles ont souligné l'attention qu'elles entendaient porter à des pratiques anticoncurrentielles susceptibles d'être mises en œuvre dans ce contexte sanitaire exceptionnel, notamment en ce qui concerne la lutte contre les prix excessifs des produits essentiels pour la santé[56]. D'autre part et à l'inverse, elles se sont employées à ce que les règles de concurrence, spécialement l'interdiction des ententes, ne fassent pas obstacle à la mise en place d'accords de coopération entre entreprises en vue d'unir leurs forces face à la crise et de remédier aux pénuries de certains produits de première nécessité[57]. Dans cette perspective, et afin de conférer une certaine sécurité juridique aux entreprises concernées, un cadre temporaire pour l'appréciation des pratiques a été mis en place, avec la possibilité pour les opérateurs de bénéficier d'un éclairage informel sur la validité de leurs accords *via* un circuit court de consultation[58].

---

51 *Ibid.*, pt 19.

52 Communication de la Commission, « Une politique de concurrence adaptée aux nouveaux défis », C(2021) 713 final, 18 novembre 2021, p. 4.

53 Communications de la Commission C(2020) 2215 final du 3 avril 2020, C(2020) 3156 final du 8 mai 2020, C(2020) 4509 final du 29 juin 2020, C(2020) 7127 final du 13 octobre 2020 et C(2021) 564 final du 28 janvier 2021.

54 C(2021) 350 final du 5 mai 2021.

55 Comm. eur., communiqué IP/20/514 du 31 mars 2020. « Aides d'État : la Commission autorise le régime français visant à reporter le paiement par les compagnies aériennes de certaines taxes afin d'atténuer les conséquences économiques de la flambée de coronavirus ».

56 V. not. la prise de position du Réseau européen de la concurrence, dont il résulte que « *le REC n'hésitera donc pas à prendre des mesures contre les entreprises qui profitent de la situation actuelle en pratiquant la collusion ou en abusant de leur position dominante* » (European Competition Network, « Joint statement by the European Competition Network (ECN) on application of competition law during the Corona crisis », 23 mars 2020, Traduction libre). V. aussi Aut. conc., communiqué du 6 avril 2020, « Covid-19 : Importations exclusives de matériel d'assistance respiratoire en Guyane et aux Antilles françaises, l'Autorité clôt le dossier » ; Comm. eur., « Antitrust rules and coronavirus », 8 avril 2020.

57 V. déclaration commune du REC, préc. : « *Dans les circonstances actuelles, le REC n'interviendra pas activement contre les mesures nécessaires et temporaires mises en place afin d'éviter une pénurie d'approvisionnement.* » V. aussi Aut. conc., communiqué préc. ; communication de la Commission, « Cadre temporaire pour l'appréciation des pratiques anticoncurrentielles dans les coopérations mises en place entre des entreprises pour réagir aux situations d'urgence découlant de la pandémie actuelle de COVID-19 » (2020/C 116 I/02), *JOUE* n° C 116 I du 8 avril 2020, p. 7.

58 Une adresse mail dédiée a ainsi été créée. Pour une illustration, v. Comm. eur., Comfort letter, 8 avril 2020, COMP/OG – D(2020/044003), à propos d'un accord de coopération dans l'industrie pharmaceutique destiné à augmenter la production et à améliorer la fourniture de médicaments hospitaliers nécessaires pour lutter contre la Covid-19. V. aussi Aut. conc., communiqué du 22 avril 2020, « L'Autorité éclaire une association professionnelle sur ses possibilités d'action concernant les loyers de ses adhérents dans le cadre de la pandémie actuelle de COVID-19 ».

Des défis plus durables se présentent au droit de la concurrence : ceux-ci concernent la question de savoir comment le droit de la concurrence peut contribuer à la transition écologique ainsi que l'aptitude des règles de concurrence à réguler le numérique. Au regard de l'ampleur des réflexions des autorités de concurrence comme de l'abondance des travaux doctrinaux sur l'un et l'autre de ces sujets majeurs, on ne saurait prétendre les restituer ci-après et on se contentera par conséquent d'une évocation brève. On prendra notamment appui sur la réflexion engagée par la Commission qui, selon ses propres termes, a entrepris, dans cette double perspective, « *un réexamen, d'une ampleur et d'une ambition inégalées, des instruments de la politique de concurrence* »[59].

Lorsque l'on s'interroge sur le point de savoir comment la politique de concurrence peut mieux intégrer la protection de l'environnement[60], il apparaît que les règles en matière d'aides d'État ont un rôle majeur à jouer en permettant aux États membres de fournir le soutien nécessaire à la réalisation du pacte vert européen. À vrai dire, elles ont d'ores et déjà fait la preuve de leur aptitude à répondre à cet objectif lié à la transition écologique[61]. Cependant, la prise en compte des enjeux environnementaux pourrait être renforcée à la faveur d'une révision approfondie des règles en la matière. Celle-ci devrait aboutir en particulier à de nouvelles lignes directrices concernant les aides d'État en faveur du climat, de l'énergie et de l'environnement et s'accompagner de la réforme du règlement général d'exemption par catégorie pour les sections correspondantes. S'y ajoute également le réexamen de l'encadrement des aides d'État destinées à promouvoir la réalisation de projets importants d'intérêt européen commun (PIIEC).

Mais le rôle de la politique de concurrence ne se limite pas à autoriser les financements publics nécessaires à la transition écologique. Le droit des pratiques anticoncurrentielles et le contrôle des concentrations peuvent également y prendre leur part.

Du côté des pratiques anticoncurrentielles, il s'agit, tout à la fois, de sanctionner les ententes destinées à contrarier l'objectif de protection de l'environnement[62] et d'encourager les coopérations vertueuses. Ainsi des accords restrictifs de concurrence pourraient échapper à la prohibition édictée par l'article 101,

---

59 Communication de la Commission, « Une politique de concurrence adaptée aux nouveaux défis », préc., p. 3.

60 Conférence sur la contribution de la politique de concurrence au pacte vert pour l'Europe, tenue en février 2021, https://ec.europa.eu/competition-policy/green-gazette/conference-2021_en, v. sur la contribution possible de la politique de concurrence, p. 9 et s.

61 V. en particulier, communication de la Commission, « Lignes directrices concernant les aides d'État à la protection de l'environnement et à l'énergie pour la période 2014-2020 » (2014/C 200/01), *JOUE* n° C 200 du 28 juin 2014, p. 1, où la Commission souligne qu'elles ont notamment concouru à orienter des programmes d'aide publique vers la réalisation d'objectifs climatiques à l'horizon 2020.

62 V. Comm. eur., déc. C(2021) 4955 final du 8 juillet 2021, *Émissions des véhicules automobiles*, aff. AT.40178, frappant d'une amende de 875 millions d'euros une entente entre des constructeurs automobiles pour ralentir le déploiement d'une évolution technique susceptible de réduire la pollution émise par les véhicules automobiles.

paragraphe 1, TFUE dans le cas où ces effets nocifs sont compensés par les avantages qu'ils procurent et qui peuvent être en lien avec les objectifs du pacte vert[63].

Du côté des concentrations, s'il est difficile d'apprécier l'impact environnemental, cela n'est cependant pas exclu : la Commission estime que des avantages réalisés en cette matière « *peuvent être pris en compte dans l'appréciation de l'incidence des concentrations, dans la mesure où ils sont mis en avant par les parties à l'opération et sont vérifiables, spécifiques à la concentration et bénéfiques pour les consommateurs* »[64]. Il est également possible de subordonner l'autorisation d'une opération à des conditions respectueuses des impératifs écologiques[65].

Face aux acteurs du numérique, et en particulier aux GAFAM, le droit de la concurrence a pu sembler à la peine dans sa mission de préservation de marchés concurrentiels. Cela tient notamment aux caractéristiques de l'économie numérique et aux spécificités des plateformes en ligne. Point n'est besoin de s'arrêter longuement sur les marchés bifaces, les importants effets de réseau, la dynamique selon laquelle le gagnant rafle toute la mise ou encore le caractère stratégique des données en passant par les interrogations suscitées par certaines pratiques nouvelles, à l'instar de celles passant par des algorithmes. De même, il est bien connu que l'une des difficultés majeures tient à la temporalité de l'intervention des autorités, avec le risque de dommages irréversibles, ainsi que de l'insuffisance de certaines sanctions au regard des enjeux considérables.

Dès lors, le besoin a été ressenti de compléter l'arsenal des instruments disponibles par un nouvel outil permettant d'appréhender en amont les pratiques des grandes plateformes numériques qui agissent en tant que contrôleurs d'accès sur les marchés. Le projet de règlement sur les marchés numériques, d'ores et déjà connu sous l'acronyme DMA, se démarque du droit commun de la concurrence notamment en ce qu'il fixe des règles *ex ante* auxquelles sont soumis des opérateurs en nombre limité, identifiés à partir de critères exigeants[66]. Pour autant, les règles de concurrence n'en conservent pas moins leur utilité, l'objectif poursuivi par la Commission étant de les faire fonctionner « *en tandem* » avec la future législation sur les marchés numériques.

Il est, à cet égard, permis d'être raisonnablement optimiste quant aux capacités d'adaptation du droit commun de la concurrence. La Commission a d'ores

63 La Commission cite l'exemple du remplacement d'un produit non durable par un produit durable. V. à ce propos, « Competition Policy in Support of Europe's Green Ambition », *Competition policy brief* 2021-01.

64 « Une politique de concurrence adaptée aux nouveaux défis », préc., note 39, p. 13.

65 Comm. eur., déc. C(2021) 2689 final du 14 avril 2021, *Schwarz Group/SUEZ Waste Management Companies*, aff. M.10047, dans laquelle une concentration entre le groupe Schwarz et SUEZ Waste Management est autorisée à la condition que les parties cèdent des actifs de telle manière que les clients continuent de bénéficier de services de tri d'emballages légers moins polluants.

66 Proposition de règlement du Parlement européen et du Conseil relatif aux marchés contestables et équitables dans le secteur numérique (législation sur les marchés numériques) 2020/0374 (COD)

et déjà fait le choix d'engager la mise à jour de sa communication consacrée à la définition du marché[67], dont tout un chacun connaît l'importance dans l'appréciation portée par les autorités sur les pratiques comme sur les opérations de concentration.

La pratique décisionnelle récente de la Commission[68] et, plus encore, de l'Autorité de la concurrence témoigne des possibilités offertes par le droit des pratiques anticoncurrentielles à l'encontre d'opérateurs du numérique exploitant de façon abusive leur position dominante.

S'agissant de l'autorité française de la concurrence, il convient de relever qu'à rebours de la priorité traditionnellement accordée aux abus d'éviction, elle s'est également employée à appréhender des abus d'exploitation[69]. Par ailleurs, elle a récemment admis, dans la décision *Apple*[70], un standard de preuve moins élevé qu'à l'accoutumée au moment de caractériser l'état de dépendance économique[71], requis préalablement à la recherche d'un éventuel abus dans les relations entre client et fournisseur sur le fondement de l'article L. 420-2, alinéa 2, du code de commerce. L'interdiction française des abus de dépendance économique, sous réserve que cette inflexion soit confirmée, ce qui n'est pas acquis[72], pourrait être mobilisée comme un outil complémentaire de la prohibition des abus de position dominante. Il ne s'agit pas de la seule ressource propre au droit français de la concurrence. Celui-ci comporte aussi des dispositions instituant des prohibitions *per se*, en particulier la règle sur le déséquilibre significatif, celle sur l'avantage sans contrepartie et celle sur la rupture brutale des relations

---

67 Communication de la Commission sur la définition du marché en cause aux fins du droit communautaire de la concurrence (97/C 372/03), *JOCE* n° C 372, 9 décembre 1997, p. 5.

68 Comm. eur., déc. C(2017) 4444 final du 27 juin 2017, *Moteur de recherche Google (Shopping)*, aff. AT.39740, et Trib. UE, 10 novembre 2021, aff. T-612/17, EU:T:2021:763, à l'encontre de pratiques consistant à privilégier, par des conditions plus favorables, son service de comparaison de prix par rapport à ceux de ses concurrents ; Comm. eur., déc. C(2018) 4761 final du 19 juillet 2018, *Google Android*, aff. AT.40099, sanctionnant des pratiques destinées à préempter le marché de la recherche sur internet à partir des mobiles, en imposant aux fabricants de téléphones l'installation des outils de recherche sur internet de Google ; Comm. eur., déc. C(2019) 2173 final du 20 mars 2019, *Google Search*, aff. AT.40411 et communiqué IP/19/1770, à propos de pratiques concernant le service AdSense sur le marché de l'intermédiation publicitaire. Il faut y ajouter un certain nombre d'enquêtes en cours mentionnées par la Commission dans « Une politique de concurrence adaptée aux nouveaux défis », préc., note 49, p. 16.

69 Aut. conc., déc. n° 19-D-26 du 19 décembre 2019 relative à des pratiques mises en œuvre dans le secteur de la publicité en ligne liée aux recherches ; Aut. conc., déc. n° 20-MC-01 du 9 avril 2020 relative à des demandes de mesures conservatoires présentées par le Syndicat des éditeurs de la presse magazine, l'Alliance de la presse d'information générale e.a. et l'Agence France-Presse ; CA Paris, pôle 5, ch. 7, 8 octobre 2020, RG 20/08071.

70 Aut. conc., déc. n° 20-D-04 du 16 mars 2020, préc.

71 Alors que jusqu'à présent l'Autorité refusait de reconnaître le bénéfice de la règle lorsque la dépendance économique trouve son origine dans un choix de l'opérateur concerné, elle considère dans cette décision que « *[l]a circonstance que les [contractants] se soient délibérément placés dans cette situation de dépendance en signant les contrats litigieux ne peut permettre d'écarter [leur] état de dépendance [...], cette situation étant une situation objective dont l'origine est indifférente* » (*ibid.*, pt 1008). Par ailleurs, elle paraît faire preuve de davantage de souplesse dans l'appréciation de l'absence de solution équivalente requise pour admettre la dépendance économique (*ibid.*, pt 1012).

72 D'une part, la décision adoptée par l'Autorité de la concurrence dans l'affaire *Apple* est frappée d'un recours devant la cour d'appel de Paris. D'autre part, demeure la question de savoir quelle sera la position du juge de droit commun. Enfin, une décision ultérieure de l'Autorité de la concurrence elle-même peut être à l'origine d'interrogations quant à la portée de l'inflexion réalisée : cf. Aut. conc., n° 21-D-04 du 24 février 2021, préc.

commerciales établies, qui ont déjà été mises en œuvre avec succès à l'encontre de plateformes en ligne[73].

Du côté de l'interdiction des ententes, la révision du règlement d'exemption par catégorie applicable aux accords verticaux et des lignes directrices sur les restrictions verticales prend notamment en compte les changements liés au développement croissant de la commercialisation en ligne ainsi qu'à la montée en puissance des plateformes et des places de marché[74]. Semblablement, la révision des lignes directrices sur les accords de coopération horizontale devrait permettre aux entreprises de disposer d'orientations actualisées sur le partage des données.

S'agissant de la surveillance des structures, le contrôle des concentrations a également marqué ses limites, notamment lorsqu'il n'était pas susceptible de s'appliquer à une opération, faute de franchissement des seuils déclenchant l'obligation de notification, de sorte qu'il ne permettait pas de contrôler les acquisitions destinées soit à acquérir des compétences et des données, soit à faire disparaître un concurrent.

Dans le futur, la Commission devrait être en mesure d'obtenir, de la part des contrôleurs d'accès relevant du DMA, des informations sur les acquisitions d'entreprises fournissant des services numériques, de façon à pouvoir mieux détecter les opérations susceptibles d'être nocives pour la concurrence.

D'ores et déjà, les orientations publiées par la Commission sur l'application de l'article 22 du règlement sur les concentrations devraient contribuer à ce qu'elle puisse être sollicitée par les États membres aux fins d'examen d'opérations qui, bien que n'atteignent pas les seuils nationaux de notification, pourraient soulever des problèmes de concurrence.

Enfin, la Cour de justice a été saisie, par la cour d'appel de Paris, d'un recours préjudiciel en interprétation[75] portant sur le point de savoir s'il est possible, comme dans l'ancienne jurisprudence *Continental Can*[76], d'appliquer l'interdiction des abus de position dominante à une concentration ayant échappé à la surveillance préventive spécifique, faute de franchir les seuils de contrôlabilité. Si la

73 V. par exemple, T. com. Paris, 1re ch., 2 septembre 2019, RG 2017050625, Amazon.

74 Règlement du 10 mai 2022concernant concernant l'application de l'article 101, paragraphe 3, du traité sur le fonctionnement de l'Union européenne à des catégories d'accords verticaux et de pratiques concertées et lignes directrices sur les rstrictions verticales. Sur les projets de textes, v. dossier « Regards croisés sur le projet de réforme du règlement sur les restrictions verticales et de ses lignes directrices », *Concurrences* n° 3-2021, art. n° 101642 ; E. Claudel, « Introductions », p. 2 et s. ; I. Luc, « Quelques réflexions sur la révision en cours du règlement d'exemption des accords verticaux et de ses lignes directrices », p. 16 et s ; O. Guersent et M. Carbo, « Consultation publique sur les projets de règlement d'exemption par catégorie sur les restrictions verticales et lignes directrices verticales », p. 24 et s. ; N. Ferrier, « L'impact de la révision du VBER sur la vente en ligne », p. 5 et s. V. aussi M. Chagny, « La protection territoriale des réseaux de distribution dans le projet de réforme des règles applicables aux restrictions verticales », *in Réforme du droit des restrictions verticales : les enjeux du nouveau règlement*, sous la dir. de N. Ferrrier, Coll. Actualités de droit de l'entreprise, t. 39, 2022, p. 73 et s. V. aussi les contributions d'I. Luc et de M. Saltiel, p. 83 et s. et p. 93 et s.

75 CA Paris, pôle 5, ch. 7, 1er juillet 2021, *Towercast SASU*, RG 20/04300. Comp. Aut. conc., déc. n° 20-D-01 du 16 janvier 2020 relative à une pratique mise en œuvre dans le secteur de la diffusion de la télévision numérique terrestre.

76 CJCE, 21 février 1973, *Continental Can*, aff. C-6/72, EU:C:1973:22.

réponse devait être positive, il y aurait là un témoignage supplémentaire et assez éclatant de l'aptitude du droit commun de la concurrence à s'adapter.

II. Le temps dans le droit de la concurrence

Au moment d'envisager le temps dans la mise en œuvre du droit de la concurrence, il convient de s'intéresser successivement au temps du procès (1.) et au temps dans les sanctions *lato sensu* du droit de la concurrence (2.).

1. Le temps du procès

La mise en œuvre du droit de la concurrence peut s'effectuer, selon les règles concernées, devant le juge (judiciaire, la plupart du temps !) et/ou devant une autorité spécialisée. En toute occurrence, le « procès » de concurrence peut être perçu comme une course contre le temps : cela renvoie principalement à la question des délais, tout d'abord, pour agir, autrement dit le temps de l'action, ensuite, pour rendre la décision.

A. *Le temps de l'action*

La prescription, lorsqu'elle a joué, constitue un obstacle radical à toute possibilité d'agir, et ceci, aussi bien lorsque c'est la victime des agissements qui souhaite le faire ou lorsque c'est l'autorité publique compétente[77]. Sans doute les règles applicables en la matière répondent-elles, comme dans n'importe quelle autre, à un objectif de sécurité juridique[78], mais il en va également de l'efficacité du droit de la concurrence, investi d'une mission de gardien du bon fonctionnement du marché et de régulation des pratiques s'y déroulant. Aussi la Cour de justice a-t-elle souligné, dans le cas des actions en réparation exercées au titre de pratiques anticoncurrentielles, la nécessité d'un régime adapté aux spécificités des affaires de concurrence[79].

S'agissant du « *public enforcement* », des dispositions spéciales ont été depuis longtemps prévues, aussi bien en droit de l'Union européenne qu'en droit interne. Les prérogatives dans le temps de la Commission et de l'Autorité de la concurrence sont respectivement bornées par l'article 25 du règlement (CE) n° 1/2003 et par l'article L. 462-7 du code de commerce[80].

---

77 Il convient cependant de relever que l'article 7 *in fine* du règlement (CE) n° 1/2003 du Conseil du 16 décembre 2002 relatif à la mise en œuvre des règles de concurrence prévues aux articles 81 et 82 du traité, *JOCE* n° L 1 du 4 janvier 2003, p. 1, prévoit que la Commission, à condition d'y avoir « *un intérêt légitime* », a la possibilité de « *constater qu'une infraction a été commise dans le passé* ».

78 Rappr. conclusions AG Rantos, 28 octobre 2021, *Volvo et DAF Trucks*, aff. C-267/20, préc., faisant observer, à propos des actions en dommages et intérêts, que la prescription a pour fonction de protéger tant la personne lésée, en lui donnant suffisamment de temps pour rassembler les informations appropriées en vue d'une action éventuelle, que la personne responsable, en évitant que l'exercice de l'action puisse être retardé indéfiniment.

79 CJUE, 28 mars 2019, *Cogeco Communications c/ Sport TV Portugal e.a.*, aff. C-637/17, préc., pt 46, faisant état de cette exigence aussi bien pour le contentieux autonome que pour les actions consécutives à une décision rendue par une autorité de concurrence.

80 Auquel il faut ajouter un alinéa de l'article L. 420-6 C. com.

À l'inverse, la question de la prescription des actions en réparation susceptibles d'être engagées à raison d'une faute de concurrence a longtemps été abandonnée au droit commun de la prescription, largement réformé par la loi du 17 juin 2008.

Cependant, en matière de pratiques anticoncurrentielles, lorsque le droit de l'Union européenne est applicable, les règles nationales relatives à la prescription, comme les autres dispositions relevant de l'autonomie procédurale des États membres, sont encadrées par les principes d'équivalence et d'effectivité. Conformément à ce dernier principe, la Cour de justice a été appelée, à plusieurs reprises, à vérifier qu'un régime national de prescription ne rendait pas pratiquement impossible ou excessivement difficile l'exercice par la victime du droit à réparation intégrale de son préjudice[81].

Par ailleurs, la directive Dommages du 26 novembre 2014 a consacré à la prescription des dispositions qui ont été transposées au sein de l'article L. 482-1 du code de commerce. S'il prévoit un délai de prescription d'une durée de cinq ans identique à celui déjà applicable en droit commun, ce texte, reprenant les exigences de la directive relatives au point de départ du délai, fait courir la prescription du jour où la victime a connu ou aurait dû avoir connaissance de plusieurs faits cumulatifs[82]. Il ajoute que « *la prescription ne court pas tant que la pratique anticoncurrentielle n'a pas cessé* » et, afin de préserver le droit à indemnisation des victimes en présence d'une procédure de clémence, qu'elle « *ne court pas à l'égard des victimes du bénéficiaire d'une exonération totale de sanction pécuniaire en application d'une procédure de clémence tant qu'elles n'ont pas été en mesure d'agir à l'encontre des auteurs de la pratique anticoncurrentielle autres que ce bénéficiaire* ». Par ailleurs, a été prévu le cas particulièrement délicat, du point de vue de la prescription, des actions consécutives, exercées après une procédure engagée devant une autorité de concurrence. Il s'est agi d'éviter, par une règle spécifique[83], le risque que le délai « *s'écoule avant même que lesdites procédures soient achevées* »[84].

---

81 CJUE, 28 mars 2019, *Cogeco Communications c/ Sport TV Portugal e.a.*, aff. C-637/17, préc. ; CJCE, 13 juillet 2006, *Manfredi*, aff. jtes. C-295/04 à C-298/04, EU:C:2006:461. V., en dernier lieu, l'affaire *Volvo et DAF Trucks*, à propos de laquelle conclusions AG Rantos, préc.

82 Le texte précise que le délai « *commence à courir du jour où le demandeur a connu ou aurait dû connaître de façon cumulative : 1° Les actes ou faits imputés à l'une des personnes physiques ou morales mentionnées à l'article L. 481-1 et le fait qu'ils constituent une pratique anticoncurrentielle ; 2° Le fait que cette pratique lui cause un dommage ; 3 L'identité de l'un des auteurs de cette pratique* ».

83 L'article L. 462-7, alinéa 4, du code de commerce prévoit désormais que « *[t]out acte tendant à la recherche, à la constatation ou à la sanction de pratiques anticoncurrentielles par l'Autorité de la concurrence, une autorité nationale de concurrence d'un autre État membre de l'Union européenne ou la Commission européenne interrompt la prescription de […] l'action civile et de l'action indemnitaire engagée devant une juridiction administrative sur le fondement de l'article L. 481-1* ». Il précise encore que « *[l]'interruption résultant d'un tel acte produit ses effets jusqu'à la date à laquelle la décision de l'autorité de concurrence compétente ou de la juridiction de recours ne peut plus faire l'objet d'une voie de recours ordinaire* ».

84 CJUE, 28 mars 2019, *Cogeco Communications c/ Sport TV Portugal e.a.*, aff. C-637/17, préc., pts 51 et 52, soulignant qu'en pareille hypothèse, à défaut de suspension ou d'interruption pendant la durée de la procédure devant l'autorité de concurrence et une éventuelle instance de recours et en cas de délai de prescription « *trop court par rapport à la durée de ces procédures* », il existe un risque que le délai « *s'écoule avant même que lesdites procédures soient achevées* » (*ibid.*).

S'il est vrai que, comme l'a souligné la Cour de justice[85], les règles de prescription méritent d'être envisagées dans leur globalité, autrement dit en tenant compte de la durée du délai de prescription, mais aussi du point de départ, mais encore des possibilités d'interruption et de suspension, la difficulté majeure, sur le fondement du droit commun, se rapporte à la détermination du point de départ du délai de cinq ans. Cette question, régie par l'article 2224 du code civil, aux termes duquel la prescription court « *à compter du jour où le titulaire d'un droit a connu ou aurait dû connaître les faits lui permettant de l'exercer* », concentre, en effet, une part importante du contentieux, tout particulièrement en droit des pratiques anticoncurrentielles[86] et à propos d'actions consécutives.

En ce domaine, il résulte de la jurisprudence rendue sur le fondement du droit commun, applicable avant l'entrée en vigueur des règles spéciales du code de commerce, qu'« *[e]n matière d'action en responsabilité, [...] la prescription ne court qu'à compter de la réalisation du dommage ou de la date à laquelle il est révélé à la victime, si celle-ci établit qu'elle n'en avait pas eu précédemment connaissance* » et qu'il s'agit « *de la date à laquelle [elle savait] ou aurait dû savoir qu'elle avait été victime de l'infraction et qu'elle en a connu la consistance,, son imputabilité et sa durée* »[87]. Dans le cas des actions consécutives, il en résulte que « *seule la décision, par laquelle l'autorité de concurrence a constat[é] et établ[i] dans ses éléments factuels et juridiques la pratique* » a conféré à la partie lésée la connaissance des faits permettant d'exercer une action indemnitaire[88].

---

85 *Ibid.*, pt 41 : il convient « *de prendre en considération l'ensemble des éléments du régime de prescription* » (pt 45). V. déjà CJCE, 13 juillet 2006, *Manfredi*, aff. jtes. C-295/04 à C-298/04, préc.

86 Il ne faudrait pas considérer pour autant que la détermination du point de départ de la prescription ne soulève pas de difficultés dans les autres pans du droit de la concurrence. Ainsi la Cour de cassation a-t-elle dû préciser, à propos de la règle sur la rupture brutale, que la prescription de l'action en responsabilité engagée à ce titre a couru à compter de la notification de la rupture dès lors que la victime avait eu connaissance, à cette date, de l'absence de préavis et du préjudice en découlant, sans qu'il y ait lieu de tenir compte de l'éventualité d'une faute ayant pu justifier que le fournisseur ait mis un terme à la relation sans préavis : Cass. com., 8 juillet 2020 n° 18-24.441.

87 CA Paris, 14 avril 2021, RG 19/19448, préc. ; V. déjà not. CA Paris, 6 mars 2019, RG 17/21261, préc. *Adde* Cass. com., 31 mars 2021, n° 19-14.877, dans lequel la Cour de cassation considère qu'il résulte des constatations effectuées par les juges du fond que la société victime, « *qui ne pouvait connaître l'existence d'une entente anticoncurrentielle secrète [...] avant que la Commission européenne ait circonscrit l'étendue des pratiques, déterminé leurs auteurs, qualifié les comportements comme étant anticoncurrentiels et ait sanctionné ceux-ci* », n'avait pas pu avoir connaissance de son dommage avant la date de cette décision. V. aussi Cass. com., 27 janvier 2021, n° 18-16.279.

88 P. ex., CA Paris, 14 avril 2021, RG 19/19448, préc. ; Cass. com., 27 janvier 2021, n° 18-16.279, préc. La prescription ne court pas lorsqu'il s'agit d'une décision de mesures conservatoires (CA Paris, 6 mars 2019, RG 17/21261, préc.). De même, selon la jurisprudence française, « *l'ouverture d'une procédure par la Commission européenne ne pouvait révéler que la seule existence d'une entente [...], mais non l'identité des membres de cette entente, ses modalités de fonctionnement, et sa dimension géographique et temporelle* », de sorte qu'elle ne marque pas le point de départ de la prescription (Cass. com., 31 mars 2021, n° 19-14.877, préc.). Dans l'affaire *Volvo et DAF Trucks*, la Cour de justice est saisie de la question de savoir, en substance, si le délai de prescription a commencé à courir dès le jour de la publication du communiqué de presse ou seulement le jour de la publication du résumé de la décision de la Commission au *Journal officiel de l'Union européenne*. V., à ce propos, conclusions AG Rantos, 28 octobre 2021, *Volvo et DAF Trucks*, aff. C-267/20, préc., not. pt 133, considérant que la prescription court seulement à partir de la date de la publication du résumé de la décision au *Journal officiel de l'Union européenne*.

À titre d'illustration, comment ne pas évoquer l'affaire des vedettes vendéennes, dans laquelle la saisine, remontant à l'année 2001, n'a finalement trouvé son épilogue qu'en 2018, soit dix-sept ans après[100], ou bien encore celle du béton prêt à l'emploi dans la région Provence–Alpes-Côte d'Azur, qui, introduite en 1994, a donné lieu à quatre arrêts de cassation et cinq décisions de la cour d'appel de Paris[101].

La reconnaissance, au bénéfice de l'Autorité de la concurrence et sous l'impulsion de la directive ECN +, de la faculté de fixer ses propres priorités et de rejeter les saisines qui n'y correspondent pas[102], *connue sous le terme d'« opportunité des poursuites »*, permettra-t-elle d'améliorer les choses de ce point de vue ? Telle est l'appréciation portée par l'Autorité, selon laquelle cela « *rendra possible une meilleure allocation de ses ressources, qui pourront être pleinement consacrées à la résolution rapide des affaires les plus importantes* »[103]. Il est cependant permis de s'interroger dès lors que la Commission européenne dispose depuis longtemps de la possibilité de rejeter une plainte pour défaut d'intérêt communautaire, sans pour autant que les délais dans lesquels une affaire de concurrence trouve son épilogue s'en trouvent systématiquement réduits par comparaison à la France.

À cet égard, le recours aux procédures négociées ne constitue pas la panacée, du moins lorsque les « négociations » engagées entre l'autorité de concurrence et l'entreprise contrevenante s'éternisent. L'échec cuisant initialement rencontré par la Commission dans la résolution des dossiers Google par voie d'engagements en constitue un témoignage particulièrement illustrant… puisque quatre ans après l'ouverture d'une procédure, aucune réponse effective n'avait été apportée *via* les différentes propositions d'engagements formulées par Google et qu'il a finalement fallu en passer par une procédure contentieuse[104]. L'idée a ainsi pu être avancée d'acclimater le « contrat de procédure » relatif à la mise en état devant le juge judiciaire au contentieux porté devant l'Autorité de la concurrence.

Au demeurant, le contentieux indemnitaire, y compris consécutif à une procédure devant une autorité de concurrence, n'échappe pas non plus à ce

---

100 À la suite de la décision du Conseil de la concurrence en 2004 (Cons. conc., n° 04-D-79 du 23 décembre 2004 relative à des pratiques mises en œuvre par la Régie départementale des passages d'eau de la Vendée (RDPEV)) ont été rendus successivement quatre arrêts de la cour d'appel de Paris et trois arrêts de la Cour de cassation… V., en dernier lieu, Cass. com., 13 juillet 2010, n° 09-67.439, CA Paris, pôle 5, ch. 5-7, 20 décembre 2012, RG 2011/05667 et enfin Aut. conc., n° 18-D-07 du 31 mai 2018 relative à des pratiques mises en œuvre dans le secteur des services de traversées maritimes de passagers entre le continent et l'Ile d'Yeu.

101 Cons. conc., n° 97-D-39 du 17 juin 1997 relative à des pratiques mises en œuvre par différentes entreprises dans le secteur du béton prêt à l'emploi dans la région Provence-Alpes-Côte d'Azur ; en dernier lieu, v. CA Paris, pôle 5, ch. 5-7, 15 décembre 2016, RG 2012/08968.

102 Art. L. 462-8, al. 2, C. com. : « *Elle peut aussi rejeter la saisine par décision motivée lorsqu'elle estime que les faits invoqués ne sont pas appuyés d'éléments suffisamment probants ou, pour les saisines reçues en application du II et du IV de l'article L. 462-5, lorsqu'elle ne les considère pas comme une priorité.* »

103 <https://www.autoritedelaconcurrence.fr/fr/communiques-de-presse/lordonnance-de-transposition-de-la-directive-ecn-ete-publiee>.

104 *Moteur de recherche Google (Shopping)*, aff. AT.39740, préc., dans laquelle Google est condamnée à une amende de 2,42 milliards d'euros ; Trib. UE, 10 novembre 2021, *Google LLC*, aff. T-612/17, préc.

manque de célérité, tout au moins pour certains dossiers[105]. De là les propositions, parfois formulées, consistant à développer, dans le cas des actions de suivi, l'utilisation du référé provision ou encore, de façon plus iconoclaste, à s'inspirer, pour la cour d'appel de Paris, de la possibilité reconnue au Competition Appeal Tribunal de se prononcer sur les sanctions civiles, en même temps qu'il examine les recours formés à l'encontre de l'autorité britannique de concurrence[106].

La difficulté à maîtriser les délais n'est pas propre au seul droit des pratiques anticoncurrentielles ; elle concerne aussi le droit de la transparence et des pratiques commerciales déloyales. La durée des procédures engagées devant le juge judiciaire en cas de violation d'une ou plusieurs règles du titre IV du livre IV du code de commerce a malheureusement pu contribuer, dans la période récente, à la montée en puissance, en cette matière, de procédures hors juge et hors juge judiciaire en présence d'injonctions, sanctions *stricto sensu* et astreintes administratives, prononcées directement par la Direction générale de la concurrence, de la consommation et de la répression des fraudes (DGCCRF)[107].

2. Le temps dans les « sanctions » du droit de la concurrence

Prendre la mesure du temps dans les sanctions *lato sensu*, en y incluant les différentes mesures infligées en cas d'infraction au droit de la concurrence, conduit à se demander dans quelle mesure la durée interfère sur celles-ci, mais aussi comment elles résistent à l'épreuve du temps, interrogeant par conséquent leur durabilité.

A. *La durée dans les sanctions*

Le temps qui s'écoule se présente en quelque sorte comme un facteur aggravant de certaines sanctions prononcées en cas de violation d'une règle de concurrence, lorsqu'il contribue à en augmenter le quantum. Qu'il s'agisse du droit européen comme dorénavant[108] du droit interne des pratiques anticoncurrentielles, la sanction

105 En témoigne l'affaire *Lectiel*, dans laquelle, alors que la procédure devant l'autorité de concurrence a trouvé son épilogue en 2001 (Cass. com., 4 décembre 2001, n° 99-16.642), la victime n'a finalement obtenu satisfaction qu'en 2018 (CA Paris, pôle 5, ch. 4, 11 avril 2018, RG 14/14758).

106 M. Chagny et B. Deffains, *Réparation des dommages concurrentiels*, Paris, Dalloz, 2015.

107 Depuis la loi n° 2014-344 du 17 mars 2014 relative à la consommation, *JORF* n° 0065 du 18 mars 2014, ayant introduit injonctions et sanctions administratives (art. L. 470-1 et 2 C. com.), l'emprise des sanctions infligées par l'autorité administrative n'a cessé de s'étendre et a gagné l'ensemble des règles de transparence ainsi que les délais de paiement. En outre, la loi DDADUE a conféré aux agents de la DGCCRF la possibilité d'assortir leurs injonctions d'une astreinte lorsqu'il s'agit de comportements relevant, selon eux, des pratiques restrictives de concurrence passibles de l'amende civile prévue à l'article L. 442-4 du code de commerce (art. L. 470-1, III C. com.).

108 Depuis la transposition de la directive ECN + par l'ordonnance n° 2021-649 du 26 mai 2021, les critères de détermination du montant des sanctions par l'Autorité de la concurrence sont alignés sur ceux de la Commission européenne.

pécuniaire infligée par l'autorité de concurrence est déterminée en prenant en considération, à titre de critère, *la durée de la pratique* condamnée[109]. Du côté de l'amende civile, et quoique les dispositions légales gardent le silence sur les critères à prendre en compte[110], il apparaît que certaines décisions, s'inspirant du droit des pratiques anticoncurrentielles, se réfèrent à cet élément.

La durée des comportements est également susceptible d'interférer dans le montant des dommages et intérêts à allouer à la victime d'une infraction au droit de la concurrence, car plus l'agissement contraire aux règles de concurrence se prolonge, plus les préjudices qu'il cause risquent d'être importants. Il faut relever, à cet égard, que les effets nocifs peuvent être découplés dans le temps des pratiques elles-mêmes. Ainsi est-il possible de distinguer, à la suite de la cour d'appel de Paris[111], entre préjudice immédiat, différé et rémanent : alors que préjudice immédiat s'entend de la « *perte directe et immédiate de volume d'affaires du fait de la pratique anticoncurrentielle* », le préjudice différé résulte quant à lui d'« *une baisse du volume d'affaires induite par l'absence de fidélisation de la clientèle directement détournée* ». Il ne doit pas par ailleurs être confondu avec le préjudice rémanent, « *postérieur à la pratique anticoncurrentielle et correspondant à la persistance dégressive des effets pendant un certain temps* ». À quoi il faut ajouter non seulement « *la compensation des effets négatifs résultant de l'écoulement du temps depuis la survenance du préjudice causé par l'infraction, à savoir l'érosion monétaire, mais également la perte de chance subie par la partie lésée du fait de l'indisponibilité du capital* »[112].

Du côté des pratiques restrictives de concurrence, il convient d'évoquer la figure singulière de la règle sur la rupture brutale des relations commerciales établies pour laquelle le montant du préjudice indemnisable au titre de la perte éprouvée en raison de la brutalité de la rupture est calculé par application d'une règle quasi forfaitaire consistant à appliquer un taux de marge (brute ou nette) à la durée insuffisante du préavis accordé à celui qui subit la rupture brutale, sans tenir compte d'une éventuelle reconversion anticipée de l'opérateur évincé[113].

Le temps pris pour exécuter une décision est également de nature à augmenter le montant des sommes dues par le contrevenant au droit de la concurrence. Plus que les intérêts au taux légal qui courent à compter de la décision de justice, en

---

109 L'article 23 du règlement (CE) n° 1/2003 indique que les amendes doivent être fixées en fonction de la gravité et de la durée de l'infraction. Quant à l'article L. 464-2 du code de commerce, il dispose désormais que « *[l]es sanctions pécuniaires sont appréciées au regard de la gravité et de la durée de l'infraction, de la situation de l'association d'entreprises ou de l'entreprise sanctionnée ou du groupe auquel l'entreprise appartient et de l'éventuelle réitération de pratiques prohibées par le présent titre* ».

110 Art. L. 442-4 C. com.

111 CA Paris, pôle 5, ch. 4, 14 décembre 2016, RG 13/08975.

112 CA Paris, pôle 5, ch. 4, 23 février 2022, RG 19/19239. V. Fiche n° 7 « Comment réparer les préjudices liés à l'écoulement du temps ? », in *Fiches méthodologiques sur la réparation du préjudice économique*, Cour d'appel de Paris, 2020, <https://www.cours-appel.justice.fr/paris/fiches-sur-la-reparation-du-prejudice-economique-2020#1>.

113 Fiche n° 13, « Comment réparer les préjudices résultant de la rupture brutale des relations commerciales établies ? », in *Fiches méthodologiques sur la réparation du préjudice économique*, préc.

droit de la concurrence comme ailleurs, il convient de signaler le possible recours à l'astreinte : pourvue de vertus comminatoires destinées à contraindre à exécuter une décision de condamnation ou à respecter des mesures conservatoires, elle a pour caractéristique de reposer sur un mode de calcul assis sur le nombre de jours de retard[114], autrement dit sur la durée. Il en va de même pour l'astreinte administrative introduite par la loi DDADUE en matière de pratiques restrictives de concurrence[115].

À l'inverse, certaines des sanctions encourues peuvent apparaître quasi indifférentes au temps : il en est ainsi de la publication des décisions ou bien encore de la nullité des contrats ou clauses contraires au droit de la concurrence. Cependant, dans cette dernière hypothèse, la nuance est de mise, car le retour au *statu quo ante* requis par l'effet rétroactif attaché à la nullité impose des restitutions qui, lorsqu'elles s'effectuent en valeur, faute de pouvoir intervenir en nature, sont affectées, non pas par la durée des pratiques, mais par l'ancienneté de l'acte frappé d'illégalité.

B. *La durabilité des sanctions*

Pour certaines des mesures infligées au titre du droit de la concurrence, la difficulté tient à leur aptitude à résister au temps qui passe, à conserver leur efficacité dans le temps. Par construction, les mesures conservatoires ou provisoires, dont l'usage mériterait d'être étendu en droit de la concurrence, ne sont pas conçues pour durer et ne doivent pas présager – ou empiéter sur – la décision au fond. Du reste, le grief qui leur est parfois adressé de produire des effets durables sur le marché, entraînant une modification irréversible, explique, du moins en partie, la (trop) grande prudence dans l'utilisation qui en est faite.

À l'inverse, il importe de s'interroger sur la capacité des mesures correctives, qu'elles prennent la forme d'injonctions ou d'engagements, à produire des effets suffisamment durables. Les mesures de type structurel apparaissent à cet égard, et de façon évidente, plus radicales, plus pérennes en raison de leur caractère définitif. Par où s'explique la préférence parfois accordée à celles-ci en contrôle des concentrations ainsi que le souhait de pouvoir adopter les injonctions structurelles en réponse à des comportements, ce qui ne s'impose pas de prime abord avec la force de l'évidence.

---

114 Art. L 464-2, II C. com. : « *L'Autorité de la concurrence peut infliger aux intéressés des astreintes dans la limite de 5 % du chiffre d'affaires mondial total journalier moyen, par jour de retard à compter de la date qu'elle fixe [...]* »

115 Art. L. 470-1, III C. com. : « *Lorsque l'injonction est notifiée à raison d'un manquement passible d'une amende civile, les agents mentionnés au I du présent article peuvent assortir leur mesure d'une astreinte journalière ne pouvant excéder un montant de 0,1 % du chiffre d'affaires mondial hors taxes réalisé au cours du dernier exercice clos. [...] Dans ce cas, l'injonction précise les modalités d'application de l'astreinte encourue, notamment sa date d'applicabilité, sa durée et son montant. Le montant de l'astreinte est proportionné à la gravité des manquements constatés et tient compte notamment de l'importance du trouble causé. L'astreinte journalière court à compter du jour suivant l'expiration du délai imparti au professionnel pour se mettre en conformité avec la mesure d'injonction notifiée.* »

Il en va de même de la face « négociée » des mesures correctives que sont les engagements, auxquels il est recouru dans le contrôle des concentrations comme en droit des pratiques anticoncurrentielles. Pour autant, il arrive que, même « consentie », une telle mesure résiste mal sur la durée, à l'épreuve du temps, car la situation de marché a changé, les circonstances ont évolué ; de là la possibilité ménagée de réviser les engagements[116]. Par où l'on voit à quel point les interactions entre le temps et le droit de la concurrence dans toute leur diversité ne cesseront jamais d'alimenter la réflexion doctrinale.

116 V., en matière de pratiques anticoncurrentielles, art. 9, § 2, du règlement (CE) n° 1/2003, selon lequel « *[l]a Commission peut rouvrir la procédure, sur demande ou de sa propre initiative : a) si l'un des faits sur lesquels la décision repose subit un changement important* ». Comp. Aut. conc., communiqué de procédure du 2 mars 2009 relatif aux engagements en matière de concurrence, pt 46 : « *Il revient à l'Autorité d'apprécier la nécessité de révision des engagements et d'une saisine d'office, au regard des changements intervenus sur le marché en cause. L'Autorité peut être saisie de comportements ayant fait l'objet d'une décision d'engagements, sur demande du saisissant, du ministre de l'Économie, de toute autre entreprise ayant un intérêt à agir, ou se saisir de sa propre initiative : a) si l'un des faits sur lesquels la décision repose subit un changement important […]* » Pour une illustration récente, v. Aut. conc., déc. n° 21-D-29 du 15 décembre 2021 relative à la demande de révision des engagements pris par la SNCF rendus obligatoires par la décision n° 14-D-11 du 2 octobre 2014.

Les présomptions en droit de la concurrence

Anne-Sophie Choné-Grimaldi*
Université Paris Nanterre

Résumé

Mécanisme complexe, équivoque et pluriel, la présomption répond à des finalités diverses. Pour présenter les présomptions en droit de la concurrence, une classification tripartite a été retenue ; elle met en lumière le rapport étroit qui existe entre la finalité de la présomption et sa vigueur. Certaines présomptions répondent à un objectif purement probatoire ; elles sont nécessairement réfragables. D'autres, facilitant la caractérisation du fait illicite et favorisant ainsi le prononcé d'une sanction ont une visée répressive ; elles sont en général mixtes. Quant à celles qui, réputant certaines conditions acquises ou certains faits avérés, visent à renforcer la sécurité juridique, elles doivent nécessairement être irréfragables pour atteindre leurs objectifs. Cette étude montrera, entre autres, que les difficultés relatives à la notion d'objet anticoncurrentiel ne pourront être résolues qu'une fois déterminé le rôle que l'on entend faire jouer à la présomption d'effets anticoncurrentiels.

---

* Professeur à l'université Paris Nanterre.

Le mécanisme de la présomption existe depuis longtemps. Selon Domat, « *[l]es présomptions sont des conséquences qu'on tire d'un fait connu, pour servir à faire connaître un fait inconnu* »[1]. Comme l'explique Cornu, « *la présomption repose, à sa base, sur un déplacement du fait à prouver. Preuve indirecte, elle se caractérise par un changement de direction imprimé à la recherche de la preuve* »[2]. Du fait connu, on en déduit le fait inconnu. Le raisonnement repose sur une très forte probabilité, comme le rappelle l'adage *praesumptio sumitur de eo quod plerumque fit* (« la présomption se tire de ce qui arrive le plus souvent »)[3].

Le mécanisme de la fiction, quant à lui, ne repose pas sur la probabilité mais, au contraire, sur un « *artifice de raisonnement consistant à réputer exacte une situation extérieure à la réalité, mais propre à justifier des effets juridiques souhaités* »[4]. Si le fait présumé est censé être exact, le fait fictif n'est pas censé l'être.

Pourtant, les choses ne sont pas toujours aussi claires. La présomption irréfragable permet d'établir un fait, sans possibilité de preuve contraire ; dès lors, elle permet de réputer vrai quelque chose qui ne l'est pas nécessairement et qu'on accepte qu'il puisse ne pas l'être. Dans ces cas, la présomption tend à acquérir une valeur qui n'est pas seulement probatoire mais qui devient substantielle. Elle peut alors se confondre avec une fiction[5].

Pour classer les présomptions, et ainsi que Domat l'exposait déjà[6], on oppose les présomptions légales, qui sont « *établies par la loi* », aux présomptions du fait de l'homme, qui, « *laissées à la lumière du juge qui les déduit au cas par cas des circonstances* »[7], constituent « *un mode de preuve très proche de la preuve par indices* »[8]. Alors que les premières peuvent être, selon l'option choisie par le législateur, simples ou irréfragables, les secondes sont généralement présentées comme étant nécessairement simples[9].

En réalité, cette classification est trompeuse. Premièrement, si les présomptions du fait de l'homme ne sont rien d'autre que des indices, alors on ne devrait pas

---

1 J. Domat, *Les loix civiles dans leur ordre naturel, le droit public et Legum delectus*, t. 1, Paris, Savoye, 1756, p. 255.

2 G. Cornu, *Droit civil : introduction au droit*, 13e éd., Paris, Montchrestien, 2007, n° 201.

3 H. Roland et L. Boyer, *Adages du droit français*, 4e éd., Paris, Litec, 1999, n° 335, p. 666.

4 A. Bénabent et Y. Gaudemet, *Dictionnaire juridique 2022 : tous les mots du droit*, La Défense, LGDJ, 2021, V° Fiction.

5 En ce sens, v. A.-M. Leroyer, « Les fictions juridiques », thèse, Université Paris 2 Panthéon-Assas, 1995, n° 189 ; J. Dupichot et D. Guével, « Présomptions – Notions générales », *JCl. civil code*, fasc. 10, pt 7 ; H. Roland et L. Boyer, *op. cit.*

6 J. Domat, *op. cit.*, p. 255 : « *Les présomptions sont de deux espèces. Quelques-unes sont si fortes qu'elles vont à la certitude et tiennent lieu de preuve, même dans les crimes. Et d'autres ne font que des conjectures qui laissent dans le doute.* »

7 A. Bénabent et Y. Gaudemet, *op. cit.*, V° Présomption.

8 Association Henri Capitant, G. Cornu, *Vocabulaire juridique*, 13e éd., Paris, PUF, 2020.

9 A. Bénabent et Y. Gaudemet, *op. cit.*, V° Présomption : « *D'autres présomptions sont laissées à la lumière du juge qui les déduit au cas par cas des circonstances : celles-ci sont toujours des présomptions simples et sont dites présomptions de l'homme* »

les nommer « présomptions ». Le mécanisme de la « présomption du fait de l'homme » consiste, pour le juge, au cas par cas, à désigner quels sont les indices qui lui paraissent déterminants et qui suffisent à forger sa conviction. En l'absence de systématicité, on est loin d'un mécanisme par lequel la preuve d'un fait A permettrait de déduire celle du fait B.

Deuxièmement, il a été démontré que, parmi les présomptions du fait de l'homme, certaines occupent une place particulière, ayant été dégagées par le pouvoir prétorien mais étant aujourd'hui d'application généralisée. Qualifiées de « présomptions quasi légales », elles peuvent même être irréfragables[10].

Troisièmement, entre les présomptions simples et irréfragables, vient s'intercaler toute une série de présomptions « intermédiaires », que l'on pourrait qualifier tantôt de présomptions simples renforcées, tantôt de présomptions irréfragables atténuées. Ces présomptions sont regroupées à l'article 1354, alinéa 2, du code civil sous la bannière des présomptions « mixtes », une appellation qui englobe deux sous-hypothèses[11] : la présomption est dite « mixte », d'une part, « *lorsque la loi limite les moyens par lesquels elle peut être renversée* » ; d'autre part lorsqu'elle limite « *l'objet sur lequel elle peut être renversée* »[12].

Le droit de la concurrence rend propice l'exploration des présomptions : il a été démontré, en particulier par la dédicataire de cet ouvrage, que l'on assiste actuellement à une intensification du recours à ce mécanisme[13]. mais, comme souvent dans cette discipline, son utilisation manque de rigueur et laisse place à une casuistique assez importante[14]. La dimension européenne de la matière et les difficultés linguistiques qui s'ensuivent contribuent probablement à ce désordre.

Une recherche de nature taxinomique paraît utile en ce domaine. Il nous semble humblement que pareil objectif ne saurait déplaire à Laurence Idot, Laurence qui, depuis longtemps, travaille à donner au droit de la concurrence la présentation ordonnée et systémique qui caractérise ou, en tout cas, devrait caractériser notre système de droit continental.

L'examen des différentes présomptions utilisées en droit de la concurrence permet de proposer une nouvelle classification des présomptions, qui épouse mieux la

---

10 Rappr. T. Le Bars, in *La réforme du droit des contrats, du régime général et de la preuve des obligations*, 2e éd., Issy-les-Moulineaux, Gualino, 2018, comm. sous article 1354 du code civil. L'auteur cite, à titre d'exemple, la présomption de mauvaise foi du vendeur professionnel en cas de vice caché, présomption irréfragable posée par la Cour de cassation.

11 Selon T. Le Bars, les deux formes de présomptions mixtes devraient être mieux distinguées. Si la présomption qui ne peut être renversée que par certains moyens de preuve est en effet une présomption mixte, il n'en va pas de même de celle pour laquelle la loi limite l'objet sur lequel elle peut être renversée. Cette dernière présomption devrait, selon T. Le Bars, être comprise comme englobant deux présomptions, l'une simple et l'autre irréfragable.

12 C. civ., art. 1354, al. 2.

13 L. Idot, « Réflexions sur l'évolution de la preuve des pratiques anticoncurrentielles devant les autorités de concurrence », *Concurrences* n° 4-2017, art. n° 84879, p. 45, spéc. pts 22 à 28.

14 Pour une dénonciation, *ibid.*, pt 27 : « *Sur le plan théorique, l'on peut tout d'abord s'interroger sur le point de savoir si, dans tous les exemples donnés, l'on est bien toujours en présence de présomptions.* »

distinction entre les présomptions simples, mixtes et irréfragables. Nous rangerons, dans une première catégorie, les présomptions qui, allégeant le fardeau de la preuve qui pèse sur les acteurs en présence, ont une nature purement probatoire. Dans une deuxième catégorie seront placées celles qui, facilitant la caractérisation du fait illicite et favorisant ainsi le prononcé de la sanction, œuvrent à renforcer le caractère répressif de la matière. La troisième catégorie réunira les autres présomptions qui, tournées vers un objectif de sécurité juridique, réputent certaines conditions acquises ou certains faits avérés, afin de donner davantage de prévisibilité à l'application du droit de la concurrence.

Cette nouvelle classification tripartite mettra en lumière le lien étroit qui unit la finalité de la présomption à sa vigueur. En effet, si les présomptions de nature probatoire sont nécessairement des présomptions simples (I.), les présomptions à visée répressive sont en général des présomptions mixtes (II.), tandis que les présomptions poursuivant un objectif de sécurité juridique doivent, par nature, être dotées d'un caractère irréfragable (III.).

I. Alléger le fardeau de preuve

Vraies et fausses présomptions simples. Ne doivent être qualifiés de « présomptions » que les mécanismes qui provoquent un renversement systématique de la charge de la preuve (2.). Les autres, qui s'apparentent à des indices, ne constituent, de notre point de vue, que de « fausses » présomptions (1.). Dans tous les cas, le mécanisme étant tourné vers un objectif purement probatoire, la preuve contraire doit pouvoir être apportée.

1. Par l'utilisation de « fausses » présomptions

Position dominante. Dès l'arrêt *Hoffmann-La Roche*, la Cour de justice a expliqué que « *des parts de [marché] extrêmement importantes constituent par elles-mêmes, et sauf circonstances exceptionnelles, la preuve de l'existence d'une position dominante* »[15]. Un seuil chiffré a ensuite été suggéré. Dans l'arrêt *Akzo*, la Cour de justice a estimé qu'une part de marché de 50 % suffisait à faire la preuve de l'existence d'une position dominante[16]. Plus tard, il a été fait état d'un seuil placé à 70 % ou 80 %, lequel constituerait un « *indice clair de l'existence d'une position dominante* », sans que l'on comprenne bien s'il s'agissait d'un relèvement du seuil ou d'un simple raisonnement *a fortiori*[17].

---

15 CJCE, 13 février 1979, *Hoffmann-La Roche*, aff. 85/76, EU:C:1979:36, pt 41.

16 CJCE, 3 juillet 1991, *Akzo*, aff. C-62/86, EU:C:1991:286, pt 60.

17 Trib. UE, 1er juillet 2010, *AstraZeneca*, aff. T-321/05, EU:T:2010:266, pt 243 ; Trib. UE, 29 mars 2012, *Telefónica*, aff. T-336/07, EU:T:2012:172, pt 150 ; v. aussi A.-L. Sibony, Frédéric Marty, « Ciseau tarifaire – Compression de marges : Le Tribunal de l'UE donne des précisions sur la mise en œuvre du critère du concurrent aussi efficient en matière de ciseau tarifaire (*Telefónica*) », 29 mars 2012, *Concurrences* n° 3-2012, art. n° 48341, pp. 105-110.

Faut-il considérer qu'en cas de dépassement de ce seuil exprimé en parts de marché, la position dominante est présumée ? Une telle présentation des choses nous semble erronée[18]. Certes, le juge est libre de considérer que le franchissement du seuil suffit, en soi, à faire la preuve de la position dominante, ce qui l'autorise à ne pas examiner l'ensemble des autres critères habituellement pris en considération[19]. mais, cet élément n'a que valeur d'indice. Le franchissement du seuil ne provoque pas un renversement de la charge de la preuve. Il découlerait de la solution inverse que le risque de la preuve reposerait sur l'entreprise mise en cause, à qui il incomberait de démontrer qu'en dépit de ce franchissement du seuil, elle n'est pas en position dominante. Or tel n'est jamais le cas. C'est donc à raison que, dans les orientations sur les abus d'éviction, la Commission a expliqué que le critère de la part de marché constitue un « *indice sérieux* » ou encore « *une première indication utile* », sans parler de présomption[20].

Pouvoir d'enquête sectorielle. Le législateur européen utilise parfois le mot « présomption » dans un sens qui n'est pas celui qu'en donnent les dictionnaires juridiques. Ainsi, l'article 17 du règlement (CE) n° 1/2003, qui donne à la Commission le pouvoir d'ouvrir une enquête sectorielle, vise le cas dans lequel « *l'évolution des échanges entre États membres, la rigidité des prix ou d'autres circonstances font présumer que la concurrence peut être restreinte ou faussée à l'intérieur du marché commun* ». En réalité, il est ici davantage question d'un indice que d'une présomption. D'ailleurs, la comparaison avec la version anglaise du texte le confirme : l'article 17 vise le cas dans lequel « *the trend of trade between Member States, the rigidity of prices or other circumstances suggest that competition may be restricted or distorted within the common market* ». Le verbe « présumer » est ainsi traduit par « *suggest* »... Au-delà des difficultés de traduction de la langue juridique, cet exemple révèle aussi l'usage dévoyé que le langage courant peut faire du terme « présumer ».

2. Par la consécration de « vraies » présomptions, permettant le renversement de la charge de la preuve

Affectation du commerce entre États membres. La Commission européenne, dans ses lignes directrices relatives à la notion d'affectation du commerce, recense les cas dans lesquels il convient de présumer le caractère sensible ou, à l'inverse, le caractère non sensible de l'affectation des échanges entre États membres, élément qui conditionne l'applicabilité du droit de la concurrence de l'Union européenne. La nature des pratiques en cause (caractère transfrontière) justifie parfois l'édiction

18 Dans le même sens : C. Prieto et D. Bosco, *Droit européen de la concurrence : ententes et abus de position dominante*, Bruxelles, Bruylant, 2013, n° 1133, qui estiment qu' « *[u]ne présomption de domination déduite d'une importante part de marché serait caricaturale* ».

19 Même si, en pratique, on constate que la Commission examine l'ensemble des indices pertinents, sans s'en tenir au seul indice tenant dans une part de marché élevée.

20 Communication de la Commission, « Orientations sur les priorités retenues par la Commission pour l'application de l'article [102 TFUE] aux pratiques d'éviction abusives des entreprises dominantes », *JOUE* n° C 45 du 24 février 2009, p. 7, pts 13 à 15.

d'une présomption positive de sensibilité. D'autres fois, c'est le fait que les entreprises en cause aient une part de marché inférieure à un certain seuil qui justifie l'édiction d'une présomption négative de non-sensibilité. Dans tous les cas, ces présomptions sont simples (on parle de présomption « réfutable » dans le document européen).

La jurisprudence applique de manière très rigoureuse le mécanisme de la présomption simple et le renversement de la charge de la preuve qu'elle induit. Ainsi, dans l'affaire dite « club Lombard », la Cour de justice a confirmé la possibilité, pour le Tribunal, de présumer que les échanges avaient été affectés par une pratique s'étendant sur l'intégralité du territoire d'un État membre. Il incombait donc aux entreprises en cause de renverser cette présomption en démontrant l'absence d'affectation des échanges. Faute d'avoir pu satisfaire à cette exigence, la condition est considérée comme étant remplie et le droit de l'Union européenne applicable[21]. De même, la Cour de cassation a cassé un arrêt d'appel qui n'avait pas appliqué la présomption d'affectation des échanges entre États membres alors que la clause d'exclusivité litigieuse s'étendait à l'intégralité du territoire national. Selon la Cour de cassation, dans ce cas, l'affectation des échanges étant présumée, il incombait à l'entreprise en cause qui souhaitait échapper à l'application du droit de l'Union européenne de « *rapporter la preuve contraire résultant des caractéristiques de l'accord et du contexte économique dans lequel la clause s'insérait* »[22].

Pratiques concertées. La preuve des pratiques concertées est difficile à rapporter. Pour que l'entente puisse être sanctionnée, les autorités de concurrence doivent pouvoir démontrer l'existence d'une concertation entre concurrents, d'une coordination des pratiques sur le marché et d'un lien de causalité entre cette concertation et la coordination qui s'en est suivie. Progressivement, la jurisprudence européenne a allégé le fardeau probatoire pesant sur les autorités de poursuite en se servant de présomptions.

Ainsi, la jurisprudence estime qu'« *il y a lieu de présumer, sous réserve de la preuve contraire qu'il incombe aux intéressés de rapporter, que les entreprises participant à la concertation et qui demeurent actives sur le marché tiennent compte des informations échangées avec leurs concurrents pour déterminer leur comportement sur ce marché* »[23]. Lorsqu'une concertation anticoncurrentielle a eu lieu et que des informations ont été échangées, il est probable que les entreprises concernées en tiennent compte. Ainsi, certaines formes de concertation font présumer

---

21 CJCE, 24 septembre 2009, *Erste Group Bank*, aff. jtes C-125/07 P, C-133/07 P, C-135/07 P et C-137/07 P, EU:C:2009:576, spéc. pts 36 à 47. V. précédemment : CJCE, 17 octobre 1972, *Vereeniging van Cementhandelaren c/ Commission*, aff. 8/72, EU:C:1972:84, cons. 29.

22 Cass. com., 18 novembre 2020, n° 19-14.828 ; *Europe* 2021, n° 7, obs. C. Mongouachon ; v. aussi N. Ferrier, « Distribution exclusive : La Cour de cassation rappelle les règles de preuve de l'effet restrictif de concurrence d'une clause d'exclusivité territoriale (*Tesmec / Eurofor*) », 18 novembre 2020, *Concurrences* n° 1-2021, art. n° 98808, pp. 147-149.

23 CJCE, 8 juillet 1999, *Anic*, aff. C-49/92 P, EU:C:1999:356, pt 121 ; Trib. UE, 16 juin 2011, *Solvay*, aff. T-186/06, EU:T:2011:276, pt 160.

l'existence d'une coordination. Cette présomption dépend en réalité de la nature des informations échangées et ne joue que si celles-ci sont « sensibles » au sens qu'en retient le droit de la concurrence. Ainsi que cela ressort de la pratique décisionnelle, cette présomption est simple : l'entreprise en cause peut démontrer qu'aucun effet sur le marché ne découle de la concertation[24].

Théoriquement, cette présomption devrait être mise en lien avec celle relative à l'objet anticoncurrentiel[25]. C'est parce que l'échange d'informations sensibles est considéré comme doté d'un objet anticoncurrentiel qu'il n'est pas nécessaire de démontrer l'existence d'une coordination, c'est-à-dire l'existence d'effets anticoncurrentiels. mais, la présomption de coordination étant simple et non irréfragable, la concordance n'est pas parfaite. Si tel était le cas, alors la présomption de coordination, en présence d'une concertation collusoire, ne devrait pas pouvoir être renversée[26].

En sens inverse, dès lors qu'« aucune autre preuve plausible » ne peut expliquer la coordination des pratiques sur le marché, l'entente est considérée comme établie, par la seule preuve de l'existence d'une coordination des pratiques sur le marché[27]. C'est une manière d'affirmer que le constat d'une coordination des pratiques sur le marché fait présumer l'existence d'une concertation entre concurrents. Cette présomption repose là encore sur une idée de probabilité. Il est exact que, sur un marché très opaque, la simultanéité d'une hausse tarifaire ne trouve guère d'autres explications que celle tenant dans l'existence d'échanges entre concurrents sur l'évolution de leur politique tarifaire. Ici aussi, la présomption est simple ; les opérateurs mis en cause peuvent la renverser. Affirmer qu'il n'y a pas eu concertation ne suffit pas : par définition, la preuve d'un fait négatif ne peut pas être rapportée. C'est la raison pour laquelle la jurisprudence exige, pour renverser cette présomption de concertation, que les parties démontrent qu'aucune autre cause que l'existence d'une concertation ne peut justifier la coordination de leurs pratiques sur le marché.

La qualité de « *gatekeeper* » (« contrôleurs d'accès » en français). Le projet de règlement intitulé Digital Markets Act[28] – que l'on prend la liberté d'inclure dans une étude relative au droit de la concurrence, ce qui pourrait se discuter – impose des obligations et édicte des interdictions à l'égard des fournisseurs de services de plateforme essentiels qui ont été désignés comme étant des contrôleurs d'accès.

---

24 Dans l'affaire *Solvay*, le Tribunal écarte l'argument de l'entreprise mise en cause qui cherchait à démontrer que la concertation n'avait eu aucun impact sur ses prix, car la Commission avait été en mesure de démontrer l'existence d'effets anticoncurrentiels sur le marché.

25 V. *infra* III.2. « En droit des ententes : l'objet anticoncurrentiel, une présomption d'effets ».

26 V. *infra* III.2. « Droit positif : l'objet anticoncurrentiel, une présomption simple ou irréfragable d'effets anticoncurrentiels ? ».

27 CJCE, 31 mars 1993, *A. Ahlström Osakeyhtiö e.a. c/ Commission*, aff. jtes C-89/85, C-104/85, C-114/85, C-116/85, C-117/85 et C-125/85 à C-129/85, EU:C:1993:120 (*Pâte de bois*).

28 Proposition de règlement du parlement européen et du conseil relatif aux marchés contestables et équitables dans le secteur numérique (législation sur les marchés numériques), COM(2020) 842 final, 15 décembre 2020.

La liste de ceux qui se verront reconnaître cette qualité sera établie par la Commission. Pour définir cette qualité, le texte use de la combinaison de trois indices. Premièrement, il faut que le fournisseur de services de plateforme ait un « *poids important sur le marché* ». Ce poids est présumé si un seuil exprimé en chiffre d'affaires (6,5 milliards d'euros par an dans l'EEE) ou en capitalisation boursière (65 milliards d'euros) est franchi. Deuxièmement, il faut que ce fournisseur assure un « *service de plateforme essentiel qui constitue un point d'accès majeur permettant aux entreprises utilisatrices d'atteindre leurs utilisateurs finaux* ». Ce critère est présumé lorsqu'un seuil exprimé en nombre d'utilisateurs est franchi (45 millions d'utilisateurs finaux actifs et 10 000 entreprises utilisatrices). Troisièmement, il faut que le fournisseur jouisse « *d'une position solide et durable dans ses activités* », critère présumé lorsque les seuils indiqués s'agissant du deuxième critère sont atteints[29].

L'objectif de ces trois présomptions est de faciliter la tâche de la Commission sur qui va peser le poids de justifier en quoi chacune des entreprises inscrites sur la fameuse liste des contrôleurs d'accès mérite d'y figurer. À chaque fois, il s'agit de présomptions simples : l'entreprise concernée peut démontrer qu'en dépit du franchissement des seuils, elle n'a pas les qualités requises pour entrer dans le champ d'application personnel du texte. Ceci est tout à fait conforme à la finalité de ces présomptions : alléger le fardeau probatoire.

Absence d'exhaustivité. La liste des présomptions simples dotées d'une finalité probatoire est longue et l'exposé de celles-ci ne saurait être exhaustif. Nous aurions également pu évoquer l'articulation des paragraphes 1 et 3 de l'article 101 du traité sur le fonctionnement de l'Union européenne (TFUE). En effet, l'article 2 du règlement (CE) n° 1/2003 rappelle que la charge de la preuve des conditions de l'exemption (§ 3) pèse sur l'entreprise qui en invoque le bénéfice ; cela signifie que la preuve des conditions de caractérisation de l'entente (§ 1) fait naître une présomption simple d'illicéité de la pratique.

II. Faciliter le prononcé de la sanction

Des présomptions mixtes. Certaines présomptions ne répondent pas à l'objectif classique d'allègement du fardeau probatoire ; elles sont plus directement tournées vers un objectif de politique juridique. Poursuivant un objectif répressif, elles visent à favoriser la caractérisation des pratiques illicites et à faciliter leur sanction. Pour remplir l'objectif qui leur est ainsi assigné, ces présomptions sont – en général – mixtes. Ainsi, pour les renverser, il peut être exigé que la preuve d'un fait déterminé soit rapportée. Le renversement, sans être impossible, est alors rendu plus difficile, ce qui conduit à qualifier ces présomptions de « présomptions simples renforcées » (1.). Parfois, la preuve de ce fait déterminé

---

29 Lire : L. Arcelin, « Une définition du "*gatekeeper*" sur le mode des poupées russes », in « DMA/DSA : L'Europe s'est-elle vraiment donné les moyens de ses ambitions ? », *Concurrences* n° 2-2021, art. n° 99721.

qui, seul, permet le renversement de la présomption est tellement difficile à rapporter que la présomption devient « quasi irréfragable » (2.).

1. Grâce à des présomptions simples renforcées…

Dommage consécutif à une entente horizontale. Selon l'article L. 481-7 du code de commerce, venant en transposition de l'article 17, paragraphe 2, de la directive 2014/104/UE du 26 novembre 2014, « *[i]l est présumé jusqu'à preuve contraire qu'une entente entre concurrents cause un préjudice* ».

Cette présomption est-elle dotée d'une simple valeur probatoire, ou est-elle innervée d'une dimension plus substantielle ? L'hésitation est permise. La réponse est à trouver dans l'intention du législateur. A-t-il plutôt cherché à alléger la charge de la preuve pesant sur les victimes ou a-t-il voulu renforcer l'efficacité des actions civiles en les dotant d'une dimension punitive ? Probablement un peu les deux… La question n'est pas dénuée d'intérêt pratique. Dans un arrêt rendu le 24 novembre 2021, la cour d'appel a dû déterminer la nature de cette présomption de dommage issue de la directive pour savoir si le texte était applicable ou s'il se heurtait à l'interdiction d'appliquer rétroactivement les dispositions substantielles (art. 22 de la directive 2014/104)[30]. Affirmant que « *cette présomption n'a pas une finalité purement probatoire, mais est directement liée à l'attribution de la responsabilité civile extracontractuelle à l'auteur de l'infraction concernée et, en conséquence, affecte directement sa situation juridique* », la Cour d'appel en déduit que la présomption de dommage instituée par la directive n'était pas applicable.

Quelle est la valeur de cette présomption ? Comment l'auteur de la pratique anticoncurrentielle peut-il la renverser ? L'article L. 481-7 se contente d'affirmer que, jusqu'à preuve contraire, une entente entre concurrents cause un préjudice. Deux questions restent en suspens. Premièrement, quel est le préjudice qui est présumé ? S'agit-il de présumer l'existence d'un préjudice de quelque nature qu'il soit ou de présumer, plus spécifiquement, l'existence de surcoûts ? Selon la réponse, pour renverser la présomption, il faudra démontrer soit que l'entente n'a provoqué aucun préjudice, soit qu'elle n'a pas provoqué de surcoûts.

Deuxièmement, qui est la personne présumée avoir subi un préjudice ? Les acheteurs tant directs qu'indirects peuvent-ils prétendre à profiter de cette présomption ? Cela reviendrait alors, au bénéfice des premiers, à présumer que les surcoûts n'ont pas été répercutés et, au bénéfice des seconds, à présumer qu'ils l'ont été, ce qui ne fait pas sens. Faut-il alors limiter le bénéfice de l'article L. 481-7 aux seuls acheteurs directs ? À supposer que la présomption de dommage soit une présomption de surcoûts, on en déduirait que les acheteurs directs n'ont pas

---

30 CA Paris, pôle 5, ch. 4, 24 novembre 2021, RG 20/04265 ; v. aussi R. P. Amaro, « Surcoût réparable : La Cour d'appel de Paris retient l'existence d'un surcoût reparable sur l'achat de produits laitiers MDD pour deux entreprises appartenant à la grande distribution (*Cora / Lactalis*) », 24 novembre 2021, *Concurrences* n° 4-2021, art. n° 104068.

à démontrer qu'ils ont subi des surcoûts. Pourtant, l'article L. 481-5 dit exactement le contraire, en retenant que l'acheteur direct qui prétend avoir subi l'application d'un surcoût doit en prouver l'existence et l'ampleur.

Des débats similaires existent dans d'autres domaines dans lesquels des présomptions de dommage ont été retenues. Il y a quelques années, la Cour de cassation retenait, s'agissant de certaines fautes (en l'espèce, des actes de violence), qu'elles impliquaient « nécessairement » un préjudice, ce qui obligeait le juge, même en l'absence de preuve fournie par la victime quant à l'étendue de son préjudice, à évaluer celui-ci[31]. mais, à rebours de cette jurisprudence, dans un arrêt récent relatif à des faits constitutifs de concurrence déloyale, la Cour de cassation a expliqué que la « *présomption de préjudice, sans pour autant dispenser le demandeur de démontrer l'étendue de celui-ci, répond à la nécessité de permettre aux juges une moindre exigence probatoire, lorsque le préjudice est particulièrement difficile à démontrer* »[32]. D'une présomption qui constituait une règle de fond, on est passé à une règle simplement probatoire[33]. Alors que la présomption de dommage était irréfragable – le juge devait évaluer le préjudice même en l'absence de preuve fournie par la victime –, cette présomption devrait logiquement se muer en présomption simple.

Participation d'un concurrent à une réunion collusoire. Dès lors qu'il est démontré qu'une entreprise a participé à des réunions durant laquelle des informations sensibles ont été échangées entre concurrents, la jurisprudence présume sa participation à l'entente. Cette présomption peut être qualifiée de « mixte ». En effet, pour la renverser, la jurisprudence exige une preuve bien particulière : celle de la distanciation publique. L'entreprise doit être en mesure de prouver qu'elle s'est publiquement distanciée du mécanisme collusoire, ce qui suppose qu'elle ait clairement indiqué aux autres participants son intention de ne pas participer à l'entente[34]. On sait combien la jurisprudence est exigeante s'agissant de cette « distanciation publique ». Rester silencieux ne suffit pas ; il faut un comportement actif qui doit être perçu comme une distanciation par les autres membres de l'entente[35]. En exigeant une preuve bien particulière pour renverser

---

31 Cass. Crim., 20 octobre 2009, n° 09-82.611.

32 Cass. Com., 12 février 2020, n° 17-31.614 ; v. aussi F. Buy, « Concurrence déloyale : La Cour de cassation décide, dans un arrêt de principe, que la réparation du préjudice peut être évaluée en prenant en considération l'avantage indu que s'est octroyé l'auteur des actes de concurrence déloyale (*Cristallerie de Montbronn / Cristal de Paris*) », 12 février 2020, *Concurrences* n° 2-2020, art. n° 94847, pp. 113-114.

33 L. Gratton, « Le dommage déduit de la faute », *RTD civ.* 2013, p. 275. V. aussi M. Fabre-Magnan, *Droit des obligations. 2 – Responsabilité civile et quasi-contrats*, 5e éd., Paris, PUF, 2021, n° 203.

34 CJCE, 8 juillet 1999, *Anic*, aff. C-49/92 P, préc. Plus récemment : CJUE, 17 septembre 2015, *Total Marketing Services*, aff. C-634/13 P, EU:C:2015:614, pt 20.

35 CJUE, 20 janvier 2016, Toshiba Corp., aff. C-373/14 P, EU:C:2016:26, pt 63 ; v. aussi A.-S. Choné-Grimaldi, « Contexte économique et juridique de l'accord : La Cour de Justice de l'Union européenne explique, d'une part, que l'analyse du contexte économique et juridique peut se limiter à ce qui est strictement nécessaire pour caractériser l'objet anticoncurrentiel de l'accord et, d'autre part, qu'il est possible, pour déterminer le montant de base de l'amende, de prendre en compte les parts de marché détenues par les entreprises en cause sur un territoire plus large que le seul territoire concerné par l'entente (*Toshiba Corporation*) », 20 janvier 2016, *Concurrences* n° 2-2016, art. n° 79079, pp. 92-94.

la présomption, la jurisprudence renforce la sévérité de la règle. L'objectif de répression poursuivi par la présomption simple renforcée semble atteint.

Lien de causalité unissant une concertation entre concurrents et la coordination de leurs pratiques sur le marché. À partir du moment où la preuve d'une concertation et celle d'une coordination des pratiques sur le marché sont rapportées, celle du lien de causalité unissant ces deux éléments n'est pas requise : le lien de causalité est présumé. Cette présomption d'origine prétorienne a un caractère irréfragable, puisque le juge européen a affirmé qu'il ne saurait être permis de la remettre en cause[36]. On constate ainsi qu'en droit de la concurrence, les présomptions créées par le juge ne sont pas toujours des présomptions simples[37] !

Cette présomption correspond, certes, à une très haute probabilité. Comment imaginer qu'il n'y ait pas de lien entre des échanges d'informations secrètes entre deux concurrents et le fait qu'ils coordonnent ensuite leur politique commerciale sur le marché ? mais, en la rendant irréfragable, le juge interdit aux parties de démontrer le contraire. Clairement, il s'agit là d'aller au-delà de la question probatoire et de favoriser la sanction des pratiques concertées.

2. …voire avec des présomptions quasi irréfragables

Présomption capitalistique. L'exemple le plus frappant d'une présomption dotée d'un caractère quasi irréfragable qui se justifie par l'objectif d'accroître la répression des pratiques anticoncurrentielles est celui de la présomption capitalistique. Rappelons que, dans un groupe de sociétés, les agissements d'une filiale peuvent être imputés à sa société mère lorsqu'il est démontré que, du fait de l'exercice d'une influence déterminante de la société mère sur la filiale, les deux sociétés constituent une « entreprise » au sens du droit de la concurrence. Après quelques hésitations[38], la Cour de justice, dans l'arrêt *Akzo*, a retenu l'existence d'une présomption dite « capitalistique » : la société mère est présumée exercer sur la filiale une influence déterminante lorsqu'elle détient la totalité ou la quasi-totalité du capital de celle-ci[39]. Il en va de même lorsque la société mère dispose de la totalité ou de la quasi-totalité des droits de vote associés aux actions de sa filiale[40]. La pratique décisionnelle

---

36 Trib. UE, 12 avril 2013, *CISAC*, aff. T-442/08, EU:T:2013:188, pt 101 : « *[S]i le Tribunal parvenait [à démontrer] que de telles preuves [l'existence d'explications du comportement parallèle, autres que la concertation] ont été apportées dans la décision attaquée, lesdites explications, même si elles étaient plausibles, n'infirmeraient pas la constatation de cette infraction.* »

37 *Contra* A. Bénabent et Y. Gaudemet, *op. cit.*, V° Présomption : « *D'autres présomptions sont laissées à la lumière du juge qui les déduit au cas par cas des circonstances : celles-ci sont toujours des présomptions simples et sont dites présomptions de l'homme* ».

38 M. Debroux, « Sanction des cartels en droit communautaire : Définition et conséquences d'une "responsabilité de groupe"», *Concurrences* n° 1-2008, art. n° 15214, pp. 42-51.

39 CJCE, 10 septembre 2009, *Akzo*, aff. C-97/08 P, EU:C:2009:262, pt 60.

40 CJUE, 27 janvier 2021, *Goldman Sachs*, aff. C-595/18 P, EU:C:2021:73, pt 35. V. égal., sur l'application de cette présomption à une société qui n'est qu'une holding financière : CJUE, 15 avril 2021, *Italmobiliare*, aff. C-694/19 P, EU:C:2021:286 ; v. aussi L. Bernardeau, « Amendes : La Cour de justice de l'Union européenne rejette le pourvoi formé contre l'arrêt du Tribunal de l'Union européenne dans l'affaire du

a révélé ô combien il était difficile d'obtenir le renversement de cette présomption. Ainsi, ni le fait que les dirigeants de la filiale ne disposent d'une autonomie opérationnelle[41] ni le fait que la société mère ait donné à sa filiale l'instruction expresse de ne pas mettre en œuvre d'agissements anticoncurrentiels[42] n'ont permis de renverser la présomption d'influence déterminante. L'enjeu est connu : imputer la pratique à la société mère – et, plus généralement, à d'autres sociétés que celle à qui on reproche une implication personnelle dans les faits – permet de retenir la responsabilité d'un nombre accru de sociétés. L'amende est ainsi infligée à plusieurs sociétés tenues solidairement de son paiement, ce qui augmente les chances de son bon recouvrement et peut, indirectement, conduire à une augmentation de son montant puisque le plafond fixé à 10 % du chiffre d'affaires annuel est calculé en fonction du chiffre d'affaires de l'ensemble des sociétés formant l'« entreprise » à qui est imputée la pratique. Dans ces conditions, pourquoi ne pas en faire une présomption irréfragable ? En réalité, le nécessaire respect des principes généraux du droit de l'Union européenne, en particulier la présomption d'innocence, s'y oppose. C'est la raison qui explique que la Cour de justice a toujours eu la prudence d'affirmer que cette présomption pouvait être renversée par la preuve de la possibilité, pour la filiale, de se comporter de façon autonome sur le marché. À ses détracteurs qui lui reprochent une fausse « qualification » dans le but de contourner les exigences découlant du principe d'innocence, voire un « mensonge technique »[43], la Cour de justice rétorque que « *[l]e fait qu'il est difficile d'apporter la preuve contraire nécessaire pour renverser la présomption d'influence déterminante et de responsabilité de la société mère n'implique pas, en soi, selon une jurisprudence constante de la Cour, que celle-ci serait, de facto, irréfragable et, partant, contraire au principe de la présomption d'innocence* »[44].

Droit prospectif : vers la consécration de nouvelles présomptions renforcées ? Dans l'objectif de faciliter la caractérisation de pratiques anticoncurrentielles et, ainsi, de contribuer à la dissuasion de celles-ci, d'autres présomptions pourraient être envisagées.

---

conditionnement alimentaire destiné à la vente au détail, en confirmant sa jurisprudence sur la présomption capitalistique et en apportant des précisions sur la valeur des ventes ainsi que sur l'incidence d'une situation de crise du secteur en cause (*Italmobiliare*) », 15 avril 2021, *Concurrences* n° 3-2021, art. n° 101692, pp. 87-88.

41 Trib. UE, 13 septembre 2013, Total SA, aff. T-548/08, EU:T:2013:434 ; v. aussi M. Debroux, « Infraction unique et continue : Le Tribunal de l'UE confirme globalement la décision de la Commission infligeant des amendes d'un montant total de 676 millions à neuf entreprises, mais réduit légèrement l'amende infligée à une entreprise en prenant en compte la durée de l'infraction de façon entièrement proportionnelle (*Total*) », 13 septembre 2013, *Concurrences* n° 4-2013, art. n° 59094, p. 79.

42 CJUE, 16 juin 2016, *Evonik Degussa et AlzChem*, aff. C-155/14 P, EU :C :2016 :446. V. égal. Cass. Com., 18 octobre 2017, n° 16-19.120 ; v. aussi L. Bernardeau, « Imputation des pratiques d'une filiale à la société mère : La Cour de cassation confirme l'analyse de la Cour d'appel de Paris quant au défaut d'autonomie d'une filiale et valide le montant de l'amende de sa société mère supérieur à celui de sa filiale qui n'a pas contesté les griefs (*Mobilitas*) », 18 octobre 2017, *Concurrences* n° 1-2018, art. n° 85816, p. 82.

43 M. Debroux, *Concurrences* n° 3-2016, art. N° 80170, pp. 57-58 sous CJUE, 16 juin 2016, *Evonik Degussa et AlzChem*, aff. C-155/14 P.

44 CJUE, 15 avril 2021, *Italmobiliare e.a.*, aff. C-694/19 P, EU: C:2021:286, pt 58. V. égal. CJUE, 16 juin 2016, *Evonik Degussa et AlzChem*, aff. C-155/14 P, préc., pt 44.

En matière d'ententes verticales par exemple, on pourrait songer à consacrer une présomption qui permettrait de sanctionner, plus facilement qu'actuellement, la pratique de prix de revente imposés. On sait en effet que, en présence de prix conseillés, la qualification d'entente suppose que soit démontrée la réunion de deux conditions[45]. Il faut démontrer, d'une part, que la tête de réseau a mis en place un mécanisme de surveillance des prix, lequel peut se traduire par la diffusion de menaces ou par l'existence de représailles en cas de non-respect des prix diffusés. Selon la jurisprudence française, il suffit de démontrer que, dans l'esprit des parties, les prix apparaissent comme imposés, pour que cette condition soit remplie[46]. D'autre part, il faut démontrer que les distributeurs ont acquiescé à cette injonction, un acquiescement qui peut ressortir, par exemple, de l'application significative, par ces derniers, des prix diffusés par la tête de réseau. Ne pourrait-on pas songer à établir une présomption permettant, lorsque le second élément est démontré, d'établir le premier ? En effet, comment expliquer que, destinataires de liste de prix de revente conseillés, les distributeurs les appliquent massivement, sans chercher à s'en écarter ? Cela ne devrait-il pas suffire à établir qu'ils se sentent tenus de respecter ce niveau de prix ?

Une présomption de position dominante pourrait également être retenue lorsque l'entreprise en cause franchit un seuil de parts de marché. Par exemple, ne serait-il pas opportun de présumer qu'au-dessus de 80 % de parts de marché, l'entreprise est en position dominante ? Cela faciliterait la sanction de ses pratiques abusives et éviterait aux autorités de concurrence de mener des analyses poussées dans des espèces où l'on voit mal comment la position dominante pourrait ne pas être retenue[47]... Certains avanceront peut-être que, dans certains cas, même au-dessus de ce seuil, l'entreprise ne dispose pas de l'autonomie de comportement caractéristique de la position dominante, par exemple dans un contexte de marché émergent. L'argument ne nous paraît pas dirimant. D'une part, la présomption n'a pas à être irréfragable. D'autre part, sur un marché émergent (c'est là l'hypothèse couramment citée dans laquelle le niveau élevé de la part de marché peut ne pas conduire à l'établissement de la position dominante), les conditions de concurrence sont encore fragiles et il apparaît crucial de pouvoir établir facilement la position dominante afin de faire peser sur le nouvel entrant une responsabilité renforcée, celle de permettre l'émergence d'une véritable situation de concurrence sur ce marché.

---

45 Pratique décisionnelle constante. V., au niveau national, CA Paris, 28 janvier 2009, *Epsé Joué Club*, RG 2008/00255 (secteur des jouets). Au niveau européen, Communication de la Commission, Lignes directrices sur les relations verticales, *JOUE* n° C 130 du 19 mai 2010, p. 1, pt 25. Rappr. CJCE, 6 janvier 2004, *Bayer*, aff. C-2/01 P, EU: C:2004:2.

46 CA Paris, 26 janvier 2012, *Beauté prestige international*, RG 2010/23945 (confirmé ensuite par la Cour de cass tion) ; Aut. conc., déc. n° 21-D-14 du 24 juin 2021 relative à des pratiques mises en œuvre dans le secteur de la distribution d'articles de bricolage ; v. aussi A.-S. Choné-Grimaldi, « Non-lieu : L'Autorité de la concurrence, échouant à démontrer l'existence d'une pratique de prix de revente imposés, prononce un non-lieu (*Kärcher*) », 24 juin 2021, *Concurrences* n° 4-2021, art. n° 103351, pp. 70-71.

47 P. ex., s'agissant des condamnations de Google pour abus de position dominante, on constate le travail très important d'analyse effectué par la Commission européenne à propos de la position dominante de Google. Pourtant, il est très douteux qu'elle ait pu aboutir à la solution inverse. V., p. ex., Comm. eur., déc. C(2018) 4761 du 18 juillet 2018, *Google Android*, aff. AT.40099, de la p. 89 à la p. 161, c'est-à-dire 72 p. consacrées à l'établissement de la position dominante de Google.

III. Offrir de la sécurité juridique

Des présomptions irréfragables. Certaines présomptions ont, enfin, été édictées dans le but d'apporter de la sécurité juridique et de la prévisibilité aux entreprises. Ici, il ne s'agit ni de renforcer, ni d'atténuer le caractère répressif du droit de la concurrence. Ces présomptions permettent tantôt d'établir le fait illicite plus facilement, tantôt de dédouaner l'entreprise de sa responsabilité. Leur trait commun tient dans leur objectif de sécurité juridique. Pour atteindre leur but, ces présomptions ne doivent pas pouvoir être renversées ; leur caractère irréfragable est inhérent à leur finalité. C'est ce lien entre objectif de sécurité juridique et caractère irréfragable que nous allons chercher à démontrer (1.). La notion d'objet anticoncurrentiel s'inscrit-elle dans la même dynamique ? En réalité, au moins pour les pratiques unilatérales, la Cour de justice n'a pas (encore) poussé le raisonnement jusqu'à son terme (2.).

1. Par le jeu de présomptions irréfragables

Les autorisations implicites de concentration. L'article 10, paragraphe 6, du règlement (CE) n° 139/2004 prévoit que, si une concentration pourtant correctement notifiée n'a pas fait l'objet d'une décision de la Commission dans les délais impartis, alors elle « *est réputée déclarée compatible avec le marché commun* »[48]. Pour décrire ce mécanisme, l'article 7 du règlement, qui évoque les décisions prises à propos de concentration, vise « *la présomption établie à l'article 10, paragraphe 6* ». Ce mécanisme d'autorisation implicite est ainsi décrit comme reposant sur une présomption de compatibilité avec le marché commun. Pourtant, le mécanisme semble bien plus proche d'une fiction puisqu'à l'évidence, l'opération n'a pas été déclarée compatible avec le marché commun. En définitive, il constitue une illustration du principe connu en droit administratif français selon lequel, en principe, le silence gardé pendant deux mois par l'autorité administrative sur une demande vaut décision d'acceptation[49].

Quelle force reconnaître à l'autorisation implicite de concentration ? On n'a pas connaissance de cas d'application, mais il est bien évident que cette présomption ne peut être qu'irréfragable. La Commission, qui n'a pas rendu de décision dans les délais impartis, a perdu le droit de se prononcer sur l'opération et ne pourrait remettre en cause la décision implicite d'autorisation ; c'est là une question de sécurité juridique.

Les règlements d'exemption. Les règlements d'exemption qui créent, pour une catégorie d'accords, une sphère de sécurité qui les prémunit contre la sanction pour entente reposent sur le mécanisme de la présomption. Ainsi, le règlement (UE) 330/2010 du 20 avril 2010 relatif aux accords verticaux déclare l'article 101,

---

48 Un mécanisme similaire existe en droit français (art. L. 430-5 et L. 430-7 C. com.).

49 Art. L. 231-1 du code des relations entre le public et l'administration.

paragraphe 1, « inapplicable » aux accords qu'il vise. La justification de cette inapplicabilité est donnée dans les considérants préliminaires : « *On peut présumer, lorsque la part de marché détenue par chaque entreprise partie à l'accord sur le marché en cause ne dépasse pas 30 %, que les accords verticaux qui ne contiennent pas certaines restrictions graves de concurrence ont généralement pour effet d'améliorer la production ou la distribution et de réserver aux consommateurs une partie équitable des avantages qui en résultent* » (cons. 8). À l'inverse, « *[a]u-dessus du seuil de part de marché de 30 %, il n'est pas possible de présumer que les accords verticaux relevant de l'article 101, paragraphe 1, du traité entraînent généralement des avantages objectifs de nature et de taille à compenser les inconvénients que ces accords produisent sur la concurrence* » (cons. 9).

Les règlements d'exemption sont tous formulés de la même manière : il s'agit de déterminer quelles sont les catégories d'accords qui sont présumées remplir les conditions du paragraphe 3 de l'article 101 TFUE. Cette présomption est-elle simple ou irréfragable ?

En principe, la présomption est irréfragable. L'accord qui entre dans le champ du règlement d'exemption échappe à toute sanction pour entente. L'entreprise qui conclut un tel accord profite de la sphère de sécurité que confère le règlement d'exemption et ne doit pas craindre un examen de son accord au prisme de l'article 101 TFUE. mais un tempérament à ce caractère irréfragable de la présomption existe : l'article 29, paragraphe 1, du règlement (CE) n° 1/2003 autorise la Commission européenne à adopter une décision de retrait du bénéfice de l'exemption s'il apparaît que, dans un cas déterminé, l'accord « *visé par [le] règlement d'exemption produit néanmoins des effets [...] incompatibles avec l'article [101], paragraphe 3, du traité* ». Cette même possibilité de retirer le bénéfice du règlement d'exemption a été octroyée aux autorités nationales de concurrence par l'article 29, paragraphe 2, si l'accord visé par le règlement d'exemption « *produi[t] des effets incompatibles avec l'article [101], paragraphe 3, du traité sur le territoire d'un État membre, ou sur une partie de ce territoire, qui présente toutes les caractéristiques d'un marché géographique distinct* ». La Commission, tout comme l'Autorité de la concurrence, n'a jamais utilisé ce pouvoir de retrait. Pourtant, la pratique pourrait changer. En effet, le projet de lignes directrices accompagnant le nouveau règlement d'exemption relatif aux accords verticaux prévoit un nombre grandissant d'hypothèses dans lesquelles les autorités de concurrence sont invitées à exercer ce droit de retrait[50].

Finalement, à la question de savoir s'il s'agit d'une présomption simple ou irréfragable, nous opterions volontiers pour une qualification mixte, celle de « présomption irréfragable atténuée ».

---

50 Eur. com., *Draft revised Vertical* Guidelines, 9 juillet 2021. Le retrait du bénéfice de l'exemption fait l'objet d'un long paragraphe des lignes directrices (projet, pts 140 à 150). De plus, au stade de l'examen de « certaines restrictions verticales », le texte renvoie souvent à la faculté de retrait et aux hypothèses dans lesquelles il est recommandé d'y recourir.

Si l'objectif du règlement d'exemption est de sécuriser la position des entreprises, parties à des accords qui portent certains risques pour la concurrence, alors la présomption sur laquelle il repose devrait être irréfragable, sans possibilité de preuve contraire. La faculté de retrait met en péril l'objectif des règlements d'exemption. Dans le projet de lignes directrices sus-évoqué, il est indiqué que le retrait opéré par la Commission sera non rétroactif en ce qu'il ne remettra pas en cause « *les situations nées de l'exemption des accords concernés* » pour le passé. Cette garantie, qui semble ne s'appliquer qu'aux décisions de retrait adoptées par la Commission, ne paraît pas suffisante ; le droit de retirer le bénéfice d'un règlement d'exemption mériterait, selon nous, d'être soit supprimé, soit encadré de manière plus stricte (on pourrait songer à le réserver à la Commission, à interdire son usage plus de deux mois après la conclusion de l'accord litigieux, à imposer à l'auteur du retrait des mesures transitoires permettant aux acteurs de s'adapter…).

L'autorité de chose décidée attachée aux décisions de la Commission et aux décisions nationales. La directive 2014/104/UE du 26 novembre 2014 recourt au mécanisme de la présomption irréfragable pour donner force liante aux décisions rendues par l'autorité de concurrence dans le cadre d'une action consécutive en *private enforcement*. Ainsi, l'article 9 de la directive prévoit que, lorsqu'une infraction a été constatée par une autorité de concurrence, celle-ci doit être considérée comme « *établie de manière irréfragable aux fins d'une action en [réparation]* ». La même formule a été reprise, lors de la transposition, dans le code de commerce français[51]. Sans évoquer le mécanisme de la présomption irréfragable, le règlement (CE) n° 1/2003 reconnaissait déjà cette force liante à la décision rendue par la Commission : ainsi, l'article 16 interdit aux juridictions nationales, statuant sur des pratiques déjà sanctionnées par la Commission au titre des articles 101 et 102, de prendre une décision qui irait à l'encontre de celle adoptée par la Commission.

Le juriste français ne sera pas déstabilisé par le lien qui est fait entre le mécanisme de l'autorité de la chose jugée (ou décidée) et celui de la présomption irréfragable. Il se souvient qu'avant l'adoption de l'ordonnance de réforme du droit des contrats et de la preuve du 10 février 2016, l'article 1350 du code civil attachait une valeur de « présomption » à « *[l]'autorité que la loi attribue à la chose jugée* ». Il n'en va pas de même dans tous les pays. Cela explique peut-être que, dans la version anglaise, le texte de la directive n'évoque pas le mécanisme de la présomption, se contentant – plus sobrement – d'indiquer que l'infraction constatée par une autorité de concurrence « *is deemed to be irrefutably established* » aux fins d'une action en réparation.

---

51 L'article L. 481-2 du code de commerce dispose : « *Une pratique anticoncurrentielle mentionnée à l'article L. 481-1 est présumée établie de manière irréfragable à l'égard de la personne physique ou morale désignée au même article dès lors que son existence et son imputation à cette personne ont été constatées par une décision qui ne peut plus faire l'objet d'une voie de recours ordinaire pour la partie relative à ce constat, prononcée par l'Autorité de la concurrence ou par la juridiction de recours.* »

Toujours est-il qu'à l'évidence, la présomption d'infraction liée à la décision de sanction adoptée par une autorité de concurrence répond à la fois à un objectif de facilité probatoire et à un impératif de sécurité juridique. Il faut éviter – et cela devient impératif lorsque l'autorité nationale et la juridiction saisie consécutivement appartiennent au même État membre – que des décisions contradictoires soient rendues, ce qui explique le caractère irréfragable de la présomption dans ce contexte.

2. Par le recours à l'inclassable notion d'objet anticoncurrentiel

Définition. La notion d'objet anticoncurrentiel, tout comme l'était l'ancienne notion d'« objet » du contrat, est indéfinissable. L'objet d'une pratique, c'est autant son contenu que sa raison d'être ; la pratique est dotée d'un objet anticoncurrentiel quand la restriction de concurrence lui est inhérente, consubstantielle, quand, par nature, elle paraît nuisible au bon fonctionnement du marché. Dire cela, c'est ne rien dire de suffisamment précis. Pour remédier à cette insaisissabilité du concept, le mécanisme de la présomption est sollicité.

En droit des ententes : l'objet anticoncurrentiel, une présomption irréfragable d'effets. La restriction de concurrence peut prendre deux formes – un objet anticoncurrentiel ou des effets anticoncurrentiels – qui sont alternatives[52]. L'enjeu du choix entre ces deux formes est connu : en présence d'un objet anticoncurrentiel, non seulement il n'y a pas besoin de démontrer l'existence d'effets (il s'agit bien de deux critères alternatifs et non cumulatifs), mais, de plus, la condition de sensibilité n'a pas à être recherchée, celle-ci étant irréfragablement présumée[53].

Tant la Commission européenne que la Cour de justice établissent un lien très étroit entre la notion d'objet et celle d'effet[54].

Les lignes directrices relatives à l'application de l'article 101, paragraphe 3, TFUE expliquent pourquoi, en présence d'un accord doté d'un objet anticoncurrentiel, il n'y a à exiger ni la preuve d'effets anticoncurrentiels, ni celle de la sensibilité de la restriction de concurrence : « *Les accords ayant pour objet de restreindre le jeu de la concurrence sont ceux qui, par nature, ont la capacité de le faire. Il s'agit de restrictions qui, au regard des objectifs poursuivis par les*

52 CJCE, 13 juillet 1966, *Consten et Grundig c/ Commission*, aff. jtes 56 et 58-64, EU:C:1966:41.

53 CJUE, 13 décembre 2012, *Expedia*, aff. C-226/11, EU:C:2012:795 ; Communication de la Commission, Communication concernant les accords d'importance mineure qui ne restreignent pas sensiblement le jeu de la concurrence au sens de l'article 101, paragraphe 1 du traité sur le fonctionnement de l'Union européenne (communication *de minimis*), *JOUE* n° C 291 du 30 août 2014, p. 1 : la communication établit un seuil de non-sensibilité des effets anticoncurrentiels mais prend soin de préciser que ce seuil est inapplicable aux cas dans lesquels l'accord est doté d'un objet anticoncurrentiel (pt 13).

54 Pour une analyse complète du sujet : L. Idot, « La distinction restriction de concurrence par objet / restriction de concurrence par effet et l'article 101 : Un sujet de *disputatio* », *Concurrences* n° 3-2017, art. n° 93464, <www.concurrences.com>. V. aussi conclusions AG Wathelet, 25 juin 2015, *Toshiba*, aff. C-373/14 P, EU:C:2015:427, pt 57, où il critique l'utilisation du terme « présomption » pour évoquer l'objet anticoncurrentiel, dès lors qu'il n'est pas possible de renverser celle-ci. De notre point de vue, le fait que la présomption ne puisse pas être renversée ne disqualifie nullement celle-ci : il existe des présomptions irréfragables.

règles communautaires de concurrence, sont tellement susceptibles d'avoir des effets négatifs sur la concurrence, qu'il est inutile, aux fins de l'application de l'article 81, paragraphe 1, de démontrer qu'elles ont des effets concrets sur le marché. Cette présomption repose sur la gravité de la restriction et sur l'expérience qui montre que les restrictions de concurrence par objet sont susceptibles d'avoir des effets négatifs sur le marché et de mettre en péril les objectifs poursuivis par les règles communautaires de concurrence[55]. »

La jurisprudence la plus récente confirme que c'est l'expérience acquise par les autorités qui permet d'identifier les pratiques qui, par nature, sont nuisibles au bon fonctionnement du marché. La seule « aptitude » à provoquer des effets anticoncurrentiels que l'on avait cru, un temps, suffire[56] ne suffit plus. Une restriction par l'objet ne peut être identifiée que dans les cas dans lesquels le niveau de probabilité que la pratique engendre des effets anticoncurrentiels est tellement élevé qu'il devient inutile de procéder à une recherche de ces effets[57]. Du fait connu (une pratique déterminée), il est possible d'en déduire un fait inconnu (des effets anticoncurrentiels). Ce raisonnement déductif est au cœur de la notion d'objet anticoncurrentiel.

L'objet anticoncurrentiel n'apparaît donc comme rien d'autre qu'une présomption d'effets. Cette présomption est irréfragable. En effet, l'entreprise, partie à un accord doté d'un objet anticoncurrentiel, ne peut pas contester la qualification d'entente en démontrant l'absence d'effets anticoncurrentiels susceptibles d'être provoqués par sa pratique. C'est la conséquence d'un raisonnement fondé sur une alternative entre une restriction par l'objet et une restriction par les effets[58].

En droit des pratiques unilatérales : quelle place pour l'objet anticoncurrentiel ? Si la rédaction de l'article 101 TFUE imposait à la jurisprudence d'appliquer l'alternative entre l'objet et les effets anticoncurrentiels, celle de l'article 102 TFUE ne l'imposait pas. Pendant longtemps, s'agissant des abus, on a opposé l'approche par la forme et l'approche par les effets, opposition qui, en réalité, n'était rien d'autre que le décalque de celle existant entre l'objet et les effets en matière d'ententes.

---

55 Communication de la Commission, Lignes directrices concernant l'application de l'article 81, paragraphe 3, *JOUE* n° C 101 du 27 avril 2004, p. 97, pt 21.

56 CJCE, 4 juin 2009, T-Mobile, aff. C-8/08, EU:C:2009:343 ; v. aussi D. Ferré, « Objet anticoncurrentiel : La CJCE se prononce sur les critères d'appréciation de l'objet anticoncurrentiel d'une pratique concertée et sur la preuve d'une telle pratique devant le juge national (*T-Mobile Netherlands*) », 4 juin 2009, *Concurrences* n° 3-2009, art. n° 29661.

57 CJUE, 11 septembre 2014, *Cartes bancaires*, aff. C-67/13 P, EU:C:2014:2204. Plus récemment : CJUE, 2 avril 2020, *Gazdasági Versenyhivatal c/ Budapest Bank, ING Bank NV Magyarországi Fióktelepe, OTP Bank, Kereskedelmi és Hitelbank, Magyar Külkereskedelmi Bank, ERSTE Bank Hungary, Visa Europe, MasterCard Europe*, aff. C-228/18, EU:C:2020:265 ; CJUE, 30 janvier 2020, *Generics*, aff. C-307/18, EU:C:2020:52.

58 En ce sens, v. conclusions AG Kokott, 19 février 2009, *T-Mobile Netherlands*, aff. C-8/08 P, EU:C:2009:110, pt 45.

En 2009, après de vifs débats, la Commission européenne, en publiant les orientations sur les priorités retenues par la Commission pour l'application de l'article 102 du traité aux pratiques d'éviction abusives des entreprises dominantes, a clairement opté pour l'approche par les effets[59]. Le texte visait à imposer la recherche des effets pour pouvoir sanctionner un abus de position dominante.

Pourtant, en 2014, le Tribunal faisait acte de résistance, en affirmant que les rabais d'exclusivité avaient, par nature, la capacité d'évincer les concurrents, ce qui rendait inutile la recherche des effets d'éviction. C'était admettre que ces pratiques provoquaient une restriction par l'objet, à rebours des préconisations retenues dans les orientations publiées par la Commission européenne. Saisi d'un pourvoi, la Cour de justice a ajouté de la confusion à la confusion. Cherchant un impossible compromis entre approche par l'objet et celle par les effets, la Cour a annulé l'arrêt du Tribunal, en rappelant que, si les rabais de fidélité constituent en principe des abus de position dominante, il n'en va pas ainsi lorsque les parties, éléments de preuve à l'appui, soutiennent que leurs rabais n'ont pas eu pas la capacité de restreindre la concurrence. Dans ce dernier cas, l'analyse doit être « précisée » et la Commission doit examiner les circonstances factuelles qui entourent la pratique[60].

Plus récemment, deux arrêts du Tribunal de l'Union européenne ont encore ajouté de la confusion. Dans l'arrêt *Google Shopping*, le Tribunal de l'Union européenne a retenu qu'en matière d'abus de position dominante, la recherche des effets anticoncurrentiels était indispensable et qu'on ne saurait sanctionner des pratiques unilatérales du fait de leur objet anticoncurrentiel[61]. Pour autant, on aurait tort de penser la question réglée : d'une part, parce qu'il s'agit là de la position du Tribunal, qui pourrait ne pas être reprise par la Cour ; d'autre part, parce que le Tribunal lui-même développe une argumentation qui n'est pas dénuée d'ambiguïté. Selon le Tribunal, les effets anticoncurrentiels peuvent n'être que « potentiels ». Pour illustrer cette réalité, le Tribunal expose qu'il existe des comportements qui seraient « *en principe anticoncurrentiels* » et cite à cet égard les engagements d'achat exclusifs ou encore les rabais de fidélité. On comprend en filigrane que ces comportements sont cités à titre d'exemples de ceux qui, en principe, génèrent des effets potentiels. Pour ceux-ci, il appartiendrait à l'entreprise dominante de contester que « *son comportement [ait] eu la capacité de restreindre la concurrence* » (point 439). On y verrait volontiers la marque d'une présomption d'effets, c'est-à-dire celle d'un objet anticoncurrentiel.

---

59 *JOUE* n° C 45 du 24 février 2009, p. 7.

60 Trib. UE, 2 juin 2014, *Intel Corp*, aff. T-286/09, EU:T:2014:547 ; suivi de CJUE, 6 septembre 2017, aff. C-413/14 P, EU:C:2017:632 ; v. aussi L. Idot, « Chronique Droit européen de la concurrence : pratiques anticoncurrentielles – Actualité de l'article 102 TFUE : quelles leçons tirer de la période et surtout de l'arrêt *Intel* ? », *RTD eur.* 2017, p. 792, pt 9 ; A.-L. Sibony, « Analyse économique : La Cour de justice de l'Union européenne, en Grande Chambre, ouvre le prétoire à l'analyse économique jugeant que, en matière de rabais fidélisants aussi, il faut prendre au sérieux l'analyse des effets d'éviction (*Intel*) », 6 septembre 2017, *Concurrences* n° 4-2017, art. n° 84985, pp. 90-96.

61 Trib. UE, 10 novembre 2021, aff. T-612/17, EU:T:2021:763.

Surtout, dans l'arrêt Intel, le Tribunal saisi sur renvoi après l'annulation prononcée par la Cour de justice, devait à nouveau statuer sur la licéité des rabais litigieux. Elle devait se conformer à la position de la Cour de justice et c'est ce qu'elle a fait. Constatant que les analyses menées par la Commission en vue de rechercher les effets anticoncurrentiels découlant des rabais étaient entachées de plusieurs erreurs factuelles, elle a conclu à l'impossibilité de pouvoir caractériser un abus de position dominante.

Pourtant, des éléments de son raisonnement intriguent. Alors que la Cour de justice n'avait pas utilisé le terme « présomption », le Tribunal y recourt. Il affirme que les effets restrictifs de concurrence découlant des rabais sont présumés et précise que la présomption est simple et qu'il n'y a pas d'interdiction per se (points 124 et 522). Il devrait donc s'en inférer un renversement de la charge de la preuve : celle-ci devrait peser sur les épaules de l'entreprise dominante, chargée de démontrer l'absence d'effets anticoncurrentiels provoqués par ses rabais. À défaut, l'entreprise dominante devrait supporter le risque de la preuve. Or telle n'est pas l'analyse du Tribunal. Selon le Tribunal, parce que l'entreprise dominante disposait d'éléments de preuve lui permettant de « soutenir » (et non de prouver…) que ses rabais n'avaient pas provoqué d'effets anticoncurrentiels, alors il incombait à la Commission de rechercher si les rabais « étaient capables ou susceptibles d'avoir des effets anticoncurrentiels » (point 523). C'est donc toujours sur la Commission que pèse le risque de la preuve. Le Tribunal s'en explique : il fallait préserver la présomption d'innocence…

En l'absence de renversement de la charge de la preuve, il n'y a nullement de « présomption simple », contrairement à ce qu'affirme le Tribunal dans cet arrêt. La réalité est autre : soit les parties disposent d'éléments de preuve faisant douter de l'existence d'effets anticoncurrentiels et, dans ce cas, le rabais sort du champ de la présomption ; l'autorité de la concurrence doit établir l'existence d'effet pour pouvoir le qualifier d'abus. Soit les parties ne disposent pas d'éléments de preuve faisant douter de l'existence d'effets anticoncurrentiels et, dans ce cas, le rabais est irréfragablement présumé avoir des effets anticoncurrentiels, ce qui revient à dire qu'il a un objet anticoncurrentiel. Si cette analyse est exacte, alors nous ne saurions y souscrire. L'opposition entre une présomption irréfragable et une absence de présomption est trop radicale et repose sur ces fameux « éléments de preuve » créant le doute, ce qui n'a pas grand sens.

Droit prospectif : l'objet anticoncurrentiel, une présomption simple ou irréfragable d'effets anticoncurrentiels ? Qu'il s'agisse d'entente ou d'abus de position dominante, le raisonnement est identique. La pratique est illicite car elle engendre une restriction de concurrence. Dans certains cas, cette restriction peut être présumée. Pour opter en faveur d'une présomption simple ou irréfragable, il convient, selon nous, de s'interroger sur la finalité de celle-ci.

S'agit-il d'offrir aux autorités de concurrence un outil d'allègement du fardeau probatoire ? Dans ce cas, la présomption doit être simple, ce qui permet aux entreprises de la renverser en démontrant qu'en réalité, au vu du contexte dans lequel la pratique s'inscrit, celle-ci ne restreint pas la concurrence sur le marché.

S'agit-il, au contraire, d'offrir aux entreprises un outil de sécurité juridique ? Dans ce cas, il apparaît pertinent d'établir une liste de pratiques (ententes et pratiques unilatérales) que l'on considère comme dotées d'un objet anticoncurrentiel et, partant, interdites, sans qu'il soit possible pour les uns ou les autres de renverser cette présomption. La présomption servira alors à la fois les intérêts des autorités et ceux des entreprises, en allégeant le fardeau probatoire qui pèse sur les uns et les autres et en donnant à la matière la prévisibilité qui lui fait souvent défaut.

Déterminer lequel de ces deux objectifs – probatoire ou de sécurité juridique – l'emporte sur l'autre permet de répondre à la question de savoir si la présomption doit être simple ou irréfragable.

Réjouissons-nous de terminer cette contribution en évoquant cette inclassable et insaisissable notion d'objet anticoncurrentiel. De toutes les discussions que nous avons pu avoir avec Laurence, de tous les thèmes abordés, allant du rôle dévolu aux autorités de concurrence à l'inexistant « droit public de la concurrence », en passant par les pouvoirs du ministre de l'Économie en droit de la concurrence, s'il est bien un sujet sur lequel nous avons toujours senti Laurence animée d'une passion, c'est celui de l'objet anticoncurrentiel. En apportant ici une modeste contribution à cette notion, nous voulions, une nouvelle fois, lui rendre hommage et la remercier pour son soutien.

Contrôler les GAF(M)AM : Le big bang du droit de la concurrence* ?

Emmanuelle Claudel**
Université Paris 2 Panthéon-Assas

Résumé

En Europe et dans le monde, la montée en puissance des GAFAM (devenus GAMAM) et la multiplication de leurs stratégies prédatrices obligent à questionner l'efficacité et l'adéquation des dispositifs législatifs et jurisprudentiels en vigueur. Si l'abondance et l'universalité des contentieux les concernant attestent d'un incontestable dynamisme et témoigne de la capacité des autorités de concurrence à se mobiliser, les multiples réflexions, réformes et projets en cours, dont l'emblématique projet de Digital Market Act (DMA) interrogent sur un véritable big bang du droit de la concurrence.

---

* Les pratiques anticoncurrentielles et le droit des concentrations seront seuls visés par les développements qui vont suivre. Mérite cependant d'être souligné le fait que, en France, le droit des pratiques restrictives de concurrence montre également son efficacité.

** Professeur de droit à l'Université Paris 2 Panthéon-Assas.

Les GAFAM, des Léviathans[1] incontrôlables. Les GAFAM ou GAMAM – acronyme désignant les cinq entreprises américaines du secteur de la technologie les plus populaires (Google, Apple, Facebook – devenu Meta le 28 octobre 2021 –, Amazon et Microsoft) – sont devenus des objets d'études et d'inquiétudes. Leur puissance économique sidère. La capitalisation des *big five* a dépassé en 2021 les 9 000 milliards de dollars[2]. Leur chiffre d'affaires s'envole[3]. Leurs bénéfices explosent[4].

Bien loin de se cantonner à leur domaine d'origine, les GAFAM se diversifient et investissent massivement dans des secteurs tels l'intelligence artificielle bien sûr, mais aussi le cloud, la messagerie en ligne, la réalité virtuelle, le streaming, la santé, la voiture électrique, la filière musicale, l'industrie du cinéma, la banque et le paiement, même s'ils semblent rencontrer ici quelques revers. La liste s'allonge chaque année et n'est pas près de se clôturer.

Cette expansion, rendue notamment possible par d'innombrables rachats de start-up innovantes, inquiète tous les acteurs de la société. Les acteurs économiques traditionnels vilipendent des formes de concurrence déloyale. À l'autre bout du spectre, les États y voient de possibles menaces à leur souveraineté et dénoncent leur « *rapport ambigu aux législations nationales* »[5]. Chacun tente d'y réagir : les autorités fiscales, en quête d'un impôt universel, les gardiens des données personnelles, les régulateurs financiers, et bien sûr, les autorités de concurrence, qui dénoncent les abus multiples des GAFAM.

Dans ce domaine, la prise de conscience est mondiale. Partout, on réfléchit[6], on légifère, on instruit et on sanctionne. Les États-Unis, longtemps attentistes, voire complaisants[7], s'éveillent avec force[8]. Un rapport du Congrès américain publié le 7 octobre 2020 a fait grand bruit, de même que la nomination en juin 2021 de Lina Khan, ardente figure de la lutte contre les GAFAM, comme présidente de la Federal Trade Commission (FTC), l'autorité américaine de la concurrence.

---

1 L'expression est empruntée à l'un des cofondateurs de Facebook, Chris Hughes, dans une tribune publiée dans *The New York Times* le 9 mai 2019, « It's Time to Break Up Facebook ».

2 Microsoft et Apple dépassant chacun les 2 milliards et Facebook le milliard de dollars.

3 Ainsi, l'App Store d'Apple a permis de générer 643 milliards de dollars en 2020.

4 Les GAFAM auraient par exemple réalisé 5 milliards de dollars de profits pendant le seul second trimestre de 2021, en hausse de + 88 %.

5 V. le rapport du Conseil d'État n° 7 (2019-2020) de M. G. Longuet, déposé le 1er octobre 2019, « Le devoir de souveraineté numérique », et son annexe 1, « Les GAFAM ou le paroxysme de la puissance économique face à l'État ».

6 V. les multiples rapports consacrés à la question et not. J. Furman *et al.*, « Unlocking digital competition, Report of the Digital Competition Expert Panel », 2019 ; J. Crémer, Y.-A. de Montjoye et H. Schweitzer, « Competition policy for the digital era », DG Competition, 2019 ; Rapport d'information sur les plateformes numériques, présenté par Mme V. Faure-Muntian et M. D. Fasquelle le 24 juin 2020 (doc. AN n° 3127).

7 C. Prieto a qualifié le droit antitrust américain de « *tétanisé* », in « Numérique et abus de position dominante », colloque Concurrences & Numérique (Univ. Littoral Côte d'Opale, dir. M. Blanchard, 25 janvier 2019), *CDE* n° 3, mai 2019, dossier 18.

8 J.-C. Roda parle à ce propos de « *changement de cap* », in « Un an de droit de la concurrence dans l'univers numérique », *Comm. com. électr.* n° 10, octobre 2021, chron. 11.

Pour tenter de contrôler les pratiques abusives ou l'expansion des Big Tech, le droit de la concurrence, que l'on dit « *à la croisée des chemins* »[9] et « *mis à l'épreuve* »[10], se mobilise à l'extrême. Les autorités de concurrence se dotent d'outils numériques (*data scraping, machine learning*[11]) et de services dédiés[12] et usent de toutes les possibilités offertes par le droit des pratiques anticoncurrentielles pour sanctionner les abus (I.). Le droit des concentrations ayant montré ses limites face à la frénésie acheteuse de ces entreprises, des réformes sont en cours ou déjà opératoires pour en augmenter l'impact (II.). Malgré cela, une sorte de procès en insuffisance lui est fait face à la dynamique quasi incontrôlable des marchés numériques. Une régulation se dessine, posant la question du dépassement du droit de la concurrence (III.)

I. La sanction des abus des GAFAM : Le droit de la concurrence (sur)mobilise[13]

Les procédures contre les GAFAM se multiplient à travers le monde et se superposent, avec l'objectif de dissuader leurs comportements abusifs à force de sanctions cumulées et d'inciter à la modification de leurs modèles commerciaux (1.). Pourtant, le droit de la concurrence est paradoxalement mis en cause dans son efficacité (2.).

1. L'activisme décisionnel contre les GAFAM, un argument/une preuve d'efficacité[14]

Pour endiguer les comportements anticoncurrentiels des GAFAM, la notion d'abus de position dominante est largement mobilisée[15], dans sa double composante d'abus d'éviction et d'abus d'exploitation. Il faut aussi noter l'usage remarquable de la notion d'abus de dépendance économique à l'encontre des géants du numérique[16]. Cela sera illustré à travers les exemples contentieux qui vont suivre et qui concernent Google (A.), Apple (B.), Facebook (C.), Amazon (D.) et même Microsoft (E.).

9 D. Fasquelle, « Le droit de la concurrence à la croisée des chemins face à l'émergence du numérique », *Contrats, conc., consom.* n° 7, juillet 2019, dossier 11.

10 L. Arcelin, « Le droit de la concurrence mis à l'épreuve par le numérique », *JCP E* 2019, p. 24.

11 *Le Monde*, 15 février 2021.

12 L'Autorité française a par exemple créé en janvier 2020 le Service de l'économie numérique et a signé une convention avec le Pôle d'expertise de la régulation numérique (PEReN) le 11 mai 2021, précisant les conditions dans lesquelles le PEReN mettra à disposition de l'Autorité de la concurrence son assistance technique pour l'aider à accomplir ses missions. En Angleterre, une Digital Markets Unit a également été créée.

13 C. Verdure et A. von Moltke, « Les plateformes numériques et l'article 102 TFUE : quels enjeux sous l'angle du contentieux ? », in V. Giacobbo-Peyronnel et C. Verdure (dir.), *Contentieux du droit de la concurrence de l'Union européenne : Questions d'actualité et perspectives*, Bruxelles, Bruylant, 2017, pp. 162 à 204. V. aussi l'intéressant ouvrage de N. Petit, *Big Tech & the Digital Economy: The Moligopoly Scenario*, Oxford, Oxford University Press, 2020. L'auteur considère que la pression technologique pourrait imposer possiblement aux entreprises un degré d'incertitudes équivalent à la pression concurrentielle.

14 M. Malaurie-Vignal, « Concurrence et numérique : un foisonnement d'idées pour dominer les géants », *Comm. com. électr.* n° 10, octobre 2021, p. 5.

15 V. C. Prieto, préc. ; A.-S. Choné-Grimaldi, « Les abus de position dominante dans le secteur numérique (réflexions à partir de la décision Google-Android) », *D.* 2020, p. 343.

16 Sur cette question, A.-S. Choné-Grimaldi, « Les géants du numérique face à l'interdiction des abus de dépendance économique : Les Français contre-attaquent », *Concurrences* n° 4-2020, art. n° 97016, p. 84.

A. *Google : Cible privilégiée*

Google, opérateur verticalement intégré et présent sur de multiples marchés, fait l'objet d'un impressionnant feu croisé d'actions contentieuses. L'opérateur a déjà fait l'objet de trois décisions de sanctions retentissantes et abondamment commentées entre 2017 et 2019. La première est l'affaire *Google Shopping*, en date du 27 juin 2017, dans le cadre de laquelle l'entreprise a été sanctionnée à une amende de 2,42 milliards d'euros pour une pratique d'autopréférence : elle a accordé une position de premier plan à son propre service de comparaison de prix dans ses résultats de recherches, tout en rétrogradant les services de ses rivaux[17]. La deuxième est l'affaire *Android*, en date du 18 juillet 2018, où elle fut condamnée à une amende de 4,34 milliards pour avoir imposé des restrictions illégales aux fabricants d'appareils Android et aux opérateurs de réseaux mobiles. L'entreprise a cherché à consolider sa position dominante sur le marché de la recherche générale sur l'internet en favorisant son application de recherche *Google Search* et son navigateur Google Chrome[18]. La dernière est la décision *Google AdSense* du 20 mars 2019, qui l'a condamnée à une amende de 1,49 milliard d'euros pour avoir abusé de sa position dominante sur le marché de la publicité en ligne en imposant des clauses restrictives dans les contrats passés avec des sites web tiers. Depuis juin 2021, Google fait en outre l'objet d'une enquête sur un possible comportement anticoncurrentiel dans le secteur des technologies de publicité en ligne[19].

Au-delà de la Commission européenne, un véritable activisme décisionnel est à l'œuvre dans les différents États de l'Union. En France, en particulier, de nombreuses décisions[20] ont été rendues sur le terrain de l'abus d'exploitation : pratiques discriminatoires ou ruptures brutales, rendues possibles par l'opacité des règles de fonctionnement imposées aux partenaires de Google, en particulier sur le marché de la publicité en ligne[21] ; faveur pour ses propres services dans le secteur de la publicité sur internet, en accordant un traitement préférentiel à ses technologies propriétaires proposées sous marque *Google Ad Manager*[22]. L'affaire sur les « droits voisins » est tout aussi célèbre : sommée le

---

17 Cette décision a été largement confirmée par le Tribunal de l'Union dans un arrêt du 10 novembre 2021, aff. T-612/17, EU:T:2021:763.

18 Ce grief a également donné lieu à une décision de sanction de la part de l'autorité de concurrence sud-coréenne le 14 septembre 2021.

19 Comm. eur., communiqué IP/21/3143 du 22 juin 2021, « Pratiques anticoncurrentielles : la Commission ouvre une enquête sur un possible comportement anticoncurrentiel de Google dans le secteur des technologies de publicité en ligne ».

20 V. notre chronique, « Numérique : le droit de la concurrence français à l'offensive », *RTD com.* 2020, p. 806.

21 Aut. conc., déc. n° 19-MC-01 du 31 janvier 2019 relative à une demande de mesures conservatoires de la société Amadeus ; Aut. conc., déc. n° 19-D-26 du 19 décembre 2019 relative à des pratiques mises en œuvre dans le secteur de la publicité en ligne liée aux recherches (amende de 150 millions) ; Aut. conc., déc. n° 10-MC-01 du 30 juin 2010 relative à la demande de mesures conservatoires présentée par la société Navx ; Aut. conc., déc. n° 15-D-13 du 9 septembre 2015 relative à une demande de mesures conservatoires de la société Gibmedia. V. aussi F. Marty, « Abus d'éviction : L'Autorité de la concurrence prononce des mesures conservatoires en faveur d'un éditeur de site internet à la suite d'une suspension potentiellement abusive de son compte sur le marché de la publicité en ligne liée à la recherche (*Amadeus / Google*) », 31 janvier 2019, *Concurrences* n° 2-2019, art. n° 90417, pp. 81-83.

22 Aut. conc., déc. n° 21-D-11 du 7 juin 2021 relative à des pratiques mises en œuvre dans le secteur de la publicité sur Internet (amende de 220 millions d'euros). La présidente de l'Autorité a fait valoir que « *[l]a décision sanctionnant Google a une signification toute particulière car il s'agit de la première décision au monde se penchant sur les processus algorithmiques complexes d'enchères par lesquels fonctionne la publicité en ligne "display"* ». Notons que Google n'a pas contesté les faits et a en sus pris des engagements.

9 avril 2020 dans un cadre conservatoire de négocier de bonne foi avec les éditeurs de presse afin de leur assurer une rémunération pour la reprise d'extraits de leur contenu sur son moteur de recherche[23], Google s'est vu infliger, quinze mois plus tard, une amende de 500 millions d'euros pour ne pas avoir respecté l'injonction qui lui avait été adressée[24]. L'autorité française n'est pas isolée : des décisions et amendes ont également été prononcées à l'encontre de Google par l'autorité italienne de concurrence (AGCM)[25], l'autorité espagnole (CNMC)[26] et le Bundeskartellamt[27].

Hors Union européenne, la CMA britannique (Competition and Markets Authority) a lancé une enquête en janvier 2021 sur les propositions de Google visant à supprimer les cookies tiers (Privacy Sandbox), au motif qu'elles sont susceptibles de renforcer le pouvoir de marché de l'entreprise en privant les éditeurs de contenus des revenus que leur procure la publicité en ligne[28]. Aux États-Unis, de multiples contentieux ont pour cible le contrôle exercé par Google sur le Play Store, et en particulier la commission prélevée par l'entreprise sur les ventes d'applications[29]. L'entreprise est également accusée d'avoir imposé de façon déloyale ses outils dans le commerce en ligne et de maintenir de façon illégale un monopole sur le marché de la recherche en ligne en favorisant ses propres services dans ses résultats de recherche au détriment de ceux de ses concurrents notamment dans le voyage et la météo. Mais il faut aussi citer des contentieux initiés en Australie[30], en Inde[31], en Russie[32]

---

23 Aut. conc., déc. n° 20-MC-01 du 9 avril 2020 relative à des demandes de mesures conservatoires présentées par le Syndicat des éditeurs de la presse magazine, l'Alliance de la presse d'information générale e.a. et l'Agence France-Presse, approuvée par CA Paris, 8 octobre 2020, RG 20/08071. Google s'est vu reprocher d'avoir imposé aux éditeurs de presse une rémunération nulle, à rebours des objectifs de la directive du 17 avril 2019 et de la loi de transposition française en date du 25 juillet 2019. V. aussi M. Cartapanis, « Discrimination : L'Autorité de la concurrence prononce au profit des agences et des éditeurs de presse des mesures conservatoires à l'encontre d'une entreprise susceptible d'avoir abusé de sa position dominante sur le marché français des services de recherche généraliste (*Google / Syndicat des éditeurs de la presse magazine, Alliance de la presse d'information générale et Agence France-Presse*) », 9 avril 2020, *Concurrences* n° 3-2020, art. n° 96039, pp. 101-103.

24 Aut. conc., déc. n° 21-D-17 du 12 juillet 2021 relative au respect des injonctions prononcées à l'encontre de Google dans la décision n° 20-MC-01 du 9 avril 2020.

25 Le 15 mai 2021, celle-ci a prononcé une amende de 102 millions d'euros à l'encontre de Google pour avoir refusé d'accepter sur sa plateforme Google Play une application tierce permettant de trouver des bornes de recharge pour les voitures électriques. Elle a aussi lancé une enquête contre Google en supposant un abus de position dominante sur le marché de la publicité display.

26 CNMC, 13 avril 2021, *Eurozener c/ Google*, aff. n° S/0007/20.

27 L. Lehoczky-Deckers, A. Reindl et K. Bongs, « The Munich Regional Court issues two preliminary injunctions regarding a cooperation agreement that has the effect of restricting competition on the market for health portals (*Google / German Ministry of Health*) », 10 février 2021, *e-Competitions* February 2021, art. n° 99588.

28 CMA, communiqué de presse du 8 janvier 2021, « CMA to investigate Google's "Privacy Sandbox" browser changes ». En réponse, Google a proposé des engagements qui ont été acceptés par la CMA dans le cadre d'un avis provisoire publié le 11 juin 2021 (« Notice of intention to accept commitments offered by Google in relation to its Privacy Sandbox Proposals, Case Number 50972 »).

29 *Le Monde*, 7 janvier 2021.

30 La Cour fédérale a approuvé l'autorité de concurrence, qui avait déposé plainte contre Google, et considéré le 16 avril 2021 que Google a trompé les utilisateurs d'Android en 2017 et 2018 au sujet de la collecte de leurs données (AFP, 16 avril 2021).

31 La Competition Commission of India (CCI) a lancé des poursuites contre Google pour son application (CCI, 22 juin 2021, *Google / Xiaomi / TCL*, no 19 of 2020).

32 La FAS a ouvert une procédure contre Google, accusée d'abuser de sa position dominante sur le marché des services d'hébergement de vidéos YouTube en bloquant soudainement ou en supprimant des comptes d'utilisateurs et des contenus, et ce, de manière non transparente.

et en Corée du Sud[33]. À chaque fois, ce sont les mêmes pratiques qui sont reprochées à Google par les différentes autorités de concurrence à travers le monde.

B. *Apple dans l'œil du cyclone*

Apple fait également l'objet de plaintes multiples, qui pour beaucoup ont en commun de viser l'Apple Store, le magasin d'applications par lequel les utilisateurs d'iPad et d'iPhone doivent passer pour installer des applications. En Europe, une plainte de Spotify a donné lieu à l'envoi d'une communication des griefs le 30 avril 2021 concernant les règles de l'App Store applicables aux fournisseurs de musique en continu et en particulier l'entrave faite à l'utilisation de moyens de paiement moins onéreux que ceux proposés par l'Apple Pay[34]. Les mêmes faits sont à l'origine de la célèbre plainte déposée aux États-Unis par Epic Games[35], ainsi que de l'injonction prononcée par l'autorité de concurrence russe (FAS) le 30 août 2021 de cesser d'interdire aux développeurs d'applications d'informer les clients sur les méthodes de paiement alternatives dans les applications de l'App Store. Le 4 mars 2021, la CMA a également ouvert une enquête contre Apple afin de déterminer si l'App Store impose aux développeurs des « conditions injustes et anticoncurrentielles ». En Allemagne, outre le fonctionnement de l'Apple Store, c'est le système d'exploitation propriétaire d'Apple qui fait aujourd'hui l'objet d'investigations[36], tandis que l'autorité française a prononcé, le 14 mars 2020, une sanction pécuniaire de 1,1 milliard d'euros à l'encontre de la firme pour s'être rendue coupable d'ententes au sein de son réseau de distribution et d'abus de dépendance économique vis-à-vis de ses revendeurs indépendants « premium »[37]. Depuis peu, un autre front s'est ouvert contre Apple en France : celui de la gestion des cookies, qui fait écho aux préoccupations exprimées à l'égard de Google et sa Privacy Sandbox[38]. Notons enfin

---

33 Google a été sanctionnée le 14 septembre 2021 à une amende de 150 millions d'euros pour avoir entravé la liberté des fabricants de smartphones d'installer des versions modifiées d'Android sur leurs appareils.

34 Sont visées l'interdiction faite aux développeurs d'informer les utilisateurs qu'ils disposent d'autres moyens d'achat moins onéreux ainsi que l'imposition d'une commission de 30 % sur les abonnements payants, alors que son propre service, Apple Music, en est exonéré.

35 Epic Games, qui avait tenté de contourner la commission de 30 % perçue par Apple en développant sa propre monnaie virtuelle moins chère, a été supprimée de la plateforme. Sa plainte a été appuyée par d'autres développeurs tels que Tinder et Deezer, réunis dans la Coalition for App Fairness. Le 10 septembre 2021, la Cour a jugé anticoncurrentiel le fait qu'Apple empêche les développeurs de jeux vidéo et d'applications mobiles de rediriger les consommateurs vers leurs propres sites Web et moyens de paiement. Pour une présentation de cette affaire et une réflexion sur le droit de la concurrence confronté au numérique, v. W. Chaiehloudj, « Le droit de la régulation numérique marginalisera-t-il le droit de la concurrence ? Réflexions à la lumière de l'affaire *Epic Games c/ Apple* », *Concurrences* n° 3-2021, art. n° 101309.

36 N. Renaud, « Apple à son tour dans le viseur du gendarme allemand de la concurrence », *Les Echos*, 21 juin 2021.

37 Aut. conc., déc. n° 20-D-04 du 16 mars 2020 relative à des pratiques mises en œuvre dans le secteur de la distribution de produits de marque Apple.

38 L'autorité française instruit actuellement une affaire afin de s'assurer que le traitement différencié entre le recueil du consentement de l'utilisateur pour les services publicitaires d'Apple et celui des services publicitaires tiers ne constitue pas une pratique anticoncurrentielle, notamment en ce qu'il traduirait de la part d'Apple une forme de discrimination ou de « *self-preferencing* ». Dans une déc. n° 21-D-07 du 17 mars 2021, l'Autorité a refusé d'accorder les mesures conservatoires sollicitées mais a décidé de poursuivre l'examen de l'affaire au fond. V. aussi F. Marty, « Abus d'éviction : L'Autorité de la concurrence rejette une demande de mesures conservatoires dans le secteur de la publicité en ligne mais poursuit son instruction au fond pour s'assurer que les dispositifs de recueil du consentement au traçage

qu'en avril 2021, la FAS a condamné Apple à une amende de 10 millions pour avoir favorisé ses propres applications sur son système d'exploitation iOS par rapport à ses rivaux.

C. *Facebook : De multiples griefs*

La décision du Bundeskartellamt en date du 7 février 2019 ayant condamné Facebook, considérée comme dominante sur le marché des réseaux sociaux, pour avoir collecté et fusionné de manière extensive les données des utilisateurs provenant de différentes sources (Facebook, WhatsApp et Instagram) en violation du règlement général sur la protection des données (RGPD), a fait grand bruit. On sait que le tribunal de commerce de Düsseldorf a annulé cette décision au motif qu'une violation du RGPD ne saurait suffire à établir une faute concurrentielle, avant que la Cour fédérale de justice la confirme le 23 juin 2020, au terme d'une analyse plus classiquement concurrentielle. Bien d'autres procédures sont cependant ouvertes, pour ventes liées en Allemagne[39], pour savoir si la plateforme a utilisé les données publicitaires recueillies auprès d'annonceurs présents sur ses plateformes afin de les concurrencer sur leurs propres marchés en Angleterre[40] et en Europe[41], et pour avoir imposé des conditions anticoncurrentielles aux développeurs d'applications tierces[42], banni les fonctionnalités lui faisant de l'ombre ou interdit de renvoyer à des réseaux concurrents[43] aux États-Unis.

D. *Amazon : Le début des ennuis*

En Europe, La Commission a également ouvert plusieurs enquêtes concernant le rôle dual d'Amazon, à la fois place de marché et vendeuse sur son site, ce qui lui donne accès à un très grand nombre de données[44], ou concernant sa Buy Box, qui permet d'acheter en un clic un article auprès de l'un des vendeurs proposant le produit recherché[45]. Le Bundeskartellamt examine quant à lui dans quelle mesure Amazon

---

mis en place par la plateforme structurante ne conduisent pas à des phénomènes d'auto-préférence (*Interactive Advertising Bureau France, Mobile Marketing Association France, Union des Entreprises de Conseil et Achat Media et Syndicat des Régies Internet*) », 17 mars 2021, *Concurrences* n° 2-2021, art. n° 100398, pp. 94-96.

39 Au cœur de l'affaire traitée par le Bundeskartellamt, un accord signé avec la plateforme Oculus qui subordonnerait l'utilisation des lunettes de réalité virtuelle de cette dernière au fait que l'utilisateur dispose également d'un compte Facebook.

40 CMA, communiqué de presse du 4 juin 2021, « CMA investigates Facebook's use of ad data ».

41 Comm. eur., communiqué IP/21/2848 du 4 juin 2021, « Pratiques anticoncurrentielles : la Commission ouvre une enquête sur un éventuel comportement anticoncurrentiel de Facebook ».

42 « *[A]près avoir ouvert l'accès à sa plate-forme afin de gagner des utilisateurs, Facebook l'a fermé pour certains services jugés concurrents* » (A. Piquard, « Facebook menacé de démantèlement aux États-Unis », *Le Monde*, 10 décembre 2020).

43 C. Cuvelliez et J.-J. Quisquater, « La stratégie de Facebook, c'est acquérir, copier ou tuer », Tribune au journal *Le Monde*, 21 décembre 2020.

44 Notification de griefs du 10 novembre 2020.

45 Pour qu'un vendeur tiers puisse en bénéficier et que ses produits soient acheminés dans les vingt-quatre heures, dans le cadre de l'offre Prime, il est contraint de recourir aux services logistiques payants d'Amazon. Il semble que l'entreprise soit prête à des engagements.

influence les prix des vendeurs sur Amazon Marketplace au moyen de mécanismes de contrôle des prix et d'algorithmes et s'intéresse également aux accords conclus entre la plateforme et les fabricants de marques, y compris Apple, qui excluent les vendeurs tiers de la vente de produits de marque sur Amazon Marketplace. Ce même comportement a déjà été sanctionné par l'autorité italienne, à hauteur de 200 millions d'euros[46]. Cette dernière, très investie dans la lutte contre les abus des GAFAM, a également prononcé une amende de 1,12 milliard d'euros le 5 décembre 2021 pour avoir consenti des avantages aux vendeurs de sa plateforme qui choisissent d'expédier leurs produits depuis ses centres de distribution (label Prime), aux dépens d'autres sociétés spécialisées dans la logistique. Les ennuis d'Amazon ne s'arrêtent pas là : aux États-Unis également, la firme se voit reprocher une clause par laquelle elle interdirait aux entreprises de vendre leurs produits moins chers ailleurs que sur sa plateforme ainsi que le taux de commission excessif qu'elle prélève[47].

E. *Microsoft : Le retour ?*

Microsoft semblait le grand absent des contentieux en cours, alors qu'il fut le premier GAFAM à avoir été sanctionné en 2005 par la Commission européenne. La trêve est peut-être finie : des éditeurs de presse ont porté plainte contre l'entreprise devant la Commission européenne pour avoir abusé de sa position dominante en préinstallant One Drive et Teams avec Windows[48].

On le voit, les GAFAM ou GAMAM sont poursuivis partout. Leurs pratiques, largement identiques d'un État à l'autre[49], font l'objet d'une lecture similaire sur tous les continents. Elles sont sanctionnées sévèrement et cumulativement, ou amendées avec leur concours. Cet universalisme de la répression et cette intense mobilisation semblent illustrer le dynamisme et l'efficacité du droit antitrust, jusqu'à l'excès selon certains. Il a été fait remarquer que plus de la moitié des enquêtes nouvellement ouvertes par la Commission concernaient les marchés numériques[50] et que les quatre GAFA faisaient l'objet du tiers des enquêtes antitrust. Pourtant, ce droit est contesté dans cette efficacité.

2. La critique paradoxale : Un droit entravé[51]

Le projet de règlement Digital Markets Act (DMA) publié en décembre 2020 – dont il sera fait mention dans la suite de ces développements – est sévère avec

46 *Les Echos*, 23 novembre 2021.

47 Plainte déposée en mai 2021 par le procureur général de l'État de Washington, D.C.

48 Z. Tazrout, « Des éditeurs de logiciels portent plainte contre Microsoft », *Siècle Digital*, 1er décembre 2021

49 Pour une typologie des abus susceptibles d'être commis par les entreprises dominantes de la Tech, v. C. Prieto, préc.

50 15/28, soit 54 % des affaires. V. B. Van Rompuy, « Is There Too Much Focus on Digital Markets? », éditorial de la revue *CoRe*, vol. 5, n° 3, 2021, p. 179.

51 M. Cousin et A. Azzi, « La régulation des plateformes digitales et les limites du droit de la concurrence », *RLC* 2019/89, n° 3696.

le droit de la concurrence, jugé inefficace contre les GAFAM[52]. La critique peut paraître excessive et paradoxale, au regard des contentieux multiples dont il vient d'être fait état et qui, par leur conjugaison, commencent à porter leurs fruits. Il demeure que le droit de la concurrence peut apparaître entravé, tant dans ses objectifs (A.) que dans ses conditions de fond (B.) et de mise en œuvre (C.).

A. *Un droit entravé par les objectifs qui lui sont assignés*

Les objectifs poursuivis par le droit antitrust font en Europe[53] l'objet de débats en doctrine[54] et en jurisprudence[55]. Il demeure que le paradigme du « *consumer welfare* »[56] occupe dans cette matière une place centrale, en particulier à la lecture des orientations publiées par la Commission européenne aux pratiques d'éviction. La difficulté est que, sur un terme court, les pratiques des Big Tech peuvent s'avérer favorables aux consommateurs, en raison de la multiplicité et de la gratuité des nouveaux services qu'elles offrent. À plus long terme cependant, cet intérêt n'est plus si évident, car « *l'impact d'une entreprise comme Amazon sur le marché et sur la société peut s'avérer négatif, la compétitivité et l'innovation pouvant se trouver lourdement handicapées en raison du blocage du marché* »[57]. Si l'innovation, au cœur de leur activité, est traditionnellement prise en compte dans l'analyse des autorités de concurrence, une correcte appréhension de leur activité suppose une ouverture à d'autres intérêts, tels que la protection des données personnelles[58]. Même si les résistances à une lecture plus holistique des intérêts en présence restent vives et bien argumentées[59], nous souscrivons à une telle ouverture.

---

52 L. Arcelin, « La régulation des *gatekeepers* par la proposition de Digital Markets Act (DMA) », *RLC* 2021/104, n° 4015.

53 Ces débats sont cependant moins radicaux que ceux opposant aux États-Unis les partisans de l'École de Harvard et ceux de l'École de Chicago.

54 Pour ex. M. Behar-Touchais, N. Charbit et R. Amaro (dir.), *À quoi sert la concurrence ?*, Paris, Concurrences, 2014, déc. 2006 ; J.-P. Chazal, T. Picot et D. Waked, « L'ambivalence des finalités et des instruments techniques du droit de la concurrence », *CDE* n° 3 mai 2013, entretien 3 ; J.-C. Roda, « Réflexions sur les objectifs du droit français de la concurrence », *D.* 2018, p. 1504.

55 Trib. UE, 27 septembre 2006, *GlaxoSmithKline Services Unlimited c/ Commission*, aff. T-168/01, EU:T:2006:265, pt 118 ; CJCE, 6 octobre 2009, *GlaxoSmithKline c/ Commission*, aff. jtes C-501/06 P, C-513/06P, C-515/06 P et C-519/06 P, EU:C:2009:610, pts 59-60, 62-64.

56 V. H. Hovenkamp, « Is Antitrust's Consumer Welfare Principle Imperiled? » (2019) ; G. J. Werden, « Back to School: What the Chicago School and New Brandeis School Get Right » (2018) ; B. C. Lynn, « The Consumer Welfare Standard in Antitrust: Outdated or a Harbor in a Sea of Doubt? », Testimony before the Senate Committee on the Judiciary (2017).

57 Certains auteurs préconisent une ouverture beaucoup plus large. Ainsi D. Fasquelle considère-t-il que doivent être prises en compte « *la baisse de qualité, la baisse de la protection des données personnelles, la diminution de nouvelles entrées sur le marché, une moindre expression de la diversité des points de vue politique[s], une baisse des investissements dans l'innovation peuvent être autant d'éléments de preuve d'un pouvoir de marché excessif, diminuant le bien-être du consommateur* », Le droit de la concurrence à la croisée des chemins face à l'émergence du numérique », Contrats, conc., consom. juill. 2019, n° 7, article 11.
V. aussi F. G'Sell, « Remarques sur les aspects juridiques de la "souveraineté numérique" », *Revues des Juristes de Sciences Po*, n° 19, octobre 2020, n° 13.

58 V. not. M. Blanchard, « Le numérique au carrefour de différents enjeux. L'exemple de la protection des données personnelles », colloque Concurrences & Numérique, préc. ; V. Giovannini, « La sollicitation ATT d'Apple, ou l'avènement de la vie privée dans le contentieux de concurrence », *Contrats, conc., consom.* n° 6, juin 2021, comm. 105 ; B. Deffains, « Le virage de l'antitrust », *JCP G* 2021, doctr. 67.

59 V. D. Bosco, « La régulation concurrentielle des GAFA, le droit et les droits », in E. Claudel (dir.), « La concurrence dans tous ses états », 45e colloque de l'association Droit & Commerce, *Gaz. Pal.* 15 septembre 2021, n° hors-série, p. 42.

B. *Un droit entravé dans ses conditions de fond*

Différents obstacles à une application du droit des pratiques anticoncurrentielles ont été identifiés, lorsqu'il s'agit d'interdire un abus de position dominante. Le premier est bien sûr la difficulté à définir un marché pertinent et l'identification d'un pouvoir de marché. Les GAFAM opèrent sur des marchés bifaces ou multifaces dans lesquels interviennent les consommateurs, mais aussi des annonceurs, des éditeurs de presse ou d'applications, des fabricants ou des vendeurs, etc. La face qui unit l'offre de la plateforme et la demande des consommateurs est généralement gratuite, rendant l'application du test du « monopoleur hypothétique » (ou SSNIP test pour « *small but significant and non-transitory increase of price* »), dans sa configuration classique, impossible. Par ailleurs, cette pluralité de faces rend plus complexe l'identification d'un pouvoir de marché[60]. Ces spécificités expliquent que la communication de 1997 sur la délimitation du marché pertinent apparaisse de peu d'utilité et largement obsolète. Sa refonte est donc à l'étude, afin de l'adapter, notamment, au contexte numérique[61]. Sans l'attendre, la pratique décisionnelle de certaines autorités a su évoluer[62] et certaines législations ont dégagé de nouveaux critères, tels que l'accès aux données et le pouvoir d'intermédiation, pour évaluer les positions dominantes[63]. Un autre obstacle est la difficulté à circonscrire des comportements abusifs : il est fait remarquer que « *les distorsions créées par les grandes plateformes ne sont pas forcément assimilables à un comportement (comme des ententes), mais [...] relèvent de la structure de marché elle-même, caractérisée par des effets de réseau et d'autres formes de barrières à l'entrée* »[64].

C. *Un droit entravé dans sa mise en œuvre*

Deux problèmes peuvent être identifiés. Le temps d'intervention des autorités de concurrence faisant application du droit des pratiques anticoncurrentielles est un temps trop long, tandis que les sanctions prononcées contre les GAFAM sont jugées insuffisamment dissuasives.

---

60 J.-C. Roda, « Les limites à la libre concurrence en ligne : le droit de la concurrence entre sur-utilisation et tâtonnements », *Dalloz IP/IT* 2021, p. 314.

61 Le 3 avril 2020, la Commission européenne a publié une feuille de route ayant donné lieu à consultation publique (résumé de l'évaluation publié le 12 juillet 2021 (SWD(2021)200), dont les volumineux résultats ont été publiés le 12 juillet 2021 (SWD(2021) 199 final). Notons que la pratique décisionnelle a anticipé cette refonte).

62 Dans la décision *Google Android*, la Commission européenne a étudié la réaction de consommateurs en cas de baisse légère de qualité d'Android, se posant la question dans cette hypothèse d'un report du choix du consommateur vers Apple. En France, dans des décisions rendues en droit des concentrations, l'Autorité a défini un marché incluant les canaux de distribution en ligne et en magasins en identifiant la pression concurrentielle exercée par le canal en ligne sur les ventes physiques (Aut. conc., déc. n° 16-DCC-111 du 27 juillet 2016, *Fnac Darty*. V. aussi déc. n° 19-DCC-65 du 17 avril 2019 relative à la prise de contrôle conjoint de la société Luderix International par la société Jellej Jouets (Toys'R'Us)).

63 C'est le cas de l'Allemagne, avec la dixième réforme contre les restrictions de concurrence entrée en vigueur le 19 janvier 2021.

64 C. Hennion, « Rapport d'information sur le Digital market act », 22 juillet 2021 (doc. AN n° 4409), p. 11.

Le secteur numérique est sujet à d'intenses et rapides évolutions, que le droit de la concurrence peine à appréhender avec la vivacité requise[65]. De fait, les grandes affaires étudiées en droit européen notamment ont mis des années à aboutir. La décision *Google AdSense* par exemple a donné lieu à une décision en 2019 pour des pratiques datant de 2006. Les procès en cours contre Google aux États-Unis ne devraient quant à eux s'ouvrir qu'en 2023, pour des jugements espérés mi-2024 et des décisions d'appel ou devant la Cour suprême attendues en 2025 et 2026, selon William Kovacic, ancien président de la FTC[66]. Or, « *[c]inq ans, sept ans, peut-être plus, c'est l'infini quand on parle du numérique : ça ne fonctionne pas* »[67]. Pour parer à cette lenteur, deux voies procédurales émergent, qui ont montré leur efficacité.

La première est le référé concurrence[68], pourtant largement inexploité en droit européen[69]. On sait que l'article 8, paragraphe 1, du règlement (CE) n° 1/2003, qui autorise le prononcé de mesures provisoires, est resté inappliqué jusqu'à la décision *Broadcom* du 16 octobre 2019[70]. De multiples appels à la réforme ont été lancés, afin d'en déverrouiller les conditions d'application[71]. La France apparaît plus réactive en ce domaine[72], et a même vocation à devenir *pro-active* avec la possibilité qui lui est désormais reconnue de se saisir d'office dans un cadre conservatoire. Avec la Belgique, elle est un des rares pays à utiliser le référé concurrence, notamment dans le secteur du numérique[73]. Notons par ailleurs qu'une voie

65 Sur ce thème, v. « Urgence et concurrence : Les autorités de concurrence peuvent-elles intervenir à temps ? », séminaire « Procédure et concurrence » organisé par *Concurrences*, 3 février 2020 ; L. Idot, « Urgence et concurrence : Mesures provisoires, référés-suspension… Toujours trop tard ? (Demain la concurrence – Paris, 11 juin 2018) », *Concurrences* n° 3-2018, art. n° 87848. V. aussi E. Claudel, « La temporalité des règles de concurrence est-elle adaptée au numérique ? », colloque Concurrences & Numérique, préc.

66 Propos relatés dans le journal *Le Monde* en date du 7 janvier 2021, A. Piquard, « Antitrust et régulation, le marathon judiciaire et politique des GAFA ».

67 S. Soriano, in « La régulation des plateformes numériques », conférence organisée par la chaire Innovation & Régulation des services numériques, 7 avril 2015.

68 R. Masquelier, « After 19 Years of Complete Oblivion, Are Interim Measures the European Commission's New Panacea to Enforce Article 102 TFEU in the Digital Age? », *CoRe*, vol. 5, n° 1, 2021, p. 24.

69 Cette situation a été dénoncée à plusieurs reprises par le Sénat. V. not. Rapport n° 674 (2016-2017) de M. P. Bonnecarrère, fait au nom de la commission des affaires européennes, déposé le 20 juillet 2017, Pour une réforme des conditions d'utilisation des mesures conservatoires prévues par le règlement (CE) n° 1/2003 du Conseil relatif à la mise en œuvre des règles de concurrence.

70 Comm. eur., communiqué IP/19/6109 du 16 octobre 2019, « Pratiques anticoncurrentielles : la Commission impose des mesures provisoires à Broadcom sur les marchés des jeux de puces pour télévisions et modems ».

71 Le rapport rendu à la CMA sous la direction de J. Furman en mars 2019 sur le thème « Unlocking digital competition » suggère par exemple d'exclure la possibilité d'un examen au fond de la décision contestée et de limiter l'accès aux documents justifiant la décision de mesures provisoires à ceux qui sont cruciaux et clairement pertinents. V. aussi, pour la France, « Moderniser la politique européenne de concurrence », rapport d'information n° 603 du Sénat (2019-2020) de MM. A. Chatillon et O. Henno, fait au nom de la commission des affaires européennes et de la commission des affaires économiques, déposé le 8 juillet 2020.

72 Le Conseil puis l'Autorité de la concurrence ont fait usage de l'arme conservatoire plus de trente fois depuis l'an 2000 et s'en prévalent à juste titre, V. B. Lasserre, in « La régulation des plateformes numériques », préc.

73 On peut citer par exemple le contentieux *Google/Navx* (Aut. conc., déc. n° 10-MC-01 du 30 juin 2010, préc.), suivi d'une décision au fond (Aut. conc., déc. n° 10-D-30 du 28 octobre 2010 relative à des pratiques mises en œuvre dans le secteur de la publicité sur Internet) en lien avec l'application de la politique de contenus d'AdWords ; l'affaire *Google/Amadeus* (Aut. conc., déc. n° 19-MC-01 du 31 janvier 2019, préc., approuvée par CA Paris, 4 avril 2019, RG 19/03274) ; et bien sûr l'affaire des

judiciaire rapide a été introduite en Allemagne : le tribunal fédéral sera la première et dernière instance pour juger les affaires concernant les plateformes numériques.

Outre le référé, la procédure d'engagement offre une voie permettant un rétablissement rapide d'une situation concurrentielle altérée par l'hégémonie des GAFAM. Elle a été utilisée en Europe dans l'affaire du livre électronique d'Amazon[74]. En France, Facebook, mis en cause dans le secteur de la publicité en ligne en raison du manque de clarté et d'objectivité dans l'accès à ses services publicitaires, a proposé d'y recourir[75]. C'est aussi cette voie qui pourrait permettre la résolution de l'affaire des droits voisins concernant Google[76].

Ces deux procédures ont des traits communs. Outre leur rapidité à être mobilisées et à produire des résultats, elles évitent toutes deux un constat d'infraction. C'est là la condition à leur existence et à leur rapidité, en même temps que leur faiblesse : faute de motivation étayée à leur appui, les décisions rendues dans ces cadres perdent en vertu prophylactique et exposent à des faiblesses de raisonnement. Les décisions rendues au fond contre les GAFA, au niveau tant européen que national, montrent combien la motivation est essentielle, délicate et complexe.

Un dernier défaut fragilise le droit antitrust : les sanctions pécuniaires prononcées, bien qu'exprimées en centaines de millions voire en milliards d'euros et bien qu'elles s'additionnent sans limites au gré des contentieux multiples qui se nouent à travers le monde, ne seraient pas dissuasives[77]. Rapportées aux chiffres d'affaires affolants que nous avons mentionnés en introduction, elles ne constitueraient que des coûts d'exploitation pour les GAFAM[78]. C'est la raison pour laquelle le DMA, dans sa version votée par le Parlement en décembre 2021, en propose de plus élevées.

II. Le cantonnement des GAFAM : Le droit de la concurrence augmenté

Indépendamment des abus susceptibles d'être commis par les plateformes numériques, c'est la constitution de ces énormes conglomérats qui peut, en elle-même, inquiéter. Certes, il est traditionnellement affirmé que la position dominante n'est pas

---

droits voisins (Aut. conc., déc. n° 20-MC-01 du 9 avril 2020, préc., qui enjoint à Google de négocier de bonne foi avec les éditeurs de presse, approuvée par CA Paris, 8 octobre 2020, RG 20/08071). Google a été par la suite condamnée à une amende de 500 millions d'euros pour ne pas avoir respecté cette injonction (Aut. conc., déc. n° 21-D-17 du 12 juillet 2021, préc.) et semble aujourd'hui prête à prendre des engagements.

74 L'enquête formelle menée par la Commission a duré moins de deux ans et s'est terminée le 4 mai 2017 par des engagements juridiquement contraignants de la part d'Amazon, qui allaient même au-delà de la portée initiale de l'enquête (Comm. eur., communiqué IP/17/1223 du 4 mai 2017, « Pratiques anticoncurrentielles : la Commission accepte les engagements d'Amazon concernant les livres numériques »).

75 Test de marché ouvert en juin 2021.

76 À la suite de sa condamnation pour non-respect d'injonction (cf. *supra*), Google a proposé des engagements (communiqué de presse du 15 décembre 2021).

77 Cour des comptes européenne, Rapport spécial 24/2020, « Contrôle des concentrations dans l'UE et procédures antitrust de la Commission : la surveillance des marchés doit être renforcée », pp. 64-72.

78 Workshop DMA n° 1.

reprochable en elle-même. Appliqué aux Big Tech, l'axiome peut cependant sembler naïf : le pouvoir de marché considérable acquis par les plateformes numériques devient, en son principe, un problème. À ce problème, il existe deux réponses possibles. La première passe par une application offensive du droit des concentrations dans le cadre d'un contrôle remanié pour en augmenter la puissance, afin notamment de permettre l'appréhension et le contrôle des multiples opérations de rachat de start-up par les plateformes, qui phagocytent l'innovation (1.). La seconde, plus offensive encore mais plus controversée, est l'arme du démantèlement (2.)

1. Des outils pour mieux contrôler les opérations de rachat de start-up innovantes (les « *killer acquisitions* »[79])

La fièvre acheteuse des GAFAM est un phénomène souvent décrit et particulièrement remarquable. Des centaines de jeunes pousses sont rachetées chaque année, dans des perspectives souvent intégratives et consolidantes, mais quelquefois prédatrices. Dans le premier cas, les Big Tech cherchent à améliorer leurs produits ou à intégrer de nouveaux marchés ; dans le second, elles souhaitent se débarrasser d'un potentiel rival. Toutes les entreprises de la Big Tech s'y livrent de façon ininterrompue. On dénombre plus de 270 entreprises achetées par Google depuis 2001, plus de 200 par Microsoft. À lui seul, Facebook aurait acquis plus de 75 petites entreprises au cours des quinze dernières années. Amazon[80] et Apple[81], qui a dépensé 20,6 milliards de dollars en fusions et acquisitions depuis 2006[82], ne sont pas en reste. Quel que soit l'objectif présidant à ces acquisitions, un constat s'impose : elles renforcent le pouvoir de marché des entreprises de la Big Tech et en font les bénéficiaires quasi exclusives des efforts d'innovation[83]. Face à ce phénomène, le droit des concentrations a longtemps paru impuissant.

Dans de nombreux États en effet, les seuils déclenchant un contrôle par les autorités de concurrence sont exprimés en chiffres d'affaires[84]. Or, les acquisitions des start-up

---

79 Le terme est ici utilisé dans une acception large, englobant toutes les acquisitions des GAFAM, même sans intention prédatrice ou tueuse. Sur cette question, V. not. E. Claudel, « GAFAM et "killers acquisitions". Faut-il réformer le droit des concentrations ? Vers un droit spécial des entreprises systémiques ou structurantes », in *Mélanges en l'honneur du Professeur Gilbert Parleani*, Paris, IRJS éditions, 2021, p. 109 ; C. Cunningham, F. Ederer et S. Ma, « Killer Acquisitions », *Journal of Political Economy*, vol. 129, n° 3, 2021. T. Lécuyer, « Digital conglomerates and killer acquisitions: A discussion of the competitive effects of start-up acquisitions by digital platforms », *Concurrences* n° 1-2020, art. n° 92964, p. 42 ; OCDE, « Start-ups, killer acquisitions and merger control », DAF/COMP/WD(2020)16, juin 2020.

80 Pour un exemple d'acquisition récente d'Amazon, v. l'achat du service de messagerie sécurisée Wickr le 27 juin 2021.

81 V. l'impressionnant catalogue dressé par aventure-apple.com « L'ogre Apple (toutes ces sociétés qu'Apple a achetées) ».

82 Dont l'emblématique Siri en 2010.

83 En avril 2021, Microsoft a acquis pour 19,7 milliards de dollars la multinationale Nuance Communications, qui développe des logiciels de reconnaissance vocale et d'intelligence artificielle. Peu d'entreprises seraient capables d'un tel investissement.

84 On rappellera qu'en Europe, le contrôle par la Commission n'est possible que si le chiffre d'affaires total réalisé sur le plan mondial par l'ensemble des entreprises concernées représente un montant supérieur à 5 milliards d'euros et si le chiffre d'affaires total réalisé individuellement dans l'Union européenne par au moins deux des entreprises concernées représente un montant supérieur à 250 millions d'euros.

interviennent généralement à un stade précoce de la vie de celles-ci, à une époque où leur potentiel « *ne s'est, ainsi, pas encore matérialisé par un chiffre d'affaires qui permettrait de déclencher l'examen de ces opérations par les autorités de concurrence* »[85], alors même qu'elles présentent un important intérêt concurrentiel. De multiples opérations de concentration ont ainsi bénéficié de ces angles morts et ont eu lieu sans contrôle. Les rachats de YouTube, de Waze, d'Instagram sont souvent donnés en exemple. Pour appréhender juridiquement les acquisitions réalisées par les GAFAM (notamment), plusieurs pistes sont explorées, ou déjà opératoires[86].

La première consiste à modifier les seuils de contrôlabilité. Plusieurs États l'ont déjà fait ou envisagent de le faire afin de prendre en considération les valeurs de transaction. C'est le cas du Hart-Scott-Rodino Act américain, qui prend notamment en compte la « taille de la personne » (« *size of person* ») et la « taille de la transaction »[87] (« *size of transaction* »). C'est aussi le cas de l'Allemagne[88], de l'Autriche[89], de la Suède, du Japon et du Canada. En revanche, la piste a été abandonnée en France et en Europe, au motif notamment qu'un tel système était manipulable et qu'il aurait pour conséquence de prendre dans les filets des autorités bien d'autres opérations que celles réalisées dans le secteur du numérique.

Une autre voie, propre au droit européen, consiste à retenir une nouvelle lecture de l'article 22 du règlement (CE) nº 139/2004, qui permet à des États membres de renvoyer une opération de concentration à la Commission européenne, si elle affecte le commerce entre les États membres et menace d'impacter de manière significative la concurrence sur le territoire du ou des États membres qui formulent la demande de renvoi. Prenant acte des évolutions du marché, la Commission a accepté de changer sa doctrine, et d'admettre le renvoi d'opérations ne relevant pas des seuils de contrôlabilité nationaux[90]. Le 26 mars 2021, elle a publié ses orientations[91], explicitant les cas où un tel renvoi apparaît opportun. Sont notamment visés les projets de concentration visant des entreprises disposant d'un potentiel concurrentiel important, telles que des start-up. Mérite d'être noté le fait que la Commission dit également pouvoir tenir compte de

---

85 « Start-ups, acquisitions anticoncurrentielles et seuils de contrôle des fusions », contribution de la France à la 133e réunion du comité de la concurrence de l'OCDE de juin 2020, pt 11.

86 Sur ce thème, v. le document publié par l'OCDE le 10-12 juin 2020, « Start-ups, acquisitions prédatrices et seuils de contrôle des fusions », (DAF/COMP(2020)5).

87 Elle est fixée à 376 millions.

88 En Allemagne, l'intervention du Bundeskartellamt est désormais possible si la valeur totale de l'opération a une contrepartie supérieure à 400 millions d'euros et si l'entreprise cible exerce « *une activité significative* » sur le territoire allemand (400 millions d'euros – en allemand, « *der Wert der Gegenleistung für den Zusammenschluss* », v. § 35 , para. 3 et 4 de la GWB).

89 Avec un seuil à 200 millions d'euros (§ 9, para. 4 de la loi, KaWeRÄG 2017).

90 F. Pitti-Ferrandi et H. Hermon, « Contrôle des concentrations : vous avez dit non notifiable ? », *RLC* 2021/104, nº 4014. V. aussi M. de Drouas et E. Nachbaur, « Révolution du contrôle des concentrations au sein de l'Union : le chiffre d'affaires n'est plus le seul critère », *Contrats, conc., consom.* nº 5, mai 2021, étude 5.

91 Comm. eur., « Commission staff working document evaluation of procedural and jurisdictional aspects of EU merger control », SWD(2021) 66 final, 26 mars 2021.

la valeur de transaction lorsque le prix payé pour la cible est particulièrement important. Cette nouvelle doctrine a déjà été mise en œuvre[92].

L'intervention *ex post*, qui permet de remettre en cause des acquisitions passées, apparaît plus brutale. Dans un communiqué publié le 11 février 2021[93], la FTC a expliqué vouloir se pencher sur les rachats, par les cinq géants du numérique américains, passés « sous les radars » du droit antitrust ces dix dernières années afin de déterminer leur potentiel anticoncurrentiel. Les acquisitions de Facebook sont regardées avec une attention particulière[94]. En Angleterre, la CMA a enjoint le 30 novembre 2021 à Facebook de revendre Giphy, la plateforme de gifs, au motif que la fusion était de nature à réduire la concurrence entre les plateformes de réseaux sociaux. La CMA a également ouvert une enquête le 14 décembre 2021 sur l'acquisition réalisée quelques mois plus tôt par Microsoft de Nuance Communications, spécialiste de logiciels de reconnaissance vocale et d'intelligence artificielle, en avril de la même année. La piste d'un tel contrôle *ex post* a été à l'étude en France, sans paraître avoir été totalement abandonnée[95], malgré les difficultés qui ont été soulignées à dénouer *a posteriori* une opération déjà réalisée.

Il est enfin possible de soumettre les Big Tech à l'obligation de notifier leurs projets d'acquisition. Cette mesure a déjà été entérinée par le législateur allemand[96]. Le législateur français a failli l'entériner à son tour dans le cadre de ce qui était alors le projet de loi DDADUE, avant abandon. C'est le DMA, que nous présenterons en troisième partie de l'étude, qui en reprend l'hypothèse (cf. *infra*).

2. La menace du démantèlement

Le démantèlement des Big Tech est qualifié d'« *arme nucléaire du droit de la concurrence* »[97]. Il consisterait en un « *découpage de ces sociétés en plusieurs entités indépendantes, regroupées par domaine d'activité, afin de limiter le phénomène de concentration et les abus liés à leur position dominante. À titre d'exemple, Google devrait séparer ses activités de régie publicitaire et de recherche en ligne séparées ;*

---

92 Elle l'a été dans une affaire *Illumina*, à l'initiative de la France (demande de renvoi effectuée le 9 mars 2021) et, de façon plus emblématique encore, à l'initiative de l'Allemagne à l'occasion du projet d'acquisition de Kustomer, fournisseur de logiciels de gestion des relations avec la clientèle (Comm. eur., communiqué IP/21/4021 du 2 août 2021, « Concentrations : la Commission ouvre une enquête approfondie sur le projet d'acquisition de Kustomer par Facebook »).

93 FTC, communiqué de presse du 11 février 2020, « FTC to Examine Past Acquisitions by Large Technology Companies, Agency Issues 6(b) Orders to Alphabet Inc., Amazon.com, Inc., Apple Inc., Facebook, Inc., Google Inc., and Microsoft Corp. ».

94 V. sur cette question la contribution de W. Chaiehloudj, « États-Unis : Le Departement of Justice et la Federal Trade Commission s'attaquent à l'épineux sujet des "killers acquisitions" (*USA / Visa* ; *Facebook / FTC*) », *Concurrences* n° 1-2021, art. n° 98855, p. 231.

95 Aut. conc., « Contribution de l'Autorité de la concurrence au débat sur la politique de concurrence et les enjeux numériques », 19 février 2020.

96 Le § 39 a du GWB permettant désormais au Bundeskartellamt d'obliger, par ordonnance, les acteurs d'un ou plusieurs secteurs économiques à notifier leurs futures concentrations lorsqu'elles leur permettent de renforcer leur position sur un marché en achetant plusieurs petites entreprises, sans dépasser les seuils de notification.

97 A. Portuese, intervention lors de la table ronde sur le droit européen de la concurrence avec Mme I. de Silva, MM. A. Mundt, et A. Portuese le 26 septembre 2019 à l'Assemblée nationale.

Amazon ses activités de commerce de détail et d'informatique en nuage ; Facebook son réseau social et ses autres applications de messagerie »[98]... Cette solution controversée n'apparaît plus aujourd'hui comme purement virtuelle.

« *Too big to care* », c'est ainsi que le commissaire au marché intérieur présente les GAFAM[99], qui, au-delà de leur gigantisme économique, apparaissent de plus en plus comme de potentielles menaces pour les États. Il est ainsi écrit que « *[les interactions du monde digital] seront de plus en plus fortes avec le monde réel, et l'extension de l'appropriable pourraient s'ensuivre. Dans ce mouvement, l'industrie des services de l'information s'imposerait dans un rôle d'opérateur de services d'intérêt général et la place de ses majors y serait centrale. Aussi les États risquent fort de ne garder que les attributs formels d'un pouvoir qui leur échappe* ». D'un point de vue concurrentiel, le démantèlement apparaît comme le meilleur moyen d'éviter les pratiques d'auto-préférence, de croisement de bases de données et l'usage d'autres effets de levier.

De multiples arguments ont cependant été mobilisés contre cette solution, souvent par les GAFAM eux-mêmes dans le cadre de l'intense activité de lobbyisme à laquelle ils se livrent actuellement[100]. Est mise en avant l'extrême complexité à « *séparer le capital immatériel, sous forme de propriété intellectuelle, de savoir-faire organisationnel, de données et de capacité de traitement de données* »[101]. De fait, les Big Tech sont organisés en écosystèmes particulièrement complexes ; leur démantèlement obligerait à « *"détricoter" [...] des modèles d'affaires qui s'entre-croisent* »[102]. Il est également soutenu qu'un démantèlement pourrait avoir pour conséquence de les priver de la taille nécessaire leur permettant d'investir massivement dans la recherche et le développement, avec des conséquences sur l'innovation. La qualité et l'efficacité des services offerts aux consommateurs en seraient compromises, nombre d'entre eux étant menacés de devenir payants[103]. C'est enfin le risque d'un renforcement mécanique des BATX[104] chinois, longtemps protégés par les autorités chinoises (même si ce temps semble révolu[105]) et portés par une croissance insolente, qui est mise en exergue. Ces arguments ne semblent pas tempérer l'activisme actuel des autorités américaines en la matière.

98 V. N. Petit, *op. cit.*

99 *Financial Time*, 8 décembre 2020.

100 J. P. Soupizet, « Les géants du net face aux États », Variances.eu, 7 octobre 2021.

101 M. Cave, « What Lessons Can Be Drawn for Digital Platforms From the Regulation of Traditional Networks », *Competition Policy International*, 6 décembre 2021.

102 A. Michon et P.-A. Hyppolite, « Les géants du numérique (2) : un frein à l'innovation ? », novembre 2018.

103 Brian Huseman (Amazon) a averti dans un communiqué que la législation « *aurait des effets négatifs importants sur les centaines de milliers de petites et moyennes entreprises américaines qui vendent sur notre plateforme et des dizaines de millions de consommateurs qui achètent des produits sur Amazon* ».

104 BATX pour Baidu, Alibaba, Tencent, et Xiaomi.

105 L'administration centrale de régulation du marché chinoise (la SAMR) renforce son efficacité à travers la création de trois équipes dédiées, l'une aux enquêtes antitrust, l'autre à la concurrence, la dernière aux fusions entre entreprises (v. M. Rochefort, « Antitrust : le régulateur chinois va largement étendre ses capacités », *Siècle Digital*, 13 octobre 2021). Par ailleurs, les principales entreprises technologiques chinoises, dont les BATX, ont signé une convention le 13 juillet 2021 s'engageant à mener une concurrence loyale et à renforcer l'innovation.

On sait que le droit américain, dans le passé, a usé de l'arme du démantèlement concernant des industries « classiques ». Le démantèlement de la Standard Oil, d'American Tobacco ou de l'Electric Lamp Trust est souvent mis en avant. Le droit américain était alors un droit antitrust, au sens littéral du terme. L'idée ressurgit concernant les GAFAM. En octobre 2020, la commission judiciaire de la Chambre des représentants, faisant écho aux velléités de régulation européenne, s'était déjà prononcée en faveur de leur démembrement[106]. À la suite, le 14 juin 2021, cinq grands projets de loi ont été déposés[107], qui semblent avoir reçu un accueil favorable au Sénat en octobre 2021. L'un d'entre eux, surnommé « Break 'Em Up »[108], pourrait contraindre une plateforme à vendre une activité entrant en concurrence directe avec d'autres sociétés utilisant sa plateforme[109].

En Europe, la question du démantèlement des acteurs majeurs du secteur technologique est considérée comme légitime[110], même si elle suscite des réserves et si elle ne constitue pas la mesure phare des projets et réalisations en cours. Très présente dans le « New Competition Tool », elle s'est plus timidement incarnée dans le Digital Markets Act, qui n'en prévoit la possibilité qu'à des conditions strictes, *via* des injonctions structurelles.

III. La régulation des GAFAM : Le droit de la concurrence dépassé ?

L'affirmation d'une inefficacité du droit de la concurrence – inefficacité relative et discutable, nous l'avons vu – et le constat d'un déséquilibre structurel des marchés numériques ont poussé la Commission à rechercher des voies complémentaires et alternatives à la traditionnelle intervention *ex post*. Après avoir testé auprès des parties prenantes en juin 2020 la possibilité d'un « New Competition Tool (NCT) », ce sont finalement deux projets de règlement qui ont été publiés le 15 décembre 2020 : le DSA (Digital Services Act), qui vise essentiellement à responsabiliser les plateformes, et le DMA (Digital Markets Act), qui vise à rendre les marchés numériques plus contestables et plus équitables. Si ces deux textes sont imbriqués, c'est uniquement au DMA que nous nous intéresserons, dans sa version votée par le Parlement le 15 décembre 2021 (1.), en raison de ses liens étroits avec le droit de la concurrence (2.).

---

106 Un rapport de 449 pages évoque la nécessité de mesures fortes pour y parvenir.

107 L'American Choice and Innovation Online Act, qui vise à favoriser l'interopérabilité des plateformes et interdire certains comportements, tels que l'autoréférencement, le Ending Platform Monopolies Act, le Platform Competition and Opportunity Act, le Augmenting Compatibility and Competition Act et le Merger Filing Fee Modernization Act.

108 Il s'agit du Ending Platform Monopolies Act.

109 Sur cette question, v. le célèbre article de L. Khan, « Amazon's Antitrust Paradox », *The Yale Law Journal*, vol. 126, n° 3, 2017, p. 710.

110 Emmanuel Macron, s'exprimant le 16 juin 2021 lors de la VivaTech à Paris (*Challenges*, 16 juin 2021).

1. Le DMA ou la régulation des *gatekeepers*

L'objectif n'est pas ici de présenter en détail le projet de Digital Markets Act[111], dans sa version modifiée par le Parlement européen le 15 décembre 2021[112]. Nous le présenterons sommairement (A.), avant de porter un regard général sur lui (B.). Il importera aussi d'évoquer l'existence de projets nationaux concurrents visant à contrôler les grandes entreprises du numérique (C.).

A. *Présentation sommaire : Un texte visant à rendre les marchés numériques contestables et équitables*

L'objectif affiché du DMA est de veiller à ce que les marchés sur lesquels existent des « contrôleurs d'accès » (*gatekeepers*)[113] restent contestables et équitables, indépendamment des effets réels ou éventuels du comportement de ceux-ci sur ces marchés (cons. 10). Ces deux objectifs ne sont pas d'une absolue clarté et cela a été dénoncé[114]. La voie de la régulation est donc choisie, une régulation asymétrique puisqu'elle ne concerne que les *gatekeepers*, soit un nombre restreint d'acteurs. Nous présenterons en premier lieu le champ d'application du texte (1.), puis les principales règles qu'il énonce (2), la question de la compétence d'application, pourtant sensible[115], étant laissée de côté pour éviter de trop longs développements.

---

111 Pour des commentaires du projet initial, v. not. L. Arcelin, « La régulation des *gatekeepers* par la proposition de Digital Markets Act (DMA) », préc. ; du même auteur, « La proposition de digital market act : rétablir la concurrence pour préserver la souveraineté numérique de l'Union ? », *RTD eur.* 2021, p. 545 ; I. Bernaerts, G. Mavros, A. Sipkes et B. Basalisco, « DMA: At the interface of competition and regulation », webinaire de la série « Droit et économie de la concurrence », *Concurrences*, 3 mars 2021 ; D. Bosco, « La Commission dévoile ses propositions pour façonner l'avenir digital de l'Europe », *Contrats, conc., consom.* n° 2, février 2021, comm. 7 ; B. Bertrand, « La volonté de réguler les activités numériques », *RTD eur.* 2021, p. 160 ; D. Fasquelle, O. Guersent, C. Féral-Schuhl, M. Even, L. de La Raudière, J.-L. Sauron, L. Arcelin, J.-L. Fourgoux, L. Djavadi, C. Bouckaert, G. Didier, V. Faure-Muntian et E. Inacio, « DMA/DSA : L'Europe s'est-elle vraiment donné les moyens de ses ambitions ? », *Concurrences* n° 2-2021, art. n° 99721 ; W. Kerber, « Taming tech giants with a *per se* rules approach ? The Digital Markets Act from the "rules vs. standard" perspective », Concurrences n° 3-2021, art. n° 101229, p. 28 ; G. Monti, « The Digital Markets Act: Improving Its Institutional Design », European Competition and Regulatory Law Review, vol. 5, n° 2, 2021, p. 90 ; T. Rodríguez de las Heras Ballell, « The Scope of the DMA: Pivotal for success, critically assessed », VerfBlog, 30 août 2021.

112 Le texte intègre certaines des critiques exprimées contre la version initiale, notamment dans le cadre de rapports officiels, parmi lesquels le rapport d'information déposé par la commission des affaires européennes de l'Assemblée nationale française sur le DMA et présenté par Mme C. Hennion le 22 juillet 2021, préc. ; le projet d'avis sur la proposition de DMA rédigé par S. Yon-Courtin au nom de la commission des affaires économiques du Parlement européen du 12 juillet 2021 ; le projet d'avis de la commission des affaires économique et monétaire à l'attention de la commission des marchés intérieurs et de la protection des consommateurs sur la proposition de règlement démarré en date du 7 juillet 2021 (2020/374(COD) ; le projet de rapport publié par A. Schwab le 1er juin 2021 (COM(2020)0842 – C9-0419/2020 – 2020/0374(COD)) ; le « Joint paper of the heads of the national competition authorities of the European Union: How national competition agencies can strengthen the DMA », publié le 23 juin par le Réseau européen de la concurrence (REC) ; le rapport d'étape publié le 17 mai 2021 par le Conseil de l'Union européenne. C'est cependant le rapport en date du 1er juin 2021, préc., qui semble avoir le plus influencé le texte voté par le Parlement.

113 Le DMA, qui s'adresse aux *gatekeepers*, n'a pas le même champ personnel que le DSA, qui vise les fournisseurs de services de la société de l'information.

114 V. Kerber, préc.

115 Le projet de DMA retient en effet une compétence exclusive de la Commission pour l'appliquer. Beaucoup de voix ont critiqué le rôle très subalterne concédé aux autorités nationales de concurrence (ANC), lesquelles estiment à juste titre avoir acquis une expertise utile dans le domaine numérique, dont il est dommage et préjudiciable de se priver, une compétence exclusive de la Commission risquant en outre d'aboutir à un goulet d'étranglement (V. not. « Joint paper of the heads of the national competition authorities of the European Union », préc., disponible en anglais seulement). Le texte voté par le Parlement le 15 décembre 2021 n'apporte que de timides corrections à ce principe centralisateur.

i. Champ d'application du Digital Markets Act

Qui sont les *gatekeepers*, dénommés contrôleurs d'accès dans la version francophone ? Le DMA les identifie à partir de différents critères. Pour se voir attribuer ce qualificatif, l'opérateur doit répondre à plusieurs conditions posées par l'article 3, paragraphe 1, du projet de règlement :

(a) *il a un poids important sur le marché intérieur ;*

(b) *il assure un service de plateforme essentiel qui constitue un point d'accès majeur permettant aux entreprises utilisatrices d'atteindre leurs utilisateurs finaux ; et*

(c) *il jouit d'une position solide et durable dans ses activités ou jouira, selon toute probabilité, d'une telle position dans un avenir proche.*

Pour faciliter le travail d'identification de ces contrôleurs d'accès, des présomptions chiffrées sont posées, durcies par le Parlement dans la version provisoire adoptée le 25 novembre.

L'impact significatif sur le marché intérieur s'apprécie à travers trois critères :

- le chiffre d'affaires : l'entreprise doit avoir réalisé un chiffre d'affaires annuel dans l'Espace économique européen (EEE) supérieur ou égal à 6,5 milliards d'euros au cours des trois derniers exercices dans la version d'origine, porté à 8 milliards d'euros dans la version votée par le Parlement européen ;
- la capitalisation boursière (ou la valeur marchande équivalente de l'entreprise à laquelle le contrôleur d'accès appartient) : elle doit avoir atteint au moins 65 milliards d'euros au cours du dernier exercice, selon la version d'origine, et 80 milliards selon la version votée Parlement européen[116] ;
- le fait de fournir un service de plateforme essentiel dans au moins trois États membres.

La condition tenant à une plateforme de base servant de point d'entrée est réputée satisfaite si l'entreprise fournit un ou des services de plateforme essentielle ayant enregistré plus de 45 millions d'utilisateurs finaux actifs par mois, établis ou situés dans l'Union et plus de 10 000 entreprises utilisatrices actives par an établies dans l'Union au cours du dernier exercice. Une annexe au texte précise son mode de calcul. La condition tenant à une position durable sera quant à elle satisfaite si les seuils précédents ont été atteints au cours de chacun des trois derniers exercices.

Même si le texte ne les désigne pas explicitement, les principales cibles du texte sont les GAFAM, en particulier dans la version modifiée par le Parlement[117]. Certains

116 À comparer avec le projet américain, qui vise les entreprises dont la capitalisation boursière est de 600 milliards de dollars ou plus.

117 Il a été remarqué que les seuils fixés par la Commission sur le projet publié en décembre 2020 pouvaient englober dans le champ de la régulation dix à quinze fournisseurs de services de plateforme essentiels , dont les NATU (Netflix, Airbnb, Tesla et Uber) ; les seuils augmentés dans le texte voté en décembre 2021 par le Parlement auront au contraire pour conséquence de resserrer le contrôle autour des seuls GAFAM.

dénoncent un risque d'arbitraire[118] et accusent la Commission de protectionnisme au motif que l'UE compte peu de grandes entreprises dans le secteur du numérique[119].

Toutes les activités susceptibles de se déployer sur les marchés numériques par les contrôleurs d'accès ne sont concernées par le texte. Celui-ci ne vise que les services de base des plateformes (« *core platform services* »), considérés comme les plus exposés à des pratiques déloyales. La liste en a été étendue par le Parlement. Nous n'en citerons que quelques-uns : les services d'intermédiation en ligne, les moteurs de recherche en ligne ; les services de réseaux sociaux en ligne ; les systèmes d'exploitation ; les services d'informatique en nuage ou encore les assistants vocaux.

ii. Principales règles applicables

Le régime envisagé repose sur une série d'obligations imposées *ex ante* aux contrôleurs d'accès ainsi que sur une série d'interdictions *per se* de pratiques considérées comme déloyales et/ou de nature à bloquer l'accès au marché (art. 5 et 6 du projet). L'ensemble repose sur l'identification de « *risques systémiques* »[120]. La philosophie du texte est donc très différente de celle qui anime le droit de la concurrence. Elle tend à façonner leurs comportements de manière proactive, sans attendre une altération de la concurrence, se rapprochant ainsi davantage, par sa méthode, du droit des pratiques restrictives de concurrence. Il demeure que le texte constitue, pour une bonne part, une forme de codification des contentieux récents et que nous avons listés précédemment, ce qui peut s'interpréter comme une reconnaissance de la qualité du travail *ex post* effectué par les autorités de concurrence, bien loin de l'affirmation de l'inefficacité de ce contentieux.

Au titre des obligations, on peut par exemple citer le fait de permettre aux entreprises utilisatrices d'accéder aux données générées par leurs activités sur leur plateforme ou d'autoriser les entreprises utilisatrices à promouvoir leur offre et à conclure des contrats avec leurs clients en dehors de leur plateforme, etc. Il est prévu que les obligations listées par le texte, et accrues dans la version parlementaire[121], puissent être complétées, grâce au pouvoir donné à la Commission d'adopter des actes délégués (art. 10).

Est également à noter le fait que le texte met à la charge des contrôleurs d'accès l'obligation d'informer la Commission de tout projet de concentration impliquant un autre fournisseur de services de plateforme de base ou de tout autre service (art. 12).

Ce resserrement aurait au moins l'avantage de supprimer le « nœud à contentieux » que certains redoutaient concernant leur identification (v. D. Bosco, « La Commission dévoile ses propositions pour façonner l'avenir digital de l'Europe », préc., et L. Arcelin, « La régulation des *gatekeepers* par la proposition de Digital Markets Act (DMA), préc.).

118 V. A. Belaud et J. Devie, « Le Digital Market Act va couper le marché européen du reste du monde », *Contrepoints*, 17 décembre 2020.

119 Paradoxalement, ce sont les mêmes auteurs qui dénoncent le risque que cette nouvelle réglementation touche des entreprises européennes, telle Booking.com, et que soient ainsi pénalisées « *les quelques rares firmes européennes du numérique qui avaient réussi à se développer* » (*ibid.*).

120 K. Favro et C. Zolynski, « DSA, DMA : L'Europe encore au milieu du gué », *Dalloz IP/IT* 2021 p. 217.

121 Pour une liste exhaustive de ces obligations, nous nous permettons de renvoyer au texte.

Cependant, un amendement incitant la Commission à décourager les acquisitions prédatrices et l'invitant à proposer une révision du règlement concentrations afin à la fois d'élargir son champ d'application dans le secteur numérique et d'adapter les critères d'évaluation des acquisitions par les contrôleurs d'accès a été repoussé[122].

Les interdictions fulminées retiennent tout autant l'attention. Les contrôleurs d'accès se voient par exemple interdire de faire bénéficier les services et produits qu'ils proposent d'un traitement plus favorable en termes de classement que les services et produits similaires proposés par des tiers sur leurs plateformes[123]. Ils ne pourront plus davantage empêcher les consommateurs d'accéder aux services d'entreprises en dehors de leurs plateformes ou empêcher les utilisateurs de désinstaller des logiciels ou des applications préinstallés s'ils le souhaitent.

Un dispositif anti-contournement a été prévu par le texte (art. 6 bis), afin d'éviter toute astuce contractuelle, commerciale ou technique par laquelle un contrôleur d'accès chercherait à s'affranchir des règles. Cela peut évidemment ne pas suffire. Des sanctions sont donc prévues (art. 26), en cas de « *non-respect systématique* » des obligations ou interdictions. La notion de non-respect systématique, initialement assez indulgente (trois décisions de non-respect dans un délai de cinq ans) a été élargie et durcie dans la version votée par le Parlement puisqu'il suffira que deux constats de manquement aient été dressés sur une période de dix ans. Si cela est, le contrôleur s'expose à différentes sanctions. Il s'expose en premier lieu à une amende, elle-même considérablement durcie par le texte voté par le Parlement. Alors qu'un plafond de 10 % du chiffre d'affaires avait été initialement prévu, le texte voté le 15 décembre 2021, non seulement hausse le plafond à 20 % du chiffre d'affaires des *gatekeepers*, mais l'accompagne d'un plancher fixé à 4 % de ce chiffre (art. 26 nouveau). Là est à notre sens le véritable durcissement par rapport au droit des pratiques anticoncurrentielles[124]. Par ailleurs, afin d'être plus dissuasif et d'ancrer le respect des règles sur le long terme, le texte permet le prononcé d'injonctions comportementales ou structurelles. Il pourra par exemple être demandé au contrôleur d'accès concerné de céder une partie de ses activités (vente d'unités ou d'actifs, de droits de propriété intellectuelle, etc.).

B. *Regard sur le projet de Digital Markets Act*

Des critiques ont été exprimées à l'encontre du principe même d'une régulation des Big Tech. Des risques d'erreur de type 1 (interdire par erreur un comportement bénéfique) ou de type 2 (ne pas interdire un comportement nuisible) sont

---

122 V. les informations fournies par A. Ronzano, « Politique de concurrence : Le Parlement européen amende à la marge le rapport Schwab avant d'entamer la négociation avec le Conseil de l'Union européenne », *Concurrences* n° 1-2022, art. n° 104138.

123 Cette condamnation de l'autopréférence a été étendue lors des débats parlementaires aux services accessoires, par exemple de détail ou de distribution, fournis par les contrôleurs d'accès parallèlement à leurs services de plateforme essentiels.

124 Le droit des pratiques anticoncurrentielles ne prévoit, certes, qu'un plafond fixé à 10 % du chiffre d'affaires de l'entreprise, mais prévoit que, lors du calcul de la sanction, la récidive peut être prise en compte avec un coefficient de majoration maximum de 100 % en droit européen. Par ailleurs, nous avons vu que le droit de la concurrence était critiqué en raison du caractère insuffisamment dissuasif de ses sanctions. Il aurait été paradoxal que le DMA retienne un plafond identique, qui plus est en présence d'un non-respect systématique.

dénoncés. Il est remarqué en effet que tous les contrôleurs d'accès devront se conformer aux mêmes obligations alors même qu'ils sont hétérogènes dans leurs modèles commerciaux, avec comme conséquence des effets très différents attachés à ces obligations pour chacun de ses opérateurs[125]. C'est pourquoi des appels à plus de flexibilité et de différenciation sont formulés ou bien l'introduction d'une possibilité pour les *gatekeepers* de démontrer que leur présence ou leurs pratiques n'a pas d'effets négatifs sur la contestabilité du marché et sur l'équité. Par ailleurs, une régulation est considérée comme porteuse de risques pour l'innovation. Les entreprises du numérique investissent puissamment dans la recherche et l'innovation ; des contraintes réglementaires trop fortes pourraient les empêcher d'amortir leurs coûts[126]. L'argument était prévisible : la décision de la Commission sanctionnant Microsoft en 2004[127] avait subi le même reproche. Il est dit par ailleurs qu'obliger les GAFAM à changer leurs modèles d'affaires risquerait de porter préjudice à tout le tissu économique, car chacun des services qu'ils proposent est utilisé par d'autres acteurs pour produire d'autres services. Les GAFAM se sont donc livrés à une intense et coûteuse activité de lobbyisme[128].

D'autres critiques portent sur les modalités de la régulation. Tel que conçu, le texte est parfois considéré comme régressif en ce qu'il consacrerait une approche par la forme[129], à rebours des évolutions ayant marqué le contentieux de l'abus. Il est aussi jugé trop pointilliste[130], se contentant de dresser des listes[131], qualifiées de « liste à la Prévert »[132]. Le risque y attaché est bien connu : risque d'incomplétude et d'obsolescence qui poussera le législateur européen à toujours « courir après » de nouvelles pratiques à éradiquer, au fur et à mesure que l'évolution du marché les révèlera. D'autres jugent l'ensemble complexe, tout à la fois flou[133] et insuffisamment flexible[134]. D'autres enfin trouvent qu'il manque d'ambition[135].

---

125 W. Kerber, préc.

126 A. Belaud et J. Devie, préc.

127 Comm. eur., déc. 2007/53/CE du 24 mai 2004, *Microsoft*, aff. COMP/C-3/37.792, *JOCE* n° L 32 du 6 février 2007, p. 23.

128 Même si certains, tels que Google, se déclarent ouverts à la perspective d'une régulation.

129 Non selon G. Monti, préc.

130 K. Favro et C. Zolynski, préc.

131 C. Hennion, rapport d'information préc., p. 14.

132 Cette liste rappelle l'ex-article L. 442-6 du code de commerce, critiqué pour avoir énuméré, à grand renfort de réformes successives, les pratiques qualifiées de restrictives de concurrence, avant que la loi Egalim ne vienne y mettre un peu d'ordre.

133 W. Kerber, préc., qui dénonce le fait que le texte ne définit pas précisément quel comportement est autorisé ou interdit, en conséquence de quoi « *une zone grise apparaît que les contrôleurs d'accès peuvent utiliser pour choisir un comportement de conformité dans leurs propres intérêts* ». V. aussi la charge portée au texte par Renaissance numérique, « *Digital Markets Act* : Révolution ou contradiction juridique » ?, mars 2021.

134 *Ibid.*

135 V. les critiques et propositions formulées par les ministres de l'Économie français, allemand et néerlandais le 27 mai 2021 « Strengthening the Digital Markets Act and Its Enforcement ». V. aussi C. Hennion, rapport d'information préc., p. 20.

Force est pourtant de constater que le principe même d'une régulation des *gatekeepers* présente bien des avantages pour toutes les parties prenantes. Du côté du marché, des règles définies préalablement ont l'avantage d'une probable efficacité : les règles *per se* sont « auto-exécutoires »[136], à condition d'être claires ; elles seront applicables sans avoir besoin de démontrer que les comportements concernés ont des effets négatifs ; en outre, elles seront faciles à faire respecter moyennant des coûts d'application relativement faibles[137]. Les acteurs du numérique quant à eux avaient sans doute besoin de règles prédéfinies, sans attendre que leurs pratiques soient, au cas par cas, condamnées par une autorité de concurrence (qui plus est dans l'attente d'une confirmation par une juridiction de contrôle), ou sans attendre de savoir si le grief formulé à l'encontre de l'un d'entre eux sur un de ses secteurs d'activité était extensible à leurs pratiques sur d'autres secteurs. Une telle régulation présente ainsi l'avantage de la prévisibilité : les entreprises savent si elles sont ou non des contrôleurs d'accès[138], savent quoi faire et ne pas faire, et seront en mesure de se mettre en conformité avec le texte, d'autant que la version votée par le Parlement en décembre 2021 les contraint à mettre en place un programme de conformité (art. 24 ter). Tout imparfait qu'il soit, le texte a donc le mérite d'exister. S'il est mené jusqu'à son terme, ce qui est à ce stade plus que probable, se posera néanmoins la question de son articulation avec des projets concurrents.

C. *Un projet concurrencé*

Avec le projet de DMA, l'Europe se veut à l'avant-garde de la régulation des marchés numériques. Force est pourtant de constater qu'il existe des textes ou projets concurrents. Hors Union européenne, la Grande-Bretagne envisage un « Strategic Market Status », régime spécifique pour les entreprises numériques les plus puissantes. Plus loin de nous, le législateur sud-coréen a adopté le 31 août 2021 une loi interdisant à Apple et à Google d'obliger les développeurs d'applications à utiliser leurs systèmes de paiement. La nouvelle loi nippone du 17 décembre 2019[139] est également d'envergure puisqu'elle doit contraindre les géants à la transparence et à l'équité. Et il faut bien sûr citer les États-Unis, qui ont publié cinq projets de loi en décembre 2021 tendant à réguler le secteur numérique[140].

---

136 W. Kerber, préc.

137 En ce sens, W. Kerber, préc.

138 Avec cette nuance que le fait de ne pas atteindre les seuils quantitatifs ne garantit pas l'exclusion du champ de l'application du texte. En effet, la commission aura le pouvoir de désigner comme tel sur la base de critères qui lui sont propres. W. Kerber, préc.

139 Agence Reuters, 17 décembre 2019.

140 Il s'agit du Ending Platform Monopolies Act, qui vise des plateformes ayant au moins 500 000 utilisateurs actifs mensuels aux États-Unis, et une valeur boursière dépassant 600 milliards de dollars, pour lesquelles il serait illégal d'en posséder une autre qui représenterait un conflit d'intérêts, entendu comme l'incitation à favoriser ses propres services par rapport aux concurrents, ou à désavantager ces derniers ; du Platform Competition and Opportunity Act, qui vise les acquisitions d'entreprises par les plateformes et qui les contraindrait à prouver que leur projet est légal ; du Platform Anti-Monopoly Act, qui tend, entre autres, à interdire (aux plateformes) le blocage de leurs services à un concurrent ou l'exploitation de données non publiques pour alimenter leurs propres produits ; de l'Augmenting Compatibility and Competition by Enabling Service Switching Act, qui obligerait quant à lui les plateformes à appliquer des normes pour l'interopérabilité et la portabilité des données.

En Europe, c'est l'Allemagne qui est à la proue. Une ambitieuse réforme de la concurrence a en effet été votée le 15 janvier 2021. Au cœur de celle-ci, une disposition permet au Bundeskartellamt de constater l'impact prépondérant sur la concurrence d'une entreprise ayant une position clé sur différents marchés[141], avec comme objectif d'interdire certains types de comportements à de telles entreprises. D'autres États membres y réfléchissent[142]. Le gouvernement français a, pour sa part, retiré les textes qu'il projetait d'adopter sur cette question afin de laisser l'initiative à la Commission[143].

Ces réformes, en cours ou déjà abouties, sont-elles DMA compatibles ? C'est peu probable, le DMA étant conçu sur un modèle tendant à décourager toute fragmentation réglementaire. Le texte prévoit d'ailleurs, en son article 5, paragraphe 1, que les États membres « *n'imposent aux contrôleurs d'accès aucune obligation supplémentaire par voie législative, réglementaire ou administrative aux fins de garantir la contestabilité et l'équité des marchés* ». Le texte s'appliquant « *sans préjudice des règles poursuivant d'autres objectifs légitimes* », suffirait-il pour les législateurs nationaux de « changer l'étiquette » de leur réglementation[144] ? On peut en douter.

2. Quelle articulation avec le droit de la concurrence : Outil complémentaire ou substitut ?

Rattaché par sa base juridique à la politique du marché intérieur, le texte se distancie très clairement des concepts de base de l'analyse concurrentielle traditionnelle, en en évitant explicitement les concepts : la notion de *gatekeepers* se substitue à celle d'entreprise en position dominante, celle de service de plateforme essentiel à celle de marché, etc.[145]. Par ailleurs, les objectifs de contestabilité et d'équité diffèrent de l'objectif de concurrence des articles 101 et 102 du traité sur le fonctionnement de l'Union européenne (TFUE). Pourtant, tout autonome qu'il le revendique, le projet ne reste pas moins imprégné du droit de la concurrence[146], dans ses règles de fond et quant aux techniques qu'il mobilise.

En effet, nous l'avons vu, les interdictions qu'il pose sont largement inspirées des décisions contentieuses ayant sanctionné les GAFA. Les mesures d'enquête qu'il prévoit sont quant à elles largement inspirées du règlement (CE) n° 1/2003 avec la possibilité de demander des renseignements aux entreprises (art. 19), de

141 « Missbräuchliches Verhalten von Unternehmen mit überragender marktübergreifender Bedeutung für den Wettbewerb », § 19a du GWB.

142 Rapport d'information sur les plateformes numériques présenté par Mme V. Faure-Muntian et M. D. Fasquelle, préc., qui énonce que « *[d]e nombreux pays réfléchissent, selon des modalités variées, à la mise en place de cadres de régulation* ex ante. *C'est notamment le cas des Pays-Bas, de l'Italie, et de la Pologne* ».

143 V. notre commentaire de la loi DDADUE, in « Le volet concurrentiel de la loi Ddadue : issue d'un feuilleton à rebondissements », *RTD com.* 2020, p. 793.

144 G. Colangelo, intervention au 4ᵉ webinaire de la conférence « Demain la concurrence » 2021 organisée par *Concurrences*, 11 juin 2021.

145 W. Kerber, préc.

146 En ce sens, L. Djavadi, « DMA : Une procédure inspirée du droit de la concurrence mais réservée à la Commission », in « DMA/DSA : L'Europe s'est-elle vraiment donné les moyens de ses ambitions ? », préc. V. aussi L. Arcelin : « La régulation des *gatekeepers* par la proposition de Digital Markets Act (DMA) », préc.

mener des investigations dans les locaux de l'entreprise (art. 20) et d'imposer des sanctions pouvant aller jusqu'à 1 % du chiffre d'affaires du contrôleur d'accès en cas d'infraction procédurale. On note également une étrange proximité dans les pouvoirs de décision et des sanctions respectivement prévues par le DMA et le règlement (CE) n° 1/2003 : outre les sanctions financières dont il a été précédemment fait état[147], il sera également possible à la Commission européenne de prononcer des mesures provisoires lorsqu'une situation (et non une pratique) risque de causer un préjudice grave irréparable aux entreprises utilisatrices et aux utilisateurs finaux des contrôleurs d'accès, dès lors qu'il aura été procédé à un constat *prima facie* d'une infraction aux articles 5 ou 6 (art. 22)... Le moins qu'on puisse dire, c'est que l'on est en terrain connu[148]... Dès lors, la question de l'articulation du DMA avec le droit de la concurrence se pose nécessairement[149].

L'article 1er, paragraphe 6, du DMA le dit clairement : « *Le présent règlement est sans préjudice de l'application des articles 101 et 102 du TFUE. Il est également sans préjudice de l'application des règles nationales interdisant les accords anticoncurrentiels, les décisions d'associations d'entreprises, les pratiques concertées et les abus de position dominante*[150] *[...]* » L'application du droit des pratiques anticoncurrentielles n'est donc pas entravée et des actions parallèles sont possibles. Est-ce à dire qu'elles pourront se cumuler ? À notre sens, l'article 102 TFUE pourra aisément être mobilisé pour les pratiques mises en œuvre par les *gatekeepers* non visées par le règlement. Le droit des pratiques anticoncurrentielles redeviendrait ainsi un terrain d'expérimentation pour faire évoluer le DMA. Pourrait-il être mobilisé pour les comportements réglementés ? Certains auteurs jugent cette éventualité malvenue[151]. Si cela était néanmoins le cas, deux questions pourraient se poser. En premier lieu, le constat d'un non-respect des obligations prévues par le règlement pourrait-il valoir preuve de la commission d'une pratique anticoncurrentielle ? D'aucuns le soutiennent[152]. Il nous semble néanmoins que, dans cette hypothèse, l'autorité de concurrence ne pourra s'affranchir de la charge de prouver, outre la position dominante, l'atteinte à la concurrence causée par cette pratique. En second lieu, la règle *non bis in idem* aura-t-elle vocation à jouer[153] ? On pourrait soutenir le contraire, au motif que les textes poursuivent un objectif différent[154]. Gageons cependant que la question sera, à juste titre, âprement débattue.

---

147 Dont nous avons cependant vu qu'elles avaient été aggravées dans la version votée par le Parlement.

148 En revanche, la version adoptée le 15 décembre 2021 a supprimé la possibilité, antérieurement prévue à l'article 23, d'accepter des engagements.

149 La question de l'articulation avec le droit des pratiques restrictives de concurrence, tout intéressante qu'elle soit, ne sera pas traitée ici.

150 Citant ce texte, J.-L. Fourgoux estime que « *la contamination sera possible, voire encouragée* » (« Le DMA, une arme contre les abus contractuels », in « DMA/DSA : L'Europe s'est-elle vraiment donné les moyens de ses ambitions ? », préc.).

151 G. Monti, préc.

152 En ce sens, J.-L. Fourgoux, préc.

153 Ce risque a notamment été identifié par C. Hennion, rapport d'information préc., et par G. Monti, préc.

154 En ce sens, L. Arcelin, « La régulation des *gatekeepers* par la proposition de Digital Markets Act (DMA) », préc.

Conclusion. S'achemine-t-on vers un droit spécial de la concurrence pour les Big Tech ? La question mérite d'être posée. Pour l'heure, ce n'est pas la configuration qui se dessine, les règles véritablement spéciales (la régulation des *gatekeepers*) s'étant incarnées dans un texte ne relevant pas *stricto sensu* du droit de la concurrence. Le droit de la concurrence reste, quant à lui, neutre et d'application symétrique : les mêmes règles s'appliquent à tous. Cela est rendu possible par la plasticité de ses concepts, qui peuvent s'adapter à de nouvelles réalités économiques et de nouveaux marchés : la notion de marché pertinent est en train d'être revisitée ; la théorie des facilités essentielles est interrogée comme susceptible de s'appliquer au *big data*, etc. Des concepts et des techniques dormantes sont revivifiés et s'avèrent particulièrement bien adaptés aux activités des Big Tech : l'abus d'exploitation, longtemps peu mobilisé, est soudainement très investi ; les mécanismes de renvoi en droit des concentrations sont réactivés à la faveur d'une doctrine assouplie concernant son application.

Les deux corps de normes, bien mobilisés, sont à même de conjuguer une approche ciblée et systématique (le DMA) et l'approche généraliste et casuistique, qui reste nécessaire. Pour cette raison, il nous semble que le droit de la concurrence n'a pas vocation à être marginalisé[155]. On forme le vœu que ces deux approches articulées soient à même de cantonner les effets pernicieux attachés aux puissants conglomérats qui se sont formés, sans perversion des mécanismes de base et de la philosophie de droit de la concurrence.

155 W. Chaiehloudj, « Le droit de la régulation numérique marginalisera-t-il le droit de la concurrence ? Réflexions à la lumière de l'affaire *Epic Games c/ Apple* », préc.

Le Digital Markets Act, complément ou succédané du droit de la concurrence ?

Michaël Cousin*
Addleshaw Goddard

Résumé

Cet article examine de façon critique les éléments censés permettre de distinguer le Digital Markets Act (« DMA ») du droit de la concurrence, tels qu'ils figurent dans le projet de DMA. Cette distinction présente un enjeu important sur le plan du principe non bis in idem.

---

* Avocat associé, Addleshaw Goddard (Europe) LLP.

Le 15 décembre 2020, la Commission européenne (ci-après la « Commission ») a rendu publiques ses propositions pour réguler l'activité des plateformes numériques les plus puissantes, désignées comme étant des contrôleurs d'accès (« *gatekeepers* »). À côté du Digital Services Act[1], qui ne sera pas commenté ici, figure ce qu'il est convenu d'appeler le Digital Markets Act (ci-après, le « DMA »)[2].

Ce texte est l'aboutissement d'un important travail de réflexion mené au niveau européen et national[3] sur la capacité du droit de la concurrence à réguler efficacement les marchés dominés par les grands acteurs du numérique. Il cible une catégorie de plateformes définies par référence à leur activité et à leur taille et met à leur charge un ensemble d'obligations. Leur non-respect peut donner lieu à des amendes dont le maximum est calqué sur celui des amendes concurrentielles, des mesures structurelles pouvant être prononcées en cas de non-respect répété du texte[4].

Le législateur européen fait ainsi le choix de rompre avec les outils traditionnels du droit de la concurrence et de donner à la Commission les moyens juridiques de prévenir, et au besoin de sanctionner, plus efficacement un ensemble de comportements jugés nocifs pour le bon fonctionnement des marchés de l'économie numérique.

Dans les nombreux commentaires consacrés au DMA, des questions ont été posées quant à la nature exacte de ce texte[5]. La présente contribution se propose d'examiner cette question plus en détail et de s'interroger en particulier sur la relation qui existe entre le DMA et le droit de la concurrence. Il ne s'agit pas ici de céder à un quelconque penchant pour l'élaboration de catégories juridiques, mais de mettre en lumière les ambiguïtés qui ressortent du texte lorsqu'on le considère sous cet angle. Cet exercice trouve sa place dans les présents *Mélanges*, car il est une illustration, appliquée aux rédacteurs du DMA, d'une injonction relayée il y a longtemps à l'auteur de ces lignes par celle qui en est la dédicataire, à savoir : faire « vrai » plutôt que faire « beau ».

Le DMA s'affirme en effet comme un « complément » du droit de la concurrence visant à protéger un intérêt juridique différent des règles de concurrence. Voilà

---

1 Proposition de règlement du Parlement européen et du Conseil relatif à un marché intérieur des services numériques (Législation sur les services numériques) et modifiant la directive 2000/31/CE, COM(2020) 825 final, 15 décembre 2020 ; v. aussi G. de Moncuit de Boiscuillé, « Services numériques : La Commission européenne rend publique sa proposition de règlement pour un marché unique numérique (*Digital Services Act*) », 15 décembre 2020, *Concurrences* n° 1-2021, art. n° 98909, pp. 103-105.

2 Proposition de règlement du Parlement européen et du Conseil relatif aux marchés contestables et équitables dans le secteur numérique (législation sur les marchés numériques), COM(2020) 842 final, 15 décembre 2020. V. aussi G. de Moncuit de Boiscuillé, « Marchés numériques : La Commission européenne rend publique sa proposition de règlement sur l'économie numérique (*Digital Markets Act*) », 15 décembre 2020, *Concurrences* n° 1-2021, art. n° 98908, pp. 101-103.

3 Pour un inventaire de ces travaux, v. M. Cousin et A. Azzi, « La régulation des plateformes digitales et les limites du droit de la concurrence », *RLC* 2019/89, n° 3696 p. 37, note n° 3.

4 Art. 16.

5 Le DMA a été fort justement qualifié de « *droit spécial de la concurrence numérique* » : D. Bosco, « La Commission dévoile ses propositions pour façonner l'avenir digital de l'Europe », *Contrats, conc., consom.* n° 2, février 2021, n° 27. Son caractère « *hybride* », proche d'un droit des pratiques déloyales, a également été souligné : J.-C. Roda, « Un an de droit de la concurrence dans l'univers numérique », *Comm. com. électr.* n° 10, octobre 2021, pt 2.

pour le « beau ». Pourtant – et l'on pose ici la question du « vrai » –, les critères mis en avant pour justifier cette distinction ne sont pas totalement convaincants, le DMA s'assimilant davantage à un succédané du droit de la concurrence qu'à un complément (I.). Ce constat pourrait avoir des répercussions concrètes sur la mise en œuvre du principe *non bis in idem* (II.)[6].

I. Limites des critères utilisés pour distinguer le DMA des règles de concurrence

Le DMA semble s'appuyer sur deux critères pour distinguer le DMA du droit de la concurrence. Le premier tient aux objectifs poursuivis par les deux ensembles juridiques (1.) et le second à la nature des infractions qu'ils cherchent à prévenir (2.)[7]. Comme nous le verrons, ces critères ne sont pas totalement convaincants.

1. Les objectifs du DMA sont-ils réellement distincts de ceux des règles de concurrence ?

Le considérant 10 du DMA définit, pour mieux s'en écarter, l'objectif du droit de la concurrence, qui est « *la protection d'une concurrence non faussée sur le marché* ». Le DMA poursuivrait pour sa part un objectif « *complémentaire, mais différent* », qui est de « *veiller à ce que les marchés sur lesquels les contrôleurs d'accès opèrent [soient] et restent contestables et équitables* ». Il convient de s'interroger sur les contours de ces deux dernières notions et de se demander si elles sont véritablement étrangères au droit de la concurrence.

A. « *Contestabilité* » *des marchés*

La notion de marchés contestables renvoie, dans son sens premier, à une théorie économique selon laquelle les entreprises sont d'autant plus efficaces qu'elles interviennent sur des marchés ouverts. Selon cette théorie, le nombre d'entreprises actives sur un marché n'est pas essentiel pour assurer son caractère concurrentiel. L'important est que l'entrée et la sortie du marché soient libres et que la concurrence potentielle existe[8]. Cette théorie est associée à une logique de déréglementation. Rendre un marché contestable, c'est diminuer les barrières, avant tout réglementaires, à l'entrée afin de favoriser l'entrée de nouveaux acteurs.

---

6 Au 22 avril 2022, le Parlement européen a adopté en session plénière un ensemble d'amendements sur la proposition de la Commission (v. Parlement européen, P9_TA(2021)0499, 15 décembre 2021). Ces amendements ne modifient pas les dispositions de la proposition de la Commission qui sont commentées dans cette contribution. Un accord politique a été trouvé au mois de mars avec le Conseil et le texte devrait être adopté au mois de septembre 2022.

7 On notera la proximité de ces critères avec ceux utilisés par l'avocat général Bobek pour distinguer, aux fins du *non bis in idem*, le droit de la concurrence et la régulation sectorielle applicable aux marchés postaux en Belgique. V. conclusions AG Bobek, 2 septembre 2021, *bpost*, aff. C-117/20, EU:C:2021:680, pt 162.

8 W. J. Baumol, J. C. Panzar et R. D. Willig, *Contestable Markets and the Theory of Industry Structure*, New York, Harcourt Brace Jovanovich, 1982.

Si l'on replace cette notion dans le contexte du DMA, celle-ci renvoie à un argument souvent invoqué afin de relativiser la puissance de marché des grandes plateformes numériques. Les marchés sur lesquels celles-ci opèrent étant ouverts, la concurrence potentielle suffit à les discipliner, quand bien même elles seraient en situation de monopole. Cet argument ne convainc pas, car il fait fi du caractère inexpugnable des positions acquises par certaines plateformes qui bénéficient de puissants effets de réseau[9].

Il semble ainsi y avoir, derrière l'objectif de rendre contestables les marchés du numérique – tel que défendu par le DMA –, l'idée que ce texte a vocation à ouvrir ces marchés et à favoriser l'entrée de nouveaux concurrents. En ce sens, l'objectif du DMA pourrait être compris comme étant un objectif de libéralisation, similaire à celui des textes qui ont ouvert les industries de réseaux.

Il est vrai qu'à l'instar des textes de libéralisation, l'objectif du DMA est d'améliorer le fonctionnement concurrentiel d'un secteur dominé par quelques grands acteurs « historiques » (même si ce dernier terme semble peu approprié dans la « nouvelle » économie). Autre point commun, ce dernier met en place une régulation *ex ante* des comportements. Cette régulation est aussi asymétrique, car elle vise les plateformes qualifiées de contrôleurs d'accès, lesquelles sont rendues identifiables au moyen d'un certain nombre de critères. Cette technique n'est pas sans rappeler l'identification des « opérateurs puissants » dans le secteur des communications électroniques, censés exercer une influence significative sur un marché pertinent[10].

Si l'on suit le point de vue de l'avocat général Bobek exprimé dans ses conclusions sous l'affaire *bpost*[11], il ne devrait faire aucun doute qu'un objectif de libéralisation est distinct de la « *protection horizontale et continue de la concurrence* »[12]. À supposer que ce raisonnement soit exact[13], celui-ci n'est pas exactement transposable aux relations entre le DMA et le droit de la concurrence.

En effet, les textes de libéralisation sont centrés sur la mise en place d'une nouvelle organisation de marché permettant d'introduire la concurrence dans des secteurs où celle-ci ne joue pas. Ils prévoient ainsi, par exemple, la dissociation plus ou moins poussée d'un réseau constituant un monopole naturel, l'accès régulé à ce réseau ou la transparence comptable des anciens monopoles. Le soin est laissé aux régulateurs nationaux de prévenir et au besoin sanctionner les comportements mettant en cause l'effet utile de cette organisation de marché (par exemple, le fait d'imposer des conditions d'accès discriminatoires à certaines infrastructures ou certains services essentiels).

---

9 Le rapport Crémer souligne que la théorie des marchés contestables, controversée sur les marchés « traditionnels » est encore plus discutable sur les marchés du numérique. J. Crémer, Y.-A. de Montjoye et H. Schweitzer, « Competition policy for the digital era », 2019, p. 36.

10 Art. L. 37-1 du code des postes et des communications électroniques.

11 Conclusions AG Bobek, préc.

12 *Ibid.*, pt 162.

13 La frontière entre les infractions nuisant au libre jeu de la concurrence et celles qui nuisent à un objectif d'ouverture à la concurrence est selon nous trop ténue pour qu'il soit totalement convaincant.

En revanche, le DMA s'applique dans un secteur qui est déjà soumis au principe de libre concurrence et dont la structure n'a pas vocation à être modifiée (du moins pas directement). Loin de toute idée d'organisation des marchés du numérique, il cible un ensemble de comportements qualifiés de déloyaux[14] dont le non-respect est assorti d'amendes similaires à celles que la Commission est en droit de prononcer en droit de la concurrence[15]. Il est particulièrement malaisé de distinguer ces prohibitions d'une « *protection horizontale et continue de la concurrence* » sur les marchés du secteur numérique, pour reprendre les termes employés par l'avocat général Bobek[16].

Au total, si la référence à un objectif de marchés « contestables » rapproche dans une certaine mesure le DMA d'un texte de libéralisation, cela ne suffit pas à le distinguer du droit de la concurrence. Au contraire, rien ne distingue en définitive l'objectif de contestabilité affiché par le DMA de l'objectif de protéger une structure de concurrence effective posé par l'article 102 du traité sur le fonctionnement de l'Union européenne (TFUE)[17].

B. *Équité des marchés*

Qu'en est-il du second objectif du DMA, à savoir la notion de marchés « équitables » ? Cette notion est nouvelle et son contenu pour le moins incertain. Elle semble toutefois faire écho dans les notions de « *concurrence équitable* » ou d'« *environnement équitable* » contenues dans le règlement dit « Platform to Business »[18], texte qui présente des similarités avec le droit des pratiques commerciales déloyales même s'il s'inspire de solutions concurrentielles[19].

Cette proximité avec le droit des pratiques commerciales déloyales se confirme à la lecture des considérants du DMA. En effet, l'un des objectifs du texte est de traiter le déséquilibre des relations entre les contrôleurs d'accès et leurs utilisateurs, professionnels ou non-professionnels. Selon les auteurs du texte, ces déséquilibres sont propices aux pratiques déloyales de la part des plateformes concernées[20]. Faut-il en déduire que l'intérêt juridique poursuivi par le DMA est, à l'instar du règlement Platform to Business et du droit des pratiques commerciales déloyales,

---

14 Cons. 4 du DMA.

15 Art. 26 du DMA.

16 Conclusions AG Bobek, préc.

17 Trib. UE, 12 juin 2014, *Intel Corp. c/ Commission*, aff. T-286/09, EU:T:2014:547, pt 105 ; v. aussi A. Wachsmann, N. Zacharie, « Rabais de fidélité : Le Tribunal de l'Union européenne confirme la décision de la Commission européenne tout en réaffirmant clairement le caractère anticoncurrentiel par nature ou par objet des rabais attribués en contrepartie d'une exclusivité et des rémunérations destinées à retarder l'arrivée sur le marché d'un concurrent (*Intel / Commission*) », 12 juin 2014, *Concurrences* n° 3-2014, art. n° 67845, pp. 91-95.

18 Règlement (UE) 2019/1150 du Parlement européen et du Conseil du 20 juin 2019 promouvant l'équité et la transparence pour les entreprises utilisatrices de services d'intermédiation en ligne, *JOUE* n° L 186 du 11 juillet 2019, p. 57, cons. 7 et 30. La notion d'environnement équitable est également contenue dans l'exposé des motifs de la proposition de DMA, p. 3.

19 J.-C. Roda, préc., pt 2.

20 Cons. 4.

de protéger la loyauté des relations entre les contrôleurs d'accès et leurs utilisateurs ? Probablement pas.

En effet, comme l'a souligné à maintes reprises la dédicataire de ces lignes, la différence entre le « grand » et le « petit » droit de la concurrence tient au fait que la notion de marché n'a pas sa place dans ce dernier[21]. Or, à l'inverse du droit des pratiques restrictives, le DMA vise les entreprises dont les pratiques déloyales ont nécessairement un effet sur la concurrence, compte tenu de leur position de contrôleurs d'accès sur les marchés où elles opèrent. Le DMA expose d'ailleurs clairement, dans son considérant 4 précité, que les comportements déloyaux qu'il poursuit se font « *au détriment des prix, de la qualité, du choix et de l'innovation* », le Parlement européen proposant d'ajouter « *concurrence équitable* » à cette liste. On ne saurait mieux souligner que le DMA poursuit, à l'instar du droit de la concurrence, un objectif de bien-être du consommateur.

Il n'y a au demeurant pas de contradiction fondamentale entre un objectif de loyauté et un objectif de concurrence non faussée. En effet, le second paragraphe de l'article 102 du TFUE sanctionne au titre de l'abus le fait d'imposer des conditions de transaction « *inéquitables* ». L'impératif de loyauté à l'égard des partenaires commerciaux et des consommateurs est, de même, de plus en plus perçu comme étant intimement lié aux objectifs du droit de la concurrence, au niveau européen[22] comme au niveau interne. Le contentieux opposant Google aux éditeurs de presse[23] en fournit une bonne illustration.

L'objectif d'équité des marchés ne permet ainsi pas de distinguer clairement le DMA des règles de concurrence. Qu'en est-il de la nature des comportements réprimés par ces deux corps de règles ?

2. Le DMA sanctionne-t-il des infractions différentes de celles qui sont sanctionnées en droit de la concurrence ?

Lorsqu'il expose les objectifs du DMA, le considérant 10 du DMA précise qu'ils seront poursuivis « *indépendamment des effets réels, éventuels ou présumés [...] du comportement d'un contrôleur d'accès* ». Le considérant 9 souligne que si le DMA est sans préjudice de l'application des droits nationaux de la concurrence, c'est qu'ils reposent « *sur une évaluation individualisée des positions et du comportement sur le marché, y compris ses effets éventuels et la portée précise du comportement interdit,*

21 V. p. ex. L. Idot, « Le nouveau système communautaire de mise en œuvre des articles 81 et 82 CE (Règlement 1/2003 et projets de textes d'application) », *Cahiers de droit européen*, vol. 39, n° 3-4, 2003, p. 303, pt 32.

22 M. Vestager, « Fairness and Competition », discours du 25 janvier 2018 lors de la conférence annuelle du Global Competition Law Centre (GCLC).

23 Aut. conc., déc. n° 20-MC-01 du 9 avril 2020 relative à des demandes de mesures conservatoires présentées par le Syndicat des éditeurs de la presse magazine, l'Alliance de la presse d'information générale e.a., et l'Agence France Presse ; CA Paris, 8 octobre 2020, RG 20/08071 ; v. aussi M. Cartapanis, « Discrimination : La Cour d'appel de Paris confirme l'essentiel de la décision imposant à un moteur de recherche, à titre de mesures conservatoires, de négocier avec les éditeurs de presse (*Google / SPEM*) », 8 octobre 2020, *Concurrences* n° 1-2021, art. n° 98786, pp. 138-140.

et [...] prévoient la possibilité pour les entreprises de justifier objectivement le comportement en question par des motifs d'efficience ». Le DMA trace ainsi une ligne de partage entre les infractions *per se* qu'il contient et les infractions au droit de la concurrence qui laissent la place à une analyse des effets au cas par cas.

On se demande d'emblée en quoi une telle ligne de partage présenterait une quelconque pertinence aux fins du *non bis in idem*. Est-il admissible qu'une entreprise sanctionnée au titre du DMA puisse l'être une seconde fois et pour les mêmes faits au titre du droit de la concurrence, au motif que la première sanction ne faisait que postuler la nocivité de son comportement ? Certainement pas.

Toujours est-il que cette ligne de partage, à supposer qu'elle puisse être admise, est loin d'être pertinente s'agissant des rapports entre le DMA et le droit de la concurrence. En effet, la logique du « *per se* » n'est pas étrangère au droit de la concurrence. Celui-ci présume en effet, parfois de façon irréfragable, le caractère anticoncurrentiel de certains comportements[24].

À l'inverse, les pratiques listées aux articles 5 et 6 du DMA ont beau être interdites *per se*, elles sont le fruit d'une analyse concurrentielle. Il faut en effet souligner que la grande majorité des travaux qui ont précédé le DMA, dont on ne refera pas ici l'inventaire[25], ont mis en évidence le fait que les concepts traditionnels du droit de la concurrence étaient aptes à appréhender les comportements des acteurs du numérique[26]. Si des limites ont été pointées, elles tiennent non pas au champ d'application des règles mais à leur mise en œuvre : compte tenu de la lenteur et de la complexité des procédures, les autorités de concurrence interviennent souvent trop tard dans le secteur numérique.

C'est ainsi que les réflexions se sont vite orientées vers la question du développement des présomptions en droit de la concurrence : en allégeant la charge de la preuve au bénéfice des autorités de concurrence, celles-ci permettaient de remédier à l'inconvénient identifié. Cette voie se heurtait toutefois à de nombreux obstacles en pratique. Il semblait en effet tout à fait hasardeux pour un régulateur de développer des présomptions sur sa propre initiative dans le secteur numérique sans violer les droits de la défense[27].

Le DMA enjambe cet obstacle et transforme en interdictions *per se* les comportements dont la nocivité concurrentielle fait consensus. De façon révélatrice,

24 Le test prix/coûts mis en œuvre pour établir le caractère prédateur d'une politique de prix d'un opérateur dominant en est l'illustration. On mentionnera également l'analyse des rabais fidélisants (CJUE, 9 avril 2012, *Tomra Systems e.a. c/ Commission*, aff. C-549/10 P, EU:C:2012:221, pt 79).

25 V. note n° 3

26 Les autorités nationales de concurrence réunies au sein du Réseau européen de la concurrence on refait ce constat dans leurs observations relatives au DMA. V. European Competition Network (ECN), « Joint paper of the heads of the national competition authorities of the European Union: How national competition autorities can strenghten the DMA », 22 juin 2021, pts 2-4.

27 V. sur ce point M. Cousin, « Concurrence dans l'économie digitale : à qui doit profiter le doute sur la nocivité d'un comportement ou d'une concentration ? », *RLC* 2019/83, n° 3574, p. 24.

la plupart de ces droits et obligations trouvent leur origine dans des affaires de concurrence en cours ou déjà traitées par la Commission et certaines autorités nationales de concurrence[28]. Outre le fait que le DMA trouve son origine dans une réflexion sur la régulation concurrentielle des marchés de l'économie numérique, il est parfaitement évident que les droits et obligations prévus par ce texte, dans la mesure où ils s'appliquent aux plateformes les plus puissantes ayant un rôle de contrôleur d'accès, visent bien des formes de comportements dont la théorie économique, si ce n'est l'expérience, montre qu'ils ont très probablement un effet anticoncurrentiel.

Il est ainsi permis d'être sceptique quant à l'affirmation selon laquelle le DMA vise à « *compléter* » les règles de concurrence existantes de l'Union européenne et des États membres[29].

Le DMA vise plutôt à suppléer ces règles et plus exactement les modalités de leur mise en œuvre par les autorités de concurrence, jugées inefficaces dans le secteur numérique. Il est possible de le qualifier de succédané, car il vise des comportements que le droit de la concurrence permet d'appréhender de façon sans doute plus approfondie, mesurée et satisfaisante sur le plan des droits de la défense.

II. Enjeu au regard du principe *non bis in idem*

Une fois posés les critères permettant de le distinguer des règles de concurrence, le DMA expose qu'il « *vise […] à protéger un intérêt juridique différent de ceux desdites règles* » et qu'il s'applique donc sans préjudice de celles-ci[30]. C'est là renvoyer à l'un des trois critères du *non bis in idem* en droit de la concurrence tels qu'exposés par la Cour de justice de l'Union européenne (CJUE) dans l'arrêt *Toshiba*[31]. Il ne saurait ainsi y avoir d'« *idem* » dans le cas où la Commission sanctionnerait les mêmes faits sur le fondement du DMA et sur le fondement de l'article 101 ou 102, faute pour les deux textes de protéger le même intérêt juridique.

Par cette référence au *non bis in idem*, principe inscrit à l'article 50 de la Charte des droits fondamentaux de l'Union européenne, le DMA pose lui-même l'enjeu attaché à la distinction entre les règles qu'il contient et le droit de la concurrence.

Les données de cette question ont été très récemment modifiées par l'arrêt de la CJUE *bpost* du 22 mars 2022[32]. Dans cet arrêt, la Cour a unifié la notion d'*idem*

28 Comme le relèvent les membres de l'ECN dans le Joint paper préc., pt 15.

29 V. la p. 4 de l'exposé des motifs de la proposition de la Commission et le cons. 9.

30 Cons. 10.

31 CJUE, 14 février 2012, *Toshiba*, aff. C-17/10, EU:C:2012:72, pt 97 ; v. aussi A. Lacresse, « Réseau européen de concurrence : La Cour de Justice ne renonce pas au critère de l'unité de l'intérêt juridique protégé pour l'application du principe *ne bis in idem* en matière de concurrence (*Toshiba Corporation*) », 14 février 2012, *Concurrences* n° 2-2012, art. n° 45858, pp. 130-132.

32 CJUE, 22 mars 2022, *bpost SA/Autorité belge de la concurrence*, aff. C-117/20, EU :C :2022 :202.

à travers les différentes branches du droit européen et calque celle-ci sur les critères de l'arrêt *Menci*[33]. L'idem se résume ainsi désormais, en droit européen de la concurrence comme dans les autres branches du droit européen, à l'identité matérielle des faits. Il ne fait plus intervenir la notion d'intérêt juridique protégé[34]. La Cour confirme toutefois qu'une limitation au *non bis in idem* reste possible, de sorte qu'un cumul des sanctions est envisageable, s'il est prévu par les textes et si ceux-ci poursuivent des *« objectifs légitimes différents »*[35]. La notion d'objectifs légitimes se transforme ainsi, dans la nouvelle jurisprudence de la Cour, en une notion d'intérêts juridiques protégés[36]. Son examen n'intervient certes plus au stade de l'*idem* mais il demeure tout aussi crucial pour déterminer si une entreprise peut se voir sanctionner deux fois pour les mêmes faits.

Or, l'enjeu de cet examen n'est pas le même si l'on considère l'articulation du DMA avec les règles européennes et avec les règles nationales de concurrence.

1. Enjeux d'une application parallèle du droit européen de la concurrence

Pour qui fait preuve d'optimisme, il est possible de considérer que la question du *non bis in idem* devrait demeurer purement théorique dans les rapports entre le DMA et le droit européen de la concurrence. Il faut en effet rappeler que la Commission s'est réservé la mise en œuvre du DMA. C'est donc à elle seule qu'il appartiendra de décider si des faits identiques donneront lieu à des poursuites sur le fondement des deux ensembles de règles. Or, il est permis de penser qu'elle ne souhaitera pas disperser ses ressources en poursuivant, sur le fondement du droit de la concurrence, des faits qu'il est possible de traiter sous l'angle du DMA, particulièrement dans un contexte où le non-respect du DMA constaté par la Commission à au moins trois reprises ouvre la voie à des mesures comportementales ou structurelles[37]. Les considérations contenues dans l'arrêt *Trinko* de la Cour suprême des États-Unis quant à l'absence d'opportunité d'une action sur le fondement des règles de concurrence lorsqu'un comportement fait déjà l'objet d'une régulation sectorielle sont ici parfaitement transposables[38].

Il demeure certes possible que des chevauchements puissent se produire à la marge, particulièrement dans les affaires où la Commission voudra se saisir, sur

33 CJUE, 20 mars 2018, *Menci*, aff. C-524/15, EU :C :2018 :197.

34 Pts 34-35.

35 Pt 44.

36 L'AG Bobek suggérait à ce propos une *« métaphore du caméléon »* : conclusions sous l'affaire *bpost*, 2 septembre 2021, *bpost*, aff. C-117/20, point EU:C:2021:680, pt 129.

37 Art. 16.

38 US Supreme Court, *Verizon Communications Inc. v. Law Offices of Curtis V. Trinko, LLP*, 540 U.S. 398 (2004) : « *When there exists a regulatory structure designed to deter and remedy anticompetitive harm, the additional benefit to competition provided by antitrust enforcement will tend to be small, and it will be less plausible that the antitrust laws contemplate such additional scrutiny.* »

le fondement du droit de la concurrence, d'un ensemble de pratiques d'exclusion dont certaines auront pu être appréhendées *via* le DMA. Dans un tel cas de figure également, l'on peut penser que la Commission circonscrira les faits poursuivis afin d'éviter toute difficulté liée au *non bis in idem*[39].

Dans ces conditions, quel intérêt y a-t-il à réserver avec autant de soin l'application du droit européen de la concurrence aux comportements visés dans ses articles 5 et 6 ? Pour deux raisons essentiellement. Premièrement, il n'est pas exclu que la Commission ait la volonté de conserver la plus grande marge de manœuvre possible pour traiter les abus des contrôleurs d'accès tout en maintenant à leur égard une dissuasion optimale. Le droit de la concurrence pourrait également agir comme un filet de sécurité compte tenu du délai de prescription relativement court (trois ans) prévu à l'article 28 du DMA. Deuxièmement, et surtout, il ne faut pas négliger l'hypothèse dans laquelle les autorités nationales agiraient, sur le fondement du droit européen de la concurrence, contre des plateformes ayant été sanctionnées au titre du DMA. Dans une telle hypothèse, un débat sur les objectifs poursuivis par les deux corps de règles aurait lieu selon toute évidence. A supposer que ce débat soit tranché dans un sens favorable à une application parallèle des deux corps de règles, se poserait alors la question des autres conditions posées par la Cour dans l'arrêt *bpost* pour qu'un cumul de sanctions soit possible. Dans cet arrêt, la Cour expose en effet qu'une limitation au *non bis in idem* n'est possible qu'à condition que l'ensemble des sanctions imposées corresponde à la gravité des infractions commises et que les sanctions aient donné lieu à une coordination entre les autorités compétentes, ceci dans un intervalle de temps rapproché[40]. Sur ce point, l'on ne peut que constater que l'architecture institutionnelle du DMA ne prévoit aucun mécanisme de coopération susceptible d'apporter de telles garanties puisqu'elle repose sur la seule intervention de la Commission[41].

2. Enjeux d'une application parallèle des droits nationaux de la concurrence

Le DMA envisage les droits nationaux de la même façon que le droit européen de la concurrence[42]. Ces droits trouvent pleinement à s'appliquer indépendamment des dispositions du DMA. Une telle application parallèle des droits nationaux est plus difficilement contestable qu'une application parallèle du droit européen, quand bien même il serait considéré que le DMA vise à protéger le même intérêt juridique que le droit de la concurrence. On sait en effet que la sanction d'un

---

39 L'avocat général Bobek a fait remarquer dans ses conclusions précitées que le critère de l'intérêt juridique n'a jamais été appliqué en pratique. Il y a là une indication de la prudence de la Commission européenne et des autorités nationales de concurrence dans le traitement de procédures différentes relatives à des mêmes faits.

40 Arrêt *bpost* précité, pt 58.

41 Cette affirmation vaut à la date du 22 avril 2022.

42 Art. 1er, § 6.

comportement par la Commission sur le fondement des articles 101 ou 102 TFUE n'exclut pas une sanction de ce même comportement au niveau national sur le fondement des règles nationales de concurrence[43]. Une telle solution vaudrait *a fortiori* en cas de sanction par la Commission sur le fondement du DMA.

Rappelons toutefois que l'arrêt *Walt Wilhelm*[44] pose une limite à la double sanction sur le fondement du droit européen et du droit national de la concurrence. Elle tient à l'obligation faite à la deuxième autorité qui sanctionne de tenir compte de la première sanction dans sa décision. Une telle obligation pourrait-elle exister en cas de double sanction d'un comportement sur le fondement du DMA et du droit national de la concurrence ? À notre sens, l'« *exigence générale d'équité* » mise en exergue par la Cour pour justifier sa solution[45] est parfaitement transposable dans un tel cas de figure et devrait militer pour une telle prise en compte. Cette exigence est en outre cohérente avec les conditions posées par l'arrêt *bpost* pour l'application parallèle de deux législations distinctes à un même comportement.

Un traitement particulier est toutefois réservé par le DMA aux « *règles nationales de concurrence interdisant d'autres formes de comportement unilatéral* ». Cette disposition vise les infractions introduites dans certains droits nationaux pour traiter certains comportements des acteurs de l'économie numérique[46].

Aux termes de l'article 1er, paragraphe 6, du DMA, le DMA est également sans préjudice de ces règles mais à certaines conditions. Elles sont admises dans deux hypothèses. La première est celle dans laquelle les dispositions nationales s'appliquent à des entreprises autres que les contrôleurs d'accès. La question, à laquelle le DMA ne permet pas de répondre avec certitude, est de savoir si la catégorie visée par le droit national peut néanmoins englober les contrôleurs d'accès. Si c'est le cas, un même comportement pourra être sanctionné en application du DMA et des droits spéciaux de la concurrence adoptés au niveau des États membres.

La seconde hypothèse vise les règles nationales qui reviennent à imposer des obligations supplémentaires aux contrôleurs d'accès. Le traitement de ces dispositions nationales est pour le moins paradoxal. Si le DMA poursuivait véritablement un objectif « *complémentaire, mais différent* »[47] du droit de la concurrence, il n'était nul besoin de prendre un tel soin à éviter tout chevauchement entre le texte et des droits nationaux qualifiés de « *règles de concurrence* »[48].

---

43 CJCE, 13 février 1969, *Walt Wilhelm c/ Bundeskartellamt*, aff. 14/68, EU:C:1969:4.

44 *Ibid.*

45 *Ibid.*, pt 11.

46 V. p. ex. la nouvelle section 19(a) de la loi allemande sur la concurrence.

47 Cons. 10.

48 *Ibid.* Cons. 9.

Toujours est-il que le risque de chevauchement demeure au total bien réel et que le DMA s'avère être un piètre outil d'harmonisation. On aurait pu à tout le moins s'attendre à ce que les régulateurs nationaux soient associés à la mise en œuvre du texte, ce qui aurait limité en pratique les inconvénients liés à l'application parallèle des droits. Il est incompréhensible que le DMA, pourtant centré sur la recherche d'efficacité dans la régulation du comportement des contrôleurs d'accès, renonce à tirer profit du fonctionnement en réseau des autorités de concurrence au sein de l'Union européenne, dont le succès n'est pas à démontrer.

En définitive, les ambiguïtés du DMA et leur incidence très concrète sur le principe *non bis in idem* illustrent une tension bien connue entre deux impératifs qui s'appliquent à la régulation concurrentielle. Le premier est de doter les régulateurs d'outils souples et diversifiés permettant de traiter efficacement les entraves au bon fonctionnement des marchés. Le second est de maintenir un niveau acceptable de protection des droits fondamentaux des entreprises. Si le DMA ne règle pas cette tension de façon satisfaisante, le juge s'en chargera.

La jurisprudence du Conseil constitutionnel et le droit de la concurrence

GEORGES DECOCQ[*]
Université Paris-Dauphine – PSL

Résumé

Il ressort de l'analyse de la jurisprudence du Conseil constitutionnel que celui-ci protège faiblement les droits et libertés des entreprises, a constitutionnalisé de façon limitée le contentieux de la concurrence et organise difficilement les relations entre les autorités administratives et les juges, d'une part, et entre les juges d'autre part.

---

[*] Professeur à l'Université Paris-Dauphine – PSL, co-directeur du Centre de recherche droit Dauphine (CR2D).

Un bilan. Dès la naissance du droit moderne de la concurrence, le Conseil constitutionnel a eu l'occasion de statuer en la matière en censurant, le 23 janvier 1987, la loi transférant à la juridiction judiciaire le contentieux des décisions du Conseil de la concurrence[1]. Cette intrusion du droit constitutionnel en droit de la concurrence resta cependant anecdotique jusqu'à ce que fût introduite la question prioritaire de constitutionnalité ou QPC[2]. Entre-temps, les discussions sur la conformité du droit français de la concurrence aux droits et libertés fondamentaux s'étaient déplacées sur le terrain de la Convention de sauvegarde des droits de l'homme et des libertés fondamentales et sur la conformité de celui-ci à la jurisprudence de la Cour européenne des droits de l'homme (CEDH).

Plus de dix ans après l'introduction de la QPC, il convient de faire le bilan critique[3] de la jurisprudence du Conseil constitutionnel tant en ce qui concerne les décisions dites « DC » que « QPC »[4] concernant les dispositions

---

1 Déc. n° 86-224 DC du 23 janvier 1987, *Loi transférant à la juridiction judiciaire le contentieux des décisions du Conseil de la concurrence*. Les articles 12 et 15 de l'ordonnance n° 86-1243 du 1er décembre 1986 relative à la liberté des prix et de la concurrence prévoyaient que les recours des décisions du Conseil de la concurrence devaient être portés devant le Conseil d'État. Le texte déféré transférait cette compétence à la cour d'appel de Paris. Celui-ci a été censuré au motif qu'il n'existait pas de recours permettant d'obtenir le sursis à exécution des décisions du Conseil de la concurrence. Ce transfert a été définitivement réalisé par la loi n° 87-499 du 6 juillet 1987 transférant le contentieux des décisions du Conseil de la concurrence à la juridiction judiciaire.

2 Art. 29 de la loi constitutionnelle n° 2008-724 du 23 juillet 2008 de modernisation des institutions de la Ve République, *JORF* n° 0171 du 24 juillet 2008, entrée en vigueur le 1er mars 2010.

3 La photographie des décisions est aisée à dresser de façon thématique. Sur le contrôle des concentrations (titre III), v. déc. n° 2012-280 QPC du 12 octobre 2012, *Société Groupe Canal Plus et autre (Autorité de la concurrence : organisation et pouvoir de sanction)* ; déc. n° 2018-702 QPC du 20 avril 2018, *Société Fnac Darty (Pouvoirs du président de l'autorité de la concurrence en matière d'opérations de concentration)*. Sur les pratiques restrictives (titre IV), v. déc. n° 2010-85 QPC du 13 janvier 2011, *Établissements Darty et Fils (Déséquilibre significatif dans les relations commerciales)* ; déc. n° 2011-126 QPC du 13 mai 2011, *Société Système U Centrale Nationale et autre (Action du ministre contre des pratiques restrictives de concurrence)* ; déc. n° 2016-542 QPC du 18 mai 2016, *Société ITM Alimentaire International SAS (Prononcé d'une amende civile à l'encontre d'une personne morale à laquelle une entreprise a été transmise)* ; déc. n° 2018-749 QPC du 30 novembre 2018, *Société Interdis et autres (Déséquilibre significatif dans les relations commerciales II)*. Sur certains tarifs réglementés (titre IV bis), v. déc. n° 2015-715 DC du 5 août 2015, *Loi pour la croissance, l'activité et l'égalité des chances économiques*. Sur les pouvoirs d'enquête (titre V), v. déc. n° 2016-552 QPC du 8 juillet 2016, *Société Brenntag (Droit de communication de documents des agents des services d'instruction de l'Autorité de la concurrence et des fonctionnaires habilités par le ministre chargé de l'économie)*. Sur l'Autorité de la concurrence (titre IV), v. déc. n° 86-224 DC du 23 janvier 1987, préc. ; déc. n° 2015-715 DC du 5 août 2015, préc. ; déc. n° 2012-280 QPC du 12 octobre 2012, préc. ; déc. n° 2015-489 QPC du 14 octobre 2015, *Société Grands Moulins de Strasbourg SA et autre (Saisine d'office et sanctions pécuniaires prononcées par le Conseil de la concurrence)* ; déc. n° 2015-510 QPC du 7 janvier 2016, *Association Expert-comptable média association (Sanctions pécuniaires prononcées par l'Autorité de la concurrence)* ; déc. n° 2016-552 QPC du 8 juillet 2016, préc. ; déc. n° 2018-702 QPC du 20 avril 2018, préc. ; déc. n° 2021-892 QPC du 26 mars 2021, *Société Akka technologies et autres (Sanction de l'obstruction aux enquêtes de l'Autorité de la concurrence)*.

4 Il existe au total dix-huit types différents de décisions rendues par le Conseil constitutionnel. V. <https://www.conseil-constitutionnel.fr/les-decisions/decisions-par-type>. Nous n'aurons besoin que de deux catégories de décisions, les DC et les QPC. DC : vise les décisions intervenant dans le cadre d'un contrôle de constitutionnalité des lois ordinaires, lois organiques, des traités, des règlements des Assemblées, avant leur promulgation ; v. déc. n° 2017-749 DC du 31 juillet 2017, *Accord économique et commercial global entre le Canada, d'une part, et l'Union européenne et ses États membres*. QPC : concerne les décisions intervenant à l'occasion d'une instance en cours devant une juridiction. Par ailleurs, les lois du pays de Nouvelle-Calédonie peuvent être déférées au Conseil constitutionnel avant leur promulgation. Ces décisions sont répertoriées sous les lettres « LP ». V. une décision intéressant le droit de la concurrence, déc. n° 2013-3 LP du 1er octobre 2013, *Loi du pays relative à la concurrence en Nouvelle-Calédonie*. En revanche, les QPC portant sur des lois de pays sont répertoriées QPC ; v. déc. n° 2019-774 QPC du 12 avril 2019, *Société Magenta Discount et autre (Contrôle des prix et des marges en Nouvelle-Calédonie)*.

législatives[5] du livre IV du code de commerce : « De la liberté des prix et de la concurrence » (art. L. 410-1 à L. 490-14)[6].

Observons que, comparé à d'autres matières (ex. droit pénal ou droit fiscal), le nombre de décisions rendues par le Conseil constitutionnel portant sur le droit de la concurrence est beaucoup moins élevé. Toutefois, on ne doit pas conclure *a priori* de cette faible quantité de décisions rendues que le Conseil constitutionnel n'a qu'une faible influence sur l'évolution du droit de la concurrence. Présumons que la potentialité de ce contrôle peut pousser les acteurs du droit de la concurrence (législateur, Autorité de la concurrence, juges) à en tenir compte et à se conformer aux exigences constitutionnelles spontanément. Inversement, on ne peut soutenir que la rareté des décisions du Conseil constitutionnel signifie que celles-ci ont une portée majeure sur les questions sur lesquelles elles interviennent. La rareté n'est pas un signe d'importance. Autrement dit, une étude s'impose avant de porter une appréciation. Mais comment mener celle-ci ?

Droit et politique de la concurrence. Nous avons tenté de déceler les tendances du contentieux constitutionnel[7]. Mais nous ne nous sommes pas contentés de dresser une synthèse, nous avons aussi recherché des explications. Celles-ci nous ont permis de mettre à jour une politique de la jurisprudence du Conseil constitutionnel. Ce droit constitutionnel et cette politique doivent faire l'objet d'une appréciation.

---

5 Une partie importante du droit de la concurrence est constituée de normes réglementaires qui échappent au contrôle de constitutionnalité. De même, le droit européen de la concurrence échappe au contrôle de constitutionnalité. Le Conseil constitutionnel refuse aussi de contrôler la constitutionnalité d'une loi transposant une directive de l'UE (ex. transposition de la directive *private enforcement* ou ECN +) ; v. déc. n° 2004-496 DC du 10 juin 2004, *Loi pour la confiance dans l'économie numérique* ; déc. n° 2004-497 DC du 1er juillet 2004, *Loi relative aux communications électroniques et aux services de communication audiovisuelle*. De fait, de nombreuses dispositions législatives en matière de concurrence sont insusceptibles de faire l'objet d'un contrôle de constitutionnalité.

6 Cette étude porte aussi sur les décisions du Conseil constitutionnel portant sur le droit de la concurrence avant sa codification en 2000, mais pas sur le droit antérieur à l'ordonnance du 1er décembre 1986, v. : déc. n° 81-136 DC du 31 décembre 1981, *Troisième loi de finances rectificative pour 1981* ; déc. n° 82-143 DC du 30 juillet 1982, *Loi sur les prix et les revenus, notamment ses articles 1, 3 et 4* ; déc. n° 84-181 DC du 11 octobre 1984, *Loi visant à limiter la concentration et à assurer la transparence financière et le pluralisme des entreprises de presse* ; déc. n° 85-199 DC du 28 décembre 1985, *Loi portant amélioration de la concurrence*. Cette étude ne porte pas non plus sur tous les textes ayant pour objet des questions de concurrence (ex. : déc. n° 2010-605 DC du 12 mai 2010, *Loi relative à l'ouverture à la concurrence et à la régulation du secteur des jeux d'argent et de hasard en ligne* ; déc. n° 2015-468/469/472 QPC du 22 mai 2015, *Société UBER France SAS et autre (Voitures de transport avec chauffeur – Interdiction de la « maraude électronique » – Modalités de tarification – Obligation de retour à la base)* ; déc. n° 2018-768 DC du 26 juillet 2018, *Loi relative à la protection du secret des affaires* ; déc. n° 2018-764 QPC du 15 février 2019, *M. Paulo M. (Droit de communication aux agents des douanes des données de connexion)*. Certaines décisions seront néanmoins évoquées pour les besoins de la démonstration.

7 G. Clamour, « La concurrence dans la jurisprudence du Conseil constitutionnel », VIe congrès de l'Association française de droit constitutionnel, AFDC, juin 2005, Montpellier, France, <http://www.droitconstitutionnel.org/congresmtp/textes2/CLAMOUR.pdf> ; G. Drago, « Droit de propriété et liberté d'entreprendre dans la jurisprudence du Conseil constitutionnel : une relecture », *Cahiers de la recherche sur les droits fondamentaux* n° 9, 2011 p. 31, <https://www.unicaen.fr/puc/html/ecrire/revues/crdf/crdf9/crdf0903drago.pdf> ; G. Eckert, « Quelle place pour la libre concurrence ? », *Revue juridique de l'économie publique* n° 718, avril 2014 ; J.-L. Dewost, B. Lasserre et R. Saint-Esteben, « L'entreprise, les règles de concurrence et les droits fondamentaux : quelle articulation ? », *Les Nouveaux Cahiers du Conseil constitutionnel* n° 35, avril 2012, <https://www.conseil-constitutionnel.fr/nouveaux-cahiers-du-conseil-constitutionnel/l-entreprise-les-regles-de-concurrence-et-les-droits-fondamentaux-quelle-articulation>.

Les résultats de ce cheminement sont doubles. Tout d'abord, le Conseil constitutionnel garantit faiblement les droits et les libertés. Ensuite, le Conseil constitutionnel organise difficilement la séparation des pouvoirs *lato sensu*.

Le Conseil constitutionnel garantit faiblement les droits et les libertés. Le droit de la concurrence (dans toutes ses branches) a un double aspect. Il est à la fois un droit substantiel ou matériel (régissant les acteurs et les opérations effectuées sur le marché, fixant les règles d'accès et les conditions d'exercice sur celui-ci) et un droit institutionnel et procédural (déterminant le statut et les pouvoirs des institutions chargées d'appliquer les règles de concurrence ou règles organiques et fixant la procédure devant être suivie devant ces institutions ou règles fonctionnelles de procédure). Le Conseil constitutionnel contrôle à la fois le droit substantiel ou matériel (les lois qui régissent les comportements sur le marché des opérateurs économiques) et le droit institutionnel et procédural (les lois qui organisent les autorités de régulation du marché, fixent leurs prérogatives et régissent les procédures).

En droit substantiel de la concurrence, le Conseil constitutionnel n'a pas consacré de nouveaux droits et libertés économiques[8], les contrôles de constitutionnalité n'ont pas restreint la possibilité pour le législateur de déroger aux droits et libertés. L'apport du Conseil constitutionnel à ces questions est limité et décevant pour la libre concurrence.

En droit institutionnel et processuel de la concurrence, les contrôles de constitutionnalité ont permis de préciser, compléter et approfondir les droits et libertés des entreprises. L'apport de la jurisprudence du Conseil constitutionnel est plus important[9] qu'en droit matériel.

Mais si l'on compare l'application qui est faite des droits et libertés dans le contentieux de la concurrence à la jurisprudence du Conseil constitutionnel applicable à la procédure pénale ou à la jurisprudence de la CEDH, force est de constater que le Conseil constitutionnel effectue un contrôle incomplet ou atténué des règles de procédure tant organisationnelles que fonctionnelles.

---

8 Certains des droits de la concurrence (ex. pratiques anticoncurrentielles, contrôle des opérations de concentration) protègent la libre concurrence et sanctionnent les comportements des entreprises qui abusent de leurs pouvoirs de marché. La non-consécration des libertés et principes économiques en normes constitutionnelles s'explique pour des raisons politiques (la réticence française pour le libéralisme), techniques (le partage des compétences des différents recours ayant pour objet la critique de la loi entre le Conseil constitutionnel, la CEDH, la CJUE et les juridictions nationales ; le contrôle abstrait du Conseil constitutionnel s'accorde mal avec les appréciations *in concreto* qu'exige le droit de la concurrence) et d'opportunité (les droits actuellement garantis par le Conseil constitutionnel tels que la liberté du commerce et de l'industrie, la liberté d'entreprendre, la liberté contractuelle, la garantie des droits, le principe d'égalité devant la loi et les charges publiques lui suffisent pour appréhender les phénomènes économiques) ; P. Hubert et A. Castan, « Droit constitutionnel et liberté de la concurrence », *Les Nouveaux Cahiers du Conseil constitutionnel* n° 49, octobre 2015, p. 15 ; G. Decocq, « L'apport de la QPC en droit de la concurrence et en droit financier », in K. Foucher (dir.), *L'apport de la QPC à la protection des droits et libertés : un bilan*, Paris, Dalloz, 2020, p. 67.

9 Important ne suppose pas un jugement de valeur positif. Le mot indique simplement que cette jurisprudence quantitativement et qualitativement est digne d'intérêt juridique particulier et emporte des conséquences qu'il convient de souligner.

Une protection limitée des libertés économiques des entreprises. Pour réguler les comportements des opérateurs économiques sur le marché, le Conseil constitutionnel utilise principalement la liberté d'entreprendre, le droit de propriété, la liberté contractuelle, le droit au maintien des contrats légalement conclus, la garantie des droits et le principe d'égalité devant la loi et les charges publiques. Ces droits et libertés font l'objet d'une protection assez faible. En conséquence, le législateur peut y déroger facilement. Ainsi, le législateur peut réguler l'accès aux marchés mais aussi l'exercice de l'activité économique sur le marché en adoptant des dispositions contraires aux libertés et principes économiques qui irriguent le droit de la concurrence[10]. Illustrons cette affirmation.

La consultation de la jurisprudence du Conseil constitutionnel permet de tirer comme enseignement qu'au nom de l'intérêt général, le législateur peut créer des barrières à l'entrée des marchés. Ainsi, ce dernier peut :

- créer et défendre des monopoles (taxis[11], droit de présentation des notaires[12] et des greffiers[13]) ;
- créer des régimes d'autorisation préalable (machines à sous[14], mototaxis[15] et paris hippiques[16]) ;
- poser une exigence de qualification professionnelle ou de nationalité pour accéder à une profession (artisanat[17], dirigeant d'une société de sécurité[18]).

De même, le Conseil constitutionnel laisse une très grande latitude au législateur pour réguler l'exercice de l'activité économique. Pour ce faire, le législateur peut adopter des règles qui ont pour objet, soit la formation et le contenu de la relation

10 Déc. n° 2012-285 QPC du 30 novembre 2012, *M. Christian S. (Obligation d'affiliation à une corporation d'artisans en Alsace-Moselle)*, pt 7 : « *[L]a liberté d'entreprendre comprend non seulement la liberté d'accéder à une profession ou à une activité économique mais également la liberté dans l'exercice de cette profession ou de cette activité [...]* »

11 Déc. n° 2014-422 QPC du 17 octobre 2014, *Chambre syndicale des cochers chauffeurs CGT-taxis (Voitures de tourisme avec chauffeurs)* ; déc. n° 2015-516 QPC du 15 janvier 2016, M. *Robert M. et autres (Incompatibilité de l'exercice de l'activité de conducteur de taxi avec celle de conducteur de VTC)*. V. aussi J. Martinez, « Liberté d'entreprendre : Le Conseil constitutionnel déclare contraire à la Constitution la disposition prévoyant l'incompatibilité entre l'exercice de l'activité de conducteurs de taxi et celle de conducteur de véhicules de tourisme avec chauffeur sur le fondement de la liberté d'entreprendre (*M. Robert*) », 15 janvier 2016, *Concurrences* n° 2-2016, art. n° 79102, pp. 208-209.

12 Déc. n° 2014-429 QPC du 21 novembre 2014, *M. Pierre T. (Droit de présentation des notaires)*. V. aussi B. du Marais, « Notariat : Le Conseil constitutionnel français écarte la qualification "d'emploi public" pour l'activité des notaires mais affirme qu'ils "participent à l'exercice de l'autorité publique" (*Pierre T.*) », 21 novembre 2014, *Concurrences* n° 1-2015, art. n° 71463, pp. 215-218.

13 Déc. n° 2015-459 QPC du 26 mars 2015, *M. Frédéric P. (Droit de présentation des greffiers des tribunaux de commerce)*.

14 Déc. n° 2010-55 QPC du 18 octobre 2010, *M. Rachid M. et autres (Prohibition des machines à sous)*.

15 Déc. n° 2013-318 QPC du 7 juin 2013, *M. Mohamed T. (Activité de transport public de personnes à motocyclette ou tricycle à moteur)*.

16 Déc. n° 2010-73 QPC du 3 décembre 2010, *Société ZEturf Limited (Paris sur les courses hippiques)*.

17 Déc. n° 2011-139 QPC du 24 juin 2011, *Association pour le droit à l'initiative économique (Conditions d'exercice de certaines activités artisanales)*.

18 Déc. n° 2015-463 QPC du 9 avril 2015, *M. Kamel B. et autre (Direction d'une entreprise exerçant des activités privées de sécurité – Condition de nationalité)*.

d'affaires[19], soit la création de distinctions entre les entreprises quant aux prélèvements obligatoires qui leur incombent. Les exemples sont nombreux.

Ainsi le législateur peut :

- imposer aux détenteurs de droits sociaux d'informer les salariés lorsqu'ils cèdent ceux-ci[20] ou d'informer le marché lorsqu'ils franchissent des seuils de détention capitalistique[21] ;
- déléguer à une collectivité territoriale, en l'encadrant, le soin de fixer un prix plancher au tabac[22] ;
- fixer la date à laquelle aura lieu une évaluation déterminant le prix de vente de droits sociaux[23].

La facilité accordée au législateur de réguler l'accès et l'exercice des activités économiques découle de la conception même que se fait le Conseil constitutionnel des droits et libertés qu'il protège.

L'intérêt général fonde dans son principe l'intervention du législateur et autorise de porter atteinte aux droits et libertés. La conciliation entre les intérêts permet, dans un contrôle de proportionnalité, de fixer les modalités de l'intervention du législateur.

Ainsi, relevons que l'intervention du législateur se justifie pour préserver l'ordre public (la sécurité des personnes[24], des biens, des voyageurs, la police de la circulation ou du stationnement sur la voie publique) et notamment l'ordre public économique[25] (favoriser la libre concurrence et la liberté d'entreprendre[26], lutter contre les fraudes, maintenir l'équilibre des relations commerciales[27]) ou inciter les entreprises à adopter un comportement (notamment en leur accordant des avantages quant à la détermination du montant des prélèvements obligatoires auxquels elles sont assujetties ou quant au paiement de ceux-ci). L'ordre public est une notion « valise » que le législateur définit à sa guise. Elle permet à celui-ci d'agir sans contrainte au nom de ce qu'il autoproclame ordre public.

---

19 Le législateur est compétent en vertu de l'article 34 de la Constitution pour déterminer les principes fondamentaux des obligations civiles et commerciales ; v. déc. n° 2013-343 QPC du 27 septembre 2013, *Époux L. (Détermination du taux d'intérêt majorant les sommes indûment perçues à l'occasion d'un changement d'exploitant agricole)*.

20 Déc. n° 2015-476 QPC du 17 juillet 2015, *Société Holding Désile (Information des salariés en cas de cession d'une participation majoritaire dans une société – Nullité de la cession intervenue en méconnaissance de cette obligation)*.

21 Déc. n° 2013-369 QPC du 28 février 2014, *Société Madag (Droit de vote dans les sociétés cotées)*.

22 Déc. n° 2012-290/291 QPC du 25 janvier 2013, *Société Distrivit et autres (Droit de consommation du tabac dans les DOM)*.

23 Déc. n° 2016-563 QPC du 16 septembre 2016, *M. Dominique B. (Date d'évaluation de la valeur des droits sociaux des associés cédants, retrayants ou exclus)*.

24 Déc. n° 2013-318 QPC du 7 juin 2013, préc.

25 Déc. n° 2010-73 QPC du 3 décembre 2010, préc.

26 Déc. n° 2010-102 QPC du 11 février 2011, *M. Pierre L. (Monopole des courtiers interprètes et conducteurs de navires)*.

27 Déc. n° 2011-126 QPC du 13 mai 2011, préc.

Le contrôle de proportionnalité permet de vérifier que l'atteinte aux droits et libertés est limitée au regard de l'intérêt général poursuivi ou que les discriminations créées reposent sur des critères ayant un rapport direct avec l'incitation créée.

Les atteintes aux droits et libertés sont conformes à la Constitution parce qu'elles sont limitées à certaines personnes, à certains actes, pour un certain temps ou doivent être mises en œuvre en respectant un formalisme protecteur.

On ne peut manquer de rapprocher cette jurisprudence du Conseil constitutionnel de celle de la Cour de justice de l'Union européenne (CJUE) en matière de libre circulation (marchandises, services, établissements et capitaux). Il a souvent été affirmé que la jurisprudence du Conseil constitutionnel s'inspirait très fortement de celle de la CEDH. Il nous semble que, sur les sujets économiques, il devrait aussi s'inspirer de celle de la CJUE en matière de libre circulation ou en matière de règles de concurrence applicables aux États (aides d'État, art. 106 du traité sur le fonctionnement de l'Union européenne (TFUE), effet par ricochet des art. 101 et 102 TFUE).

Une constitutionnalisation insuffisante des pouvoirs de sanction des autorités de concurrence. Le Conseil constitutionnel a constitutionnalisé des règles organiques de procédure. Mais cette constitutionnalisation se révèle limitée dans sa portée et insuffisante.

Le Conseil constitutionnel donne un fondement constitutionnel aux pouvoirs de l'Autorité de la concurrence (ADLC) – et donnait ce même fondement hier pour ceux du Conseil de la concurrence – et contrôle la mise en œuvre de ceux-ci. Il estime que « *le principe de la séparation des pouvoirs, non plus qu'aucun autre principe ou règle de valeur constitutionnelle, ne fait obstacle à ce qu'une autorité administrative indépendante, agissant dans le cadre de prérogatives de puissance publique, puisse exercer un pouvoir de sanction dans la mesure nécessaire à l'accomplissement de sa mission, dès lors que l'exercice de ce pouvoir est assorti par la loi de mesures destinées à assurer la protection des droits et libertés constitutionnellement garantis* »[28]. Cette jurisprudence est importante parce qu'elle fonde les pouvoirs décisionnels et punitifs de l'ADLC[29].

Les pouvoirs de l'ADLC sont constitutionnels si la loi qui les édicte est assortie de mesures destinées à assurer la protection des droits et libertés constitutionnellement garantis. Ainsi le Conseil constitutionnel énonce explicitement que s'appliquent à l'ADLC les principes suivants :

- le principe de légalité des délits et des peines[30] ;
- les droits de la défense ;

---

28 Déc. n° 2015-489 QPC du 14 octobre 2015, préc., pt 6.

29 Déc. n° 2012-280 QPC du 12 octobre 2012, préc. (CC)

30 Le déséquilibre significatif « *est défin[i] en des termes suffisamment clairs et précis pour ne pas méconnaître le principe de légalité des délits* » (déc. n° 2010-85 QPC du 13 janvier 2011, préc., pt 4 (PR)).

- les principes d'indépendance et d'impartialité ;
- les principes applicables à toutes sanctions ayant le caractère d'une punition.

Toutefois, cette consécration est insuffisante à ce jour. D'abord, doit-on considérer que cette liste est limitative et que les principes non encore invoqués par le Conseil constitutionnel ne s'appliquent pas à l'ADLC, tels que le respect d'un délai raisonnable ou le principe d'équité ?

Ensuite, si les pouvoirs de l'ADLC sont ainsi affirmés, ils sont aussi adaptés. L'ADLC n'est pas une juridiction[31], et ne doit pas appliquer exactement les mêmes principes que celle-ci lorsqu'elle se comporte comme une juridiction[32]. Les droits et libertés ne devraient pas s'attacher à un organe ou à une institution en raison de sa nature (administrative ou judiciaire), mais en fonction de ses pouvoirs, attributions et missions (adopter une décision individuelle susceptible de comporter une sanction).

Enfin, la constitutionnalisation de ces principes est purement formelle. Fournissons un exemple qui peut se décliner sur de nombreuses questions. S'inspirant de la jurisprudence de la CEDH, le Conseil constitutionnel garantit l'indépendance et l'impartialité des autorités administratives punitives. Il estime que la loi doit opérer une séparation entre, d'une part, les organes chargés des fonctions de poursuites et d'instruction des éventuels manquements et, d'autre part, ceux chargés de la fonction de jugement de ces mêmes manquements[33]. En droit de la concurrence, cette jurisprudence, postérieure à l'introduction de la QPC en droit français, n'a pas apporté de grand bouleversement, dans la mesure où la cour d'appel de Paris et la Cour de cassation avaient fait application de la jurisprudence de la CEDH

---

31 Pour la Cour de cassation, l'Autorité de la concurrence est une autorité administrative indépendante dont les textes qui la régissent garantissent son impartialité et son indépendance et à laquelle ne s'applique pas la procédure de récusation ou de renvoi pour cause de suspicion légitime prévue par les articles 341 et s. du code de procédure civile ; Cass. 2e civ. 30 septembre 2021, *Saint-Gobain Isover*, n° 20-18.672. La CJUE a décidé aussi que l'autorité de concurrence d'un État membre n'était pas une juridiction apte à lui poser une question préjudicielle en application de l'article 267 du TFUE ; CJUE, 16 septembre 2020, *Anesco*, aff. C-462/19, EU:C:2020:715. V. aussi P. Cardonnel, « Renvoi préjudiciel : La Cour de justice de l'Union européenne déclare irrecevable une demande de décision préjudicielle émanant de l'Autorité espagnole de la concurrence (*Anesco*) », 16 septembre 2020, *Concurrences* n° 4-2020, art. n° 97392, pp. 198-199.

32 Il arrive que les autorités de régulation ne se comportent pas comme une juridiction. Ainsi, le code de commerce donne pouvoir au président de l'ADLC de réviser seul les engagements et injonctions initiales. Pour le Conseil constitutionnel, cette attribution permet d'assurer l'exécution effective et rapide des décisions de l'ADLC en matière de contrôle des concentrations lorsque l'affaire ne présente pas de difficulté particulière ou lorsque des exigences de délais le justifient ; déc. n° 2018-702 QPC du 20 avril 2018, préc.

33 Ainsi, ont été déclarés contraires à la Constitution : (i) les dispositions du code monétaire et financier sur la Commission nationale des sanctions (chargée de punir les agents immobiliers et les opérateurs de jeux qui ne respectent pas le dispositif de lutte contre le blanchiment) aux motifs que celle-ci notifiait les griefs (actes de poursuite) et statuait sur le manquement (fonction de juger) ; déc. n° 2016-616/617 QPC du 9 mars 2017, *Société Barnes et autre (Procédure de sanction devant la Commission nationale des sanctions)* ; v. aussi, pour la Commission bancaire, déc. n° 2011-200 QPC du 2 décembre 2011, *Banque populaire Côte d'Azur (Pouvoir disciplinaire de la Commission bancaire)* ; (ii) les dispositions du code des transports sur l'autorité de contrôle des nuisances aéroportuaires aux motifs que le président disposait de l'opportunité des poursuites et siégeait dans la formation de jugement ; déc. n° 2017-675 QPC du 24 novembre 2017, *Société Queen Air (Procédure de sanction devant l'autorité de contrôle des nuisances aéroportuaires)*. V. aussi F. Martucci, « Impartialité : Le Conseil constitutionnel déclare contraires au principe d'impartialité les dispositions relatives à la procédure de sanction devant l'Autorité de contrôle des nuisances aéroportuaires (*Queen Air*) », 24 novembre 2017, *Concurrences* n° 1-2018, art. n° 85968, pp. 181-182.

sur le principe d'impartialité dès la fin des années 1990 et que le législateur en a tiré les conséquences à l'aube du XXIe siècle[34] sur la séparation des fonctions d'instruction et de jugement. L'apport du Conseil constitutionnel est tardif, symbolique et sans réelle portée. Pour être intéressant, il aurait fallu que le Conseil constitutionnel approfondisse la protection des droits et libertés des entreprises confrontées aux pouvoirs importants de l'ADLC. Il n'en a rien été.

Un encadrement atténué du contentieux devant l'Autorité de la concurrence. Le contentieux devant l'ADLC a un caractère inquisitorial et relève de la matière pénale au sens de la CEDH[35]. Le Conseil constitutionnel a encadré ce contentieux économique en adaptant le socle minimal de garanties applicable à la matière pénale aux règles fonctionnelles de procédure. Mais cette adaptation s'est essentiellement traduite par une atténuation des exigences imposées à l'ADLC en comparaison d'autres institutions inquisitoriales et punitives. Illustrons cette affirmation en reprenant la jurisprudence du Conseil constitutionnel relative à l'enquête, à la saisine, à la sanction et au principe *ne bis in idem*.

Tout d'abord, alors qu'en matière répressive la faculté pour un juge de se saisir d'office est interdite, le Conseil constitutionnel a estimé que le législateur pouvait prévoir qu'une autorité administrative indépendante exerçant des pouvoirs de sanction ou un juge civil ou commercial puissent se saisir d'office à la double condition que cette saisine soit fondée sur un motif d'intérêt général et assortie de dispositions légales contrôlées par un juge garantissant son impartialité et son indépendance[36]. Si ces conditions ont permis au Conseil constitutionnel de censurer, à plusieurs reprises, les dispositions permettant au juge de s'autosaisir dans le cadre du droit des entreprises en difficulté, elles n'ont pas conduit en revanche le Conseil constitutionnel à déclarer inconstitutionnelles celles en vigueur en droit des pratiques anticoncurrentielles. Le Conseil constitutionnel a estimé que, compte tenu des garanties légales qu'il relève[37] et « *dont il appartient*

---

34 Cass. com., 5 octobre 1999, *Société Fougerolle e.a.*, n° 97-15.617, 97-15.626, 97-15.632, 97-15.673, 97-15.760, 97-15.777, 97-15.805, 97-15.826, 97-15.836, 97-15.852, 97-15.871, 97-15.932, 97-16.004, 97-16.330 ; Cass. com., 30 mai 2000, *Société Canal* +, n° 99-17.038 ; Cass. com., 31 janvier 2006, *Colas*, n° 04-20.360. La Cour de cassation a ensuite considéré que lorsque le Conseil de la concurrence s'était prononcé sur le caractère prohibé d'une partie des faits qui lui étaient dénoncés dans une procédure de mesures conservatoires, il ne pouvait, « *dans une formation comportant des membres ayant statué dans cette procédure, statuer à nouveau au fond, sans manquer objectivement au principe d'impartialité* » (Cass. com., 9 octobre 2001, *Société Béton travaux e.a.*, n° 98-21.987) ; v. aussi Cass. com., 23 octobre 2007, *Société France Télécom*, n° 06-17.852.

35 Le Conseil constitutionnel s'est aussi intéressé à des contentieux qui se déroulent devant le juge judiciaire ; v. p. ex. l'action du ministre en matière de pratique restrictive de concurrence, déc. n° 2011-126 QPC du 13 mai 2011, préc. (PR) ; déc. n° 2018-749 QPC du 30 novembre 2018, préc. (PR).

36 Déc. n° 2012-286 QPC du 7 décembre 2012, *Société Pyrénées services et autres (Saisine d'office du tribunal pour l'ouverture de la procédure de redressement judiciaire)* ; déc. n° 2013-352 QPC du 15 novembre 2013, *Société Mara Télécom et autre (Saisine d'office du tribunal pour l'ouverture de la procédure de redressement ou de liquidation judiciaire en Polynésie française)* ; déc. n° 2013-368 QPC du 7 mars 2014, *Société Nouvelle d'exploitation Sthrau hôtel (Saisine d'office du tribunal pour l'ouverture de la procédure de liquidation judiciaire)*.

37 Le Conseil constitutionnel relève (i) que la décision d'autosaisine n'a ni pour objet ni pour effet d'imputer une pratique à une entreprise déterminée et que, dès lors, elle ne conduit pas le Conseil de la concurrence à préjuger la réalité des pratiques susceptibles de donner lieu au prononcé de sanctions ; (ii) qu'il existe une séparation fonctionnelle entre l'organe chargé d'instruire l'affaire (le rapporteur général) et celui (le collège du Conseil de la concurrence) devant juger et sanctionner les entreprises ; (iii) que le rapporteur n'assiste pas au délibéré (déc. n° 2015-489 QPC du 14 octobre 2015, préc.).

à la juridiction compétente de contrôler le respect », la décision du Conseil de la concurrence de se saisir d'office « *n'opère pas de confusion entre, d'une part, les fonctions de poursuite et d'instruction et, d'autre part, les pouvoirs de sanction* » (pt 7) et que l'impartialité du Conseil de la concurrence est préservée. Cette faveur conférée à l'ADLC est contestable et supposerait, pour qu'elle soit acceptable, que la cour d'appel de Paris vérifie au cas par cas les circonstances qui ont entouré les autosaisines et le respect des garanties d'impartialité et qu'elle ne se contente pas de rappeler simplement la constitutionnalité de l'autosaisine.

Ensuite, le Conseil constitutionnel a décidé que la législation qui confère à des enquêteurs le pouvoir d'obtenir la communication de documents ou des données informatiques doit entourer la communication de garanties propres à assurer qu'il ne sera pas porté atteinte au droit au respect de la vie privée, au secret des correspondances ou au secret professionnel[38]. En revanche, le secret des affaires des entreprises n'est pas opposable aux enquêteurs agissant pour les autorités administratives indépendantes. Le Conseil constitutionnel ne protège que les personnes physiques qui travaillent au sein de l'entreprise et les conseils de l'entreprise qui assurent sa défense. Les entreprises se doivent d'être transparentes. Elles sont des fictions juridiques qui ne peuvent bénéficier de la même protection constitutionnelle que les personnes physiques. La différence de traitement est flagrante.

Les entreprises ne bénéficient que d'une protection formelle et d'ordre procédural (les droits de la défense) : elles doivent pouvoir faire contrôler par la juridiction compétente la régularité des mesures d'enquête. Ainsi, les agents de l'ADLC peuvent, lors des contrôles, exiger la communication d'informations et de documents professionnels nécessaires à la conduite de l'enquête de concurrence (art. L. 450-3 C. com.)[39] et utiliser extensivement les différentes sanctions s'attachant aux prétendues « obstructions à enquête ».

Aux garanties procédurales, les personnes physiques peuvent ajouter la protection de leur vie privée et les conseils des entreprises, celle de leur secret professionnel. C'est pourquoi les agents de l'ADLC ne disposent pas d'un pouvoir d'exécution forcée pour obtenir la remise de tous documents, ni d'un pouvoir général d'audition ou de perquisition. Ainsi le Conseil constitutionnel a décidé que les agents de l'ADLC ne pouvaient pas se faire communiquer les données de connexion et en obtenir copie si le législateur n'assortissait pas la procédure prévue de garanties propres à assurer une conciliation équilibrée entre le droit au respect de la vie privée et la prévention des atteintes à l'ordre public et la recherche des auteurs d'infractions (tel que le prononcé de sanction en cas de divulgation des informations obtenues, l'intervention de l'autorité judiciaire pour autoriser la communication des données)[40].

---

38 Déc. n° 2016-552 QPC du 8 juillet 2016, préc. ; déc. n° 2017-646/647 QPC du 21 juillet 2017, *M. Alexis K. et autre (Droit de communication aux enquêteurs de l'AMF des données de connexion)*.

39 Déc. n° 2016-552 QPC du 8 juillet 2016, préc.

40 Déc. n° 2015-715 DC du 5 août 2015, préc.

De même, le Conseil constitutionnel a précisé que les pouvoirs des enquêteurs devaient être cantonnés à leur objet. Ainsi, les dispositions qui permettent à des enquêteurs d'obtenir la communication des livres, factures et autres documents professionnels ne doivent pas permettre l'entrée dans un lieu à usage d'habitation ou la communication de documents protégés par le droit au respect de la vie privée ou par le secret professionnel[41].

Toutefois, les conseils sont eux-mêmes des entreprises soumises au droit de la concurrence et, sous cette qualité, ces derniers peuvent faire l'objet d'une enquête. Le Conseil constitutionnel estime alors que les agents de l'autorité administrative chargée de la concurrence et de la consommation peuvent accéder à des locaux utilisés à des fins professionnelles par un avocat ou exiger la communication par celui-ci de ses livres, factures et autres documents (art. L. 141-1 C. consom. et art. 10-1 de la loi n° 71-1130 du 31 décembre 1971 portant réforme de certaines professions judiciaires et juridiques) lorsqu'ils cherchent à déterminer l'existence d'un manquement à l'obligation pour un avocat de conclure une convention d'honoraires (dans les conditions fixées par les art. L. 450-1, L. 450-3 à L. 450-4, L. 450-7 et L. 450-8 C. com.) à condition que les recherches et constatations soient menées dans le respect du secret professionnel, de la vie privée et des droits de la défense[42].

Mais encore, le Conseil constitutionnel contrôle les pouvoirs de sanction des autorités administratives indépendantes en faisant application des principes d'égalité, de légalité des peines, de nécessité, de proportionnalité et d'individualisation des peines. Les décisions du Conseil constitutionnel sont nombreuses[43] et procèdent à des accommodements.

On relèvera, ainsi, que le Conseil constitutionnel a décidé que le plafond des amendes encourues pouvait être fixé par référence au chiffre d'affaires mondial hors taxes le plus élevé réalisé par le groupe auquel appartient l'entreprise à laquelle la sanction est infligée[44]. Le Conseil constitutionnel estime que le droit de la peine peut être adapté lorsqu'il s'applique aux personnes morales. Il adopte implicitement la notion d'entreprise pour justifier que le chiffre d'affaires d'un groupe de sociétés serve d'assiette à la sanction infligée à l'entreprise ayant commis la pratique anticoncurrentielle.

Faisant application de la notion d'entreprise, le Conseil constitutionnel a décidé que la loi pouvait prendre en considération le chiffre d'affaires consolidé d'un groupe alors même qu'il est étranger à l'infraction commise par l'entreprise, soit qu'aucune autre entreprise de ce groupe n'ait contribué à l'infraction, soit

---

41 Déc. n° 2016-552 QPC du 8 juillet 2016, préc.

42 Déc. n° 2015-715 DC du 5 août 2015, préc.

43 V., en matière boursière, déc. n° 2017-634 du 2 juin 2017, *M. Jacques R. et autres (Sanction par l'AMF de tout manquement aux obligations visant à protéger les investisseurs ou le bon fonctionnement du marché)* ; déc. n° 2013-369 QPC du 28 février 2014, préc. ; déc. n° 2017-692 QPC du 16 février 2018, *Époux F. (Amende pour défaut de déclaration de comptes bancaires ouverts, utilisés ou clos à l'étranger III)*.

44 Déc. n° 2015-489 QPC du 14 octobre 2015, préc. (PA).

que l'entreprise ayant commis l'infraction ait intégré le groupe[45]. De même, le Conseil constitutionnel estime que le législateur pouvait distinguer, pour fixer le montant maximum de la sanction encourue, les entreprises et les autres contrevenants[46]. Le législateur, dans un objectif de dissuasion et pour individualiser la sanction pécuniaire, peut prévoir des plafonds distincts pour les sanctions pécuniaires établies en fonction des facultés contributives respectives des entreprises. La peine exemplaire permet la dissuasion en supprimant le bénéfice économique retiré par l'entreprise de ses comportements prohibés. En permettant le prononcé de sanctions importantes, le Conseil constitutionnel assure l'efficacité du droit des marchés. Il rejoint les analyses économiques de la peine adoptée par les autorités de régulation.

Enfin, pour le Conseil constitutionnel, il est possible que des mêmes faits commis par une même personne puissent faire l'objet de poursuites différentes et de sanctions différentes. Tout le monde se souvient des hésitations jurisprudentielles du Conseil constitutionnel et de la CEDH entre 2014 et 2016[47]. Aujourd'hui, on peut estimer que le Conseil constitutionnel pose des conditions en séparant la question du cumul des poursuites de celle du cumul des sanctions.

Il est acquis que les mêmes faits commis par une même personne peuvent faire l'objet de poursuites différentes si les sanctions qui seront éventuellement prononcées ont une nature distincte.

En ce qui concerne le pouvoir de sanction, lorsque deux procédures sont engagées pouvant conduire à un cumul de sanctions, il faut faire application du principe

---

45 Déc. n° 2015-489 QPC du 14 octobre 2015, préc. Le Conseil constitutionnel fait application de la notion d'entreprise en matière de pratiques restrictives, en décidant que des amendes civiles peuvent être prononcées à l'encontre de la personne morale qui a absorbé lors d'une fusion l'entreprise qui a commis l'infraction. Le Conseil constitutionnel a adopté cette solution en raison de la nature de la sanction, la finalité poursuivie par celle-ci et la proportionnalité de la sanction à la poursuite de son objectif. En la matière, l'adaptation des principes du droit pénal est nettement affirmée : « *Appliqué en dehors du droit pénal, le principe selon lequel nul n'est punissable que de son propre fait peut faire l'objet d'adaptations, dès lors que celles-ci sont justifiées par la nature de la sanction et par l'objet qu'elle poursuit et qu'elles sont proportionnées à cet objet* » (déc. n° 2016-542 QPC du 18 mai 2016, préc. (PR), pt 6). Il est loisible au législateur d'assortir la violation de certaines obligations d'une amende civile à condition de respecter les articles 8 et 9 de la déclaration de 1789 ; déc. n° 2010-85 QPC du 13 janvier 2011, préc.

46 Le Conseil de la concurrence avait décidé que l'article L. 464-2 C. com., qui prévoyait un maximum de la sanction pécuniaire en valeur absolue lorsque la personne qui a commis l'infraction n'était pas une entreprise, alors que ce maximum était fixé en pourcentage du chiffre d'affaires lorsque cette personne était une entreprise, n'était pas contraire aux principes d'égalité et de légalité des peines ; déc. n° 2015-510 QPC du 7 janvier 2016, préc. Depuis la modification de ce texte par l'ordonnance du n° 2021-649 du 26 mai 2021 relative à la transposition de la directive (UE) 2019/1 du Parlement européen et du Conseil du 11 décembre 2018 visant à doter les autorités de concurrence des États membres des moyens de mettre en œuvre plus efficacement les règles de concurrence et à garantir le bon fonctionnement du marché intérieur (ECN +), *JORF* n° 0121 du 27 mai 2021, les associations d'entreprises encourent une sanction pécuniaire maximum fixée en pourcentage de leur chiffre d'affaires ou de celui de leurs membres.

47 CEDH, 4 mars 2014, *Grande Stevens et autres c/ Italie,* n° 18640/10 ; CEDH, 15 novembre 2016, *A et B c/ Norvège*, n° 24130/11 et 29758/11 ; déc. n° 2014-453/454 et 2015-462 QPC du 18 mars 2015, *M. John L. et autres (Cumul des poursuites pour délit d'initié et des poursuites pour manquement d'initié)* ; déc. n° 2015-513/514/526 QPC du 14 janvier 2016, *M. Alain D. et autres (Cumul des poursuites pénales pour délit d'initié avec des poursuites devant la commission des sanctions de l'AMF pour manquement d'initié – II)* ; *déc. n° 2016-572 QPC du 30 septembre 2016 M. Gilles M. et autres (Cumul des poursuites pénales pour le délit de diffusion de fausses informations avec des poursuites devant la commission des sanctions de l'AMF pour manquement à la bonne information du public).*

de proportionnalité. En conséquence, le montant global des sanctions éventuellement prononcées ne doit pas dépasser le montant le plus élevé de l'une des sanctions encourues[48].

Sans être totalement illusoire, le principe *non bis in idem* n'a trouvé à s'appliquer qu'une seule fois en matière de concurrence. Le Conseil constitutionnel a estimé que le cumul possible entre l'amende administrative prévue au second alinéa du paragraphe V de l'article L. 464-2 du code de commerce avec l'infraction d'opposition à l'exercice des missions des agents de l'Autorité de la concurrence (art. L. 450-8 C. com.), ou celle de bris de scellés apposés par l'autorité publique (art. 434-22 C. pén.), méconnaissait le principe de nécessité et de proportionnalité des peines. Il a estimé que la répression administrative et la répression pénale relevaient de corps de règles identiques (sanctionner toute entrave intentionnelle aux mesures d'investigation ou d'instruction conduites par les agents de l'ADLC) protégeant les mêmes intérêts sociaux (assurer l'efficacité des enquêtes conduites par l'ADLC) aux fins de sanctions de même nature (une amende). Sans doute effrayé par son audace, le Conseil constitutionnel s'est empressé de rendre inapplicable sa déclaration d'inconstitutionnalité en modulant les effets dans le temps de celle-ci.

À dire vrai, la règle *non bis in idem* est appliquée par le Conseil constitutionnel, non pas tant en ce qu'elle vise à protéger les entreprises d'un cumul de sanctions, mais en ce qu'elle produit un effet sur le principe de la séparation des pouvoirs et sur le partage des compétences, dans le domaine du prononcé des sanctions, entre les compétences de l'administration et celles du juge judiciaire.

Il entre aussi dans les missions du Conseil constitutionnel d'organiser la séparation des pouvoirs.

Le Conseil constitutionnel organise difficilement la séparation des pouvoirs *lato sensu*. Les pouvoirs *lato sensu* s'entendent à la fois des pouvoirs économiques et des pouvoirs juridiques. Les pouvoirs économiques sont ceux qu'exercent les entreprises sur un marché ou pouvoirs de marché et qui constituent une notion centrale du droit de la concurrence. Classiquement, les pouvoirs juridiques sont ceux qui permettent d'élaborer les lois (pouvoir législatif), d'exécuter les lois (pouvoir exécutif) ou d'adopter des décisions de justice (pouvoir judiciaire).

Le contrôle opéré par le Conseil constitutionnel consiste à organiser la coexistence des pouvoirs économiques et juridiques qui se développent en droit de la concurrence.

Chaque pouvoir doit avoir un contre-pouvoir et ceux-ci ne sont pas indépendants les uns des autres. L'objet même du contrôle de constitutionnalité est de vérifier la conformité d'une loi à la Constitution, aux droits et libertés qu'elle garantit[49].

---

48 Déc. n° 2012-266 QPC du 20 juillet 2012, *M. Georges R. (Perte de l'indemnité prévue en cas de décision administrative d'abattage d'animaux malades)*.

49 Art. 61 et 61-1 de la Constitution du 4 octobre 1958.

Toutefois, à l'analyse de sa jurisprudence, on doit aussi affirmer que l'analyse de la constitutionnalité des lois permet au Conseil constitutionnel de :

- soumettre les pouvoirs économiques des entreprises au contrôle de l'administration ou du juge ;
- soumettre les autorités administratives de concurrence au contrôle du juge ;
- soumettre le juge au contrôle du Conseil constitutionnel.

Ces soumissions se réalisent avec une intensité variable. Les pouvoirs se préfèrent indépendants et luttent contre leurs limitations. La soumission des pouvoirs économiques aux pouvoirs publics est complète, celle des autorités administratives de concurrence aux juges est casuelle et celle des juges est imparfaite.

La soumission complète des pouvoirs économiques des entreprises au contrôle de l'administration ou du juge. Nous avons exposé (voir *supra*) que le législateur pouvait réguler l'accès aux marchés, mais aussi l'exercice de l'activité économique sur le marché, en adoptant des dispositions contraires aux libertés et principes économiques qui irriguent le droit de la concurrence. Est-ce à dire que le Conseil constitutionnel ne protège pas la liberté d'accéder aux marchés et se contente de consacrer toutes les barrières à l'entrée des marchés et autres instruments d'une économie corporatiste et administrée ? La réponse à cette question est bien évidemment négative.

Le Conseil constitutionnel censure des textes qui confèrent à des pouvoirs privés le soin de déterminer l'accès aux marchés. Ainsi, l'obligation de s'affilier à une corporation en Alsace et en Moselle a été jugée contraire à la liberté d'entreprendre[50]. De même, a été déclaré contraire à la liberté contractuelle le pouvoir conféré à une commission composée de professionnels de décider des nominations et des mutations de dépositaires centraux de presse, avec ou sans modification de la zone de chalandise[51]. Dans le même sens, le Conseil constitutionnel n'a pas censuré la loi qui a supprimé le monopole des courtiers interprètes et conducteurs de navires[52].

On observera aussi que le Conseil constitutionnel vérifie de façon systématique que les pouvoirs conférés à une personne de modifier ou anéantir la relation d'affaires font l'objet de garanties et de contrôle suffisants.

Ainsi, ont été considérées comme disproportionnées :

- la possibilité pour une commission composée de professionnels de résilier un contrat, sans motif et sans procédure contradictoire[53] ;

---

50 Déc. n° 2012-285 QPC du 30 novembre 2012, préc.

51 Déc. n° 2015-511 QPC du 7 janvier 2016, *Société Carcassonne Presse Diffusion SAS (Décisions de la commission spécialisée composée d'éditeurs en matière de distribution de presse)*.

52 Déc. n° 2010-102 QPC du 11 février 2011, préc. Le Conseil relève que la suppression du privilège professionnel dont jouissaient les courtiers interprètes et conducteurs de navires « *tendait également à favoriser la libre concurrence et la liberté d'entreprendre* » (pt 5).

53 Déc. n° 2015-511 QPC du 7 janvier 2016, préc.

- la possibilité pour un salarié d'agir en nullité d'un contrat de cession d'actions lorsque son obligation d'information préalable n'a pas été respectée alors que le cédant des actions n'a aucune obligation de vendre ces titres[54].

Toutefois, un assuré, partie faible au contrat, peut résilier celui-ci tous les ans[55]. Cette solution se justifie par l'asymétrie des pouvoirs économiques. Le Conseil constitutionnel énonce en effet qu'« *en instituant un droit de résiliation annuel des contrats d'assurance de groupe au bénéfice des emprunteurs, le législateur a entendu renforcer la protection des consommateurs en assurant un meilleur équilibre contractuel entre l'assuré emprunteur et les établissements bancaires et leurs partenaires assureurs* » (pt 17). La lutte contre les pouvoirs privés peut prendre la forme de la protection du consommateur et l'altération du droit civil des contrats.

C'est pour poursuivre un but similaire que l'action en nullité du ministre de l'Économie contre les conventions violant les dispositions du droit des pratiques restrictives de concurrence est constitutionnelle à condition d'en informer les parties au contrat[56]. Les objectifs d'ordre public économique poursuivis par la loi, qui sont de réprimer les pratiques restrictives, de rétablir un équilibre des rapports entre partenaires commerciaux et de prévenir la réitération de ces pratiques, justifient que soit limitée la liberté d'entreprendre.

De même, le gouvernement peut, sous le contrôle du juge administratif, déterminer le tarif des actes accomplis par un professionnel en situation de monopole, soit en prenant en compte les coûts pertinents du service rendu et une rémunération raisonnable, définie sur la base de critères objectifs afin d'assurer une « *rémunération raisonnable* » au professionnel, soit proportionnellement à la valeur d'un bien ou d'une prestation de services[57].

Le législateur peut exercer pleinement la compétence que lui confie la Constitution et, en particulier, son article 34, qui dispose que la loi détermine les principes fondamentaux « *des obligations civiles et commerciales* ». La loi peut donc prévoir

---

54 Déc. n° 2015-476 QPC du 17 juillet 2015, préc.

55 Déc. n° 2017-685 QPC du 12 janvier 2018, *Fédération bancaire française (Droit de résiliation annuel des contrats assurance-emprunteur)*.

56 Le ministre de l'Économie peut demander en justice la nullité d'une convention illicite, la restitution des sommes indûment perçues et la réparation des préjudices que ces pratiques ont causés, dès lors que les parties au contrat ont été informées de l'introduction d'une telle action (ancien art. L. 442-6, III C. com., devenu art. L. 442-4, I C. com) ; déc. n° 2011-126 QPC du 13 mai 2011, préc.

57 Déc. n° 2015-715 DC du 5 août 2015, préc., art. 50. Le législateur peut confier à une autorité de l'État autre que le Premier ministre le soin de fixer des normes permettant de mettre en œuvre une loi dès lors que cette habilitation ne concerne que des mesures de portée limitée tant par leur champ d'application que par leur contenu. Cependant, la Constitution (art. 21) n'autorise pas le législateur à subordonner à l'avis conforme d'une telle autorité l'exercice, par le Premier ministre, de son pouvoir réglementaire. En l'espèce, l'article L. 462-2-1 du code de commerce, qui prévoit que l'Autorité de la concurrence donne son avis sur les prix et tarifs réglementés mentionnés, respectivement, au deuxième alinéa de l'article L. 410-2 et à l'article L. 444-1 du même code, et que celui-ci ne lie pas le pouvoir réglementaire, ne méconnaît pas les exigences de l'article 21 de la Constitution. Le pouvoir donné à l'Autorité de la concurrence pour la détermination des tarifs réglementés ne constitue pas une « *subdélégation abusive de compétence* ».

un mécanisme de réglementation des prix ou reconnaître à une autorité publique le pouvoir d'introduire, pour la défense d'un intérêt général, une action en justice visant à faire cesser une pratique contractuelle contraire à l'ordre public.

Dans ses objectifs, mais pas complètement dans ses modalités, cette jurisprudence n'est pas incompatible avec le droit de la concurrence en tant qu'elle conduit à combattre ou canaliser les pouvoirs de marché, notamment lorsque l'exercice de ceux-ci s'exprime par des comportements et des stipulations contractuelles.

La *ratio* du Conseil constitutionnel est politique et c'est pourquoi le droit constitutionnel dans l'ensemble peut faire bon ménage avec le droit de la concurrence, qui est aussi, par certains aspects, la mise en œuvre d'une politique économique.

Au fond, ce qui est critiquable, ce n'est pas tant que le Conseil constitutionnel régule les pouvoirs de marché des entreprises, mais que cette régulation se fasse en appliquant des principes différents ou incompatibles avec ceux du droit de la concurrence européen. Seule la constitutionnalisation du principe de libre concurrence pourrait permettre de résoudre cette discordance.

La cohérence de la jurisprudence du Conseil constitutionnel est simple à percevoir : les pouvoirs privés sont censurés, alors que ceux que s'octroie l'administration pour réguler ceux-ci ne le sont pas[58]. Les libertés économiques reconnues par le Conseil constitutionnel (liberté d'entreprendre, droit de propriété, liberté contractuelle, droit au maintien des contrats légalement conclus, garantie des droits et principe d'égalité) ne sont d'aucun secours aux entreprises.

En revanche, les pouvoirs conférés aux autorités administratives sont appréciés au regard des principes applicables aux organisations ou aux procédures.

La soumission casuelle des autorités administratives de concurrence au contrôle du juge. Le Conseil constitutionnel encadre les pouvoirs conférés par la loi aux autorités chargées de contrôler ou de surveiller les marchés. Le contrôle de constitutionnalité est l'instrument qui permet de soumettre l'Autorité de la concurrence au contrôle du juge et non celui qui permet aux intérêts privés, aux droits subjectifs ou aux libertés de primer « l'ordre public ». Ce contrôle du juge suppose que les décisions de l'ADLC soient attaquables et qu'un recours puisse être exercé. Ce contrôle est efficace si le juge exerce effectivement ses pouvoirs constitutionnels. Il est donc aléatoire.

Les justiciables ont un droit au juge ou droit à un recours juridictionnel effectif. Ainsi, le législateur doit prévoir qu'une décision administrative prononçant des sanctions ou des injonctions puisse faire l'objet d'un sursis à exécution lorsque

58 F. Marty, « Les droits et libertés fondamentaux à l'épreuve de l'efficacité économique : une application à la politique de la concurrence », *GREDEG Working Paper* n° 2016-03, février 2016, p. 24, <https://halshs.archives-ouvertes.fr/halshs-01270491/document>.

l'exécution de la décision a des conséquences graves et que les moyens invoqués à son encontre sont sérieux. Le droit pour le justiciable formant un recours contre une décision d'un organisme administratif de demander et d'obtenir, le cas échéant, un sursis à l'exécution de la décision attaquée constitue une garantie essentielle des droits de la défense[59].

Si le droit à un recours est respecté, les pouvoirs conférés à l'ADLC sont légitimes.

Le Conseil constitutionnel donne mission aux juridictions de contrôler que les autorités de régulation respectent les garanties législatives qui rendent constitutionnel l'exercice de leurs pouvoirs. Ce contrôle est direct ou indirect.

Cette adresse aux autorités de régulation est directe lorsque le Conseil constitutionnel contrôle les lois ayant pour objet de déterminer les pouvoirs de celles-ci. Le Conseil constitutionnel exige des garanties pour que l'ADLC puisse mettre en œuvre ses prérogatives et il appartient aux juridictions d'en vérifier le respect.

Ainsi, lorsque le Conseil de la concurrence se saisit d'office[60], il appartient au juge judiciaire de vérifier que cette saisine ne s'est pas accompagnée d'une confusion entre les fonctions de poursuite et d'instruction et les pouvoirs de sanction (conduite de l'instruction sous la direction du seul rapporteur général, appréciation des griefs et prononcé des sanctions par le collège seul) et n'est pas le produit de préjugé. L'indépendance et l'impartialité de l'ADLC doivent être contrôlées par le juge au cas par cas et non en affirmant de façon abstraite que celle-ci est de droit. L'indépendance et l'impartialité sont des notions objectives et subjectives.

Ce contrôle s'opère indirectement lorsque le Conseil constitutionnel sauve un texte de la censure en formulant une réserve d'interprétation. Le Conseil constitutionnel confie alors aux juges le soin de vérifier que sa réserve est appliquée et incorporée dans la loi[61]. Il appartient à la juridiction compétente de veiller au respect des exigences qu'impose la réserve. Ainsi, il appartient à la juridiction à laquelle le ministre de l'Économie demande, en matière de pratiques restrictives de concurrence (art. L. 442-4, I C. com.), de constater la nullité des clauses ou contrats illicites et la restitution des avantages indûment obtenus de vérifier que les parties au contrat ont été informées de l'introduction d'une telle action[62]. Le juge contrôle la bonne application des garanties fonctionnelles dégagées par le Conseil constitutionnel[63].

---

59 Déc. n° 86-224 DC du 23 janvier 1987, préc., pts 19 à 22. V. aujourd'hui l'article L. 464-8, alinéa 2, du code de commerce.

60 Déc. n° 2015-489 QPC du 14 octobre 2015, préc. ; v. aussi déc. n° 2012-280 QPC du 12 octobre 2012, préc. (PA).

61 La réserve peut aussi conduire l'autorité administrative à s'autoréguler v. p. ex. déc. n° 2012-266 QPC du 20 juillet 2012, préc., pt 13.

62 Déc. n° 2011-126 QPC du 13 mai 2011, préc., pt 9 ; aujourd'hui intégré dans l'article L. 442-4, I du code de commerce.

63 Cass. com., 9 octobre 2012, n° 11-19.833 ; CA Paris, 3 octobre 2013, RG 12/01879, *RJDA* 2014, n° 384 ; CA Paris, 20 juin 2016, RG 14/09786.

La question se pose alors de savoir si une QPC pourrait être exercée à l'encontre d'une décision juridictionnelle refusant de contrôler que les réserves d'interprétation ont été respectées.

La soumission imparfaite du juge au contrôle du Conseil constitutionnel. La soumission du juge au contrôle du Conseil constitutionnel s'opère par le biais du contrôle de constitutionnalité de la loi de procédure organisationnelle ou fonctionnelle, ou par l'appréhension du phénomène jurisprudentiel s'étant développé sur le fondement de la loi déférée qui a vu le jour dans le cadre de la QPC. Dans les deux cas, les résistances des juridictions rendent imparfaite la constitutionnalisation du droit de la concurrence.

La justice est un service public à qui s'imposent des principes organisationnels ou institutionnels, ainsi que des garanties fonctionnelles du bon déroulement des procédures. Les justiciables ont un droit au juge et un droit à un bon juge. Le bon juge est notamment celui qui est compétent[64].

Le Conseil constitutionnel a énoncé que, « *conformément à la conception française de la séparation des pouvoirs* », relevait de la compétence de la juridiction administrative « *l'annulation ou la réformation des décisions prises, dans l'exercice des prérogatives de puissance publique, par les autorités exerçant le pouvoir exécutif, leurs agents, les collectivités territoriales de la République ou les organismes publics placés sous leur autorité ou leur contrôle* »[65]. Toutefois, le législateur peut unifier les règles de compétence juridictionnelle au sein d'un seul ordre juridictionnel lorsque cet aménagement est précis, limité et justifié par l'intérêt d'une bonne administration de la justice (p. ex. pour éviter l'émiettement du contentieux et unifier le droit). C'est la théorie des blocs de compétence.

Le Conseil constitutionnel a estimé que la désignation de la cour d'appel de Paris, au lieu et place du Conseil d'État, pour connaître des recours formés contre les décisions du Conseil de la concurrence en matière de pratiques anticoncurrentielles constituait un aménagement précis et limité des règles de compétence juridictionnelles justifié par les nécessités d'une bonne administration de la justice qui ne méconnaît pas le principe de séparation des autorités administratives et judiciaires.

Pourtant, et malgré la lettre de l'article L. 410-1 du code de commerce, le tribunal des conflits, le Conseil d'État puis la Cour de cassation ont morcelé le droit de la concurrence après 1986[66] en réservant au juge administratif le contrôle

---

64 Le tribunal des conflits intervient en cas de conflit négatif (les juridictions des deux ordres déclinent leur compétence). V. p. ex. le contentieux sur la compétence des ordres de juridictions à connaître des décisions de l'ADLC intervenus sur le secret des affaires (CA Paris, 4 avril 2019, *Société Google Ireland e.a.*, RG 19/03274 ; CE, 20 mars 2020, *Société Google France e.a.*, n° 429279 ; T. conf., 5 octobre 2020, *Société Google France e.a.*, n° 4193). La question est aujourd'hui réglée par l'article L. 464-8-1 du code de commerce.

65 Déc. n° 86-224 DC du 23 janvier 1987, préc., pts 15 à 18.

66 T. conf., 6 juin 1989, *Ville de Pamiers et Lyonnaise des eaux*, n° 2578 ; T. conf., 4 novembre 1996, *Ligue nationale de football*, n° 3038 ; T. conf., 18 octobre 1999, *ADP*, n° 3174 ; T. conf., 4 mai 2009, *Éditions Jean-Paul Gisserot*, n° 3714 ; CE, 26 mars 1999, *EDA*, n° 202260 ; CE, 15 mai 2009, *Cie des Bateaux-mouches*, n° 311082 ; Cass. com., 16 mai 2000, *SEMMARIS*, n° 98-11.800 ; Cass. com., 7 janvier 2004, *ADP*, n° 00-12.451.

des personnes qui exercent une activité économique au moyen de prérogatives de puissance publique. Il n'est pas besoin de revenir en détail sur cette évolution, sauf à indiquer que contrairement à ce qu'il est souvent écrit ce morcellement a un fondement constitutionnel discutable au regard de la théorie des blocs de compétence consacrée par le législateur, puisque celle-ci a justement vocation à s'appliquer lorsqu'une personne exerce des prérogatives de puissance publique.

Le Conseil constitutionnel n'analyse pas la conformité à la Constitution du texte seul, mais prend en compte l'application jurisprudentielle qui en est faite[67]. Ainsi, pour décider que le déséquilibre significatif est défini en des termes suffisamment clairs et précis pour ne pas méconnaître le principe de légalité des délits, le Conseil constitutionnel[68] a notamment relevé que le contenu de cette notion est précisé par la jurisprudence dans des conditions qui permettent au juge de se prononcer sans que son interprétation puisse encourir la critique d'arbitraire.

Cette prise en compte du phénomène jurisprudentiel pour apprécier la constitutionnalité de la loi a amené la Cour de cassation à en tenir compte dans son appréciation des demandes de QPC et notamment pour refuser de renvoyer une telle question au Conseil constitutionnel[69]. Si, en dehors du droit de la concurrence, la Cour de cassation a procédé à un revirement de jurisprudence à l'occasion de l'examen d'une QPC pour ne pas procéder à un renvoi[70] ; elle a plutôt, dans la discipline qui nous occupe, fondé ses refus de renvoi sur la mauvaise formulation des questions qui invoquent l'inconstitutionnalité de la jurisprudence ou sur l'absence de sérieux de la question posée du fait de l'existence d'une telle jurisprudence, ou encore, de façon plus contestable, en décidant que sa propre jurisprudence était conforme à la Constitution.

---

67 « *[T]out justiciable a le droit de contester la constitutionnalité de la portée effective qu'une interprétation jurisprudentielle constante confère à [une] disposition [législative]* » (déc. n° 2010-39 QPC du 6 octobre 2010, *Mmes Isabelle D. et Isabelle B. (Adoption au sein d'un couple non marié)*, pt 2 ; déc. n° 2010-52 QPC du 14 octobre 2010, *Compagnie agricole de la Crau (Imposition due par une société agricole)*, pt 4) ; B. Mathieu, « Le contrôle des décisions de justice par le Conseil constitutionnel français exercé dans le cadre des questions prioritaires de constitutionnalité », in M. Fatin-Rouge Stefanini, C. Severino (dir.), *Le contrôle de constitutionnalité des décisions de justice : une nouvelle étape après la QPC ?*, Aix-en-Provence, DICE Éditions, 2017, <https://dice.univ-amu.fr/sites/dice.univ-amu.fr/files/public/223-mathieu.pdf>.

68 Déc. n° 2010-85 QPC du 13 janvier 2011, préc.

69 V. p. ex. Cass. crim., 18 juin 2010, n° 10-80.181 ; 19 octobre 2010, n° 10-80.166 ; 29 juin 2011, n° 10-80.163 ; 20 octobre 2010, n° 10-80.164 ; Cass. Ass. plén., 18 juin 2010, n° 09-72.894 ; n° 09-72.657 ; n° 09-72.655 ; n° 09-72.830 ; Cass. com., 15 octobre 2010, *Expedia*, n° 10-14.881 ; Cass. com., 15 octobre 2010, *Karavel*, n° 10-14.866 ; Cass. com., 15 octobre 2010, *Système U Centrale nationale et GALEC*, n° 10-40.039 ; Cass. com., 30 novembre 2010, n° 10-17.044 ; Cass. crim., 20 octobre 2010, n° 10-81.749 ; n° 10-81748 ; Cass. crim., 1er décembre 2010, n° 10-80.016, n° 10-80017 ; Cass. crim., 12 janvier 2011, *Société des eaux de Marseille*, n° 10 80.018 ; Cass. com., 15 février 2011, n° 10-21.551 ; Cass. crim., 9 mars 2011, n° 10-85.310 ; n° 10-81.746 ; Cass. com., 5 avril 2011, n° 10-25.323 ; Cass. com., 13 mai 2011, n° 10-25.772 ; Cass. com., 28 juin 2011, n° 10-25.775 ; Cass. crim., 19 octobre 2011, n° 10-88.197 ; n° 10 88.194 ; n° 10-88.193 ; Cass. crim., 27 juin 2012, n° 12-90.028 ; n° 12-80.331 et 12-80334 ; Cass. com., 18 septembre 2012, n° 12-14.401, 12-14.584, 12-14.595, 12-14.597, 12-14.598, 12-14.624, 12-14.625, 12-14.632, 12-14.648 ; Cass. com., 28 novembre 2012, n° 12-18.410 ; Cass. com., 24 avril 2013, n° 12-23.486 et n° 12-23.487 ; Cass. com., 19 novembre 2013, n° 13-16.602 ; Cass. com., 4 mars 2015, n° 14-40.052 ; Cass. com., 11 juillet 2017, n° 17-10.173 ; Cass. crim., 26 juillet 2017, n° 16-87.189 ; n° 16-87.193 ; Cass. crim., 19 décembre 2018, n° 18-92.746.

70 V. p. ex. Cass. crim., 12 avril 2012, n° 12-90.004 ; Cass. crim., 5 octobre 2011, n° 11-90.087, *Bull. crim.*, n° 196 ; Cass. crim., 26 juin 2012, n° 12-80.319, *Bull. crim.*, n° 159 ; Cass. crim., 20 février 2013, n° 12-85.116 ; Cass. 2e civ., 10 juillet 2014, n° 13-25.985 ; Cass. com., 5 septembre 2013, n° 13-40.034, *Bull. civ.* IV, n° 127 ; Cass. 2e civ., 27 avril 2017, n° 17-40.027.

Illustrons la première catégorie de refus par l'arrêt par lequel la Cour de cassation déclare irrecevable une question qui « *ne vise aucune disposition législative et se borne à contester une règle jurisprudentielle sans préciser le texte législatif dont la portée serait, en application de cette règle, de nature à porter atteinte au principe de sécurité juridique garanti* »[71]. On peut aussi relever que la Cour de cassation fonde son refus lorsque l'« *interprétation jurisprudentielle constante* » n'existe pas en l'état et qu'il appartient à la juridiction suprême compétente de statuer[72]. Ces irrecevabilités des questions sont discutables. Toute jurisprudence ne découle pas de l'application d'un texte législatif et même les visas de la Cour de cassation ne visent pas toujours un tel texte. Ces solutions échappent-elles à tout contrôle de constitutionnalité ? Par ailleurs la notion de jurisprudence constante est sujette à discussion. Elle semble supposer une épaisseur temporelle. Faut-il attendre que la Cour de cassation persévère plusieurs années dans l'erreur pour, seulement au terme de cette période, pouvoir déférer la question au Conseil constitutionnel ?

Le phénomène jurisprudentiel est aussi invoqué pour caractériser l'absence de sérieux d'une question posée (deuxième catégorie de refus). Ainsi a été retenue pour écarter un renvoi la circonstance que les termes de l'ancien article L. 442-6, I, 2°, a) incriminant l'obtention d'un avantage fictif ou disproportionné avaient « *déjà fait l'objet d'une jurisprudence des juges du fond cohérente et nombreuse* »[73]. De même, il a été jugé que l'ancien article L. 442-6, I, 5° du code de commerce énonçait des conditions d'incrimination dénuées d'ambiguïté aux motifs que l'application de ce texte « *n'est nullement livrée à l'arbitraire des juges du fond dont les décisions sont soumises au contrôle des cours d'appel et à un contrôle de l'application de la disposition dans tous ses éléments constitutifs par la Cour de cassation* »[74]. Dans la même veine, la Cour de cassation a décidé que la notion de dommage à l'économie ayant été précisée par la jurisprudence la question de la conformité au principe de légalité des délits et des peines de l'exigence d'une fixation de la sanction proportionnée audit dommage (ancien art. L. 464-2, I, al. 3 C. com.) ne présentait pas de caractère sérieux[75].

Ces solutions sont aussi critiquables. Qu'une jurisprudence soit cohérente, nombreuse et précise, que les juges du fond soient contrôlés par la Cour de cassation n'exclut nullement que les solutions adoptées soient anticonstitutionnelles au fond. On se demande de surcroît s'il est possible de poser une QPC : si la jurisprudence n'est pas constante, la question est irrecevable ; si la jurisprudence est constante, la question n'est pas sérieuse. L'exercice de cette voie de droit par les plaideurs est semé d'embûches et relève du saut d'obstacles.

---

71 Cass. soc., 3 juillet 2014, n° 14-40.026.

72 Cass. com., 24 avril 2013, n° 12-23.486 et n° 12-23.487 (art. L. 464-2, I et L. 464-8 C. com.).

73 Cass. com., 15 février 2015, n° 10-21.551.

74 Cass. com., 5 avril 2011, n° 10-25.323.

75 Cass. com., 19 novembre 2013, n° 13-16.602.

Enfin, la Cour de cassation contrôle la constitutionnalité des lois elle-même et refuse de renvoyer la question. Relevons que la Cour de cassation a décidé que sa jurisprudence interprétant l'article L. 410-2 du code de commerce comme commandant, pour la fixation des prix par le jeu de la libre concurrence, que les concurrents puissent comparer leurs prix et, en conséquence, puissent en faire pratiquer des relevés par leurs propres salariés dans leurs magasins respectifs « *ne porte pas une atteinte disproportionnée* » au droit de propriété « *au regard du principe de police économique visant à permettre la détermination des prix par le libre jeu de la concurrence* »[76]. Si on peut être d'accord avec la Cour de cassation sur le fond, il n'est pas certain qu'il lui appartienne de se substituer au Conseil constitutionnel dans l'appréciation de la constitutionnalité des lois et des interprétations jurisprudentielles de celles-ci.

76 Cass. com., 13 mars 2012, n° 11-25.062. V. aussi la jurisprudence du Conseil d'État, qui sous couvert de contrôle du caractère sérieux d'une question statue sur sa constitutionnalité. Ainsi, le Conseil d'État a décidé que les dispositions du cinquième alinéa du III de l'article L. 442-6 du code de commerce (devenu L. 442-4, III C. com.), en ce qu'elles renvoient au pouvoir réglementaire le soin de fixer le siège et le ressort des juridictions appelées à connaître des contentieux en matière de contestations de nationalité et de pratiques restrictives de concurrence, ne méconnaissent pas la compétence confiée au seul législateur par l'article 34 de la Constitution pour créer un nouvel ordre de juridiction. En effet, les dispositions législatives en cause n'avaient ni pour objet ni pour effet de créer un nouvel ordre de juridiction au sens des dispositions de l'article 34 de la Constitution. CE, 10 juin 2011, n° 335584. V. aussi CE, 4 novembre 2020, n° 442577.

Petite leçon d'antidogmatisme : À propos des conventions collectives de travail et du droit de la concurrence*

LAETITIA DRIGUEZ**
Université Paris 1 Panthéon-Sorbonne

Résumé

Entre le dogme de la confrontation et l'utopie d'une coexistence dans l'indifférence, y a-t-il d'autres façons d'envisager en France l'articulation du droit des conventions collectives de travail avec le droit de la concurrence ? Deux nouvelles formes d'interaction apparues récemment pourraient renouveler la manière de penser le sujet, dans le sens d'une perméabilité mieux réfléchie et plus réciproque. D'un côté, le contrôle concurrentiel de l'extension des conventions collectives s'est institutionnalisé dans le code du travail et s'incarne désormais dans groupe d'experts dont les travaux pourraient être à l'origine d'une nouvelle doctrine ; d'un autre côté, l'impératif social d'organisation et de protection des intérêts des travailleurs indépendants de plateformes numériques suscite pour la première fois au niveau de l'Union européenne l'enclenchement d'un processus d'adaptation du droit des pratiques anticoncurrentielles pour la reconnaissance de leurs accords.

---

* Dernière mise à jour le 20 novembre 2021.

** Maître de conférences en droit privé à l'Université Paris 1 Panthéon-Sorbonne, École de droit de la Sorbonne, IREDIES.

S'il est un sujet qui me relie indéfectiblement à la dédicataire de ces lignes, c'est assurément celui des rapports entre les conventions collectives de travail et le droit de la concurrence. La rencontre déterminante avec Laurence Idot, qui fut d'une certaine façon mon premier et mon dernier professeur de droit[1], eut lieu à peu près concomitamment à la publication par la Cour de justice des Communautés européennes des fameux arrêts *Fonds de pension néerlandais*[2] de 1999, qui devaient consacrer pour la première fois l'analyse concurrentielle des conventions collectives de travail. On se souvient que la Cour, faisant usage d'un large pouvoir d'interprétation, a accordé aux conventions collectives de travail un statut d'exception aux règles de droit de la concurrence, jugeant que les accords conclus dans le cadre de négociations collectives entre partenaires sociaux dans l'objectif d'améliorer les conditions de travail et d'emploi doivent être considérés, en raison de leur nature et de leur objet, comme ne relevant pas de l'article 101, paragraphe 1, du traité. L'impeccable stabilité de la solution exposée, maintes fois réitérée depuis[3], ne saurait pour autant faire oublier les incompréhensions ou incertitudes qu'elle comporte, ni dissimuler les critiques et suspicions qui continuent d'entourer la pratique de la négociation collective de branche. Sans nous attarder sur les premières, rappelons simplement que la décision jurisprudentielle de mettre les conventions collectives hors de portée des règles d'examen des ententes entre entreprises n'est pas prévue par les textes et n'est accordée qu'à deux conditions : l'existence formelle d'un accord collectif ou d'une convention collective de travail à proprement parler et un objet tendant à l'amélioration des conditions de travail. Or, les avocats généraux se sont régulièrement interrogés sur le contenu et les limites d'un tel objet, questionnant « *l'essence* »[4] des conventions collectives, proposant de limiter la jurisprudence aux conventions « *authentiquement liées au travail* »[5], appelant dans tous les cas à « *un examen sur le fond* » de la teneur des conventions collectives[6], questionnement relayé d'ailleurs une fois, mais sans conséquence, par la Cour elle-même, à propos d'une clause de désignation[7]. Ces discussions techniques

---

1 La structure impeccable du cours d'introduction au droit a autant marqué l'étudiante en première année que j'étais que, quelques années plus tard, la richesse et la clarté du cours de droit de la concurrence et des séminaires suivis en DEA de droit communautaire à l'Université Paris 1 Panthéon-Sorbonne.

2 CJCE, 21 septembre 1999, 3 arrêts : *Albany International BV*, aff. C-67/96, EU:C:1999:430 ; *Brentjens'*, aff. jtes C-115/97, C-116/97 et C-117/97, EU:C:1999:434 ; *Maatschappij Drijvende Bokken BV*, aff. C-219/97, EU:C:1999:437.

3 V. p. ex. CJCE, 21 septembre 2000, *Van der Woude c/ Stichting Beatrixoord*, aff. C-222/98, EU:C:2000:475, ou bien encore CJUE, 3 mars 2011, *AG2R Prévoyance c/ Beaudout Père et Fils SARL*, aff. C-437/09, EU:C:2011:112; v. aussi J.-P. Kovar, « Notion d'entreprise : La Cour de Justice considère que la gestion d'un régime complémentaire de santé obligatoire par un organisme à but non lucratif constitue un service d'intérêt économique général justifiant l'octroi de droits exclusifs (*AG2R Prévoyance/Beaudout Père et Fils*) », 3 mars 2011, *Concurrences* n° 2-2011, art. n° 35839, pp. 206-207.

4 Conclusions AG Jacobs, 28 janvier 1999, *Albany e.a.*, aff. C-67/96, aff. jtes C-115/97, C-116/97 et C-117/97 et aff. C-219/97, EU:C:1999:28, pt 190.

5 Conclusions AG Fennelly, 11 mai 2000, *Van der Woude*, aff. C-222/98, EU:C:2000:226, pt 32.

6 Conclusions AG Trstenjak, 14 avril 2010, *Commission c/ Allemagne*, aff. C-271/08 *infra*, EU:C:2010:183, pts 61 et 62.

7 CJUE, gde ch., 15 juillet 2010, *Commission c/ Allemagne*, aff. C-271/08, EU:C:2010:426, pt 49.

rejoignent au fond la suspicion récurrente qui pèse en droit européen sur les accords collectifs, à propos de leurs effets anticoncurrentiels avérés ou supposés, sondant implicitement les intentions réelles des partenaires sociaux, les entreprises signataires ou leurs organisations professionnelles en tête. Ces dernières années, le droit des libertés économiques apporta sa contribution à cette mise en cause[8] et la libre circulation des travailleurs elle-même se trouve parfois mobilisée dans l'argumentaire[9].

Si les effets limitatifs de concurrence des conventions collectives ne font aucun doute en ce sens qu'ils font partie de leur ADN[10], l'articulation entre tels accords et le droit des pratiques anticoncurrentielles, et plus particulièrement l'interdiction des ententes restrictives de concurrence, pose question. Confrontation ou cohabitation[11] ? Les arrêts sur les fonds de pension néerlandais mettaient en lumière, au-delà de la confrontation qui surgit en premier lieu à l'esprit, la capacité des juges à faire preuve d'audace dans l'application de règles de concurrence aux tendances hégémoniques manifestes dans d'autres domaines du droit social. Formuler une exception de principe à l'endroit des conventions collectives sur la seule base des missions de la Commission européenne en matière de promotion du dialogue social et des objectifs définis par l'accord sur la politique sociale de 1992 était une démonstration sincère de recherche de conciliation pratique. Il est intéressant de noter que la discussion n'est aucunement placée, à l'époque, sur le terrain des droits fondamentaux[12] ! Mais cette grille d'analyse qui va de l'opposition dogmatique entre deux branches du droit aux objectifs très étrangers l'un à l'autre à la cohabitation pratique feignant l'indifférence ne doit-elle pas être dépassée ?

La question mérite d'être soulevée. En effet, loin d'être épuisé, le sujet de la rencontre des conventions collectives avec le droit de la concurrence est aujourd'hui ravivé par deux évolutions législatives française et européenne, acquise pour la

---

8 CJCE, 11 décembre 2007, *Viking*, aff. C-438/05, EU:C:2007:772, et CJCE, 18 décembre 2007, *Laval un Partneri Ltd*, aff. C-341/05, EU:C:2007:809, puis dans leur prolongement CJCE, 3 avril 2008, *Rüffert*, aff. C-346/06, EU:C:2008:189, et CJCE, 19 juin 2008, *Commission c/ Luxembourg*, aff. C-319/06, EU:C:2008:350, autant d'arrêts à mettre en relation avec la résolution adoptée par le Parlement européen le 22 octobre 2008 sur les défis pour les conventions collectives dans l'Union européenne.

9 V. p. ex. CJUE, 11 février 2021, *Katoen Natie Bulk Terminals et General Services Antwerp*, aff. jtes C-407/19 et C-471/19, EU:C:2021:107. Dans cette affaire qui concerne l'organisation réglementaire et par voie de convention collective du travail portuaire en Belgique, la Cour se montre particulièrement méfiante à l'encontre des commissions administratives paritaires, composées de membres désignés par les organisations d'employeurs et par les organisations de travailleurs et chargées de la reconnaissance des ouvriers portuaires et de leur affectation ou non dans le contingent des ouvriers, exprimant sans s'appuyer sur des éléments matériels particuliers des doutes quant à leur impartialité et quant à leurs intentions de restreindre la concurrence, ici sur le marché du travail : pts 94 à 113.

10 Des accords de branche en particulier, en ce sens qu'ils harmonisent à dessein certaines conditions de l'organisation du travail parmi les entreprises adhérant à une organisation patronale signataire. Mais d'une certaine façon, l'accord d'entreprise égalise aussi à sa façon les conditions de travail et l'accès à certains avantages à l'égard des salariés de l'entreprise, supplantant la négociation individuelle avec chacun d'eux et par conséquent la concurrence entre eux à l'égard de leur employeur.

11 L. Idot, « Droit social et droit de la concurrence : confrontation ou cohabitation ? », *Europe*, novembre 1999, pp. 4-8.

12 De nombreux textes évoquent pourtant déjà à l'époque le droit fondamental à la négociation collective, de la Charte sociale européenne (art. 6) à la Charte communautaire des droits sociaux fondamentaux des travailleurs (pt 12 spéc.), en passant par les conventions de l'OIT n° 98 et n° 154.

première, en cours d'adoption pour la seconde. D'une part, le droit de la concurrence a fait une entrée fracassante[13] dans le code du travail dans le cadre des réformes issues des ordonnances du 22 septembre 2017. L'extension des accords de branche se trouve de façon très explicite soumise à une nouvelle forme de contrôle concurrentiel. D'autre part, le développement du travail via les plateformes numériques a fait émerger le besoin d'élaborer des cadres juridiques plus sécurisants pour les travailleurs concernés, leur protection passant entre autres par la possibilité d'une organisation collective et de moyens d'expression coordonnée vis-à-vis des plateformes. Or, toute structuration professionnelle et décision concertée comporte son pendant de risques anticoncurrentiels. La négociation collective pourrait alors apparaître comme un modèle d'analyse intéressant, capable de faire bouger les lignes du droit de la concurrence au niveau de l'Union européenne.

Dans ces conditions, on observera que les prismes négatifs de la confrontation ou bien neutre de la cohabitation ne suffisent plus à rendre compte des mouvements juridiques qui s'opèrent dans ces deux champs d'étude dont les objets poursuivent des finalités parfois contradictoires. N'est-il pas possible d'envisager par endroits une autre forme d'équilibre qui passe par l'ajustement des règles de l'un aux problématiques de l'autre ? Si l'analyse concurrentielle des arrêtés d'extension des accords de branche semble se rattacher à la grille de lecture classique, à la recherche des tensions et des critiques que pourrait susciter la soumission d'un acte de droit social aux règles de la concurrence (I.), les travaux en cours concernant une évolution du droit de la concurrence de l'Union européenne destinée à permettre la négociation collective des travailleurs de plateformes numériques laissent entrevoir, et espérer, que l'adaptation inverse, c'est-à-dire celle du droit de la concurrence aux besoins du droit du travail, est possible et que la rencontre conflictuelle des deux branches du droit est moins nécessaire qu'elle n'y paraît (II.).

I. Un contrôle concurrentiel inscrit dans le code du travail

Les conventions collectives conclues au niveau des branches professionnelles sont le siège d'une pluralité d'enjeux de concurrence déjà fort bien décrits[14] et qui n'ont cessé de trouver des relais d'expression au cours des années 2010 (1.). Aussi doit-on se demander si l'inscription récente dans le code du travail du contrôle concurrentiel appliqué aux demandes d'extension ne consiste pas, pour l'essentiel, à accompagner le mouvement général qui met en exergue la dimension économique de l'institution sociale qu'est la convention collective (2.).

---

13 V. les réactions négatives que n'ont pas manqué de susciter, parmi d'autres, les dispositions dont il sera question dans la première partie de cet article : T. Sachs et C. Wolmark, « Les réformes 2017 : quels principes de composition ? », *Dr. social* 2017, p. 1008, qui évoquent, à propos de l'esprit des ordonnances du 22 septembre 2017, « *le triomphe de la concurrence* ».

14 M. Chagny, « Les branches professionnelles et la régulation de la concurrence », *JCP S* 2018, 1057.

1. La négociation collective soumise aux injonctions convergentes de la concurrence

Les vertus concurrentielles des conventions collectives et accords collectifs de branche ne font aucun doute. Ces accords participent d'une régulation louable et même recherchée par les employeurs, qui y voient le moyen d'instaurer un espace de loyauté des conditions de la concurrence. Leur existence est également indispensable aux travailleurs de la branche, pour lesquels se trouve diminué le risque de voir leurs conditions d'emploi et de travail devenir la variable d'ajustement de la compétition économique. Tel est aussi le sens de l'exception à l'application des règles de la concurrence formulée par les arrêts sur les fonds de pension néerlandais. La contribution des conventions collectives et accords de branche à la mise en place d'un ordre concurrentiel ajoute à la légitimité de tels instruments en tant que lois d'une profession. La fonction réglementaire est particulièrement utile en matière de classification des emplois et de grilles de rémunérations. Or, à défaut d'un minimum d'harmonisation, ces sujets seraient particulièrement propices au dumping social. On ne s'étonnera donc pas que les statistiques de la direction générale du Travail révèlent que près de 50 % des accords collectifs de branche étendus concernent les salaires. Le mécanisme de l'extension permet en effet de donner son effet maximal à la régulation de la concurrence ainsi organisée par les signataires de l'accord au sein de la branche. Par exception à l'effet relatif des contrats, il oblige en effet l'ensemble des entreprises situées dans le périmètre de la branche à respecter les prescriptions de l'accord à l'égard de leurs personnels, même lorsqu'elles ne sont pas adhérentes de l'une des organisations professionnelles signataires. Cette fonction historique[15] de la négociation collective de branche est irremplaçable, quand bien même c'est l'entreprise qui s'est imposée comme l'échelon de négociation de référence dans les réformes successives du droit de la négociation collective en France[16]. Toute ironie mise à part compte tenu du mouvement général qu'elle imprime, on comprend ainsi malgré tout que la loi dite « Travail », du 8 août 2016[17], consacre dans le code du travail cette fonction cardinale. L'article L. 2232-5-1, al. 2, dispose depuis que l'une des missions légales de la branche est de « *réguler la concurrence entre les entreprises relevant de son champ d'application* ».

Cette représentation harmonieuse de l'accord de branche a toutefois été largement nuancée au cours des dernières années. Un ancien directeur du travail rappelait ainsi l'existence naturelle de rapports de force entre les employeurs

---

15 C'est une loi du 24 juin 1936 qui a créé en droit français le dispositif de l'extension des conventions collectives. Les lois postérieures ont toutes confirmé l'intérêt de cette technique.

16 « *L'ordonnance nº 2017-1385 du 22 septembre 2017 achève de consacrer un mouvement initié depuis la loi nº 2004-391 du 4 mai 2004 qui permet à l'accord d'entreprise de déterminer, par préférence à la branche, la situation collective des salariés* » : J.-F. Cesaro, « L'automne dans les branches professionnelles et quelques mesures portant sur la négociation collective », *JCP S* 2017, 1306.

17 Loi nº 2016-1088 du 8 août 2016 relative au travail, à la modernisation du dialogue social et à la sécurisation des parcours professionnels, *JORF* nº 0184 du 9 août 2016, dite loi « Travail » ou « El Khomri ».

d'une même branche[18]. Il ressort plus précisément d'études statistiques récentes que la couverture patronale ne représente en moyenne qu'une entreprise sur quatre et deux tiers des salariés[19]. Ce taux jugé relativement faible par l'auteur du rapport est présenté comme particulièrement utile pour apprécier « *les conséquences économiques des extensions* », lesquelles « *dépendent [...] en grande partie des proportions d'entreprises et de salariés soumis à l'application d'un accord collectif avant puis après extension* ». En ceci, l'étude se situe dans le sillage des nombreuses critiques de nature politique et économique formulées au cours des années 2010 contre la procédure de l'extension des accords de branche.

Des articles publiés dans la presse économique grand public par des tenants de l'économie orthodoxe[20], également défenseurs de réformes du droit du travail au nom de la flexicurité, relaient des analyses négatives publiées par l'OCDE[21]. D'après les différents rapports et notes, le mécanisme d'extension systématique dégrade la performance économique des entreprises en introduisant une rigidité à la baisse des salaires nominaux, pénalisante en cas de choc économique. Il affecte également l'emploi au détriment des plus jeunes et des moins qualifiés en contribuant à la segmentation du marché du travail. Enfin, les petites entreprises, où le taux de syndicalisation est moins élevé et qui sont moins représentées dans la négociation collective, sont susceptibles de subir les effets concurrentiels négatifs de normes conventionnelles ajustées aux moyens et problématiques des grandes entreprises. Si le Portugal[22] et la Grèce[23] ont été les premiers à devoir adapter leur législation en la matière dans le cadre des plans de rigueur imposés au titre de la gestion de leur dette par la BCE, la Commission européenne et le FMI[24], l'Europe tout entière – et la France en particulier –, semble s'est engagée dans ce mouvement singulier qui conçoit la négociation collective comme un instrument privilégié de recherche d'équilibre entre adaptation des économies

18 J.-D. Combrexelle, « Droit du travail et droit de la concurrence : le conflit des droits », in *Juger l'administration, administrer la justice : mélanges en l'honneur de Daniel Labetoulle*, Paris, Dalloz, 2007, p. 185.

19 G. Langevin, « Adhésion aux organisations patronales : une mesure de la couverture patronale », *Documents d'études de la DARES*, n° 228, février 2019.

20 P. Cahuc et A. Zylberberg, « Halte à l'extension des conventions de branche ! », *Les Echos*, 26 juin 2017.

21 OCDE, « Les extensions administratives des accords de branche en France : Effets et pistes de réformes », note publiée en juillet 2017 ; pour une étude économétrique plus exhaustive menée sur 15 pays, v. F. Murtin A. de Serres et A. Hijzen, « Unemployment and the coverage extension of collective wage agreements », *European Economic Review*, vol. 71, 2014, pp. 52-66.

22 Une réforme d'envergure du droit du travail a été menée en 2011 afin de libéraliser le marché de l'emploi. Le Portugal a ainsi suspendu les extensions administratives de conventions collectives, avant de les soumettre à des conditions strictes, alors qu'elles étaient pour ainsi dire systématiques préalablement. V. l'encadré 1 de la note de l'OCDE de juillet 2017, préc., p. 8.

23 Mesure parmi d'autres pour faire baisser le coût du travail accusé de peser sur la compétitivité de l'économie, une loi de 2011 a suspendu la procédure d'extension des conventions collectives de branche jusqu'en 2015. Elle met en application les recommandations de la troïka reproduites dans la décision du Conseil 2011/734/UE du 12 juillet 2011 : B. Palli, « Le droit du travail confronté à la faillite de l'État : le cas de la Grèce », *Dr. social* 2013, p. 4.

24 Pour une approche du sujet à la tonalité différente, v. T. Schulten, L. Eldring et R. Naumann, « Le rôle de l'extension dans la solidité et la stabilité de la négociation collective en Europe », *La revue de l'IRES* 2016/2, n° 89, p. 51.

à la mondialisation et aux mutations technologiques et recherche de cohésion sociale, passant entre autres par un marché du travail plus inclusif[25].

Bien que ce courant dominant de scepticisme à l'encontre de la négociation de branche n'aille pas non plus totalement de soi[26], en France, l'idée d'une réécriture de la procédure d'extension a aussi fait son chemin[27]. Elle s'inscrit dans le processus constant depuis 1982, mais résolu depuis 2004, de décentralisation de la négociation collective et de mise en concurrence de la convention de branche avec les accords d'entreprise dont l'objet, préalablement limité, n'a cessé de s'accroître. La loi « Travail » de 2016 et les ordonnances de 2017 ont ainsi consacré l'entreprise comme l'échelon privilégié de la négociation collective, affranchie en grande partie des contraintes que faisait peser sur elle la hiérarchie des normes appuyée sur l'ordre public social et le principe de faveur. Une grande partie de la doctrine travailliste ne peut que faire le constat de l'affaiblissement de la négociation de branche[28]. Dans ce contexte, il n'était pas étonnant que le mécanisme de l'extension ait aussi été revisité à l'aune des cadres d'analyse économique et concurrentiel.

2. L'expression directe de l'analyse concurrentielle des extensions d'accords de branche dans le code du travail

La prise en compte de la concurrence dans le cadre de la procédure d'extension et le contrôle des arrêtés d'extension à l'aune des principes de la concurrence ne sont pas en eux-mêmes une nouveauté. En 2002, le Conseil d'État rejetait le recours d'un syndicat professionnel du secteur de l'esthétique et de la coiffure à domicile qui dénonçait les effets anticoncurrentiels de l'extension d'un accord sur l'aménagement du temps de travail[29]. L'année suivante, concernant le sujet sensible de la poursuite des contrats de travail en cas de transfert d'entreprise, « *ingrédient de toute réflexion ambitieuse [...] sur la combinaison entre concurrence et protection de l'emploi* »[30], il annulait certaines dispositions d'un arrêté d'extension au motif qu'« *il incombe au ministre d'opérer, sous le contrôle du juge de l'excès de pouvoir, une conciliation entre, d'une part, les objectifs d'ordre social de nature à justifier que les règles définies par les signataires d'une convention ou d'un accord collectif soient rendues obligatoires pour tous les salariés et employeurs*

---

25 Ces termes sont empruntés à C. Cosme, directeur du bureau de l'OIT pour la France : « La négociation collective, une perspective internationale », in Direction générale du Travail, « La négociation collective en 2019 : Bilan et rapports », Dossier 4, p. 490.

26 V. P. Lokiec, « Revitaliser la représentation collective », *Dr. social* 2020, p. 29, qui cite « *un certain nombre d'études étrangères [qui] accréditent le fait qu'une représentation collective au niveau de la branche aurait des effets plus positifs en termes de productivité qu'une représentation décentralisée* ».

27 Entre autres, v. J.-D. Combrexelle, « La négociation collective, le travail et l'emploi », Rapport au Premier ministre, France Stratégie, 2015 ; « 30 ans de modernisation du dialogue social en France », *Trésor-Éco* n° 160, janvier 2016.

28 S. Nadal, « Gouvernance du niveau et des règles de branche : les nouveaux visages de l'emprise étatique », *RDT* 2017, p. 652.

29 CE, 16 janvier 2002, *Syndicat national des entreprises d'esthétique et de coiffure à domicile*, n° 223859.

30 J. Pélissier, A. Lyon-Caen, A. Jeammaud et E. Dockès, *Les grands arrêts du droit du travail*, 3e éd., Paris, Dalloz, 2004, pp. 231-232.

du secteur et, d'autre part, les impératifs tenant à la préservation de la libre concurrence dans le secteur en cause »[31]. En l'espèce, « *compte tenu des caractéristiques propres du marché des services d'eau et d'assainissement, [l'extension de la clause litigieuse était] de nature à porter une atteinte excessive à la libre concurrence* ». Si l'acte administratif d'extension devait donc déjà, bel et bien, par interprétation de la loi, exercer un arbitrage entre les objectifs sociaux et les risques concurrentiels, la réforme opérée par l'ordonnance du 22 septembre 2017[32] va plus loin en inscrivant ce contrôle dans la loi et en instituant une procédure et une commission *ad hoc*, source d'une nouvelle doctrine en la matière.

L'article L. 2261-25 du code du travail dispose désormais que le ministre « *peut également refuser, pour des motifs d'intérêt général, notamment pour atteinte excessive à la libre concurrence ou au regard des objectifs de la politique de l'emploi, l'extension d'un accord collectif* ». La considération de l'emploi, ajoutée au texte par la loi de 2018 de ratification des ordonnances du 22 septembre 2017[33], vient, à la suite des débats parlementaires, traduire la nécessité d'une prise en compte équilibrée des intérêts possiblement divergents de l'emploi des travailleurs de la branche et de la libre concurrence. Mais l'ordonnance ne se contente pas d'entériner la jurisprudence du Conseil d'État[34] ; elle propose au ministre du Travail l'assistance d'un tout nouveau groupe d'experts. L'article L. 2261-27-1 prévoit ainsi que le « *ministre chargé du travail, de sa propre initiative ou à la demande écrite et motivée d'une organisation d'employeurs ou d'une organisation de salariés représentative dans le champ d'application d'une convention, d'un accord ou de leurs avenants, saisit un groupe d'experts chargé d'apprécier les effets économiques et sociaux susceptibles de résulter de leur extension* ».

Ce dispositif nouveau n'a pas manqué de susciter oppositions[35] et inquiétudes[36] au sein de la doctrine travailliste, comme auprès des organisations syndicales de salariés. La critique principale portait sur l'articulation entre l'avis du groupe d'experts et celui donné par la Commission nationale de la négociation collective, de l'emploi

---

31 CE, 30 avril 2003, Syndicat professionnel des exploitants indépendants des réseaux d'eau et d'assainissement, n° 230804. V. égal. CE, 21 mai 2008, *Société nouvelle de remorquage du Havre*, n° 291115. Dans cette affaire les considérations sociales l'emportèrent. V. aussi B. du Marais, A. Camus, « Droit du travail : Le Conseil d'État juge que le pouvoir réglementaire doit, lorsqu'il est amené à étendre des conventions collectives ou accords de travail collectifs, se livrer à une conciliation entre les objectifs d'ordre social et les impératifs résultant de la préservation ou du développement de la libre concurrence (*Société Nouvelle de Remorquage du Havre*) », 21 mai 2008, *Concurrences* n° 3-2008, art. n° 20117, pp. 167-168.

32 Préc., note 16.

33 Art. 16 de la loi n° 2018-217 du 29 mars 2018 ratifiant diverses ordonnances prises sur le fondement de la loi n° 2017-1340 du 15 septembre 2017 d'habilitation à prendre par ordonnances les mesures pour le renforcement du dialogue social, *JORF* n° 0076 du 31 mars 2018.

34 La formule légale est en effet empruntée à l'arrêt CE, 21 novembre 2008, *Syndicat national des cabinets de recouvrement de créances et de renseignements commerciaux*, n° 300135.

35 S. Nadal, préc. : « *[I]l est permis de penser que le choix de reproduire l'analyse des juges dans les prévisions légales ne s'imposait pas et que la réforme fige ainsi une conception libérale de la négociation collective par le droit national [...]* »

36 V. P. Adam, « L'accord de branche », *Dr. social* 2017, p. 1039, à propos de l'emploi du présent de l'indicatif « saisit », qui, d'après les règles de rédaction adoptées au moment de la recodification du code du travail, devrait désigner une obligation de saisir. Ce qui ne semble cependant pas traduire l'intention du législateur.

et de la formation professionnelle (CNNC *infra*), que le ministre est tenu de consulter dans le cadre de toute procédure d'extension[37]. Cette commission mixte et paritaire, qui réunit les partenaires sociaux et l'administration, ne voit-elle pas sa légitimité professionnelle concurrencée par des experts au savoir purement théorique[38] ?

Dans les faits, les décrets ultérieurs ont permis de lever quelques appréhensions. La chronologie des consultations continue de donner le dernier mot à la CNNC. L'éventuel examen du projet d'extension par le groupe d'experts, enserré dans un délai de deux mois, intervient concomitamment au contrôle de légalité opéré par l'administration du travail. À l'issue de cette première phase, la direction générale du Travail doit alors saisir la CNNC avec l'avis de l'administration et l'avis du groupe d'experts, afin que la discussion puisse intégrer l'ensemble des éléments[39]. En outre, comparativement à la dynamique de la négociation collective de branche (1 227 accords signés en 2019) et au taux d'extension à nouveau très élevé (978 pour 1 075 demandes en 2019)[40], l'action consultative du groupe d'experts porte, de prime abord, sur un nombre infime de cas. Entre 2018 et juin 2021, le groupe a été saisi quatre fois. Seule la première saisine, à l'initiative du ministre du Travail, donna lieu à un avis réservé pour risque d'atteinte à la concurrence[41] et conduisit au refus d'extension. La demande concernait un accord relatif à la poursuite des contrats de travail en cas de transfert d'entreprise dans le secteur du transport de fonds et valeurs. Les deux saisines suivantes, portées par une organisation professionnelle représentative dans le secteur de la plasturgie, sollicitaient un avis sur l'extension de l'accord instituant la commission paritaire permanente de négociation et d'interprétation dans la branche[42] et un autre à propos d'un accord sur les salaires[43]. La quatrième saisine à l'initiative d'un syndicat professionnel d'avocats portait sur la demande d'extension d'un accord destiné à favoriser l'accès au dispositif d'activité partielle longue durée, dont l'une des dispositions accroît l'indemnisation due aux salariés pendant ces périodes d'activité partielle. L'avis conclut que l'extension aurait des conséquences économiques et sociales meilleures que la non-extension[44].

---

37 Art. L. 2261-24 C. trav.

38 V. S. Nadal, préc. En vertu de l'article D. 2261-4-1 C. trav., le groupe d'experts installé en mars 2018 pour un mandat de quatre ans comprend trois économistes, parmi lesquels le vice-président de l'Autorité de la concurrence, un statisticien et une juriste.

39 Art. D. 2261-4-4 C. trav.

40 Direction générale du Travail, « La négociation collective en 2020. Bilan et rapports ».

41 Groupe d'experts chargé d'apprécier les effets économiques et sociaux susceptibles de résulter de l'extension d'accords ou conventions de branche, avis n° 1-2019 sur l'accord du 3 juillet 2018 relatif au transfert de salariés en cas de changement de prestataire dans le secteur du transport de fonds et valeurs rendu le 12 juillet 2019.

42 Avis n° 2-2020 sur l'accord du 5 juillet 2019 relatif à la commission paritaire permanente de négociation et d'interprétation dans la branche de la Plasturgie, rendu le 15 octobre 2020.

43 Avis n° 3-2020 sur l'accord du 28 mai 2020 relatif aux salaires dans la branche de la Plasturgie, rendu le 8 décembre 2020.

44 Avis n° 4-2021 relatif à l'extension de l'accord du 22 janvier 2021 sur l'activité partielle de longue durée des conventions du « personnel des cabinets d'avocats » et des « avocats salariés », conclu dans le cadre de la convention nationale des salariés des cabinets d'avocats, rendu le 15 juin 2021.

Il ne faut toutefois pas se méprendre sur la portée de l'évolution que représente l'institution de ce nouveau groupe d'experts. La limitation numérique de son action n'est pas représentative de son influence, à tout le moins de celle qu'il revendique. Car le groupe d'experts entend de façon tout à fait explicite et assumée développer une doctrine dans le domaine de compétence qui est le sien. Or il s'agit bien là d'un fait majeur dans l'étude des interactions entre droit du travail et droit de la concurrence puisque, pour la première fois, on confie à une structure permanente auprès du ministère du Travail du travail la fonction d'analyser l'impact concurrentiel de conventions collectives et de proposer un arbitrage entre objectifs sociaux et rigidités concurrentielles. Cette doctrine se matérialise concrètement à travers des avis rédigés de façon fort pédagogique, longuement et clairement motivés, et plus nettement encore par la publication d'un rapport d'activité. Le rapport publié en janvier 2021[45] se présente comme un modèle de transparence quant à l'activité développée par le groupe d'experts. Une attention toute particulière est portée à l'explicitation de la méthodologie mise en œuvre pour l'examen des demandes d'avis. Sur le fond, la dimension doctrinale du travail d'expertise se matérialise par la rédaction de synthèses thématiques réunies au sein d'une partie intitulée « Doctrine ». Il s'agit ici d'expliciter par grands types de clauses d'accords collectifs les analyses et arbitrages opérés. Le premier rapport fait ainsi état des réflexions du groupe concernant les clauses de transfert de personnel, les clauses relatives à l'institution des commissions de classification et d'interprétation, les accords sur les salaires, ceux relatifs à la formation professionnelle et de ceux relatifs à la prévoyance et aux frais de santé. La doctrine dont il est question ici, si elle se veut indépendante[46] et originale, n'en est pas moins largement inspirée de la jurisprudence passée dans les domaines couverts et des méthodes d'analyse de l'Autorité de la concurrence[47] dont elle a elle-même suggéré au gouvernement de solliciter l'avis en 2019[48]. Reprenant ainsi trois catégories d'indicateurs identifiés par le groupe d'experts comme pertinents pour l'examen des risques concurrentiels de l'extension – à savoir le thème de l'accord, la structure du marché et le taux de couverture patronale, l'Autorité de la concurrence expose aussi désormais au ministère du Travail les questionnements qui pourraient servir de « *fil conducteur aux évaluateurs chargés [...] de mesurer si les risques pour la concurrence attachés à l'extension d'un accord justifient une saisine du groupe d'experts* »[49]. Cette convergence doctrinale finit d'acter l'importation des raisonnements concurrentiels dans l'analyse par la direction générale du Travail de ces institutions sociales fondamentales que sont les conventions de branche.

---

45 Rapport d'activité 2018-2020 du groupe d'experts chargé d'apprécier les effets économiques et sociaux susceptibles de résulter de l'extension, janvier 2021.

46 Les textes imposent aux experts d'être indépendants et d'intervenir à titre gratuit. La composition du premier groupe d'experts laisse néanmoins clairement entrevoir les orientations théoriques de chacun.

47 Il est à noter que parmi les experts figure l'un des vice-présidents de l'Autorité de la concurrence.

48 Aut. conc., avis n° 19-A-13 du 11 juillet 2019 relatif aux effets sur la concurrence de l'extension des accords de branche ; v. aussi J.-P. Kovar, « Accords de branche : L'Autorité de la concurrence rend un avis sur les effets sur la concurrence de l'extension par l'autorité ministérielle des accords collectifs de branche et propose une méthode pour évaluer les risques d'atteinte à la concurrence (*Effets sur la concurrence de l'extension des accords de branche*) », 11 juillet 2019, *Concurrences* n° 4-2019, art. n° 92375, pp. 193-194.

49 *Ibid.*, pt 127.

Il conviendra dès lors de rester attentif à ce que les objectifs de l'analyse concurrentielle ne prennent pas une place dominante comparativement aux enjeux de protection de l'emploi et des conditions de travail défendus par les partenaires sociaux. Par exemple, le paragraphe du rapport appelant à la vigilance s'agissant des « *clauses de recommandation* » des organismes de gestion de régimes de prévoyance et d'assurance complémentaire en matière de santé[50], en ce qu'elles auraient été jugées contraires à la liberté d'entreprendre et à la liberté contractuelle en 2013, traduit ou bien une lecture trop rapide de la décision du Conseil constitutionnel qui concernait les clauses de désignation et les clauses de migration[51], ou bien la projection, sous la forme d'un lapsus, de nouvelles intentions abolitionnistes contre les clauses de recommandation[52], qui constituent pourtant déjà la version allégée et « concurrentiello-compatible » des précédentes clauses de désignation. On prêtera surtout attention, à l'avenir, aux développements relatifs aux négociations sur les salaires, lesquels, s'ils étaient jugés fixés à un niveau trop élevé par la branche, pourraient être exclus de l'extension au nom de la libre concurrence. Ceci étant, dans le cadre de la réforme de l'architecture des normes sociales, le ministre du Travail n'a pas attendu les travaux du groupe d'experts pour émettre des réserves sur ces sujets dans différents arrêtés d'extension[53].

La vigilance contre toute approche dogmatique est d'autant plus de mise que l'influence de cette source doctrinale émergente que représente le groupe d'experts est destinée à déborder des limites des seuls accords examinés. Les commentaires figurant au rapport ont vocation à être lus par les partenaires sociaux, afin de nourrir leur réflexion dans le cadre de la négociation collective elle-même et inspireront les saisines futures contre les demandes d'extension. Et si elle parvient à exprimer de justes équilibres, la pénétration du droit de la concurrence au cœur même des institutions sociales sera d'autant plus facile à admettre qu'un mouvement inverse, d'adaptation du droit de la concurrence aux besoins d'organisation collective de travailleurs, parviendra à voir le jour.

II. Vers une adaptation du droit de la concurrence aux nécessités d'organisation collective des travailleurs

Il y a un an tout juste, un nouveau sujet d'articulation du droit du travail et du droit de la concurrence faisait son apparition. Signe des temps, il ne s'agissait pas de parler de travailleurs salariés mais de travailleurs de plateformes et,

---

50 P. 13.

51 Cons. const., déc. n° 2013-672 DC du 13 juin 2013, *Loi relative à la sécurisation de l'emploi.*

52 V. l'article L. 912-1 du code de la sécurité sociale, dans sa rédaction issue de la loi du 23 décembre 2013.

53 V. les arrêtés du 29 mai 2019 portant extension d'accords collectifs, *JORF* n° 0128 du 4 juin 2019. V. aussi à propos de l'extension de clauses de salaires minima hiérarchiques l'arrêté du 5 juin 2019, tel qu'annulé en Conseil d'État (CE, 7 octobre 2021, n°433053, *Fédération du commerce, de la distribution et des services CGT, CFTC, CSFV et a.*) et le très bon commentaire de H. Ochi, « La décision du Conseil d'État du 7 octobre 2021, un révélateur des mutations du droit de l'extension des conventions collectives de branche », *Droit ouvrier*, déc. 2021, n° 880, p. 616.

plus globalement, de travailleurs indépendants, dont la diversité des formes d'emplois, des secteurs d'intervention et, pour certains, la précarité, se sont rendus plus visibles en Europe au cours de la dernière décennie[54]. Parmi diverses solutions au problème de leurs conditions de travail, l'organisation collective de ces travailleurs apparaît comme une piste aussi digne d'attention que porteuse de risques au regard du droit des pratiques anticoncurrentielles (1.). Or, de façon tout à fait nouvelle, la Commission européenne envisage une adaptation du droit de la concurrence pour accueillir ce besoin de coordination professionnelle (2.).

1. Le besoin d'organisation collective des travailleurs indépendants

La liberté de travail souvent mise en avant par les travailleurs indépendants ne saurait dissimuler les difficultés auxquelles nombre d'entre eux font face, en termes de revenus d'activité, de conditions de travail ou d'accès à un régime de protection sociale efficace. Les travailleurs recourant aux plateformes numériques de travail et d'intermédiation sont particulièrement concernés. Face à ce constat, la solution consistant à donner accès à ces travailleurs à une nouvelle forme de dialogue social semble faire consensus.

En pratique, penser et organiser la représentation collective des travailleurs indépendants sans salariés, notamment celle des travailleurs dispersés dans des formes de travail et des secteurs d'activité intellectuels, culturels ou de services, est tout sauf simple[55]. Il est bien connu que la fragmentation des entreprises constitue un obstacle à la représentation des acteurs et particulièrement à l'identification d'une représentativité pour les groupements cherchant à porter collectivement leurs intérêts[56]. La diversité des solutions en vigueur au sein des États de l'Union européenne renvoie d'ailleurs à la pluralité des modèles employés quant au statut même qui est accordé aux travailleurs indépendants et, au sein de cette catégorie, aux travailleurs de plateformes[57]. En France, c'est la loi « Travail »[58] qui s'est intéressée la première aux travailleurs de plateformes, du moins à certains d'entre eux, en ébauchant les grandes lignes d'un statut collectif minimum comportant le droit de s'organiser sous forme de syndicat et une protection contre d'éventuelles

---

54 V. p. ex. l'étude d'Eurofound (2018), « Employment and working conditions of selected types of platform work ».

55 V. not. le rapport I-Wire (2017) « Independent Workers and Industrial Relations in Europe », financé par la DG Emploi et Affaires sociales de la Commission européenne, spéc. p. 28, pt 5.1. Pour une étude sur la difficulté d'organisation collective des travailleurs de plateformes au Royaume-Uni, v. J. Freyssinet, « Les syndicats et les plateformes », *Chron. intern. de l'IRES* 2019/1, n° 165, p. 34.

56 P. Lokiec, préc.

57 V. p. ex. Comm. eur., « First phase consultation of social partners under Article 154 TFEU on possible action addressing the challenges related to working conditions in platform work », C(2021) 1127 final, 24 février 2021, p. 20.

58 Du 8 août 2016, préc. V. les art. L. 7341-1 et s. du code du travail, qui constituent un titre du code relatif aux « *travailleurs utilisant une plateforme de mise en relation par voie électronique* ».

représailles de la part de la plateforme en cas d'action collective. La loi d'orientation des mobilités du 24 décembre 2019, consacrée aux seules plateformes d'intermédiation pour les activités de transport de personne par voiture avec chauffeur ou de livraison de marchandises au moyen d'un véhicule à deux ou trois roues, toute préoccupée de sécuriser les plateformes, n'a rien ajouté sur le sujet des droits collectifs des travailleurs. Toutefois, cette loi habilitait le gouvernement français à légiférer par voie d'ordonnance sur les modalités de représentation des travailleurs indépendants recourant à une plateforme numérique. Le groupe de travail mis en place sur le sujet des plateformes de travail a abouti à un rapport qui consacre ainsi de longs développements à la question de la représentation et du dialogue social[59]. Finalement, l'ordonnance n° 2021-484 du 21 avril 2021 relative aux modalités de représentation des travailleurs indépendants recourant pour leur activité aux plateformes et aux conditions d'exercice de cette représentation aménage de l'espace pour un tel dialogue social et l'émergence d'accords collectifs, mais elle n'est pour l'instant qu'une coquille vide sur ces sujets, si l'on excepte les précisions relatives à la détermination des organisations professionnelles représentatives et à l'édiction d'un statut de représentant.

Il faut dire qu'en droit, il n'a échappé à aucun observateur que le terrain était glissant du côté des règles de la concurrence[60]. Au niveau de l'Union européenne, le sujet fait d'ailleurs l'objet d'un examen distinct de la grande consultation actuellement en cours sur les conditions de travail des travailleurs de plateformes[61]. Les données du problème sont bien connues : à moins qu'il ne s'agisse de faux travailleurs indépendants, c'est-à-dire de travailleurs assimilables à des salariés, les travailleurs indépendants sont des entreprises au sens du droit de la concurrence et tout accord entre eux peut se voir prohibé au regard du droit des pratiques anticoncurrentielles. La jurisprudence *Albany* de 1999 ne saurait *a priori* s'appliquer à ce type de conventions, qui ne sont pas juridiquement parlant des conventions collectives de travail[62]. L'arrêt de la CJUE de 2014 *FNV* ne laisse planer aucun doute à ce sujet[63]. S'entendre sur les tarifs minima pratiqués via la plateforme ou bien sur le montant des commissions retenues, voire imposer des conditions de travail uniformes à plusieurs plateformes, cela constitue une entente restrictive de concurrence entre les travailleurs, voire une entente restrictive de concurrence entre les plateformes. Ainsi l'autorité danoise de concurrence a-t-elle récemment interdit la mise en place d'un tarif horaire minimum par une plateforme proposant la mise en relation de consommateurs avec des prestataires de service de nettoyage. Elle a exigé le rétablissement d'une liberté des prix concernant les

59 J.-Y. Frouin, « Réguler les plateformes numériques de travail », Rapport au Premier ministre, 1er décembre 2020.

60 *Ibid.*, p. 60 ; G. Loiseau, « Travailleurs de plateformes de mobilité. L'amorce d'un droit de la négociation collective », *JCP G* n° 22, 31 mai 2021, étude p. 1040.

61 « First phase consultation of social partners… » préc. note 55, p. 19.

62 CJCE, 12 septembre 2000, *Pavlov*, aff. jtes C-180/98 à 184/98, EU:C:2000:428.

63 CJUE, 4 décembre 2014, FNV Kunsten Informatie en Media, aff. C-413/13, EU:C:2014:2411 ; Europe 2015, comm. 72, obs. L. Idot.

prestataires en free-lance et la démonstration d'une véritable relation de travail subordonné avec les autres travailleurs pour lesquels un accord collectif de travail avait été négocié avec une organisation syndicale de travailleurs. Par suite de l'identification d'un lien de subordination, l'autorité danoise de concurrence exigeait qu'à l'égard de ces travailleurs salariés, la plateforme Hilfr assumât le risque financier et économique de leur activité[64].

À l'évidence, le risque représenté par ce type de pratiques au regard des exigences du droit de la concurrence ne peut s'envisager qu'à l'échelon de l'Union européenne. Un mécanisme d'exemption légale, concevable par exemple en France[65], ne suffirait pas à garantir la conformité de l'accord avec les règles de l'UE relatives aux pratiques anticoncurrentielles, car le propre de l'économie de plateformes est de pouvoir s'affranchir assez aisément des contraintes géographiques, de sorte que le commerce entre États membres se trouverait rapidement affecté. De fait, la Commission européenne s'est emparée du sujet à l'été 2020 en suggérant de recourir à une solution novatrice.

2. Vers un ajustement *ad hoc* du droit de la concurrence

Dans un communiqué de presse du 30 juin 2020[66], la Commission européenne annonçait le lancement d'une procédure destinée à aborder la question de la négociation collective pour les travailleurs indépendants. La commissaire à la concurrence Margrethe Vestager rappelait en effet les lettres de mission que la présidente von der Leyen lui avaient adressées ainsi qu'à Nicolas Schmit, commissaire aux affaires sociales, et le mandat consistant à « *veiller à ce que les conditions de travail des travailleurs des plateformes soient prises en compte* »[67]. Le processus lancé ce jour-là a pour objet de garantir à tous les travailleurs qui en ont besoin un droit à la négociation collective sans craindre d'enfreindre les règles de la concurrence. Dans un premier temps, l'ensemble des parties prenantes étaient invitées à participer à la consultation relative au paquet sur les services numériques, dont une partie était consacrée aux travailleurs indépendants et de plateformes. Le 6 janvier 2021, la DG Concurrence lançait une initiative spécifique destinée à évaluer la possibilité d'une adaptation des règles de la concurrence afin de sécuriser la négociation collective des travailleurs indépendants[68]. Parmi les pistes de

---

64 Danish Competition and Consumer Authority, « Commitment decision on the use of a minimum hourly fee by Hilfr ApS », 26 août 2020.

65 V. l'exemple de l'adoption par l'Irlande en 2017 d'une exemption légale aux règles de la concurrence pour les accords collectifs conclus par certains artistes et journalistes free-lance, puis par les autoentrepreneurs dépendants : OCDE (2019), rapport « Negotiating Our Way Up: Collective Bargaining in a Changing World of Work », pp. 239-240.

66 Comm. eur., communiqué IP/20/1237 du 30 juin 2020, « La Commission européenne entame un processus ayant trait à la question de la négociation collective pour les travailleurs indépendants ».

67 V. égal. Communication de la Commission, « Programme de travail de la Commission européenne pour 2021 : Une Union pleine de vitalité dans un monde fragile », COM (2020) 690 final, 19 octobre 2020, p. 5.

68 COMP A4, « Collective bargaining agreements for self-employed – scope of application of EU competition rules », Inception Impact Assessment, Ares(2021)102652 – 06/01/2021.

réflexion figure alors la possibilité de valider par avance cette négociation collective tout en la limitant à certains sujets comme les conditions de travail et de rémunération. Ainsi les conditions commerciales pratiquées à l'égard des consommateurs en seraient par exemple exclues. L'étendue de la mesure dérogatoire quant aux catégories de travailleurs indépendants bénéficiaires reste également à déterminer. Elle pourrait s'appliquer aux plus précaires d'entre eux, selon des critères à préciser, intégrer au-delà des travailleurs de plateformes d'autres catégories de travailleurs indépendants. D'un point de vue procédural, l'adaptation pourrait prendre la forme d'une véritable modification du droit en vigueur sous la forme d'un règlement européen (adopté sur le fondement de l'art. 103, § 2 c), TFUE, pour une clarification du champ d'application de l'art. 101, § 1) ou bien d'un guide d'interprétation des règles existantes par la voie d'une simple communication. L'étude d'impact doit envisager les répercussions tant économiques que sociales de quatre scénarios et s'appuiera notamment sur les résultats de la consultation publique ouverte du 5 mars au 28 mai 2021[69]. Dans tous les cas, la Commission anticipe que l'adaptation des règles de la concurrence aura un impact social significatif. Le processus devrait aboutir à une proposition dans le courant de l'année 2022.

De nombreuses voix se sont élevées ces dernières années pour appeler de leurs vœux une telle évolution du droit de la concurrence en faveur d'un droit de la négociation collective pour les travailleurs non salariés. L'OCDE, citée par la Commission européenne, a ainsi clairement exprimé le souhait que ce droit soit reconnu aux travailleurs ayant des formes d'emploi atypiques et qui ne peuvent être qualifiés de salariés, au besoin en réformant le droit de la concurrence[70]. En France, le rapport Frouin[71] appelle également la Commission européenne à aller jusqu'au bout de l'initiative consistant à lever l'obstacle que représentent les règles de la concurrence européennes à la négociation collective des travailleurs de plateformes numériques notamment. Cette évolution, quelle qu'en soit l'étendue, convergerait par ailleurs avec les objectifs du Socle des droits sociaux de 2017, lequel exige notamment pour les travailleurs de l'UE des salaires décents que la Commission européenne entend défendre par la voie privilégiée de la stimulation de la négociation collective sur les salaires[72]. Enfin, elle assurerait une forme de cohérence en matière de droit social européen, le Comité européen des droits sociaux ayant interprété l'article 6 de la Charte sociale européenne comme conférant aux travailleurs indépendants, autant qu'aux salariés, le droit de jouir du droit de négociation collective par l'intermédiaire d'organisations

69 Comm. eur., communiqué IP/21/988 du 5 mars 2021, « Concurrence : la Commission invite les parties prenantes à présenter leurs observations sur l'application du droit de la concurrence de l'UE aux conventions collectives pour les travailleurs indépendants ».

70 V. le rapport « Negotiating Our Way Up », préc., p. 240.

71 Préc.

72 V. la proposition de directive relative à des salaires minimaux adéquats dans l'Union européenne, COM(2020) 682 final, 28 octobre 2020. Ce texte ne concernerait en revanche que les travailleurs salariés et assimilés.

les représentant, cette interprétation se justifiant par l'existence d'un déséquilibre de pouvoir dans le rapport contractuel initial[73].

L'engagement de la Commission européenne dans un tel processus d'inflexion *ad hoc* du droit de la concurrence en faveur d'institutions et d'objectifs défendus par le droit social représente un fait remarquable. Que l'évolution prenne la forme d'une exception au champ d'application des règles de concurrence, par analogie avec la solution *Albany* pour les véritables accords collectifs ou bien d'une exemption dans le cadre de l'application de ces règles, un pas significatif sera franchi en direction du droit du travail. Certes, le droit de la concurrence comporte déjà de nombreuses manifestations d'arbitrage entre les exigences de la compétition libre et non faussée et d'autres objectifs de natures diverses. Les dérogations admises à l'égard des services d'intérêt économique général (SIEG) en constituent l'illustration principale puisque des situations qui heurtent objectivement les règles en matière d'ententes ou d'abus de position dominante se trouvent validées en faveur de la réalisation de missions d'intérêt général. Comparativement à la situation des SIEG pourtant, l'ajustement en cours des règles de la concurrence aux besoins de négociation collective des travailleurs indépendants va plus loin en ce sens qu'il n'est prévu par aucun texte et qu'il fait ainsi figure de pure création. Comparativement aux différentes exemptions par catégorie à l'interdiction des ententes anticoncurrentielles, l'ajustement dont nous parlons se distingue là encore en ceci qu'il semble faire abstraction de la raison économique et concurrentielle qui gouverne en tout état de cause les exemptions reconnues *ex ante*. L'objectif n'est pas de promouvoir la qualité de produits ou de services associés à leur vente, ou bien encore la recherche et le développement. C'est une raison sociale qui s'impose cette fois, qui tient uniquement à la nécessité de garantir de bonnes conditions de travail et de rémunération aux travailleurs. À cet égard, il est à parier que le champ d'application des mesures spéciales qui se seront adoptées sera étudié à la loupe. Mais si ces mesures voient le jour, elles confirmeront qu'une nouvelle forme d'articulation du droit de la négociation collective et du droit de la concurrence est possible, plus pragmatique, en tout cas dégagée de toute position dogmatique.

73 CEDS, 12 décembre 2018, *Irish Congress of Trade Unions c/ Irlande*, n° 123/2016.

Les droits des tiers dans les procédures de concurrence

Jean-Louis Fourgoux*
Mermoz Avocats

Résumé

Les procédures de concurrence sont diverses et variés pour certaines répressives pour d'autres structurelles et régulatrices ; elles peuvent être administratives ou judiciaires mais le dénominateur commun réside dans la volonté de préserver la concurrence sur un marché. La place des tiers de la même façon est variable : de simple informateur les tiers ont vu leurs droits renforcés notamment en matière de contrôle des concentrations alors qu'en matière de pratiques anticoncurrentielles ces droits sont circonscrits.

---

* Avocat aux barreaux de Paris et de Bruxelles.

Être invité à participer à des mélanges en l'honneur de Laurence Idot est un piège qui annonce bien des tourments. La carrière, la bibliographie, les conférences et rapports sont tellement nombreux et marquants que le choix du sujet sera forcément bien pâle par rapport au travail de Laurence. Lorsque l'on connaît la rigueur de sa relecture attentive et critique des écrits, on en tremble. Pour le choix du sujet, le champ est large : droit international privé, droit communautaire devenu européen, droit de la concurrence… Une marque de fabrique peut quand même se glisser dans sa faculté à mêler droit processuel et droit substantiel. Avant la mode des actions en réparation, Laurence a été une pionnière à s'intéresser au sort des victimes de pratiques anticoncurrentielles, sous l'angle procédural[1]. Alors en signe de reconnaissance amicale, les droits des tiers dans les procédures de concurrence sont apparus comme un sujet toujours d'actualité[2].

Dans l'histoire du droit de la concurrence, les victimes comme les tiers ont longtemps été considérés comme de simples apporteurs d'informations auprès des autorités de concurrence, incapables d'orienter le débat dans une direction spécifique face aux tout-puissants « gendarmes de la concurrence ». Cette perception, bien que fondée sur une part de vérité, est toutefois devenue plus nuancée.

Entendus au sens élargi, les tiers peuvent désigner tant les plaignants que les tiers intéressés à la procédure et ceux étrangers à cette dernière[3]. Toutefois le droit français, contrairement au droit européen, ne reconnaît pas la qualité de tiers au saisissant, ce qui n'en diminue pour autant pas l'intérêt que l'Autorité de la concurrence porte aux tiers.

En effet, l'Autorité de la concurrence est aujourd'hui, au même titre que la Commission européenne et les autres autorités nationales de concurrence, plus que jamais à la recherche d'apports propres à améliorer la qualité de ses décisions. Comme l'a reconnu, à juste titre, la présidente sortante de l'Autorité de la concurrence à l'occasion de son allocution du 11 octobre 2021 dressant un bilan de son mandat à la tête de l'institution, « *l'Autorité ne peut remplir correctement son rôle que si elle connaît bien les entreprises* »[4], et au-delà, le marché en cause et les dynamiques qui l'animent.

Or, qui mieux que les acteurs du marché eux-mêmes, tiers à la procédure, est en mesure d'informer le plus justement possible les autorités de concurrence ? Dans cette perspective, les tiers bénéficient petit à petit d'un rôle croissant. Les autorités de concurrence, conscientes de l'importance des tiers dans

---

1 L. Idot, « La situation des victimes de pratiques anticoncurrentielles après les arrêts Asia Motor et Automec II », *Europe* 1992, p. 1 ; G. Canivet, L. Idot, D. Simon (dir.), *Lamy procédures communautaires*, Paris, Lamy, 2005-2008 (pour l'édition papier).

2 L'auteur remercie pour son aide efficace Me Lorye Hugon.

3 Comme le met en exergue Laurence Idot, le Tribunal de l'Union européenne a distingué trois catégories de tiers : le demandeur plaignant, le tiers justifiant d'un intérêt suffisant et les autres tiers ; TPICE, 7 juin 2006, *Österreichische Postsparkasse AG*, aff. jtes T-213/01 et T-214-01, EU:T:2006:151 ; *Europe* 2006, comm. 220, obs. L. Idot.

4 I. de Silva, « Retour sur un mandat : la présidence de l'Autorité de la concurrence, 2016-2021 », 11 octobre 2021, <https://www.autoritedelaconcurrence.fr/sites/default/files/2021-10/2021-10-13_allocution_ids.pdf>.

l'appréciation tant des faits que des aspects juridiques et économiques d'une affaire, ont ainsi compris que les tiers doivent être encouragés à partager leurs connaissances au profit du régulateur public et que ceci ne peut être réalisé efficacement qu'en leur accordant des droits.

Nous assistons dès lors à une ouverture progressive de leurs droits, qui vise à leur accorder non plus un rôle subsidiaire, mais bel et bien un rôle substantiel dans le cadre des procédures de concurrence.

Désormais, au-delà même d'être des apporteurs d'informations précieux en amont des procédures, les tiers deviennent des acteurs essentiels pour les autorités de concurrence, tendant dès lors à accroître leur influence.

Cet état des lieux des droits des tiers dans le cadre des procédures de concurrence permet de constater qu'une véritable expansion des droits des tiers s'est opérée en matière de concentrations (I.), là où, en revanche, on assiste à un développement plus timide de leurs droits en matière de pratiques anticoncurrentielles (II.).

I. Une expansion des droits des tiers en matière de concentrations

L'accroissement des droits des tiers au sein même des procédures de concurrence se fait tout particulièrement sentir en matière de concentrations, domaine dans lequel on observe une omniprésence de la participation des tiers à la procédure, tant en amont pour accompagner les autorités dans leur appréciation de l'opération (1.) qu'*a posteriori*, une fois la décision rendue (2.).

1. L'existence de droits d'intervention en amont de la prise de décision de l'autorité compétente

Dans le cadre de l'analyse d'une opération de concentration par l'autorité de concurrence compétente, les tiers se voient accorder le droit d'intervenir spontanément dans la procédure.

En effet, en France, l'Autorité de la concurrence encourage vivement les entreprises actives dans les secteurs dans lesquels une concentration est envisagée « *à communiquer toute information et tout commentaire quant aux risques que pourrait faire courir l'opération pour la concurrence* »[5], et ce, afin de permettre à l'Autorité de nourrir son analyse concurrentielle.

Partant, les tiers intéressés peuvent présenter spontanément des observations dans le délai que fixe l'Autorité dans son communiqué relatif au dépôt de la notification. Ce délai est généralement de quinze jours ouvrés à compter de

5 Aut. conc., Lignes directrices relatives au contrôle des concentrations, 23 juillet 2020, pt 266.

la date de publication dudit communiqué, réduit à dix jours ouvrés lorsque l'opération est éligible à une procédure simplifiée[6].

D'ailleurs, en indiquant dans son communiqué de presse relatif au dépôt du dossier « *le délai dans lequel les tiers intéressés sont invités à faire connaître leurs observations* »[7] sur l'opération analysée, l'Autorité, au-delà même d'offrir aux tiers la possibilité d'intervenir à la procédure, leur garantit d'une certaine manière qu'elle ne rendra pas sa décision sur l'opération avant l'expiration dudit délai, bien qu'en principe, cette décision puisse intervenir à tout moment dans le délai de vingt-cinq jours ouvrés à compter de la date de réception de la notification complète conformément à l'article L. 430-5 du code de commerce. Il convient toutefois de souligner que les lignes directrices de l'Autorité de la concurrence relatives au contrôle des concentrations prennent soin de préciser que le délai de quinze jours dans lequel les tiers intéressés sont généralement invités à faire connaître leurs observations n'est pas impératif[8]. Ainsi, toutes les observations parvenues à l'Autorité avant que sa décision ne soit rendue sont susceptibles d'être prises en compte dans l'examen de l'opération, bien qu'une observation reçue au-delà du délai coure le risque de ne pouvoir être prise en compte dans la décision. Ceci témoigne, une fois de plus, de l'importance accordée aux tiers, en amont de la prise de décision.

Il en est de même dans le cadre de la procédure de contrôle des concentrations devant la Commission européenne, même si en principe, le statut du plaignant n'est pas prévu en matière de concentrations. Néanmoins la Cour de justice a considéré qu'« *aucune raison ne justifie que la Commission s'affranchisse en la matière de l'obligation de procéder, dans l'intérêt d'une bonne administration, à un examen diligent et impartial des plaintes dont elle est saisie* »[9]. La Commission donne dès lors aux personnes, entreprises et associations d'entreprises intéressées l'occasion de faire connaître leur point de vue au sujet des objections retenues à l'encontre de l'opération analysée[10].

En ce sens, si des personnes physiques ou morales justifiant d'un intérêt suffisant, et notamment des membres des organes d'administration ou de direction des entreprises concernées ou des représentants reconnus des travailleurs de ces entreprises, demandent à être entendues, la Commission fait droit à leur demande[11], en les informant, par écrit, de la nature et de l'objet de la procédure et en leur fixant un délai imparti pour lui faire connaître leur point de vue[12].

---

6 *Ibid.*, pt 244.

7 C. com, art. R. 430-4.

8 Aut. conc., Lignes directrices relatives au contrôle des concentrations, préc., pt 245.

9 CJCE, 25 septembre 2003, *Schlüsselverlag e.a. c/ Commission*, aff. C-170/02, *Rec.* p. I-9889, pts 27 à 29.

10 Règlement (CE) n° 139/2004 du Conseil du 20 janvier 2004 relatif au contrôle des concentrations entre entreprises, *JOUE* n° L 24 du 29 janvier 2004, p. 1, art. 18, § 1.

11 *Ibid.*, art. 18, § 4.

12 Règlement (CE) n° 802/2004 de la Commission du 7 avril 2004 concernant la mise en œuvre du règlement (CE) n° 139/2004 relatif au contrôle des concentrations entre entreprises, *JOUE* n° L 133 du 30 avril 2004, p. 1, art. 16.

La Commission peut également, le cas échéant, donner aux tiers qui en auront fait la demande dans leurs observations écrites l'occasion de participer à une audition formelle et peut, en tout état de cause, leur permettre de lui faire connaître leur point de vue verbalement[13].

Il convient toutefois de noter que la présentation d'observations dans le cadre d'une audition est particulièrement encadrée, puisque les tiers intéressés doivent soumettre leur demande d'intervention par écrit au conseiller-auditeur et spécifier leur intérêt au résultat de la procédure. Cette demande ne sera ainsi accueillie que si le conseiller-auditeur estime que le tiers à l'origine de la demande justifie d'un intérêt suffisant[14].

Ainsi, se développe pour les tiers un droit d'être entendus, tant à l'échelle française qu'à l'échelle européenne.

En outre, dans le cadre de l'examen de l'opération, lorsque l'instruction le nécessite, et notamment lorsque l'adoption concomitante de remèdes semble nécessaire pour autoriser la réalisation de l'opération de concentration, les autorités de concurrence consultent le marché *via* des questionnaires et des réunions/auditions afin de recueillir les points de vue des tiers intéressés sur les solutions envisagées, ces derniers pouvant être tant des concurrents que des fournisseurs ou des clients.

Or, si par principe, les tiers ne peuvent se prévaloir d'un droit à ce que leurs observations soient reprises dans les analyses des autorités de concurrence, ou d'un droit à obtenir certaines mesures correctives ou certains types de décision, et ce, compte tenu du fait que l'objectif du contrôle des concentrations est de préserver la concurrence et non les concurrents considérés individuellement[15], il convient toutefois de souligner que le Conseil d'État a admis une importante dérogation à l'absence de caractère contradictoire de la procédure d'examen des opérations à l'égard des tiers dans l'affaire *Interbrew*. Dans cette affaire, le Conseil d'État a annulé l'arrêté ministériel autorisant la prise de contrôle par Sogebra de Fischer sous réserve d'une cession de certains entrepôts, cette cession étant interdite notamment à Interbrew, qui n'avait pas été consultée[16]. Le Conseil d'État a ainsi annulé un arrêté ministériel du fait qu'une entreprise tierce à un projet de concentration, mais cependant affectée par la décision d'autorisation, ne se soit pas vu notifier le projet de décision et n'ait donc pas pu présenter ses observations. Le Conseil d'État a, ce faisant, reconnu un droit supplémentaire et substantiel aux tiers directement affectés par une opération de concentration et nommément désignés.

---

13 *Ibid.*, art. 16, § 2.

14 Comm. eur., déc. du président de la Commission européenne du 13 octobre 2011 relative à la fonction et au mandat du conseiller-auditeur dans certaines procédures de concurrence, *JOUE* n° L 275 du 20 octobre 2011, p. 29, art. 5.

15 Aut. conc., Lignes directrices relatives au contrôle des concentrations, préc., pt 266.

16 CE, 9 avril 1999, *Interbrew*, n° 191654.

Au-delà même de l'accroissement des droits d'intervention accordés aux tiers en amont des décisions rendues par les autorités de concurrence en matière de concentrations, la possibilité qui leur est offerte *a posteriori* de former des recours doit également être soulignée.

2. L'existence de droits de recours contre les décisions rendues par les autorités de concurrence

Postérieurement à la publication d'une décision de concentration, les autorités de concurrence permettent en effet aux tiers d'exercer plusieurs recours.

Dans un premier temps, elles offrent aux tiers la faculté de contester une décision rendue en matière de contrôle des concentrations, leur conférant ainsi un droit de recours initial contre la décision de concentration elle-même. Pour ce faire, dans le cadre d'une procédure devant l'Autorité de la concurrence, les tiers intéressés ont deux mois à compter de la publication de la version publique de la décision sur le site Internet de l'Autorité de la concurrence[17] pour former un recours principal en annulation devant le Conseil d'État statuant en premier et dernier ressort, sous réserve néanmoins d'être en mesure de démontrer leur intérêt à agir. Le Conseil d'État a ainsi été amené à se prononcer à de nombreuses reprises sur l'intérêt à agir des tiers. À titre d'illustration, il a reconnu l'intérêt à agir des concurrents des entreprises bénéficiaires de l'autorisation de concentration[18] ou des entreprises clientes des parties[19]. Il a également admis le recours formé par une association regroupant les concurrents des parties[20] ou encore par un actionnaire d'une entreprise bénéficiaire d'une autorisation de concentration[21].

De la même manière, à l'échelle européenne, les tiers ont également deux mois à compter de la publication de la version publique de la décision pour former un recours en annulation devant la Cour de justice de l'Union européenne, et plus précisément

---

17 C. com., art. R. 464-28 et D. 430-8. Il convient à cet égard de relever que, comme le précisent les lignes directrices de l'Autorité de la concurrence relatives au contrôle des concentrations, « *[l]a publication du sens de la décision, préalable à la mise en ligne de la décision, ne constitue pas le point de départ du délai de recours contentieux pour les tiers* » (pt 479).

18 CE, 25 mai 2018, *Société OCEA*, n° 404382, et CE, 21 décembre 2012, *Société Groupe Canal Plus*, n° 362347. V. aussi S. Sorinas, M. Louvet, A. Baudelin, « Entreprise commune de plein exercice : Le Conseil d'État rejette le recours d'un concurrent du secteur de la construction navale contre la décision de l'Autorité de la concurrence ayant autorisé la création d'une entreprise commune (*OCEA*) », 25 mai 2018, *Concurrences* n° 3-2018, art. n° 87704, p. 140.

19 CE, 13 février 2006, *Société Fiducial Informatique et Société Fiducial Expertise*, n° 279180 ; v. aussi J. Philippe, « Rapprochement de deux leaders de marché : Le Conseil d'État autorise la fusion *CEGID/CCMX* », 13 février 2006, *Concurrences* n° 2-2006, art. n° 721, pp. 111-113.

20 CE, 21 octobre 2016, *Association des entreprises de biologie médicale*, n° 394117 ; v. aussi M. Louvet, S. Sorinas, « Compétence de l'Autorité : Le Conseil d'État rejette les requêtes en annulation pour excès de pouvoir de deux décisions de l'Autorité de la concurrence autorisant la prise de contrôle exclusif de deux groupes de laboratoires spécialisés en biologie médicale (*Eurofins/Bio-Access, Bio-Alfras*) », 21 octobre 2016, *Concurrences* n° 1-2017, art. n° 83476, pp. 142-143.

21 CE, 31 janvier 2007, *Société France Antilles*, n° 294896 ; v. aussi J.-M. Cot, « Annulation : Le Conseil d'État annule une décision du Ministre qui avait jugé qu'une concentration permettait un contrôle exclusif alors qu'il y avait un contrôle conjoint (*France Antilles*) », 31 janvier 2007, *Concurrences* n° 2-2007, art. n° 13443, pp. 134-137.

devant le Tribunal de l'Union européenne[22]. À cet égard, les juridictions européennes ont eu l'occasion de déclarer recevables à plusieurs reprises des recours en annulation de décisions formés par des tiers. Tel fut notamment le cas dans l'affaire *BaByliss*, dans laquelle cette dernière contestait la décision de la Commission autorisant la reprise de certains actifs de Moulinex par SEB sous certaines conditions. À cet égard, le Tribunal de première instance (devenu le Tribunal de l'Union européenne), devant lequel BaByliss contestait cette décision, a considéré que BaByliss avait bel et bien un intérêt à agir compte tenu notamment de sa participation active à la procédure, de son statut de concurrent potentiel sur des marchés oligopolistiques et de son intérêt au rachat de Moulinex, et, partant, a annulé partiellement la décision d'autorisation de l'opération en ce qui concernait les marchés en Italie, en Espagne, en Finlande, au Royaume-Uni et en Irlande, considérant que la Commission s'était abstenue d'examiner soigneusement les effets induits par l'opération[23].

Par ailleurs, les autorités de concurrence peuvent être également saisies d'un recours par les tiers aux fins de demander la sanction d'engagements préalablement acceptés si les entreprises concernées contreviennent à ceux-ci, ou encore si la décision d'engagements repose sur des informations incomplètes, inexactes ou dénaturées fournies par les parties à la procédure[24]. Ainsi, en accordant aux tiers un moyen d'influencer une autorité de concurrence, on étend, une fois de plus, les prérogatives de ces derniers.

En conséquence, les tiers jouissent désormais d'une certaine aura devant les autorités de concurrence en matière de contrôle des concentrations, et ce, notamment de par leurs droits de recours.

Il convient toutefois de relever que les droits existants des tiers en matière d'antitrust diffèrent des divers droits dont ils bénéficient en matière de contrôle des concentrations, et ce, notamment du fait de leur caractère plus limité et circonscrit.

II. Des droits existants mais circonscrits en matière de pratiques anticoncurrentielles

Si les tiers bénéficient bel et bien de droits en matière de pratiques anticoncurrentielles, force est de constater que ceux-ci sont bien plus limités dans le cadre de ces procédures engagées devant les autorités de concurrence (1.), ce qui a nécessité en parallèle le développement d'autres droits dans le cadre des contentieux privés, et notamment la reconnaissance d'un droit à réparation des préjudices subis par les pratiques anticoncurrentielles exercées (2.).

22 Traité sur le fonctionnement de l'Union européenne (TFUE), *JOUE* n° C 326 du 26 octobre 2012, p. 47, art. 263.

23 TPICE, 3 avril 2003, *BaByliss*, aff. T-114/02, EU:T:2003:100.

24 Aut. conc., Communiqué de procédure du 2 mars 2009 relatif aux engagements en matière de concurrence, pt 46, <https://www.autoritedelaconcurrence.fr/sites/default/files/cpro_autorite_2mars2009_engagements_antitrust.pdf>, et règlement (CE) n° 1/2003 du Conseil du 16 décembre 2002 relatif à la mise en œuvre des règles de concurrence prévues aux articles 81 et 82 du traité, *JOCE* n° L 1 du 4 janvier 2003, p. 1, art. 9.

1. Un cantonnement des droits des tiers par le *public enforcement*

Les tiers se voient accorder certains droits en matière de pratiques anticoncurrentielles : les personnes physiques ou morales qui font valoir un intérêt légitime peuvent saisir la Commission pour toute infraction à l'interdiction des ententes ou de l'abus de position dominante désormais édictée par les articles 101 et 102 du TFUE. Mais les droits des tiers sous l'empire du règlement n° 17/62 ont été assez vite restreints par la Cour de justice, en laissant une marge d'appréciation à la Commission pour instruire les dossiers de plainte. Les plaignants ont droit, selon la Cour, à une décision de la Commission concernant la suite donnée à leur plainte ; cependant, ce droit porte uniquement sur l'obtention d'une décision de rejet suffisamment motivée et non pas d'une décision sur le fond quant à l'existence d'une infraction[25]. On a assez rapidement reconnu à la Commission l'« *opportunité des poursuites* »[26] notamment en raison de l'absence d'intérêt communautaire. Celle-ci ne doit pas forcément traiter tous les arguments des plaignants, mais elle doit exposer les faits et les considérations juridiques revêtant une importance essentielle[27]. Le règlement (CE) n° 1/2003 a consacré et formalisé le sort du plaignant. La jurisprudence a conforté la Commission dans l'appréciation de l'intérêt de l'Union européenne, qui est propre aux circonstances de chaque affaire et du contexte juridique et factuel, qui « *peut varier [...] d'une affaire à l'autre* »[28]. La directive (UE) 2019/1 du Parlement européen et du Conseil du 11 décembre 2018 visant à doter les autorités de concurrence des États membres des moyens de mettre en œuvre plus efficacement les règles de concurrence et à garantir le bon fonctionnement du marché intérieur, dite « directive ECN + », a étendu aux autorités nationales de concurrence cette faculté de rejet des plaintes.

« *La directive prévoit que "les [ANC] administratives doivent avoir le pouvoir de fixer leurs priorités afin de s'acquitter des tâches nécessaires à l'application des articles 101 et 102 [TFUE]" (article 4.5 et considérant 23 de la directive). À cet effet, la directive prévoit que les ANC doivent avoir "le pouvoir de rejeter [des] plaintes au motif qu'elles ne les considèrent pas comme une priorité" et que "cette disposition est sans préjudice du pouvoir des ANC de rejeter des plaintes pour d'autres motifs, tels que l'absence de compétence, ou de décider qu'il n'y a pas lieu pour elles d'agir" (article 4.5 et considérant 23 de la directive)*[29]. »

---

25 S. Durande, A. Montesa Lloreda, « Les droits des tiers dans les procédures concurrences devant la Commission européenne », décembre 2005, *Concurrences* n° 4-2005, art. n° 355, pp. 34-44.

26 L. Idot, « La situation des victimes de pratiques anticoncurrentielles après les arrêts Asia Motor et Automec II », préc.

27 CJCE, 18 mars 1997, *Guérin automobiles*, aff. C-282/95 P, *Rec.* p. I-1503, pt 36 ; TPICE, 18 septembre 1996, *Asia Motor c/ Commission*, aff. T-387/94, *Rec.* p. II-961.

28 CJUE, 20 septembre 2018, *Agria Polska e.a.*, aff.C-373/17 P, EU:C:2018:756, pt 61; *Concurrences* n° 1/2019, p. 166, note A. Lacresse.

29 C. Lemaire, A. Lacresse et J. Bousin, « Politique de concurrence : Le Parlement européen et le Conseil adoptent la directive ECN+ et renforcent la convergence institutionnelle et procédurale au sein du réseau européen de concurrence (Directive 2019/1), *Concurrences* n° 2-2019, art. n° 90462, pp. 144-148 .

La directive ECN + a été transposée par l'ordonnance n° 2021-649 du 26 mai 2021, tout en limitant l'opportunité des poursuites aux seules saisines des entreprises, sans l'étendre aux saisines du ministre de l'Économie[30]. L'Autorité de la concurrence s'est félicitée de ce nouvel outil qui lui permet de fixer ses propres priorités et de rejeter les plaintes qui n'y correspondent pas, pour se concentrer sur les dossiers les plus complexes[31].

Ce choix qui privilégie les priorités de l'Autorité de la concurrence par rapport aux droits des plaignants ne sera pas sans conséquences. Car même, si l'on ne « *peut exclure qu'un certain nombre de contentieux se reporte devant les juridictions de droit commun, compétentes pour appliquer les règles de concurrence* »[32], il reste que la victime risque d'être privée d'un accès effectif à la justice lorsqu'il s'agit de pratiques anticoncurrentielles difficiles à identifier à défaut de la mise en jeu des pouvoirs d'enquête de l'institution.

Dans le cadre de pratiques anticoncurrentielles, au même titre qu'en matière de contrôle des concentrations, les engagements offrent une alternative à la voie contentieuse permettant à l'entreprise à laquelle est reprochée une pratique anticoncurrentielle de présenter des remèdes de nature à mettre fin aux préoccupations de concurrence soulevées à la suite de l'évaluation préliminaire des services d'instruction. Dans ce contexte, et de la même manière que pour les opérations de concentration, les tiers sont dotés d'un droit d'intervention en partageant avec les autorités de concurrence leurs observations quant aux difficultés envisagées. Le règlement (CE) n° 1/2003 du 16 décembre 2002 relatif à la mise en œuvre des règles de concurrence prévues aux articles 101 et 102 du TFUE consacre ainsi, en son considérant 32, le droit des entreprises intéressées d'être entendues par la Commission en donnant aux tiers dont les intérêts peuvent être affectés par une décision l'occasion de faire valoir au préalable leurs observations, et assure une large publicité des décisions prises.

Ce droit est d'ailleurs complété par une double protection du tiers, qui peut non seulement bénéficier de la protection de ses secrets d'affaires à l'égard des éléments qu'il a communiqués à l'autorité de concurrence compétente ou que cette dernière a saisis auprès de lui, mais également solliciter la préservation de son anonymat, dès lors qu'il considère que la révélation de son identité à l'égard des entreprises en cause comporterait un risque pour lui ou son activité sur le marché.

Ce droit d'être entendu tend à s'accompagner d'un certain droit d'accès aux informations contenues dans le dossier, sans pour autant conférer aux tiers un véritable droit d'accès au dossier. À cet égard, il convient de rappeler la distinction existant au sein même des tiers entre les plaignants et les tiers à la procédure.

---

30 C. Lemaire et M. Florent, « Politique de concurrence : Le Gouvernement français transpose, avec quelques mois de retard, la Directive ECN+ », *Concurrences* n° 3-2021, art. n° 101943, pp. 161-167.

31 Aut. conc., communiqué de presse, « L'ordonnance de transposition de la directive ECN + a été publiée », <https://www.autoritedelaconcurrence.fr/fr/communiques-de-presse/lordonnance-de-transposition-de-la-directive-ecn-ete-publiee>.

32 C. Lemaire et M. Florent, préc.

Ainsi, alors même que les tiers à la procédure ne disposent, tant en droit français qu'en droit européen, que du droit d'être informés de la nature et des thèmes de la procédure, le droit européen offre en revanche la possibilité aux tiers plaignants d'avoir accès à la communication des griefs. Ceci a d'ailleurs été rappelé à plusieurs reprises par la jurisprudence européenne, y compris dans le cadre de l'affaire du « club Lombard », où la Commission s'est saisie d'office de l'affaire : le Tribunal a considéré que l'engagement d'office de la procédure par la Commission n'exclut pas la possibilité d'accorder à un tiers la qualité de demandeur dès lors que ce dernier avait transmis quelques jours après l'engagement de la procédure par la Commission un document important sur l'entente à la Commission et réclamé une enquête[33].

Néanmoins, en parallèle de l'expansion limitée de ces droits et contrairement à ce que l'on retrouve en matière de concentrations, il n'existe pas à proprement parler en droit français de droit de recours principal des tiers en annulation ou en réformation à l'encontre d'une décision de l'Autorité de la concurrence, ce droit étant réservé aux parties en cause dans la procédure ainsi qu'au ministre chargé de l'économie, qui ont la possibilité de former un recours dans le délai d'un mois devant la cour d'appel de Paris, conformément à l'article L. 464-8 du code de commerce. Ainsi, bien que le droit spécial de la concurrence ne permette pas d'exercer un recours à titre principal, le droit des tiers n'en demeure pas moins ouvert, à titre accessoire, sur le terrain du droit commun, comme a pu le confirmer la cour d'appel de Paris : « *[L]es dispositions des articles 328 à 330 du nouveau Code de procédure civile, auxquelles il n'est pas dérogé par le décret [...] n° 97-849 du 19 octobre 1987 et qui ne sont pas incompatibles avec la nature propre du contentieux de la concurrence, sont applicables aux procédures suivies devant la Cour sur les recours exercés contre les décisions du Conseil de la concurrence*[34] *[...]* » Ainsi, la cour d'appel de Paris admet la possibilité, de façon étroite malgré tout, pour un tiers de faire valoir ses intérêts *via* le mécanisme de l'intervention volontaire prévu aux articles 328 à 330 du code de procédure civile[35].

Quant au droit européen, il ne semble guère plus clément en ce sens, à l'exception du droit de recours offert contre une décision d'acceptation d'engagements en matière de pratiques anticoncurrentielles. En effet, bien que les textes ne précisent pas si des tiers à la procédure d'engagements dans le cadre de pratiques anticoncurrentielles peuvent former un recours contre la décision qui accepte les engagements et les rend obligatoires pour les entreprises concernées, la Cour de justice a admis la possibilité pour une entreprise tierce, non partie à la procédure, de former un recours contre une décision exigeant la cessation d'une infraction et le respect des engagements, à condition que celle-ci soit en mesure de démontrer

33 TPICE, 7 juin 2006, *Österreichische Postsparkasse AG*, aff. jtes T-213/01 et T-214-01, préc.

34 CA Paris, 1re ch., sect. H, 22 février 2005, RG 2004/14592.

35 Pour exemple : CA Paris, pôle 5, ch. 5-7, 12 mai 2016, *Brandalley*, RG 2015/00301 ; CA Paris,1re ch., sect. H, 4 février 2009, *Apple et France Télécom*, RG 2008/23828 ; CA Paris, 1re ch., sect. H, 7 février 2006, *Transdev*, RG 2005/15051 ; CA Paris, 1re ch., sect. 4, 5 octobre 2004, *Sté technique d'abattage de Laval (STAL)*.

qu'elle est affectée par la décision attaquée[36]. Dans le cadre de cette affaire *De Beers/Alrosa*, Alrosa, bien que n'étant pas partie à la procédure engagée à l'encontre de De Beers pour abus de position dominante, a été considérée comme étant individuellement et directement affectée par la procédure dans la mesure où celle-ci concernait un accord commercial conclu entre Alrosa et De Beers pour la vente de diamants bruts. Il peut toutefois s'avérer difficile pour les autorités de concurrence de trouver un point d'équilibre entre le respect des droits des tiers et l'efficacité de la procédure d'engagements, comme l'illustrent les différentes décisions rendues dans l'affaire *Canal+*[37]. En l'espèce, le Tribunal de l'Union européenne avait rejeté le recours introduit par un diffuseur audiovisuel contre les engagements souscrits par un titulaire de droits, car, bien qu'admettant que les engagements souscrits puissent porter atteinte aux droits contractuels des tiers, il avait considéré que ces engagements étaient mis en œuvre aux propres risques du titulaire de droits et n'affectaient en rien la possibilité de ses cocontractants de saisir le juge national afin de faire respecter lesdits droits ou bien de se voir accorder des dommages et intérêts. Ainsi, du fait de cette décision, bien qu'essayant de ménager tant l'efficacité de la procédure d'engagements que le respect des droits des tiers, le Tribunal a toutefois sacrifié d'une certaine manière le second, illustrant les limites de cette procédure qui affecte indéniablement les droits des tiers et ne leur laisse que des possibilités limitées de recours[38]. Il est dès lors opportun de constater que la Cour de justice est venue annuler cet arrêt du Tribunal, considérant qu'il portait une atteinte disproportionnée aux droits contractuels des tiers[39].

Cette restriction des droits des tiers en matière de pratiques anticoncurrentielles se justifie par la nature même du contentieux traité par les autorités de concurrence qui, rappelons-le, assurent le contentieux public de la concurrence (*public enforcement*). De fait, les autorités de concurrence n'ont pas vocation à préserver les intérêts individuels des acteurs du marché, mais le marché lui-même et son fonctionnement concurrentiel. En conséquence, il ne saurait être admis que les procédures engagées devant elles deviennent des lieux de revendication d'intérêts privés.

Pour autant le développement du *private enforcement* permet à ces derniers de voir leur droit à réparation reconnu lorsqu'ils sont victimes de pratiques anticoncurrentielles.

---

36 CJUE, 29 juin 2010, *Commission c/ Alrosa*, aff. C-441/07 P, EU:C:2010:377, pt 90 ; v. aussi A. Maitrepierre, « Engagements : La Cour de justice rend son premier arrêt en matière d'engagements (*Alrosa*) », 29 juin 2010, *Concurrences* n° 3-2010, art. n° 31923, pp. 159-160.

37 M. Debroux, « Engagements : La Cour de justice de l'Union européenne annule l'arrêt du Tribunal de l'Union européenne qui avait confirmé une décision de la Commission européenne rendant obligatoires des engagements souscrits par un distributeur audiovisuel, pour avoir porté une atteinte disproportionnée aux droits contractuels des tiers (*Canal+*), *Concurrences* n° 1-2021, art. n° 98960, pp. 118-119.

38 Trib. UE, 12 décembre 2018, *Groupe Canal+*, aff. T-873-16, EU:T:2018:904 ; v. obs. de M. Debroux, « Engagements : Le Tribunal de l'Union européenne rejette le recours introduit par un diffuseur audiovisuel contre les engagements souscrits par un titulaire de droits, et s'efforce (non sans peine…) de tracer une voie étroite entre la préservation de l'efficacité de la procédure d'engagements et la préservation des droits des tiers affectés par ces engagements (*Canal+*), *Concurrences* n° 1-2019, art. n° 88899, pp. 70-73 .

39 C. Prieto, « Le principe de proportionnalité, défense du contractant tiers à une décision d'acceptation d'engagement », *RDC* 2021, p. 106.

2. Une reconnaissance du droit de réparation des tiers par le *private enforcement*

Si originairement la mise en œuvre du droit des pratiques anticoncurrentielles était principalement l'affaire de la sphère publique, sous l'influence de la jurisprudence de la Cour de justice de l'Union européenne prônant le droit à la réparation intégrale de toute partie victime d'une pratique anticoncurrentielle[40], une nouvelle tendance favorable aux actions civiles s'est développée.

Il convient par ailleurs de souligner que les options sont nombreuses pour une victime qui souhaiterait agir devant une juridiction de droit commun. En France, en fonction des situations, tant les juridictions commerciales que les juridictions civiles peuvent intervenir en première instance, sans oublier le possible recours à l'arbitrage[41].

Partant, le droit commun permet de remédier aux failles et de combler les lacunes du droit spécial de la concurrence. Il assure même une garantie aux tiers, dès lors que le juge de droit commun est tenu par une obligation d'examen de sa demande, alors même que la suite donnée à une plainte déposée devant la Commission n'est pas assurée, et ce, compte tenu de l'opportunité des poursuites dont dispose cette dernière. Il en est d'ailleurs désormais de même devant l'Autorité de la concurrence, qui s'est vue dotée par la transposition en droit français de la directive ECN + de la faculté de fixer ses propres priorités et de rejeter les plaintes qui n'y correspondent pas.

Le développement de ces actions civiles, initialement envisagées dans un livre vert de la Commission européenne en 2005[42], s'est fortement accentué à la suite de l'élaboration de la directive 2014/104/UE du 26 novembre 2014 et l'encouragement des autorités de concurrence concernant les actions à l'initiative des personnes privées, tierces aux procédures menées par l'Autorité de la concurrence.

En droit français, l'ordonnance n° 2017-303 du 9 mars 2017 relative aux actions en dommages et intérêts du fait des pratiques anticoncurrentielles est venue transposer les dispositions de la directive, consacrant aux côtés des fonctions répressives et dissuasives du *public enforcement*, une fonction « compensatoire » en faveur des victimes de telles pratiques anticoncurrentielles.

---

40 CJCE, 20 septembre 2001, *Courage et Crehan*, aff. C-453/99, EU:C:2001:465 ; CJCE, 13 juillet 2006, *Manfredi*, aff. jtes C-295/04 à C-298/04, EU:C:2006:461 ; CJUE, 14 juin 2011, *Pfleiderer*, aff. C-360/09, EU:C:2011:389. V. aussi A. Lacresse, « Clémence : La Cour de Justice renvoie aux juridictions nationales la décision d'accorder l'accès aux documents remis aux autorités nationales de concurrence dans le cadre des programmes de clémence (*Pfleiderer*) », 14 juin 2011, *Concurrences* n° 3-2011, art. n° 38077, pp. 177-178.

41 L. Idot, « Quelle voie d'action pour la victime d'une pratique contraire aux art. 101 et/ou 102 TFUE ? », *Europe* 2014, prat. 3.

42 Comm .eur., Livre vert, « Actions en dommages et intérêts pour infraction aux règles communautaires sur les ententes et les abus de position dominante », COM(2005) 672 final, 19 décembre 2005, <https://eur-lex.europa.eu/legal-content/FR/TXT/PDF/?uri=CELEX:52005DC0672&from=FR>.

Les actions en dommages et intérêts sont alors intentées alternativement, soit sur le fondement de l'ancienne disposition générale de l'article 1240 du code civil, selon lequel « *[t]out fait quelconque de l'homme, qui cause à autrui un dommage, oblige celui par la faute duquel il est arrivé à le réparer* », soit sur le fondement d'une disposition spéciale, l'article L. 481-1 du code de commerce introduit par la transposition de la directive, qui prévoit désormais que « *[t]oute personne physique ou morale formant une entreprise ou un organisme mentionné à l'article L. 464-2 est responsable du dommage qu'elle a causé du fait de la commission d'une pratique anticoncurrentielle définie aux articles L. 420-1, L. 420-2, L. 420-2-1, L. 420-2-2 et L. 420-5 ainsi qu'aux articles 101 et 102 du traité sur le fonctionnement de l'Union européenne* ».

De telles actions privées peuvent être intentées en *follow-on*, c'est-à-dire à la suite d'une condamnation en *public enforcement* par une décision d'une autorité de concurrence comme ce fut le cas en France dans l'affaire des produits laitiers, mais aussi par des actions autonomes (*stand-alone actions*), ou encore des actions « parallèles » ou « hybrides » pour lesquelles la demande est basée en partie sur la décision de sanction de l'autorité de concurrence compétente, mais également sur des nouveaux chefs de demande. Si ces dernières actions sont en pratique plutôt rares, elles ne sont toutefois pas à exclure[43]. Si l'on peut se réjouir que le *private enforcement* puisse compléter les droits restreints des tiers dans le cadre du *public enforcement*, il reste toutefois regrettable que la majorité des actions privées soient intentées en *follow-on* et, de fait, subordonnées à l'existence d'une décision de condamnation de l'Autorité de la concurrence. Ceci s'explique en partie du fait que, dans bien des cas, les preuves nécessaires pour démontrer le bien-fondé d'une demande en dommage et intérêts sont difficiles à rassembler, les litiges ayant trait au droit de la concurrence se caractérisant par une asymétrie de l'information[44]. C'est d'ailleurs la raison pour laquelle la production de preuves provenant du dossier d'une autorité de concurrence peut être ordonnée lorsqu'aucune des parties ou tiers ne peut raisonnablement fournir de telles preuves[45].

43 L. Idot, « Quelle voie d'action pour la victime d'une pratique contraire aux art. 101 et/ou 102 TFUE ? », préc.

44 Directive 2014/104/UE du 26 novembre 2014 relative à certaines règles régissant les actions en dommages et intérêts en droit national pour les infractions aux dispositions du droit de la concurrence des États membres et de l'Union européenne, *JOUE* n° L 349 du 5 décembre 2014, p. 1, cons. 14 et 15.

45 *Ibid.*, art. 6.

III. Conclusion

L'expansion progressive des droits des tiers dans le cadre des procédures de concurrence, bien qu'inégale selon qu'il s'agit des concentrations ou des pratiques anticoncurrentielles, témoigne du fait que le tiers n'est aujourd'hui plus limité à un rôle de simple spectateur et qu'il participe activement, au moins comme un rouage, au maintien de la concurrence sur le marché.

Cela étant, le développement concomitant des procédures négociées, et notamment l'introduction en droit français de la procédure de transaction, pose la question de l'avenir des droits des tiers, et particulièrement de leurs droits de recours. Si de telles procédures sont souhaitables, tant pour les autorités de concurrence (en ce qu'elles leur permettent de clore plus rapidement certaines procédures et de redéployer leurs ressources sur d'autres dossiers) que pour les entreprises concernées, qui peuvent mieux appréhender la sanction à venir des autorités, cela constitue néanmoins nécessairement un frein à la possibilité qui est offerte aux tiers d'intervenir et de former un recours contre la décision rendue par l'autorité compétente en matière contentieuse.

L'appui du droit de la compliance pour la maîtrise quotidienne du droit de la concurrence

Marie-Anne Frison-Roche[*]
Sciences Po (Paris)

Résumé

Le Droit de la concurrence est devenu si énorme et « réglementaire » qu'on finirait par renoncer à vouloir le saisir dans son ensemble, préférant devenir spécialiste de l'une de ses parties. Cela serait perdre de vue la raison simple et forte qui unit l'ensemble et lui donne son souffle : la liberté. Liberté éprouvée par la personne dans son action économique quotidienne, liberté gardée par le Droit de la concurrence, revenant toujours à son principe : la libre concurrence. Raison pour laquelle l'Union européenne fait grande place à la concurrence. Pour la rendre et la garder effective, la « politique de la concurrence » s'articule au Droit de la concurrence mais si autorités et juges ne font pas reproche aux entreprises leur puissance, ils ne s'appuient pas sur celle-ci. Pour ce faire, il faut alors être épaulé par le Droit de la Compliance, qui incite fortement les entreprises à agir pour l'effectivité et la promotion des principes concurrentiels. Le Droit de la concurrence glisse ainsi de l'Ex Post vers l'Ex Ante, les engagements des entreprises conduisant celles-ci à cesser d'être passives et punies pour devenir des acteurs convaincus et eux-mêmes pédagogues. De quoi plaire à une grande professeure de Droit de la concurrence, à laquelle hommage est ici rendu.

---

[*] Professeur de droit de la régulation et de la compliance à Sciences Po (Paris). Cet article s'appuie sur un document de travail numérique bilingue, doté de liens hypertextes et de notes de bas de page contenant elles-mêmes des développements complémentaires et des références techniques. Il est disponible à l'adresse suivante : <https://mafr.fr/fr/article/le-but-du-droit-de-la-compliance-au-regard-du-droi>.

Le droit de la concurrence se présente de plus en plus comme une masse réglementaire, tantôt dure et tantôt souple, masse ne cessant de changer, plutôt par petits fragments dans le *hard law* à l'occasion des multiples retouches des textes, plutôt par pans entiers dans le *soft law* lorsque de nouvelles lignes directrices sont publiées, ce qui rend le droit souple beaucoup plus violent que le droit dur ; masse dont le sens varie désormais selon les cas, le terme de « pragmatisme » nous consolant de cela, masse qui serait de ce fait si difficile à apprendre, à comprendre et à manier qu'il faudrait renoncer à la saisir tout entière.

Pour appréhender néanmoins le droit de la concurrence, la solution pourrait être de le segmenter pour devenir toujours plus spécialiste (afin de demeurer connaisseur et habile) non plus tant du droit de la concurrence, mais des comportements anticoncurrentiels, ou des pratiques restrictives, ou des aides d'État, ou des concentrations, ou de la concurrence déloyale, ou des différents secteurs (énergie, transport, banque, agriculture, santé, etc.) dans lesquels les principes concurrentiels se superposent aux mécanismes de régulation, ou des nouveaux espaces où le droit de la concurrence se débat pour trouver sa place, comme l'espace numérique.

Ce qui paraît être une solution serait pourtant un renoncement, car l'engendrement de toutes ces petites branches du droit, même si on les additionne ensuite, ne reconstitue pas un ensemble et ne donne pas une compréhension de ce qui leur est commun : la libre concurrence. Plus encore, cela conduit à oublier ce qui donne du souffle à l'ensemble du droit de la concurrence : la liberté. La disparition de cet esprit-là, pourtant commun au Code civil et aux traités fondateurs de l'Europe, présent encore dans les lettres minuscules des divers textes, est très dommageable, car dans la technique réglementaire, rien ne ressemble plus à une réglementation concurrentielle qu'une autre, par exemple la réglementation concurrentielle chinoise et la réglementation concurrentielle occidentale, semblant copie l'une de l'autre, alors que le droit de la concurrence est l'expression dans le droit occidental de la liberté des personnes et non dans la réglementation chinoise, laquelle active la prospérité des marchés sans relâcher la primauté du groupe sur la liberté des personnes.

La vision d'ensemble est donc essentielle.

C'est pourquoi la science immense de Laurence Idot, qui n'ignore rien de l'ensemble du droit de la concurrence, est si précieuse, dans cette matière concurrentielle qu'il faut embrasser comme un ensemble, et s'il fallait ne rendre hommage à Laurence Idot qu'à un seul titre, cela pourrait être déjà à celui-ci : celui d'en être un maître. Cela permet de mettre toujours les principes en premier.

Mais peu peuvent la suivre dans cette maîtrise et il est sans doute regrettable de songer qu'une branche du droit ne pourrait donc être comprise dans son ensemble que par ses quelques maîtres.

Ce regret de penser qu'on ne pourrait donc comprendre dans sa globalité le droit de la concurrence serait d'autant plus vif et dommageable que le droit de la concurrence est un droit quotidien.

L'individu n'est pas obligé d'être un investisseur ni un entrepreneur mais, être social, il est obligé d'être un acheteur. Le objet immédiatement appréhendé par le droit de la concurrence est le prix, dont la conception est tiré à hue et à dia, suivant la conception abstraite que l'on a du consommateur et la notion du « bien-être » de celui-ci. Mais c'est bien concrètement nous qui sortons l'argent pour acquérir les biens et les services.

Or, si même ceux qui travaillent sur cette branche du droit ne semblent plus désirer en avoir une vision d'ensemble, comment ceux qui vivent chaque jour dans les mécanismes des marchés concurrentiels les comprendraient-ils ? Car il faut bien comprendre d'abord pour avoir ensuite une opinion et agir en conséquence.

Plus le droit de la concurrence sera perçu et présenté comme des réglementations additionnées, variant à chaque nomination d'un nouveau réglementateur, et moins nous en aurons la maîtrise, la vision fractionnée que nous en avons-nous éloignant de cette prétention même.

***

Dès lors, comment faire pour prétendre encore comprendre cette branche du droit, vécue en pratique par tous mais qui apparaît souvent sous sa forme savante aujourd'hui si morcelée par tant de sous-spécialités, ce qui conduit à n'en penser rien, permettant ainsi à d'autres, par exemple des leaders d'opinion n'y connaissant rien techniquement, d'en évoquer les règles en accusant les uns et les autres d'être la cause des maux dont nous souffrons (l'un parlant de « l'ultralibéralisme », l'autre de la « tyrannie des technocrates », le troisième du « gouvernement des juges », le quatrième de la « dépossession par Bruxelles », etc.) afin d'en tirer des profits politiques, voire électoraux, sans que les spécialistes n'aient plus rien à en dire ?

Par la hauteur de sa perspective, Laurence Idot a gardé la capacité à restituer d'une façon globale ce qu'est le droit de la concurrence et à le faire comprendre. En même temps qu'elle maîtrise parfaitement la technicité du droit de la concurrence, elle a en effet souligné la part déterminante de celui-ci dans la « politique de la concurrence » pour la construction de l'Union européenne.

Il est vrai qu'il ne faut pas confondre le droit de la concurrence, fait de techniques, et la « politique de la concurrence », affaire des autorités politiques, comme le terme l'indique. La politique, cela ne serait pas l'affaire des juristes, qui se tromperaient de registre et d'ordre s'ils confondaient les deux. Pourtant, en 2018, Laurence Idot, dans un article faisant date, fit la fresque de soixante années de politique de la concurrence dans l'Union européenne, montrant que le droit de la concurrence, s'il peut être appréhendé comme un ensemble de règles en soi, la question de ses buts lui étant extérieure, constitue néanmoins le cœur européen de la « politique de la concurrence ».

Dès lors que l'on prend en considération ce pour quoi les institutions européennes ont développé si fortement ce corpus afin de construire l'Europe, le paysage normatif à la fois se simplifie et se stabilise. En effet, pendant soixante ans et encore aujourd'hui, il s'agit toujours du même but : construire l'Europe sur le principe de liberté, la faire passer de l'état de projet, un projet étant lui-même une réalité à part entière, une *dunamis* au sens aristotélicien du terme, une « puissance » que l'action actualise, pour qu'elle apparaisse dans sa concrétisation dans le monde. Cette concrétisation européenne requiert des décennies, et le droit de la concurrence en a été son « pilier principal », pour reprendre la description détaillée qu'en fait Laurence Idot, puisqu'il allie puissance et liberté.

Mais un projet politique ne peut se réaliser par les forces politiques seules, l'Europe en est l'un des plus flagrants exemples. Il exprime une volonté politique, exécutée par la Commission européenne, organe administratif au service de l'Union, mais cette volonté politique doit trouver un écho, une alliance à la fois dans les entreprises et dans la population.

Si l'on ne conçoit les entreprises que comme des assujetties, qui n'existent que pour être punies lorsqu'elles méconnaissent les prescriptions concurrentielles, comment ce projet européen, dont le droit de la concurrence est un pilier, pourrait-il se concrétiser, puisque la force principale est dans les entreprises et que l'objet même du droit de la concurrence serait de réduire sans cesse leur puissance et non pas de s'appuyer sur celle-ci ?

La Cour de justice rappelle, certes en en-tête de nombreux arrêts, que la puissance n'est pas reprochable en soi aux entreprises, que l'accroissement de puissance d'une entreprise sur un marché ne l'est pas davantage, et que si la position dominante engendre une « responsabilité particulière », il ne s'agit pas d'une responsabilité *ex post* conduisant à une punition mais d'une responsabilité *ex ante* engendrant des obligations spécifiques.

Mais s'il ne s'agit pas de faire reproche aux entreprises ni de leur puissance, ni de leur désir de puissance et leur action dans ce sens, le constat reste neutre et le droit de la concurrence classique ne veut pas profiter pour lui-même de la puissance des entreprises.

Plus encore, c'est non seulement en termes d'assujettissement, mais aussi en termes de « délinquance » que le rapport entre les autorités publiques et les entreprises est traditionnellement pensé. En effet, dans le vocabulaire courant, c'est bien en termes très répressifs que les entreprises sont visées. Ainsi, et par exemple, la terminologie utilisée par tous d'*infraction,* alors qu'il ne s'agit que de *violation* de règles civiles, au mieux de *manquement* à des règles administratives d'ordre public de direction sanctionné par des autorités administratives ou juridictionnelles (administratives ou civiles), mais qu'il ne s'agit pas d'infraction, terme qui suppose la violation d'une règle pénale. Cet usage de fait traduit une conception générale comme quoi il s'agirait toujours de frapper une entreprise « délinquante ».

Pourquoi les concevoir ainsi, alors qu'il s'agit de construire ? Il est exact que le but du droit de la concurrence, qui fait l'objet de tant de réflexions savantes et disputées, peut être tautologique : le droit de la concurrence a pour objet la concurrence. Mais, comme le souligne Laurence Idot, cette concurrence est elle-même un instrument de la construction européenne, le droit français étant lui-même, même lorsqu'il fonctionne en autonomie institutionnelle, en duplication du droit substantiel de l'Union européenne. Dès lors, c'est plutôt en alliance avec les entreprises que le droit de la concurrence doit être pensé.

Plus encore, puisque tout individu est acteur sur les marchés concurrentiels, chacun doit comprendre pourquoi il nous est profitable de vivre dans ce système-là. Les débats autour de la question de savoir si le bien-être du consommateur est ou n'est pas le but du droit de la concurrence sont fort intéressants et ont un impact technique très important sur l'application des règles, mais il demeure très abstrait.

Si l'on ne veut pas que les critiques contre la libre concurrence se multiplient et prospèrent, alors qu'elles se répandent d'autant plus que l'auditeur ou le lecteur ne connaît pas les principes qui animent le droit de la concurrence, il faut que chacun puisse comprendre le droit de la concurrence par ses principes simples et globaux, faute de quoi il ne peut en mesurer les bénéfices. Pour cette tâche pédagogique, les entreprises sont les mieux placées.

***

C'est là que le droit de la compliance vient épauler le droit de la concurrence. Si le droit de la compliance se développe par ailleurs, pouvant porter des principes a-concurrentiels, voire anticoncurrentiels, il conforte aussi le droit de la concurrence en ce qu'il lui apporte les entreprises et la population comme alliées directes.

En effet, les « programmes de compliance », souvent appelés par les autorités françaises « programmes de conformité », consistent pour une entreprise à s'engager à promouvoir elle-même une attitude visant non seulement à ne pas méconnaître les règles de concurrence, mais encore, voire surtout, à en promouvoir auprès de chaque personne dont elle doit répondre l'intérêt de s'y conformer.

Le document-cadre d'octobre 2021 de l'Autorité de la concurrence prolonge et accentue celui antérieurement élaboré en 2012, en insistant sur l'alliance ainsi produite entre l'entreprise et l'Autorité, qui vient elle-même en appui de l'entreprise tandis que celle-ci s'engage en dehors de toute procédure de sanction à faire comprendre à ceux dont elle répond l'intérêt qu'ils ont à agir d'une façon loyale dans un marché qui ne peut bien fonctionner que si eux-mêmes se comportent bien.

Ainsi les forces des autorités et les forces de l'entreprise peuvent converger, notamment dans l'explication à donner à ceux qui, sur le terrain et dans leur vie quotidienne, ne sont pas techniquement capables de se plonger dans ce magma réglementaire, ne le souhaitant d'ailleurs pas, mais aimeraient comprendre pourquoi cela est fait et quel est leur rôle.

En s'engageant ainsi dans les techniques de compliance que l'on retrouve dans bien d'autres situations, le droit de la concurrence amenuisant de plus en plus son ancienne nature *ex post* pour s'ancrer dans l'*ex ante* qui caractérise les outils de compliance, l'entreprise, agissant au quotidien, se transforme elle-même en professeur.

Cela ne peut que satisfaire Laurence Idot, grande pédagogue du droit de la concurrence.

Peut-on concevoir qu'en 2022, les entreprises n'aient toujours pas de recours effectif contre le déroulement des inspections de la Commission ?

NATHALIE JALABERT-DOURY*

Mayer Brown

Résumé

Les inspections ordonnées par la Commission européenne par voie de décision s'imposent aux entreprises concernées, sous peine de sanctions, voire de la mise en œuvre d'une perquisition sur la base du droit national. L'adoption d'une décision d'inspection n'est cependant soumise à aucun contrôle juridictionnel préalable et le contrôle juridictionnel a posteriori ne peut être considéré comme conforme à la Convention européenne des droits de l'homme s'agissant des conditions de déroulement de l'inspection. La Cour de justice de l'Union a déjà fait œuvre prétorienne à plusieurs reprises pour améliorer la situation des entreprises, mais ces améliorations restent partielles et peu effectives. Le présent article appelle à une véritable avancée en la matière afin d'assurer la synthèse entre la jurisprudence de la Cour de justice et celle de la Cour EDH.

---

* Avocat au Barreau de Paris, Nathalie Jalabert Doury est l'associée responsable de la pratique Antitrust et Concurrence du cabinet Mayer Brown en France et co-dirige la pratique Antitrust européenne du cabinet.

C'est un fait. À l'aube de la création du droit procédural de la concurrence, le règlement n° 17/62[1], qui avait octroyé d'importants moyens d'enquête à la Commission européenne, n'avait envisagé qu'un recours contre la légalité des décisions d'inspection de celle-ci.

L'article 14 du règlement indiquait en effet – mais n'indiquait que cela – que la décision d'inspection de la Commission pouvait faire l'objet d'un recours en annulation devant la Cour. La décision d'inspection devait d'ailleurs notifier l'existence de ce recours à l'entreprise inspectée.

Cette disposition a été reprise à l'identique par le règlement (CE) n° 1/2003, en son article 20, alors même que les moyens mis en œuvre par la Commission n'ont aujourd'hui plus rien à voir avec ceux qu'elle mobilisait à l'époque. En 2022, la Commission européenne arrive en force au sein des entreprises avec parfois plusieurs dizaines d'agents ainsi que les représentants de l'autorité nationale, cette dernière ayant généralement fait le nécessaire pour obtenir le soutien de la force publique en cas d'opposition de l'entreprise.

Sur cette base, les agents s'installent dans les locaux visités pour une semaine, voire plus, à moins que l'équipe d'inspection juge plus utile de collecter les données en masse (réseau de l'entreprise, messageries électroniques, données des téléphones et ordinateurs portables – y compris personnels – des dirigeants et salariés) et de les ramener pour examen dans les locaux de la Commission. Dans ce cas, l'entreprise et ses conseils y passeront une à deux semaines supplémentaires pour suivre les recherches par mots-clés, lever les problématiques de documents couverts par le *legal privilege*, de données relevant de la vie privée ou encore de documents hors champ.

Lorsqu'une demande suscite des réserves de la part des entreprises inspectées, les agents ne manquent pas de rappeler l'existence d'une ordonnance nationale, qui n'est cependant communiquée qu'en cas d'opposition et de mise en œuvre, ce qui est plus que rare. Entre cette ordonnance supposée et le rappel des sanctions d'obstruction, les entreprises sont réduites à formuler des réserves auxquelles elles ne recevront le plus souvent aucune réponse, ni pendant l'inspection ni après.

La fin justifie-t-elle les moyens ? S'il est peu discutable que des moyens d'investigation sophistiqués sont nécessaires pour appliquer de manière effective les articles 101 et 102 TFUE et sont d'ailleurs partagés par de nombreuses autres autorités dans le monde, il est tout aussi évident que ces moyens doivent être encadrés.

Ainsi qu'il l'est fréquemment rappelé en effet, « *constitue un principe général du droit de l'Union la protection des personnes, tant physiques que morales, contre des interventions de la puissance publique dans leur sphère d'activité privée, qui seraient*

---

1 Règlement n° 17 du Conseil du 6 février 1962, Premier règlement d'application des articles 85 et 86 du traité, *JOCE* n° 13 du 21 février 1962, p. 204.

arbitraires ou disproportionnées »[2]. En application de la Charte des droits fondamentaux de l'Union européenne (CDFUE) tout autant qu'en application de l'article 8 de la Convention européenne des droits de l'homme (CEDH), toute ingérence dans le droit au respect de la vie privée doit donc être proportionnée et s'accompagner de garanties, parmi lesquelles le contrôle judiciaire a une place centrale[3].

Le contrôle judiciaire est en effet ce qui permet d'encadrer l'action administrative et de protéger les justiciables contre toute intervention arbitraire. Un tel contrôle ne sera effectif que si une faculté de recours direct existe, tout à la fois pendant l'inspection (lorsque l'urgence l'exige) et, en toute hypothèse, à l'issue de l'inspection. Ces limites s'imposent d'autant plus dans l'ordre juridique européen que l'adoption d'une décision d'inspection n'est soumise à aucun contrôle judiciaire préalable et qu'elle relève même d'un processus d'adoption simplifié. En effet, le commissaire chargé de la concurrence peut décider seul de l'adoption d'une décision d'inspection – pouvoir qu'il peut déléguer au sein de la DG Concurrence, en particulier lorsqu'il ne s'agit que d'inspecter les locaux d'entreprises.

La jurisprudence de la Cour européenne des droits de l'homme (Cour EDH) est parfaitement claire : un recours effectif doit exister pour contrôler, tant en droit qu'en fait, la légalité de la décision ordonnant l'inspection, d'une part, et ses conditions de déroulement, d'autre part. Elle a également précisé qu'un recours effectif est un recours dont l'accessibilité est certaine, qui peut être exercé dans un délai raisonnable[4] et qui est susceptible d'apporter un « *redressement approprié* »[5].

Les juridictions de l'Union ont pu s'accommoder de cette jurisprudence pendant un certain nombre d'années au motif que les régimes traités dans ces affaires étaient des régimes permettant la mise en œuvre sous la contrainte, avec perquisition et saisie, pouvoirs dont la Commission ne dispose pas elle-même. Le régime de concurrence français a ainsi dû être mis en conformité[6].

La Commission pouvant faire appel au pouvoir des États membres à cet égard et disposant en toute hypothèse d'un pouvoir de contrainte juridique sur l'entreprise (sanctions, astreintes), l'issue apparaissait assez inéluctable et le temps aurait pu être utilement mis à profit pour mettre en conformité le règlement. Il n'en a rien été. La Commission s'est exclusivement concentrée sur le renforcement de l'efficacité de ses propres moyens d'action et de ceux des autorités nationales.

---

2 En dernier lieu, CJUE, 6 octobre 2020, *État luxembourgeois c/ B, C, D, F. C.*, aff. jtes C-245/19 et C-246/19, EU:C:2020:795, pt 57.

3 Trib. UE, 6 septembre 2013, Deutsche Bahn, aff. jtes T-289/11, T-290/11 et T-521/11, EU:T:2013:404, pt 74 : « À cet égard, il y a lieu de relever l'existence de cinq catégories de garanties concernant, premièrement, la motivation des décisions d'inspection, deuxièmement, les limites imposées à la Commission lors du déroulement de l'inspection, troisièmement, l'impossibilité pour la Commission d'imposer l'inspection par la force, quatrièmement, l'intervention des instances nationales, et, cinquièmement, l'existence de voies de recours a posteriori. »

4 Cour EDH, 21 décembre 2010, *Société Canal Plus e.a. c/ France*, n° 29408/08, pt 40 ; Cour EDH, 21 décembre 2010, *Primagaz*, n° 29613/08, pt 28.

5 Cour EDH, 21 février 2008, *Ravon e.a. c/ France*, n° 18497/03 ; Cour EDH, 21 décembre 2010, *Primagaz*, n° 29613/08 ; Cour EDH, 12 octobre 2014, *Delta Pekárny*, n° 97/11.

6 Cour EDH, 21 février 2008, *Ravon e.a. c/ France*, n° 18497/03.

Dans l'intervalle, les juridictions de l'Union ont verrouillé les autres recours incidents qui auraient pu être utilisés, dont notamment le recours en annulation contre la décision d'inspection : celui-ci ne permet que de contester les actes antérieurs à l'adoption de la décision, les actes postérieurs ne pouvant par définition affecter sa validité[7]. Il a en été de même du recours contre la décision nationale permettant de passer outre l'opposition de l'entreprise : la Cour de justice a considérablement limité les pouvoirs de la juridiction nationale à cette occasion ; assez logiquement, plusieurs, dont la Cour de cassation, en ont déduit qu'aucun recours s'agissant des conditions d'exécution de la décision d'inspection ne pouvait être exercé au niveau national[8].

Une avancée certaine a été réalisée s'agissant des données couvertes par le *legal privilege* et des données relevant de la vie privée. Ainsi qu'il sera montré ci-dessous, ces deux avancées sont cependant limitées et complexes à mettre en œuvre, de sorte qu'il est impossible d'y voir un quelconque recours effectif contre les conditions de déroulement.

Depuis, dans son arrêt *Delta Pekárny* de 2014, la Cour EDH a, sans surprise, affirmé la même exigence de dualité des recours en contestation de légalité et en contestation des conditions d'exécution s'agissant d'un régime d'inspection (le régime tchèque) qui ne comportait aucun pouvoir de passer outre l'opposition de l'entreprise : il y était simplement prévu une obligation pour l'entreprise de se soumettre à l'inspection, sous peine de sanctions[9].

Cette hypothèse correspond en France à celle des inspections dites « simples » de l'article L. 450-3 du code de commerce, pour lesquelles aucun recours n'est disponible alors qu'elles sont soumises aux mêmes sanctions que les inspections ordonnées judiciairement[10]. L'arrêt *Delta Pekárny* n'a donc pas tardé à être soulevé, mais le Conseil constitutionnel en France n'a eu cure : les pouvoirs d'inspection simple en matière de concurrence ne nécessitent pour lui aucune voie de recours directe[11].

Quelle sera la position de la Cour de justice s'agissant du pouvoir d'inspection de la Commission, utilisé autrement plus fréquemment et à un autre niveau que le pouvoir d'inspection simple français ? Si elle ne s'est encore jamais prononcée sur la question, la Cour de justice en est aujourd'hui directement saisie et devra très prochainement se prononcer.

---

7 CJCE, 17 octobre 1989, *Dow Benelux*, aff. 85/87, EU:C:1989:379, pt 49.

8 Dans le prolongement de l'arrêt CJCE, 22 octobre 2002, *Roquette Frères SA*, aff. C-94/00, EU:C:2002:603, le recours exercé contre l'ordonnance judiciaire nationale ne permet pas en France d'obtenir un contrôle du déroulement de l'inspection : Cass. crim., 2 juin 2010, *Bureau Veritas*, n° 08-87.326 ; Cass. crim., 13 juin 2019, n° 18-80.678, e.a.

9 Cour EDH, 12 octobre 2014, *Delta Pekárny*, n° 97/11, pt 87.

10 Art. L. 450-3 du code de commerce.

11 Cons. const., déc. n° 2016-552 QPC du 8 juillet 2016, *Société Brenntag (Droit de communication de documents des agents des services d'instruction de l'Autorité de la concurrence et des fonctionnaires habilités par le ministre chargé de l'économie)*.

La faille de légalité du règlement de procédure nous semble avoir été bien identifiée par la Cour de justice (I.). La question est de savoir si les aménagements ponctuels qui ont été apportés par les juridictions de l'Union permettent de considérer l'existence d'un recours effectif contre l'exécution des décisions d'inspection (II.). Nous ne le pensons pas au regard des arrêts les plus récents de la Cour dans d'autres domaines (III.).

I. La conscience d'une faille de légalité dans le règlement (CE) n° 1/2003 : Les arrêts *Akzo* et *French Supermarkets*

La faille de légalité sur laquelle repose le règlement (CE) n° 1/2003 est parfaitement connue des juridictions de l'Union, qui ont tenté de la circonvenir. Elles ont initialement justifié l'absence de recours autonome contre les conditions de déroulement des inspections par le fait que les entreprises inspectées disposeraient d'un recours effectif dans le cadre du recours en annulation contre la décision d'annulation au fond[12].

L'affirmation a toutefois été infirmée assez rapidement dans le cadre de l'affaire *Akzo* et les juridictions ont dû prendre des mesures d'exception non prévues par les textes pour traiter de problématiques particulièrement sérieuses et sensibles et auxquelles il est évident qu'un recours contre la décision au fond ne pourrait par définition pas remédier.

Tel est le cas de la saisie de documents potentiellement couverts par le privilège des correspondances avocat-client. Dans son arrêt *Akzo* de 2007, le tribunal de l'UE a admis que la violation du secret professionnel pourrait être consommée dès la prise de connaissance des documents concernés. Il a donc été jugé que « *[l]orsqu'une entreprise invoque la confidentialité des communications entre avocats et clients pour s'opposer à la saisie d'un document dans le cadre d'une vérification [...], la décision par laquelle la Commission rejette cette demande [conduit à refuser] le bénéfice d'une protection prévue par le droit communautaire et revêt un caractère définitif et indépendant de la décision finale constatant une infraction aux règles de concurrence* »[13]. Cette décision de refus, qu'elle soit expresse ou tacite, doit dès lors pouvoir, elle-même, faire l'objet d'un recours en annulation[14].

Depuis l'arrêt *Delta Pekárny*, seulement trois affaires sont revenues sur l'insuffisance des recours en matière d'inspection[15].

---

12 CJCE, 11 novembre 1981, *IBM*, aff. 60/81, EU:C:1981:264, pt 12 ; CJCE, 17 octobre 1989, *Dow Chemical Ibérica*, aff. jtes 97 à 99/87, EU:C:1989:380, pt 35 ; TPICE, 9 juin 1997, *Elf Atochem*, aff. T-9/97, EU:T:1997:83, pt 25 ; TPICE, 20 avril 1999, *Limburgse Vinyl Maatschappij (ou LVM) e.a.*, aff. jtes T-305/94, T-306/94, T-307/94, T-313/94, T-314/94, T-315/94, T-316/94, T-318/94, T-325/94, T-328/94, T-329/94 et T-335/94, EU:T:1999:80, pt 413 ; Trib. UE, 14 novembre 2012, *Nexans*, aff. T-135/09, EU:T:2012:596, pt 119.

13 TPICE, 17 septembre 2007, *Akzo*, aff. jtes T-125/03 et T-253/03, EU:T:2007:287, pt 46, confirmé par CJUE, 14 septembre 2010, *Akzo Nobel Chemicals c/ Commission*, aff. C-550/07 P, EU:C:2010:512.

14 *Ibid.*, pts 47 et 49.

15 Cour EDH, 12 octobre 2014, *Delta Pekárny*, n° 97/11.

Dans l'affaire *Deutsche Bahn*, dans laquelle le pourvoi a été introduit avant le prononcé de l'arrêt *Delta Pekárny*, le moyen contestait l'absence de contrôle juridictionnel *ex ante* des décisions d'inspection. La Cour y a répondu, à l'instar de la Cour EDH, en indiquant que l'absence d'un tel contrôle est admissible dès lors qu'il existe un recours *ex post* effectif. La lecture de l'arrêt ne révèle cependant pas que l'insuffisance des recours *ex post* et notamment du recours en contestation des conditions de déroulement ait été soulevée[16].

Le moyen de l'insuffisance des voies de recours a également été soulevé dans l'affaire *Alcogroup*, semble-t-il de manière assez sommaire. Le Tribunal a cité *Delta Pekárny* pour affirmer qu'en droit de l'Union le recours en annulation contre la décision finale constituerait un recours effectif contre les conditions de déroulement et la Cour n'a pas traité le pourvoi dirigé contre ces points de l'arrêt au motif qu'ils énonçaient des motifs surabondants[17].

En revanche, dans l'affaire *French Supermarkets*, le Tribunal a été interrogé très directement sur l'absence de recours effectif contre les conditions de déroulement d'une inspection ayant posé différents problèmes d'exécution. Il a confirmé que le droit de l'Union, tout comme la Cour EDH, exigeait un contrôle juridictionnel effectif de la légalité comme du déroulement des inspections[18]. En conséquence, le Tribunal a tout d'abord sensiblement ouvert le « recours *Akzo* » pour l'élargir aux décisions de la Commission rejetant une demande de l'entreprise de protection des membres de son personnel au titre de leur vie privée[19]. On peut cependant regretter qu'il ne l'ait reconnu que dans des conditions encore plus strictes que celles posées en matière de *legal privilege*[20].

Pour bénéficier d'un recours à ce titre, l'entreprise inspectée devra notamment impérativement formuler une demande écrite avant la clôture des opérations. Bien plus, pour assurer sa protection effective, elle devra faire le nécessaire pour se mettre en position d'obtenir un sursis à exécution en introduisant un référé devant le Tribunal alors que l'inspection est en cours, de sorte à être entendue par son président avant la fin des opérations d'inspection[21]. Le Tribunal a en effet suggéré la voie du référé pour mieux assurer le traitement des problématiques identifiées (*legal privilege*, données privées).

Reste qu'en conditions d'inspection, l'utilisation du référé se heurtera à de nombreuses difficultés pratiques et si le référé est une faculté plus qu'utile et

16 CJUE, 18 juin 2015, *Deutsche Bahn*, aff. C-583/13 P, EU:C:2015:404, pts 32 et 33.

17 CJUE, 17 octobre 2019, *Alcogroup et Alcodis*, aff. C-403/18 P, EU:C:2019:870, pts 76 et 77.

18 Trib. UE, 5 octobre 2020, *Les Mousquetaires et ITM c/ Commission*, aff. T-255/17, EU:T:2020:460, pt 83 ; Trib. UE, 5 octobre 2020, *Casino, Guichard-Perrachon et AMC c/ Commission*, aff. T-249/17, EU:T:2020:458, pt 51 ; Trib. UE, 5 octobre 2020, *Intermarché Casino Achats c/ Commission*, aff. T-254/17, EU:T:2020:459, pt 51.

19 Trib. UE, 5 octobre 2020, *Les Mousquetaires et ITM c/ Commission*, aff. T-255/17, préc., pt 37.

20 *Ibid.*, pts 41 et 42.

21 *Ibid.*, pt 96.

adaptée dans certains cas de figure, cette nouvelle voie ne doit pas être un prérequis, que certaines entreprises seront incapables de former dans les délais. Néanmoins, le Tribunal a estimé sur cette base que les recours existants en droit de l'Union composeraient, pris ensemble, un recours effectif contre les conditions de déroulement des inspections.

Le Tribunal a poussé l'exercice de motivation aussi loin que possible, mais cette motivation ne résiste pas à l'examen. Il apparaît en effet avec évidence que les voies de recours existantes sont insuffisantes.

II. L'insuffisance des voies de recours existantes, en ce compris le référé

Pour le juge de l'Union, le recours premier s'agissant des conditions d'exécution est le recours en annulation contre la décision finale de sanction adoptée – le cas échéant – par la Commission à l'issue de la procédure ouverte sur la base des éléments rassemblés entre autres au cours des inspections[22].

Rares sont les entreprises qui ont consacré un peu de l'espace qui leur est concédé dans le cadre de leur recours contre une décision finale à des moyens dédiés au déroulement des inspections. Aucun de ces moyens n'a jamais prospéré[23]. Différentes raisons à cela.

En premier lieu, un recours en annulation contre la décision finale suppose de pouvoir soulever des moyens susceptibles de conduire à l'annulation de tout ou partie de la décision attaquée. Il faut donc que la Commission fasse reposer un élément suffisamment significatif de sa décision finale (par exemple le rattachement d'une entreprise à une infraction, la durée de sa participation, une composante de l'infraction, etc.) sur des éléments qui sont tous issus d'une même inspection et qui seraient tous affectés du même vice de déroulement.

L'affirmation de l'effectivité de cette voie de recours ignore la manière dont une enquête se déroule : la Commission organise fréquemment ses inspections dans plusieurs entreprises puis poursuit l'enquête sur la base des pièces ainsi collectées auprès des mêmes entreprises ou d'autres. Tant que la décision finale ne fera pas reposer ses constatations uniquement sur les éléments appréhendés en violation

---

22 Trib. UE, 5 octobre 2020, *Les Mousquetaires et ITM c/ Commission*, aff. T-255/17, préc., pt 90 ; v. égal. Trib. UE, 14 novembre 2012, *Nexans*, aff. T-135/09, préc., pt 132 ; TPICE, 9 juin 1997, *Elf Atochem*, aff. T-9/97, préc., pt 25.

23 TPICE, 20 avril 1999, *Limburgse Vinyl Maatschappij (ou LVM) e.a.*, aff. jtes T-305/94, T-306/94, T-307/94, T-313/94, T-314/94, T-315/94, T-316/94, T-318/94, T-325/94, T-328/94, T-329/94 et T-335/94, préc., confirmé par CJCE, 15 octobre 2002, aff. jtes C-238/99 P, C-244/99 P, C-245/99 P, C-247/99 P, C-250/99 P à C-252/99 P et C-254/99 P, EU:C:2002:582, pt 239 ; TPICE, 11 décembre 2003, *Minoan Lines*, aff. T-66/99, EU:T:2003:337, pt 95, confirmé par Ordonnance CJCE, 17 novembre 2005, aff. C-121/04 P, EU:C:2005:695 ; Trib. UE, 9 décembre 2014, *Leali e.a.*, aff. T-489/09, T-490/09 et T-56/10, EU:T:2014:1039, pt 302 ; Trib. UE, 10 décembre 2014, *ONP*, aff. T-90/11, EU:T:2014:1049, pt 229 et s. ; Trib. UE, 12 juillet 2018, *Nexans*, aff. T-449/14 e.a., EU:T:2018:456, confirmé par CJUE, 16 juillet 2020, aff. C-606/18 P, EU:C:2020:571.

des droits d'une des entreprises, le moyen sera insusceptible de conduire à l'annulation partielle de la décision. Tous les autres moyens sont insusceptibles d'affecter la légalité de la décision, le recours ne pouvant conduire qu'à l'annulation totale ou partielle de la décision. On ajoutera que ce recours n'est absolument pas certain et qu'il n'intervient pas dans un délai raisonnable, ce qui permet à l'enquête de capitaliser pendant de nombreux mois et années sur des éléments qui n'auraient jamais dû être appréhendés.

Deuxièmement, le recours dirigé contre la légalité d'une décision d'inspection ne permet pas de soulever des contestations s'agissant de faits postérieurs à son adoption. Ce n'est que lorsque deux inspections successives ont lieu que le recours dirigé contre la seconde peut conduire à vérifier si les indices appréhendés lors de la première inspection l'ont été légalement[24]. Les inspections successives sont cependant aujourd'hui l'exception, non la règle, et l'existence d'un recours ne saurait dépendre d'une éventualité aussi ténue. Ce recours n'a fonctionné qu'une seule fois et le contrôle du déroulement effectué à cette occasion s'est limité au contrôle des pièces que la Commission a retenues comme indices pour justifier une nouvelle inspection, sans pouvoir s'étendre aux autres problématiques éventuelles de déroulement de la première inspection.

Troisièmement, l'entreprise inspectée peut certes exercer un recours contre une éventuelle décision d'obstruction, mais l'exercice d'un tel recours suppose que l'entreprise s'oppose à la Commission et provoque une décision de sanction et possiblement l'exécution forcée de la décision. La Cour EDH n'a jamais reconnu qu'un recours qui suppose de violer la loi soit un recours effectif[25]. Récemment, la Cour de justice de l'Union l'a elle-même constaté dans l'arrêt *État luxembourgeois* commenté plus en détail dans la section suivante[26]. En toute hypothèse, ce recours ne peut viser qu'à l'annulation du constat d'obstruction et/ou de la sanction infligée, non à contrôler les mesures d'exécution prises par la Commission au cours de l'inspection qui n'ont pas donné lieu à obstruction.

Quatrièmement, les recours consacrés dans les affaires *Akzo* et *French Supermarkets* sont, ainsi qu'il a été rappelé ci-dessus, partiels et enserrés dans des conditions d'exercice restrictives. Depuis l'affaire *Akzo*, aucun autre recours n'a été formé avec succès sur ce fondement. La possibilité de saisir le Tribunal en référé peut certes apporter un complément utile pour les cas les plus graves, mais un référé n'est pas adapté à toutes les problématiques de déroulement (notamment celles qui nécessitent un traitement détaillé au fond) et le référé est par ailleurs nécessairement lié à un recours au fond. Le référé ne permettra donc pas d'aller au-delà du champ de ces deux exceptions. En tant que tel, il n'étend donc pas le champ des recours existants.

---

24 CJUE, 18 juin 2015, *Deutsche Bahn*, aff. C-583/13 P, préc.

25 Cour EDH, 29 juillet 1998, *Guérin c/ France*, n° 25201/94, pt 43.

26 CJUE, 6 octobre 2020, *État luxembourgeois c/ B, C, D, F. C.*, aff. jtes C-245/19 et C-246/19, préc.

Cinquièmement, le recours en responsabilité extracontractuelle de la Commission rappelé dans plusieurs arrêts est quant à lui illusoire : il ne peut viser qu'à obtenir une indemnisation pour des faits commis par la Commission engageant sa responsabilité, et non la nullité d'une appréhension de documents et de ses conséquences. Ceci suppose la réunion de conditions rigoureuses. La Cour exige en effet que « *soit établie une violation suffisamment caractérisée d'une règle de droit ayant pour objet de conférer des droits aux particuliers. Le critère décisif permettant de considérer qu'une violation est suffisamment caractérisée consiste en la méconnaissance manifeste et grave, par l'institution ou l'organe de l'Union concerné, des limites qui s'imposent à son pouvoir d'appréciation. C'est seulement lorsque cette institution ou cet organe ne dispose que d'une marge d'appréciation considérablement réduite, voire inexistante, que la simple infraction au droit de l'Union peut suffire pour établir l'existence d'une violation suffisamment caractérisée* »[27].

Ce recours ne peut par ailleurs tendre qu'à l'obtention d'une indemnisation. Il est donc à tous égards inadapté.

Le champ couvert par ces différents recours partiels n'est donc pas équivalent à un recours direct en contestation des conditions de déroulement.

III. Les avancées de la jurisprudence de la Cour dans d'autres domaines

L'affaire *French Supermarkets* citée *supra* n'est qu'une des affaires récentes jugées par la Cour concernant le traitement des données personnelles qui conduisent à porter un regard nouveau sur un grand nombre de sujets, et ce, pour deux raisons. Tout d'abord, les moyens techniques se sont considérablement développés et permettent la conservation et le traitement de données en masse pour contribuer à la lutte contre des formes de délinquance de plus en plus sophistiquées. Ensuite, l'édifice juridique européen de protection des données personnelles est particulièrement développé et abouti. Les deux mouvements, antagonistes, s'opposent de plus en plus fréquemment.

Le 6 octobre 2020, la Cour de justice a ainsi rendu plusieurs arrêts en grande chambre qui apportent un éclairage intéressant aux développements qui précèdent. Il faut tout d'abord citer les affaires *Quadrature du Net*, dans lesquelles la Cour de justice a jugé que le droit de l'Union s'opposait à des législations nationales prévoyant à titre préventif une conservation généralisée et indifférenciée des données de connexion. Elle a dès lors encadré strictement les conditions de conservation des données, celle-ci ne pouvant être autorisée qu'en fonction d'objectifs impérieux poursuivis au titre de la sécurité nationale et de la lutte contre la criminalité grave[28].

---

27 Trib. UE, 15 janvier 2015, *Ziegler et Ziegler Relocation c/ Commission*, aff. jtes T-539/12 et T-150/13, EU:T:2015:15, pt 94.

28 CJUE, 6 octobre 2020, *La Quadrature du Net e.a.*, aff. jtes C-511/18, C-512/18 et C-520/18, EU:C:2020:791.

Un autre arrêt du même jour est d'un intérêt encore plus direct sur les questions examinées ici. Il s'agit de l'affaire *État luxembourgeois*. L'affaire n'avait rien à voir avec les inspections de concurrence. Elle portait sur une injonction de communication émise par une autorité fiscale d'un État membre à la demande d'une autre, reposant sur la directive relative à la coopération en matière fiscale. La loi luxembourgeoise de transposition avait prévu l'absence de tout recours direct contre l'injonction de communication, seulement susceptible d'un recours au fond contre la décision finale de sanction.

À l'occasion d'un contentieux porté devant les juridictions nationales, une question préjudicielle a été élevée portant sur la conformité de cette disposition à la CDFUE et notamment à ses articles 47 (qui pose le droit à un recours effectif pour assurer le respect des droits de la Charte) et 52 (qui restreint les cas de limitation des droits garantis par la Charte).

La Cour a tout d'abord jugé qu'un recours pour contrôler la légalité d'une injonction de communication pouvait procéder uniquement de l'article 47 de la Charte sans qu'il soit besoin de dispositions législatives de droit de l'Union pour l'établir. Le principe qui sous-tend l'arrêt *Akzo* est désormais exprimé clairement et rattaché à la Charte.

Sur cette base, la Cour a jugé qu'une entreprise destinataire d'une telle injonction de communication devait disposer d'un recours direct, le recours ouvert contre une éventuelle décision d'instruction n'étant pas un recours effectif : « *[P]pour accéder à un tel tribunal, cette personne ne saurait se voir contrainte d'enfreindre une règle ou une obligation juridique et de s'exposer à la sanction attachée à cette infraction*[29] *[…]* »

La Cour n'était pas interrogée sur un éventuel recours portant sur les conditions d'exécution, qui n'a pas grand sens s'agissant d'une injonction de communication : le contrôle de légalité d'une demande de renseignement permet en principe de traiter la plénitude des problématiques d'exécution puisque ce n'est pas la Commission qui l'exécute au sein de l'entreprise, mais l'entreprise qui s'exécute sur la base de demandes précises formulées dans la demande elle-même.

La Cour a néanmoins indiqué que le recours direct qui s'impose contre l'injonction doit permettre un contrôle complet de proportionnalité couvrant largement « *toutes les questions de droit et de fait pertinentes* » suscitées par les ingérences constituées par la décision d'injonction, par référence à l'article 47 CDFUE. Le recours en annulation contre une demande de renseignements a rarement été décrit de manière aussi holistique.

Enfin, la Cour n'a jugé un recours contre la décision de sanction au fond comme un recours adapté que dans des circonstances tout à fait particulières et, en toute hypothèse, elle ne l'a pas accepté dès lors que l'entreprise est le destinataire de l'injonction (et donc qu'elle n'est soumise à un risque de sanction pour obstruction).

29 CJUE, 6 octobre 2020, *État luxembourgeois c/ B, C, D, F. C.*, aff. jtes C-245/19 et C-246/19, préc., pt 66.

La Cour a donc dégagé un recours sur le seul fondement de l'article 47 non seulement en présence d'un silence des textes s'agissant des conditions applicables dans ce contexte, mais même en écartant le texte non conforme sur le fondement de l'article 52 de la Charte. Elle a par ailleurs considéré avec la plus grande circonspection les recours incidents disponibles pour ne les admettre qu'à des conditions extrêmement strictes.

Les optimistes et les défenseurs des droits voudront voir dans ces arrêts un signe d'évolution possible de la jurisprudence de la Cour sur les conditions de contestation du déroulement des inspections ordonnées sur le fondement du règlement (CE) n° 1/2003. Ils ajouteront un argument d'opportunité : avec la pandémie, la suspension quasi complète des inspections crée les conditions d'une évolution de la jurisprudence dont les conséquences sur les affaires en cours seront plus limitées que jamais.

Réponse dans quelques mois.

Arbitrage et distribution

Charles Jarrosson* et Jean-Baptiste Racine**
Université Paris 2 Panthéon-Assas

Résumé

L'arbitrage dans le secteur de la distribution est souvent critiqué, principalement par les distributeurs intégrés. Néanmoins, il est une pratique habituelle dans ce secteur d'affaires. La présente contribution se propose d'étudier les différents aspects des rapports entre arbitrage et distribution, à la fois sous l'angle du choix de l'arbitrage et de sa mise en œuvre. S'il existe indéniablement des problèmes d'accès à la justice, ceux-ci ne sont pas insolubles. Par ailleurs, il apparaît que les solutions rendues par les arbitres sont loin d'être moins favorables aux distributeurs intégrés que celles rendues par les juridictions étatiques. Il en résulte un bilan global permettant de justifier le recours à l'arbitrage dans le secteur de la distribution, sous réserve d'aménagements et d'améliorations nécessaires.

---

* Professeur à l'Université Paris 2 Panthéon-Assas.

** Professeur à l'Université Paris 2 Panthéon-Assas.

L'arbitrage dans le secteur de la distribution a mauvaise presse[1]. Il est contesté, voire vilipendé et est fortement critiqué par les distributeurs intégrés, en particulier les franchisés. Il est accusé d'être une source d'abus de la part du fournisseur, aboutissant à une forme d'étranglement du distributeur intégré. L'arbitrage de la distribution est-il le « mouton noir » de l'arbitrage ? Mérite-t-il les critiques qui lui sont faites ? Assurément, si l'arbitrage dans le domaine de la distribution réclame certaines améliorations, la réalité est beaucoup plus nuancée qu'une critique frontale, par trop caricaturale, le laisserait penser.

De quoi parle-t-on ? Le domaine de la distribution est extrêmement varié. Il existe de multiples modes de distribution, reposant ou non sur la représentation, transférant ou non un savoir-faire, prévoyant ou non une exclusivité, etc. Il y a finalement peu de textes, du moins n'y a-t-il pas de statut légal d'ensemble, en particulier dans le secteur de la franchise[2]. C'est surtout le contrat qui permet d'organiser les relations de distribution[3]. Dès lors, le domaine de la distribution fait appel à une multitude de formules contractuelles (le plus souvent reposant sur des ensembles contractuels).

L'exemple de la grande distribution est très évocateur. Sur ce marché existent des hypermarchés (le terme est réservé aux surfaces de plus de 3 000 m²), des supermarchés et de plus petites structures, dites « supérettes ». La France a été un pays pionnier pour la création et le développement de la grande distribution et notamment des hypermarchés (E. Leclerc, Carrefour, Intermarché, Système U, Auchan, Casino...). La grande distribution fonctionne selon des systèmes différents : le plus souvent, il s'agit de commerçants indépendants exerçant sous la même enseigne en tant que franchisés (Intermarché[4]), ou membres de groupements coopératifs (Leclerc, Système U), ou encore de réseaux dits « intégrés » (Carrefour, Casino). Ce sont toujours des réseaux intégrés ou de franchise. Il y a peu d'enseignes et la concurrence est vive entre elles. Les contentieux sont fréquents, spécialement en cas de changement d'enseigne.

Par-delà cet exemple, les contrats de distribution sont, le plus souvent, non négociés et inégalitaires. Comme il a été relevé, « *[l]e monde de la distribution est profondément inégalitaire. L'inégalité peut être creusée par le contrat, mais il s'agit avant tout d'une inégalité de fait ou de puissance économique* »[5]. L'intégration contractuelle crée ainsi, structurellement, une dépendance[6]. La nature même des relations de distribution reflète cette dépendance, le pôle intégrateur conservant

---

1 S. Coignard, « Comment les franchisés sont pris en otages », *Le Point*, 23 juin 2011.

2 Pour une loi sur la franchise : N. Dissaux, « Plaidoyer pour une loi relative au contrat de franchise », in *Liber amicorum en l'honneur du professeur Didier Ferrier*, Paris, LexisNexis et Dalloz, 2021, p. 195.

3 D. Mainguy, « Le contrat de distribution, cet inconnu », in *Liber amicorum en l'honneur du professeur Didier Ferrier*, préc., p. 415.

4 La franchise Intermarché est mâtinée de système coopératif, car les distributeurs doivent conclure un contrat d'adhésion qui met à leur charge un travail, dit « tiers-temps », au profit du groupement.

5 F. Buy, M. Lamoureux et J.-C. Roda, *Droit de la distribution*, 2e éd., Issy-les-Moulineaux, LGDJ, 2019, nº 11, p. 22.

6 G. Farjat, *Pour un droit économique*, Paris, PUF, 2004 : « *La dépendance est sans doute le trait fondamental de l'intégration* » (p. 95).

la maîtrise de l'opération économique de bout en bout. C'est pourquoi la figure du « professionnel faible » a émergé[7] et des dispositions protectrices se sont multipliées dans la législation, culminant avec le droit des pratiques restrictives de concurrence. Nous sommes cependant dans une forme de quadrature du cercle : le distributeur intégré est et reste fondamentalement un professionnel, indépendant juridiquement. Il mérite néanmoins protection, sans pour autant qu'il s'agisse d'un statut protecteur d'ensemble comme pour le cas des consommateurs. La protection est ponctuelle, et non systématique.

C'est dans ce contexte que les rapports avec l'arbitrage s'envisagent. La stipulation de clauses d'arbitrage dans les contrats de distribution est très fréquente[8]. Dans le domaine international, l'arbitrage est utilisé principalement dans le secteur de l'agence commerciale[9]. Il est abondamment pratiqué dans les contrats internes, particulièrement en France. La stipulation de telles clauses est-elle neutre ou bien accroît-elle la dépendance du distributeur intégré ? Les réflexions portent très généralement sur la protection substantielle du distributeur. Ne mérite-t-il pas, aussi, une protection processuelle ?

L'arbitrage a suscité une intense réflexion dans les situations où il est confronté à une partie faible, particulièrement un consommateur ou un salarié[10]. Selon la célèbre phrase de Motulsky, « *l'arbitrage suppose un équilibre des forces ; partout où cet équilibre est rompu, l'arbitrage s'asphyxie* »[11]. *A priori*, l'arbitrage ne serait pas une solution idoine en cas de relations déséquilibrées. Toutefois, l'arbitrage n'est pas toujours inadapté aux litiges impliquant des parties en état de faiblesse. C'est particulièrement le cas du distributeur intégré (qui plus est partie faible « à géométrie variable »). L'arbitrage affronte désormais les déséquilibres économiques, au-delà du seul droit de la consommation[12]. Il est en mesure d'apporter des remèdes adaptés à ces situations de déséquilibre, grâce à certains aménagements ou accommodements. La réalité est donc fondamentalement nuancée.

---

7 C. Jamin et D. Mazeaud (dir.), *Les clauses abusives entre professionnels*, Paris, Economica, 1998.

8 À titre de parallèle, on observe que l'arbitrage est prévu également dans le secteur de l'économie numérique. Ainsi, par exemple, les conditions générales d'Uber aux États-Unis prévoient-elles une clause d'arbitrage (« U.S. Terms of Use », 2021).

9 La consultation des tables consolidées des sentences CCI entre 1974 et 2015 ne fait pas apparaître d'occurrences pour la franchise, quelques-unes pour la concession et, plus fréquemment, pour les contrats d'agence (v. J.-J. Arnaldez, Y. Derains et D. Hascher, *Recueil des sentences arbitrales de la CCI 1974-2015*, ICC Publishing, 2019). L'arbitrage est néanmoins pratiqué dans la franchise internationale (p. ex. Paris, 23 juin 2020, *Kout food*, RG 17/22943 ; *JDI* 2021. 153). V., pour une étude, L. du Jardin et coll., *L'arbitrage et la distribution commerciale*, Bruxelles, Bruylant, 2006.

10 C. Seraglini, « Les parties faibles face à l'arbitrage international : à la recherche de l'équilibre », in A. Mourre, *Les cahiers de l'arbitrage*, vol. IV, Paris, Pedone, 2008, p. 49 ; M. de Fontmichel, *Le faible et l'arbitrage*, Paris, Economica, 2013 ; E. Loquin, « Arbitrabilité et protection des parties faibles », in Comité français de droit international privé, *Droit international privé : années 2004-2006*, Paris, Pedone, 2008, p. 135 ; F. Valencia, « Parties faibles et accès à la justice en matière d'arbitrage », *Rev. arb.* 2007 p. 45. V. égal. « Arbitrage et partie faible », actes du colloque du 9 mai 2016, *JDI* 2017, doctr. 1, p. 1.

11 H. Motulsky (avec la coll. de R. Plaisant), « L'arbitrage et les conflits du travail », *Rev. arb.* 1956, p. 78, reproduit in *Écrits, II*, Paris, Dalloz, 1974, p. 113, spéc., n° 1, p. 113 (reprint 2010).

12 C. Kessedjian, « L'arbitrage et les déséquilibres économiques », in L. Boy (dir.), *Les déséquilibres économiques et le droit économique*, Bruxelles, Larcier, 2015, p. 109.

C'est ce sujet que nous avons choisi de traiter en l'honneur du professeur Laurence Idot, qui s'intéresse à la fois au droit de l'arbitrage et au droit de la distribution. Ses travaux ont été pionniers dans le domaine des liens entre arbitrage et droit de la concurrence[13]. Elle a magistralement suivi et analysé l'évolution du droit positif, de l'admission de l'arbitrabilité des litiges de droit de la concurrence[14] jusqu'à l'utilisation, « surprenante », de l'arbitrage dans le contrôle des concentrations[15]. Le droit de la concurrence accompagne le droit de la distribution, car très fréquemment les contrats conclus (et les réseaux créés) ont un impact sur la concurrence (tout n'est donc pas que contractuel dans le monde de la distribution) et le droit des pratiques restrictives de concurrence permet d'appréhender les situations de déséquilibre contractuel entre partenaires commerciaux. Ces réflexions sur la place de l'arbitrage dans le domaine du droit de la distribution, proche parent du droit de la concurrence, lui sont amicalement dédiées.

Pour envisager un tel sujet, il paraît utile d'examiner d'abord le choix de l'arbitrage dans le secteur de la distribution (I.), pour ensuite étudier sa mise en œuvre (II.).

I. Le choix de l'arbitrage

Le choix de l'arbitrage, dans le domaine particulier de la distribution, présente certaines caractéristiques (1.), qui peuvent induire des questions intéressant sa validité, voire sa légitimité (2.).

1. Les caractéristiques du choix opéré

Qui choisit ? Qui veut ? L'arbitrage étant une justice qui procède de la volonté des parties, le recours à l'arbitrage doit avoir été accepté par les parties au contrat *via* une convention d'arbitrage. Néanmoins, en pratique, c'est toujours le maître du réseau (en particulier le franchiseur) qui est à l'initiative du choix de l'arbitrage, lorsque cette forme de règlement des litiges est retenue. Les contrats conclus dans le secteur de la distribution sont très généralement des contrats d'adhésion, non négociés, standardisés et prérédigés par la tête de réseau (certains contrats de franchise sont même intitulés « Contrat d'adhésion à la franchise X »). S'ils sont acceptés par le distributeur, ils le sont en bloc, sans négociation particulière. À supposer que le distributeur intégré connaisse l'arbitrage et ait conscience de la portée de son engagement, il lui est très difficile de s'opposer à l'insertion d'une clause compromissoire dans le contrat, car son pouvoir de négociation est très faible, sinon, le plus souvent, inexistant.

---

13 L. Idot, « Rapport introductif », in Institut du droit et des pratiques des affaires internationales, *Competition and arbitration law*, Paris, ICC, 1993, p. 11 ; L. Idot, « La place de l'arbitrage dans la résolution des litiges en droit de la concurrence », *D.* 2007, p. 2681.

14 Note sous CA Paris, 19 mai 1993, *Labinal* ; *JDI* 1993. 957.

15 L. Idot, « Une innovation surprenante : l'introduction de l'arbitrage dans le contrôle des concentrations », *Rev. arb.* 2000, p. 591 ; L. Idot, « L'arbitrage et le contrôle des engagements en droit de la concurrence. Analyse du système », in P. Mayer (dir.), *Arbitrage et droit de l'Union européenne*, Paris, LexisNexis, 2012, p. 113.

Quelles sont les raisons qui poussent au choix de l'arbitrage ? Il serait tentant de se référer aux avantages habituellement prêtés à l'arbitrage dans le domaine des relations commerciales, notamment en termes de rapidité du processus, outre l'expertise particulière des arbitres désignés (les parties pouvant choisir des spécialistes de droit économique[16]). Toutefois, le choix de l'arbitrage par le maître du réseau obéit à des raisons stratégiques. Le contrat de distribution est un contrat « organisationnel » et la stipulation d'une clause d'arbitrage est un élément d'une architecture globale qui permet à la tête de réseau de maîtriser non seulement le contenu substantiel des droits et obligations, mais également leur issue processuelle. La confidentialité est alors un avantage qui prend un relief particulier dans le contexte des relations de distribution. En effet, la volonté première est de conserver la confidentialité des contrats et des pratiques (en particulier le savoir-faire), principalement vis-à-vis de la concurrence. Au-delà de cet objectif, qui se laisse aisément comprendre, le but est aussi d'éviter les conséquences du recours à la justice publique. Sans doute y a-t-il la volonté d'empêcher la construction d'une jurisprudence devant les tribunaux étatiques, qui serait éventuellement défavorable à l'entité maître du réseau (même si l'observation de la jurisprudence étatique ne montre pas une faveur véritable pour les distributeurs intégrés). Le souhait est ainsi d'éviter l'impact public de décisions défavorables (avec le risque d'un « *effet de contagion* »[17]), même si l'analyse du contentieux étatique ne permet pas de relever une particulière tendance à la sévérité à l'égard des franchiseurs (et sur le fond des solutions retenues, on peut émettre l'hypothèse que les arbitres ne sont pas plus sévères à l'égard des distributeurs intégrés que les juges étatiques). Toutefois, il ne faut pas penser que le recours à l'arbitrage empêche la constitution d'une jurisprudence. Les sentences, bien que confidentielles, circulent de manière informelle et sont produites dans d'autres arbitrages tant par le fournisseur que par le distributeur intégré. C'est certes un mode de production du droit opaque, mais il révèle des tendances de fond constitutives d'une forme de jurisprudence arbitrale[18]. Dans tous les cas, pour rendre acceptable le recours à l'arbitrage, il serait toujours possible de prévoir une renonciation à la confidentialité en optant pour la transparence[19]. En effet, la confidentialité prévue à l'article 1464, alinéa 4, CPC est à la libre disposition des parties (alors qu'il n'est pas renvoyé à cette disposition en matière d'arbitrage international). Toutefois, une telle renonciation n'aurait, selon nous, pas d'effets significatifs : les sentences circulent malgré tout ; elles pourraient tout au plus être rendues publiques sans avoir à être anonymisées.

---

16 J. El Ahdab et D. Mainguy, *Droit de l'arbitrage : théorie et pratique*, Paris, LGDJ, 2021, p. 298.

17 R. Dias Martins de Paiva, « Les clauses compromissoires dans les contrats de franchise sont-elles abusives ? », <www.village-justice.com>, 11 avril 2018.

18 V. *infra*, II.1.B.

19 En ce sens, A. Fourment, « Arbitrage et réseaux de distribution », *La lettre de l'AFA*, n° 20, juillet 2016.

Les conventions d'arbitrage. Le recours à l'arbitrage est quasi systématique dans la grande distribution, alors que la situation est plus contrastée dans les « petites » franchises ou dans les contrats conclus avec de petits distributeurs qui optent dans une proportion non négligeable pour l'attribution de juridiction à tel ou tel tribunal de commerce. Les contrats de franchise prévoient le recours à l'arbitrage par le truchement classique de la clause compromissoire. On ne connaît pas d'exemples de contrats dénués de clause de règlement des litiges et qui seraient venus à l'arbitrage par le biais d'un compromis. À l'instar des autres clauses du contrat, la convention d'arbitrage est standardisée et prévoit désormais le plus souvent une tentative de conciliation préalable entre les parties, cette phase préliminaire n'étant en général pas obligatoire et ne faisant pas appel à un tiers.

Si l'on se concentre sur les clauses compromissoires, on ne peut que constater la très forte prédominance de l'arbitrage *ad hoc* sur l'arbitrage institutionnel. Cela peut étonner lorsque l'on sait qu'il existe une Fédération française de la franchise qui propose l'arbitrage et renvoie pour son organisation à un règlement d'arbitrage institutionnel, celui de la CAIP (Chambre arbitrale internationale de Paris). L'explication vient de ce que les grandes enseignes préfèrent avoir la main sur l'organisation de l'arbitrage et sur son fonctionnement. Elles évitent ainsi, outre les frais dits « administratifs » destinés à rémunérer les institutions d'arbitrage, le contrôle, au moins indirect, que celles-ci sont amenées à opérer sur la nomination ou la confirmation des arbitres, sur les barèmes d'honoraires et sur la procédure d'arbitrage en général au travers de leur règlement. C'est donc cette absence d'intermédiaire qui est privilégiée.

Amiable composition. Les arbitrages en cause en matière de franchise ou de distribution de détail sont souvent – et sous réserve de ce qui pourra être envisagé plus loin[20] – des arbitrages internes, et donc soumis au droit français. En revanche, les clauses compromissoires prévoient dans la grande distribution, à une écrasante majorité, que les arbitres seront investis de la mission de statuer en amiable composition.

Cette spécificité n'est pas due au hasard. Elle témoigne, comme on le verra, de la conscience, chez les franchiseurs, que nombre de clauses des contrats de franchise sont soit à la limite de la légalité au regard du droit de la concurrence (abus de position dominante, prix imposés, atteintes à la liberté d'établissement), soit susceptibles d'être considérées comme excessives en raison de la sévérité des pénalités encourues par le franchisé en cas de violation de ses obligations ou du montant très élevé des droits d'entrée ou des conditions de cessation de la franchise, y compris au regard des clauses de non-concurrence.

L'amiable composition, si elle est très fréquemment stipulée, est également – et il faut le relever – tout aussi souvent utilisée par les arbitres. Les tribunaux

20 V. *infra*, I.2.

arbitraux exercent en pratique très largement ces pouvoirs : ainsi, ils ont pu décider de limiter la durée ou l'étendue géographique d'une clause de non-concurrence, voire d'opérer une réfaction très importante sur le montant des dommages-intérêts calculés selon les formules contenues dans les clauses du contrat. La grande importance de l'amiable composition dans les solutions apportées témoigne de l'extrême rigueur du résultat auquel conduirait l'application du droit, c'est-à-dire en l'espèce des stipulations contractuelles.

Il est encore un effet de l'amiable composition qui illustre une conception de l'équité, qui devient le moyen d'adapter la règle au cas particulier[21]. En effet, la prise en compte de l'équité accroît nécessairement la singularité de chacune des sentences rendues puisqu'elle suppose une analyse plus approfondie des effets de la solution dans le cas d'espèce et diminue d'autant le caractère de précédent qu'elle pourrait avoir si la sentence venait à être connue. Cette connaissance des sentences est assez répandue en pratique dans la mesure où, d'une part, le franchiseur connaît bien évidemment les sentences qui le concernent et où, d'autre part, les franchisés sont très souvent défendus par les quelques mêmes conseils, conseillés par des associations de franchisés. Or, la prise en compte de l'équité, si elle n'a que peu d'effet sur la position des arbitres relativement à la validité d'une clause[22], en a beaucoup sur le montant des condamnations prononcées. Il s'évince de cette situation une incertitude pour le franchisé, qui ne peut anticiper dans quelle mesure les pénalités qu'il devrait verser en cas de cessation anticipée du contrat seraient éventuellement modérées. Le caractère comminatoire des clauses qui restreignent la sortie du réseau garde donc une bonne part de son efficacité.

Les caractéristiques du choix de l'arbitrage dans le secteur particulier de la distribution font apparaître une nette domination d'une partie sur l'autre. Cela conduit à envisager les clauses d'arbitrage sous l'angle de leur validité.

2. La licéité du choix

Les clauses d'arbitrage sont-elles valables ? Dès lors que les contrats sont le plus souvent d'adhésion et qu'ils sont généralement structurellement déséquilibrés, la question s'est posée de la validité des clauses d'arbitrage qui y sont contenues. Nul doute que le litige est par lui-même arbitrable[23]. Si le fond du litige sollicite le droit de la concurrence[24], c'est-à-dire l'interdiction des ententes anticoncurrentielles et des abus de position dominante, il est admis de longue date qu'il est parfaitement

21 V. F.-X. Testu et C. Jarrosson, V° « Équité », in D. Alland et S. Rials (dir.), *Dictionnaire de la culture juridique*, Paris, PUF, 2003, p. 635, spéc. p. 637.

22 Elle n'en a même aucune, s'agissant de l'application de textes d'ordre public.

23 Pour une étude de droit comparé, v. S. Kröll, « The "Arbitrability" of Disputes Arising From Commercial Representation », in L. A. Mistelis et S. L. Brekoulakis (dir.), *Arbitrability: International and Comparative Perspectives*, Alphen-sur-le-Rhin, Wolters Kluwer, 2009, p. 317.

24 V. sur la question, L. Idot, « L'arbitrabilité des litiges : l'exemple français », in *RJ com* 1996, p. 6.

arbitrable, du moins dans son volet civil[25]. De plus, le contentieux porte sur des questions contractuelles, voire délictuelles, qui sont en tant que telles pleinement arbitrables. Il en va de même du droit des pratiques restrictives de concurrence, plus particulièrement du contentieux de la rupture brutale d'une relation commerciale établie, qui est arbitrable tant en matière internationale[26] qu'en matière interne[27]. La seule restriction tient à l'action autonome du ministre de l'Économie, qui s'exerce, naturellement, devant les juridictions étatiques, sans être couverte par la clause d'arbitrage éventuellement incluse dans le ou les contrats faisant l'objet de l'action[28]. La difficulté est ailleurs. Est-ce que la clause d'arbitrage peut être privée d'effet au motif que, insérée dans un contrat d'adhésion, elle serait « déséquilibrée » ? À raisonner au regard des instruments tirés du droit de l'arbitrage lui-même, la clause compromissoire ne s'expose à nulle cause d'ineffectivité. En matière interne, la clause d'arbitrage développe ses pleins effets entre professionnels (l'article 2061, al. 2, C. civ. la considérant comme « opposable »). En matière internationale, la clause est gouvernée par un principe de validité[29], qui ne connaît d'autres limites que celles liées à la présence d'un salarié[30] ou d'un consommateur[31]. Serait-il néanmoins possible d'appliquer des dispositions étrangères au droit de l'arbitrage et qui appréhendent le déséquilibre contractuel ? D'emblée, la difficulté vient de la nature de la clause d'arbitrage, celle-ci ayant un objet processuel, et non substantiel. Elle ne peut donc, par elle-même, créer un déséquilibre dans les droits et obligations des parties[32]. La clause d'arbitrage se contente d'aménager le droit d'agir en justice. C'est précisément pourquoi

---

25 CA Paris, 19 mai 1993, *Labinal* ; *RTD com.* 1993. 492, obs. J.-C. Dubarry et E. Loquin ; *Rev. arb.* 1993. 645, note C. Jarrosson ; *JDI* 1993. 957, note L. Idot.

26 Cass. 1re civ., 8 juillet 2010, n° 09-67.013 ; *Rev. crit. DIP* 2010. 743, note D. Bureau et H. Muir Watt ; *D.* 2010. 2884, note M. Audit et O. Cuperlier ; *Rev. arb.* 2010. 513, note R. Dupeyré. V. aussi, Cass. com., 1er mars 2017, n° 15-22.675 ; *AJ contrat* 2017. 188, note B. Ruy ; v. aussi M. Dany, « Rupture brutale des relations commerciales : La Cour de cassation juge la clause compromissoire applicable dans le cadre d'une action en rupture brutale des relations commerciales (*Doga c/ HTC Sweden AB*) », 8 juillet 2010, *Concurrences* n° 4-2010, art. n° 33067, p. 149.

27 Cass. 1re civ, 21 octobre 2015, n° 14-25.080 ; en somm. in *Rev. arb.* 2015. 1229 ; *JCP G* 2015. 1228, obs. L. Weiller ; *D.* 2015. 2537, note N. Dissaux ; *JCP E* 2016. 1138, note R. Kaminsky et J. Rozier ; v. aussi J.-Ch. Roda, « Arbitrage : La Cour de cassation se prononce sur l'arbitrabilité des litiges nés de l'application de l'article L. 442-6 C. com. et rejette l'idée d'une compétence exclusive des tribunaux étatiques (*Scamark / Conserveries des cinq océans*) », 21 octobre 2015, *Concurrences* n° 1-2016, art. n° 77400, pp. 122-124.

28 Cass. 1re civ, 6 juillet 2016, n° 15-21.811 ; *Rev. arb.* 2016. 857, obs. M. Boucaron-Nardetto ; *D.* 2016. 1910, note J.-C. Roda ; *D.* 2016. 2025, obs. L. d'Avout et S. Bollée ; *AJ contrat* 2016. 444, obs. M. Boucaron-Nardetto ; *RTD. civ.* 2016. 837, obs. H. Barbier.

29 Cass. 1re civ., 20 décembre 1993, *Dalico*, n° 91-16.828 ; *JDI* 1994. 432, note E. Gaillard ; *JDI* 1994. 690, note E. Loquin ; *Rev. arb.* 1994. 116, note H. Gaudemet-Tallon ; *Rev. crit. DIP* 1994. 663, note P. Mayer ; Cass. 1re civ., 5 janvier 1999, *Zanzi*, n° 96-21.430 ; *Rev. arb.* 1999. 260, note P. Fouchard ; *Rev. crit. DIP* 1999. 546, note D. Bureau ; *JDI* 1999. 784, obs. S. Poillot-Peruzzetto ; *RTD com.* 1999. 380, obs. E. Loquin.

30 Cass. soc., 16 février 1999, n° 96-40.643 et 4 mai 1999, n° 97-41.860 ; *Rev. arb.* 1999. 290, note M.-A. Moreau ; Cass. soc., 9 octobre 2001, n° 99-43.288 ; *Rev. arb.* 2002. 347, note T. Clay ; Cass. soc., 28 juin 2005, n° 03-45.042 ; *D.* 2005. 3052, obs. T. Clay ; *JDI* 2006. 616, note S. Sana-Chaillé de Néré.

31 Cass. 1re civ., 30 septembre 2020, *PWC*, n° 18-19.241 ; *JDI* 2020. 1307, note E. Gaillard ; *AJ contrat* 2020. 485, note D. Mainguy ; *JCP G* 2020. 1311, note M. de Fontmichel ; *Gaz. Pal.* 24 novembre 2020, p. 27, note S. Bollée. *Adde*, C. Seraglini, « Éclaircie pour la protection du consommateur dans l'arbitrage international (à propos de l'arrêt Cass. civ. 1re, 30 septembre 2020) », *Rev. arb.* 2021, p. 651.

32 M. de Fontmichel, « L'équilibre contractuel des clauses relatives au litige », *JCP G* 2019, p. 583.

l'article 1171, alinéa 1, C. civ., en ce qu'il sanctionne les clauses « abusives » dans les contrats d'adhésion, y compris conclus entre professionnels, ne nous semble pas pouvoir appréhender les clauses d'arbitrage[33]. À ceci s'ajoute que l'article 2061 C. civ., disposition spéciale issue du droit de l'arbitrage, vient donner effet aux clauses, sans prévoir aucune exception, bien au contraire, pour celles qui sont conclues entre professionnels. Certes, en droit de la consommation, la clause compromissoire est présumée (simplement) abusive (cf. art. R. 212-2, 10, C. consom.). Mais il s'agit d'une législation protectrice du seul consommateur, qui ne saurait, par définition, être étendue à un professionnel.

La question s'est posée au titre des pratiques anticoncurrentielles, particulièrement l'abus de dépendance économique sanctionné par l'article L. 420-2, al. 2, C. com. Saisie des pratiques mises en œuvre par Carrefour dans le secteur du commerce d'alimentation générale de proximité, l'Autorité de la concurrence a eu à se prononcer, notamment, sur l'insertion systématique de clauses compromissoires dans les contrats de franchise de distribution de produits alimentaires[34]. Il était à cet égard reproché le coût élevé des procédures arbitrales. Était aussi allégué le caractère « agressif » du comportement du franchiseur, car, selon le Syndicat de l'épicerie française et de l'alimentation générale, « *Carrefour n'hésiterait pas à faire usage de la clause d'arbitrage et multiplierait les procédures juridiques à l'encontre des franchisés qui souhaiteraient renégocier certaines clauses de leurs contrats, voire quitter le réseau* »[35]. Toutefois, l'Autorité de la concurrence, de manière générale, n'a retenu en l'espèce aucun état de dépendance économique, sans avoir à se prononcer plus avant sur le cas spécifique des clauses d'arbitrage habituellement insérées dans les contrats. De même, l'Autorité de la concurrence a rendu un avis à propos des contrats d'affiliation de magasins indépendants dans le secteur de la distribution alimentaire[36]. Certes, l'Autorité constate que « *les clauses d'arbitrage insérées dans certains contrats contribuent également à rendre coûteuse toute procédure de règlement des litiges entre les groupes et leurs affiliés* »[37], ce qui, pour elle, constitue un obstacle à la mobilité d'une enseigne à une autre. Toutefois, les clauses d'arbitrage ne sont visées par aucune des recommandations faites par l'Autorité au terme de son avis[38].

---

33 Selon cet article : « *Dans un contrat d'adhésion, toute clause qui crée un déséquilibre significatif entre les droits et obligations des parties au contrat est réputée non écrite.* »

34 Aut. conc., déc. n° 10-D-08 du 3 mars 2010 relative à des pratiques mises en œuvre par Carrefour dans le secteur du commerce d'alimentation générale de proximité ; *Contrats, conc., consom.* n° 5, mai 2010, comm. 123, obs. M. Malaurie-Vignal.

35 *Ibid.*, pt 50.

36 Aut. conc., avis n° 10-A-26 du 7 décembre 2010, relatif aux contrats d'affiliation de magasins indépendants et les modalités d'acquisition de foncier commercial dans le secteur de la distribution alimentaire ; v. aussi M. Dany, « Grande distribution – Management catégoriel : L'Autorité de la concurrence rend un avis nuancé sur la mise en place de ce type d'accord de collaboration entre opérateurs de la grande distribution et fournisseurs (*Distribution alimentaire*) », 7 décembre 2010, *Concurrences* n° 1-2011, art. n° 34164, pp. 136-138.

37 *Ibid.*, pt 188.

38 Sur ce point, tout en admettant que l'existence de clauses compromissoires entraîne un coût de sortie, une auteure considère que « *[c]ette vindicte contre l'arbitrage réputé trop coûteux, parfois partial quand l'arbitre a un courant d'affaires par exemple avec une enseigne et privant le franchisé de la possibilité de partir, paraît tout à fait excessive* » (M. Behar-Touchais, « Les obstacles à la sortie du franchisé », *RLDA* juillet-août 2012, p. 32, spéc., p. 34).

Le débat a également été posé au regard du droit des pratiques restrictives de concurrence. Sous l'ancien régime des pratiques restrictives, la Commission d'examen des pratiques commerciales n'avait pas considéré l'insertion d'une clause d'arbitrage dans les contrats de franchise comme une pratique abusive[39]. Le débat a rebondi à l'occasion de la reformulation de l'article L. 442-1, I, 2° C. com., qui sanctionne désormais la soumission du partenaire commercial à des obligations créant un « *déséquilibre significatif* »[40]. La question a d'abord été posée dans une affaire *Sept de Cœur* où un contrat de distribution exclusive avait été conclu avec une société suédoise en vue de la distribution en France de produits pour nourrissons[41]. Le ministre de l'Économie, en tant qu'intervenant volontaire, considérait que la clause d'arbitrage incluse dans le contrat créait un déséquilibre significatif au motif qu'elle prévoyait l'application au fond de la loi suédoise et renvoyait à un arbitrage en Suède. La cour d'appel de Paris refuse de considérer la clause d'arbitrage comme manifestement nulle, car les parties avaient la liberté de choix du droit applicable et qu'il était possible pour le tribunal arbitral de tenir compte des dispositions protectrices du code de commerce français en tant que lois de police. La cour ajoute qu'« *il ne peut [...] être retenu que cette clause serait nulle pour méconnaître le droit d'accès au juge et pour consacrer un déni de justice dans la mesure où Sept de Cœur, société commerciale qui ne peut être assimilée à un consommateur, est en mesure de faire valoir ses droits devant la juridiction arbitrale et que dans le cadre de la reconnaissance en France de la sentence, elle dispose d'un recours juridictionnel effectif devant les juridictions étatiques* ». La solution est rigoureuse pour le distributeur exclusif : étant un professionnel (plus encore un professionnel du commerce international, concluant un contrat avec une société étrangère), il est tenu par les engagements qu'il a conclus, en particulier la clause d'arbitrage, sans que celle-ci puisse créer un déséquilibre significatif.

La question a ensuite été abordée, et ce, à plusieurs reprises, dans le contexte de la franchise Subway (qui porte sur la vente de sandwichs). Dans l'une des décisions, la cour d'appel de Paris était saisie d'un appel contre une ordonnance

---

39 CEPC, avis n° 04-06 relatif à certaines pratiques dans le secteur de la distribution alimentaire du 22 juin 2004 : « *Une telle technique de résolution des litiges est une pratique très ancienne du monde du commerce. [...] Elle n'est donc en rien contraire aux principes généraux du droit processuel français et ne réduit pas le droit d'accès à la justice des justiciables professionnels en général, des franchisés en particulier. [...] Insérée dans un contrat d'approvisionnement exclusif ou prioritaire, elle ne constitue nullement une pratique abusive : le recours à l'arbitrage relève de la liberté contractuelle et, choisi, il devient une obligation pour chacune des parties qui ne disposent pas du choix de recourir à une juridiction étatique ou arbitrale. Si, en droit, la présence d'une telle clause compromissoire est pleinement valable, il est entendu que, économiquement et socialement sans doute, le poids d'une telle clause est éminemment plus lourd pour le franchisé que pour le franchiseur. Cependant, une réponse économique et sociale pourrait passer par des techniques de mutualisation, voire d'assurance, du risque d'arbitrage, par exemple via des organismes professionnels comme le demandeur.* »

40 Aux termes de cet article, « *I. – Engage la responsabilité de son auteur et l'oblige à réparer le préjudice causé le fait, dans le cadre de la négociation commerciale, de la conclusion ou de l'exécution d'un contrat, par toute personne exerçant des activités de production, de distribution ou de services : [...] 2° De soumettre ou de tenter de soumettre l'autre partie à des obligations créant un déséquilibre significatif dans les droits et obligations des parties.* »

41 CA Paris, 18 mars 2014, RG 12/13601 ; *Contrats, conc., consom.* N° 6, juin 2014, comm. 128, obs. N. Mathey ; *RTD. Com.* 2015. 57 obs. E. Loquin ; v. aussi J.-L. Fourgoux, « Clause compromissoire : La Cour d'appel de Paris fait application de la jurisprudence relative à l'applicabilité des clauses compromissoires aux litiges initiés sur le fondement de l'article L. 442-6-I-5° du code de commerce (*Sept de Cœur*) », 18 mars 2014, *Concurrences* n° 2-2014, art. n° 65790, p. 125.

d'exequatur d'une sentence rendue à New York[42]. Le contrat de franchise, conclu avec une société de droit néerlandais et qui s'était exécuté à Narbonne, contenait en effet une clause prévoyant l'application du droit du Liechtenstein avec arbitrage à New York. Une sentence avait été rendue à l'initiative du franchiseur, qui aboutit à la condamnation à diverses sommes du franchisé. Ce dernier soutenait devant les juridictions françaises que, par ses coûts exorbitants, la clause d'arbitrage avait pour effet de le priver de son droit d'agir en justice et que, dans son ensemble, le contrat créait un déséquilibre significatif. La cour d'appel de Paris ne va pas faire droit à ces arguments et va confirmer l'ordonnance d'exequatur. Elle considère en premier lieu que le déséquilibre significatif affectant la relation commerciale, à la supposer établie, est sans incidence sur la clause d'arbitrage en raison de l'autonomie de celle-ci. Elle juge en second lieu que le droit d'accès au juge n'a pas été violé, car la procédure d'arbitrage, dans laquelle le franchisé avait fait défaut, avait été entièrement financée par le franchiseur (pour un total de 2 860 USD), qu'elle avait été conduite sur pièces sans déplacement de conseils, et qu'aucun élément sur la situation financière du franchisé n'établissait son inaptitude à participer à l'arbitrage. C'est donc une analyse *in concreto* qui a permis à la cour de juger que le droit d'accès au juge n'avait pas été affecté en l'espèce (ce qui ne ferme donc pas totalement la porte à ce moyen dès lors qu'il serait établi, en fait, que le franchisé n'a pu, en raison de son incapacité financière, participer à l'arbitrage). En réalité, cette décision n'est que l'une des sept décisions rendues par la cour d'appel de Paris dans la « saga Subway »[43]. En effet, à ces différentes reprises, la cour a eu à se prononcer au titre d'un appel contre des ordonnances d'exequatur de sentences rendues à New York (ou dans l'État de New York) en application du droit du Liechtenstein (ou du droit néerlandais) à l'initiative de la société Subway en tant que franchiseur[44]. Il s'agissait dans tous les cas des mêmes circonstances : le franchisé était défendeur ; il faisait défaut ou s'était retiré de la procédure ; il avait été condamné (notamment pour non-paiement de redevances) et contestait l'ordonnance d'exequatur. Dans tous les arrêts rendus, la cour d'appel de Paris refusa d'infirmer l'ordonnance d'exequatur, tous les moyens invoqués par les franchisés, en particulier celui tiré de l'existence d'un déséquilibre significatif, ayant été systématiquement rejetés.

C'était cependant sans compter sur l'action du ministre de l'Économie qui, au titre de l'action autonome dont il dispose, a agi en nullité contre des clauses habituellement contenues dans les contrats de la franchise Subway. Par jugement du 13 octobre 2020, il se trouve que le tribunal de commerce de Paris a fait droit

---

42 CA Paris, 11 septembre 2018, RG 16/19913 ; *Contrats, conc., consom.* n° 11, novembre 2018, comm. 192, obs. N. Mathey ; *AJ contrat* 2018. 491, note J. Jourdan-Marques ; *D.* 2018. 2448, obs. T. Clay ; *RLDA* 2019. 35, note J. Clavel-Thoraval.

43 S. Saleh, « The Subway Saga: Arbitration and Franchise Agreements », *ICC Dispute Resolution Bulletin* 2021, n° 1, p. 33. V. aussi J. Jourdan-Marques, « L'arbitrage à l'épreuve du déséquilibre significatif », *Dalloz actualité*, 29 juillet 2020.

44 CA Paris, 27 janvier 2015, RG 14/05126 ; CA Paris, 10 mars 2015, RG 13/20664 ; CA Paris, 14 juin 2016, RG 14/16113 ; CA Paris, 21 mai 2019, RG 17/07210 ; CA Paris, 2 juin 2020, RG 17/18900 ; CA Paris, 15 septembre 2020, RG 18/01360.

à cette demande s'agissant de la clause compromissoire insérée dans les contrats de la franchise concernée[45]. Le tribunal a considéré que « *[q]uand bien même l'arbitrage est un mode de conflit couramment employé dans les relations commerciales internationales, il ne saurait être prétendu que les commerçants de détail en France utilisent spontanément ce mode de règlement des conflits, ni même qu'ils y souscriraient dans un rapport d'égalité avec leur co-contractant. La clause compromissoire est éloignée du champ juridique dans lequel opèrent en France les commerçants de détail. Au surplus, il ne saurait être prétendu que, dans l'hypothèse où un commerçant français choisirait ou accepterait la clause compromissoire, il proposerait ou accepterait que la procédure d'arbitrage se déroule à New York* ». En regard du choix de l'anglais comme langue de procédure et de l'application au fond du droit néerlandais, la clause compromissoire, prévoyant un siège à New York, est considérée comme nulle en tant qu'elle génère un déséquilibre significatif[46] au sens de l'article L. 442-1, I, 2° C. com[47]. Cette décision est à rebours de l'ensemble des décisions rendues dans les différentes affaires *Subway* par la cour d'appel de Paris dans le contexte de l'exequatur en France des sentences rendues aux États-Unis[48]. Le tribunal de commerce s'est placé sur le seul terrain de la sanction des clauses créant un déséquilibre significatif dans les droits et obligations des parties. Certains éléments retenus par le jugement n'échappent pas à la critique. Il n'est pas exact de considérer que la pratique des clauses d'arbitrage est inhabituelle pour tous les commerçants de détail (dans les contrats de distribution alimentaire, c'est même une pratique presque systématique). Par ailleurs, les juges se sont placés dans une position de défense des commerçants « français » dans leurs relations avec un cocontractant étranger, ce qui jure avec le caractère international du contrat conclu. Peut-être cette décision sera-t-elle réformée consécutivement à un appel ? Elle existe néanmoins à ce jour. Quelles peuvent en être les conséquences ? La question se pose différemment selon qu'une sentence a été ou non rendue. Si une sentence n'a pas été rendue, et que le tribunal arbitral n'a pas été saisi, il faut raisonner dans le contexte de l'effet négatif du principe compétence-compétence. À supposer qu'une juridiction française ait été saisie au fond (très généralement à l'initiative du franchisé, plus largement du distributeur intégré), celle-ci doit se déclarer

45 T. com. Paris, 13 octobre 2020, RG 2017005123 ; *D.* 2020. 2484, obs. T. Clay. V., J.-C. Roda et F. Buy, « La franchise au crible du déséquilibre significatif (quand Bercy s'invite chez Subway) », *AJ contrat* 2020, p. 543 ; v. aussi K. Biancone, « Déséquilibre significatif : Le Tribunal de commerce de Paris procède à l'analyse d'un contrat de franchise dans le secteur de la restauration rapide au regard du déséquilibre significatif entre les droit et obligations des parties en application de l'ancien article L. 442-6, I., 2° du code de commerce (L. 442-1, I., 2°) nouveau (*DGCCRF / Subway*) », 13 octobre 2020, *Concurrences* n° 1-2021, art. n° 98622.

46 On ne peut qu'être frappé par la similitude entre la philosophie qui se dégage de cette décision et celle qui avait inspiré la Cour de cassation, en 1843, dans son célèbre arrêt *Compagnie l'Alliance c/ Prunier* (*S.* 1843, 1, 561, note Devilleneuve et concl. contraires AG Hello ; *Rev. arb.* 1992. 399, avec les concl. Hello), où la haute juridiction, pour fonder sa solution, s'était montrée attentive au caractère systématique de l'insertion de la clause compromissoire, au déséquilibre entre les parties et aux inconvénients matériels (éloignement géographique entre le lieu de l'arbitrage et celui de la résidence de la partie faible).

47 Selon le tribunal, « *[l]'accumulation et la conjonction de ces contraintes imposées au franchisé, tant sur le plan juridique que culturel, et sans qu'il soit besoin de rechercher si le coût est ou non supérieur ou inférieur à celui d'une procédure devant les tribunaux français ou à celui d'un mode alternatif de règlement des différends en France, caractérisent un déséquilibre significatif en défaveur du franchisé* ».

48 V. *supra*, même numéro.

incompétente à moins que la convention d'arbitrage soit manifestement nulle ou manifestement inapplicable (cf. art. 1448 CPC). La décision du tribunal de commerce incite à penser, sous réserve d'une éventuelle réformation en appel, que la clause d'arbitrage insérée dans les contrats de la franchise Subway est manifestement nulle au sens de cet article. Si une sentence a été rendue (à New York dans le cas d'espèce), il sera possible de s'opposer à son exécution en France dès l'instant où l'arbitre aurait admis sa compétence sur la base de la convention d'arbitrage considérée. En effet, aux termes de la jurisprudence *Dalico*[49], la convention d'arbitrage n'est efficace que « *sous réserve des règles impératives du droit français et de l'ordre public international* ». L'application faite en l'espèce de l'article L. 442-1, I, 2° C. com relève très certainement de la mise en œuvre de « *règles impératives du droit français* »[50]. Il serait donc possible de priver d'effet une sentence en France au motif que l'arbitre se serait déclaré à tort compétent (cf. art. 1520, 1° CPC par renvoi de l'art. 1525, al. 4, CPC).

Toutefois, ce qui vaut pour la franchise *Subway* ne peut valoir pour tous les autres contrats de distribution. Il ne faut pas en déduire que toute clause d'arbitrage insérée dans un contrat de franchise engendrerait ainsi un déséquilibre significatif[51]. En effet, l'analyse d'un tel déséquilibre se réalise de manière contextuelle, non seulement au regard des clauses examinées, mais également de l'ensemble du contrat. Ainsi une clause engendrant un déséquilibre significatif peut-elle être compensée par d'autres clauses du même contrat qui réintroduiraient un équilibre global[52]. À cet égard, pour les contrats *Subway*, on pourrait se demander si le seul fait de retenir un arbitrage en France et/ou selon le droit français ne suffirait pas pour écarter le déséquilibre significatif.

La solution pourrait-elle résider dans l'information précontractuelle ? L'une des pistes à explorer serait d'attirer spécialement l'attention du distributeur intégré sur l'existence et la portée de la clause d'arbitrage insérée dans le contrat. Cette information est susceptible d'entrer dans le périmètre de l'obligation d'information prévue à l'article L. 330-3 C. com.[53]. D'ailleurs, pour se défendre, le franchiseur Subway, à l'occasion de l'action exercée par le ministre de l'Économie, avait fait valoir qu'il insérait une information spéciale dans le document d'information précontractuel remis au candidat à la franchise[54]. Cette information

49 Préc.

50 En ce sens, v. J. Jourdan-Marques, « L'arbitrage à l'épreuve du déséquilibre significatif », préc.

51 Sur ce point, v. E. Mouial-Bassilana, D. Restrepo et L. Colombani, « Le déséquilibre significatif dans les contrats commerciaux : nouvel outil de lutte contre les GAFA », *AJ contrat* 2018, p. 471.

52 E. Mouial-Bassilana, « Le déséquilibre significatif. – Article L. 442-6, I, 2° du Code de commerce », *JCl. Concurrence-Consommation*, fasc. 730, 2015, n° 66.

53 D. Mainguy, « PME et partie faible », in « Arbitrage et partie faible », *JDI* 2017, p. 7, spéc., p. 9.

54 Selon ce qui a été avancé par le franchiseur, ce document contient la mention suivante : « *Ce choix d'un forum arbitral non-local […] peut aboutir à vous voir imposer un règlement du litige moins favorable à vos intérêts. De même, le déroulement d'une procédure […] d'arbitrage avec le franchiseur dans l'État de New York […], au lieu de votre comté d'origine, peut avoir pour conséquence d'augmenter les coûts de résolution des litiges.* » (T. com. Paris, 13 octobre 2020, préc.)

spécialement délivrée n'a cependant pas empêché le tribunal de commerce de considérer que la clause engendrait un déséquilibre significatif, ce d'autant plus que la formulation choisie sonne comme un aveu de déséquilibre… En toute hypothèse, l'information ne remplace pas la négociation. Or, la clause d'arbitrage, si elle est consentie, n'est pas discutée ni dans son principe ni dans ses modalités.

***Quid* du déni de justice ?** La véritable question ne nous semble pas être le déséquilibre intrinsèque que porterait la clause d'arbitrage dans les rapports de distribution, mais plutôt l'accès concret à la justice dans cette hypothèse. Autrement dit, l'analyse nous semble devoir être conduite en termes « processualistes » et non « contractualistes ». En tant que telle, une clause d'arbitrage est neutre et ne peut porter en elle un quelconque déséquilibre. En revanche, au regard d'une analyse *in concreto*, il se peut qu'une clause d'arbitrage rende difficile à l'excès, voire empêche, l'accès à la justice. C'est principalement pour des raisons de coûts que cet accès est rendu plus difficile ou impossible. En effet, l'arbitrage en tant que justice privée est une justice payante. Il est beaucoup reproché à l'arbitrage dans le secteur de la distribution de dissuader le distributeur intégré d'agir en justice, car les coûts de la procédure seraient trop importants par rapport à ses capacités financières (et d'aucuns considèrent que le but – pernicieux – de l'insertion d'une clause d'arbitrage dans les contrats serait de dissuader le distributeur intégré de faire valoir ses droits en justice). Il est souvent avancé que les coûts d'une procédure d'arbitrage seraient entre 20 000 et 80 000 euros[55], montant généralement excessif par rapport aux ressources financières d'un franchisé ou d'un distributeur exclusif, le plus souvent exsangue à la suite de la rupture du contrat. À vrai dire, la situation des distributeurs intégrés est une illustration du problème plus global de l'impécuniosité des parties dans l'arbitrage[56]. Précisément en matière de distribution, la cour d'appel de Paris a choisi une attitude rigoureuse et a entendu maintenir le plein effet des conventions d'arbitrage, même en cas d'impécuniosité du demandeur. Dans l'affaire *Lola Fleurs*, qui concernait un contrat de franchise, la cour a décidé que « *le caractère manifestement inapplicable de la clause compromissoire ne saurait […] se déduire de l'incapacité alléguée de Lola Fleurs à faire face au coût d'une telle procédure en raison de sa situation financière et au déni de justice qui en résulterait alors qu'il appartient en tout état de cause au tribunal arbitral de permettre l'accès au juge, un éventuel manquement de sa part sur ce point étant susceptible d'être sanctionné ultérieurement* »[57]. La jurisprudence est depuis

---

55 C. Bellet et O. Tiquant, « Contrat de franchise : les dangers de la clause d'arbitrage », *Les échos de la franchise*, 27 novembre 2015. Ces chiffres ont été repris par les franchisés Subway dans leur appel contre les ordonnances d'exequatur rendues v. *supra*, I.2.

56 German Institution of Arbitration (dir.), *Financial Capacity of the Parties: A Condition for the Validity of Arbitration Agreements?*, Francfort-sur-le-Main, Peter Lang, 2004 ; M. de Fontmichel, « Le financement de l'arbitrage par une partie insolvable », in W. Ben Hamida et T. Clay (dir.), *L'argent dans l'arbitrage*, Issy-les-Moulineaux, Lextenso, 2013, p. 37 ; D. Künner, « The Impact of Party Impecuniosity on Arbitration Agreements: The Example of France and Germany », *J. Int'l. Arb.*, vol. 31, n° 6, 2014, p. 807 ; T. Clay, « Arbitrage et impécuniosité », in *Mélanges en l'honneur de Jacques Mestre*, Issy-les-Moulineaux, LGDJ, 2019, p. 253 ; M. Carvalho Engholm Cardoso, « Impecunious parties in international commercial arbitration », *Arb. Int'l.*, vol. 36, n° 1, 2020, p. 123 ; G. Goh Teng Jun, « An Arbitral Tribunal's Dilemma: The Plea of Financially Impecunious Parties », *J. Int'l. Arb.*, vol. 37, n° 4, 2020, p. 479.

57 CA Paris, 26 février 2013, RG 12/12953 ; *Rev. arb.* 2013. 746, 2e esp., note F.-X. Train ; *Cah. arb.* 2013. 479, 2e esp., note A. Pinna.

constante[58]. Elle a été récemment réitérée dans deux affaires intéressant la franchise de distribution du groupe Carrefour[59]. L'incapacité alléguée de payer les frais de l'arbitrage ne rend pas manifestement inapplicable la clause d'arbitrage au sens de l'article 1448 CPC. Il revient aux acteurs de l'arbitrage de permettre l'accès au juge, ce qui inclut les arbitres, mais aussi les deux parties et, le cas échéant, l'institution d'arbitrage. La solution est donc entre les mains de l'ensemble des acteurs de l'arbitrage. Comment faire ? Plusieurs solutions existent : faire verser l'avance des provisions d'arbitrage par le franchiseur[60], demander au tribunal arbitral de mettre au moins temporairement à la charge du franchiseur les frais de l'arbitrage, par le biais d'une ordonnance de procédure, voire d'une sentence avant dire droit, privilégier un arbitre unique[61] ou mener une procédure sur pièces, sans audience, le cas échéant dématérialisée. Il est également possible que les arbitres acceptent de travailler sans être provisionnés ou avec une provision basse. La modération des honoraires est aussi une piste à explorer, car, dans l'arbitrage *ad hoc*, les arbitres peuvent tenir compte des ressources financières des parties pour adapter, au besoin, le montant de leurs honoraires à celles-ci[62]. Une analyse *in concreto* doit, en toute hypothèse, être menée[63]. Il ne suffit pas d'alléguer le caractère onéreux, voire disproportionné, du coût d'un arbitrage. Il est nécessaire d'établir concrètement l'état d'impécuniosité, c'est-à-dire l'impossibilité de payer les frais de l'arbitrage en l'état de la trésorerie

---

58 Cass. 1re civ., 13 juillet 2016, n° 15-19.389 ; *JCP* 2016. 1002, note M. de Fontmichel ; *Procédures* 2016, comm. 289, obs. L. Weiller (rejet du pourvoi contre CA Paris, 7 avril 201 ; *Rev. arb.* 2015. 1216).

59 CA Paris, 30 juin 2021 ; *Rev. arb.* 2021, somm., p. 966 : « *[L]'impécuniosité d'une partie n'est pas de nature à faire échec à l'application du principe compétence-compétence. L'impécuniosité ne constitue, en effet, pas un critère de nature à caractériser l'inapplicabilité manifeste d'une clause compromissoire et il revient aux acteurs de l'arbitrage d'écarter tout risque de déni de justice face à un plaideur aux moyens financiers limités.* » *Adde*, dans le même sens, Paris, 30 juin 2021.

60 Cette solution postulerait l'évolution de la pratique contractuelle, le fournisseur s'engageant à payer l'avance des frais de l'arbitrage, même lorsqu'il est défendeur, ou bien à prendre en charge sinon la totalité des frais de l'arbitrage, du moins une majorité d'entre eux. Toutefois, en pratique, il ne faut sûrement pas espérer un tel engagement de l'entité maître du réseau. Il faut aussi relever que dans certains cas, en cas de changement d'enseigne, la nouvelle enseigne s'engage à couvrir les frais de justice, y compris d'arbitrage, susceptibles d'être engendrés par un tel changement (v. M. de Fontmichel, *Le faible et l'arbitrage*, *op. cit.*, n° 365, p. 211).

61 D. Vidal, « L'arbitrage à juge unique est-il une bonne formule pour les petites entreprises ? », *J. soc.* juillet 2013, p. 34.

62 En revanche, le financement de contentieux par un tiers (« *third-party funding* ») ne nous semble pas être une solution : outre que les tiers financeurs n'interviennent que si le dossier a une forte probabilité d'être gagné, ils ne s'intéressent généralement pas aux petites créances.

63 C'est dans ce sens que s'est prononcée la cour d'appel de Paris dans un arrêt du 19 octobre 2021 (*Monster Energy*) à propos d'un contrat de distribution s'exécutant en France et prévoyant un arbitrage en Californie (RG 18/01254). La cour rappelle d'abord que « *[l]'accès à la justice, en ce qu'il permet de garantir l'effectivité des droits, relève de l'ordre public international. Dès lors une convention d'arbitrage qui ferait obstacle à cet accès, serait contraire à l'ordre public international et donc nulle. Cependant, si le droit d'accès à la justice implique qu'une personne ne puisse être privée de la faculté concrète de faire trancher ses prétentions par un juge, ce droit n'est pas inconditionnel. Des restrictions peuvent être apportées à l'exercice de ce droit, sous réserve de répondre à un but légitime et d'être proportionnées aux nécessités d'une bonne administration de la justice. Ainsi, une convention d'arbitrage, par laquelle les parties consentent à soumettre leur litige à un arbitre et qui emporte nécessairement renonciation à la justice étatique et, en France, à la gratuité du service public de la justice, ne saurait en elle-même porter atteinte à l'accès à la justice. Seules ses modalités doivent être examinées afin de vérifier qu'elles ne privent pas, dans leur mise en œuvre, une partie d'un accès à la justice et ne portent […] pas une atteinte effective au droit fondamental d'accès à la justice* » (pts 27-30). Ensuite, la cour analyse la situation concrète du distributeur et refuse de considérer qu'il a été empêché d'accéder à la justice pour des raisons financières (l'avance de provision ayant été d'un montant de 2 500 dollars, la cour décide que ce montant n'était pas disproportionné et n'a pas empêché « *une société commerciale de faire entendre sa position* » (pt 34)).

disponible et l'incapacité d'avoir des concours, notamment bancaires. C'est à une telle analyse que s'est livrée la cour d'appel de Paris dans les affaires *Subway*, dans la situation où une sentence avait été déjà rendue à l'encontre des franchisés, ceux-ci ayant été systématiquement défendeurs[64]. Dans ces différentes affaires, au vu des circonstances de fait, la cour a refusé de reconnaître un quelconque déni de justice (ainsi, si l'arbitrage devait se dérouler à New York, il était conduit de façon économique, par une procédure entièrement écrite).

La solution ne peut donc passer selon nous que par un aménagement de l'accès à la justice arbitrale pour les plaideurs impécunieux, en particulier les distributeurs intégrés qui seraient dans cette situation[65]. La solution n'est pas de priver d'effet la clause d'arbitrage, mais de garantir, en le facilitant, l'accès à la justice.

Si la clause d'arbitrage avait tant d'inconvénients dans le secteur de la distribution, il serait possible que le législateur l'interdise. Un projet de loi de 2011 (dit « Lefebvre ») avait prévu de réputer non écrites les clauses d'arbitrage insérées dans les contrats d'affiliation à un réseau de distribution alimentaire[66]. Cependant, le projet n'a pas abouti[67]. L'absence de réaction du législateur est ainsi le signe qu'il n'entend pas s'opposer à la stipulation des clauses d'arbitrage dans le secteur de la distribution. Ce fut le cas également aux États-Unis, où un projet de loi (Arbitration Fairness Act de 2007) visait à interdire les clauses d'arbitrage dans les contrats de franchise, projet qui suscita une vive contestation[68] et qui n'alla pas à son terme[69]. C'est la preuve que, aux yeux des législateurs, « *les avantages de l'arbitrage sont globalement plus importants que ses inconvénients* »[70].

II. La mise en œuvre de l'arbitrage

Une fois réglé le principe même du recours à l'arbitrage en matière de distribution, sa mise en œuvre présente elle aussi des caractéristiques qui s'attachent tout à la fois aux types de litiges et aux solutions qui leur sont apportées (1.) et au sort des sentences (2.).

---

64 Préc.

65 M. de Fontmichel, *Le faible et l'arbitrage, op. cit.*, p. 191.

66 Projet de loi du 23 décembre 2011 renforçant les droits, la protection et l'information des consommateurs. Sur ce point, v. J. Billemont, *La liberté contractuelle à l'épreuve de l'arbitrage*, Paris, LGDJ-Lextenso, 2013, nº 215, p. 147.

67 Au regard de ce projet, ce n'était pas le moindre des paradoxes que de réputer automatiquement non écrites les clauses d'arbitrage dans les contrats de distribution visés, alors que, en droit de la consommation, celles-ci sont présumées simplement abusives (D. Mazeaud, « Rapport de synthèse », in « La franchise : questions sensibles », *RLDA* juillet-août 2012, p. 56, spéc. nº 6, p. 57).

68 P. ex., E. Sussman, « The Arbitration Fairness Act: Unintended Consequences Threaten US Business », *Am. Rev. Int'l. Arb.*, vol. 18, 2007, p. 455.

69 Pour autant, aux États-Unis, l'usage de l'arbitrage dans le secteur de la franchise est et reste critiqué (v., p. ex., J. R. Sternlight, « Protecting Franchisees from Abusive Arbitration Clauses », *Franchise Law Journal*, vol. 20, nº 2, 2000, p. 45).

70 D. Mainguy, « PME et partie faible », préc., p. 11.

1. Les types de litiges et les solutions qui leur sont apportées

A. *La typologie des litiges*

Les contrats liés sont fréquents en matière de distribution, qu'il s'agisse du classique ensemble contrat-cadre et contrats d'application ou de contrats conclus entre une enseigne et la société exploitante, coexistant avec un contrat passé par les personnes physiques exploitant le point de vente et l'enseigne (contrat d'adhésion au réseau, cautionnement), et même avec des contrats de portage d'actions ou d'autres contrats à fin de garantie (nantissement de parts). On aperçoit ici que des litiges peuvent survenir en raison de l'existence d'un groupe de contrats conclus, sinon entre les mêmes personnes exactement, du moins entre personnes liées entre elles[71]. Cette question sollicite une fois encore la question du coût de l'arbitrage[72] : si chaque contrat contient une clause d'arbitrage, il est possible que plusieurs arbitrages doivent être conduits parallèlement, renchérissant le coût global[73]. Le problème peut néanmoins être résolu, soit par la pratique contractuelle (avec la conclusion d'un contrat unique[74]), soit par la pratique arbitrale (par la jonction d'instances parallèles). Mais des abus sont possibles, aux fins d'asphyxier financièrement le distributeur impécunieux, notamment si le franchiseur nomme des arbitres différents dans chaque procédure en vue d'éviter toute jonction. Ici encore, on ne saurait exclure, pour éviter un déni de justice, la nécessité pratique d'une éventuelle jonction qui viendrait s'imposer dans le contexte des devoirs des « acteurs de l'arbitrage » dont il a été question plus tôt[75].

Résultent potentiellement de cette situation des litiges quant à la compétence *ratione personae* ou *ratione materiae* des arbitres. En effet, la détermination des parties à la convention d'arbitrage présente des particularités qui ont pu susciter des litiges. Du côté du franchiseur, il n'est pas rare de trouver plusieurs entités d'un même groupe : la structure nationale du franchiseur, avec l'indication qu'elle agit en son nom et en celui de ses filiales, et/ou telle de ses filiales régionales d'approvisionnement, ou encore une filiale qui est intervenue pour financer l'installation du franchisé. La société franchisée, exploitante du point de vente, figure toujours aux côtés des personnes physiques (le plus souvent un couple) qui détiennent la majorité des parts. Un ensemble contractuel est donc fréquemment organisé autour du contrat de franchise, avec un contrat d'adhésion

---

71 M. Behar-Touchais et G. Virassamy, *Les contrats de la distribution*, Paris, LGDJ, 1999, n° 709 et s.

72 V. *supra*, I.2.

73 Cet argument avait été invoqué dans l'affaire ayant donné lieu à l'arrêt de la cour d'appel de Paris du 30 juin 2021 (préc.), où les parties avaient conclu deux contrats : un contrat de franchise et un contrat d'approvisionnement contenant tous deux une clause d'arbitrage. Il n'a pas été retenu par la cour.

74 D. Mainguy, « PME et partie faible », *op. cit.*, p. 9.

75 *Supra*, I.2. La question pourrait bien se poser au vu des pratiques contractuelles de Carrefour qui aboutissent à un émiettement du litige et, partant, à une multiplication des procédures arbitrales : cf. les arrêts cités *supra*, note 58.

individuel au groupement franchiseur, un contrat de cautionnement par lequel des personnes physiques se portent caution – car il est régulièrement prévu que les personnes qui détiennent les parts de la société exploitant le point de vente doivent se porter cautions solidaires de celle-ci – et éventuellement un contrat de portage lorsqu'il est prévu une future cession de parts sociales. Ainsi, les parties ne concluent pas un seul contrat, mais souvent deux ou plusieurs, les personnes physiques exploitant la société franchisée pouvant aussi conclure avec l'enseigne un contrat d'adhésion.

La naissance d'un litige peut donner lieu à des demandes fondées sur deux ou plusieurs de ces contrats, ce qui pose des questions spécifiques : ainsi, la fin d'un contrat d'adhésion à un réseau des personnes exploitant la société franchisée entraîne-t-elle automatiquement celle du contrat d'enseigne conclu par cette dernière ? Un certain nombre de ces difficultés quant au champ de compétence des arbitres au regard des divers contrats ont suscité des recours contre les sentences[76].

L'analyse des litiges enseigne que les mêmes questions reviennent, souvent plaidées dans les mêmes termes par les mêmes avocats, devant des arbitres qui en général les ont déjà rencontrées, car ils ont déjà été nommés dans des affaires voisines. Cela n'est guère étonnant, car la standardisation des contrats a pour conséquence que les litiges se fixent sur l'application des mêmes causes et pour des raisons analogues qui tournent autour du non-respect des objectifs par l'exploitant du point de vente ou des conditions du départ de ce dernier, qu'il s'agisse d'une cessation d'activité accompagnée d'une cession de ses parts ou de son passage à la concurrence (on observe ainsi que le contentieux porte sur des questions litigieuses largement répétitives). Le franchiseur ou, plus généralement, le producteur cherche à disposer d'un réseau aussi dense et fidèle que possible, fonctionnant de manière uniforme. Ses principales préoccupations sont donc d'éviter que certains de ses franchisés ou distributeurs, soit mènent une politique commerciale éloignée de celle qu'il veut imposer, soit quittent le réseau trop facilement et que le point de vente exploité passe sous une autre enseigne. Dès lors, il rédigera le contrat en multipliant les clauses destinées à servir ces objectifs. C'est l'application, isolée ou combinée, de ces clauses qui fournira le contingent le plus important des litiges qui s'élèveront.

Si l'on se place du côté du franchisé, ou de l'exploitant du point de vente, les reproches qui lui sont faits concernent le passage à la concurrence, c'est-à-dire le changement d'enseigne avant la fin du terme contractuel, ou bien le non-respect des objectifs commerciaux, ou encore la violation d'un pacte de préférence lors de la vente des parts de la société ou du fonds de commerce.

En revanche, les reproches faits au franchiseur sont relatifs, ou bien à l'installation d'un autre franchisé dans la même zone de chalandise – ce qui crée une

---

76 V. *infra*, II.2.

concurrence interne au réseau, concurrence non anticipée dans laquelle l'exploitant du point de vente voit une violation du devoir de bonne foi contractuelle –, ou bien aux difficultés relatives à l'évaluation du fonds au terme du contrat, ou bien encore à la manière dont il applique certaines clauses du contrat, en cours ou au terme du contrat. Ainsi, récemment, un contentieux s'est développé autour de l'utilisation effective par les grandes enseignes du budget destiné à la publicité et abondé par les exploitants des points de vente.

B. *Les solutions apportées*

Il ne peut être question ici de traiter tous les litiges qui surgissent dans le domaine en cause, mais seulement de rapporter les orientations principales prises par les arbitres dans la résolution des questions les plus fréquemment rencontrées. Outre quelques questions de compétence, ce sont surtout les questions de fond qui retiennent les arbitres. Elles intéressent les conditions de formation du contrat (i.), la politique commerciale (ii.) et le maintien dans le réseau (iii.). Enfin, les lois de police en matière internationale tiennent une place particulière (iv.).

i. Les conditions de formation du contrat

L'inégalité de force entre les parties se ressent dès le moment de la formation des contrats dont il a été exposé plus haut qu'ils sont de parfaits contrats d'adhésion. Il est apparu dans divers arbitrages que le franchisé avait signé des contrats dont il ne lui avait pas même été remis d'exemplaire original. L'article L. 330-3 du code de commerce impose une information précontractuelle et un délai pour que celui qui va s'engager puisse analyser les informations sincères qui doivent lui être fournies. Ces informations ont pu dans diverses occasions être contestées par la suite, notamment lorsque, dans la même zone de chalandise, un autre point de vente a été ouvert sous la même enseigne peu après la signature du contrat, faussant les prévisions annoncées. Il va de soi que les arbitres n'auront pas la même lecture de l'application de cette loi selon qu'il s'agit d'un premier contrat ou d'un renouvellement de celui-ci. En cas de renouvellement, la demande fondée sur le manquement d'information relatif à des éléments déjà nécessaires lors de la conclusion du contrat d'origine risque de se heurter à la prescription. Aujourd'hui, l'article 1112-1 du code civil vient renforcer, en la généralisant, la protection de la partie créancière de l'information.

ii. La politique commerciale

La politique commerciale est en pratique déterminée par la partie qui est en position de force et sert prioritairement ses intérêts, qui passent par une organisation où doit régner la discipline et qui puisse optimiser ses propres profits. Pour ce faire, diverses clauses sont incluses dans les contrats.

L'observateur constate que la faible marge de manœuvre laissée par chacune des clauses participant à la mise en place du système de fixation des prix et des approvisionnements aboutit à placer le franchisé dans une situation qui est proche de la limite que les textes en vigueur tolèrent. Toutefois, les tribunaux arbitraux prennent en considération que cette situation est celle de la grande distribution en France dans son ensemble et que, puisqu'elle est licite, il ne lui appartient pas de se substituer au législateur.

La fixation des prix est un point sensible. Les grandes enseignes veulent mener une politique de prix bas et cherchent à éviter que certains points de vente soient mal placés au regard de la concurrence. L'entente sur les prix de revente imposés étant prohibée (art. L. 420-1 et s. C. com.), les prix de revente sont en principe libres. Des franchisés ou distributeurs ont parfois voulu voir une violation des textes précités dans la pratique de prix pré-indiqués au moyen de codes-barres, les produits livrés par les centrales d'achat avec des codes-barres contenant déjà le prix de revente. Les tribunaux arbitraux ont pu juger que cette pratique n'est pas à elle seule suffisante pour être illicite, car le point de vente peut toujours refuser de profiter de ce pré-étiquetage et y substituer ses propres prix, même si cela suppose un travail supplémentaire consistant à coller une nouvelle étiquette se substituant partiellement à la précédente. On admettra que la marge de manœuvre de l'exploitant reste très étroite. C'est là un des multiples exemples de clauses qui sont à la limite de la légalité, mais cette pratique a pour elle l'avantage de la simplicité et de l'efficacité et n'est pas un obstacle dirimant à l'exercice d'une certaine latitude sur la fixation des prix par le distributeur.

Les grandes enseignes ont mis sur pied des centrales d'achat, régionales ou nationales, qu'elles partagent parfois avec d'autres enseignes. Ici encore, on sait qu'une clause imposant un approvisionnement exclusif auprès d'elles serait illicite, sauf à ce qu'elle soit indispensable à la cohésion du réseau (art. L. 330-1 C. com.), en raison de la spécificité de la marchandise vendue. Ainsi, pour les produits alimentaires par exemple, l'approvisionnement exclusif ne peut concerner que les produits à marques propres au réseau[77]. Les contrats évitent l'écueil de l'illicéité en stipulant que ces plates-formes seront considérées comme des fournisseurs privilégiés…

L'article L. 420-2, al. 2, C. com. sanctionne l'abus de dépendance économique. Ce que le droit condamne n'est pas la simple situation de dépendance, mais son caractère abusif, en cas d'affectation de la concurrence. La notion de dépendance économique doit être entendue restrictivement, c'est-à-dire au sens de situation de vulnérabilité particulière du franchisé par rapport au franchiseur et non de simple situation d'inégalité entre les deux partenaires. Les tribunaux arbitraux ont pu être sensibles non seulement à l'existence de telle ou telle clause qui pouvait paraître abusive à cet égard, mais également à l'effet du jeu combiné de diverses clauses qui, en définitive, ne laissent aucune marge de manœuvre aux exploitants des points de vente. Cela peut aller de la politique de livraison des marchandises (spécialement des produits frais) à la pratique de distribution des ristournes, en passant par l'ajout de tâches ou obligations sans contrepartie.

---

77 V. N. Dissaux et R. Loir, *Droit de la distribution*, Issy-les-Moulineaux, LGDJ, 2017, n° 757.

iii. Le maintien dans le réseau

Afin de dissuader le franchisé ou le distributeur de quitter le réseau, les premières clauses que l'on trouve sont celles de non-concurrence, rédigées en termes très sévères. Dans la grande distribution, il n'est pas rare qu'elles interdisent aux exploitants d'un point de vente d'exercer pendant un an dans un rayon de dix ou quinze kilomètres autour de celui-ci, ce qui est de nature à les conduire droit à la cessation des paiements si elles sont appliquées strictement, car aucun exploitant n'a les ressources financières pour attendre pendant une telle durée avant de reprendre son activité, surtout s'il est propriétaire de son point de vente et ne peut donc le déplacer. Ces clauses ont en général été soit annulées, soit écartées, soit réduites par les tribunaux arbitraux pour des motifs divers, liés ou non à des considérations d'amiable composition. Certains franchiseurs ont même supprimé ces clauses et ont tenté de les remplacer par des clauses de non-réaffiliation, mais le résultat était pratiquement le même, car quoique la réaffiliation n'interdise que l'exercice de l'activité du point de vente sous une autre enseigne, l'activité sans enseigne notoire d'un point de vente est condamnée à l'échec[78]. Les tribunaux arbitraux ont donc souvent requalifié cette clause en clause de non-concurrence ou l'ont assimilée à cette dernière du point de vue de son traitement.

On a pu rencontrer, dans la grande distribution, une clause assez paradoxale intitulée « Droit d'entrée différé ». Cette clause prévoyait que le franchisé qui entrait dans un réseau bénéficiait *ipso facto* de la réputation attachée à l'enseigne et du travail déjà accompli par tous les membres du réseau. Il apparaissait donc logique de demander au franchisé « entrant » de s'acquitter d'un droit d'entrée qui s'ajoutait aux redevances annuelles versées au franchiseur par le franchisé. Mais ce « droit d'entrée » présentait deux particularités. La première était que, contrairement à son intitulé, son paiement était différé jusqu'au moment où le franchisé mettait fin de manière anticipée au contrat ou déclarait ne pas vouloir le renouveler, c'est-à-dire au moment où il faisait part de sa volonté de quitter le réseau. Ainsi, au lieu d'être versé immédiatement ou au cours des premières années, ce droit était en pratique dû, non à l'entrée, mais à la sortie, c'est-à-dire parfois dix ans plus tard. Plus précisément, et c'est la deuxième particularité, ce droit était assis sur un pourcentage (10 %, puis 5 %) calculé sur le chiffre d'affaires TTC (!) de la moyenne des trois dernières années d'exercice, ce qui était illogique au regard du fondement annoncé. Cette pratique, propre à l'un des groupements de distribution, a été abandonnée en 2004, après avoir été régulièrement neutralisée – ou, eu égard à l'équité, drastiquement réduite – par les tribunaux arbitraux qui n'y voyaient pas un droit d'entrée différé, mais un frein illégitime à la liberté de mettre fin au contrat.

De nombreux litiges s'élèvent également en fin d'exploitation d'un point de vente, lorsqu'un exploitant décide, par exemple pour prendre sa retraite, de céder ses parts. Ici la difficulté ne vient pas de ce qu'il s'agit d'éviter la sortie du réseau,

---

78 V. égal. en ce sens, N. Dissaux et R. Loir, *op. cit.*, n° 380.

mais des modalités d'exercice du droit de préférence stipulé au profit du franchiseur ou du producteur. Il est prévu qu'en cas de désaccord sur l'évaluation des parts, c'est une procédure d'expertise qui est réalisée, laquelle suscite souvent des craintes quant à sa fiabilité, en raison notamment du mode de nomination de l'expert et des critères pris en compte pour cette évaluation.

Les solutions de fond apportées par les arbitres ne constituent pas toujours des surprises pour les parties, car ce que celles-ci attendent des arbitres, c'est en définitive le montant des dommages-intérêts accordés selon les circonstances à la suite de la rupture contractuelle. Toutefois, sur certaines questions comme celles de l'efficacité d'une clause, la pratique a pu faire ressortir des solutions très différentes, et ce, malgré l'existence d'un corps d'arbitres assez homogène (professeurs d'université, anciens magistrats, avocats).

iv. La place des lois de police

Dans le domaine international, la principale question qui se pose est de savoir si les arbitres doivent tenir compte des lois de police susceptibles de protéger le distributeur intégré. Encore faut-il que les dispositions concernées soient qualifiées de lois de police, ce qui est discuté[79]. S'agissant des textes relatifs aux mesures restrictives de concurrence, la Cour de cassation, dans son arrêt *Expedia*, a récemment qualifié les dispositions portant sur la sanction du déséquilibre significatif de lois de police[80], mais la question demeure ouverte, notamment au regard des textes concernant la rupture brutale d'une relation commerciale établie[81], tandis que cette qualification semble être désormais rejetée à propos de la législation sur les agents commerciaux[82]. À supposer que la qualification de loi de police soit admise, les outils à la disposition des arbitres ne recèlent à vrai dire aucune originalité en matière de distribution[83]. La méthodologie à suivre est la même que pour toute autre loi de police[84].

La véritable question est de savoir si, en pratique, les arbitres sont portés à respecter les lois de police protectrices du distributeur intégré. Tout dépend bien

---

79 Pour une critique, v. L. Idot, « Réflexions sur l'application internationale des articles L. 442-1, L. 442-3 et L. 442-4 du Code de commerce », in *Liber amicorum en l'honneur du professeur Didier Ferrier*, préc., p. 291, spéc., p. 299 et s.

80 Cass. 1re civ.., 8 juillet 2020, n° 17-31.536 ; *Rev. crit. DIP* 2020. 839, note D. Bureau ; *Contrats, conc., consom.* n° 10, octobre 2020, comm. 140, obs. N. Mathey ; *JCP E* 2020. 1375, note M. Behar-Touchais ; *Gaz. Pal.* 22 septembre 2020, p. 18, note H. Meur ; *CCE* 2021. 1, chron. M.-E. Ancel ; *RTD civ.* 2021. 840 note L. Usunier ; *JDI* 2021. 1330, note V. Pironon ; v. aussi F. Buy, « Déséquilibre significatif : La Cour de cassation affirme pour la première fois que les dispositions de l'ancien article L. 442-6 C. com. constituent des lois de police (*Expedia*) », 8 juillet 2020, *Concurrences* n° 4-2020, art. n° 97435, pp. 151-152.

81 Sur l'incertitude en la matière, v. F. Leclerc, « La difficile rencontre entre pratiques restrictives de concurrence et droit international privé », in *Liber amicorum en l'honneur du professeur Didier Ferrier*, préc., p. 373, spéc., p. 390 et s.

82 Paris, 23 novembre 2021, n° 19/15670 (Guess), *JCP G* 2022, 148, p. 237, obs. C. Nourissat.

83 Sur ce point, v. A. Fourment, « Distribution : prospective du droit des pratiques restrictives dans l'arbitrage international », *La lettre de l'AFA*, n° 20, juillet 2016.

84 C. Seraglini, *Lois de police et justice arbitrale internationale*, Paris, Dalloz, 2001.

entendu du droit applicable et de la configuration du litige (et, avouons-le, des arbitres choisis…). Une étude des sentences rendues sous l'égide de la CCI en matière de distribution commerciale a montré que « *[l]es arbitres ne règlent pas le litige dans un esprit de protection particulière de l'une ou de l'autre des parties* »[85]. Néanmoins, la pratique arbitrale n'est pas rétive à toute velléité de protection, notamment par l'usage de la technique des lois de police. Une sentence récente, rendue à Madrid, a ainsi fait application de la loi guatémaltèque de protection des agents commerciaux, alors que le droit choisi par les parties était la loi allemande[86]. Bien sûr, cette seule sentence ne peut résumer la position de tous les tribunaux arbitraux, mais elle révèle que l'arbitrage est loin d'être une solution systématiquement défavorable au distributeur.

2. Le sort des sentences

Une fois la sentence rendue, à défaut d'appel en matière interne, celle-ci est susceptible de faire l'objet d'un recours en annulation pour les motifs prévus aux articles 1492 (en matière interne) et 1520 (en matière internationale) du code de procédure civile. Les sentences rendues dans le domaine de la distribution se coulent naturellement dans les motifs de recours de droit commun. Au vu de certaines spécificités de ce type de contentieux, trois motifs sont particulièrement sollicités.

Le premier est relatif à la compétence du tribunal arbitral. La sentence encourt l'annulation si le tribunal arbitral s'est déclaré à tort compétent ou incompétent (art. 1492, 1° et 1520, 1° CPC). Dans ce domaine, la compétence arbitrale est contrôlée *a posteriori*, une fois la sentence prononcée. Il faut donc voir ce contrôle comme le pendant de l'effet négatif du principe compétence-compétence. Saisi d'une action au fond, le juge étatique doit renvoyer les parties à l'arbitrage, sauf si, le tribunal arbitral n'étant pas encore saisi, la clause d'arbitrage est manifestement nulle ou inapplicable (art. 1448 CPC). Mais, une fois que la sentence est rendue, le contrôle exercé est total[87]. Dans le secteur de la distribution, la sentence est susceptible d'être annulée si les arbitres ont admis de manière erronée leur compétence dans deux circonstances différentes. Tout d'abord, ce serait le cas si le tribunal arbitral admettait sa compétence alors que la clause d'arbitrage était nulle pour avoir créé un déséquilibre significatif au sens de l'article L. 442-1, I, 2° C. com.[88]. Ensuite, tel serait le cas si le tribunal arbitral étendait sa compétence au-delà de ce qui a été prévu par la clause d'arbitrage. Toutefois, ce motif peut difficilement prospérer au vu de la jurisprudence. C'est ici faire référence au champ

---

85 C.Q.C. Truong, *Les différends liés à la rupture des contrats internationaux de distribution dans les sentences arbitrales CCI*, Paris, Litec, 2002, p. 326.

86 Sentence CCI n° ICC-FA-2021-076 ; *JDI* 2021. 1555, obs. A. Fessas et H. Barbier.

87 Cass., 1re civ., 6 octobre 2010, *Abela*, n° 08-20.563 ; *JCP* 2010. 1028, note P. Chevalier ; *Rev. arb.* 2010. 813, note F.-X. Train ; *D.* 2010. 2943, obs. T. Clay ; *JCP* 2010. 1286, n° 6, obs. J. Ortscheidt ; *Rev. crit. DIP* 2011. 85, note F. Jault-Seseke ; *Cah. arb.*, 2011. 443, note J.-B. Racine.

88 V. *supra*, I.2.

d'application de la clause tel que défini par la volonté des parties. Cette question s'est posée spécifiquement à propos des clauses d'arbitrage stipulées dans les contrats de distribution. En effet, les actions portant sur les pratiques restrictives de concurrence reçoivent souvent une qualification délictuelle (tel est le cas par exemple, et en principe, pour la rupture brutale des relations commerciales établies[89]). La clause d'arbitrage visant les différends relatifs au contrat ou en relation avec celui-ci couvre-t-elle les litiges d'ordre délictuel ? La réponse donnée en jurisprudence est affirmative. Cette réponse a été donnée au titre de la mise en œuvre de l'effet négatif du principe compétence-compétence (la clause n'étant dans cette hypothèse pas manifestement inapplicable)[90]. *A fortiori*, c'est la même réponse qui s'impose au stade du contrôle de la sentence. Dès l'instant où la clause d'arbitrage est rédigée de manière suffisamment large pour inclure tout litige en lien avec le contrat, il convient d'admettre que les arbitres sont compétents pour apprécier à la fois les litiges de nature purement contractuelle et ceux de nature délictuelle qui seraient liés au contrat contenant la clause (tels ceux mettant en jeu la législation sur les pratiques restrictives de concurrence, à les supposer de nature délictuelle).

Le deuxième motif concerne l'indépendance et l'impartialité des arbitres, appréciées au regard des articles 1492, 2° et 1520, 2° CPC. C'est une question particulièrement sensible dans le secteur de la distribution. Sont parfois dénoncées les « connivences » qui existeraient entre les arbitres régulièrement nommés et les fournisseurs, plus particulièrement les franchiseurs. Il faut ici tenter d'éclaircir ce point sans tomber dans la caricature[91]. Il est vrai que certaines personnes sont nommées arbitres de manière régulière par les mêmes fournisseurs. Cette circonstance a été relevée par la jurisprudence, qui y a vu la source d'un « courant d'affaires ». La Cour de cassation a ainsi jugé, dans le cas d'un arbitre ayant été désigné 34 fois, que « *le caractère systématique de la désignation d'une personne donnée par les sociétés d'un même groupe, sa fréquence et sa régularité sur une longue période, dans des contrats comparables, ont créé les conditions d'un courant d'affaires entre cette personne et les sociétés du groupe parties à la procédure de sorte que l'arbitre était tenu de révéler l'intégralité de cette situation à l'autre partie à l'effet de la mettre en mesure d'exercer son droit de récusation* »[92]. C'est alors l'expression d'arbitre « maison » qui revient, avec tous les sous-entendus négatifs que cela suscite. Toutefois, il faut bien comprendre que la jurisprudence pose en la matière une obligation de révélation. Il incombe ainsi à l'arbitre, conformément à l'article 1456, alinéa 2, CPC, de révéler spontanément

89 D. Ferrier et N. Ferrier, *Droit de la distribution*, 9e éd., Paris, LexisNexis, 2020, pp. 264-265.

90 Cass. 1re civ., 8 juillet 2010, n° 09-67.013, préc. ; Cass. 1re civ., 6 juillet 2016, n° 15-21.811, préc. V. aussi, CA Paris, 2 juin 2004 ; *Rev. arb.* 2005. 673, 2e esp., note J.-B. Racine.

91 À une époque aujourd'hui assez largement révolue, il y avait un tel nombre d'arbitrages en une même période qu'il aurait été difficile pour les parties de recourir à des arbitres nouveaux pour chaque procédure. C'est donc des groupes d'arbitres qui se rencontraient dans ces procédures, les présidents de tribunaux arbitraux intervenant toujours dans cette même position, tandis que telle enseigne utilisait quelques arbitres et les franchisés quelques autres.

92 Cass. 1re civ., 20 octobre 2010 (deux arrêts), n° 09-68.997 et n° 09-68.131 ; *Rev. arb.,* 2011. 671 et 669 ; *LPA* 21 février 2011, p. 17, note M. Henry ; *D.* 2010. 2938 obs. T. Clay ; *JCP* 2010. 1286, n° 1, obs. C. Seraglini.

le nombre de fois qu'il a été désigné arbitre par la même partie (ou le même groupe) dans le passé[93]. La question se pose donc au stade de l'obligation de révélation qui pèse sur l'arbitre. De deux choses l'une alors. Si le nombre de nominations répétées est considéré comme susceptible d'affecter son indépendance et son impartialité, il sera possible de s'opposer avec succès à sa nomination ou d'obtenir sa récusation. À l'inverse, si le nombre est insuffisant ou si l'autre partie ne conteste pas la nomination de l'arbitre sur ce chef, l'arbitre sera confirmé et pourra accomplir sa mission. Dès lors, il importe de souligner qu'un arbitre nommé régulièrement par la même partie peut se comporter, dans les faits, comme parfaitement indépendant et impartial. Ce qui importe, c'est qu'il dise au préalable qu'il a déjà été désigné par la même partie et, si oui, combien de fois.

Les hypothèses de nominations du même arbitre par une partie ne concernent pas uniquement les arbitres nommés par le franchiseur, et l'obligation de révélation qui vient d'être décrite s'applique exactement de la même manière lorsque les franchisés – qui sont souvent membres d'une association de franchisés – recourent à quelques conseils, toujours les mêmes, qui conseillent aux franchisés les mêmes arbitres[94]. Le traitement de l'obligation de révélation est identique, l'arbitre indiquant que le même conseil a représenté à diverses reprises la partie qui l'a nommé.

Dans le même temps, il y a un certain nombre de circonstances indifférentes qui n'ont pas besoin d'être révélées. Dans le contexte d'un recours en annulation, il était par exemple reproché à un arbitre de ne pas avoir révélé les liens qu'il entretenait avec le directeur juridique du groupe Carrefour/CSF. Ces liens consistaient, selon le recourant, dans la participation commune à un colloque en droit de la distribution et dans l'intervention dudit directeur dans un master de l'université dans laquelle exerçait l'arbitre concerné en tant que professeur. Il a été jugé que ces liens ne permettaient pas d'établir l'existence de relations de nature à créer un doute sur l'indépendance et l'impartialité de l'arbitre[95]. La solution est logique et conforme à une jurisprudence établie[96]. De simples liens académiques ne génèrent pas un courant d'affaires ou des liens d'intérêt. Ils n'ont donc pas à être révélés.

Le troisième motif porte sur la conformité de la sentence à l'ordre public (art. 1492, 5° et 1520, 5° CPC). La matière du droit de la distribution est sollicitée, principalement dans son volet intéressant la concurrence. En effet, le droit des

---

93 Mais combien de nominations et durant quelle période de temps ? La jurisprudence ne donne aucune indication sur ces deux points. Notons toutefois que la question est traitée par les « Lignes directrices de l'IBA sur les conflits d'intérêts dans l'arbitrage international » (art. 3.1.1 : doit être révélée la circonstance qu'« *[a]u cours des trois dernières années, l'arbitre a été nommé à deux ou plusieurs reprises par l'une des parties ou par l'une de ses filiales* »).

94 Les distributeurs intégrés ne sont donc pas toujours dans la position de « joueurs occasionnels », face à des fournisseurs qui seraient des « joueurs répétitifs » : ces distributeurs recourent à des conseils spécialisés et ils sont membres d'organisations professionnelles.

95 CA Versailles, 22 octobre 2019, RG 18/03519.

96 CA Paris, 14 octobre 2014, RG 13/14076 ; en somm. in *Rev. arb.* 2014. 1028.

pratiques anticoncurrentielles et le droit des pratiques restrictives de concurrence sont considérés comme relevant de l'ordre public économique dit « de direction » (du moins est-ce le cas sans contestation possible du premier). Un contrôle *a posteriori* de la conformité de la sentence à cet ordre public est dès lors envisageable. La question dépasse largement le domaine de la distribution pour englober, de manière générale, le contrôle de l'ordre public. Seules quelques pistes peuvent être explorées. La première question à poser est celle du contenu de l'ordre public objet du contrôle des sentences arbitrales, plus particulièrement de l'ordre public international. S'il n'est pas contesté que le droit des pratiques anticoncurrentielles entre bien dans cette catégorie, l'insertion du droit des pratiques restrictives de concurrence est plus débattue. Il demeure toutefois que, dès l'instant où la jurisprudence française érige la législation en loi de police[97], celle-ci fait partie intégrante de l'ordre public international au sens de l'article 1520, 5° CPC. La seconde question porte sur l'étendue du contrôle, thème central de la réflexion sur le contrôle des sentences depuis de très nombreuses années[98]. Depuis 2014, le contrôle a évolué dans le sens d'un approfondissement, ce à rebours des solutions issues des arrêts *Thalès*[99] et *Cytec*[100], tous deux rendus en matière de concurrence. Le juge de l'annulation s'autorise désormais un contrôle étendu de la sentence, reprenant les éléments factuels, pour aboutir, le cas échéant, à établir une contrariété à l'ordre public international. Toutefois, les arrêts pertinents ont été rendus en matière de corruption[101], de blanchiment d'argent[102] ou bien encore de fraude[103]. La jurisprudence s'est encore peu prononcée au vu de la législation économique. Serait-elle prête à pousser aussi loin le contrôle de la violation alléguée du droit de la concurrence (tant le « grand » que le « petit ») et de la contrariété à l'ordre public international qui en résulterait ? Il est possible de considérer que le contrôle doit être le même dès lors que l'ordre public international est concerné (dans toutes ses composantes : principes essentiels de l'ordre juridique français ou lois de police)[104]. Néanmoins, la solution ne va pas de soi. Il est envisageable que les juges modulent, sans nécessairement le dire explicitement d'ailleurs, leur contrôle suivant

97 V. *supra*, II.1.B.iv.

98 En dernier lieu, v. C. Seraglini, « Le contrôle par le juge de l'absence de contrariété de la sentence à l'ordre public international : le passé, le présent, le futur », *Rev. arb.* 2020, p. 347.

99 CA Paris, 18 novembre 2004, RG 2002/19606 ; *Rev. arb.* 2005. 751 ; *JDI* 2005. 357, note A. Mourre ; *JCP* 2005, I, 134, n° 8, obs. C. Seraglini ; *Rev. crit. DIP* 2006. 104, note S. Bollée.

100 Cass. 1re civ., 4 juin 2008, n° 06-15.320 ; *Rev. arb.* 2008. 473, note I. Fadlallah ; *JDI* 2008. 1107, note A. Mourre ; *D.* 2008. 3118, obs. T. Clay ; *RTD. com.* 2008. 518, obs. E. Loquin ; *JCP* 2008, I, 164, n° 8, obs. C. Seraglini.

101 CA Paris, 17 novembre 2020, *Sorelec*, RG 18/02568 ; *Dalloz actualité*, 15 janvier 2021, obs. J. Jourdan-Marques ; *D.* 2020. 2484, obs. T. Clay ; *JDI* 2021. 1021, note I. Fadlallah.

102 CA Paris, 21 février 2017, *Belokon*, RG 15/01650 ; *Rev. arb.* 2017. 915, note S. Bollée et M. Audit ; *D.* 2017. 2054, obs. S. Bollée ; *ibid.* 2570, obs. T. Clay ; *RDC* 2017. 304, note X. Boucobza et Y.-M. Serinet ; *JDI* 2017, comm. 20, 3e esp., note E. Gaillard.

103 CA Paris, 16 janvier 2018, *MK Group*, RG 15/21703 ; *JDI* 2018. 883, note S. Bollée et *ibid.* 898, note E. Gaillard ; *Rev. arb.* 2018. 401, note S. Lemaire.

104 C. Seraglini, « Le contrôle par le juge de l'absence de contrariété de la sentence à l'ordre public international : le passé, le présent, le futur », préc., p. 368.

l'importance de la valeur en cause. Des législations de nature économique, surtout protectrices de certains professionnels comme les pratiques restrictives de concurrence, sont susceptibles d'apparaître comme moins fondamentales et primordiales que des valeurs telles que l'interdiction de la corruption et du blanchiment d'argent. En ce sens, citons une affaire qui concerne l'ordre public interne, mais qui est assez révélatrice de cette éventuelle tendance. Une sentence rendue dans le secteur de la franchise était attaquée au motif qu'elle aurait donné effet à un pacte de préférence anticoncurrentiel. Le recours est rejeté, car le recourant, « *en invoquant l'illicéité du pacte de préférence, invite la cour à vérifier la pertinence du raisonnement juridique par lequel les arbitres ont considéré que le droit de préférence prévu à l'article 3.4.2 du contrat de franchise ne constituait pas une atteinte à la concurrence et n'était notamment pas disproportionné du fait de sa durée, et ce faisant, demande à la Cour d'exercer un contrôle au fond de la sentence, qui échappe au juge de l'annulation ; [...] la sentence ne peut être déclarée contraire à l'ordre public économique* »[105]. On reconnaît en la matière la réserve dont fait souvent preuve le juge de l'annulation. Il refuse d'envisager le fond du litige tel que tranché par les arbitres au nom de la prohibition de la révision au fond. Toutefois, un arrêt plus récent offre un contre-exemple particulièrement intéressant[106]. Dans cette affaire, une sentence avait été rendue aux États-Unis en application du droit de l'État de Californie, alors que le contrat de distribution s'était exécuté en France, plus particulièrement en Guyane. La cour a retenu, dans le contexte d'un appel contre l'ordonnance d'exequatur, une contrariété à l'ordre public international sur le fondement des articles L. 420-1, L. 420-2-1 et L. 420-3 C. com. En substance, la disposition centrale (art. L. 420-2-1 C. com.), issue de la loi Lurel du 20 novembre 2012, concerne les territoires ultramarins (telle la Guyane) et empêche l'octroi de droits exclusifs d'importation à une entreprise ou à un groupe d'entreprises. La cour constate que l'arbitre n'a fait application que de la loi californienne, sans mettre en œuvre la prohibition prévue à l'article L. 420-2-1 C. com., qualifié de loi de police. L'arrêt considère ainsi que la sentence est contraire à l'ordre public international. Les débats sont par conséquent encore ouverts et il faudra attendre des précisions futures de la part de la jurisprudence, en particulier de la Cour de cassation.

---

105 CA Versailles, 22 octobre 2019, RG 18/03519, préc.

106 CA Paris, 19 octobre 2021, RG 18/01254, préc.

Arbitration & EU Competition Law: Latest Developments

ASSIMAKIS P. KOMNINOS* AND MARIA KAMVYSI**
White & Case | Athens Bar Association

Résumé

La relation entre l'arbitrage et le droit de la concurrence de l'UE s'est développé par diverses étapes de rapprochement et de détachement, et continue de faire face à des défis dans les deux sens. La contribution présente vise à enregistrer ce processus évolutif, en incorporant et en mettant en évidence les derniers développements. À cet égard, nous observons le rapprochement progressif via la reconnaissance de l'arbitrabilité des litiges antitrust, la reconnaissance de l'arbitrage comme mécanisme de contrôle des engagements, le rôle de l'arbitrage dans la réparation de dommages et intérêts antitrust, l'inclusion du droit européen de la concurrence en tant que disposition d'ordre public dans le cadre du contrôle juridictionnel des sentences arbitrales, ainsi que la façon dont les juridictions de l'UE et les juges nationaux perçoivent ce pouvoir de contrôle à travers une approche maximaliste ou minimaliste. Nous tenons également compte des signes de friction, tels que la portée des clauses d'arbitrage dans les litiges du droit civil liés à la concurrence, les cas de procédures parallèles ou consécutives devant la Commission Européenne et les tribunaux arbitraux, ainsi que la manière dont un mécanisme d'arbitrage obligatoire et exclusif et les règles d'éligibilité pour y avoir recours pourraient être contraires au droit de la concurrence de l'UE.

---

* Partner, White & Case LLP; visiting research fellow, University College London (UCL); visiting professor, Université catholique de Louvain (2020–2022). The present views are strictly personal.

** LLM (College of Europe); LLM, LLB (University of Athens); lawyer (Athens Bar Association). The present views are strictly personal.

I. Introduction

As is appropriate for the *Liber Amicorum* of the pioneer in the area of competition law and arbitration that Laurence Idot has been, the purpose of this piece is to present and analyse the constantly evolving relationship between arbitration and EU competition law, with an emphasis on the current developments. For this reason, we follow the path from the early days of distrust (II.) towards a mature meeting point between the two sides (III.), we review the subsequent steps bringing them considerably closer (IV.), and we finally examine to what extent the latest developments could reveal indications of retreat (V.).

II. The Early Days

The emergence of arbitration in disputes traditionally falling within the competence of the enforcers of EU competition law was initially addressed by the latter with suspicion and a rather reticent approach, fearing that arbitration could be used as a way to undetectably circumvent antitrust rules. The specific characteristics of arbitration (confidentiality, neutrality, finality) were perceived as particularly alarming, especially under the fear that international arbitrators in significant arbitration centres outside the EU were not paying due deference to the EU competition rules.[1]

This reticence was expressed by debating the arbitrability of antitrust disputes, i.e. their ability to be subject to arbitration.[2] Arbitrability can be examined by both arbitral tribunals and courts, at the beginning of the arbitral proceedings and after the issuance of the arbitral award respectively,[3] and can, therefore, directly affect the choice of having recourse to arbitration. In that context, it was mainly the contractual nature of arbitration that gave rise to the issue, questioning whether disputes concerning laws protecting the public interest, such as competition rules, could be submitted to, settled and limited by a private autonomy mechanism, such as arbitration, perceived to prioritise private interests. In addition, the fact-finding limitations of arbitral tribunals, which accentuated the inherent difficulty in

1 *See* Assimakis Komninos, "Arbitration and EU Competition Law", in Jürgen Basedow, Stéphanie Francq, Laurence Idot (eds), *International Antitrust Litigation: Conflict of Laws and Coordination* (Hart Publishing 2012), with reference to Jacques Werner, "Application of Competition Laws by Arbitrators: The Step Too Far" (1995) 12 J Int'l Arb 21, 23–24, and Carl Baudenbacher, "Enforcement of EC and EEA Competition Rules by Arbitration Tribunals Inside and Outside the EU", in Claus-Dieter Ehlermann, Isabela Atanasiu (eds), *European Competition Law Annual 2001: Effective Private Enforcement of EC Antitrust Law* (Hart Publishing 2003) 341–343.

2 This corresponds to the notion of "objective arbitrability", which should be distinguished from "subjective arbitrability", i.e. the ability of the parties to submit their dispute to arbitration in light of their status or function, *see* Emmanuel Gaillard, John Savage, *Fouchard Gaillard Goldman on International Commercial Arbitration* (Kluwer Law International 1999) 312–313.

3 In particular, the arbitrability of a dispute can constitute the basis of an anti-suit injunction in order to prevent the arbitration clause from producing its effects, as well as the ground for annulling an issued arbitral award or for denying its enforcement and/or recognition.

detecting breaches of competition law,[4] further fuelled the debate. These concerns had led to the exclusion of the arbitrability of antitrust-related disputes. Similarly, arbitrators developed a rather defensive approach, preferring to avoid the intriguing questions instead of risking their awards' enforcement[5] on public policy or arbitrability grounds.[6] At the same time, arbitration specialists rejected what they saw as the Commission's interventionist and disrespectful approach vis-à-vis arbitration.[7]

The aforementioned distrust was also consistent with a certain distance between arbitration and general EU law. As held in *Nordsee*, arbitral tribunals do not qualify as courts of the EU Member States and, therefore, cannot refer preliminary questions to the Court of Justice of the EU ("CJEU") and get directly involved in the interpretation of EU law.[8] Reading *Nordsee* together with the near in time CJEU ruling in *Almelo*,[9] one can infer that the underlying reason for the exclusion of arbitral tribunals from the EU judicial system is their lack of integration in the administration of justice of a Member State. This position has been criticised for downgrading the function and objectives of arbitration as a system of dispute resolution.[10]

III. A Mature Interface

Despite the highly debated objective arbitrability of antitrust,[11] there was a gradual trend *in favorem arbitrandi*[12] during the 1980s and early 1990s, which led to the complete recognition of the arbitrable nature of antitrust disputes by both the case law and the literature.[13]

---

4 Phillip Landolt, *Modernised EC Competition Law in International Arbitration* (Kluwer Law International 2006) 93.

5 As regards the duty of arbitrators to render an enforceable award *see*, among others, Martin Platte, "An Arbitrator's Duty to Render Enforceable Awards" (2003) 20 J Intl Arb 307, 308.

6 *See* Natalya Shelkoplyas, *The Application of EC Law in Arbitration Proceedings* (Europa Law Publishing 2003) 160 fn 49.

7 Initially, the Commission had imposed duties on private parties, through some old individual and block exemptions, to notify to it arbitration proceedings and arbitral awards. The Commission had also intervened once in the past to enjoin parties from enforcing an arbitral award that was considered objectionable. *See further* Assimakis Komninos, "Arbitration and the Modernisation of European Competition Law Enforcement" (2001) 24 World Competition 211.

8 Case 101/82 *Nordsee Deutsche Hochseefischerei GmbH v Reederei Mond Hochseefischerei Nordstern AG & Co KG and Reederei Friedrich Busse Hochseefischerei Nordstern AG & Co KG* EU:C:1982:107, paras 11–13.

9 Case C–393/92 *Gemeente Almelo and others v Energiebedrijf IJsselmij* EU:C:1994:171, paras 23–24. The CJEU stated that a national court that decides on an appeal against an arbitral award qualifies as a national court or tribunal, notwithstanding the fact that the arbitration clause provided that this court would adjudicate according to "what appears fair and reasonable", and not according to the rules of law.

10 *See* Henry G Schermers, Denis Waelbroeck, *Judicial Protection in the European Union* (6th ed, Kluwer Law International 2001) 262.

11 Céline Gauer, Johannes Lübking, "Arbitration and Competition: Between Conflict and Cooperation" (2017) 3 CLPD 26.

12 Jean-Baptiste Racine, *L'arbitrage commercial international et l'ordre public* (LGDJ 1999) 36.

13 In the United States, *see Mitsubishi Motors Corp v Soler Chrysler-Plymouth Inc*, 473 US 614 (1985); *Kotam Elecs Inc v JBL Consumer Prods Inc*, 93 F.3d 724 (11th Cir 1996); *Seacoast Motors of Salisbury Inc v Daimler-Chrysler Motors Corp*, 271 F.3d 6 (1st Cir 2001); *Baxter International Inc v Abbott Laboratories*, 315 F.3d 829 (7th Cir 2003), XXVIII YCA 1154 (2003); *JLM Industries Inc et al. v Stolt-Nielsen SA et al.*, 2004 US App

In *Eco Swiss*,[14] the CJEU recognised that EU competition law qualifies as a ground of public policy able to impede the enforcement of an arbitral award; in this way, it indirectly – still undisputedly – admitted[15] that EU antitrust disputes can be settled through arbitration. The CJEU was seized of the matter through a preliminary reference by the Dutch Supreme Court in proceedings for the stay of the enforcement of an arbitral award on damages for breach of a licensing agreement. The reference included five questions relating to whether a breach of EU competition law could qualify as a public policy plea for setting aside an award, despite the fact that the relevant national law explicitly provided for limited grounds in that regard. The referring court verified this limited review and pointed out that arbitrators would decide *ultra petita* if they applied EU law, as well as that their incompetence to make a preliminary reference to the CJEU deprived them of the power to apply EU competition law on their own motion. The CJEU, however, focused on the effectiveness of EU competition law and, in this way, inferred the latter's qualification as an element of public policy. This assertion established a presumption of arbitrability under the former Article 81 EEC Treaty (now Art 101 TFEU).[16]

Eco Swiss marks the arrival of maturity in the relationship between arbitration and EU competition law, supporting ways of coexistence and parallel growth. As regards Article 101 TFEU, Article 101(3) TFEU should not be excluded.[17] This would undermine not only the modernisation of EU competition law, but also the effectiveness of international commercial arbitration as a dispute resolution mechanism since it would oblige arbitrators to split disputes and refer claims under Article 101(3) TFEU to the national courts.[18] Following the same rationale, and keeping in mind that the national courts have turned into full enforcers of Articles 101 and 102 TFEU,[19] by analogy, disputes under Article 102 TFEU are also arbitrable.[20]

LEXIS 22253 (2d Cir 2004), XXX YCA 963 (2005). In France, *see Labinal SA v Mors and Westland Aerospace Ltd* (1993) Rev arb 645, with a comment by Laurence Idot (1993-7) Europe 10, 11 (CA Paris 1993); *Sté Aplix v Sté Velcro* (1994) Rev arb 164, with a comment by Laurence Idot (1994-4) Europe 12 (CA Paris). *See also Jacquetin v Intercaves*, RG 06/06860 (CA Paris 2008). In Italy, *see Telecolor SpA v Technocolor SpA*, No 7733 (1997) 47 Giust Civ I-1373, with a comment by Falvella (1997) 47 Giust Civ I-1375 (Corte di Cassazione 1996); *COVEME SpA v CFI – Compagnie Française des Isolants SA* (1993) 3 Riv Arbitrato 77, with comments by Rosi (1993) 3 Riv Arbitrato 79; Caporale (1993) 7 Dir Comm Int 725 (Corte d'Appello Bologna 1990). In England & Wales, *see ET Plus SA and others v Welter and others* (Comm) [2006] Lloyd's Rep 251; [2005] EWHC 2115. For a general analysis of the issue, *see also* Alexis Mourre, "Arbitrability of Antitrust Law from the European and US Perspectives", in Gordon Blanke, Philip Landolt (eds), *EU and US Antitrust Arbitration: A Handbook for Practitioners* (Kluwer Law International 2011).

14 Case C–126/97 *Eco Swiss China Time Ltd v Benetton International NV* EU:C:1999:269. *See* case comment by Assimakis Komninos, "Case C-126/97, Eco Swiss China Time Ltd. v. Benetton International NV, Judgment of 1 June 1999, Full Court" (2000) 37 CML Rev 459.

15 Landolt (n 4) 101; Jean-François Poudret, Sebastien Besson, *Comparative Law of International Arbitration* (2nd edn Sweet & Maxwell 2007) 298; Mourre (n 13) 15; Komninos (n 1) 195–196.

16 Gordon Blanke, "EU Competition Arbitration", in Luis Ortiz Blanco (ed), *EU Competition Procedure* (3rd edn, Oxford University Press 2013) 1077, 1082–1083.

17 The Commission has endorsed the arbitrability of disputes under Art 101(3) TFEU. *See* Johannes Lübking, The European Commission's View of Arbitrating Competition Law Issues (2008) 19 EBLR 77.

18 Komninos (n 7) 219 *et seq*; Laurence Idot, "Arbitration and the Reform of Regulation 17/62", in Ehlermann, Atanasiu (n 1) 317.

19 Komninos (n 1) 198.

20 Blanke (n 16) 1084.

IV. Growing by Leaps and Bounds

The momentum achieved by *Eco Swiss* has further evolved, revealing a closer interplay between arbitration and the effective application of EU competition law. This rapprochement has been evidenced by the way the European Commission has been shaping competition law enforcement through the promotion of arbitration as a mechanism to monitor commitments[21] and a recognised means to claim antitrust damages, as well as by the way national courts apply *Eco Swiss* in the context of the judicial review of arbitral awards.

1. Arbitration as an Enforcement Tool

Following *Eco Swiss*, the European Commission started embracing arbitration as an auxiliary tool to ensure compliance with behavioural commitments and, thus, achieve the enforcement of EU competition law. In that context, there have been numerous merger decisions clearing concentrations under certain conditions, which included recourse to arbitration for competition-related disputes,[22] as well as pre-2004 exemption decisions pursuant to Article 101(3) TFEU.[23] This progress was well received by the arbitration community,[24] indicating a developing complementarity between arbitration and competition law enforcement. Post-2004, we notice similar commitment decisions pursuant to Article 9 of Regulation (EC) 1/2003,[25] as well as the provision of arbitration in the Commission's Notice on merger remedies ("Remedies Notice"),[26] and the affirmation of this practice by the CJEU case law.[27]

---

21 This applies mainly to behavioural commitments, i.e. non-divestiture commitments imposing certain obligations of future conduct (e.g. the waiving of exclusivity rights), which usually require closer monitoring. On the contrary, structural commitments, such as divestiture remedies, should require less monitoring, *see* Ferdinando Emanuele, Milo Molfa, Pierantonio d'Elia, "EU Merger remedy arbitration: Key features and strategic issues in light of the first reported arbitral award" (2013) RDAI/IBLJ 445, 449.

22 *See* Laurence Idot, "Une innovation surprenante : L'introduction de l'arbitrage dans le contrôle communautaire des concentrations" (2000) Rev arb 591; Gordon Blanke, "International Arbitration and ADR in Conditional EU Merger Clearance Decisions", in Blanke, Landolt (n 13) 1516–1517 with statistics on the Commission's merger clearance decisions providing for arbitration as a monitoring mechanism; Gauer, Lübking (n 11) 32–34.

23 *See* e.g. *UIP* (Case IV/30.566) Commission Decision 89/467/EEC [1989] OJ L 226/25; *Atlas* (Case IV/35.337) Commission Decision 96/546/EC [1996] OJ L 239/23; *British Interactive Broadcasting/Open* (Case IV/36.539) Commission Decision 1999/781/EC [1999] OJ L 312/1; *EBU/Eurovision System* (Case IV/32150) Commission Decision 93/403/EEC [1993] OJ L 179/23, renewed in *Eurovision* (Case IV/32.150) Commission Decision 2000/400/EC [2000] OJ L 151/18. *See* Komninos (n 7) 217; Gordon Blanke, "The Use of International Arbitration under Article 81(3) of the EC Treaty and Article 9 of Regulation 1/2003" (2008) 6 SchiedsVZ 234, 236 *et seq*.

24 *See* Marc Blessing, *Arbitrating Antitrust and Merger Control Issues* (Helbing & Lichtenhahn 2003) 194–197.

25 *See* e.g. *Joint selling of the media rights to the German Bundesliga* (Case COMP/C.2/37.214) Commission Decision 2005/396/EC [2005] OJ L 134/46; *Opel* (Case COMP/E-2/39.143) Commission Decision 2007/836/EC [2007] OJ L 330/44; *DaimlerChrysler* (Case COMP/E-2/39.140) Commission Decision 2007/788/EC [2007], OJ L 317/76; *Fiat* (COMP/E-2/39.141) Commission Decision 2007/841/EC [2007] OJ L 332/77; *Toyota Motor Europe* (Case COMP/E-2/39.142) Commission Decision 2007/831/EC [2007] OJ L 329/52; *Continental/United/Lufthansa/Air Canada* (Case COMP/AT.39595) Commission Decision C(2013) 2836 final.

26 Commission notice on remedies acceptable under Council Regulation (EC) No 139/2004 and under Commission Regulation (EC) No 802/2004 [2008] OJ C 267/1, paras 66, 130.

27 Case T–158/00 *ARD v Commission* EU:T:2003:246, paras 212, 295, 352; Case T–177/04 *easyJet v Commission* EU:T:2006:187, para 186.

In merger remedies, arbitration commitments usually take the form of a fast-track procedure,[28] which allows any injured third party to institute arbitral proceedings vis-à-vis the party offering the commitment.[29] In this way, the European Commission, as the ultimate enforcer of EU competition law, can indirectly ensure that the proposed remedies are easily enforced,[30] and that effective competition in the relevant market can be swiftly restored through a variety of interim, declaratory and compensatory private law remedies.[31] At the same time, this solution is not prone to threatening the public enforcement competence of the European Commission since the latter can always investigate an alleged breach of the arbitration commitments[32] and/or intervene at the arbitral proceedings as an *amicus curiae.*[33] For this reason, the commitment itself usually includes specific provisions regulating the way the European Commission can participate in the proceedings by submitting observations, attending hearings and examining witnesses. In that regard, it should be noted that, in more recent cases, the European Commission appears more receptive at limiting its interventionist powers over the proceedings,[34] contrary to what was pursued in the past, where arbitration clauses in commitment decisions aimed at securing a more active role for the European Commission,[35] even in the process of selecting arbitrators.[36] This highlights the building of progressive confidence and trust towards arbitration in general.[37]

In the antitrust area, arbitration commitments are adopted in exchange for the closure of the investigation without finding infringement and imposition of fines and are once again binding on the party proposing them. A recent example can be found in the *Gazprom* commitments decision, where the European Commission accepted a commitment for having recourse to arbitration within the EU, since "[t]his obliges the arbitral tribunals to respect and apply EU competition law as a matter of public policy irrespective of the private interest of the parties to the

---

28 Remedies Notice (n 26), para 130.

29 Emanuele, Molfa, d'Elia (n 21) 450; Blanke (n 22) 1634.

30 Lübking (n 17) 79–80. According to the Remedies Notice (para 9), the commitments proposed by the merging parties should be able to entirely eliminate the competition concerns in a comprehensive, effective and timely manner.

31 *See* Blanke (n 22) 1630–1634; Emanuele, Molfa, d'Elia (n 21) 446.

32 *See* Blanke (n 22) 1639–1641; Lübking (n 17) 80.

33 *See* Blanke (n 22) 1649–1652. For the rather active role of the European Commission as *amicus curiae* in investment arbitration proceedings, *see* Gary Born, Stephanie Forrest, "*Amicus Curiae* Participation in Investment Arbitration" (2019) 34 ICSID Rev 626.

34 *See* Laurence Idot, "Arbitrage et droit de l'Union européenne : Retour sur quelques développements récents" (2016) Rev arb 471, 477–478.

35 For a first major critical evaluation of such arbitration clauses in merger clearance decisions, *see* Idot (n 34), who considers some of those clauses as "pathological".

36 Komninos (n 7) 217, with reference to specific cases where the relevant commitment on arbitration was elaborately construed so as to include detailed clauses on the place, applicable law, time and costs of such arbitration, or even terms according to which the arbitrators would be confirmed or even nominated by the European Commission or the director-general for competition.

37 Despite the prolific use of arbitration commitments in the European Commission's practice, actual cases where arbitration followed an EU merger decision remain rare, e.g. *see* Luca G Radicati di Brozolo, "EU Merger Control Commitments and Arbitration: *Reti Televisive Italiane v. Sky Italia*" (2013) 29 Arb Int'l 223.

arbitration. In relation to this obligation on the arbitration tribunals, the Commission, as the guardian of EU law, may decide to intervene as *amicus curiae* in the arbitration proceedings, especially so if the arbitration concerns a matter covered by the Commission's commitment decision".[38]

Apart from arbitration commitments, the rising role of arbitration as an EU competition law enforcement mechanism can also be seen in the endorsement of "consensual dispute resolution" in Directive 2014/104/EU (Damages Directive) governing claims on damages from EU competition law infringements.[39] Although not referring directly to arbitration, the Damages Directive aims, inter alia, at facilitating recourse to alternative dispute resolution mechanisms.[40] In this direction, it provides for the suspension of the limitation period for bringing a damages action while a consensual dispute resolution procedure is pending, as well as for the suspension of the proceedings before national courts when the latter are seized of an action for damages, if at the same time the parties are involved in a consensual dispute resolution procedure.[41] This provision could indeed encourage the parties to choose arbitration through an *ex post* arbitration clause.[42] It also provides that compensation offered as the outcome of the latter could be considered by the national competition authorities ("NCAs") as a mitigating factor for the calculation of the fine,[43] and analyses how this compensation can affect the amount of supplementary damages claims against settling and non-settling co-infringers.[44]

2. EU Competition Law as a Ground of Public Policy

The qualification of EU competition law as a ground of public policy in *Eco Swiss* opened the door for the national courts of the Member States to possibly annul and/or deny the recognition/enforcement of arbitral awards in breach thereof. For the CJEU, the nullity of an agreement in breach of EU competition rules derives from the significance of the latter for the attainment of the EU's objectives and the subsequent need to ensure their uniform and effective application – points which were also made in later case law, and particularly, in *Courage*,[45] *Manfredi*,[46]

38 *Upstream gas supplies in Central and Eastern Europe* (Case AT.39816) Commission Decision C(2018) 3106 final, para 178.

39 Directive 2014/104/EU of the European Parliament and of the Council of 26 November 2014 on certain rules governing actions for damages under national law for infringements of the competition law provisions of the Member States and of the European Union [2014] OJ L 349/1 (Damages Directive), Recitals 21, 48.

40 ibid, Recital 48; Irene Welser, Anna Wolf-Posch, "The Arbitration Agreement and Arbitrability, Private Enforcement of Cartel Infringements before Arbitral Tribunals", in Christian Kalusegger, Peter Klein, and others (eds), *Austrian Yearbook on International Arbitration 2019* (Wolters Kluwer 2019).

41 Damages Directive, Art 18(1) – (2).

42 Miriam Driessen-Reilly, "Private Damages in EU Competition Law and Arbitration: A Changing Landscape" (2015) 31 Arb Int'l 567, 580.

43 Damages Directive, Art 18(3).

44 ibid, Art 19.

45 Case C–453/99 *Courage and Crehan* EU:C:2001:465, paras 20–22.

46 Joined Cases C–295/04 to C–298/04 *Manfredi* EU:C:2006:461, para 31, where it is characteristically stated that "it should be recalled that Articles 81 EC and 82 EC [now Articles 101 and 102 TFEU] are a matter of public policy which must be automatically applied by national courts".

T-Mobile Netherlands[47] and *Polskie Górnictwo*.[48] Based on that premise, an arbitral award disregarding these rules and threatening their uniform application should be set aside when brought before a national court, in the same way as the latter would set aside an arbitral award for failure to observe public policy as defined in their national legal order.[49] The CJEU acknowledged that a review limited in scope is justified in the interest of the efficiency of arbitration,[50] but stated that such a review can "be more or less extensive depending on the circumstances".[51]

Therefore, taking into account that the extent and standard of the judicial review in terms of public policy were left open in *Eco Swiss*,[52] this ruling offered a challenging opportunity for the judiciary in future cases to either further promote a balanced coexistence of arbitration and EU competition law or alienate the two, depending on the choice of a maximalist or a minimalist approach. The first focuses on the EU principle of effectiveness and dictates that only minor breaches can be excused, while the second favours the finality of the arbitral award and supports that judicial review should not lead to a review on the merits of the case ("*révision au fond*"), permitting only exceptionally the annulment, non-recognition and non-enforcement of arbitral awards. Thus, the standard of review applied by national courts can genuinely affect the inclination of the parties towards recourse to arbitration, as well as the position of arbitrators when called to apply EU competition law.

The majority of Member States stand rather in favour of the minimalist approach, and appear to be more attentive to the interests and functions of arbitration, allowing it to flourish in competition-related disputes. In France, in the well-known *Thalès* case,[53] the Paris Court of Appeal ("PCA") stated that setting aside an arbitral award on grounds of public policy due to a violation of EU competition law by the arbitral tribunal requires such a violation to be "flagrant, effective and concrete" ("*flagrante, effective et concrète*"), otherwise it would lead to an unaccepted review of the merits of the case. Remarkably, the PCA also noted that the alleged incompatibility of the disputed licensing agreement with EU competition law was not raised during the arbitral proceedings despite the high expertise of the arbitrators and the parties' legal advisors, marking an

47 Case C–8/08 *T-Mobile Netherlands BV, KPN Mobile NV, Orange Nederland NV and Vodafone Libertel NV v Raad van bestuur van de Nederlandse Mededingingsautoriteit* EU:C:2009:343, para 49. Also *see* Joined Cases T–217/03 and T–245/03, *FNCBV and others v Commission* EU:T:2006:391, para 97.

48 Case T–616/18 *Polskie Górnictwo Naftowe i Gazownictwo S.A. v Commission* EU:T:2022:43, paras 284–293.

49 *Eco Swiss* (n 14), paras 36–39.

50 ibid, para 35. It has been widely supported that *Eco Swiss* is closer to a minimalist approach for the review of arbitral awards, according to which not all breaches of competition law lead to a breach of public policy; *see* Luca G Radicati di Brozolo, "Antitrust: A Paradigm of the Relations Between Mandatory Rules and Arbitration: A Fresh Look at the 'Second Look'" (2004) Int'l Arb L Rev 23, 31.

51 ibid, para 32.

52 Komninos (n 1) 214; Santiago Martínez Lage, "Arbitration and EU Competition Law: New Rulings and New Thoughts" (2016) 25 Spain Arb Rev 131, 135.

53 *Thalès v Euromissile* (2005) Rev arb 750 (CA Paris 2004).

inconsistent behaviour on behalf of the appellant. In the *Cytec* case, EU competition law concerns were raised and elaborately discussed before the arbitral tribunal; still, the PCA applied the same minimalist approach,[54] which was also confirmed by the French Supreme Court.[55] The same approach has been followed in Germany,[56] Greece,[57] Italy[58] and Sweden.[59] On the contrary, some courts in the Netherlands and Belgium appear sceptical and pursue a maximalist review of arbitral awards.[60] In particular, The Hague Court of Appeal, in *MDI*,[61] refused the enforcement of three disputed US arbitral awards pursuant to Article V(2)(b) of the New York Convention[62] due to a breach of EU competition law. Similarly, the Brussels Court of First Instance, in *Cytec*,[63] contrary to the position taken by the PCA and the French Supreme Court, held that a public policy violation should not be limited to eye-catching breaches of EU competition law, but this was not upheld by the Brussels Court of Appeal,[64] rejecting a review on the merits of the case.

Returning at the CJEU level, although a clear stand has not been taken after *Eco Swiss*, the Luxembourg Court appears to suggest that the minimalist approach has taken the lead. In the famous *Achmea* case,[65] a preliminary reference

---

54 *SNF SAS v Cytec Industrie BV*, XXXII YCA 282 (2007). The PCA ruled similarly in *Tamkar v RC Group*, published on 15 March 2007, as well as in *Linde Aktiengesellschaft v Halyvourgiki* published on 22 October 2009. However, the PCA moved from the condition of a manifest violation to that of an "effective" and "concrete" violation, *see* Laurence Idot, "Arbitration and Competition Law – Have we entered a fourth phase in their relations?" (2017) 3 CLPD 38, 42, with reference to the *Bombardier* decision of the PCA delivered on 14 April 2015, where the *Thalès* doctrine was reaffirmed.

55 *SNF SAS v Cytec Industries BV* (2008) 135 JDI 1107, with a comment by Mourre (2008) 135 JDI 1109 (Cass civ 2008).

56 *4 Sch 3/06 – Schott*, 58 WuW 353 (2008) (OLG Thüringer 2007). German scholars also support the minimalist approach, *see* Peter Schlosser, "Articles 81 and 82 EC-Treaty and Arbitration: A German Perspective" (2009) 1 Cahiers de l'arbitrage 25.

57 Greek Supreme Court (Areios Pagos), Judgment No 1665/2009. In general, the Greek Supreme Court favours the minimalist approach for the review of arbitral awards, *see* judgments Nos 14/2015, 716/2019.

58 *Soc. Nuovo Pignone v Schlumberger SA* (2008) 54 RivDirCiv 71, with a comment by Treccani (CA Florence 2006); *Terra Armata Srl v Tensacciai SpA* (2007) 25 ASA Bulletin 618 (CA Milan 2006). In the latter case, the losing party also tried to have the award set aside in Switzerland but failed. The Swiss Supreme Court refused to consider that EU competition law forms part of its notion of public policy, which it views very narrowly. *See Tensacciai v Terra Armata* (2006) Rev arb 763 (Tribunal fédéral 2006). *See* further Bart Volders, Valentin Rétornaz, "Challenging an Arbitral Award for Infringement of Competition Law: The *Terra Armata* Decision of the Swiss Federal Tribunal of 8 March 2006" (2006) 8 YPIL 307. Similarly, a complaint filed with the Italian Competition Authority was not successful.

59 *Republic of Latvia v Latvijas Gaze*, Case No T 6730-03 (CA Svea 2005).

60 Addressing these minority cases, it should be noted that the general recognition of the arbitrability of EU competition law disputes should not be used as a justification to facilitate an extended review of arbitral awards on grounds of public policy, since this would in effect undermine the very arbitrability to these disputes.

61 *Marketing Displays International Inc v VR Van Raalte Reclame BV*, KG/RK 2002-979 and 2002-1617 (2006) 8(2) SIAR 201 (Pres. Rechtbank The Hague 2004).

62 Convention on the Recognition and Enforcement of Foreign Arbitral Awards, New York, 10 June 1958 (New York Convention), 330 UNTS 38.

63 *SNF SAS v Cytec Industrie BV* (2007) 127 Gaz. Pal. (n° 114) 53 (Trib. prem. inst. Bruxelles 2007).

64 *SNF SAS v Cytec Industrie BV* (2009) Rev arb 574, with a comment by Mourre (2009) Rev arb 594 (CA Bruxelles 2009).

65 Case C–284/16 *Achmea* EU:C:2018:158.

on investment arbitration[66] and the autonomy of EU law, the CJEU relied on *Eco Swiss* and *Mostaza Claro*[67] in order to state, as an *obiter dictum*, that "in relation to commercial arbitration, the Court has held that the requirements of efficient arbitration proceedings justify the review of arbitral awards by the courts of the Member States being limited in scope".[68]

Prior to *Achmea*, Advocate General Wathelet, in his Opinion in *Genentech*,[69] favoured a maximalist approach in light of the effectiveness of EU competition law.[70] *Genentech* concerned a preliminary reference from the PCA in the context of an action for the annulment of an ICC arbitral award. The disputed contract was a licensing agreement providing that the licensee was required to pay royalties for a licensed patent that was later retroactively revoked.[71] Advocate General Wathelet suggested that since "the responsibility for reviewing compliance with European public policy rules lies with the courts of the Member States and not with arbitrators",[72] if this review had to "be limited to manifest or flagrant infringements of Article 101 TFEU, this review would be illusory since agreements or practices liable to restrict or distort competition are 'frequently covert', which would, in many cases, make it impossible (or excessively difficult) for individuals to exercise the rights conferred on them by EU competition law".[73] Nevertheless, the CJEU chose not to address this issue.[74] It has been suggested that it is unclear whether this silence reflects a rejection of the maximalist approach or whether it was due to the absence of a relevant question from the referring court.[75] However, interpreting this silence in light of the subsequent explicit endorsement of the minimalist review in *Achmea*, it seems more consistent to suggest that the CJEU was rather suspicious of an invasive review of public policy and preferred not to follow its Advocate General.

This position can be justified by the fact that recognition and enforcement of arbitral awards in international commercial arbitration is governed by the New York

66 Recourse to arbitration was provided by the bilateral investment treaty ("BIT") between the Netherlands and the Slovak Republic. The initial BIT was concluded between the Netherlands and the Czech and Slovak Federative Republic; the Slovak Republic succeeded to the latter's rights and under the BIT on 1 January 1993, i.e. before its accession to the EU.

67 Case C–168/05 *Mostaza Claro* EU:C:2006:675.

68 *Achmea* (n 65), para 54.

69 Case C–567/14 *Genentech* EU:C:2016:177, Opinion of AG Wathelet, paras 55–72.

70 The same reasoning is suggested in Gauer, Lübking (n 11) 30.

71 The CJEU ruled that Art 101 TFEU did not preclude such an agreement, as long as the licensee was free to unilaterally terminate it.

72 Opinion AG Wathelet in *Genentech* (n 69), para 61.

73 ibid, para 64.

74 It should be noted that, in the past, AG Wathelet has dealt with the scope of the notion of public policy, stating that the latter is defined narrowly by national courts and that the provisions of Regulation 44/2001 do not form part of a European public policy, *see* Case C–536/13 *Gazprom* EU:C:2014:2414, Opinion AG Wathelet, paras 166–188.

75 Marco Botta, "Comment on 'Genentech': The Arbitrability Paradox in EU Competition Law" (2017) 48 Int Rev Intellect Prop Comp Law 3, 7.

Convention, and is based on the prohibition of the review of the merits of the case at that stage.[76] The finality of the arbitral award and the widely accepted narrow definition of public policy[77] constitute the cornerstones of the New York Convention, as well as of the other legal texts that are pertinent to international arbitration.[78] Additionally, the reception of arbitral awards in the legal order of the Member States is not subject to EU law, which could possibly justify a deviation from the narrow interpretation supported by the New York Convention, since Regulation (EU) 1215/2012 for the recognition and enforcement of judgments in civil and commercial matters excludes arbitration from its scope of application,[79] as did its predecessors, i.e. Regulation (EC) 44/2001[80] and the 1968 Brussels Convention.[81] Therefore, it is the principle of procedural autonomy of the Member States that regulates the reception of arbitral awards, and, since all Member States are contracting parties to the New York Convention, the standards of review are set by the latter.

Besides, even if one used the aforementioned rules of secondary EU law as a source of guidance, we would still ascertain that the minimalist approach prevails. Article 45(1)(a) of Regulation (EU) 1215/2012 and Article 34(1) of Regulation (EC) 44/2001 both require a manifest breach of public policy.[82] Additionally, the CJEU has consistently stressed, in a series of cases, that reviewing grounds of public policy in the context of recognition and enforcement of foreign judgments is meant to operate only exceptionally, and that an alleged violation of fundamental provisions of EU law does not suffice as such.[83] The same approach was followed by Advocate General Jääskinen in *CDC*.[84]

76 Idot (n 54) 42.

77 Bernard Hanotiau, Olivier Caprasse, "Public Policy in International Commercial Arbitration", in Emmanuel Gaillard, Domenico di Pietro (eds), *Enforcement of Arbitration Agreements and International Arbitral Awards: The New York Convention in Practice* (Cameron May 2008) 788–798.

78 Damien Geradin, "Public Policy and Breach of Competition Law in International Arbitration: A Competition Law Practitioner's Viewpoint" (2016) 27 Spain Arb Rev 133, 140–141.

79 Regulation (EU) 1215/2012 of the European Parliament and of the Council of 12 December 2012 on jurisdiction and the recognition and enforcement of judgments in civil and commercial matters [2012], OJ L 351/1, Art 1(2)(d).

80 Council Regulation (EC) 44/2001 of 22 December 2000 on jurisdiction and the recognition and enforcement of judgments in civil and commercial matters [2001] OJ L 12/1, Art 1(2)(d).

81 Consolidated Version of the 1968 Brussels Convention on Jurisdiction and the Enforcement of Judgments in Civil and Commercial Matters [1998] OJ C 27/1, Art 1. *See* Case C–536/13 *Gazprom* EU:C:2015:316, paras 28, 36.

82 The choice of the wording in these provisions derives from the prevailing position in the Member States as regards the limited extent of review of the breach of public policy, *see* Ulrich Magnus, Peter Mankowski (eds), *European Commentaries on Private International Law: Brussels I Regulation*, 566 (Sellier. European Law Publishers 2007).

83 Case 145/86 *Horst Ludwig Martin Hoffmann v Adelheid Krieg* EU:C:1988:61, para 21; Case C–414/92 *Solo Kleinmotoren v Boch* EU:C:1994:221, para 10; Case C–78/95 *Bernardus Hendrikman and Maria Feyen v Magenta Druck & Verlag GmbH* EU:C:1996:380, para 23; Case C–7/98 *Dieter Krombach v André Bamberski* EU:C:2000:164, para 21; Case C–38/98 *SA Régie Nationale des Usines Renault v Maxicar SpA and Orazio Formento* EU:C:2000:225, paras 31–32; Case C–420/07 *Apostolides* EU:C:2009:271, paras 55–57; Case C–619/10 *Trade Agency* EU:C:2012:531, para 49; Case C–302/13 *flyLAL-Lithuanian Airlines* EU:C:2014:2319, para 49; Case C–681/13 *Diageo* EU:C:2015:471, paras 41–44, 49–50; Case C–559/14 *Meroni* EU:C:2016:349, para 46. Also *see* Hélène Gaudemet-Tallon, Marie-Elodie Ancel, *Compétence et exécution des jugements en Europe* (6th ed, LGDJ 2018) 607–608, 620–622.

84 Case C–352/13 *Cartel Damage Claims (CDC) Hydrogen Peroxide SA v Akzo Nobel NV and others* EU:C:2014:2443, Opinion AG Jääskinen, para 116.

In light of the above, we can reach the conclusion that, following *Eco Swiss*, national courts in the majority of Member States, as well as the CJEU, consider that judicial review of arbitral awards for breaches of EU competition law on public policy grounds should be limited in scope and allowed in exceptional cases. This is consistent with how the EU legal order and national courts perceive the review of public policy in the context of recognition and enforcement of foreign judgments, as well as with the way national courts review arbitral awards within the framework of international commercial arbitration under the New York Convention.

This standard of judicial review implies that complete disregard of EU competition law and failure by the arbitrators to address the relevant issues, especially when the competition law infringement is manifest and grave, may violate public policy.[85] It may also constitute a presumption of the parties' (and the arbitrators') intention to evade the law.[86] In this context, we can presume that horizontal restrictions are likely to be more detrimental for competition than vertical restrictions[87] and, therefore, more probable to fall within the scope of a limited public policy review. Similarly, compared to rule of reason violations, per se violations are more expected to qualify as serious breaches of competition law and public policy. On the contrary, the erroneous application of EU competition law should not normally qualify as a public policy violation.[88] In fact, the practice has shown that when arbitrators genuinely apply EU competition law, and consider the relevant arguments of the parties by providing a substantial reasoning, review of the award should not be possible, even if the award erred in that application.[89] Errors of law or fact should also escape the qualification as public policy exemptions,[90] save in the very exceptional cases of gross errors by the arbitrators.[91]

V. Signs of Retreat?

Despite the progress noted above, the interplay between arbitration and EU competition law seems to have recently re-entered phases of alienation and coldness. This can be witnessed through the rather conservative approach on the

---

85 *See* Luca G Radicati di Brozolo, "Arbitrato, diritto della concorrenza, diritto comunitario e regole di procedura nazionali" (1999) 9 Riv Arbitrato 665, 690.

86 However, it should be ensured that in this way the national court is not rewarding the parties' opportunistic behaviour in raising the competition law issue only during the judicial review of the award, and depending on whether they have won or lost the case.

87 *See* Case C-306/20 *SIA „Visma Enterprise" v Konkurences padome* EU:C:2021:935, para 78.

88 *See* Yves Derains, "Specific Issues Arising in the Enforcement of EC Antitrust Rules by Arbitration Courts", in Ehlermann, Atanasiu (n 1) 338.

89 *See* Radicati di Brozolo (n 50) 28–29.

90 This is the position followed in the international arbitration practice, *see* James Gaitis, "International and Domestic Arbitration Procedure: The Need for a Rule Providing a Limited Opportunity for Arbitral Reconsideration of Reasoned Awards" (2004) 15 Am Rev Int'l Arb 9, 65–66.

91 *See* Assimakis Komninos, "Assistance to Arbitral Tribunals in the Application of EC Competition Law", in Ehlermann, Atanasiu (n 1) 371; Radicati di Brozolo (n 50) 28–32, in particular, at 29.

scope of arbitration clauses in competition-related disputes, as expressed by Advocate General Jääskinen in *CDC*,[92] as well as through the various conflicts of substance and competence between arbitral tribunals and the European Commission. The most recent sign of strained relations is noticed in the way the European Commission perceived arbitration as reinforcing restrictions of competition in *ISU*;[93] something, which, however, was not upheld by the General Court of the EU, restoring, thus, the balance and securing the advances already achieved.

1. The Scope of Arbitration Clauses

Reviewing the scope of arbitration (and jurisdiction) clauses in *CDC* insinuated a step backwards in the arbitration-EU competition law saga, since, according to Advocate General Jääskinen, arbitration clauses should not be interpreted as encompassing claims for damages for EU competition law infringements unless explicitly provided for by the parties. In this way, the possibility of such disputes being brought before an arbitral tribunal under a generally phrased arbitration clause could be very limited.

CDC is a preliminary reference questioning the scope of both choice-of-court agreements and arbitration clauses in the context of claims for damages incurred by the cartel of suppliers of hydrogen peroxide and perborate used in pulp and paper processing, which was fined by the Commission in 2006. Companies suffering damages from this cartel had transferred their rights to damages to a Belgian company, Cartel Damage Claims Hydrogen Peroxide SA (CDC SA), which brought an action before the Dortmund Regional Court against six of the fined companies, although only one of them, Evonik Degussa, had its registered office in Germany. CDC SA claimed that the court was competent to rule for all cases under Article 6(1) of Regulation (EC) 44/2001, since they were closely connected with the claim against the main defendant, Evonik Degussa, and there was a risk of irreconcilable judgments in case of separate proceedings. In September 2009, CDC withdrew its action against Evonik Degussa, following an out-of-court settlement. The other companies which were defendants in the action brought by CDC challenged the international jurisdiction of the German court. They argued that the supply contracts concluded with the companies that were harmed contained choice-of-forum clauses in the event of disputes arising from those contracts. On that basis, one of the questions referred by the Dortmund Regional Court to the CJEU was whether, in the case of actions for damages for infringements of competition law, the requirement of effective enforcement of the latter allows both arbitration and jurisdiction clauses contained in contracts for the supply of goods to be taken into account, where

---

92 Opinion AG Jääskinen in *Cartel Damage Claims (CDC) Hydrogen Peroxide SA v Akzo Nobel NV and others* (n 84).

93 *International Skating Union's Eligibility rules* (Case AT.40208) Commission Decision C(2017) 8240 final.

this has the effect of excluding the jurisdiction of a court with international jurisdiction under Article 5(3) and/or 6(1) of Regulation (EC) 44/2001.

Advocate General Jääskinen stated that contractual arbitration clauses, as well as choice-of-forum clauses, can cover actions for damages incurred from an EU competition law violation – and particularly from an Article 101 TFEU infringement – only if the parties have explicitly agreed upon it. If, on the other hand, at the time when the clause was agreed, the party against whom this clause is subsequently addressed was not aware of the infringement and, therefore, did not have the possibility to foresee its potential applicability, the principle of effectiveness of EU competition law should exclude these claims from the ambit of a generally phrased arbitration/jurisdiction clause.[94] In that regard, he sustained his position by drawing an analogy between the *Eco Swiss* and the CJEU's findings on the public policy nature of EU competition law, emphasising the need to ensure full compensation for antitrust damages despite the specificity of horizontal restrictions to competition, which entail numerous participants and persons allegedly adversely affected.[95]

From a systematic point of view, it is remarkable that, despite distinguishing choice-of-forum from arbitration clauses, Advocate General Jääskinen drew the same conclusions as to their scope.[96] However, when it comes to arbitration clauses, this approach could significantly limit recourse to arbitration, since the existence of previous knowledge for a breach of EU competition law is rather rare, especially due to the secrecy covering cartel infringements. Therefore, such claims would be automatically excluded from any arbitration clause in a commercial agreement.[97] This reveals a certain reticence by the Advocate General towards arbitration, despite his acknowledgement that arbitration clauses are not per se an obstacle to the effectiveness of EU competition law.[98] In fact, it betrays a predisposition that arbitral tribunals would not ensure full compensation for the victims of anti-competitive practices or that such *fora* will not safeguard the effectiveness of Article 101 TFEU or that the victims' course of action would be more difficult than if pursued before EU-based State courts. These concerns are not substantiated and are rather misplaced, since, on the one

94 Opinion AG Jääskinen in *Cartel Damage Claims (CDC) Hydrogen Peroxide SA v Akzo Nobel NV and others* (n 84), para 132.

95 ibid, paras 124–126.

96 However, applying the interpretation of Regulation (EC) 44/2001 to the case of arbitration contravenes the fact that international commercial arbitration is outside the material scope of the Regulation, and that it also has no forum and is, therefore, rather distant to the notion of mutual trust between national courts which constitutes the basis for the adoption of the Regulation. This element should prevent the adoption of the aforementioned interpretation to arbitration by analogy. Similarly *see* Damien Geradin, Emilio Villano, "Arbitrability of EU Competition Law-based Claims: Where Do we Stand after the CDC Hydrogen Peroxide Case?" (2017) 40 World Competition 67, 88.

97 *See* Assimakis Komninos, "The New Damages Directive and International Arbitration: Prospects after the CDC Judgment" (2015) 4 Rev aff eur 717.

98 Opinion AG Jääskinen in *Cartel Damage Claims (CDC) Hydrogen Peroxide SA v Akzo Nobel NV and others* (n 84), paras 125, 132.

hand, arbitral tribunals can perfectly fulfil their role and compensate victims of anti-competitive practices,[99] and, on the other hand, there is no guarantee that an EU Member State's court or national judicial system will safeguard the effectiveness of a victim's right to damages.[100]

Moreover, the Advocate General's position appears to disregard the legal framework of international commercial arbitration and the way it is applied,[101] given that arbitration clauses are perceived to encompass the disputes arising between the parties in respect of a defined legal relationship and irrespective of their contractual or extra-contractual nature. Therefore, the crucial factor is not the legal nature of the claims as tort or contractual claims, but rather their connection to a particular legal relationship. On that basis, it is generally accepted that a broadly drafted arbitration clause can and should cover tort claims,[102] such as the ones relating to infringements of EU competition law. This is also justified by the financial and procedural advantages or arbitration in business-to-business relationships,[103] where parties seek to resolve their disputes quickly and inclusively, avoiding fragmentations.[104]

In the end, the CJEU chose to remain silent on the scope of arbitration clauses, succinctly invoking the absence of sufficient information for providing a useful answer to the preliminary question.[105] This probably depicts the will of the CJEU

---

99 *See* e.g. the Swedish *Systembolaget* case, where an arbitral tribunal awarded damages for harm caused by an abuse of a dominant position (Svea Court of Appeal, 23 October 2013, *Systembolaget Aktiebolag v The Absolut Company Aktiebolag*, Case T 4487-12).

100 It is undisputed that in certain judicial systems, it takes more than a decade to have a final judgment from State courts, *see* Komninos (n 97) 723.

101 *See* New York Convention, Art 2(1), UNCITRAL Model Law, Art 7(1).

102 Gaillard, Savage (n 2) 306–307.

103 Aren Goldsmith, "Arbitration and EU Antitrust Follow-on Damages Actions" (2016) 34 ASA Bulletin 10, 36–39.

104 Olga Sendetska, "Arbitrating Antitrust Damages Claims: Access to Arbitration" (2018) 35 J Int'l Arb 357, 362–363. This aim constitutes the underlying reason in *Fiona Trust & Holding Corporation and others v Privalov and others* [2007] EWCA Civ 20, upheld in *Premium Nafta Products Ltd and others v Fili Shipping Company Ltd and others* [2007] UKHL 40, 2008 1 Lloyd's Rep 254. According to the then UK House of Lords, the construction of an arbitration clause presumes that the parties wished that any dispute arising out of their relationship is decided by the same tribunal, unless the text of the clause is clear in excluding certain matters from its scope. The one-stop adjudication principle was later verified and reiterated in *Monde Petroleum SA v Westernzagros Ltd* [2015] EWHC 67 (Comm), where the Queen's Bench Division (Commercial Court) held that a dispute resolution clause concluded in the context of a termination agreement and establishing the exclusive jurisdiction of the courts of England superseded a previous arbitration clause concluded between the same parties in the consultancy services agreement which was then terminated. *Contra Ryanair Ltd v Esso Italiana Srl* [2013] EWCA Civ 1450 and *Provimi Ltd v Aventis Animal Nutrition SA and others* QB (Com Ct) [2003] EWHC 961, which both refer to jurisdiction clauses. In *Ryanair*, the English Court of Appeal (Civil Division) upheld the exclusion of a follow-on cartel damage claim from a contractual non-exclusive jurisdiction clause in favour of the courts of England, ruling that the presumption of a one-stop adjudication requires a successful parallel contractual claim. In *Provimi*, the English High Court held that Swiss, German and French jurisdiction clauses in the contracts between the claimants and the defendants were, as a matter of Swiss, German and French law, respectively, insufficiently wide to include tort claims for damages based on Art 101 TFEU. Most courts and authors do not perceive *Ryanair* and *Provimi* as relevant for the interpretation of arbitration clauses, since the latter are generally interpreted more expansively than jurisdiction clauses.

105 Case C–352/13 *Cartel Damage Claims (CDC) Hydrogen Peroxide SA v Akzo Nobel NV and others* EU:C:2015:335, para 58.

to differentiate itself from the position of the Advocate General[106] and to safeguard the balance established through the practice of the national courts, which distinguishes between jurisdiction and arbitration clauses, giving the latter a more liberal interpretation. Indeed, the reception of the *CDC* judgment by national courts shows that it has not affected the way they traditionally interpret arbitration clauses, i.e. broadly enough to encompass both contractual and tort claims.[107] In particular, the Dortmund District Court in Germany considered that the arbitration clause covered claims for damages based on a cartel infringement, accepting as a matter of principle that arbitration clauses should be interpreted broadly.[108]

The CJEU addressed similar questions in the *Apple* case.[109] Although the latter concerned a choice-of-court agreement, and not an arbitration clause, it is important for understanding the CJEU's findings in *CDC*. The CJEU was consistent with the latter[110] in that the scope of a jurisdiction clause is to be defined by the national court before which the dispute is brought.[111] However, it also held that the clause could cover only disputes that have arisen or may arise in connection to the legal relationship for which the jurisdiction clause was agreed,[112] placing, thus, foreseeability at the core of its analysis. In that context, the CJEU held that the abuse of a dominant position can be materialised in the contractual terms established by a dominant undertaking,[113] and that in the absence of an explicit provision on damages for breaches of Article 102 TFEU, the latter can still be included in the scope of application of a jurisdiction clause.[114] As Advocate General Wahl suggested, the scope of the jurisdiction clause

106 According to UK High Court in *Microsoft Mobile OY (Ltd) v Sony Europe Limited and others* [2017] EWHC 374, the position of AG Jääskinen was rejected by the CJEU's choice not to address the scope of the arbitration clause.

107 *See*, however, *Kemira Chemicals Oyj v CDC*, Case 200.156.295/01 (CA Amsterdam 2015), where the Dutch court held that the *CDC* ruling of the CJEU could be extended to arbitration and, therefore, an arbitration clause could not cover claims for damages following a cartel infringement. For an earlier case, *see CDC Hydrogen Peroxide SA v Kemira Oyj* (Helsinki District Court 2013), where the Finnish court held that the parties could not have consented to arbitrate claims related to potential competition law infringements due to the secret nature of the cartel.

108 Landgericht Dortmund, 13.09.2017 – 8 O 30/16 Kart.

109 Case C–595/17 *Apple Sales International and others v MJA* EU:C:2018:854. *Apple* is a preliminary reference from the French Court of Cassation regarding the jurisdiction clause in a distribution contract between Apple and a semi-exclusive authorised reseller of Apple products in Europe. The clause provided that the "[a]greement and the corresponding relationship between the parties" were submitted to the jurisdiction of the Irish courts, while Apple unilaterally reserved the right to institute proceedings against the reseller either in the courts of the seat of the reseller or in any jurisdiction where harm to Apple is occurring. Apple's reseller, eBizcuss, initiated proceedings against Apple requesting the compensation of damages incurred due to an alleged abuse of dominance, and maintaining that Apple was favouring its own network to the detriment of eBizcuss.

110 It should be noted that three out of the five judges in the Chamber of the CJEU deciding on *Apple* were previously in the Chamber of the CJEU ruling on *CDC*, among whom Judge Safjan, who was the "*juge rapporteur*" in both cases.

111 *Apple* (n 109), para 21.

112 ibid, para 22.

113 ibid, paras 28–29.

114 ibid, para 30.

cannot be defined by the tortious or contractual nature of the claims, but only by the possibility of correlating the latter to the clause,[115] while the law applicable to the merits of the dispute shall not affect the determination of international jurisdiction.[116] It is illuminating that for Advocate General Wahl, jurisdiction clauses in essence aim to secure the most inclusive way of resolving the disputes in the context of a certain legal relationship between the parties.[117] The same reasoning can be found behind the choice of the parties to have recourse to an arbitral tribunal; they aim at a single and inclusive procedure for all their disputes. In light of the above, the approach adopted in *Apple* would be more suitable for the nature of arbitration, as analysed above. This approach has also been followed recently by national courts.[118]

2. Conflicts of Resolution

Since arbitral tribunals and the European Commission (or national competition authorities) can be found to apply EU competition law, in parallel, to the same or similar disputes, conflicts between the two are not avoided.

This can easily occur in the context of an arbitration established between two commercial partners, when, in parallel to the arbitral proceedings, one of them files a complaint before the European Commission. On the one hand, the initiation of proceedings by the latter cannot produce an automatic suspension of the arbitral proceedings,[119] while, on the other hand, arbitrators cannot be formally bound by Article 16 of Regulation (EC) 1/2003 so as to avoid making conflicting findings with a previous Commission's decision,[120] although, in fact, this would be a wise course of action,[121] ensuring, to a certain extent, the subsequent enforceability of the award. The European Commission is also free to

---

115 Case C–595/17 *Apple Sales International and others v MJA* EU:C:2018:541, Opinion AG Wahl, para 34.

116 ibid, para 38.

117 ibid, paras 55–57.

118 For a case in Austria, *see S Ltd v T GmbH*, 18 OCg 6/20m (OGH, 2020). The Austrian Supreme Court considered that the existing arbitration clause, in case of doubt, had to be interpreted in a way that favours the purpose of the agreement (*favor arbitrandi*) and therefore covered civil claims based on Article 102 TFEU. The court relied on the *Apple* case, in reaching that conclusion.

119 Komninos (n 1) 208.

120 *See also* Maurits Dolmans, Jacob Grierson, "Arbitration and the Modernization of EC Antitrust Law: New Opportunities and New Responsibilities" (2003) 14 ICC Bull 37, 51; Renato Nazzini, "International Arbitration and Public Enforcement of Competition Law" (2004) 25 ECLR 153, 161, leaving open the possibility that arbitration tribunals may have to consider an infringement decision by a public authority as "conclusive" on the basis of the doctrine of "abuse of process".

121 In practice, arbitrators normally pay deference to Commission's decisions. *See* e.g. ICC 8626/1996 (1999)126 JDI 1073; Hans van Houtte, "Distribution Arbitration and European Competition Law", in Laurent du Jardin, Johan Erauw and others (eds), *Arbitration and Commercial Distribution: Reports of the Colloquium of CEPANI November 7th 2005* (Bruylant 2005) 101–102. *See also* Yves Derains, "L'arbitre, la Commission et la Cour : questions de procédure" (2003) 123 Gaz. Pal. (n°149) 45, 47. Reference is also made to ICC 7146/1992, cited by Cam Quyen Corinne Truong, *Les différends liés à la rupture des contrats internationaux de distribution dans les sentences arbitrales CCI* (LexisNexis 2002) 109–112: "[L]*e Tribunal arbitral tiendra naturellement compte de la manière dont les règles communautaires sont interprétées et appliquées par les institutions communautaires, notamment par la Commission et la Cour de Justice*".

depart from the findings of a previous arbitral award in the same dispute. As shown in the *Siemens/Areva* case,[122] the European Commission limited both the duration and the scope of the disputed non-compete clause, while the relevant ICC arbitral award slightly reduced its duration only. It should also be reminded that, in the past, the European Commission proved quite resourceful in indirectly interfering with arbitral proceedings, leading the parties to abstain from the solution provided by the arbitral award and follow the Commission's view on the matter.[123] This practice can have a deterrent effect on the parties' choice to have recourse to arbitration, since it could de facto divest arbitral awards of their finality. For this reason, it should be better used as a last resort in rare cases of extremely strong EU public interest.[124]

The most serious conflicts, though, arise in the field of State aid, where the European Commission enjoys the exclusive competence to determine the compatibility of such measures with EU law, and, at the same time, an arbitral tribunal is either seized with a relevant dispute, or called to award damages which might constitute unlawful State aid. Such tensions are, in fact, lively emerging in the context of arbitral awards under the Energy Charter Treaty[125] ("ECT"). The Commission has already intervened in various arbitration proceedings suggesting – yet unsuccessfully – that the arbitral tribunal should decline its jurisdiction in light of the possibility of the disputed schemes to qualify as unlawful EU State aid measures.[126] Recently, on 19 July 2021, the European Commission announced the opening of an in-depth investigation so as to assess whether an arbitral award ordering Spain to compensate Antin Infrastructure Services Luxembourg S.à.r.l. and Antin Energia Termosolar B.V. for losses suffered due to the breach of the ECT as a consequence of the 2007 renewable electricity support scheme modifications is in line with EU State aid law.[127] The latest piece of this ECT puzzle is found in *Komstroy*,[128] where the CJEU

122 *Siemens/Areva* (Case AT.39736) Commission Decision C(2012) 4028 final. For a comment in that regard, *see* Gauer, Lübking (n 11) 29–30.

123 That was the case in *Preflex/Lipski*, *see* Commission of the European Communities, *Tenth Report on Competition Policy* – Published in conjunction with the "Fourteenth General Report on the Activities of the European Communities in 1980" (Office for Official Publications of the European Communities 1981) 87–88, para 126. In this case, the arbitral award required the defendant to continue paying license fees pursuant to a patent licensing agreement after the expiry of the patents. The Commission held that this agreement, as interpreted by the arbitral award, and subsequently approved by the Brussels Court of First Instance (*see Preflex SA v Lipski* (1976) 91 JdT 493 (Civ Bruxelles 1975)) was incompatible with the EU competition rules. For this reason, it communicated its objections to the parties and, in essence, rejected the construction given by the arbitral tribunal to the problematic contractual clause. As a result, the parties complied with the Commission's views and reached a settlement, putting an end to the dispute. Further on that case *see* Xavier de Mello, "Arbitrage et droit communautaire" (1982) Rev arb 349, 373–374.

124 *See* John Temple Lang, "Panel Discussion: International Arbitration", in Barry Hawk (ed), *International Antitrust Law and Policy 1994: Annual Proceedings of the Fordham Corporate Law Institute* (Juris Publishing 1995) 426.

125 Energy Charter Treaty 2080 UNTS 100, 10 ICSID Rev – Foreign Investment L J 258 ("ECT").

126 *See* Gauer, Lübking (n 11) 28.

127 *See* the IP/21/3783 press release of the European Commission <https://ec.europa.eu/commission/presscorner/detail/en/ip_21_3783> accessed 1 November 2021.

128 Case C–714/19 *République de Moldavie v Komstroy LLC* EU:C:2021:655.

held on 2 September 2021 that intra-EU arbitral proceedings under the ECT are incompatible with EU law.

Another most vivid example of this EU State aid conflict of competence can be found in *Micula*, a case concerning a BIT concluded by Sweden and Romania prior to Romania's accession to the EU. The Micula brothers, as Swedish citizens, and their companies benefited from Romania's investment incentives and fiscal aids under the BIT, and filed an International Centre for Settlement of Investment Disputes ("ICSID") claim against Romania when the latter repealed the investment incentives. The ICSID award ordered Romania to pay damages since, by repealing the tax incentives, it breached its obligations under the BIT.[129] Two years later, the Commission decided that the damages granted by the ICSID award constituted State aid incompatible with EU law and should be recovered.[130] However, the General Court annulled the Commission Decision under the premise that the claimants' right to compensation arose out of events happening before Romania's accession to the EU, and, therefore, were not covered by the EU State aid rules.[131] For the General Court, the European Commission was not competent to examine the disputed compensation to remedy the damage sustained as a result of the premature withdrawal of an incentive scheme, and that this compensation did not constitute State aid. Subsequently, the Micula brothers managed to secure enforcement of the ICSID award outside the EU,[132] and the General Court judgment was brought before the CJEU. Advocate General Szpunar, in his Opinion,[133] held that the General Court erred in law and in the legal classification of the facts, since the alleged aid measure was actually granted at the time when the right to receive compensation was recognised and when, accordingly, Romania was required to pay that compensation and implement the award, post-dating Romania's accession to the EU, therefore rendering EU State aid rules applicable for the examination of the disputed compensation.

However, the more intriguing part in the Opinion of the Advocate General is the way he refined the CJEU's findings in the rather hostile to arbitration *Achmea* judgment, trying to delimit its scope. In *Achmea*, the CJEU held that the arbitration clause in the intra-EU BIT between the Netherlands and the Slovak Republic was incompatible with EU law, given that the arbitral tribunal might be called on to interpret and apply EU law. That could threaten the uniform application and full effectiveness of EU law, since the arbitrators could not

---

129 *See I. Micula and others v Romania* [2013] ICSID Case No ARB/05/20 <https://www.italaw.com/sites/default/files/case-documents/italaw3036.pdf> accessed 1 November 2021.

130 *Micula v Romania* (Case SA.38517) Commission Decision (EU) 2015/1470 [2015] OJ L 232/43.

131 Joined Cases T–624/15, T–694/15, and T–704/15 *European Food and others v Commission* EU:T:2019:423, paras 68–97.

132 For the relevant UK Supreme Court judgment, *see* <http://www.bailii.org/uk/cases/UKSC/2020/5.html>, and for the US Court of Appeals for the District of Columbia Circuit, *see* <https://www.cadc.uscourts.gov/internet/judgments.nsf/24DE26E55AB8352B8525856D004F9550/$file/19-7127-1843415.pdf> both accessed 1 November 2021.

133 Case C–638/19 P *Commission v European Food and Others* EU:C:2021:529, Opinion AG Szpunar.

qualify as a court or tribunal of a Member State under Article 267 TFEU and could not address a preliminary reference to the CJEU. In addition, the specificity of this arbitration mechanism, established by an international treaty between Member States rather than by the will of private parties, in essence impeded the arbitral awards from being reviewed under EU law.[134] Advocate General Szpunar considered that this reasoning does not apply to the case at hand, since arbitral proceedings on the basis of a BIT concluded between a Member State and a third State prior to its accession to the EU, and still pending at the time of the accession, are not capable of affecting the autonomy of EU law. For the Advocate General, "no [such] dispute capable of concerning the interpretation or the application of EU law is removed from the judicial system of the European Union".[135] The CJEU, in its recent Grand Chamber judgment,[136] followed the Advocate General's approach in confirming the European Commission's competence to issue the disputed decision and examine the ICSID award remedy under EU State aid. However, the CJEU explicitly held that the *Achmea* judgment was relevant in the case at hand,[137] given that "the compensation sought by the arbitration applicants did not relate exclusively to the damage allegedly suffered before that date of accession, with the result that the dispute brought before the arbitral tribunal cannot be regarded as being confined in all respects to a period during which Romania, which had not yet acceded to the European Union, was not yet bound by the rules and principles"[138] under Article 19 TEU, 267 and 344 TFEU. It should be noted that the CJEU is consistent in bolstering the *Achmea* heritage on investor-state arbitration, as evidenced by *Komstroy*[139] and *PL Holding*.[140]

3. Breaking the Ice

The most recent tension between EU competition law and international commercial arbitration can be found in the European Commission's decision in the *ISU* case. The International Skating Union ("ISU"), composed of national

134 The CJEU's analysis was framed on the basis of the notions of the autonomy and the primacy of EU law, as constitutional underpinnings of the EU, as well as on the basis of the principle of sincere cooperation between Member States as the foundation of the EU judicial system, *see Achmea* (n 65), paras 31–39. The same concerns and the same reasoning can also be found in Opinion 1/17 of the Court, *EU-Canada CET Agreement* EU:C:2019:341, which came right after *Achmea*. However, in Opinion 1/17, the CJEU found that the permanent and institutionalised investor-state dispute settlement ("ISDS") mechanism, provided in the EU-Canada CET Agreement, was compatible with EU law, considering that its jurisdiction did not involve the interpretation and application of EU law, and the exclusive jurisdiction of the CJEU to rule on the allocation of powers between the EU and its Member States is preserved.

135 Opinion AG Szpunar in *Commission v European Food and Others* (n 133), para 82.

136 Case C–638/19 P *Commission v European Food and Others* EU:C:2022:50.

137 ibid, paras 137-145.

138 ibid, para 140.

139 *République de Moldavie v Komstroy LLC* (n 128).

140 Case C–109/20 *PL Holdings* EU:C:2021:875. In this judgment, the CJEU Grand Chamber reaffirmed a broad reading of *Achmea*, by finding that the conclusion by a Member State of an arbitration agreement with content identical to an invalid arbitration clause in a pre-accession intra-EU BIT infringed EU law.

skating federations and clubs, is the only international sports organisation recognised by the International Olympic Committee as responsible for regulating and administering figure ice skating and speed ice skating worldwide. It also organises speed skating events, licenses broadcasting rights, negotiates sponsorship agreements and sells tickets worldwide. According to the ISU Statutes, and particularly the ISU's General Regulations, professional skaters who are members of these national federations and clubs are subject to a pre-authorisation system (the so-called eligibility rules), imposing them severe penalties (long-term suspensions and lifetime bans) in the event of participation in an unauthorised skating event. According to the ISU's compulsory arbitration mechanism, these eligibility decisions can only be appealed before the Court of Arbitration for Sport ("CAS"). The case at hand concerned a complaint brought by two professional speed skaters, members of the Royal Netherlands Skating Federation, alleging that the eligibility rules were in breach of Articles 101 and 102 TFEU because they prevented them from participating in a new competition organised by a private Korean company in Abu Dhabi.

The European Commission examined both the compatibility of the eligibility rules with EU competition law and the role of the compulsory CAS arbitration in the alleged infringement. It held that the eligibility rules had the object of restricting competition under Article 101(1) TFEU, precluding professional skaters from freely participating in international third-party events and, therefore, impeding competing organisers from setting up alternative sporting events.[141] However, the European Commission decided not to impose fines, but rather to ask ISU to bring the infringement to an end. As to the arbitration issue, it took a rather hostile stand, stating that the CAS arbitration reinforced the restriction of competition caused by the eligibility rules.

In particular, although the European Commission acknowledged, in an introductory remark, that arbitration is "a generally accepted method of binding dispute resolution and agreeing on an arbitration clause as such does not restrict competition",[142] it went on to state that the exclusive arbitration mechanism in the case at hand could not secure effective judicial protection against EU competition law infringements. It focused on the fact that the Swiss Federal Tribunal, competent to review the CAS arbitral awards – amongst others – for breaches of public policy, had ruled that EU competition law does not pertain to international public policy in the sense of the Swiss legal order.[143] What is more, in the event that EU competition law is invoked as mandatory law before the CAS, neither the CAS nor the Swiss Federal Tribunal has the competence to make a preliminary reference to the CJEU and, therefore, secure the correct application

141 *ISU* (n 93) paras 162–188. The Commission also analysed why the eligibility rules had the effect of restricting competition, *see* paras 189–205.

142 ibid, para 269.

143 ibid, paras 270–271.

of EU law.[144] The European Commission also emphasised that, while the CAS awards can theoretically be enforced by national courts in the EU, and, therefore, fall within their own public policy control according to Eco Swiss, such enforcement is in essence futile, since ISU has the disciplinary power to enforce the disputed ineligibility decision itself, by excluding skaters from its events.[145] Also, compensatory claims brought by excluded skaters on these grounds before an EU-based court could trigger a review of the arbitral award under EU competition law, but still, this could not lead to the annulment of the ineligibility decision,[146] leaving, thus, the alleged victim of the infringement unprotected. This lack of protection further escalates given that the CAS procedural rules provide for the removal of the athletes' right to seek interim relief before national courts in the EEA.[147] These affirmations, together with the observation that "athletes have no real choice but to accept [...] the exclusive competence of the CAS",[148] led the European Commission to conclude that the ISU compulsory arbitration deprived athletes of an effective judicial protection against potentially anti-competitive ISU decisions, and "reinforce[d] the restriction of their commercial freedom and the foreclosure of ISU's potential competitors".[149] On that basis, the European Commission provided that in case the ISU pre-authorisation system is maintained, its eligibility and arbitration rules need to be modified.[150]

In short, the hostility to (the CAS) arbitration in *ISU* is founded on two premises: (i) the compulsory recourse of athletes to the exclusive jurisdiction of the CAS for the review of the ISU eligibility decisions, and (ii) the lack of means to ensure that EU competition law is properly applied if invoked, given that the seat of arbitration is in Switzerland, where EU competition law is not recognised as public policy, the arbitral tribunal and the Swiss court cannot refer preliminary questions, and the nature of the eligibility decision quashes the possibilities of national EU-based courts reversing its effects.

Contrary to the above, the General Court of the EU, seized with the appeal against the *ISU* decision, reinstated the expression of trust on behalf of the EU legal order towards arbitration, by clearly stating that the "use of the CAS arbitration system is not such as to compromise the full effectiveness of EU competition law".[151] To reach this finding, the General Court noted that ensuring conformity with EU competition law can be achieved, in the case at hand, either

144 ibid, para 283.

145 ibid, para 272.

146 ibid, para 273.

147 ibid, para 274.

148 ibid, para 276.

149 ibid, para 277.

150 ibid, paras 339–342.

151 Case T–93/18 *International Skating Union v Commission* EU:T:2020:610, para 161.

through the right of skaters to claim damages before EU-based national courts, which apply EU law and can submit requests for preliminary references in that regard,[152] or by lodging a complaint before a national competition authority or the European Commission.[153] Also, by citing case law from the European Court of Human Rights,[154] the General Court held that the exclusive jurisdiction of an international arbitral tribunal specialised in disputes arising in the context of professional sport, such as the CAS, is justified by legitimate interests linked to the specific nature of the sport and ensures procedural uniformity and legal certainty.[155]

Apart from the obvious importance of this judgment in reaffirming a clear pro-arbitration position, two other interesting observations can be made. First, the aforementioned analysis was deployed in order to address the European Commission's argument in its written pleadings[156] that, inter alia, it could have regarded arbitration as an aggravating circumstance[157] within the meaning of point 28 of the Commission Guidelines on the method of setting fines.[158] The General Court, even if the European Commission chose not to impose a fine, still followed the same logic as in the 2006 Guidelines. For this reason, it examined the legal nature of the latter as a self-imposed limitation in the exercise of the Commission's discretion and placed emphasis on the content of point 28 of the 2006 Guidelines. The General Court came to the conclusion that the common denominator of the circumstances mentioned in the non-exhaustive list of point 28 is their unlawful character,[159] and found that the ISU arbitration rules conferring exclusive jurisdiction to the CAS do not constitute unlawful circumstances that can make the established 101 TFEU infringement more harmful.[160]

The second point of interest is that, for the General Court, the finding that the CAS arbitration is in conformity with EU law does not contradict the CJEU's ruling in *Achmea*; it rather reaffirms the latter when it comes to the distinction between international commercial arbitration and investment arbitration. The General Court cited *Achmea* in order to conclude that the establishment

152 For the role of national courts as the primary venue for the assertion of EU rights, ensuring the interpretation and application of EU law, *see* Takis Tridimas, "The ECJ and the National Courts: Dialogue, Cooperation, and Instability", in Damian Chalmers, Anthony Arnull (eds), *The Oxford Handbook of European Union Law* (Oxford University Press 2015) 404–406.

153 *International Skating Union v Commission* (n 148), paras 157–160.

154 *Mutu and Pechstein v Switzerland* (ECtHR, 2 October 2018) CE:ECHR:2018:1002JUD004057510, para 98.

155 *International Skating Union v Commission* (n 148), para 156.

156 Interestingly, the text of the *ISU* decision does not back this assertion, *see* ibid, para 144.

157 ibid, para 143.

158 Guidelines on the method of setting fines imposed pursuant to Article 23(2)(a) of Regulation No 1/2003 [2006] OJ C 210/2 ("2006 Guidelines").

159 ibid, paras 149–153.

160 ibid, paras 148, 163.

of CAS jurisdiction in *ISU* was not based on an international treaty through which EU Member States agreed to remove from their national courts, and, therefore from the EU judicial system, disputes which may concern the application and interpretation of EU (competition) law,[161] as in *Achmea*. It is true that the factual background of the two cases is quite distinctive and does not permit analogies and extensions; Member States cannot be parties to a CAS arbitration as they could in the context of the arbitral tribunal established by the intra-EU BIT, and the nature of relief sought is completely different, as is what could be at stake for the autonomy of EU legal order in the two proceedings.[162] Still, the General Court clearly chose to favour arbitration in disputes in which competition law issues can emerge, revealing a developing trust towards arbitration and allowing a sigh of relief after the tensions brought by the European Commission in the *ISU* decision.

VI. Conclusion

It appears that the complex relationship between EU competition law and arbitration, despite the conflicts that might arise at different levels – and mainly in the context of enforcing EU State aid rules, retains an overall positive sign, which is established on the basis of mutual respect and self-imposed caution. Certain areas of this relationship, such as the institutional cooperation between, on the one hand, arbitral tribunals, and, on the other hand, the EU judiciary and competition authorities, could further evolve in the coming years, presenting opportunities for deeper cooperation.

161 ibid, para 162.

162 ibid, para 156.

L'Autorité de la concurrence et le droit souple[*]

Bruno Lasserre[**]

Résumé

Le Conseil, puis l'Autorité de la concurrence ont joué un rôle pionnier dans le développement du droit souple en France, dans le but de promouvoir la sécurité juridique et de renforcer l'efficacité de la régulation. Ce mouvement a donné lieu à une jurisprudence novatrice du Conseil d'État, dont toutes les conséquences sur le contrôle de l'action publique restent encore à mesurer.

---

* Dernière mise à jour le 30 juillet 2021.

** Ancien vice-président du Conseil d'État. Texte écrit en collaboration avec Guillaume Halard, magistrat administratif, chargé de mission auprès du vice-président du Conseil d'État.

Droit qui « *dérange* »[1] les juristes attachés aux catégories traditionnelles du droit conçu comme un « *ordre de contrainte* »[2], tour à tour accusé de favoriser la dilution des normes[3], de nourrir l'inflation normative, de produire de l'insécurité juridique ou de contourner subrepticement l'ordonnancement des compétences attribuées aux pouvoirs publics[4], le droit souple a longtemps eu mauvaise presse. Et certains des reproches qui l'ont accablé restent encore justifiés, tant les instruments couverts par cette notion, comme les usages qui en sont faits, sont divers.

Toutefois, sans chercher à rouvrir une querelle théorique étudiée en détail par le Conseil d'État dans son étude annuelle pour 2013[5], il apparaît aujourd'hui évident qu'en enrichissant la « *palette normative* »[6], le droit souple peut aussi contribuer à améliorer l'efficacité, la transparence et l'acceptabilité de l'action publique, sans dévaloriser le « droit dur » ni porter atteinte aux principes essentiels de prévisibilité du droit et de sécurité juridique.

C'est particulièrement vrai dans le domaine de la régulation économique, dont l'avènement, au cours des années 1980 et 1990, est allé de pair avec l'abandon des mécanismes de l'économie administrée et l'émergence d'autorités indépendantes chargées d'assurer le bon fonctionnement du marché, ainsi que la conciliation de la libre concurrence avec les autres intérêts publics en présence[7]. Cette mutation profonde de la posture de l'État à l'égard des activités économiques a notamment donné lieu à un renouvellement des processus décisionnels, dont les autorités de régulation ont été les catalyseurs, et dans lesquels le droit souple s'est imposé comme un outil de choix pour mener à bien leurs missions consistant, peut-être plus qu'à prescrire, à « *corriger, équilibrer [et] orienter* »[8].

Le Conseil puis l'Autorité de la concurrence ont joué dans ce mouvement un rôle pionnier. Deux facteurs exogènes ont assurément encouragé l'institution

---

1 *Le droit souple*, actes du colloque « Le droit souple » du 27 mars 2008, organisé par l'association Henri Capitant des Amis de la Culture juridique française, avec le concours de la Faculté de droit et du Laboratoire de recherche juridique de l'université du Littoral-Côte d'Opale, Paris, Dalloz, 2009.

2 H. Kelsen, « Qu'est-ce que la théorie pure du droit ? », traduit en français dans *Droit et société*, n° 22, 1992, pp. 551-568 : les systèmes juridiques sont « *essentiellement des ordres de contraintes, c'est-à-dire des ordres qui entendent privilégier un comportement humain déterminé et prescrire, dans le cas d'un comportement contraire, non conforme au droit, un acte de contrainte, c'est-à-dire une sanction* » (p. 553).

3 Not. Y. Gaudemet, « La régulation économique ou la dilution des normes », *Revue du droit public* 2017, n° 1, p. 23.

4 V. p. ex. M. Medina Ortega, « "Soft Law" et principes démocratiques », in F. Péraldi Leneuf, *La légistique dans le système de l'Union européenne : quelles nouvelles approches ?*, Bruxelles, Bruylant, 2012, p. 191 et s.

5 V. Étude annuelle 2013 du Conseil d'État, *Le droit souple*, Paris, La Documentation française, 2013, p. 467 et s.

6 D. de Béchillon, *Qu'est-ce qu'une règle de droit ?*, Paris, Odile Jacob, 1997.

7 V. B. Lasserre, « Vers un droit de la régulation moderne, efficace et protecteur », in *La scène juridique, harmonies en mouvement : mélanges en l'honneur de Bernard Stirn*, Paris, Dalloz, 2019, p. 388.

8 « Corriger, équilibrer, orienter : une vision renouvelée de la régulation économique », colloque en hommage à Marie-Dominique Hagelsteen organisé par le Conseil d'État et l'Autorité de la concurrence le 24 septembre 2013 (actes publiés à La Documentation française, coll. « Droits et débats », n° 12, 2014).

à recourir au droit souple, en dépit du tropisme français en faveur de la norme verticale et contraignante : en premier lieu, la matière elle-même, imprégnée d'analyse économique et reposant sur des concepts que l'on pourrait qualifier de flous – restriction de concurrence, pouvoir de marché... –, se prête particulièrement bien aux éclaircissements apportés par le droit souple. En second lieu, la Commission européenne a très tôt montré l'exemple, acclimatant les autorités nationales à ces pratiques nouvelles. Pour mémoire, les premières communications de la Commission[9], qui visaient à préciser les règles de fond applicables aux ententes, ont été publiées en 1962, immédiatement après l'entrée en vigueur du premier règlement d'application des règles relatives aux ententes et abus de position dominante[10]. Une première phase s'ouvrait, au cours de laquelle de très nombreux textes de droit souple furent publiés en droit des pratiques anticoncurrentielles, en matière d'aides d'État puis, après 1989 et l'adoption du règlement (CEE) n° 4064/89[11], en droit des concentrations. À partir de la fin des années 1990, le phénomène s'intensifia à travers, d'une part, l'élargissement du domaine des communications et lignes directrices, qui ne traitent plus seulement des règles de fond mais aussi de leur mise en œuvre, d'autre part, l'élaboration de documents désormais plus longs, plus pédagogiques et directement destinés, pour certains, à fournir des outils pratiques aux opérateurs et à leurs conseils[12].

Cette efflorescence fut telle que, dès 2007, la dédicataire de ces lignes pouvait écrire que le droit de la concurrence était sans nul doute l'une des branches du droit où les manifestations de ce qu'on appelait alors plus communément « droit mou » étaient les plus nombreuses, lui conférant « *l'exubérance un peu folle d'un jardin anglais* »[13]. À cette époque, le Conseil de la concurrence venait tout juste de publier (en avril 2006) son premier communiqué de procédure, qui portait sur le dispositif de clémence introduit par la loi NRE[14]. Il se trouvait à un moment charnière de son histoire et s'apprêtait à développer, parallèlement aux réformes qui allaient achever de le transformer en un régulateur moderne, un usage original du droit souple auquel Laurence Idot, qui a siégé au collège de l'Autorité de la concurrence de 2009 à 2019, n'est bien sûr pas étrangère.

---

9 Communication relative aux contrats de représentation exclusive conclus avec des représentants de commerce et communication relative aux accords de licence de brevets, *JOCE* n° 139 du 24 décembre 1962, pp. 2921 et 2922.

10 Règlement n° 17 : Premier règlement d'application des articles 85 et 86 du traité, *JOCE* n° 013 du 21 février 1962, p. 204.

11 Règlement (CEE) n° 4064/89 du Conseil, du 21 décembre 1989, relatif au contrôle des opérations de concentration entre entreprises, *JOCE* n° L 257 du 21 septembre 1990, p. 13 pour le rectificatif.

12 V., pour plus de détails, le remarquable exposé de C. Lemaire, « *Soft law* et droit de la concurrence : retour sur l'expérience de l'Autorité de la concurrence », in « Corriger, équilibrer, orienter : une vision renouvelée de la régulation économique », préc.

13 L. Idot, « À propos de l'internationalisation du droit. Réflexions sur la *soft law* en droit de la concurrence », in *Vers de nouveaux équilibres entre ordres juridiques : mélanges en l'honneur d'Hélène Gaudemet-Tallon*, Paris, Dalloz, 2008.

14 Art. 73 de la loi n° 2001-420 du 15 mai 2001 relative aux nouvelles régulations économiques.

Quinze ans plus tard, un regard rétrospectif – dont je ne peux malheureusement pas garantir l'impartialité – permet de tirer quelques enseignements sur la manière dont l'Autorité de la concurrence s'est approprié les outils du droit souple (I.). Au regard de la place accrue qu'ils occupent aujourd'hui dans la régulation concurrentielle et des évolutions de leur régime contentieux, je tenterai ensuite de tracer quelques perspectives pour l'avenir (II.).

I. D'abord utilisé pour « activer » les réformes de procédures instituées en droit interne, le droit souple est progressivement venu compléter la boîte à outils de l'Autorité de la concurrence

Il n'y a pas si longtemps, le Conseil de la concurrence regardait le droit souple d'un œil méfiant, comme un objet venu d'ailleurs, incertain juridiquement et plus susceptible de lui lier les mains que de l'aider à remplir ses missions. Aussi ne ressentait-il aucun besoin d'y recourir, puisque les règles de fond qu'il appliquait – et applique encore – découlent pour l'essentiel du droit européen : autorité nationale, le Conseil n'avait rien à ajouter aux communications de la Commission européenne, auxquelles il n'hésitait toutefois pas à se référer dans ses décisions, voire à se servir comme « *guide d'analyse utile* »[15] même lorsque le droit communautaire n'était pas applicable à l'affaire en cause. À ce jour, il n'y a d'ailleurs notablement qu'en matière de contrôle des concentrations, où les droits européen et national s'appliquent alternativement, que le régulateur a publié des lignes directrices visant des règles de fond[16].

La situation changea lorsque le législateur institua en droit interne de nouvelles procédures. Dans ce domaine, les États membres conservent une grande autonomie : les autorités nationales disposent donc d'une large marge de manœuvre pour les mettre en œuvre, et c'est à elles seules qu'il revient de déterminer la politique qu'elles entendent suivre. C'est d'autant plus vrai lorsque la loi se borne à fixer des règles et principes généraux.

Brèves, laconiques sur ses modalités d'application, les dispositions législatives encadrant la procédure de clémence étaient à cet égard peu rassurantes pour les entreprises : or l'expérience américaine avait montré qu'un tel dispositif ne peut fonctionner qu'à la condition que les règles du jeu soient claires, connues à l'avance par les entreprises, et que le régulateur s'astreigne à une certaine discipline dans l'octroi de l'immunité à l'entreprise qui dénonce la première[17]. C'est

15 V. p. ex. Cons. conc., déc. n° 00-D-82 du 26 février 2001 relative à des pratiques relevées dans le secteur des glaces et crèmes glacées industrielles sur le marché de l'impulsion et, avant, sans pour autant utiliser l'expression « guide d'analyse utile », la déc. n° 99-D-45 du 30 juin 1999 relative à des pratiques constatées dans le secteur du jouet.

16 Lignes directrices révisées du 23 juillet 2020 relatives au contrôle des concentrations.

17 C. Lemaire, préc.

donc pour « activer » une procédure qui n'aurait pu fonctionner sans que le Conseil de la concurrence énonce précisément la manière dont il entendait l'appliquer qu'a été élaboré le communiqué de procédure de 2006. Des considérations similaires expliquent par exemple la publication, par la suite, des communiqués relatifs aux procédures d'engagements[18] – que la seule pratique décisionnelle de l'Autorité n'avait pas suffi à éclairer – et de transaction[19], respectivement introduits dans notre droit en 2004[20] et 2015[21].

Le communiqué sur le calcul des sanctions[22] n'est quant à lui pas venu accompagner une évolution législative mais, en réalité, répondre à un événement particulier, même si l'adoption de lignes directrices par la Commission européenne, en 1998, avait suscité une réelle attente en France et que le besoin de cohérence au sein du Réseau européen de la concurrence avait ensuite été fortement souligné lors de la mise en œuvre du règlement (CE) n° 1/2003[23]. Sans préjudice, ni de sa qualité, ni de son utilité éprouvée, on pourrait en effet presque le qualifier de « communiqué de circonstances » tant il est lié à l'affaire du « cartel de l'acier », dans laquelle le Conseil de la concurrence, après une longue et minutieuse enquête, avait infligé des amendes record à plusieurs entreprises du secteur[24]. Par un arrêt du 19 janvier 2010, la cour d'appel de Paris avait cependant considérablement réduit leurs montants[25]. Le contraste entre les deux décisions suscita de vives critiques de la part de certains opérateurs économiques, déplorant à la fois la prétendue sévérité du régulateur et l'imprévisibilité des sanctions. Plutôt que de se pourvoir en cassation, la ministre de l'Économie missionna un groupe de travail, présidé par Jean-Martin Folz, en vue de fixer des règles encadrant la détermination des sanctions en matière de pratiques anticoncurrentielles.

---

18 Communiqué de procédure du 3 avril 2008 relatif aux engagements en matière de concurrence, remplacé par le communiqué de procédure du 2 mars 2009.

19 Communiqué de procédure du 21 décembre 2018 relatif à la procédure de transaction.

20 Art. 10 de l'ordonnance n° 2004-1173 du 4 novembre 2004 portant adaptation de certaines dispositions du code de commerce au droit communautaire de la concurrence, modifié par l'art. 2 de l'ordonnance n° 2008-1161 du 13 novembre 2008 portant modernisation de la régulation de la concurrence, *JORF* n° 0265 du 14 novembre 2008.

21 Art. 218 de la loi n° 2015-990 du 6 août 2015 pour la croissance, l'activité et l'égalité des chances économiques, *JORF* n° 0181 du 7 août 2015, qui institue une procédure de transaction se substituant à l'ancienne procédure de non-contestation des griefs.

22 Communiqué du 16 mai 2011 relatif à la méthode de détermination des sanctions pécuniaires.

23 V. C. Prieto, « Détermination des sanctions pécuniaires : Tenants et aboutissants de la méthode retenue par l'Autorité de la concurrence », *Concurrences* n° 3-2011, art. n° 37127, p. 54 .

24 Cons. conc., déc. n° 08-D-32 du 16 décembre 2008 relative à des pratiques mises en œuvre dans le secteur du négoce des produits sidérurgiques ; v. aussi C. Lemaire, « **Clémence – Preuve** : Le Conseil de la concurrence rappelle sa position sur la recevabilité et la force probante des éléments issus de la procédure de clémence *(Négoce des produits sidérurgiques)* », 16 décembre 2008, *Concurrences* n° 1-2009, art. n° 23530, pp. 197-198 ; « **Clémence** : Le Conseil de la concurrence accorde pour la première fois une exonération partielle des sanctions dans le cadre d'une procédure de clémence *(Négoce des produits sidérurgiques)* », 16 décembre 2008, *Concurrences* n° 1-2009, art. n° 23528, pp. 196-197.

25 CA Paris, 19 janvier 2010, *AMD Sud-Ouest, Arcelor Profils e.a. c/ Conseil de la concurrence*, RG 2009/00334 ; v. aussi C. Lemaire, « **Procédures de clémence et de non contestation des griefs** : La Cour d'appel de Paris, dans l'affaire du négoce des produits sidérurgiques, apporte des précisions et soulève de nouvelles interrogations sur les procédures de clémence et de non contestation des griefs *(AMD Sud-Ouest)* », 19 janvier 2010, *Concurrences* n° 2-2010, art. n° 31143, pp. 131-133.

Consciente que ses pratiques restaient encore trop hétérogènes et déterminée à ne pas laisser le gouvernement réglementer par décret une telle question[26] – ce qui aurait directement porté atteinte à son indépendance –, l'Autorité de la concurrence engagea de son côté une réflexion pour clarifier sa doctrine : c'est elle qui déboucha sur le communiqué du 16 mai 2011.

On le voit, quel que soit son objet, le droit souple produit par l'Autorité de la concurrence a dès l'origine été conçu pour répondre à un besoin légitime et pressant de sécurité juridique et de prévisibilité du droit.

Parallèlement à l'utilisation de ces communiqués, finalement assez classiques, l'Autorité de la concurrence a employé le droit souple pour développer des pratiques consistant à faire la pédagogie de la concurrence auprès des entreprises et des pouvoirs publics.

Cette fonction d'*advocacy* joue un rôle préventif essentiel en contribuant à limiter les restrictions de concurrence liées aux réglementations, en éclairant les entreprises sur les risques concurrentiels et en permettant à celles qui souhaitent jouer la carte de la conformité d'appréhender précisément les comportements conformes ou non au droit de la concurrence[27] : on approche ici de ce que le Conseil d'État décrivait en 2001 comme le but de la régulation, qui « *serait moins de qualifier des faits par rapport à des normes préétablies et d'aboutir au respect de celles-ci par la sanction, que de chercher par tous moyens à susciter des standards de comportement* »[28].

Les attributions consultatives de l'Autorité de la concurrence constituent le pilier de son *advocacy*. Ses avis rendus sur saisine externe lui avaient depuis longtemps donné l'occasion de faire œuvre de pédagogie en présentant des synthèses de sa pratique décisionnelle, enrichies des références les plus importantes aux arrêts des juridictions françaises et communautaires, ainsi que de présenter des situations factuelles de façon impartiale en avançant des recommandations destinées à porter remède à des problèmes bien identifiés[29]. mais un tournant a été pris à compter du moment où l'Autorité a été dotée de la faculté de se saisir d'office « *sur toute question concernant la concurrence* »[30]. Cette faculté d'autosaisine l'a fait passer d'une posture plutôt « passive » à une posture beaucoup plus « active », puisqu'elle peut dorénavant décider seule de mettre dans le débat public des thèmes qu'elle juge importants[31]. Elle s'en est emparée en développant une

---

26 C'était une proposition défendue par deux des trois membres du groupe de travail : « Rapport sur l'appréciation de la sanction en matière de pratiques anticoncurrentielles », 20 septembre 2010.

27 V. à cet égard B. Lasserre, « Advocacy », in M. Chagny (dir.), *Dictionnaire de droit de la concurrence*, art. n° 100148, Paris, Concurrences, 2021.

28 Rapport public du Conseil d'État, *Les autorités administratives indépendantes*, Paris, La Documentation française, 2001.

29 P. Spilliaert, « Les avis de l'Autorité de la concurrence », *Concurrences* n° 3-2010, art. n° 31700, p. 58.

30 Art. 2-II de l'ordonnance n° 2008-1161 du 13 novembre 2008 portant modernisation de la régulation de la concurrence, préc.

31 V. T. Dahan et C. Lemaire, « Portrait de l'Autorité en jeune fille – L'Autorité de la concurrence issue de la loi LME : entre aboutissement et nouveau départ », *RJEP*, n° 683, février 2011, étude, p. 3.

pratique de l'enquête sectorielle, inspirée par la Commission européenne, qui lui a permis de dépasser l'approche casuistique en traitant des questions générales de concurrence, de défricher en amont des sujets émergents sur lesquels elle esquisse sa position, ou encore de détecter des gisements de croissance, comme elle a pu le faire en 2014, au sujet du transport longue distance par autocar[32], formulant des recommandations largement reprises par la loi du 6 août 2015 pour la croissance, l'activité et l'égalité des chances économiques[33].

Cette faculté d'autosaisine a renouvelé en profondeur l'office du régulateur. Vis-à-vis des pouvoirs publics, d'une part, l'Autorité a pleinement assumé son rôle d'aiguillon et d'alerte en matière de concurrence, ce qui a notamment conduit à renforcer la sécurité juridique des normes édictées par les pouvoirs publics. Par ailleurs, elle intervient dorénavant beaucoup plus directement dans la conception même des politiques publiques, en proposant, en amont, des pistes de réflexion et en recommandant, en aval, des mesures précises[34]. Les avis relatifs aux contrats d'affiliation de magasins indépendants et aux modalités d'acquisition de foncier commercial dans le secteur de la distribution alimentaire[35] ou au secteur des jeux en ligne[36] illustrent bien ce point[37]. Vis-à-vis des opérateurs d'autre part, les enquêtes sectorielles ont approfondi le champ de sa régulation en lui permettant d'orienter sans recourir à la contrainte. La plupart de ces documents constituent en effet de véritables « guides d'autoévaluation » aidant les entreprises à mieux appréhender les enjeux concurrentiels auxquels elles sont confrontées et à adapter leurs comportements en conséquence.

À côté des avis, d'autres outils, que je n'hésite pas à qualifier de droit souple même s'ils sont assurément situés au bas de l'échelle de normativité, sont enfin utilisés dans le cadre de l'*advocacy* de l'Autorité. On pourrait citer les études thématiques jointes aux rapports annuels de l'Autorité et auxquelles elle s'est parfois référée pour la démonstration de ses décisions, les études, les guides pédagogiques ou encore les infographies disponibles sur son site internet. mais

---

32 Aut. conc., avis n° 14-A-05 du 27 février 2014 relatif au fonctionnement concurrentiel du marché du transport interrégional régulier par autocar ; v. aussi H. Delzangles, S. Martin, « **Transports routiers** : L'Autorité de la concurrence demande davantage de concurrence et de régulation sur le marché de transport par autocar », mai 2014, *Concurrences* n° 2-2014, art. n° 66037, pp. 184-187.

33 Loi n° 2015-990 du 6 août 2015 pour la croissance, l'activité et l'égalité des chances économiques, préc.

34 V. P. Idoux, « L'évolution de l'Autorité chargée de la concurrence », *AJDA* 2016, p. 769.

35 Aut. conc., avis n° 10-A-26 du 7 décembre 2010 relatif aux contrats d'affiliation de magasins indépendants et les modalités d'acquisition de foncier commercial dans le secteur de la distribution alimentaire ; v. aussi M. Dany, « **Grande distribution – Management catégoriel** : L'Autorité de la concurrence rend un avis nuancé sur la mise en place de ce type d'accord de collaboration entre opérateurs de la grande distribution et fournisseurs *(Distribution alimentaire)* », 7 décembre 2010, *Concurrences* n° 1-2011, art. n° 34164, pp. 136-138.

36 Aut. conc., avis n° 11-A-02 du 20 janvier 2011 relatif au secteur des jeux d'argent et de hasard en ligne ; v. aussi J.-P. Kovar, « **Jeux d'argent et de hasard en ligne** : L'Autorité de la concurrence pointe les lacunes de l'ouverture à la concurrence des jeux en ligne et demande un renforcement des pouvoirs de l'ARJEL *(Secteur des jeux d'argent et de hasard en ligne)* », 20 janvier 2011, *Concurrences* n° 2-2011, art. n° 35856, pp. 211-213.

37 Cette façon de procéder a, de ce point de vue, déteint sur les avis rendus sur saisine externe, qui contiennent de plus en plus souvent des recommandations très étayées (p. ex. : Aut. conc., avis n° 10-A-07 du 17 mars 2010 sur le programme national « très haut débit »).

à vrai dire, à la lumière des mutations récentes de la jurisprudence administrative, on se rend compte qu'aucun agissement, aucun document d'une autorité publique ne peut *a priori* être exclu de cette catégorie dès lors qu'il est susceptible de produire certains effets sur les administrés.

II. L'importance prise par le droit souple dans la régulation concurrentielle a en effet conduit le Conseil d'État à entreprendre la construction d'un régime contentieux spécifique dont les conséquences sont encore à mesurer

Bien que relevant de cette vaste catégorie du droit souple, les principaux instruments déployés par l'Autorité de la concurrence – communiqués, lignes directrices, avis, enquêtes sectorielles voire études thématiques – comportent à l'évidence une certaine consistance juridique, qui tient avant tout au fait que le droit souple ne peut au fond s'envisager indépendamment du droit dur, duquel il est toujours complémentaire. Cela s'observe du point de vue du régulateur, du juge et des opérateurs.

D'abord, contrairement à la Commission européenne et à de nombreuses autorités étrangères, l'Autorité de la concurrence ne s'est jamais reconnue de compétence pour instituer elle-même des dispositifs juridiques par le biais du droit souple. Les procédures de clémence[38], de non-contestation des griefs, d'engagements et de transaction, ainsi que les règles encadrant le contrôle des concentrations résultent ainsi toutes, en droit interne, de l'intervention du législateur, le cas échéant complétée par celle du pouvoir réglementaire, les communiqués de procédure et lignes directrices ne venant que présenter la norme et énoncer la doctrine du régulateur. L'Autorité se place à cet égard, explicitement ou non[39], dans le cadre de la jurisprudence *Crédit foncier de France*[40], en vertu de laquelle une autorité administrative ne peut encadrer son pouvoir d'appréciation qu'à la triple condition de ne pas appliquer de conditions nouvelles par rapport à celles que fixe la loi, de toujours conserver la faculté de déroger aux principes qu'elle s'est fixés, soit en raison de la situation particulière de l'administré, soit pour des motifs d'intérêt général, et de toujours procéder à une appréciation de la situation individuelle des administrés. Elle prend par ailleurs soin, dans ses avis, de tempérer la portée de ses constatations et recommandations en signalant systématiquement qu'elle ne peut, dans ce cadre, qualifier des pratiques individuelles ou imposer des mesures contraignantes aux opérateurs.

---

38 En Europe et dans la plupart des pays du monde, les programmes de clémence résultent par exemple de lignes directrices ou de communications des autorités de concurrence.

39 Elle s'y réfère par exemple expressément dans le communiqué du 16 mai 2011 relatif à la détermination des sanctions pécuniaires (pt 14) et les lignes directrices du 10 juillet 2013 (pt 14) et du 23 juillet 2020 (pt 2) relatives au contrôle des concentrations.

40 CE, Sect., 11 décembre 1970, *Crédit foncier de France*, n° 78880, *Rec.* p. 750.

Ceci étant dit, l'Autorité a toujours envisagé sa régulation comme un continuum dont le terme potentiel est la décision de droit dur. Sa régulation repose sur d'autres outils, mais ils n'existent et n'agissent que sous l'ombre portée de la sanction. Elle se réfère ainsi très fréquemment, dans ses décisions individuelles, à ses communiqués et lignes directrices qui, en tant que « directives » au sens de la jurisprudence administrative, lui sont opposables. Elle motive également régulièrement ses décisions au regard de ses prises de position exprimées dans le cadre de sa fonction consultative[41], ce qui les pare *de facto* d'une portée approchant celle d'actes de droit dur. L'Autorité envisage enfin aussi les enquêtes sectorielles comme un moyen d'échafauder sa propre doctrine sur des sujets innovants et d'affiner ses compétences afin de mieux détecter et, le cas échéant, poursuivre les pratiques anticoncurrentielles[42].

Ensuite, la consistance juridique de ces actes de droit souple découle de la manière dont ils sont reçus par les juges nationaux. Dans le cadre de son contrôle des sanctions prononcées par l'Autorité de la concurrence, la cour d'appel de Paris vérifie l'application qu'elle a faite des communiqués de procédure, en particulier celui sur la détermination des sanctions pécuniaires – où l'on voit qu'un tel document accroît la sécurité juridique de deux façons : d'une part en clarifiant la doctrine du régulateur, d'autre part en contraignant la cour d'appel à une obligation de motivation renforcée lorsqu'elle entend s'en écarter. Il lui est également arrivé non seulement de citer, mais de se fonder sur des avis de l'Autorité[43]. Ils influencent aussi les tribunaux de commerce, qui s'y sont parfois référés pour considérer comme établies des pratiques anticoncurrentielles au sujet desquelles l'Autorité de la concurrence avait pris position dans des avis[44].

---

41 Quelques exemples en matière de pratiques anticoncurrentielles : déc. n° 13-D-16 du 27 juin 2013 relative à une demande de mesures conservatoires concernant des pratiques mises en œuvre par le groupe SNCF dans le secteur du transport de personnes ; déc. n° 13-D-15 du 25 juin 2013 relative à des pratiques mises en œuvre dans le secteur du transport maritime de fret entre l'Europe du Nord et les Antilles françaises ; n° 13-D-06 du 28 février 2013 relative à des pratiques mises en œuvre dans le marché de la télétransmission de données fiscales et comptables sous format EDI à l'administration fiscale ; n° 13-D-05 du 26 février 2013 relative à des pratiques mises en œuvre par la société Kalivia dans le secteur de l'optique-lunetterie.

42 Ex. : l'avis n° 10-A-26 du 7 décembre 2010, préc., a été régulièrement utilisé pour établir l'existence de certaines caractéristiques des marchés concernés ou pour apprécier le caractère abusif de certaines pratiques (déc. n° 11-D-20 du 16 décembre 2011 relative à des pratiques mises en œuvre par Carrefour dans le secteur de la distribution alimentaire ; n° 12-DCC-63 du 9 mai 2012 relative à la prise de contrôle exclusif de la société Guyenne et Gascogne SA par la société Carrefour SA ; n° 11-DCC-87 du 10 juin 2011 relative à la prise de contrôle exclusif de la société Media Concorde SNC par la société High Tech Multicanal Group...). La déc. n° 19-D-26 du 19 décembre 2019 relative à des pratiques mises en œuvre dans le secteur de la publicité en ligne liée aux recherches est quant à elle nourrie des réflexions qui ont présidé à l'élaboration de l'enquête sectorielle sur la publicité en ligne (avis n° 18-A-03 du 6 mars 2018 portant sur l'exploitation des données dans le secteur de la publicité sur internet).

43 CA Paris, 13 juin 2012, *Le Merre c/ Carrefour,* RG 10/25262 (la cour d'appel y écrit : « *[C]onformément à l'avis n° 10-A-26 du 7 décembre 2010 de l'Autorité de la concurrence, l'expression d'une préférence dans le droit des contrats commerciaux doit au moins être strictement limitée au regard des dispositions relatives à la libre concurrence et à la sanction des pratiques anticoncurrentielles [...]* ») ; v. aussi N. Éréséo, « **Franchise** : La Cour d'appel de Paris conforte la pratique des droits de préférence dans le secteur de la distribution alimentaire en ordonnant la substitution du bénéficiaire dans les droits de l'acquéreur *(Le Merre Distri c/ Carrefour Proximité France)* », 13 juin 2012, *Concurrences* n° 4-2012, art. n° 49524, pp. 93-94.

44 P. ex. : T. com. Paris, 31 janvier 2012, *Bottin Cartographes c/ Google France, Google Inc.* au sujet d'une allégation d'abus de position dominante de Google Maps sur le marché de la cartographie ; CA Saint-Denis de la Réunion, 8 septembre 2009, RG 10/02117 ; T. com. Lille, 6 janvier 2010, RG 2009-05184.

La portée des directives et prises de position du régulateur est enfin certaine du point de vue des opérateurs, qui en sont, après tout, les premiers destinataires. Elles leur permettent de s'orienter sur le marché, de mesurer les risques, d'auto-évaluer leurs pratiques et de les modifier spontanément s'ils le souhaitent. mais que les entreprises ajustent leurs comportements en raison d'une « *crainte révérencielle* » à l'égard de pouvoirs publics, par peur des effets réputationnels de l'engagement de procédures contentieuses ou dans le but d'affiner leurs stratégies concurrentielles[45], il est clair que les effets de ces instruments tiennent avant tout à l'horizon, toujours présent, de la sanction, qui leur confère en quelque sorte le caractère de normes en puissance.

On comprend aisément, dans ces conditions, les raisons qui ont conduit le Conseil d'État à ne pas laisser plus longtemps sur le « *bas-côté contentieux* »[46] des actes centraux de la régulation et dont les conséquences concrètes, potentiellement très grandes, ne sont plus à établir.

Jusqu'à récemment, le Conseil d'État soumettait les avis des autorités de régulation à une grille d'analyse analogue à celle dégagée, au sujet des circulaires, par sa décision *Mme Duvignères*[47] : le recours direct contre de tels actes restait fermé dès lors que l'Autorité de la concurrence se bornait à formuler des prises de position ou recommandations ne revêtant pas le caractère de dispositions générales et impératives ou de prescriptions individuelles dont elle pourrait, ultérieurement, censurer la méconnaissance[48]. Cette jurisprudence, conforme aux canons du recours pour excès de pouvoir, avait toutefois pour effet de rendre excessivement rares les hypothèses dans lesquelles un avis pouvait être attaqué, de simples précautions de langage suffisant à rester formellement dans la catégorie des décisions ne faisant pas grief.

Les décisions *Fairvesta*[49] et *Numericable* – cette dernière portant sur une prise de position individuelle du président de l'Autorité de la concurrence –, inspirées par les travaux menés trois ans plus tôt par la section du rapport et des études[50], ont de ce point de vue inauguré une veine contentieuse innovante pour se saisir

45 C. Lemaire, préc.

46 X. Domino et A. Bretonneau, « Miscellanées contentieuses », *AJDA* 2012, p. 2373.

47 CE, Sect., 18 décembre 2002, *Mme Duvignères*, n° 233618, *Rec.* p. 463.

48 CE, 11 octobre 2012, *Société ITM Entreprises e.a.*, n° 346378 et *Société Casino Guichard-Perrachon*, n° 357193 ; v. aussi C. Lemaire, « Excès de pouvoir : Le Conseil d'État juge que les avis de l'Autorité de la concurrence ne sont en principe pas susceptibles de recours dès lors que les prises de position et recommandations qu'ils contiennent ne font pas grief *(Casino)* », 11 octobre 2012, *Concurrences* n° 1-2013, art. n° 50719, pp. 178-179.

49 CE, Ass., 21 mars 2016, *Société Fairvesta GmbH e.a.*, n° 368082 et *Société NC Numericable*, n° 390023 ; v. aussi F. Martucci, « Marchés financiers : Le Conseil d'État contrôle la légalité des communiqués de presse de l'Autorité des marchés financiers *(Fairvesta International)* », 21 mars 2016, *Concurrences* n° 2-2016, art. n° 79023, pp. 198-199 ; O. Billard, G. Fabre, « Actes de "*droit souple*" : Le Conseil d'État précise que toute prise de position de l'Autorité de la concurrence, de nature à avoir des effets économiques notables, peut faire l'objet d'un recours pour excès de pouvoir *(Numéricable)* », 21 mars 2016, *Concurrences* n° 2-2016, art. n° 79460, pp. 143-144.

50 Étude annuelle 2013 du Conseil d'État, *op. cit.* : cette « séquence » illustre une nouvelle fois la complémentarité des missions du Conseil d'État.

du droit souple. À l'approche traditionnelle par l'objet, le Conseil d'État a en effet substitué une approche par l'effet, bien connue en droit de la concurrence, pour apprécier la recevabilité du recours contre les actes de droit souple : l'opportunité du contrôle s'impose en quelque sorte comme un critère de recevabilité suffisant, ce qui n'est pas sans faire écho au revirement de jurisprudence opéré deux décennies plus tôt au sujet des mesures d'ordre intérieur[51].

L'ouverture du contrôle juridictionnel a d'abord été cantonnée aux avis, recommandations, mises en garde ou encore prises de position adoptés par les autorités de régulation lorsqu'ils sont de nature à produire des effets notables, notamment économiques, ou qu'ils ont pour objet d'influer de manière significative sur les comportements des personnes auxquelles ils s'adressent. Une décision *Mme Le Pen*[52] est ensuite venue, d'une part, élargir le champ d'application de cette jurisprudence en abandonnant le critère tenant à l'auteur de l'acte attaqué : il n'est plus nécessaire que soit en cause une « autorité de régulation », le contrôle juridictionnel des actes de droit souple ne dépendant désormais plus de la nature de l'autorité administrative dont ils émanent ; d'autre part, approfondir l'approche finaliste en jugeant que seuls comptent désormais les effets qu'un acte de droit souple est susceptible de déployer ou qu'il a déjà déployés, peu important leur nature ou leur gravité. Enfin, une décision du 12 juin 2020[53] a poursuivi ce mouvement en jugeant attaquables tous les documents de portée générale émanant d'autorités publiques, matérialisés ou non, tels que les circulaires, instructions, recommandations, notes, présentations ou interprétations du droit positif, lorsqu'ils sont susceptibles d'avoir des effets notables sur les droits ou la situation d'autres personnes que les agents chargés, le cas échéant, de les mettre en œuvre. Les lignes directrices n'échappent ainsi plus au contrôle du juge.

Prenant acte de la montée en puissance du droit souple, le Conseil d'État a ainsi entrepris de définir un cadre clair, mais aussi exigeant pour l'action des autorités de régulation, assurant leur pleine soumission au principe de légalité. Sa jurisprudence reconnaît la réalité de l'emprise exercée par les autorités de régulation à travers le droit souple[54]. Aussi n'était-il certainement plus possible de laisser à l'abri de son contrôle ce qui est devenu tout un pan de l'action administrative : sa jurisprudence rééquilibre en ce sens la situation des citoyens et des administrés et favorise incontestablement la garantie des droits. Ses conséquences concrètes restent toutefois, pour beaucoup d'entre elles, à mesurer.

On peut, d'abord, se demander si ce nouveau cadre jurisprudentiel influe sur la manière dont l'Autorité de la concurrence envisage ses instruments de droit souple. Il est probable que l'irruption du contrôle juridictionnel ait incité de

---

51 CE, Ass., 17 février 1995, *Hardouin*, n° 107766, *Rec.* p. 82 et *Marie*, n° 97754 *Rec.* p. 85.

52 CE, Ass., 19 juillet 2019, *Mme Le Pen*, n° 426389.

53 CE. Sect., 12 juin 2020, *GISTI*, n° 418142.

54 P. Idoux, préc.

nombreuses administrations à redoubler de rigueur lorsqu'elles élaborent leurs recommandations, instructions, notes, etc. : la menace d'une annulation n'est en effet jamais neutre sur la manière dont on prépare un texte. J'ai toutefois le sentiment que l'Autorité n'a pas attendu le Conseil d'État pour accorder l'attention qu'elle mérite à la rédaction de ses communiqués, lignes directrices, avis ou études ; qu'elle a toujours été consciente de la sensibilité de ces documents et de l'importance qu'ils revêtent, aussi bien pour la confiance que lui accordent les entreprises que pour le bon fonctionnement des marchés. Dans ces conditions, je crois pouvoir dire que les décisions *Fairvesta* et *Numericable* n'ont pas réellement modifié sa pratique du droit souple. Sans être liées à ces décisions, les évolutions à venir pourraient davantage porter sur les modalités de consultation et d'association des opérateurs dans la confection de ses textes de droit souple[55].

Il est ensuite frappant d'observer que le revirement de jurisprudence du Conseil d'État n'a – à notre connaissance – donné lieu à aucun recours pour excès de pouvoir à l'encontre de ses communiqués de procédure, lignes directrices ou avis. Alors qu'elle était réclamée par beaucoup[56], il semble ainsi que l'ouverture du prétoire du juge administratif aux avis de l'Autorité n'ait finalement pas répondu à un besoin pressant des opérateurs, tout du moins pour l'instant. Quelles que soient les raisons qui expliquent ce phénomène, les entreprises – et leurs conseils – savent qu'elles sont aujourd'hui libres d'activer cette arme contentieuse à tout moment.

Sans pouvoir préjuger de ce qu'elles feront de cette arme, il est possible que l'avenir du contentieux du droit souple réside davantage dans le contrôle d'actes beaucoup moins palpables et beaucoup moins formalisés. Cela pose la question : jusqu'où le juge peut-il avancer au pays du droit souple ? Je me suis souvent demandé ce qu'aurait fait le juge administratif face au président d'une nation qui gouverne en tweetant… Acceptera-t-il, demain, de contrôler les « FAQ » publiées sur les sites des ministères, les notices de « Service-public.fr » ou encore les communiqués de presse et les messages postés par des ministres sur les réseaux sociaux ? De premières pistes de réponse devraient bientôt être apportées par le Conseil d'État, puisqu'il vient d'être saisi d'un recours dirigé contre une communication inhabituelle de l'Autorité de la concurrence[57]. Après avoir prononcé des sanctions pécuniaires contre plusieurs laboratoires pharmaceutiques sans faire

55 À noter que des consultations ont été organisées dès l'élaboration du premier communiqué de procédure relatif à la clémence. D'abord informelles, ces consultations font aujourd'hui l'objet d'appels publics à contribution et sont mises en ligne concomitamment à la publication des communiqués. Lorsqu'elle réalise des enquêtes sectorielles, l'Autorité publie par ailleurs des documents de consultation publique contenant ses premières pistes de réflexion.

56 P. ex. : N. Jalabert-Doury, « Nouvelles formes d'intervention des autorités de concurrence : le point de vue des entreprises », *Contrats, conc., consom.* n° 5, mai 2013, dossier 8 ; M. Thill-Tayara, « Les avis de l'Autorité de la concurrence : zone de non-droit ? », *Les Echos*, 5 décembre 2012.

57 Cette saisine fait suite à une décision par laquelle la cour d'appel de Paris s'est déclarée incompétente pour statuer sur cette question (CA Paris, 12 mai 2021, *Roche*, RG 21/02163). V. C. Lemaire, M. Florent, « Compétence : La Cour d'appel de Paris décline sa compétence pour statuer sur la politique de communication de l'Autorité de la concurrence (*Roche*) », 12 mai 2021, *Concurrences* n° 3-2021, art. n° 101947, pp. 168-171.

usage, notablement, de la possibilité qui lui est offerte par le code de commerce d'ordonner aux sociétés condamnées « *la publication, la diffusion ou l'affichage de sa décision ou d'un extrait de celle-ci selon les modalités qu'elle précise* »[58], l'Autorité de la concurrence ne s'est en effet pas bornée à publier la décision accompagnée d'un communiqué de presse sur son site internet, mais a posté sur divers médias et réseaux sociaux une vidéo d'un peu moins de deux minutes résumant sa décision, et adressé au syndicat représentatif des entreprises du médicament (Leem) un courrier privé visant à porter celle-ci à son attention. Les autorités de régulation peuvent-elles librement – discrétionnairement – communiquer sur leurs décisions et, dans la négative, à quels règles et principes sont-elles soumises ? Le juge acceptera-t-il de se saisir de ces actes et, si oui, quelles seront les modalités de son contrôle, étant entendu qu'il a prudemment choisi de ne pas s'enfermer dans une grille de contrôle uniforme pour apprécier la légalité des actes de droit souple, qui brillent par leur diversité[59] ? A-t-il enfin les moyens de porter effectivement remède à une communication qu'il jugerait illégale, et si oui par quels moyens ?

Ces questions suffisent à montrer que le contrôle juridictionnel du droit souple est encore dans sa première jeunesse et que les décisions rendues à ce jour par le Conseil d'État ne sont que les piliers d'un édifice qui a vocation à grandir à mesure que les usages du droit souple continueront à se diversifier, sous l'effet conjugué de la créativité des autorités administratives et du développement des nouveaux outils de communication.

Laurence Idot avait écrit que le développement de la *soft law* était avant tout révélateur « *du dynamisme de ce droit flou et souple qu'est le droit de la concurrence* »[60]. La pratique postérieure de l'Autorité de la concurrence n'a fait que confirmer ses propos. Aussi, quinze ans après son communiqué de procédure sur la clémence, il apparaît que ce droit de la concurrence si vivant et si novateur, auquel la dédicataire de ces lignes a tant apporté, a lui-même profondément nourri le renouvellement des modalités de l'action publique et le dynamisme de la jurisprudence administrative.

---

58 Art. L. 464-2, I du code de commerce.

59 Il tient compte « *de leur nature et de leurs caractéristiques, ainsi que du pouvoir d'appréciation dont dispose l'autorité de régulation* » : les moyens de légalité externe opérants et l'intensité du contrôle de qualification varient ainsi au cas par cas (CE, 21mars 2016, *Fairvesta International GmbH et autres*, n° 368082).

60 L. Idot, préc.

La délimitation du marché en cause, spécificité du droit européen de la concurrence ?

Philippe Maddalon[*]
Université Paris 1 Panthéon-Sorbonne

Résumé

La délimitation du marché en cause n'est pas propre au droit européen de la concurrence. Elle est aussi présente en matière de liberté de circulation, de politique commerciale commune ou de droit fiscal. Cependant, il ne s'agit pas exactement de la même défintion dans toutes ce spolitiques. L'information concernant le droit européen de la concurrence doit être plus précise. Mais dans tous les cas le but est le même : classer des produits afin de traiter également les individus.

[*] Professeur des universités.

La délimitation du marché en cause offre l'une des techniques juridiques les plus caractéristiques du droit européen de la concurrence. Mais dans quelle mesure la délimitation du marché en cause marque-t-elle une spécificité du droit européen de la concurrence ? Il faut déjà constater que les expressions « délimitation du marché en cause » ou « marché en cause » sont également employées par la Cour de justice de l'Union européenne (CJUE) lors de litiges intéressant les droits de l'homme (I.) ou l'harmonisation des législations relatives au marché intérieur (II.).

Plus précisément, où se trouve dans cette technique la particularité du droit de la concurrence en comparaison de celles utilisées dans le cadre des autres politiques menées par l'Union européenne ? Un premier élément de réponse peut être proposé : le marché en cause en droit de la concurrence ne peut être délimité que si des faits suffisamment précis ont pu être portés à la connaissance du juge : qui sont les producteurs éventuellement rattachables au marché ? Quels sont les produits et les caractéristiques des produits susceptibles d'appartenir à ce marché ? Quelle est l'attitude des consommateurs (III.) ?

Ces faits ne peuvent pas tous être connus du juge européen. Les producteurs, consommateurs, échanges économiques sont trop nombreux et variables pour être identifiés précisément. Délimiter le marché en cause, c'est donc prétendre rendre compte juridiquement d'une situation économique dont la consistance ne peut être complètement connue. En ce sens, la délimitation de marché présente aussi le caractère d'une fiction juridique (IV.). Mais la fiction paraît moins grossière dans le cadre de la concurrence que dans celui de la politique commerciale commune, où l'établissement des faits présente encore plus d'approximations (V.).

La délimitation du marché en cause signale enfin une fonction sociale et non seulement économique de la politique de la concurrence : classer des produits pour prétendre éviter de créer une hiérarchie définitive entre les individus. Ce point paraît essentiel dans un ordre juridique européen attaché à l'égalité entre les individus (VI.).

I. L'expression « délimitation du marché en cause » n'est pas propre à la politique de concurrence

La politique de concurrence n'en a pas le monopole. L'affaire *Familiapress* offre un exemple connu[1], où la libre circulation des marchandises est mise en balance avec la liberté d'expression. Familiapress, éditeur de presse autrichien, agit afin qu'il soit ordonné à Heinrich Bauer Verlag, éditeur de journaux établi en Allemagne, de cesser la vente sur le territoire autrichien de l'hebdomadaire *Laura*. Un numéro daté du 22 février 1995 comportait un mot croisé. Les lecteurs qui renvoyaient la bonne solution pouvaient participer à une loterie dotée de deux prix de 500 DM. Les numéros suivants proposaient des jeux comparables.

1 CJCE, 26 juin 1997, *Familiapress*, aff. C-368/95, EU:C:1997:325.

La loi autrichienne sur la concurrence déloyale interdit d'offrir sans contrepartie aux consommateurs des primes liées à la vente de biens ou à la fourniture de services. La Cour de justice des Communautés européennes (CJCE) entreprend de vérifier si cette interdiction porte atteinte de manière disproportionnée au pluralisme de la presse[2].

Cette mise en balance de la liberté de circulation des marchandises et de la liberté d'expression débouche sur un raisonnement relatif au marché en cause : « *[I]l importe de déterminer, d'une part, si les journaux qui offrent, au travers de jeux, d'énigmes ou de concours, la possibilité de gagner un prix sont en concurrence avec les petites entreprises de presse, supposées être dans l'incapacité d'offrir des primes comparables et que la législation litigieuse a pour objet de protéger, et, d'autre part, si une telle perspective de gain constitue une incitation à l'achat susceptible de provoquer un déplacement de la demande. C'est à la juridiction nationale qu'il incombe d'apprécier si ces conditions sont remplies sur la base d'un examen du marché autrichien de la presse. Dans le cadre de cet examen, elle veillera à délimiter le marché du produit en cause et à prendre en considération les parts de marché détenues par chaque éditeur ou groupe de presse et leur évolution. De plus, en fonction de tous les éléments susceptibles d'influencer la décision d'achat, tels que la présence ou non d'une publicité en première page soulignant la possibilité de gagner un prix, la probabilité du gain, le montant du prix, la liaison ou non du gain à la réussite d'une épreuve requérant un certain degré d'ingéniosité, d'adresse ou de connaissances, la juridiction nationale mesurera également le degré de substitution possible aux yeux du consommateur du produit concerné aux journaux qui n'offrent pas la possibilité de gagner un prix*[3]. »

Ce premier exemple illustre une fonction assez transversale de la notion de marché en cause dans l'ordre juridique de l'Union européenne. Cette notion facilite un travail d'équivalence générale. Elle le fait classiquement en droit de la concurrence, par exemple pour mesurer une part de marché dans un souci d'établissement d'une éventuelle position dominante. Mais elle prétend parfois posséder la même utilité en dehors de la politique de concurrence. La liberté d'expression pourrait ainsi, selon la Cour, être mesurée dans une unité commune avec la liberté de circulation des marchandises. Cette unité commune, ici encore, semble devoir être la part de marché. C'est une manière de ramener la liberté d'expression à un choix plus qu'à un motif de choix. En effet, la liberté d'expression joue un rôle plus ou moins important dans la solution du litige selon la substituabilité des produits, le choix fait par le consommateur. La liberté d'expression ne contient pas de valeur propre et toutes les opinions semblent se valoir. La liberté d'expression dépend du produit, mais le produit ne dépend pas du contenu exprimé.

Il n'est d'ailleurs pas facile de savoir dans quel sens joue le choix dans l'arrêt *Familiapress.* La liberté d'expression peut intervenir ici de deux manières, selon la CJCE : elle protège le « petit » éditeur Familiapress, qui n'a pas les moyens financiers d'offrir des prix avec ses journaux, ou le « gros » éditeur Heinrich Bauer,

---

2 *Ibid.*, pts 26 et 27.

3 *Ibid.*, pts 28 à 31.

qui ne pourrait s'exprimer en vendant des journaux assortis de jeux avec des prix. On voit ici le nivellement des formes de la liberté d'expression. Le raisonnement de la Cour conduit à placer au même niveau la liberté d'accorder un prix au gagnant du mot croisé et la liberté d'exprimer une opinion politique, spirituelle ou syndicale différente. Ce n'est donc pas le motif du choix qui l'emporte, mais la possibilité d'un choix, qui dépend elle-même du marché en cause. Si les deux journaux sont substituables aux yeux du consommateur, la liberté d'expression de Familiapress s'en trouve réduite d'autant. S'ils ne le sont pas, pourquoi brider la libre expression d'Heinrich Bauer ?

II. L'expression « marché en cause » peut se retrouver aussi dans des situations où la concurrence n'est pas atteinte mais visée

Ici apparaît une opposition entre la politique de concurrence et celle relative aux libertés de circulation. La politique de concurrence suppose les obstacles réglementaires nationaux suffisamment faibles pour que joue la concurrence (même imparfaitement). Les règles relatives aux libertés de circulation, au contraire, cherchent à éliminer ces obstacles qui empêchent une concurrence suffisante. La directive (UE) 2018/972 relative aux communications électroniques, fondée sur l'article 114 du traité sur le fonctionnement de l'Union européenne (TFUE), détermine une procédure d'analyse de marché qui marque une transition entre ces deux situations[4]. Il s'agit d'identifier les obstacles à une concurrence effective. La nature de ces obstacles empêche que le droit de la concurrence suffise à les éliminer.

Les autorités nationales de régulation déterminent le marché pertinent conformément aux termes de la directive. Il s'agit de rechercher si ce marché en cause justifie l'imposition des obligations règlementaires énoncées dans la directive. « *Les États membres veillent à ce qu'une analyse soit effectuée, le cas échéant, en coopération avec les autorités nationales chargées de la concurrence [...]. Un marché peut être considéré comme justifiant l'imposition d'obligations règlementaires énoncées dans la [...] directive si les critères suivants sont tous remplis :*

a) *il existe des obstacles à l'entrée importants et non transitoires d'ordre structurel, juridique ou réglementaire ;*

b) *la structure du marché ne présage pas d'évolution vers une concurrence effective au cours de la période visée, compte tenu de la situation de la concurrence fondée sur les infrastructures et d'autres facteurs influant sur la concurrence, indépendamment des obstacles à l'entrée ;*

c) *le droit de la concurrence ne permet pas à lui seul de remédier de manière adéquate aux défaillances du marché constatées*[5]. »

---

4 Directive (UE) 2018/972 du Parlement européen et du Conseil du 11 décembre 2018 établissant le code des communications électroniques européen (refonte), *JOUE* n° L 321 du 17 décembre 2018, p. 36.

5 Art. 67, § 1, de la directive.

Ce sont donc bien les défaillances de marché qui rendent la politique de concurrence insuffisante à réguler ce secteur économique. Pour autant, l'expression « marché en cause » indique la volonté d'aboutir à terme à une situation régulable grâce à la seule politique européenne de concurrence. Elle s'utilise donc aussi pour aller vers la concurrence non encore atteinte et non seulement pour la préserver lorsqu'elle est censée avoir déjà été atteinte.

III. La délimitation du marché en cause nécessite des faits spécifiques

Une autre différence sépare les libertés de circulation de la concurrence : la nécessité d'obtenir des informations propres à indiquer la délimitation du marché en cause. L'avocat général Alber l'explique de façon très pédagogique dans ses conclusions sous l'affaire *Lehtonen*.

Il s'interroge d'abord, de manière générale, sur « *le caractère insuffisant de l'exposé des faits* » dans le cadre d'un renvoi préjudiciel : « *La Cour a précisé dans son arrêt Telemarsicabruzzo e.a.*[6] *qu'elle ne peut interpréter utilement le droit communautaire qu'à la condition que le juge national "définisse le cadre factuel et réglementaire dans lequel s'insèrent les questions qu'il pose ou qu'à tout le moins il explique les hypothèses factuelles sur lesquelles ces questions sont fondées".* » Il poursuit en remarquant que « *[c]es exigences sont renforcées dans les affaires de droit de la concurrence* » puis en distinguant le cadre des libertés de circulation et de la concurrence.

L'avocat général structure sa démonstration de la manière suivante :

> « *Les informations fournies, sous l'angle de la libre circulation des travailleurs : Il résulte en l'espèce de la demande de décision préjudicielle que M. Lehtonen est un joueur professionnel de basketball de nationalité finlandaise qui souhaitait rejoindre un club belge professionnel de basketball. La [Fédération belge de basketball] s'est, en définitive, opposée à son transfert en invoquant les règles applicables aux transferts rappelées dans la demande de décision préjudicielle. Apparaissent également dans la demande de décision préjudicielle les divers délais de transfert applicables à l'époque litigieuse, ainsi que la justification de ces règles invoquée par la fédération, c'est-à-dire la nécessité de ne pas fausser la compétition entre les équipes par la possibilité d'engager des joueurs à n'importe quel moment. La demande de décision préjudicielle contient ainsi toutes les informations nécessaires permettant de répondre utilement à la question de l'applicabilité des dispositions relatives à la libre circulation des travailleurs, et la demande de décision préjudicielle est, sur ce point, recevable.*

---

6 CJCE, 26 janvier 1993, *Telemarsicabruzzo*, aff. jtes C-320/90, C-321/90 et C-322/90, EU:C:1993:26, pt 6.

Les informations fournies, sous l'angle du droit de la concurrence : À l'inverse, la demande de décision préjudicielle n'indique nullement quelles sont les circonstances de fait qui doivent conduire à appliquer le droit de la concurrence, alors que la Cour de justice souligne dans sa jurisprudence constante qu'une motivation particulièrement circonstanciée est ici nécessaire. Manquent en particulier les éléments expliquant comment les activités économiques du basketball belge se répartissent entre les clubs, la ligue belge et la fédération, le poids économique qu'a le basketball belge, et dans quelle situation économique se trouvent les joueurs des clubs belges de la ligue belge. Font donc défaut les éléments matériels sur le fondement desquels les questions centrales de droit de la concurrence sont jugées, tels, par exemple, la qualité d'entreprise des clubs, la possibilité que le commerce entre les États membres soit affecté, l'éventualité d'une distorsion, d'une entrave ou d'une restriction à la concurrence, l'existence d'une position dominante ainsi qu'un abus de cette position. C'est pourquoi la question est irrecevable, dans sa partie qui concerne les articles 81 et 82 du traité CE[7] *[…]* »

L'insuffisant exposé des faits tient donc à l'impossibilité de délimiter le marché en cause, qui amène à opposer droit de la concurrence et des libertés de circulation : irrecevabilité dans le premier cas, recevabilité dans le second. En ce sens, l'opposition entre les libertés de circulation et la concurrence signifie bien une différence de degré d'intégration. La législation et la jurisprudence relatives aux libertés de circulation cherchent à éliminer des obstacles aux échanges dans des secteurs économiques. Les règles de concurrence suffisent à organiser le marché lorsque ces obstacles sont plus faibles. L'idée prévaut que, lorsque la concurrence est suffisante, la dimension factuelle devient prépondérante. Il n'est plus besoin de connaître davantage le contexte réglementaire puisque celui-ci ne constitue pas un obstacle déterminant à la réalisation du jeu concurrentiel. En revanche, quand ce jeu concurrentiel se déroule sans obstacle réglementaire majeur, la loyauté de la concurrence va dépendre plus nettement de la situation d'espèce, surtout de fait.

La délimitation du marché en cause, en matière de concurrence, marque donc une attention aux faits plus soutenue. Elle se veut une appréciation concrète de la situation économique d'espèce. De cette prétention découlent une certaine faiblesse mais aussi une force.

Sa faiblesse tient à l'approximation et à la subjectivité de la démarche. L'affaire *United Brands* demeure un exemple classique à ce propos. L'approximation ressort du discours de la Cour elle-même. Elle cherche à affirmer l'existence d'un marché distinct de la banane, par opposition à United Brands, qui prétend à la pertinence

7 Conclusions AG Alber, 22 juin 1999, *Lehtonen*, aff. C-176/96, EU:C:1999:321, pts 24 à 28.

d'un marché de l'ensemble des fruits frais, incluant donc la banane mais aussi, par exemple, le raisin, la pomme ou la pêche : « *[L]a banane [,] pour être considérée comme constituant l'objet d'un marché suffisamment distinct [,] doit pouvoir être individualisée par ses caractéristiques particulières la différenciant des autres fruits frais au point qu'elle soit peu interchangeable avec eux et ne subisse leur concurrence que d'une manière peu sensible*[8] *[...]* »

L'opposition ne se fait donc pas entre présence et absence de substituabilité mais entre des degrés plus ou moins forts de substituabilité. Pourquoi pas ? Ce qui paraît plus approximatif, c'est qu'il est très peu dit du seuil de substituabilité suffisant pour déterminer le marché en cause.

La suite de l'arrêt confirme cet attachement à la substituabilité trop peu prononcée pour emporter la décision : « *[La banane étant un fruit disponible à tous moments en quantités suffisantes, c'est sur l'ensemble de l'année qu'il s'impose d'évaluer sa substituabilité avec les autres fruits pour mesurer le degré de concurrence existant entre elle et d'autres fruits frais ; [...] il résulte des études sur le marché de la banane versées au dossier que celui-ci ne comporte pas d'élasticité croisée significative à long terme, pas plus, comme il a été dit, de substituabilité saisonnière de façon généralisée entre la banane et tous les fruits saisonniers, mais seulement entre elle et deux fruits (pêche et raisin de table) et dans un pays (Allemagne) du marché géographique en cause ; [...] en ce qui concerne les deux fruits disponibles toute l'année (orange et pomme), il n'existe pas d'interchangeabilité pour le premier et seulement une substituabilité relative pour le second*[9] *[...]* »

La subjectivité ressort de la confusion entre le choix et le motif du choix du consommateur. La CJCE ne cite à l'appui de son raisonnement que des choix : la demande est influencée par les prix : « *[E]en ce qui concerne les prix, deux études de la FAO montrent que la banane subit l'incidence des prix en baisse d'autres fruits (et seulement des pêches et raisins de table) que pendant les mois d'été et principalement le mois de juillet et cela dans une proportion ne dépassant pas 20 % [...]* »

Mais comment passe-t-elle ensuite au motif du choix du consommateur, qu'elle prétend connaître ? « *[L]a banane a une apparence, un goût, une consistance moelleuse, une absence de pépins, un maniement facile, un niveau permanent de production qui lui permettent de satisfaire les besoins constants d'une catégorie importante de la population composée d'enfants, de personnes âgées et de malades [...] il s'ensuit que le marché de la banane constitue un marché suffisamment distinct de celui des autres fruits frais*[10] *[...]* »

---

8 CJCE, 14 février 1978, *United Brands c/ Commission*, aff. 27/76, EU:C:1978:22, pt 22.

9 *Ibid.*, pts 27 à 29.

10 *Ibid.*, pts 31, 32 et 35.

La Cour ne dit pas d'où vient cette prétendue connaissance des motifs de choix du consommateur et pourrait très difficilement le dire. Chacun de nous a-t-il clairement à l'esprit, lors de chaque achat, le motif de son achat ? Est-ce le prix, le goût, le bienfait pour la santé, l'aide au petit commerçant, la qualité de conservation, la force de l'habitude, la plus grande disponibilité dans le commerce, tout cela à la fois ? Le juge prétend le savoir mieux que chacun d'entre nous. Ce n'est pas la partie la plus convaincante de sa démonstration.

La délimitation du marché pertinent contient aussi une force – peut-être plus perceptible avec la lecture des cas d'entente. En effet, cette délimitation survient systématiquement pour la position dominante, mais seulement dans un second temps pour les ententes. L'effet restrictif de concurrence (et avec lui la délimitation de marché) n'est recherché qu'à défaut d'objet restrictif. Le Tribunal rappelle le sens de la solution dans une affaire *Philips c/ Commission.* Sont en cause les puces pour cartes utilisées dans les cartes SIM, essentiellement pour les téléphones mobiles, et les cartes « non SIM » utilisées pour la banque, la sécurité et l'identification[11]. Le Tribunal confirme que certains comportements sont tellement susceptibles d'avoir des effets négatifs sur le prix, la quantité ou la qualité du produit qu'il apparaît inutile de démontrer leurs effets concrets sur le marché[12].

Le marché en cause se justifie donc bien par sa capacité supposée à une appréciation fine, concrète, adaptée à la réalité. Si la situation est évidente, l'objet restrictif de concurrence suffit en matière d'ententes.

Le droit de l'Union européenne marque ainsi une évolution vers une moindre influence des règles générales au profit d'un examen plus individualisé des situations. Cette option est censée favoriser le pragmatisme, l'adaptation, la souplesse au regard de la diversité des cas. C'est probablement en partie exact. Cependant, cette individualisation est aussi censée permettre de cerner la réalité. Cela paraît plus contestable.

La jurisprudence de la CJUE comprend en effet l'idée que la complexité de certaines situations économiques – dont la délimitation du marché – l'empêche d'approfondir son contrôle. Ainsi, cette complexité l'empêche d'accéder à une forme d'exactitude, de pousser à son terme l'analyse individuelle des situations. Les motifs de cette complexité, généralement non précisés par la Cour, sont de plusieurs ordres : multiplicité des consommateurs, des flux économiques, voire des producteurs ; difficulté d'identifier la composition exacte des produits, difficulté pour savoir quelle caractéristique du produit est décisive pour le consommateur ou le producteur, notamment.

---

11 Trib. UE, 15 décembre 2016, Philips c/ Commission, aff. T-762/14, EU:T:2016:738, pt 3 ; v. aussi M. Debroux, « Infraction par l'objet : Le Tribunal de l'Union européenne confirme que des échanges d'informations commerciales sensibles peuvent constituer une infraction de concurrence par l'objet (*Infineon Technologies ; Philips*) », 15 décembre 2016, *Concurrences* n° 1-2017, art. n° 82668, pp. 90-91.

12 *Ibid.*, pt 56 de l'arrêt.

L'affaire *Servier* fournit une illustration récente. Servier a mis au point le périndopril, médicament indiqué en médecine cardiovasculaire, principalement destiné à lutter contre l'hypertension et l'insuffisance cardiaque, par le biais d'un mécanisme d'inhibition de l'enzyme de conversion de l'angiotensine[13]. Servier s'oppose à la Commission sur la délimitation du marché en cause : le périndopril se trouve-t-il sur le même marché que d'autres inhibiteurs de l'enzyme de conversion (IEC) produits par des laboratoires pharmaceutiques concurrents ? Selon une jurisprudence constante, « *si le juge de l'Union exerce de manière générale un entier contrôle sur le point de savoir si les conditions d'application des dispositions relatives à la concurrence se trouvent ou non réunies, le contrôle qu'il exerce sur les appréciations économiques complexes faites par la Commission se limite nécessairement à la vérification du respect des règles de procédure et de motivation, de l'exactitude matérielle des faits ainsi que de l'absence d'erreur manifeste d'appréciation et de détournement de pouvoir* »[14].

Cette jurisprudence relative aux appréciations économiques complexes indique l'impossibilité de cerner complètement la réalité du cas. Les décisions de ce type marquent une approximation, une schématisation et donc une fiction juridique. Le Tribunal ne cerne pas la réalité économique. Il s'assure seulement que les données disponibles (donc seulement la part de la réalité connue ou présentée comme connue) ont été correctement exploitées par la Commission. Cela permet certainement de s'assurer de la cohérence interne du raisonnement de la Commission et éventuellement de la censurer. Ici, elle n'a pas analysé certaines études médicales[15]. Mais comment apprécier l'« inertie » des médecins face à un médicament nouveau ? Comment connaître la propension au changement de médicament des patients ? Le Tribunal comme la Commission ne sont dans la tête ni de l'un ni de l'autre. Le juge en est donc réduit à des conjectures.

Les deux dernières affaires citées se répondent, en quelque sorte. L'arrêt *Lehtonen* marque l'impossibilité de délimiter le marché en dessous d'un seuil minimal de données factuelles. L'arrêt *Servier c/ Commission* illustre combien les données disponibles suffisent, même si elles ne constituent qu'une faible part de la réalité économique. En ce sens, la délimitation du marché pertinent se caractérise donc par un certain degré d'information nécessaire, mais aussi suffisant.

La situation n'est pas complètement originale. Dans l'arrêt *Lehtonen*, la Cour rappelle la jurisprudence *Telemarsicabruzzo*, qui affirme l'irrecevabilité d'une question préjudicielle non assortie des éléments factuels et juridiques suffisants[16]. De ce point de vue, les données factuelles relatives à la délimitation du marché ne présentent pas d'originalité.

---

13 Trib. UE, 12 décembre 2018, *Servier c/ Commission*, aff. T-691/14, EU:T:2018:922, pt 2 ; v. aussi N. Zacharie, A.Wachsmann, « Marché pertinent : Le Tribunal de l'Union européenne sanctionne la Commission européenne pour avoir commis une série d'erreurs dans l'analyse de la définition d'un marché pertinent dans le secteur pharmaceutique (*Servier*) », 12 décembre 2018, *Concurrences* n° 1-2019, art. n° 89016, pp. 84-87.

14 *Ibid.*, pt 1374.

15 *Ibid.*, pts 1448 et 1449.

16 CJCE, 26 janvier 1993, *Telemarsicabruzzo*, aff. jtes C-320/90, C-321/90 et C-322/90, préc., pt 6.

En revanche, en tant qu'« appréciation économique complexe », le marché en cause échappe à un contrôle entier, comme le Tribunal le rappelle dans l'arrêt *Servier*. Le marché pertinent constitue donc une information souvent décisive dans la solution du juge et qui ne peut être complètement connue ni donc contrôlée. C'est probablement exact : cela a été évoqué, il existe trop de producteurs, de consommateurs, de flux économiques pour tout connaître. Par ailleurs, comment par exemple connaître les motifs d'achat ou de prescription des patients ou des médecins ? Comment dès lors apprécier correctement la substituabilité des produits ?

L'impossibilité matérielle de tout connaître du marché doit donc être admise. Ce qui semble plus discutable, c'est la dimension prétendument factuelle de cette délimitation. Selon l'avocat général Alber, qui s'exprime dans l'affaire *Lehtonen*, le marché pertinent suppose la réunion de faits. C'est considérer que les éléments factuels économiques sont moins normatifs que les règles de droit. Or, décider que les faits connus suffisent à apprécier la substituabilité est une manière de poser une norme. Une fois encore, comment savoir ce qui détermine le médecin, ce qui influence le consommateur ? Tout cela relève pour le moins de l'approximation et même d'une schématisation par rapport à une réalité trop complexe. En ce sens, la délimitation du marché en cause est une fiction juridique.

IV. La délimitation du marché en cause est une fiction juridique

La délimitation du marché en cause, par manque d'information, s'apparente donc plutôt à une fiction juridique qui ne dit pas son nom. Elle recourt moins à la fiction d'une catégorie juridique générale préalable au litige, comme le serait une opposition, en droit national, entre le bien meuble et le bien immeuble. Elle recourt plus à la fiction lors de l'établissement des faits attachés à ce différend.

Le marché pertinent illustre peut-être même une fiction juridique moins convaincante encore que les fictions juridiques traditionnelles, pour deux motifs liés. La fiction de la délimitation du marché en cause n'est pas présentée comme telle : elle est censée rendre compte objectivement d'une « réalité économique », constituer un pragmatisme d'adaptation au cas. En outre, parce qu'elle n'est pas présentée comme une fiction, elle n'est pas débattue démocratiquement, par exemple à l'occasion de l'élaboration de la loi. Elle ne dépend que du pouvoir de la Commission, sous le contrôle du juge.

Dans ses conclusions présentées le 24 septembre 2020 sous l'affaire *Poste Italiane*, l'avocat général Campos Sánchez-Bordona oppose assez clairement cette généralité de la règle de droit à la spécificité de la délimitation du marché[17]. Le monopole légal, règle générale, ne suffit pas ; il faut la délimitation du marché. La seconde n'est-elle pourtant pas aussi formelle que la première ?

---

17 Conclusions AG Campos Sánchez-Bordona, 24 septembre 2020, *Poste Italiane*, aff. jtes C-434/19 et C-435/19, EU:C:2020:750.

L'avocat général présente l'opposition de la manière suivante : « *Selon une jurisprudence constante de la Cour, indépendamment de la question de savoir si des droits spéciaux ou exclusifs ont été conférés à une entreprise, la juridiction de renvoi doit indiquer sur quel marché pertinent et de quelle manière cette entreprise détiendrait une position dominante. En particulier, la Cour a insisté sur le fait qu'aux fins de l'article 102 TFUE, "le marché du produit ou du service en cause englobe les produits ou les services qui sont substituables ou suffisamment interchangeables avec celui-ci, en fonction non seulement de leurs caractéristiques objectives, en vertu desquelles ils sont particulièrement aptes à satisfaire les besoins constants des consommateurs, mais également en fonction des conditions de concurrence ainsi que de la structure de la demande et de l'offre sur le marché en cause". Or, concernant cette question, les décisions de renvoi présentent des lacunes dans l'exposé des faits qui empêchent la Cour de donner une réponse utile. Il n'a pas été possible de remédier à ces lacunes malgré les observations présentées par les intervenants dans la procédure préjudicielle, à qui la Cour avait demandé de fournir certaines informations afin de déterminer le marché de services, le marché géographique pertinent et l'existence de services substituables. La juridiction de renvoi aurait dû fournir à la Cour des informations précises sur les caractéristiques du marché pertinent, son étendue géographique ou l'existence éventuelle de services équivalents (substituables). Dans la mesure où elle ne l'a pas fait, la troisième question préjudicielle est irrecevable. [...] On a l'impression, après une première lecture, que, pour la juridiction de renvoi, la simple constitution du "monopole légal" en faveur de Poste Italiane se traduirait nécessairement par l'exploitation abusive d'une position dominante par cette entreprise. Poste Italiane* exploiterait *de façon abusive la position dominante par la détention du monopole légal litigieux. Si telle était l'interprétation correcte des décisions susmentionnées, force serait de conclure qu'elles sont fondées sur une prémisse erronée, non conforme à la jurisprudence de la Cour, dans la mesure où elles semblent mettre sur le même plan la position dominante et son exploitation abusive. Seul ce dernier comportement est illégal en vertu de l'article 102 du TFUE. [...] [D]es données essentielles font encore défaut pour que la Cour puisse se prononcer, avec un minimum de rigueur, sur ce doute. Cette insuffisance se fait surtout sentir en ce qui concerne la question de savoir si l'abus était inévitable : i) dans le contexte d'un marché pertinent qui n'a pas été précisément défini ; ii) dans des conditions de concurrence entre les établissements bancaires, et iii) compte tenu de l'existence de services susceptibles de se substituer à ceux fournis par Poste Italiane. Dans ce contexte, j'estime que la troisième question préjudicielle est irrecevable*[18]. »

Les cinq dernières lignes expriment bien la perception juridique de la délimitation du marché en cause. Elle se veut une catégorie moins formelle, parce que plus attachée à « la réalité des faits ». L'abus systématique ne peut être dû au seul motif du monopole légal. Il faut, avant de se prononcer, connaître l'activité en cause, les concurrents, les services qu'ils proposent et ainsi établir l'éventuelle substituabilité de ces services bancaires à ceux de la poste italienne. Mais cette précision n'existe pas complètement. Même si la juridiction de renvoi avait fourni des

---

18 *Ibid.*, pts 89 à 100.

informations plus substantielles, elle n'aurait certainement pas pu apporter une connaissance exhaustive du marché. Pour cette raison, la délimitation du marché, comme la notion de monopole légal, constitue une approximation et non une description fidèle de la réalité des faits. Elle s'apparente ainsi à une fiction juridique.

V. La CJUE délimite néanmoins plus précisément le marché en matière de concurrence qu'en matière commerciale

En dépit de ce qui précède, la délimitation du marché, en droit européen de la concurrence, présente une rigueur un peu plus élevée que dans le cadre de la politique commerciale commune. Cette rigueur relative vient notamment de ce que la Commission, autorité d'enquête européenne, dans le cadre interne à l'Union européenne, se trouve soumise à un contrôle de ses décisions clairement établi. En revanche, dans le cadre de la politique commerciale commune, la CJUE s'inspire partiellement des solutions du droit de l'OMC, où les autorités d'enquête sont peu contrôlées. La délimitation du marché en matière de concurrence assure ainsi une précision quand même un peu supérieure à la délimitation en matière commerciale. Cela correspond à une plus forte intégration de la politique européenne de concurrence que de la politique commerciale commune.

L'affaire *Commission c/ Hubei* donne l'occasion de mesurer cette différence d'intégration. L'avocat général Giovanni Pitruzzella examine le pourvoi de la Commission, qui conteste notamment l'étendue de son obligation d'analyse par segment de marché lors d'une enquête antidumping. « *La Commission [...] conteste la conclusion du Tribunal selon laquelle, même si tous les tubes visés par l'enquête [antidumping] constituaient incontestablement un seul "produit similaire", elle aurait quand même dû effectuer une analyse du préjudice par segment de marché*[19]. »

L'avocat général observe que « *si l'interchangeabilité du côté de la demande est bien un critère d'analyse fondamental pour la définition du marché pertinent en matière de concurrence, elle ne joue pas un rôle aussi fondamental en matière antidumping. Les critères utilisés pour définir le produit similaire en matière antidumping [...] sont différents et il n'est pas rare que, dans le cadre d'une enquête antidumping, soit défini comme produit similaire un produit comprenant différents types de produits qui, dans le cadre du droit de la concurrence, relèveraient de marchés pertinents du produit différents* »[20].

Le rôle du marché pertinent n'« est pas aussi fondamental ». C'est donc une différence de degré plutôt qu'une différence de nature qui sépare la politique de concurrence de la politique commerciale commune, qui comprend notamment les dispositions

---

19 Conclusions AG Pitruzzella, 1er juillet 2021, *Commission c/ Hubei Xinyegang Special Tube*, aff. C-891/19 P, EU:C:2021:533, pt 42.

20 *Ibid.*, pt 101.

antidumping. Quel sens donner à cette différence de degré ? Probablement aussi celui d'une différence d'intégration. La politique de concurrence contribue à l'organisation entre États membres du marché intérieur européen. La politique commerciale commune régit les relations entre l'Union et les États tiers. Les relations entre États membres se construisent tendanciellement et logiquement de manière plus intégrée que celle élaborée avec les États tiers.

Comment comprendre la notion de « produit considéré », qui doit être composé de « produits similaires », selon les termes de l'accord antidumping de 1994 ? La CJUE se révèle à ce propos plus intégratrice que le groupe spécial de l'OMC mais moins exigeante que dans la délimitation du marché en cause pratiquée dans le contexte de la politique européenne de concurrence. L'avocat général Melchior Wathelet note la première opposition dans ses conclusions sous l'affaire *Portmeirion* : « *À mon avis, la juxtaposition de la jurisprudence du Tribunal et du droit de l'OMC sur la notion de "produit considéré" démontre l'existence d'une divergence importante en ce que, contrairement au Tribunal, le groupe spécial de l'OMC n'exerce aucun contrôle sur la définition du "produit considéré" utilisée par l'autorité chargée de l'enquête antidumping. Cette divergence n'existe cependant qu'en principe, puisque le contrôle que se réserve le Tribunal n'a pas encore donné lieu à la remise en cause dans un cas concret d'une définition par les institutions de l'Union du "produit considéré". En effet, [...] tout en reconnaissant à la Commission un large pouvoir d'appréciation, le Tribunal considère qu'il lui incombe de "vérifier si les requérantes sont à même de démontrer soit que les institutions ont effectué une appréciation erronée au regard des facteurs qu'elles ont jugés pertinents, soit que l'application d'autres facteurs plus pertinents aurait imposé l'exclusion de ce produit de la définition du produit [considéré]". Or, il s'agit d'un contrôle que le groupe spécial de l'OMC n'a jamais accepté d'exercer. Contrairement au Tribunal, celui-ci considère que les autorités chargées de l'enquête antidumping jouissent d'une discrétion totale quant à la définition du "produit considéré", même dans le cas d'exemples hypothétiques qualifiés d'"extrême[s]" où ces autorités grouperaient dans la définition du "produit considéré" des voitures et des bicyclettes (ou des pommes et des tomates). Le groupe spécial de l'OMC considère que l'éventualité qu'une détermination erronée de l'existence d'un dumping puisse se produire du fait de l'absence de limites posées au champ du "produit considéré" est "faible", parce qu'un "mix" de produits complètement hétérogènes dans la définition du "produit considéré" rendrait le travail de l'autorité chargée de l'enquête excessivement difficile. Elle veille donc à soigneusement l'éviter. En effet, "[t]out groupement de produits en un seul et même produit considéré aura des répercussions pendant toute la durée de l'enquête ; plus ce groupement est vaste, plus ces répercussions pourraient être graves, ce qui compliquera la tâche de l'autorité chargée de l'enquête consistant à recueillir et à évaluer les renseignements pertinents et à établir des déterminations compatibles avec l'accord antidumping [de 1994]". Par exemple, "cela poserait manifestement des difficultés quand viendrait le moment de déterminer le dommage causé à la branche de production nationale produisant le produit similaire"*[21] . »

21 Conclusions AG Wathelet, 10 septembre 2015, *Portmeirion*, aff. C-232/14, EU:C:2015:583, pts 68 à 72.

C'est donc encore une différence d'intégration qui joue. Dans le cadre de l'OMC, la marge d'appréciation laissée aux autorités nationales d'enquête justifie l'approximation dans l'identification des produits. Dans l'ordre juridique de l'UE, les institutions supranationales (la Commission, sous le contrôle du juge) supportent la responsabilité de cette délimitation. Plus d'intégration est censée produire plus de précisions dans la catégorisation des produits.

Selon l'avocat général, cette manière de faire dans le cadre de l'OMC doit être suivie par les institutions européennes : « *À mon sens, dans l'hypothèse où, comme en l'occurrence, en adoptant des dispositions comme l'article 1er du règlement de base l'Union a entendu donner exécution à une obligation particulière assumée dans le cadre de l'OMC, comme l'article 2 de l'accord antidumping de 1994, la Cour doit lors de son contrôle de légalité de l'acte de l'Union donner à ces termes le sens qu'ils ont dans le droit de l'OMC. Il en va de même lorsque, comme en l'occurrence, l'acte de l'Union, à savoir l'article 1er du règlement de base, utilise les mêmes termes que les accords et les mémorandums figurant dans les annexes de l'accord OMC, comme l'accord antidumping de 1994. En effet, cela n'aurait aucun sens d'imposer aux institutions une charge plus élevée que celle qui est imposée aux autorités compétentes dans le cadre de l'accord OMC, notamment lorsque le libellé de la disposition en cause, en l'occurrence l'article 1er du règlement de base, ne contient aucune indication de ce que le législateur de l'Union aurait voulu s'écarter du texte de cet accord. Comme le Conseil l'a relevé lors de l'audience, il n'y a pas de contraintes s'agissant de la définition du "produit considéré" en droit de l'OMC et, en conséquence, en droit de l'Union. [Dès lors], il incombe à l'autorité chargée de l'enquête de définir le "produit considéré" sans que les juridictions de l'Union puissent contrôler si les institutions ont effectué une appréciation erronée au regard des facteurs qu'elles ont jugés pertinents pour inclure certains produits dans le "produit considéré" ou que l'application d'autres facteurs plus pertinents aurait imposé l'exclusion de certains produits de la définition du "produit considéré"*[22]. »

La CJUE choisit une position plus nuancée que l'avocat général : elle recherche plus de précision que le groupe spécial de l'OMC, mais moins que la politique européenne de concurrence. « *[L]e règlement de base ne précise pas la portée de la notion de "produit considéré", se bornant à définir, [...] celle de "produit similaire" comme étant le produit identique, ou présentant des caractéristiques ressemblant étroitement à celles du produit considéré. Par ailleurs, il découle du considérant 3 du règlement de base que ce règlement vise à transposer, dans toute la mesure du possible, les termes de l'accord antidumping de 1994 dans le droit de l'Union. Dans ces conditions il y a lieu d'interpréter la notion de "produit considéré", figurant dans le règlement de base, à l'aune de cet accord et, notamment, de son article 2. Toutefois, cet article ne précise pas non plus la portée de la notion de "produit considéré" et, en particulier, son libellé ne comporte aucun élément de nature à confirmer une exigence spécifique d'homogénéité et de similarité des produits en cause.*

22 *Ibid.*, pts 73 à 76.

Ainsi, […] le règlement de base, lu à l'aune de l'accord antidumping de 1994, n'impose pas en lui-même que la notion de "produit considéré" vise nécessairement un produit envisagé comme un tout homogène et composé de produits similaires. La lecture de l'accord antidumping de 1994 faite au point précédent est d'ailleurs corroborée par celle à laquelle ont abouti les groupes spéciaux de l'OMC, dans plusieurs rapports, ainsi que l'a relevé M. l'avocat général aux points 63 à 67 de ses conclusions. Cela étant, il y a également lieu de prendre en considération l'interprétation que donnent aux règles détaillées contenues dans ledit accord les principaux partenaires commerciaux de l'Union, comme le précise le considérant 4 du règlement de base. À cet égard, ainsi que l'a relevé M. l'avocat général au point 60 de ses conclusions, certains de ces partenaires commerciaux, tels que le Canada, le Royaume de Norvège ou la République Populaire de Chine, ont estimé que le produit considéré devait revêtir un caractère homogène et être constitué de produits similaires. Ainsi, la condition tenant à l'homogénéité du produit considéré ne devrait pas être totalement écartée de l'interprétation du règlement de base[23]. »

Pour autant, l'étendue du contrôle apparaît de même nature que dans la politique européenne de concurrence. La suite de l'arrêt le démontre : « *C'est en tenant compte des éléments qui précèdent qu'il convient de vérifier s'il existe en l'occurrence une erreur manifeste d'appréciation dans la définition du produit concerné. À cet égard, il convient de rappeler que la Cour a jugé que, dans le domaine de la politique commerciale commune, et tout particulièrement en matière de mesures de défense commerciale, les institutions de l'Union disposent d'un large pouvoir d'appréciation en raison de la complexité des situations économiques, politiques et juridiques qu'elles doivent examiner. Le contrôle juridictionnel d'une telle appréciation doit ainsi être limité à la vérification du respect des règles de procédure, de l'exactitude matérielle des faits retenus pour opérer le choix contesté, de l'absence d'erreur manifeste dans l'appréciation de ces faits ou de l'absence de détournement de pouvoir […]. Or, s'il est vrai que les articles en céramique pour la table et la cuisine concernés par l'enquête antidumping présentent des différences de style, de forme et de propriétés, [ces] articles partagent les mêmes caractéristiques physiques et techniques essentielles dans la mesure où ils sont faits en céramique et sont destinés à entrer en contact avec des denrées alimentaires. Ainsi, l'ensemble de ces articles ne saurait être considéré comme hétérogène. En outre, […] les institutions de l'Union […] ont subdivisé le produit considéré en sous-groupes de transactions comparables […] de telle sorte qu'il a été tenu compte des différences de style, de forme et de propriétés. Enfin, dans la demande de décision préjudicielle, la juridiction de renvoi expose certes ses doutes quant à l'incidence de la définition du "produit concerné" sur l'analyse relative au lien de causalité et au préjudice, dès lors que, selon elle, une définition différente aurait abouti à des conclusions différentes. Toutefois, aucun élément précis n'a été soumis à la Cour s'agissant des conclusions qui auraient concrètement pu être tirées sur la base d'une définition différente du produit concerné, de sorte qu'il ne saurait être considéré que les institutions de l'Union ont commis une erreur manifeste*

---

23 CJUE, 17 mars 2016, *Portmeirion*, aff. C-232/14, EU:C:2016:180, pts 40 à 45.

d'appréciation en fondant leur analyse sur une définition du produit concerné englobant les articles en céramique pour la table et pour la cuisine. Il s'ensuit que, en considérant que, en l'occurrence, les différents produits soumis aux droits antidumping sont susceptibles de constituer un même produit avec la conséquence qu'une enquête unique est justifiée, les institutions n'ont commis aucune erreur manifeste d'appréciation[24]. »

Dans cette espèce, le juge se livre donc à un contrôle de l'erreur manifeste d'appréciation, comme dans le contentieux du marché pertinent opéré dans le cadre de la politique de concurrence. Pour autant, le contrôle factuel va moins loin, car il s'éloigne encore plus d'un idéal de « réalité économique » que dans cette politique de concurrence. Ce moindre approfondissement tient à un travail d'enquête moins fourni par des autorités nationales dans le cadre de la politique commerciale que par une autorité supranationale en matière de concurrence. La délimitation du marché par la politique de concurrence est également supranationale en ce qu'elle ne se contente pas de faits aussi approximatifs (même si l'approximation y est également présente) que dans les relations extérieures de l'UE régies par la politique commerciale.

La délimitation du marché en cause ne doit donc peut-être pas être vue comme une spécificité absolue du droit de la concurrence. Elle constitue plutôt une forme exacerbée d'un souci constant de l'ordre juridique de l'UE : classer les produits pour organiser le marché.

Mais cette catégorisation des produits remplit une autre fonction : elle permet de ne pas catégoriser les individus et ainsi de respecter entre eux une forme d'égalité.

VI. La délimitation du marché en cause : Classer des produits pour ne pas hiérarchiser les individus

Le droit de l'UE porte en effet des indices multiples de ce souci constant : élaborer des catégories juridiques qui ne hiérarchisent pas les individus.

L'affaire *United Brands* offre encore une fois un exemple simple. Séparer le marché de la banane de celui des autres fruits frais, c'est permettre la compétition sur ce marché de la banane. Mais c'est aussi empêcher cette compétition entre les producteurs de bananes et ceux des autres fruits frais. La délimitation du marché en cause, en limitant la compétition à l'intérieur d'un marché, réduit les cas de « victoire » d'un individu sur un autre, et ainsi les hypothèses d'établissement d'une hiérarchie entre eux. Mais elle la limite aussi de deux autres manières.

Tout d'abord, formellement, ce sont les produits qui sont classés et non les individus. Même si je perds ou gagne la compétition, c'est en tant que producteur de bananes et non en tant qu'individu. Par ailleurs, la délimitation du marché constitue une photographie, un instantané de la situation concurrentielle. Dans deux mois, dans trois ans, le résultat de la compétition ne sera peut-être

24 *Ibid.*, pts 46 à 51.

plus le même. La hiérarchie entre individus s'en trouvera modifiée d'autant. Ainsi, la délimitation du marché, parce qu'elle est déterminée ponctuellement, ne marque pas de hiérarchie définitive entre les individus.

Dès que l'on s'éloigne d'une logique strictement concurrentielle, la catégorisation des produits s'effectue différemment. Cela est par exemple perceptible à l'examen de la législation européenne relative aux infrastructures ferroviaires. De telles installations ne peuvent être dupliquées. Pour des motifs notamment d'aménagement du territoire et de rentabilité, chacun comprend que chaque prestataire de transport ferroviaire ne va pas construire ses propres infrastructures. Il faut donc qu'un gestionnaire de l'infrastructure unique offre un accès égal à toutes les entreprises ferroviaires de transport concurrentes. C'est l'objet de la directive 2001/14/CE, dont l'application fait litige dans l'arrêt *Koleje Mazowieckie*[25] : « *[L]a directive 2001/14 prévoit [...] que la détermination de la redevance pour l'utilisation de l'infrastructure ferroviaire et son recouvrement incombent au gestionnaire de l'infrastructure. [Il doit] s'assurer que le système de tarification est appliqué de telle manière que les différentes entreprises ferroviaires effectuant des prestations de services de nature équivalente sur une partie similaire du marché soient soumises à des redevances équivalentes et non discriminatoires et que les redevances effectivement appliquées soient conformes aux règles définies dans le document de référence du réseau. [Selon] les dispositions de [...] la directive 2001/14, [...] les systèmes de tarification et de répartition des capacités doivent assurer à toutes les entreprises un accès égal et non discriminatoire et répondre, dans la mesure du possible, aux besoins de tous les utilisateurs et de tous les types de trafic, et ce de manière équitable et non discriminatoire, afin de permettre une concurrence équitable dans la fourniture de services ferroviaires. Ce principe d'égalité de traitement et de non-discrimination des entreprises ferroviaires, [...] en vertu duquel des systèmes de réduction similaires s'appliquent aux services similaires, constitue le critère central de détermination et de recouvrement de la redevance pour l'utilisation de l'infrastructure*[26] *[...]* »

La recherche d'égalité entre les opérateurs se poursuit, mais par d'autres moyens. La voie ferrée est à la fois indispensable et non duplicable. Les conditions de la concurrence sont donc partiellement contraintes : la compétition entre transporteurs ferroviaires ne peut s'effectuer que sur un réseau prédéterminé. Ce ne sont donc pas le juge ou la Commission qui, ponctuellement et même souvent *a posteriori*, délimitent le marché. Ce marché est partiellement connu : il se fera sur une infrastructure donnée, même si la diversité des services ferroviaires sur ces voies peut varier dans le temps. Dans ces conditions, il se perd une partie des caractéristiques de la délimitation du marché en cause propre à une logique strictement concurrentielle. La souplesse et l'adaptation au cas deviennent moindres.

---

25 CJUE, 8 juillet 2021, *Koleje Mazowieckie*, aff. C-120/20, EU:C:2021:553 ; v. aussi F. Martucci, « Transport : La Cour de justice de l'Union européenne estime qu'une entreprise ferroviaire bénéficiaire d'une autorisation d'accès doit contester le montant des redevances individuelles fixées par le gestionnaire des infrastructures devant l'organisme de contrôle (*Koleje Mazowieckie*) », 8 juillet 2021, *Concurrences* n° 4-2021, art. n° 103522, pp. 161-163.

26 *Ibid.*, pts 40 à 42.

Cela se perçoit dans un autre exemple, qui confirme donc que la délimitation du marché permet effectivement plus de souplesse. Si elle n'existe pas, ou plutôt si le législateur l'a décidée *a priori*, avant le moment de l'activité économique litigieuse, il manque effectivement une part d'adaptation au cas. Cet aspect vient déjà d'être développé. Mais l'arrêt *Deutsche Bahn c / Commission* illustre ici en quoi la délimitation de marché, par sa souplesse, offre une garantie d'égalité plus forte qu'un texte législatif ne peut le faire... La requérante fait remarquer que les compagnies aériennes opérant en Allemagne sont totalement exonérées des droits d'accises généraux sur les huiles minérales en vertu de la législation allemande, qui transpose sur ce point une directive européenne. En revanche, les exploitants de trains à grande vitesse n'en bénéficient pas.

Elle soutient que « *les compagnies aériennes et les exploitants de trains à grande vitesse se trouvent actuellement [la situation économique aurait changé] dans un rapport de forte concurrence et que, par voie de conséquence, l'exonération en cause aboutit non pas à réaliser le marché intérieur, mais, au contraire, à fausser fortement le jeu de la concurrence* »[27]. La Commission considère au contraire que l'exonération fiscale ne constitue pas une aide.

Que répond la Cour ? « *À supposer que la requérante invoque à juste titre l'existence, depuis l'adoption de la directive 92/81, d'un nouveau rapport de concurrence entre le transport aérien et ferroviaire, il ne s'ensuit pas que l'article 8, paragraphe 1, sous b), de la directive 92/81 soit devenu illégal. C'était au législateur communautaire, qui dispose, dans l'exercice de son pouvoir, d'une large marge d'appréciation, qu'il appartenait d'évaluer la situation et, le cas échéant, de décider de l'opportunité de modifier les dispositions en vigueur*[28]. »

Ce dernier point importe particulièrement. Il indique une situation strictement contraire à la méthode du marché pertinent. Le législateur européen a prévu une législation fiscale spécifique pour le transport aérien, à une époque où le train et l'avion n'entraient pas en compétition. Avec le train à grande vitesse, le train est devenu compétitif sur certaines distances face à l'avion. Ils font désormais (peut-être) partie du même marché. Mais, tant que le législateur ne tient pas compte de cette évolution économique, le juge ne peut rien faire. Il peut seulement prendre acte de l'absence de législation nouvelle adaptée.

La délimitation du marché pertinent, par sa tentative constante d'adaptation, réalise une égalité plus fine car plus ponctuelle et évolutive entre les opérateurs économiques que ne peut le faire le législateur, dont les actes se caractérisent au contraire par leur permanence.

C'est bien aussi une pacification des relations sociales que permettent la technique de la délimitation du marché en cause, ou même, en dehors de la politique de concurrence, des formes incomplètes d'identification du marché pertinent. Ainsi,

---

27 TPICE, 5 avril 2006, *Deutsche Bahn c/ Commission*, aff. T-351/02, EU:T:2006:104, pts 107 et 85.

28 *Ibid.*, pt 112.

favoriser la recevabilité à agir en annulation de ceux qui sont présents sur le marché assure la canalisation des différends. L'égalité entre les individus tient ici en une égalité d'accès au juge. Ne sont plus facilement recevables à agir en annulation que ceux qui sont présents sur un marché à première vue similaire. Ce caractère *prima facie* suffit puisque le juge ne s'estime pas contraint à un travail approfondi de délimitation du marché en l'espèce.

Il n'existe certes pas de corrélation absolue entre l'appartenance au marché et la recevabilité à agir. Mais la tendance en ce sens apparaît tout de même clairement. La nuance est bien exprimée par l'avocat général Giovanni Pitruzzella dans l'affaire *Scandlines c/ Commission* : « *En ce qui concerne, en premier lieu, la qualité pour agir des requérantes en vue de contester le bien-fondé de la partie de la décision attaquée relative aux mesures accordées en faveur de Femern Landanlæg, je relève que, devant le Tribunal, afin de justifier leur intérêt individuel à contester la décision attaquée, les requérantes se sont prévalues de leur qualité de concurrentes de la liaison fixe en tant qu'opérateurs de transport maritime, ainsi que sur leur participation active à la procédure d'examen préliminaire menée par la Commission. Elles ont également fait référence au fait que les financements destinés aux mesures litigieuses sont utilisés pour supprimer l'accès ferroviaire (voie et gare) à des ports permettant aux passagers des trains d'accéder à leurs ferries. Devant la Cour, elles ont également invoqué leur position de concurrentes directes de l'ensemble du projet. À cet égard, une jurisprudence constante reconnaît comme individuellement concernées aux fins de contester le bien-fondé d'une décision d'appréciation de l'aide prise par la Commission, outre l'entreprise bénéficiaire, les entreprises concurrentes de cette dernière ayant joué un rôle actif dans le cadre de cette procédure, pour autant que leur position sur le marché soit substantiellement affectée par la mesure d'aide faisant l'objet de la décision en question. En l'espèce, il est constant que le bénéficiaire des mesures contestées dans les parties des recours en question est Femern Landanlæg qui [...] est responsable du financement, de la construction et de l'exploitation des connexions vers l'arrière-pays, y compris les connexions ferroviaires vers l'arrière-pays. Même s'il est admis que, contrairement aux conclusions du Tribunal dans les arrêts attaqués, le marché de l'exploitation et de la gestion de l'infrastructure ferroviaire doit être considéré, en ce qui concerne les connexions ferroviaires vers l'arrière-pays, comme ouvert à la concurrence, il convient néanmoins de constater que les requérantes, en tant qu'opérateurs de transport maritime actifs dans le détroit de Fehmarn, n'ont nullement démontré qu'elles sont actives sur un marché sur lequel Femern Landanlæg est active et sont donc ses concurrentes. À cet égard, je relève que l'approche adoptée dans la jurisprudence de la Cour est très restrictive. En effet, la Cour a eu l'occasion de préciser que la seule circonstance qu'un acte est susceptible d'exercer une certaine influence sur les rapports de concurrence existant dans le marché pertinent et que l'entreprise concernée se trouvait dans une quelconque relation de concurrence avec le bénéficiaire de cet acte ne saurait en tout état de cause suffire pour que ladite entreprise puisse être considérée comme individuellement concernée par ledit acte. Dans cette perspective, ni l'argument selon lequel le financement des mesures litigieuses est utilisé pour supprimer l'accès ferroviaire, ni les arguments relatifs au caractère intégré du projet, mentionnés [...] ci-dessus, ne sont de nature à démontrer l'existence d'une relation concurrentielle directe entre les requérantes et le bénéficiaire des mesures litigieuses, à savoir Femern Landanlæg. Ensuite, en ce qui concerne la participation active à la phase préliminaire d'examen, il ressort de la jurisprudence que la participation à la procédure n'est pas une condition nécessaire afin d'établir qu'une décision affecte individuellement le concurrent, mais ne constitue qu'un "élément pertinent" à cet égard. Il découle des considérations qui précèdent que, selon moi, les requérantes n'ont pas la capacité pour agir pour contester le bien-fondé de la partie de la décision attaquée relative aux mesures accordées en faveur de Femern Landanlæg*[29]. »

L'essentiel est à rechercher *a contrario.* Ceux qui ne sont pas jugés participer à cette activité similaire ne sont pas recevables à agir. Ainsi se trouve désamorcée une large part des conflits potentiels. La pacification tient encore à l'égalité entre les concurrents. Le critère de recevabilité à agir en annulation est censé apparaître simplement parce qu'il est ouvert à tous ceux qui sont déclarés en compétition. Ceux qui n'appartiennent pas au même marché ne sont pas supposés en conflit. La délimitation du marché, même imparfaite ou incomplète, contribue à satisfaire un besoin d'égalité, qui comprend l'égalité d'accès au juge.

En définitive, les politiques de libre circulation, commerciale ou de concurrence utilisent de façon variable le marché en cause. Elles convergent cependant sur ces deux objectifs essentiels et liés : promouvoir l'égalité entre les individus et ainsi pacifier les relations entre eux. La plus forte intégration de la politique de concurrence lui confère implicitement une plus grande contribution à ce double objectif. Une plus grande précision dans la délimitation du marché permet une plus forte adaptation aux cas individuels. Cette souplesse supplémentaire apparaît dans l'ordre juridique de l'Union européenne comme un facteur de justice et donc de pacification des relations sociales.

---

29 Conclusions AG Pitruzzella, 11 mars 2021, *Scandlines Danmark, Scandlines Deutschland et Stena Line Scandinavia c/ Commission*, aff. jtes C-174/19 P et C-175/19 P, EU:C:2021:199, pts 57 à 63.

L'hybridation du droit économique : la réponse idoine à l'irresponsabilité[*] des géants du numérique ?

ROMAIN MAULIN[**]
Maulin Avocats

Résumé

L'hybridation grandissante du droit de la concurrence et du droit des pratiques restrictives de concurrence semble constituer une réponse utile, quoique certainement imparfaite, en vue d'une meilleure régulation des géants du numérique. Ce sujet connaît une actualité renouvelée avec la multiplication des procédures contentieuses récemment engagées en particulier contre Amazon et Google, que ce soit devant certaines autorités de concurrence ou devant le juge. Ce mouvement d'hybridation démontre, une fois de plus, que l'extrême porosité entre les différentes branches du droit économique pourrait permettre d'appréhender, de façon plus efficace, des pratiques d'un type nouveau et/ou mises en œuvre par les nouveaux acteurs de l'économie numérique, les « superstars » d'Internet[***].

---

* Le terme d'« *irresponsabilité* », certes quelque peu appuyé, a encore récemment été utilisé par la DGCCRF dans son communiqué de presse décrivant les enjeux des projets de règlements Digital Services Act et Digital Markets Act : communiqué de presse du 16 décembre 2020 : « *Grandes plateformes du numérique : vers le Digital Services Act et Digital Markets Act* ».

** Avocat à la cour, fondateur du cabinet Maulin Avocats, ancien élève du professeur Laurence Idot, DEA Droit de l'Union européenne, Paris 1 Panthéon-Sorbonne (Promotion 2005/2006).

*** « *Emmanuel Combe : "Face aux GAFA, les autorités antitrust ont un rôle essentiel pour s'assurer que la compétition reste ouverte"* », *Le Monde*, 15 juin 2019.

I. Introduction

Le (grand) droit de la concurrence est codifié au livre IV du code de commerce, qui pose les grands textes d'incrimination, en particulier les articles L. 420-1 et L. 420-2, leurs équivalents européens étant les articles 101 et 102 du traité sur le fonctionnement de l'Union européenne (ci-après, « TFUE »). Le droit des pratiques anticoncurrentielles a pour « *objet de contrôler et de sanctionner l'exercice du pouvoir économique par les agents économiques afin de protéger la concurrence* »[1], de sorte que la prohibition de ces pratiques a pour but de maintenir une concurrence libre et non faussée sur un marché.

Le droit des pratiques restrictives de concurrence (ou « PRC »), que certains seraient tentés de taxer de « *petit* » droit de la concurrence[2], constitue, quant à lui, une exception juridique française. Son champ d'application matériel devait, à l'origine, viser uniquement les contrats conclus entre fournisseurs de la grande distribution et distributeurs, avec pour but, affiché, d'assurer rien de moins que la transparence et l'équilibre de la relation commerciale et une certaine prévisibilité pour les acteurs économiques. Le droit des PRC vise, en substance, à protéger les entreprises de certains comportements abusifs, notamment en matière de négociation commerciale, conditions de vente et facturation[3].

Là où le droit de la concurrence protège, à un niveau macroéconomique, le « *marché* », le droit des PRC ambitionne, quant à lui, de protéger « *les concurrents contre des comportements particulièrement déloyaux* »[4] et, partant, d'assurer la défense des consommateurs visés par lesdits comportements. À la différence notable des pratiques anticoncurrentielles, la caractérisation et la sanction des PRC ne nécessitent pas la démonstration d'un impact négatif sur le marché dans la mesure où les PRC sont prohibées *per se*. Autrement dit, le droit des PRC, à la différence du droit des pratiques anticoncurrentielles, « *est indifférent à la preuve d'une atteinte au fonctionnement concurrentiel du marché lors de sa mise en œuvre* »[5].

Pourtant, cette dichotomie apparemment simple et rigide mérite d'être immédiatement nuancée puisque si ces règles ont *a priori* pour objet de protéger des droits subjectifs, l'intervention du ministre de l'Économie dans le cadre d'une action autonome de défense de l'ordre public économique permet de démontrer une double finalité : la protection de la concurrence d'un côté, et la protection des

---

1 J.-B. Racine (dir.), *Le droit économique au XXIe siècle : notions et enjeux*, Paris, LGDJ, 2020, p. 141.

2 L'on se souvient de la formule piquante du professeur Yves Picod, pour qui le droit de la concurrence déloyale, et par extension le droit des PRC, constitue(rait) le droit « *des boutiquiers, le petit droit de la concurrence, version XIXe siècle* ». V., à ce sujet, Y. Picod, « *Concurrence déloyale et pratiques anticoncurrentielles. Affinités ou divergences ? L'approche juridique* », *RLC* 2008/15, n° 1121.

3 D. Briand, « *Instrumentalisation du droit de la concurrence dans la négociation commerciale* », in A. Masson (dir.), *Stratégies d'instrumentalisation juridique et concurrence*, Bruxelles, Larcier, 2013, p. 295.

4 J.-B. Racine (dir.), *op. cit.*, p. 146.

5 L. Godard, *Droits des pratiques anticoncurrentielles et des pratiques restrictives de concurrence*, Bruxelles, Bruylant, 2021, p. 29.

acteurs économiques de l'autre[6]. Par ailleurs, selon le professeur Laurence Idot, ce livre IV nous « *fournit de très beaux exemples "d'empiètement" sur le droit des contrats* »[7], car les comportements qu'il proscrit, comme le déséquilibre significatif ou encore la rupture brutale de relations commerciales établies, s'expriment nécessairement dans le cadre d'un contrat.

Une description préliminaire de la cohabitation entre droit de la concurrence et droit des PRC ne saurait être complète sans mentionner les critiques formulées par ses plus sévères et fidèles contempteurs. Ainsi, certains des plus éminents spécialistes de droit économique évoquaient, et encore récemment, la nécessaire suppression du droit des PRC au motif que les comportements qu'il vise à réguler pourraient tout aussi efficacement être appréhendés par le droit de la concurrence, le droit des contrats, voire le droit de la consommation[8].

Il est vrai que le droit des PRC ne peut être mobilisé qu'en présence de relations commerciales, ce qui, *de facto*, exclut de son champ d'application les plateformes dites « *collaboratives* » (C2C), qui sont, quant à elles, soumises uniquement au droit de la consommation. Pourtant, et dans certaines configurations, cela constitue un immense avantage comparatif par rapport au droit de la concurrence, le droit des PRC ne suppose pas la démonstration préalable d'un effet anticoncurrentiel[9] et/ou d'une position de dominance de la plateforme à l'origine des pratiques en cause.

De manière plus nuancée, d'autres auteurs, tels que le professeur Muriel Chagny, estiment pour leur part que, au sein de la boîte à outils du droit économique, le droit des PRC est nécessairement complémentaire du droit des pratiques anticoncurrentielles. Cette analyse nous semble d'autant plus pertinente que, selon cet auteur, le droit des PRC « *serait en particulier l'instrument idoine pour appréhender les abus d'exploitation que le droit des pratiques anticoncurrentielles peine à sanctionner* »[10]. Les difficultés récemment rencontrées par les autorités de concurrence en matière d'examen des pratiques de certaines places de marché au titre de l'abus de position dominante renforcent probablement la pertinence temporelle de cette analyse.

Plus qu'une simple complémentarité, notre analyse de la pratique décisionnelle et de la jurisprudence la plus récente semble refléter, de manière peut-être plus novatrice, un net mouvement d'hybridation et d'interpénétration entre ces deux droits que certains pensaient, il y a encore peu, irréconciliables. Ce mouvement d'hybridation ne doit rien au hasard et s'explique par l'émergence fulgurante de

---

6 J.-B. Racine (dir.), *op. cit.*, p. 147.

7 L. Idot, « *L'empiètement du droit de la concurrence sur le droit du contrat* », *RDC* 2004, p. 882.

8 Club des juristes, Rapport « *Pour une réforme du droit de la concurrence* », Groupe de travail sous la présidence de G. Canivet et F. Jenny, janvier 2018, pt 222.

9 Sur ce point, parmi une littérature abondante, v. not. R. Maulin, « *L'approche par les effets en droit de la concurrence : Le devoir d'inventaire* », *Concurrences* n° 3-2015, art. n° 73845, pp. 24-39.

10 Club des juristes, Rapport « *Pour une réforme du droit de la concurrence* », préc., pt 223.

l'économie du numérique et de ses premiers de cordée qui, au regard des ressources juridiques colossales dont ils disposent, ont parfaitement intégré les potentialités mais également les limites évidentes de chacune des branches du droit économique[11].

Relevons d'emblée que l'Autorité française de la concurrence (ci-après, l'« Autorité ») a fait le choix d'agir, de manière particulièrement volontariste, dans ce nouveau secteur d'activité économique, tandis que les autorités de concurrence américaines – se tenant probablement à une lecture beaucoup plus orthodoxe de leurs textes d'incrimination – ont, quant à elles, été beaucoup plus réticentes à intervenir[12]. Ce constat pourrait, là encore, mériter d'être légèrement nuancé à la suite de la récente nomination de Lina Khan au poste de présidente de l'autorité de la concurrence américaine (Federal Trade Commission), laquelle a théorisé la possibilité d'action, y compris à droit constant, des autorités de concurrence vis-à-vis d'Amazon sur le fondement de l'interdiction de l'abus de position dominante[13]. À cet égard, les travaux de Lina Khan envisagent deux leviers potentiels de poursuite : (i) l'interdiction des prix prédateurs et (ii) la régulation de l'intégration verticale et l'interdiction, pour l'opérateur dominant, d'abuser de sa position sur un marché connexe à celui sur lequel il dispose d'une position dominante[14].

L'échelon européen prépare, lui aussi et à sa façon, une réponse législative – d'aucuns parleront même d'une « *riposte* » – appropriée. Ainsi, afin de (mieux) réguler ces nouveaux acteurs, d'ores et déjà qualifiés de plateformes structurantes, c'est-à-dire celles disposant d'une certaine prééminence sur le marché, la Commission européenne a proposé le 15 décembre 2020 un nouveau cadre de régulation, le Digital Markets Act, par le biais d'obligations et d'interdictions imposées à titre *ex ante* aux « *grandes* » plateformes (« *gatekeepers* »).

L'ensemble de ces éléments témoigne, selon nous, d'une préoccupation commune : comment appréhender, de manière suffisamment efficace et dans le monde d'aujourd'hui, les pratiques nouvelles mises en œuvre par des opérateurs qui maîtrisent de mieux en mieux les limites des textes d'incrimination du droit de

11 L. M. Khan, « *Amazon's Antitrust Paradox* », *The Yale Law Journal*, vol. 126, n° 3, 2016, p. 716 : « *It is as if Bezos charted the company's growth by first drawing a map of antitrust laws, and then devising routes to smoothly bypass them. With its missionary zeal for consumers, Amazon has marched toward monopoly by singing the tune of contemporary antitrust* ».

12 Club des juristes, Rapport « *Pour une réforme du droit de la concurrence* », préc., pt 225.

13 « *Amazon engage un bras de fer avec Lina Khan, la présidente de la commission américaine antitrust* », *Le Monde*, 30 juin 2021 : « *Mme Khan, réputée pour son hostilité aux monopoles des grandes plates-formes technologiques, a prêté serment en tant que présidente de la FTC, qui est composée de cinq membres, avec un maximum de trois membres issus du même parti politique, le 15 juin. Pour Amazon, elle a bâti sa carrière en affirmant que le groupe violait les lois antitrust* [...] *Mme Khan s'était fait connaître dans le monde universitaire en 2017, alors qu'elle était encore étudiante, en publiant un article intitulé "Le paradoxe antitrust d'Amazon" dans la revue de droit de l'université Yale. Elle y estimait que l'arsenal législatif américain était insuffisant pour lutter contre les pratiques monopolistiques de groupes comme le géant du commerce en ligne* ».

14 L. M. Khan, préc., pp. 790-791 : « *Reforming antitrust to address the anticompetitive nature of platform markets could involve making the law against predatory pricing more robust and strictly policing forms of vertical integration that firms can use for anticompetitive ends. Importantly, each of these doctrinal areas should be reformulated so that it is sensitive to preserving the competitive process and limiting conflicts of interest that may incentivize anticompetitive conduct* ».

la concurrence et du droit des PRC[15] ? Il nous semble que cela supposera la poursuite d'un mouvement, manifestement d'ores et déjà engagé, d'hybridation entre les diverses branches du droit économique afin de capitaliser sur les avantages comparatifs respectifs du droit de la concurrence et du droit des PRC.

L'analyse de la pratique décisionnelle actuelle des autorités de concurrence européennes atteste de ce mouvement d'hybridation jurisprudentielle et réciproque entre le grand droit de la concurrence et le petit droit de la concurrence (II.). Ce mouvement jurisprudentiel se double également, au stade de l'élaboration des normes actuelles et futures, d'un mouvement d'hybridation législative (III.).

II. L'hybridation jurisprudentielle entre le droit de la concurrence et le droit des PRC

Ce mouvement d'hybridation du droit économique résulte, naturellement, de la porosité entre les concepts juridiques qui structurent le droit de la concurrence, d'une part, et le droit des PRC, d'autre part (1.), et constitue un mouvement parfaitement réciproque entre ces deux branches du droit économique (2.).

1. De la porosité initiale à la convergence progressive entre droit de la concurrence et droit des PRC

Si le droit des PRC a, depuis l'origine, visé davantage la protection d'une relation contractuelle que le fonctionnement optimal et macroéconomique de la concurrence, la Cour de cassation le considère, dans le même temps, comme un ensemble de règles destiné à protéger un ordre public économique et, lorsque nécessaire, prohiber « *le comportement d'un opérateur économique ayant une pratique injustifiée au regard du jeu normal de la concurrence* »[16].

Cette hybridation jurisprudentielle s'est notamment traduite par la consécration de l'article L. 442-1 du code de commerce (ancien art. L. 442-6 du code de commerce) qui érige la responsabilité des auteurs de PRC en tant que loi de police[17].

---

15 R. Maulin, « *Régulation des plateformes et places de marché : le droit économique à l'épreuve de l'obsolescence programmée ?* », *RLC* 2018/75, n° 3449, disponible en libre accès à l'adresse suivante : <https://www.maulin-avocats.com/wp-content/uploads/2018/09/article_romain_maulin_rlc_septembre_2018_regulation_des_plateformes_et_places_de_marche.pdf>.

16 Cass. com., 18 octobre 2011, n° 10-28.005.

17 Sur ce point, v., dans le cadre de la saga judiciaire *Expedia*, les divergences manifestes d'analyse entre, d'une part, le tribunal de commerce de Paris (T. com. Paris, 13e ch., 7 mai 2015, RG 2015000040), ayant considéré que l'article L. 442-6 du code de commerce n'était pas une disposition dont l'inobservation était nécessaire pour « *la sauvegarde de l'organisation politique, sociale et économique du pays au point de régir impérativement la situation quelle que soit la loi applicable et de constituer une loi de police* », tandis que la Cour de cassation (Cass. com., 8 juillet 2020, n° 17-31.536) devait, quant à elle, juger que « *la cour d'appel a exactement retenu que l'article L. 442-6 [...] du code de commerce prévoit des dispositions impératives dont le respect est jugé crucial pour la préservation d'une certaine égalité des armes et loyauté entre partenaires économiques et qui s'avèrent donc indispensables pour l'organisation économique et sociale de la France, ce dont elle a déduit, à bon droit, qu'elles constituent des lois de police dont l'application* [...] *s'impose au juge saisi, sans qu'il soit besoin*

Dès lors, quelle que soit la volonté contractuelle (réelle ou imposée) des parties au contrat, notamment en termes de droit applicable, cette disposition aura, en tout état de cause, pleinement vocation à s'appliquer.

Si certains ont pu considérer que la loi dite « *LME* »[18] et les contentieux judiciaires qu'elle a pu susciter, en ce qu'elle consacrait finalement le principe de la libre négociation commerciale, marquaient l'émancipation totale et fondamentale du droit des PRC par rapport au droit de la concurrence[19], cette lecture ne nous paraît, à titre rétrospectif, pas totalement raisonnable, dans la mesure où la liberté de négociation reste fondamentalement encadrée par les principes directeurs du droit de la concurrence, en l'occurrence ceux de transparence, de libre concurrence ou encore de non-discrimination.

À l'analyse de sa pratique décisionnelle, on constate également une tendance assez marquée de l'Autorité à faire porter, que ce soit dans le cadre de saisine d'office ou sur plainte, son analyse sur des pratiques ou secteurs d'activités dont on aurait, *a priori*, pu penser qu'ils relevaient exclusivement du droit des PRC. Ainsi, le 19 mars 2010, l'Autorité s'est autosaisie de la question des contrats de management catégoriel pour savoir si ces derniers étaient susceptibles de constituer des obstacles au bon fonctionnement concurrentiel du secteur de l'alimentaire[20]. On relèvera également que, dans le cadre d'un avis du 25 février 2010[21], l'Autorité a réalisé une étude approfondie des conditions de légalité des clauses contractuelles liant les distributeurs membres d'un réseau de franchise ou d'un groupement à la « *tête de réseau* » et sur les modalités d'acquisition du foncier commercial.

Ces autosaisies démontrent la volonté manifeste de l'Autorité de s'impliquer, de manière prophylactique, dans une forme de régulation *ex ante* des relations commerciales compte tenu de leurs effets potentiels sur le marché. L'Autorité ne souhaite plus uniquement s'en tenir à son (seul) rôle d'autorité de sanction *ex post* des abus de domination et des ententes illicites dans les relations horizontales entre fournisseurs ou entre distributeurs, ou dans les relations verticales entre fournisseurs et distributeurs[22].

---

de rechercher la règle de conflit de lois conduisant à la détermination de la loi applicable » ; v. aussi F. Buy, « *Déséquilibre significatif : La Cour de cassation affirme pour la première fois que les dispositions de l'ancien article L. 442-6 C. com. constituent des lois de police (Expedia)* », 8 juillet 2020, *Concurrences* n° 4-2020, art. n° 97435, pp. 151-152.

18 Loi n° 2008-776 du 4 août 2008 de modernisation de l'économie, *JORF* n° 0181 du 5 août 2008.

19 D. Briand, préc., pp. 299-310.

20 Aut. conc., déc. n° 10-SOA-02 du 19 mars 2010 *relative à une saisine d'office pour avis portant sur les contrats de « management catégoriel » entre les opérateurs de la grande distribution alimentaire et certains de leurs fournisseurs*, et avis n° 10-A-25 du 7 décembre 2010 *relatif aux contrats de « management catégoriel » entre les opérateurs de la grande distribution à dominante alimentaire et certains de leurs fournisseurs.*

21 Aut. conc., déc. n° 10-SOA-01 du 25 février 2010 *relative à une saisine d'office pour avis portant sur les contrats d'affiliation de magasins indépendants et les modalités d'acquisition de foncier commercial dans le secteur de la distribution alimentaire.*

22 D. Briand, préc., pp. 299-310.

Ce pouvoir d'autosaisine de l'Autorité a du reste été récemment conforté en matière de distribution puisque la loi Egalim I du 30 octobre 2018[23] lui a conféré la possibilité de se saisir d'office en matière de rapprochement entre grandes centrales d'achat[24]. Une fois les marchés concernés définis, l'Autorité apprécie, en effet, si les effets potentiellement restrictifs de concurrence (et qui se manifesteraient alors tant au détriment des consommateurs finals que des fournisseurs de la grande distribution) de l'accord entre centrales d'achat sont susceptibles d'entraîner un quelconque progrès économique.

Cette compétence nouvellement reconnue à l'Autorité – qui, du reste, la demandait avec constance depuis 2015[25] – n'est pas neutre dans la mesure où, sur la période récente, les grandes centrales d'achat ont fait l'objet de plusieurs enquêtes et procédures de sanctions actuellement en cours[26] au regard des PRC (particulièrement des déréférencements abusifs) prétendument commises au détriment de leurs partenaires contractuels, en l'occurrence les fournisseurs de la grande distribution.

En matière contentieuse, l'affaire *Booking* de 2015 constitue un exemple topique de la porosité et du dialogue nourri entre le droit de la concurrence et le droit des PRC. Toutefois, porosité ne rime pas nécessairement avec identité ou parfaite cohérence puisque des pratiques strictement identiques – en l'occurrence l'imposition de clauses de parité tarifaire – ont reçu un traitement différencié selon qu'elles ont été analysées au titre du droit de la concurrence (par l'Autorité) et/ou au titre du droit des PRC (par le juge).

Ces clauses, qui sont désormais interdites en droit français[27], ont en effet été au cœur d'un contentieux nourri qui s'est, en parallèle, joué à la fois devant l'Autorité et devant le tribunal de commerce de Paris. Rappelons que l'Autorité a, dans le cadre d'une procédure d'engagements, considéré « *qu'il n'*[était] *pas exclu que le fait pour Booking.com, et le cas échéant les autres plateformes, d'imposer des*

---

23 Loi n° 2018-938 du 30 octobre 2018 pour l'équilibre des relations commerciales dans le secteur agricole et alimentaire et une alimentation saine, durable et accessible à tous, *JORF* n° 0253 du 1er novembre 2018.

24 Art. L. 462-10, III du code de commerce.

25 Aut. conc., avis n° 15-A-06 du 31 mars 2015 *relatif au rapprochement des centrales d'achat et de référencement dans le secteur de la grande distribution*, pt 290 ; v. aussi N. Éréséo, « *Avis : L'Autorité de la concurrence publie un avis sur les rapprochements des centrales d'achat ou de référencement qui révèle plusieurs risques pour la concurrence, sur les marchés amont ou aval, et formule différentes recommandations à destination du législateur* », 31 mars 2015, *Concurrences* n° 3-2015, art. n° 75049, pp. 97-100.

26 Ainsi, en juillet 2019, les entités du groupe E. Leclerc ont été assignées par le ministre de l'Économie pour des PRC prétendument commises par la centrale d'achat Eurelec Trading (implantée en Belgique). Le ministre sollicite une injonction de cessation des pratiques et l'imposition d'une amende civile de 117,3 millions d'euros, sans que le tribunal de commerce de Paris se soit, à la date de publication du présent article le 27 décembre 2021, prononcé. Le 19 février 2021, ce sont cette fois les entités du groupe Intermarché (y compris les centrales d'achat situées en Belgique) qui ont été assignées devant le tribunal de commerce de Paris pour des pratiques sensiblement similaires. Dans cette seconde affaire, le ministre sollicite l'imposition d'une amende civile de 150,75 millions d'euros.

27 Art. L. 311-5-1 du code de tourisme : « *Le contrat entre un hôtelier et une personne physique ou morale exploitant une plateforme de réservation en ligne portant sur la location de chambres d'hôtel aux clients ne peut être conclu qu'au nom et pour le compte de l'hôtelier et dans le cadre écrit du contrat de mandat mentionné aux articles 1984 et suivants du code civil. Nonobstant le premier alinéa du présent article, l'hôtelier conserve la liberté de consentir au client tout rabais ou avantage tarifaire, de quelque nature que ce soit, toute clause contraire étant réputée non écrite* ».

clauses de parité aux hôtels puisse être constitutif de pratiques d'éviction susceptibles d'être qualifiées d'abus de domination individuels ou collectifs »[28]. En l'espèce, des clauses de parité tarifaire interdisant à ces hôtels de pratiquer, sur leur propre site Internet ou sur une autre plateforme de réservation, des prix inférieurs à ceux proposés sur Booking et des clauses de parité de disponibilité, permettant de réserver certains types de chambres à d'autres canaux, existaient dans les contrats conclus entre les plateformes et les hôteliers. L'Autorité a, sur cette base, considéré que même si des préoccupations de concurrence existaient[29], Booking pouvait bénéficier de la procédure d'engagements[30].

À l'inverse de l'Autorité, le tribunal de commerce de Paris a, pour sa part, estimé que les clauses de parité contenues dans les contrats conclus entre les plateformes hôtelières et les hôteliers étaient, au sens du nouvel article L. 441-2, I° du code de commerce, révélatrices d'un déséquilibre significatif[31]. Aussi, à la suite d'un jugement du tribunal de commerce de Paris du 7 mai 2015 puis d'un arrêt de la cour d'appel de Paris du 21 juin 2017, la Cour de cassation, dans un arrêt du 8 juillet 2020[32], a confirmé la nullité des clauses de parité de prix et des clauses de parité de disponibilité sur le fondement de l'article L. 442-1 du code de commerce, mais uniquement en ce qu'elles s'appliquent à des agences de voyages en ligne (« *online travel agencies* ») concurrentes. La Cour de cassation a ensuite censuré le raisonnement de la cour d'appel sur la combinaison des clauses de parité de prix, de conditions et clause de disponibilité comme constituant un déséquilibre significatif sur le fondement de l'article L. 442-1 I° du code de commerce et a renvoyé l'affaire à la cour d'appel de Paris pour qu'elle examine si, en tant que telle, la clause de parité de prix et de conditions traduit un déséquilibre dans les droits et obligations des parties.

Certains observateurs et plaignants ont ainsi pu être surpris de constater que l'Autorité octroyait à Booking le bénéfice de la procédure d'engagements tandis que le tribunal de commerce de Paris prononçait, quant à lui, la stricte nullité

---

28 Aut. conc., déc. n° 15-D-06 du 21 avril 2015 *sur les pratiques mises en œuvre par les sociétés Booking.com France SAS et Booking.com Customer Service France SAS dans le secteur de la réservation hôtelière en ligne*, pt 145 ; v. aussi C. Lemaire, « *Engagements : L'Autorité de la concurrence adopte, en coordination avec la Commission européenne et les autorités italienne et suédoise, les engagements limitant l'imposition d'obligations de parité aux hôteliers à l'égard des autres agences de voyages en ligne* », 21 avril 2015, *Concurrences* n° 3-2015, art. n° 75120, pp. 156-157.

29 À ce sujet, v. not. R. Maulin, « *Les clauses de parité tarifaire devant l'OFT, en attendant la position de l'Autorité de la concurrence française* », *AJCA*, avril 2014, pp. 44-45, disponible en libre accès à l'adresse suivante : <https://www.maulin-avocats.com/wp-content/uploads/2018/03/2014-romain-maulin-les-clauses-de-parit-tarifaire-devant-loft-en-attendant-la-position-de-lautorit-de-la-concurrence-franaise.pdf>.

30 J.-B. Racine (dir.), *op. cit.*, p. 142.

31 T. com. Paris, 1er ch., 29 novembre 2016, RG 2014027403 ; v. aussi M. Chagny, « *Déséquilibre significatif : Le Tribunal de commerce de Paris juge contraires à l'article L. 442-6 du code de commerce plusieurs clauses des conditions générales de prestation d'une plateforme de réservation hôtelière en ligne, en constate la nullité et enjoint à la plateforme de cesser pour l'avenir de mentionner et mettre en œuvre lesdites clauses (Booking)* », 29 novembre 2016, *Concurrences* n° 1-2017, art. n° 83199.

32 T. com. Paris, 13e ch., 7 mai 2015, RG 2015000040 ; CA, pôle 5, ch. 4, 21 juin 2017, RG 15/18784 ; Cass. com., 8 juillet 2020, n° 17-31.536.

des clauses de parité tarifaire. Certains auteurs ont alors regretté que « *les mêmes clauses ne produisent pas les mêmes effets selon l'angle d'appréciation* »[33].

Le professeur Laurence Idot avait déjà rappelé qu'il ne faut « *pas se tromper d'armes* »[34] selon que l'on veut « *remodeler* » ou « *annuler* » le contrat. En effet, alors que l'Autorité s'est vue dotée, en outre de son pouvoir de sanction administrative, de la possibilité d'imposer la renégociation d'un contrat, le juge de droit commun ne peut, quant à lui, que prononcer la nullité du contrat s'il caractérise l'existence de pratiques anticoncurrentielles. Il en va de même lorsqu'il caractérise l'existence d'un déséquilibre significatif, ce qui était précisément le cas dans les affaires *Booking*.

Cependant, et toujours selon le professeur Laurence Idot, « [l]*es parties ne souhaitent pas le plus souvent la disparition totale du lien contractuel mais son réaménagement, que le juge de droit commun ne peut leur offrir* »[35]. Ainsi, la saisine de l'Autorité en vue d'obtenir une renégociation du contrat est nécessaire, mais pas toujours idéale, notamment en raison des délais d'enquête et de procédure de l'Autorité, voire même de l'épineuse question des modalités d'exécution d'une injonction ou d'un engagement prononcés par l'Autorité[36].

2. Un mouvement d'hybridation réciproque

Modernisation du droit de la concurrence sur la base de concepts juridiques ressortissant initialement du droit des PRC. À ce titre, la récente décision *Apple* du 16 mars 2020[37] illustre, de manière claire, ce mouvement d'hybridation jurisprudentielle. L'on sait que l'Autorité y a sanctionné un ensemble de pratiques unilatérales, dont des abus de dépendance économique commis au détriment des revendeurs de produits Apple, ce qui, dans la pratique décisionnelle de cette autorité, et de son propre aveu, constitue une première absolue[38].

Avant de caractériser cette pratique, l'Autorité, de manière résolument pédagogique, a tenté de démontrer que cet abus avait consisté pour Apple à soumettre à des retards ou à des absences d'approvisionnement certains de ses revendeurs, les empêchant ainsi d'honorer des précommandes. L'Autorité reproche également

33 V. Sélinsky, « *Réservation hôtelière par Internet : les mêmes clauses ne produisent pas les mêmes effets selon l'angle d'appréciation* », *RLC* 2015/44, n° 2794.

34 L. Idot, « *L'empiètement du droit de la concurrence sur le droit du contrat* », préc., p. 882.

35 *Ibid.*

36 Cette question ayant encore reçu un écho particulier à la suite de l'arrêt de la cour d'appel de Paris du 2 septembre 2021, *PMU c/ Betclic*, RG 20/09358.

37 Aut. conc., déc. n° 20-D-04 du 16 mars 2020 *relative à des pratiques mises en œuvre dans le secteur de la distribution de produits de marque Apple* ; v. aussi M. Cartapanis, « *Abus de dépendance économique : L'Autorité de la concurrence sanctionne une entreprise pour abus de dépendance économique dans le secteur de la distribution de produits informatiques et d'équipements électroniques grand public (Apple / Tech Data / Ingram Micro)* », 16 mars 2020, *Concurrences* n° 4-2020, art. n° 97362, pp. 134-137.

38 L'Autorité relevant, d'elle-même, que « *cette situation de dépendance économique, rarement observée dans la pratique décisionnelle du Conseil, puis de l'Autorité de la concurrence, résulte d'un enchevêtrement complexe de nombreuses clauses contractuelles et de pratiques* » et que, « *issue de l'ordonnance du 1er décembre 1986, cette infraction n'a pas d'équivalent en droit de l'Union, mais est compatible avec celui-ci* » (*ibid.*, p. 5 et pt 958).

à Apple l'existence d'une dissymétrie d'informations dans la mise en œuvre de ses « *fast ship programs* »[39] et le fait d'avoir placé certains de ses revendeurs dans l'incertitude quant aux prix des approvisionnements et conditions commerciales, notamment par le biais d'une politique de remises manifestement discriminatoire. De manière extrêmement intéressante, l'Autorité élabore une doctrine de l'abus de dépendance économique répréhensible au titre de l'article L. 420-2 du code de commerce et, pour cela, emprunte au droit des PRC.

Premièrement, afin de caractériser l'état de dépendance économique, l'Autorité tente formellement de dissocier les notions de position dominante et de dépendance économique. En effet, elle rappelle que « [s]*i le Conseil de la concurrence n'a sanctionné, dans sa pratique décisionnelle passée, que des opérateurs en position dominante, il n'a jamais exclu la faculté d'appliquer l'article susvisé à un réseau d'affiliation de commerce de détail, dont la tête n'est pas en position dominante* »[40]. Si la position dominante « *est souvent mesurée, notamment, par une part de marché élevée sur un marché pertinent* », l'Autorité considère, de façon résolument audacieuse, que « *la domination économique n'est pas forcément liée à l'importance des parts de marché, mais à la puissance relative d'une entreprise sur ses partenaires qui les rend vulnérables* »[41]. L'Autorité poursuit en considérant que la dépendance économique est « *une situation objective dont l'origine est indifférente* »[42] et qui, dans cette affaire, aura pris la forme d'« *un ensemble de règles et comportements mis en œuvre par Apple* [...] *restreignant de manière anormale et excessive la liberté commerciale des* [distributeurs] »[43].

Signe manifeste de la porosité entre les différentes branches du droit économique, l'Autorité rappelle que « *l'article L. 420-2 alinéa 2 du code de commerce se réfère d'une manière générale à la notion d'abus* » et, se fondant d'ailleurs sur la récente décision *Google Search* de la Commission européenne en matière d'abus de position dominante[44], considère que « *cette notion ne se limite pas à des comportements prédéfinis, dans la mesure où "la qualification juridique d'une pratique d'abus ne dépend pas de sa dénomination, mais des critères de fond retenus à cet égard". Ainsi, "de nouvelles formes susceptibles d'affecter la concurrence" ne sauraient être exclues en application de cette disposition* »[45].

---

39 Les « *fast ship programs* » consistent en la mise en place d'un système spécifique de livraison concernant les nouveaux produits et permettant d'approvisionner tous les points de vente directs et indirects en un nombre minimal de références, et ce, dès le premier jour de leur commercialisation.

40 Aut. conc., déc. n° 20-D-04, préc., pt 995.

41 *Ibid.*, pt 993.

42 *Ibid.*, pt 960 et pt 1008.

43 *Ibid.*, pt 1043. Il s'agissait, en l'occurrence et selon la présentation récapitulative de l'Autorité, de « *difficultés d'approvisionnement, de traitements discriminatoires, d'instabilité des conditions de rémunération de leur activité (remises et encours), et de mise en œuvre discrétionnaire de certaines règles* » (pt 1044).

44 Comm. eur., déc. du 27 juin 2017, *Google Search*, aff. AT.39740, pt 352 ; v. aussi F. Marty, « *Effet de levier anticoncurrentiel : La Commission européenne sanctionne l'opérateur dominant de la recherche en ligne pour un abus d'éviction par effet de levier sur le marché des comparateurs de prix en ligne (Google Shopping)* », 27 juin 2017, *Concurrences* n° 1-2018, art. n° 86074, pp. 87-93.

45 Aut. conc., déc. n° 20-D-04, préc., pt 971.

Pourtant, l'Autorité considère qu'« [i]*l n'est pas requis, pour démontrer l'existence d'une situation de dépendance économique, contrairement à ce que soutient Apple, d'établir la position dominante de l'entreprise concernée sur un marché pertinent* »[46]. Selon elle, cela tiendrait au fait que « *la pratique d'abus de dépendance économique, prohibée par l'alinéa 2 de l'article L. 420-2 du code de commerce, conçue, dès l'ordonnance n° 86-1243 du 1er décembre 1986, pour réprimer les abus de puissance d'achat de la grande distribution, ne visait pas, par construction, des opérateurs en position dominante, aucun grand distributeur n'étant dans cette situation* »[47].

Autrement dit, l'Autorité affirme que la caractérisation d'un état de dépendance économique n'est désormais plus conditionnée à la démonstration d'une position dominante[48]. Ce syllogisme démontre, selon nous, la forte parenté entre ces deux infractions à la nuance près que la première nécessite la caractérisation d'une position dominante sur un marché donné tandis que la seconde requiert, uniquement, un état de dépendance économique.

Illustration de son potentiel considérable en matière de répression des pratiques des géants du numérique, la notion d'abus de dépendance économique a récemment été mobilisée par d'autres autorités nationales de concurrence à l'égard de certaines plateformes[49].

Faisant manifestement écho à la notion de déséquilibre significatif dans le cadre d'un contrat d'adhésion, l'Autorité estime, par ailleurs, que « *la circonstance que les* [distributeurs] *se soient délibérément placés dans cette situation de dépendance en signant les contrats litigieux ne peut permettre d'écarter l'état de dépendance des APR* [détaillants Apple Premium Resellers] *par rapport à Apple, cette situation étant une situation objective dont l'origine est indifférente* »[50]. Plus encore, l'Autorité considère que « *les comportements d'Apple ayant consisté, de façon récurrente et continue, à retarder des livraisons ou à refuser d'approvisionner ses distributeurs APR, ainsi qu'à les désavantager par rapport à son réseau intégré, les ont empêchés de développer leur activité de distributeurs dans des conditions normales. Cette politique d'approvisionnement irrégulière et désavantageuse, non justifiée par des éléments objectifs, revêt un caractère d'anormalité et constitue une pratique abusive* »[51]. Il s'agit là, selon nous, de comportements qui auraient probablement pu être appréhendés au titre de la rupture partielle de relations commerciales établies interdite par l'article L. 442-1, II du code de commerce.

---

46 *Ibid.*, pt 992.

47 *Ibid.*, pt 994.

48 A. Rinaldi, « *Re-imagining the Abuse of Economic Dependence in a Digital World* », 9 juin 2020, disponible à l'adresse suivante : <https://www.lexxion.eu/coreblogpost/re-imagining-the-abuse-of-economic-dependence-in-a-digital-world>.

49 A.-S. Choné-Grimaldi, « *Les géants du numérique face à l'interdiction des abus de dépendance économique : Les Français contre-attaquent* », *Concurrences* n° 4-2020, art. n° 97016, pp. 84-92.

50 Aut. conc., déc. n° 20-D-04, préc., pt 1008.

51 *Ibid.*, pts 1089-1090.

Plus notable encore, dans sa récente décision de mesures conservatoires Google (droits voisins)[52], l'Autorité a enjoint à Google de négocier « *de bonne foi* » avec les éditeurs de presse, engagements repris par Google dans sa récente proposition d'engagements[53]. La terminologie employée dans la décision est loin d'être neutre et confirme, là encore, le lien intime entretenu entre le droit de la concurrence et le droit des PRC.

En effet, l'Autorité invite les parties, et en l'occurrence surtout Google, à négocier « *de bonne foi* » et selon des critères « *transparents, objectifs et non discriminatoires* »[54] avec ses partenaires. Malgré le stade très préliminaire de son instruction, la décision de l'Autorité va jusqu'à indiquer qu'un « *comportement "naturel, prudent et raisonnable" pour un opérateur dominant comme Google, sur lequel repose une responsabilité particulière, aurait pu consister à entrer dans des négociations préalables de bonne foi avec les éditeurs et agences de presse* »[55]. On y constate également que « *lors de la séance, les services d'instruction ont, pour leur part, proposé d'adopter des mesures conservatoires tenant à l'obligation de négociation de bonne foi* »[56].

L'Autorité semble ici faire, à tout le moins de manière implicite, référence à l'article 1104 du code civil, pierre angulaire du droit des contrats, en ce qu'il dispose que « [l]*es contrats doivent être négociés, formés et exécutés de bonne foi. Cette disposition est d'ordre public* ». Certains commentateurs, et nous partageons volontiers leur analyse, ont pu estimer que « *le vocabulaire utilisé par l'Autorité dans la* [décision Google] *confirme surtout le lien étroit entre les dispositions relatives aux pratiques anticoncurrentielles (livre IV du titre I du code de commerce) et celles relatives aux pratiques restrictives de concurrence (livre IV* [du] *titre IV du même code)* »[57].

Plus encore, l'analyse de la décision *Google* (droits voisins) semble illustrer que, « [f]*aute de pouvoir placer les parties dans le cadre du titre I* [c'est-à-dire l'article L. 420-2 du code de commerce] *tant qu'une décision au fond n'aura pas été prononcée, l'Autorité renvoie ces dernières implicitement au moins, au titre IV* [c'est-à-dire, en l'occurrence, l'article L. 442-1, I du code de commerce[58]], *et invite les parties à négocier "de bonne foi", selon des critères "transparents, objectifs et non discriminatoires"* »[59].

---

52 Aut. conc., déc. n° 20-MC-01 *relative à des demandes de mesures conservatoires présentées par le Syndicat des éditeurs de la presse magazine, l'Alliance de la presse d'information générale e.a. et l'Agence France-Presse*.

53 Proposition d'engagements de Google LLC, Google Ireland Limited et Google France en date du 9 décembre 2021.

54 *Ibid.*, art. 1.

55 *Ibid.*, pt 262.

56 *Ibid.*, pt 295.

57 T. Titone et R. Chanalet-Quercy, « *Mesures conservatoires prononcées par l'Autorité de la concurrence : les enseignements de la décision "droits voisins"* », *RLC* 2020/95, n° 3830, p. 25.

58 Art. L. 442-1, I du code de commerce : « *Engage la responsabilité de son auteur et l'oblige à réparer le préjudice causé le fait, dans le cadre de la négociation commerciale, de la conclusion ou de l'exécution d'un contrat, par toute personne exerçant des activités de production, de distribution ou de services : 1° D'obtenir ou de tenter d'obtenir de l'autre partie un avantage ne correspondant à aucune contrepartie ou manifestement disproportionné au regard de la valeur de la contrepartie consentie ; 2° De soumettre ou de tenter de soumettre l'autre partie à des obligations créant un déséquilibre significatif dans les droits et obligations des parties* ».

59 T. Titone et R. Chanalet-Quercy, préc., p. 25.

Prise en compte des principes directeurs du droit de la concurrence par le juge consulaire intervenant en matière de PRC. L'on se souvient que, par jugement du 2 septembre 2019, le tribunal de commerce de Paris a sanctionné Amazon au titre du déséquilibre significatif que traduisent plusieurs des clauses des contrats imposés aux marchands souhaitant vendre par l'intermédiaire de sa plateforme[60].

Là encore de manière délibérément pédagogique, le juge consulaire a successivement caractérisé les deux éléments constitutifs du déséquilibre significatif, à savoir : (i) la tentative de soumission ou la soumission en retenant un faisceau d'indices convergents démontrent l'absence de négociation possible des contrats conclus par les revendeurs avec Amazon Services Europe, la puissance sans commune mesure d'Amazon et le caractère incontournable d'Amazon pour les petits vendeurs tiers et (ii) le déséquilibre significatif entre les droits et obligations des parties. Ainsi, ce ne sont pas moins de sept des onze clauses soumises à l'analyse du juge consulaire qui ont été censurées au motif d'un déséquilibre significatif[61].

Dans son jugement, le tribunal semble dépasser le seul cadre d'analyse du droit des PRC en mobilisant, à diverses reprises, la pratique décisionnelle de l'Autorité afin de caractériser la soumission ou la tentative de soumission, concernant, dans un premier temps, l'absence de négociation possible avec Amazon. Le tribunal rappelle, tout d'abord, « *que l'Autorité de la* [c]*oncurrence comme la Commission* [e]*uropéenne ont fait le même constat mais qu'ils en ont déduit que les États doivent en être d'autant plus vigilants sur le respect des règles de concurrence car, combiné avec le déséquilibre de puissance entre les vendeurs tiers et les prestataires des places de marché et avec le rôle incontournable de ces dernières, la non*[-]*négociabilité des contrats peut conduire à des pratiques restrictives de concurrence* »[62].

Il est d'ailleurs selon nous assez frappant de lire, dans l'étude thématique de l'Autorité et au sujet de ce même jugement *Amazon*, que « [l]*'imposition, par ces plateformes, de conditions commerciales inéquitables ou déséquilibrées aux entreprises affiliées, pour l'heure, souvent traitée sous l'angle des pratiques restrictives de concurrence et, notamment, de déséquilibre significatif, pourraient bien l'être aussi sous la qualification d'abus de dépendance économique prévue par le deuxième alinéa de l'article L. 420-2 du code de commerce* »[63]. À l'avenir, il n'est donc pas impossible qu'il se développe une véritable concurrence entre l'Autorité et le juge consulaire pour sanctionner de telles pratiques.

---

60 T. com. Paris, 1re ch., 2 septembre 2019, *Ministère de l'Économie c/ Amazon*, RG 2017050625 ; v. aussi S. Chaudouet, « *Déséquilibre significatif : Le Tribunal de commerce de Paris condamne un géant de la vente en ligne pour déséquilibre significatif (Amazon)* », 2 septembre 2019, *Concurrences* n° 4-2019, art. n° 92196.

61 Clauses permettant à ASE de façon unilatérale de faire entrer en vigueur immédiatement et sans aucun préavis une modification du contrat, sans avoir l'obligation d'aviser personnellement et directement son cocontractant ; clauses relatives à la suspension ou à la résiliation du contrat ; clauses relatives aux indices de performance ; clauses relatives à la maîtrise du compte vendeur ; clauses relatives à la garantie de A à Z avec le retour et le remboursement des produits ; clauses relatives à la parité des conditions ; clauses d'exonération de responsabilité pour le service optionnel « *Expédié par Amazon* ».

62 T. com. Paris, 1re ch., 2 septembre 2019, RG 2017050625, préc., p. 18.

63 Aut. conc., *Concurrence et commerce en ligne – Competition and e-commerce*, Paris, La Documentation française, 2020, p. 119.

S'agissant, dans un second temps du raisonnement, du caractère incontournable de la plateforme Amazon[64], le tribunal se fonde en particulier sur un article du 15 juin 2019 d'Emmanuel Combe, vice-président de l'Autorité, et qui en est désormais le président par intérim[65], pour conclure qu'« *Amazon est à l'évidence une des "superstars" d'Internet* »[66]. Le tribunal se réfère également aux travaux de « *la Commission* [e]*uropéenne et* [des] *grands économistes internationaux* »[67] ayant théorisé l'effet réseau sur lequel capitalisent généralement les GAFAM.

Alors même que la plateforme Amazon n'a encore jamais été sanctionnée en France[68], à ce jour, au titre de l'abus de position dominante, le jugement du 2 septembre 2019 (dont Amazon n'a pas souhaité faire appel) fournit, selon nous, une illustration de ce que le professeur Muriel Chagny a pu indiquer, à savoir que le droit des pratiques restrictives de concurrence « *serait en particulier l'instrument idoine pour appréhender les abus d'exploitation que le droit des pratiques anticoncurrentielles peine à sanctionner* »[69].

Cette tendance pourrait d'ailleurs encore s'exacerber dans les mois qui viennent dans la mesure où d'autres enquêtes récemment menées par les services de la DGCCRF pourraient déboucher sur des poursuites visant d'autres acteurs majeurs de l'économie numérique[70].

III. L'hybridation législative du droit économique : un processus hésitant pour des résultats encore incertains

Si la pratique décisionnelle de l'Autorité ou la jurisprudence illustrent le mouvement, manifestement inéluctable, d'hybridation du droit économique, la tentative de réponse(s) législative(s) aux pratiques des plateformes et acteurs de l'économie numérique emprunte, elle aussi, aux différentes branches du droit économique, et plus particulièrement au droit de la concurrence et au droit

---

64 Sur ce point, relevons, le panache d'Amazon qui, devant le tribunal de commerce, a soutenu « *que sa place de marché ne serait pas incontournable ; qu'en effet d'une part les vendeurs tiers disposeraient de leur propre site de vente en ligne et d'autre part qu'ils pourraient aller sur d'autres places de marché, soit lorsqu'ils décident de cette solution à l'origine, soit lorsqu'ils veulent changer de place, parce qu'ils ont considéré que les conditions de leur traitement par ASE étaient insatisfaisantes, en résiliant leur contrat avec celle dernière* » (p. 19).

65 « *Emmanuel Combe : "Face aux GAFA, les autorités antitrust ont un rôle essentiel pour s'assurer que la compétition reste ouverte"* », préc.

66 T. com. Paris, 1re ch., 2 septembre 2019, RG 2017050625, préc., p. 20.

67 *Ibid.*

68 Amazon vient toutefois d'être sanctionnée, le 9 décembre 2021, par l'autorité italienne de la concurrence à une amende de 1,128 milliard d'euros pour avoir abusé de sa position dominante vis-à-vis de ses clients marchands en leur imposant, entre autres pratiques abusives, d'utiliser ses propres services logistiques (« *Fulfilment by Amazon (FBA)* »).

69 Club des juristes, Rapport « *Pour une réforme du droit de la concurrence* », préc., pt 223.

70 DGCCRF, communiqué de presse du 18 décembre 2017, « *Pratiques commerciales des plateformes numériques : annonce des résultats d'une enquête d'envergure de la DGCCRF* », la DGCCRF indiquant alors avoir contrôlé, entre autres, Amazon, Cdiscount, Fnac.com, eBay, Rue du Commerce.

des PRC. Si ses balbutiements remontent au règlement Platform to Business du 20 juin 2019[71] (1.), le projet de règlement Digital Markets Act constitue, selon nous, l'acmé du mouvement d'hybridation du droit économique (2.).

1. La construction balbutiante d'un droit des plateformes avec le règlement Platform to Business

Si le législateur, au niveau national ou européen, a un temps considéré que, face à un phénomène aussi protéiforme que la digitalisation de l'économie, rien ne valait mieux que l'observation – certains diront inaction –, en raison de l'obsolescence, par nature programmée[72], d'une norme visant à réguler un phénomène à ce point évolutif, un changement de cap fondamental s'est opéré avec la publication par la Commission, le 28 octobre 2015, de sa feuille de route pour le marché unique numérique[73]. Il devait en résulter une proposition de règlement, en date du 26 avril 2018, destinée à « *renforcer l'équité et la transparence pour les plateformes en ligne* » et à « *établir un écosystème équitable* »[74].

Partant du constat que les comportements constatés ou redoutés semblaient alors, pour la plupart d'entre eux, strictement hors de portée du droit de la concurrence, la Commission rappelait, dans une tentative de justifier son initiative législative, que « [p]*our que les règles destinées à réprimer les abus de position dominante au titre de l'article 102 TFUE s'appliquent, il faut que les plateformes concernées occupent une position dominante sur le marché en cause* »[75]. Or, si la dominance peut, éventuellement, être caractérisée pour appréhender les pratiques d'acteurs systémiques à l'image d'Amazon ou encore de Google, il existe en revanche une variété de plateformes qui sont encore loin d'atteindre, ou du reste de se maintenir[76], au seuil de la dominance.

Applicable depuis le 12 juillet 2020, le règlement Platform to Business vise à ce titre à réguler, en empruntant à diverses influences du droit économique, les relations nouées entre les plateformes et leurs utilisateurs, ce qui couvre un large spectre allant,

---

71 Comm. eur., règlement (UE) n° 2019/1150 du 20 juin 2019 promouvant l'équité et la transparence pour les entreprises utilisatrices de services d'intermédiation en ligne, *JOUE* n° L 186 du 11 juillet 2019, p. 57.

72 R. Maulin, « *Régulation des plateformes et places de marché : le droit économique à l'épreuve de l'obsolescence programmée ?* », préc.

73 Communication de la Commission, « *Améliorer le marché unique : de nouvelles opportunités pour les citoyens et les entreprises* », COM(2015) 550 final, 28 octobre 2015.

74 Comm. eur., fiche d'information MEMO/18/3373 du 26 avril 2018, « *La Commission fixe de nouvelles normes en matière de transparence et d'équité pour les plateformes en ligne* » ; en droit français, v. égal. les décrets n° 2017-1434, n° 2017-1435 et n° 2017-1436 du 29 septembre 2017 parus au *JORF* n° 0233 du 5 octobre 2017 qui prévoient des mesures sensiblement équivalentes à celles de la proposition de règlement.

75 Comm. eur., fiche d'information MEMO/18/3373 du 26 avril 2018, préc.

76 Sur ce point spécifique, v. not. la réponse de la Competition and Markets Authority, en date du 23 décembre 2015, à la consultation publique de la Commission sur la régulation des plateformes, pt 11 : « [T]*he potential for innovative offerings to disrupt markets means that while successful digital platforms may acquire significant market power, such market power may sometimes be fragile or transient in nature* ».

entre autres, du fournisseur de produits proposés à la vente sur une place de marché, au créateur d'une application proposée à la vente via une boutique d'applications en passant par l'hôtelier proposant ses chambres sur une plateforme de réservation.

On relèvera que ce règlement rappelle, dès son exposé des motifs, que « *l'intermédiation croissante des transactions par le biais de services d'intermédiation en ligne, conséquence d'importants effets de réseau indirects fondés sur les données, conduit à une dépendance accrue de ces entreprises utilisatrices, en particulier* [les PME], *à l'égard de ces services pour entrer en contact avec les consommateurs* », de sorte que « [d]*u fait de cette dépendance croissante, les fournisseurs de ces services disposent souvent d'un pouvoir de négociation supérieur qui leur permet, dans la pratique, d'agir unilatéralement d'une façon qui peut être inéquitable et nuire aux intérêts légitimes des entreprises qui font appel à eux et, indirectement, des consommateurs* »[77]. Certains auteurs y voient une référence implicite à la théorie de l'abus de dépendance économique en droit français[78].

Plus généralement, ce règlement impose aux plateformes des exigences de loyauté à travers l'interdiction de certaines pratiques, et en particulier la résiliation unilatérale sans motif. L'on se souvient que, dans l'affaire *Amazon*, une clause asymétrique, car prévoyant cette possibilité au seul bénéfice de la plateforme, a été sanctionnée par le juge français au titre du contrat d'adhésion et du déséquilibre significatif. L'interdiction de la résiliation unilatérale sans motif semble donc, manifestement, s'inspirer du régime français de l'interdiction de la rupture brutale des relations commerciales établies[79].

Ce règlement a également le mérite d'imposer aux plateformes un effort significatif de transparence qui se matérialise tant au bénéfice des entreprises utilisatrices que des consommateurs clients finals. La transparence porte, en premier lieu, sur les conditions générales d'utilisation, qui doivent à la fois être rédigées de façon claire et non équivoque, mais également être « *facilement accessibles* »[80] aux utilisateurs à chaque phase de leur relation avec les plateformes, y compris lors de la phase précontractuelle. En cas de manquement à ces obligations, les conditions générales de la plateforme ne seront tout simplement pas opposables à l'utilisateur, ce qui évoque le mécanisme de l'article 1171 du code civil, qui prévoit que « [d]*ans un contrat d'adhésion, toute clause non négociable, déterminée à l'avance par l'une des parties, qui crée un déséquilibre significatif entre les droits et obligations des parties au contrat est réputée non écrite* ».

L'effort de transparence doit également, et de manière peut-être plus marquée encore, porter sur la politique générale de classement des entreprises dans les résultats de recherche puisque, comme le relève la Commission, le classement a un impact significatif sur le choix des consommateurs[81]. À ce titre, relevons également que, de manière quelque peu incantatoire, le règlement invite les plateformes, ainsi que les

---

77 Règlement (UE) n° 2019/1150 du 20 juin 2019, préc., cons. 2.

78 A.-S. Choné-Grimaldi, préc., p. 91.

79 Art. L. 442-1 du code de commerce.

80 Règlement (UE) n° 2019/1150 du 20 juin 2019, préc., art. 3.

81 *Ibid.*, art. 5.

organisations professionnelles les représentant, à concevoir des codes de conduite destinés à renforcer la transparence de leur politique de classement des résultats[82]. Nous relevons que ce dispositif se retrouve également en droit des PRC dans la mesure où, sur plusieurs sujets majeurs et sous l'égide de la Commission d'examen des pratiques commerciales, un certain nombre de guides pratiques[83] ont été établis pour réguler le rapport de force et la dysmétrie contractuelle entre la grande distribution, d'une part, et ses fournisseurs, d'autre part.

Pourtant, le règlement Platform to Business n'a manifestement pas atteint ses objectifs puisque seulement un mois avant sa date d'entrée en vigueur (le 12 juillet 2020), les services de la Commission prenaient l'initiative d'engager une consultation publique sur son « *paquet relatif aux services numériques* »[84] et d'indiquer souhaiter désormais une véritable « *réglementation ex ante des plus grandes plateformes* »[85]. La Commission, en guise d'épitaphe du règlement Platform to Business, notait alors que « [l]*'adoption du règlement sur les relations entre les plateformes et les entreprises, qui doit entrer en vigueur au mois de juillet de cette année* [2020], *établit le fondement transversal d'un environnement équitable, transparent et prévisible pour les entreprises et commerçants de petite taille présents sur les plateformes en ligne* »[86].

2. L'amplification du mouvement d'hybridation avec le projet de règlement Digital Markets Act

Le 15 décembre 2020, la Commission européenne dévoilait son projet de règlement intitulé Digital Markets Act. Plus qu'un simple objectif juridique de prévention et de régulation de pratiques abusives des géants du numérique, ce règlement semble en réalité poursuivre un véritable objectif industriel, ce que reflète d'ailleurs le fait que son élaboration ait été pilotée par la DG Grow et la DG Connect. Il s'agit en effet d'offrir à de nouveaux acteurs, et de préférence européens, la possibilité d'entrer sur ces marchés dominés par les acteurs américains en leur garantissant les conditions d'une concurrence libre, non faussée et ouverte à l'innovation[87].

Ce règlement qui vient, le 15 décembre 2021, soit près d'un an après sa présentation par la Commission, d'être approuvé par le Parlement Européen et qui fera l'objet d'âpres négociations avec le Conseil dès le mois de janvier 2022[88],

---

82 *Ibid.*, art. 17.

83 V. en particulier « *Recommandation n° 11-01 relative à un code de bonne conduite en matière de management par catégorie* » et « *Recommandation n° 19-1 relative à un guide des bonnes pratiques en matière de pénalités logistiques* ».

84 Comm. eur., communiqué IP/20/962 du 2 juin 2020, « *La Commission lance une consultation en vue de recueillir des avis sur le paquet relatif aux services numériques* ».

85 A. Ronzano, « *Plateformes numériques : La Commission européenne veut renforcer la réglementation ex ante des grandes plateformes numériques et se doter d'un nouvel outil de concurrence visant à leur imposer des injonctions comportementales ou structurelles sans constat préalable d'un abus, et sans amendes ou actions en dommages et intérêts* », 2 juin 2020, Concurrences n° 3-2020, art. n° 95247.

86 *Ibid.*

87 A.-S. Choné-Grimaldi, préc., p. 91.

88 Parl. Eur., Communiqué 20211210IPR19211 du 15 décembre 2021, « *Législation sur les marchés numériques : le Parlement est prêt à entamer les négociations avec le Conseil* ».

aura vocation à réguler de manière *ex ante* les pratiques des plus importantes plateformes en ligne, c'est-à-dire les *gatekeepers* ou contrôleurs d'accès, en l'occurrence Amazon ou Google. *A contrario*, les plateformes ne disposant pas (encore) d'un tel pouvoir de marché, telles qu'Airbnb, Booking ou encore Netflix, ne relèveront *a priori* pas de son champ d'application.

Ce règlement s'articule, lui aussi, autour de la notion centrale en matière de droit des PRC de « *dépendance économique des entreprises utilisatrices et des utilisateurs finaux vis-à-vis des services de plateforme essentiels des contrôleurs d'accès* »[89]. Selon la Commission, il serait désormais temps d'élaborer un instrument juridique permettant de remédier à la situation actuelle de « *fragmentation de la réglementation, dans la mesure où les règles relatives à la lutte contre le caractère déloyal des relations de dépendance avec ces contrôleurs d'accès et à la contestabilité de ces services divergent, notamment en ce qui concerne les conditions préalables à l'intervention et l'ampleur de cette intervention, et augmentent les coûts de mise en conformité pour les entreprises actives sur le marché intérieur* »[90].

Sur la question très sensible, et ayant d'ores et déjà donné lieu à plusieurs décisions majeures (dont certaines non encore définitives) de la part des autorités de concurrence, des clauses d'autopréférence, le projet de règlement impose(rait) désormais aux contrôleurs d'accès de « [s'abstenir] *d'accorder, en matière de classement, un traitement plus favorable aux services et produits proposés par le contrôleur d'accès lui-même ou par tout tiers appartenant à la même entreprise, par rapport aux services ou produits similaires d'un tiers, et* [d'appliquer] *des conditions équitables et non discriminatoires à ce classement* »[91].

Il nous semble toutefois que tant que la Cour de Justice de l'Union n'aura pas définitivement[92] confirmé la décision *Google Shopping* il demeurera, à tout le moins au titre du droit de la concurrence, une incertitude légitime quant aux conditions d'illégalité de la pratique de l'autopréférence.

Pour la Commission, le Digital Markets Act devrait finalement permettre aux « *innovateurs et jeunes entreprises technologiques* [de se prémunir contre les] *clauses et conditions abusives* [que pourraient souhaiter leur imposer les plateformes] *limitant leur développement* »[93]. Pourtant, à l'analyse attentive de ce texte, il semble que le Digital Markets Act, en particulier son article 8 intitulé « *Suspension* », introduit une nouvelle strate de complexité puisque, « [s]*ur la demande motivée*

---

89 Comm. eur., proposition de Règlement relatif aux marchés contestables et équitables dans le secteur numérique, COM(2020) 842 final, 15 décembre 2020, cons. 64.

90 *Ibid.*, p. 5.

91 *Ibid.*, art. 6, § 1 (d).

92 Cette décision a été, pour l'essentiel, confirmée par un arrêt du Tribunal de l'Union européenne du 10 novembre 2021, (affaire T-612/17). Cet arrêt est susceptible d'être frappé d'un pourvoi devant la Cour de Justice de l'Union.

93 Site Internet de la Commission, page intitulée « *Législation sur les marchés numériques : garantir des marchés numériques équitables et ouverts* ».

d'un contrôleur d'accès, la Commission peut, à titre exceptionnel, suspendre, entièrement ou partiellement, une obligation particulière prévue aux articles 5 et 6 [c'est-à-dire les pratiques des contrôleurs d'accès qui limitent la contestabilité ou sont déloyales] *pour un service de plateforme essentiel* ». Cela signifie, concrètement, que le Digital Markets Act projette d'introduire, à titre *ex ante*, des obligations structurantes auxquelles le contrôleur d'accès pourra demander de déroger. Les esprits chagrins pourraient donc être tentés de qualifier ce dispositif de droit *ex ante* (plus que) souple.

Si l'hybridation du droit économique constitue désormais un phénomène juridique difficilement contestable, il reste encore à apprécier dans quelle mesure il est susceptible de permettre une meilleure régulation *ex ante* ou sanction *ex post* des pratiques déployées par les grandes plateformes numériques. Sur ce point, et malgré ses imperfections évidentes, il nous semble toutefois que la boîte à outils actuellement à la disposition des autorités européennes de concurrence – certainement parce qu'elles ont poussé le mouvement d'hybridation du droit économique à son paroxysme – permet une réponse appropriée aux appétits actuels des « *superstar* » de l'Internet. Pour (tenter de) s'en convaincre, il suffit de constater que les juridictions américaines sont actuellement en train d'analyser la légalité, au titre du droit de la concurrence, de clauses de parité tarifaire imposées par Amazon à ses marchands domiciliés aux États-Unis (et dans le reste du monde), et ce, alors même qu'Amazon, sous la pression conjuguée des autorités de concurrence européennes, avait pris l'initiative de les supprimer de ses contrats applicables aux marchands situés au sein de l'Union européenne[94].

---

94 K. Arcieri, « *DC's antitrust suit against Amazon will rely on high burden of proof – experts* », *S&P Global Market Intelligence*, 3 juin 2021 : « *According to the suit, Amazon informed European regulators in 2013 that it would abandon the provision across the European Union, but the provision "remained in place for years longer in the United States and elsewhere"* ».

Réflexions sur la comparaison des droits de la concurrence : Plaidoyer pour un nouvel essor à l'Université*

LAURENCE NICOLAS-VULLIERME**
Université Paris 2 Panthéon-Assas

Résumé

La dédicataire de ces mélanges a relevé dans un article la fécondité d'une perspective comparative en droit de la concurrence. Pourtant, cette approche y reste peu développée et semble en outre être davantage le fait de praticiens que d'académiques. De plus, la comparaison des techniques juridiques employées par chaque système juridique ne permet pas à elle seule de comprendre la raison d'être des différences entre les droits. L'approche comparative en droit nécessite selon l'auteur de ces lignes la prise en compte du contexte historique et culturel. Convaincue que cette démarche revient aux universitaires, l'auteur plaide pour une redécouverte d'une approche approfondie des droits étrangers aux fins de comparaisons et livre des pistes pour y parvenir.

---

* Dernière mise à jour le 30 octobre 2021.

** Maître de conférences HDR, à l'Université Paris 2 Panthéon-Assas.

Si l'Université est un lieu de savoir et de connaissance, elle est avant tout pour nous une aventure humaine, faite de relations entre enseignants-chercheurs et étudiants ou entre étudiants ou bien encore entre enseignants-chercheurs. C'est au début des années 1990 que j'ai connu la dédicataire de ces *Mélanges* comme moniteur à Paris 5 René-Descartes. Discrète et juste sont les qualificatifs qui viennent spontanément à l'esprit en me souvenant de son intervention lors de doubles corrections de copies. Quelques années plus tard, j'ai eu la chance de collaborer avec elle en contribuant à la chronique Ententes de la revue *Concurrences* alors naissante. Enfin, nous nous sommes retrouvées dans la section de droit privé à l'Université Panthéon-Assas.

Difficile de rendre hommage à une personnalité aussi incontournable pour tout juriste qui s'intéresse au droit de la concurrence ! Nombre d'étudiants et d'enseignants sont marqués par ses écrits, car aucun sujet de cette nouvelle branche du droit ne lui a échappé : droit interne, droit européen, droit international de la concurrence et même… le droit comparé de la concurrence !

Si ses multiples contributions ont le mérite de faire connaître le droit de la concurrence ou de l'approfondir, elles incitent aussi aux débats. Dans un article paru aux *Petites Affiches* en 2005, la dédicataire écrivait que la perspective comparative est « *particulièrement féconde en droit de la concurrence car le caractère technique de la matière s'y prête aisément* »[1]. En quoi la technicité d'un droit favoriserait-elle davantage une perspective comparative qu'un droit moins technique ?

En 2012, en développant sa pensée sur le sujet, l'auteur apporta un élément de réponse : le caractère technique du droit de la concurrence devrait rendre *a priori* plus facile la comparaison, car le poids de la culture juridique nationale y est moindre[2]. Mais la culture juridique ou plus largement la culture n'est-elle pas le sel du droit comparé[3] ? Le fait d'affirmer que ce droit comparé pourrait devenir une réalité tant il est question de « modèles » et de « convergences »[4] ne permet-il pas de constater l'incomplétude de la technicité d'un droit ?

---

1 L. Idot, « Regards sur les droits étrangers », *Les Petites Affiches* 20 janvier 2005, n° 14, p. 46.

2 L. Idot, « Réflexions sur la convergence des droits de la concurrence – Vers un droit comparé de la concurrence ? », in *Liber amicorum : mélanges en l'honneur de Camille Jauffret-Spinosi*, Paris, Dalloz, 2013, p. 629.

3 À elle seule cette question pourrait faire l'objet d'un article tant le mot « culture » prête à discussion et que sa prise en compte en droit comparé est discutée. Notons que certains auteurs n'admettent pas l'existence d'une culture juridique française : J.-L. Halpérin, « L'idée de culture juridique française est-elle utile au droit comparé ? », in B. Fauvarque-Cosson (dir.), *Le droit comparé au XXIe siècle : enjeux et défis*, Paris, Société de législation comparée, 2015, p. 160. L'auteur souligne le fait qu'il existe toujours des influences étrangères même en droit national. Si nous ne pouvons parler *stricto sensu* d'une culture juridique française, nous pouvons en revanche percevoir la manière dont une notion étrangère ou une norme étrangère a pu influer sur notre droit. À titre d'exemple, nous pouvons mentionner l'introduction en droit français de l'interdiction des abus de dépendance économique, qui manifeste une influence du droit allemand sur le droit français, qui peut s'expliquer par la présence de M. Pédamon dans le groupe d'experts à l'origine de l'ordonnance du 1er décembre 1986. Mais nous pourrions discuter sur sa place en droit français : il y a pour nous toujours une acculturation des notions étrangères. Si l'expression peut effectivement prêter à discussion sous l'angle historique, nous pensons qu'il existe une véritable culture juridique française. Il existe des particularités linguistiques, la légistique, le style judiciaire, etc. V. dans le même sens : P. Mankowski, *Rechtskultur*, Tübingen, Mohr Siebeck, 2016, p. 479 et s. Certains comparatistes accordent une place de choix à la culture : v. en particulier B. Großfeld, *Kernfragen der Rechtsvergleichung*, Tübingen, Siebeck, 1996 ; d'autres la remettent en cause, car elle est considérée comme un frein ou une exigence : v. B. Fauvarque-Cosson, « La Société de législation comparée dans le XXIe siècle », in B. Fauvarque-Cosson (dir.), *op. cit.*, p. 22.

4 V. en particulier le chapitre sur la convergence des politiques de concurrence dans l'ouvrage coécrit par C. Prieto et D. Bosco : *Droit européen de la concurrence : ententes et abus de position dominante*, Paris, Bruylant, 2013, p. 260 et s.

N'ayant pas eu l'occasion de dialoguer avec la dédicataire sur sa conception du droit comparé, nous profitons de l'occasion donnée par ces *Mélanges* pour faire part de nos convictions sur la comparaison des droits de la concurrence afin d'engager la discussion[5]. Que ces modestes lignes soient la marque d'une reconnaissance bien maladroite, mais réelle.

Nous défendrons ici l'idée selon laquelle le caractère technique empêche davantage le développement de la comparaison des droits de la concurrence à l'Université qu'il ne peut y contribuer. La technique n'est qu'un moyen de parvenir à des fins et est pour nous l'une des causes principales de l'absence du développement réel de la comparaison des droits de la concurrence dans l'enceinte universitaire[6]. Il ne peut y avoir selon nous de comparaison sans prise en compte de ses finalités et du cadre historique et culturel qui exercent une influence sur le choix de la technique[7]. La comparaison est avant tout une méthode. Tel un produit de contraste, qui permet de déceler les affections possibles d'un organe en médecine, la comparaison des droits de la concurrence fait apparaître par un jeu d'ombres et de lumières les spécificités d'une législation. C'est la raison pour laquelle il nous paraît important de s'aventurer plus profondément sur ces terres étrangères malgré l'inconfort qui peut en résulter. Certes nous ne connaîtrons pas le droit étranger aussi bien que l'étranger lui-même, mais en connaissant notre propre droit, nous percevons plus facilement ce qui peut dérouter et qui *in fine* permettra de porter un autre éclairage sur notre droit. Notre droit est soumis à des influences étrangères qu'il convient d'identifier. La comparaison des droits est en ce sens un moyen d'approfondir notre propre droit et non de le négliger. Comparer des droits est sans doute davantage un état d'esprit fait d'ouverture, de dialogue et de modestie, car le droit étranger peut apparaître parfois bien… étrange. Son examen nécessite parfois des détours pour mieux le saisir[8]. Le comparatiste est un aventurier. Rabel ne disait-il pas que les comparatistes s'enfoncent dans des taillis étrangers au risque de découvrir sous chaque buisson un autochtone avec des flèches[9] ? La comparaison n'est pas à proprement parler dangereuse, mais elle peut surprendre et bousculer notre manière d'appréhender les questions juridiques et se révéler alors particulièrement fructueuse.

---

5 Nous n'aborderons ici que la comparaison entre droits issus d'États différents. Nous ne traiterons pas de l'approche comparative interne. Par ailleurs, nous utilisons à dessein l'expression « comparaison des droits » (*Rechtsvergleichung*), qui a davantage notre faveur que celle de « droit comparé », car elle met l'accent sur la méthode.

6 Récemment un auteur a relevé que les finalités du droit de la concurrence n'étaient pas suffisamment scrutées ; il en est de même selon nous pour la comparaison des droits. V. J.-C. Roda, « Réflexions sur les objectifs du droit français de la concurrence », *D.* 2018, p. 1504.

7 V. notre étude en vue de l'obtention de l'HDR : « Pour un retour à une étude approfondie des droits étrangers en droit comparé ou l'éloge de la différence – Essai à partir des droits allemand et français de la famille et de la concurrence », 2019.

8 Lors de mes travaux pour ma thèse, il m'a été difficile de saisir pour quelles raisons les Allemands recherchaient, pour interdire le cartel, si les entreprises avaient ou non conclu un accord dans un but commun. Ce questionnement n'existait pas en droit français. Il fut nécessaire de faire un détour par le droit des sociétés et l'histoire allemande des cartels pour comprendre qu'en interdisant à la fin de la guerre les cartels, les Allemands n'avaient pas modifié les concepts et les raisonnements suivis en période de légitimité des cartels. V. notre thèse : « La notion de restriction de concurrence en droit des ententes : approche comparative droit allemand, droit français et droit européen », thèse Université Paris 2 Panthéon-Assas, 2000, n° 81 et s.

9 « *Rechtsvergleicher sind gewohnt, in fremde Dickichte einzudringen, und darauf gefasst, dass unter jedem Busch ein Eingeborener mit Pfeilen lauert* » : E. Rabel, *RabelsZ* 16 (1950/1), p. 340.

Le champ d'application *rationae materiae* et *ratione loci* du droit de la concurrence n'a cessé de croître. Cette extension à l'échelle planétaire aurait dû en toute logique conduire à la multiplication des comparaisons, sauf à penser que le droit américain de la concurrence ait exercé à lui seul une influence sur la totalité des nouveaux droits de la concurrence[10]. Tel n'est pourtant pas le cas : l'extension a plutôt conduit à cristalliser la comparaison sur deux modèles de concurrence : le modèle américain et le modèle européen[11] et à souligner l'intérêt des praticiens plus que des universitaires pour la perspective comparative (I.). Convaincue, à titre personnel, de l'utilité d'un nouvel essor d'une telle approche à l'Université, nous chercherons à en identifier les conditions nécessaires (II.).

I. Une comparaison limitée des droits de la concurrence

Le droit de la concurrence, au même titre que les autres branches du droit, n'a pas échappé à l'attraction du droit comparé[12] : la présentation des droits étrangers, préalable nécessaire à toute comparaison, s'est développée. Ce développement se trouve être davantage en France le fait de la pratique que de l'Université. Quelles peuvent en être les raisons ? Parmi les causes que nous pouvons identifier, certaines ne sont pas spécifiques au droit de la concurrence (1.), mais d'autres le sont davantage (2.).

1. Causes générales de la limitation des études de droit comparé

Certains obstacles à la comparaison des droits sont bien connus. D'autres ne sont pas selon nous suffisamment soulignés.

Parmi les difficultés bien connues de la méthode comparative figure incontestablement l'accès à la documentation. Il est souvent préférable de se rendre dans le

---

10 Limité aux États-Unis au début du xxe siècle, le droit de la concurrence s'est développé au milieu du xxe siècle en Europe et s'étend aujourd'hui à l'ensemble du globe.

11 Les autres modèles n'ont sans doute pas encore atteint une maturité suffisante pour permettre une comparaison : v. le chapitre 10 consacré aux autres systèmes de droit – « Other Competition Laws: Shaping Factors » – dans l'ouvrage de D. Gerber : *Competition Law and Antitrust: A Global Guide*, Oxford University Press, 2020, p. 115 et s.

12 Parmi les ouvrages récents qui offrent une vision d'ensemble du droit de la concurrence, citons à nouveau l'ouvrage de D. Gerber, *op. cit.* Comme son titre l'indique, il s'agit d'appréhender de façon globale le droit de la concurrence : il ne s'agit pas de donner tous les détails techniques de la matière, mais d'en proposer des clés de lecture – les objectifs, les caractéristiques, mais aussi les modèles sont traités. Cette approche se distingue de celle adoptée par Louis Vogel dans son livre *Global Competition Law*, 3e éd., Paris, LawLex, Bruylant, AFJE, 2020. Cet ouvrage est un guide pratique qui recense les droits de la concurrence des différents États. Comme le dit l'auteur, il ne s'agit pas d'une présentation exhaustive et scientifique des différents droits de la concurrence dans le monde mais de relever les traits saillants pour le praticien. Il met l'accent sur les deux modèles de concurrence : le modèle européen de concurrence, qui est un moyen au service des États et où la pratique administrative est première, et le modèle américain, pour qui la place des tribunaux et des personnes privées est importante. Cette seconde approche est aussi celle du site de *Concurrences* : <www.concurrences.com> ou encore du site de la Columbia University et de la Chicago Law School : <https://comparativecompetitionlaw.org> (consulté le 25 août 2021). Ce site donne accès en particulier aux droits de la concurrence dans le monde (Comparative Competition Law Dataset) et à la mise en œuvre du droit de la concurrence (Comparative Competition Enforcement Dataset). Signalons enfin l'ouvrage ancien, mais précurseur, de D. Brault : *Droit de la concurrence comparé : vers un nouvel ordre concurrentiel mondial ?*, Paris, Economica, 1999.

pays étranger pour l'étudier plutôt que de rester à domicile. Chaque État ne dispose pas de la même information sur son droit que sur le droit étranger. La documentation dont nous disposons sur le droit étranger est souvent parcellaire. Nous ne disposons pas des dernières éditions des manuels ou traités. Les banques de données étrangères, qui seraient de nature à faciliter l'accès, ne sont pas toujours accessibles[13]. Et surtout la comparaison invite aux rencontres et aux échanges entre juristes.

Outre la documentation, la connaissance du droit étranger nécessite le plus souvent la maîtrise d'une autre langue que la sienne et peut alors constituer un obstacle. En droit de la concurrence, la place de l'anglais est importante, à telle enseigne que le retrait du Royaume-Uni de l'Union européenne pose des difficultés[14]. La langue est révélatrice de la culture et si l'anglais tient aujourd'hui une place de choix, il ne permet pas toujours de contribuer à une bonne compréhension de tous aux décisions rendues en matière de concurrence, car elles ne sont plus systématiquement traduites dans les autres langues de l'Union européenne[15].

Enfin, la culture juridique et plus largement la culture ne s'appréhendent pas aussi facilement[16]. Dans un monde globalisé, il n'y a pas disparition des différentes cultures juridiques. Le débat sur la concurrence comme moyen ou fin du droit de la concurrence le manifeste[17]. L'introduction des procédures de clémence et des actions de groupe a montré en son temps les différences de part et d'autre de l'Atlantique. Ici encore, le dialogue avec les juristes étrangers est primordial. La comparaison des droits n'est pas abstraite, elle doit s'incarner.

À l'heure du big data, le volume d'informations à disposition n'est plus celui des débuts du droit comparé. Nous avons accès aujourd'hui à une pléthore d'informations, ce qui conduit paradoxalement à freiner l'analyse approfondie. La comparaison des droits de la concurrence peut s'effectuer autant à l'échelle mondiale que régionale ou encore nationale. Cette surabondance des informations favorise davantage l'introduction d'éléments de droit comparé par tout un chacun que des études approfondies sur des points particuliers. Il existe de fait des macro-comparaisons et des micro-comparaisons[18]. Les premières sont davantage le fait d'organisations internationales qui ont besoin à un instant t de faire un état des lieux sur l'existence

---

13 Qui a la possibilité de se rendre dans les bibliothèques allemandes ou américaines mesure le fossé qu'il y a entre nos conditions de travail et celles de nos homologues. Si la situation s'est considérablement améliorée, cette difficulté propre au droit est souvent ignorée par les autres disciplines quand elle n'est pas raillée.

14 M. Jodeau, « Survival of the fittest », *Rev. UE* 2016, p. 551 ; I. Pingel, « Le Brexit et le régime linguistique des institutions de l'Union européenne », *RTD eur*. 2017, p. 657.

15 Rappelons que les langues de tous les États membres de l'Union européenne sont officielles. Contrairement à d'autres organisations internationales, une langue officielle n'a pas été fixée. La prédominance de l'anglais est une pratique.

16 V. note 3.

17 Bien qu'ancienne, l'étude de P. Bonassies reste une référence en la matière : « Les fondements du droit communautaire de la concurrence : la théorie de la concurrence-moyen », in *Études dédiées à Alex Weill*, Paris, Dalloz, 1983, pp. 51-67.

18 Il s'agit de la terminologie retenue par Zweigert et Kötz. V. à ce sujet B. Jaluzot, « Cartographier les droits », in *Liber amicorum : mélanges en l'honneur de Camille Jauffret-Spinosi*, préc., p. 679, note 2.

d'une législation de la concurrence ou sur un point plus particulier[19]. Les secondes sont plutôt le fait d'académiques, qui souhaitent approfondir un point particulier et s'intéressent autant à l'évolution du droit qu'aux solutions à apporter. La différence de perspective est importante à souligner, car établir une photographie de la législation de la concurrence à un moment précis ne demande pas le même niveau de précision qu'une approche comparative sur un point donné.

Enfin, le droit comparé est devenu dans l'esprit de beaucoup tellement incontournable qu'il s'est banalisé. La comparaison des droits ne nécessiterait plus une attention particulière à l'Université, car elle irriguerait toutes les branches du droit[20]. Certes la comparaison n'est pas une branche du droit, mais une méthode. Cette dernière doit aussi évoluer et s'adapter à la mondialisation. Il n'est plus possible de s'arrêter seulement à une comparaison des législations ; il convient de comparer les décisions de justice. Au moment où l'effort de comparaison aurait dû être poursuivi, il s'est plutôt essoufflé. Nous sommes-nous suffisamment interrogés sur les raisons de la non-réédition de l'ouvrage de droit comparé de Zweigert et Kötz[21] ?

À côté de ces causes générales, il est des causes plus spécifiques au droit de la concurrence.

2. Causes spécifiques de la limitation des études de droit comparé de la concurrence

Parmi les causes spécifiques à l'absence d'essor du droit comparé, nous en citerons trois : la nouveauté du droit de la concurrence, la place de l'économie, et son caractère technique.

Le droit de la concurrence est un droit récent. La culture de la concurrence[22], peu développée à l'origine en droit français, a sans doute conduit à s'intéresser aux autres droits de la concurrence pour trouver ensuite sa propre voie[23]. Les présidents

---

19 L'OCDE recense par exemple les législations de la concurrence depuis 1998 et procède régulièrement à des études thématiques sur le sujet : <https://www.oecd.org/competition/countryreviewsofcompetitionpolicy-frameworks.htm> (consulté le 23 août 2021). Dernièrement, l'organisation s'est plus spécialement intéressée à l'impact de la Covid-19 sur les politiques de concurrence. D'autres organisations internationales se penchent sur des problématiques de concurrence : l'OMC et la CNUCED étudient respectivement les interactions entre politique de la concurrence et commerce pour la première et politique de la concurrence et protection des consommateurs pour la seconde. La CNUCED s'est intéressée à la coopération internationale en matière de concurrence : <https://unctad.org/fr/node/32108> (consulté le 25 août 2021). Cette activité rejoint celle de l'OCDE ou du Réseau international de la concurrence.

20 B. Fauvarque-Cosson, préc., p. 31.

21 Il s'agit d'un ouvrage de référence pour qui s'intéresse au droit comparé : K. Zweigert et H. Kötz, *Einführung in die Rechtsvergleichung*, 3e éd., Tübingen, Mohr Siebeck, 1996.

22 F. Jenny, « À la recherche de la culture de concurrence » ; B. Lasserre, « La culture de la concurrence : La démonstration par la preuve » et C. Prieto, « La culture de concurrence : Une quête de sens et d'action », in M. Behar-Touchais, N. Charbit et R. Amaro (dir.), *À quoi sert la concurrence ?*, Paris, Concurrences, 2014.

23 Les Allemands, à qui les Américains avaient imposé des lois de décartellisation sur le modèle du Sherman Act au lendemain de la Seconde Guerre mondiale, ont veillé à adopter une loi « allemande » contre les restrictions de concurrence en 1957 : Gesetz gegen Wettbewerbsbeschränkungen.

de l'Autorité française de la concurrence, Bruno Lasserre et Isabelle de Silva, ont incontestablement contribué au changement d'image des règles de concurrence en mettant en évidence l'intérêt pour les consommateurs de leur mise en œuvre. Si nous pouvons étudier aujourd'hui l'influence dans le monde du code civil français ou du BGB allemand, nous ne disposons toutefois pas encore d'un recul suffisant pour percevoir l'influence du droit européen de la concurrence ou du droit national de la concurrence dans le monde. Il ne peut y avoir selon nous d'études de droit comparé sans une recherche historique ou tout au moins une étude sur l'évolution dans le temps d'un concept ou d'une procédure. L'attention portée au droit de la concurrence dans les années 1950 n'est pas celle du xxie siècle.

Le caractère économique du droit de la concurrence peut aussi conduire à supprimer apparemment les éléments de comparaison : l'économie n'est pas liée à l'État contrairement au droit. Les outils et les tests économiques de l'économie industrielle s'affranchissent des frontières. Néanmoins, la pensée économique peut être différente d'une École à l'autre : l'École de Harvard n'est ni l'École de Chicago, ni l'École de Fribourg ou l'École de Toulouse. Dans un article paru en 2010, le professeur Oliver Lepsius souligne les différences d'approche de l'économie de part et d'autre de l'Atlantique, qui permettent d'expliquer les raisons pour lesquelles l'analyse économique du droit s'est d'abord développée aux États-Unis[24]. Alors qu'outre-Atlantique la science économique a été théorisée, en Europe l'économie politique est ordonnée aux sciences politiques et les fondements théoriques y ont été moins discutés. Ces différences essentielles pour la comparaison sont peu signalées. La même année, David Gerber a fait paraître un ouvrage intitulé : *Global Competition: Law, Markets, and Globalization*[25]. Tous ces travaux ne peuvent être sérieusement menés sans une collaboration entre historiens de la pensée économique et juristes. Occulter ces liens avec d'autres disciplines dans un travail de comparaison des droits de la concurrence risque de conduire à des raccourcis trompeurs.

Le droit de la concurrence a enfin un caractère technique pour bon nombre de juristes. Ce caractère n'était pas aussi prononcé à l'origine qu'il ne l'est aujourd'hui. La place croissante de la procédure y a contribué. Le droit de la concurrence se situe aux frontières du droit privé et du droit public, du droit et de l'économie et du droit national et du droit européen. Il remet en cause les classifications traditionnelles du droit. Les interactions s'exercent horizontalement, c'est-à-dire entre États, grâce notamment au Réseau européen de la concurrence (REC)[26] et verticalement des

---

24 O. Lepsius, « Der Einfluss des ökonomischen Denkens auf die Rechtsvergleichung », *ZVglRWiss* 109 (2010), pp. 327-347.

25 D. Gerber, Oxford Scholarship Online, 2010.

26 Encore faut-il rappeler que ce réseau, qui promeut la coopération entre les autorités de concurrence, ne vaut que pour les pratiques anticoncurrentielles et ne concerne pas les concentrations. « Vers un réseau européen du contrôle des concentrations » (colloque du 12 juin 2019 sous la dir. de C. Prieto), *La Revue Juridique de la Sorbonne – Sorbonne Law Review*, mai 2020, et *Concurrences* n° 3-2020, art. n° 95869. Sur le REC, v. not. L. Idot, « Le réseau européen de la concurrence : une forme de justice économique ? », *RLDA* 2015, n° 104, suppl., pp. 27-31. Ce réseau n'est pas équivalent au Réseau international de la concurrence, lieu informel d'échanges : <https://www.internationalcompetitionnetwork.org/about>.

États vers l'Union européenne ou de l'Union européenne vers les États. Dans ces conditions, il est plus aisé de dégager des tendances générales qu'une étude toute en nuances capable de rendre compte de la complexité du monde et de ses multiples interactions. Beaucoup d'universitaires sont de fait aussi des praticiens.

Ces différentes causes peuvent déjà expliquer les raisons pour lesquelles la comparaison des droits peine aujourd'hui à faire des émules. Les études comparatives de grande ampleur apparaissent souvent simplificatrices pour les spécialistes de la matière et s'adressent davantage aux non-spécialistes, car ils y découvrent les lignes directrices d'une discipline dont ils ne sont pas familiers[27]. Ainsi la comparaison des droits de la concurrence dans leur ensemble conduit à des raccourcis trompeurs, car le droit des pratiques anticoncurrentielles ou droit antitrust se différencie clairement du droit des concentrations[28]. Quant aux études comparées sur des points techniques, qui mettent de côté la tradition juridique de l'État, elles restent affaire de spécialistes et plus précisément de praticiens, qu'ils soient universitaires ou non. Ainsi en est-il par exemple de la comparaison des solutions techniques adoptées par tel ou tel État pour permettre la réparation des dommages anticoncurrentiels. À l'exception des thèses[29], ces fresques ne peuvent entrer dans tous les méandres de la législation interne. Il s'agit davantage d'études du droit positif. Or le droit positif est un instantané alors que la véritable comparaison des droits nécessite obligatoirement selon nous une prise en compte du temps. Seule l'évolution comparée des droits permet effectivement de révéler les influences réciproques éventuelles.

Dès lors, il importe de s'arrêter sur les remèdes à apporter pour un véritable essor de la comparaison des droits de la concurrence à l'Université.

II. Pour un essor de la comparaison des droits de la concurrence

L'approche comparative est devenue tellement incontournable[30] qu'elle s'est banalisée et a perdu de son attractivité[31]. Selon nous, l'absence d'accord sur la finalité de la comparaison et la focalisation sur le droit positif peuvent expliquer

---

27 U. Immenga, « Le droit de la concurrence : une convergence des droits allemands et français ? », in J. Drexl, R. M. Hilty, L. Boy et C. Godt et B. Remiche (dir.), *Technologie et concurrence : mélanges en l'honneur de Hanns Ullrich*, Bruxelles, Larcier, 2009, p. 483. L. Vogel, « Convergence des droits de la concurrence en Europe – L'exemple franco-allemand », *Liber amicorum : mélanges en l'honneur de Camille Jauffret-Spinosi*, préc., p. 1033.

28 L. Idot, « Réflexions sur la convergence des droits de la concurrence », préc.

29 S. Pietrini, *L'action collective en droit des pratiques anticoncurrentielles : perspectives nationale, européenne et internationale*, Bruxelles, Bruylant, 2012.

30 Certains ont pu parler d'« *impératif comparatif* » : v. B. Fauvarque-Cosson, préc., p. 32. Une des expressions du droit « global » pour B. Frydman : v. M. S. Ben Aissa, *Rev. dr. international et dr. comparé* 2016, n° 4, p. 635.

31 E. Picard, « L'état du droit comparé en France, en 1999 », *RIDC* 4-1999, p. 887 : « *Tous s'accordent à considérer, surtout depuis les toutes dernières années, que cette approche* □*comparative*□ *doit être de plus en plus attentive, de plus en plus précise, détaillée, profonde et circonstanciée, pour toucher toutes les branches et tous les aspects du droit.* »

que la comparaison retienne davantage l'attention de la pratique que de l'Université en droit de la concurrence[32]. La comparaison des droits de la concurrence présente pourtant de l'intérêt pour les universitaires (1.), mais elle nécessiterait des objectifs précis, modestes et réalistes (2.).

1. Intérêts d'un nouvel essor de la comparaison des droits de la concurrence

Même s'il s'agit d'une branche nouvelle du droit des affaires, la comparaison des droits de la concurrence est utile. Les comparaisons peuvent être véritablement panoramiques comme le grand-angle en photographie ou bien au contraire se pencher sur un point particulier comme un téléobjectif.

Comme le grand-angle en photographie, elle peut embrasser l'ensemble des droits de la concurrence, permettant de dégager de grandes tendances[33]. Il est désormais classique d'opposer le modèle américain au modèle européen, mais il y aura peut-être demain un modèle asiatique. Cette vision d'ensemble par modèles atténue les différences et met en exergue les convergences.

Si au début du xxe siècle, il était coutume de s'intéresser à l'influence de notre code civil dans le monde, aujourd'hui l'influence des droits européens de la concurrence dans le monde est curieusement peu développée. Elle est certes délicate, car à l'heure de la globalisation les influences sont multiples, mais il serait intéressant de se demander si les États qui se dotent aujourd'hui d'une législation sur la concurrence s'inspirent directement du droit de l'Union ou plutôt du droit d'un État membre. La législation marocaine ressemble davantage au droit interne de la concurrence qu'au droit européen de la concurrence. Le droit est étroitement lié à la politique. Or si l'étude de l'influence des droits européens sur les droits de la concurrence récents est sans doute encore prématurée, la comparaison des droits des États membres avec le droit de l'Union européenne offre déjà des perspectives de recherche insuffisamment exploitées. Est-ce que le droit de chaque État membre utilise ou non les marges de manœuvre laissées par le droit de l'Union européenne ?

La politique de concurrence est la plus ancienne et la plus avancée des politiques européennes. Elle peut de ce fait servir de modèle. Le droit de la concurrence n'est pas seulement un outil au service de la concurrence, il traduit une visée politique. Révélateur de l'abandon de la compétence des États au profit de l'Union, le droit européen de la concurrence se caractérise par le nombre important de règlements. S'imposant directement aux États membres, ils ne nécessitent pas une transposition qui pourrait mettre à mal l'effet utile du droit

---

32 V. en ce sens, B. Fauvarque-Cosson, préc., p. 31. Par pratique, nous entendons non seulement les autorités de concurrence, mais aussi les juges de la concurrence. Le juge est devenu un vecteur du droit comparé, comme a pu l'écrire G. Canivet en commentaire de l'article de Sir Basil Markesinis et Jörg Fedtke : « Le juge en tant que comparatiste », *Tul. L. Rev.*, vol. 80, 2005, p. 221.

33 Cf. Gerber, v. note 11.

de l'Union et favoriserait des différences entre les législations. Ce n'est que récemment avec le développement des actions en dommages-intérêts que des directives sont apparues en droit de la concurrence du fait de l'absence de transfert de compétence en matière de responsabilité civile[34].

Une autre particularité de la politique de la concurrence réside dans la place accordée au principe de subsidiarité lors de la phase de modernisation du droit de la concurrence. L'Union européenne a redonné compétence aux États dans la mise en œuvre du droit de la concurrence. La comparaison des droits de la concurrence est un véritable laboratoire du droit européen.

Des études comparées des droits nationaux et du droit européen de la concurrence permettraient aussi aux défenseurs du droit de l'Union de montrer ce que pourrait être le droit européen de demain. De la même manière, des études comparées du droit européen de la concurrence et des droits nationaux de la concurrence aideraient selon nous à une meilleure acceptation du droit européen.

Le droit européen obéit à une logique qui lui est propre[35] : le traiter à partir d'une matière conduit à souligner de façon excessive l'influence du droit européen sur le droit national en oubliant qu'il ne peut y avoir de droit européen sans droit national. Or le droit européen est issu de négociations multilatérales et la consultation des archives diplomatiques est encore sous-exploitée. De même, l'étude comparée des droits de la concurrence manifeste les différences de prise en compte de la règle européenne à l'échelle nationale. En France, la législation européenne est encore trop souvent présentée comme imposée par l'Europe. Les discussions et consensus qui précèdent l'adoption de la règle et ensuite son intégration dans le droit national ne sont de notre point de vue qu'imparfaitement soulignés. Les influences sont réciproques et même s'entrecroisent, rendant particulièrement délicate l'anticipation du droit de demain.

Mais la comparaison des droits peut aussi, à la manière d'un téléobjectif, révéler des détails permettant de découvrir des différences. Cette seconde approche est malheureusement moins répandue alors qu'elle permet de corriger des simplifications excessives et de lutter contre des idées reçues sur le droit étranger. Il est souvent dit que les Allemands ont fortement influé sur le droit européen de la

---

34 Directive 2014/104/UE du Parlement européen et du Conseil du 26 novembre 2014 relative à certaines règles régissant les actions en dommages et intérêts en droit national pour les infractions aux dispositions du droit de la concurrence des États membres et de l'Union européenne, *JOUE* n° L 349 du 5 décembre 2014, p. 1, <https://eur-lex.europa.eu/eli/dir/2014/104/oj>. Plus récemment, directive 2019/1/UE du Parlement européen et du Conseil du 11 décembre 2018 visant à doter les autorités de concurrence des États membres des moyens de mettre en œuvre plus efficacement les règles de concurrence et à garantir le bon fonctionnement du marché intérieur, *JOUE* n° L 11 du 14 janvier 2019, p. 3 (dite « directive ECN + »).

35 Les Allemands, reconnus pour la place accordée à la doctrine appelée le « droit des professeurs », ont consacré des ouvrages distincts à la méthode juridique allemande et à la méthode juridique européenne : T. M. J. Möllers, *Juristische Methodenlehre*, 4e éd., Beck, 2021 – reprend la suite de l'ouvrage de K. Larenz, *Methodenlehre der Rechtswissenschaft ; Europäische Methodenlehre – Handbuch für Ausbildung und Praxis*, K. Riesenhuber (dir.), 4e éd., Berlin, De Gruyter Handbuch, 2021. L'article relatif au droit européen de la concurrence a été écrit par Thomas Ackermann. L'ouvrage a été traduit en anglais : *European Legal Method*, Cambridge, Intersentia, 2017.

concurrence. Il est certes vrai que l'absence de contrôle de concentrations dans le traité de Rome alors qu'il existait dans le traité de Paris six ans plus tôt peut déjà en témoigner[36]. Toutefois un examen comparé des droits français, allemand et européen des ententes et la consultation des archives permettent de nuancer cette affirmation. Le droit allemand des ententes était en 1958 très éloigné du droit européen des ententes[37]. Le traité de Rome est le résultat de négociations et par conséquent de compromis.

L'analyse plus minutieuse des divergences est enfin précieuse, car il existe en réalité des influences croisées des droits de la concurrence. Nombre d'outils ou de notions utilisés en droit de la concurrence nous viennent des États-Unis, mais un examen plus approfondi fait apparaître des particularités entre États européens. Si la définition du marché pertinent/*relevant market*, les lignes directrices/*guidelines*, etc., existent en Europe, les concepts restent fondamentalement révélateurs de la culture de l'État ou de l'organisation internationale : la règle de raison/*rule of reason*[38], la théorie de l'entreprise défaillante/*failing firm defence*[39], le standard de preuve/*standard of proof*[40] ont été acculturés. Des phénomènes similaires peuvent être constatés entre le droit de l'Union et les droits nationaux de la concurrence. Les approches bilatérales comme il en existe aussi à l'échelle des autorités de concurrence peuvent être fructueuses[41].

Si l'approche comparative n'a pas à être le domaine réservé de l'Université, il nous semble regrettable qu'elle ait été laissée principalement aux autorités de concurrence et dans une moindre mesure aux juges. Même s'il importe de ne pas opposer universitaires et autorités ou juges, car il existe entre eux des liens étroits, il convient de souligner la complémentarité des lieux de comparaison[42]. Le temps de la comparaison opérée par une autorité ou par un juge n'est pas celui de l'Université. Comparer suppose du temps : le temps de la recherche n'est pas celui de la pratique. Dans ce but, il nous reste à examiner les conditions d'un développement de la comparaison.

---

36 J. D. Gerber, *Law and Competition in Twentieth Century Europe: Protecting Prometheus*, Clarendon Press – Oxford, 1998, p. 232.

37 V. notre thèse, note 8.

38 D. Fasquelle, *Droit américain et droit communautaire des ententes : étude de la règle de raison*, Paris, Joly éd., 1993. L'auteur montre le rejet des autorités communautaires à appliquer la *rule of reason* avant de se l'approprier dans l'arrêt *Metro* du 25 octobre 1977.

39 Pour une illustration de cette théorie lors du contrôle des concentrations, v. A. Cooper, P. Florian, M. Walker, P. Davis et A. Capobianco, Failing firm defence: A new theory ?, *Concurrences* n° 2-2010, art. n° 30985, pp. 12-22. L'affaire *Seb-Moulinex* en est déjà un exemple ancien. V. not. les applications qui ont pu en être faites ces dernières années : <https://www.concurrences.com/en/dictionary/Failing-firm-defence>.

40 J.-C. Roda, « Le standard de preuve : réflexions à partir du droit de la concurrence », *D.* 2021, p. 1297.

41 Les travaux conjoints entre l'Autorité de la concurrence et l'Office fédéral des cartels en témoignent : non seulement il y a des journées d'études annuelles franco-allemandes, mais aussi des études conjointes : AdlC et BKartA, « Droit de la concurrence et données », 10 mai 2016 et « Algorithmes et concurrence », 6 novembre 2019.

42 Sur ces différents lieux de comparaison, v. not. B. Fauvarque-Cosson, préc., pp. 24-32. L'auteur y cite les institutions internationales, les juridictions, les législateurs nationaux, les praticiens, les universitaires et la SLC.

2. Conditions pour un développement de la comparaison des droits de la concurrence à l'Université

Pour que les universitaires se réapproprient le droit comparé, il serait essentiel non seulement de s'interroger sur sa finalité, mais aussi de prendre acte de son développement dans les réseaux international et européen de la concurrence pour s'en inspirer.

Lorsqu'une organisation internationale fait le bilan des législations nationales ou lorsque les autorités de concurrence se rencontrent pour étudier une question spécifique, il est aisé de comprendre son utilité, mais quelle est-elle à l'Université ?

Le but de la comparaison en droit de la concurrence ne devrait pas être l'uniformisation des droits de la concurrence[43]. Certes la présence de règles de droit différentes d'un État à un autre peut être un obstacle aux échanges, mais n'existe-t-il pas d'autres moyens pour pallier ces différences qui font la richesse des peuples ? Faut-il rappeler que la devise de l'Europe est « Unie dans la diversité » ? Penser un droit uniforme dans un monde globalisé et dans une culture relativiste nous semble irréaliste, voire dangereux, car susceptible d'exacerber les tensions et non de les aplanir. Comment expliquer un débat sur l'uniformisation à l'échelle européenne alors qu'à l'échelle internationale cet objectif a été abandonné au profit de la convergence[44] ? La convergence ne correspond-elle pas à l'harmonisation à l'échelle européenne ?

L'initiative franco-allemande autour d'un code européen des affaires et comportant un volet concurrence nous paraît à ce titre contre-productive[45]. L'engouement pour ce code européen des activités économiques après l'échec d'un code européen des contrats surprend. À l'époque, l'initiative allemande n'a pas toujours été bien comprise en France. La mise en avant du couple franco-allemand risque à l'échelle européenne de crisper les partenaires et témoigne de la difficulté de tirer les leçons des erreurs du passé et de se projeter dans l'avenir. Le droit comparé d'aujourd'hui ne peut être le droit comparé d'hier. Les codifications française et allemande des XIXe et XXe siècles n'ont rien de comparable avec la législation européenne, le pluralisme des normes et le développement des juridictions.

Les finalités de la comparaison des droits en général et du droit de la concurrence en particulier doivent être selon nous plus modestes. Elles devraient avant tout répondre à la question du sens si prégnante chez la génération actuelle : il ne suffit pas de relever des méthodes de réparation des dommages anticoncurrentiels différentes d'un État

---

43 Lévy-Ullmann fut l'un des comparatistes français qui souhaitaient créer un droit mondial. UNIDROIT, fondé en 1928, relève de cette conception.

44 Le droit international de la concurrence souhaité par les Européens à la conférence de Singapour en 1996 puis abandonné en 2003. Cet échec est à l'origine du développement du Réseau international de la concurrence : v. C. Prieto et D. Bosco, *op. cit.*, p. 260, ou encore la communication à l'Académie des sciences morales et politiques de Bruno Lasserre, « Le droit international de la concurrence », 7 mars 2016, <https://academiesciencesmoralesetpolitiques.fr/2016/03/07/le-droit-international-de-la-concurrence>.

45 V. les critiques : L. d'Avout, « La France et l'Allemagne en quête d'un droit des affaires commun – Réflexions sur le développement progressif de l'Europe juridique », *JCP E* 2019, étude 1276 ; P. Jung, « Vers un Code européen des affaires. Une proposition d'Emmanuel Macron aussi nécessaire qu'audacieuse », in *Mélanges en l'honneur du professeur Claude Witz*, Paris, LexisNexis, 2018, p. 391.

à l'autre, mais de chercher à en comprendre les raisons. Cette recherche approfondie revient à l'Université, qui pourrait par son expertise se démarquer davantage d'autres lieux de formation. Il n'y a d'ailleurs pas de comparaison sérieuse sans échanges entre universitaires d'États différents. La création de lieux d'échanges[46] entre universitaires est aussi importante que les échanges entre praticiens ou encore entre universitaires et praticiens. Le succès des réseaux européen et international de la concurrence devrait davantage inspirer l'Université. Le réseau TransEuropeExperts[47] en atteste, mais il reste en marge de l'Université malgré l'implication de nombreux universitaires. Il ne peut y avoir de comparaison sans échanges réguliers avec des correspondants étrangers. Or si ces échanges existent, ils ne transparaissent pas toujours dans nos enseignements[48]. Il est selon moi important que des universitaires français s'intéressent davantage au droit étranger et ne se bornent pas à l'invitation de collègues étrangers pour le présenter. Certes un Français ne pourra maîtriser le droit étranger comme un natif, mais ce regard étranger est complémentaire de celui du natif.

Si les réseaux européen et international de la concurrence permettent de progresser dans la mise en œuvre des droits de la concurrence à l'échelle régionale et internationale, le développement systématique des réseaux d'universitaires devrait permettre d'approfondir la comparaison des droits de la concurrence ou être le lieu privilégié d'approches pluridisciplinaires. Si ces lieux existent déjà, ils ne s'ouvrent pas suffisamment selon nous aux étudiants qui seront les juristes de demain. L'ouvrage sur le *Droit européen des contrats* est une illustration de ce que pourraient être les études universitaires sur la comparaison des droits en associant de jeunes chercheurs[49].

Les pistes de recherche sont nombreuses. Une étude des questions préjudicielles en droit de la concurrence est par exemple un bon indicateur des difficultés que peut révéler la mise en œuvre d'un droit européen de la concurrence[50]. Les arrêts *Pfleiderer*[51] ou *Expedia*[52] font certes avancer le droit européen de la concurrence,

---

46 V. en ce sens L. d'Avout, préc.

47 Les initiatives sont peu fréquentes. Signalons toutefois les travaux réalisés en collaboration avec l'IRJS et l'association Trans Europe Experts qui ont abouti à un ouvrage sur *L'Intensification de la réparation des dommages issus des pratiques anticoncurrentielles* (sous la dir. de M. Behar-Touchais, D. Bosco et C. Prieto), Paris, IRJS, 2016.

48 Dans un article, James Gordley écrit qu'il ne pense pas que l'on puisse enseigner le droit d'un État en se concentrant sur ce seul droit et cite à l'appui de sa démonstration Portalis, qui expliquait que le code civil n'était pas l'unique source du droit français : J. Gordley, « Comparative Legal Research: Its Function in the Development of Harmonized Law », *The American Journal of Comparative Law*, vol. 43, n° 4, 1995, p. 555.

49 H. Kötz, B. Fauvarque-Cosson, C. Signat et D. Galbois-Lehalle, *Droit européen des contrats*, Paris, Sirey, 2019.

50 À condition toutefois que la question préjudicielle ne soit pas instrumentalisée, mais soit réellement un moyen de coopération entre juridictions : v. à ce sujet J.-P. Jacqué, « La coopération entre les juges – Quelques nuances de gris », *RTD eur*. 2021, p. 237.

51 CJUE, 14 juin 2011, *Pfleiderer AG c/ BKartA*, aff. C-360/09, EU:C:2011:389 : principes sur l'accès au dossier dans le cas de procédures de clémence ; v. aussi A. Lacresse, « Clémence : La Cour de Justice renvoie aux juridictions nationales la décision d'accorder l'accès aux documents remis aux autorités nationales de concurrence dans le cadre des programmes de clémence (*Pfleiderer*) », 14 juin 2011, *Concurrences* n° 3-2011, art. n° 38077, pp. 177-178.

52 CJUE, 13 décembre 2012, *Expedia Inc. c/ AdlC*, aff. C-226/11, EU:C:2012:795 : sur le seuil de sensibilité ; v. aussi N. Jalabert-Doury, « Restriction par l'objet – Communication de Minimis : La Cour de Justice reconnaît aux autorités nationales la possibilité d'appliquer l'article 101 à une restriction pourtant couverte par la Communication de minimis (*Expedia*) », 13 décembre 2012, *Concurrences* n° 1-2013, art. n° 50436, pp. 63-66.

mais ils mettent dans le même temps un coup de projecteur sur des spécificités nationales. De la même manière, l'examen des thèmes traités par la doctrine étrangère peut informer sur des différences culturelles d'un État à l'autre[53].

La méthode comparative ne fait pas aujourd'hui partie des sources formelles du droit de l'Union européenne, mais ne devrait-elle pas faire partie à l'avenir du droit mou ? Le droit mou ou *soft law*, dont on peine à dessiner les contours tant ses méandres sont multiples, témoigne à lui seul de l'influence croisée. De la même manière que des lignes directrices permettent d'éclairer la teneur des textes, la comparaison des droits souligne les spécificités de chaque législation.

Ces quelques pistes donnent un aperçu des chantiers à ouvrir pour un nouvel essor de la comparaison à l'Université.

Pour conclure, si la comparaison implique une absence de maîtrise difficile à défendre dans un monde où la technique semble prendre le pas sur les idées, elle devrait de notre point de vue être davantage encouragée dans les enseignements universitaires : dans un monde globalisé, le droit national est soumis aux expériences étrangères que le législateur pourra ou non s'approprier. Ces quelques lignes révèlent que la comparaison des droits de la concurrence est plus qu'une invitation au voyage. Elle permet d'approfondir les relations entre les peuples, relations dont le caractère essentiel a été rappelé par la crise sanitaire. Puissions-nous ne pas l'oublier trop vite pour un nouvel essor de la comparaison des droits de la concurrence dans les Universités !

---

53 Le 70e anniversaire de la revue allemande *Wirtschaft und Wettbewerb* a été l'occasion de revenir sur l'évolution du droit allemand de la concurrence de 1951 à 2021 : « Join the Future of Competition », 5 octobre 2021.

L'entreprise, objet ou sujet du droit européen de la concurrence ?*

IRENA PELIKÁNOVÁ** ET ARNAUD RACLET***
Tribunal de l'Union européenne

Résumé

La notion d'entreprise est indéniablement au cœur du droit européen de la concurrence. Cependant, alors que ce dernier traitait traditionnellement l'entreprise comme un objet de droit, une tendance récente s'est fait jour, en jurisprudence, qui tend à l'ériger en quasi-sujet de droit. Dans une conception traditionnelle, le droit européen de la concurrence peut être regardé comme un régime complet de responsabilité des personnes, prises en tant que sujets, du fait des entreprises, prises en tant qu'objets, lorsque, par leurs comportements, ces dernières portent atteinte à la structure concurrentielle du marché intérieur. Cette approche traditionnelle se trouve toutefois remise en cause par une jurisprudence plus récente qui tend à assimiler l'entreprise à une personne, faisant écran à la reconnaissance d'autres sujets du droit européen de la concurrence, et à ravaler les personnes tenues de répondre des devoirs de l'entreprise au rang de simples outils de substitution à l'entreprise personnifiée. L'absence de choix clair entre la conception traditionnelle et la jurisprudence actuelle et leur improbable combinaison risquent de priver le droit européen de la concurrence des fondations solides et cohérentes qui sont indispensables à son bon développement.

---

* Dernière mise à jour le 23 novembre 2021.

** Ancienne juge au Tribunal EU.

*** Référendaire au Tribunal UE.

Chercher à comprendre n'est souvent qu'apprendre à douter. Chercher à comprendre le droit de la concurrence, comme l'a fait Laurence Idot tout au long de sa riche carrière, implique nécessairement de s'interroger sur la notion d'entreprise.

Le droit européen de la concurrence est un corps de règles, figurant aux articles 101 à 109 du traité sur le fonctionnement de l'Union européenne (TFUE), qui vise à protéger la « concurrence », conçue non pas comme un but en soi, mais comme un moyen d'obtenir des résultats concrets sur le marché intérieur, tels que l'accroissement du bien-être des consommateurs et de l'efficacité productive de l'industrie.

Ce droit vient encadrer les comportements de deux types d'entités, les États et les « entreprises », dans la mesure où ceux-ci peuvent porter atteinte à la structure concurrentielle du marché intérieur.

Tout d'abord, une telle atteinte peut résulter d'aides accordées par les États ou au moyen de ressources d'État à des entreprises. Les règles figurant aux articles 107 à 109 TFUE encadrent donc l'octroi de telles aides.

Ensuite, les entreprises peuvent tenter d'échapper aux contraintes de la concurrence en se coordonnant avec leurs concurrentes ou, le cas échéant, en abusant d'une position dominante qu'elles détiennent sur un marché. De telles pratiques sont encadrées par les dispositions des articles 101 et 102 TFUE ainsi que leurs textes d'application, adoptés sur le fondement de l'article 103 TFUE. L'article 101 TFUE interdit et frappe de nullité les pratiques concertées et les accords anticoncurrentiels entre entreprises ou associations d'entreprises, tandis que l'article 102 TFUE interdit aux entreprises qui sont en position dominante sur un marché d'en abuser. Ces pratiques anticoncurrentielles ont été érigées en infractions, justifiant que les entreprises qui y participent soient sanctionnées par des amendes, conformément à l'article 23, paragraphe 2, du règlement (CE) n° 1/2003 du Conseil du 16 décembre 2002[1].

Par ailleurs, le système de contrôle des concentrations entre entreprises, mis en place par le règlement (CE) n° 139/2004 du Conseil du 20 janvier 2004[2], permet à la Commission d'exercer « *un contrôle effectif de toutes les concentrations en fonction de leur effet sur la structure de concurrence* », en interdisant celles, de dimension européenne, qui entraveraient de manière significative une concurrence effective dans le marché intérieur ou une partie substantielle de celui-ci, notamment du fait de la création ou du renforcement d'une position dominante.

1 *JOCE* n° L 1 du 4 janvier 2003, p. 1.

2 *JOUE* n° L 24 du 29 janvier 2004, p. 1.

Enfin, à côté de la mise en œuvre du droit des pratiques anticoncurrentielles par les autorités publiques de l'Union, en particulier par la Commission (*public enforcement*), il existe une possibilité de mise en œuvre de celui-ci dans le cadre d'actions privées en réparation des dommages causés par la violation de ses règles devant les autorités judiciaires des États membres. Le plus souvent, ces actions font suite à des décisions adoptées par la Commission (*follow-on action*), mais elles peuvent également être introduites de manière autonome (*private enforcement*)[3].

Ainsi, comme l'a relevé Laurence Idot, « *[l'entreprise] est indéniablement au cœur du droit de la concurrence* »[4], ne serait-ce que parce que ce dernier vise à encadrer le comportement de celle-ci. Cependant, une fois cette première certitude énoncée, le doute assaille le juriste quant au fait que le droit européen de la concurrence identifie ainsi l'entreprise, au même titre que l'État, comme l'un des destinataires de ses règles.

Les systèmes juridiques hérités du droit romain sont structurés autour d'une distinction fondamentale entre les personnes et les choses. Seules les personnes, physiques ou morales, disposent d'une personnalité juridique, qui leur permet d'agir et d'exister sur le plan juridique. Ainsi, seules les personnes disposent, en droit privé, d'une capacité juridique, à savoir de l'aptitude à être titulaires de droits et d'obligations et à les exercer. De même, en droit public, seules les personnes peuvent être soumises à des « devoirs », tels ceux qui résultent des sanctions imposées par les autorités publiques pour la violation d'une norme[5]. Enfin, seules les personnes disposent d'un patrimoine qui est, au moins en principe, indivisible, qui regroupe l'ensemble de leurs droits patrimoniaux et qui constitue le gage général de leurs créanciers. En revanche, les choses sont dépourvues de personnalité juridique. Il en découle que, *a priori*, seules des entités correspondant à des personnes ont vocation à devenir des sujets de droit, les autres, appréhendées comme des choses, étant réduites au rang de simples objets de droit.

Depuis le XVIIIe siècle, le terme d'« entreprise » est utilisé pour désigner une organisation de production de biens ou de services à caractère commercial[6]. En droit, l'entreprise est traditionnellement appréhendée comme une chose à finalité économique. En tant que telle, elle a vocation à être traitée comme un objet plutôt que comme un sujet de droit. Cependant, alors que le droit européen de la concurrence traitait traditionnellement l'entreprise comme un objet de droit (I.), une tendance récente s'est fait jour, en jurisprudence, qui tend à l'ériger en quasi-sujet de droit (II.).

3 V. conclusions AG Bobek, 6 mai 2021, *Stichting Cartel Compensation et Equilib Netherlands*, aff. C-819/19, EU:C:2021:373, pts 93 et 94.

4 L. Idot, « La notion d'entreprise en droit de la concurrence, révélateur de l'ordre concurrentiel », *Concurrences* n° 1-2004, art. n° 46217, pt 1.

5 J. Chevallier, « L'obligation en droit public », in *L'obligation*, Paris, Dalloz, 2000, p. 179 et s. En droit européen de la concurrence, la jurisprudence tend à confondre les notions d'« obligation » et de « devoir ». Cette confusion peut être à l'origine de malentendus, par exemple lors de l'analyse du régime de la solidarité pour le paiement des amendes.

6 A. Rey (dir.), *Dictionnaire historique de la langue française*, Paris, Dictionnaires Le Robert, 2006.

I. L'entreprise traditionnellement traitée comme un objet de droit

Compte tenu de sa finalité économique, le droit européen de la concurrence saisit les entités qui interviennent sur le marché intérieur en vue de réguler leurs comportements, afin qu'ils ne portent pas atteinte à la structure concurrentielle dudit marché. De manière traditionnelle, les « entreprises » sont ainsi considérées non pas comme des personnes, mais comme des unités économiques (1.) et le droit européen de la concurrence apparaît, lui-même, comme un régime de responsabilité des personnes du fait des entreprises (2.).

1. L'entreprise, une unité économique, plutôt qu'une personne

Comme cela a déjà été indiqué, le droit européen de la concurrence s'adresse aux « entreprises »[7] qui opèrent sur le marché intérieur. Par son objet, il vise ainsi à réguler des activités économiques[8] consistant en l'offre de biens ou de services. Rapidement, la notion d'« entreprise » a été détachée de celle de personne (A.), pour être uniquement définie comme une unité économique intervenant sur un marché (B.).

A. *La notion d'entreprise, détachée de celle de personne*

Afin de déterminer le champ d'application du droit européen de la concurrence, le juge de l'Union a rapidement été conduit à définir la notion d'« entreprise », dont le contenu ne pouvait pas dépendre des définitions existant dans les États membres. Une certaine continuité existe néanmoins entre la notion d'« entreprise » en droit de l'Union et les notions apparentées existant dans le droit des États membres.

Depuis le XVIIIe siècle, le terme d'« entreprise » est généralement utilisé, dans les États membres, pour désigner une organisation de production de biens ou de services à caractère commercial[9] ou, plus précisément, un « *ensemble de moyens structurés, constituant une unité de coordination, ayant des frontières identifiables, fonctionnant en continu, en vue d'atteindre un ensemble d'objectifs partagés par l'ensemble de ses membres (salariés, dirigeants, actionnaires, etc.)* »[10]. Prise en tant qu'organisation, l'entreprise a ainsi pour finalité de permettre la coordination

---

7 CJCE, 13 février 1969, *Wilhelm e.a.*, aff. 14/68, EU:C:1969:4, pt 5.

8 CJCE, 7 janvier 2004, *Aalborg Portland e.a. c/ Commission*, aff. jtes C-204/00 P, C-205/00 P, C-211/00 P, C-213/00 P, C-217/00 P et C-219/00 P, EU:C:2004:6, pt 59 ; CJCE, 10 septembre 2009, *Akzo Nobel e.a c/ Commission*, aff. C-97/08 P, EU:C:2009:536, pt 54 ; CJUE, 8 mai 2013, *Eni c/ Commission*, aff. C-508/11 P, EU:C:2013:289, pt 82 ; CJUE, 11 juillet 2013, *Commission c/ Stichting Administratiekantoor Portielje*, aff. C-440/11 P, EU:C:2013:514, pt 36 ; CJUE, 10 avril 2014, *Commission c/ Siemens Österreich e.a.* et *Siemens Transmission & Distribution e.a. c/ Commission*, aff. jtes C-231/11 P à C-233/11 P, EU:C:2014:256, pt 41.

9 A. Rey (dir.), *op. cit.*

10 S. Robbins, *Comportements organisationnels*, adaptation française par V. Tran, trad. par S. Marty, 14e éd., Paris, Pearson Education, 2011.

rationnelle d'un certain nombre de personnes et de leurs droits patrimoniaux en vue de la production de biens ou de services à caractère commercial ou, en d'autres termes, l'exercice d'activités économiques.

Toutefois, en droit interne, c'est la notion de « fonds de commerce » qui a été développée pour désigner l'objet d'une activité commerciale, une chose immatérielle dont la substance consistait en une clientèle. Ainsi, en droit français ou en droit tchécoslovaque d'avant-guerre, le « fonds de commerce » a-t-il été défini, par la jurisprudence, comme un ensemble d'éléments corporels (marchandises, matériel, etc.) et incorporels (clientèle, compétences du personnel, droit au bail, nom commercial, etc.) affectés à l'exploitation d'une activité commerciale ou industrielle[11]. Comme tel, il était traité comme un bien ou un objet de propriété personnelle[12].

À cet égard, le juge de l'Union s'est écarté des droits étatiques pour retenir une notion universelle, plus large, flexible et économique de l'« entreprise ». Dans les années 1960, dans le cadre du mécanisme de péréquation des ferrailles de la Communauté européenne du charbon et de l'acier (CECA) et afin de garantir une concurrence non faussée entre les entreprises communes, la Cour a été conduite à préciser quelles entreprises étaient soumises ou exonérées du prélèvement de la péréquation lors de leurs achats de ferrailles. Dans ce contexte, elle a initialement jugé que l'entreprise soumise au prélèvement était une organisation unitaire d'éléments personnels, matériels et immatériels, rattachée à un sujet de droit juridiquement autonome, et poursuivant d'une façon durable un but économique déterminé[13]. Selon elle, l'intervention de tout sujet de droit dans le domaine économique entraînait la constitution d'une entreprise distincte et, inversement, une activité économique ne pouvait pas être considérée comme formant une entreprise distincte lorsque ses effets devaient être rattachés à plusieurs sujets de droit[14]. En confirmant que tout achat de ferrailles par une personne morale distincte était soumis au prélèvement de la péréquation, la Cour faisait primer le critère de la personnalité juridique sur celui de l'unité économique, notamment dans le cadre des structures de groupe[15]. Elle considérait donc que toute entreprise devait être rattachée à un seul et unique sujet de droit[16].

---

11 E. Nantet, *Des fonds de commerce, leur mise en gage, leur vente*, thèse Université de Paris, Laval, impr. de L. Barnéoud, 1899, <https://gallica.bnf.fr/ark:/12148/bpt6k64397147/f7.item.texteImage> ; F. Lemeunier, *Fonds de commerce : achat, vente, gérance*, 11e éd., Paris, J. Delmas, 1989 ; P. Azambre, *De la nature juridique et du nantissement des fonds de commerce*, thèse Université de Lille, Paris, C. Robbe, 1903, <https://gallica.bnf.fr/ark:/12148/bpt6k937306p.texteImage> ; L. Dépàmbour-Tarride, « Les origines du fonds de commerce : L'apparition de la clientèle dans les sources parisiennes », *Revue historique de droit français et étranger*, 4e série, vol. 63, n° 3 (juillet-septembre 1985), p. 329.

12 Actuellement, la notion de « fonds de commerce » continue d'être utilisée en droit national, à côté de celle d'« entreprise », issue du droit européen de la concurrence, sans que cela remette en cause leur parenté conceptuelle.

13 CJCE, 13 juillet 1962, *Mannesmann c/ Haute Autorité*, aff. 19/61, EU:C:1962:31, p. 705 et CJCE, 13 juillet 1962, *Klöckner-Werke et Hoesch c/ Haute Autorité*, aff. jtes 17/61 et 20/61, EU:C:1962:30, p. 646.

14 V., en ce sens, arrêts du 13 juillet 1962, *Mannesmann c/ Haute Autorité*, aff. 19/61, préc., p. 706, et du 13 juillet 1962, *Klöckner-Werke et Hoesch c/ Haute Autorité*, aff. jtes 17/61 et 20/61, préc., p. 646.

15 V. arrêt du 13 juillet 1962, *Mannesmann c/ Haute Autorité*, aff. 19/61, préc., p. 712.

16 *Ibid.*, p. 707, et arrêt du 13 juillet 1962, *Klöckner-Werke et Hoesch c/ Haute Autorité*, aff. jtes 17/61 et 20/61, préc., p. 647.

Toutefois, tant dans le cadre du traité CECA que du traité CE, ensuite devenu le TFUE, la Cour a, dès les années 1970, abandonné cette approche initiale consistant à rattacher chaque entreprise à une seule et unique personne[17]. Toutefois, il est toujours resté une trace, en jurisprudence, de cette confusion originelle entre l'entreprise et la personne, puisque ce terme est fréquemment, même si désormais improprement, utilisé pour désigner une personne, par exemple une société[18].

En droit des pratiques anticoncurrentielles et, plus précisément, des ententes, la Cour, interrogée sur le point de savoir si plusieurs sociétés devaient, alors même qu'elles avaient des intérêts identiques et étaient placées sous le contrôle d'une même personne, être considérées comme une partie unique à l'accord auquel elles avaient toutes participé, a répondu par l'affirmative en observant que, dans le contexte du droit européen de la concurrence, la notion d'entreprise devait être comprise comme désignant une unité économique du point de vue de l'objet de l'accord en cause même si, du point de vue juridique, celle-ci était constituée de plusieurs personnes, physiques ou morales[19].

Par la suite, la Cour a confirmé que la notion d'entreprise désignait toute entité exerçant une activité économique, indépendamment du statut juridique de cette entité et de son mode de financement[20]. En pratique, la forme juridique de l'entreprise (entreprise unipersonnelle, société ou fondation) n'a aucune importance[21]. De plus, le changement de forme juridique et de nom de l'entreprise n'a pas nécessairement pour effet de créer une nouvelle entreprise dégagée de la responsabilité des comportements anticoncurrentiels de la précédente, lorsque, du point de vue économique, il y a identité entre les deux entreprises[22]. Enfin, une entité peut constituer une entreprise bien que sa forme juridique ne lui confère pas de personnalité juridique propre[23]. Traditionnellement, le juge de l'Union a ainsi défini négativement l'« entreprise » comme étant une entité économique détachable d'une personne, puisqu'elle peut exister indépendamment d'une telle personne ou inclure plusieurs personnes. Dès lors, la question se pose de savoir comment définir positivement une telle entité.

---

17 S. Poillot-Peruzzetto et M. Luby, *Le droit communautaire appliqué à l'entreprise*, Paris, Dalloz, 1998, p. 25 et s.

18 V., pour un exemple en ce sens, TPICE, 7 octobre 1999, *Irish Sugar c/ Commission*, aff. T-228/97, EU:T:1999:246, pt 46.

19 V. not. CJCE, 12 juillet 1984, *Hydrotherm Gerätebau*, aff. 170/83, EU:C:1984:271, pt 11, et CJUE, 19 juillet 2012, *Alliance One International et Standard Commercial Tobacco c/ Commission*, aff. jtes C-628/10 P et C-14/11 P, EU:C:2012:479, pt 42 et jurisprudence citée. Sur la notion d'activité économique, v., p. ex., CJUE, 3 mars 2011, *AG2R Prévoyance*, aff. C-437/09, EU:C:2011:112, pt 42 et jurisprudence citée.

20 V. not. arrêt du 19 juillet 2012, *Alliance One International et Standard Commercial Tobacco c/ Commission*, aff. jtes C-628/10 P et C-14/11 P, préc., pt 42 et jurisprudence citée.

21 Conclusions AG Van Gerven, 19 février 1991, *Vandevenne e.a.*, aff. C-7/90, non publiées, EU:C:1991:62, pt 6.

22 Arrêt du 7 janvier 2004, *Aalborg Portland e.a. c/ Commission*, aff. jtes C-204/00 P, C-205/00 P, C-211/00 P, C-213/00 P, C-217/00 P et C-219/00 P, préc., pt 59 et jurisprudence citée.

23 TPICE, 27 septembre 2006, *Avebe c/ Commission*, aff. T-314/01, EU:T:2006:266, pt 78.

B. *L'entreprise, une unité économique intervenant sur un marché*

Dans plusieurs arrêts rendus en droit des ententes, le juge de l'Union a constaté que la notion d'« entreprise » désignait une entité économique consistant en une organisation unitaire d'éléments personnels, matériels et immatériels poursuivant de façon durable un but économique déterminé et qui pouvait enfreindre le droit européen de la concurrence[24]. *A contrario*, il a précisé que le droit des ententes ne s'intéressait pas aux rapports qui pouvaient exister entre des entités entre lesquelles il n'existait aucune virtualité de concurrence et qui agissaient, sur le marché, comme une seule et même entité et, de ce point de vue, formaient une unité économique. Cette conception a été rapidement transposée dans le cadre du traité CECA[25] et à l'ensemble du droit des pratiques anticoncurrentielles.

L'idée s'est généralement imposée que la notion d'« entreprise », visée par les articles 101 et 102 TFUE, devait être comprise comme désignant une unité économique du point de vue de l'objet de la pratique anticoncurrentielle en cause, même si, du point de vue juridique, cette unité était constituée de plusieurs personnes, physiques ou morales[26].

Ainsi, le critère de l'unité économique, définie par rapport aux marchés affectés par les pratiques anticoncurrentielles en cause, est-il devenu central pour distinguer les pratiques relevant du droit des ententes de celles relevant du droit de l'abus de position dominante.

En effet, l'interdiction des ententes anticoncurrentielles n'est pas susceptible de s'appliquer aux décisions prises entre des personnes relevant d'un même groupe pour l'organisation de leurs relations internes, dès lors que ces personnes se présentent, sur le marché affecté par ces décisions, comme une unité économique[27]. Ainsi, lorsqu'une filiale ne jouit pas d'une autonomie réelle dans la détermination de sa ligne d'action sur le marché, le droit des ententes n'est pas applicable dans les rapports entre celle-ci et sa société mère, avec laquelle elle forme une unité économique[28]. En revanche, les décisions prises par des personnes appartenant à un même groupe peuvent tomber sous le coup de l'interdiction de l'abus de position dominante lorsque les personnes se présentent, sur le marché où leur domination s'exerce, comme une unité économique[29].

---

24 Arrêt du 12 juillet 1984, *Hydrotherm Gerätebau*, aff. 170/83, préc., pt 11, et CJCE, 24 octobre 1996, *Viho c/ Commission*, aff. C-73/95 P, EU:C:1996:405, pts 15 à 18.

25 TPICE, 11 mars 1999, *Unimétal c/ Commission*, aff. T-145/94, EU:T:1999:49, pt 600.

26 CJUE, 25 mars 2021, *Deutsche Telekom c/ Commission*, aff. C-152/19 P, EU:C:2021:238, pt 72 et jurisprudence citée.

27 TPICE, 16 décembre 1999, *Micro Leader c/ Commission*, aff. T-198/98, EU:T:1999:341, pt 38.

28 CJCE, 14 juillet 1972, *Imperial Chemical Industries c/ Commission*, aff. 48/69, EU:C:1972:70, pt 134, et TPICE, 12 janvier 1995, *Viho c/ Commission*, aff. T-102/92, EU:T:1995:3, pt 51.

29 CJCE, 6 mars 1974, *Istituto Chemioterapico Italiano et Commercial Solvents c/ Commission*, aff. jtes 6/73 et 7/73, EU:C:1974:18, pt 41.

Cette jurisprudence a débouché sur un principe général selon lequel, lorsque des personnes juridiquement distinctes se présentent, sur le marché affecté par une pratique anticoncurrentielle, comme une unité économique, elles doivent être traitées comme formant une seule et même entreprise au sens du droit européen de la concurrence[30]. La Cour a ainsi appliqué cette notion fonctionnelle de l'entreprise dans le cadre de la mise en œuvre du droit européen de la concurrence, tant par les autorités publiques de l'Union que par les autorités judiciaires des États membres[31].

En droit des aides d'État, la question de savoir si différentes personnes formaient une unité économique s'est également posée aux fins d'identifier le bénéficiaire de l'aide. Il a notamment été jugé que la Commission disposait d'un large pouvoir d'appréciation pour déterminer si des personnes faisant partie d'un même groupe formaient une unité économique ou devaient être considérées comme étant juridiquement et financièrement autonomes aux fins de l'application du droit des aides d'État[32]. Par rapport à l'octroi d'une aide, des sociétés peuvent ainsi être considérées comme formant une unité économique en dépit du fait qu'elles possèdent, chacune, une personnalité juridique distincte[33].

Dans le même sens, il a été jugé que, pour identifier le bénéficiaire d'une aide existante, il fallait tenir compte de l'unité économique bénéficiaire de l'aide, indépendamment de toute modification éventuelle de son statut juridique. Par conséquent, une aide individuelle pouvait être considérée comme une aide existante, quand bien même elle avait été accordée à une personne constituée après l'institution de l'aide et l'adhésion de l'État membre concerné à l'Union, s'il se révélait que cette personne, quoique inexistante en tant que telle au moment de l'institution de l'aide, faisait partie de l'unité économique et, donc, de l'entreprise à laquelle l'aide existante avait été accordée[34].

En droit des concentrations, sans être formalisée, la notion d'unité économique n'est pas totalement absente. Suivant la même tendance qu'en droit des pratiques anticoncurrentielles, cette notion tend à définir l'entreprise non pas comme une entité disposant d'une capacité juridique, mais comme une unité économique intervenant sur un marché.

L'article 3, paragraphe 1, du règlement (CE) n° 139/2004 définit deux types de concentrations, à savoir, d'une part, celles résultant de la fusion entre des entreprises antérieurement indépendantes et, d'autre part, celles résultant d'une

30 TPICE, 14 octobre 2004, *Pollmeier Malchow c/ Commission*, aff. T-137/02, EU:T:2004:304, pt 50, et Trib. UE, 24 septembre 2015, *TV2/Danmark c/ Commission*, aff. T-674/11, EU:T:2015:684, pt 243.

31 CJUE, 14 mars 2019, *Skanska Industrial Solutions e.a.*, aff. C-724/17, EU:C:2019:204, pts 29, 30, 36, 37 et 47.

32 V. arrêt du 14 octobre 2004, *Pollmeier Malchow c/ Commission*, aff. T-137/02, préc., pt 51 et jurisprudence citée.

33 V., en ce sens, CJCE, 14 novembre 1984, *Intermills c/ Commission*, aff. 323/82, EU:C:1984:345, pt 11, et CJUE, 16 décembre 2010, *AceaElectrabel Produzione c/ Commission*, aff. C-480/09 P, EU:C:2010:787, pt 47.

34 Arrêt du 24 septembre 2015, *TV2/Danmark c/ Commission*, aff. T-674/11, préc., pt 244.

prise de contrôle. Il ressort des points 9 et 13 de la communication sur la compétence de la Commission en vertu du règlement (CE) n° 139/2004[35] que les fusions et les prises de contrôle qui aboutissent à un changement durable de la structure du marché sont, en règle générale, le fait de personnes, dans la mesure où elles impliquent des opérations juridiques de fusion, d'acquisition ou de création de personnes morales, impliquant des successions juridiques ou des transferts de droits patrimoniaux, pouvant seulement intervenir entre de telles personnes[36].

Cependant, comme indiqué au point 10 de la communication, il peut également y avoir une concentration, au sens de l'article 3, paragraphe 1, sous a), du règlement (CE) n° 139/2004, lorsque, en l'absence de concentration *de jure*, la combinaison des activités d'entreprises antérieurement indépendantes aboutit à la création d'un seul et même ensemble économique. C'est notamment le cas lorsque deux ou plusieurs personnes, tout en conservant leur personnalité juridique propre, établissent, sur une base contractuelle, une gestion en commun de leurs activités économiques. À cet égard, la communication évoque le cas d'un « *Gleichordnungskonzern* » en droit allemand, de certains « groupements d'intérêt économique » en droit français ou de la fusion de sociétés de personnes. Si cette opération entraîne une fusion de fait entre les entreprises concernées, avec création d'un seul et même ensemble économique, l'opération doit être qualifiée de concentration. Dans cette mesure, la notion de concentration repose donc sur la création d'une unité économique nouvelle, sans être limitée par les moyens juridiques utilisés.

De même, il a été jugé qu'une concentration, au sens de l'article 3 du règlement (CE) n° 139/2004, n'était réputée réalisée à l'issue du changement de la nature du contrôle exercé sur une entreprise existante, qui, d'exclusif, devenait conjoint, qu'à la condition que l'entreprise commune issue d'une telle opération accomplisse de manière durable toutes les fonctions d'une entité économique autonome[37]. Selon la jurisprudence, les principes d'autonomie juridique et économique des personnes n'impliquent pas qu'une société détenue et contrôlée conjointement par deux autres sociétés agisse nécessairement de manière autonome sur le marché, en raison du seul fait qu'elle dispose d'une personnalité juridique ou de moyens économiques propres. En effet, il existe de nombreuses possibilités, en pratique, pour des sociétés mères d'influencer le comportement de leur filiale de manière formelle ou informelle[38]. Il s'ensuit qu'un changement durable de contrôle doit, pour constituer une concentration, porter sur une unité économique.

---

35 https://eur-lex.europa.eu/LexUriServ/LexUriServ.do?uri=OJ:C:2009:043:0010:0057:FR:PDF>.

36 Ainsi, une cession du fonds de commerce peut constituer une concentration.

37 CJUE, 7 septembre 2017, *Austria Asphalt*, aff. C-248/16, EU:C:2017:643, pt 35.

38 V. Trib. UE, 5 octobre 2020, *HeidelbergCement et Schwenk Zement c/ Commission*, aff. T-380/17, EU:T:2020:471, pt 99.

Il ressort des développements qui précèdent que, en droit européen de la concurrence, l'entreprise se présente comme une organisation durable de moyens matériels, immatériels et personnels en vue de la poursuite d'une ligne d'action, d'intérêts et d'objectifs communs sur le marché. Cette coordination exclut tout rapport concurrentiel entre les différentes composantes, notamment personnelles, de l'entreprise, qui se trouvent soumises à un pouvoir de décision unique et dont les intérêts et les objectifs se confondent. Bien qu'il ait parfois été affirmé que la notion d'unité économique pouvait différer selon les domaines du droit européen de la concurrence en cause[39], les critères appliqués semblent, à cet égard, relativement stables.

Ainsi, en droit des pratiques anticoncurrentielles, il est généralement conclu à l'existence d'une unité économique sur la base du constat que les personnes qui interviennent sur le marché sont soumises à une gestion unique et, partant, ne déterminent pas de façon autonome leur comportement sur le marché[40]. Aux fins de l'application de ce droit, la séparation formelle entre deux personnes, résultant de leur personnalité juridique distincte, n'est donc pas déterminante, ce qui s'impose étant l'unité ou non de leur comportement sur le marché[41]. L'important est que ces personnes forment ou relèvent d'une seule et même entité économique, qui déploie un comportement unique sur le marché[42].

En droit des aides d'État, il a également été jugé que ce qui importait pour caractériser une unité économique était le fait que les personnes ayant bénéficié de l'aide poursuivaient leurs activités économiques respectives dans le cadre d'un tout cohérent ou, en d'autres termes, en adoptant une seule et même ligne d'action sur le marché[43].

En droit des concentrations, comme cela a déjà été observé, l'existence d'une gestion économique unique et permanente a aussi été érigée en condition préalable pour identifier une « *concentration de fait* », au sens du point 10 de la communication sur la compétence de la Commission en vertu du règlement (CE) n° 139/2004.

Enfin, les facteurs qui permettent de distinguer l'existence d'une position dominante collective d'une simple coordination tacite entre des personnes juridiques autonomes correspondent également à ceux qui caractérisent l'existence d'une unité économique. Aux fins de l'application du contrôle des concentrations ou de l'interdiction de l'abus de position dominante, la Cour a confirmé qu'une « *position dominante collective* » consistait pour plusieurs personnes à avoir, ensemble, notamment en raison des facteurs de corrélation existant entre elles, le pouvoir d'adopter une même ligne d'action sur le marché

---

39 V., en matière d'aides d'État, arrêt du 16 décembre 2010, *AceaElectrabel Produzione c/ Commission*, aff. C-480/09 P, préc., pt 66.

40 TPICE, 30 septembre 2003, *Michelin c/ Commission*, aff. T-203/01, EU:T:2003:250, pt 290.

41 V., en ce sens, arrêt du 14 juillet 1972, *Imperial Chemical Industries c/ Commission*, aff. 48/69, préc., pt 140.

42 TPICE, 15 septembre 2005, *DaimlerChrysler c/ Commission*, aff. T-325/01, EU:T:2005:322, pt 85.

43 Arrêt du 16 décembre 2010, *AceaElectrabel Produzione c/ Commission*, aff. C-480/09 P, préc., pts 49, 50 et 61.

et d'agir dans une mesure appréciable indépendamment des autres concurrents, de leur clientèle et, finalement, des consommateurs[44].

Dans une conception traditionnelle du droit européen de la concurrence, l'objet de référence pour le constat des infractions n'est pas le comportement des personnes engagées dans des activités économiques, mais l'impact des activités économiques elles-mêmes sur le marché intérieur, lesquelles ne doivent pas, en s'organisant et en intervenant sur celui-ci en tant qu'entreprises, porter atteinte à sa structure concurrentielle. Si l'entreprise n'est que l'objet du droit européen de la concurrence, la question se pose alors de savoir quel en est le sujet.

2. Le droit européen de la concurrence, un régime de responsabilité des personnes du fait des entreprises

Aux fins de leur application et de leur exécution, les décisions adoptées en vertu du droit européen de la concurrence et qui constatent qu'une entreprise a porté atteinte à la structure concurrentielle du marché intérieur doivent être adressées à des entités dotées de la personnalité juridique[45] et, comme telles, capables de se voir imposer des devoirs, en vertu du droit public, et disposant d'un patrimoine pour en répondre. Sur le plan juridique, la notion de « responsabilité » permet précisément d'expliquer pourquoi une personne peut être tenue de réparer le préjudice résultant du fait d'une chose ou d'une autre personne, dont elle doit personnellement répondre. Ainsi, le droit européen de la concurrence s'est-il traditionnellement développé sous la forme d'un régime de responsabilité des personnes du fait des entreprises. Ce régime repose sur des principes d'imputation de responsabilité du fait d'une entreprise à des personnes, fondés sur une notion de contrôle ou de direction (A.). Il repose également sur un principe de responsabilité solidaire de toutes les personnes tenues du fait d'une seule et même entreprise (B.).

A. *Sur les principes d'imputation de responsabilité du fait d'une entreprise à des personnes, fondés sur une notion de contrôle ou de direction*

Lorsque la Commission adopte une décision en application du droit européen de la concurrence, pour sanctionner des entreprises ayant participé à des ententes ou abusé d'une position dominante ou pour ordonner le remboursement d'aides d'État accordées à des entreprises, elle doit, dans la mesure où ces entreprises ne disposent pas de la personnalité juridique, identifier la ou les personnes qui

---

44 Arrêt du 7 octobre 1999, *Irish Sugar c/ Commission*, aff. T-228/97, préc., pt 46 et jurisprudence citée. Le Tribunal utilise ici la notion d'« entreprise » en lieu et place de celle de « sociétés », personnes morales.

45 V., en ce sens, TPICE, 20 avril 1999, *Limburgse Vinyl Maatschappij e.a. c/ Commission*, aff. jtes T-305/94 à T-307/94, T-313/94 à T-316/94, T-318/94, T-325/94, T-328/94, T-329/94 et T-335/94, EU:T:1999:80, pt 978, et TPICE, 12 décembre 2007, *Akzo Nobel e.a. c/ Commission*, aff. T-112/05, EU:T:2007:381, pt 59.

peuvent être tenues responsables du fait desdites entreprises, qui doivent répondre des devoirs qui en résultent et seront, partant, les destinataires de la décision[46]. Selon une approche traditionnelle en droit européen de la concurrence, l'imputation de la responsabilité du fait de l'entreprise à une personne est un impératif qui découle de l'absence de personnalité juridique et, donc, de capacité juridique et de patrimoine propres de l'entreprise. Cette approche confirme la nature objectale de l'entreprise, qui est gérée par une ou plusieurs personnes ayant seules la capacité juridique de répondre de leur gestion[47].

Conformément au principe de la responsabilité personnelle[48], selon lequel une personne ne peut être rendue responsable que de ses propres actes[49], et de son corollaire « *nulla poena sine culpa* », en vertu duquel l'infliction d'une sanction et le constat d'une responsabilité supposent l'existence d'une faute, la Commission a dû, sous le contrôle du juge de l'Union, identifier les critères permettant d'imputer le fait d'une entreprise à une ou plusieurs personnes.

En droit des pratiques anticoncurrentielles, il a ainsi été jugé qu'il incombait, en principe, à la personne qui dirigeait l'entreprise au moment où celle-ci avait participé à l'infraction de répondre de cette dernière, même si, au jour de l'adoption de la décision constatant l'infraction, ladite entreprise se trouvait placée sous la responsabilité ou la direction d'une autre personne[50]. En cas de disparition de cette personne, la responsabilité de celle-ci est, en principe, transférée à son successeur juridique, qui assure la continuité juridique de ses droits, de ses obligations et de ses devoirs[51].

De même, en droit des aides d'État, est tenue responsable du remboursement de l'aide illégalement versée à une entreprise la personne qui participait, directement ou indirectement, à la direction économique et au contrôle exercés sur cette entreprise au moment où celle-ci a bénéficié de l'aide[52]. Là encore, en cas de

---

46 V., en ce sens, s'agissant de répondre de pratiques anticoncurrentielles, arrêt du 12 juillet 1984, *Hydrotherm Gerätebau*, aff. 170/83, préc., pt 11.

47 L'analyse de la situation est ici simplifiée, en ce qu'elle fait abstraction d'une possible responsabilité des personnes physiques – membres des organes dirigeants des personnes morales. V., pour un exemple en droit interne, R. Saint-Esteben, « Une repénalisation du droit de la concurrence en France ? À propos de l'utilisation de l'article 40 du code de procédure pénale par les services d'instruction de l'Autorité », *Concurrences* n° 2-2019, art. n° 90001, p. 54 et s.

48 Arrêt du 14 juillet 1972, *Imperial Chemical Industries c/ Commission*, aff. 48/69, préc., pts 131 à 141 ; CJCE, 8 juillet 1999, *Commission c/ Anic Partecipazioni*, aff. C-49/92 P, EU:C:1999:356, pt 78 ; CJCE, 11 décembre 2007, *ETI e.a.*, aff. C-280/06, EU:C:2007:775, pt 39 ; v. égal. conclusions AG Kokott sous l'arrêt *ETI e.a.*, préc., *Rec.* p. I-10892, pt 71 et s.

49 Conclusions AG Cosmas sous l'arrêt *Commission c/ Anic Partecipazioni*, préc., *Rec.* p. I-4130, pt 74.

50 Arrêt du 8 juillet 1999, *Commission c/ Anic Partecipazioni*, aff. C-49/92 P, préc., pt 27, et CJCE, 16 novembre 2000, *Stora Kopparbergs Bergslags c/ Commission*, aff. C-286/98 P, EU:C:2000:630, pt 37 ; v. égal., en ce sens, CJCE, 16 novembre 2000, *Cascades c/ Commission*, aff. C-279/98 P, EU:C:2000:626, pt 79.

51 CJUE, 5 décembre 2013, *SNIA c/ Commission*, aff. C-448/11 P, non publié, EU:C:2013:801, pt 28.

52 V., en ce sens, TPICE, 8 septembre 2009, *AceaElectrabel c/ Commission*, aff. T-303/05, non publié, EU:T:2009:312, pts 140 à 143, et Trib. UE, 1er mars 2016, *Secop c/ Commission*, aff. T-79/14, EU:T:2016:118, pt 35. V. égal., en ce sens, CJUE, 1er octobre 2015, *Electrabel et Dunamenti Erőmű c/ Commission*, aff. C-357/14 P, EU:C:2015:642, pt 113 et jurisprudence citée.

disparition de cette personne, le devoir de rembourser est transmis, en principe, à son successeur juridique, par l'effet de transmission universelle de patrimoine attachée à cette succession[53].

Plusieurs personnes peuvent être tenues responsables du fait d'une seule et même entreprise si, au moment des faits, elles dirigeaient ou contrôlaient cette entreprise, en ce sens qu'elles participaient, de manière générale, à la définition ou à la mise en œuvre du but et de la ligne d'action suivis par celle-ci sur le marché et qu'elles étaient économiquement intéressées à la réalisation de ceux-ci.

En droit des pratiques anticoncurrentielles, il ressort ainsi d'une jurisprudence constante que la circonstance qu'une filiale ait une personnalité juridique distincte ne suffit pas à écarter la possibilité que son comportement soit imputé à sa société mère, notamment lorsqu'elle ne détermine pas de façon autonome son comportement sur le marché, mais applique pour l'essentiel les instructions qui lui sont données par la société mère, avec laquelle elle forme une unité économique[54]. Dans ce contexte, il incombe, en principe, à la Commission de démontrer que la société mère a effectivement exercé une influence déterminante sur le comportement sur le marché de sa filiale, et ce, sur la base d'un ensemble d'éléments factuels dont, en particulier, l'éventuel pouvoir de direction exercé par la société mère sur sa filiale[55].

Cependant, la Commission peut raisonnablement présumer qu'une filiale dont le capital est détenu à 100 % par sa société mère applique, pour l'essentiel, les instructions qui lui sont données par celle-ci et n'est donc pas tenue de vérifier si la société mère a effectivement exercé ce pouvoir de direction sur sa filiale[56]. La présomption d'exercice effectif d'une influence déterminante a été étendue aux cas où la société mère, bien qu'elle ne possède pas la totalité ou la quasi-totalité du capital de la filiale, détient tous les droits de vote associés aux actions de cette dernière, au motif que ce ne sont pas les liens de capital qui fondent la présomption, mais le degré de contrôle de la société mère sur sa filiale[57].

Partant, cette jurisprudence montre que la Commission cherche, au sein même de l'entreprise, les personnes qui ont influencé de façon décisive le comportement de cette dernière.

---

53 Trib. UE, 17 décembre 2015, *SNCF c/ Commission*, aff. T-242/12, EU:T:2015:1003, pt 270.

54 Arrêts du 14 juillet 1972, *Imperial Chemical Industries c/ Commission*, aff. 48/69, préc., pts 132 à 134, et du 20 avril 1999, *Limburgse Vinyl Maatschappij e.a. c/ Commission*, aff. jtes T-305/94 à T-307/94, T-313/94 à T-316/94, T-318/94, T-325/94, T-328/94, T-329/94 et T-335/94, préc., pt 960. V. égal., en ce sens, arrêt du 10 avril 2014, *Commission c/ Siemens Österreich e.a.* et *Siemens Transmission & Distribution e.a. c/ Commission*, aff. jtes C-231/11 P à C-233/11 P, préc., pts 46 et 47.

55 V. arrêt du 27 septembre 2006, *Avebe c/ Commission*, aff. T-314/01, préc., pt 136 et jurisprudence citée.

56 V. TPICE, 27 septembre 2006, *Akzo Nobel c/ Commission*, aff. T-330/01, EU:T:2006:269, pts 82 et 83 et jurisprudence citée.

57 CJUE, 27 janvier 2021, *The Goldman Sachs Group c/ Commission*, aff. C-595/18 P, non publié, EU:C:2021:73, pt 35.

La jurisprudence n'impose pas de caractériser la faute commise par la société mère, eu égard à l'influence déterminante qu'elle exerce en général sur sa filiale. Celle-ci peut donc indifféremment découler soit d'une action fautive, pour avoir, de propos délibéré, influencé sa filiale afin que l'entreprise qu'elle dirigeait participât à l'infraction, soit d'une négligence fautive, pour ne pas avoir exercé ladite influence afin d'empêcher que l'entreprise dirigée par sa filiale ne participât à l'infraction.

En définitive, peuvent être tenues personnellement responsables de la participation d'une seule et même entreprise à une infraction aussi bien la personne qui dirigeait ou contrôlait directement l'entreprise au moment de l'infraction que celle qui, à la même époque, la dirigeait ou la contrôlait indirectement. L'entreprise étant ainsi définie de manière purement fonctionnelle, en tant qu'unité économique, seules les personnes qui, au sein d'un groupe de sociétés, dirigent ou contrôlent, directement ou indirectement, cette unité sur le marché peuvent être tenues de répondre de ses comportements.

Cette approche a été transposée en droit des aides d'État, où il a été jugé qu'une société qui, détenant des participations de contrôle dans une société, exerçait effectivement ce contrôle en s'immisçant directement ou indirectement dans la gestion de celle-ci devait être considérée comme ayant pris part à l'activité économique exercée par la société qu'elle contrôlait[58].

Dans certaines circonstances exceptionnelles, il a cependant été admis de déroger au principe de la responsabilité personnelle pour faute, par action ou par négligence, en application du critère « de la continuité économique », en vertu duquel une personne pouvait être tenue responsable du fait de l'entreprise si l'avantage anticoncurrentiel dont cette entreprise avait bénéficié lui avait été, en tout ou en partie, transféré.

Ainsi, en droit des pratiques anticoncurrentielles, la participation d'une entreprise à une infraction a-t-elle pu être imputée au successeur économique de la personne qui dirigeait cette entreprise au moment des faits, même lorsque cette dernière personne existait toujours au jour de l'adoption de la décision constatant l'infraction, et ce, afin que l'effet utile de ce droit ne fût pas compromis du fait des changements apportés, notamment, à la forme juridique des personnes qui étaient personnellement responsables du fait de l'entreprise[59]. Dans le cadre de cessions intragroupes d'entreprises, une société cessionnaire a ainsi pu être tenue responsable du fait d'une entreprise, avant sa cession, sur le fondement de ce que la société cédante lui avait cédé l'ensemble de ses activités économiques tout en maintenant

---

58 Arrêt du 16 décembre 2010, *AceaElectrabel Produzione c/ Commission*, aff. C-480/09 P, préc., pt 49 et jurisprudence citée.

59 TPICE, 20 mars 2002, *HFB e.a. c/ Commission*, aff. T-9/99, EU:T:2002:70, pts 105 et 106, et arrêt du 11 décembre 2007, *ETI e.a.*, aff. C-280/06, préc., pts 38 à 42. V. égal., sur ce thème, L. Idot, « Reprise d'entreprises en difficulté et droit de la concurrence », *Revue des procédures collectives civiles et commerciales* n° 6, novembre 2015, dossier 57, pt 33.

un lien structurel avec elle, puisqu'elle détenait la moitié de ses actions[60]. Il a également été tenu compte du fait qu'une société cédante, si elle avait conservé l'activité de production attachée à l'entreprise, avait notamment transféré à la société cessionnaire la gestion ou la direction de cette entreprise, de sorte que la seconde pouvait être regardée comme le successeur économique de la première[61]. Enfin, il a été tenu compte du fait qu'une société cédante et la société cessionnaire de l'entreprise avaient été sous le contrôle de la même personne et qu'elles avaient, eu égard aux liens étroits qui les unissaient sur le plan économique et organisationnel, appliqué pour l'essentiel les mêmes directives commerciales[62].

La Cour a étendu la théorie dite de la « continuité économique » au domaine du droit civil et, notamment, aux actions en réparation du préjudice résultant d'une infraction au droit des ententes[63].

Le critère de la « succession économique » a également été appliqué en droit des aides d'État pour déterminer la personne qui pouvait être tenue responsable du remboursement de l'aide illégalement accordée[64] ou utilisée abusivement. Là encore, il s'agissait de garantir l'efficacité de la récupération des aides, visant à éliminer la distorsion de concurrence causée par l'avantage concurrentiel dont le bénéficiaire de ces aides avait illégalement ou abusivement profité sur le marché par rapport à ses concurrents, rétablissant ainsi la situation antérieure à leur versement[65].

Conformément à la jurisprudence, l'aide doit être récupérée auprès de la personne qui poursuit l'activité économique de l'entreprise et qui, partant, conserve la jouissance effective de l'avantage lié à cette aide[66]. Selon la jurisprudence, l'existence d'une continuité économique peut être établie sur la base de divers éléments objectifs, tels que l'absence de versement, en contrepartie des actifs transférés, d'un prix conforme aux conditions du marché, de sorte que l'acquéreur des actifs conserve la jouissance effective de l'avantage concurrentiel lié au bénéfice des aides, ou la circonstance objective que le transfert a pour effet de contourner le devoir de restituer l'aide et notamment si, à la suite du rachat des actifs, le bénéficiaire original de l'aide reste comme une « *coquille vide* » de laquelle il n'est pas possible d'obtenir la restitution des aides[67]. À cette fin, l'objet du transfert, le prix

60 Arrêt du 7 janvier 2004, *Aalborg Portland e.a. c/ Commission*, aff. jtes C-204/00 P, C-205/00 P, C-211/00 P, C-213/00 P, C-217/00 P et C-219/00 P, préc., pts 356 à 359.

61 TPICE, 27 septembre 2006, *Jungbunzlauer c/ Commission*, aff. T-43/02, EU:T:2006:270, pts 132 et 133.

62 Arrêt du 11 décembre 2007, *ETI e.a.*, aff. C-280/06, préc., pts 48 à 51.

63 Arrêt du 14 mars 2019, *Skanska Industrial Solutions e.a.*, aff. C-724/17, préc., pts 31 et 32.

64 Trib. UE, 13 septembre 2010, *Grèce e.a. c/ Commission*, aff. jtes T-415/05, T-416/05 et T-423/05, EU:T:2010:386, pts 107 à 109.

65 Arrêt du 1er octobre 2015, *Electrabel et Dunamenti Erőmű c/ Commission*, aff. C-357/14 P, préc., pts 110 et 111 et jurisprudence citée.

66 Arrêt du 17 décembre 2015, *SNCF c/ Commission*, aff. T-242/12, préc., pt 273.

67 TPICE, 1er juillet 2009, *Operator ARP c/ Commission*, aff. T-291/06, EU:T:2009:235, pt 66, et arrêt du 13 septembre 2010, *Grèce e.a. c/ Commission*, aff. jtes T-415/05, T-416/05 et T-423/05, préc., pt 146 et jurisprudence citée.

du transfert, l'identité des actionnaires ou des propriétaires de la société cédante et de la société cessionnaire, le moment où le transfert a lieu ou encore la logique économique de l'opération de cession peuvent être pris en considération[68].

À titre d'exemple, il a été considéré que, dès lors que la société bénéficiaire des aides illégales était en faillite et qu'une société avait été créée afin de poursuivre une partie de ses activités, ladite poursuite, sans que les aides fussent intégralement récupérées, était susceptible de faire perdurer la distorsion de concurrence causée par l'avantage concurrentiel dont cette société avait profité sur le marché par rapport à ses concurrents. Ainsi, la société nouvellement créée pouvait, si cet avantage persistait à son profit, être tenue au remboursement des aides, notamment si elle avait procédé à l'acquisition des actifs de la société en liquidation sans verser, en contrepartie, un prix conforme aux conditions du marché ou que la création de la nouvelle société avait eu pour effet de contourner le devoir de restituer lesdites aides[69].

La prise en compte, à titre exceptionnel, du critère de la « continuité économique » fondé sur la notion d'« entreprise » témoigne de la volonté de ne pas permettre à certaines personnes de conserver abusivement, en jouant de leur personnalité juridique distincte, un avantage concurrentiel illégalement obtenu, privant ainsi d'effet utile le droit européen de la concurrence. En ce sens, cette prise en compte peut aussi être analysée comme une expression du principe de l'interdiction de l'abus de droit.

Dans le cadre de l'approche traditionnelle consistant à imputer la responsabilité du fait de l'entreprise à des personnes, qui s'oppose à une tendance jurisprudentielle plus récente (voir la seconde partie de la présente étude), la mise en cause de l'entreprise ne fait donc pas « écran » à une recherche de responsabilité au niveau des personnes qui la dirigeaient ou la contrôlaient au moment où elle avait porté atteinte à la structure concurrentielle du marché intérieur ou qui, au moment où la Commission a adopté sa décision, dirigeaient ou contrôlaient l'entreprise qui avait abusivement conservé un avantage concurrentiel illégalement obtenu.

Les critères d'imputation de responsabilité ainsi définis, la question se pose encore de savoir comment appréhender les cas où plusieurs personnes peuvent être tenues responsables du fait d'une seule et même entreprise.

B. *Sur le principe de responsabilité solidaire des personnes tenues du fait d'une seule et même entreprise*

En droit des pratiques anticoncurrentielles et, en particulier, en droit des ententes, il a été considéré que, dans la mesure où ni l'article 23, paragraphe 2, sous a), du règlement (CE) n° 1/2003 ni la jurisprudence n'obligeait la Commission à tenir

68 CJCE, 8 mai 2003, *Italie et SIM 2 Multimedia c/ Commission*, aff. jtes C-328/99 et C-399/00, EU:C:2003:252, pt 78.

69 Arrêt du 17 décembre 2015, *SNCF c/ Commission*, aff. T-242/12, préc., pt 234 et jurisprudence citée.

une personne pour responsable du fait d'une entreprise[70], celle-ci disposait d'une marge d'appréciation pour étendre la responsabilité d'une infraction à des personnes qui dirigeaient ou contrôlaient indirectement l'entreprise au moment où elle avait participé à cette infraction[71].

Toutefois, lorsque plusieurs personnes sont tenues pour personnellement responsables de la participation d'une seule et même entreprise à une infraction, elles doivent être considérées comme étant solidairement responsables de cette infraction[72] et du paiement de l'amende qui en découle.

La solidarité pour le paiement a ainsi été consacrée comme un effet de plein droit découlant de la notion d'entreprise, même en l'absence de texte la consacrant expressément[73]. Dans la mesure où le droit de l'Union ne définit pas le régime de la solidarité, l'utilisation de cette institution juridique implique *a priori* qu'il se réfère aux principes généraux qui fondent les régimes de solidarité dans le droit privé des États membres[74]. En droit européen de la concurrence, c'est l'unité du comportement de l'entreprise sur le marché qui semble justifier que les sujets de droit qui peuvent en être tenus pour personnellement responsables soient obligés solidairement[75]. En ce qu'elle concourt à garantir le recouvrement effectif desdites amendes, la solidarité participe à l'objectif de dissuasion généralement poursuivi par le droit de la concurrence[76], dans le respect du principe *ne bis*

---

70 CJUE, 27 avril 2017, *Akzo Nobel e.a. c/ Commission*, aff. C-516/15 P, EU:C:2017:314, pt 51 et jurisprudence citée.

71 V., en ce sens, arrêt du 11 juillet 2013, *Team Relocations e.a. c/ Commission*, aff. C-444/11 P, non publié, EU:C:2013:464, pts 159 à 161.

72 V., en ce sens, arrêt du 6 mars 1974, *Istituto Chemioterapico Italiano et Commercial Solvents c/ Commission*, aff. jtes 6/73 et 7/73, préc., pt 41 ; CJCE, 16 novembre 2000, *Metsä-Serla e.a. c/ Commission*, aff. C-294/98 P, EU:C:2000:632, pts 33 et 34 ; arrêt du 20 mars 2002, *HFB e.a. c/ Commission*, aff. T-9/99, préc., pts 54, 524 et 525 ; TPICE, 15 juin 2005, *Tokai Carbon e.a. c/ Commission*, aff. jtes T-71/03, T-74/03, T-87/03 et T-91/03, non publié, EU:T:2005:220, pt 62 ; arrêt du 27 septembre 2006, *Akzo Nobel c/ Commission*, aff. T-330/01, préc., pts 57 à 62. V. égal., en ce sens, arrêt du 10 avril 2014, *Commission c/ Siemens Österreich e.a.* et *Siemens Transmission & Distribution e.a. c/ Commission*, aff. jtes C-231/11 P à C-233/11 P, préc., pts 48 et 49.

73 TPICE, 14 mai 1998, *Metsä-Serla e.a. c/ Commission*, aff. jtes T-339/94 à T-342/94, EU:T:1998:100, pt 42 et s.

74 Alors que le Tribunal avait expressément reconnu la possibilité d'une telle référence « *aux principes généraux qui se dégagent de l'ensemble des systèmes de droit nationaux* » pour définir le régime de la solidarité en droit européen de la concurrence (v. Trib. UE, 3 mars 2011, *Siemens et VA Tech Transmission & Distribution c/ Commission*, aff. jtes T-122/07 à T-124/07, EU:T:2011:70, pt 155), la Cour, influencée par les conclusions de l'avocat général Mengozzi mettant en cause la possibilité de recourir à cet égard au droit privé (pt 122), a infirmé la possibilité de définir les règles applicables aux rapports juridiques des codébiteurs solidaires entre eux (rapport interne de solidarité), en l'absence de règles propres au droit de l'Union, par référence aux principes généraux existant dans le droit privé des États membres (arrêt du 10 avril 2014, *Commission c/ Siemens Österreich e.a.* et *Siemens Transmission & Distribution e.a. c/ Commission*, aff. jtes C-231/11 P à C-233/11 P, préc., pt 67). Cependant, la Cour n'a pas expliqué où, en droit européen de la concurrence, elle trouvait les règles applicables aux rapports juridiques de la Commission et de chacun des codébiteurs solidaires (rapport externe de solidarité), telles celles énoncées au pt 49 ou au pt 74 de l'arrêt.

75 V., en ce sens, arrêts du 6 mars 1974, *Istituto Chemioterapico Italiano et Commercial Solvents c/ Commission*, aff. jtes 6/73 et 7/73, préc., pt 41 ; du 20 mars 2002, *HFB e.a. c/ Commission*, aff. T-9/99, préc., pts 54, 524 et 525 ; du 15 juin 2005, *Tokai Carbon e.a. c/ Commission*, aff. jtes T-71/03, T-74/03, T-87/03 et T-91/03, préc., pt 62 ; et CJCE, 14 décembre 2006, *Confederación Española de Empresarios de Estaciones de Servicio*, aff. C-217/05, EU:C:2006:784, pt 41.

76 V., en ce sens, CJCE, 29 juin 2006, *Showa Denko c/ Commission*, aff. C-289/04 P, EU:C:2006:431, pt 61 et jurisprudence citée.

in idem, consacré à l'article 50 de la Charte des droits fondamentaux de l'Union européenne, qui interdit, pour une même infraction au droit de la concurrence, de sanctionner plus d'une fois un même comportement d'entreprise sur le marché à travers les différents sujets de droit qui peuvent en être tenus pour personnellement responsables[77].

Le fait que les responsabilités encourues par plusieurs personnes en raison de la participation d'une seule et même entreprise à une infraction ne soient pas identiques ne fait pas obstacle à ce qu'elles se voient infliger une amende à payer solidairement, dès lors que la solidarité pour le paiement de l'amende ne couvre que la période d'infraction durant laquelle celles-ci formaient une unité économique et constituaient donc une entreprise, au sens du droit de la concurrence.

En outre, la solidarité pour le paiement des amendes ne fait pas obstacle au droit, pour chacune des personnes sanctionnées, d'introduire un recours en annulation de la décision par laquelle la Commission leur a infligé une amende à payer solidairement[78].

En droit des aides d'État, il a également été jugé que lorsque plusieurs personnes pouvaient être tenues responsables du fait de l'entreprise ayant eu la jouissance effective de l'aide d'État illégale ou utilisée de manière abusive, seul un remboursement solidaire permettait d'obliger simultanément toutes ces personnes[79].

Cependant, le droit des aides d'État ne permet pas à la Commission d'imposer de manière automatique un devoir de remboursement solidaire d'une aide à toutes les sociétés d'un groupe si seule la société mère a reçu cette aide et qu'il n'est pas démontré qu'elle en aurait redistribué une partie à ses filiales, qui en auraient ainsi eu la jouissance effective dans le cadre de leurs activités économiques[80]. De même, il ne permet pas d'imposer à une personne un devoir de restitution solidaire d'une aide sur la base d'une simple hypothèse que celle-ci pourrait avoir conservé la jouissance effective d'une partie de l'avantage lié à cette aide en exploitant certains actifs de l'entreprise[81].

Ainsi, dans une conception traditionnelle du droit européen de la concurrence, celui-ci peut être regardé comme un régime complet de responsabilité des personnes, prises en tant que sujets, du fait des entreprises, prises en tant qu'objets,

---

77 V., en ce sens, arrêts du 7 janvier 2004, *Aalborg Portland e.a. c/ Commission*, aff. jtes C-204/00 P, C-205/00 P, C-211/00 P, C-213/00 P, C-217/00 P et C-219/00 P, préc., pt 338 ; du 20 avril 1999, *Limburgse Vinyl Maatschappij e.a. c/ Commission*, aff. jtes T-305/94 à T-307/94, T-313/94 à T-316/94, T-318/94, T-325/94, T-328/94, T-329/94 et T-335/94, préc., pts 95 à 99 ; et TPICE, 13 décembre 2006, *FNCBV e.a. c/ Commission*, aff. jtes T-217/03 et T-245/03, EU:T:2006:391, pt 340.

78 Trib. UE, 3 mars 2011, *Areva e.a. c/ Commission*, aff. jtes T-117/07 et T-121/07, EU:T:2011:69, pt 127, arrêt annulé partiellement sans renvoi par CJUE, 10 avril 2014, *Areva e.a. c/ Commission*, aff. jtes C-247/11 P et C-253/11 P, EU:C:2014:257.

79 TPICE, 1er juillet 2009, *ISD Polska e.a. c/ Commission*, aff. jtes T-273/06 et T-297/06, EU:T:2009:233, pt 112.

80 TPICE, 11 mai 2005, *Saxonia Edelmetalle et ZEMAG c/ Commission*, aff. jtes T-111/01 et T-133/01, EU:T:2005:166, pts 117 à 148.

81 TPICE, 12 septembre 2007, *MTU Friedrichshafen c/ Commission*, aff. T-196/02, EU:T:2007:252, pt 46.

lorsque, par leurs comportements, ces dernières portent atteinte à la structure concurrentielle du marché intérieur. À certains égards, un tel régime est comparable aux régimes de responsabilité du fait des choses connus dans les ordres juridiques de certains États membres. Cette approche traditionnelle se trouve toutefois remise en cause par une jurisprudence tendant à ériger l'entreprise en quasi-sujet de droit.

II. L'entreprise récemment érigée en quasi-sujet de droit

Sous la houlette des avocats généraux italiens, un basculement s'est récemment produit lorsque la Cour a tendu à assimiler l'entreprise à une personne, faisant écran à la reconnaissance d'autres sujets du droit européen de la concurrence (1). Corrélativement, les personnes tenues de répondre des devoirs de l'entreprise se trouvent ravalées au rang de simples outils de substitution à l'entreprise personnifiée (2).

1. L'entreprise, une unité économique assimilée à une personne

Pour justifier de traiter l'entreprise comme une personne, la Cour s'est retranchée derrière le choix des auteurs des traités d'utiliser, pour désigner l'auteur d'une infraction au droit européen de la concurrence susceptible d'être sanctionné, la notion d'entreprise, plutôt que celles de « société » ou de « personne morale » utilisées, notamment, à l'article 54 TFUE[82]. La Cour en a déduit que les véritables auteurs des infractions au droit européen de la concurrence et, partant, les véritables sujets de ce droit étaient les entreprises ayant participé à ces infractions plutôt que les personnes, physiques ou morales, qui pouvaient en être tenues responsables, parce qu'elles dirigeaient, directement ou indirectement, ces entreprises au moment où celles-ci avaient participé auxdites infractions.

Ainsi, alors même que la Cour reconnaît qu'une entreprise, en tant qu'unité économique, n'est pas une personne, la Cour n'hésite pas à affirmer que, « *[l]orsqu'une telle entité économique enfreint les règles de la concurrence, il lui incombe, selon le principe de responsabilité personnelle, de répondre de cette infraction* »[83]. En d'autres termes, sans être elle-même une personne, l'entreprise peut être tenue personnellement responsable de ses comportements sur le marché. L'avocat général Pitruzzella en déduit que, « *[b]ien que la notion fonctionnelle*

---

82 CJUE, 18 juillet 2013, *Schindler Holding e.a. c/ Commission*, aff. C-501/11 P, EU:C:2013:522, pt 102 ; arrêt du 10 avril 2014, *Commission c/ Siemens Österreich e.a.* et *Siemens Transmission & Distribution e.a. c/ Commission*, aff. jtes C-231/11 P à C-233/11 P, préc., pt 42.

83 V. not. arrêts du 10 septembre 2009, *Akzo Nobel e.a c./ Commission*, aff. C-97/08 P, préc., pt 56 ; du 19 juillet 2012, *Alliance One International et Standard Commercial Tobacco c/ Commission*, aff. jtes C-628/10 P et C-14/11 P, préc., pt 42 et jurisprudence citée ; du 10 avril 2014, *Commission c/ Siemens Österreich e.a.* et *Siemens Transmission & Distribution e.a. c/ Commission*, aff. jtes C-231/11 P à C-233/11 P, préc., pt 44 ; et du 27 avril 2017, *Akzo Nobel e.a. c/ Commission*, aff. C-516/15 P, préc., pt 49.

d'entreprise n'exige pas que l'unité économique soit elle-même dotée de la personnalité juridique, la jurisprudence lui reconnaît toutefois une sorte de subjectivité distincte et autonome par rapport à celle des entités qui la constituent, laquelle se superpose à la personnalité juridique dont lesdites entités sont éventuellement dotées »[84]. En constatant, en substance, que la dissociation entre l'entreprise et les personnes qui, éventuellement, peuvent la diriger ou la contrôler devrait conduire à la reconnaissance d'un nouveau sujet de droit – l'entreprise, qui se superposerait au sujet de droit traditionnel[85] –, la Cour passe ainsi définitivement outre aux mises en garde doctrinales selon lesquelles il est dangereux de confondre l'entreprise, en tant qu'entité à finalité économique, avec la personne de l'entrepreneur[86].

Dans le même temps, les personnes qui sont traditionnellement considérées comme personnellement responsables du fait de l'entreprise et auxquelles les amendes sont infligées sont ravalées, par la Cour, au rang de simples composantes de l'entreprise, considérée comme le seul véritable sujet du droit européen de la concurrence[87]. Comme la Cour l'a exprimé de manière particulièrement nette, « *les règles du droit [européen de la concurrence], y compris celles relatives au pouvoir de sanction de la Commission, et les principes du droit de l'Union de responsabilité personnelle pour l'infraction et d'individualisation des peines et des sanctions devant être respectés lors de l'exercice de ce pouvoir de sanction ne concernent que l'entreprise en tant que telle et non les personnes physiques ou morales qui en font partie* »[88]. En d'autres termes, le droit européen de la concurrence reposerait sur un système de responsabilité de l'entreprise elle-même, plutôt que de responsabilité des personnes du fait de l'entreprise.

Ne pouvant toutefois dépasser le paradigme fondamental selon lequel, en droit, seules les personnes sont capables d'être titulaires de droits, d'obligations et de devoirs et disposent d'un patrimoine pour en répondre, la Cour prétend que la sanction qui est infligée à ces personnes ne les érige pas en véritables sujets du droit européen de la concurrence, mais n'est qu'un moyen pratique de sanctionner l'entreprise, personnellement responsable de l'infraction, à travers ses différentes composantes. Elle présente ainsi le fait « *que la décision de la Commission*

---

84 Conclusions AG Pitruzzella, 15 avril 2021, *Sumal*, aff. C-882/19, EU:C:2021:293, pt 35. Les conclusions de l'avocat général ont été suivies par la grande chambre de la Cour dans l'arrêt du 6 octobre 2021, *Sumal*, aff. C-882/19, EU:C:2021:800, pt 46.

85 Cela correspond à la thèse développée par M. Despax dans *L'entreprise et le droit*, Paris, LGDJ, 1957.

86 V. J. Barthélémy, « Mais qu'est-ce que l'entreprise ? », Entretien avec J. Paillusseau, *JCP G*, n° 48, 2018, <http://www.tendancedroit.fr/wp-content/uploads/2018/11/Entretien.pdf>, p. 2130 : « *L'entreprise ne peut qu'être d'abord une entité à finalité économique. Pourtant – et bien que l'objet de la société, qui rassemble des détenteurs du capital affecté à un objet particulier d'activité – dangereux de confondre entreprise et société. Cette remarque préliminaire est d'autant plus importante qu'au-delà de l'approche économique et de l'approche juridique, l'entité se nourrit aussi d'une vision sociologique.* » V. égal. J. Paillusseau, *ibid.*, p. 2127 : « *[L]'entreprise est une entité économique et une entité sociale, elle n'est pas une entité juridique.* »

87 Arrêt du 10 avril 2014, *Commission c/ Siemens Österreich e.a.* et *Siemens Transmission & Distribution e.a. c/ Commission*, aff. jtes C-231/11 P à C-233/11 P, préc., pts 43, 45 et 55.

88 *Ibid.*, pt 56.

infligeant des amendes doi[ve] nécessairement être adressée aux personnes juridiques constituant une entreprise » comme une « *contrainte, qui présente un caractère purement pratique* »[89].

Ce faisant, la Cour substitue à un régime juridique de la responsabilité des personnes du fait de l'entreprise, fondé sur le critère juridique de la responsabilité personnelle, un régime d'imputation des devoirs de l'entreprise, personnellement responsable, aux personnes qui la composent, fondé sur le critère technique de l'inclusion dans l'entreprise. Dans cette optique, les personnes composant l'entreprise, sujet du droit européen de la concurrence, se trouvent réduites au rang de simples outils, utilisés par ce droit comme des substituts de l'entreprise personnifiée.

2. Les personnes composant l'entreprise, réduites au rang de simples outils substitutifs

Afin de justifier que les devoirs de l'entreprise soient imposés à des personnes, sans passer par la mise en cause de la responsabilité personnelle de ces dernières, la Cour a dû redéfinir le droit européen de la concurrence autour du critère central de l'inclusion des personnes dans l'entreprise. Ainsi, la Cour a observé que, dans certaines circonstances, une personne qui n'était pas l'auteur d'une infraction au droit de la concurrence pouvait néanmoins être sanctionnée pour le comportement infractionnel d'une autre personne, dès lors que ces personnes faisaient toutes deux partie de la même entité économique et participaient ainsi de l'entreprise ayant enfreint le droit européen de la concurrence[90].

En substance, la Cour considère que, dans la mesure où les entreprises ne disposent pas d'une capacité juridique et d'un patrimoine propres, il appartient aux personnes, physiques ou morales, de fournir à l'entreprise une capacité juridique et un patrimoine de substitution, afin que celle-ci puisse répondre, en pratique, à ses devoirs en vertu du droit européen de la concurrence. Les personnes ne sont alors que de simples outils ou vecteurs de mise en œuvre de ce droit, mais non les sujets de celui-ci. La Cour renonce ainsi, sans explication, à une justification juridique solide fondée sur la capacité dont seules les personnes disposent, au profit d'une justification purement pratique qui ne repose sur aucun fondement conceptuel identifiable.

Le critère d'imputation fondé sur l'inclusion des personnes dans l'entreprise a également été appliqué, bien que sous une forme différente, en droit des aides d'État. Il a ainsi été jugé que, dans une décision constatant l'incompatibilité d'une aide octroyée à une entreprise et imposant son recouvrement, la Commission n'était pas tenue de préciser dans quelle mesure chaque personne avait profité

89 *Ibid.*, pt 55.

90 *Ibid.*, pt 45.

du montant de cette aide. Il revient à l'État membre concerné de déterminer le montant devant être remboursé par chacune de ces personnes lors de la récupération de l'aide. En cas de difficultés imprévues, cet État peut soumettre ses problèmes à l'appréciation de la Commission, celle-ci et l'État devant collaborer de bonne foi, conformément au devoir de coopération loyale consacré notamment à l'article 4 TUE, en vue de surmonter ces difficultés[91].

Dans le cadre d'une demande de décision préjudicielle, la Cour est également appelée à clarifier si, dans le cadre d'une action privée en réparation des dommages causés par une pratique anticoncurrentielle introduite devant les autorités judiciaires d'un État membre et consécutive à une décision de la Commission (*follow-on action*), la personne qui prétend avoir été victime de cette pratique peut mettre en cause la responsabilité de la filiale de la société qui a participé à celle-ci et qui, pour cette raison, a été sanctionnée par la Commission par une décision qui ne vise pas ladite filiale, en invoquant le fait que les sociétés en question constituent une « unité économique ».

Dans ses conclusions, l'avocat général Giovanni Pitruzzella a proposé à la Cour de répondre à cette question par l'affirmative, « *dès lors qu'il est démontré, d'une part, qu'à la lumière des liens économiques, organisationnels et juridiques existant entre ces sociétés elles formaient, à l'époque où la violation a été commise, une unité économique et, d'autre part, que le comportement de la filiale sur le marché concerné par le comportement illicite de la société mère a contribué de manière substantielle à la réalisation de l'objectif poursuivi par ledit comportement et à la matérialisation des effets de l'infraction* »[92]. Selon lui, lorsqu'elle choisit, au sein de l'unité économique que forme l'entreprise, les personnes auxquelles elle entend imputer la participation de cette entreprise à une infraction, la Commission se détermine « *essentiellement pour des raisons d'opportunité liées à des exigences d'économie de procédure ou aux éléments de preuve dont elle dispose* »[93]. Cela ne signifierait pas, pour autant, que toutes les autres personnes incluses dans ladite entreprise seraient juridiquement exonérées des devoirs incombant à celle-ci.

Bien que les tenants du critère de l'inclusion, pris en tant que justification de l'imputation des devoirs de l'entreprise à certaines personnes, se réfèrent au large pouvoir d'appréciation dont dispose la Commission dans le cadre d'une telle imputation, ceux-ci peinent à justifier la pratique décisionnelle de celle-ci de ne pas mettre indifféremment en cause des personnes, physiques ou morales, qui participent de l'entreprise, mais de se focaliser sur celles qui la dirigeaient

---

91 V., en ce sens, arrêts du 11 mai 2005, *Saxonia Edelmetalle et ZEMAG c/ Commission*, aff. jtes T-111/01 et T-133/01, préc., pt 124 et jurisprudence citée, et du 13 septembre 2010, *Grèce e.a. c/ Commission*, aff. jtes T-415/05, T-416/05 et T-423/05, préc., pt 126.

92 Conclusions AG Pitruzzella, 15 avril 2021, *Sumal*, aff. C-882/19, préc., pt 78.

93 *Ibid.*, pt 73 ; au point 63 de l'arrêt du 6 octobre 2021, *Sumal* (aff. C-882/19, préc.), la grande chambre de la Cour confirme notamment que « […] la Commission peut librement tenir pour responsable d'une infraction et sanctionner par l'imposition d'une amende n'importe quelle entité juridique d'une entreprise ayant pris part à une infraction à l'article 101 TFUE […] ».

ou la contrôlaient, directement ou indirectement, au moment où celle-ci a participé à l'infraction ou a bénéficié de l'aide. De plus, en érigeant l'entreprise en écran qui ne permet plus de regarder les personnes auxquelles les devoirs de l'entreprise sont imputés comme les véritables sujets du droit européen de la concurrence, ce critère amène à un « éclatement » de l'application de ce droit qui relève, pour autant qu'il concerne l'entreprise, du droit de l'Union et, pour autant qu'il concerne les personnes incluses dans l'entreprise et tenues des devoirs de celle-ci, du droit des États membres. Il sépare l'examen effectué par le juge national dans le cadre d'un litige en responsabilité civile de celui effectué par la Commission lors de la procédure administrative, en imposant au juge national d'examiner de façon autonome l'infraction ou l'aide et de distribuer la responsabilité du paiement ou du remboursement au sein de l'entreprise selon les règles du droit national.

En effet, la Cour affirme que les règles du droit européen de la concurrence ne concernent que l'entreprise, en tant que telle, et non les personnes, physiques ou morales, qui la composent[94]. En particulier, elle en a jugé ainsi du mécanisme de solidarité pour le paiement des amendes, pris en tant qu'effet de plein droit de la notion d'entreprise[95].

Lorsqu'il avait eu à examiner cette question, le Tribunal avait considéré que, en application du principe de personnalité des peines, les codébiteurs solidaires de l'amende devaient pouvoir connaître la répartition de leurs devoirs non seulement par rapport à la Commission (rapport externe de solidarité), mais également dans leurs rapports entre eux (rapport interne de solidarité).

À cet égard, le Tribunal avait constaté que, faute d'indication contraire dans la décision par laquelle la Commission infligeait une amende, à payer solidairement, à plusieurs personnes en raison du comportement infractionnel d'une entreprise, celle-ci leur imputait, à responsabilité égale, ledit comportement[96]. En outre, il avait rappelé que, dans la mesure où les codébiteurs solidaires de l'amende étaient tenus au paiement d'une amende unique, dont le montant était calculé par référence au chiffre d'affaires de l'entreprise, chacun d'eux était tenu, dans ses rapports avec la Commission, au paiement de la totalité du montant de l'amende et que le paiement effectué par l'un d'eux les libérait tous vis-à-vis de cette dernière[97]. Dans leurs rapports entre eux, le Tribunal avait jugé que les codébiteurs solidaires de l'amende, qui encouraient, sauf indication contraire dans la décision infligeant l'amende, une égale responsabilité dans la commission de l'infraction, devaient, en principe, contribuer à parts égales au paiement de

94 Arrêt du 10 avril 2014, *Commission c/ Siemens Österreich e.a.* et *Siemens Transmission & Distribution e.a. c/ Commission*, aff. jtes C-231/11 P à C-233/11 P, préc., pt 56.

95 *Ibid.*, pt 57.

96 Arrêt du 3 mars 2011, *Areva e.a. c/ Commission*, aff. jtes T-117/07 et T-121/07, préc., pt 215 et jurisprudence citée.

97 *Ibid.*

cette amende[98]. Par conséquent, celui qui, après avoir été éventuellement mis en cause par la Commission, payait l'intégralité du montant de l'amende pouvait, sur le fondement même de la décision de cette dernière, agir en répétition contre ses codébiteurs solidaires, chacun pour sa quote-part[99].

Cependant, sur pourvoi, la Cour a jugé que le Tribunal avait commis une erreur de droit en estimant que les devoirs des codébiteurs solidaires entre eux et, donc, le rapport interne de solidarité étaient régis par le droit de l'Union[100]. Elle a adopté une approche radicalement différente, en considérant que le droit européen de la concurrence et, plus précisément, la solidarité pour le paiement de l'amende ne régissaient que les rapports de la Commission avec l'entreprise, véritable sujet de ce droit appréhendé à travers les différentes personnes qui le composaient. De la sorte, la Cour a procédé au découpage d'une institution juridique unique, à savoir un régime complet de solidarité couvrant tant les rapports du créancier avec ses codébiteurs que ceux des codébiteurs entre eux, afin de pouvoir conclure que le droit de l'Union ne régissait que le rapport externe de solidarité[101] et non son rapport interne. Selon elle, ni le libellé de l'article 23, paragraphe 2, du règlement (CE) n° 1/2003 ni l'objectif du mécanisme de solidarité pour le paiement des amendes ne permettent de considérer que le pouvoir dont dispose la Commission de condamner solidairement à une amende plusieurs personnes, dans la mesure où elles participent d'une même entreprise, peut s'étendre, au-delà de la détermination du rapport externe de solidarité, à celui de déterminer les quotes-parts de celles-ci dans leur rapport interne de solidarité[102]. L'objectif du recours à l'institution juridique de la solidarité, en droit européen de la concurrence, est uniquement de réduire le risque d'insolvabilité, en multipliant les débiteurs de l'amende, et il peut être atteint sans qu'il y ait lieu de déterminer, dans la relation interne existant entre codébiteurs solidaires, les quotes-parts respectives de ceux-ci[103]. En l'absence de fixation par voie contractuelle des quotes-parts des codébiteurs de l'amende solidaire, il incombe aux juridictions nationales de déterminer ces dernières, dans le respect du droit de l'Union et en vertu du droit national applicable au litige[104], dès lors que le droit de l'Union ne comporte aucune règle permettant de résoudre un tel contentieux[105]. En principe, selon la Cour, le droit de l'Union ne s'oppose pas à ce que la répartition interne d'une telle amende soit effectuée selon une

98 *Ibid.*

99 *Ibid.*

100 Arrêt du 10 avril 2014, *Commission c/ Siemens Österreich e.a.* et *Siemens Transmission & Distribution e.a. c/ Commission*, aff. jtes C-231/11 P à C-233/11 P, préc., pt 64.

101 *Ibid.*, pts 52 et 53 et jurisprudence citée.

102 *Ibid.*, pt 58.

103 *Ibid.*, pts 59 et 60.

104 *Ibid.*, pt 62.

105 *Ibid.*, pt 61 et jurisprudence citée.

règle du droit national qui détermine les quotes-parts des codébiteurs solidaires en tenant compte de leur responsabilité ou de leur culpabilité relative dans la commission de l'infraction imputée à l'entreprise dont ils faisaient partie[106].

Ainsi, et pour reprendre les termes de l'avocat général Pitruzzella, à l'engagement de la responsabilité subjective, distincte et autonome, de l'entreprise lorsqu'elle enfreint le droit européen de la concurrence, laquelle est régie par ce même droit, la Cour superpose la responsabilité des personnes qui sont tenues de répondre solidairement des devoirs qui en découlent, laquelle relève, selon elle, du droit national et des autorités judiciaires des États membres.

Pourtant, la Cour admet que la responsabilité respective des différentes personnes condamnées solidairement au paiement d'une amende du fait d'une pratique anticoncurrentielle d'une entreprise, en vertu du droit national, est étroitement liée à celle de cette entreprise, en vertu du droit européen de la concurrence. En effet, d'une part, la décision de la Commission prononçant une condamnation solidaire au paiement d'une amende, en ce qu'elle identifie les codébiteurs solidaires et détermine le montant maximal pouvant être réclamé de chacun d'entre eux, fixe le cadre juridique dans lequel il doit être statué sur les actions récursoires visant à déterminer la responsabilité respective des différents codébiteurs. D'autre part, la Commission est susceptible de disposer d'éléments pertinents aux fins de la détermination des quotes-parts desdits codébiteurs[107]. La Cour tente donc de résoudre cette contradiction en rappelant la Commission à son devoir de coopération loyale avec les autorités judiciaires des États membres, conformément à l'article 4 TUE, notamment dans le cadre des actions récursoires des codébiteurs solidaires[108].

Le problème est que la dette solidaire a toujours la même nature, qu'il s'agisse du rapport externe ou interne. Sa source unique est la décision administrative de la Commission. Partant, le juge national, en cherchant à répartir la responsabilité administrative respective de chacun des codébiteurs solidaires de l'amende dans la violation, par l'entreprise, du droit européen de la concurrence, devra se référer à la source de la dette, qui se trouve être en droit public de l'Union. En réalité, il devra ainsi finaliser la décision de la Commission, en application du droit national et avec l'aide de la Commission, afin de déterminer les quotes-parts de l'amende incombant à chacun des codébiteurs solidaires. Or, le fait que l'intervention du juge national et l'application du droit national puissent aller au-delà de la pure exécution de la décision de la Commission soulève de nombreuses questions, dans la mesure où la Cour n'a jamais cessé d'admettre que les décisions que la Commission adopte en vertu du droit européen de la

---

106 *Ibid.*, pt 71.

107 *Ibid.*, pt 63.

108 *Ibid.*

concurrence doivent toujours être adressées à des personnes. Si la mise en cause de ces personnes constitue un aspect indispensable de la décision de la Commission, comment peut-on admettre que le devoir de payer l'amende, qui découle directement et uniquement de cette décision, puisse, même partiellement, dans les rapports internes des codébiteurs solidaires de l'amende, relever de la compétence du juge national et du droit national et, en d'autres termes, échapper à la compétence du juge de l'Union et au droit de l'Union ? Quel juge national et quelles règles du droit national ont vocation à intervenir pour compléter ou préciser, à cet égard, la décision adoptée par la Commission, notamment aux fins de déterminer la responsabilité relative des différentes personnes tenues de répondre des devoirs de l'entreprise ? Quel fondement juridique autorise le juge national à compléter ou à préciser ainsi, en application du droit national, des devoirs qui découlent du droit de l'Union ?

Toutes ces questions démontrent que la théorie de l'entreprise sujet et, partant, de l'entreprise-écran, que la jurisprudence récente de la Cour tend à consacrer, bouscule profondément le droit européen de la concurrence, qui reposait, jusqu'alors, sur des institutions et des mécanismes juridiques traditionnels bien connus, pour le mener vers des territoires inconnus.

III. Conclusion

Comme l'a bien analysé Laurence Idot, l'entreprise se présente, en droit européen de la concurrence, comme « *une notion fonctionnelle qui poursuit à chaque fois une finalité précise, qu'il s'agisse de déterminer le champ d'application d'une règle, de qualifier un comportement, ou encore d'identifier et de sanctionner le responsable* », de sorte qu'« *il n'y a pas en droit de la concurrence une définition unitaire de l'entreprise, mais une pluralité d'approches complémentaires* » et que, « *[s]uivant le problème à régler, l'accent est mis soit sur l'objet de l'entreprise – l'exercice d'une activité économique –, soit sur sa structure – une unité dotée de l'autonomie de décision* »[109].

Toutefois, cette polyvalence s'inscrivait traditionnellement dans une conception de l'entreprise considérée comme un simple objet de droit. Or, une tendance récente se fait jour, à la Cour, à vouloir ériger l'entreprise en seul véritable sujet du droit européen de la concurrence, avec comme corollaire que celui-ci ne s'adresserait plus directement à des personnes, mais seulement à des unités économiques. Cette tendance, si elle se poursuit, risque de fausser profondément, dans le cadre du droit européen de la concurrence, l'application des principes juridiques traditionnels et d'aboutir à un éclatement de l'application de ce droit entre les ordres juridiques de l'Union et des États membres, dont les conséquences restent, à ce jour, difficiles à mesurer.

---

109 L. Idot, « La notion d'entreprise en droit de la concurrence, révélateur de l'ordre concurrentiel », préc., pt 3.

Certes, le droit européen de la concurrence, en raison de sa dimension économique, ne peut-il fonctionner efficacement sans s'appuyer sur la notion d'« entreprise », qui relève d'une telle dimension. Cependant, celui-ci devrait déterminer sans ambiguïté s'il appréhende l'« entreprise » comme un objet ou comme un sujet de ce droit. La jurisprudence actuelle n'effectue pas de choix clair à cet égard et repose sur une combinaison de ces deux approches, au risque de priver le droit européen de la concurrence des fondations solides et cohérentes qui sont indispensables à son bon développement. Il serait donc souhaitable de sortir rapidement de ce flou en constatant, contrairement à la tendance jurisprudentielle récente et conformément aux notions juridiques traditionnelles essentielles, telles que la personnalité et la capacité juridiques, que les personnes morales auxquelles les décisions de la Commission sont adressées sont les véritables sujets du droit européen de la concurrence, tenues pour responsables des atteintes que peuvent porter à la structure concurrentielle du marché intérieur les entreprises qu'elles dirigent ou qu'elles contrôlent, prises en tant que simples objets économiques et outils d'imputation de responsabilité.

Politique « Mieux légiférer » et politique de concurrence : Faire face aux nouveaux défis sociétaux

FABIENNE PÉRALDI LENEUF*

Université Paris 1 Panthéon-Sorbonne

Résumé

La politique et le droit de la concurrence, plus que d'autres domaines peut-être, nécessitent d'être adaptés et associés aux objectifs de sortie de crise, de résilience et de double transition qui sont assignés à l'Union européenne. Soumis à des critiques sévères depuis quelque temps relatives à leur rigueur juridique et technique qui les éloignent des grands enjeux et défis du futur, ils font l'objet de toutes les attentions de la Commission européenne. La mobilisation des nouveaux instruments de son action « pour une meilleure réglementation », notamment la plateforme « Fit for Future *» devrait permettre de les intégrer dans les prospectives stratégiques européennes, dont font partie le défi numérique, le pacte vert pour l'Europe, et la réalisation d'une économie au service des citoyens.*

* Professeur à l'Université Paris 1 Panthéon-Sorbonne, Institut de recherche en droit international et européen de la Sorbonne (IREDIES).

« *Le système d'amélioration de la réglementation de la Commission est l'une des approches réglementaires les plus avancées au monde* ». Ainsi débute la communication de la Commission européenne du 29 avril 2021[1] intitulée « Une meilleure réglementation : unir nos forces pour améliorer la législation ». Elle instrumentalise à l'évidence le satisfecit accordé par l'OCDE à la politique « Mieux légiférer » pour justifier une énième évolution de celle-ci. Le document suggère en effet à la suite, des « *améliorations supplémentaires* », destinées à ce que les « *politiques soutiennent de la meilleure façon possible la reprise et la résilience de l'UE et sa double transition* ».

La démarche n'est pas en soi surprenante. La Commission nous a habitués depuis vingt ans à ses publications récurrentes sur son action en faveur d'une meilleure réglementation, engagée dans une course effrénée, qui oscille au gré des programmes et des ambitions des Commissions européennes qui se succèdent. Preuve de cette continuité, le superviseur de la première révision de la politique « Mieux légiférer » en 2015[2], Frans Timmermans, est l'un des actuels vice-présidents exécutifs de la Commission européenne.

Sur le fond, en revanche, le discours se démarque des précédents en raison du lien direct et fort qui est établi entre la meilleure réglementation et l'avenir de l'Union (*reprise, résilience, transition*). La politique réglementaire devra être mobilisée pour faire face aux grands défis auxquels l'Union est confrontée et que nous connaissons bien : rebondir à la situation de crise créée par la Covid-19[3] ; intégrer les objectifs de développement durable (ODD) des Nations unies ; veiller aux engagements pris dans le cadre du pacte vert pour l'Europe ; répondre au défi numérique ; accélérer les investissements et la mise en œuvre de NextGenerationEU. La Commission présidée par Madame von der Leyen propose donc, à côté des outils traditionnels du « Mieux légiférer » (la sensibilisation des citoyens aux consultations publiques, le renforcement de la transparence des politiques et des évaluations, l'association des acteurs, une meilleure communication avec le grand public et les parties prenantes), de mobiliser de nouveaux instruments au bénéfice de ces enjeux politiques. Même s'il s'agit d'une évolution du programme REFIT (« Fitness Regulatory » pour une réglementation affûtée et performante)[4], qui peut sembler naturelle, cet ajustement marque un changement de stratégie.

---

1 Communication de la Commission, « Une meilleure réglementation : unir nos forces pour améliorer la législation » ?, COM(2021) 219 final, 29 avril 2021, citant l'OCDE (2018), *Politique de la réglementation : Perspectives de l'OCDE 2018*, Paris, Publications OCDE, 2018.

2 En 2015, de nouvelles propositions sont formulées dans un paquet « Mieux légiférer » manifestant la volonté de la part de la nouvelle Commission de marquer de son empreinte la philosophie de l'action. Le « paquet », qui contient une communication, des lignes directrices, un nouvel accord interinstitutionnel et une nouvelle boîte à outils, forme l'« Agenda de la meilleure réglementation » (AMR), COM(2015) 215 final, 19 mai 2015.

3 L. Idot, « COVID-19 et droit de la concurrence. Quelles adaptations ? », *Europe* avril 2020, nº 4, étude 3 ; « Covid-19 et contrôle des aides d'État : les premières réponses », *Europe* avril 2020, nº 4, alerte 24.

4 Communication de la Commission, « Pour une réglementation de l'UE bien affûtée », COM(2012) 746 final, 12 décembre 2012 ; <https://ec.europa.eu/info/law/law-making-process/evaluating-and-improving-existing-laws/refit-making-eu-law-simpler-less-costly-and-future-proof_fr>. v. Fabienne Péraldi Leneuf, « La simplification du droit dans l'UE : le programme pour une réglementation affûtée et performante (REFIT) », *Cahier 2017/II, Revue LeGeS*, Berne, Suisse, 2017.

En 2003[5], « Mieux légiférer » a été conçue en effet comme une politique de légistique classique[6], c'est-à-dire s'attachant à la conception formelle et matérielle des textes dans le but d'améliorer leur qualité. Elle fut ensuite empreinte d'une dynamique plus économique visant à réduire le poids de la réglementation au bénéfice des PME. Elle poursuit d'ailleurs aujourd'hui l'objectif de promouvoir des politiques européennes efficaces, inclusives, « *evidence-based* », autrement dit qui soient fondées réellement sur des faits ou données concrètes. Mais ces étapes n'égalent pas la philosophie qui est issue de la communication d'avril 2021. Il s'agit en effet désormais, à côté du développement d'études d'impact complètes et transparentes, et du renforcement encore et toujours de l'évaluation *ex ante* et *ex post,* d'intégrer « *de la prospective stratégique* » dans l'élaboration des textes. Les boîtes à outils sont destinées à permettre aux fonctionnaires européens de se projeter et de traduire des données scientifiques et techniques en Politique.

Tous les domaines matériels de l'UE sont concernés, et bien entendu la politique de concurrence. Élément indispensable du fonctionnement du marché intérieur, elle a pour objet, comme on le sait, que les entreprises puissent exercer leur activité de façon équitable et loyale. Elle encourage l'efficience économique, la réduction des coûts, les choix larges et le renforcement de la qualité au service du consommateur. La politique et le droit de la concurrence sont d'autant plus visés par cette nouvelle approche que, depuis quelque temps, les critiques à leur encontre se multiplient. En particulier, le refus par la Commission de la fusion Alstom-Siemens en février 2019 a cristallisé les contestations : la politique de concurrence serait inadaptée, tournée vers le passé, incapable de prendre en considération les grands enjeux. Mais leurs sources sont multiples. Un récent rapport du Sénat[7] explicite cette tendance : « *En dépit d'évolutions à la marge, son cadre juridique est [...] resté en grande partie inchangé depuis l'époque des traités fondateurs de l'Union, alors que l'environnement économique est de plus en plus complexe, mondialisé et numérique* »[8]. Les reproches portent ainsi sur l'absence de pertinence stratégique de l'application des règles de concurrence : le fait de sous-estimer les effets bénéfiques des opérations de rapprochement et de surestimer les atteintes potentielles au niveau de concurrence ; le fait d'appliquer des montants d'amendes jugés prohibitifs, désincitant les entreprises à élaborer des projets de coopération innovants, d'imposer des remèdes structurels trop lourds aux entreprises désirant se rapprocher ; de prévoir une longueur excessive de la procédure, incompatible avec la vie économique, « *qui requiert [au contraire] réactivité et souplesse des entreprises, et qui les conduit à s'autocensurer en amont ou à abandonner leur projet de rapprochement* »[9].

---

5 V. l'accord interinstitutionnel « Mieux légiférer » publié au *JOUE* n° C 321 du 31 décembre 2003, p. 1, dans la continuité du livre blanc sur la gouvernance européenne de 2001, COM (2001) 428 final.

6 Fabienne Péraldi Leneuf, *La Légistique dans le système de l'Union européenne* », ss. dir., ed. BRUYLANT, 2012.

7 Rapport d'information n° 603 du Sénat (2019-2020) de MM. A. Chatillon et O. Henno, fait au nom de la commission des affaires européennes et de la commission des affaires économiques, déposé le 8 juillet 2020.

8 *Ibid.* p. 5.

9 *Ibid.* p. 26.

Bref, trop de rigueur juridique et technique et pas assez de projections politiques et économiques, même si ces observateurs admettent que le droit de la concurrence reste protecteur du consommateur, a su contenir la hausse des prix et préservé l'intensité concurrentielle sur les marchés[10]. Le rapport souligne en effet que « *la littérature économique conclut à l'existence d'une corrélation forte et avérée entre la nature concurrentielle des marchés et le développement de l'innovation et de la productivité* »[11].

Comment projeter alors politique et droit de la concurrence dans l'avenir, tout en maintenant le difficile équilibre entre rigueur juridique et nécessité politique ? De nombreuses recommandations sont formulées ici et là[12]. Notre propos n'est pas de les commenter mais de discuter plutôt des moyens et outils disponibles permettant progresser dans cette voie. On relèvera tout d'abord que face aux controverses, la nécessité d'adapter les règles de concurrence a été officiellement affirmée par Margrethe Vestager, commissaire chargée de la concurrence, dès le début de son second mandat en 2019. Son propos n'était pas d'annoncer un bouleversement majeur, mais d'exprimer l'engagement politique d'inscrire la politique de concurrence dans une perspective plus « actuelle », conformément au mouvement d'amélioration de la réglementation qui a été mené au titre de « Mieux légiférer » depuis le début des années 2000 (I.). On observera ensuite que la communication plus récente du 18 novembre 2021 relative à « Une politique de concurrence adaptée aux nouveaux enjeux »[13], bien plus plus innovante, propose un réexamen des instruments de concurrence afin de s'assurer que l'ensemble des outils (contrôle des concentrations, des pratiques anticoncurrentielles et des aides d'État) soient adaptés à leur finalité et complètent sa boîte à outils existante, de telle sorte qu'ils apparaissent comme incubateurs des objectifs futurs de la politique de concurrence (II.).

I. « Mieux légiférer » au soutien de l'évolution procédurale du droit de la concurrence

Il est possible de dater le premier mouvement de modernisation du droit de la concurrence à la fin des années 1990 avec l'adoption du livre blanc sur la modernisation des règles d'application des articles 81 et 82 (ex-articles 85 et 86)

10 Le rapport mentionne plusieurs études montrant que la « *Commission européenne a conduit un ensemble de travaux visant à évaluer l'efficacité de sa politique de concurrence en matière d'impact sur l'emploi et la croissance. Il en résulte que "la politique de concurrence a des effets positifs significatifs sur la croissance (de l'ordre de 0,45 % après 5 ans) et sur l'emploi (de l'ordre de 450 000 emplois créés après 5 ans)". L'impact positif de la concurrence sur la croissance économique serait même supérieur à celui de l'ouverture au commerce international ou encore à celui de la qualité des institutions. En outre, la politique de concurrence aurait un effet redistributif : la diminution des prix permise par sa mise en œuvre bénéficie relativement plus aux ménages les moins aisés : cinq ans après l'application de mesures concurrentielles dans un marché, la consommation des premiers augmenterait quatre fois plus que celle des ménages plus aisés [...]* ». *Ibid.*, pp. 32-33.

11 *Ibid.* p. 32.

12 V. le rapport précité et A. Perrot, S. Catoire, V. Blonde, H. Mariton et A. Ropars, « La politique de la concurrence et les intérêts stratégiques de l'UE », IGF, avril 2019, <https://www.igf.finances.gouv.fr/files/live/sites/igf/files/contributed/IGF%20internet/2.RapportsPublics/2019/2018-M-105-03-UE.pdf>.

13 Communication de la Commission, « Une politique de concurrence pour de nouveaux enjeux », COM(2021) 713 final, 18 novembre 2021.

du traité CE[14]. Déjà à l'époque, l'idée de simplification des procédures administratives (aujourd'hui on parle de réduction des charges) était à l'origine de ce processus destiné à renforcer l'efficacité des règles de concurrence. Le texte réformant le fameux règlement n° 17 du 6 février 1962[15] adopté en 2003 créait ainsi conjointement le Réseau européen de la concurrence (REC)[16] amorçant un mouvement de décentralisation fondé sur la collaboration entre autorités nationales et européenne de la concurrence pour l'application de ce droit. Cette première étape de modernisation a été suivie en 2004 par celle ciblant le contrôle exercé par la Commission européenne sur les projets de concentrations[17], à la faveur d'un autre texte à l'origine d'avancées importantes dans ce sens.

Au-delà de l'intention, l'impact du « Mieux légiférer » sur le droit de la concurrence prend corps réellement avec le contrôle de l'efficacité du modèle décentralisé établi par le règlement (CE) n° 1/2003. Celui-ci fait en effet l'objet de façon récurrente d'évaluations *ex post* par la Commission européenne. Plusieurs bilans, en 2009[18] puis en 2015, soulignent la contribution positive du REC dans la mise en œuvre de la politique, mais également soulignent la nécessité de procéder à des améliorations[19]. Consultations et études d'impact confirment l'existence d'une trop grande hétérogénéité dans l'application du droit par les autorités nationales de concurrence (ANC) et l'urgence de renforcer la convergence institutionnelle et procédurale au sein du REC[20]. La directive (UE) 1/2019 ou encore « ECN + » adoptée le 3 février 2019[21] est le fruit de ces réflexions. Elle peut être considérée comme le premier texte de « meilleure réglementation » se projetant dans un avenir mettant la protection des consommateurs au centre de l'action politique de l'UE, au profit donc aussi du marché intérieur.

L'actualisation du droit de la concurrence promise par Mme Vestager en 2019 a visé aussi en 2020 la définition du marché en cause, dont la dernière identification datait de 1997[22]. Afin d'engager un dialogue avec les parties prenantes concernées de façon

---

14 *JOCE* n° C 132 du 12 mai 1999, p. 1.

15 Règlement n° 17 : Premier règlement d'application des articles 85 et 86 du traité, *JOCE* n° 013 du 21 février 1962, p. 0204.

16 Règlement (CE) n° 1/2003 du Conseil du 16 décembre 2002 relatif à la mise en œuvre des règles de concurrence prévues aux articles 81 et 82 du traité, *JOCE* n° L 1 du 4 janvier 2003, p. 1.

17 Règlement (CE) n° 139/2004 du Conseil du 20 janvier 2004 relatif au contrôle des concentrations entre entreprises, *JOUE* n° C 20 du 29 janvier 2004, p. 4 ; v. aussi M. Koehler de Montblanc, « Règlement CE n° 139/2004 : La Commission européenne adopte le nouveau règlement communautaire relatif au contrôle des concentrations », 20 janvier 2004, *Concurrences* n° 1-2004, art. n° 26827.

18 Communication de la Commission, « Rapport sur le fonctionnement du règlement n° 1/2003 », COM(2009) 206 final, 29 avril 2009, et le document de travail SEC(2009) 574 final, 29 avril 2009.

19 Communication de la Commission, « Dix ans de mise en œuvre des règles concernant les pratiques anticoncurrentielles sous le régime du règlement n° 1/2003 : bilan et perspectives », COM(2014) 453 final, 9 juillet 2014.

20 C. Lemaire, A. Lacresse et J. Bousin, « Politique de concurrence : le Parlement européen et le Conseil adoptent la directive ECN+ et renforcent la convergence institutionnelle et procédurale au sein du réseau européen de concurrence (Directive 2019/1) », *Concurrences* n° 2-2019, art. n° 90462, pp. 144-148.

21 Directive (UE) 2019/1 du Parlement européen et du Conseil du 11 décembre 2018 visant à doter les autorités de concurrence des États membres des moyens de mettre en œuvre plus efficacement les règles de concurrence et à garantir le bon fonctionnement du marché intérieur, *JOUE* n° L 11 du 14 janvier 2019, p. 3 ; Comm. eur., « Rapport sur la politique de concurrence 2018 », COM (2019) 339 final, 15 juillet 2019.

22 Communication de la Commission sur la définition du marché en cause aux fins du droit communautaire de la concurrence, *JOCE* n° C 372 du 9 décembre 1997, p. 5.

à « *comprendre toutes les préoccupations concernant les définitions sur le mode de fonctionnement du marché et la question de savoir si la communication doit être actualisée* »[23], une consultation publique a conclu à la nécessité de mettre à jour l'approche de la Commission. Conformément aux principes du programme « Mieux légiférer », cette évaluation a été fondée sur les critères de pertinence dégagés par celui-ci : efficacité, efficience, cohérence et valeur ajoutée de l'UE. Le rapport final publié en juin 2021 relie ces principes à l'évolution envisagée sous quatre thèmes : la numérisation, l'innovation, la définition du marché géographique et les techniques quantitatives[24]. La future communication sur ce sujet est prévue pour 2022[25].

En complément de ces consultations et démarches proactives, d'autres outils permettent d'envisager des réformes de la politique de concurrence. Parmi ceux-ci, le programme REFIT, déjà évoqué ci-dessus, qui existe depuis 2012, et contient les modalités de procéder à l'évaluation de l'ensemble de la réglementation de l'UE et de faire des propositions de révision de celle-ci. Il doit être appréhendé en lien avec l'accord interinstitutionnel signé entre les trois institutions décisionnelles en 2016[26] qui oblige la Commission à présenter chaque année, dans une enquête annuelle sur la charge réglementaire, un aperçu des efforts entrepris pour simplifier la législation, éviter la surréglementation et réduire les charges réglementaires. C'est ainsi que l'enquête annuelle 2019 montre que la plateforme REFIT a adopté sept avis dans le domaine de la concurrence, même si relatifs essentiellement aux aides d'État[27]. Le tableau de bord REFIT donne quant à lui un aperçu des initiatives de simplification et de leur état d'avancement dans les différents domaines politiques. Le « Scoreboard » actuel pour la politique de concurrence montre qu'afin de s'assurer que les coûts inutiles sont supprimés et que les règles sont aussi efficaces et efficientes que possible, cinq initiatives ont été adoptées par la plateforme REFIT depuis 2015[28], trois évaluations ont été réalisées[29] et quatre sont en cours[30].

---

23 Comm. eur., communiqué IP/20/1187 du 26 juin 2020, « Concurrence : la Commission consulte les parties prenantes au sujet de la communication sur la définition du marché ».

24 Support study accompanying the evaluation of the Commission Notice on the definition of relevant market for the purposes of Community competition law, <https://ec.europa.eu/competition-policy/system/files/2021-06/kd0221712enn_market_definition_notice_2021_1.pdf>.

25 V. annexes à la communication de la Commission sur le programme de travail de la Commission pour 2022, COM(2021) 645 final, 19 octobre 2021.

26 Accord interinstitutionnel entre le Parlement européen, le Conseil de l'Union européenne et la commission européenne, du 13 abri: 2016, *JOUE* n° L 123 du 12 mai 2016, p. 1.

27 L'enquête est accessible à l'adresse suivante : <https://op.europa.eu/webpub/com/refit-scoreboard/en/index.html>. V. aussi le rapport sur la politique de concurrence 2020, qui détaille l'ensemble des initiatives prises par la Commission von der Leyen, COM(2021) 373 final, 7 juillet 2021 ; v. aussi E. Thomas, « Politique de concurrence : La Commission européenne publie son rapport annuel d'activité pour l'année 2020 qui est marquée par un lot de décisions bien inférieur à celui de l'année 2019 du fait de l'impact du COVID-19 », 7 juillet 2021, *Concurrences* n° 4-2021, art. n° 103297, p. 63.

28 V. https://op.europa.eu/webpub/com/refit-scoreboard/en/policy/4/index.html

29 L'évaluation du règlement d'exemption par catégorie applicable aux accords verticaux ; le contrôle de conformité du paquet de modernisation des aides d'État de 2012, des lignes directrices sur les chemins de fer et de l'assurance-crédit à l'exportation à court terme ; le règlement général d'exemption par catégorie : extension aux ports et aéroports et aux régions culturelles et ultrapériphériques.

30 Le contrôle des fusions ; la modification ciblée du règlement général d'exemption par catégorie en ce qui concerne les ressources des États membres participant aux programmes de financement de l'UE ; l'évaluation du règlement d'exemption par catégorie applicable aux véhicules à moteur ; le règlement d'exemption par catégorie applicable aux accords horizontaux.

Malgré son intérêt, l'on remarque que le programme REFIT reste très orienté sur la réduction des charges et des obstacles administratifs, dans une vision qui est très ancrée dans les circonstances des années 2004-2010, lorsque l'action « Mieux légiférer » tendait à se concentrer prioritairement sur cet objectif[31]. Il semble donc insuffisamment pertinent pour affronter les grands défis mondiaux de demain tels qu'évoqués ci-dessus. C'est pourquoi une reconsidération des outils s'imposait. La Commission a mis en place à cette fin depuis 2020, non seulement un nouveau mécanisme de compensation réglementaire appelé « *one in, one out* », une nouvelle plateforme « Prêts pour l'avenir » (Fit for Future) pour soutenir les travaux de simplification et les objectifs de développement durable des Nations unies, mais intègre explicitement la prospective stratégique dans l'élaboration des politiques publiques. Évidemment la politique de concurrence est au centre de ces préoccupations.

II. « Mieux légiférer », incubateur des objectifs futurs de la politique de concurrence

Le lien transitionnel entre la meilleure réglementation, la concurrence et les objectifs de l'Union est apparu d'abord dans le rapport 2020 sur la politique de concurrence[32]. La Commission y souligne qu'elle « a *continué de veiller à ce que les règles de concurrence restent adaptées à l'économie moderne, soient mises en œuvre rigoureusement et contribuent à une industrie européenne forte, tant au sein de l'Union que sur la scène mondiale »* ». Un pas supplémentaire a été franchi ensuite dans sa communication précitée du 18 novembre 2021[33]. L'objet de celle-ci est en effet de « *présente[r] la contribution de la politique de concurrence et de son réexamen à la transition écologique et numérique ainsi qu'à un marché unique résilient* »[34]. Le texte lie en outre cet objectif à la prospérité de l'Union et à son engagement envers les principes d'une économie sociale de marché. Avant d'évoquer les outils de meilleures réglementations au service de cette ambition, on remarquera que cet affichage ordo-économique lui permet d'évincer toute idée d'une révolution libérale du droit de la concurrence. La communication souligne au contraire la capacité intrinsèque de la politique de concurrence à s'adapter aux nouvelles conditions du marché, aux priorités stratégiques et aux besoins des consommateurs, ce qui suppose plutôt de réviser les instruments de concurrence (contrôle des fusions, des ententes et des aides d'État) pour les adapter, mais pas de les transformer.

31 Fabienne Péraldi Leneuf, « L'évolution de la législation de l'Union », *Revue de l'Union européenne* consacré au soixantième anniversaire du traité de Rome, RDUE, 2018.

32 COM(2021) 373 final, 7 juillet 2021.

33 Communication de la Commission, « Une politique de concurrence pour de nouveaux enjeux », COM(2021) 713 final, 18 novembre 2021.

34 Comm. eur., communiqué IP/21/6101 du 18 novembre 2021.

Du point de vue de la technique légistique, la démarche est associée à la relance de REFIT qui prend la forme de la nouvelle plateforme intitulée « Prêts pour l'avenir » (Fit for Future). L'intérêt de celle-ci est qu'elle annonce directement « qu'elle *vérifie également la législation existante à la lumière des tendances et défis mondiaux qui se font jour* »[35]. La plate-forme doit aider la Commission à faire en sorte que les politiques de l'UE soient à l'épreuve du temps et propices à l'innovation y compris dans le champ numérique. Chaque proposition législative devra donc s'intégrer dans les enjeux du développement durable et appliquer le principe consistant à « ne pas causer de préjudice important ou encore principe DNSH » (pour «Do No Significant Harm»»[36]. Ce principe, qui est le cœur du règlement « relatif à la facilité pour la reprise et la résilience (FRR) »[37], a fait l'objet d'une communication interprétative[38] dans laquelle la Commission explique qu'il consiste à vérifier que chaque réforme et chaque investissement ne cause de préjudice important aux objectifs environnementaux au sens de l'article 17 du règlement (UE) n° 2020/852 (règlement taxonomie)[39].

Chaque texte doit en outre être conçu au sens de l'approche « un ajout, un retrait » (*one in, one out*) qui signifie que lors de l'introduction de nouvelles charges, il faut systématiquement et proactivement réduire celles imposées par la législation existante. La plateforme « Prêts pour l'avenir » réunit à cette fin l'expertise des administrations publiques, des partenaires sociaux, des petites et grandes entreprises, des experts techniques, des organisations de défense des

---

35 Décision de la Commission du 11 mai 2020 établissant la plateforme « Prêts pour l'avenir » (Fit for Future), *JOUE* n° C 163 du 15 mai 2020, p. 3. Communication de la Commission, « Une meilleure réglementation : unir nos forces pour améliorer la législation », COM(2021) 219/3, préc.

36 Communication de la Commission, « Une meilleure réglementation : unir nos forces pour améliorer la législation », COM(2021) 219/3, préc.

37 Règlement n° 2021/241 du 12 février 2021 établissant la facilité pour la reprise et la résilience, JOUE, L 57/17 du 18.2.2021

38 Communication de la Commission, « Orientations techniques sur l'application du principe consistant « à ne pas causer de préjudice important » au titre du règlement établissant une facilité pour la reprise et la résilience », 12.2.2021 C (2021) 1054 final.

39 JOUE n° L 198, du 22.6.2020 p. 13. L'article 17 définit ce qui constitue un « préjudice important » pour les six objectifs environnementaux couverts par le règlement : 1. une activité est considérée comme causant un préjudice important à l'atténuation du changement climatique lorsqu'elle génère des émissions importantes de gaz à effet de serre ; 2. une activité est considérée comme causant un préjudice important à l'adaptation au changement climatique lorsqu'elle entraîne une augmentation des incidences négatives du climat actuel et de son évolution attendue sur elle-même ou sur la population, la nature ou les biens ; 3. une activité est considérée comme causant un préjudice important à l'utilisation durable et à la protection des ressources aquatiques et marines lorsqu'elle est préjudiciable au bon état ou au bon potentiel écologique des masses d'eau, y compris les eaux de surface et les eaux souterraines, ou au bon état écologique des eaux marines ; 4. une activité est considérée comme causant un préjudice important à l'économie circulaire (y compris la prévention des déchets et le recyclage) lorsqu'elle est caractérisée par une inefficacité significative dans l'utilisation des matières ou dans l'utilisation directe ou indirecte de ressources naturelles, lorsqu'elle entraîne une augmentation notable de la production, de l'incinération ou de l'élimination de déchets, à l'exception de l'incinération de déchets dangereux non recyclables ou lorsque l'élimination à long terme des déchets peut avoir d'importants effets néfastes à long terme sur l'environnement ; 5. une activité est considérée comme causant un préjudice important à la prévention et à la réduction de la pollution lorsqu'elle entraîne une augmentation notable des émissions de polluants dans l'air, l'eau ou le sol ; 6. une activité est considérée comme causant un préjudice important à la protection et à la restauration de la biodiversité et des écosystèmes lorsqu'elle est fortement préjudiciable au bon état et à la résilience d'écosystèmes ou préjudiciable à l'état de conservation des habitats et des espèces, y compris ceux qui présentent un intérêt pour l'Union.

consommateurs et de protection de la santé et de l'environnement, ainsi que d'autres organisations non gouvernementales. Le Comité des régions et son réseau RegHub 2.0 et le Comité économique et social européen jouent un rôle de premier plan en participant respectivement au groupe de réflexion des États membres et à celui des parties intéressées au sein de la plateforme.

Sur cette base, l'objectif de l'adaptation à l'économie moderne a consisté d'abord à inclure la politique de concurrence dans les objectifs de la Commission 2019-2024, tels qu'« Une Europe adaptée à l'ère numérique », « Un pacte vert pour l'Europe » et « Une économie au service des citoyens », ou encore dans le cadre financier pluriannuel 2021-2027 au sein du programme du marché unique. Ensuite des initiatives importantes ont été prises montrant que la politique de concurrence peut contribuer à la préparation de la mise en œuvre « du mécanisme de redressement et de résilience » organisé par le règlement « FRR » évoqué ci-dessus[40]. C'est le cas de l'approche des aides d'État qui a été adoptée pour soutenir les États membres dans leur redressement économique, et qu'il faut revoir désormais afin de permettre une transition souple des États vers la sortie de crise. La révision de la politique des aides d'État semble d'ailleurs de loin la plus ambitieuse : il s'agit de garantir la cohérence avec les principes réglementaires du Green Deal, encadrer les aides d'État relatives aux grands projets d'intérêt européen commun (IPCEI), revoir les lignes directrices concernant les aides d'État dans le domaine de l'énergie et de l'environnement, les règles relatives aux aides d'État applicables au transport ferroviaire, et les lignes directrices concernant les aides d'État à finalité régionale permettant aux États membres d'aider les régions à s'adapter à la transition écologique et climatique. C'est le cas aussi de l'approche prise dans le numérique, qui devient une priorité de la politique de concurrence associée au marché unique dans la perspective 2030. Ce domaine fait ainsi l'objet en 2020 et 2021 de deux propositions législatives majeures, le Digital Services Act (DSA)[41], qui a pour objectif principal de créer un espace numérique plus sûr garantissant les droits fondamentaux des utilisateurs de services numériques, et le Digital Markets Act (DMA)[42], qui a vocation, lui, à établir des conditions de concurrence équitables pour favoriser l'innovation, la croissance et la compétitivité, tant dans le marché unique européen qu'à l'échelle mondiale[43].

---

40 Proposition de règlement établissant une facilité pour la reprise et la résilience, COM(2020) 408 final, 28 mai 2020 ; Règlement n° 2021/241 du 12 février 2021 établissant la facilité pour la reprise et la résilience, préc. V. Aussi https://ec.europa.eu/info/business-economy-euro/recovery-coronavirus/recovery-and-resilience-facility_fr.

41 Proposition de règlement du Parlement européen et du Conseil relatif à un marché intérieur des services numériques (Législation sur les services numériques) et modifiant la directive 2000/31/CE, COM(2020) 825 final, 15 décembre 2020 ; v. aussi G. de Moncuit de Boiscuillé, « Services numériques : La Commission européenne rend publique sa proposition de règlement pour un marché unique numérique (*Digital Services Act*) », 15 décembre 2020, *Concurrences* n° 1-2021, art. n° 98909, pp. 103-105.

42 Proposition de règlement du Parlement européen et du Conseil relatif aux marchés contestables et équitables dans le secteur numérique (législation sur les marchés numériques), COM(2020) 842 final, 15 décembre 2020 ; v. aussi G. de Moncuit de Boiscuillé, « Marchés numériques : La Commission européenne rend publique sa proposition de règlement sur l'économie numérique (*Digital Markets Act*) », 15 décembre 2020, *Concurrences* n° 1-2021, art. n° 98908, pp. 101-103.

43 V. la liste des dispositifs dans l'annexe à la communication de la Commission publiée le 19 novembre 2021, COM(2021) 713 final/2.

En complément de ces initiatives, un nouvel outil de concurrence (NCT) destiné à résoudre les problèmes de concurrence structurels qui ne peuvent pas être abordés ou traités efficacement sur la base des règles de concurrence existantes avait été annoncé en mai 2020. Cette initiative qui, en peu de temps, a suscité de nombreuses réactions controversées[44] faisait suite aux reproches émis sur le caractère daté des règles de concurrence sur certains marchés, dont les marchés numériques, pour permettre l'adoption *ex ante* de mesures coercitives pour préserver la compétitivité des marchés. L'étude d'impact[45] et la consultation qui ont été lancées n'ont à ce jour pas eu de suite, mais la proposition de législation sur le marché numérique (DMA) accorde à la Commission, sans qu'il s'agisse d'un NCT, un pouvoir en amont d'enquête afin d'identifier les plateformes qui seraient en mesure de contrôler l'accès au marché (*gatekeepers*), de remédier à leur non-conformité et d'identifier de nouveaux services ou pratiques interdits. S'il n'est pas possible à ce stade de savoir si le nouvel outil sera mis en œuvre, l'on peut relever que le programme de travail de la Commission pour 2022 propose également un instrument unique d'urgence pour le marché afin d'aider à prévenir de futures perturbations et mentionne un réexamen de la politique de concurrence afin de s'assurer que les différents instruments sont adaptés aux besoins.

La modernisation passe enfin par le mécanisme de compensation réglementaire appelé « *one in, one out* »[46] qui commencera à être mis en œuvre dans le cadre du programme de travail 2022. Celui-ci fait déjà couler beaucoup d'encre[47] en raison du fait qu'il représente une certaine vision du poids de la réglementation publique dans l'économie. Instrument comptable imaginé très tôt par Ronald Reagan et Margaret Thatcher[48], il avait été repris par Donald Trump sous la forme d'un « *one in, two out* ». Ses détracteurs craignent ainsi un dépouillement de l'acquis communautaire et rejettent l'idée qu'il puisse réellement, eu égard à sa globalité, permettre des avancées économiques importantes. À ce stade, les projections de la Commission semblent rassurantes. Il ne serait pas question d'appliquer l'approche « mécaniquement », les allègements se feront toujours dans le même domaine et pas de façon croisée. En outre, la philosophie est affichée : « *[g]arder la maîtrise des charges et les quantifier n'est pas une fin*

---

44 V. le webinaire organisé par la Direction générale de la concurrence, de la consommation et de la répression des fraudes, <https://www.economie.gouv.fr/dgccrf/le-nouvel-outil-de-concurrence-revolution-ou-regulation>.

45 <https://ec.europa.eu/info/law/better-regulation/have-your-say/initiatives/12416-Marche-unique-nouvel-outil-complementaire-visant-a-renforcer-l'application-des-regles-de-concurrence_fr>.

46 Communication de la Commission, « Mieux légiférer : unir nos forces pour améliorer la législation », COM(2021) 219/3.

47 V. E. Van den Abeele, « "One in, one out" dans le système juridique de l'Union européenne : une réforme en trompe l'œil ? » *Working Paper* 2020.04, Bruxelles, European Trade Union Institute, avril 2020, <https://www.etui.org/fr/publications/one-one-out-dans-le-systeme-juridique-de-lunion-europeenne-une-reforme-en-trompe-loeil> ; v. aussi : RegWatchEurope, « Joint Opinion on the European Commission's Communication on Better Regulation: Joining forces to make better laws », 29 avril 2021, <https://www.regwatcheurope.eu/wp-content/uploads/2021/06/RWE-Opinion-final-1.pdf>.

48 *Ibid.*

en soi »[49]. La Commission annonce donc qu'elle « *continuera de proposer de nouveaux textes législatifs dont l'objectif premier sera d'apporter des avantages économiques, sociaux et environnementaux à long terme aux citoyens et aux entreprises* »[50], dans le cadre de l'application des princes de subsidiarité et de proportionnalité. Enfin, la réalisation des priorités politiques primera. Après la crise de la Covid-19, les objectifs de relance et de sortie de crise, les annonces en faveur de la transition écologique, une application débridée du principe « *one in, one out* » du « Mieux légiférer » irait en effet à contre-courant des ambitions, y compris en matière de concurrence.

En conclusion, si l'on devait apporter quelques éléments de réponse à la problématique initiale posée : « Politique "Mieux légiférer" et politique de concurrence : Faire face aux nouveaux défis sociétaux », il serait impératif de rappeler d'abord que la politique de concurrence fut et est l'une des plus effectives de l'Union, notamment en raison de son lien étroit avec le marché intérieur. Il serait nécessaire ensuite de recontextualiser la modernisation du droit de la concurrence. En effet, le réel tournant de celle-ci, comme l'a bien expliqué Laurence Idot, est celui des années 2000 avec l'irruption de l'analyse économique du droit et le développement des dispositions procédurales[51]. Il commence à coïncider à ce moment-là aussi avec les exigences de simplification et d'amélioration du droit qui incitent à une révision des textes. La décennie 2010 fait coïncider quant à elle le droit de la concurrence avec la numérisation de l'économie, qui devient son principal défi. Au-delà du traitement juridique des principes et de leur évolution qui ont profondément ancré le droit de la concurrence dans l'intégration européenne, en tentant d'observer cette politique et ce droit à travers le prisme de l'évolution parallèle de la politique « Mieux légiférer », l'on s'aperçoit que les enjeux convergent aujourd'hui remarquablement. D'abord une réflexion plus globale est née depuis quelques années à propos de la concurrence, de ses objectifs et de son rôle dans l'économie européenne et au-delà. Le bien-être du consommateur est devenu central, tout comme, du côté de la meilleure réglementation, le citoyen et les PME, qui sont les cibles de la politique menée par la Commission. Du bien-être du consommateur au citoyen et à la transition écologique et à la résilience, il n'y a qu'un pas, qui a été franchi ces derniers mois, probablement sous la pression des critiques qui se sont déchaînées contre la politique de concurrence, mais aussi peut-être de la nécessité une nouvelle fois de franchir une étape dans la modernisation. L'intégration de la concurrence dans le programme de travail législatif et dans les grands objectifs tels qu' « Une Europe adaptée à l'ère numérique », « Un pacte vert pour l'Europe » et « Une économie au service des citoyens », ou encore dans le cadre financier pluriannuel 2021-2027

49 Communication de la Commission, « Une meilleure réglementation : unir nos forces pour améliorer la législation », COM(2021) 219 final préc.

50 *Ibid.*

51 L. Idot, « Brefs regards sur 60 ans de politique européenne de concurrence », *RMCUE*, n° 623, 2018, pp. 639-649.

au sein du programme du marché unique est significative. La communication de novembre 2021, qui présente « *la contribution de la politique de concurrence et de son réexamen à la transition écologique et numérique ainsi qu'à un marché unique résilient* », prouve encore avec insistance ce besoin d'exprimer cette vision. Mais ces engagements prouvent aussi que la commissaire à la concurrence entend bien pérenniser les principes et règles existants, dans la mesure où ils offrent sécurité juridique, prévisibilité, stabilité et surtout comme elle l'indique, adaptabilité. Leur réexamen programmé n'altérera pas les finalités bien identifiées désormais depuis la crise de la Covid-19 et qui sont tournées vers les grands défis sociétaux, et au centre desquels se trouve le consommateur-citoyen. Les outils de la meilleure réglementation, en tous les cas, qui ont suivi un cheminement parallèle, joueront encore dans l'avenir un rôle primordial dans le maintien de cette exigence.

Savoir humer le vent, canaliser les courants, baliser le champ : Laurence Idot, pilote en droit de la concurrence

SYLVAINE POILLOT-PERUZZETTO*
Cour de cassation

Résumé

Qu'il faille au juriste des compétences techniques, personne n'en doute et le mouvement de spécialisation favorisera d'autant plus l'importance de ces compétences. Mais au juriste qui éclaire sa communauté en accompagnant les évolutions du droit et de la société, le savoir et la réflexion ne suffisent pas. Suivant depuis son émergence le mouvement du droit de la concurrence, Laurence Idot a développé toutes ses qualités de pilote tant pour participer à la construction d'espaces juridiques nouveaux et que pour y conduire les juristes dans la douceur de la pédagogie.

* Conseillère en service extraordinaire à la Cour de cassation.

Un ensemble de points de couleurs et textures diverses, judicieusement juxtaposés, forme le tableau. L'on imagine à peine le travail de bénédictin de l'artiste qui a répété le geste, sans décourager, et sans perdre de sa concentration, pour qu'avec le temps, la variation des points nuancés fasse sens : *Paul Signac à la barre de son bateau Olympia*. Théo Van Rysselberghe a fait traverser les trois plans du tableau – le bois du bateau, l'eau de la mer et la toile de la voile – par la silhouette du pilote. Il est solidement campé, ses bras sont détachés du corps en deux obliques, son visage reste concentré : une composition du pilote en triangle qui dirige l'œil du spectateur que je suis vers son sommet.

Laurence Idot a accompagné la naissance et le développement du droit de la concurrence. Il fallait pour ce voyage ses qualités de pilote en tout état, une capacité à guider tant la discipline que la communauté des acteurs, à éclairer, en particulier, les juges. Son action de juriste, universitaire et praticienne révèle en creux les qualités du juriste éclairé ; si certaines s'imposent avec évidence, soit l'expertise et la technicité, qualités nécessaires qu'elle a toujours su défendre à l'encontre de l'artifice et des verbiages, et pour lesquelles sa réputation ne fait aucun doute, d'autres, dont elle a continuellement fait preuve et que les seules expérience et ténacité sur le long terme révèlent, gagneraient à être développées à l'université, comme dans les formations professionnelles et évidemment dans la pratique du droit.

Pour accompagner la naissance, le développement et la maturité de la discipline, Laurence Idot a développé des qualités de pionnier, de stratège, de guide. En véritable pilote, elle a su, à la naissance de la discipline, humer le vent, au cours de son développement, canaliser les courants, et actuellement, en sa période de maturité dans un monde en transition, baliser le champ nouveau.

I. La naissance du droit de la concurrence : Savoir humer le vent

Le droit de la concurrence est un droit relativement nouveau. Si des fondations peuvent être trouvées en droit national avec la liberté du commerce et de l'industrie, c'est la construction européenne, inspirée par le droit américain de la concurrence, qui en a fait, dans l'ordre européen, et partant, dans les droits nationaux, un pilier du droit, tant, dans cette construction, initiée avec l'édification du marché intérieur, le droit de la concurrence européen fait figure, avec les quatre libertés, de véritable colonne vertébrale. Il fallait ainsi chez les juristes à la fois savoir sentir le vent et savoir le prendre pour décoller dans l'espace nouveau du droit de la concurrence.

Ce droit, ainsi introduit par la construction européenne, a en effet fait émerger de nouveaux concepts, de nouvelles méthodes, de nouveaux principes. Il fallait à l'époque avoir l'intuition de l'importance de la discipline nouvelle et l'énergie de s'y consacrer avec courage pour en construire les fondations.

Définir, expliquer, distinguer, mettre en exergue des nouveaux concepts, comme ceux d'entreprise, de marché[1], d'affectation du commerce, pour qu'ils puissent être repris par le raisonnement des juges, était d'autant moins évident que les méthodes introduites par la discipline étaient nouvelles et nécessitaient elles-mêmes une acculturation.

Au titre des méthodes, l'approche économique s'est d'emblée différenciée de l'approche juridique en ce que le raisonnement intègre des éléments de la théorie économique qu'il convenait de comprendre et d'appréhender. Ainsi éclairés des apports doctrinaux, les arrêts ont intégré ces éléments, comme, par exemple, la recherche des effets d'éviction en suivant la théorie des effets, ou, encore, du point de vue de la recherche de la preuve, la méthode contrefactuelle, dont on sait qu'elle est aujourd'hui largement concurrencée par d'autres méthodes inspirées de l'économie.

Mais au titre des méthodes encore, s'agissant de droit européen, c'est aussi la méthode européenne téléologique qui s'imposait et devait être explicitée avec la prise en compte première d'un objectif à atteindre ; le vacillement du raisonnement syllogistique classique nécessitait d'autant plus l'accompagnement d'un pilote qui, sans crier à la révolution, comprenait le sens d'un vent nouveau, savait le prendre et le faire prendre.

Au titre des principes, il fallait à cette époque tout le courage d'un pionnier pour mettre en avant et expliciter le principe de proportionnalité, si nouveau pour le juriste français, précisément formaté par le raisonnement syllogistique ; certes, l'application de la Convention européenne des droits de l'homme en fait aujourd'hui un principe méthodologique essentiel, mais il faut reconnaître au droit de la concurrence, et à la doctrine qui l'a explicité, le mérite des premières présentations de la méthode. Le droit de la concurrence a en effet d'emblée mis en avant le principe de la proportionnalité. Ainsi, par exemple, en matière d'entente, il a fallu faire comprendre que l'obtention d'une exemption[2] passe par la recherche de la proportionnalité entre l'atteinte à la concurrence et l'obtention d'un objectif autre au bénéfice des consommateurs : la limitation de la concurrence, pour être acceptée, ne doit pas aller au-delà de ce qui est nécessaire à la réalisation de cet autre objectif. Le raisonnement est d'autant plus facile à saisir aujourd'hui que des pionniers l'ont expliqué et réexpliqué au point qu'il nous est devenu familier.

Avant l'arrivée du droit de la concurrence tel que l'Union européenne – à cette époque d'ailleurs, la Communauté européenne – l'a imposé, l'univers du juriste civiliste se présentait bien différemment : il était dessiné par le droit civil, lequel

1 Repris p. ex. sous Cass. com., 30 mai 2018, n° 16-24.792.

2 P. ex. Cass. com., 16 mai 2018, n° 16-18.174 ; v. aussi A.-C. Martin, « Restriction caractérisée : La Cour de cassation rappelle que si la stipulation d'une clause constitutive d'une restriction caractérisée de concurrence fait perdre le bénéfice d'une exemption par catégorie, elle n'implique pas nécessairement l'illicéité du réseau de distribution sélective (*Coty*) », 16 mai 2018, *Concurrences* n° 3-2018, art. n° 87580, pp. 110-111.

inscrivait ses gènes dans les branches qui en étaient issues par différenciation, comme, par exemple, le droit commercial, le droit du travail, le droit de la consommation.

Avec le recul, il apparaît que certains juristes seulement, comme Laurence Idot, ont su humer la force des vents nouveaux et s'y élancer. L'analyse de la période au cours de laquelle le droit européen de la concurrence s'est greffé au droit national montre le rôle essentiel des juristes qui, par leur réceptivité à la nouveauté, ont permis la transition. Il s'agissait pour eux d'avoir la curiosité de s'intéresser à un autre savoir, à une autre manière de penser, et, aussi, ne l'oublions pas, dans un monde universitaire à la structure formatée, le courage de se maintenir hors des sentiers battus.

Pour dialoguer avec les économistes et accepter des angles d'attaque différents, des constructions d'objet nouvelles, il était nécessaire de garder un esprit ouvert, d'écouter, de comprendre, et ce, pour articuler les langages du juriste et de l'économiste, pour garantir flexibilité et souplesse tout autant qu'une certaine sécurité juridique. La construction de la distinction entre restriction anticoncurrentielle par objet[3] et par effet est un bon exemple de la capacité des juristes qui, réceptionnant un raisonnement économique, ont su superposer les contraintes juridiques. Ce sont encore les juristes qui, reprenant les principes et l'exemption des ententes, ont montré l'importance d'un raisonnement clair conduisant à ne recourir à l'exemption que si le principe de la restriction est acquis.

Des qualités de pédagogie étaient ainsi convoquées pour que ce champ nouveau du droit puisse être accepté et promu, qu'il s'agisse de nouveaux instruments comme la *soft law*, intégrés dans les sources par les juges eux-mêmes malgré la particularité de ces règles non contraignantes, ou de nouveaux moyens de pratiquer le droit en mettant en avant toute la force des réseaux qui redonnent aux acteurs et aux échanges entre eux toute leur place. À cet égard, si la fonction du réseau des autorités de concurrence a rapidement été reconnue et institutionnalisée, il ne fait pas de doute que l'émergence d'une association européenne de juges de droit de la concurrence fait prendre conscience de l'intérêt des rencontres et des échanges entre les juges également.

Les juristes comme Laurence Idot, qui ont su humer le vent nouveau de la construction européenne, une construction par le droit et non par les armes, ont aussi su faire preuve d'opiniâtreté pour garder l'énergie de se mouvoir hors des autoroutes du droit et affronter des espaces ardus. C'est pour avoir passé du temps à les comprendre et à les appréhender que les juristes, convaincus des bienfaits de la régulation sur le fondement de l'approche du marché par la concurrence, ont participé à la fondation de ces règles, à leur enracinement dans le droit et à leur extension dans tout le champ juridique.

---

3 P. ex. Cass. com., 29 janvier 2020, n° 18-11.001 ; v. aussi A.-S. Choné-Grimaldi, « Objet anticoncurrentiel : La Cour de cassation affirme, avec fermeté, que la notion d'objet anticoncurrentiel doit être appréciée de manière restrictive, en l'absence d'expérience acquise par les autorités sur la pratique en cause (*Banque postale*) », 29 janvier 2020, *Concurrences* n° 2-2020, art. n° 94731, pp. 75-77.

Le pilote sur son bateau n'a pas fait que humer le vent, il l'a pris et il est parti en pleine mer. Les courants s'y densifient et se contrarient. Si l'espace autour de lui évolue dans ses contours et directions, le triangle, cependant, reste triangle dans l'immobilité de sa base et de son sommet.

II. Le développement du droit de la concurrence : Savoir canaliser les courants pour renforcer les avancées

Une fois établis et reconnus le droit de la concurrence et sa fonction de vecteur dans la construction européenne, le développement de la discipline a montré la nécessité de canaliser les courants pouvant accompagner ce développement, et partant, d'un même mouvementent, faire preuve de tempérance dans la seule prise en compte de ces règles nouvelles.

Si les concepts et la méthode du droit de la concurrence se sont montrés dans un premier temps nouveaux et particuliers et s'ils ont nécessité de la part des juristes pionniers un évident investissement pour l'appréhension et la compréhension de cette nouvelle branche du droit, le développement de la discipline a révélé à la fois la puissance de sa transversalité et ses manques méthodologiques dans le champ juridique : des risques de tempête qu'il fallait savoir éviter.

La particularité du droit de la concurrence justifie en effet que ce droit ne se soit pas d'abord inscrit dans la partition classique du droit national, qu'il soit privé ou public. Il ne s'agit pas en effet d'une adaptation du droit civil ou du droit administratif à un secteur nouveau justifiant des objectifs distincts comme le droit de la consommation, le droit commercial ou encore le droit du travail. Le droit de la concurrence, né d'objectifs nouveaux, par des méthodes nouvelles, s'est développé parallèlement à la grammaire classique du droit privé et du droit public. Les juristes civilistes dits « classiques » n'ont ainsi pas vu venir ce droit dont ils pensaient que leur champ d'étude était protégé. Pourtant, très rapidement, le droit de la concurrence, par la défense du libre accès au marché qu'il affirme, s'est confronté au droit de la propriété intellectuelle, lequel récompense l'innovation par l'exclusivité, tout en reconnaissant l'innovation comme un vecteur de concurrence[4]. De la même manière, le droit de la concurrence, qui, s'agissant de protéger un intérêt public économique, se construit par des règles impératives, a-t-il limité l'autonomie de la volonté, soit cette énergie qui irrigue le droit des contrats. C'est ainsi que l'autonomie de la volonté dans le droit de la distribution, qu'il s'agisse de la distribution par franchise, par concession exclusive, par distribution sélective ou encore par engagement d'approvisionnement exclusif, est aujourd'hui largement limitée par les obligations imposées aux parties et fondées sur le maintien de la libre concurrence. Autant dire que le droit civil des contrats spéciaux a été très largement modifié par la puissance de la transversalité du droit de la concurrence.

4 Le rapport 2020 de l'Autorité de concurrence met particulièrement en évidence que la concurrence est « *un levier d'innovation* ».

Mais si le développement du droit de la concurrence a conduit à reconnaître, plus que sa présence, son emprise sur les branches classiques du droit, il a montré, dans le même mouvement, ses manques méthodologiques. Deux exemples illustrent ce constat.

La mise en œuvre des actions privées au soutien des politiques de concurrence n'a pu que faire appel aux techniques classiques de la responsabilité civile. Certes, l'objectif du recours à la responsabilité civile est présenté comme un objectif relevant du droit de la concurrence puisqu'il s'agit, parallèlement aux actions publiques, d'assurer la mise en œuvre d'une saine concurrence sur le marché. Pour autant, s'agissant d'actions introduites par les victimes des pratiques à l'égard de leurs auteurs, c'est l'outil classique de la responsabilité civile qui a été convoqué La directive européenne harmonise ainsi le régime des actions au regard de l'objectif visé. Cette mise en œuvre conduit à articuler le droit de la concurrence avec le droit civil et le droit national au droit européen.

Dans le même sens, et toujours au service de l'objectif du développement des actions privées au soutien de la politique de concurrence, principe téléologique oblige, l'existence d'éléments d'extranéité, si fréquente dans les situations d'entente ou d'abus de position dominante, qui ne connaissent pas les frontières nationales, nécessite de rechercher, en cas de litige, le juge national compétent et la loi applicable. Ces questions conduisent à recourir à la technique, bien connue des juristes civilistes, du droit international privé. Le législateur européen, qui, en vue de la construction de l'espace judiciaire européen, a élaboré des outils d'uniformisation du droit international privé, a d'ailleurs pris la mesure de la nécessaire articulation entre le droit de la concurrence et le droit international privé, en prévoyant, à l'article 6 du règlement européen dit « Rome II » du 11 juillet 2007 sur la loi applicable aux obligations non contractuelles, des dispositions spécifiques pour les actions fondées sur une atteinte à la concurrence, d'ailleurs, et cela pourrait se discuter, autant libre que loyale.

On le voit, la maturité de la discipline a nécessité de l'arrimer au droit « classique » pour articuler les champs du droit, éventuellement pour y puiser les outils nécessaires. Cette forme de retour en arrière – ou plutôt de retour à l'ailleurs – nécessitait que le juriste ait compris, comme Laurence Idot, la nécessité de la tempérance pour maintenir le dialogue entre les champs du droit, pour limiter les excès de la puissance de la transversalité du droit de la concurrence, mais aussi pour trouver dans le droit classique les outils permettant de renforcer la politique de concurrence. Ainsi, plutôt que d'avancer sur le seul courant des règles de droit de la concurrence, il fallait un pilote éclairé pour savoir canaliser les courants du droit classique au profit de l'équilibre du bâtiment en mouvement.

Si dans un premier temps les juristes de droit de la concurrence ont dû dialoguer avec les économistes pour s'approprier les concepts, certains de ceux-là, mais une petite poignée seulement, passionnés mais sans être totalement grisés par le droit de la concurrence, ont su ensuite, et c'est une qualité, revenir au droit classique pour trouver des outils de développement en établissant des liens entre le droit nouveau et le droit ancien. Ils ont ainsi introduit, dans le droit de la concurrence, essentiellement économique, les outils juridiques que le développement de la discipline, au regard des objectifs poursuivis, imposait.

Si accompagner le développement du droit de la concurrence a nécessité l'intervention de juristes capables d'affirmer la politique de concurrence, de la définir et de l'expliquer, il faut reconnaître que peu d'entre eux, spécialisation oblige, ont su aller au-delà pour, d'une part, limiter les excès d'une politique de concurrence, laquelle, à force de transversalité, d'impérativité, de langue économique, pouvait ignorer et absorber les champs classiques du droit et, d'autre part, recourir aux outils juridiques classiques et pallier ainsi les manques du droit de la concurrence. Dans les deux cas, il a fallu articuler des champs juridiques qui pouvaient s'ignorer ; en réalité, c'est la spécialisation des juristes qui conduisait à ce qu'eux-mêmes, et non les règles, s'ignorent. Et à cet égard, force est de reconnaître que les développements du droit de la concurrence ont généré, après la génération des juristes pionniers, une génération de spécialistes, hyper-techniciens, excellents dans ce domaine si particulier, mais ignorants des outils juridiques classiques, et partant, imperméables à l'idée de leur recours. Seuls quelques juristes, dont Laurence Idot est le chef de file incontesté, a maintenu les liens entre les approches et d'ailleurs entre les juristes, et ce, tout en maintenant les fructueux échanges avec les économistes.

Au-delà du nécessaire contrôle de l'extension et de l'autonomisation des disciplines, le souci de tempérance du juriste permet leur articulation. C'est en suivant les lignes de la doctrine de la tempérance et de la nécessaire articulation que le juge a trouvé l'équilibre dans l'appréhension des actions privées fondées sur des pratiques anticoncurrentielles : un retour mesuré empreint de juste modération, comme l'illustre l'arrêt *Betclic*[5] de la Cour de cassation. Le juge y résout la tension entre une approche civiliste et une approche concurrentialiste par une juste mesure, et non par une hiérarchisation[6], puisque, sur le terrain du droit civil, il retient la faute par l'invocation des principes de confiance légitime et de sécurité juridique, mais statue néanmoins en droit de la concurrence, peu important que le comportement ne soit pas clairement prévu par les articles 102 TFUE et L. 420-2 du code de commerce. Dans cette recherche d'articulation, le juge a même pris en compte, à la faveur de la dernière branche du moyen, l'incidence

5 Cass. com., 14 octobre 2020, n° 18-24.221 ; v. aussi M. Cartapanis, « Action privée : La Cour de cassation confirme la faute civile imputable à un opérateur dominant qui n'a pas séparé ses masses d'enjeux en points de vente physiques et en ligne (*Betclic / Pari Mutuel Urbain*) », 14 octobre 2020, *Concurrences* n° 1-2021, art. n° 98785, pp. 136-138.

6 Dans cette affaire, sur la recherche de la faute, par une approche civiliste, le PMU, sur l'existence d'une faute par imprudence et négligence, avançait dans la première branche du moyen qu'il n'y avait pas de devoir de séparer les masses d'enjeux en dur et en ligne. Il avançait que si la faute était retenue, il y avait en tout état de cause exonération de responsabilité et reprochait à l'arrêt de la cour d'appel, par la deuxième branche du moyen, d'avoir raisonné en termes de cause exonératoire fondée sur l'absence d'excuse légitime.

du droit constitutionnel puisque l'atteinte à la liberté d'entreprendre était invoquée et qu'il était reproché à la cour d'appel de n'avoir pas fait de contrôle de proportionnalité. Sans doute guidé par une doctrine éclairée, le juge a-t-il joué tout son rôle en articulant les approches.

La nécessité de recourir aux outils classiques du droit civil, et plus précisément du droit international privé, dont la sophistication n'est plus à démontrer, dans les litiges mettant en jeu le droit de la concurrence, a rapidement émergé avec le développement des actions privées. C'est la rencontre entre les deux champs juridiques qui a conduit le juge, dans l'affaire *eBizcuss*[7], à s'interroger sur la portée d'une clause attributive de juridiction puis à interroger la Cour de justice sur la question. Cette dernière a clairement utilisé les outils du droit international privé européen, soit le règlement dit « Bruxelles I », pour déterminer, avec la question de la compétence du juge en matière d'action fondée sur une pratique anticoncurrentielle, le régime d'une action privée en présence d'une clause attributive de juridiction[8,9].

Le pilote en pleine mer ou en plein air avance, il utilise la variété des courants et voilà qu'un horizon nouveau se dessine, une forme que les cartes du passé n'avaient pas retenue et que d'ailleurs elles n'avaient même pas imaginée.

III. La maturité du droit de la concurrence : Savoir baliser le champ

Le droit de la concurrence est maintenant un droit mature qui a su s'imposer et s'articuler à l'ancien droit. Cependant, il subit désormais lui-même les assauts de la modernité qui bousculent ses acquis. S'il s'est présenté comme transversal, porté par une vision plus économique, il est aujourd'hui confronté à de nouveaux défis qu'impose l'évolution de la réalité.

À la faveur du développement du numérique, qui modifie profondément les situations et les modèles économiques, il est conduit à repenser son approche du marché et l'efficacité de ses outils notamment à l'égard de la prolifération de start-up rapidement absorbées par les géants.

---

7 CJUE, 24 octobre 2018, aff. C-595/17, EU:C:2018:854.

8 Elle a retenu : « *L'article 23 du règlement (CE) n° 44/2001 du Conseil, du 22 décembre 2000, concernant la compétence judiciaire, la reconnaissance et l'exécution des décisions en matière civile et commerciale, doit être interprété en ce sens que l'application, à l'égard d'une action en dommages et intérêts intentée par un distributeur à l'encontre de son fournisseur sur le fondement de l'article 102 TFUE, d'une clause attributive de juridiction contenue dans le contrat liant les parties n'est pas exclue au seul motif que cette clause ne se réfère pas expressément aux différends relatifs à la responsabilité encourue du fait d'une infraction au droit de la concurrence.* »

9 Elle a donné d'autant plus de portée aux outils du droit international privé qu'elle a déconnecté l'application d'une clause attributive du constat d'une infraction. Elle a jugé : « *[L]'application d'une clause attributive de juridiction dans le cadre d'une action en dommages et intérêts intentée par un distributeur à l'encontre de son fournisseur sur le fondement de l'article 102 TFUE ne dépend pas du constat préalable d'une infraction au droit de la concurrence par une autorité nationale ou européenne.* »

Il est en outre confronté aux objectifs du développement durable qui, dans la construction européenne, se présente désormais comme un moteur premier et comme une contrainte matricielle de toutes les politiques. Si le début de la construction européenne a mis en avant, pour assurer l'existence du marché intérieur, le droit de la concurrence et lui a donné la fonction de pilier avec les quatre libertés, au service de cette construction, il reste certes un principe essentiel, mais à comprendre, désormais, dans l'objectif du développement durable. La connaissance de la grande technicité du droit de la concurrence reste ainsi une condition nécessaire mais elle n'est plus suffisante et les juristes sont ainsi appelés à appréhender cet objectif nouveau, comme le montrent d'ailleurs les prises de position tant de la précédente présidente de l'Autorité de la concurrence[10] que de la vice-présidente de la Commission européenne[11,12].

Le droit de la concurrence, comme l'ensemble du droit, est également confronté à l'intelligence artificielle, qui nécessite de nouvelles méthodes, de nouvelles règles mais surtout une approche différente des relations entre entreprises et États. Le développement de ladite intelligence artificielle, qui permet et se construit sur la correction permanente, invite au développement de la compliance, dont le droit de la concurrence est depuis longtemps un laboratoire. L'arrêt *Betclic*[13] a montré l'importance de cette ligne et mis en avant la responsabilisation en amont des entreprises, peu important les termes de la loi d'ouverture à la concurrence, ceux des travaux préparatoires, ceux d'un avis général préalable, et peu important encore le délai technique nécessaire et l'existence d'un engagement[14]. En conclusif, la Cour évoque bien un devoir général des entreprises « *de ne pas mettre en œuvre un comportement autre que ceux autorisés dans un mécanisme de concurrence par les mérites ayant pour effet de faire obstacle à l'entrée et au développement de concurrents sur le marché* ». Il est vrai que, sur la recherche d'un remède approprié, la participation des entreprises qui connaissent la loi mais surtout le marché et ses partenaires est particulièrement nécessaire. L'arrêt *Betclic* participe ainsi à l'invitation vers cette culture de compliance de l'approche *ex ante*. Elle participe, à la faveur du doute sur l'approche classique, qui n'avance que par la sanction, à une autre approche du droit, proche de celle adoptée dans la recherche du bon positionnement relativement aux enjeux climatiques. S'il y eut ainsi dans notre droit la révolution conduite par l'arrivée du droit de la concurrence et du droit économique, il y a désormais dans le droit de la concurrence, aujourd'hui installé, la révolution du numérique.

---

10 Aut. conc., « Encourager un avenir plus positif », Rapport annuel 2020, interview d'Isabelle de Silva, p. 5.

11 *Ibid.*, interview de Margrethe Vestager, p. 8.

12 V. égal., dans ce rapport, « Dossier développement durable et concurrence – Une préoccupation majeure et stratégique », p. 40.

13 Préc.

14 « *[L]es opérateurs économiques ne peuvent prétendre être restés dans l'ignorance des comportements sanctionnés par le droit de la concurrence […] [L]e PMU ne pouvait tirer de l'évolution des propositions de remède de l'Autorité une imprévisibilité de la loi, en présence d'une jurisprudence sévère pour les monopoles publics intervenant sur des marchés nouvellement ouverts à la concurrence, tenus à une particulière vigilance quant à l'utilisation des ressources du monopole sur ces marchés […]* »

Ainsi que l'ont montré certains, l'émergence et la potentialité de ces nouvelles données conduisent à penser une régulation évolutive[15], voire une modification de la structure juridico-économique à laquelle la construction du droit de la concurrence a abouti[16] et une nécessaire évolution des rôles des différents acteurs[17].

Nul doute que, face à ces défis, le droit de la concurrence nécessite la sagesse des juristes pour manier à la fois la conviction et le doute.

Laurence Idot, par la sagesse, que son expérience a sans doute d'autant plus développée, n'a jamais rabattu ses convictions sur les bienfaits de la régulation et de la construction européenne, et n'a jamais cessé de montrer la nécessité de l'ouverture d'esprit et du continuel échange avec tous. Elle est ainsi, elle-même juriste éclairée, l'éclaireuse qui, face à ces questions nouvelles, vient baliser les chemins de la réflexion.

Au sommet du triangle immobile, qui traverse des plans en continuel mouvement : le regard du pilote. Ce point central du tableau, qui est lui-même un ensemble de points, ne bouge pas d'un iota. Le regard ne se détourne pas vers les spectateurs qui aujourd'hui l'encensent, il reste rivé en direction de l'horizon, concentré vers l'avenir. Et la communauté juridique, conduite et éclairée par son pilote Laurence Idot sur un chemin nouveau, se réjouit de sentir qu'elle continue à baliser les vastes espaces ouverts par les défis nouveaux.

---

15 Aut. conc., « Encourager un avenir plus positif », préc., p. 26.

16 J.-B. Siproudhis, « Le projet de règlement européen sur l'intelligence artificielle encourage l'éthique des affaires », *Le Monde*, 3 août 2021.

17 B. Lasserre, « Gendarme ou arbitre ? » *Concurrences* n° 3-2021, art. n° 101597, pp. 2-3.

Épistémologie du droit de la concurrence

Nicolas Petit*
Institut universitaire européen

Résumé

Que sait le droit de la concurrence de son objet, la concurrence ? De la réponse à cette étrange question, découlent la plupart des grandes controverses qui émaillent l'histoire du droit de la concurrence. Les écoles de Fribourg, d'Harvard, de Chicago, ou le mouvement néobrandeisien se distinguent essentiellement dans les faits qu'elles estiment indicatifs de concurrence, et dans les faits qu'elles rejettent comme non-indicatifs de concurrence. Les choix qui gouvernent l'univers des faits de concurrence pertinents dans ces diverses écoles sont par essence épistémologiques : que doit-on savoir de la concurrence pour appliquer le droit ? Cette étude offre une perspective inédite sur l'épistémologie du droit de la concurrence.

* Professeur à l'Institut universitaire européen et professeur invité au Collège d'Europe.

I. Ouverture

Une question épistémologique se pose au droit de la concurrence. Que sait le droit de la concurrence sur la concurrence ? Faute de n'y songer qu'inconsciemment, le droit de la concurrence subit, depuis les origines, des crises de légitimité. La récente contestation en provenance d'outre-Atlantique n'en est qu'une ixième manifestation. Cette courte étude, destinée à rendre hommage au professeur Idot, dont nous avons tant appris, présente les fondements (II.), discute des méthodes (III.) et dessine les perspectives (IV.) d'une réflexion épistémologique sur le droit de la concurrence.

II. Fondements d'une épistémologie du droit de la concurrence

L'épistémologie est l'étude du savoir. Les questions de nature épistémologique sont descriptives et normatives : que connaît-on ? Que peut-on connaître ? Que devrait-on connaître ? Elles sont aussi métaphysiques : pourquoi connaît-on ce que l'on connaît ? Y a-t-il une connaissance *a priori* ? Dans les sciences, le savoir est gouverné par la recherche, la technique et la méthode. Des considérations éthiques, politiques ou pratiques encadrent aussi l'étendue et la nature du savoir.

Il peut sembler étrange de parler d'épistémologie du droit. Le droit n'a pas de conscience. Comment pourrait-il le cas échéant détenir une forme de science, de connaissance, de savoir ? Au mieux, la justice, forme médiate d'expression du droit, sait ; pas le droit lui-même. L'expression usuelle de « *vérité judiciaire* » renvoie à cette idée[1].

Pourtant, le droit sait ou ne sait pas. D'une part, le droit, dans sa forme textuelle ou jurisprudentielle, régule les comportements sociaux par la sélection de faits plus ou moins abstraits dont il sait la propriété ou l'impropriété[2]. Le droit exprime alors une vérité. Il la formule en énonçant des faits juridiques, qui deviennent les éléments constitutifs de la règle de droit exprimée dans la loi, le règlement ou la jurisprudence. Le dol, vice du consentement, est l'un de ces faits juridiques. D'autre part, le droit, dans sa preuve judiciaire, administrative ou privée, sélectionne les faits qu'il sait nécessaires pour produire une information quant au respect, ou non, de ses règles. Le droit recherche alors une vérité. Il atteint celle-ci en sélectionnant des faits empiriques. L'intention, qui prouve le dol, est l'un de ces faits empiriques.

Le droit envisage donc des faits qu'il estime pertinents. Dans cette acception, le droit de la concurrence sait. Il connaît les faits qui dénotent l'*existence* de la concurrence, ou des déviations de celle-ci. Le droit de la concurrence sait ainsi les ententes entre concurrents inefficaces, et les interdit purement et simplement,

1 Même si elle est surtout une référence aux limites que rencontre la justice dans la production de la vérité.

2 Le droit « sait » aussi lorsqu'il fait peser sur ces faits une charge ou un privilège.

sans la moindre dérogation[3]. De même, le droit de la concurrence détient une idée des *effets* plus ou moins bénéfiques de la concurrence. Ainsi, tous les systèmes de droit de la concurrence organisent leur déférence, leur coordination ou leur adaptation dans certains domaines.

Mais le droit ne sait pas tout. Comme l'explique le professeur Frederick Schauer, les objectifs de prévisibilité et de sécurité juridique, l'encadrement de la discrétion et la limitation de l'arbitraire, ou encore la recherche de légitimité et d'expertise par répartition des rôles, exigent de la part du système juridique qu'il s'intéresse à un univers de faits fini, limité, partiel[4]. Des choix gouvernent la nature ou l'étendue des faits considérés par le droit de la concurrence[5]. Par exemple, les ententes tarifaires sont proscrites *per se*, quand bien même elles soutiendraient, et engendreraient, une réduction de l'empreinte carbone de ses participantes[6]. De même, les réductions de masse salariale consécutives aux opérations de concentration sont soit ignorées, soit considérées comme des gains d'efficacité au bénéfice des consommateurs, en dépit de leurs coûts économiques et sociaux[7].

Quels sont ces choix d'exclusion, et sur quelles considérations reposent-ils ? Les systèmes de droit de la concurrence approchent le plus souvent les choix d'exclusion à partir d'un raisonnement *ad hoc*. Prenons le cas simple des coopérations entre entreprises. Le droit de la concurrence s'y intéresse, puisqu'il les soumet aux interdictions de l' article 101 du traité sur le fonctionnement de l'Union européenne (TFUE) et de la Section 1 du Sherman Act. La jurisprudence a néanmoins exclu trois types d'accords du champ des interdictions. Il s'agit de l'accord tacite entre les membres d'un oligopole, de l'accord explicite au sein d'une unité économique et de l'accord imposé par les pouvoirs publics. Ces exclusions semblent, en première analyse, pleines de bon sens. Dans le premier cas, l'accord est exclu, faute de pouvoir considérer avec certitude que les concurrents adhéreront à l'action collective. Dans le deuxième cas, l'accord est exclu, en raison précisément du fait que la filiale, sous le contrôle total de la mère, adhérera à l'action collective. Dans le troisième cas, l'accord est exclu, faute de pouvoir considérer une quelconque intention libre des concurrents, soumis à la commande publique.

---

3 Une même idée de connaissance certaine sous-tend ses interdictions *per se*, présomptions, ou procédures simplifiées. *Idem* lorsque l'application du droit de la concurrence livre des informations quant à l'intention des entreprises ou des effets anticoncurrentiels de leurs pratiques, qui sont les critères pertinents d'appréciation des pratiques et transactions suspectes.

4 F. Schauer, « In Defense of Rule-Based Evidence Law–and Epistemology Too », *Episteme*, vol. 5, n° 3, 2008, p. 295.

5 Gunther Teubner observe : « *These procedures [...] are conventions, not arbitrary ones but structural selections which reflect choices made in the history of scientific and legal discourse* » (p. 222). V. G. Teubner, « How the Law Thinks: Toward a Constructivist Epistemology of Law », in M. Del Mar et M. Giudice (dir.), *Legal Theory and the Social Sciences*, Londres/New York, Routledge, 2017, pp. 205-235.

6 En 2020, le département de la Justice américain poursuivit sur le fondement du droit antitrust américain trois constructeurs automobiles qui avaient conclu un accord de réduction des émissions de leurs véhicules. V. <https://www.theverge.com/2019/8/21/20826590/car-pollution-emissions-president-trump-ford-volkswagen-bmw-california-deal>.

7 Ainsi, les lignes directrices néo-zélandaises sur les concentrations déclarent que les « *[g]ains which may contribute to a benefit to the public include: [...] cost reductions due to reduced labour costs, greater specialisation of production, lower working capital and reduced transaction costs* ». V. <https://www.oecd.org/competition/mergers/2379526.pdf>, p. 31.

Mais que penser de ces exclusions dans une perspective épistémologique ? Si le droit de la concurrence ignore plusieurs cas types de coopération entre entreprises, il ne peut rien connaître de vrai ou de réel sur l'intensité, les formes ou les effets de la coopération entre entreprises. Comment le droit peut-il en effet prétendre que la coopération est nocive s'il ignore une partie du phénomène ? Il lui faut, pour faire une telle affirmation, se fier sans réserve aux choix posés en jurisprudence (elle qui *via* l'autorité de la chose interprétée, limite toute possibilité de réexamen de la question). Peut-être le savoir de la jurisprudence quant aux coordinations exclues repose-t-il sur des choix *métaphysiques*, c'est-à-dire une connaissance indépendante de l'expérience ? Dans toutes les cultures de droit de la concurrence, l'on retrouve ainsi une interdiction limitée, et non pas illimitée, de la coopération entre entreprises. Aucun système, pourtant, ne définit les coordinations exclues de manière identique. Elles ne sont donc ni universelles, ni nécessaires, ni inévitables ou intangibles.

Si l'on prend le droit de la concurrence au sérieux, il est nécessaire d'attendre de lui qu'il puisse nous dire ce qu'il sait de la concurrence, ce qu'il ignore d'elle, et pourquoi.

III. Méthodes d'une épistémologie du droit de la concurrence

Que sait le droit de la concurrence sur la concurrence ? Admettons un court instant qu'il ne puisse tout savoir. La question initiale peut être reformulée : à quelle concurrence s'intéresse le droit de la concurrence ? Pour décrire l'épistémologie du droit de la concurrence, plusieurs perspectives, non exclusives les unes des autres, doivent être combinées. Le droit de la concurrence idéalise une réalité matérielle de la concurrence par formulation (1.), la construit par application (2.), et la rationalise par l'interprétation de la doctrine (3.).

1. Les bases juridiques : La concurrence libre idéalisée par le droit

Le droit de la concurrence s'intéresse d'abord à la concurrence libre, que ses *bases juridiques* lui ordonnent de protéger. Quelle est-elle ? Si l'on s'en tient aux droits américain et européen quelques instructions ressortent de l'examen des faits qu'ils estiment restreindre la concurrence. Ainsi, le droit de la concurrence s'intéresse à la collusion, à la domination économique ou à son abus, ainsi qu'aux opérations de concentration[8].

Au-delà de ceci, les instructions factuelles du droit de la concurrence sont abstraites, générales et vagues[9]. Il est d'abord étonnant en premier ordre que le

8 Nous faisons ici réserve du droit des aides d'État, spécificité européenne.

9 Cela est spécialement le cas du droit américain. Certes plus prescriptif, conformément à la tradition continentale, et de substance plus économique et technique, le droit européen fait aussi appel à des « *concepts juridiques indéterminés, tels que la distorsion de la concurrence ou l'"abus" d'une position dominante* ». Trib. UE, 27 juin 2012, *Microsoft Corp. c/ Commission*, aff. T-167/08, EU:T:2012:323, para. 91 ; v. aussi P. Cardonnel, « Abus de position dominante – Astreinte : Le Tribunal de l'UE réduit légèrement le montant d'une astreinte imposée en 2008 (*Microsoft*) », *Concurrences* n° 4-2012, art. n° 49419, p. 145.

droit de la concurrence ne définisse pas directement son objet, la concurrence. Seule une définition indirecte ressort de ses bases juridiques. Les situations problématiques concernent des cas de placement sous contrôle unifié du commerce. Le point commun des droits de la concurrence serait donc de s'intéresser à des cas de figure dans lesquels la rivalité est suspendue. Ce que le droit de la concurrence sait de la concurrence libre, c'est qu'elle correspondrait à la rivalité.

Ensuite, le droit de la concurrence ne dit rien de ses fonctions. Est-il un droit directeur ou protecteur ? Le recours à des interdictions, c'est-à-dire des obligations de ne pas faire, évoque une fonction protectrice. Cette approche suggère que la concurrence est un processus dans lequel les entreprises doivent pouvoir se distinguer, sans être soumises à la force unificatrice et homogénéisante de prescriptions, c'est-à-dire d'obligations de faire. Ce que le droit de la concurrence sait de la concurrence libre, c'est donc qu'elle trouve sa plénitude dans une forme de différenciation.

Mais quels intérêts sont protégés par le droit de la concurrence ? La réponse à cette question permet de savoir si la concurrence est un processus destiné à protéger spécialement certaines « classes » d'individus, d'organisations ou d'institutions, à l'exclusion d'autres. Le droit américain est silencieux à ce sujet. Le droit européen contient en revanche plusieurs références à la protection des « *partenaires* » et « *partenaires commerciaux* », des « *utilisateurs* » et des « *consommateurs* ». Qu'en déduire ? Le droit européen paraît considérer que la concurrence non faussée protège les acheteurs et fournisseurs plus que les concurrents eux-mêmes. Ce que le droit de la concurrence sait de la concurrence libre, c'est donc qu'elle peut être normalement préjudiciable aux concurrents eux-mêmes.

Enfin, le droit de la concurrence nous dit savoir où la concurrence libre s'exerce lorsqu'il définit son champ d'application. Les droits européen et américain semblent préoccupés par la protection de la concurrence libre dans le cadre des activités de « *commerce* »[10]. Le locus de la concurrence libre à laquelle s'intéresse le droit est donc essentiellement l'échange de biens ou de services (le droit européen parle de « produits » ou de « prestations »). En revanche, il ne s'agit ni du capital ni du travail.

Qu'en conclure ? La concurrence idéalisée par le droit textuel de la concurrence est celle d'une rivalité, faite de différenciation, conduisant à la possible marginalisation des concurrents, dans le cadre d'activités de fourniture de biens et de services. Cette vision épistémologique est évidemment 'exclusionnaire'. Le droit de la concurrence ne sait rien de la concurrence sur les marchés de facteurs de production, par exemple.

---

10 Le droit américain cible indistinctement des « individus » ou « entités ». Le droit européen vise abstraitement des « entreprises ».

2. Les choix de la pratique judiciaire et administrative : La concurrence construite par le droit

La concurrence à laquelle s'intéresse le droit de la concurrence dépend aussi de choix posés dans le cadre de son interprétation judiciaire et administrative. Juges et autorités de contrôle forment des choix qui limitent ou étendent l'*univers des faits* pertinents pour son application. Il s'agit tantôt de choix d'exclusion, tantôt de choix d'inclusion[11]. En droit américain, par exemple, la Cour suprême exclut dans l'affaire *Knight* de 1895 d'examiner la légalité de pratiques concertées susceptibles de restreindre la concurrence dans la manufacture, le Sherman Act ne mentionnant que le « *commerce* »[12]. Quelques années plus tard, dans l'affaire *Addyston Pipe*, la Cour reviendra sur cette jurisprudence, estimant que toute pratique concertée affectant le stade de la manufacture relève du Sherman Act, sous réserve de la preuve d'un « effet » sur le commerce[13].

Une même logique est observable en droit européen. Le domaine de l'abus de position dominante en apporte l'illustration. L'arrêt *Continental Can* de 1973 représente un choix d'inclusion. La Cour disposa en faveur d'une interprétation de l'article 102 TFUE couvrant non seulement les pratiques qui comportent un préjudice immédiat au consommateur, mais aussi celles qui comportent un préjudice médiat pour les consommateurs *via* la production d'une « *atteinte à une structure de concurrence effective* »[14]. Autrement dit, les effets d'éviction des pratiques d'entreprises dominantes sur leurs concurrentes relèvent aussi des faits considérés comme pertinents en droit de la concurrence, pas seulement les effets d'exploitation sur les consommateurs. Quelques décennies plus tard, la Commission européenne (« la Commission ») procédera à un choix d'exclusion, en déclarant implicitement accorder la priorité aux affaires portant sur des pratiques d'éviction, au détriment des effets d'exploitation[15].

Les pratiques administratives, en apparence techniques, étendent et réduisent aussi l'univers des faits connus par le droit de la concurrence. Au titre des choix d'exclusion, la Commission est réticente à tenir compte de certains types spécifiques de gains d'efficacité dans l'appréciation des concentrations. Il s'agit par exemple des gains d'efficacité hors marché, c'est-à-dire de ceux intervenant dans des marchés distincts de ceux où se présentent des préoccupations de

---

11 F. Schauer, préc.

12 V. *United States v. E. C. Knight Co.*, 156 U.S. 1 (1895). La Cour exclut ainsi la « *manufacture, l'agriculture, l'extraction minière, la production, ou bien l'augmentation ou la baisse des salaires ou des prix* », car appartenant à la sphère de la transformation, et pas directement à la sphère du commerce.

13 V. *Addyston Pipe & Steel Co. v. United States*, 175 U.S. 211 (1899).

14 V. CJCE, 21 février 1973, *Europemballage Corporation et Continental Can Company Inc. c/ Commission des Communautés européennes*, aff. 6-72, *Rec.* p. 00215, para. 26.

15 Communication de la Commission, « Orientations sur les priorités retenues par la Commission pour l'application de l'article 82 du traité CE aux pratiques d'éviction abusives des entreprises dominantes », *JOUE* n° C 45 du 24 février 2009, p. 7, para. 7.

concurrence[16]. Il s'agit encore des réductions de coûts fixes, jugées moins avantageuses pour la baisse des prix à la consommation que les économies de coûts variables[17].

Mais des choix d'inclusion étendent l'univers des faits envisagés par le droit de la concurrence. Dans l'examen de la fusion *Dow/DuPont* de 2017, la Commission s'est intéressée à la concurrence en matière d'innovation. La Commission s'attacha à prédire les effets sur l'innovation d'une modification des incitations des parties en matière d'activités de R&D[18]. Cette décision infléchissait une tendance qui consista longtemps à évaluer les concentrations en regard essentiellement de leurs effets sur la concurrence en matière de prix ou de production.

Les propos qui précèdent montrent que le droit de la concurrence appréhende uniquement certaines réalités de la concurrence. La cognition qu'a le droit de la concurrence libre est une construction interne, variable, et délimitée par des choix distincts de ceux formulés dans ses bases juridiques.

3. Les débats de la doctrine : La concurrence rationalisée par le droit

La doctrine, dans son rôle de description objective du droit de la concurrence – ce qu'il est – ou subjective – ce qu'il devrait être –, exprime aussi ce que sait ou devrait savoir le droit de la concurrence sur la concurrence. Sa lecture divulgue d'utiles informations sur ce que sait le droit de la concurrence au sujet de la concurrence.

La doctrine présente usuellement le droit de la concurrence sous trois grands traits. D'abord, le droit de la concurrence serait de nature économique. Ce que cela signifie, épistémologiquement, c'est que le droit connaît uniquement les faits de concurrence concernant l'allocation de ressources rares dans un système d'échange marchand. Sorti de cette sphère, le droit de la concurrence ne saurait ou ne devrait savoir rien, ou que peu, de la concurrence.

Cette idée se comprend mieux au travers d'un cas d'école. À travers les cultures et les époques, l'unité familiale est le locus de systèmes de relations humaines complexes fondées sur la coopération et la coercition contraires à la concurrence. Il ne viendrait à l'esprit de personne d'observer, de mesurer et de juger les faits de coopération des époux ou d'exercice de l'autorité parentale à travers le prisme du droit de la concurrence. Pourtant, ces faits constituent abstraitement des déviations de la concurrence. À l'inverse, il ne viendrait à personne l'idée d'envisager les effets du droit de la concurrence sur le lien familial, l'accès à l'éducation, ou sur la démographie[19].

---

16 Communication de la Commission, « Lignes directrices sur l'appréciation des concentrations horizontales au regard du règlement du Conseil relatif au contrôle des concentrations entre entreprises », *JOUE* n° C 31 du 5 février 2004, p. 5, para. 79.

17 *Ibid.*, para. 80.

18 Comm. eur., déc. C(2017) 1946 du 27 mars 2017, *Dow/DuPont*, aff. M.7932.

19 Les légendes de Caïn et Abel, de Romulus et Rémus ou d'Étéocle et Polynice sont des illustrations métaphoriques des coûts existentiels de la compétition pour le pouvoir.

Le droit de la concurrence serait aussi amoral, cynique, nihiliste. Les faits livrant des informations, la vertu ou le vice sont en général sans grand intérêt dans l'étude de la concurrence libre et de ses restrictions. Pour reprendre la distinction d'Oliver Holmes entre la morale et le droit, qu'elle soit « bonne » ou « mauvaise », tout agent économique a intérêt à triompher de son concurrent dans le respect du droit[20]. Dans une perspective épistémologique, les faits moraux sont le plus souvent sans influence sur l'application du droit de la concurrence. Tant qu'elle est libre (en Europe) et efficace (aux États-Unis), la concurrence doit être encouragée, qu'importe qu'elle soit malsaine, déloyale, fautive ou mal intentionnée.

Enfin, le droit de la concurrence est décrit comme un instrument de création de richesses, pas de répartition. L'étude de la distribution des ressources joue toutefois un rôle ambigu. Les faits constitutifs de droits de propriété, de privilèges ou de rentes sont déterminants dans l'étude des conditions de concurrence. Toutefois, le droit de la concurrence n'y accorde pas une significativité complète, c'est-à-dire qu'il ne s'intéresse qu'à certaines de leurs conséquences, et en néglige d'autres, comme les inégalités d'opportunité (par exemple, une rente héritée), interpersonnelles (par exemple, un déséquilibre dans les relations commerciales) ou sociales (par exemple, entre capital et travail) qui en résultent[21].

4. Conclusions

Comme ailleurs, les besoins de la théorie ont ici imposé une certaine simplification. Riche d'exceptions, l'épistémologie du droit de la concurrence demeure néanmoins déterminée par les éléments décrits ci-avant. Aussi factuels que conceptuels, les sempiternels débats qu'entretiennent les spécialistes du droit de la concurrence le confirment. Lorsqu'ils sont en désaccord, universitaires, avocats, économistes, autorités et juges se disputent essentiellement sur la variété et la significativité des faits juridiques et empiriques à prendre en compte pour appliquer le droit de la concurrence et, avant cela, pour observer la concurrence.

IV. Perspectives d'une épistémologie du droit de la concurrence

Que pourrait offrir une réflexion épistémologique sur le droit de la concurrence ? Il y a lieu de croire qu'elle apporterait une réponse à deux critiques : celle, technique, de son dogmatisme (1.) et celle, politique, de son injustice (2.).

1. Le dépassement du dogmatisme

Pour étudier la concurrence, le droit s'appuie sur des méthodes d'observation scientifique contrôlée. Les faits retenus relèvent de ce que l'on appelle l'organisation

20 O. W. Holmes, « The Path of the Law », *Harvard Law Review*, vol. 110, n° 5, 1997, p. 991.

21 Pas plus le droit de la concurrence ne postule-t-il l'existence ou l'inexistence d'une redistribution *a posteriori*.

industrielle des marchés. Il s'agit d'étudier les parts de marché, la concentration de la production, la substituabilité des produits, l'élasticité-prix et la contestabilité, et d'autres déterminants de la concurrence sur les marchés. Les méthodes déployées à cet effet atteignent un grand degré de sophistication, à la fois formelle et empirique.

La perception de la réalité de la concurrence est pourtant rarement consensuelle chez les experts. Des études empiriques fondées sur l'étude des taux de marge ont démontré que le pouvoir de monopole avait augmenté dans l'économie américaine depuis vingt ans[22]. Aucun des services économiques des autorités de contrôle ne semble avoir vu ce problème se former. Dans le même ordre d'idées, d'autres travaux prétendent que les grandes firmes de l'économie numérique seraient exposées à une pression concurrentielle importante, alimentée par la contestation, la diversification et l'innovation[23]. Pourtant, la plupart des autorités de contrôle considèrent que l'économie numérique présente un problème monopolistique endémique, justifiant un traitement prioritaire, au besoin réglementaire. Enfin, le droit de la concurrence élude souvent toute autocritique quant à ses effets dispendieux, ruineux ou contreproductifs[24]. De longue date, les autorités refusent de connaître d'arguments prétendant justifier une pratique anticoncurrentielle par le gaspillage de ressources qu'occasionne la rivalité. Plus fréquente, encore, est la critique selon laquelle un déficit d'attention aux coûts environnementaux de la concurrence caractériserait l'application du droit[25].

Ces orientations du droit de la concurrence sont essentiellement dogmatiques, c'est-à-dire qu'elles reposent toutes sur l'exclusion catégorielle d'un ensemble de faits considérés comme étrangers à l'analyse (comme, par exemple, les marges, l'innovation ou l'impact sur l'épuisement des ressources naturelles). Elles ne sont pas empiriques.

Si ces querelles sont normales dans une procédure de recherche de la vérité par compétition, délibération ou communication, elles trouveraient toutefois une issue plus légitime et efficace si le droit identifiait d'emblée l'étendue et les limites de sa connaissance de la concurrence. Or, le droit de la concurrence ne définit ni clairement, ni précisément, ni systématiquement, un critère régulateur de l'univers des faits qu'il considère, et de ceux qu'il dédaigne, pour déterminer si oui, ou non, existe de la concurrence.

2. La correction de l'injustice

Une contestation politique gronde au sein du droit de la concurrence. L'application du droit conduirait à des injustices sociales, économiques et politiques

22 J. De Loecker, J. Eeckhout et G. Unger, « The Rise of Market Power and the Macroeconomic Implications », *The Quarterly Journal of Economics*, vol. 135, n° 2, 2020, p. 561.

23 N. Petit et D. J. Teece, « Innovating Big Tech firms and competition policy: favoring dynamic over static competition », *Industrial and Corporate Change*, vol. 30, n° 5, 2021, p. 1168.

24 M. E. Stucke et A. Ezrachi, *Competition Overdose: How Free Market Mythology Transformed Us from Citizen Kings to Market Servants*, New York, HarperCollins, 2020.

25 A. Gerbrandy, « Solving a Sustainability-Deficit in European Competition Law », *World Competition* vol. 40, n° 4, 2017, p. 539.

diverses. Si elle n'est pas neuve, la critique a pris un nouvel essor à la suite de la crise financière de 2008 et du recul de l'idéal d'une économie globalisée prospère, dont la richesse ruissèlerait sur l'ensemble de la société[26]. Certains prétendent que l'application du droit antitrust perpétuerait le racisme[27]. À l'OCDE, des travaux ont envisagé une prise en compte du « genre » en droit de la concurrence, dénonçant sa contribution insuffisante à la lutte contre les inégalités hommes-femmes[28]. Enfin, des voix ont prétendu que le droit de la concurrence affaiblirait les travailleurs dans leurs relations avec les employeurs[29].

Porteuse, comme toute contestation, d'un potentiel d'enrichissement du savoir, cette critique interpelle quant à sa nature. Est-elle épistémologique, ou bien idéologique ? Autrement dit, est-ce l'univers des faits considérés par le droit de la concurrence qui est injustement étroit ? Des faits supplémentaires à l'efficience, à la rivalité, à la liberté économique ou au choix du consommateur comme les inégalités dans leurs formes les plus injustes devraient-ils être considérés dans l'interprétation et l'application judiciaires et administratives de la règle de droit de la concurrence ? Ou bien est-ce le système de valeurs protégé par le droit de la concurrence qui alimente les injustices ? La question n'est pas incongrue. Si la critique est épistémologique, la réponse à y apporter est essentiellement technique. Si la critique est idéologique, le remède est davantage politique.

Une méthode qui emprunte au raisonnement scientifique existe pour envisager cette question. Tout d'abord, pourquoi ne pas examiner si, dans son application usuelle, le droit de la concurrence procède à des choix d'exclusion ou si, au contraire, il tend vers des choix d'inclusion ? Si la norme cognitive du droit de la concurrence penche vers l'inclusion, le rejet de faits est une incohérence qui accrédite la thèse d'un système idéologiquement injuste. En revanche, si la norme cognitive du droit de la concurrence penche vers l'exclusion, la thèse d'un système épistémologiquement étroit est vraisemblable.

Mais cela n'est pas tout. La méthode ci-dessus indique si le droit de la concurrence est épistémologiquement étroit, mais elle ne dit pas si le droit de la concurrence est injuste, ou neutre, dans ses exclusions épistémologiques. Un nouveau test est nécessaire. Pourquoi ne pas étudier si le droit de la concurrence fait d'autres choix d'exclusion débouchant sur des inégalités, mais distinctes des discriminations sociales, économiques et culturelles envisagées par la contestation ? Quelques exemples illustrent l'idée. L'objectif d'intégration des marchés nationaux conduit le droit européen de la concurrence à faire bénéficier les consommateurs d'États

26 W. J. Curran III, « Beyond Economic Concepts and Categories: A Democratic Refiguration of Antitrust Law », *Saint Louis University Law Journal*, vol. 31, 1987, p. 349.

27 S. Vaheesan, « How Antitrust Perpetuates Structural Racism », *The Appeal*, 16 septembre 2020.

28 E. Santacreu-Vasut et C. Pike, « Competition Policy and Gender », OECD 17th Global Forum on Competition, DAF/COMP/GF(2018)4, novembre 2018.

29 M. Steinbaum, « Antitrust, the Gig Economy, and Labor Market Power », *Law and Contemporary Problems*, vol. 82, n° 3, 2019, p. 45. H. Hovenkamp, « Worker Welfare and Antitrust » (12 avril 2022), <https://ssrn.com/abstract=4015834> ou <http://dx.doi.org/10.2139/ssrn.4015834>.

à prix élevés d'importations parallèles en provenance de pays à bas prix. Mais le droit ne s'interroge nullement sur l'existence d'une corrélation entre les différentiels de prix entre États et la richesse des habitants de chaque pays. De même, le droit européen de la concurrence proscrit sans exception les ententes ou accords verticaux de répartition nationale de marchés. Ce faisant, le droit protège les consommateurs qui font leurs achats sur des marchés européens. En revanche, il ne prévoit pas un régime d'égale sévérité pour protéger les consommateurs de produits locaux.

V. Finale

L'épistémologie est l'étude de ce qui est vrai et faux, connu et inconnu, connaissable et inconnaissable. Le droit de la concurrence n'a pas de gouvernail pour définir son épistémologie. Il ne sait pas ce qu'il sait de la concurrence, pourquoi il le sait, et ce qu'il devrait savoir à son sujet.

Cet état d'inconscience épistémologique laisse proliférer toutes sortes de doléances, pratiques comme politiques, visant à étendre, ou à restreindre, l'univers des faits pertinents pour son application. Tantôt, le droit de la concurrence devrait s'intéresser aux effets des pratiques et transactions sur de nouveaux éléments du bien-être des consommateurs, comme la protection de la vie privée. Tantôt, il devrait envisager les effets de son intervention sur d'importants déterminants de la richesse des nations, comme l'innovation.

À ce jour, ces demandes ont le plus souvent été traitées sur un mode dogmatique. Le choix dogmatique consiste à croire que là où il y a de la concurrence, se dégagent des gains divers, en matière de protection de l'environnement, de respect de la vie privée ou d'innovation. Autrement dit, une relation fonctionnelle existerait entre l'augmentation de la concurrence et l'augmentation du bien-être social, dans toute la variété de ses composantes[30]. Circulez, il n'y a rien à voir.

Dans un monde qui ne cesse de changer, et dans une discipline juridique qui doit accepter la falsification de ses fondements et la discussion de ses méthodes comme conditions existentielles de sa légitimité, une démarche sceptique semble plus féconde qu'une posture dogmatique. Examiner l'épistémologie de la concurrence, et réévaluer ce qu'il sait et ce qu'il ignore, est le préalable à lever.

Répondre à la question épistémologique doit ensuite être matière à vérification empirique. Seule l'observation de la réalité matérielle est susceptible d'améliorer le droit de la concurrence en l'élevant au-dessus des querelles existentielles qu'il subit depuis les origines.

30 Notez, toutefois, qu'une relation dogmatique n'est pas nécessairement causale. Un autre choix dogmatique consisterait à établir une relation inverse, c'est-à-dire l'idée que la concurrence est ruineuse et que la coopération améliore en règle le bien-être. Cette idée est celle qui a longtemps conduit à légitimer les ententes comme mode d'organisation des industries.

Réflexions sur le contrat, le temps et la concurrence

MICHEL PONSARD*

Cabinet UGGC Avocats

Résumé

Dans la période de suspension du temps que nous venons de subir, il est intéressant de confronter la question du temps au droit des contrats et au droit de la concurrence. Le contrat, dans sa rédaction comme dans son exécution, doit gouverner le temps. Les parties conviennent de sa durée, des possibilités de modification du contrat au cours de son exécution ou encore des effets des clauses à la résolution du contrat. Le temps permet également d'appréhender les effets de certains engagements contractuels, qui sont susceptibles de fausser le jeu de la concurrence, amenant le juge et le législateur à intervenir pour limiter la liberté contractuelle quand elle produit l'illicite. La concurrence, c'est l'incertitude, c'est la vie mouvante à chaque instant. Aussi, l'inscription dans le long terme des engagements contractuels entre entreprises est souvent vue d'un mauvais œil par le gendarme de la concurrence. Le droit de la concurrence s'approprie d'ailleurs le temps, soit en revisitant la réalité temporelle, afin de déterminer ce qui se serait produit en l'absence de pratiques anticoncurrentielles, soit en prédisant l'avenir, dans le cadre de l'analyse prospective appliquée pour évaluer l'impact d'une concentration économique sur le marché.

---

* Avocat à la cour. L'auteur remercie Me Élodie Camous-Léonard pour son aide dans la rédaction de cet article.

La question du temps pose la question de la réalité qui évolue en permanence : la question de la vie donc mais aussi celle de la mort, celle de la renaissance même, et enfin celle de l'effacement.

Je propose deux approches. La première concerne la prise en compte du temps dans le contrat (I.), la seconde celle du temps dans le droit de la concurrence (II.).

I. Temps et contrat

Le contrat, dans sa rédaction comme dans son exécution, doit gouverner le temps. Les parties conviennent de sa durée, des possibilités de modification du contrat au cours de son exécution ou encore des effets des clauses à la résolution du contrat. Le temps permet également d'appréhender les effets de certains engagements contractuels, qui sont susceptibles de fausser le jeu de la concurrence, amenant le juge et le législateur à intervenir pour limiter la liberté contractuelle quand elle produit l'illicite.

Quand on analyse la prise en compte du temps dans le contrat, plusieurs constats s'imposent :

D'abord, il y a la vie du contrat, sa naissance et son épanouissement (1.) :

- l'éternité n'existe pas (A.) ;
- le temps peut néanmoins être indéterminé dans la relation des parties (B.) ;
- la crise et l'urgence peuvent modifier le contrat (C.).

Et puis, il y a la mort du contrat (2.) :

- le temps peut s'annuler (A.) ;
- le temps peut survivre à la mort du contrat, qui peut se maintenir en vie et se renouveler ou se proroger (B.).

1. La vie du contrat

C'est un exercice bien singulier que de rédiger un contrat. C'est fixer un cadre sur quelque chose de mouvant, c'est tenter de prévoir l'imprévisible. Mais nous avons quelques clés.

A. *L'éternité n'existe pas : Le principe de prohibition des contrats perpétuels*

Si, depuis 1804, la durée du contrat n'a pas suscité une préoccupation particulière de la part du législateur, la question des engagements perpétuels a néanmoins été soulevée devant les juridictions nationales. En 1887, la Cour de cassation avait conclu en leur prohibition au nom de la sauvegarde de la liberté individuelle[1], puis sur le fondement des droits fondamentaux en 1929[2]. Par la suite, le Conseil constitutionnel a consacré ce principe dans sa décision du 9 novembre 1999[3].

1 Cass. civ., 28 juin 1887, *S.* 1887, 1, p. 380.

2 Cass. civ., 20 mars 1929, *D. P.* 1930, 1, p. 13.

3 Cons. const., déc. n° 99-419 DC du 9 novembre 1999, *Loi relative au pacte civil de solidarité.*

Le législateur est finalement venu codifier cette solution lors de la réforme du droit des obligations de 2016, notamment par l'introduction de l'article 1210 du code civil[4] : désormais, les engagements perpétuels sont interdits.

Or, ce principe a récemment trouvé une application particulièrement remarquée en droit de la distribution sélective. En effet, sur le fondement de l'interdiction du refus de vente entre professionnels, la Cour de cassation a longtemps imposé aux fournisseurs l'obligation de justifier leur refus d'agrément aux distributeurs[5].

Avec la consécration de la prohibition des engagements perpétuels dans le code civil, la chambre commerciale de la Cour de cassation relève que le renouvellement d'un contrat de distribution sélective n'est pas de droit, même si le distributeur continue de remplir les conditions de sélection[6]. En ce sens, la cour d'appel de Paris a précisé qu'« *[i]l résulte du principe de la prohibition des engagements perpétuels et de la liberté du commerce et de l'industrie qu'un distributeur ne dispose d'aucun droit acquis à la poursuite indéfinie d'un contrat de distribution et que tout opérateur économique peut choisir en toute indépendance ses partenaires commerciaux* »[7].

Le fournisseur peut donc librement refuser le renouvellement d'un contrat de distribution d'un de ses distributeurs, qui répond pourtant à toutes les conditions de sélection, au motif que l'engagement contractuel ne peut être illimité.

B. *L'inscription du contrat dans la durée*

Afin d'organiser leur relation dans le temps, les parties concluent un contrat dans lequel elles doivent inscrire leurs relations contractuelles dans le temps, en s'entendant notamment sur sa durée.

Cette durée peut être déterminée, voire indéterminée, ce qui peut paraître contradictoire avec la prohibition des engagements perpétuels. Il n'en est rien. Un contrat dont la durée est indéterminée est en fait un contrat dont la vie peut s'arrêter à tout moment sous la seule limite d'octroyer un préavis « raisonnable », notion elle-même à géométrie variable. Un temps doit être laissé au partenaire pour faire face à la réalité de l'arrêt de la convention pour que la victime de cette cessation des relations contractuelles s'adapte à cette nouvelle situation. Plus la relation est ancienne, plus ce temps du préavis doit être important.

---

4 Ordonnance n° 2016-131 du 10 février 2016 portant réforme du droit des contrats, du régime général et de la preuve des obligations, art. 2.

5 Cass. com., 23 février 1993, n° 90-19.953.

6 Cass. com., 8 juin 2017, n° 15-28.355.

7 CA Paris, pôle 5, ch. 4, 31 juillet 2019, RG 16/20683 ; v. aussi N. Éréséo, « Distribution sélective : La Cour d'appel de Paris réaffirme la liberté de réorganisation des réseaux de distribution sélective (*Hyundai*) », 31 juillet 2019, *Concurrences* n° 4-2019, art. n° 92198.

Ce principe relève du droit commun[8] – mais peut même relever, au-delà du contrat et de la volonté des parties, de l'ordre public économique afin d'éviter des faillites et des affaiblissements concurrentiels dus à la brutalité de la décision de rupture.

L'ordonnance n° 2019-359 du 24 avril 2019[9] a néanmoins instauré un plafond légal du délai de préavis suffisant dans le cadre de la rupture d'une relation commerciale établie. En effet, l'article L. 442-1, II du code de commerce indique désormais, en son alinéa 2 : « *En cas de litige entre les parties sur la durée du préavis, la responsabilité de l'auteur de la rupture ne peut être engagée du chef d'une durée insuffisante dès lors qu'il a respecté un préavis de dix-huit mois*[10]. »

La nature de cette durée maximale de préavis ne fait cependant pas l'unanimité au sein de la doctrine. En effet, certains auteurs affirment qu'il ne s'agit que d'une durée « de sécurité » pour laquelle l'auteur de la rupture ne pourrait pas voir sa responsabilité engagée. Il s'agirait ainsi d'une présomption du caractère suffisant du préavis[11], analyse partagée par la Direction générale de la concurrence, de la consommation et de la répression des fraudes (DGCCRF)[12]. En d'autres termes, les juges pourront apprécier *in concreto* le préavis suffisant pour les litiges dont ils sont saisis, mais ne pourront pas sanctionner l'auteur de la rupture pour le respect d'un préavis de dix-huit mois, et ce, qu'importent la durée et la nature des relations entre les parties[13]. D'autres auteurs affirment qu'il s'agit plutôt d'une durée plafond que les juges ne pourraient dépasser, dans la mesure où le juge ne pourrait aller au-delà du préavis qui a été légalement considéré comme raisonnable[14]. Cette limite de dix-huit mois viendra donc limiter le montant des indemnisations en rupture brutale des relations commerciales établies[15].

---

8 L'article 1211 du code civil, issu de l'ordonnance n° 2016-131 du 10 février 2016, dispose que « *[l]orsque le contrat est conclu pour une durée indéterminée, chaque partie peut y mettre fin à tout moment, sous réserve de respecter le délai de préavis contractuellement prévu ou, à défaut, un délai raisonnable* », ce texte constituant une codification de la jurisprudence rendue au visa de l'ancien article 1134 du code civil.

9 Ordonnance n° 2019-359 du 24 avril 2019 portant refonte du titre IV du livre IV du code de commerce relatif à la transparence, aux pratiques restrictives de concurrence et aux autres pratiques prohibées, *JORF* n° 0097 du 25 avril 2019

10 Préalablement à cette ordonnance, le temps était librement appréhendé par le juge. Il prenait ainsi en compte un faisceau d'indices qui comprenait principalement « *l'existence de relations commerciales établies de longue date, la bonne foi entre les parties, la régularité des transactions et leur évolution dans le temps exprimée en quantité et en valeur, les éventuels accords sur les prix facturés et/ou sur les rabais accordés, ainsi que la correspondance échangée* » (CJUE, 14 juillet 2016, *Granarolo SpA c/ Ambrosi Emmi France SA*, aff. C-196/15, EU:C:2016:559, pt 26).

11 J.-B. Gouache et M. Behar-Touchais, « Actualités du droit de la franchise 2019 (1re partie) », *Contrats, conc., consom.* n° 1, janvier 2020, étude 1, pt 7.

12 DGCCRF, Fiches pratiques, « Pratiques restrictives de concurrence », novembre 2019.

13 K. Haeri, B. Javaux et H. J. Adler, « La réforme de la rupture brutale des relations commerciales établies : un encadrement dans la continuité », *RLC* 86/2019, n° 3641.

14 M. Behar-Touchais, « La nouvelle rupture brutale des relations commerciales établies », *RDC* 2019, p. 45.

15 J.-B. Gouache et M. Behar-Touchais, préc., pt 7.

C. *La prise en compte de l'urgence*

La prise en compte du temps dans le contrat, c'est aussi la tentative d'appréhension de l'imprévisible, et même parfois du fléau, de la survenance de l'évènement irréel, de l'évènement qui « *n'est pas à la mesure de l'homme* », comme Camus décrivait la peste.

L'urgence, c'est le raccourcissement du temps ; il faut faire vite, en s'exonérant de certaines obligations contractuelles, ou il faut suspendre le temps. C'est ce que nous avons connu avec la pandémie. Le droit offre des réponses diverses.

En cas d'urgence, en référé par exemple, l'accord de volonté des parties peut s'effacer. Les clauses contractuelles de choix de juridiction pourront ne pas s'appliquer, comme par exemple la clause compromissoire, qui n'est pas opposable en référé[16].

Le contrat peut aussi se trouver suspendu : c'est la force majeure. Le contrat suspend ses effets, le temps que dure la situation de force majeure.

De même, le contrat peut se trouver adapté, et ce, même si les parties ne l'ont pas prévu. Tel est le cas des clauses d'adaptation ou d'imprévision. Cette adaptation peut parfois se cantonner à la clause de prix, soit mécaniquement par des clauses d'indexation, mais le plus souvent de manière plus sophistiquée, car les prix évoluent chaque année et il n'est pas souhaitable de les figer sur une durée trop importante.

Il est vrai qu'il est possible pour les deux parties de modifier, de manière conjointe, le contrat, mais il est rare en pratique de voir les parties au contrat vouloir, de leur plein gré, modifier les conditions tarifaires. Il existe donc des mécanismes légaux permettant aux parties de pouvoir renégocier les prix durant l'exécution du contrat.

Le sort de la renégociation des produits dont le coût est très dépendant des fluctuations des prix en matières premières agricoles et alimentaires est une question récessive. Aussi, le législateur s'en est emparé et a, depuis 2014, œuvré pour que les contrats portant sur des denrées alimentaires soient pourvus d'une clause de renégociation afin de répercuter les variations de prix des matières premières sur les prix de vente.

En 2017, les États généraux de l'alimentation se sont réunis et ont soulevé la problématique du revenu agricole. Ainsi, la loi Egalim[17] a été promulguée en 2018 afin d'assurer une meilleure répartition de la valeur entre tous les acteurs de la

---

16 En ce sens, l'article 1449 du code de procédure civile dispose que « *[l]'existence d'une convention d'arbitrage ne fait pas obstacle, tant que le tribunal arbitral n'est pas constitué, à ce qu'une partie saisisse une juridiction de l'État aux fins d'obtenir une mesure d'instruction ou une mesure provisoire ou conservatoire* ».

17 Loi n° 2018-938 du 30 octobre 2018 pour l'équilibre des relations commerciales dans le secteur agricole et alimentaire et une alimentation saine, durable et accessible à tous, *JORF* n° 0253 du 1er novembre 2018.

chaîne de production des filières agricoles et agroalimentaires, notamment par la prise en compte d'indicateurs par tous ces acteurs.

Dès lors, dans le cadre des documents relatifs à des produits agricoles, les propositions de contrat, les contrats ou les accords-cadres doivent désormais au moins comporter la clause relative au prix ou aux critères et modalités de détermination et de révision du prix[18], notamment en considération d'indicateurs élaborés et diffusés par les organisations interprofessionnelles[19].

De plus, l'ordonnance du 24 avril 2019[20] a modifié l'article L. 441-8 du code de commerce, qui oblige à insérer une clause de renégociation du prix dans les contrats de plus de trois mois lorsqu'ils portent sur la vente de certains produits agricoles et alimentaires « *dont les prix de production sont significativement affectés par des fluctuations des prix des matières premières agricoles et alimentaires et des produits agricoles et alimentaires et, le cas échéant, des coûts de l'énergie* »[21]. Désormais, les contrats doivent prendre en compte les indicateurs énumérés aux articles L. 631-24, L. 631-241 et L. 631-24-3 du code rural et de la pêche maritime. Il faut enfin noter que cette obligation de renégociation des prix s'applique également aux contrats portant les produits vendus sous marque de distributeur (ci-après, « MDD »)[22].

Toutefois, cette clause n'est qu'une clause de rencontre, et non une clause d'indexation. Ainsi, « *les parties doivent s'engager à se revoir, pas à aboutir* »[23]. Aussi, en cas d'échec de la renégociation au terme du délai d'un mois, les parties intentent une procédure devant le médiateur des relations commerciales agricoles, puis devant le juge compétent en cas de nouvel échec[24].

Il semble ainsi que le poids et la durée de la procédure relative à l'activation de ces clauses de renégociation les empêchent d'atteindre leurs objectifs. En effet, les acteurs préfèrent ne pas faire jouer la clause de renégociation, car elle entraîne la réouverture de la négociation du contrat dans son ensemble, et pas uniquement sur le prix. Le Sénat a ainsi conclu que la clause de renégociation n'est « *pas du tout opérationnelle* »[25] et souligné l'intérêt de passer d'une clause de renégociation à une clause de révision.

---

18 Art. L. 631-24, III du code rural et de la pêche maritime.

19 Art. L. 621-34, III, al. 9 du code rural et de la pêche maritime.

20 Ordonnance n° 2019-359 du 24 avril 2019, préc.

21 Art. D. 441-3 du code de commerce et art. L. 441-8 du code de commerce.

22 Art. L. 441-8, dernier alinéa du code de commerce.

23 Sénat, Rapport n° 809 fait au nom de la commission des affaires économiques (1) sur le projet de loi, adopté par l'Assemblée nationale, relatif à la consommation, MM. Martial Bourquin et Alain Fauconnier, 24 juillet 2013, p. 279

24 Art. L. 631-28 du code rural et de la pêche maritime.

25 « Loi Egalim un an après : le compte n'y est pas », rapport d'information de MM. Daniel Gremillet, Michel Raison et Mme Anne-Catherine Loisier, fait au nom de la commission des affaires économiques, n° 89 (2019-2020), 30 octobre 2019, p. 43.

C'est la raison pour laquelle des dispositions prévoyant une formule de révision automatique du prix, à la hausse ou à la baisse, selon une formule librement déterminée entre le producteur et l'industriel et en tenant compte des indicateurs, ont été intégrées au code rural et de la pêche maritime avec l'adoption récente de la loi Egalim 2[26].

Il est également possible pour les fournisseurs ou les distributeurs d'inscrire dans leur contrat une clause de renégociation des prix, applicable à d'autres produits. Cela a notamment été préconisé par la Commission d'examen des pratiques commerciales (CEPC), qui a indiqué qu'elle recommande la stipulation d'un mécanisme de révision du prix afin de prendre en compte les fluctuations des matières premières, mais également des autres composants de fabrication d'un produit tels que le transport, la main-d'œuvre, l'énergie, etc., dans les contrats MDD[27].

Il existe ainsi plusieurs types de clauses qui permettent la renégociation ou la révision du prix (clause d'indexation, clause de *hardship* ou d'imprévision, clause d'alignement, clause d'offre concurrente ou encore clause de *benchmarking*), mais il doit être porté une attention particulière à la rédaction de cette clause, car elle peut constituer un déséquilibre significatif, contraire à l'article L. 442-1 du code de commerce.

À ce sujet, la chambre commerciale de la Cour de cassation a admis qu'une clause de révision des prix était déséquilibrée lorsqu'elle n'imposait qu'une révision à la baisse des prix. Elle a également indiqué que le fait pour une clause de prévoir une procédure plus contraignante pour les distributeurs que pour le fournisseur, lui permettant ainsi de figer le tarif, est une clause déséquilibrée. Cette analyse sera cependant laissée à l'appréciation souveraine des juges du fond au regard de l'économie générale du contrat[28].

Dès lors, le contrat ne semble pas figer le prix dans le temps. Il est en effet possible – voire obligatoire dans certains cas – pour les parties de prévoir une renégociation ou une révision du prix durant son exécution. Il reviendra cependant aux parties de s'accorder sur les événements et les modalités d'une telle renégociation, et surtout de s'assurer qu'elle ne peut être constitutive d'un déséquilibre significatif.

---

26 Art. L. 631-24, III, 1° du code rural et de la pêche maritime : « *La proposition de contrat ou d'accord-cadre écrit mentionnée au II et le contrat ou l'accord-cadre écrit conclu comportent a minima les clauses relatives : 1° Au prix et aux modalités de révision automatique, à la hausse ou à la baisse, de ce prix, selon une formule librement déterminée par les parties, ou aux critères et modalités de détermination du prix, parmi lesquels la pondération des indicateurs mentionnés au quinzième alinéa du présent III […]* »

27 CEPC, « Recommandation n° 20-2 relative à un guide de bonnes pratiques en matière de contrats portant sur des produits à marque de distributeur (MDD) », 17 décembre 2020.

28 Cass. com., 3 mars 2015, n° 13-27.525 ; v. aussi J.-L. Fourgoux, « Déséquilibre significatif : La Cour de cassation rejette le pourvoi formé par deux enseignes de la distribution contre les arrêts ayant accueilli l'action du ministre chargé de l'Economie et déclaré que les clauses des contrats de référencement créaient un déséquilibre significatif dans les droits et obligations des parties au sens de l'art. L. 442-6 c. com. (*Eurauchan, Provéra*) », 3 mars 2015, *Concurrences* n° 2-2015, art. n° 72980, pp. 117-119.

2. La mort du contrat

La mort du contrat n'entraîne pas nécessairement celle des obligations qui le composent.

A. *L'abolition du temps : La rétroactivité*

Qu'un tel concept existe est un peu un mystère. Si le contrat est nul dans sa constitution, dans son ordonnance, il est réputé n'avoir jamais été exécuté. Il faut alors replacer fictivement les parties dans la situation où elles se seraient trouvées si le contrat n'avait jamais existé.

C'est donc une remontée dans le temps qui est opérée par le juge. Le juge reprend tous les coûts liés à la vie du contrat pour les restituer à chaque partie. Ainsi, dans un contrat de distribution, les investissements nécessités par le contrat devront être restitués à chaque partie.

Pourtant, il n'est pas tout à fait vrai de prétendre que la résolution fait abstraction du temps qui est passé, la remontée dans le temps ne pouvant qu'être artificielle. Pour les investissements, par exemple, il sera tenu compte de l'amortissement éventuel de ceux-ci pendant la durée du contrat jusqu'à son anéantissement. De même, les ventes intervenues avant la résolution du contrat-cadre ne sont, en général, pas remises en cause. C'est donc une remontée dans le temps imparfaite qui est opérée, car on ne peut pas totalement faire abstraction de la vie.

Le droit de la concurrence est bien sûr au cœur de cette nullité, qu'il s'agisse de la loi Doubin par exemple sur l'engagement précontractuel ou des dispositions des articles L. 420-1 et L. 420-2 du code de commerce. La violation de ces dispositions entraîne la nullité de la clause infectée (si elle n'est pas une condition essentielle de la conclusion du contrat) ou du contrat tout entier.

B. *La survivance d'obligations contractuelles après la cessation du contrat*

Nombreuses sont les clauses qui permettent à un contrat de continuer de produire des effets après son terme. Tel est le cas plus particulièrement de la clause de confidentialité ou des clauses de non-concurrence.

La clause de non-concurrence a la particularité de pouvoir être stipulée pour l'avenir et ainsi de continuer à produire ses effets après la résolution du contrat. À ce titre, l'article 1230 du code civil indique que la résolution du contrat n'empêche pas la clause de non-concurrence de produire ses effets.

Les clauses de non-concurrence ne bénéficient pas du principe d'autonomie octroyé aux clauses compromissoires ou aux clauses attributives de juridiction[29] en cas

29 Cass. 1re civ., 8 juillet 2010, n° 07-17.788.

d'annulation du contrat. La doctrine soulignait sur ce point que le seul fait que la clause de non-concurrence soit stipulée pour déployer ses effets à la suite de l'extinction du contrat ne permettait pas de présager de son autonomie en cas de résolution du contrat[30]. Il revenait donc au législateur de se prononcer sur les effets d'une telle clause en cas de disparition du contrat. C'est désormais chose faite[31].

Cette survivance des obligations paraît adaptée aux contrats de distribution, car la clause de non-concurrence conserve sa raison d'être, quand bien même le contrat est anéanti. En d'autres termes, ses effets ne disparaissent pas du fait de la résolution du contrat[32]. En effet, s'agissant par exemple d'une clause de non-concurrence post-contractuelle insérée dans un contrat de franchise, la nécessité de protéger le savoir-faire du franchiseur existera toujours, malgré la disparition du contrat de franchise. Ainsi, une clause de non-concurrence post-contractuelle s'inscrit dans le temps, alors même que le contrat dans lequel elle figurait est résolu.

De même, la clause de confidentialité semble être une clause essentielle dans les contrats. En effet, l'article L. 151-1 du code de commerce, instituant le secret des affaires en droit français, ne permet la protection de certaines informations que si elles font l'objet de « *mesures de protection raisonnables* », en d'autres termes, que si elles sont protégées par une clause de confidentialité.

La clause de confidentialité, également appelée « clause de non-divulgation » ou « clause de secret », oblige son débiteur à ne pas communiquer les informations dont il a eu connaissance durant l'exécution de son contrat. Ce type de clauses assurent une protection contre toute forme de communication des informations confidentielles à des tiers non-autorisés. Elles peuvent être inscrites dans le contrat ou prendre la forme d'un accord de confidentialité distinct, plus communément appelé « *non-disclosure agreement* ».

Par la suite, la question qui se pose donc est celle de savoir si une telle clause peut être stipulée pour l'avenir et si celle-ci doit nécessairement avoir un terme. En effet, la rédaction d'une clause de non-confidentialité stipulée pour la période d'exécution du contrat a relativement peu d'intérêt, car elle ne permettra pas au créancier de protéger ses informations à la fin du contrat.

À cet égard, la question de l'autonomie de la clause par rapport au contrat a été tranchée par le législateur par l'article 1230 du code civil, qui indique qu'en cas de résolution du contrat, la clause de confidentialité survivra et continuera de produire ses effets.

Il est possible d'indiquer un terme à cette clause. Il peut s'agir d'un terme renvoyant à un événement particulier, notamment le jour où l'information tombera dans le

---

30 L. Bernheim-Van de Casteele, « Survie de certaines clauses en cas de résolution du contrat pour inexécution : Brèves réflexions à la lumière de la jurisprudence récente », *Petites Affiches*, 15 février 2013, n° 34, p. 6.

31 Art. 1230 du code civil.

32 C. Noblot, « La clause de sauvetage de la clause de non-concurrence post-contractuelle en cas d'anéantissement d'un contrat de distribution, *Contrats, conc., consom.* n° 2, février 2017.

domaine public. Par ailleurs, la doctrine considère que le terme est le jour où l'information est tombée dans le domaine public lorsque la clause n'est pas assortie d'un terme[33].

La doctrine a cependant soulevé que, bien que la clause ne soit pas à durée déterminée, elle peut être à durée déterminable. En effet, la clause dure « *tout le temps que la confidentialité est nécessaire* »[34]. Cela signifie ainsi que le terme ou la condition de la clause est le moment de la révélation hypothétique de l'information dans le domaine public. Ce moment peut cependant ne jamais intervenir. Il faut également préciser que la divulgation de l'information au public est laissée à l'appréciation du créancier, qui pourrait ainsi décider du terme de l'obligation de non-divulgation[35].

La doctrine ne semble pas s'être accordée sur la manière dont la clause de confidentialité doit être rédigée. Il ressort en effet que certains auteurs considèrent qu'il est possible de ne pas indiquer de terme[36], alors que pour d'autres, il serait plus prudent d'indiquer un terme afin d'éviter de tomber sous le joug de l'interdiction des engagements perpétuels[37].

Les parties peuvent ainsi s'approprier les effets du temps et ses aléas dans les relations contractuelles. Au demeurant, le temps conditionne la validité des engagements contractuels.

II. Temps et droit de la concurrence

La concurrence, c'est l'incertitude, c'est la vie mouvante à chaque instant. Aussi, l'inscription dans le long terme des engagements contractuels entre entreprises est souvent vue d'un mauvais œil par le gendarme de la concurrence (1.).

Par ailleurs, le droit de la concurrence s'approprie le temps, soit en revisitant la réalité temporelle, afin de déterminer ce qui se serait produit en l'absence de pratiques anticoncurrentielles (2.), soit en prédisant l'avenir, dans le cadre de l'analyse prospective appliquée pour évaluer l'impact d'une concentration économique sur le marché (3.).

1. Le droit de la concurrence n'aime pas les engagements de longue durée

Pour maintenir une concurrence libre et non faussée, les clauses limitant la capacité des acteurs économiques d'agir sur le marché vont se trouver limitées dans le temps. L'ordre public se substitue à la libre volonté des parties.

---

33 M. Behar-Touchais, « Le contenu des contrats 1 », *RDC* 2013, pt 12.

34 *Ibid.*

35 D. Sassolas, « La durée des clauses de confidentialité », *RTD com.* 2015, p. 625.

36 M. Behar-Touchais, « Le contenu des contrats 1 », préc., pt 12.

37 « La clause de confidentialité ne doit pas être nécessairement limitée dans le temps », in B. Fages (dir.), *Le Lamy droit du contrat*, Saint-Ouen, Wolters Kluwer France, 2021.

En effet, si de tels engagements limitatifs de liberté sont le plus souvent justifiés (par exemple, pour inciter et protéger des investissements), certaines clauses contractuelles ou post-contractuelles doivent être assorties d'un terme, compte tenu de leur caractère restrictif de concurrence et de la liberté d'exercice de l'activité commerciale qu'elles induisent.

Tel est le cas par exemple des obligations de non-concurrence, quelle que soit leur application – contrat de distribution, contrat de partenariat entre concurrents, ayant ou non une dimension « concentrative » –, et des clauses de non-réaffiliation inscrites dans les contrats de distribution : celles-ci doivent être limitées dans le temps.

L'appréciation de la validité de ces clauses repose ainsi sur un contrôle de proportionnalité, celles-ci devant être nécessaires et proportionnées aux objectifs qu'elles visent à atteindre. Il s'agit d'une analyse *in concreto* relevant de l'appréciation souveraine des juges du fond.

Ainsi, la Cour de justice et la Cour de cassation se sont prononcées sur la validité des clauses de non-concurrence post-contractuelles, en indiquant que les clauses organisant « *le contrôle indispensable à la préservation de l'identité et de la réputation du réseau [...] ne constituent pas des restrictions de concurrence* »[38]. Cependant, afin qu'elles soient valides, les clauses doivent être proportionnées à l'objectif qu'elles poursuivent. Ces clauses doivent plus particulièrement faire l'objet d'une limitation matérielle, géographique et temporelle[39].

Qu'en est-il de la clause de non-réaffiliation ? Celle-ci n'a en effet pas le même objet que la clause de non-concurrence, comme l'a souligné la Cour de cassation dans un arrêt du 28 septembre 2010 : « *la clause de non-concurrence a pour objet de limiter l'exercice [...] d'une activité similaire ou analogue à celle du réseau [...], tandis que la clause de non-réaffiliation se borne à restreindre sa liberté d'affiliation à un autre réseau* »[40]. Toutefois, dans son avis n° 10-A-26 relatif aux contrats d'affiliation dans le secteur de la distribution alimentaire[41], l'Autorité de la concurrence a relevé que ce type de clauses dissuadait les affiliés de changer d'enseigne et qu'elles avaient le même effet restrictif que les clauses

---

38 CJCE, 28 janvier 1986, *Pronuptia*, aff. 161/84, EU:C:1986:41 ; Cass. com., 20 décembre 2017, n° 16-20.501.

39 Art. L. 341-2, 4° du code de commerce ; v. égal. règlement (UE) n° 330/2010 du 20 avril 2010 concernant l'application de l'article 101, paragraphe 3, du traité sur le fonctionnement de l'Union européenne à des catégories d'accords verticaux et des pratiques concertées, *JOUE* n° L 102 du 23 avril 2010, p. 1, art. 5, § 3, b).

40 Cass. com., 28 septembre 2010, n° 09-13.888 ; v. aussi N. Éréséo, « Contrat de franchise : La Cour de cassation considère que la clause de non-concurrence a pour objet de limiter l'exercice par le franchisé d'une activité similaire ou analogue à celle du réseau qu'il quitte, tandis que la clause de non-réaffiliation se borne à restreindre sa liberté d'affiliation à un autre réseau (*Prodim*) », 28 septembre 2010, *Concurrences* n° 1-2011, art. n° 34144, pp. 121-123.

41 Aut. Conc., avis n° 10-A-26 du 7 décembre 2010 relatif aux contrats d'affiliation de magasins indépendants et les modalités d'acquisition de foncier commercial dans le secteur de la distribution alimentaire ; v. aussi L. Vogel, J. Vogel, « L'Autorité française de la concurrence propose aux opérateurs des mesures pour améliorer la fluidité du secteur de la distribution alimentaire (*Secteur de la distribution alimentaire*) », 7 décembre 2010, *Concurrences* n° 4-2010, art. n° 48296.

de non-concurrence. Depuis un arrêt de la Cour de cassation du 10 janvier 2008[42], le régime de la clause de non-réaffiliation est ainsi calqué sur celui de la clause de non-concurrence : celle-ci doit être légitime et proportionnée aux objectifs poursuivis. L'Autorité a, dans son avis susvisé, notamment recommandé la limitation de ces clauses dans le temps à une durée d'un an[43].

De même, les clauses d'exclusivité, qui ne sont pas anticoncurrentielles par elles-mêmes, sont de nature à exclure des concurrents et sont susceptibles de fausser le jeu de la concurrence sur le marché concerné en figeant la situation de concurrence sur un marché.

Aussi, les éventuels effets d'éviction et de verrouillage que peuvent comporter les clauses d'exclusivité doivent être appréciés au regard d'une grille d'analyse qui prend en compte « *le champ et la portée de l'exclusivité, [...] la durée ou la combinaison dans le temps des contrats, les conditions de résiliation et de renouvellement, la position des opérateurs et les conditions régnant sur le marché en cause* »[44].

S'agissant plus spécifiquement des clauses d'exclusivité d'achat, celles-ci sont assimilées à des obligations de non-concurrence. Ainsi, pour pouvoir bénéficier de l'exemption par catégorie, il faudra que le contrat ait une durée déterminée, ne contienne pas de clause de tacite reconduction et que la durée de la clause n'excède pas cinq années.

Aussi le droit de la concurrence est souvent très réticent à des engagements de longue durée souscrits par différents opérateurs, car ils peuvent constituer une barrière à l'entrée du marché, notamment en cas d'effet cumulatif de réseaux. Ce fut le cas par exemple des contrats concernant les machines à affranchir qui par leur durée supérieure à cinq ans et leur application par l'ensemble des fournisseurs de la place aboutissaient à étouffer la concurrence sur le marché et rendait quasi-impossible le changement de fournisseur pour les clients.

Mais ce n'est pas toujours vrai. Pour la partie faible, la durée d'un engagement peut être une protection, comme nous l'avons vu, contre la rupture brutale. Ainsi en matière de concentrations, quand l'autorité de concurrence peut craindre que l'opération n'aboutisse à inciter l'acquéreur à changer de fournisseur ou de client, un engagement comportemental de maintenir la relation pendant une certaine durée qui va rarement au-delà de trois ans peut constituer un remède concurrentiel satisfaisant. Nous ne sommes pas là dans l'expression d'une situation de concurrence parfaite, mais davantage dans la recherche de remèdes face à une situation concurrentielle imparfaite.

---

42 Cass. 2e civ., 10 janvier 2008, n° 07-13.558.

43 Aut. conc., avis n° 10-A-26 du 7 décembre 2010, préc., pt 236.

44 CA Paris, pôle 5, ch. 4, 3 juillet 2013, RG 11/17158 ; v. aussi N. Éréséo, « Bail commercial : La Cour d'appel de Paris rejette le grief d'entente anticoncurrentielle excipé contre des clauses d'exclusivités présentes dans une centaine de baux commerciaux signés par un centre commercial (*Odysseum/Le Polygone*) », 3 juillet 2013, *Concurrences* n° 4-2013, art. n° 59250, p. 98.

2. Le droit de la concurrence revisite une réalité temporelle

Quand des pratiques anticoncurrentielles sont intervenues sur un marché, que des entreprises en ont été victimes et qu'elles sollicitent la réparation du préjudice en découlant, le calcul du préjudice économique, complexe par nature, va conduire le juge à élaborer une situation contrefactuelle.

En effet, « *[l]e propre de la responsabilité civile est de rétablir aussi exactement que possible l'équilibre détruit par le dommage, et de replacer la victime dans la situation où elle se serait trouvée si l'acte dommageable ne s'était pas produit* »[45]. Autrement dit, le principe général de l'évaluation d'un préjudice économique consiste à comparer la situation observée (ou scénario réel) avec la situation qui aurait été celle du demandeur en l'absence de fait générateur de responsabilité (situation dite « contrefactuelle »).

La question centrale réside ainsi dans la détermination de ce qui se serait vraisemblablement produit en l'absence de la faute.

Ceci est d'autant plus vrai lorsque la victime sollicite l'indemnisation du manque à gagner subi du fait du caractère artificiel de la situation de concurrence qui prévalait sur le marché. C'est une nouvelle réalité, un peu virtuelle, qui va être déterminée pour évaluer avec justesse le préjudice subi.

Le temps est ainsi pris en compte dans la détermination du préjudice, en particulier, la durée des pratiques, l'évolution du marché, les ventes qui auraient dû être réalisées ou le prix qui aurait dû être payé, si l'infraction ne s'était pas produite.

Là encore, le temps est un peu aboli, mais pas totalement, à la différence de la résolution du contrat.

3. Le droit de la concurrence se projette dans le temps

Enfin, comment ne pas souligner également que le droit de la concurrence est parfois visionnaire. L'analyse des projets de concentration économique qui lui sont soumis conduit l'autorité de concurrence saisie à imaginer le futur temporel du marché et l'incidence que l'opération aura sur celui-ci.

Lorsqu'elle est saisie de l'examen préalable d'une concentration, l'autorité de concurrence cherche en effet à vérifier si l'opération notifiée ne risque pas de porter atteinte à la concurrence, en s'interrogeant sur les risques de réduction significative de concurrence qu'elle engendrera dans le futur.

Cette évaluation est faite à partir d'une analyse prospective tenant compte de l'ensemble de données pertinentes et se fondant sur un « scénario économique plausible ». En effet, seule la situation antérieure à l'opération est observable

---

45 Cass. 2e civ., 28 octobre 1954, *JCP* 1955, II, 8765.

et les effets probables de la concentration doivent être présumés. Cette analyse s'appuie sur les caractéristiques du marché pertinent et du fonctionnement de la concurrence sur celui-ci, telles qu'elles existent au moment du contrôle mais aussi compte tenu des évolutions envisageables.

Nous sommes à nouveau dans une forme de fiction, mais cette fois, tournée vers l'avenir.

III. Conclusion

Le temps est donc une préoccupation que l'on retrouve à toutes les étapes du contrat : lors de sa formation, lors de son exécution, mais également lors de sa résolution.

Les rédacteurs, le législateur et les juges ont façonné, petit à petit, les limites temporelles des clauses contractuelles, au regard des principes juridiques applicables et notamment du principe de liberté du commerce et de l'industrie. Les parties doivent ainsi faire preuve d'ingéniosité dans la rédaction des clauses du contrat afin de se prévaloir des effets et aléas du temps sur leur situation individuelle, mais également sur la situation du marché. Une contractualisation qui permet ainsi à l'homme d'opérer une maîtrise du temps qui passe et de maintenir en vigueur une situation de concurrence libre et non faussée.

Le principe de l'autonomie procédurale : Réalité ou mirage ?

ROBERT SAINT-ESTEBEN*
Bredin Prat

Résumé

Si l'autonomie procédurale des États membres pour l'application du droit de la concurrence de l'Union se réfère à une règle établie de manière constante, certains arrêts ou décisions récentes sèment le trouble sur son existence réelle en tant que principe. Soit celui-ci n'est plus mentionné en tant que tel, même si ses éléments, ainsi que ses limites traditionnelles (effectivité, équivalence) sont rappelés et appliqués, soit l'Autorité de la concurrence croit pouvoir se référer, outre à la norme procédurale nationale, à celle qui s'applique à la Commission Européenne.

La survivance de l'autonomie procédurale en tant que « principe » est donc douteuse. Il est vrai que ce n'est qu'assez tardivement que la jurisprudence de l'Union avait reconnu formellement le principe qui avait été auparavant conceptualisé par la doctrine. Et quand elle reconnut expressément le principe, elle y porta en même temps, au nom des principes d'efficacité et d'équivalence, des atteintes substantielles. D'ailleurs ces derniers principes ont acquis une telle importance que, de simples accessoires traçant les limites de l'« autonomie », ils jouent désormais le rôle principal. En réalité, la norme procédurale nationale se trouve dans un rapport de soumission par rapport à l'objectif de la norme de l'Union, à l'image du droit national par rapport à une directive de l'Union. Cependant, à la différence des directives, l'« objectif » de la norme européenne qui s'impose à la règle procédurale nationale, bridant son autonomie, n'est pas toujours clairement défini ; surtout, il est lui-même soumis à des principes supérieurs, tels que notamment la sécurité juridique, la bonne administration de la justice, la présomption d'innocence… Désormais non nommé en tant que tel par la Cour de justice européenne, le principe dit de « l'autonomie procédurale » des États membres est de plus en plus illusoire.

---

* Avocat à la cour.

On peut légitimement s'étonner que l'on disserte encore aujourd'hui sur le « principe de l'autonomie procédurale ». En effet, comme le rappelait encore récemment la Cour de justice de l'Union européenne (CJUE), la jurisprudence en la matière est « constante »[1]. Par ailleurs et surtout, le sujet a été abondamment étudié, et depuis plusieurs décennies, que ce soit dans le cadre de colloques[2], d'articles ou de notes de savants auteurs, parmi lesquels, on ne s'en étonnera pas, Laurence Idot figure en bonne place[3].

Malgré tout, certains signaux faibles (selon l'expression à la mode) émis notamment par la Cour de justice et l'Autorité de la concurrence peuvent autoriser quelques réflexions qui prétendent non pas bouleverser un édifice qui paraît en effet bien stable, mais seulement évoquer quelques pierres posées récemment.

Ainsi, la CJUE a rendu à l'orée de 2021 un arrêt préjudiciel[4] qui à nouveau a dû rappeler, mais sans le nommer expressément, le principe de l'autonomie procédurale des États membres pour l'application des règles du droit européen et notamment de la concurrence, avec ses bornes classiques constituées des principes d'« équivalence » et d'« effectivité ». Un autre arrêt préjudiciel portant spécifiquement sur l'« effectivité » est aussi significatif[5].

---

1 CJUE, 9 juillet 2020, *SC Raiffeisen Bank SA c/ JB* et *BRD Groupe Société Générale SA c/ KC*, aff. jtes C-698/18 et 699/18, EU:C:2020:537, repris dans le Rapport annuel de la CJUE pour 2020, mis en ligne en juillet 2021.

2 V. entre autres le colloque « New Frontiers of Antitrust » du 10 février 2012, *Concurrences* n° 2-2012 et plus récemment le colloque « Autonomie et droit de la concurrence » ? du 29 novembre 2019, *Contrats, conc., consom.* n° 6, juin 2020.

3 V. entre autres : L. Idot, « Procédures quasi répressives en droit de la concurrence », *RSC* 2021, n° 1, p. 177 ; « Autonomie des contentieux et des procédures », table ronde du colloque du 29 novembre 2019, préc. ; note sous CJUE, *Whiteland Import Export*, 21 janvier 2021, aff. C-308/19, EU:C:2021:47, *Europe* n° 3, mars 2021, comm. 96 ; note sous CJUE, 14 janvier 2021, *Eltel Group*, aff. C-450/19, EU:C:2021:10, *Europe* n° 3, mars 2021 ; note sous CJUE, 21 janvier 2016, *Eturas UAB*, aff. C-74/14, EU:C:2016:42, *Europe* n° 3, mars 2016, comm. 104 ; L. Idot, « Regards sur le règlement n° 1/2003 », septembre 2010, Concurrences N° 3-2010, Art. N° 66396 ; G. Canivet, « Propos introductif », colloque du 10 février 2012, préc. ; E. Claudel, « Feu le principe d'autonomie procédurale ? », *Concurrences* n° 1-2015, art. n° 70953, pp. 5-7 ; *id.*, « Les sources vives du droit de la concurrence », in *Mélanges en l'honneur du professeur Claude Lucas de Leyssac*, Paris, LexisNexis, 2018, p. 96 ; R. Amaro, « Prescription extinctive : conflit de lois dans le temps et effectivité du droit de l'Union européenne », *D.* 2019, p. 2235 ; V. Couronne, « L'autonomie procédurale des États membres de l'Union européenne à l'épreuve du temps », *Cah. dr. eur.* 2010, n° 3-4, pp. 273-309 ; E. Barbier de La Serre, « Beyond effectiveness and uniformity: The rise of consistency », colloque du 10 février 2012, préc. ; M. Bobek, « Why There is No Principle of "Procedural Autonomy" of the Member States », in H.-W. Micklitz and B. De Witte (eds.), *The European Court of Justice and the Autonomy of the Member States*, Antwerp, Intersentia, 2011, <https://papers.ssrn.com/sol3/papers.cfm?abstract_id=1614922> ; S. Menétrey, « Des fonctions de la procédure dans le droit économique européen », *RIDE* 2015/4, t. XXIX, pp. 405-415 ; F. Caulet, « Le principe d'effectivité comme pivot de répartition des compétences procédurales entre les États membres et l'Union européenne », *RTD eur.* 2012, p. 594-29 ; P. Girerd, « Les principes d'équivalence et d'effectivité : Encadrement ou désencadrement de l'autonomie procédurale des États membres ? », *RTD eur.* 2002, p. 75 ; R. Cheynel, « L'autonomie procédurale des juridictions nationales en train de se réduire comme peau de chagrin ? », RLC 2007/13, n° 907.

4 CJUE, 21 janvier 2021, *Whiteland Import Export*, aff. C-308/19, préc.

5 CJUE, 14 janvier 2021, *Eltel Group*, aff. C-450/19, préc. ; v. aussi P. Cardonnel, « Prescription : La Cour de justice de l'Union européenne se prononce sur les rapports entre droit de l'Union européenne et règles nationales de prescription des poursuites engagées par les autorités nationales de concurrence (*Kilpailu- ja kuluttajavirasto – Eltel, Whiteland*), » 14 janvier 2021, *Concurrences* n° 2-2021, art. n° 100451, pp. 147-149.

Le dernier rapport de la CJUE, lui-même, évoque, dans la rubrique des « grands arrêts », un arrêt préjudiciel apportant des précisions intéressantes sur la méthode d'application du principe, tout en rappelant qu'« *il ressort d'une jurisprudence constante de la Cour que, en l'absence de réglementation par le droit de l'Union, il appartient à l'ordre juridique interne de chaque État membre de régler les modalités procédurales des recours en justice destinées à assurer la sauvegarde des droits [pour] les justiciables [tirant] du droit de l'Union, pour autant, d'une part, que ces modalités ne soient pas moins favorables que celles concernant des recours similaires de nature interne (principe d'équivalence), et, d'autre part, qu'elles ne rendent pas en pratique impossible ou excessivement difficile l'exercice des droits conférés par l'ordre juridique de l'Union (principe d'effectivité)* »[6].

Il n'y a là en effet que l'affirmation de principes remontant à plusieurs décennies[7]. Cependant un constat saute aux yeux à la lecture de ce considérant : alors que l'on pourrait penser que l'objet principal du motif est précisément le « principe » de l'autonomie procédurale, l'« équivalence » et l'« effectivité » ne devant fixer que ses bornes et donc n'en constituer que des accessoires, ce sont ces dernières qui sont expressément qualifiées de « principes », alors que la Cour est muette sur un « principe de l'autonomie procédurale », même si elle en reprend son contenu classique.

Il serait périlleux et même erroné de penser que cette abstention est fortuite et dénuée de signification. En réalité, on peut y voir la négation implicite d'un réel « principe de l'autonomie procédurale », si l'on se fie, *a contrario*, au philosophe selon lequel : « *Nommer, c'est faire exister*[8]. » La Cour de justice avait d'ailleurs procédé de la même manière dans sa jurisprudence de peu antérieure, notamment dans l'arrêt *Cogeco* du 28 mars 2019[9].

Autre « signal faible », tout aussi récent, l'Autorité de la concurrence vient de rendre une décision[10] qui, pour qualifier une obstruction à l'enquête de ses agents, se réfère tout autant au droit national (art. L. 464-2) qu'au droit de l'Union (art. 23 du règlement (CE) n° 1-2003), comme elle l'avait fait précédemment dans sa décision *Akka*[11], même si pour celle-ci la cour d'appel de Paris s'est efforcée d'atténuer l'atteinte pourtant flagrante à l'« autonomie procédurale »[12].

---

6 CJUE, 9 juillet 2020, *SC Raiffeisen Bank SA* et *BRD Groupe Société Générale SA*, aff. jtes C-698/18 et 699/18, préc., pt 57.

7 CJCE, 16 décembre 1976 (2 arrêts), *Comet BV*, aff. 45-76, EU:C:1976:191, et *Rewe-Zentralfinanz*, aff. 33/76, EU:C:1976:188.

8 J.-P. Sartre, *La responsabilité de l'écrivain*, Lagrasse, Verdier, 1999.

9 CJUE, 28 mars 2019, aff. C-637/17, EU:C:2019:263.

10 Aut. conc., déc. n° 21-D-16 du 9 juillet 2021 relative à des pratiques d'obstruction mises en œuvre par Nixon.

11 Aut. conc., déc. n° 19-D-09 du 22 mai 2019 relative à des pratiques d'obstruction mises en œuvre par le groupe Akka ; v. aussi C. Lemaire, J. Bousin, « Sanction : L'Autorité de la concurrence sanctionne pour la première fois une obstruction à l'instruction tenant à un bris de scellés et à l'altération du fonctionnement d'une messagerie (*Akka*) », 22 mai 2019, *Concurrences* n° 3-2019, art. n° 91170, pp. 160-164.

12 CA Paris, 26 mai 2020, RG 19/11880.

Ainsi, désormais semble-t-il, non mentionné en tant que tel par la CJUE, quasi ignoré parfois par l'Autorité, le « principe de l'autonomie procédurale » semble courir comme le canard sans tête dont l'existence, même apparente, est tout de même aussi douteuse (I.) que le sont ses aspects fonctionnels (II.).

I. Le principe de l'autonomie procédurale est-il illusoire ?

Il n'est pas excessivement audacieux de mettre en doute le « principe de l'autonomie procédurale » alors que l'on a déjà, depuis plusieurs années, considéré que cette notion était « *difficilement saisissable* »[13] et qu'elle avait même « *quelque chose de trompeur* »[14]. Allant plus loin, un auteur éminent a même pu affirmer, il y a déjà une décennie : « *[I]n the current state of EU law, there is no such principle as "procedural autonomy" of the Member States in the area of enforcement of EU law based rights on the national level*[15]. »

Il ne s'agit évidemment pas de nier le fait – qui est à la base de la mise en œuvre notamment du droit de la concurrence – que l'application des règles de l'Union est largement « décentralisée », comme le manifestent le règlement (CE) n° 1/2003 et la directive ECN + elle-même. Il est constant qu'à défaut de réglementation de l'Union, ce soit, à la base, le droit de procédure national qui ne peut qu'intervenir… Plus généralement d'ailleurs, les juridictions nationales elles-mêmes sont amenées à appliquer le droit de l'Union, éventuellement en même temps que leur propre droit national, « *en tant que juridictions de droit commun* » de droit européen[16].

Il est donc acquis et hors de discussion, comme l'a rappelé encore la Cour dans ses derniers arrêts évoqués *supra*, qu'en principe, « *en l'absence de réglementation par le droit de l'Union, il appartient à l'ordre juridique interne de chaque État membre de régler les modalités procédurales des recours en justice afin d'assurer la sauvegarde des droits des citoyens de l'Union* »[17] mais sous réserve des principes d'équivalence et d'effectivité.

Pour autant, c'est à juste titre que la Cour de justice n'évoque plus expressément un « principe d'autonomie procédurale », car ce « principe » n'est qu'apparent. Il faut rappeler qu'il n'avait été identifié, d'ailleurs tardivement, que par la doctrine, au tournant du millénaire[18], donc bien après que la Cour eut énoncé

13 S. Menétrey, préc., p. 407.

14 C. Prieto et D. Bosco, *Droit européen de la concurrence : ententes et abus de position dominante*, Bruxelles, Bruylant, 2013, pt 1456.

15 M. Bobek, préc.

16 E. Barbier de La Serre, préc., p. 26 et jurisprudence citée ; TPICE, 10 juillet 1990, *Tetra Pak c/ Commissions*, aff. T-51/89, EU:T:1990:41. Sur la coordination des juridictions, v. S. Poillot-Peruzzetto, « Le processus d'uniformisation des jurisprudences par les cours européennes et les juges nationaux », *D.* 2020, p. 997.

17 CJUE, communiqué n° 86/2020 du 9 juillet 2020 relatif à l'arrêt préc., *SC Raiffeisen Bank SA* et *BRD Groupe Société Générale*, aff. jtes C-698/18 et C-699/18.

18 E. Claudel, « Les sources vives du droit de la concurrence », préc., p. 97.

la règle, qu'elle s'abstenait de conceptualiser. Si elle a finalement consenti à cette conceptualisation, elle y a procédé dans des arrêts paradoxaux puisqu'ils mettaient en cause précisément la réalité même du principe ; ceci peut expliquer son récent retour au silence.

1. La vraie-fausse reconnaissance momentanée du « principe de l'autonomie procédurale »

On peut en citer quelques exemples et, en premier lieu, l'arrêt *VEBIC*. Dans cet important arrêt de 2010, la Cour de justice mentionnait expressément, et même à trois reprises, le « principe de l'autonomie procédurale »[19]. Paradoxalement, au même moment elle lui portait une atteinte radicale, ne le retenant que très marginalement au titre de l'autonomie institutionnelle.

Tout d'abord, comme on le sait, la CJUE avait décrété que « *l'obligation incombant à une autorité de concurrence nationale d'assurer l'application effective des articles 101 TFUE et 102 TFUE exige que celle-ci dispose de la faculté de participer, en tant que partie défenderesse, à une procédure devant une juridiction nationale dirigée contre la décision dont cette autorité est l'auteur* »... Mais la raison avancée pouvait faire sourire ceux qui pratiquaient à l'époque en France les recours contre les décisions du Conseil de la concurrence puis de l'Autorité de la concurrence. En effet, la Cour de justice, à la suite de son avocat général[20], avait considéré que sans l'intervention de l'autorité nationale en tant que partie défenderesse devant la juridiction de contrôle, celle-ci risquait d'être « *captive* » des moyens et arguments développés par les entreprises requérantes. Or, en France, à l'époque comme aujourd'hui, les requérantes trouvaient le plus souvent en face d'elles[21] devant la cour d'appel non seulement le ministre de l'Économie et le parquet, mais surtout le Conseil de la concurrence puis l'Autorité eux-mêmes, qui pouvaient déjà – et ils ne s'en privaient pas – présenter des observations, il est vrai orales, former pourvoi en cassation[22] même si, de disposition expresse de l'article R. 464-11, l'Autorité n'était pas « *partie à l'instance* ». Loin d'être « captive », la cour d'appel de Paris était au contraire assistée de pas moins de trois autorités publiques, dont l'Autorité de la concurrence elle-même ! Il est vrai qu'en Belgique, seul le ministre de l'Économie pouvait présenter des observations (écrites) et dans cette affaire *VEBIC* il s'en était abstenu, de sorte que la « *seule partie ayant participé à la procédure en appel [était] VEBIC, qui [avait] agi en tant que requérante* »[23].

---

19 CJCE, 7 décembre 2010, *VEBIC*, aff. C-439/08, EU:C:2010:739, pts 63 et 64 et le dispositif ; v. aussi A. Maitrepierre, « Recours juridictionnel contre une décision d'une ANC : La Cour de Justice admet la faculté pour une autorité de concurrence nationale d'agir en qualité de partie défenderesse (*VEBIC*) », 7 décembre 2010, *Concurrences* n° 1-2011, art. n° 34233, pp. 179-181.

20 Conclusions AG Mengozzi, 25 mars 2010, *VEBIC*, aff. C-439/08, EU:C:2010:166, pt 74.

21 Car, dans la très grande majorité des cas, tant les observations du ministère de l'Économie que celles du parquet tendent au rejet des moyens et arguments des requérants et à la confirmation de la décision.

22 V. intervention de I. de Silva au colloque de novembre 2019, préc.

23 Pt 37.

En réalité, la Cour de justice avait ainsi imposé, au mépris de tout autre système procédural envisageable tel que le système français de l'époque, l'intervention de l'Autorité de la concurrence en tant que véritable « *partie défenderesse* », seul système qui, à l'en croire, tendait à délivrer la cour d'appel de sa « captivité »... Une autonomie procédurale réelle aurait pu laisser ouverte la possibilité d'une solution différente, plus souple, à la française[24]. Déjà pointait à l'évidence la convergence avec la procédure européenne et précisément celle de recours contre les décisions de la Commission devant le Tribunal de l'Union.

Mais une certaine gêne de la Cour de justice était perceptible, car dans cet arrêt *VEBIC*, elle n'avait pas poussé son raisonnement jusqu'à son terme puisque l'intervention de l'autorité nationale n'était que facultative[25], les autorités nationales appréciant « *la nécessité et l'utilité de leur intervention au regard de l'application effective du droit de [...] l'Union* »[26]. Pour autant, même sur ce point elles n'étaient pas véritablement « autonomes » puisque « *la non-comparution quasi systématique [...] serait de nature à compromettre l'effet utile des articles 101 TFUE et 102 TFUE* »[27]. Surtout, on avait du mal à comprendre comment l'Autorité, qui par hypothèse avait cru bon de prendre une décision d'application du droit de l'Union, pouvait considérer comme inutile son intervention devant la Cour d'appel au regard de « l'application effective » dudit droit.

Face à cette application restrictive de l'« autonomie procédurale », l'arrêt *VEBIC* en définitive n'évoquait « ce principe » que pour la compétence laissée aux États membres de désigner le ou les organes de l'autorité nationale de concurrence pour participer en tant que partie défenderesse à la procédure de recours contre la décision de ladite autorité. C'était bien maigre, d'autant plus qu'il s'agissait plus de l'« autonomie institutionnelle » que de l'autonomie procédurale *stricto sensu*. Et encore, l'arrêt ajoutait-il que même alors il convenait de garantir « *le respect des droits fondamentaux et la pleine effectivité du droit de la concurrence de l'Union* »[28].

Ainsi la référence répétée par l'arrêt *VEBIC* au principe de l'« autonomie procédurale » semblait relever en l'espèce plus d'un coup de chapeau formel que d'une consécration véritable.

D'autres exemples analogues peuvent être cités, tel l'arrêt *Eturas UAB* du 21 janvier 2016[29]. Là encore, la Cour se référait expressément au « *principe de l'autonomie procédurale* » ; mais c'était pour en ruiner aussitôt sa principale conséquence,

---

24 Quitte à prévoir des observations écrites, alors que l'article L. 464-19 ne prévoit toujours que des observations orales.

25 Pt 59.

26 Pt 60.

27 Pt 61.

28 Pts 63 et 64 et le dispositif.

29 CJUE, 21 janvier 2016, *Eturas UAB*, aff. C-74/14, préc. ; *Europe* n° 3, mars 2016, comm. 104, note L. Idot ; v. aussi A. Lacresse, « Présomption d'innocence : La Cour de justice de l'Union européenne juge que le principe de la présomption d'innocence empêche de déduire la participation d'une entreprise à l'entente du seul envoi d'un e-mail (*Eturas*) », 21 janvier 2016, *Concurrences* n° 2-2016, art. n° 79489, pp. 172-173.

au nom du « *principe d'effectivité* ». Il s'agissait de la question de la preuve des pratiques concertées et plus précisément, en l'espèce, de la question de savoir si l'envoi d'un seul message à un ensemble d'agences de voyages utilisant un même logiciel, message par lequel l'administrateur du système demandait de s'exprimer sur l'opportunité d'une réduction du taux de remise sur l'internet, pouvait constituer à lui seul la preuve suffisante de la connaissance par le destinataire de son contenu et en définitive de sa participation à une pratique concertée. Pour la Cour cette question portait sur « *l'appréciation des preuves* » et du « *niveau de preuve requis* », qui relevait du droit national en vertu du « *principe de l'autonomie procédurale* », cette fois encore expressément mentionné, sous réserve comme il se doit des « *principes d'équivalence et d'effectivité [...] du droit national* ».

Mais aussitôt après cette reconnaissance expresse, la Cour déclarait que le principe de présomption d'innocence, qui est un « *principe général du droit de l'Union* », s'opposait à ce que la juridiction de renvoi déduise du seul envoi du message « *que les agences de voyages concernées devaient avoir nécessairement connaissance de son contenu* » ; cependant la « *présomption d'innocence ne s'oppose pas à ce que la juridiction de renvoi considère que l'envoi du message en cause au principal puisse, au regard d'autres indices objectifs et concordants, fonder la présomption que les agences de voyages en cause au principal avaient connaissance de son contenu à partir de la date de l'envoi [du] message, pourvu que ces agences gardent la possibilité de la réfuter* »[30].

On mesure jusqu'où va l'intrusion du droit de l'Union au détriment du « principe de l'autonomie procédurale » des États membres, puisqu'après avoir déjà écarté la suffisance du seul envoi de messages, elle évoquait une présomption, il est vrai réfutable, de connaissance du message ; bien mieux, la Cour allait encore plus loin, puisqu'au nom de l'effectivité de l'article 101 TFUE, elle considérait que la connaissance du message constituait elle-même une nouvelle « présomption », elle encore réfutable, de participation à la pratique concertée elle-même. Et elle détaillait les éléments qui pouvaient ou non permettre de la réfuter.

Ces arrêts montrent en réalité que les principes généraux du droit de l'Union et le principe d'effectivité[31] ne sont pas seulement des « limites » au principe de l'« autonomie » ; ils en sont consubstantiels, détruisant par là le sens et la portée réelle de la prétendue « autonomie » en tant que « principe ».

Ils confirment que l'« autonomie » procédurale réelle n'existe pas, la compétence procédurale de l'État étant gouvernée, sous l'empire des principes généraux de l'Union européenne, par l'objectif d'application « effective » et, est-il parfois ajouté, « uniforme » du droit de l'Union. D'où désormais le silence de la CJUE sur un tel « principe » et cette pseudo « autonomie ».

---

30 *Ibid.*, pts 38-40.

31 Le principe d'équivalence, toujours évoqué également par la jurisprudence, comme limitant aussi l'« autonomie », joue en pratique un rôle plus discret et qui est appelé encore à l'être davantage avec la « convergence » des règles de procédure nationales et de l'Union européenne, et en particulier la directive ECN +.

2. Le renversement copernicien ou le principal suit l'accessoire

La jurisprudence récente confirme aussi cet autre paradoxe : l'« autonomie procédurale » est soumise en réalité à ce qui, dans la présentation orthodoxe et formelle n'apparaît que comme de simples accessoires de fixation de ses limites, à savoir les principes d'équivalence et, surtout, d'effectivité, eux-mêmes au service de la réalisation des objectifs et de l'« effet utile » de la norme de l'Union. En réalité, le principe d'effectivité est en droit de la concurrence, comme de manière générale, un « *principe structurant* »[32]. Il ne se limite pas au point de savoir si la règle nationale, dont la compétence serait de principe, rend l'exercice du droit garanti par le droit de l'Union, « *pratiquement impossible ou excessivement difficile* ». La jurisprudence récente, telle qu'exprimée notamment par les arrêts *Cogeco*[33] et *Whiteland*[34], montre au contraire que la réglementation nationale non seulement n'est pas « autonome », mais en réalité est soumise par principe à l'objectif de la norme de l'Union en cause, spécialement du droit de la concurrence, et à la « pleine efficacité » de ce dernier. Déjà dans l'arrêt *Cogeco*[35], la Cour déclarait qu'« *une réglementation nationale fixant la date à partir de laquelle le délai de prescription commence à courir, la durée et les modalités de la suspension ou de l'interruption de celui-ci doit être adaptée aux spécificités du droit de la concurrence et aux objectifs de la mise en œuvre des règles de ce droit par les personnes concernées, afin de ne pas réduire à néant la pleine effectivité de l'article 102 TFUE* » ; ou encore « *le caractère approprié d'un délai de prescription, au regard des exigences du principe d'effectivité, revêt une importance particulière* ». Le droit national qui doit être « approprié » est donc dans un rapport de soumission à l'« objectif » du droit de l'Union au nom de l'« effectivité » de ce dernier.

Le récent arrêt *Whiteland*[36] le manifeste à nouveau, en déclarant que la compétence des États membres doit être exercée « *dans le respect du droit de l'Union et, en particulier, du principe d'effectivité. […] [I]ls doivent veiller à ce que les règles qu'ils établissent ou appliquent ne portent pas atteinte à l'application effective des articles 101 et 102 TFUE […]* » « *[L]es autorités […] doivent assurer l'application effective de ces articles dans l'intérêt général […]* » Bien mieux, « *les États membres sont tenus de ne pas porter préjudice par leur législation nationale à l'application pleine et uniforme du droit de l'Union et de ne pas prendre ou maintenir en vigueur des mesures susceptibles d'éliminer l'effet utile des règles de concurrence* ».

C'est pourquoi la Cour va adresser aux États membres dans cet arrêt préjudiciel une véritable directive, en préconisant la « *fixation de délais de prescription*

---

32 V. not. D. Ritleng, « L'effectivité du droit européen de la concurrence », *Revue de l'Union européenne* 2015, p. 277.

33 CJUE, 28 mars 2019, aff. C-637/17, préc.

34 CJUE, 21 janvier 2021, aff. C-308/19, préc. ; v. note L. Idot, *Europe* n° 3, mars 2021, comm. 96.

35 CJUE, 28 mars 2019, aff. C-637/17, préc., pts 47 et 52.

36 CJUE, 21 janvier 2021, aff. C-308/19, préc., pts 46-47.

raisonnables », présumés par nature conformes à l'exigence de ne pas rendre pratiquement impossible ou excessivement difficile la mise en œuvre du droit de l'Union. Il s'agit bien d'une « *harmonisation prétorienne* »[37].

Ainsi, les exigences de garantie de l'objectif de la norme européenne au nom du principe d'effectivité interviennent selon une méthode proche de celle d'une vraie directive[38] : l'objectif lie l'État membre, qui ne dispose que de la compétence en quelque sorte subsidiaire du choix des moyens. Il n'y a donc pas d'« autonomie procédurale » véritable, « autonomie » et soumission étant antagonistes. Cette jurisprudence est une illustration manifeste de l'analyse selon laquelle « *la procédure [...] n'est de principe qu'en tant qu'elle est instrumentalisée aux fins servies, à savoir l'effectivité de la loi et des droits subjectifs. [...] La procédure n'est alors pas un corps de règles valant en elles-mêmes mais un instrument d'effectivité des intérêts légitimes des personnes, en dépendance de ceux-ci* »[39].

Si la jurisprudence utilise désormais la prétendue « autonomie procédurale » et ses limites comme une sorte de directive, pour autant les incertitudes pratiques d'un tel système purement prétorien sont beaucoup plus grandes que dans le cadre des directives institutionnalisées.

II. Les incertitudes d'un principe soumis à un objectif non précisé

On se limite à quelques brèves réflexions suscitées encore par la jurisprudence ou les textes récents, car ceux-ci manifestent les incertitudes qui tiennent à l'« objectif » (1.) aussi bien qu'à l'appréciation notamment de l'« effectivité de la norme »[40] (2.).

1. L'objectif vague et parfois incohérent

En principe une vraie directive fixe le plus clairement possible l'objectif à atteindre. On peut en trouver un exemple typique, précisément dans le domaine des règles procédurales d'application du droit de la concurrence de l'Union, dans la directive du 11 décembre 2018, dite « ECN + », qui vient d'être transposée en France par l'ordonnance n° 2021-649 du 26 mai 2021[41]. La directive ECN + explicite

---

37 Comme elle l'avait fait pour les actions privées dans ses arrêts *Skanska* et *Cogeco*. V. H. Parmentier, « Actions indemnitaires : l'harmonisation prétorienne pour compléter la directive dommages », *RLC* n° 101, janvier 2021, p. 42.

38 V. R. Amaro, préc., à propos de l'arrêt *Cogeco*.

39 M.-A. Frison-Roche, « La procédure et l'effectivité des droits substantiels », in D. d'Ambra, F. Benoît-Rohmer et C. Grewe (dir.), *Procédure(s) et effectivité des droits*, Bruxelles, Bruylant, 2003, pt 6.

40 Elles existent aussi pour l'équivalence, notamment pour déterminer le recours national similaire. V. M. Bobek, préc. ; P. Girerd, préc.

41 V. D. Bosco, « Transposition française de la directive ECN + : vers une mise en œuvre plus efficace de l'antitrust », *Contrats, conc., consom.* n° 7, juin 2021, 121.

ses objectifs dans près d'une quarantaine d'articles, qui sont eux-mêmes éclairés par près de quatre-vingts considérants.

Rien de tel, bien entendu, avec les « objectifs » d'« effectivité » auxquels la réglementation procédurale nationale est soumise, à défaut précisément de réglementation communautaire. Ces objectifs fixés à l'« autonomie procédurale » sont vagues : ne pas rendre « *pratiquement impossible ou excessivement difficile* » l'application « efficace », l'effet « utile », du droit de la concurrence de l'Union. D'ailleurs, la terminologie est diverse. L'avocat général Mengozzi notait que selon la jurisprudence il s'agissait d'assurer une « *application effective* », « *efficace* », « *uniforme* » et/ou « *cohérente* » des dispositions des articles 101 et 102 TFUE[42]...

Surtout, ces objectifs sont eux-mêmes relatifs[43], notamment soumis aux principes généraux du droit de l'Union. L'arrêt récent *Eltel*[44] manifeste à cet égard la difficulté de l'appréciation de l'« effectivité » du droit de la concurrence. Comme par nature, la prescription de l'action des autorités de concurrence empêche celles-ci de sanctionner certaines atteintes à la concurrence qui peuvent être graves et nombreuses, il était soutenu qu'une interprétation trop laxiste de la prescription pouvait faire échapper à toute sanction nombre de pratiques anticoncurrentielles, et par là porter une atteinte sensible à l'effectivité des règles de l'Union européenne.

La réponse de la Cour est aussi sèche que de grande importance : le principe d'effectivité « *ne saurait justifier que l'on prolonge artificiellement la durée de la période infractionnelle pour en permettre la poursuite* »[45]. Pour la Cour, le principe général de sécurité juridique, qui justifie la prescription tant en droit de l'Union qu'en droit national, fixe donc une limite à l'« effectivité » ; passée cette borne, celle-ci devient « *artificielle* ». Sans doute, mais cette notion d'« artifice » mériterait quelque éclaircissement...

Ainsi le principe d'« effectivité », qui constitue l'objectif auquel est soumise la compétence étatique, est lui-même relatif, soumis aux principes généraux du droit de l'Union et du droit national ; il s'agit plus précisément de la « *sécurité juridique* » pour ce qui est de la prescription et même plus généralement des « *principes de l'État de droit* », selon l'avocat général Kokott : « *Aussi souhaitables que puissent être une interprétation et une application uniformes et efficaces du droit de la concurrence dans l'Union européenne, on ne saurait y parvenir au prix d'une violation de principes de l'État de droit*[46]. » La fin ne peut pas justifier les

---

42 Cité par l'AG Mazák dans ses conclusions du 7 décembre 2010, *Tele2 Polska*, aff. C-375/09, EU:C:2010:743.

43 V. D. Bosco, introduction au colloque du 29 novembre 2019, préc.

44 CJUE, 14 janvier 2021, *Eltel Group*, aff. C-450/19, préc.

45 *Ibid.*, pt 40.

46 Conclusions AG Kokott, 8 septembre 2011, *Toshiba*, aff. C-17/10, EU:C:2011:552, pt 54.

moyens. L'application « effective », « efficace » du droit de la concurrence n'est donc pas un absolu, de même que la protection du consommateur, en droit de la consommation de l'UE, comme la Cour l'a rappelé dans son arrêt *Raiffeisen Bank* précité[47].

L'arrêt Whiteland précité illustre parfaitement la modération nécessaire de l'« effectivité » du droit de la concurrence, en préconisant que « *les règles nationales [en matière de prescription] doivent être conçues de manière à établir un équilibre entre, d'une part, les objectifs de garantir la sécurité juridique et d'assurer le traitement des affaires dans un délai raisonnable en tant que principes généraux du droit de l'Union et, d'autre part, la mise en œuvre effective et [l'efficience] des articles 101 et 102 TFUE* »[48].

Un autre élément vient perturber la perception de l'« objectif » à la réalisation duquel doit être soumise la règle procédurale nationale : la recherche de la convergence des règles nationales et de l'Union. Sans doute la « convergence » est-elle évoquée dans le cadre des réflexions sur l'« autonomie procédurale », mais c'est souvent pour mettre en évidence une relation en quelque sorte antagoniste, la « convergence » intervenant pour infléchir le principe d'« autonomie » par nature porteur de « *disharmonie* »[49]. Les « *différences* », l'« *altérité* »[50] sont inhérentes à l'« *autonomie procédurale* » et au système de l'Union européenne. De même, la convergence est souhaitée pour aller au-delà de l'« *effectivité* »[51]. En tout cas, la « convergence » est considérée comme un instrument d'« *européanisation* » de la procédure, en rognant toujours plus l'« *autonomie procédurale* »[52].

Cependant on peut avoir une approche plus « pacifique » de la relation autonomie procédurale/convergence, comme si celle-ci participait de celle-là. Ainsi la présidente de l'Autorité de la concurrence, intervenant sur le thème « *L'Autorité de la concurrence et le principe d'autonomie procédurale* », a développé en premier lieu et essentiellement le soin pris par l'Autorité pour « *faire évoluer ses procédures dans le sens d'un rapprochement avec celles de la Commission* »[53].

Pour autant demeure délicate la question de savoir si et comment on peut apprécier l'adéquation d'une règle nationale de procédure au principe « d'effectivité » en y intégrant le souci de convergence entre le droit national dit « autonome » et le

---

47 CJUE, 9 juillet 2020, aff. jtes C-698/18 et 699/18, préc.

48 CJUE, 21 janvier 2021, aff. C-308/19, préc. pt 49 ; v. note L. Idot, *Europe* n° 3, mars 2021, préc.

49 G. Canivet, propos introductifs à la table ronde « Autonomie procédurale : Faut-il réinterpréter le principe pour assurer l'effectivité du droit de la concurrence ? », colloque du 10 février 2012, préc.

50 S. Poillot-Peruzzetto, préc.

51 E. Barbier de La Serre, préc.

52 V. not. E. Claudel, « Les sources vives du droit de la concurrence », préc.

53 Colloque du 29 novembre 2019, préc.

droit de l'Union. Pour certains, la CJUE y aurait procédé dans l'arrêt *Cogeco*, mais par une « *interprétation maximaliste du principe d'effectivité* »[54].

L'utilisation de la « convergence » pour l'appréciation de l'adéquation de la réglementation nationale à l'objectif d'effectivité est d'autant plus difficile que cette notion elle-même est quelque peu brumeuse, y compris dans les textes de l'Union, qui tendent à l'établir. Ainsi la directive ECN +, tout en visant une application « *uniforme et efficace* » des articles 101 et 102 TFUE, déclare n'établir que « *des règles de base* », les États membres pouvant encore améliorer l'« *efficacité* » de leur action (considérant 10). Plus loin, elle vise les garanties « *satisfaisant a minima aux principes généraux du droit de l'Union et de la charte* » (considérant 14).

Si la norme ayant pour objectif d'établir la convergence est elle-même si modeste, il est difficile d'appréhender comment, « *à défaut de réglementation communautaire* », la règle de procédure nationale peut être soumise à un objectif de « *convergence* » au titre de l'application « effective et efficace » du droit de la concurrence, et ce, dans le cadre de l'« autonomie » de la règle nationale…

D'ailleurs on mesure ces difficultés avec les récentes réformes en France, consécutives à la directive ECN +. On constate que si la France a transposé souvent purement et simplement les dispositions de la directive, elle a aussi été au-delà dans le souci de « convergence » des procédures nationales et européennes. Tel est le cas par exemple de la quasi-suppression des deux tours de procédure écrite dans la procédure contentieuse devant l'Autorité, manifestement inspirée de la procédure devant la Commission[55]. En revanche, la France résiste à des solutions pourtant bien établies en droit de l'Union (mais plus favorables aux entreprises), telles que le calcul du plafond de l'amende lorsque la société auteur des pratiques a été intégrée après les pratiques en cause dans un groupe où les comptes sont consolidés[56] ; là, on oublie la convergence, au profit de l'« autonomie procédurale »[57] !

Si l'« objectif » auquel est soumise la règle procédurale nationale peut ainsi manquer de clarté, la « méthode » d'appréciation préconisée par la jurisprudence de la CJUE ne l'éclaire pas nécessairement.

---

54 R. Amaro, préc.

55 V. intervention de Mme de Silva, colloque du 29 novembre 2019, préc.

56 V. CJUE, 26 janvier 2017, *Laufen Austria c/ Commission*, aff. C-637/13 P, EU:C:2017:51 ; R. Saint-Esteben, « La clarté obscure de la responsabilité des groupes de sociétés en droit de la concurrence », in *Mélanges en l'honneur du professeur Claude Lucas de Leyssac*, Paris, LexisNexis, 2018, p. 449, spéc. p. 463 ; v. aussi E. Thomas, « Amende : La Cour de justice de l'Union européenne rejette la plupart des pourvois formés contre les arrêts prononcés par le Tribunal de l'Union européenne dans l'affaire du cartel des installations sanitaires pour salle de bain, mais en accueille deux après avoir constaté plusieurs erreurs de droit concernant, d'une part, l'application du plafond de 10 % de l'amende et, d'autre part, l'appréciation de la force probante des déclarations faites dans le cadre de la clémence (*Aloys F. Dornbracht ; Duravit ; Hansa Metallwerke ; Keramag Keramische Werke ; Masco ; Zucchetti Rubinetteria ; Mamoli Robinetteria ; Villeroy & Bosch AG ; Villeroy & Bosch Austria ; Roca Sanitario ; Laufen Austria ; Roca ; Villeroy & Bosch Belgium ; Villeroy & Bosch France*) », 26 janvier 2017, *Concurrences* n° 2-2017, art. n° 83785, pp. 86-88.

57 Cons. const., déc. n° 2015-489 QPC du 14 octobre 2015, *Société Grands Moulins de Strasbourg SA et autre* ; Cass. com. 8 novembre 2016, n° 14-28.234 ; v. R. Saint-Esteben, préc.

2. La méthode d'appréciation de l'objectif, créatrice d'incertitudes

La jurisprudence récente, tout en cherchant à préciser la méthode d'appréciation de « l'effectivité » (rognant encore davantage l'« autonomie » des États membres), en accroît ses incertitudes et même son imprévisibilité.

D'une part, l'appréciation de l'« effectivité » est variable en ce qu'elle doit tenir compte du domaine concerné par la norme de l'Union en cause – ce qui est d'ailleurs logique. Ainsi dans les arrêts précités *Eltel* et *Whiteland*, la Cour de justice rappelle qu'il faut prendre en considération les « *spécificités* » du droit de la concurrence pour apprécier si la durée et les modalités de la prescription sont appropriées ; elle a considéré en effet que l'application des règles relatives aux ententes et positions dominantes exigeait souvent des analyses factuelles et économiques complexes[58]. De même, l'arrêt *Raiffeisen Bank* précité a pris en compte une particularité de la norme de droit européen de la consommation en cause, à savoir le fait que le consommateur est dans une situation d'infériorité face au professionnel, spécificité dont doit tenir compte le régime national de la prescription.

D'autre part, selon cette même jurisprudence, la norme procédurale nationale doit être appréciée dans son ensemble au regard de l'« effectivité ». Ainsi pour la prescription, il s'agira de la durée proprement dite, mais aussi des autres modalités du régime de prescription.

Au plan méthodologique, on peut rapprocher cette démarche de celle de la Cour de justice dans l'affaire *Eltel* déjà citée, bien que cette fois, il s'agissait non de règle nationale, mais des règles de prescription du droit de l'Union lui-même. La Cour a considéré que la durée de la prescription de l'action publique (*public enforcement*) est limitée aux effets induits par la « *restriction de concurrence* » elle-même, même si les autres effets économiques défavorables se poursuivent ultérieurement ; cette limitation est en effet compensée par la possibilité des recours « *privés* » des victimes desdits effets préjudiciables. La Cour confirme ainsi qu'en droit, il y a en matière de pratiques anticoncurrentielles deux sortes d'effets distincts, et deux catégories de sanctions, l'ensemble assurant l'application « *effective* » du droit de la concurrence. Elle s'écarte ainsi de la conception économique unitaire et de la recherche, du coup vaine, de l'« *amende idéale* » qui sanctionnerait la totalité des préjudices économiques causés par une pratique anticoncurrentielle, comme si l'amende due dans le cadre de l'action publique était la seule « *sanction* »[59].

La Cour avait d'ailleurs déjà admis que les garanties des droits de la défense elles-mêmes pouvaient être différentes dans le cadre des procédures administratives

58 À cet égard, il n'est pas certain que certains délais de la procédure contentieuse devant l'Autorité imposés aux entreprises tiennent toujours compte de cette particularité du droit de la concurrence.

59 Elle révèle une fois encore la force du droit dans l'interprétation du droit de la concurrence, cf. C. Prieto, « Source économique du droit de la concurrence, quelle efficacité ? », *Contrats, conc., consom.* n° 6, juin 2020.

et dans les actions privées[60]. L'« altérité » existe donc même à l'intérieur de la procédure nationale, ce qui ne facilite pas la tâche de celui qui doit apprécier si telle norme nationale déterminée est ou non en adéquation avec les exigences des principes généraux et objectifs du droit européen en cause.

En conclusion, l'« autonomie procédurale », qui semble avoir à nouveau disparu en tant que telle dans les motifs des arrêts récents de la CJUE, a paradoxalement le mérite de faire avancer, même si c'est de manière quelque peu hésitante sinon incertaine, la question des relations complexes du droit procédural des États membres avec le droit de l'Union et sans doute à inciter à leur convergence…

Elle court encore, mais sa démarche est pour le moins incertaine…

60 CJCE, 10 novembre 1993, *Otto BV*, aff. C-60/92, *Rec.* p. I-5683

Les confidences de Laurence Idot : « Je ne voulais pas être professeure »*

Anne Wachsmann**
Linklaters

Résumé

L'angoisse de la contribution aux Mélanges de Laurence Idot, véritable monument du droit de la concurrence sur le plan national et international, nous a poussé à transformer cet exercice en une interview ou plutôt un dialogue qui se focalise sur ses dix ans passés en tant que membre non permanent du Collège de l'Autorité de la concurrence. Laurence Idot s'est brillamment prêtée au jeu des questions/réponses avec la sincérité et la lucidité qu'on lui connaît, apportant des précisions sur certaines affaires emblématiques, des éclairages sur le déroulement des séances et leur préparation ou encore sur les thématiques qui l'ont captivée. Sans langue de bois, elle nous a également parlé de ce qu'elle appelle « l'amendologie », du rôle des économistes et, selon elle, de ce qu'il faudrait réformer au sein du Collège. À notre demande, elle nous a décrit les qualités qui font un bon avocat en droit de la concurrence… Et l'on apprend aussi que Laurence Idot ne voulait pas être professeur mais entrer à l'École Navale (non accessible aux femmes à l'époque) !

---

* Entretien effectué au cours de l'année 2021.

** Associée du cabinet Linklaters et professeur au Collège d'Europe, Bruges. Propos recueillis avec l'aide de Pablo Boirin, avocat, Linklaters Paris.

Être sollicitée afin de contribuer aux *Mélanges* saluant le départ à la retraite de Laurence Idot – et l'on verra que ce mot est parfaitement inapproprié en l'espèce –, c'est un peu comme une sélection aux Jeux olympiques, prestigieux, mais encore faut-il s'en montrer digne. Un enjeu pas évident à la hauteur de celle que l'on honore… Ainsi, la liberté laissée pour le choix d'un sujet est finalement plus source d'angoisse que de créativité chez les juristes.

Que pouvait-on bien ajouter à la contribution titanesque de Laurence, véritable monument du droit de la concurrence tant national qu'international ? Sans avoir eu l'occasion de lui en parler, je m'étais souvent demandé ce que lui avait apporté son « passage » de près de dix ans à l'Autorité de la concurrence. Quand la théoricienne se confronte à la réalité des dossiers, quelles en sont les conséquences ? En prenant cette interrogation comme fil conducteur, j'ai proposé une interview ou plutôt un dialogue permettant de poser des questions parfois évidentes, parfois plus iconoclastes. Un peu réticente au début, Laurence s'est prêtée de bonne grâce à cet exercice, qui s'est avéré passionnant. J'espère avoir restitué le plus fidèlement possible son énergie, son intelligence et sa volonté de pédagogie, qui affleurent à chacune de ses réponses.

Rappelons brièvement son parcours.

Après avoir arpenté les bancs de l'université à Nanterre puis à Paris dans les années 1970 et soutenu une thèse pionnière sur « *Le contrôle des pratiques restrictives de concurrence dans les échanges internationaux* » dirigée par le professeur B. Goldman, elle réussit le concours de l'agrégation et devient professeure agrégée des facultés de droit en 1982.

Elle enseignera successivement à l'université nationale de Côte d'Ivoire (1983-1988), aux universités Paris 5 René-Descartes (1988-1993), Paris 1 Panthéon-Sorbonne (1993-2007) et enfin Paris 2 Panthéon-Assas (2007-2018). Multipliant ses interventions, elle sera simultanément rattachée au Centre de droit européen (CDE), codirigera le master droit et contentieux de l'Union européenne, enseignera le droit européen dans plusieurs masters et enfin deviendra vice-présidente du conseil académique de l'université responsable de la recherche de 2014 à 2018. À Paris 2, elle recevra le titre de professeure émérite, qui aura rarement été décerné aussi opportunément.

Ses publications nombreuses et substantielles font d'elle une figure centrale de la doctrine française, européenne et internationale du droit de la concurrence. Il s'avère impossible (ou plutôt inimaginable) de rédiger, qu'il s'agisse d'une simple note ou au contraire d'une thèse, sans s'appuyer sur l'un ou l'autre de ses travaux.

Loin de se satisfaire du seul droit de la concurrence, la plume de L. Idot accompagne étudiants, chercheurs et praticiens dans l'ensemble des branches du droit européen à travers, *inter alia*, la revue *Europe*, qu'elle codirige depuis 1991 avec Denys Simon, où elle assure un suivi critique et quasi exhaustif de la jurisprudence des juridictions européennes. Ses publications en droit international privé et d'arbitrage, matière qui la passionne également, font, comme à l'accoutumée, figure de référence.

Infatigable théoricienne et enseignante, celle qui préside le comité scientifique de la revue *Concurrences*, dont elle est l'une des fondatrices, intègre, pour dix ans à partir de 2009, le collège de l'Autorité de la concurrence (ci-après le « Collège »), qui venait de se substituer au feu Conseil de la concurrence. C'est à cette période que l'on s'intéressera plus particulièrement.

Laissons maintenant la parole à celle qui « *ne voulait pas être professeure* » mais plutôt faire l'École navale si cela avait été possible pour les femmes à l'époque.

Anne Wachsmann – Vous indiquiez à E. Claudel lors d'une interview en 2018 (*Revue d'Assas*, « Laurence Idot : une pionnière du droit de la concurrence »[1]) que l'un de vos professeurs vous avait dit que vous ne seriez jamais agrégée avec une spécialisation en droit de la concurrence… Comment en êtes-vous venue à vouloir vous consacrer à cette matière ?

Laurence Idot – Il faut se replacer dans le contexte d'alors, au début des années 1970. Ce qui est certain c'est que dès le départ, pendant mes études, j'ai voulu faire du droit européen. J'avais d'emblée fait le choix de suivre à Nanterre en plus d'une licence (devenue maîtrise et correspondant à présent au Master 1) un certificat spécialisé en droit communautaire qui n'était délivré à cette époque que par le Centre universitaire d'études des Communautés européennes (CUECE), créé en 1963 par P. H. Teitgen.

J'ai ensuite fait un premier diplôme d'études supérieures (DES) en droit privé en 1973-1974 à Nanterre, et un deuxième DES en droit public, mention droit communautaire, l'année suivante à Paris 1. Ce dernier était déjà très spécialisé, ce qui à l'époque était tout à fait exceptionnel. P. H. Teitgen faisait un cours de droit institutionnel remarquable sur l'ordre juridique communautaire (qui m'a beaucoup servi). À la sortie du DES en octobre 1975, il m'a été demandé d'assurer pour le professeur B. Goldman, qui venait de reprendre le cours, les travaux dirigés (TD) qui dépendaient du CUECE. Plus tard, à Nanterre, j'ai été nommée assistante en juin 1976, mais je me suis retrouvée à la rentrée à Paris 5 à la suite du grand déplacement des professeurs de Nanterre, qui avaient demandé à la ministre de l'époque, Alice Saunier-Séïté, la création d'une nouvelle faculté de droit.

À partir de là je n'ai plus hésité. J'ai abandonné mon premier sujet de thèse sur les nouvelles formes juridiques du commerce international, sur lequel je n'avançais pas, car c'était un sujet vraiment impossible (*rires*), pour transformer le mémoire que j'avais fait pour le diplôme du CUECE sur l'application extraterritoriale du droit communautaire de la concurrence en thèse que j'ai soutenue en juin 1981. Ce sujet permettait à la fois de faire du droit de la concurrence et du droit

1 Revue de droit d'Assas, « Laurence Idot : une pionnière du droit de la concurrence », no 17, décembre 2018, pp. 6-12.

international et voilà comment je suis arrivée à me spécialiser en concurrence *via* le droit européen.

Alors que je n'envisageais pas une telle carrière – j'ai même passé le CAPA à cette époque pour devenir avocate mais je ne me suis jamais inscrite au barreau et j'ai fait dans la foulée Sciences Po/Service public –, la voie du professorat s'est imposée naturellement, même si le droit français de la concurrence était inexistant (la Commission de la concurrence n'a été créée qu'en 1977) et le droit de la concurrence de l'Union européenne encore balbutiant. Ce qui nous ramène au concours de l'agrégation, qui n'était pas formaté pour des matières aussi spécialisées, comme on n'avait pas manqué de me l'indiquer à l'époque (*rires*) !

Cette mise en garde ne m'a pas empêchée de réussir le concours de droit privé et de devenir professeure en 1982, après quoi je suis immédiatement partie à l'université d'Abidjan.

J'ai dû de suite m'adapter, car à Abidjan, j'ai enseigné beaucoup de matières différentes, mais essentiellement le droit civil et le droit international privé. Bien sûr pas du tout le droit de l'Union et encore moins le droit de la concurrence. Mes écrits de l'époque portaient sur le droit ivoirien des régimes matrimoniaux et le droit foncier…

– Faisons un saut temporel important, si vous m'y autorisez, avec une question à titre introductif pour lancer notre discussion. Il arrive généralement quand on se présente comme avocat en droit de la concurrence d'avoir à expliquer brièvement cette spécialité. Lorsque vous êtes interrogée par des profanes, que leur dites-vous ?

– Je prends des exemples tout simplement. J'évoque un cartel impliquant deux entreprises qui ont la même activité (je ne parle pas de « marchés » parce que ce serait déjà un peu trop compliqué), et qui s'entendent pour fixer les prix, ou un abus de position dominante en me basant sur une affaire récente dont ils ont pu entendre parler comme illustration. De façon générale, les personnes qui ne connaissent pas la matière appréhendent mieux les pratiques abusives. Si l'on prend les exemples de Google ou Apple, les gens réagissent tout de suite. Étant utilisateurs, ils perçoivent mieux les enjeux.

– Vous avez été nommée membre non permanent du collège de l'Autorité de la concurrence en mars 2009, votre mandat a ensuite été renouvelé en mars 2014 jusqu'en mars 2019, où vous avez siégé avec A. Perrot puis E. Combe à partir de 2014 et P. Spilliaert puis T. Dahan à partir de 2014. Ce qui m'intéresse, sans dévoiler de secrets, bien entendu, c'est lorsque vous passez de l'autre côté « de la barrière », en devenant membre du Collège. À partir de ce moment, vous allez vous confronter à la pratique d'un droit que vous avez enseigné et surtout théorisé depuis des décennies. Est-ce ce à quoi vous vous attendiez à votre arrivée ? Comment cela s'est-il passé ?

– Je me permets d'abord de vous reprendre. J'avais quand même déjà une activité pratique, parce que j'ai consulté pendant près de vingt ans. Cela étant, quand on faisait appel à moi, c'était vraiment sur des points de droit ou alors pour aider à la rédaction de recours devant le Tribunal, à Luxembourg notamment.

Toutefois, il est vrai que « je ne mettais pas les mains dans le cambouis ». Ce qui est de mon point de vue le plus difficile – je ne parle même pas des relations avec les clients –, c'est assembler, classer, analyser les pièces ; c'est vraiment cela la base du travail. Moi, j'arrivais quand l'essentiel était fait mais j'avais quand même cette expérience pratique grâce aux consultations.

S'agissant plus spécifiquement de la participation au Collège, j'avais et j'ai toujours des liens d'amitié avec J.-B. Blaise et M.-C. Boutard Labarde. Grâce à eux ainsi qu'à M. Behar-Touchais, j'avais déjà une idée du rôle de membre non permanent, même si c'était le Conseil de la concurrence à l'époque et que l'institution a considérablement évolué. Il y avait beaucoup plus d'affaires, mais beaucoup moins complexes. Point fondamental pour moi, le droit de l'Union était devenu omniprésent.

Quoi qu'il en soit, on peut dire que ce n'était pas une totale découverte pour moi…

– Avant de passer à la question suivante, pouvez-vous rappeler le rôle d'un membre non permanent du Collège ?

– Le membre non permanent participe à l'adoption des décisions individuelles et des avis, lesquels sont adoptés par une section dans la grande majorité des affaires, exceptionnellement en semi-plénière. Il participe également aux réunions plénières au cours desquelles sont débattus les projets de rapport annuel, les textes de *soft law* (communiqués de procédure…).

La collégialité est importante et le membre non permanent apporte en quelque sorte un regard extérieur, extérieur bien sûr à celui des services d'instruction, mais également extérieur à celui des membres permanents. L'importance du rôle dépend de la personnalité de chacun, de sa culture juridique (de son « background ») et de sa volonté de s'impliquer.

– J'imagine que cela a été votre cas. Vous qui étiez déjà au cœur du droit de la concurrence, dans quel état d'esprit avez-vous accepté de devenir membre de l'Autorité à l'origine ?

– En fait, quand j'ai accepté d'y aller, c'était déjà la troisième fois qu'on me sollicitait !

Mais j'avais refusé pour des raisons personnelles. C'est donc de manière très réfléchie que j'ai finalement dit oui en 2008-2009. Deux réformes modifiaient totalement les perspectives antérieures : la réforme de 2008 elle-même bien sûr, mais plus encore le règlement (CE) n° 1/2003. J'avais suivi de très près l'élaboration de ce règlement et, en tant que fervente adepte du travail en réseau, je souhaitais voir fonctionner l'institution de l'intérieur. La réforme de 2008 a été le détonateur, d'autant que j'avais de très bonnes relations avec le président B. Lasserre. Je me suis donc dit : « *Si tu n'y vas pas cette fois-ci, tu n'iras jamais.* »

– On comprend mieux la situation à la lumière de vos explications, surtout dans le cadre de ces évolutions réglementaire et institutionnelle. Donc vous arrivez pour participer à cette réforme qui est une petite révolution.

– Tout à fait, oui. Pour quelqu'un qui enseigne le droit de la concurrence, il aurait été un peu dommage de manquer cette opportunité et de ne jamais voir comment cela allait fonctionner de l'intérieur.

– Imaginons, on est en 2009, vous venez d'être nommée, vous avez participé à votre première affaire, qu'est-ce qui vous surprend ?

– Surprise est un bien grand mot. Je crois qu'en dehors de ceux qui y contribuent, on ne se rend pas compte de la masse de travail et du volume de documents qu'une affaire, même petite, représente.

Il est clair que le président B. Lasserre avait un rôle tout à fait déterminant au sein de l'Autorité, même s'il présidait assez peu de séances hormis les plénières et certaines affaires décisives, ce qui était normal. Plus généralement, je me suis rendu compte que la manière dont le Collège fonctionne peut être très variable selon les vice-présidents (VP) et leur personnalité.

Lors du délibéré, où chacun peut vraiment s'exprimer librement, j'ai trouvé que la collégialité était quelque chose d'intéressant et d'enrichissant. J'arrivais avec mon approche très juridique de professeure de droit (c'est pour cela que j'étais là). J'appréciais particulièrement l'apport d'autres membres. Par exemple, C. Xueref, qui est une très bonne juriste par ailleurs, avec laquelle j'ai souvent siégé, percevait beaucoup mieux les enjeux, la perspective des entreprises que moi.

– Dans quelles sections du Collège avez-vous été affectée ? Pouvez-vous nous en dire plus sur cette organisation et comment cela a guidé votre travail à l'Autorité ?

– Le président B. Lasserre, ou la présidente I. de Silva par la suite, décide de l'affectation des membres non permanents, avec une vision claire de ce que chacun est susceptible d'apporter. Un membre non permanent est rattaché à deux sections présidées par un VP, ainsi qu'à une semi-plénière (où il n'y a pas tous les membres). Compte tenu de la personnalité et de l'origine diverse des VP – j'ai travaillé notamment avec deux professeurs d'économie, A. Perrot et E. Combe, et deux conseillers à la Cour des comptes, P. Spilliaert et T. Dahan –, la méthode de travail peut être très variée. J'ai toujours eu la chance de pouvoir beaucoup échanger avec les VP, en particulier avec E. Combe sur les grandes affaires de cartels notamment.

– Comment prépariez-vous les affaires ? Quel regard portez-vous rétrospectivement sur les séances et leur préparation ?

– Il y a bien sûr tous les documents essentiels à lire (notification de griefs, réponses, rapports et réponses aux rapports). Je devrais plutôt dire lire plusieurs fois pour bien appréhender les faits et l'ensemble des données. En revanche, il faut être honnête, un membre non permanent ne peut pas vérifier toutes les pièces annexes. Personnellement, je me concentrais sur celles sur lesquelles un désaccord d'interprétation existait entre les rapporteurs et les avocats. D'ailleurs avec certains VP comme E. Combe, qui prépare énormément ses dossiers, nous faisions un travail en amont d'identification des points difficiles pour déterminer ensuite les questions à éclaircir impérativement lors de la séance.

Quant aux séances, je crois qu'il ne faut pas oublier que la procédure est avant tout écrite. Les séances sont utiles pour synthétiser l'affaire et les points de vue, préciser certains sujets. Sur le fond, j'ai participé à beaucoup d'affaires de cartels où une partie des entreprises ne contestait pas les griefs, ce qui modifiait la perspective. Dans ces affaires, j'ai souvent trouvé que l'on passait beaucoup trop de temps à discuter du dommage à l'économie...

Les séances qui m'ont, à titre personnel, le plus apporté sont celles où l'on avait besoin d'explications sur le fonctionnement du secteur pour bien comprendre les enjeux.

J'ai le souvenir de certaines séances où l'ambiance était très tendue, comme dans l'affaire des banques, où il y avait de l'électricité dans l'air. D'autres, où les enjeux étaient moins importants, se déroulaient parfois de façon presque « amusante », lorsque certaines entreprises apportaient leurs produits...

Je crois avoir connu presque toutes les situations : rejet, non-lieu avant et après notification de griefs (la deuxième hypothèse étant par définition plus intéressante, puisque le Collège s'écarte des services d'instruction), interdiction et sanction (avec et sans contestation des griefs, transaction), engagements, renvoi à l'instruction...

J'ai eu quelques séances (peu) en contrôle des concentrations : toujours très prenantes, mais l'apport d'un membre non permanent est *de facto* plus limité, car il n'a pas la parfaite connaissance du dossier que requiert la négociation d'engagements si ces derniers sont nécessaires. En revanche, de mémoire, je n'ai jamais eu à délibérer sur des avis de clémence, et, s'agissant de mesures conservatoires, je ne me souviens pas avoir participé à une affaire où elles auraient été accordées.

– Sur ces dix ans, même si ce n'est pas évident de faire un choix, et c'est une question à laquelle vous pouviez vous attendre, quelles sont les grandes affaires emblématiques auxquelles vous avez participé, qui ne sont d'ailleurs pas forcément, j'imagine, celles où les sanctions les plus élevées ont été infligées ?

– Les grandes affaires, ce sont celles où l'on a eu beaucoup de problèmes (*rires*).

Les affaires marquantes : certainement l'affaire des banques (*CEIC*) et en concentrations, la saga *Canal* +. Au-delà, comme j'ai été dans presque toutes les grandes affaires de cartels de la décennie (farines, hygiène et entretien, produits laitiers...), c'est difficile de choisir. Une affaire m'a quand même marquée : celle des messageries, qui s'est déroulée dans la belle salle de la cour administrative d'appel, où vous étiez d'ailleurs présente.

En matière d'abus, celle du zinc m'a paru très intéressante, et puis j'ai eu la chance de présider une affaire *TDF* en 2015 (*Tour Eiffel*).

J'ajouterais enfin qu'à titre personnel, j'ai toujours apprécié lors des séances l'intervention des chefs d'entreprise.

– Une question qui concerne plus les avocats. Vous venez de dire que vous avez apprécié quand les chefs d'entreprise témoignent, et je comprends tout à fait pourquoi, mais est-ce que les avocats réussissaient à vous convaincre, voire même à vous faire changer d'avis ? Est-ce que vous perceviez des différences entre les bonnes et les mauvaises plaidoiries, et de même pour les écritures ?

– Oui, parfois sur la qualification juridique d'une pratique ou sur la durée d'une infraction. De manière générale, j'ai pu constater que certaines entreprises, souvent des PME, pouvaient être moins bien défendues si elles ne faisaient pas appel (ou ne pouvaient pas se payer) à un cabinet spécialisé, qui sont essentiellement des cabinets parisiens. Pour ces derniers, j'ai généralement constaté une grande qualité dans les écritures, avec un travail approfondi derrière, aussi bien dans le dépouillement des pièces que dans les recherches de jurisprudence.

– Pensez-vous avoir été « juste » ? Avez-vous des regrets ?

– Juste, je ne sais pas. C'est en toute hypothèse une décision avant tout collégiale. Je peux simplement dire que la détermination du montant de la sanction en cas d'infraction était faite de manière extrêmement sérieuse avec de multiples données chiffrées. Dans les affaires de cartels en particulier, impliquant souvent beaucoup d'entreprises, un délibéré sur le siège, comme cela a pu se faire au tout début du Conseil, était totalement exclu.

Des regrets… Comme je viens de le dire, j'ai parfois eu le sentiment que les PME étaient proportionnellement plus sévèrement traitées, parce que moins bien défendues que les grands groupes. mais c'est très subjectif.

– Sur l'ensemble de votre participation au Collège, quels sont les aspects qui vous ont le plus captivée et, au contraire, ceux qui vous ont déplu ?

– Captivée : je dirai la diversité des secteurs, la découverte de nouveaux milieux, les échanges avec des personnes venant d'horizons divers.

Plus un regret qu'un souvenir déplaisant : le regret de ne pas être davantage impliquée dans le fonctionnement de l'institution, bien que je doive reconnaître que j'ai été un membre non permanent bénéficiant d'un statut très privilégié – par exemple, ma participation à l'ICN, la présidence d'une séance, l'écoute constante du président B. Lasserre et des VP. mais le statut de membre non permanent présente des limites incontournables qui s'ajoutent aux limites tenant à la séparation des fonctions.

Il y a des fois où j'aurais aimé réécrire la notification de griefs (*silence*)…

– S'il y avait, d'un coup de baguette magique, des choses à modifier ?

– Très honnêtement, je m'interroge sur la pertinence en 2021 de ce modèle d'autorité administrative indépendante (AAI) conçu dans les années 1980 avec ce mélange de membres permanents et non permanents, qui, en dehors de la Belgique, à ma connaissance, est isolé et que l'on ne retrouve pas dans les autres autorités de régulation sectorielles. Le contexte actuel rend ce mode de fonctionnement encore plus difficile. Depuis la crise du Covid, de nombreuses décisions ont été adoptées en commission permanente. Pour mes successeurs, la qualité de membre non permanent doit être encore plus frustrante.

L'autre difficulté tient aux services d'instruction, à la possibilité de faire carrière au sein de ces services. Pour les fonctionnaires détachés, les règles de la fonction publique française font que certains doivent quitter l'institution au moment où ils sont les plus opérationnels. Même s'il y a eu des progrès certains depuis 2008 (plus de rapporteurs et de contractuels, création des rapporteurs généraux adjoints), la situation n'est pas optimale.

En résumé et sans entrer dans le débat sur la séparation des fonctions, bien qu'il y aurait beaucoup de choses à dire, je serais plutôt en faveur d'une autorité intégrée, quitte à avoir, à l'extérieur, une autre enceinte de réflexion, composée de représentants divers, comme la Monopolkommission en Allemagne par exemple.

– Pouvez-vous nous expliquer ce que vous avez appelé « l'amendologie » ?

– La formule m'a été inspirée par l'expression « facturologie », dont l'origine revient au professeur J.-M. Mousseron dans les années 1990 pour dénoncer les évolutions du titre IV après la loi Galland. C'est le fait de passer plus de temps pour l'Autorité à calculer l'amende, et, pour les parties, à contester ensuite le montant devant les cours de contrôle, qu'à s'interroger sur des sujets de fond, notamment la qualification des pratiques ou la participation à l'infraction. Le phénomène a débuté devant les institutions européennes, en particulier à l'occasion des recours devant le Tribunal à Luxembourg, principalement en matière de cartels. Il a gagné ensuite avec un peu de retard les institutions françaises.

– Pensez-vous que le développement de la procédure de transaction qui a remplacé « la non-contestation des griefs » depuis 2015 est une évolution positive de la pratique de l'Autorité ?

– Première remarque, en tant que professeure de droit privé, l'utilisation du mot « transaction », qui est source de confusion, me fait toujours bondir.

J'avais déjà protesté en *off* auprès de membres de la DG COMP en 2008 lorsque le mot « *settlement* » avait été traduit par « *transaction* ». Sur le fond, de mon point de vue, c'est une réforme qui n'a pas été suffisamment réfléchie. C'est du mauvais « copier/coller ».

Deuxième remarque, j'ai été impliquée dans les premiers cas, qui étaient de toutes petites affaires… Le point de vue général des membres non permanents (du moins de ceux avec lesquels j'étais en section) était que la transaction diminuait sensiblement le rôle du Collège, et, *a fortiori*, des membres non permanents. On avait l'impression d'être simplement là pour avaliser…

– Je crois que c'est une perception partagée qui comporte des avantages et des inconvénients évidemment, mais c'est intéressant que vous le ressentiez aussi.

– Ah oui, cela a été très net pour nous. On « râlait » déjà sur l'amendologie (*rires*), mais là on a eu le sentiment de ne plus servir. En outre, pour les entreprises, la réforme était censée procurer plus de prévisibilité ; je ne suis pas sûre que cet objectif ait été atteint. Je ne suis pas davantage sûre que l'Autorité ait gagné beaucoup en termes de rapidité dans le traitement des dossiers.

De mon point de vue, comme en droit de l'Union, il faudrait deux procédures : l'une pour les cartels, en lien avec la clémence, l'autre pour les autres pratiques, comme la procédure informelle de coopération mise en place depuis la décision de la Commission ARA de 2016 et la *factsheet* publiée à cette occasion. mais reste le fait que l'on doit toujours jouer en droit français avec le principe de séparation des fonctions, vaste sujet… qui va nécessairement rebondir tôt ou tard par ailleurs compte tenu du développement très sensible des sanctions administratives pour le titre IV du code de commerce.

– Il est parfois reproché à l'Autorité d'être déconnectée de la réalité économique des entreprises. Est-ce un constat que vous partagez ?

– Par ce biais, c'est parfois le montant jugé trop élevé des amendes qui est dénoncé et là, c'est un autre débat. Dans les secteurs très techniques, il y a toujours le risque de mal comprendre le fonctionnement d'un domaine, mais cela concerne davantage les pratiques abusives que les ententes.

– Revenons sur un point que vous avez aussi déjà évoqué : c'est le rôle des économistes (*rires*). Est-ce que l'importance accrue de l'approche économique a été bénéfique à la pratique de l'Autorité ?

– Ce que je pense du rôle des économistes (*silence*)…

Je crois qu'il faut d'abord relativiser ce que l'on appelle maintenant l'approche économique. Lorsque celle-ci est nécessaire, en particulier en contrôle des concentrations (pour définir un marché pertinent ou pour l'appréciation au fond d'une opération) et pour certains types de pratiques abusives (compression des marges et autres pratiques tarifaires, par exemple), la réponse est certainement affirmative.

Cela étant, en matière d'ententes, si vous regardez les affaires traitées, vous constatez que la majorité d'entre elles ne requiert pas une analyse économique propre au cas. Je prends un exemple : l'interdiction des prix imposés en matière verticale. En l'état du droit positif, où cette pratique est prohibée, si je suis dans une affaire de prix imposés, je vais être confrontée à un problème de preuve et pas autre chose. Dans les affaires de cartels, où le consensus existe sur leur caractère nocif, le rôle de l'analyse économique me paraît également limité.

Plus que des débats sans fin (pour une valeur ajoutée restreinte) sur l'importance du dommage à l'économie dans telle ou telle affaire individuelle – j'ai toujours été agacée par la conclusion habituelle sur l'absence totale de dommage à l'économie causé par les pratiques pourtant les plus négatives –, j'aurais souhaité lire des études économiques sur les conséquences de décisions prises dans tel ou tel secteur pour éclairer le législateur et éviter aux autorités de répéter des erreurs. Ces études *ex post* sont encore trop peu nombreuses. De plus, elles sont souvent fondées sur des données américaines.

– Vos critiques ont finalement été entendues avec la transposition de la directive ECN +, qui a abouti à la suppression du dommage à l'économie dans le calcul de l'amende.

Une dernière question avant de passer à l'avenir. Quel est, selon vous, l'impact du développement du contentieux indemnitaire sur la pratique de l'Autorité ? Des efforts considérables (la transposition de la directive européenne sur les actions en dommages et intérêts, les fiches de la cour d'appel, etc.) ont été faits pour permettre à ceux qui ont été lésés par les cartels, ou dans le cadre d'abus, de se voir indemniser.

– Je pense qu'on est encore au début du processus par rapport à ce qui se passe dans d'autres États membres. De manière générale, l'on ne peut que se féliciter du fait que les victimes soient indemnisées. En matière de pratiques abusives, c'était déjà en partie le cas, me semble-t-il, du moins entre opérateurs d'une certaine taille. J'ai le sentiment que c'était également le cas en matière d'ententes verticales, car il y a toujours eu beaucoup de contentieux devant les juridictions de droit commun et les victimes obtenaient des dommages et intérêts parfois sur d'autres fondements (concurrence déloyale ou responsabilité contractuelle).

S'agissant des cartels, il faut d'abord les détecter et il n'est pas certain que l'équilibre avec les programmes de clémence ait été trouvé. Je dirais même que si c'est au détriment de la clémence, on peut se demander s'il ne faudra pas, sous une forme ou une autre, faire machine arrière.

– Effectivement, tout le monde s'accorde à dire que les recours indemnitaires ont quasiment tari les clémences, et sont devenus l'un des éléments essentiels de la réflexion des entreprises avant de prendre une décision à cet égard.

– J'aimerais ajouter que l'on a créé un nouveau marché avec le rachat des créances indemnitaires. Or, la transposition en Europe (où du fait du Brexit, les systèmes de droit continental prévalent à nouveau) des modes de raisonnement et solutions du droit américain me laisse toujours perplexe. Si nous partageons les finalités, il faut bien sûr s'inspirer de techniques qui ont fait leurs preuves, mais il faut les adapter à nos systèmes juridiques, qui fonctionnent de manière totalement différente.

Le droit de la concurrence n'est pas autonome, mais s'insère dans un système juridique global. Il ne faut pas l'oublier.

– Vous avez été du côté du régulateur, de l'enseignement, vous avez fait de la recherche. Avec toutes ces casquettes prestigieuses, est-ce que la carrière d'avocat vous a un jour tentée ?

– Euh… à vrai dire… Non (*rires*). Non, parce que je suis paresseuse.

– Je ne crois pas que cela s'applique à vous, Laurence (*rires*) !

– Comme je l'ai déjà indiqué, j'ai passé le CAPA en 1973, mais à la différence de mes amis, je n'ai pas cherché de stage (l'EFB n'existait pas encore, on allait directement en stage), car j'ai eu la chance d'être nommée assistante alors que les postes étaient très rares et que les allocations de recherche n'existaient pas.

Je suis trop indépendante et j'ai toujours voulu être maître de mon emploi du temps, en dehors des obligations universitaires bien sûr, mais qui sont limitées.

Il y a énormément de contraintes, quelle que soit la manière dont on exerce le métier d'avocat. Qu'on soit dans un grand cabinet international comme vous, ou dans un petit cabinet, voire tout seul… et je pense que j'aurais peut-être eu des relations difficiles avec les clients, ce qui pour un avocat est un peu… gênant (*rires*).

– On se doutait un peu de la réponse (*rires*)…

– En tant qu'universitaire, j'ai la chance de pouvoir travailler à n'importe quel moment et de n'importe quel lieu, surtout maintenant.

Avant l'agrégation, j'avais également fait quelques dossiers chez un avocat aux conseils. Là, j'aimais beaucoup, d'abord parce que je m'organisais comme je voulais, mais également parce que c'était du pur raisonnement et que l'on était dégagé des contingences matérielles (traitement des faits, des pièces, relation avec le client). En plus, dans le grand cabinet où j'allais, j'étais la seule à connaître, à l'époque, le droit communautaire et j'avais toutes les belles affaires en ce domaine – rares, il est vrai ! L'on m'a fait une proposition que j'ai à l'époque refusée, car je voulais d'abord tenter l'agrégation.

Le travail de référendaire à la Cour de justice m'aurait également plu, mais il faut se remettre dans le contexte du milieu des années 1970 : le nombre de postes de référendaires était extrêmement limité, il n'y avait que le cabinet du seul juge français et l'on n'y faisait nullement carrière.

Lorsque j'ai débuté, la possibilité de faire carrière en tant qu'avocat spécialisé en droit de la concurrence était inimaginable. Les grands cabinets d'affaires que nous connaissons maintenant étaient quasi inexistants.

Les données ont totalement changé à la fin des années 1980 après l'Acte unique et l'entrée en vigueur du contrôle européen des concentrations, mais là, j'étais déjà professeure…

– Un bon avocat en droit de la concurrence, quelles sont, selon vous, ses qualités indispensables ?

– Bien connaître la matière déjà… mais également les éléments factuels. Un bon avocat maîtrise parfaitement son dossier, mais également la jurisprudence, et n'hésite pas à critiquer certaines solutions acquises. Comme les procédures sont avant tout écrites, la qualité des écritures est fondamentale. De manière générale, devant l'Autorité, les dossiers sont bien faits et souvent fondés sur beaucoup de recherches.

– Vous avez vu beaucoup de gens plaider, que pouvez-vous nous en dire ?

– Oui, c'est vrai… À l'oral, à titre personnel, j'aimais la sobriété et la rigueur. J'ai toujours trouvé que j'écoutais beaucoup plus attentivement les avocats qui allaient « *straight to the point* », ce qui était, je dois le dire, souvent l'apanage des femmes avocates (sans vous lancer de fleurs…) (*rires*), qui ont tendance à plaider sans effets de manche, à juste titre selon moi. L'important, je crois, est de mettre l'accent sur ce qui fait débat, pas de répéter les écritures.

– On dit souvent que les retraités sont plus occupés qu'avant de quitter leurs fonctions, est-ce votre cas ?

– Je suis très occupée d'abord parce que j'ai gardé quand même une grande part de mon activité, en particulier toutes les revues. mais je ne dirais pas plus occupée, non. Plutôt différemment. Depuis une quinzaine d'années, j'avais l'habitude de concentrer tous mes enseignements au premier semestre universitaire pour dégager du temps au deuxième semestre pour les travaux d'écriture notamment et les déplacements à l'étranger.

Ma vie ressemble maintenant à un deuxième semestre permanent !

– Rappelez-nous quelles sont vos activités. C'est assez impressionnant je crois.

– J'ai déjà la revue *Europe*, c'est tous les mois. Avec Denys Simon, je suis codirectrice mais je rédige quand même de nombreux commentaires, notamment s'agissant de la concurrence et du droit international privé.

Pour la revue *Concurrences*, c'est différent, puisque je n'écris pratiquement pas, mais je suis présidente du comité scientifique. *Concurrences* me donne plus de travail, paradoxalement, bien que ce soit une revue trimestrielle. D'abord, parce que c'est une grosse revue avec énormément de rubriques différentes et parce qu'elle a été doublée. Il y a la revue papier plus le site internet. On finit à peine un numéro trimestriel qu'on commence déjà le suivant.

Par ailleurs, j'ai d'autres chroniques régulières, à la *Revue trimestrielle de droit européen*, la *Revue de science criminelle et de droit pénal comparé*… De même, j'ai gardé ce que j'appelle les « cours exotiques » à Singapour et à l'île Maurice (il s'agit des LL.M. de Paris 2), qui n'ont pas été très exotiques depuis deux ans parce que je les ai faits en visioconférence (*rires*). J'en ai même ajouté un cette année sur « Arbitrage et Concurrence ».

– Et avec tout cela, vous trouvez quand même un peu de temps pour vos loisirs ?

– Ah oui, heureusement, sinon ça n'aurait pas d'intérêt, quand même (*rires*).

– On va arriver à la toute dernière question : Laurence, si vous aviez fait autre chose, un autre métier ou une autre activité, qu'est-ce qui vous aurait tenté ?

– Mon premier sport a été la voile. J'ai d'abord fait du dériveur et beaucoup de régates avant de m'orienter vers la croisière et de faire quelques courses. Ce qui est devenu la Solitaire du Figaro a d'abord été une course exclusivement féminine qui se déroulait au départ de La Trinité ! Puis très vite, la voile est devenue un mode de voyage. J'ai eu la chance de naviguer dans de nombreux endroits, de manière classique d'abord en Europe et dans l'arc antillais, puis progressivement dans les cinq continents… J'ai refait des régates de dériveurs pendant mes années ivoiriennes.

À Abidjan, j'ai également continué le golf, que j'avais commencé à l'université, loisir que je pratique toujours, mais seulement très tôt le matin, car je n'ai aucune patience si je dois attendre à cause du jeu lent sur le terrain ! J'ai aussi appris à piloter un avion.

Je n'ai pas arrêté ces sports (ou activités), sauf la voile depuis peu de temps, mais ce n'est que provisoire.

Cela explique que, si cela avait été possible, mais à l'époque les femmes n'avaient pas accès à ces écoles, j'aurai tenté Navale, car j'étais passionnée de voile. Mon père aurait aimé que je fasse une école de commerce, mais en 1969, HEC était fermé aux femmes et il fallait faire HEC « Jeunes Filles ». Pour moi, qui sortais d'une école privée à Versailles, c'était exclu.

J'ai fait le choix de mes études très tôt – ce serait droit et sciences po – mais sans savoir vraiment ce que je voulais faire ensuite, car ma famille n'était pas du tout dans le milieu juridique.

Je n'ai jamais regretté, car, dès le début, j'ai aimé le droit en général. Par la suite, les rapports entre les systèmes juridiques, qui m'ont conduit à m'orienter vers le droit de l'Union et le droit international privé, m'ont passionnée, sauf qu'*a priori* je ne voulais pas être professeure. Dans mon milieu, quand on parlait de professorat, c'était être professeur de lettres, professeur d'histoire, etc., et cela ne me tentait nullement.

Finalement, tout cela s'est fait naturellement au gré des circonstances. Je me dis que j'ai toujours eu beaucoup de chance.

Vivre au milieu des étudiants fait oublier son âge !

– Ce sera le mot de la fin… Merci Laurence pour cet entretien à bâtons rompus. Je vous garantis que nous sommes une foule immense qui pour une fois se félicitera des restrictions d'accès aux métiers de l'armée dans les années 1970 !

La métamorphose d'un droit

Marc van der Woude[*]
Tribunal de l'Union européenne

Résumé

Le droit de la concurrence a connu une mutation au cours des quarante dernières années. Il n'est plus une discipline peu connue et réservée à un cercle relativement restreint de juristes, mais il s'agit dorénavant d'une discipline à part entière, exercée dans le monde entier et réunissant des milliers de praticiens. Cette contribution met en avant quelques-uns des facteurs qui expliquent la transformation du droit de la concurrence ainsi que les défis que cette transformation soulève pour l'administration de la justice par les juridictions européennes.

---

* Président du Tribunal de l'Union européenne

I. L'expansion du cercle

Lorsque j'ai commencé ma carrière professionnelle au début des années 1980, le droit de la concurrence était perçu comme une discipline peu connue, voire obscure, dont l'étude et l'exercice étaient réservés à un cercle relativement restreint de juristes. Hormis les fonctionnaires européens et nationaux directement chargés de l'application de ce droit, ce cercle se limitait, dans la majorité des États membres, aux universitaires et praticiens spécialisés dans le droit européen ou le droit administratif économique. Dans mon pays, par exemple, ces quelques juristes, accompagnés d'un ou deux économistes, avaient pris l'habitude de se réunir mensuellement à l'université de Leyde pour discuter de la pratique décisionnelle de la Commission européenne et de la jurisprudence de la Cour de justice, ainsi que des quelques rares cas d'application du droit néerlandais de la concurrence. Ce « *kartelclub* », dont j'ai eu le plaisir et l'honneur d'assurer le secrétariat pendant quelques années, ne comptait pas plus d'une douzaine de membres, curieusement tous des hommes.

Lorsque le nombre des cas d'application des articles 85 et 86 CEE ne suffisait pas pour remplir l'ordre du jour, le professeur Piet Jan Slot et moi nous efforcions d'identifier des affaires connexes. Il s'agissait souvent d'affaires de libre circulation. Dans nos esprits, les règles de concurrence complétaient celles en matière de libre circulation, dans la mesure où les premières visaient à combattre les entraves privées qui pourraient se substituer aux entraves publiques interdites par les secondes. Grande était notre joie de pouvoir discuter, par exemple, des affaires *Leclerc* qui, dans le domaine du prix du livre, illustraient cette interaction, parfois compliquée, entre libre circulation et libre concurrence[1]. À l'époque, le droit de la concurrence était ancré dans le droit européen et servait la cause de la création du marché commun. Il en allait certes différemment pour l'Allemagne, qui connaissait son propre droit de la concurrence, appliqué avec rigueur par l'Office fédéral de lutte contre les cartels. Ce droit, qui trouvait ses sources dans une conception économique ordolibérale, développée par l'École de Fribourg, a contribué à façonner non seulement la politique économique de la nouvelle République fédérale, mais également celle de la Commission européenne et notamment de sa Direction générale IV, qui était traditionnellement dirigée par un directeur général allemand. Quand j'ai rejoint cette administration comme jeune fonctionnaire en 1987, cette influence était très concrète. Les notes de réflexion se rédigeaient encore en allemand et le courrier interne était acheminé par *Begleitzettel*.

Ce petit monde du droit de la concurrence de l'époque n'existe plus. Il s'agit dorénavant d'une discipline à part entière, exercée dans le monde entier et réunissant des milliers de praticiens et praticiennes, qui se retrouvent

1 CJCE, 10 janvier 1985, *Leclerc c/ Au blé vert*, aff. 229/83, EU:C:1985:1 ; CJCE, 11 juillet 1985, *Leclerc c/ Syndicat des libraires de Loire-Océan*, aff. 299/83, EU:C:1985:326.

régulièrement dans de grands forums organisés sur tous les continents pour discuter, le plus souvent en anglais, de questions d'intérêt commun. Ces forums s'institutionnalisent graduellement au sein du Réseau international de la concurrence (« International Competition Network »). Si l'Union européenne et ses États membres, dont les autorités de concurrence se regroupent au sein du Réseau européen de la concurrence (« European Competition Network »), contribuent de façon importante à ces débats, ils ne sont qu'un groupe d'acteurs parmi d'autres. Bien que chaque juridiction reste souveraine et décide pour elle-même ce qu'elle veut en retenir, les rencontres internationales permettent l'émergence d'opinions consensuelles qui reflètent souvent la nécessité de limiter des approches divergentes dans une économie internationale de plus en plus interdépendante. Le monde de la concurrence est devenu un monde de confluences.

Une autre différence notable avec la situation d'antan réside dans le fait que, si la voix des juristes était prédominante autrefois, elle l'est nettement moins aujourd'hui. Ce sont aujourd'hui les théories et les analyses des économistes qui donnent le *la*. Cette influence est peu surprenante pour une discipline qui a pour vocation de réguler l'économie. Plus marquante est l'arrivée graduelle de nouveaux acteurs, tels que des philosophes, des psychologues et peut-être dans un avenir plus lointain des anthropologues, dont les contributions pourraient remettre en cause la notion de l'*homo economicus* ou, de façon encore plus radicale, celle de la rareté, sur laquelle se fonde la science économique.

Au cours de ma carrière professionnelle, qui a souvent été marquée par le droit de la concurrence, j'ai eu le privilège de côtoyer plusieurs personnalités qui ont fait évoluer cette discipline et qui ont ainsi participé à sa métamorphose. Je ne citerai pas leurs noms, à l'exception de celui de Laurence Idot. Sa carrière a également connu des transformations. Elle a débuté comme universitaire française avec un profil prédominant en droit économique européen, publiant des articles dans des revues comme la *Revue trimestrielle de droit européen*, qui m'ont permis en tant que jeune enseignant de me familiariser avec des matières ou de grands sujets complexes. Son parcours a ensuite suivi et influencé l'évolution du droit de la concurrence. À partir de l'ordonnance n° 86-1243 du 1er décembre 1986 et l'alignement du droit français sur le modèle européen, Laurence Idot s'est dédiée, de façon quasi exclusive, à ce droit, tant sur la scène nationale et européenne qu'au niveau mondial, pour en devenir une des éminences internationalement reconnues.

Dans cette contribution en son honneur, je souhaiterais m'attarder, dans une première partie plutôt descriptive, sur quelques-uns des facteurs qui expliquent la mutation du droit de la concurrence. La seconde partie concerne le défi que cette transformation soulève pour l'administration de la justice par les juridictions européennes.

II. Les causes de la mutation

Bien que le droit de la concurrence ait ses particularités, il s'agit d'un droit comme les autres. Il régit les rapports humains selon des normes préexistantes, dont l'interprétation et le contenu s'adaptent graduellement, mais avec un certain décalage temporel, à l'évolution de la société. Cette adaptation ne s'explique que très rarement par une seule raison. Il s'agit plutôt d'une interaction de multiples et diverses causes. Il convient donc d'être prudent en tentant d'identifier les facteurs qui ont contribué au développement du droit de la concurrence en Europe et ailleurs. Je ne donnerai donc qu'une appréciation purement personnelle et subjective.

Dans mon esprit, le point de basculement dans l'évolution du droit européen de la concurrence coïncide avec la période de l'achèvement du marché intérieur au début des années 1990, comme prévu par l'Acte unique. La suppression des barrières à la libre circulation des biens, des services et, plus tard, des personnes a créé un grand espace dans lequel les forces économiques pouvaient se déployer librement. Graduellement, l'objectif visant à réaliser ce marché, notamment par le combat contre les restrictions territoriales dans les accords de distribution, a perdu en importance par rapport à un objectif plus communément poursuivi par toutes les autorités de concurrence, à savoir garantir le bon fonctionnement de ce marché, notamment par une lutte contre les restrictions caractérisées, telles que la réduction concertée de l'offre, les partages de marché et la collusion en matière de prix. La Commission a ainsi orienté davantage sa politique de concurrence sur les restrictions horizontales, comme en témoigne le nombre décroissant de décisions en matière de restrictions verticales. Dans la mesure où plusieurs de ces ententes horizontales avaient une dimension internationale, la Commission s'est vue accompagnée dans cet effort par les autorités de concurrence d'autres grandes économies internationales, telles que les États-Unis, le Canada, le Japon et la Corée du Sud, avec lesquelles elle a commencé à conclure des accords de coopération bilatéraux. Cette lutte commune a généré une communauté d'intérêts, qui s'est graduellement organisée, d'abord sous les auspices de l'OCDE puis *via* la création du Réseau international de la concurrence en 2001 par les autorités de quatorze grandes juridictions. Le droit de la concurrence devenait ainsi une question internationale.

Paradoxalement, cette internationalisation s'est accompagnée d'une tendance spontanée à l'harmonisation, notamment au sein de l'Union européenne, dans laquelle tous les États membres se sont graduellement dotés de règles antitrust comparables aux articles 101 et 102 TFUE. Par le jeu de l'article 3 du règlement (CE) n° 1/2003[2], les droits européen et nationaux de la concurrence ont lentement fusionné. Cette osmose, qui a débuté par le droit matériel, s'est également étendue

2 Règlement (CE) n° 1/2003 du Conseil du 16 décembre 2002 relatif à la mise en œuvre des règles de concurrence prévues aux articles 81 et 82 du traité, *JOCE* n° L 1 du 4 janvier 2003, p. 1.

au niveau institutionnel. Non seulement les autorités européennes se sont réunies dans un réseau de coopération, de coordination et d'entraide, le Réseau européen de la concurrence, mais elles se sont également alignées sur un modèle administratif pour la mise en œuvre de ces règles, comparable à celui de la Commission européenne. La directive visant à doter les autorités de concurrence des États membres des moyens de mettre en œuvre plus efficacement les règles de concurrence et à garantir le bon fonctionnement du marché intérieur (« directive ECN + ») solidifiera cet édifice collectif[3]. Le droit de la concurrence n'est plus seulement une affaire bruxelloise.

En parallèle de son extension territoriale, le droit de la concurrence s'est également élargi *ratione materiae*. Si l'industrie européenne, réunie au sein de la European Round Table for Industry et de l'Union des Industries de la Communauté européenne (UNICE, le prédécesseur de l'association actuelle BusinessEurope), a activement soutenu le projet de marché intérieur porté par la Commission Delors, elle a également émis certains souhaits, notamment en ce qui concerne le droit de la concurrence. Elle a insisté entre autres sur la mise en place d'un contrôle unique des concentrations à l'échelle de ce nouveau grand marché. Le projet du marché intérieur de la Commission Delors a ainsi vu naître le règlement (CEE) n° 4064/89[4], remplacé depuis par le règlement (CE) n° 139/2004[5]. Avec l'érosion de la valeur de la monnaie, un nombre grandissant de concentrations a atteint la dimension européenne de 5 milliards d'euros, que ce règlement prévoit comme critère de compétence, et a donc dû être notifié à la Commission européenne. En outre, tout comme pour les articles 101 et 102 TFUE, le modèle de contrôle européen a été suivi par la plupart des États membres pour apprécier, dans leurs juridictions, les effets anticoncurrentiels des concentrations qui n'atteignent pas cette dimension. L'ensemble de ces contrôles de concentration nécessita à son tour une coopération internationale afin d'endiguer au maximum les effets négatifs de décisions contradictoires sur la faisabilité de grandes transactions internationales.

Si le projet de marché intérieur répondait en premier lieu à la nécessité de relancer l'intégration européenne, notamment dans le contexte de la réunification allemande, il correspondait également à l'air du temps, à savoir celui de la pensée néolibérale et de l'idée que les forces du marché peuvent faire avancer la société. Le fait que ce projet ait reçu le soutien de Mme Thatcher et qu'il soit concrétisé dans un livre blanc élaboré par le commissaire britannique de l'époque, Lord Cockfield, ne relève pas entièrement du hasard. La conception de la

---

3 Directive (UE) 2019/1 du Parlement européen et du Conseil du 11 décembre 2018 visant à doter les autorités de concurrence des États membres des moyens de mettre en œuvre plus efficacement les règles de concurrence et à garantir le bon fonctionnement du marché intérieur, *JOUE* n° L 11 du 14 janvier 2019, p. 3.

4 Règlement (CEE) n° 4064/89 du Conseil du 21 décembre 1989 relatif au contrôle des opérations de concentration entre entreprises, *JOCE* n° L 395 du 30 décembre 1989, p. 1.

5 Règlement (CE) n° 139/2004 du Conseil du 20 janvier 2004 relatif au contrôle des concentrations entre entreprises, *JOUE* n° L 24 du 29 janvier 2004, p. 1.

concurrence comme force motrice de l'économie s'est graduellement répandue dans l'ensemble de l'Union et a fortement contribué à l'harmonisation volontaire des règles de concurrence de ses États membres. Cette mise en valeur de la concurrence a influé non seulement sur les politiques macro-économiques suivies dans une grande partie du monde, mais également sur les cadres d'analyse, plus micro-économiques, utilisés par les autorités de concurrence. Sous l'impulsion des économistes et juristes de l'École de Chicago, l'approche structuraliste consistant à analyser le nombre d'acteurs et les conditions d'entrée a cédé une partie importante de sa place à une approche plus ciblée sur le processus de formation des prix et le bien-être des consommateurs, en cherchant notamment à protéger leur surplus au moment de l'allocation des ressources. En l'absence d'effets négatifs sur les prix, sur la qualité des produits et/ou sur la quantité produite, une concentration ou un comportement commercial ne devraient pas nécessairement être censurés, quand bien même ils affecteraient le nombre d'entreprises présentes sur le marché.

Cette « nouvelle » façon de penser a fortement impacté le petit monde du droit de la concurrence, par l'arrivée d'une nouvelle catégorie de participants, les économistes. Si l'approche structuraliste, telle qu'elle se trouve encore reflétée dans les sections 6 à 8 du formulaire CO utilisé pour la notification des concentrations, est relativement facile à suivre pour la plupart des juristes, les outils préconisés par les économistes de l'École de Chicago et par ceux qui leur ont succédé nécessitent des connaissances plus poussées en économie et en économétrie. Aucune autorité de concurrence ne saurait aujourd'hui se passer de son équipe d'économistes. Dans le domaine du droit de la concurrence, le débat n'est donc plus seulement juridique.

Il convient d'observer également que, depuis les années 1990, ce débat s'est intensifié et professionnalisé. Dans la mesure où le droit de la concurrence est devenu une discipline à part entière, le monde universitaire s'y est intéressé davantage. À partir de ces années, des chaires spécialisées se sont créées dans un grand nombre d'universités européennes. Une association académique, l'Academic Society for Competition Law (ASCOLA), réunit, depuis 2003, un grand nombre de chercheurs et d'universitaires intéressés dans le monde entier par la politique et le droit de la concurrence. Par ailleurs, il existe actuellement plus de revues spécialisées, telles que la revue *Concurrences*, dirigée brillamment par le professeur Idot, que d'articles sur le droit de la concurrence publiés jadis dans des publications à vocation plus généralistes. Au-delà du monde universitaire, s'est développée une presse quotidienne dédiée aux affaires de concurrence ainsi que toute une industrie d'organisateurs de conférences, de lobbyistes et de conseillers de toute sorte.

Ce développement ou, si l'on veut, cet essor du droit de la concurrence n'est cependant pas un phénomène unique. Ainsi qu'il a été observé ci-dessus, le droit de la concurrence ne se distingue pas fondamentalement des autres droits. Or, la plupart des disciplines juridiques se sont élargies, et complexifiées depuis ces trente dernières années. Avec la libéralisation et l'internationalisation des échanges, économiques et autres, l'effritement ou la disparition des formes d'organisation sociale traditionnelles et de leurs modes de gestion des conflits, le droit a pris une place prépondérante dans nos sociétés. Le citoyen moderne est devenu un justiciable de plus en plus exigeant. En parallèle, des textes de plus en plus longs et complexes s'efforcent de lui garantir davantage de droits et de le protéger contre les moindres risques, en tout cas dans le monde libre. Cette tendance sociétale influe sur l'enseignement du droit. Un nombre croissant d'universités offrent des cours dans de nouveaux domaines, tels que les droits de l'énergie, de la santé, de la consommation, de la protection des données, de l'environnement ou, encore, des marchés financiers, qui n'étaient jadis que des sous-branches du droit public, privé ou pénal, mais qui se veulent aujourd'hui des disciplines à part entière. L'on peut s'interroger sur les bienfaits de cet éclatement et de cette complexification de nos systèmes juridiques en autant de spécialités qu'il existe de problèmes sociétaux.

III. Le droit de la concurrence et les juridictions européennes

Tout comme le contrôle européen des concentrations, le Tribunal de l'Union européenne trouve ses origines dans le projet de marché unique des années 1980. L'industrie européenne insistait d'ailleurs sur la nécessité d'un contrôle juridictionnel plus poussé, à deux instances, si la Commission avait l'ambition de combattre et de sanctionner davantage les cartels internationaux. C'est ainsi que l'Acte unique à inséré un nouvel article 168 A dans le traité CEE permettant la création d'une nouvelle juridiction, ce que le Conseil a fait en adoptant la décision 88/591 prévoyant la création d'un tribunal de première instance[6]. Bien que cette juridiction n'ait jamais été spécialisée en droit de la concurrence, dans la mesure où elle était également chargée de l'application d'autres matières, telles que le droit de la fonction publique européenne, le Tribunal de première instance a fortement contribué, notamment dans les premières années de son existence, au développement du droit de la concurrence. L'on peut par exemple mentionner, sur le plan du droit matériel d'une part, la clarification de la notion d'infraction unique et continue (affaire *Polypropylène*)[7] ou encore celle de position dominante collective (affaires *Irish Sugar*, *Gencor* et *Airtours*)[8], et sur le plan procédural

6 Déc. 88/591 du Conseil du 24 octobre 1988 instituant un tribunal de première instance des Communautés européennes, *JOCE* n° L 319 du 25 novembre 1988, p. 1.

7 TPICE, 17 décembre 1991, *Enichem Anic c/ Commission*, aff. T-6/89, EU:T:1991:74.

8 TPICE, 7 octobre 1999, *Irish Sugar c/ Commission*, aff. T-228/97, EU:T:1999:246 ; TPICE, 25 mars 1999, *Gencor c/ Commission*, aff. T-102/96, EU:T:1999:65 ; TPICE, 6 juin 2002, *Airtours c/ Commission*, aff. T-342/99, EU:T:2002:146.

d'autre part, l'insistance sur le principe d'égalité des armes entre la Commission et les entreprises poursuivies (affaires *ICI* et *Solvay*)[9]. Si les affaires de concurrence continuent à représenter une partie importante du contentieux porté devant lui, le Tribunal a dorénavant une vocation plus généraliste. En effet, depuis le traité de Nice, il est devenu le juge administratif de premier ressort pour la quasi-totalité des recours directs introduits contre les institutions de l'Union. Il porte bien son nom en langues anglaise et espagnole, respectivement General Court et Tribunal General. Avec l'accroissement des compétences de l'Union, le Tribunal est saisi d'affaires de plus en plus diverses. Il en va naturellement encore davantage pour la Cour de justice qui, par le biais de la procédure préjudicielle, est dorénavant appelée à se prononcer sur les questions sociétales les plus diverses.

Cette tendance généraliste au niveau des juridictions de l'Union contraste avec celle de la communauté du droit de la concurrence, qui connaît une tendance à l'hyperspécialisation. Elle développe sa propre terminologie et ses propres notions, tout comme elle connaît ses propres modes et tendances. S'il y existe des divergences de vues, parfois importantes, un consensus international s'est dégagé autour du bien-être du consommateur comme objectif principal à poursuivre ainsi que sur les outils d'analyses économiques y relatifs. Ce consensus se fonderait sur le « *mainstream antitrust economics* ». Si ce consensus existe au sein de la communauté des spécialistes et en assure sa cohérence interne, il n'est pas nécessairement partagé en dehors de ce cercle. Grand est parfois l'étonnement lorsque la jurisprudence européenne rappelle les spécialistes aux origines du droit européen de la concurrence et à son ancrage dans les traités (affaire *GSK*)[10]. Le fait que le Tribunal et la Cour de justice ne sont pas nécessairement réceptifs aux demandes des parties d'entendre leurs conseillers économiques ou de désigner des experts peut également se heurter à un sentiment d'incompréhension ou de frustration de la part des spécialistes. Ces juridictions ne comprendraient pas ou plus le droit antitrust et devraient donc se spécialiser pour se familiariser davantage avec la pensée consensuelle.

Certes, la spécialisation a ses mérites, notamment dans des matières complexes dont la maîtrise implique un apprentissage initial considérable. Elle permet aux juges de réutiliser leurs connaissances et donc d'amortir les coûts d'entrée en traitant plusieurs affaires, de sorte qu'ils saisissent plus aisément et rapidement les enjeux des litiges qu'ils sont appelés à trancher. En s'insérant dans la communauté des spécialistes, les juges peuvent également mieux mesurer l'incidence de leurs décisions.

Toutefois, si la spécialisation est ainsi susceptible d'améliorer la qualité comme l'acceptabilité des décisions judiciaires par les spécialistes, ainsi que de contribuer

---

9 TPICE, 29 juin 1995, *ICI c/ Commission*, aff. T-36/91, EU:T:1995:118 ; TPICE, 29 juin 1995, *Solvay c/ Commission*, aff. T-30/91, EU:T:1995:115.

10 CJUE, 6 octobre 2009, *GlaxoSmithKline Services e.a. c/ Commission e.a.*, aff. jtes C-501/06 P, C-513/06 P, C-515/06 P et C-519/06 P, EU:C:2009:610.

à la cohérence interne de leur communauté, elle a également des inconvénients si elle n'est pas accompagnée d'une compréhension plus large du système juridique dans lequel elle s'insère.

Là encore, comme tous les autres droits, le droit de la concurrence a pour objet de régler les rapports sociétaux, en contribuant à la sécurité juridique des justiciables et en prévoyant des mécanismes pour régler leurs conflits. Il n'est pas là pour servir des spécialistes, mais la société et les personnes auxquelles il s'applique. En particulier, le droit doit également rester prévisible et compréhensible pour tous ceux qui y sont assujettis. Il n'est pas certain qu'une « atomisation » du droit serve cette cause. En effet, comment nul ne pourrait ignorer la loi si celle-ci se compose d'un amalgame de spécialisations évoluant chacune, sans cohérence d'ensemble, en fonction de ses propres particularités ? Ce risque n'est pas purement hypothétique. Même dans le domaine relativement étroit du droit européen, il existe déjà une tendance selon laquelle certaines notions essentielles peuvent varier d'une branche du droit à une autre. C'est ainsi que la notion d'entreprise au sens des articles 101 et 102 TFUE ne correspond pas nécessairement à celle développée dans le cadre de l'application de l'article 107 TFUE, alors qu'il s'agit du même chapitre du traité, ni d'ailleurs à celle utilisée en droit des marchés publics (affaire *Teckal*)[11] ou dans le domaine du maintien des droits des travailleurs en cas de transfert d'entreprise. Si la spécialisation peut contribuer à la cohérence interne au domaine spécialisé, elle pose des risques pour la cohérence du droit dans son ensemble et peut parfois mener le spécialiste à des contresens regrettables.

Ceci étant, ce risque est maîtrisable au niveau juridictionnel, par exemple en assurant une rotation des juges entre les différents domaines spécialisés, afin de garantir qu'ils puissent, à la fois, rentabiliser leurs connaissances techniques acquises dans un domaine de spécialité et conserver une vision suffisamment large pour veiller à une évolution cohérente du droit dans son ensemble. Trouver ce point d'équilibre n'est cependant pas si simple dans une juridiction internationale, comme le Tribunal, dont la composition est constamment déstabilisée en raison de la pratique de certains États membres de ne désigner les juges que pour un seul mandat de six ans. Il n'est pas certain que les juges souhaitent ou puissent se spécialiser dans différentes matières pour une période aussi courte et, partant, que l'équilibre souhaité puisse être atteint entre la spécialisation des juges et la vocation généraliste du Tribunal.

Si la communauté internationale du droit de la concurrence souhaite que le Tribunal se spécialise davantage afin de pouvoir répondre plus adéquatement à ses exigences, elle pourrait attirer l'attention des États membres sur la nécessité de garantir davantage de stabilité dans la composition du Tribunal. Elle rendrait ainsi un service tant au droit de la concurrence qu'à la bonne administration de la justice.

---

11 CJCE, 18 novembre 1999, *Teckal*, aff. C-107/98, EU:C:1999:562.

Concurrences
Revue des droits de la concurrence

Revue Concurrences

Revue trimestrielle dédiée aux droits interne et européen de la concurrence

Concurrences est une revue universitaire trimestrielle dédiée aux droits interne et européen de la concurrence. Créée en 2004 par Laurence Idot, Frédéric Jenny et Nicolas Charbit, la revue est un forum de discussions entre universitaires, magistrats et praticiens du droit de la concurrence. Son rayonnement en dehors du champ des spécialistes est tel que plusieurs personnalités publiques de premier plan ont publié des points de vue dans ses colonnes : Jacques Attali, Elie Cohen, François Hollande, Christine Lagarde, Emmanuel Macron, Nicolas Sarkozy, Margrethe Vestager...

Comité scientifique et comité international

Le Comité scientifique, présidé par Laurence Idot assure l'indépendance de la revue et sélectionne les articles soumis à la revue sur des critères de rigueur de la démonstration et d'objectivité. Le Comité international, présidé par Frédéric Jenny, contribue à la diffusion de la revue à l'international et à l'organisation des conférences hors de l'Europe.

Contributeurs

Plus de 2 000 contributeurs provenant de 15 pays ont publié dans la revue Concurrences. Ces contributeurs sont universitaires, magistrats ou représentants d'autorités de concurrence, avocats ou conseils juridiques, tous spécialisés en droit ou en économie de la concurrence.

Version électronique

Depuis 2004, Concurrences a publié plus de 13 500 articles (au 1er juillet 2022) . La version électronique reprend l'intégralité des articles parus dans la version imprimée depuis 2004 ainsi qu'environ 30 % d'articles supplémentaires. Ce supplément électronique correspond à des contributions publiées exclusivement sur le site de la revue notamment en raison de leur ampleur : actes de colloques, articles de fond, contributions économiques...

Institut de droit de la concurrence

L'Institut de droit de la concurrence est un groupe de réflexion créé en 2004 dédié au droit de la concurrence et de la régulation économique. L'objectif de l'Institut est de promouvoir la recherche en droit de la concurrence et de la régulation. L'Institut édite à cette fin des revues et bases de données en langues française et anglaise et organise des conférences en Europe et aux Etats Unis. Afin d'assurer indépendance, rigueur et objectivité, chacune de ces publications et conférences est placée sous la supervision d'un comité scientifique et/ou d'un comité éditorial. Grâce à ses travaux, l'Institut est devenu en quelques années un groupe de réflexion et un centre de recherches de référence en droit de la concurrence et de la régulation.

Domaines d'action

Droit de la concurrence, droit de la régulation économique, et, économie industrielle.

Comités scientifiques et éditoriaux

Eleanor Fox, Laurence Idot, Frédéric Jenny, Bill Kovacic, Bruno Lasserre, Mario Monti, Damien Neven, Wouter Wils, Richard Whish…

Contributeurs

3 800 contributeurs dans 85 pays.

Partenaires

- Universités : IEJE Liège, King's College London, Paris Panthéon Assas/Sorbonne, Queen Mary College, University College London…
- Cabinets d'avocats : Baker McKenzie, Cleary Gottlieb, Jones Day, Shearman Arps, Van Bael & Bellis, White & Case …

Séminaires

Plus de 450 évènements depuis 2004 à Paris, Bruxelles, Londres, New York, Washington et Hong Kong.

www.ingramcontent.com/pod-product-compliance
Ingram Content Group UK Ltd.
Pitfield, Milton Keynes, MK11 3LW, UK
UKHW022119051026
15623UKWH00007B/1133/J

9 791094 201398